LAROUSSE

MINI DICTIONNAIRE

FRANÇAIS-ESPAGNOL

ESPAGNOL-FRANÇAIS

ISBN 2-03-402065-0

Larousse, Paris

Distributeur au Canada : Les Éditions Françaises Inc., Boucherville, Québec

LAROUSSE

MINI DICCIONARIO

FRANCÉS-ESPAÑOL
ESPAÑOL-FRANCÉS

Réalisé par / Realizado por

LAROUSSE

Rédaction/Redacción

VALÉRIE KATZAROS JOSÉ MARÍA ÁVILA JIMÉNEZ

ISABELLE NODAR COUTÉ VÉRONIQUE PATARD

NURIA PEREZ SERRANO VIRGINIE POUJADE

MONTSERRAT BENITO SANFELIU GABINO ALONSO

La gamme MINI LAROUSSE a été conçue pour répondre aux besoins du débutant et du voyageur.

Avec plus de 30.000 mots et expressions et plus de 40.000 traductions, ce nouveau dictionnaire présente non seulement le vocabulaire général, mais aussi de nombreuses expressions permettant de déchiffrer panneaux de signalisation ou cartes de restaurant.

Le vocabulaire essentiel est éclairé par de nombreux exemples et des indicateurs de sens précis, une présentation étudiée facilitant la consultation.

À la fois pratique et complet, cet ouvrage est une mine d'informations à emporter partout. "Suerte" et n'hésitez pas à nous faire part de vos suggestions.

L'ÉDITEUR

El diccionario MINI LAROUSSE ha sido concebido pensado especialmente en principiantes y viajeros.

Con más de 30.000 voces y 40.000 traducciones, esta nueva obra presenta una amplia cobertura del vocabulario básico, así como un tratamiento exhaustivo del léxico propio de carteles, letreros y menús de restaurantes.

El texto incluye una gran cantidad de indicadores de sentido claros y precisos. Se ha puesto especial cuidado en la redacción de las palabras más básicas, con numerosos ejemplos de uso y una atractiva presentación. De consulta rápida y eficaz, esta obra práctica y completa será la herramienta indispensable para estudiantes y turistas. Esperamos que disfruten con él y no duden en ponerse en contacto con nosotros si tienen cualquier observación que hacernos.

EL EDITOR

ABREVIATURAS		ABRÉVIATIONS
abreviatura	*abrev/abr*	abréviation
adjetivo	*adj*	adjectif
administración	*ADMIN*	administration
adverbio	*adv*	adverbe
español de América latina	*Amér*	espagnol d'Amérique latine
atanomía	*ANAT*	anatomie
artículo	*art*	article
automóviles	*AUT(OM)*	automobile
auxiliar	*aux*	auxiliaire
belgicismo	*Belg*	belgicisme
canadianismo	*Can*	canadianisme
comercio	*COM(M)*	commerce
comparativo	*compar*	comparatif
conjunción	*conj*	conjonction
cocina	*CULIN*	cuisine, art culinaire
deportes	*DEP*	sports
derecho	*DER*	droit
despectivo	*despec*	péjoratif
economía	*ECON*	économie
educación	*EDUC*	domaine scolaire
exclamación	*excl*	exclamation
sustantivo femenino	*f*	nom féminin
familiar	*fam*	familier
figurado	*fig*	figuré
finanzas	*FIN*	finances
generalmente	*gen/gén*	généralement
gramática	*GRAM(M)*	grammaire
helvetismo	*Helv*	helvétisme
informática	*INFORM*	informatique
interjección	*interj*	interjection
interrogativo	*interr*	interrogatif
invariable	*inv*	invariable
jurídico	*JUR*	juridique
sustantivo masculino	*m*	nom masculin
matemáticas	*MAT(H)*	mathématiques
medicina	*MED/MÉD*	médecine

sustantivo masculino y femenino	*mf*	nom masculin et féminin
sustantivo masculino y femenino (con una desinencia femenina)	*m, f*	nom masculin et féminin (avec une désinence féminine)
militar	*MIL*	domaine militaire
música	*MÚS/MUS*	musique
sustantivo	*n*	nom
naútica, marítimo	*NÁUT/NAVIG*	navigation
sustantivo femenino	*nf*	nom féminin
sustantivo masculino	*nm*	nom masculin
sustantivo masculino y femenino	*nmf*	nom masculin et féminin
sustantivo masculino y femenino (con una desinencia femenina)	*nm, f*	nom masculin et féminin (avec une désinence féminine)
número	*núm/num*	numéral
despectivo	*péj*	péjoratif
plural	*pl*	pluriel
política	*POL(ÍT)*	politique
participio pasivo	*pp*	participe passé
participio presente	*ppr*	participe présent
preposicíon	*prep/prép*	préposition
pronombre	*pron*	pronom
algo	*qqch*	quelque chose
alguien	*qqn*	quelqu'un
marca registrada	®	nom déposé
religión	*RELIG*	religion
sustantivo	*s*	nom
educación	*SCOL*	domaine scolaire
culto	*sout*	soutenu
sujeto	*suj*	sujet
superlativo	*superl*	superlatif
sustantivo	*sust*	substantif
tecnología	*TECN/TECH*	technologie
transportes	*TRANS(P)*	transport
televisión	*TV*	télévision
verbo	*v*	verbe
verbo intransitivo	*vi*	verbe intransitif

verbo impersonal	*v impers*	verbe impersonnel
verbo pronominal	*vpr/vp*	verbe pronominal
verbo transitivo	*vt*	verbe transitif
vulgar	*vulg*	vulgaire
equivalente cultural	≃	équivalent culturel

La ordenación alfabética en español

En este diccionario se ha seguido la ordenación alfabética internacional. Esto significa que las entradas con **ch** aparecerán después de **cg** y no al final de c ; del mismo modo las entradas con **ll** vendrán después de **lk** y no al final de **l**. Adviértase, sin embargo, que la letra **ñ** se encuentra al final de la **n** a pesar de ser una letra aparte.

L'ordre alphabétique en espagnol

Ce dictionnaire respecte l'ordre alphabétique international. Le lecteur trouvera donc les entrées comprenant les consonnes **ch** dans l'ordre alphabétique strict c'est-à-dire aprés celles comprenant **cg** et non plus à la fin de la lettre **c**. De la même façon, les mots comprenant un **ll**, figurent après ceux comprenant **lk**, et non à la fin de la lettre **l**. Notons cependant, que le **ñ**, bien que lettre à part entière, figure à la fin de la lettre **n**.

Marcas registradas

El símbolo ® indica que la palabra en cuestión se considera marca registrada. Hay que tener en cuenta, sin embargo, que ni la presencia ni la ausencia de dicho símbolo afectan a la situación legal de ninguna marca.

Noms de marque

Les noms de marque sont désignés dans ce dictionnaire par le symbole ®. Néanmoins, ni ce symbole ni son absence éventuelle ne peuvent être considérés comme susceptibles d'avoir une incidence quelconque sur le statut légal d'une marque.

Transcripción Fonética

Vocales españolas

[i] p**i**so, **i**magen
[e] t**e**la, **e**so
[ɑ] p**a**ta, **a**migo
[o] b**o**la, **o**tr**o**
[u] l**u**z, **u**na

Vocales catalanas

[ɛ] fr**e**sc

Diptongos españoles

[ei] l**ey**, p**ei**ne
[ai] **ai**re, c**ai**ga
[oi] s**oy**, b**oi**na
[au] c**au**sa, **au**la
[eu] **Eu**ropa, d**eu**da

Transcription Phonétique

Voyelles françaises

[i] f**i**lle, **î**le
[e] pa**y**s, ann**ée**
[ɛ] b**e**c, **ai**me
[ɑ] l**a**c, p**a**pillon, **â**me
[o] dr**ô**le, **au**be
[u] **ou**til, g**oû**t
[y] **u**sage, l**u**ne
[ø] av**eu**, j**eu**
[œ] p**eu**ple, b**œu**f
[ə] l**e**, j**e**

Nasales françaises

[ɛ̃] t**im**bre, m**ain**
[ɑ̃] ch**am**p, **en**nui
[ɔ̃] **on**gle, m**on**
[œ̃] parf**um**, br**un**

Semivocales		Semi-voyelles
hierba, m**i**edo	[j]	**y**eux, l**i**eu
ag**ua**, **hu**eso	[w]	**ou**est, **ou**i
	[ɥ]	l**u**i, n**u**it

Consonantes		Consonnes
pa**p**á, cam**p**o	[p]	**p**rendre, gri**pp**e
vaca, **b**om**b**a	[b]	**b**ateau, ros**b**if
cur**v**o, ca**b**allo	[β]	
toro, pa**t**o	[t]	**th**éâtre, **t**emps
don**d**e, cal**d**o	[d]	**d**alle, ron**d**e
que, **c**osa	[k]	**c**o**q**, **qu**atre
grande, **gu**erra	[g]	**g**arder, épilo**gue**
á**gu**ila	[ɣ]	
o**ch**o, **ch**ispa	[tʃ]	
fui, a**f**án	[f]	**ph**ysique, **f**ort

	[v]	**v**oir, ri**v**e
cera, pa**z**	[θ]	
ca**d**a, par**d**o	[ð]	
solo, pa**s**o	[s]	**c**ela, **s**avant
	[z]	frai**se**, **z**éro
	[ʃ]	**ch**arrue, **sch**éma
	[ʒ]	rou**ge**, **j**eune
gemir, **j**amón	[x]	
madre, ca**m**a	[m]	**m**ât, dra**m**e
no, pe**n**a	[n]	**n**ager, trô**ne**
	[ŋ]	parki**ng**
ca**ñ**a	[ɲ]	a**gn**eau, pei**gn**er
a**l**a, **l**uz	[l]	ha**ll**e, **l**it
alta**r**, pa**r**o	[r]	a**rr**acher, sab**re**
pe**rr**o, **r**osa	[rr]	
llave, co**ll**ar	[ʎ]	

El símbolo ['] representa la "h aspirada" francesa, por ejemplo **hacher**.

Le symbole ['] représente le "h aspiré" français, par exemple **hacher**.

El símbolo ['] indica que la sílaba siguiente lleva el acento tónico.

Le symbole ['] indique que la syllabe suivante porte l'accent tonique.

Ya que la pronunciación del español no presenta irregularidades, las palabras españolas no llevan transcripción fonética. En cambio, todas las palabras francesas llevan transcripción fonética.

La prononciation de l'espagnol ne présentant pas d'irrégularités, les mots espagnols ne portent pas de transcription phonétique dans ce dictionnaire. En revanche, tous les mots français sont suivis d'une phonétique.

Cuadro de conjugación

Abreviaturas : *pres ind* = presente indicativo, *imperf ind* = imperfecto indicativo, *pret perf sim* = pretérito perfecto simple, *fut* = futuro, *cond* = condicional, *pres subj* = presente subjuntivo, *imperf indic* = imperfecto indicativo, *imperf subj* = imperfecto subjuntivo, *imperat* = imperativo, *ger* = gerundio, *partic* = participio

N.B. Todas las formas del imperf subj pueden conjugarse con las terminaciones: -se, -ses, -se, - semos, -seis, -sen

acertar: *pres ind* acierto, acertamos, etc., *pres subj* acierte, acertemos, etc., *imperat* acierta, acertemos, acertad, etc.

adquirir: *pres ind* adquiero, adquirimos, etc., *pres subj* adquiera, adquiramos, etc., *imperat* adquiere, adquiramos, adquirid, etc.

AMAR: *pres ind* amo, amas, ama, amamos, amáis, aman, *imperf ind* amaba, amabas, amaba, amábamos, amabais, amaban, *pret perf sim* amé, amaste, amó, amamos, amasteis, amaron, *fut* amaré, amarás, amará, amaremos, amaréis, amarán, *cond* amaría, amarías, amaría, amaríamos, amaríais, amarían, *pres subj* ame, ames, ame, amemos, améis, amen, *imperf subj* amara, amaras, amara, amáramos, amarais, amaran, *imperat* ama, ame, amemos, amad, amen, *ger* amando, *partic* amado, -da

andar: *pret perf sim* anduve, anduvimos, etc., *imperf subj* anduviera, anduviéramos, etc.

avergonzar: *pres ind* avergüenzo, avergonzamos, etc., *pret perf sim* avergoncé, avergonzó, avergonzamos, etc., *pres subj* avergüence, avergoncemos, etc., *imperat* avergüenza, avergüence, avergoncemos, avergonzad, etc.

caber: *pres ind* quepo, cabe, cabemos, etc., *pret perf sim* cupe, cupimos, etc., *fut* cabré, cabremos, etc., *cond* cabría, cabríamos, etc., *pres subj* quepa, quepamos, etc., *imperf subj* cupiera, cupiéramos, etc., *imperat* cabe, quepa, quepamos, cabed, etc.

caer: *pres ind* caigo, cae, caemos, etc., *pret perf sim* cayó, caímos, cayeron, etc., *pres subj* caiga, caigamos, etc., *imperf subj* cayera, cayéramos, etc., *imperat* cae, caiga, caigamos, caed, etc., *ger* cayendo

conducir: *pres ind* conduzco, conduce, conducimos, etc., *pret perf sim* conduje, condujimos, etc., *pres subj* conduzca, conduzcamos, etc., *imperf subj* condujera, condujéramos, etc., *imperat* conduce, conduzca, conduzcamos, conducid, etc.

conocer: *pres ind* conozco, conoce, conocemos, etc., *pres subj* conozca, conozcamos, etc., *imperat* conoce, conozca, conozcamos, etc.

dar: *pres ind* doy, da, damos, etc., *pret perf sim* di, dio, dimos, etc., *pres subj* dé, demos, etc., *imperf subj* diera, diéramos, etc., *imperat* da, dé, demos, dad, etc.

decir: *pres ind* digo, dice, decimos, etc., *pret perf sim* dije, dijimos, etc., *fut* diré, diremos, etc., *cond* diría, diríamos, etc., *pres subj* diga, digamos, etc., *imperf subj* dijera, dijéramos, etc., *imperat* di, diga, digamos, decid, etc., *ger* diciendo, *partic* dicho, -cha.

discernir: *pres ind* discierno, discernimos, etc., *pres subj* discierna, discernamos, etc., *imperat* discierne, discierna, discernamos, discernid, etc.

dormir: *pres ind* duermo, dormimos, etc., *pret perf sim* durmió, dormimos, durmieron, etc., *pres subj* duerma, durmamos, etc., *imperf subj* durmiera, durmiéramos, etc., *imperat* duerme, duerma, durmamos, dormid, etc., *ger* durmiendo

errar: *pres ind* yerro, erramos, etc., *pres subj* yerre, erremos, etc., *imperat* yerra, yerre, erremos, errad, etc.

estar: *pres ind* estoy, está, estamos, etc., *pret perf sim* estuve, estuvimos, etc., *pres subj* esté, estemos, etc., *imperf subj* estuviera, estuviéramos, etc., *imperat* está, esté, estemos, estad, etc.,

HABER: *pres ind* he, has, ha, hemos, habéis, han, *imperf ind* había, habías, había, habíamos, habíais, habían, *pret perf sim* hube, hubiste, hubo, hubimos, hubisteis, hubieron, *fut* habré, habrás, habrá, habremos, habréis, habrán, *cond* habría, habrías, habría, habríamos, habríais, habrían, *pres subj* haya, hayas, haya, hayamos, hayáis, hayan, *imperf subj* hubiera, hubieras, hubiera, hubiéramos, hubierais, hubieran, *imperat* he, haya, hayamos, habed, hayan, *ger* habiendo, *partic* habido, -da

hacer: *pres ind* hago, hace, hacemos, etc., *pret perf sim* hice, hizo, hicimos, etc., *fut* haré, haremos, etc., *cond* haría, haríamos, etc., *pres subj* haga, hagamos, etc., *imperf subj* hiciera, hiciéramos, etc., *imperat* haz, haga, hagamos, haced, etc., *partic* hecho, -cha

huir: *pres ind* huyo, huimos, etc., *pret perf sim* huyó, huimos, huyeron, etc., *pres subj* huya, huyamos, etc., *imperf subj* huyera, huyéramos, etc., *imperat* huye, huya, huyamos, huid, etc., *ger* huyendo

ir: *pres ind* voy, va, vamos, etc., *pret perf sim* fui, fue, fuimos, etc., *pres subj* vaya, vayamos, etc., *imperf subj* fuera, fuéramos, etc., *imperat* ve, vaya, vayamos, id, etc., *ger* yendo

leer: *pret perf sim* leyó, leímos, leyeron, etc., *imperf subj* leyera, leyéramos, etc., *ger* leyendo

lucir: *pres ind* luzco, luce, lucimos, etc., *pres subj* luzca, luzcamos, etc., *imperat* luce, luzca, luzcamos, lucid, etc.

mover: *pres ind* muevo, movemos, etc., *pres subj* mueva, movamos, etc., *imperat* mueve, mueva, movamos, moved, etc.

nacer: *pres ind* nazco, nace, nacemos, etc., *pres subj* nazca, nazcamos, etc., *imperat* nace, nazca, nazcamos, naced, etc.

oír: *pres ind* oigo, oye, oímos, etc., *pret perf sim* oyó, oímos, oyeron, etc., *pres subj* oiga, oigamos, etc., *imperf subj* oyera, oyéramos, etc., *imperat* oye, oiga, oigamos, oíd, etc., *ger* oyendo

oler: *pres ind* huelo, olemos, etc., *pres subj* huela, olamos, etc., *imperat* huele, huela, olamos, oled, etc.

parecer: *pres ind* parezco, parece, parecemos, etc., *pres subj* parezca, parezcamos, etc., *imperat* parece, parezca, parezcamos, pareced, etc.,

PARTIR: *pres ind* parto, partes, parte, partimos, partís, parten, *imperf ind* partía, partías, partía, partíamos, partíais, partían, *pret perf sim* partí, partiste, partió, partimos, partisteis, partieron, *fut* partiré, partirás, partirá, partiremos, partiréis, partirán, *cond* partiría, partirías, partiría, partiríamos, partiríais, partirían, *pres subj* parta, partas, parta, partamos, partáis, partan, *imperf subj* partiera, partieras, partiera, partiéramos, partierais, partieran, *imperat* parte, parta, partamos, partid, partan, *ger* partiendo, *partic* partido, -da

pedir: *pres ind* pido, pedimos, etc., *pret perf sim* pidió, pedimos, pidieron, etc., *pres subj* pida, pidamos, etc., *imperf subj* pidiera, pidiéramos, etc., *imperat* pide, pida, pidamos, pedid, etc., *ger* pidiendo

poder: *pres ind* puedo, podemos, etc., *pret perf sim* pude, pudimos, etc., *fut* podré, podremos, etc., *cond* podría, podríamos, etc., *pres subj* pueda, podamos, etc., *imperf subj* pudiera, pudiéramos, etc., *imperat* puede, pueda, podamos, poded, etc., *ger* pudiendo

poner: *pres ind* pongo, pone, ponemos, etc., *pret perf sim* puse, pusimos, etc., *fut* pondré, pondremos, etc., *cond* pondría, pondríamos, etc., *pres subj* ponga, pongamos, etc., *imperf subj* pusiera, pusiéramos, etc., *imperat* pon, ponga, pongamos, poned, etc., *partic* puesto, -ta

querer: *pres ind* quiero, queremos, etc., *pret perf sim* quise, quisimos, etc., *fut* querré, querremos, etc., *cond* querría, querríamos, etc., *pres subj* quiera, queramos, etc., *imperf subj* quisiera, quisiéramos, etc., *imperat* quiere, quiera, queramos, quered, etc.

reír: *pres ind* río, reímos, etc., *pret perf sim* rió, reímos, rieron, etc., *pres subj* ría, riamos, etc., *imperf subj* riera, riéramos, etc., *imperat* ríe, ría, riamos, reíd, etc., *ger* riendo

saber: *pres ind* sé, sabe, sabemos, etc., *pret perf sim* supe, supimos, etc., *fut* sabré, sabremos, etc., *cond* sabría, sabríamos, etc., *pres subj* sepa, sepamos, etc., *imperf subj* supiera, supiéramos, etc., *imperat* sabe, sepa, sepamos, sabed, etc.

salir: *pres ind* salgo, sale, salimos, etc., *fut* saldré, saldremos, etc., *cond* saldría, saldríamos, etc., *pres subj* salga, salgamos, etc., *imperat* sal, salga, salgamos, salid, etc.

sentir: *pres ind* siento, sentimos, etc., *pret perf sim* sintió, sentimos, sintieron, etc., *pres subj* sienta, sintamos, etc., *imperf subj* sintiera, sintiéramos, etc., *imperat* siente, sienta, sintamos, sentid, etc., *ger* sintiendo

ser: pres ind soy, eres, es, somos, sois, son, *imperf ind* era, eras, era, éramos, erais, eran, *pret perf sim* fui, fuiste, fue, fuimos, fuisteis, fueron, fut seré, serás, será, seremos, seréis, serán, *cond* sería, serías, sería, seríamos, seríais, serían, *pres subj* sea, seas, sea, seamos, seáis, sean, *imperf subj* fuera, fueras, fuera, fuéramos, fuerais, fueran, imperat sé, sea, seamos, sed, sean, *ger* siendo, *partic* sido, -da

sonar: *pres ind* sueno, sonamos, etc., *pres subj* suene, sonemos, etc., *imperat* suena, suene, sonemos, sonad, etc.

TEMER: *pres ind* temo, temes, teme, tememos, teméis, temen, *imperf ind* temía, temías, temía, temíamos, temíais, temían, *pret perf sim* temí, temiste, temió, temimos, temisteis, temieron, *fut* temeré, temerás, temerá, temeremos, temeréis, temerán, *cond* temería, temerías, temería, temeríamos, temeríais, temerían, *pres subj* tema, temas, tema, temamos, temáis, teman, *imperf subj* temiera, temieras, temiera, temiéramos, temierais, temieran, *imperat* teme, tema, temamos, temed, teman, *ger* temiendo, *partic* temido, -da

tender: *pres ind* tiendo, tendemos, etc., *pres subj* tienda, tendamos, etc., *imperat* tiende, tendamos, etc.

tener: *pres ind* tengo, tiene, tenemos, etc., *pret perf sim* tuve, tuvimos, etc., *fut* tendré, tendremos, etc., *cond* tendría, tendríamos, etc., *pres subj* tenga, tengamos, etc., *imperf subj* tuviera, tuviéramos, etc., *imperat* ten, tenga, tengamos, tened, etc.

traer: *pres ind* traigo, trae, traemos, etc., *pret perf sim* traje, trajimos, etc., *pres subj* traiga, traigamos, etc., *imperf subj* trajera, trajéramos, etc., *imperat* trae, traiga, traigamos, traed, etc., *ger* trayendo

valer: *pres ind* valgo, vale, valemos, etc., *fut* valdré, valdremos, etc., *cond* valdría, valdríamos, etc., *pres subj* valga, valgamos, etc., *imperaalt* ve, valga, valgamos, valed, etc.

venir: *pres ind* vengo, viene, venimos, etc., *pret perf sim* vine, vinimos, etc., *fut* vendré, vendremos, etc., *cond* vendría, vendríamos, etc., *pres subj* venga, vengamos, etc., *imperf subj* viniera, viniéramos, etc., *imperat* ven, venga, vengamos, venid, etc., *ger* viniendo

ver: *pres ind* veo, ve, vemos, etc., *pret perf sim* vi, vio, vimos, etc., *imperf subj* viera, viéramos, etc., *imperat* ve, vea, veamos, ved, etc., *ger* viendo, etc., *partic* visto, -ta

Conjugaisons

Abréviations : *ppr* = participe présent, *pp* = participe passé,
pr ind = présent de l'indicatif, *imp* = imparfait,
fut = futur, *cond* = conditionnel,
pr subj = présent du subjonctif

acquérir: *pp* acquis, *pr ind* acquiers, acquérons, acquièrent, *imp* acquérais, *fut* acquerrai, *pr subj* acquière

aller: *pp* allé, *pr ind* vais, vas, va, allons, allez, vont, *imp* allais, *fut* irai, *cond* irais, *pr subj* aille

asseoir: *ppr* asseyant, *pp* assis, *pr ind* assieds, asseyons, *imp* asseyais, *fut* assiérai, *pr subj* asseye

atteindre: *ppr* atteignant, *pp* atteint, *pr ind* atteins, atteignons, *imp* atteignais, *pr subj* atteigne

avoir: *ppr* ayant, *pp* eu, *pr ind* ai, as, a, avons, avez, ont, *imp* avais, *fut* aurai, *cond* aurais, *pr subj* aie, aies, ait, ayons, ayez, aient

boire: *ppr* buvant, *pp* bu, *pr ind* bois, buvons, boivent, *imp* buvais, *pr subj* boive

conduire: *ppr* conduisant, *pp* conduit, *pr ind* conduis, conduisons, *imp* conduisais, *pr subj* conduise

connaître: *ppr* connaissant, *pp* connu, *pr ind* connais, connaît, connaissons, *imp* connaissais, *pr subj* connaisse

coudre: *ppr* cousant, *pp* cousu, *pr ind* couds, cousons, *imp* cousais, *pr subj* couse

courir: *pp* couru, *pr ind* cours, courons, *imp* courais, *fut* courrai, *pr subj* coure

couvrir: *pp* couvert, *pr ind* couvre, couvrons, *imp* couvrais, *pr subj* couvre

craindre: *ppr* craignant, *pp* craint, *pr ind* crains, craignons, *imp* craignais, *pr subj* craigne

croire: *ppr* croyant, *pp* cru, *pr ind* crois, croyons, croient, *imp* croyais, *pr subj* croie

cueillir: *pp* cueilli, *pr ind* cueille, cueillons, *imp* cueillais, *fut* cueillerai, *pr subj* cueille

devoir: *pp* dû, due, *pr ind* dois, devons, doivent, *imp* devais, *fut* devrai, *pr subj* doive

dire: *ppr* disant, *pp* dit, *pr ind* dis, disons, dites, disent, *imp* disais, *pr subj* dise

dormir: *pp* dormi, *pr ind* dors, dormons, *imp* dormais, *pr subj* dorme

écrire: *ppr* écrivant, *pp* écrit, *pr ind* écris, écrivons, *imp* écrivais, *pr subj* écrive

essuyer: *pp* essuyé, *pr ind* essuie, essuyons, essuient, *imp* essuyais, *fut* essuierai, *pr subj* essuie

être: *ppr* étant, *pp* été, *pr ind* suis, es, est, sommes, êtes, sont, *imp* étais, *fut* serai, *cond* serais, *pr subj* sois, sois, soit, soyons, soyez, soient

faire: *ppr* faisant, *pp* fait, *pr ind* fais, fais, fait, faisons, faites, font, *imp* faisais, *fut* ferai, *cond* ferais, *pr subj* fasse

falloir: *pp* fallu, *pr ind* faut, *imp* fallait, *fut* faudra, *pr subj* faille

FINIR: *ppr* finissant, *pp* fini, *pr ind* finis, finis, finit, finissons, finissez, finissent, *imp* finissais, finissais, finissait, finissions, finissiez, finissaient, *fut* finirai, finiras, finira, finirons, finirez, finiront, *cond* finirais, finirais, finirait, finirions, finiriez, finiraient, *pr subj* finisse, finisses, finisse, finissions, finissiez, finissent

fuir: *ppr* fuyant, *pp* fui, *pr ind* fuis, fuyons, fuient, *imp* fuyais, *pr subj* fuie

haïr: *ppr* haïssant, *pp* haï, *pr ind* hais, haïssons, *imp* haïssais, *pr subj* haïsse

joindre: *comme* **atteindre**

lire: *ppr* lisant, *pp* lu, *pr ind* lis, lisons, *imp* lisais, *pr subj* lise

mentir: *pp* menti, *pr ind* mens, mentons, *imp* mentais, *pr subj* mente

mettre: *ppr* mettant, *pp* mis, *pr ind* mets, mettons, *imp* mettais, *pr subj* mette

mourir: *pp* mort, *pr ind* meurs, mourons, meurent, *imp* mourais, *fut* mourrai, *pr subj* meure

naître: *ppr* naissant, *pp* né, *pr ind* nais, naît, naissons, *imp* naissais, *pr subj* naisse

offrir: *pp* offert, *pr ind* offre, offrons, *imp* offrais, *pr subj* offre

paraître: *comme* **connaître**

PARLER: *ppr* parlant, *pp* parlé, *pr ind* parle, parles, parle, parlons, parlez, parlent, *imp* parlais, parlais, parlait, parlions, parliez, parlaient, *fut* parlerai, parleras, parlera, parlerons, parlerez, parleront, *cond* parlerais, parlerais, parlerait, parlerions, parleriez, parleraient, *pr subj* parle, parles, parle, parlions, parliez, parlent

partir: *pp* parti, *pr ind* pars, partons, *imp* partais, *pr subj* parte

plaire: *ppr* plaisant, *pp* plu, *pr ind* plais, plaît, plaisons, *imp* plaisais, *pr subj* plaise

pleuvoir: *pp* plu, *pr ind* pleut, *imp* pleuvait, *fut* pleuvra, *pr subj* pleuve

pouvoir: *pp* pu, *pr ind* peux, peux, peut, pouvons, pouvez, peuvent, *imp* pouvais, *fut* pourrai, *pr subj* puisse

prendre: *ppr* prenant, *pp* pris, *pr ind* prends, prenons, prennent, *imp* prenais, *pr subj* prenne

prévoir: *ppr* prévoyant, *pp* prévu, *pr ind* prévois, prévoyons, prévoient, *imp* prévoyais, *fut* prévoirai, *pr subj* prévoie

recevoir: *pp* reçu, *pr ind* reçois, recevons, reçoivent, *imp* recevais, *fut* recevrai, *pr subj* reçoive

RENDRE: *ppr* rendant, *pp* rendu, *pr ind* rends, rends, rend, rendons, rendez, rendent, *imp* rendais, rendais, rendait, rendions, rendiez, rendaient, *fut* rendrai, rendras, rendra, rendrons, rendrez, rendront, *cond* rendrais, rendrais, rendrait, rendrions, rendriez, rendraient, *pr subj* rende, rendes, rende, rendions, rendiez, rendent

résoudre: *ppr* résolvant, *pp* résolu, *pr ind* résous, résolvons, *imp* résolvais, *pr subj* résolve

rire: *ppr* riant, *pp* ri, *pr ind* ris, rions, *imp* riais, *pr subj* rie

savoir: *ppr* sachant, *pp* su, *pr ind* sais, savons, *imp* savais, *fut* saurai, *pr subj* sache

servir: *pp* servi, *pr ind* sers, servons, *imp* servais, *pr subj* serve

sortir: *comme* **partir**

suffire: *ppr* suffisant, *pp* suffi, *pr ind* suffis, suffisons, *imp* suffisais, *pr subj* suffise

suivre: *ppr* suivant, *pp* suivi, *pr ind* suis, suivons, *imp* suivais, *pr subj* suive

taire: *ppr* taisant, *pp* tu, *pr ind* tais, taisons, *imp* taisais, *pr subj* taise

tenir: *pp* tenu, *pr ind* tiens, tenons, tiennent, *imp* tenais, *fut* tiendrai, *pr subj* tienne

vaincre: *ppr* vainquant, *pp* vaincu, *pr ind* vaincs, vainc, vainquons, *imp* vainquais, *pr subj* vainque

valoir: *pp* valu, *pr ind* vaux, valons, *imp* valais, *fut* vaudrai, *pr subj* vaille

venir: *comme* **tenir**

vivre: *ppr* vivant, *pp* vécu, *pr ind* vis, vivons, *imp* vivais, *pr subj* vive

voir: *ppr* voyant, *pp* vu, *pr ind* vois, voyons, voient, *imp* voyais, *fut* verrai, *pr subj* voie

vouloir: *pp* voulu, *pr ind* veux, veux, veut, voulons, voulez, veulent, *imp* voulais, *fut* voudrai, *pr subj* veuille

FRANÇAIS-ESPAGNOL
FRANCÉS-ESPAÑOL

a [a] → **avoir**.

A [a] *(abr de autoroute)* A.

à [a] *prép* -1. *(gén)* a; **penser à qqch** pensar en algo; **donner qqch à qqn** dar algo a alguien; **allons au théâtre** vayamos al teatro; **il est parti à la pêche** se ha ido a pescar; **embarquement à 21h30** embarque a las 21:30 h; **au mois d'août** en el mes de agosto; **le musée est à cinq minutes d'ici** el museo está a cinco minutos de aquí; **à jeudi!** ¡hasta el jueves!; **à pied** a pie; **écrire au crayon** escribir con lápiz; **à la française** a la francesa; **ils vivent à deux dans une pièce** viven dos en una habitación; **un billet d'entrée à 40F** une entrada a 40 francos.
-2. *(indique le lieu où l'on est)* en; **j'habite à Paris** vivo en París; **rester à la maison** quedarse en casa; **à la sortie de la ville** a la salida de la ciudad.
-3. *(indique l'appartenance)* de; **à qui sont ces lunettes?** ¿de quién son estas gafas?; **cet argent est à moi/à lui /à Isabelle** ese dinero es mío/suyo/de Isabel; **une amie à moi** una amiga mía.
-4. *(indique une caractéristique)* de; **le garçon aux yeux bleus** el chico de los ojos azules; **un bateau à vapeur** un barco de vapor.
-5. *(indique un rapport)* por; **100 km à l'heure** 100 km por hora.
-6. *(indique le but)*: **maison à vendre** casa en venta; **le courrier à poster** la correspondencia que hay que enviar.

AB *(abr de assez bien)* ≃ B.

abaisser [abese] *vt (manette)* bajar.

abandon [abɑ̃dɔ̃] *nm*: **à l'~** descuidado(-da); **laisser qqch à l'~** descuidar algo.

abandonné, -e [abɑ̃dɔne] *adj* abandonado(-da).

abandonner [abɑ̃dɔne] *vt* abandonar. ◆ *vi* rendirse.

abat-jour [abaʒur] *nm inv* pantalla *f*.

abats [aba] *nmpl (de bétail)* asaduras *fpl*; *(de volaille)* menudillos *mpl*.

abattoir [abatwar] *nm* matadero *m*.

abattre [abatr] *vt (arbre)* talar; *(mur)* derribar; *(tuer)* matar; *(décourager)* abatir.

abattu, **-e** [abaty] *adj (découragé)* abatido(-da).
abbaye [abei] *nf* abadía *f*.
abcès [apsɛ] *nm* absceso *m*.
abeille [abɛj] *nf* abeja *f*.
aberrant, **-e** [abɛrɑ̃, ɑ̃t] *adj* aberrante.
abîmer [abime] *vt* estropear. ❑ **s'abîmer** *vp* estropearse; **s'~ les yeux** estropearse los ojos.
aboiements [abwamɑ̃] *nmpl* ladridos *mpl*.
abolir [abɔlir] *vt* abolir.
abominable [abɔminabl] *adj* abominable.
abondant, **-e** [abɔ̃dɑ̃, ɑ̃t] *adj* abundante.
abonné, **-e** [abɔne] *nm, f* abonado *m* (-da *f*); *(à un journal)* suscriptor *m* (-ra *f*). ◆ *adj* abonado(-da); **être ~ à un journal** estar suscrito a un periódico.
abonnement [abɔnmɑ̃] *nm (à un journal)* suscripción *f*; *(de bus, de métro)* bono *m*; *(de théâtre)* abono *m*.
abonner [abɔne]: **s'abonner à** *vp + prép (journal)* suscribirse a.
abord [abɔr]: **d'abord** *adv* primero. ❑ **abords** *nmpl* inmediaciones *fpl*.
abordable [abɔrdabl] *adj* asequible.
aborder [abɔrde] *vt* abordar. ◆ *vi* atracar.
aboutir [abutir] *vi (réussir)* dar resultado; **~ à** *(arriver à)* llegar a.
aboyer [abwaje] *vi* ladrar.
abrégé [abreʒe] *nm*: **en ~** en resumen.
abréger [abreʒe] *vt* abreviar.
abreuvoir [abrœvwar] *nm* abrevadero *m*.
abréviation [abrevjasjɔ̃] *nf* abreviatura *f*.
abri [abri] *nm* refugio *m*; **à l'~ de** al abrigo de.
abricot [abriko] *nm* albaricoque *m*.
abriter [abrite]: **s'abriter (de)** *vp (+ prép)* resguardarse (de).
abrupt, **-e** [abrypt] *adj* abrupto(-ta).
abruti, **-e** [abryti] *adj (fam: bête)* estúpido(-da); *(assommé)* aturdido(-da). ◆ *nm, f (fam)* estúpido *m* (-da *f*).
abrutissant, **-e** [abrytisɑ̃, ɑ̃t] *adj* embrutecedor(-ra).
absence [apsɑ̃s] *nf* ausencia *f*; *(SCOL, manque)* falta *f*.
absent, **-e** [apsɑ̃, ɑ̃t] *adj* & *nm, f (personne)* ausente.
absenter [apsɑ̃te]: **s'absenter** *vp* ausentarse.
absolu, **-e** [apsɔly] *adj* absoluto(-ta).
absolument [apsɔlymɑ̃] *adv (à tout prix)* a toda costa; *(tout à fait)* totalmente.
absorbant, **-e** [apsɔrbɑ̃, ɑ̃t] *adj* absorbente.
absorber [apsɔrbe] *vt* absorber; *(nourriture)* ingerir.
abstenir [apstənir]: **s'abstenir** *vp (de voter)* abstenerse; **s'~ de faire qqch** abstenerse de hacer algo.
abstention [apstɑ̃sjɔ̃] *nf* abstención *f*.

abstenu, **-e** [apstəny] *pp* → abstenir.

abstrait, **-e** [apstrɛ, ɛt] *adj* abstracto(-ta).

absurde [apsyrd] *adj* absurdo(-da).

abus [aby] *nm* abuso *m*.

abuser [abyze] *vi* abusar; **~ de** abusar de.

académie [akademi] *nf (zone administrative) distrito educativo en Francia*; **l'Académie française** *sociedad oficial de literatos para la defensa del idioma*, ≃ Real Academia *f*.

acajou [akaʒu] *nm* caoba *f*.

accabler [akable] *vt* agobiar; **~ qqn de** *(travail)* agobiar a alguien con; *(reproches, injures)* abrumar a alguien con.

accaparer [akapare] *vt* acaparar.

accéder [aksede]: **accéder à** *v + prép (lieu)* acceder a.

accélérateur [akseleratœr] *nm* acelerador *m*.

accélération [akselerasjɔ̃] *nf* aceleración *f*.

accélérer [akselere] *vi* (AUT) acelerar; *(se dépêcher)* apresurarse.

accent [aksɑ̃] *nm* acento *m*; **mettre l'~ sur** hacer hincapié en; **~ aigu** acento agudo; **~ circonflexe** acento circunflejo; **~ grave** acento grave.

accentuer [aksɑ̃tɥe] *vt (mot)* acentuar. ❑ **s'accentuer** *vp* acentuarse.

acceptable [aksɛptabl] *adj* aceptable.

accepter [aksɛpte] *vt* aceptar; **~ de faire qqch** aceptar hacer algo.

accès [aksɛ] *nm* acceso *m*; **donner ~ à** *(suj: ticket)* permitir la entrada a; **'~ interdit'** 'prohibida la entrada'; **'~ aux trains'** 'acceso a los andenes'.

accessible [aksesibl] *adj* accesible.

accessoire [akseswar] *nm (bijou, écharpe)* complemento *m*; *(outil)* accesorio *m*.

accident [aksidɑ̃] *nm* accidente *m*; **~ de la route** accidente de circulación; **~ du travail** accidente laboral; **~ de voiture** accidente de coche.

accidenté, **-e** [aksidɑ̃te] *adj (voiture)* siniestrado(-da); *(terrain)* accidentado(-da).

accidentel, **-elle** [aksidɑ̃tɛl] *adj (mort)* por accidente; *(rencontre, découverte)* accidental.

accolade [akɔlad] *nf (signe graphique)* llave *f*.

accompagnateur, **-trice** [akɔ̃paɲatœr, tris] *nm, f* acompañante *mf*.

accompagnement [akɔ̃paɲmɑ̃] *nm* (MUS) acompañamiento *m*.

accompagner [akɔ̃paɲe] *vt* acompañar.

accomplir [akɔ̃plir] *vt* cumplir.

accord [akɔr] *nm* acuerdo *m*; (MUS) acorde *m*; (GRAMM) concordancia *f*; **d'~!** ¡de acuerdo!; **se mettre d'~** ponerse de acuerdo; **être d'~ avec** estar de acuerdo con; **être d'~ pour faire qqch** estar de acuerdo para hacer algo.

accordéon [akɔrdeɔ̃] *nm* acordeón *m*.

accorder [akɔrde] *vt (MUS)* afinar; ~ **qqch à qqn** conceder algo a alguien. ❑ **s'accorder** *vp* concordar; *(GRAMM)* concordar; **s'~ bien** *(couleurs, vêtements)* ir bien juntos.

accoster [akɔste] *vt (personne)* abordar. ◆ *vi* atracar.

accotement [akɔtmɑ̃] *nm* arcén *m*; **'~s non stabilisés'** *señal de tráfico que indica que los arcenes no son transitables*.

accouchement [akuʃmɑ̃] *nm* parto *m*.

accoucher [akuʃe] *vi* dar a luz; ~ **de jumeaux** dar a luz mellizos.

accouder [akude]: **s'accouder** *vp* poner los codos en.

accoudoir [akudwar] *nm* brazo *m (de un sillón)*.

accourir [akurir] *vi* acudir.

accouru, -e [akury] *pp* → **accourir**.

accoutumer [akutyme]: **s'accoutumer à** *vp* + *prép* acostumbrarse a.

accroc [akro] *nm (déchirure)* desgarrón *m*; *(incident)* contratiempo *m*.

accrochage [akrɔʃaʒ] *nm (accident)* choque *m*; *(fam: dispute)* agarrada *f*.

accrocher [akrɔʃe] *vt (attacher)* enganchar; *(suspendre)* colgar; *(déchirer)* engancharse; *(heurter)* chocar con. ❑ **s'accrocher** *vp (fam: persévérer)* luchar; **s'~ à** *(se tenir à)* agarrarse a.

accroupir [akrupir]: **s'accroupir** *vp* agacharse.

accu [aky] *nm (fam)* pila *f*.

accueil [akœj] *nm (bienvenue)* acogida *f*; *(bureau)* recepción *f*.

accueillant, -e [akœjɑ̃, ɑ̃t] *adj* acogedor(-ra).

accueillir [akœjir] *vt* acoger.

accumuler [akymyle] *vt* acumular. ❑ **s'accumuler** *vp* acumularse.

accusation [akyzasjɔ̃] *nf* acusación *f*.

accusé, -e [akyze] *nm, f* acusado *m* (-da *f*). ◆ *nm*: ~ **de réception** acuse *m* de recibo.

accuser [akyze] *vt*: ~ **qqn de (faire) qqch** acusar a alguien de (hacer) algo.

acéré, -e [asere] *adj* afilado(-da).

acharnement [aʃarnəmɑ̃] *nm* empeño *m*; **avec** ~ con empeño.

acharner [aʃarne]: **s'acharner** *vp*: **s'~ à faire qqch** empeñarse en hacer algo; **s'~ sur qqn** ensañarse con alguien; **s'~ sur qqch** poner empeño en algo.

achat [aʃa] *nm* compra *f*; **faire des ~s** ir de compras.

acheter [aʃte] *vt* comprar; *(corrompre)* sobornar; ~ **qqch à qqn** comprar algo a alguien.

acheteur, -euse [aʃtœr, øz] *nm, f* comprador *m* (-ra *f*).

achever [aʃve] *vt (terminer)* acabar; *(tuer)* rematar. ❑ **s'achever** *vp* acabarse.

acide [asid] *adj* ácido(-da). ◆ *nm* ácido *m*.

acier [asje] *nm* acero *m*; ~ **inoxydable** acero inoxidable.

acné [akne] *nf* acné *m*.
acompte [akɔ̃t] *nm* anticipo *m*.
à-coup, **-s** [aku] *nm* sacudida *f*; **par ~s** a trompicones.
acoustique [akustik] *nf* acústica *f*.
acquérir [akerir] *vt* adquirir.
acquis, **-e** [aki, iz] *pp* → **acquérir**.
acquisition [akizisjɔ̃] *nf* adquisición *f*; **faire l'~ de** adquirir.
acquitter [akite] *vt* absolver. ❑ **s'acquitter de** *vp + prép (dette)* satisfacer; *(travail)* desempeñar.
âcre [akr] *adj (odeur)* acre.
acrobate [akrɔbat] *nmf* acróbata *mf*.
acrobatie [akrɔbasi] *nf* acrobacia *f*.
acrylique [akrilik] *nm* acrílico *m*.
acte [akt] *nm* acto *m*; *(document)* acta *f*.
acteur, **-trice** [aktœr, tris] *nm, f* actor *m* (-triz *f*).
actif, **-ive** [aktif, iv] *adj* activo(-va).
action [aksjɔ̃] *nf* acción *f*.
actionnaire [aksjɔnɛr] *nmf* accionista *mf*.
actionner [aksjɔne] *vt* accionar.
active → **actif**.
activer [aktive] *vt (feu)* avivar. ❑ **s'activer** *vp (se dépêcher)* apresurarse.
activité [aktivite] *nf* actividad *f*.
actrice → **acteur**.
actualité [aktɥalite] *nf*: **l'~** la actualidad; **d'~** de actualidad. ❑ **actualités** *nfpl* noticias *fpl*.
actuel, **-elle** [aktɥɛl] *adj* actual.
actuellement [aktɥɛlmɑ̃] *adv* actualmente.
acupuncture [akypɔ̃ktyr] *nf* acupuntura *f*.
adaptateur [adaptatœr] *nm* *(pour prise de courant)* adaptador *m*.
adaptation [adaptasjɔ̃] *nf* adaptación *f*.
adapter [adapte] *vt* adaptar; **~ qqch à** adaptar algo a. ❑ **s'adapter** *vp*: **s'~ (à)** adaptarse (a).
additif [aditif] *nm* aditivo *m*; **'sans ~'** 'sin aditivos'.
addition [adisjɔ̃] *nf (calcul)* suma *f*; *(note)* cuenta *f*; **faire une ~** sumar; **payer l'~** pagar la cuenta; **l'~, s'il vous plaît!** ¡la cuenta, por favor!
additionner [adisjɔne] *vt* añadir. ❑ **s'additionner** *vp* añadirse.
adepte [adɛpt] *nmf* adepto *m* (-ta *f*).
adéquat, **-e** [adekwa, at] *adj* adecuado(-da).
adhérent, **-e** [aderɑ̃, ɑ̃t] *nm, f* socio *m* (-cia *f*).
adhérer [adere] *vi*: **~ à** *(coller)* adherir a; *(participer)* adherirse a.
adhésif, **-ive** [adezif, iv] *adj* *(pansement, ruban)* adhesivo(-va).
adieu, **-x** [adjø] *nm* adiós *m*; **~!** ¡adiós!; **faire ses ~x à qqn** despedirse de alguien.

adjectif [adʒɛktif] *nm* adjetivo *m*.
adjoint, -e [adʒwɛ̃, ɛ̃t] *nm, f* adjunto *m* (-ta *f*).
admettre [admɛtr] *vt* admitir.
administration [administrasjɔ̃] *nf* administración *f*; **l'Administration** la Administración pública.
admirable [admirabl] *adj* admirable.
admirateur, -trice [admiratœr, tris] *nm, f* admirador *m* (-ra *f*).
admiration [admirasjɔ̃] *nf* admiración *f*.
admirer [admire] *vt* admirar.
admis, -e [admi, iz] *pp* → **admettre**.
admissible [admisibl] *adj* (SCOL) *apto para presentarse a las últimas pruebas de un examen*.
adolescence [adɔlesɑ̃s] *nf* adolescencia *f*.
adolescent, -e [adɔlesɑ̃, ɑ̃t] *nm, f* adolescente *mf*.
adopter [adɔpte] *vt* adoptar.
adoptif, -ive [adɔptif, iv] *adj* adoptivo(-va).
adoption [adɔpsjɔ̃] *nf (d'un enfant)* adopción *f*.
adorable [adɔrabl] *adj* encantador(-ra).
adorer [adɔre] *vt (aimer)* adorar; **j'adore le chocolat** me encanta el chocolate.
adosser [adose]: **s'adosser** *vp*: **s'~ à** OU **contre** apoyarse en OU contra.
adoucir [adusir] *vt* suavizar.
adresse [adrɛs] *nf (domicile)* dirección *f*; *(habileté)* destreza *f*.
adresser [adrese] *vt (enveloppe)* remitir; *(remarque)* hacer. ❑ **s'adresser à** *vp + prép (parler à)* dirigirse a; *(concerner)* estar destinado a.
adroit, -e [adrwa, at] *adj* diestro(-tra) *(hábil)*.
adulte [adylt] *nmf* adulto *m* (-ta *f*).
adverbe [advɛrb] *nm* adverbio *m*.
adversaire [advɛrsɛr] *nmf* adversario *m* (-ria *f*).
adverse [advɛrs] *adj* adverso(-sa).
aération [aerasjɔ̃] *nf* ventilación *f*.
aérer [aere] *vt* ventilar.
aérien, -enne [aerjɛ̃, ɛn] *adj* aéreo(-a).
aérodrome [aerɔdrom] *nm* aeródromo *m*.
aérodynamique [aerɔdinamik] *adj* aerodinámico(-ca).
aérogare [aerɔgar] *nf* terminal *m (de aeropuerto)*.
aéroglisseur [aerɔglisœr] *nm* aerodeslizador *m*.
aérogramme [aerɔgram] *nm* aerograma *m*.
aérophagie [aerɔfaʒi] *nf* aerofagia *f*.
aéroport [aerɔpɔr] *nm* aeropuerto *m*.
aérosol [aerɔsɔl] *nm* aerosol *m*.
affaiblir [afeblir] *vt* debilitar. ❑ **s'affaiblir** *vp* debilitarse.

affaire [afɛr] *nf (entreprise)* negocio *m*; *(problème)* asunto *m*; *(scandale)* caso *m*; *(marché)* trato *m*; **avoir ~ à qqn** tener que tratar con alguien; **faire l'~** convenir; **c'est une ~ de...** es cuestión de... ❑ **affaires** *nfpl (objets)* cosas *fpl*; **les ~s** *(FIN)* los negocios; **occupe-toi de tes ~s** ocúpate de tus asuntos.

affaisser [afese]: **s'affaisser** *vp (personne)* desplomarse; *(plancher)* hundirse.

affamé, -e [afame] *adj* hambriento(-ta).

affecter [afɛkte] *vt (toucher)* afectar; *(destiner)* destinar.

affection [afɛksjɔ̃] *nf (sentiment)* afecto *m*.

affectueusement [afɛktɥøzmɑ̃] *adv* con cariño.

affectueux, -euse [afɛktɥø, øz] *adj* cariñoso(-sa).

affichage [afiʃaʒ] *nm (INFORM)* visualización *f*; **'~ interdit'** 'prohibido fijar carteles'.

affiche [afiʃ] *nf* cartel *m*.

afficher [afiʃe] *vt (placarder)* pegar.

affilée [afile]: **d'affilée** *adv*: **deux heures d'~** dos horas seguidas.

affirmation [afirmasjɔ̃] *nf (déclaration)* afirmación *f*.

affirmer [afirme] *vt* afirmar. ❑ **s'affirmer** *vp (personnalité, talent)* afianzarse.

affligeant, -e [afliʒɑ̃, ɑ̃t] *adj* lamentable.

affluence [aflyɑ̃s] *nf* afluencia *f*.

affluent [aflyɑ̃] *nm* afluente *m*.

affolement [afɔlmɑ̃] *nm* pánico *m*.

affoler [afɔle] *vt* alarmar. ❑ **s'affoler** *vp* alarmarse.

affranchir [afrɑ̃ʃir] *vt (timbrer)* franquear.

affranchissement [afrɑ̃ʃismɑ̃] *nm (timbre)* franqueo *m*.

affreusement [afrøzmɑ̃] *adv (extrêmement)*: **il est ~ tard!** ¡es tardísimo!

affreux, -euse [afrø, øz] *adj* horrendo(-da).

affronter [afrɔ̃te] *vt (ennemi, danger)* afrontar; *(SPORT)* enfrentarse con. ❑ **s'affronter** *vp* enfrentarse.

affût [afy] *nm*: **être à l'~ (de)** estar al acecho (de).

affûter [afyte] *vt* afilar.

afin [afɛ̃]: **afin de** *prép* a fin de. ❑ **afin que** *conj* a fin de que.

africain, -e [afrikɛ̃, ɛn] *adj* africano(-na). ❑ **Africain, -e** *nm, f* africano *m* (-na *f*).

Afrique [afrik] *nf*: **l'~** África; **l'~ du Nord** África del Norte; **l'~ du Sud** Sudáfrica.

agaçant, -e [agasɑ̃, ɑ̃t] *adj* irritante.

agacer [agase] *vt* irritar.

âge [aʒ] *nm* edad *f*; **quel ~ as-tu?** ¿cuántos años tienes?; **une personne d'un certain ~** una persona mayor.

âgé, -e [aʒe] *adj* mayor; **cet e fant est ~ de cinq ans** este tiene cinco años.

agence [aʒɑ̃s] *nf* agencia *f*; **~ de voyages** agencia de viajes.
agenda [aʒɛ̃da] *nm* agenda *f*; **~ électronique** agenda informática.
agenouiller [aʒnuje]: **s'agenouiller** *vp* arrodillarse.
agent [aʒɑ̃] *nm*: **~ (de police)** agente *m* (de policía); **~ de change** agente de cambio y bolsa.
agglomération [aglɔmerasjɔ̃] *nf (amas)* aglomeración *f*; *(ville)* población *f*; **~ parisienne** París y sus alrededores.
aggraver [agrave] *vt* agravar. ❑ **s'aggraver** *vp* agravarse.
agile [aʒil] *adj* ágil.
agilité [aʒilite] *nf* agilidad *f*.
agir [aʒir] *vi* actuar; *(avoir un effet)* surtir efecto. ❑ **s'agir** *v impers*: **il s'agit de** se trata de.
agitation [aʒitasjɔ̃] *nf* agitación *f*.
agité, -e [aʒite] *adj (personne, sommeil)* agitado(-da); *(mer)* embravecido(-da).
agiter [aʒite] *vt* agitar. ❑ **s'agiter** *vp* moverse.
agneau, -x [aɲo] *nm* cordero *m*.
agonie [agɔni] *nf* agonía *f*.
agrafe [agraf] *nf (de bureau)* grapa *f*; *(de vêtement)* corchete *m*.
agr… [agrafe] *vt* grapar.
…**se** [agraføz] *nf* grapa-…
… [agrɑ̃dir] *vt* ampliar;
…ar. ❑ **s'agrandir** *vp*
…**nent** [agrɑ̃dismɑ̃]
…ación *f*.

agréable [agreabl] *adj* agradable.
agrès [agrɛ] *nmpl* aparatos *mpl* de gimnasia.
agresser [agrese] *vt* agredir.
agresseur [agrɛsœr] *nm* agresor *m*.
agressif, -ive [agrɛsif, iv] *adj* agresivo(-va).
agression [agrɛsjɔ̃] *nf* agresión *f*.
agricole [agrikɔl] *adj* agrícola.
agriculteur, -trice [agrikyltœr, tris] *nm, f* agricultor *m* (-ra *f*).
agriculture [agrikyltyr] *nf* agricultura *f*.
agripper [agripe] *vt* agarrar. ❑ **s'agripper à** *vp + prép* agarrarse a.
agrumes [agrym] *nmpl* cítricos *mpl*.
ahuri, -e [ayri] *adj* pasmado(-da).
ahurissant, -e [ayrisɑ̃, ɑ̃t] *adj* asombroso(-sa).
ai [ɛ] → **avoir**.
aide [ɛd] *nf* ayuda *f*; **appeler à l'~** pedir auxilio; **à l'~!** ¡auxilio!; **à l'~ de** *(personne)* con la ayuda de; *(outil)* mediante.
aider [ede] *vt* ayudar; **~ qqn à faire qqch** ayudar a alguien a hacer algo. ❑ **s'aider de** *vp + prép* valerse de.
aie [ɛ] → **avoir**.
aïe [aj] *excl* ¡ay!
aigle [ɛgl] *nm* águila *f*.
aigre [ɛgr] *adj* agrio(-a).
aigre-doux, -douce [ɛgrə-

du, dus] (*mpl* **aigres-doux**, *fpl* **aigres-douces**) *adj* agridulce.

aigri, -e [egri] *adj* amargado(-da).

aigu, -uë [egy] *adj* agudo(-da).

aiguillage [egɥijaʒ] *nm (manœuvre)* cambio *m* de agujas.

aiguille [egɥij] *nf* aguja *f*; *(de montre)* manecilla *f*; ~ **de pin** púa *f*; ~ **à tricoter** aguja de hacer punto.

aiguillette [egyijɛt] *nf*: ~ **de canard** *pechuga de pato asasa y cortada en lonchas.*

aiguiser [egize] *vt* afilar.

ail [aj] *nm* ajo *m*.

aile [ɛl] *nf* ala *f*.

ailier [elje] *nm* extremo *m*.

aille [aj] → **aller**.

ailleurs [ajœr] *adv* en otra parte; **d'~** *(du reste)* además; *(à propos)* a propósito.

aimable [ɛmabl] *adj* amable.

aimant [ɛmɑ̃] *nm* imán *m*.

aimer [eme] *vt* querer; ~ **(bien) qqch/faire qqch** gustarle a alguien algo/hacer algo; **j'aimerais faire qqch** me gustaría hacer algo; ~ **mieux (faire) qqch** preferir (hacer) algo.

aine [ɛn] *nf* ingle *f*.

aîné, -e [ene] *adj & nm, f* mayor.

ainsi [ɛ̃si] *adv* así; ~ **que** así como; **et ~ de suite** y así sucesivamente.

aïoli [ajɔli] *nm* alioli *m*.

air [ɛr] *nm* aire *m*; *(apparence)* aspecto *f*; **il a l'~ (d'être) malade** parece que está enfermo; **il a l'~ d'un clown** parece un payaso; **il a l'~ de faire beau** parece que hace bueno; **en l'~** *(en haut)* hacia arriba; **les mains en l'~** ¡arriba las manos!; **ficher qqch en l'~** *(fam: gâcher)* echar algo a perder; **prendre l'~** tomar el aire; ~ **conditionné** aire acondicionado.

aire [ɛr] *nf* área *f*; ~ **de jeu** área de juego; ~ **de repos** área de descanso; ~ **de stationnement** zona *f* de aparcamiento.

airelle [ɛrɛl] *nf* arándano *m*.

aisance [ɛzɑ̃s] *nf (assurance)* soltura *f*; *(richesse)* holgura *f*.

aise [ɛz] *nf*: **à l'~** a gusto; **mal à l'~** incómodo(-da).

aisé, -e [eze] *adj (riche)* acomodado(-da).

aisselle [ɛsɛl] *nf* axila *f*.

ajouter [aʒute] *vt*: ~ **qqch (à)** añadir algo (a); ~ **que** añadir que.

ajuster [aʒyste] *vt* ajustar.

alarmant, -e [alarmɑ̃, ɑ̃t] *adj* alarmante.

alarme [alarm] *nf* alarma *f*; **donner l'~** dar la alarma.

album [albɔm] *nm (livre)* álbum *m*; *(disque)* elepé *m*; ~ **(de) photos** álbum de fotos.

alcool [alkɔl] *nm* alcohol *m*; **sans ~** sin alcohol; ~ **à 90°** alcohol de 90°; ~ **à brûler** alcohol de quemar.

alcoolique [alkɔlik] *nmf* alcohólico *m* (-ca *f*).

alcoolisé, -e [alkɔlize] *adj* alcohólico(-ca); **non ~** sin alcohol.

Alcootest® [alkotɛst] *nm* alcoholímetro *m*.

aléatoire [aleatwar] *adj (risqué)* aleatorio(-ria).
alentours [alɑ̃tur] *nmpl* alrededores *mpl*; **aux ~** *(près)* en los alrededores; **aux ~ de** *(environ)* cerca de.
alerte [alɛrt] *nf* & *adj* alerta; **donner l'~** dar la alerta.
alerter [alɛrte] *vt (d'un danger)* alertar; *(police, pompiers)* avisar.
algèbre [alʒɛbr] *nf* álgebra *f*.
Alger [alʒe] *n* Argel.
Algérie [alʒeri] *nf*: **l'~** Argelia.
algérien, **-enne** [alʒerjɛ̃, ɛn] *adj* argelino(-na). ❑ **Algérien**, **-enne** *nm, f* argelino *m* (-na *f*).
algues [alg] *nfpl* algas *fpl*.
alibi [alibi] *nm* coartada *f*.
alignement [aliɲmɑ̃] *nm* alineación *f*.
aligner [aliɲe] *vt* alinear. ❑ **s'aligner** *vp* alinearse.
aliment [alimɑ̃] *nm* alimento *m*.
alimentation [alimɑ̃tasjɔ̃] *nf (nourriture)* alimentación *f*; *(épicerie)* comestibles *mpl*.
alimenter [alimɑ̃te] *vt (nourrir)* alimentar; *(approvisionner)* suministrar.
Allah [ala] *nm* Alá *m*.
allaiter [alete] *vt* dar el pecho.
alléchant, **-e** [aleʃɑ̃, ɑ̃t] *adj* tentador(-ra).
allée [ale] *nf (chemin)* paseo *m*; **~s et venues** ajetreo *m*.
allégé, **-e** [aleʒe] *adj (aliment)* bajo(-ja) en calorías.
Allemagne [almaɲ] *nf*: **l'~** Alemania.
allemand, **-e** [almɑ̃, ɑ̃d] *adj* alemán(-ana). ◆ *nm (langue)* alemán *m*. ❑ **Allemand**, **-e** *nm, f* alemán *m* (-ana *f*).
aller [ale] *nm* ida *f*; **à l'~** a la ida; **un ~ (simple)** un billete de ida; **un ~ et retour** un billete de ida y vuelta.
◆ *vi* **-1.** *(gén)* ir; **~ au Portugal** ir a Portugal; **pour ~ à la cathédrale, s'il vous plaît?** por favor, ¿para ir a la catedral?; **~ en vacances** irse de vacaciones; **j'irai le chercher à la gare** ire a buscarle a la estación; **~ voir** ir a ver; **~ faire qqch** ir a hacer algo.
-2. *(exprime un état)* estar; **comment allez-vous?** ¿cómo está usted?; **(comment) ça va? - ça va** ¿qué tal? - bien; **~ bien/mal** *(personne)* estar bien/mal; *(situation)* ir bien/mal.
-3. *(convenir)*: **~ à qqn** quedar bien; **~ avec qqch** pegar con algo; **ce couteau ne va pas, il est émoussé** este cuchillo no sirve, está desafilado.
-4. *(dans des expressions)*: **allez!** ¡venga!; **allons!** ¡vamos!; **y ~** *(partir)* irse; **vas-y!** ¡venga!
❑ **s'en aller** *vp* irse; **allez-vous en!** ¡váyase!
allergie [alɛrʒi] *nf* alergia *f*.
allergique [alɛrʒik] *adj*: **être ~ à** ser alergico(-ca) a.
aller-retour [aler(ə)tur] (*pl* **allers-retours**) *nm (billet)* billete *m* ida y vuelta.
alliage [aljaʒ] *nm* aleación *f*.
alliance [aljɑ̃s] *nf* alianza *f*.
allié, **-e** [alje] *nm, f* aliado *m* (-da *f*).

allô [alo] *excl* ¿diga?
allocation [alɔkasjɔ̃] *nf* subsidio *m*; **~s familiales** subsidio *m* familiar.
allonger [alɔ̃ʒe] *vt (vêtement)* alargar; *(bras, jambes)* estirar. ❑ **s'allonger** *vp (s'étendre)* tumbarse; *(devenir plus long)* alargarse.
allumage [alymaʒ] *nm (AUT)* encendido *m*.
allumer [alyme] *vt* encender. ❑ **s'allumer** *vp* encenderse.
allumette [alymɛt] *nf* cerilla *f*.
allure [alyr] *nf (apparence)* aspecto *m*; *(vitesse)* velocidad *f*; **à toute ~** deprisa.
allusion [alyzjɔ̃] *nf* alusión *f*; **faire ~ à** aludir a.
alors [alɔr] *adv* entonces; **~, tu viens?** vienes, ¿o qué?; **ça ~!** ¡vaya!; **et ~?** *(et ensuite)* ¿y?; *(pour défier)* ¿y qué?; **~ que** *(tandis que)* mientras que; *(pendant que)* cuando.
alourdir [alurdir] *vt* volver más pesado; *(phrase, style)* recargar.
aloyau, -x [alwajo] *nm* solomillo *m*.
Alpes [alp] *nfpl*: **les ~** los Alpes.
alphabet [alfabɛ] *nm* alfabeto *m*.
alphabétique [alfabetik] *adj* alfabético(-ca); **par ordre ~** por orden alfabético.
alpin [alpɛ̃] *adj m* → **ski**.
alpinisme [alpinism] *nm* alpinismo *m*.
alpiniste [alpinist] *nmf* alpinista *mf*.
Alsace [alzas] *nf*: **l'~** Alsacia.
alternatif [altɛrnatif] *adj m* → **courant**.
alternativement [altɛrnativmɑ̃] *adv* alternativamente.
alterner [altɛrne] *vi* alternar.
altitude [altityd] *nf* altitud *f*, altura *f*; **à 2 000 m d'~** a 2.000 m de altitud.
aluminium [alyminjɔm] *nm* aluminio *m*.
amabilité [amabilite] *nf* amabilidad *f*.
amadouer [amadwe] *vt* engatusar.
amaigrissant, -e [amegrisɑ̃, ɑ̃t] *adj* adelgazante.
amande [amɑ̃d] *nf* almendra *f*.
amant [amɑ̃] *nm* amante *m*.
amarrer [amare] *vt* amarrar.
amas [ama] *nm* montón *m*.
amasser [amase] *vt* amontonar.
amateur [amatœr] *adj (musicien, sportif)* aficionado(-da). ◆ *nm (non-professionnel)* aficionado *m* (-da *f*); *(péj: peu sérieux)* diletante *mf*; **être ~ de** ser aficionado(-da) a.
Amazone [amazɔn] *nm*: **l'~** el Amazonas.
Amazonie [amazɔni] *nf*: **l'~** Amazonia.
ambassade [ɑ̃basad] *nf* embajada *f*.
ambassadeur, -drice [ɑ̃basadœr, dris] *nm, f* embajador *m* (-ra *f*).
ambiance [ɑ̃bjɑ̃s] *nf* ambiente *m*; **d'~** *(musique, éclairage)* ambiental.

ambigu, -uë [ɑ̃bigy] *adj* ambiguo(-gua).
ambitieux, -euse [ɑ̃bisjø, øz] *adj (personne)* ambicioso(-sa); *(projet)* de gran envergadura.
ambition [ɑ̃bisjɔ̃] *nf (but)* anhelo *m*; *(désir de réussite)* ambición *f*.
ambulance [ɑ̃bylɑ̃s] *nf* ambulancia *f*.
ambulant [ɑ̃bylɑ̃] *adj m* → **marchand.**
âme [am] *nf* alma *f*.
amélioration [ameljɔrasjɔ̃] *nf* mejora *f*.
améliorer [ameljɔre] *vt* mejorar. ❑ **s'améliorer** *vp (santé, situation)* mejorar; *(élève)* progresar.
aménagé, -e [amenaʒe] *adj* acondicionado(-da).
aménager [amenaʒe] *vt* acondicionar.
amende [amɑ̃d] *nf* multa *f*.
amener [amne] *vt (emmener)* llevar; *(faire venir avec soi)* traerse; *(causer)* acarrear; ~ **qqn à faire qqch** inducir a alguien a hacer algo.
amer, -ère [amɛr] *adj (goût)* amargo(-ga); *(personne)* amargado(-da).
américain, -e [amerikɛ̃, ɛn] *adj* americano(-na), norteamericano(-na). ❑ **Américain, -e** *nm, f* americano *m* (-na *f*), norteamericano *m* (-na *f*).
Amérique [amerik] *nf*: **l'~** América; **l'~ centrale** América central, Centroamérica; **l' ~ latine** América latina, Latinoamérica; **l'~ du Sud** América del Sur, Sudamérica.
amertume [amɛrtym] *nf (d'un aliment)* amargor *m*; *(tristesse)* amargura *f*.
ameublement [amœbləmɑ̃] *nm* mobiliario *m*.
ami, -e [ami] *nm, f (camarade)* amigo *m* (-ga *f*); *(amant)* novio *m* (-via *f*); **être (très) ~s** ser (muy) amigos.
amiable [amjabl] *adj* amistoso(-sa); **à l'~** *(arrangement)* amistoso(-sa).
amiante [amjɑ̃t] *nm* amianto *m*.
amical, -e, -aux [amikal, o] *adj* cordial.
amicalement [amikalmɑ̃] *adv* cordialmente.
amincir [amɛ̃sir] *vt (suj: régime)* adelgazar; *(suj: vêtement)* hacer más delgado(-da).
amitié [amitje] *nf* amistad *f*; **~s** *(dans une lettre)* recuerdos.
amnésique [amnezik] *adj* amnésico(-ca).
amonceler [amɔ̃sle]: **s'amonceler** *vp* amontonarse.
amont [amɔ̃] *nm* curso *m* alto *(de un río)*; **en ~** río arriba; *(fig)* antes.
amorcer [amɔrse] *vt* entablar.
amortir [amɔrtir] *vt (choc, son)* amortiguar; *(rentabiliser)* amortizar.
amortisseur [amɔrtisœr] *nm* amortiguador *m*.
amour [amur] *nm* amor *m*; **faire l'~** hacer el amor.
amoureux, -euse [amurø, øz] *adj* enamorado(-da). ◆ *nmpl*

amantes *mpl*; **être ~ de qqn** estar enamorado de alguien.
amour-propre [amurprɔpr] *nm* amor *m* propio.
amovible [amɔvibl] *adj* amovible.
amphithéâtre [ɑ̃fiteatr] *nm* anfiteatro *m*.
ample [ɑ̃pl] *adj* amplio(-plia).
amplement [ɑ̃pləmɑ̃] *adv* ampliamente.
ampli [ɑ̃pli] *nm (fam)* amplificador *m*.
amplificateur [ɑ̃plifikatœr] *nm (de chaîne hi-fi)* amplificador *m*.
amplifier [ɑ̃plifje] *vt* amplificar.
ampoule [ɑ̃pul] *nf (de lampe)* bombilla *f*; *(de médicament, sur la peau)* ampolla *f*.
amputer [ɑ̃pyte] *vt* amputar; *(texte)* recortar.
amusant, -e [amyzɑ̃, ɑ̃t] *adj* divertido(-da).
amuse-gueule [amyzgœl] *nm inv* aperitivo *m*.
amuser [amyze] *vt* divertir. ❑ **s'amuser** *vp (se distraire)* divertirse; *(jouer)* jugar; **s'~ à faire qqch** dedicarse a hacer algo.
amygdales [amidal] *nfpl* amígdalas *fpl*.
an [ɑ̃] *nm* año *m*; **il a neuf ~s** tiene nueve años; **en l'~ 2000** en el año 2000.
anachronique [anakrɔnik] *adj* anacrónico(-ca).
analogue [analɔg] *adj* análogo(-ga).
analphabète [analfabɛt] *adj* analfabeto(-ta).
analyse [analiz] *nf* análisis *m inv*; *(psychanalyse)* psicoanálisis *m inv*; **~ (de sang)** análisis (de sangre).
analyser [analize] *vt* analizar.
ananas [anana(s)] *nm* piña *f*.
anarchie [anarʃi] *nf* anarquía *f*.
anatomie [anatɔmi] *nf* anatomía *f*.
ancêtre [ɑ̃sɛtr] *nm (parent)* antepasado *m*; *(version précédente)* predecesor *m*.
anchois [ɑ̃ʃwa] *nm (frais)* boquerón *m*; *(en conserve)* anchoa *f*.
ancien, -enne [ɑ̃sjɛ̃, ɛn] *adj* antiguo(-gua).
ancienneté [ɑ̃sjɛnte] *nf (dans une entreprise)* antigüedad *f*.
ancre [ɑ̃kr] *nf* ancla *m*; **jeter l'~** echar anclas; **lever l'~** levar anclas.
Andalousie [ɑ̃daluzi] *nf*: **l'~** Andalucía.
Andes [ɑ̃d] *nfpl*: **les ~** los Andes; **la Cordillère des ~** la Cordillera de los Andes.
Andorre [ɑ̃dɔr] *nf*: **l'~** Andorra.
andouille [ɑ̃duj] *nf (CULIN) especie de salchicha a base de tripas de cerdo*; *(fam: imbécile)* imbécil *mf*.
andouillette [ɑ̃dujɛt] *nf embutido a base de tripas de cerdo o de ternera*.
âne [an] *nm* burro *m*.
anéantir [aneɑ̃tir] *vt (ville, armée)* aniquilar; *(espoirs)* desvanecer; *(déprimer)* anonadar.

anecdote [anɛkdɔt] *nf* anécdota *f*.
anémie [anemi] *nf* anemia *f*.
ânerie [anri] *nf* burrada *f*.
anesthésie [anɛstezi] *nf* anestesia *f*; **être sous ~** estar bajo anestesia; **~ générale/locale** anestesia general/local.
ange [ɑ̃ʒ] *nm* angel *m*.
angine [ɑ̃ʒin] *nf* angina *f*; **~ de poitrine** angina de pecho.
anglais, **-e** [ɑ̃glɛ, ɛz] *adj* inglés(-esa). ◆ *nm (langue)* inglés *m*. ❑ **Anglais**, **-e** *nm, f* inglés *m* (-esa *f*).
angle [ɑ̃gl] *nm (coin)* esquina *f*; *(géométrique)* ángulo *m*; **~ droit** ángulo recto.
Angleterre [ɑ̃glətɛr] *nf*: **l'~** Inglaterra.
angoisse [ɑ̃gwas] *nf* angustia *f*.
angoissé, **-e** [ɑ̃gwase] *adj* angustiado(-da).
angora [ɑ̃gɔra] *nm* angora *f*.
anguille [ɑ̃gij] *nf* anguila *f*; **~ au vert** *anguilas cocinadas con vino blanco, nata, espinacas y hierbas aromáticas; especialidad belga.*
animal, **-aux** [animal, o] *nm* animal *m*; **~ domestique** animal doméstico.
animateur, **-trice** [animatœr, tris] *nm, f (de club, de groupe)* animador *m* (-ra *f*); *(à la radio, la télévision)* presentador *m* (-ra *f*).
animation [animasjɔ̃] *nf* animación *f*. ❑ **animations** *nfpl* actividades *fpl*.
animé, **-e** [anime] *adj* animado(-da).
animer [anime] *vt* animar; *(jeu, émission)* presentar. ❑ **s'animer** *vp* animarse.
anis [ani(s)] *nm* anís *m*.
ankyloser [ɑ̃kiloze]: **s'ankyloser** *vp* anquilosarse.
anneau, **-x** [ano] *nm (bague)* anillo *m*; *(maillon)* eslabón *m*. ❑ **anneaux** *nmpl (SPORT)* anillas *fpl*.
année [ane] *nf* año *m*; **~ bissextile** año bisiesto; **~ scolaire** curso m escolar.
annexe [anɛks] *nf (document)* documento *m* adjunto; *(bâtiment)* dependencia *f*.
anniversaire [anivɛrsɛr] *nm* cumpleaños *m inv*; **~ de mariage** aniversario *m* de bodas.
annonce [anɔ̃s] *nf* anuncio *m*; *(message parlé)* aviso *m*; **(petites) ~s** anuncios por palabras.
annoncer [anɔ̃se] *vt* anunciar. ❑ **s'annoncer** *vp*: **s'~ bien** presentarse bien.
annuaire [anɥɛr] *nm* anuario *m*; **~ (téléphonique)** guía *f* de teléfonos; **~ électronique** guía *f* telefónica electrónica.
annuel, **-elle** [anɥɛl] *adj* anual.
annulaire [anylɛr] *nm* anular *m*.
annulation [anylasjɔ̃] *nf* anulación *f*.
annuler [anyle] *vt* anular.
anomalie [anɔmali] *nf* anomalía *f*.
anonyme [anɔnim] *adj* anónimo(-ma).

anorak [anɔrak] *nm* anorak *m*.
anormal, -e, -aux [anɔrmal, o] *adj* anormal.
ANPE *nf (abr de Agence nationale pour l'emploi)* ≈ INEM *m*.
anse [ɑ̃s] *nf (poignée)* asa *f*; *(crique)* ensenada *f*.
Antarctique [ɑ̃tartik] *nm* Antártida *f*; **l'(océan) ~** el (océano) Antártico.
antenne [ɑ̃tɛn] *nf* antena *f*; **~ parabolique** antena parabólica.
antérieur, -e [ɑ̃terjœr] *adj (précédent)* anterior; *(de devant)* delantero(-ra).
antibiotique [ɑ̃tibjɔtik] *nm* antibiótico *m*.
antibrouillard [ɑ̃tibrujar] *nm* faro *m* antiniebla.
anticiper [ɑ̃tisipe] *vt* anticipar.
antidote [ɑ̃tidɔt] *nm* antídoto *m*.
antigel [ɑ̃tiʒɛl] *nm* anticongelante *m*.
antillais, -e [ɑ̃tijɛ, ɛz] *adj* antillano(-na). ❑ **Antillais, -e** *nm, f* antillano *m* (-na *f*).
Antilles [ɑ̃tij] *nfpl*: **les ~** las Antillas.
antimite [ɑ̃timit] *nm* antipolilla *m*.
Antiope [ɑ̃tjɔp] *n sistema francés de teletexto*.
antipathique [ɑ̃tipatik] *adj* antipático(-ca).
antiquaire [ɑ̃tikɛr] *nmf* anticuario *m*.
antique [ɑ̃tik] *adj* antiguo(-gua).
antiquité [ɑ̃tikite] *nf* antigüedad *f*; **l'Antiquité** la Antigüedad.
antiseptique [ɑ̃tisɛptik] *adj* antiséptico(-ca).
antivol [ɑ̃tivɔl] *nm* antirrobo *m*.
anxiété [ɑ̃ksjete] *nf* ansiedad *f*.
anxieux, -euse [ɑ̃ksjø, øz] *adj* ansioso(-sa).
AOC *nf (abr de appellation d'origine contrôlée)* ≈ DO *f*.
août [u(t)] *nm* agosto *m*, → **septembre**.
apaiser [apeze] *vt* aplacar.
apathique [apatik] *adj* apático(-ca).
apercevoir [apɛrsəvwar] *vt* divisar. ❑ **s'apercevoir** *vp*: **s'~ de** darse cuenta de; **s'~ que** darse cuenta de que.
aperçu, -e [apɛrsy] *pp* → **apercevoir**. ◆ *nm* idea *f* general.
apéritif [aperitif] *nm* aperitivo *m*.
aphone [afɔn] *adj* afónico(-ca).
aphte [aft] *nm* llaga *f*.
apitoyer [apitwaje]: **s'apitoyer sur** *vp + prép* apiadarse de.
ap. J-C *(abr de après Jésus-Christ)* d. J.C.
aplanir [aplanir] *vt* allanar.
aplatir [aplatir] *vt* aplanar.
aplomb [aplɔ̃] *nm (culot)* desfachatez *f*; **d'~** *(vertical)* derecho(-cha).
apostrophe [apɔstrɔf] *nf (signe graphique)* apóstrofo *m*; **s ~** s apóstrofe.
apôtre [apotr] *nm* apóstol *m*.
apparaître [aparɛtr] *vi* aparecer.

appareil [aparɛj] *nm (dispositif)* aparato *m*; *(poste téléphonique)* teléfono *m*; **qui est à l'~?** ¿con quién hablo?; **~ ménager** aparato electrodoméstico; **~ photo** cámara *f* de fotos.

apparemment [aparamɑ̃] *adv* aparentemente.

apparence [aparɑ̃s] *nf* apariencia *f*.

apparent, -e [aparɑ̃, ɑ̃t] *adj (visible)* visible; *(superficiel)* aparente.

apparition [aparisjɔ̃] *nf* aparición *f*.

appartement [apartəmɑ̃] *nm* apartamento *m*.

appartenir [apartənir] *vi*: **~ à** pertenecer a.

appartenu [apartəny] *pp* → **appartenir**.

apparu, -e [apary] *pp* → **apparaître**.

appât [apa] *nm* cebo *m*.

appel [apɛl] *nm (coup de téléphone)* llamada *f* telefónica; **faire l'~** (SCOL) pasar lista; **faire ~ à** recurrir a; **faire un ~ de phares** dar luces; **~ au secours** grito *m* de socorro.

appeler [aple] *vt* llamar; **~ à l'aide** pedir socorro. ❑ **s'appeler** *vp* llamarse; **comment t'appelles-tu?** ¿cómo te llamas?; **je m'appelle...** me llamo...

appendicite [apɛ̃disit] *nf* apendicitis *f inv*.

appesantir [apəzɑ̃tir]: **s'appesantir sur** *vp + prép* insistir en.

appétissant, -e [apetisɑ̃, ɑ̃t] *adj* apetitoso(-sa).

appétit [apeti] *nm* apetito *m*; **avoir de l'~** tener apetito; **bon ~!** ¡buen provecho!

applaudir [aplodir] *vt* & *vi* aplaudir.

applaudissements [aplodismɑ̃] *nmpl* aplausos *mpl*.

application [aplikasjɔ̃] *nf* aplicación *f*.

applique [aplik] *nf* aplique *m*.

appliqué, -e [aplike] *adj* aplicado(-da).

appliquer [aplike] *vt* aplicar. ❑ **s'appliquer** *vp* aplicarse.

appoint [apwɛ̃] *nm*: **faire l'~** *pagar dando la cantidad exacta*; **d'~** *(chauffage, lit)* adicional.

apporter [apɔrte] *vt* traer; *(fig: fournir)* aportar.

appréciation [apresjasjɔ̃] *nf* apreciación *f*; (SCOL) observación *f*.

apprécier [apresje] *vt* apreciar.

appréhension [apreɑ̃sjɔ̃] *nf* aprensión *f*.

apprendre [aprɑ̃dr] *vt* aprender; *(nouvelle)* enterarse de; **~ qqch à qqn** *(discipline)* enseñar algo a alguien; *(nouvelle)* comunicar algo a alguien; **~ à faire qqch** aprender a hacer algo.

apprenti, -e [aprɑ̃ti] *nm, f* aprendiz *m* (-za *f*).

apprentissage [aprɑ̃tisaʒ] *nm* aprendizaje *m*.

apprêter [aprete]: **s'apprêter à** *vp + prép* disponerse a.

appris, -e [apri, iz] *pp* → **apprendre**.

apprivoiser [aprivwaze] *vt* amansar.

approcher [aprɔʃe] *vt* acercar. ◆ *vi* acercarse; ~ **qqch de** acercar algo a; ~ **de** estar acercándose a. ❑ **s'approcher** *vp* acercarse; **s'~ de** acercarse a.

approfondir [aprɔfɔ̃dir] *vt* profundizar.

approprié, -e [aprɔprije] *adj* apropiado(-da).

approuver [apruve] *vt* aprobar.

approvisionner [aprɔvizjɔne]: **s'approvisionner** *vp*: **s'~ (en)** abastecerse (de).

approximatif, -ive [aprɔksimatif, iv] *adj* aproximado(-da).

appt *abr* = **appartement.**

appui-tête [apɥitɛt] (*pl* **appuis-tête**) *nm* reposacabezas *m inv*.

appuyer [apɥije] *vt* apoyar. ◆ *vi*: ~ **sur** apretar. ❑ **s'appuyer** *vp*: **s'~ à** apoyarse en.

après [aprɛ] *prép* después de. ◆ *adv* después; ~ **avoir fait** después de haber hecho; ~ **tout** después de todo; **l'année d'~** el año siguiente; **d'~ moi** para mí.

après-demain [aprɛdəmɛ̃] *adv* pasado mañana.

après-midi [aprɛmidi] *nm ou nf inv* tarde *f*; **je travaille l'~** *(tous les jours)* trabajo por la tarde.

après-rasage, -s [aprɛrazaʒ] *nm* loción *f* para después del afeitado.

après-shampooing [aprɛʃɑ̃pwɛ̃] *nm inv* suavizante *m (para el pelo)*.

apriori [apriɔri] *adv* a priori. ◆ *nm inv* prejuicio *m*.

apte [apt] *adj*: ~ **à** apto(-ta) para.

aptitudes [aptityd] *nfpl* aptitudes *fpl*.

aquarelle [akwarɛl] *nf* acuarela *f*.

aquarium [akwarjɔm] *nm* acuario *m*.

aquatique [akwatik] *adj* acuático(-ca).

aqueduc [akdyk] *nm* acueducto *m*.

Aquitaine [akitɛn] *nf*: **l'~** Aquitania.

AR *abr* = **aller-retour, accusé de réception.**

arabe [arab] *adj* árabe. ◆ *nm (langue)* árabe *m*. ❑ **Arabe** *nmf* árabe *mf*.

arachide [araʃid] *nf* cacahuete *m*.

araignée [areɲe] *nf* araña *f*.

arbitraire [arbitrɛr] *adj* arbitrario(-ria).

arbitre [arbitr] *nm* árbitro *m*.

arbitrer [arbitre] *vt* arbitrar.

arbre [arbr] *nm* árbol *m*; ~ **fruitier** árbol frutal; ~ **généalogique** árbol genealógico.

arbuste [arbyst] *nm* arbusto *m*.

arc [ark] *nm* arco *m*.

arcade [arkad] *nf* arcada *f*.

arc-bouter [arkbute]: **s'arc-bouter** *vp* apoyarse.

arc-en-ciel [arkɑ̃sjɛl] (*pl* **arcs-en-ciel**) *nm* arco iris *m inv*.

archaïque [arkaik] *adj* arcaico(-ca).

arche [arʃ] *nf (voûte)* arco *m*.

archéologie [arkeɔlɔʒi] *nf* arqueología *f*.

archéologue [arkeɔlɔg] *nmf* arqueólogo *m* (-ga *f*).
archet [arʃɛ] *nm* arco *m*.
archipel [arʃipɛl] *nm* archipiélago *m*.
architecte [arʃitɛkt] *nmf* arquitecto *m* (-ta *f*).
architecture [arʃitɛktyr] *nf* arquitectura *f*.
archives [arʃiv] *nfpl* archivos *mpl*.
Arctique [arktik] *nm*: **l'(océan) ~** el (océano) Ártico.
ardent, -e [ardɑ̃, ɑ̃t] *adj (soleil)* abrasador(-ra); *(fig)* ardiente.
ardeur [ardœr] *nf* ardor *m*.
ardoise [ardwaz] *nf* pizarra *f*.
ardu, -e [ardy] *adj* arduo(-a).
arènes [arɛn] *nfpl (romaines)* circo *m*; *(pour corridas)* plaza *f* de toros.
arête [arɛt] *nf (de poisson)* espina *f*; *(angle)* arista *f*.
argent [arʒɑ̃] *nm (métal)* plata *f*; *(monnaie)* dinero *m*, plata *(Amér)*; **~ liquide** dinero metálico; **~ de poche** paga *f*.
argenté, -e [arʒɑ̃te] *adj* plateado(-da).
argenterie [arʒɑ̃tri] *nf vajilla y cubertería de plata*.
Argentine [arʒɑ̃tin] *nf*: **l'~** Argentina.
argile [arʒil] *nf* arcilla *f*.
argot [argo] *nm* argot *m*.
argument [argymɑ̃] *nm* argumento *m*.
aride [arid] *adj* árido(-da).
aristocratie [aristɔkrasi] *nf* aristocracia *f*.
arithmétique [aritmetik] *nf* aritmética *f*.
armature [armatyr] *nf (charpente)* armadura *f*; *(d'un soutien-gorge)* aros *mpl*.
arme [arm] *nf* arma *f*; **~ à feu** arma de fuego.
armé, -e [arme] *adj* armado(-da); **être ~ de** estar armado con.
armée [arme] *nf* ejército *m*.
armement [armәmɑ̃] *nm* armamento *m*.
armer [arme] *vt* armar; *(appareil photo)* cargar.
armistice [armistis] *nm* armisticio *m*.
armoire [armwar] *nf* armario *m*; **~ à pharmacie** botiquín *m*.
armoiries [armwari] *nfpl* escudo *m* de armas.
armure [armyr] *nf* armadura *f*.
aromate [arɔmat] *nm* especia *f*.
aromatique [arɔmatik] *adj* aromático(-ca).
aromatisé, -e [arɔmatize] *adj* aromatizado(-da); **un yaourt ~ à la vanille** un yogur con sabor a vainilla.
arôme [arom] *nm (odeur)* aroma *m*; *(goût)* sabor *m*.
arqué, -e [arke] *adj* arqueado(-da).
arracher [araʃe] *vt* arrancar; **~ qqch à qqn** arrancar algo a alguien.
arrangement [arɑ̃ʒmɑ̃] *nm* arreglo *m*.
arranger [arɑ̃ʒe] *vt* arreglar; **cela m'arrange** eso me viene bien.

❑ **s'arranger** *vp (se mettre d'accord)* ponerse de acuerdo; *(s'améliorer)* arreglarse; **s'~ pour faire qqch** arreglárselas para hacer algo.

arrestation [arɛstasjɔ̃] *nf* arresto *m*.

arrêt [arɛ] *nm (interruption)* suspensión *f*; *(immobilisation)* inmovilización *f*; *(station)* parada *f*; **'~ interdit'** 'prohibido parar'; **~ d'autobus** parada de autobús; **~ de travail** baja *f* (laboral); **sans ~** sin cesar.

arrêter [arete] *vt* parar; *(suspect)* detener. ◆ *vi* parar; **~ de faire qqch** dejar de hacer algo. ❑ **s'arrêter** *vp* pararse; **s'~ de faire qqch** parar de hacer algo.

arrhes [ar] *nfpl* arras *fpl*.

arrière [arjɛr] *adj inv* trasero(-ra). ◆ *nm* parte *f* trasera; **à l'~ de** en la parte de atrás de; **en ~** *(regarder, tomber)* hacia atrás; *(rester)* atrás.

arriéré, -e [arjere] *adj (péj: démodé)* atrasado(-da).

arrière-boutique, -s [arjɛrbutik] *nf* trastienda *f*.

arrière-grands-parents [arjɛrgrɑ̃parɑ̃] *nmpl* bisabuelos *mpl*.

arrière-pensée, -s [arjɛrpɑ̃se] *nf* segunda intención *f*.

arrière-plan, -s [arjɛrplɑ̃] *nm*: **à l'~** en segundo plano.

arrière-saison, -s [arjɛrsɛzɔ̃] *nf* final *m* de la temporada.

arrivée [arive] *nf* llegada *f*; **'~s'** 'llegadas'.

arriver [arive] *vi (train, personne)* llegar; *(se produire)* ocurrir. ◆ *v impers*: **il arrive qu'il pleuve en été** puede ocurrir que llueva en verano; **il m'arrive d'aller au cinéma** a veces voy al cine; **que t'est-il arrivé?** ¿que te ha pasado?; **~ à (faire) qqch** conseguir (hacer) algo.

arriviste [arivist] *nmf* arribista *mf*.

arrogant, -e [arɔgɑ̃, ɑ̃t] *adj* arrogante.

arrondir [arɔ̃dir] *vt* redondear.

arrondissement [arɔ̃dismɑ̃] *nm* distrito *m*.

arrosage [arozaʒ] *nm* riego *m*.

arroser [aroze] *vt* regar.

arrosoir [arozwar] *nm* regadera *f*.

Arrt *abr* = **arrondissement.**

art [ar] *nm*: **l'~** el arte; **~s plastiques** artes *fpl* plásticas.

artère [artɛr] *nf* arteria *f*.

artichaut [artiʃo] *nm* alcachofa *f*.

article [artikl] *nm* artículo *m*.

articulation [artikylasjɔ̃] *nf* articulación *f*.

articulé, -e [artikyle] *adj (pantin)* articulado(-da); *(lampe)* flexible.

articuler [artikyle] *vt* & *vi* articular.

artifice [artifis] *nm* → **feu.**

artificiel, -elle [artifisjɛl] *adj* artificial.

artisan [artizɑ̃] *nm* artesano *m*.

artisanal, -e, -aux [artizanal, o] *adj* artesanal.

artisanat [artizana] *nm* artesanía *f*.
artiste [artist] *nmf* artista *mf*.
artistique [artistik] *adj* artístico(-ca).
as[1] [a] → **avoir**.
as[2] [as] *nm* as *m*.
asc. *abr* = **ascenseur.**
ascendant [asɑ̃dɑ̃] *nm* ascendente *m*.
ascenseur [asɑ̃sœr] *nm* ascensor *m*.
ascension [asɑ̃sjɔ̃] *nf* ascenso *m*.
asiatique [azjatik] *adj* asiático(-ca). ❑ **Asiatique** *nmf* asiático *m* (-ca *f*).
Asie [azi] *nf*: **l'~** Asia.
asile [azil] *nm (psychiatrique)* manicomio *m*; *(refuge)* asilo *m*.
aspect [aspɛ] *nm* aspecto *m*.
asperge [aspɛrʒ] *nf* espárrago *m*; **~s à la flamande** *espárragos acompañados de huevo duro picado, mantequilla y perejil; especialidad belga*.
asperger [aspɛrʒe] *vt* rociar.
aspérités [asperite] *nfpl* asperezas *fpl*.
asphyxier [asfiksje] *vt* asfixiar. ❑ **s'asphyxier** *vp* asfixiarse.
aspirante [aspirɑ̃t] *adj f* → **hotte**.
aspirateur [aspiratœr] *nm* aspiradora *f*.
aspirer [aspire] *vt* aspirar.
aspirine [aspirin] *nf* aspirina® *f*.
assaillant, -e [asajɑ̃, ɑ̃t] *nm, f* asaltante *mf*.
assaillir [asajir] *vt* asaltar; **~ qqn de questions** acosar a alguien con preguntas.
assaisonnement [asɛzɔnmɑ̃] *nm* aliño *m*.
assassin [asasɛ̃] *nm* asesino *m* (-na *f*).
assassiner [asasine] *vt* asesinar.
assaut [aso] *nm* asalto *m*.
assemblage [asɑ̃blaʒ] *nm* montaje *m*.
assemblée [asɑ̃ble] *nf* junta *f*; **l'Assemblée (nationale)** el parlamento francés, ≃ el Congreso de los diputados.
assembler [asɑ̃ble] *vt* montar.
asseoir [aswar]: **s'asseoir** *vp* sentarse.
assez [ase] *adv* bastante; **il y a ~ de pommes pour faire une tarte** hay bastantes manzanas para hacer una tarta; **en avoir ~ (de)** estar harto(-ta) (de).
assidu, -e [asidy] *adj (élève)* asiduo(-dua); *(travail)* constante.
assiéger [asjeʒe] *vt* asediar.
assiette [asjɛt] *nf* plato *m*; **~ de crudités** *entremés de hortalizas crudas aliñadas*; **~ creuse** OU **à soupe** plato hondo OU sopero; **~ à dessert** plato de postre; **~ plate** plato llano; **~ valaisanne** *plato a base de jamón, carne curada, queso y pepinillos, típico de la región de Valais en Suiza*.
assimiler [asimile] *vt* asimilar; **~ qqn/qqch à** asimilar a alguien/algo con.
assis, -e [asi, iz] *pp* → **asseoir**. ◆ *adj*: **être ~** estar sentado.

assises [asiz] *nfpl*: **(cour d')~** tribunal *m* de lo penal.

assistance [asistɑ̃s] *nf* asistencia *f*.

assistant, -e [asistɑ̃, ɑ̃t] *nm, f* *(aide)* ayudante *mf*; *(en langues étrangères)* auxiliar *mf* de conversación; **~e sociale** asistente *f* social.

assister [asiste] *vt* asistir; **~ à** *(concert)* asistir a; *(meurtre)* presenciar.

association [asɔsjasjɔ̃] *nf* asociación *f*.

associer [asɔsje] *vt* asociar. ❑ **s'associer** *vp*: **s'~ à** OU **avec qqn** asociarse con alguien.

assombrir [asɔ̃brir] *vt* ensombrecer. ❑ **s'assombrir** *vp* ensombrecerse.

assommer [asɔme] *vt* tumbar.

assorti, -e [asɔrti] *adj* *(varié)* surtido(-da); *(en harmonie)*: **être ~ à** hacer juego con.

assortiment [asɔrtimɑ̃] *nm* surtido *m*.

assoupir [asupir]: **s'assoupir** *vp* adormilarse.

assouplir [asuplir] *vt* dar flexibilidad a.

assouplissant [asuplisɑ̃] *nm* suavizante *m*.

assouplissement [asuplismɑ̃] *nm* ejercicio *m* de flexibilidad.

assouplisseur [asupliser] = assouplissant.

assourdissant, -e [asurdisɑ̃, ɑ̃t] *adj* ensordecedor(-ra).

assumer [asyme] *vt* asumir.

assurance [asyrɑ̃s] *nf* *(contrat)* seguro *m*; *(aisance)* seguridad *f*; **~ automobile** seguro del automóvil; **~ tous risques** seguro a todo riesgo.

assuré, -e [asyre] *adj* *(garanti)* seguro(-ra); *(résolu)* firme.

assurer [asyre] *vt* *(maison, voiture)* asegurar; *(fonction, tâche)* hacerse cargo de; **je t'assure que** te aseguro que. ❑ **s'assurer** *vp* asegurarse; **s'~ contre le vol** asegurarse contra el robo; **s'~ de** asegurarse de; **s'~ que** asegurarse de que.

astérisque [asterisk] *nm* asterisco *m*.

asthmatique [asmatik] *adj* asmático(-ca).

asthme [asm] *nm* asma *f*.

asticot [astiko] *nm* gusano *m*.

astiquer [astike] *vt* pulir.

astre [astr] *nm* astro *m*.

astreignant, -e [astrɛɲɑ̃, ɑ̃t] *adj* exigente.

astrologie [astrɔlɔʒi] *nf* astrología *f*.

astronaute [astrɔnot] *nm* astronauta *mf*.

astronomie [astrɔnɔmi] *nf* astronomía *f*.

astuce [astys] *nf* *(ingéniosité)* astucia *f*; *(truc)* truco *m*.

astucieux, -euse [astysjø, øz] *adj* astuto(-ta).

Asturies [asturi] *nfpl*: **les ~** Asturias.

atelier [atəlje] *nm* taller *m*.

athée [ate] *adj* ateo(-a).

athénée [atene] *nm (Belg)* instituto *m*.
athlète [atlɛt] *nmf* atleta *mf*.
athlétisme [atletism] *nm* atletismo *m*.
Atlantique [atlɑ̃tik] *nm*: **l'(océan)** ~ el (océano) Atlántico.
atlas [atlas] *nm* atlas *m inv*.
atmosphère [atmɔsfɛr] *nf* atmósfera *f*.
atome [atom] *nm* átomo *m*.
atomique [atɔmik] *adj* atómico(-ca).
atomiseur [atɔmizœr] *nm* atomizador *m*.
atout [atu] *nm (carte)* triunfo *m*; *(avantage)* baza *f*; ~ **pique** triunfo de picas.
atroce [atrɔs] *adj* atroz.
atrocité [atrɔsite] *nf* atrocidad *f*.
attachant, -e [ataʃɑ̃, ɑ̃t] *adj* entrañable.
attaché-case [ataʃekɛz] (*pl* **attachés-cases**) *nm* maletín *m*.
attachement [ataʃmɑ̃] *nm* apego *m*.
attacher [ataʃe] *vt* atar. ◆ *vi* pegar; **attachez vos ceintures** abróchense los cinturones. ❑ **s'attacher** *vp* abrocharse; **s'~ à qqn** encariñarse con alguien.
attaquant [atakɑ̃] *nm* atacante *m*.
attaque [atak] *nf (agression)* asalto *m*; *(MÉD)* ataque *m*.
attaquer [atake] *vt* atacar. ❑ **s'attaquer à** *vp + prép* enfrentarse a; *(devoirs, vaisselle)* liarse con.
attarder [atarde]: **s'attarder** *vp* retrasarse.
atteindre [atɛ̃dr] *vt* alcanzar; *(émouvoir)* atañer; *(suj: maladie)* afectar.
atteint, -e [atɛ̃, ɛ̃t] *pp* → **atteindre**.
atteinte [atɛ̃] *nf* → **hors**.
atteler [atle] *vt (chevaux)* uncir; *(remorque)* enganchar.
attelle [atɛl] *nf* férula *f*.
attendre [atɑ̃dr] *vt* & *vi* esperar; ~ **un enfant** esperar un hijo; ~ **que** esperar a que; ~ **qqch de** esperar algo de. ❑ **s'attendre à** *vp + prép* esperarse que.
attendrir [atɑ̃drir] *vt* enternecer.
attentat [atɑ̃ta] *nm* atentado *m*; ~ **à la bombe** atentado con bomba.
attente [atɑ̃t] *nf* espera *f*; **en ~** en espera.
attentif, -ive [atɑ̃tif, iv] *adj* atento(-ta).
attention [atɑ̃sjɔ̃] *nf* atención *f*; **~!** ¡cuidado!; **faire ~ (à)** *(se concentrer)* prestar atención (a); *(être prudent)* tener cuidado (con).
atténuer [atenɥe] *vt* atenuar.
atterrir [aterir] *vi* aterrizar.
atterrissage [aterisaʒ] *nm* aterrizaje *m*; **à l'~** al aterrizaje.
attestation [atɛstasjɔ̃] *nf* certificado *m*.
attirant, -e [atirɑ̃, ɑ̃t] *adj* atractivo(-va).
attirer [atire] *vt* atraer; ~ **l'attention de qqn** llamar la atención

de alguien. ❑ **s'attirer** *vp*: **s'~ des ennuis** crearse problemas.

attiser [atize] *vt (feu)* atizar.

attitude [atityd] *nf (comportement)* actitud *f*.

attraction [atraksjɔ̃] *nf* atracción *f*.

attrait [atrɛ] *nm* atractivo *m*.

attrape-nigaud, **-s** [atrapnigo] *nm* engañabobos *m inv*.

attraper [atrape] *vt* coger; *(surprendre)* pillar; *(gronder)* regañar.

attrayant, **-e** [atrɛjɑ̃, ɑ̃t] *adj* atractivo(-va).

attribuer [atribɥe] *vt*: **~ qqch à qqn** atribuir algo a alguien.

attroupement [atrupmɑ̃] *nm* tropel *m*.

au [o] = **à + le**, → **à**.

aube [ob] *nf* alba *f*; **à l'~** al alba.

auberge [obɛrʒ] *nf* hostal *m*; **~ de jeunesse** albergue *m*.

aubergine [obɛrʒin] *nf* berenjena *f*.

aucun, **-e** [okœ̃, yn] *adj* ninguno(-na). ◆ *pron* ninguno(-na); **je n'ai vu ~ restaurant** no he visto ningún restaurante; **sans ~ doute** sin duda alguna; **~e idée!** ¡ni idea!; **~ des deux** ninguno de los dos; **~ d'entre nous** ninguno de nosotros.

audace [odas] *nf* atrevimiento *m*.

audacieux, **-euse** [odasjø, øz] *adj* atrevido(-da).

au-delà [odəla] *adv* más allá; **~ de** más allá de.

au-dessous [odsu] *adv* debajo; *(à l'étage inférieur)* abajo; **les enfants de 12 ans et ~** los niños de 12 años o menos; **~ de** debajo de; **les enfants ~ de 16 ans** los niños menores de 16 años.

au-dessus [odəsy] *adv* encima; *(à l'étage supérieur)* arriba; **les personnes de 50 ans et ~** las personas de 50 años y más; **~ de** encima de; **~ de 1 000 F** de más de 1.000 F.

audience [odjɑ̃s] *nf* audiencia *f*.

audiovisuel, **-elle** [odjɔvizɥɛl] *adj* audiovisual.

auditeur, **-trice** [oditœr, tris] *nm, f* oyente *mf*.

audition [odisjɔ̃] *nf (examen)* prueba *f*; *(sens)* audición *f*.

auditoire [oditwar] *nm* auditorio *m (conjunto de oyentes)*.

auditorium [oditɔrjɔm] *nm* auditorio *m (local)*.

augmentation [ogmɑ̃tasjɔ̃] *nf* aumento *m*; **~ (de salaire)** aumento (de sueldo); **en ~** en aumento.

augmenter [ogmɑ̃te] *vt* & *vi* aumentar.

aujourd'hui [oʒurdɥi] *adv* hoy; *(à notre époque)* hoy en día; **d'~** de hoy.

auparavant [oparavɑ̃] *adv* antes.

auprès [oprɛ]: **auprès de** *prép (se trouver)* junto a; *(en s'adressant à)* ante.

auquel [okɛl] = **à + lequel**, → **lequel**.

aura *etc* → **avoir**.

auréole [oreɔl] *nf (tache)* lamparón *m*.

aurore [orɔr] *nf* aurora *f*.

ausculter [oskylte] *vt* auscultar.

aussi [osi] *adv* -1. *(également)* también; **j'ai faim - moi ~!** tengo hambre - ¡yo también!
-2. *(introduit une comparaison)*: **il fait ~ chaud qu'à Bayonne** hace tanto calor como en Bayona; **il est ~ intelligent que son frère** es tan inteligente como su hermano; **je n'ai jamais rien vu d'~ beau** nunca he visto nada tan bonito.
◆ *conj (par conséquent)* por lo que.

aussitôt [osito] *adv* en seguida; **~ que** tan pronto como.

austère [ostɛr] *adj* austero(-ra).

Australie [ostrali] *nf*: **l'~** Australia.

australien, **-enne** [ostraljɛ̃, ɛn] *adj* australiano(-na).

autant [otɑ̃] *adv* -1. *(exprime la comparaison)*: **~ que** tanto como; **l'aller simple coûte presque ~ que l'aller-retour** el billete de ida cuesta casi tanto como el de ida y vuelta; **~ de... que** tanto(-ta)... como.
-2. *(exprime l'intensité)*: **je ne savais pas qu'il pleuvait ~ ici** no sabia que llovía tanto aqui; **~ de** tanto(-ta); **~ de choses** tantas cosas.
-3. *(il vaut mieux)*: **~ partir demain** mejor salir mañana.
-4. *(dans des expressions)*: **j'aime ~ rester ici** prefiero quedarme aquí; **d'~ que** más aún cuando; **d'~ plus que** tanto más cuanto que...; **d'~ mieux que** tanto mejor cuanto que; **pour ~ que je sache** que yo sepa.

autel [otɛl] *nm* altar *m*.

auteur [otœr] *nm* autor *m* (-ra *f*).

authentique [otɑ̃tik] *adj* auténtico(-ca).

auto [oto] *nf* coche *m*, carro *m (Amér)*; **~s tamponneuses** coches de choque.

autobiographie [otɔbjɔgrafi] *nf* autobiografía *f*.

autobus [otɔbys] *nm* autobús *m*; **~ à impériale** autobús de dos pisos.

autocar [otɔkar] *nm* autocar *m*.

autocollant [otɔkɔlɑ̃] *nm* pegatina *f*.

autocouchette(s) [otɔkuʃɛt] *adj inv*: **train ~** *tren con literas y transporte de coches*.

autocuiseur [otɔkɥizœr] *nm* olla *f* a presión OU exprés.

auto-école, **-s** [otɔekɔl] *nf* autoescuela *f*.

autographe [otɔgraf] *nm* autógrafo *m*.

automate [otɔmat] *nm* autómata *m*.

automatique [otɔmatik] *adj* automático(-ca).

automne [otɔn] *nm* otoño *m*; **en ~** en otoño.

automobile [otɔmɔbil] *adj* automovilístico(-ca).

automobiliste [otɔmɔbilist] *nmf* automovilista *mf*.

autonome [otɔnɔm] *adj* autónomo(-ma).

autonomie [otɔnɔmi] *nf* autonomía *f*.

autopsie [otɔpsi] *nf* autopsia *f*.

autoradio [otɔradjo] *nm* radio *f (del coche)*.
autorisation [otɔrizasjɔ̃] *nf* autorización *f*.
autoriser [otɔrize] *vt* autorizar; ~ **qqn à faire qqch** autorizar a alguien a hacer algo.
autoritaire [otɔritɛr] *adj* autoritario(-ria).
autorité [otɔrite] *nf* autoridad *f*; **les ~s** las autoridades.
autoroute [otɔrut] *nf* autopista *f*; ~ **à péage** autopista de peaje.
auto-stop [otɔstɔp] *nm* autostop *m*; **faire de l'~** hacer autostop.
autour [otur] *adv* alrededor; **tout ~** alrededor; ~ **de** alrededor de.
autre [otr] *adj* otro(-tra); **j'aimerais essayer une ~ robe** me gustaría probarme otro vestido; **une ~ bouteille d'eau minérale, s'il vous plaît!** ¡otra botella de agua mineral por favor!; **il n'y a rien d'~ à voir ici** no hay nada más que ver aquí; **veux-tu quelque chose d'~?** ¿quieres algo más?; **les deux ~s** los otros dos; **les ~s passagers sont priés d'embarquer** se ruega a los demás pasajeros que embarquen; ~ **part** en otro lugar; **d'~ part** por otra parte.
◆ *pron*: **l'~** el otro, la otra; **un ~** otro; **il ne se soucie pas des ~s** no le preocupan los demás; **d'une minute à l'~** de un minuto a otro; **entre ~s** entre otros, entre otras, → **un**.
autrefois [otrəfwa] *adv* antaño.
autrement [otrəmɑ̃] *adv (différemment)* de otro modo; *(sinon)* si no; ~ **dit** dicho de otro modo.
Autriche [otriʃ] *nf*: **l'~** Austria.
autrichien, -enne [otriʃjɛ̃, ɛn] *adj* austriaco(-ca). ❑ **Autrichien, -enne** *nm, f* austriaco *m* (-ca *f*).
autruche [otryʃ] *nf* avestruz *m*.
auvent [ovɑ̃] *nm* tejadillo *m*.
Auvergne [ovɛrɲ] *nf* → **bleu**.
aux [o] = **à + les**, → **à**.
auxiliaire [oksiljɛr] *nmf* auxiliar *mf*. ◆ *nm (GRAMM)* auxiliar *m*.
auxquelles [okɛl] = **à + lesquelles**, → **lequel**.
auxquels [okɛl] = **à + lesquels**, → **lequel**.
av. *(abr de avenue)* Avda.
avachi, -e [avaʃi] *adj (canapé, chaussures)* deformado(-da); *(personne)* apalancado(-da).
aval [aval] *nm* curso *m* bajo *(de un río)*; **en ~** río abajo; *(fig)* después.
avalanche [avalɑ̃ʃ] *nf* alud *m*.
avaler [avale] *vt* tragar.
avance [avɑ̃s] *nf* adelanto *m*; **à l'~** con antelación; **d'~** *(payer)* por adelantado; *(remercier)* de antemano; **arriver en ~** llegar con adelanto; **être en ~** ir adelantado(-da).
avancer [avɑ̃se] *vt (objet)* acercar; *(bras, main)* alargar; *(anticiper, prêter)* adelantar. ◆ *vi (se déplacer)* avanzar; *(progresser)* ir adelante; *(montre, pendule)* adelantar; ~ **de cinq minutes** adelantar cinco minutos. ❑ **s'avancer** *vp (se rapprocher)* acercarse; *(partir devant)* ir delante.

avant [avɑ̃] *adv* antes. ◆ *nm* *(partie antérieure)* parte *f* delantera; *(SPORT)* delantero *m*. ◆ *adj inv* delantero(-ra). ◆ *prép*: **il est parti ~ moi** se fue antes que yo; **tournez ~ l'église** gire antes de la iglesia; **~ de faire qqch** antes de hacer algo; **~ que** antes de que; **~ tout** *(surtout)* ante todo; *(d'abord)* antes que nada; **l'année d'~** el año anterior; **en ~** *(tomber)* hacia delante; *(partir)* delante.
avantage [avɑ̃taʒ] *nm* ventaja *f*.
avantager [avɑ̃taʒe] *vt* favorecer.
avantageux, -euse [avɑ̃taʒø, øz] *adj* ventajoso(-sa).
avant-bras [avɑ̃bra] *nm inv* antebrazo *m*.
avant-dernier, -ère, -s [avɑ̃dɛrnje, ɛr] *adj* & *nm, f* penúltimo(-ma).
avant-hier [avɑ̃tjɛr] *adv* anteayer.
avant-première, -s [avɑ̃prəmjɛr] *nf* preestreno *m*.
avant-propos [avɑ̃prɔpo] *nm inv* prólogo *m*.
avare [avar] *adj* & *nmf* avaro(-ra).
avarice [avaris] *nf* avaricia *f*.
avarié, -e [avarje] *adj* podrido(-da).
avec [avɛk] *prép* con; **~ élégance** con elegancia; **et ~ ça?** ¿algo más?
avenir [avnir] *nm* futuro *m*; **à l'~** en adelante; **d'~** con futuro.
aventure [avɑ̃tyr] *nf* aventura *f*.
aventurer [avɑ̃tyre]: **s'aventurer** *vp* aventurarse.
aventurier, -ère [avɑ̃tyrje, ɛr] *nm, f* aventurero *m* (-ra *f*).
avenue [avny] *nf* avenida *f*.
avérer [avere]: **s'avérer** *vp* revelarse.
averse [avɛrs] *nf* chaparrón *m*.
avertir [avɛrtir] *vt* avisar; **~ qqn de qqch** avisar a alguien de algo.
avertissement [avɛrtismɑ̃] *nm* aviso *m*.
aveu, -x [avø] *nm* confesión *f*.
aveugle [avœgl] *adj* & *nmf* ciego(-ga).
aveugler [avœgle] *vt* cegar.
aveuglette [avœglɛt]: **à l'aveuglette** *adv* a ciegas.
aviateur [avjatœr] *nm* aviador *m*.
aviation [avjasjɔ̃] *nf* aviación *f*.
avide [avid] *adj* ávido(-da); **~ de** ávido(-da) de.
avion [avjɔ̃] *nm* avión *m*; **~ à réaction** avión a reacción; **'par ~'** 'por vía aérea'.
aviron [avirɔ̃] *nm* remo *m*.
avis [avi] *nm* *(opinion)* parecer *m*, opinión *f*; *(information)* aviso *m*; **changer d'~** cambiar de opinión; **à mon ~** a mi parecer; **~ de réception** acuse *m* de recibo.
avisé, -e [avize] *adj* avisado(-da).
av. J-C *(abr de avant Jésus-Christ)* a. de JC.
avocat [avɔka] *nm* *(homme de loi)* abogado *m*; *(fruit)* aguacate *m*.
avoine [avwan] *nf* avena *f*.
avoir [avwar] *vt* **-1.** *(gén)* tener; **j'ai deux frères et une sœur** tengo dos hermanos y una hermana; **~**

les cheveux bruns tener el pelo castaño; ~ **de l'ambition** tener ambición; **quel âge as-tu?** ¿qué edad tienes?; **j'ai 13 ans** tengo 13 años; ~ **à faire qqch** tener que hacer algo; **vous n'avez qu'à remplir ce formulaire** sólo tiene que rellenar este impreso.
-2. *(examen)* aprobar.
-3. *(note)* sacar.
-4. *(éprouver)*: ~ **des remords** tener remordimiento; ~ **de la sympathie pour qqn** sentir simpatía por alguien.
-5. *(fam: duper)*: **je t'ai bien eu!** ¡te engañé!; **se faire** ~ dejarse engañar.
-6. *(dans des expressions)*: **vous en avez encore pour longtemps?** ¿le queda mucho?; **nous en avons eu pour 200 F** nos ha salido por 200 francos.
◆ *v aux* haber; **j'ai terminé** he terminado; **hier nous avons fait 500 km** ayer hicimos 500 km.
❑ **il y a** *v impers* -1. *(il existe)* hay; **il y a un problème** hay un problema; **y a-t-il des toilettes ici?** ¿hay algún servicio aquí?; **qu'est-ce-qu'il y a?** ¿qué pasa?; **il n'y a qu'à revenir demain** habrá que volver mañana.
-2. *(temporel)*: **il y a trois ans** hace tres años; **il y a plusieurs années que nous venons en vacances ici** hace ya varios años que venimos aquí de vacaciones.
avortement [avɔrtəmɑ̃] *nm* aborto *m*.
avorter [avɔrte] *vi* abortar.
avouer [avwe] *vt* confesar.
avril [avril] *nm* abril *m*; **le premier** ~ ≃ el día de los (Santos) Inocentes, → **septembre**.

 **PREMIER AVRIL**

El uno de abril, todo el mundo intenta preparar una inocentada; las que salen en la prensa y en televisión son las que mayor interés despiertan. También es típico que los niños intenten colocar peces de papel en la espalda de sus compañeros o de las personas que pasan por la calle, sin que éstos se den cuenta.

---

axe [aks] *nm* eje *m*; *(routier, ferroviaire) importante vía de comunicación*; ~ **rouge** *arteria donde está prohibido aparcar para evitar atascos*.
ayant [ejɑ̃] *ppr* → **avoir**.
ayons [ejɔ̃] → **avoir**.
azote [azɔt] *nm* nitrógeno *m*.
Azur [azyr] *n* → **côte**.

B

B *(abr de bien)* ≃ N.
baba [baba] *nm*: ~ **au rhum** ≃ borracho *m*.
babines [babin] *nfpl* belfos *mpl*.
babiole [babjɔl] *nf* chuchería *f*.
bâbord [babɔr] *nm* babor *m*; **à** ~ a babor.

baby-foot [babifut] *nm inv* futbolín *m*.
baby-sitter, -s [bebisitœr] *nmf* canguro *mf*.
bac [bak] *nm (récipient)* recipiente *m*; *(bateau)* transbordador *m*; *(fam) (abr de baccalauréat)* ≃ bachiller *m*.
baccalauréat [bakalɔrea] *nm* ≃ bachillerato *m*.

BACCALAURÉAT

El "baccalauréat" certifica oficialmente la culminación de los estudios secundarios. A este examen se presentan los alumnos de "terminale" (curso equivalente à COU) y su obtención permite el acceso a la universidad y a otras instituciones. A pesar de que el título abarca gran variedad de asignaturas, ya determina cierta orientación profesional en función del grupo de asignaturas dominantes, ya sean letras, ciencias, asignaturas técnicas, idiomas o arte.

bâche [baʃ] *nf* lona *f*.
bâcler [bakle] *vt (fam)* chapucear.
bacon [bekɔn] *nm* bacon *m*.
bactérie [bakteri] *nf* bacteria *f*.
badge [badʒ] *nm (pour décorer)* chapa *f*; *(d'identité)* tarjeta *f*.
badigeonner [badiʒɔne] *vt (mur)* encalar.
badminton [badmintɔn] *nm* bádminton *m*.
baffe [baf] *nf (fam)* tortazo *m*.
baffle [bafl] *nm* bafle *m*.
bafouiller [bafuje] *vi* farfullar.
bagage [bagaʒ] *nm (sac, valise)* bulto *m*; *(fig: connaissances)* bagaje *m*; **~s** equipaje *m*; **~ à main** equipaje *m* de mano.
bagarre [bagar] *nf* pelea *f*.
bagarrer [bagare]: **se bagarrer** *vp* pelearse.
bagarreur, -euse [bagarœr, øz] *adj* peleón(-ona).
bagnes [baɲ] *nm queso de vaca suizo de consistencia firme que se utiliza sobre todo para la raclette.*
bagnole [baɲɔl] *nf (fam)* coche *m*.
bague [bag] *nf (bijou)* sortija *f*; *(anneau)* anillo *m*.
baguette [bagɛt] *nf (tige)* vara *f*; *(de chef d'orchestre)* batuta *f*; *(chinoise)* palillo *m*; *(pain)* barra *f* (de pan); **~ magique** varita *f* mágica.
baie [bɛ] *nf (fruit)* baya *f*; *(golfe)* bahía *f*; *(fenêtre)* vano *m*; **~ vitrée** ventanal *m*.
baignade [bɛɲad] *nf* baño *m*; **'~ interdite'** 'prohibido bañarse'.
baigner [beɲe] *vt* bañar. ◆ *vi*: **~ dans** nadar en; **baigné de larmes** bañado en lágrimas. ❑ **se baigner** *vp* bañarse.
baignoire [bɛɲwar] *nf* bañera *f*.
bail [baj] (*pl* **baux** [bo]) *nm* contrato *m* de arrendamiento.
bâiller [baje] *vi* bostezar; *(vêtement)* dar de sí.
bâillonner [bajɔne] *vt* amordazar.
bain [bɛ̃] *nm* baño *m*; **prendre un ~** tomar un baño; **prendre un ~ de soleil** tomar el sol; **grand ~**

parte de la piscina que cubre; **petit ~** *parte de la piscina que no cubre.*
bain-marie [bɛ̃mari] *nm* baño *m* (de) María.
baïonnette [bajɔnɛt] *nf (arme)* bayoneta *f.*
baiser [beze] *nm* beso *m.*
baisse [bɛs] *nf* baja *f;* **les prix sont en ~** los precios están bajando.
baisser [bese] *vt* & *vi* bajar. ❑ **se baisser** *vp* agacharse.
bal [bal] *nm* baile *m.*
balade [balad] *nf* paseo *m.*
balader [balade]: **se balader** *vp* pasearse.
baladeur [baladœr] *nm* walkman® *m.*
balafre [balafr] *nf* cuchillada *f.*
balai [balɛ] *nm (pour nettoyer)* escoba *f; (d'essuie-glace)* escobilla *f.*
balance [balɑ̃s] *nf* balanza *f.* ❑ **Balance** *nf* Libra *f.*
balancer [balɑ̃se] *vt* balancear; *(fam: jeter)* tirar. ❑ **se balancer** *vp* balancearse; *(sur une balançoire)* columpiarse.
balancier [balɑ̃sje] *nm* péndulo *m.*
balançoire [balɑ̃swar] *nf* columpio *m.*
balayer [baleje] *vt* barrer.
balayeur [balɛjœr] *nm* barrendero *m.*
balbutier [balbysje] *vi* balbucear.
balcon [balkɔ̃] *nm* balcón *m; (au théâtre)* palco *m.*
Baléares [balear] *nfpl*: **les (îles) ~** las (islas) Baleares.
baleine [balɛn] *nf (animal)* ballena *f; (de parapluie)* varilla *f.*
balise [baliz] *nf* baliza *f.*
ballant, -e [balɑ̃, ɑ̃t] *adj*: **les bras ~s** con los brazos colgando.
balle [bal] *nf (SPORT)* pelota *f; (d'arme à feu)* bala *f; (fam: franc)* ≃ pela *f;* **~ à blanc** bala de fogueo.
ballerine [balrin] *nf (chaussure)* torera *f; (danseuse)* bailarina *f.*
ballet [balɛ] *nm* ballet *m.*
ballon [balɔ̃] *nm (SPORT)* balón *m; (jouet, montgolfière)* globo *m; (verre)* vaso *m.*
ballonné, -e [balɔne] *adj* hinchado(-da).
ballotter [balɔte] *vi* bambolear.
balnéaire [balneɛr] *adj* → **station.**
balustrade [balystrad] *nf* barandilla *f.*
bambin [bɑ̃bɛ̃] *nm* nene *m.*
bambou [bɑ̃bu] *nm* bambú *m.*
banal, -e [banal] *adj* banal.
banane [banan] *nf (fruit)* plátano *m,* banana *f (Amér); (porte-monnaie)* riñonera *f.*
banc [bɑ̃] *nm* banco *m;* **~ de poissons** banco de peces; **~ public** banco; **~ de sable** banco de arena.
bancaire [bɑ̃kɛr] *adj* bancario(-ria).
bancal, -e [bɑ̃kal] *adj* cojo(-ja).
bandage [bɑ̃daʒ] *nm* vendaje *m.*
bande [bɑ̃d] *nf (de tissu, de papier)* tira *f; (pansement)* venda *f; (groupe)* pandilla *f;* **~ d'arrêt d'urgence** arcén *m (de autopista);* ~

blanche *línea blanca de señalización horizontal*; ~ **dessinée** tebeo *m*, cómic *m*; ~ **magnétique** cinta *f* magnética; ~ **originale** banda *f* sonora.

bandeau, -x [bɑ̃do] *nm (dans les cheveux)* cinta *f*; *(sur les yeux)* venda *f*.

bander [bɑ̃de] *vt* vendar.

banderole [bɑ̃dʀɔl] *nf* pancarta *f*.

bandit [bɑ̃di] *nm* bandido *m* (-da *f*).

bandoulière [bɑ̃duljɛʀ] *nf* bandolera *f*; **en** ~ en bandolera.

banjo [bɑ̃dʒo] *nm* banjo *m*.

banlieue [bɑ̃ljø] *nf* afueras *fpl*; **les** ~**s** los suburbios.

banlieusard, -e [bɑ̃ljøzaʀ, aʀd] *nm, f habitante de las afueras de una gran ciudad, en particular de París*.

banque [bɑ̃k] *nf* banco *m*.

banquet [bɑ̃kɛ] *nm* banquete *m*.

banquette [bɑ̃kɛt] *nf* asiento *m*.

banquier [bɑ̃kje] *nm* banquero *m*.

banquise [bɑ̃kiz] *nf* banco *m* de hielo.

baptême [batɛm] *nm (sacrement)* bautismo *m*; *(cérémonie)* bautizo *m*; ~ **de l'air** bautismo *m* del aire.

bar [baʀ] *nm (café)* bar *m*; *(comptoir)* barra *f*; ~ **à café** *(Helv) bar en donde no se sirven bebidas alcohólicas*.

baraque [baʀak] *nf* caseta *f*; *(fam: maison)* casa *f*.

baratin [baʀatɛ̃] *nm (fam)* rollo *m*.

barbare [baʀbaʀ] *adj* bárbaro(-ra).

Barbarie [baʀbaʀi] *n* → **orgue**.

barbe [baʀb] *nf* barba *f*; ~ **à papa** algodón *m* (de azúcar).

barbecue [baʀbəkju] *nm* barbacoa *f*.

barbelé [baʀbəle] *nm*: **(fil de fer)** ~ alambre *m* de espino.

barboter [baʀbɔte] *vi* chapotear.

barbouillé, -e [baʀbuje] *adj (malade)*: **être** ~ tener el estómago revuelto.

barbouiller [baʀbuje] *vt (écrire)* garabatear; *(salir)* embadurnar.

barbu [baʀby] *adj m* barbudo.

Barcelone [baʀsəlɔn] *n* Barcelona.

barème [baʀɛm] *nm* baremo *m*.

baril [baʀil] *nm* barril *m*.

bariolé, -e [baʀjɔle] *adj* abigarrado(-da).

barman [baʀman] *nm* camarero *m*.

baromètre [baʀɔmɛtʀ] *nm* barómetro *m*.

baron, -onne [baʀɔ̃, ɔn] *nm, f* barón *m* (-onesa *f*).

barque [baʀk] *nf* barca *f*.

barrage [baʀaʒ] *nm* presa *f*; ~ **de police** control *m* (policial).

barre [baʀ] *nf* barra *f*; *(NAVIG)* timón *m*.

barreau, -x [baʀo] *nm* reja *f*.

barrer [baʀe] *vt (rue, route)* cortar; *(mot, phrase)* tachar; *(NAVIG)* llevar el timón de.

barrette [barɛt] *nf (à cheveux)* pasador *m*.

barricade [barikad] *nf* barricada *f*.

barricader [barikade] *vt (porte)* bloquear; *(rue)* bloquear con barricadas. ❑ **se barricader** *vp (dans une pièce)* atrincherarse.

barrière [barjɛr] *nf* barrera *f*.

bar-tabac [bartaba] (*pl* **bars-tabacs**) *nm bar con estanco.*

bas, **basse** [ba, bas] *adj* bajo(-ja). ◆ *nm (partie inférieure)* parte *f* inferior; *(vêtement)* media *f*. ◆ *adv*: **parler/voler ~** hablar/volar bajo; **en ~** abajo; **en ~ de** abajo de.

bas-côté, **-s** [bakote] *nm (de la route)* arcén *m*.

bascule [baskyl] *nf (pour peser)* báscula *f*; *(jeu)* balancín *m*.

basculer [baskyle] *vt & vi* volcar.

base [baz] *nf* base *f*; **à ~ de** a base de; **de ~** básico(-ca); **~ de données** base de datos.

baser [baze] *vt*: **~ qqch sur** basar algo en. ❑ **se baser sur** *vp + prép* basarse en.

basilic [bazilik] *nm* albahaca *f*.

basilique [bazilik] *nf* basílica *f*.

basket [baskɛt] *nm ou nf (chaussure)* tenis *m inv*.

basket(-ball) [baskɛt(bol)] *nm* baloncesto *m*.

basquaise [baskɛz] *adj* → **poulet**.

basque [bask] *adj* vasco(-ca); **le Pays ~** el País Vasco. ◆ *nm (langue)* vasco *m*, euskera *m*. ❑ **Basque** *nmf* vasco *m* (-ca *f*).

basse → **bas**.

basse-cour [baskur] (*pl* **basses-cours**) *nf (cour)* corral *m*; *(animaux)* aves *fpl* de corral.

bassin [basɛ̃] *nm (plan d'eau)* estanque *m*; (ANAT) pelvis *f inv*; **le Bassin parisien** la depresión parisina; **grand ~** *piscina para adultos*; **petit ~** *piscina para niños*.

bassine [basin] *nf* barreño *m*.

Bastille [bastij] *nf* Bastilla; **l'opéra ~** la ópera Bastilla.

bataille [bataj] *nf* batalla *f*.

batailleur, **-euse** [batajœr, øz] *adj* peleador(-ra).

bâtard, **-e** [batar, ard] *nm, f (chien)* chucho *m* (-cha *f*).

bateau, **-x** [bato] *nm* (NAVIG) barco *m*; *(sur le trottoir)* vado *m*; **~ de pêche** pesquero *m*; **~ à voiles** velero *m*.

bateau-mouche [batomuʃ] (*pl* **bateaux-mouches**) *nm barco para visitar París por el Sena.*

bâtiment [batimɑ̃] *nm* edificio *m*; **le ~** *(activité)* la construcción.

bâtir [batir] *vt* construir.

bâton [batɔ̃] *nm* palo *m*; **~ de rouge à lèvres** barra *f* de labios.

bâtonnet [batɔnɛ] *nm* bastoncillo *m*; **~ de glace** polo *m*.

battant [batɑ̃] *nm (d'une porte)* batiente *m*.

battement [batmɑ̃] *nm (coup)* golpeteo *m*; *(du cœur)* latido *m*; *(intervalle)* tiempo *m* libre.

batterie [batri] *nf* batería *f*; **~ de cuisine** batería *f* de cocina.

batteur, -euse [batœr, øz] *nm, f (MUS)* batería *mf.* ◆ *nm (mélangeur)* batidora *f.*

battre [batr] *vt (frapper)* pegar; *(vaincre)* ganar. ◆ *vi (cœur)* latir; *(porte, volet)* golpear; ~ **des œufs en neige** batir las claras a punto de nieve; ~ **la mesure** marcar el compás; ~ **des mains** batir palmas. ❑ **se battre** *vp*: **se ~ (avec qqn)** pelearse (con alguien).

baume [bom] *nm* bálsamo *m.*

baux → **bail.**

bavard, -e [bavar, ard] *adj & nm, f* charlatán(-ana).

bavardage [bavardaʒ] *nm* charlatanería *f.*

bavarder [bavarde] *vi* charlar.

bavarois [bavarwa] *nm (CULIN) pastel compuesto de crema inglesa con gelatina y frutas.*

bave [bav] *nf* baba *f.*

baver [bave] *vi* babear; **en ~** *(fam)* pasarlas canutas.

bavette [bavɛt] *nf (CULIN) filete de lomo de vaca.*

baveux, -euse [bavø, øz] *adj (omelette)* poco hecho(-cha).

bavoir [bavwar] *nm* babero *m.*

bavure [bavyr] *nf (tache)* tinta *f* corrida; *(erreur)* error *m.*

bazar [bazar] *nm (magasin)* bazar *m*; *(fam: désordre)* leonera *f.*

BCBG *adj (abr de bon chic bon genre)* pijo(-ja).

Bd *abr* = **boulevard.**

BD [bede] *nf (fam) (abr de bande dessinée)* tebeo *m.*

beau, bel [bo, bɛl] (*f* **belle** [bɛl], *mpl* **beaux** [bo]) *adj (personne)* guapo(-pa); *(chose)* bonito(-ta); *(temps, cadeau)* bueno(-na). ◆ *adv*: **il fait ~** hace bueno; **j'ai ~ essayer...** por más que lo intento...; **~ travail!** ¡vaya trabajo!; **un ~ jour** un buen día.

beaucoup [boku] *adv* mucho; **il a lu ~ de livres** ha leído muchos libros; **~ plus cher** mucho más caro; **elle fait ~ plus de fautes qu'avant** hace muchas más faltas que antes.

beau-fils [bofis] (*pl* **beaux-fils**) *nm (fils du conjoint)* hijastro *m*; *(gendre)* yerno *m.*

beau-frère [bofrɛr] (*pl* **beaux-frères**) *nm* cuñado *m.*

beau-père [bopɛr] (*pl* **beaux-pères**) *nm (père du conjoint)* suegro *m*; *(conjoint de la mère)* padrastro *m.*

beauté [bote] *nf* belleza *f.*

beaux-parents [boparɑ̃] *nmpl* suegros *mpl.*

bébé [bebe] *nm* bebé *m.*

bec [bɛk] *nm* pico *m*; **~ verseur** pitorro *m.*

béchamel [beʃamɛl] *nf*: **(sauce) ~** (salsa) besamel *f.*

bêche [bɛʃ] *nf* laya *f.*

bêcher [beʃe] *vt* layar.

bée [be] *adj f*: **bouche ~** boquiabierto(-ta).

bégayer [begeje] *vi* tartamudear.

bégonia [begɔnja] *nm* begonia *f.*

beige [bɛʒ] *adj & nm* beige.

beigne [bɛɲ] *nf (Can) buñuelo redondeado cubierto de azúcar glaseada.*

beignet [bɛɲɛ] *nm* buñuelo *m*; ~ **de courgette** calabacín *m* rebozado.
bel → **beau**.
bêler [bele] *vi* balar.
belge [bɛlʒ] *adj* belga. ❑ **Belge** *nmf* belga *mf*.
Belgique [bɛlʒik] *nf*: **la** ~ Bélgica.
bélier [belje] *nm* carnero *m*. ❑ **Bélier** *nm* Aries *m*.
belle-fille [bɛlfij] (*pl* **belles-filles**) *nf (fille du conjoint)* hijastra *f*; *(conjointe du fils)* nuera *f*.
Belle-Hélène [belelen] *adj* → **poire**.
belle-mère [bɛlmɛr] (*pl* **belles-mères**) *nf (mère du conjoint)* suegra *f*; *(conjointe du père)* madrastra *f*.
belle-sœur [bɛlsœr] (*pl* **belles-sœurs**) *nf* cuñada *f*.
belote [bɔlɔt] *nf juego de naipes*.
bénéfice [benefis] *nm* beneficio *m*.
bénéficier [benefisje]: **bénéficier de** *v + prép* beneficiarse de.
bénéfique [benefik] *adj* benéfico(-ca).
bénévole [benevɔl] *adj* benévolo(-la).
bénin, **-igne** [benɛ̃, iɲ] *adj* benigno(-na).
bénir [benir] *vt* bendecir.
bénite [benit] *adj f* → **eau**.
bénitier [benitje] *nm* pila *f* de agua bendita.
benne [bɛn] *nf* volquete *m*.
BEP *nm diploma de estudios profesionales*.
béquille [bekij] *nf* *(MÉD)* muleta *f*; *(de vélo, de moto)* pie *m*.
berceau, **-x** [bɛrso] *nm* cuna *f*.
bercer [bɛrse] *vt* acunar.
berceuse [bɛrsøz] *nf* nana *f*.
Bercy [bɛrsi] *n*: **(le palais omnisports de Paris-)~** *gran sala parisina para espectáculos artísticos y deportivos*.
béret [berɛ] *nm* boina *f*.
berge [bɛrʒ] *nf* ribera *f*.
berger, **-ère** [bɛrʒe, ɛr] *nm, f* pastor *m* (-ra *f*); ~ **allemand** pastor alemán.
bergerie [bɛrʒəri] *nf* majada *f*.
berlingot [bɛrlɛ̃go] *nm (bonbon)* *caramelo en forma de rombo*; *(de lait, de Javel)* *envase de plástico blando*.
bermuda [bɛrmyda] *nm* bermudas *fpl*.
berner [bɛrne] *vt* engañar.
besogne [bəzɔɲ] *nf* trabajo *m*.
besoin [bəzwɛ̃] *nm* necesidad *f*; **avoir ~ de (faire) qqch** necesitar (hacer) algo; **faire ses ~s** hacer sus necesidades.
bestiole [bɛstjɔl] *nf* bicho *m*.
best-seller, **-s** [bɛstselœr] *nm* best-seller *m*.
bétail [betaj] *nm* ganado *m*.
bête [bɛt] *adj* tonto(-ta). ◆ *nf* bestia *f*.
bêtement [bɛtmɑ̃] *adv* tontamente.
bêtise [betiz] *nf* tontería *f*.
béton [betɔ̃] *nm* hormigón *m*.
bette [bɛt] *nf* acelga *f*.
betterave [bɛtrav] *nf* remolacha *f*.

beurre [bœr] *nm* mantequilla *f*.
beurrer [bœre] *vt* untar con mantequilla.
biais [bjɛ] *nm*: **par le ~ de** por medio de; **en ~** en diagonal; *(en couture)* al biés.
bibelot [biblo] *nm* figurilla *f*.
biberon [bibrɔ̃] *nm* biberón *m*; **donner le ~ à** dar el biberón a.
Bible [bibl] *nf*: **la ~** la Biblia.
bibliothécaire [biblijɔtekɛr] *nmf* bibliotecario *m* (-ria *f*).
bibliothèque [biblijɔtɛk] *nf* biblioteca *f*.
biceps [bisɛps] *nm* bíceps *m inv*.
biche [biʃ] *nf* cierva *f*.
bicyclette [bisiklɛt] *nf* bicicleta *f*.
bidet [bidɛ] *nm* bidé *m*.
bidon [bidɔ̃] *nm* bidón *m*. ◆ *adj inv (fam)*: **c'est ~** es una trola.
bidonville [bidɔ̃vil] *nm* chabolas *fpl*.
bien [bjɛ̃] (*compar* & *superl* **mieux** [mjø]) *adv* -1. *(de façon satisfaisante)* bien; **avez-vous ~ dormi?** ¿ha dormido bien?
-2. *(beaucoup, très)* muy; **~ mieux/plus** mucho mejor/más; **une personne ~ sympathique** una persona muy simpática; **je me suis ~ amusé pendant ces vacances** me he divertido mucho durante estas vacaciones; **j'espère ~ que...** espero que...
-3. *(au moins)* por lo menos; **cela fait ~ deux mois qu'il n'a pas plu** hace por lo menos dos meses que no llueve.
-4. *(effectivement)*: **c'est ~ ce qu'il me semblait** justo lo que yo pensaba; **c'est ~ lui!** ¡sí, sí es él!
-5. *(dans des expressions)*: **~ des gens** mucha gente; **il a ~ de la chance** tiene mucha suerte; **(c'est) ~ fait (pour toi)!** ¡te lo mereces!; **nous ferions ~ de réserver à l'avance** deberíamos reservar con antelación.
◆ *adj inv* -1. *(gén)* bien; **être/se sentir ~** estar/sentirse bien; **c'est une fille ~** es una chica formal; **des gens ~** gente bien; **ça fait ~** está bien visto.
-2. *(à l'aise)* a gusto.
◆ *nm* bien *m*; **c'est pour ton ~** es por tu bien; **dire du ~ de** hablar bien de; **faire du ~ à qqn** sentar bien a alguien.
❑ **biens** *nmpl (richesse)* bienes *mpl*.
bien-être [bjɛ̃nɛtr] *nm* bienestar *m*.
bienfaisant, -e [bjɛ̃fəzɑ̃, ɑ̃t] *adj* benéfico(-ca).
bientôt [bjɛ̃to] *adv* pronto; **à ~!** ¡hasta pronto!
bienveillant, -e [bjɛ̃vejɑ̃, ɑ̃t] *adj* bondadoso(-sa).
bienvenu, -e [bjɛ̃v(ə)ny] *adj* bienvenido(-da).
bienvenue [bjɛ̃v(ə)ny] *nf*: **~!** ¡bienvenido(-da)!; **souhaiter la ~ à qqn** dar la bienvenida a alguien.
bière [bjɛr] *nf* cerveza *f*.
bifteck [biftɛk] *nm* bistec *m*.
bifurquer [bifyrke] *vi (route)* bifurcarse; *(voiture)* torcer.
Bige® [biʒ] *adj inv*: **billet ~** *billete de tren con reducción para estudiantes*.

bigorneau, -x [bigɔrno] *nm* bígaro *m*.
bigoudi [bigudi] *nm* bigudí *m*.
bijou, -x [biʒu] *nm* joya *f*.
bijouterie [biʒutri] *nf* joyería *f*.
Bikini® [bikini] *nm* biquini *m*.
bilan [bilɑ̃] *nm* balance *m*; **faire le ~ (de)** hacer (el) balance (de).
bilingue [bilɛ̃g] *adj* bilingüe.
billard [bijar] *nm (jeu)* billar *m*; *(table)* mesa *f* de billar.
bille [bij] *nf (petite boule)* bola *f*; *(pour jouer)* canica *f*.
billet [bijɛ] *nm* billete *m*; **~ (de banque)** billete; **~ aller et retour** billete de ida y vuelta.
billetterie [bijɛtri] *nf* taquilla *f*; **~ automatique** *(de billets de train)* *máquina expendedora de billetes de tren*; *(de billets de banque)* cajero *m* automático.
bimensuel, -elle [bimɑ̃sɥɛl] *adj* bimensual.
biographie [bjɔgrafi] *nf* biografía *f*.
biologie [bjɔlɔʒi] *nf* biología *f*.
biologique [bjɔlɔʒik] *adj* biológico(-ca).
bis [bis] *excl* ¡otra! ◆ *adv* bis; **6 ~** 6 bis.
biscornu, -e [biskɔrny] *adj* estrafalario(-ria); *(maison)* de forma irregular.
biscotte [biskɔt] *nf* biscote *m*.
biscuit [biskɥi] *nm* galleta *f*; **~ salé** galleta salada.
bise [biz] *nf (baiser)* beso *m*; *(vent)* cierzo *m*; **faire une ~ à qqn** dar un beso a alguien; **grosses ~s** *(dans une lettre)* muchos besos.
bison [bizɔ̃] *nm* bisonte *m*; **Bison Futé** *organismo de información de tráfico*.

BISON FUTÉ

Sistema creado en 1975 para mejorar las condiciones de tráfico durante las operaciones de salida/retorno. Indica el horario y los itinerarios que conviene evitar y, a su vez, propone itinerarios secundarios denominados "itinerarios bis" e indicados mediante flechas de color verde.

bisou [bizu] *nm (fam)* besito *m*.
bisque [bisk] *nf*: **~ d'écrevisses** sopa *f* de cangrejos.
bissextile [bisɛkstil] *adj* → **année**.
bistro(t) [bistro] *nm (bar)* bar *m*; *(restaurant)* restaurante *m*.
bitume [bitym] *nm* asfalto *m*.
bizarre [bizar] *adj* raro(-ra).
blafard, -e [blafar, ard] *adj (visage)* demacrado(-da); *(lumière)* mortecino(-na).
blague [blag] *nf (histoire drôle)* chiste *m*; *(mensonge, farce)* broma *f*; **sans ~!** ¡venga ya!
blaguer [blage] *vi* bromear.
blâmer [blame] *vt* recriminar.
blanc, blanche [blɑ̃, blɑ̃ʃ] *adj* blanco(-ca); *(vierge)* en blanco. ◆ *nm (couleur)* blanco *m*; *(espace)* espacio *m* en blanco; *(vin)* vino *m* blanco; **à ~** *(chauffer)* al rojo vivo; *(tirer)* al blanco; **~ cassé** color *m* crudo; **~ d'œuf** clara *f* (de huevo); **~ de poulet** pechuga *f* de pollo.

❑ **Blanc, Blanche** *nm, f* blanco *m* (-ca *f*).
blancheur [blɑ̃ʃœr] *nf* blancura *f*.
blanchir [blɑ̃ʃir] *vt* blanquear. ◆ *vi* ponerse blanco(-ca).
blanchisserie [blɑ̃ʃisri] *nf* lavandería *f*.
blanquette [blɑ̃kɛt] *nf (plat) guiso de ternera, cordero o pollo con vino blanco; (vin) vino espumoso del Sur de Francia;* ~ **de veau** *guiso de ternera con vino blanco.*
blasé, -e [blaze] *adj* hastiado(-da).
blazer [blazɛr] *nm* americana *f*.
blé [ble] *nm* trigo *m*; ~ **d'Inde** *(Can)* maíz *m*.
blême [blɛm] *adj* lívido(-da).
blessant, -e [blɛsɑ̃, ɑ̃t] *adj* hiriente.
blessé, -e [blese] *nm, f* herido *m* (-da *f*).
blesser [blese] *vt* herir. ❑ **se blesser** *vp* herirse; **se ~ à la main** herirse en la mano.
blessure [blesyr] *nf* herida *f*.
blette [blɛt] = **bette**.
bleu, -e [blø] *adj* azul; *(steak)* poco hecho(-cha). ◆ *nm (couleur)* azul *m*; *(hématome)* cardenal *m*; ~ **(d'Auvergne)** *queso azul elaborado en Auvernia;* ~ **ciel** azul celeste; ~ **marine** azul marino; ~ **de travail** mono *m*.
bleuet [bløɛ] *nm* aciano *m*; *(Can)* arándano *m*.
blindé, -e [blɛ̃de] *adj* blindado(-da).
blizzard [blizar] *nm* ventisca *f (en América del Norte).*
bloc [blɔk] *nm* bloque *m*; *(de papier)* bloc *m*; **à ~** a fondo; **en ~** en bloque.
blocage [blɔkaʒ] *nm (des prix, des salaires)* congelación *f*; *(psychologique)* bloqueo *m*.
bloc-notes [blɔknɔt] (*pl* **blocs-notes**) *nm* libreta *f*.
blocus [blɔkys] *nm* bloqueo *m*.
blond, -e [blɔ̃, blɔ̃d] *adj* rubio(-bia).
blonde [blɔ̃d] *nf (cigarette)* tabaco *m* rubio; **(bière) ~** cerveza *f* rubia.
bloquer [blɔke] *vt* bloquear; *(prix, salaires)* congelar.
blottir [blɔtir]: **se blottir** *vp* acurrucarse.
blouse [bluz] *nf (d'élève, de médecin)* bata *f*; *(chemisier)* blusa *f*.
blouson [bluzɔ̃] *nm* cazadora *f*.
blues [bluz] *nm* blues *m inv*.
bob [bɔb] *nm* gorro *m*.
bobine [bɔbin] *nf* carrete *m*.
bobsleigh [bɔbslɛg] *nm* bobsleigh *m*.
bocal, -aux [bɔkal, o] *nm (de conserves)* tarro *m*; *(à poissons)* pecera *f*.
body [bɔdi] *nm* body *m*.
body-building [bɔdibildiŋ] *nm* body building *m*.
bœuf [bœf, *pl* bø] *nm (animal)* buey *m*; (CULIN) vaca *f*; ~ **bourguignon** *estofado de vaca con vino tinto.*
bof [bɔf] *excl* ¡bah!; **comment tu as trouvé le film? - ~!** ¿qué te pareció la película? - ¡bah! regular.

bohémien, -enne [bɔemjɛ̃, ɛn] *nm, f* bohemio *m* (-mia *f*).
boire [bwar] *vt (avaler)* beber; *(absorber)* absorber. ◆ *vi* beber; ~ **un coup** tomar un trago.
bois [bwa] *nm (matière)* madera *f*; *(de chauffage)* leña *f*; *(forêt)* bosque *m*. ◆ *nmpl (d'un cerf)* cornamenta *f*.
boisé, -e [bwaze] *adj* poblado(-da) de árboles.
boiseries [bwazri] *nfpl* revestimientos *mpl* de madera.
boisson [bwasɔ̃] *nf* bebida *f*.
boîte [bwat] *nf* caja *f*; ~ **d'allumettes** caja de cerillas; ~ **de conserve** lata *f* (de conserva); ~ **aux lettres** buzón *m*; ~ **(de nuit)** discoteca *f*; ~ **à outils** caja de herramientas; ~ **postale** apartado *m* de correos; ~ **de vitesses** caja de cambios.
boiter [bwate] *vi* cojear.
boiteux, -euse [bwatø, øz] *adj* cojo(-ja).
boîtier [bwatje] *nm* caja *f*; *(d'appareil photo)* cuerpo *m*.
bol [bɔl] *nm* bol *m*.
bolide [bɔlid] *nm* bólido *m*.
Bolivie [bɔlivi] *nf*: **la** ~ Bolivia.
bombardement [bɔ̃bardəmɑ̃] *nm* bombardeo *m*.
bombarder [bɔ̃barde] *vt* bombardear; ~ **qqn de questions** apabullar a alguien con preguntas.
bombe [bɔ̃b] *nf (arme)* bomba *f*; *(vaporisateur)* vaporizador *m*; ~ **atomique** bomba atómica.
bon, bonne [bɔ̃, bɔn] (*compar & superl* **meilleur** [mɛjœr]) *adj* -1. *(gén)* bueno(-na); **nous avons passé de très bonnes vacances** hemos pasado unas vacaciones muy buenas; **être ~ en qqch** ser bueno en algo; **c'est ~ pour la santé** es bueno para la salud; **il n'est ~ à rien** no sirve para nada; **c'est ~ à savoir** es bueno saberlo.
-2. *(dans des expressions)*: **~!** ¡bueno!; **ah ~?** ¿sí?; **c'est ~!** ¡vale!; **pour de ~** de una vez por todas.
-3. *(correct)* correcto(-ta); **est-ce le ~ numéro?** ¿es el número correcto?
-4. *(généreux)* generoso(-sa).
-5. *(utilisable)*: **(ne plus) être ~** (no) servir; **votre carte d'autobus n'est plus bonne** su bonobús ya no sirve.
-6. *(en intensif)*: **ça fait une bonne heure que j'attends** hace una hora larga que estoy esperando.
-7. *(dans l'expression des souhaits)*: **bonne année!** ¡feliz año nuevo!; **bonnes vacances!** ¡buenas vacaciones!
◆ *adv*: **il fait ~** hace buen tiempo; **sentir ~** oler bien; **tenir ~** aguantar.
◆ *nm (formulaire)* orden *f*; *(en cadeau)* vale *m*.
bonbon [bɔ̃bɔ̃] *nm* caramelo *m*.
bond [bɔ̃] *nm* brinco *m*.
bondé, -e [bɔ̃de] *adj* abarrotado(-da).
bondir [bɔ̃dir] *vi (sauter)* brincar; *(fig: réagir)* estallar.
bonheur [bɔnœr] *nm (état)* felicidad *f*; *(chance, plaisir)* placer *m*.
bonhomme [bɔnɔm] (*pl* **bonshommes** [bɔ̃zɔm]) *nm (fam: hom-*

me) tipo *m*; *(silhouette)* muñeco *m*; **~ de neige** muñeco de nieve.
bonjour [bɔ̃ʒur] *excl* ¡buenos días!; **dire ~ à qqn** saludar a alguien.
bonne [bɔn] *nf* criada *f*. ◆ *adj* → bon.
bonnet [bɔnɛ] *nm* gorro *m*; **~ de bain** gorro de baño.
bonsoir [bɔ̃swar] *excl* ¡buenas noches!; **dire ~ à qqn** dar las buenas noches a alguien.
bonté [bɔ̃te] *nf* bondad *f*.
bord [bɔr] *nm* borde *m*; **à ~ (de)** a bordo (de); **au ~ (de)** en la orilla (de); **au ~ de la mer** a orillas del mar.
Bordeaux [bɔrdo] *n* Burdeos.
bordelaise [bɔrdəlɛz] *adj f* → **entrecôte**.
border [bɔrde] *vt (entourer)* bordear; *(enfant)* arropar; **bordé de** bordeado de.
bordure [bɔrdyr] *nf (bord)* borde *m*; *(liseré)* ribete *m*; **en ~ de** al borde de.
borgne [bɔrɲ] *adj* tuerto(-ta).
borne [bɔrn] *nf* mojón *m*; **dépasser les ~s** pasarse de la raya.
borné, -e [bɔrne] *adj* tozudo(-da).
bosquet [bɔskɛ] *nm* arboleda *f*.
bosse [bɔs] *nf (saillie)* bulto *m*; *(au front)* chichón *m*; *(sur le dos)* joroba *f*.
bossu, -e [bɔsy] *adj* jorobado(-da).
botanique [bɔtanik] *adj* botánico(-ca). ◆ *nf* botánica *f*.
botte [bɔt] *nf (chaussure)* bota *f*; *(de légumes, de foin)* manojo *m*.
Bottin® [bɔtɛ̃] *nm* listín *m*.
bottine [bɔtin] *nf* botín *m*.
bouc [buk] *nm (animal)* chivo *m*; *(barbe)* perilla *f*.
bouche [buʃ] *nf* boca *f*; **~ d'égout** alcantarilla *f*; **~ de métro** boca de metro.
bouchée [buʃe] *nf (morceau)* bocado *m*; *(au chocolat)* bombón *m*; **~ à la reine** *pastelito de hojaldre relleno servido en entremés.*
boucher[1] [buʃe] *vt* tapar; *(bloquer)* obstruir.
boucher[2]**, -ère** [buʃe, ɛr] *nm, f* carnicero *m* (-ra *f*).
boucherie [buʃri] *nf* carnicería *f*.
bouchon [buʃɔ̃] *nm (couvercle)* tapón *m*; *(embouteillage)* atasco *m*; *(de pêche)* corcho *m*.
boucle [bukl] *nf (de cheveux, de fil)* rizo *m*; *(de fil)* lazada *f*; *(de ceinture)* hebilla *f*; *(circuit)* curva *f* cerrada; **~ d'oreille** pendiente *m*.
bouclé, -e [bukle] *adj* rizado(-da).
boucler [bukle] *vt (valise)* cerrar; *(ceinture)* abrochar; *(fam: enfermer)* encerrar. ◆ *vi (cheveux)* rizar.
bouclier [buklije] *nm* escudo *m*.
bouddhiste [budist] *adj & nmf* budista.
bouder [bude] *vi* enfurruñarse.
boudin [budɛ̃] *nm (cylindre)* rollo *m*; **~ blanc** morcilla *f* blanca; **~ noir** morcilla *f*.
boue [bu] *nf* barro *m*.

bouée [bwe] *nf (pour nager)* flotador *m*; *(balise)* boya *f*; ~ **de sauvetage** salvavidas *m inv*.
boueux, **-euse** [buø, øz] *adj* fangoso(-sa).
bouffant, **-e** [bufɑ̃, ɑ̃t] *adj (pantalon)* bombacho.
bouffée [bufe] *nf (d'air, de tabac)* bocanada *f*; *(de chaleur, d'angoisse)* sofoco *m*.
bouffi, **-e** [bufi] *adj* abotargado(-da).
bougeotte [buʒɔt] *nf*: **avoir la** ~ *(fam)* ser culo de mal asiento.
bouger [buʒe] *vt* mover. ◆ *vi* moverse; *(changer)* cambiar.
bougie [buʒi] *nf (cierge)* vela *f*; *(TECH)* bujía *f*.
bouillabaisse [bujabɛs] *nf sopa provenzal acompañada con trozos de pescado*.
bouillant, **-e** [bujɑ̃, ɑ̃t] *adj* hirviente.
bouillie [buji] *nf* papilla *f*.
bouillir [bujir] *vi (liquide, aliment)* hervir; *(fig: personne)* arder.
bouilloire [bujwar] *nf* hervidor *m*.
bouillon [bujɔ̃] *nm* caldo *m*.
bouillonner [bujɔne] *vi* borbotear.
bouillotte [bujɔt] *nf* bolsa *f* de agua caliente.
boulanger, **-ère** [bulɑ̃ʒe, ɛr] *nm, f* panadero *m* (-ra *f*).
boulangerie [bulɑ̃ʒri] *nf* panadería *f*.
boule [bul] *nf* bola *f*; **jouer aux ~s** jugar a la petanca; ~ **de Bâle** *(Helv) salchicha gruesa que se toma acompañada de salsa vinagreta*.
bouledogue [buldɔg] *nm* buldog *m*.
boulet [bulɛ] *nm* bala *f*.
boulette [bulɛt] *nf* bolita *f*; ~ **de viande** albóndiga *f*.
boulevard [bulvar] *nm* bulevar *m*; **les Grands Boulevards** *en París, bulevares que van de la plaza de la Madeleine a la République*.
bouleversement [bulvɛr-səmɑ̃] *nm* trastorno *m*.
bouleverser [bulvɛrse] *vt* trastornar.
boulon [bulɔ̃] *nm* perno *m*.
boulot [bulo] *nm (fam)* curre *m*.
boum [bum] *nf (fam)* guateque *m*.
bouquet [bukɛ] *nm (de fleurs)* ramo *m*; *(crevette)* gamba *f*; *(d'un vin)* buqué *m*.
bouquin [bukɛ̃] *nm (fam)* libro *m*.
bourbeux, **-euse** [burbø, øz] *adj* fangoso(-sa).
bourdon [burdɔ̃] *nm* abejorro *m*.
bourdonner [burdɔne] *vi* zumbar.
bourgeois, **-e** [burʒwa, az] *adj & nm, f* burgués(-esa).
bourgeoisie [burʒwazi] *nf* burguesía *f*.
bourgeon [burʒɔ̃] *nm* brote *m*.
bourgeonner [burʒɔne] *vi* brotar.
Bourgogne [burgɔɲ] *nf*: **la** ~ Borgoña.

bourguignon, **-onne** [burgiɲɔ̃, ɔn] *adj* → **bœuf, fondue.**
bourrasque [burask] *nf* borrasca *f*.
bourratif, **-ive** [buratif, iv] *adj* pesado(-da).
bourré, **-e** [bure] *adj (plein)* atiborrado(-da); *(fam: ivre)* trompa; ~ **de** repleto de.
bourreau, **-x** [buro] *nm* verdugo *m*.
bourrelet [burlɛ] *nm (isolant)* burlete *m*; *(de graisse)* michelín *m*.
bourru, **-e** [bury] *adj* huraño(-ña).
bourse [burs] *nf (d'études)* beca *f*; *(porte-monnaie)* monedero *m*; **la Bourse** la Bolsa.
boursier, **-ère** [bursje, ɛr] *adj (étudiant)* becario(-ria); *(transaction)* bursátil.
boursouflé, **-e** [bursufle] *adj* hinchado(-da).
bousculade [buskylad] *nf* tumulto *m*.
bousculer [buskyle] *vt (heurter)* empujar; *(fig: presser)* meter prisa.
boussole [busɔl] *nf* brújula *f*.
bout [bu] *nm (extrémité)* punta *f*; *(morceau)* trozo *m*; **au ~ de** *(après)* al cabo de; **arriver au ~ de** llegar al final de; **être à ~** estar rendido(-da).
boute-en-train [butɑ̃trɛ̃] *nm inv*: **le ~ de la soirée** el alma de la fiesta.
bouteille [butɛj] *nf* botella *f*; **~ de gaz** bombona *f* de gas; **~ d'oxygène** botella de oxígeno.
boutique [butik] *nf* tienda *f*; **~ franche** OU **hors taxe** tienda libre de impuestos.
bouton [butɔ̃] *nm (de vêtement, de machine)* botón *m*; *(sur la peau)* grano *m*; *(de fleur)* capullo *m*.
bouton-d'or [butɔ̃dɔr] (*pl* **boutons-d'or**) *nm* botón *m* de oro.
boutonner [butɔne] *vt* abotonar.
boutonnière [butɔnjɛr] *nf* ojal *m*.
bowling [buliŋ] *nm (jeu)* bolos *mpl*; *(salle)* bolera *f*.
box [bɔks] *nm inv (garage)* cochera *f*; *(d'écurie)* box *m*.
boxe [bɔks] *nf* boxeo *m*.
boxer [bɔksɛr] *nm* bóxer *m*.
boxeur [bɔksœr] *nm* boxeador *m*.
boyau, **-x** [bwajo] *nm (de roue)* tubular *m*. ❑ **boyaux** *nmpl (ANAT)* tripas *fpl*.
boycotter [bɔjkɔte] *vt* boicotear.
BP *(abr de boîte postale)* apdo.
bracelet [braslɛ] *nm* pulsera *f*.
bracelet-montre [braslɛmɔ̃tr] (*pl* **bracelets-montres**) *nm* reloj *m* de pulsera.
braconnier [brakɔnje] *nm* cazador *m* furtivo.
brader [brade] *vt* liquidar; **'on brade'** 'liquidación total'.
braderie [bradri] *nf* liquidación *f*.
braguette [bragɛt] *nf* bragueta *f*.
braille [braj] *nm* braille *m*.
brailler [braje] *vi (fam)* berrear.

braise [brɛz] *nf* brasa *f*.
brancard [brɑ̃kar] *nm* camilla *f*.
branchages [brɑ̃ʃaʒ] *nmpl* ramaje *m*.
branche [brɑ̃ʃ] *nf (d'arbre)* rama *f*; *(de lunettes)* patilla *f*; *(d'une discipline)* ramo *m*.
branchement [brɑ̃ʃmɑ̃] *nm* conexión *f*.
brancher [brɑ̃ʃe] *vt* enchufar.
brandade [brɑ̃dad] *nf*: ~ **(de morue)** *puré a base de bacalao y patatas*.
brandir [brɑ̃dir] *vt* blandir.
branlant, -e [brɑ̃lɑ̃, ɑ̃t] *adj* mal suelto(-ta).
braquer [brake] *vt (diriger)* apuntar. ◆ *vi (automobiliste)* torcer. ❑ **se braquer** *vp (s'entêter)* obcecarse.
bras [bra] *nm* brazo *m*; ~ **de mer** brazo de mar.
brassard [brasar] *nm* brazal *m*.
brasse [bras] *nf* braza *f*.
brasser [brase] *vt (remuer)* remover; *(affaires, argent)* manejar; *(bière)* fabricar.
brasserie [brasri] *nf* cervecería *f*.
brassière [brasjɛr] *nf (pour bébé)* camisita *f*; *(Can: soutien-gorge)* sujetador *m*.
brave [brav] *adj (courageux)* valiente; *(gentil)* buenazo(-za).
bravo [bravo] *excl* ¡bravo!
bravoure [bravur] *nf* valentía *f*.
break [brɛk] *nm* coche *m* familiar.
brebis [brəbi] *nf* oveja *f*.
brèche [brɛʃ] *nf* brecha *f*.
bredouiller [brəduje] *vi* balbucear.
bref, brève [brɛf, brɛv] *adj* breve. ◆ *adv* total; ~, **il vaut mieux rester ici** total, que lo mejor será quedarse aquí.
Brésil [brezil] *nm*: **le** ~ Brasil.
Bretagne [brətaɲ] *nf*: **la** ~ Bretaña.
bretelle [brətɛl] *nf (de vêtement)* tirante *m*; *(d'autoroute)* empalme *m*. ❑ **bretelles** *nfpl* tirantes *mpl*.
breton, -onne [brətɔ̃, ɔn] *adj* bretón(-ona). ◆ *nm (langue)* bretón *m*. ❑ **Breton, -onne** *nm, f* bretón *m* (-ona *f*).
brève → **bref**.
brevet [brəvɛ] *nm (diplôme)* título *m*; *(d'invention)* patente *f*; ~ **(des collèges)** *título que se obtiene en Francia al final de la enseñanza primaria*, ≃ graduado *m* (escolar).
bribes [brib] *nfpl (de conversation)* fragmentos *mpl*.
bricolage [brikɔlaʒ] *nm* bricolaje *m*; **faire du** ~ hacer bricolaje.
bricole [brikɔl] *nf* menudencia *f*.
bricoler [brikɔle] *vt* arreglar. ◆ *vi* hacer chapuzas.
bricoleur, -euse [brikɔlœr, øz] *nm, f* manitas *mf inv*.
bride [brid] *nf (harnais)* brida *f*.
bridé, -e [bride] *adj*: **avoir les yeux ~s** tener los ojos rasgados.
bridge [bridʒ] *nm (jeu)* bridge *m*; *(appareil dentaire)* puente *m*.
brie [bri] *nm* brie *m*.
brièvement [brijɛvmɑ̃] *adv* brevemente.

brigade [brigad] *nf* brigada *f*.
brigand [brigɑ̃] *nm* bandolero *m* (-ra *f*).
brillamment [brijamɑ̃] *adv* con brillantez.
brillant, -e [brijɑ̃, ɑ̃t] *adj* & *nm* brillante.
briller [brije] *vi (luire)* brillar; *(réussir)* destacar.
brimer [brime] *vt* vejar.
brin [brɛ̃] *nm (de laine)* hebra *f*; ~ **d'herbe** brizna *f* de hierba; ~ **de muguet** ramito *m* de muguete.
brindille [brɛ̃dij] *nf* ramilla *f*.
brioche [brijɔʃ] *nf* bollo *m*.
brique [brik] *nf* ladrillo *m*; *(de lait, de jus de fruits)* tetrabrik *m*.
briquer [brike] *vt* lustrar.
briquet [brikɛ] *nm* mechero *m*.
brise [briz] *nf* brisa *f*.
briser [brize] *vt* romper.
britannique [britanik] *adj* británico(-ca). ❑ **Britannique** *nmf* británico *m* (-ca *f*).
brocante [brɔkɑ̃t] *nf (magasin)* anticuario *m*.
brocanteur [brɔkɑ̃tœr] *nm* anticuario *m* (-ria *f*).
broche [brɔʃ] *nf (bijou)* broche *m*; (CULIN) pincho *m*.
brochet [brɔʃɛ] *nm* lucio *m*.
brochette [brɔʃɛt] *nf* pincho *m*.
brochure [brɔʃyr] *nf* folleto *m*.
brocoli [brɔkɔli] *nm* brécol *m*.
broder [brɔde] *vt* bordar.
broderie [brɔdri] *nf* bordado *m*.
bronches [brɔ̃ʃ] *nfpl* bronquios *mpl*.
bronchite [brɔ̃ʃit] *nf* bronquitis *f inv*.
bronzage [brɔ̃zaʒ] *nm* moreno *m*.
bronze [brɔ̃z] *nm* bronce *m*.
bronzer [brɔ̃ze] *vi* broncear; **se faire** ~ broncearse.
brosse [brɔs] *nf* cepillo *m*; **en** ~ al cepillo; ~ **à cheveux/à dents** cepillo para el pelo/de dientes.
brosser [brɔse] *vt* cepillar. ❑ **se brosser** *vp* cepillarse; **se** ~ **les dents** cepillarse los dientes.
brouette [bruɛt] *nf* carretilla *f*.
brouhaha [bruaa] *nm* bullicio *m*.
brouillard [brujar] *nm* niebla *f*.
brouillé [bruje] *adj m* → **œuf**.
brouiller [bruje] *vt* enturbiar; *(vue)* nublar. ❑ **se brouiller** *vp (se fâcher)* enfadarse; *(idées)* enturbiarse; *(vue)* nublarse.
brouillon [brujɔ̃] *nm* borrador *m*.
broussailles [brusaj] *nfpl* maleza *f*.
brousse [brus] *nf* sabana *f*.
brouter [brute] *vt* pacer.
broyer [brwaje] *vt* triturar.
brucelles [brysɛl] *nfpl (Helv)* pinza *f* de depilar.
brugnon [bryɲɔ̃] *nm* griñón *m*.
bruine [brɥin] *nf* llovizna *f*.
bruit [brɥi] *nm* ruido *m*; **faire du** ~ hacer ruido.
brûlant, -e [brylɑ̃, ɑ̃t] *adj (liquide, aliment)* ardiendo; *(soleil)* abrasador(-ra).

brûlé [bryle] *nm*: **ça sent le ~** huele a quemado.
brûle-pourpoint [brylpurpwɛ̃]: **à brûle-pourpoint** *adv* a quemarropa.
brûler [bryle] *vt* quemar; *(irriter)* escocer. ◆ *vi* quemar; **~ un feu rouge** saltarse un semáforo. ❑ **se brûler** *vp* quemarse; **se ~ la main** quemarse la mano.
brûlure [brylyr] *nf (blessure)* quemadura *f*; *(sensation)* escozor *m*; **~s d'estomac** ardor *m* de estómago.
brume [brym] *nf* bruma *f*.
brumeux, **-euse** [brymø, øz] *adj* brumoso(-sa).
brun, **-e** [brœ̃, bryn] *adj (personne, cheveux)* moreno(-na); *(tabac)* negro(-gra).
brune [bryn] *nf (cigarette)* tabaco *m* negro; **(bière) ~** cerveza *f* negra.
Brushing® [brœʃiŋ] *nm*: **un shampooing et un ~** lavar y marcar.
brusque [brysk] *adj* brusco(-ca).
brut, **-e** [bryt] *adj (matière, pétrole)* crudo(-da); *(poids, salaire)* bruto(-ta); *(cidre, champagne)* seco(-ca).
brutal, **-e**, **-aux** [brytal, o] *adj* brutal.
brutaliser [brytalize] *vt* maltratar.
brute [bryt] *nf* bruto *m* (-ta *f*).
Bruxelles [bry(k)sɛl] *n* Bruselas.
bruyant, **-e** [brɥijɑ̃, ɑ̃t] *adj* ruidoso(-sa).
bruyère [bryjɛr] *nf* brezo *m*.
BTS *nm (abr de brevet de technicien supérieur) título de técnico superior que sanciona dos años de estudios después del bachillerato.*
bu, **-e** [by] *pp* → **boire**.
buanderie [byɑ̃dri] *nf (Can)* lavandería *f*.
bûche [byʃ] *nf* leño *m*; **~ de Noël** *brazo de gitano que se sirve de postre en Navidad.*
bûcheron [byʃrɔ̃] *nm* leñador *m*.
budget [bydʒɛ] *nm* presupuesto *m*.
buée [bɥe] *nf* vaho *m*.
buffet [byfɛ] *nm (meuble)* aparador *m*; *(repas)* bufé *m*; *(de gare)* cafetería *f (en una estación)*; **~ froid** *bufé de platos fríos.*
building [bildiŋ] *nm* rascacielos *m inv*.
buisson [bɥisɔ̃] *nm* matorral *m*.
buissonnière [bɥisɔnjɛr] *adj f* → **école**.
Bulgarie [bylgari] *nf*: **la ~** Bulgaria.
bulldozer [byldɔzɛr] *nm* buldozer *m*.
bulle [byl] *nf (de gaz)* burbuja *f*; *(de savon)* pompa *f*; **faire des ~s** hacer pompas.
bulletin [byltɛ̃] *nm (SCOL, papier)* boletín *m*; *(d'informations)* parte *m*; **~ météorologique** parte meteorológico; **~ de salaire** nómina *f*; **~ de vote** papeleta *f* (de votación).

bungalow [bœ̃galo] *nm* bungaló *m*.
bureau [byro] *nm (pièce)* despacho *m*; *(lieu de travail)* oficina *f*; *(meuble)* escritorio *m*; ~ **de change** agencia *f* de cambio; ~ **de poste** correos *mpl*; ~ **de tabac** estanco *m*.
burlesque [byrlɛsk] *adj* burlesco(-ca).
bus [bys] *nm* bus *m*.
buste [byst] *nm* busto *m*.
but [byt] *nm (intention)* objetivo *m*; *(destination)* meta *f*; *(SPORT: point)* gol *m*; **les** ~**s** *(SPORT: zone)* la portería; **dans le** ~ **de** con el fin de.
butane [bytan] *nm* butano *m*.
buté, -e [byte] *adj* terco(-ca).
buter [byte] *vi*: ~ **sur** OU **contre** *(objet)* tropezar con; *(difficulté)* toparse con. ❑ **se buter** *vp* obstinarse.
butin [bytɛ̃] *nm* botín *m*.
butte [byt] *nf* colina *f*.
buvard [byvar] *nm* papel *m* secante.
buvette [byvɛt] *nf* bar *m*.

C

c' → **ce**.
ça [sa] *pron* eso; *(objet proche)* esto; *(objet lointain)* aquello; ~ **n'est pas facile** no es cosa fácil; ~ **va?** - ~ **va!** ¿qué tal? - ¡bien!; **comment** ~**?** ¿cómo es eso?; **c'est** ~ eso es.
cabane [kaban] *nf* cabaña *f*.
cabaret [kabarɛ] *nm* cabaret *m*.
cabillaud [kabijo] *nm* bacalao *m* fresco.
cabine [kabin] *nf (de bateau)* camarote *m*; *(de téléphérique)* cabina *f*; *(sur la plage)* caseta *f*; ~ **de douche** ducha *f*; ~ **d'essayage** probador *m*; ~ **(de pilotage)** cabina (de pilotaje); ~ **(téléphonique)** cabina (telefónica).
cabinet [kabinɛ] *nm (d'avocat)* bufete *m*; *(de médecin)* consulta *f*; ~ **de toilette** cuarto *m* de aseo. ❑ **cabinets** *nmpl* retrete *m*.
câble [kabl] *nm* cable *m*; **(télévision par)** ~ (televisión por) cable.
cabosser [kabɔse] *vt* abollar.
cabriole [kabrijɔl] *nf* voltereta *f*.
caca [kaka] *nm*: **faire** ~ *(fam)* hacer caca.
cacah(o)uète [kakawɛt] *nf* cacahuete *m*.
cacao [kakao] *nm* cacao *m*.
cache-cache [kaʃkaʃ] *nm inv*: **jouer à** ~ jugar al escondite.
cachemire [kaʃmir] *nm* cachemir *m*.
cache-nez [kaʃne] *nm inv* bufanda *f*.
cacher [kaʃe] *vt (objet, personne)* esconder; *(vue, soleil)* tapar; *(vérité, sentiment)* disimular. ❑ **se cacher** *vp* esconderse.
cachet [kaʃɛ] *nm (comprimé)* tableta *f*; *(tampon)* sello *m*; *(allure)* carácter *m*.

cachette [kaʃɛt] *nf* escondite *m*; **en ~** a escondidas.
cachot [kaʃo] *nm* calabozo *m*.
cacophonie [kakɔfɔni] *nf* cacofonía *f*.
cactus [kaktys] *nm* cactus *m*.
cadavre [kadavr] *nm* cadáver *m*.
Caddie® [kadi] *nm* carro *m* (de supermercado).
cadeau, -x [kado] *nm* regalo *m*; **faire un ~ à qqn** hacer un regalo a alguien; **faire ~ de qqch à qqn** regalar algo a alguien.
cadenas [kadna] *nm* candado *m*.
cadence [kadɑ̃s] *nf* cadencia *f*; **en ~** al compás.
cadet, -ette [kadɛ, ɛt] *adj & nm, f* menor.
Cadix [kadiks] *n* Cádiz.
cadran [kadrɑ̃] *nm (de montre, de tableau de bord)* esfera *f*; *(de téléphone)* disco *m*; **~ solaire** reloj *m* de sol.
cadre [kadr] *nm (bordure, décor)* marco *m*; *(tableau, de vélo)* cuadro *m*; *(d'une entreprise)* ejecutivo *m*; **dans le ~ de** *(fig)* en el marco de.
cafard [kafar] *nm* cucaracha *f*; **avoir le ~** *(fam)* tener la depre.
café [kafe] *nm* café *m*; *(établissement)* bar *m*, cafetería *f*; **~ crème** OU **au lait** café con leche; **~ épicé** *(Helv) café solo al que se le añade canela y clavo*; **~ liégeois** *helado de café con nata montada*; **~ noir** café solo.

CAFÉ

Establecimiento público que suele dar a la calle, ya sea por su terraza o por sus amplias cristaleras, en el que se dispensan bebidas y, en algunos casos, bocadillos o cenas ligeras. Algunos, especialmente en París, han tenido una estrecha vinculación con la vida política, cultural o literaria de una época determinada. Esta bebida se suele consumir en los bares de diversas formas como, por ejemplo, el "café crème", café al que se le añade leche, y no nata, o el "express" o "expresso", más cargado y que se toma solo en una taza de menor tamaño. El "grand crème", comúnmente denominado "café au lait", se suele tomar acompañado de croissants o de pan con mantequilla.

cafétéria [kafeterja] *nf* cafetería *f*.
café-théâtre [kafeteatr] (*pl* **cafés-théâtres**) *nm* café-teatro *m*.
cafetière [kaftjɛr] *nf* cafetera *f*.
cage [kaʒ] *nf (pour animaux)* jaula *f*; *(SPORT)* portería *f*; **~ d'escalier** hueco *m* de la escalera.
cagoule [kagul] *nf* pasamontañas *m inv*.
cahier [kaje] *nm* cuaderno *m*; **~ de brouillon/de textes** cuaderno de sucio/de ejercicios.
caille [kaj] *nf* codorniz *f*.
cailler [kaje] *vi (lait)* cuajar; *(sang)* coagular.
caillot [kajo] *nm* coágulo *m*.

caillou, **-x** [kaju] *nm* piedra *f*.
caisse [kɛs] *nf* caja *f*; **~ (enregistreuse)** caja (registradora); **~ d'épargne** caja de ahorros; **~ rapide** caja rápida.
caissier, **-ère** [kesje, ɛr] *nm, f* cajero *m* (-ra *f*).
cajou [kaʒu] *nm* → **noix**.
cake [kɛk] *nm* plum cake *m*.
calamars [kalamar] *nmpl* calamares *mpl*.
calcaire [kalkɛr] *nm* calcita *f*. ◆ *adj* calcáreo(-rea).
calciné, **-e** [kalsine] *adj* calcinado(-da).
calcium [kalsjɔm] *nm* calcio *m*.
calcul [kalkyl] *nm* cálculo *m*; **~ mental** cálculo mental.
calculatrice [kalkylatris] *nf* calculadora *f*.
calculer [kalkyle] *vt* calcular.
cale [kal] *nf* calzo *m*.
calé, **-e** [kale] *adj (fam: doué)* empollado(-da).
caleçon [kalsɔ̃] *nm (sous-vêtement)* calzoncillos *mpl*; *(pantalon)* mallas *fpl*.
calembour [kalɑ̃bur] *nm* retruécano *m*.
calendrier [kalɑ̃drije] *nm* calendario *m*.
cale-pied, **-s** [kalpje] *nm* rastral *m*.
caler [kale] *vt (stabiliser)* calzar. ◆ *vi (voiture, moteur)* calar; *(fam: à table)* estar lleno(-na).
califourchon [kalifurʃɔ̃]: **à califourchon sur** *prép* a horcajadas en OU sobre.
câlin [kalɛ̃] *nm* mimo *m*; **faire un ~ à qqn** hacer un mimo a alguien.
calmant [kalmɑ̃] *nm* calmante *m*.
calmars [kalmar] = **calamars**.
calme [kalm] *adj* tranquilo(-la). ◆ *nm* tranquilidad *f*; **du ~!** ¡tranquilo!
calmer [kalme] *vt* calmar. ❑ **se calmer** *vp* calmarse.
calorie [kalɔri] *nf* caloría *f*.
calque [kalk] *nm*: **(papier-)~** calco *m*.
calvados [kalvados] *nm* aguardiente *m* de manzana.
camarade [kamarad] *nmf* camarada *mf*; **~ de classe** compañero *m* (-ra *f*) de clase.
cambouis [kɑ̃bwi] *nm* grasa *f (de motor)*.
cambré, **-e** [kɑ̃bre] *adj (dos, reins)* arqueado(-da).
cambriolage [kɑ̃brijɔlaʒ] *nm* robo *m*.
cambrioler [kɑ̃brijɔle] *vt* robar.
cambrioleur [kɑ̃brijɔlœr] *nm* ladrón *m*.
camembert [kamɑ̃bɛr] *nm* camembert *m*.
caméra [kamera] *nf* cámara *f*.
Caméscope® [kameskɔp] *nm* cámara *f* de vídeo.
camion [kamjɔ̃] *nm* camión *m*.
camion-citerne [kamjɔ̃sitɛrn] (*pl* **camions-citernes**) *nm* camión *m* cisterna.
camionnette [kamjɔnɛt] *nf* camioneta *f*.

camionneur [kamjɔnœr] *nm (chauffeur)* camionero *m*.
camp [kɑ̃] *nm* campamento *m*; *(de joueurs, de sportifs)* campo *m*; **~ de vacances** colonia *f* de vacaciones; **faire un ~** irse de acampada.
campagne [kɑ̃paɲ] *nf* campo *m*; *(électorale, publicitaire)* campaña *f*.
camper [kɑ̃pe] *vi* acampar.
campeur, **-euse** [kɑ̃pœr, øz] *nm, f* campista *mf*.
camping [kɑ̃piŋ] *nm* camping *m*; **faire du ~** ir de camping; **~ sauvage** camping libre.
camping-car, **-s** [kɑ̃piŋkar] *nm* autocaravana *m*.
Camping-Gaz® [kɑ̃piŋgaz] *nm inv* camping gas *m inv*.
Canada [kanada] *nm*: **le ~** Canadá.
canadien, **-enne** [kanadjɛ̃, ɛn] *adj* canadiense. ❑ **Canadien**, **-enne** *nm, f* canadiense *mf*.
canadienne [kanadjɛn] *nf (veste)* chaqueta forrada de piel; *(tente)* pequeña tienda de campaña.
canal, **-aux** [kanal, o] *nm* canal *m*; **Canal +** ≃ Canal Plus.
canalisation [kanalizasjɔ̃] *nf* cañería *f*.
canapé [kanape] *nm (siège)* sofá *m*; *(toast)* canapé *m*; **~ convertible** sofá cama.
canapé-lit [kanapeli] (*pl* **canapés-lits**) *nm* sofá cama *m*.
canard [kanar] *nm* pato *m*; *(sucre) azucarillo que se moja en el café*; **~ laqué** *plato chino que consiste en pato macerado en miel y asado*; **~ à l'orange** *pato a la naranja*.
canari [kanari] *nm* canario *m*.
Canaries [kanari] *nfpl*: **les (îles) ~** las (Islas) Canarias.
cancer [kɑ̃sɛr] *nm* cáncer *m*. ❑ **Cancer** *nm* Cáncer *m inv*.
cancéreux, **-euse** [kɑ̃serø, øz] *adj* canceroso(-sa).
candidat, **-e** [kɑ̃dida, at] *nm, f* candidato *m* (-ta *f*).
candidature [kɑ̃didatyr] *nf* candidatura *f*; **poser sa ~ (à)** presentar una solicitud (para).
caneton [kantɔ̃] *nm* patito *m*.
canette [kanɛt] *nf (bouteille)* botellín *m*.
caniche [kaniʃ] *nm* caniche *m*.
canicule [kanikyl] *nf* canícula *f*.
canif [kanif] *nm* navaja *f*.
canine [kanin] *nf* canina *f*.
caniveau [kanivo] *nm* arroyo *m*.
canne [kan] *nf* bastón *m*; **~ à pêche** caña *f* de pescar.
canneberge [kanbɛrʒ] *nf* arándano *m*.
cannelle [kanɛl] *nf* canela *f*.
cannelloni(s) [kanelɔni] *nmpl* canelones *mpl*.
cannette [kanɛt] = **canette**.
canoë [kanɔe] *nm* canoa *f*; **faire du ~** practicar piragüismo.
canoë-kayak [kanɔekajak] (*pl* **canoës-kayaks**) *nm* kayak *m*; **faire du ~** practicar piragüismo.
canon [kanɔ̃] *nm* cañón *m*; **chanter en ~** cantar en canon.
canot [kano] *nm* bote *m*; **~ pneumatique** lancha neumática; **~ de sauvetage** bote salvavidas.

Cantabrique [kɑ̃tabrik] *n*: **la ~** Cantabria.
cantal [kɑ̃tal] *nm queso de vaca fabricado en Auvernia.*
cantatrice [kɑ̃tatris] *nf* cantante *f* de ópera.
cantine [kɑ̃tin] *nf (restaurant)* comedor *m*.
cantique [kɑ̃tik] *nm* cántico *m*.
canton [kɑ̃tɔ̃] *nm (en France) división administrativa de un distrito; (en Suisse)* cantón *m*.

 **CANTON**

Suiza es una confederación de 23 estados denominados cantones, tres de los cuales se subdividen en semicantones. Gozan de un poder ejecutivo y legislativo salvo en lo que se refiere a determinados ámbitos tales como política exterior, aduanas, moneda y servicio de correos, reservados al gobierno federal.

cantonais [kɑ̃tɔnɛ] *adj m* → **riz**.
caoutchouc [kautʃu] *nm* goma *f*.
cap [kap] *nm (pointe de terre)* cabo *m*; *(NAVIG)* rumbo *m*; **mettre le ~ sur** ir rumbo a.
CAP *nm (abr de Certificat d'aptitude professionnelle) título obtenido tras dos años de formación profesional.*
capable [kapabl] *adj* capaz; **être ~ de faire qqch** ser capaz de hacer algo.
capacités [kapasite] *nfpl* capacidades *fpl*.
cape [kap] *nf* capa *f*.
capitaine [kapitɛn] *nm* capitán *m*.
capital, -e, -aux [kapital, o] *adj* capital. ◆ *nm* capital *m*.
capitale [kapital] *nf (ville)* capital *f*; *(lettre)* mayúscula *f*.
capot [kapo] *nm* capó *m*.
capote [kapɔt] *nf (AUT)* capota *f*.
capoter [kapɔte] *vi (Can: fam)* estar chiflado(-da).
câpre [kapr] *nf* alcaparra *f*.
caprice [kapris] *nm* capricho *m*; **faire un ~** pillarse una rabieta.
capricieux, -euse [kaprisjø, øz] *adj* caprichoso(-sa).
Capricorne [kaprikɔrn] *nm* Capricornio *m inv*.
capsule [kapsyl] *nf (de bouteille)* chapa *f*; **~ spatiale** cápsula *f* espacial.
capter [kapte] *vt (station de radio)* sintonizar.
captivité [kaptivite] *nf (d'une personne)* cautiverio *m*; *(d'un animal)* cautividad *f*; **en ~** *(animal)* en cautividad.
capturer [kaptyre] *vt* capturar.
capuche [kapyʃ] *nf* capucha *f*.
capuchon [kapyʃɔ̃] *nm (d'une veste)* capucha *f*; *(d'un stylo)* capuchón *m*.
caquelon [kaklɔ̃] *nm (Helv) recipiente de barro destinado a preparar fondues.*
car[1] [kar] *conj* porque.
car[2] [kar] *nm* autocar *m*.

carabine [karabin] *nf* carabina *f*.
caractère [karaktɛr] *nm* carácter *m*; **avoir du ~** *(personne)* tener (mucho) carácter; *(maison)* tener estilo; **avoir bon/mauvais ~** tener buen/mal carácter; **en ~s d'imprimerie** en letra de imprenta.
caractéristique [karakteristik] *nf* característica *f*. ◆ *adj*: **~ de** característico(-ca) de.
carafe [karaf] *nf* jarra *f*.
Caraïbes [karaib] *nfpl*: **les ~** el Caribe.
carambolage [karɑ̃bɔlaʒ] *nm* choque *m* en cadena.
caramel [karamɛl] *nm (sucre brûlé)* caramelo *m*; *(bonbon)* tofe *m*.
carapace [karapas] *nf* caparazón *m*.
caravane [karavan] *nf* caravana *f*.
carbonade [karbɔnad] *nf*: **~s flamandes** *(Belg) guiso de carne de buey preparado con cebolla, hierbas aromáticas y cerveza.*
carbone [karbɔn] *nm* carbono *m*; **(papier) ~** papel *m* carbón.
carburant [karbyrɑ̃] *nm* carburante *m*.
carburateur [karbyratœr] *nm* carburador *m*.
carcasse [karkas] *nf (d'animal)* huesos *mpl*; *(de voiture)* carcasa *f*.
cardiaque [kardjak] *adj* cardiaco(-ca).
cardigan [kardigɑ̃] *nm* cárdigan *m*.
cardinaux [kardino] *adj mpl* → **point**.
cardiologue [kardjɔlɔg] *nmf* cardiólogo *m* (-ga *f*).
caresse [karɛs] *nf* caricia *f*.
caresser [karese] *vt* acariciar.
cargaison [kargɛzɔ̃] *nf* cargamento *m*.
cargo [kargo] *nm* carguero *m*.
caricature [karikatyr] *nf (dessin)* caricatura *f*.
carie [kari] *nf* caries *f inv*.
carillon [karijɔ̃] *nm* repique *m*.
carnage [karnaʒ] *nm* matanza *f*.
carnaval [karnaval] *nm* carnaval *m*.

CARNAVAL

Este período festivo, que va de la Epifanía hasta el Miércoles de ceniza, se celebra en ciertas ciudades con desfiles de carrozas y personajes disfrazados. El más conocido es el de Niza, famoso por sus carrozas decoradas con flores. En Bélgica, la ciudad de Binge es especialmente conocida por sus cabezudos, denominados "gilles".

carnet [karnɛ] *nm (cahier)* libreta *f*; *(de tickets, de timbres)* taco *m*; **~ d'adresses** agenda *f* de direcciones; **~ de chèques** talonario *m* de cheques; **~ de notes** boletín *m* de calificaciones.
carnotzet [karnɔtze] *nm (Helv) zona de un restaurante en la que se comen los platos preparados con queso, como la raclette.*
carotte [karɔt] *nf* zanahoria *f*.
carpe [karp] *nf* carpa *f*.

carpette [karpɛt] *nf* alfombrilla *f*.

carré, -e [kare] *adj* cuadrado(-da). ◆ *nm (forme géométrique)* cuadrado *m*; *(de chocolat)* onza *f*; *(d'agneau, de porc)* costillar *m*; **deux mètres ~s** dos metros cuadrados; **deux au ~** dos al cuadrado.

carreau, -x [karo] *nm (vitre)* cristal *f*; *(sur le sol)* baldosa *f*; *(sur les murs)* azulejo *m*; *(sur un tissu)* cuadro *m*; *(aux cartes)* diamante *m*; **à ~x** *(tissu, jupe)* de cuadros.

carrefour [karfur] *nm* cruce *m*.

carrelage [karlaʒ] *nm (sur le mur)* azulejos *mpl*; *(par terre)* embaldosado *m*.

carrément [karemɑ̃] *adv (franchement)* claramente; *(très)* totalmente.

carrière [karjɛr] *nf (de pierre)* cantera *f*; *(profession)* carrera *f*; **faire ~ dans** hacer carrera en.

carrossable [karɔsabl] *adj* transitable.

carrosse [karɔs] *nm* carroza *f*.

carrosserie [karɔsri] *nf* carrocería *f*.

carrure [karyr] *nf* anchura *f* de hombros.

cartable [kartabl] *nm* cartera *f*.

carte [kart] *nf (à jouer)* carta *f*, naipe *m*; *(document officiel)* tarjeta *f*; *(plan)* mapa *m*; *(de restaurant)* carta *f*; **à la ~** *(menu)* a la carta; **~ bancaire/de crédit** tarjeta bancaria/de crédito; **Carte Bleue**® *tarjeta de crédito francesa*; **~ d'embarquement** tarjeta de embarque; **~ grise** ≃ permiso *m* de circulación; **~ (nationale) d'identité** carné *m* de identidad; **Carte Orange** ≃ abono *m* mensual; **~ postale** postal *f*; **~ téléphonique** OU **de téléphone** tarjeta telefónica; **~ de visite** tarjeta de visita.

CARTE (NATIONALE) D'IDENTITÉ

Documento oficial de identificación en el que consta el domicilio, el estado civil, una breve descripción del aspecto físico y una fotografía del titular. Se concede a toda persona de nacionalidad francesa y es obligatorio una vez superada la mayoría de edad. Debe presentarse cada vez que la policía efectúe un control de identidad ya sea en la calle, en los tranportes públicos, etc. Asimismo, es necesario en los desplazamientos dentro de la Unión Europea y también pueden solicitarlo los comerciantes cuando se abona una compra mediante cheque.

---

cartilage [kartilaʒ] *nm* cartílago *m*.

carton [kartɔ̃] *nm* cartón *m*.

cartouche [kartuʃ] *nf* cartucho *m*; *(de cigarettes)* cartón *m (de tabaco)*.

cas [ka] *nm* caso *m*; **au ~ où** en caso de que; **dans ce ~** en ese caso; **en ~ de** en caso de; **en tout ~** en todo caso.

cascade [kaskad] *nf (chute d'eau)* cascada *f*; *(au cinéma)* escena *f* peligrosa.

cascadeur, **-euse** [kaskadœr, øz] *nm, f* especialista *mf*.
case [kaz] *nf (de damier, de meuble)* casilla *f*; *(hutte)* cabaña *f*.
caserne [kazɛrn] *nf* cuartel *m*; ~ **des pompiers** cuartel de bomberos.
casier [kazje] *nm* casillero *m*; ~ **à bouteilles** *estantería para guardar botellas*; ~ **judiciaire** antecedentes *mpl* penales.
casino [kazino] *nm* casino *m*.
casque [kask] *nm* casco *m*.
casquette [kaskɛt] *nf* gorra *f*.
casse-cou [kasku] *nmf inv* temerario *m* (-ria *f*).
casse-croûte [kaskrut] *nm inv* tentempié *m*.
casse-noix [kasnwa] *nm inv* cascanueces *m inv*.
casser [kase] *vt* romper; ~ **les oreilles à qqn** romper los tímpanos a alguien; ~ **les pieds à qqn** *(fam)* dar la lata a alguien. ❑ **se casser** *vp* romperse; **se** ~ **le bras** romperse el brazo; **se** ~ **la figure** *(fam: tomber)* romperse las narices.
casserole [kasrɔl] *nf* cacerola *f*.
casse-tête [kastɛt] *nm inv* rompecabezas *m inv*.
cassette [kasɛt] *nf* cinta *f*; ~ **vidéo** cinta de vídeo.
cassis [kasis] *nm* grosella *f* negra.
cassoulet [kasulɛ] *nm especie de fabada con carne de pato o de cerdo.*
Castille [kastij] *nf*: **la** ~ Castilla.
Catalogne [katalɔɲ] *nf*: **la** ~ Cataluña.
catalogue [katalɔg] *nm* catálogo *m*.
catastrophe [katastrɔf] *nf* catástrofe *f*.
catastrophique [katastrɔfik] *adj* catastrófico(-ca).
catch [katʃ] *nm* lucha *f* libre.
catéchisme [kateʃism] *nm* catequesis *f inv*.
catégorie [kategɔri] *nf* categoría *f*.
catégorique [kategɔrik] *adj* categórico(-ca).
cathédrale [katedral] *nf* catedral *f*.
catholique [katɔlik] *adj* & *nmf* católico(-ca).
cauchemar [kɔʃmar] *nm* pesadilla *f*.
cause [koz] *nf* causa *f*; **'fermé pour** ~ **de...'** 'cerrado por...'; **à** ~ **de** por culpa de.
causer [koze] *vt (provoquer)* causar. ◆ *vi (parler)* charlar.
caution [kosjɔ̃] *nf (pour une location)* fianza *f*; *(personne)* fiador *m* (-ra *f*).
cavalier, **-ère** [kavalje, ɛr] *nm, f (à cheval)* jinete *m*; *(partenaire)* pareja *f*. ◆ *nm (aux échecs)* caballo *m*.
cave [kav] *nf (sous-sol)* sótano *m*; *(réserve de vin)* bodega *f*.
caverne [kavɛrn] *nf* caverna *f*.
caviar [kavjar] *nm* caviar *m*.
CB *abr* = **Carte Bleue**®.
CD *nm (abr de Compact Disc)* CD *m*.
CDI *nm (abr de centre de documentation et d'information) bibliote-*

ca de un centro de enseñanza secundaria.

CD-I *nm (abr de Compact Disc interactif)* CD-I *m.*

CD-ROM [sederɔm] *nm* CD-ROM *m.*

ce, cet [sə, sɛt] (*f* **cette** [sɛt], *pl* **ces** [sɛ]) *adj* -1. *(proche dans l'espace ou dans le temps)* este (esta); **cette nuit** esta noche.
-2. *(éloigné dans l'espace ou dans le temps)* ese (esa); **donne-moi ~ livre-là** dame ese libro.
-3. *(très éloigné dans l'espace ou dans le temps)* aquel (aquella); **cette année-là** aquel año.
◆ *pron* -1. *(pour mettre en valeur)*: **c'est mon frère** es mi hermano; **c'est moi** soy yo; **~ sont mes chaussettes** son mis calcetines; **c'est votre collègue qui m'a renseigné** fue su colega quien me informó.
-2. *(dans des interrogations)*: **est-~ bien là?** ¿seguro que es ahí?; **qui est-~?** ¿quién es?
-3. *(avec un relatif)*: **~ que tu voudras** lo que quieras; **~ qui nous intéresse** lo que nos interesa; **~ dont vous aurez besoin en camping** lo que necesitará cuando vaya de camping.
-4. *(en intensif)*: **~ qu'il fait chaud!** ¡que calor hace!

CE *nm (abr de cours élémentaire)*: **~1** ≃ 2° de EGB; **~2** ≃ 3° de EGB.

ceci [səsi] *pron* esto; **~ veut dire que...** esto quiere decir que...

céder [sede] *vt* & *vi* ceder; **'~ le passage'** 'ceda el paso'; **~ à** *(personne)* ceder ante; *(tentation, pression)* sucumbir a.

CEDEX [sedɛks] *nm (abr de courrier d'entreprise à distribution exceptionnelle)* correo de empresa con reparto especial.

cédille [sedij] *nf* cedilla *f*; **c ~** *la c con cedilla.*

CEE *nf (abr de Communauté économique européenne)* CEE *f.*

CEI *nf (abr de Communauté d'États indépendants)* CEI *f.*

ceinture [sɛ̃tyr] *nf (taille)* cintura *f*; *(accessoire)* cinturón *m*; **~ de sécurité** cinturón de seguridad.

cela [səla] *pron dém* eso; **~ ne fait rien** no importa; **comment ~?** ¿y eso?; **c'est ~** eso es.

célèbre [selɛbr] *adj* famoso(-sa).

célébrer [selebre] *vt* celebrar.

célébrité [selebrite] *nf (gloire)* fama *f*; *(star)* celebridad *f.*

céleri [sɛlri] *nm* apio *m*; **~ rémoulade** *ensalada de apio rallado con un aliño a base de mostaza y aceite.*

célibataire [selibatɛr] *adj* & *nmf* soltero(-ra).

celle → **celui.**

celle-ci → **celui-ci.**

celle-là → **celui-là.**

cellule [selyl] *nf* célula *f*; *(cachot)* celda *f.*

cellulite [selylit] *nf* celulitis *f inv.*

celui [səlɥi] (*f* **celle** [sɛl], *mpl* **ceux** [sø]) *pron* el (la); **~ de devant** el de delante; **~ de Pierre** el de Pierre; **~ qui part à 13 h 30** el que sale a las 13:30h; **ceux dont je**

t'ai parlé aquéllos de los que te hablé.

celui-ci [səlɥisi] (*f* **celle-ci** [sɛlsi], *mpl* **ceux-ci** [søsi]) *pron* éste (ésta).

celui-là [səlɥila] (*f* **celle-là** [sɛlla], *mpl* **ceux-là** [søla]) *pron* aquél (aquélla).

cendre [sɑ̃dr] *nf* ceniza *f*.

cendrier [sɑ̃drije] *nm* cenicero *m*.

censurer [sɑ̃syre] *vt* censurar.

cent [sɑ̃] *num* cien, → **six**.

centaine [sɑ̃tɛn] *nf*: **une ~ (de)** un centenar (de).

centième [sɑ̃tjɛm] *num* centésimo(-ma), → **sixième**.

centime [sɑ̃tim] *nm* céntimo *m*.

centimètre [sɑ̃timɛtr] *nm* centímetro *m*.

central, -e, -aux [sɑ̃tral, o] *adj* central.

centrale [sɑ̃tral] *nf* central *f*; **~ nucléaire** central nuclear.

centre [sɑ̃tr] *nm* centro *m*; **~ aéré** *centro recreativo para niños*; **~ commercial** centro comercial.

centre-ville [sɑ̃trəvil] (*pl* **centres-villes**) *nm* centro *m* de la ciudad.

cèpe [sɛp] *nm* seta *f*.

cependant [səpɑ̃dɑ̃] *conj* sin embargo.

céramique [seramik] *nf* cerámica *f*.

cercle [sɛrkl] *nm* círculo *m*.

cercueil [sɛrkœj] *nm* ataúd *m*.

céréale [sereal] *nf* cereal *m*; **des ~s** *(de petit déjeuner)* cereales.

cérémonie [seremɔni] *nf* ceremonia *f*.

cerf [sɛr] *nm* ciervo *m*.

cerf-volant [sɛrvɔlɑ̃] (*pl* **cerfs-volants**) *nm* cometa *f*.

cerise [səriz] *nf* cereza *f*.

cerisier [sərizje] *nm* cerezo *m*.

cerner [sɛrne] *vt* cercar; *(fig: problème)* delimitar.

cernes [sɛrn] *nmpl* ojeras *fpl*.

certain, -e [sɛrtɛ̃, ɛn] *adj* seguro(-ra); **être ~ de (faire) qqch** estar seguro de (hacer) algo; **être ~ que** estar seguro de que; **un ~ temps** cierto tiempo; **un ~ Jean** un tal Jean. ❑ **certains, certaines** *adj* & *pron* algunos(-nas).

certainement [sɛrtɛnmɑ̃] *adv* *(probablement)* seguramente; *(bien sûr)* por supuesto.

certes [sɛrt] *adv* *(bien sûr)* por supuesto; *(il est vrai que)* desde luego.

certificat [sɛrtifika] *nm* certificado *m*; **~ médical** certificado médico; **~ de scolarité** *certificado con el que se acredita estar matriculado en un centro de enseñanza*.

certifier [sɛrtifje] *vt* certificar; **certifié conforme** compulsado.

certitude [sɛrtityd] *nf* certeza *f*.

cerveau, -x [sɛrvo] *nm* cerebro *m*.

cervelas [sɛrvəla] *nm* *salchicha corta y gruesa que se vende cruda o cocida*.

cervelle [sɛrvɛl] *nf* sesos *mpl*.

ces → **ce**.

CES *nm (abr de collège d'enseigne-*

ment secondaire) antiguo nombre de los centros de enseñanza secundaria de primer ciclo.

cesse [sɛs]: **sans cesse** *adv* sin cesar.

cesser [sese] *vi* cesar; ~ **de faire qqch** dejar de hacer algo.

c'est-à-dire [setadir] *adv* es decir.

cet → **ce.**

cette → **ce.**

ceux → **celui.**

ceux-ci → **celui-ci.**

ceux-là → **celui-là.**

cf. *(abr de confer)* cf.

chacun, -e [ʃakœ̃, yn] *pron* cada uno (cada una); ~ **pour soi** cada uno a lo suyo.

chagrin [ʃagrɛ̃] *nm* pena *f*; **avoir du** ~ tener pena.

chahut [ʃay] *nm* jaleo *m*; **faire du** ~ armar jaleo.

chahuter [ʃayte] *vt* abuchear.

chaîne [ʃɛn] *nf* cadena *f*; **à la** ~ en cadena; ~ **(hi-fi)** cadena de alta fidelidad; ~ **laser** cadena láser; ~ **de montagnes** cordillera *f*. ❑ **chaînes** *nfpl (de voiture)* cadenas *fpl*.

chair [ʃɛr] *adj inv* & *nf* carne; ~ **à saucisse** carne picada de relleno; **en** ~ **et en os** en carne y hueso; **avoir la** ~ **de poule** tener la carne de gallina.

chaise [ʃɛz] *nf* silla *f*; ~ **longue** tumbona *f*.

châle [ʃal] *nm* chal *m*.

chalet [ʃalɛ] *nm* chalé *m*; *(Can)* chalé *m*.

chaleur [ʃalœr] *nf (d'un feu, du soleil)* calor *m*; *(enthousiasme)* fervor *m*.

chaleureux, -euse [ʃalœrø, øz] *adj* caluroso(-sa).

chaloupe [ʃalup] *nf* chalupa *f*.

chalumeau, -x [ʃalymo] *nm* soplete *m*.

chalutier [ʃalytje] *nm* barco *m* pesquero.

chamailler [ʃamaje]: **se chamailler** *vp* pelearse.

chambre [ʃɑ̃br] *nf* habitación *f*; ~ **(à coucher)** dormitorio *m*; ~ **à air** cámara *f* de aire; ~ **d'amis** cuarto *m* de los invitados; ~ **double/simple** habitación doble/individual; **Chambre des députés** ≃ Cámara *f* de los diputados.

chameau, -x [ʃamo] *nm* camello *m*.

chamois [ʃamwa] *nm* → **peau.**

champ [ʃɑ̃] *nm* campo *m*; ~ **de bataille** campo de batalla; ~ **de courses** hipódromo *m*.

champagne [ʃɑ̃paɲ] *nm* champán *m*.

CHAMPAGNE

Vino espumoso blanco, o en ocasiones rosado, de denominación de origen, que se produce en la región de Champaña al norte de Francia. Bebida de gran renombre, imprescindible en todo acontecimiento familiar de importancia o celebración oficial. También se toma como aperitivo, solo o con licor de casis, tratándose, en este último caso, de un "kir royal".

champignon [ʃɑ̃piɲɔ̃] *nm* seta *f*; **~s à la grecque** *champiñones en salsa con aceite de oliva, limón y especias*; **~ de Paris** champiñón *m*.
champion, **-onne** [ʃɑ̃pjɔ̃, ɔn] *nm, f* campeón *m* (-ona *f*).
championnat [ʃɑ̃pjɔna] *nm* campeonato *m*.
chance [ʃɑ̃s] *nf (sort favorable)* suerte *f*; *(probabilité)* posibilidad *f*; **avoir de la ~** tener suerte; **avoir des ~s de faire qqch** tener posibilidades de hacer algo; **bonne ~!** ¡buena suerte!
chanceler [ʃɑ̃sle] *vi* tambalearse.
chandail [ʃɑ̃daj] *nm* jersey *m*.
Chandeleur [ʃɑ̃dlœr] *nf*: **la ~** la Candelaria.

---

i CHANDELEUR

La Candelaria se celebra el 2 de febrero. En este día se preparan crepes en una sartén, y al tiempo que se guarda una moneda en una mano con la otra se aguanta el mango de la sartén haciendo saltar las crepes en el aire para darles la vuelta. Según la tradición popular el año será próspero si se consigue darle la vuelta a la crepe y recogerla en la sartén.

---

chandelier [ʃɑ̃dəlje] *nm* candelabro *m*.
chandelle [ʃɑ̃dɛl] *nf* candela *f*.
change [ʃɑ̃ʒ] *nm (taux)* cambio *m*.
changement [ʃɑ̃ʒmɑ̃] *nm* cambio *m*; **~ de vitesse** cambio de velocidades.
changer [ʃɑ̃ʒe] *vt & vi* cambiar; **~ des francs en dollars** cambiar francos en dólares; **~ de** cambiar de. ❑ **se changer** *vp (s'habiller)* cambiarse; **se ~ en** transformarse en.
chanson [ʃɑ̃sɔ̃] *nf* canción *f*.
chant [ʃɑ̃] *nm* canto *m*.
chantage [ʃɑ̃taʒ] *nm* chantaje *m*.
chanter [ʃɑ̃te] *vt & vi* cantar.
chanteur, **-euse** [ʃɑ̃tœr, øz] *nm, f* cantante *mf*.
chantier [ʃɑ̃tje] *nm* obra *f*.
chantilly [ʃɑ̃tiji] *nf*: **(crème) ~** nata *f* montada.
chantonner [ʃɑ̃tɔne] *vi* canturrear.
chapeau, **-x** [ʃapo] *nm* sombrero *m*; **~ de paille** sombrero de paja.
chapelet [ʃaplɛ] *nm* rosario *m*; *(succession)* serie *f*.
chapelle [ʃapɛl] *nf* capilla *f*.
chapelure [ʃaplyr] *nf* pan *m* rallado.
chapiteau, **-x** [ʃapito] *nm (de cirque)* carpa *f*.
chapitre [ʃapitr] *nm* capítulo *m*.
chapon [ʃapɔ̃] *nm* capón *m*.
chaque [ʃak] *adj* cada; **~ jour** cada día.
char [ʃar] *nm (de carnaval)* carroza *f*; *(Can: voiture)* coche *m*; **~ (d'assaut)** carro *m* (de combate); **~ à voile** *tabla con ruedas propulsada por una vela.*

charabia [ʃarabja] *nm (fam)* galimatías *m inv*.
charade [ʃarad] *nf* charada *f*.
charbon [ʃarbɔ̃] *nm* carbón *m*.
charcuterie [ʃarkytri] *nf (aliments)* embutidos *mpl*; *(magasin)* charcutería *f*.
chardon [ʃardɔ̃] *nm* cardo *m*.
charge [ʃarʒ] *nf* carga *f*; *(responsabilité)* responsabilidad *f*; **prendre qqch en ~** hacerse cargo de algo. ❑ **charges** *nfpl (d'un appartement)* ≈ gastos *mpl* de comunidad.
chargement [ʃarʒəmɑ̃] *nm (cargaison)* cargamento *m*.
charger [ʃarʒe] *vt* cargar; **~ qqn de faire qqch** encargar hacer algo a alguien. ❑ **se charger de** *vp + prép* encargarse de.
chariot [ʃarjo] *nm (de machine à écrire, de supermarché)* carro *m*; *(charrette)* carretilla *f*.
charité [ʃarite] *nf* caridad *f*; **demander la ~** pedir limosna.
charlotte [ʃarlɔt] *nf pastel hecho con una crema rodeada de soletillas*.
charmant, -e [ʃarmɑ̃, ɑ̃t] *adj* encantador.
charme [ʃarm] *nm* encanto *m*.
charmer [ʃarme] *vt* encantar.
charnière [ʃarnjɛr] *nf* bisagra *f*.
charpente [ʃarpɑ̃t] *nf* armazón *m*.
charpentier [ʃarpɑ̃tje] *nm* carpintero *m*.
charrette [ʃarɛt] *nf* carreta *f*.
charrue [ʃary] *nf* arado *m*.
charter [ʃartɛr] *nm*: **(vol) ~** (vuelo) charter *m*.
chas [ʃa] *nm* ojo *m*.
chasse [ʃas] *nf* caza *f*; **aller à la ~** ir de caza; **tirer la ~ (d'eau)** tirar de la cadena.
chasselas [ʃasla] *nm variedad de cepa muy extendida en Suiza*.
chasse-neige [ʃasnɛʒ] *nm inv* quitanieves *m inv*; *(au ski)* cuña *f*.
chasser [ʃase] *vt (animal)* cazar; *(personne)* ahuyentar. ◆ *vi* cazar; **~ qqn de** echar a alguien de.
chasseur [ʃasœr] *nm* cazador *m*.
châssis [ʃasi] *nm (de voiture)* chasis *m*; *(de fenêtre)* marco *m*.
chat, chatte [ʃa, ʃat] *nm, f* gato *m* (-ta *f*); **avoir un ~ dans la gorge** tener carraspera.
châtaigne [ʃatɛɲ] *nf* castaña *f*.
châtaignier [ʃateɲe] *nm* castaño *m*.
châtain [ʃatɛ̃] *adj* castaño(-ña).
château, -x [ʃato] *nm* castillo *m*; **~ d'eau** arca *f* de agua; **~ fort** castillo.

CHÂTEAUX DE LA LOIRE

Así se denomina al conjunto de residencias reales o señoriales construidas en el valle del Loira al oeste de Francia entre los siglos XVI y XVII, por lo que, en general predomina el estilo renacentista. Principalmente destacan los castillos de Chambord, construído por encargo de Francisco I, Chenonceaux, a horcajadas sobre el río Cher, y Azay-le-Rideau, situado en uno de los islotes del Indre.

---

chaton [ʃatɔ̃] *nm* gatito *m*.

chatouiller [ʃatuje] *vt* hacer cosquillas.

chatouilleux, -euse [ʃatujø, øz] *adj* cosquilloso(-sa).

chatte → **chat**.

chaud, -e [ʃo, ʃod] *adj* caliente; *(vêtement)* que abriga. ◆ *adv*: **il fait ~** hace calor; **avoir ~** tener calor; **tenir ~** abrigar. ◆ *nm*: **rester au ~** quedarse al calor.

chaudière [ʃodjɛr] *nf* caldera *f*.

chaudronnée [ʃodrɔne] *nf* *(Can) plato elaborado cociendo un caldo con distintos tipos de pescado, cebolla y plantas aromáticas.*

chauffage [ʃofaʒ] *nm* calefacción *f*; **~ central** calefacción central.

chauffante [ʃofɑ̃t] *adj f* → **plaque**.

chauffard [ʃofar] *nm*: **c'est un ~** conduce como un bestia.

chauffe-eau [ʃofo] *nm inv* calentador *m* de agua.

chauffer [ʃofe] *vt* calentar. ◆ *vi* *(eau, aliment, moteur)* calentarse; *(radiateur, soleil)* calentar.

chauffeur [ʃofœr] *nm* chófer *m*; **~ de taxi** taxista *m*.

chaumière [ʃomjɛr] *nf casa cubierta con un techo de bálago.*

chaussée [ʃose] *nf* calzada *f*; **'~ déformée'** 'firme irregular'.

chausse-pied, -s [ʃospje] *nm* calzador *m*.

chausser [ʃose] *vi*: **~ du 38** calzar un 38. ❑ **se chausser** *vp* calzarse.

chaussette [ʃosɛt] *nf* calcetín *m*.

chausson [ʃosɔ̃] *nm* zapatilla *f*; **~ aux pommes** tarta *f* de manzana; **~s de danse** zapatillas de ballet.

chaussure [ʃosyr] *nf* zapato *m*; **~s de marche** botas *fpl* de marcha.

chauve [ʃov] *adj* calvo(-va).

chauve-souris [ʃovsuri] (*pl* **chauves-souris**) *nf* murciélago *m*.

chauvin, -e [ʃovɛ̃, in] *adj* chovinista.

chavirer [ʃavire] *vi* volcar.

chef [ʃɛf] *nm (directeur)* jefe *m*; *(cuisinier)* chef *m*; **~ d'entreprise** empresario *m*; **~ d'État** jefe de Estado; **~ de gare** jefe de estación; **~ d'orchestre** director *m* de orquesta.

chef-d'œuvre (*pl* **chefs-d'œuvre**) *nm* obra *f* maestra.

chef-lieu [ʃɛfljø] (*pl* **chefs-lieux**) *nm capital de una división administrativa.*

chemin [ʃəmɛ̃] *nm* camino *m*; **en ~** de camino.

chemin de fer [ʃəmɛ̃dfɛr] (*pl* **chemins de fer**) *nm* ferrocarril *m*.

cheminée [ʃəmine] *nf* chimenea *f*.

chemise [ʃəmiz] *nf (vêtement)* camisa *f*; *(en carton)* carpeta *f*; **~ de nuit** camisón *m*.

chemisier [ʃəmizje] *nm* blusa *f*.

chêne [ʃɛn] *nm* roble *m*.

chenil [ʃənil] *nm* perrera *f*; *(Helv)* leonera *f*.
chenille [ʃənij] *nf* oruga *f*.
chèque [ʃɛk] *nm* cheque *m*; ~ **barré/en blanc/sans provision** cheque cruzado/en blanco/sin fondos; ~ **de voyage** cheque de viaje.
Chèque-Restaurant® [ʃɛkrɛstɔrɑ̃] (*pl* **Chèques-Restaurant**) *nm* cheque *m* de restaurante.
chéquier [ʃekje] *nm* talonario *m* de cheques.
cher, **chère** [ʃɛr] *adj* caro(-ra); ~ **Monsieur/Laurent** *(dans une lettre)* Estimado señor/Querido Laurent. ◆ *adv*: **coûter** ~ costar caro.
chercher [ʃɛrʃe] *vt* buscar; **aller** ~ **qqch/qqn** ir a buscar algo/a alguien. ❑ **chercher à** *v* + *prép*: ~ **à faire qqch** intentar hacer algo.
chercheur, **-euse** [ʃɛrʃœr, øz] *nm, f* investigador *m* (-ra *f*).
chéri, **-e** [ʃeri] *adj* querido. ◆ *nm, f*: **mon** ~, **ma** ~**e** cariño.
cheval, **-aux** [ʃəval, o] *nm* caballo *m*; **monter à** ~ montar a caballo; **faire du** ~ hacer equitación; **à** ~ **sur** *(chaise, branche)* a horcajadas en; *(lieux, périodes)* a caballo entre.
chevalier [ʃəvalje] *nm* caballero *m*.
chevelure [ʃəvlyr] *nf* cabellera *f*.
chevet [ʃəvɛ] *nm* → **lampe, table**.
cheveu, **-x** [ʃəvø] *nm* pelo *m*. ❑ **cheveux** *nmpl* pelo *m*, cabello *m*.
cheville [ʃəvij] *nf* (ANAT) tobillo *m*; *(en plastique)* clavija *f*.
chèvre [ʃɛvr] *nf* cabra *f*.
chevreuil [ʃəvrœj] *nm* corzo *m*.
chewing-gum, **-s** [ʃwiŋgɔm] *nm* chicle *m*.
chez [ʃe] *prép* en casa de; **ce que j'aime** ~ **toi** lo que me gusta de OU en ti; ~ **moi** en mi casa; **aller** ~ **le dentiste** ir al dentista.
chic [ʃik] *adj inv* elegante.
chiche [ʃiʃ] *adj m* → **pois**.
chicon [ʃikɔ̃] *nm (Belg)* endivia *f*.
chicorée [ʃikɔre] *nf (salade)* escarola *f*; *(boisson)* achicoria *f*.
chien, **chienne** [ʃjɛ̃, ʃjɛn] *nm, f* perro *m* (-rra *f*).
chiffon [ʃifɔ̃] *nm* trapo *m*; ~ **(à poussière)** trapo (del polvo).
chiffonner [ʃifɔne] *vt* arrugar.
chiffre [ʃifr] *nm* (MATH) cifra *f*; *(montant)* importe *m*.
chignon [ʃiɲɔ̃] *nm* moño *m*.
Chili [ʃili] *nm*: **le** ~ Chile.
chimie [ʃimi] *nf* química *f*.
chimique [ʃimik] *adj* químico(-ca).
Chine [ʃin] *nf*: **la** ~ China.
chinois, **-e** [ʃinwa, az] *adj* chino(-na). ◆ *nm (langue)* chino *m*. ❑ **Chinois**, **-e** *nm, f* chino *m* (-na *f*).
chiot [ʃjo] *nm* cachorro *m*.
chipolata [ʃipɔlata] *nf salchicha pequeña de cerdo*.
chips [ʃips] *nfpl* patatas *fpl* fritas *(de paquete)*.
chirurgie [ʃiryrʒi] *nf* cirugía *f*; ~ **esthétique** cirugía estética.
chirurgien, **-enne** [ʃiryrʒjɛ̃, ɛn] *nm, f* cirujano *m* (-na *f*).
chlore [klɔr] *nm* cloro *m*.

choc [ʃɔk] *nm* choque *m*.
chocolat [ʃɔkɔla] *nm* chocolate *m*; ~ **blanc/noir/au lait** chocolate blanco/negro/con leche; ~ **liégeois** *helado de chocolate con nata*.
chocolatier [ʃɔkɔlatje] *nm* chocolatería *f*.
chœsels [tʃuzœl] *nmpl (Belg) guiso de carne y despojos cocinado con cerveza*.
chœur [kœr] *nm* coro *m*; **en** ~ a coro.
choisir [ʃwazir] *vt* escoger, elegir.
choix [ʃwa] *nm* elección *f*; **avoir le** ~ poder elegir; **au** ~ a elegir; **de premier/second** ~ de primera/segunda calidad.
cholestérol [kɔlɛsterɔl] *nm* colesterol *m*.
chômage [ʃomaʒ] *nm* paro *m*; **être au** ~ estar en paro.
chômeur, **-euse** [ʃomœr, øz] *nm, f* parado *m* (-da *f*).
choquant, **-e** [ʃɔkɑ̃, ɑ̃t] *adj* chocante.
choquer [ʃɔke] *vt* chocar.
chorale [kɔral] *nf* coral *f*.
chose [ʃoz] *nf* cosa *f*.
chou, **-x** [ʃu] *nm* col *f*; ~ **de Bruxelles** col de Bruselas; ~ **à la crème** bocadito *m* de crema; ~ **rouge** lombarda *f*.
chouchou, **-oute** [ʃuʃu, ut] *nm, f (fam)* ojito *m* derecho. ◆ *nm* coletero *m*.
choucroute [ʃukrut] *nf*: ~ **(garnie)** *choucroute con carne de cerdo y patatas*.
chouette [ʃwɛt] *nf* lechuza *f*. ◆ *adj (fam)* guay.
chou-fleur [ʃuflœr] (*pl* **choux-fleurs**) *nm* coliflor *f*.
chrétien, **-enne** [kretjɛ̃, ɛn] *adj* & *nm, f* cristiano(-na).
chromé, **-e** [krome] *adj* cromado(-da).
chromes [krom] *nmpl accesorios cromados de un vehículo*.
chronique [krɔnik] *adj* crónico(-ca). ◆ *nf* crónica *f*.
chronologique [krɔnɔlɔʒik] *adj* cronológico(-ca).
chronomètre [krɔnɔmɛtr] *nm* cronómetro *m*.
chronométrer [krɔnɔmetre] *vt* cronometrar.
CHU *nm* ≃ hospital *m* clínico.
chuchotement [ʃyʃɔtmɑ̃] *nm* cuchicheo *m*.
chuchoter [ʃyʃɔte] *vt* & *vi* cuchichear.
chut [ʃyt] *excl* ¡chitón!
chute [ʃyt] *nf* caída *f*; ~ **d'eau** salto *m* de agua; ~ **de neige** precipitación *f* de nieve.
ci [si] *adv*: **ce livre-~** este libro; **ces jours-~** estos días.
cible [sibl] *nf* blanco *m*.
ciboulette [sibulɛt] *nf* cebolleta *f*.
cicatrice [sikatris] *nf* cicatriz *f*.
cicatriser [sikatrize] *vi* cicatrizar.
cidre [sidr] *nm* sidra *f*.
Cie *(abr de compagnie)* Cía.
ciel [sjɛl] *nm (espace)* cielo *m*; *(paradis) (pl cieux)* cielo *m*.
cierge [sjɛrʒ] *nm* cirio *m*.

cieux [sjø] *nmpl* → **ciel**.
cigale [sigal] *nf* cigarra *f*.
cigare [sigar] *nm* puro *m*.
cigarette [sigarɛt] *nf* cigarillo *m*; ~ **filtre** cigarillo con filtro; ~ **russe** barquillo *m*.
cigogne [sigɔɲ] *nf* cigüeña *f*.
ci-joint, -e [siʒwɛ̃, ɛ̃t] *adj* adjunto(-ta). ◆ *adv* adjunto.
cil [sil] *nm* pestaña *f*.
cime [sim] *nf* cima *f*.
ciment [simɑ̃] *nm* cemento *m*.
cimetière [simtjɛr] *nm* cementerio *m*.
cinéaste [sineast] *nmf* cineasta *mf*.
ciné-club, -s [sineklœb] *nm* cineclub *m*.
cinéma [sinema] *nm* cine *m*.
cinémathèque [sinematɛk] *nf* cinemateca *f*.
cinéphile [sinefil] *nmf* cinéfilo *m* (-la *f*).
cinq [sɛ̃k] *num* cinco, → **six**.
cinquantaine [sɛ̃kɑ̃tɛn] *nf* cincuentena *f*; **une ~ (de)** unos cincuenta; **avoir la ~** tener los cincuenta.
cinquante [sɛ̃kɑ̃t] *num* cincuenta, → **six**.
cinquantième [sɛ̃kɑ̃tjɛm] *num* quincuagésimo, → **sixième**.
cinquième [sɛ̃kjɛm] *num* quinto. ◆ *nf* (SCOL) ≈ séptimo *m* de EGB, → **sixième**.
cintre [sɛ̃tr] *nm* percha *f*.
cintré, -e [sɛ̃tre] *adj* entallado.
cipâte [sipat] *nm* (*Can*) *pastel elaborado con masa quebrada que se rellena con capas alternas de patatas, cebolla y carne*.
cirage [siraʒ] *nm* crema *f* de zapatos.
circonflexe [sirkɔ̃flɛks] *adj* → **accent**.
circonstances [sirkɔ̃stɑ̃s] *nfpl* circunstancias *fpl*.
circuit [sirkɥi] *nm* circuito *m*; ~ **touristique** circuito turístico.
circulaire [sirkylɛr] *adj* & *nf* circular.
circulation [sirkylasjɔ̃] *nf* circulación *f*.
circuler [sirkyle] *vi* circular.
cire [sir] *nf* cera *f*.
ciré [sire] *nm* impermeable *m*.
cirer [sire] *vt* (*chaussures*) dar crema a; (*parquet*) encerar.
cirque [sirk] *nm* circo *m*.
ciseaux [sizo] *nmpl*: **(une paire de) ~** (un par de) tijeras *fpl*.
citadin, -e [sitadɛ̃, in] *nm, f* habitante *mf* de una ciudad.
citation [sitasjɔ̃] *nf* cita *f*.
cité [site] *nf* (*ville*) ciudad *f*; (*groupe d'immeubles*) residencia *f*; ~ **universitaire** ciudad universitaria.
citer [site] *vt* citar.
citerne [sitɛrn] *nf* cisterna *f*.
citoyen, -enne [sitwajɛ̃, ɛn] *nm, f* ciudadano *m* (-na *f*).
citron [sitrɔ̃] *nm* limón *m*; ~ **vert** limón verde.
citronnade [sitrɔnad] *nf* limonada *f*.
citrouille [sitruj] *nf* calabaza *f*.
civet [sivɛ] *nm* *estofado de carne de caza marinada en vino tinto*.

civière [sivjɛr] *nf* camilla *f*.
civil, -e [sivil] *adj* civil. ◆ *nm* civil *m*; **en ~** de paisano.
civilisation [sivilizasjɔ̃] *nf* civilización *f*.
cl *(abr de centilitre)* cl.
clafoutis [klafuti] *nm* *pastel de cerezas*.
clair, -e [klɛr] *adj* claro. ◆ *adv* claro. ◆ *nm*: **~ de lune** claro *m* de luna.
clairement [klɛrmɑ̃] *adv* claramente.
clairière [klɛrjɛr] *nf* claro *m* del bosque.
clairon [klɛrɔ̃] *nm* corneta *f*.
clairsemé, -e [klɛrsəme] *adj* ralo(-la).
clandestin, -e [klɑ̃dɛstɛ̃, in] *adj* clandestino.
claque [klak] *nf* bofetada *f*.
claquement [klakmɑ̃] *nm* chasquido *m*.
claquer [klake] *vt*: **~ la porte** dar un portazo; *(volet, porte)* chasquear; **~ des dents** castañear; **~ des doigts** chasquear los dedos. ❑ **se claquer** *vp*: **se ~ un muscle** distenderse un músculo.
claquettes [klakɛt] *nfpl (danse)* claqué *m*; *(chaussures)* zapatos *mpl* de claqué.
clarifier [klarifje] *vt* aclarar.
clarinette [klarinɛt] *nf* clarinete *m*.
clarté [klarte] *nf* claridad *f*.
classe [klas] *nf* clase *f*; **aller en ~** ir a clase; **première ~** primera clase; **~ affaires/touriste** clase preferente/turista; **~ de mer** *colonia escolar en la playa*; **~ de neige** *colonia escolar en la montaña*; **~ verte** *colonia escolar en el campo*.

---

i CLASSE VERTE / DE NEIGE / DE MER

Mediante esta expresión se designa las estancias en la montaña, en el campo o en la costa de una o dos semanas de duración de grupos de escolares acompañados de su profesor. Además de actividades deportivas, se organizan salidas destinadas a profundizar el conocimiento del entorno natural y el hábitat, así como a relacionarse con los habitantes de la región.

---

classement [klasmɑ̃] *nm* clasificación *f*.
classer [klase] *vt* clasificar. ❑ **se classer** *vp*: **se ~ premier** quedar primero.
classeur [klasœr] *nm* carpeta *f* de anillas.
classique [klasik] *adj* clásico.
clavicule [klavikyl] *nf* clavícula *f*.
clavier [klavje] *nm* teclado *m*.
clé [kle] *nf* llave *f*; **fermer qqch à ~** cerrar algo con llave; **~ anglaise** OU **à molette** llave inglesa.
clef [kle] = **clé**.
clémentine [klemɑ̃tin] *nf* clementina *f*.
cliché [kliʃe] *nm* cliché *m*.
client, -e [klijɑ̃, ɑ̃t] *nm, f* cliente *m* (-ta *f*).
clientèle [klijɑ̃tɛl] *nf* clientela *f*.

cligner [kliɲe] *vi*: ~ **des yeux** parpadear.
clignotant [kliɲɔtɑ̃] *nm* intermitente *m*.
clignoter [kliɲɔte] *vi* parpadear.
climat [klima] *nm* clima *m*.
climatisation [klimatizasjɔ̃] *nf* climatización *f*.
climatisé, -e [klimatize] *adj* climatizado(-da).
clin d'œil [klɛ̃dœj] *nm*: **faire un ~ à qqn** hacer un guiño a alguien; **en un ~** en un abrir y cerrar de ojos.
clinique [klinik] *nf* clínica *f*.
clip [klip] *nm (boucle d'oreille)* pendiente *m* de clip; *(film)* clip *m*.
clochard, -e [klɔʃar, ard] *nm, f* vagabundo *m* (-da *f*).
cloche [klɔʃ] *nf* campana *f*; ~ **à fromage** quesera *f*.
cloche-pied [klɔʃpje]: **à cloche-pied** *adv* a la pata coja.
clocher [klɔʃe] *nm* campanario *m*.
clochette [klɔʃɛt] *nf* campanilla *f*.
cloison [klwazɔ̃] *nf* tabique *m*.
cloître [klwatr] *nm* claustro *m*.
cloque [klɔk] *nf (sur la peau)* ampolla *f*.
clôture [klotyr] *nf (barrière)* valla *f*.
clôturer [klotyre] *vt (champ, jardin)* vallar.
clou [klu] *nm* clavo *m*; ~ **de girofle** clavo. ❑ **clous** *nmpl (passage piétons)* paso *m* de peatones.
clouer [klue] *vt* clavar.
clouté [klute] *adj m* → **passage**.
clown [klun] *nm* payaso *m*.
club [klœb] *nm* club *m*.
cm *(abr de centimètre)* cm.
CM *nm (abr de cours moyen)*: **~1** ≃ 4° de EGB; **~2** ≃ 5° de EGB.
coaguler [kɔagyle] *vi* coagular.
cobaye [kɔbaj] *nm* conejillo *m* de Indias.
Coca(-Cola)® [kɔka(kɔla)] *nm inv* Coca-Cola® *f*.
coccinelle [kɔksinɛl] *nf* mariquita *f*.
cocher [kɔʃe] *vt* marcar con una cruz.
cochon, -onne [kɔʃɔ̃, ɔn] *nm, f (fam)* guarro *m* (-rra *f*). ◆ *nm*: ~ **d'Inde** conejillo *m* de Indias.
cocktail [kɔktɛl] *nm* cóctel *m*.
coco [kɔko] *nm* → **noix**.
cocotier [kɔkɔtje] *nm* cocotero *m*.
cocotte [kɔkɔt] *nf* olla *f*; ~ **en papier** pajarita *f*.
Cocotte-Minute® [kɔkɔtminyt] (*pl* **Cocottes-Minute**) *nf* olla *f* a presión.
code [kɔd] *nm* código *m*; ~ **confidentiel** código secreto; ~ **postal** código postal; ~ **de la route** código de circulación. ❑ **codes** *nmpl (AUT)* luces *fpl* de cruce.
codé, -e [kɔde] *adj* codificado(-da).
code-barres [kɔdbar] (*pl* **codes-barres**) *nm* código *m* de barras.
cœur [kœr] *nm* corazón *m*; *(centre)* centro *m*; **avoir bon ~** tener

buen corazón; **de bon ~** de buena gana; **par ~** de memoria; **~ d'artichaut** corazón de alcachofa; **~ de palmier** palmito *m*.

coffre [kɔfr] *nm (de voiture)* maletero *m*; *(malle)* baúl *m*.

coffre-fort [kɔfrəfɔr] (*pl* **coffres-forts**) *nm* caja *f* fuerte.

coffret [kɔfrɛ] *nm* estuche *m*.

cognac [kɔɲak] *nm* coñac *m*.

cogner [kɔɲe] *vi (frapper)* pegar; *(faire du bruit)* golpear. ❑ **se cogner** *vp* darse un golpe; **se ~ la tête** darse un golpe en la cabeza.

cohabiter [kɔabite] *vi* cohabitar.

cohérent, -e [kɔerɑ̃, ɑ̃t] *adj* coherente.

cohue [kɔy] *nf* barullo *m*.

coiffer [kwafe] *vt* peinar; **coiffé de** tocado con. ❑ **se coiffer** *vp* peinarse.

coiffeur, -euse [kwafœr, øz] *nm, f* peluquero *m* (-ra *f*).

coiffure [kwafyr] *nf* peinado *m*.

coin [kwɛ̃] *nm* rincón *m*; *(saillant)* pico *m*; **au ~ de** en la esquina de; **dans le ~** *(dans les environs)* por aquí.

coincer [kwɛ̃se] *vt* atascar. ❑ **se coincer** *vp* atascarse; **se ~ le doigt** pillarse el dedo.

coïncidence [kɔɛ̃sidɑ̃s] *nf* coincidencia *f*.

coïncider [kɔɛ̃side] *vi* coincidir.

col [kɔl] *nm (de vêtement)* cuello *m*; *(en montagne)* puerto *m*; **~ roulé** cuello vuelto; **~ en V** cuello de pico.

colère [kɔlɛr] *nf* rabia *f*; **être en ~ (contre qqn)** estar enfadado(-da) (con alguien); **se mettre en ~** enfadarse.

colin [kɔlɛ̃] *nm* merluza *f*.

colique [kɔlik] *nf* cólico *m*.

colis [kɔli] *nm*: **~ (postal)** paquete *m* postal.

collaborer [kɔlabɔre] *vi* colaborar; **~ à** colaborar en.

collant, -e [kɔlɑ̃, ɑ̃t] *adj (adhésif)* adhesivo(-va); *(étroit)* ceñido(-da). ◆ *nm* medias *fpl*.

colle [kɔl] *nf (pâte)* pegamento *m*; *(devinette)* pregunta *f* difícil; *(SCOL: retenue)* castigo *m*.

collecte [kɔlɛkt] *nf* colecta *f*.

collectif, -ive [kɔlɛktif, iv] *adj* colectivo(-va).

collection [kɔlɛksjɔ̃] *nf* colección *f*.

collectionner [kɔlɛksjɔne] *vt* coleccionar.

collège [kɔlɛʒ] *nm* colegio *m*.

collégien, -enne [kɔleʒjɛ̃, ɛn] *nm, f* colegial *m* (-la *f*).

collègue [kɔlɛg] *nmf* colega *mf*.

coller [kɔle] *vt (faire adhérer)* pegar; *(fam: donner)* pegar; *(SCOL: punir)* castigar.

collier [kɔlje] *nm* collar *m*.

colline [kɔlin] *nf* colina *f*.

collision [kɔlizjɔ̃] *nf* colisión *f*.

Cologne [kɔlɔɲ] *n* → **eau**.

colombe [kɔlɔ̃b] *nf* paloma *f*.

Colombie [kɔlɔ̃bi] *nf*: **la ~** Colombia.

colonie [kɔlɔni] *nf* colonia *f*; **~ de vacances** colonia de vacaciones.

colonne [kɔlɔn] *nf* columna *f*; ~ **vertébrale** columna vertebral.

colorant [kɔlɔrɑ̃] *nm* colorante *m*; **'sans ~s'** 'sin colorantes'.

colorier [kɔlɔrje] *vt* colorear.

coloris [kɔlɔri] *nm* colorido *m*.

coma [kɔma] *nm* coma *m*; **être dans le** ~ estar en coma.

combat [kɔ̃ba] *nm (lutte)* combate *m*; *(fig: contre la maladie, des idées)* lucha *f*.

combattant [kɔ̃batɑ̃] *nm* combatiente *m*; **ancien** ~ ex combatiente.

combattre [kɔ̃batr] *vt & vi* combatir.

combien [kɔ̃bjɛ̃] *adv*: ~ **de** cuánto; ~ **ça coûte?** ¿cuánto cuesta?

combinaison [kɔ̃binɛzɔ̃] *nf* combinación *f*; *(de motard, de skieur)* mono *m*; ~ **de plongée** traje *m* de submarinismo.

combiné [kɔ̃bine] *nm*: ~ **(téléphonique)** auricular *m*.

combiner [kɔ̃bine] *vt* combinar; *(fam: préparer)* montar.

comble [kɔ̃bl] *nm*: **c'est un ~!** ¡es el colmo!; **le ~ de** el colmo de.

combler [kɔ̃ble] *vt* colmar.

combustible [kɔ̃bystibl] *nm* combustible *m*.

comédie [kɔmedi] *nf* comedia *f*; *(fam: caprice)* teatro *m*; **jouer la ~** *(faire semblant)* hacer teatro; ~ **musicale** comedia musical.

comédien, -enne [kɔmedjɛ̃, ɛn] *nm, f (acteur)* actor *m* (-triz *f*); *(hypocrite)* comediante *mf*.

comestible [kɔmɛstibl] *adj* comestible.

comique [kɔmik] *adj* cómico(-ca).

comité [kɔmite] *nm* comité *m*; ~ **d'entreprise** comité de empresa.

commandant [kɔmɑ̃dɑ̃] *nm (MIL, d'un avion)* comandante *m*; *(d'un bateau)* capitán *m*.

commande [kɔmɑ̃d] *nf (achat)* pedido *m*; *(TECH)* mando *m*; *(INFORM)* comando *m*; **les ~s** *(d'un avion)* los mandos.

commander [kɔmɑ̃de] *vt (diriger)* mandar; *(dans un restaurant)* pedir; *(acheter)* encargar; *(TECH)* accionar; ~ **à qqn de faire qqch** ordenar a alguien que haga algo.

comme [kɔm] *conj* -1. *(gen)* como; **elle est blonde, ~ sa mère** es rubia como su madre; ~ **si rien ne s'était passé** como si no hubiese pasado nada; ~ **vous voudrez** como quiera; ~ **il faut** como es debido; **les villes fortifiées ~ Carcassonne** ciudades fortificadas como Carcassonne; **qu'est-ce que vous avez ~ desserts?** ¿qué tienen de postre?; ~ **vous n'arriviez pas, nous sommes passés à table** como no llegabais, nos hemos sentado a la mesa.

-2. *(dans des expressions)*: ~ **ça** así; ~ **ci ~ ça** *(fam)* así así; ~ **tout** *(fam: très)* muy.

◆ *adv (marque l'intensité)* qué; ~ **c'est grand!** ¡qué grande!; **vous savez ~ il est difficile de se loger ici** ya sabe qué difícil resulta encontrar vivienda aquí.

commencement [kɔmɑ̃smɑ̃] *nm* comienzo *m*.

commencer [kɔmɑ̃se] *vt* empezar. ◆ *vi* empezar, comenzar; ~ **à faire qqch** empezar a hacer algo; ~ **par (faire) qqch** empezar por (hacer) algo.

comment [kɔmɑ̃] *adv* cómo; ~? *(pour faire répéter)* ¿cómo?; ~ **tu t'appelles?** ¿cómo te llamas?; ~ **allez-vous?** ¿cómo está usted?

commentaire [kɔmɑ̃tɛr] *nm* comentario *m*; ~ **de texte** comentario de texto.

commerçant, -e [kɔmɛrsɑ̃, ɑ̃t] *adj* comercial. ◆ *nm, f* comerciante *mf*.

commerce [kɔmɛrs] *nm* comercio *m*; **dans le** ~ en el mercado.

commercial, -e, -aux [kɔmɛrsjal, o] *adj* comercial.

commettre [kɔmɛtr] *vt* cometer.

commis, -e [kɔmi, iz] *pp* → **commettre**.

commissaire [kɔmisɛr] *nm*: ~ **(de police)** comisario *m* (de policía).

commissariat [kɔmisarja] *nm*: ~ **(de police)** comisaría *f* (de policía).

commission [kɔmisjɔ̃] *nf* comisión *f*; *(message)* recado *m*. ❑ **commissions** *nfpl (courses)* compra *f*; **faire les ~s** hacer la compra.

commode [kɔmɔd] *adj* cómodo. ◆ *nf* cómoda *f*.

commun, -e [kɔmœ̃, yn] *adj* común; *(banal)* corriente; **mettre qqch en** ~ compartir algo.

communauté [kɔmynote] *nf* comunidad *f*; **la Communauté économique européenne** la Comunidad económica europea.

commune [kɔmyn] *nf* municipio *m*.

communication [kɔmynikasjɔ̃] *nf* comunicación *f*; ~ **(téléphonique)** comunicación (telefónica).

communion [kɔmynjɔ̃] *nf* comunión *f*.

communiqué [kɔmynike] *nm* comunicado *m*.

communiquer [kɔmynike] *vt* comunicar. ◆ *vi (dialoguer)* comunicarse; *(être relié)* comunicar.

communisme [kɔmynism] *nm* comunismo *m*.

communiste [kɔmynist] *adj* & *nmf* comunista.

compact, -e [kɔ̃pakt] *adj* compacto. ◆ *nm* compact *m*; **(disque)** ~ disco *m* compacto.

Compact Disc®, -s [kɔ̃paktdisk] *nm* disco *m* compacto.

compagne [kɔ̃paɲ] *nf* compañera *f*.

compagnie [kɔ̃paɲi] *nf* compañía *f*; **en** ~ **de** en compañía de; **tenir** ~ **à** hacer compañía a; ~ **aérienne** compañía aérea.

compagnon [kɔ̃paɲɔ̃] *nm* compañero *m*.

comparable [kɔ̃parabl] *adj* comparable; ~ **à** comparable a.

comparaison [kɔ̃parɛzɔ̃] *nf* comparación *f*.

comparer [kɔ̃pare] *vt* comparar; ~ **qqch à** OU **avec** comparar algo a OU con.

compartiment [kɔ̃partimɑ̃] *nm* compartimento *m*; ~ **fumeurs/non-fumeurs** compartimento de fumadores/de no fumadores.

compas [kɔ̃pa] *nm* compás *m*.

compatible [kɔ̃patibl] *adj* compatible.

compatriote [kɔ̃patrijɔt] *nmf* compatriota *mf*.

compensation [kɔ̃pɑ̃sasjɔ̃] *nf* compensación *f*.

compenser [kɔ̃pɑ̃se] *vt* compensar.

compétence [kɔ̃petɑ̃s] *nf* competencia *f*.

compétent, -e [kɔ̃petɑ̃, ɑ̃t] *adj* competente.

compétitif, -ive [kɔ̃petitif, iv] *adj* competitivo(-va).

compétition [kɔ̃petisjɔ̃] *nf* competición *f*.

complément [kɔ̃plemɑ̃] *nm* complemento *m*.

complémentaire [kɔ̃plemɑ̃tɛr] *adj* complementario(-ria).

complet, -ète [kɔ̃plɛ, ɛt] *adj* completo(-ta); *(aliment)* integral; **'complet'** 'completo'.

complètement [kɔ̃plɛtmɑ̃] *adv* completamente.

compléter [kɔ̃plete] *vt* completar. ❑ **se compléter** *vp* completarse.

complexe [kɔ̃plɛks] *adj* complejo(-ja). ◆ *nm* complejo *m*.

complice [kɔ̃plis] *adj* & *nmf* cómplice.

compliment [kɔ̃plimɑ̃] *nm* cumplido *m*; **faire un ~ à qqn** hacer un cumplido a alguien.

compliqué, -e [kɔ̃plike] *adj* complicado.

compliquer [kɔ̃plike] *vt* complicar. ❑ **se compliquer** *vp* complicarse.

complot [kɔ̃plo] *nm* conspiración *f*.

comportement [kɔ̃pɔrtəmɑ̃] *nm* comportamiento *m*.

comporter [kɔ̃pɔrte] *vt* comprender. ❑ **se comporter** *vp* comportarse.

composer [kɔ̃poze] *vt* componer; *(code, numéro)* marcar; **composé de** constituido de. ❑ **se composer de** *vp* + *prép* estar constituido(-da) de.

compositeur, -trice [kɔ̃pozitœr, tris] *nm, f* compositor *m* (-ra *f*).

composition [kɔ̃pozisjɔ̃] *nf* *(structure)* composición *f*; (SCOL) redacción *f*.

composter [kɔ̃pɔste] *vt* picar; **'compostez vos billets'** 'pique su billete'.

compote [kɔ̃pɔt] *nf* compota *f*; **~ de pommes** compota de manzana.

compréhensible [kɔ̃preɑ̃sibl] *adj* comprensible.

compréhensif, -ive [kɔ̃preɑ̃sif, iv] *adj* comprensivo(-va).

comprendre [kɔ̃prɑ̃dr] *vt* *(explication)* entender; *(comporter)* comprender. ❑ **se comprendre** *vp* *(personnes)* entenderse; **ça se comprend** se entiende.

compresse [kɔ̃prɛs] *nf* compresa *f*.
comprimé [kɔ̃prime] *nm* comprimido *m*.
comprimer [kɔ̃prime] *vt* comprimir.
compris, -e [kɔ̃pri, iz] *pp* → **comprendre**. ◆ *adj* incluido(-da); **non** ~ no incluido; **tout** ~ todo incluido; **y** ~ incluido.
compromettre [kɔ̃prɔmɛtr] *vt* comprometer.
compromis, -e [kɔ̃prɔmi, iz] *pp* → **compromettre**. ◆ *nm* compromiso *m*.
comptabilité [kɔ̃tabilite] *nf* contabilidad *f*; *(département)* departamento *m* de contabilidad.
comptable [kɔ̃tabl] *nmf* contable *mf*.
comptant [kɔ̃tɑ̃] *adv*: **payer** ~ pagar al contado.
compte [kɔ̃t] *nm* cuenta *f*; **se rendre** ~ **de** darse cuenta de; **se rendre** ~ **que** darse cuenta de que; ~ **postal** cuenta de la caja postal; **en fin de** ~**, tout** ~ **fait** a fin de cuentas. ❑ **comptes** *nmpl* cuentas *fpl*; **faire ses** ~**s** hacer cuentas.
compte-gouttes [kɔ̃tgut] *nm inv* cuentagotas *m inv*.
compter [kɔ̃te] *vt* & *vi* contar; ~ **faire qqch** pensar hacer algo. ❑ **compter sur** *v* + *prép* contar con.
compte-rendu [kɔ̃trɑ̃dy] (*pl* **comptes-rendus**) *nm* informe *m*.
compteur [kɔ̃tœr] *nm* contador *m*; ~ **(kilométrique)** cuentakilómetros *m inv*; ~ **(de vitesse)** velocímetro *m*.
comptoir [kɔ̃twar] *nm (de bar)* barra *f*; *(de magasin)* mostrador *m*.
comte, -esse [kɔ̃t, kɔ̃tɛs] *nm, f* conde *m* (-desa *f*).
con, conne [kɔ̃, kɔn] *adj* & *nm, f (vulg)* gilipollas.
concentration [kɔ̃sɑ̃trasjɔ̃] *nf* concentración *f*.
concentré, -e [kɔ̃sɑ̃tre] *adj* concentrado(-da). ◆ *nm* concentrado *m*; ~ **de tomate** concentrado de tomate.
concentrer [kɔ̃sɑ̃tre] *vt* concentrar. ❑ **se concentrer (sur)** *vp (+ prép)* concentrarse (en).
conception [kɔ̃sɛpsjɔ̃] *nf (création)* concepción *f*; *(notion)* concepto *m*.
concerner [kɔ̃sɛrne] *vt* concernir.
concert [kɔ̃sɛr] *nm* concierto *m*.
concessionnaire [kɔ̃sesjɔnɛr] *nm* concesionario *m* (-ria *f*).
concevoir [kɔ̃səvwar] *vt (projet, idée)* concebir; *(objet)* diseñar.
concierge [kɔ̃sjɛrʒ] *nmf* conserje *mf*, portero *m* (-ra *f*).
concis, -e [kɔ̃si, iz] *adj* conciso(-sa).
conclure [kɔ̃klyr] *vt (terminer)* concluir; *(déduire)* deducir.
conclusion [kɔ̃klyzjɔ̃] *nf* conclusión *f*.
concombre [kɔ̃kɔ̃br] *nm* pepino *m*.
concorder [kɔ̃kɔrde] *vi* concordar.
concours [kɔ̃kur] *nm (examen)*

oposición *f*; *(jeu)* concurso *m*; ~ **de circonstances** cúmulo *m* de circunstancias.
concret, **-ète** [kɔ̃kʀɛ, ɛt] *adj* concreto(-ta).
concrétiser [kɔ̃kʀetize]: **se concrétiser** *vp* concretizarse.
concurrence [kɔ̃kyʀɑ̃s] *nf* competencia *f*.
concurrent, **-e** [kɔ̃kyʀɑ̃, ɑ̃t] *nm, f (d'une entreprise)* competidor *m* (-ra *f*); *(dans une compétition, un jeu)* participante *mf*.
condamnation [kɔ̃danasjɔ̃] *nf* condena *f*.
condamner [kɔ̃dane] *vt* condenar; ~ **qqn à** condenar a alguien a.
condensation [kɔ̃dɑ̃sasjɔ̃] *nf* condensación *f*.
condensé, **-e** [kɔ̃dɑ̃se] *adj* condensado(-da).
condiment [kɔ̃dimɑ̃] *nm* condimento *m*.
condition [kɔ̃disjɔ̃] *nf* condición *f*; **à ~ de** OU **que** a condición de que.
conditionné [kɔ̃disjɔne] *adj m* → **air**.
conditionnel [kɔ̃disjɔnɛl] *nm* condicional *m*.
condoléances [kɔ̃dɔleɑ̃s] *nfpl* pésame *m*; **présenter ses ~ à qqn** dar el pésame a alguien.
conducteur, **-trice** [kɔ̃dyktœʀ, tʀis] *nm, f* conductor *m* (-ra *f*).
conduire [kɔ̃dɥiʀ] *vt* conducir; *(guider)* llevar. ◆ *vi* conducir; ~ **à** *(chemin, couloir)* conducir a. ❑ **se conduire** *vp* portarse.
conduit, **-e** [kɔ̃dɥi, it] *pp* → **conduire**.
conduite [kɔ̃dɥit] *nf (attitude)* conducta *f*; *(tuyau)* conducto *m*; ~ **à gauche** (AUT) conducción *f* por la izquierda.
cône [kon] *nm* cono *m*; *(glace)* cucurucho *m*.
confection [kɔ̃fɛksjɔ̃] *nf* confección *f*.
confectionner [kɔ̃fɛksjɔne] *vt* confeccionar.
conférence [kɔ̃ferɑ̃s] *nf* conferencia *f*.
confesser [kɔ̃fese]: **se confesser** *vp* confesarse.
confession [kɔ̃fesjɔ̃] *nf* confesión *f*.
confettis [kɔ̃feti] *nmpl* confeti *m*.
confiance [kɔ̃fjɑ̃s] *nf* confianza *f*; **avoir ~ en** tener confianza en; **faire ~ à** confiar en.
confiant, **-e** [kɔ̃fjɑ̃, ɑ̃t] *adj* confiado(-da).
confidence [kɔ̃fidɑ̃s] *nf* confidencia *f*; **faire des ~s à qqn** hacer confidencias a alguien.
confidentiel, **-elle** [kɔ̃fidɑ̃sjɛl] *adj* confidencial.
confier [kɔ̃fje] *vt*: ~ **qqch à qqn** confiar algo a alguien. ❑ **se confier à** *vp* + *prép* confiarse a.
confirmation [kɔ̃firmasjɔ̃] *nf* confirmación *f*.
confirmer [kɔ̃firme] *vt* confirmar. ❑ **se confirmer** *vp* confirmarse.
confiserie [kɔ̃fizri] *nf (sucreries)*

dulce *m*, golosina *f*; *(magasin)* confitería *f*.
confisquer [kɔ̃fiske] *vt* confiscar.
confit [kɔ̃fi] *adj m* → **fruit**. ◆ *nm*: ~ **de canard/d'oie** *muslos de pato o de oca cocinados y conservados en su propia grasa*.
confiture [kɔ̃fityr] *nf* mermelada *f*.
conflit [kɔ̃fli] *nm* conflicto *m*.
confondre [kɔ̃fɔ̃dr] *vt* confundir.
conforme [kɔ̃fɔrm] *adj*: ~ **à** conforme con.
conformément [kɔ̃fɔrmemɑ̃]: **conformément à** *prép* conforme a.
confort [kɔ̃fɔr] *nm* comodidad *f*; **'tout ~'** 'con todas las comodidades'.
confortable [kɔ̃fɔrtabl] *adj* cómodo(-da).
confrère [kɔ̃frɛr] *nm* colega *m*.
confronter [kɔ̃frɔ̃te] *vt* confrontar.
confus, -e [kɔ̃fy, yz] *adj (compliqué)* confuso(-sa); *(embarrassé)* avergonzado(-da).
confusion [kɔ̃fyzjɔ̃] *nf (erreur, désordre)* confusión *f*; *(honte)* vergüenza *f*.
congé [kɔ̃ʒe] *nm* vacaciones *fpl*; **être en ~** estar de vacaciones; **~ (de) maladie** baja *f* por enfermedad; **~s payés** vacaciones pagadas.
congélateur [kɔ̃ʒelatœr] *nm* congelador *m*.
congeler [kɔ̃ʒle] *vt* congelar.
congestion [kɔ̃ʒɛstjɔ̃] *nf (MÉD)* congestión *f*.
congolais [kɔ̃gɔlɛ] *nm* ≃ sultana *f*.
congrès [kɔ̃grɛ] *nm* congreso *m*.
conjoint [kɔ̃ʒwɛ̃] *nm* cónyuge *mf*.
conjonction [kɔ̃ʒɔ̃ksjɔ̃] *nf* conjunción *f*.
conjonctivite [kɔ̃ʒɔ̃ktivit] *nf* conjuntivitis *f*.
conjoncture [kɔ̃ʒɔ̃ktyr] *nf* coyuntura *f*.
conjugaison [kɔ̃ʒygezɔ̃] *nf* conjugación *f*.
conjuguer [kɔ̃ʒyge] *vt (verbe)* conjugar.
connaissance [kɔnɛsɑ̃s] *nf (savoir)* conocimiento *m*; *(relation)* conocido *m* (-da *f*); **avoir des ~s en** tener conocimientos de; **faire la ~ de qqn** conocer a alguien; **perdre ~** perder el conocimiento.
connaisseur, -euse [kɔnɛsœr, øz] *nm, f* conocedor *m* (-ra *f*).
connaître [kɔnɛtr] *vt* conocer. ❑ **s'y connaître (en)** *vp (+ prép)* saber (de).
conne → **con**.
connecter [kɔnɛkte] *vt* conectar.
connu, -e [kɔny] *pp* → **connaître**. ◆ *adj* conocido(-da).
conquérir [kɔ̃kerir] *vt* conquistar.
conquête [kɔ̃kɛt] *nf* conquista *f*.
conquis, -e [kɔ̃ki, iz] *pp* → **conquérir**.

consacrer [kɔ̃sakre] *vt*: **~ qqch à** dedicar algo a. ❑ **se consacrer à** *vp + prép* dedicarse a.

consciemment [kɔ̃sjamɑ̃] *adv* conscientemente.

conscience [kɔ̃sjɑ̃s] *nf* conciencia *f*; **avoir ~ de qqch** tener conciencia de algo; **prendre ~ de qqch** tomar conciencia de algo; **avoir mauvaise ~** tener mala conciencia.

consciencieux, -euse [kɔ̃sjɑ̃sjø, øz] *adj* concienzudo(-da).

conscient, -e [kɔ̃sjɑ̃, ɑ̃t] *adj* consciente; **être ~ de** ser consciente de.

consécutif, -ive [kɔ̃sekytif, iv] *adj* consecutivo(-va); **~ à** debido a.

conseil [kɔ̃sɛj] *nm* consejo *m*; **demander ~ à qqn** pedir consejo a alguien.

conseiller[1] [kɔ̃seje] *vt* aconsejar; **~ qqch à qqn** aconsejar algo a alguien; **~ à qqn de faire qqch** aconsejar a alguien hacer algo.

conseiller[2], **-ère** [kɔ̃seje, ɛr] *nm, f* consejero *m* (-ra *f*); **~ d'orientation** consejero de orientación pedagógica.

conséquence [kɔ̃sekɑ̃s] *nf* consecuencia *f*.

conséquent [kɔ̃sekɑ̃]: **par conséquent** *adv* por consiguiente.

conservateur [kɔ̃sɛrvatœr] *nm* conservante *m*.

conservatoire [kɔ̃sɛrvatwar] *nm* conservatorio *m*.

conserve [kɔ̃sɛrv] *nf (boîte)* conserva *f*.

conserver [kɔ̃sɛrve] *vt* conservar.

considérable [kɔ̃siderabl] *adj* considerable.

considération [kɔ̃siderasjɔ̃] *nf*: **prendre qqn/qqch en ~** tomar a alguien/algo en consideración.

considérer [kɔ̃sidere] *vt*: **~ que** considerar que; **~ qqn/qqch comme** considerar a alguien/algo como.

consigne [kɔ̃siɲ] *nf* consigna *f*; **~ automatique** consigna automática.

consistance [kɔ̃sistɑ̃s] *nf* consistencia *f*.

consistant, -e [kɔ̃sistɑ̃, ɑ̃t] *adj* consistente.

consister [kɔ̃siste] *vi*: **~ à faire qqch** consistir en hacer algo; **~ en** consistir en.

consœur [kɔ̃sœr] *nf* colega *f*.

consolation [kɔ̃sɔlasjɔ̃] *nf* consolación *f*.

console [kɔ̃sɔl] *nf* consola *f*; **~ de jeux** consola de juegos.

consoler [kɔ̃sɔle] *vt* consolar.

consommateur, -trice [kɔ̃sɔmatœr, tris] *nm, f* consumidor *m* (-ra *f*).

consommation [kɔ̃sɔmasjɔ̃] *nf (d'alcool, de carburant)* consumo *m*; *(dans un bar)* consumición *f*.

consommé [kɔ̃sɔme] *nm* consomé *m*.

consommer [kɔ̃sɔme] *vt* consumir; **'à ~ avant le...'** 'consumir antes de...'.

consonne [kɔ̃sɔn] *nf* consonante *f*.
constamment [kɔ̃stamɑ̃] *adv* constantemente.
constant, -e [kɔ̃stɑ̃, ɑ̃t] *adj* constante.
constat [kɔ̃sta] *nm (d'accident)* atestado *m*.
constater [kɔ̃state] *vt* constatar.
consterné, -e [kɔ̃stɛrne] *adj* consternado(-da).
constipé, -e [kɔ̃stipe] *adj* estreñido(-da).
constituer [kɔ̃stitɥe] *vt* constituir; **constitué de** constituido de.
construction [kɔ̃stryksjɔ̃] *nf* construcción *f*.
construire [kɔ̃strɥir] *vt* construir.
construit, -e [kɔ̃strɥi, it] *pp* → **construire**.
consulat [kɔ̃syla] *nm* consulado *m*.
consultation [kɔ̃syltasjɔ̃] *nf* consulta *f*.
consulter [kɔ̃sylte] *vt* consultar.
contact [kɔ̃takt] *nm* contacto *m*; **mettre/couper le ~** poner/quitar el contacto; **entrer en ~ avec qqn** tomar contacto con alguien.
contacter [kɔ̃takte] *vt* contactar con.
contagieux, -euse [kɔ̃taʒjø, øz] *adj* contagioso(-sa).
contaminer [kɔ̃tamine] *vt (rivière, air)* contaminar; *(personne)* contagiar.
conte [kɔ̃t] *nm* cuento *m*; **~ de fées** cuento de hadas.
contempler [kɔ̃tɑ̃ple] *vt* contemplar.
contemporain, -e [kɔ̃tɑ̃pɔrɛ̃, ɛn] *adj* contemporáneo(-a).
contenir [kɔ̃tnir] *vt* contener.
content, -e [kɔ̃tɑ̃, ɑ̃t] *adj* contento(-ta); **être ~ de (faire) qqch** estar contento de (hacer) algo.
contenter [kɔ̃tɑ̃te] *vt* contentar. ❑ **se contenter de** *vp + prép* contentarse con; **se ~ de faire qqch** contentarse con hacer algo.
contenu, -e [kɔ̃tny] *pp* → **contenir**. ◆ *nm* contenido *m*.
contester [kɔ̃tɛste] *vt* discutir.
contexte [kɔ̃tɛkst] *nm* contexto *m*.
continent [kɔ̃tinɑ̃] *nm* continente *m*.
continu, -e [kɔ̃tiny] *adj* continuo(-nua).
continuel, -elle [kɔ̃tinɥɛl] *adj* continuo(-nua).
continuellement [kɔ̃tinɥɛlmɑ̃] *adv* continuamente.
continuer [kɔ̃tinɥe] *vt* continuar. ◆ *vi* seguir; **~ à** OU **de faire qqch** seguir haciendo algo.
contour [kɔ̃tur] *nm* contorno *m*.
contourner [kɔ̃turne] *vt (ville, montagne)* rodear; *(obstacle)* esquivar.
contraceptif, -ive [kɔ̃traseptif, iv] *adj* contraceptivo(-va). ◆ *nm* anticonceptivo *m*.
contraception [kɔ̃trasɛpsjɔ̃] *nf* contracepción *f*.

contracter [kɔ̃trakte] *vt* contraer; *(assurance)* contratar.
contradictoire [kɔ̃tradiktwar] *adj* contradictorio(-ria).
contraindre [kɔ̃trɛ̃dr] *vt* obligar; ~ **qqn à faire qqch** obligar a alguien a hacer algo.
contraire [kɔ̃trɛr] *nm* contrario *m*. ◆ *adj* contrario(-ria); ~ **à** contrario(-ria) a; **au** ~ al contrario.
contrairement [kɔ̃trɛrmɑ̃]: **contrairement à** *prép* al contrario de.
contrarier [kɔ̃trarje] *vt* contrariar.
contraste [kɔ̃trast] *nm* contraste *m*.
contrat [kɔ̃tra] *nm* contrato *m*.
contravention [kɔ̃travɑ̃sjɔ̃] *nf* multa *f*.
contre [kɔ̃tr] *prép (en opposition avec)* contra; *(en contact avec)* junto a; *(en échange de)* por; **un sirop ~ la toux** un jarabe contra la tos; **par** ~ en cambio.
contre-attaque, **-s** [kɔ̃tratak] *nf* contraataque *m*.
contrebande [kɔ̃trəbɑ̃d] *nf* contrabando *m*; **passer qqch en** ~ introducir algo de contrabando.
contrebasse [kɔ̃trəbas] *nf* contrabajo *m*.
contrecœur [kɔ̃trəkœr]: **à contrecœur** *adv* a regañadientes.
contrecoup [kɔ̃trəku] *nm* repercusión *f*.
contredire [kɔ̃trədir] *vt* contradecir.
contre-indication, **-s** [kɔ̃trɛ̃dikasjɔ̃] *nf* contraindicación *f*.
contre-jour [kɔ̃trəʒur]: **à contre-jour** *adv* a contraluz.
contrepartie [kɔ̃trəparti] *nf* contrapartida *f*; **en** ~ en contrapartida.
contreplaqué [kɔ̃trəplake] *nm* contrachapado *m*.
contrepoison [kɔ̃trəpwazɔ̃] *nm* contraveneno *m*.
contresens [kɔ̃trəsɑ̃s] *nm* contrasentido *m*; **à** ~ en sentido contrario.
contretemps [kɔ̃trətɑ̃] *nm* contratiempo *m*.
contribuer [kɔ̃tribɥe]: **contribuer à** *v + prép* contribuir a.
contrôle [kɔ̃trol] *nm* control *m*; ~ **aérien** control aéreo; ~ **d'identité** control de identidad.
contrôler [kɔ̃trole] *vt (vérifier)* comprobar; *(billets, papiers)* controlar.
contrôleur [kɔ̃trolœr] *nm* revisor *m*, interventor *m*; ~ **aérien** controlador *m* aéreo.
contrordre [kɔ̃trɔrdr] *nm* contraorden *f*.
convaincre [kɔ̃vɛ̃kr] *vt* convencer; ~ **qqn de qqch/faire qqch** convencer a alguien de algo/de que haga algo.
convalescence [kɔ̃valesɑ̃s] *nf* convalecencia *f*.
convenable [kɔ̃vnabl] *adj (adapté)* conveniente; *(décent)* decente.
convenir [kɔ̃vnir]: **convenir à**

v + prép (satisfaire) convenir a; *(être adapté à)* convenir para.
convenu, -e [kɔ̃vny] *pp* → **convenir**.
conversation [kɔ̃vɛrsasjɔ̃] *nf* conversación *f*.
convertible [kɔ̃vɛrtibl] *adj* → **canapé**.
convocation [kɔ̃vɔkasjɔ̃] *nf* convocatoria *f*.
convoi [kɔ̃vwa] *nm* convoy *m*.
convoiter [kɔ̃vwate] *vt* codiciar.
convoquer [kɔ̃vɔke] *vt* convocar.
coopération [kɔɔperasjɔ̃] *nf* cooperación *f*.
coopérer [kɔɔpere] *vi* cooperar; ~ **à qqch** cooperar en algo.
coordonné, -e [kɔɔrdɔne] *adj* combinado(-da).
coordonnées [kɔɔrdɔne] *nfpl* señas *fpl*.
coordonner [kɔɔrdɔne] *vt* coordinar.
copain, copine [kɔpɛ̃, kɔpin] *nm, f (fam: ami)* amigo *m* (-ga *f*); *(petit ami)* novio *m* (-via *f*).
copie [kɔpi] *nf (reproduction)* copia *f*; *(devoir)* ejercicio *m*; *(feuille)* hoja *f*.
copier [kɔpje] *vt* copiar; ~ **qqch sur qqn** copiar algo de alguien.
copieux, -euse [kɔpjø, øz] *adj* copioso(-sa).
copilote [kɔpilɔt] *nm* copiloto *m*.
copine → **copain**.
coq [kɔk] *nm* gallo *m*; ~ **au vin** *estofado de gallo con vino tinto*.
coque [kɔk] *nf (de bateau)* casco *m*; *(coquillage)* berberecho *m*.
coquelet [kɔklɛ] *nm* gallo *m* joven.
coquelicot [kɔkliko] *nm* amapola *f*.
coqueluche [kɔklyʃ] *nf (MÉD)* tos ferina *f*.
coquet, -ette [kɔkɛ, ɛt] *adj* coqueto(-ta).
coquetier [kɔktje] *nm* huevera *f*.
coquillage [kɔkijaʒ] *nm (crustacé)* marisco *m*; *(coquille)* concha *f*.
coquille [kɔkij] *nf (d'œuf, de noix)* cáscara *f*; *(de mollusque)* concha *f*; ~ **Saint-Jacques** vieira *f*.
coquillettes [kɔkijɛt] *nfpl* coditos *mpl*.
coquin, -e [kɔkɛ̃, in] *adj (enfant)* travieso(-sa).
cor [kɔr] *nm (instrument)* trompa *f*; *(MÉD)* callo *m*.
corail, -aux [kɔraj, o] *nm* coral *m*; **(train) Corail** ≃ (tren) Estrella.
Coran [kɔrɑ̃] *nm* Corán *m*.
corbeau, -x [kɔrbo] *nm* cuervo *m*.
corbeille [kɔrbɛj] *nf* cesta *f*; ~ **à papiers** papelera *f*.
corbillard [kɔrbijar] *nm* coche *m* fúnebre.
corde [kɔrd] *nf* cuerda *f*; ~ **à linge** cordel *m* para tender la ropa; ~ **à sauter** comba *f*; **~s vocales** cuerdas vocales.
cordon [kɔrdɔ̃] *nm* cordón *m*.
cordonnerie [kɔrdɔnri] *nf* zapatería *f*.

cordonnier [kɔrdɔnje] *nm* zapatero *m*.
Cordoue [kɔrdu] *n* Cordoba.
coriandre [kɔrjɑ̃dr] *nf* cilantro *m*.
corne [kɔrn] *nf* cuerno *m*.
cornet [kɔrnɛ] *nm* cucurucho *m*.
cornettes [kɔrnɛt] *nfpl (Helv)* *pequeños macarrones*.
cornichon [kɔrniʃɔ̃] *nm* pepinillo *m*.
Corogne [kɔrɔɲ] *nf*: **La ~** La Coruña.
corps [kɔr] *nm* cuerpo *m*.
correct, **-e** [kɔrɛkt] *adj* correcto(-ta).
correction [kɔrɛksjɔ̃] *nf* corrección *f*; *(punition)* correctivo *m*.
correspondance [kɔrɛspɔ̃dɑ̃s] *nf* *(courrier)* correspondencia *f*; *(transport)* transbordo *m*; *(train, métro)* cambio *m*; **par ~** a distancia.
correspondant, **-e** [kɔrɛspɔ̃dɑ̃, ɑ̃t] *adj* correspondiente. ◆ *nm, f (à qui on écrit)* corresponsal *mf*; *(au téléphone)* interlocutor(-ra).
correspondre [kɔrɛspɔ̃dr] *vi* *(coïncider)* corresponder; *(écrire)* cartearse; **~ à** corresponder con.
corrida [kɔrida] *nf* corrida *f*.
corridor [kɔridɔr] *nm* corredor *m*.
corriger [kɔriʒe] *vt* corregir. ❑ **se corriger** *vp (s'améliorer)* enmendarse.
corrosif, **-ive** [kɔrozif, iv] *adj* corrosivo(-va).
corsage [kɔrsaʒ] *nm* corpiño *m*.
corse [kɔrs] *adj* corso(-sa). ❑ **Corse** *nmf* corso *m* (-sa *f*). ◆ *nf*: **la Corse** Córcega.
cortège [kɔrtɛʒ] *nm* séquito *m*.
corvée [kɔrve] *nf* faena *f*.
costaud [kɔsto] *adj (fam: musclé)* fortachón(-ona); *(solide)* recio(-cia).
costume [kɔstym] *nm (d'homme)* traje *m*, terno *m (Amér)*; *(de théâtre, de déguisement)* traje *m*.
côte [kot] *nf (pente)* cuesta *f*; *(ANAT)* costilla *f*; *(d'agneau, de porc)* chuleta *f*; *(bord de mer)* costa *f*; **~ à ~** uno al lado del otro; **la Côte d'Azur** la Costa Azul.
côté [kote] *nm* lado *m*; **à ~** al lado; **à ~ de** al lado de; **de l'autre ~ (de)** al otro lado (de); **de ~** de lado; **mettre qqch de ~** apartar algo; **de quel ~ dois-je aller?** ¿por dónde tengo que ir?
Côte d'Ivoire [kotdivwar] *nf*: **la ~** Costa de Marfil.
côtelé [kotle] *adj m* → **velours**.
côtelette [kotlɛt] *nf* chuleta *f*.
cotisation [kɔtizasjɔ̃] *nf* cuota *f*. ❑ **cotisations** *nfpl (sociales)* cotizaciones *fpl*.
coton [kɔtɔ̃] *nm* algodón *m*; **~ (hydrophile)** algodón (hidrófilo).
Coton-Tige® [kɔtɔ̃tiʒ] (*pl* **Cotons-Tiges**) *nm* bastoncillo *m* de algodón.
cou [ku] *nm* cuello *m*.
couchage [kuʃaʒ] *nm* → **sac**.
couchant [kuʃɑ̃] *adj m* → **soleil**.
couche [kuʃ] *nf (épaisseur)* capa *f*; *(de bébé)* pañal *m*.

couche-culotte [kuʃkylɔt] (*pl* **couches-culottes**) *nf* pañal *m*.

coucher [kuʃe] *vt (mettre au lit)* acostar; *(étendre)* tumbar. ◆ *vi (dormir)* dormir; **être couché** *(être étendu)* estar tumbado; *(être au lit)* estar acostado; ~ **avec qqn** *(fam)* acostarse con alguien. ❑ **se coucher** *vp (personne)* acostarse; *(soleil)* ponerse.

couchette [kuʃɛt] *nf* litera *f*.

coucou [kuku] *nm (oiseau)* cuco *m*; *(horloge)* reloj *m* de cuco. ◆ *excl* ¡hola!

coude [kud] *nm (ANAT)* codo *m*; *(courbe)* recodo *m*.

coudre [kudr] *vt* & *vi* coser.

couette [kwɛt] *nf (édredon)* edredón *m*. ❑ **couettes** *nfpl (coiffure)* coletas *fpl*.

cougnou [kuɲu] *nm (Belg) brioche plano con forma de niño Jesús que se toma en Navidad.*

couler [kule] *vi (liquide, rivière)* correr; *(bateau)* hundirse. ◆ *vt (bateau)* hundir.

couleur [kulœr] *nf (teinte)* color *m*; *(de cartes)* ≈ palo *m*; **de quelle ~ est...?** ¿de qué color es...?

couleuvre [kulœvr] *nf* culebra *f*.

coulis [kuli] *nm salsa espesa de verdura, marisco o fruta.*

coulisser [kulise] *vi* correr.

coulisses [kulis] *nfpl* bastidores *mpl*.

couloir [kulwar] *nm (d'appartement)* pasillo *m*; *(de bus)* carril *m*.

coup [ku] *nm* -1. *(choc, mouvement)* golpe *m*; **donner un ~ à qqn** darle un golpe a alguien; **passer un ~ de balai** pasar la escoba; **donner un ~ de coude à qqn** darle un codazo a alguien; ~ **au cœur** vuelco *m* al corazón; ~ **de couteau** cuchillada *f*; ~ **dur** *(fam)* duro golpe; ~ **de feu** disparo *m*; ~ **de marteau** martillazo *m*; ~ **de pied** patada *f*; ~ **de poing** puñetazo *m*; **se donner un ~ de peigne** pasarse el peine; ~ **de sonnette** llamada *m* al timbre; **les douze ~s de minuit** las doce campanadas (de media noche).
-2. *(à la porte)* llamada *f* (a la puerta).
-3. *(aux échecs)* movimiento *m*; *(au football)*: ~ **franc** golpe *m* franco.
-4. *(action malhonnête)*: **faire un ~ à qqn** hacerle una mala jugada a alguien.
-5. *(fam: fois)* vez *f*; **du premier ~** a la primera; **d'un (seul) ~** *(en une fois)* de una vez; *(soudainement)* de repente.
-6. *(dans des expressions)*: ~ **de chance** golpe *m* de suerte; ~ **de fil** OU **de téléphone** llamada *f* telefónica; ~ **de foudre** flechazo *m*; **donner un ~ de main à qqn** echar una mano a alguien; **jeter un ~ d'œil (à)** echar un vistazo (a); **j'ai attrapé un ~ de soleil** se me ha pegado el sol; ~ **de vent** ráfaga *f*; **passer en ~ de vent** hacer una visita rápida; **boire un ~** *(fam)* beber un trago; **du ~** de resultas; **tenir le ~** aguantar (el tipo); **valoir le ~** *(fam)* merecer la pena.

coupable [kupabl] *adj* & *nmf* culpable; ~ **de** culpable de.

coupe [kup] *nf (SPORT: récipient)*

copa *f*; *(de cheveux, de vêtements)* corte *m*; **à la ~** *(fromage etc)* al peso.

coupe-papier [kuppapje] *nm inv* cortapapeles *m inv*.

couper [kupe] *vt* cortar. ◆ *vi* cortar; *(prendre un raccourci)* atajar; **~ la parole à qqn** interrumpir a alguien; **~ la route à qqn** ponerse en el camino de alguien. ❑ **se couper** *vp* cortarse; **se ~ le doigt** cortarse el dedo.

couple [kupl] *nm* pareja *f*.

couplet [kuplɛ] *nm* cuplé *m*.

coupure [kupyr] *nf* corte *m*; **~ de courant** apagón *m*; **~ de journal** recorte *m* de periódico.

couque [kuk] *nf (Belg) (biscuit)* galleta *f*; *(pain d'épices) especie de pan que contiene gran variedad de especias*; *(brioche)* brioche *m*.

cour [kur] *nf (d'immeuble, de ferme)* patio *m*; *(tribunal)* tribunal *m*, corte *f (Amér)*; *(d'un roi)* corte *f*; **~ (de récréation)** patio (de recreo).

courage [kuraʒ] *nm* valor *m*; **bon ~!** ¡ánimo!

courageux, -euse [kuraʒø, øz] *adj* valiente.

couramment [kuramɑ̃] *adv (fréquemment)* corrientemente; *(parler)* con fluidez.

courant, -e [kurɑ̃, ɑ̃t] *adj* corriente. ◆ *nm* corriente *f*; **être au ~ (de)** estar al corriente (de); **~ d'air** corriente de aire; **~ alternatif/continu** corriente alterna/continua.

courbatures [kurbatyr] *nfpl* agujetas *fpl*.

courbe [kurb] *adj* curvo(-va). ◆ *nf* curva *f*.

courber [kurbe] *vt (la tête)* agachar; *(plier)* doblar.

coureur, -euse [kurœr, øz] *nm, f*: **~ automobile** piloto *m* de carreras; **~ cycliste** ciclista *m*; **~ à pied** corredor *m*.

courgette [kurʒɛt] *nf* calabacín *m*.

courir [kurir] *vt* & *vi* correr.

couronne [kurɔn] *nf* corona *f*.

courrier [kurje] *nm* correo *m*.

courroie [kurwa] *nf* correa *f*.

cours [kur] *nm (leçon)* clase *f*; *(d'une monnaie)* curso *m*; **au ~ de** en el transcurso de; **en ~** en curso; **~ d'eau** río *m*.

course [kurs] *nf* carrera *f*; *(démarche)* recado *m*. ❑ **courses** *nfpl (achats)* compras *fpl*; **faire les ~s** hacer la compra.

court, -e [kur, kurt] *adj* corto(-ta). ◆ *nm (de tennis)* pista *f*. ◆ *adv*: **être à ~ de** andar corto(-ta) de; **ses cheveux sont coupés ~** tiene un corte de pelo muy corto.

court-bouillon [kurbujɔ̃] (*pl* **courts-bouillons**) *nm* caldo *m* corto.

court-circuit [kursirkɥi] (*pl* **courts-circuits**) *nm* cortocircuito *m*.

court-métrage [kurmetraʒ] (*pl* **courts-métrages**) *nm* corto metraje *m*.

courtois, -e [kurtwa, az] *adj* cortés.

couru, -e [kury] *pp* → **courir**

couscous [kuskus] *nm* cuscús *m.*

cousin, -e [kuzɛ̃, in] *nm, f* primo *m* (-ma *f*); ~ **germain** primo hermano OU carnal.

coussin [kusɛ̃] *nm* cojín *m.*

cousu, -e [kuzy] *pp* → **coudre.**

coût [ku] *nm* coste *m.*

couteau, -x [kuto] *nm* cuchillo *m.*

coûter [kute] *vt* & *vi* costar; **combien ça coûte?** ¿cuánto cuesta?

coutume [kutym] *nf* costumbre *f.*

couture [kutyr] *nf* costura *f.*

couturier, -ère [kutyrje, ɛr] *nm, f* costurero *m* (-ra *f*); **grand** ~ modisto *m.*

couvent [kuvɑ̃] *nm* convento *m.*

couver [kuve] *vt* & *vi* empollar.

couvercle [kuvɛrkl] *nm* tapa *f.*

couvert, -e [kuvɛr, ɛrt] *pp* → **couvrir.** ◆ *nm* cubierto *m.* ◆ *adj (ciel)* nublado(-da); *(marché, parking)* cubierto(-ta); **mettre le** ~ poner la mesa; ~ **de** cubierto de OU con; **bien** ~ bien abrigado.

couverture [kuvɛrtyr] *nf (de lit)* manta *f*; *(de livre)* tapa *f.*

couvrir [kuvrir] *vt (mettre un couvercle sur)* tapar; *(livre, cahier)* forrar; ~ **qqch de** cubrir algo con. ❑ **se couvrir** *vp (ciel)* nublarse; *(s'habiller)* abrigarse; **se** ~ **de** cubrirse de.

cow-boy, -s [kobɔj] *nm* vaquero *m.*

CP *nm (abr de cours préparatoire)* ≃ 1° de EGB.

crabe [krab] *nm* cangrejo *m.*

cracher [kraʃe] *vt* & *vi* escupir.

craie [krɛ] *nf (matière)* creta *f*; *(pour écrire au tableau)* tiza *f.*

craindre [krɛ̃dr] *vt (redouter)* temer; *(être sensible à)* ser sensible a.

craint, -e [krɛ̃, ɛ̃t] *pp* → **craindre.**

crainte [krɛ̃t] *nf* temor *m*; **de** ~ **que** por temor a que.

craintif, -ive [krɛ̃tif, iv] *adj* temeroso(-sa).

cramique [kramik] *nm (Belg)* caracola *f* con pasas.

crampe [krɑ̃p] *nf* calambre *m.*

cramponner [krɑ̃pɔne]: **se cramponner (à)** *vp (+ prép)* aferrarse (a).

crampons [krɑ̃pɔ̃] *nmpl (de foot, de rugby)* tacos *mpl.*

cran [krɑ̃] *nm (de ceinture)* agujero *m*; *(entaille)* muesca *f*; *(fam: courage)* agallas *fpl*; **(couteau à)** ~ **d'arrêt** (navaja con) golpetillo *m.*

crâne [kran] *nm* cráneo *m.*

crapaud [krapo] *nm* sapo *m.*

craquement [krakmɑ̃] *nm* crujido *m.*

craquer [krake] *vi (faire un bruit)* crujir; *(casser)* desgarrarse; *(nerveusement)* derrumbarse. ◆ *vt (allumette)* prender.

crasse [kras] *nf* mugre *f.*

cravate [kravat] *nf* corbata *f.*

crawl [krol] *nm* crol *m.*

crayon [krɛjɔ̃] *nm* lápiz *m*; ~ **de couleur** lápiz de color.

création [kreasjɔ̃] *nf* creación *f.*

crèche [krɛʃ] *nf (garderie)* guardería *f*; *(RELIG)* belén *m*.
crédit [kredi] *nm* crédito *m*; **acheter qqch à ~** comprar algo a crédito.
créditer [kredite] *vt* abonar.
créer [kree] *vt* crear.
crémaillère [kremajɛr] *nf*: **pendre la ~** inaugurar *(una casa)*.
crème [krɛm] *nf* crema *f*; **~ anglaise/pâtissière** crema inglesa/pastelera; **~ caramel** *natillas con sabor a caramelo*; **~ fraîche** nata *f*; **~ glacée** helado *m*.
crémerie [krɛmri] *nf* lechería *f*.
crémeux, -euse [kremø, øz] *adj* cremoso(-sa).
créneau, -x [kreno] *nm (de château)* almena *f*; *(pour se garer)* aparcamiento *m*; **faire un ~** aparcar.
créole [kreɔl] *adj* → **riz**.
crêpe [krɛp] *nf* crepe *f*.
crêperie [krɛpri] *nf* crepería *f*.
crépi [krepi] *nm* enlucido *m*.
crépu, -e [krepy] *adj* encrespado(-da).
cresson [kresɔ̃] *nm* berros *mpl*.
crête [krɛt] *nf* cresta *f*.
cretons [krətɔ̃] *nmpl (Can) plato frío de carne de cerdo deshilachada cocinada con grasa*.
creuser [krøze] *vt* cavar; **ça creuse!** ¡qué hambre! ❑ **se creuser** *vp*: **se ~ la tête** OU **la cervelle** comerse el coco.
creux, creuse [krø, krøz] *adj* hueco(-ca). ◆ *nm* hueco *m*.
crevaison [krəvɛzɔ̃] *nf* pinchazo *m*.
crevant, -e [krəvɑ̃, ɑ̃t] *adj (fam)* agotador(-ra).
crevasse [krəvas] *nf* grieta *f*.
crevé, -e [krəve] *adj (fam)* reventado(-da).
crever [krəve] *vt (percer)* pinchar; *(fam: fatiguer)* reventar. ◆ *vi (exploser)* reventar; *(avoir une crevaison)* pinchar; *(fam: mourir)* palmarla.
crevette [krəvɛt] *nf* gamba *f*; **~ grise** camarón *m*; **~ rose** gamba.
cri [kri] *nm* grito *m*; *(d'animal)* aullido *m*; **pousser un ~** pegar un grito.
cric [krik] *nm* gato *m*.
cricket [krikɛt] *nm* críquet *m*.
crier [krije] *vi* gritar; *(parler fort)* chillar. ◆ *vt* gritar.
crime [krim] *nm* crimen *m*.
criminel, -elle [kriminɛl] *nm, f* criminal *mf*.
crinière [krinjɛr] *nf (de lion)* melena *f*.
crise [kriz] *nf (économique)* crisis *inv*; *(de rire, de larmes)* ataque *m*; **~ cardiaque** ataque cardiaco; **~ de foie** empacho *m*; **~ de nerfs** ataque de nervios.
crispé, -e [krispe] *adj* crispado(-da).
cristal, -aux [kristal, o] *nm* cristal *m*.
critère [kritɛr] *nm* criterio *m*.
critique [kritik] *adj* & *nmf* crítico(-ca). ◆ *nf* crítica *f*.
critiquer [kritike] *vt* criticar.
croc [kro] *nm* colmillo *m*.
croche-pied, -s [krɔʃpje] *nm*

faire un ~ à qqn ponerle la zancadilla a alguien.

crochet [krɔʃɛ] *nm (pour accrocher)* gancho *m*; *(tricot)* ganchillo *m*; *(fig: détour)* rodeo *m*.

crocodile [krɔkɔdil] *nm* cocodrilo *m*.

croire [krwar] *vt* creer. ◆ *vi*: **~ à** creer en; **~ en** creer en. ❑ **se croire** *vp*: **il se croit intelligent** se cree muy listo; **on se croirait au Moyen Âge** parece que estuviéramos en la Edad Media.

croisement [krwazmɑ̃] *nm* cruce *m*.

croiser [krwaze] *vt* cruzar; *(personne)* cruzarse con. ❑ **se croiser** *vp* cruzarse.

croisière [krwazjɛr] *nf* crucero *m*.

croissance [krwasɑ̃s] *nf* crecimiento *m*.

croissant [krwasɑ̃] *nm (pâtisserie)* cruasán *m*; *(lune)* media luna *f*.

croix [krwa] *nf* cruz *f*; **en ~** en cruz.

Croix-Rouge [krwaruʒ] *nf*: **la ~** la Cruz Roja.

croque-madame [krɔkmadam] *nm inv sándwich caliente de jamón y queso con un huevo frito encima*.

croque-monsieur [krɔkməsjø] *nm inv sándwich caliente de jamón y queso*.

croquer [krɔke] *vt (manger)* morder. ◆ *vi (craquer)* crujir.

croquette [krɔkɛt] *nf* croqueta *f*; **~s pour chiens** galletas para perro.

cross [krɔs] *nm inv* cross *m inv*.

crotte [krɔt] *nf* caca *f*.

crottin [krɔtɛ̃] *nm (d'animal)* cagajón *m*; *(fromage) queso de cabra pequeño*.

croustade [krustad] *nf pastelillo de hojaldre relleno*.

croustillant, -e [krustijɑ̃, ɑ̃t] *adj* crujiente.

croûte [krut] *nf (de pain, de fromage)* corteza *f*; *(MÉD)* costra *f*; **~ au fromage** *(Helv) rebanada de pan cubierta de queso y rociada de vino que se gratina*.

croûton [krutɔ̃] *nm* cuscurro *m*.

croyant, -e [krwajɑ̃, ɑ̃t] *adj* creyente.

CRS *nm* ≃ antidisturbios *m inv*.

cru, -e [kry] *pp* → **croire**. ◆ *adj* crudo(-da). ◆ *nm vino de una región vitivinícola específica*.

crudités [krydite] *nfpl entremés de hortalizas crudas con salsa vinagreta*.

crue [kry] *nf* crecida *f*; **être en ~** desbordarse.

cruel, -elle [kryɛl] *adj* cruel.

crustacés [krystase] *nmpl* crustáceos *mpl*.

cube [kyb] *nm* cubo *m*; **mètre ~** metro cúbico.

cueillir [kœjir] *vt* coger.

cuiller [kɥijɛr] = **cuillère**.

cuillère [kɥijɛr] *nf* cuchara *f*; **~ à café, petite ~** cuchara de café, cucharilla *f*; **~ à soupe** cuchara (sopera).

cuillerée [kɥijere] *nf* cucharada *f*.

cuir [kɥir] *nm* cuero *m*, piel *f*.

cuire [kɥir] *vt* & *vi* cocer; **faire ~** cocer.
cuisine [kɥizin] *nf* cocina *f*; **faire la ~** cocinar.
cuisiner [kɥizine] *vt* & *vi* cocinar.
cuisinier, -ère [kɥizinje, ɛr] *nm, f* cocinero *m* (-ra *f*).
cuisinière [kɥizinjɛr] *nf* cocina *f*.
cuisse [kɥis] *nf* muslo *m*; **~s de grenouille** ancas *fpl* de rana.
cuisson [kɥisɔ̃] *nf* cocción *f*.
cuit, -e [kɥi, kɥit] *adj* cocido(-da); **bien ~** bien hecho.
cuivre [kɥivr] *nm (métal)* cobre *m*.
culasse [kylas] *nf* → **joint**.
culotte [kylɔt] *nf* braga *f*; **~ de cheval** *(vêtement)* pantalones *mpl* de montar.
culte [kylt] *nm* culto *m*.
cultivateur, -trice [kyltivatœr, tris] *nm, f* cultivador *m* (-ra *f*).
cultiver [kyltive] *vt* cultivar. ❑ **se cultiver** *vp* instruirse.
culture [kyltyr] *nf (agricole)* cultivo *m*; *(savoir, civilisation)* cultura *f*. ❑ **cultures** *nfpl (terres cultivées)* cultivos *mpl*.
culturel, -elle [kyltyrɛl] *adj* cultural.
cumin [kymɛ̃] *nm* comino *m*.
curé [kyre] *nm* cura *m*.
cure-dents [kyrdɑ̃] *nm inv* palillo *m* (de dientes).
curieux, -euse [kyrjø, øz] *adj* curioso(-sa). ◆ *nmpl* mirones *mpl*.
curiosité [kyrjozite] *nf (indiscrétion)* curiosidad *f*; *(touristique) lugar o monumento de interés turístico*.
curry [kyri] *nm* curry *m*.
cutanée [kytane] *adj f* → **éruption**.
cuvette [kyvɛt] *nf (bassine)* balde *m*; *(vallée)* depresión *f*.
CV *nm* CV *m*.
cyclable [siklabl] *adj* → **piste**.
cycle [sikl] *nm* ciclo *m*.
cyclisme [siklism] *nm* ciclismo *m*.
cycliste [siklist] *adj* & *nmf* ciclista. ◆ *nm (short)* pantalones *mpl* de ciclista.
cyclone [siklon] *nm* ciclón *m*.
cygne [siɲ] *nm* cisne *m*.
cylindre [silɛ̃dr] *nm* cilindro *m*.
cynique [sinik] *adj* cínico(-ca).
cyprès [siprɛ] *nm* ciprés *m*.

D

d' → **de**.
DAB [dab] *nm abr* = **distributeur automatique de billets.**
dactylo [daktilo] *nf (secrétaire)* secretaria *f*.
daim [dɛ̃] *nm (animal)* gamo *m*; *(peau)* ante *m*.
dalle [dal] *nf* losa *f*.
dame [dam] *nf* señora *f*; *(aux car-*

tes) ≃ reina *f*. ❑ **dames** *nfpl (jeu)* damas *fpl*.

damier [damje] *nm (de dames)* damero *m*.

Danemark [danmark] *nm*: **le ~** Dinamarca.

danger [dɑ̃ʒe] *nm* peligro *m*; **être en ~** estar en peligro.

dangereux, **-euse** [dɑ̃ʒrø, øz] *adj* peligroso(-sa).

danois, **-e** [danwa, az] *adj* danés(-esa). ◆ *nm (langue)* danés *m*. ❑ **Danois**, **-e** *nm, f* danés *m* (-esa *f*).

dans [dɑ̃] *prép* -1. *(gén)* en; **je vis ~ le sud de la France** vivo en el sur de Francia; **ils sont en vacances ~ les Alpes** están de vacaciones en los Alpes; **vous allez ~ la mauvaise direction** va en dirección equivocada; **~ ma jeunesse** en mi juventud; **~ combien de temps arrivons-nous?** ¿dentro de cuánto tiempo llegamos?; **le spectacle commence ~ cinq minutes** el espectáculo comienza dentro de cinco minutos.
-2. *(indique la provenance)* de; **choisissez un dessert ~ notre sélection du jour** elija un postre de nuestra selección del día.
-3. *(indique une approximation)*: **ça doit coûter ~ les 200 F** debe (de) costar unos 200 francos.

danse [dɑ̃s] *nf*: **la ~** la danza; **une ~** un baile; **~ classique/moderne** danza clásica/moderna.

danser [dɑ̃se] *vt & vi* bailar.

danseur, **-euse** [dɑ̃sœr, øz] *nm, f* bailarín *m* (-ina *f*).

darne [darn] *nf* rodaja *f* (de pescado).

date [dat] *nf* fecha *f*; **~ limite** fecha límite; **'~ limite de consommation'** 'fecha de caducidad'; **'~ limite de vente'** 'fecha límite de venta'; **~ de naissance** fecha de nacimiento.

dater [date] *vt (chèque, lettre)* fechar. ◆ *vi (être vieux)* estar anticuado(-da); **~ de** *(remonter à)* datar de.

datte [dat] *nf* dátil *m*.

daube [dob] *nf*: **bœuf en ~** *estofado de carne, en particular de vaca, con vino tinto.*

dauphin [dofɛ̃] *nm (animal)* delfín *m*.

dauphine [dofin] *nf* → **pomme**.

dauphinois [dofinwa] *adj m* → **gratin**.

daurade [dɔrad] *nf* dorada *f*.

davantage [davɑ̃taʒ] *adv* (aún) más; **~ de** (aún) más.

de [də] *prép* -1. *(gén)* de; **la porte du salon** la puerta del salón; **le frère ~ Pierre** el hermano de Pierre; **d'où êtes-vous? - ~ Bordeaux** ¿de dónde es usted? - de Burdeos; **~ Paris à Tokyo** de París a Tokio; **~ la mi-août à début septembre** desde mediados de agosto hasta primeros de setiembre; **une statue ~ pierre** una estatua de piedra; **des billets ~ 100 F** billetes de 100 francos; **l'avion ~ 7 h 20** el avión de las 7 : 20 h; **un jeune homme ~ 25 ans** un joven de 25 años; **parler ~ qqch** hablar de algo; **arrêter ~ faire qqch** parar de hacer algo;

une bouteille d'eau minérale una botella de agua mineral; **plusieurs ~ ces œuvres sont des copies** algunas de estas obras son copias; **la moitié du temps/~ nos clients** la mitad del tiempo/de nuestros clientes; **je meurs ~ faim!** ¡me muero de hambre!
-2. *(indique le moyen, la manière)* con; **saluer qqn d'un mouvement de tête** saludar a alguien haciendo un gesto con la cabeza; **~ bon cœur** de buena gana; **d'un air distrait** con aire distraído.
◆ *art*: **je voudrais du vin//du lait** quiero vino/leche; **ils n'ont pas d'enfants** no tienen hijos.
dé [de] *nm* dado *m*; **~ (à coudre)** dedal *m*.
déballer [debale] *vt* desenvolver.
débarbouiller [debarbuje]: **se débarbouiller** *vp* lavarse (la cara).
débardeur [debardœr] *nm* camiseta *f* de tirantes.
débarquer [debarke] *vt* & *vi* desembarcar.
débarras [debara] *nm* trastero *m*; **bon ~!** ¡menudo alivio!
débarrasser [debarase] *vt (désencombrer)* despejar; *(table)* quitar; **~ qqn de qqch** *(vêtement, paquets)* ayudar a alguien a deshacerse de algo. ❑ **se débarrasser de** *vp + prép (vêtement, paquets)* deshacerse de; *(personne)* quitarse de encima a.
débat [deba] *nm* debate *m*.
débattre [debatr] *vt* debatir.
◆ *vi* discutir; **~ de qqch** discutir de algo. ❑ **se débattre** *vp* forcejear.
débit [debi] *nm (d'eau)* caudal *m*; *(bancaire)* debe *m*.
débiter [debite] *vt (compte)* cargar; *(couper)* trinchar; *(péj: dire)* soltar.
déblayer [debleje] *vt* despejar.
débloquer [debloke] *vt* desbloquear.
déboîter [debwate] *vt (objet)* desencajar; *(os)* dislocar. ◆ *vi (voiture)* desviarse. ❑ **se déboîter** *vp*: **se ~ l'épaule** dislocarse el hombro.
débordé, -e [deborde] *adj*: **être ~ (de travail)** estar muy agobiado (de trabajo).
déborder [deborde] *vi (lait, casserole)* rebosar; *(rivière)* desbordarse.
débouché [debuʃe] *nm* salida *f*.
déboucher [debuʃe] *vt (bouteille)* descorchar; *(nez)* despejar; *(tuyau)* desatascar. ❑ **déboucher sur** *v + prép* desembocar en.
débourser [deburse] *vt* desembolsar.
debout [dəbu] *adv (sur ses pieds)* de pie; *(verticalement)* derecho(-cha); *(réveillé)* levantado(-da); **se mettre ~** ponerse de pie; **tenir ~** tenerse en pie.
déboutonner [debutɔne] *vt* desabrochar.
débraillé, -e [debraje] *adj* desharrapado(-da).
débrancher [debrɑ̃ʃe] *vt* desenchufar.
débrayer [debreje] *vi* desembragar.

débris [debri] *nmpl* pedazos *mpl*.

débrouiller [debruje]: **se débrouiller** *vp* apañárselas; **se ~ pour faire qqch** apañárselas para hacer algo.

début [deby] *nm* principio *m*; **au ~ (de)** al principio (de).

débutant, -e [debytɑ̃, ɑ̃t] *nm, f* principiante *mf*.

débuter [debyte] *vi* empezar.

décaféiné, -e [dekafeine] *adj* descafeinado(-da).

décalage [dekalaʒ] *nm* desfase *m*; **~ horaire** diferencia *f* horaria.

décalcomanie [dekalkɔmani] *nf* calcomanía *f*.

décaler [dekale] *vt* *(déplacer)* desplazar; *(avancer dans le temps)* aplazar.

décalquer [dekalke] *vt* calcar.

décapant [dekapɑ̃] *nm* decapante *m*.

décaper [dekape] *vt* decapar.

décapiter [dekapite] *vt* decapitar.

décapotable [dekapɔtabl] *adj* & *nf* descapotable.

décapsuler [dekapsyle] *vt* abrir.

décapsuleur [dekapsylœr] *nm* abridor *m*.

décéder [desede] *vi* *(sout)* fallecer.

décembre [desɑ̃br] *nm* diciembre *m*, → **septembre**.

décent, -e [desɑ̃, ɑ̃t] *adj* decente.

déception [desɛpsjɔ̃] *nf* decepción *f*.

décerner [desɛrne] *vt* *(prix)* otorgar.

décès [desɛ] *nm* fallecimiento *m*.

décevant, -e [des(ə)vɑ̃, ɑ̃t] *adj* decepcionante.

décevoir [des(ə)vwar] *vt* decepcionar.

déchaîner [deʃene] *vt* desatar. ❑ **se déchaîner** *vp* *(personne)* desenfrenarse; *(colère, tempête)* desencadenarse.

décharge [deʃarʒ] *nf* *(d'ordures)* vertedero *m*; *(électrique)* descarga *f*.

décharger [deʃarʒe] *vt* descargar.

déchausser [deʃose]: **se déchausser** *vp* descalzarse.

déchets [deʃɛ] *nmpl* residuos *mpl*.

déchiffrer [deʃifre] *vt* descifrar.

déchiqueter [deʃikte] *vt* desmenuzar.

déchirer [deʃire] *vt* desgarrar. ❑ **se déchirer** *vp* desgarrarse.

déchirure [deʃiryr] *nf* desgarrón *m*; **~ musculaire** esguince *m*.

déci [desi] *nm* *(Helv) vaso de vino de 10 cl.*

décidé, -e [deside] *adj* decidido(-da); **c'est ~** está decidido.

décidément [desidemɑ̃] *adv* realmente.

décider [deside] *vt* decidir; **~ qqn (à faire qqch)** convencer a alguien (de que haga algo); **~ de faire qqch** decidir hacer algo. ❑ **se décider** *vp* decidirse; **se ~ à faire qqch** decidirse a hacer algo.

décimal, -e, -aux [desimal, o] *adj* decimal.

décisif, -ive [desizif, iv] *adj* decisivo(-va).

décision [desizjɔ̃] *nf* decisión *f*.

déclaration [deklarasjɔ̃] *nf* declaración *f*; *(de vol, de perte)* parte *m*; ~ **d'impôts** declaración de la renta.

déclarer [deklare] *vt* declarar; **rien à** ~ nada que declarar. ❑ **se déclarer** *vp (épidémie, incendie)* declararse.

déclencher [deklɑ̃ʃe] *vt (mécanisme)* accionar; *(guerre)* desencadenar.

déclic [deklik] *nm (bruit)* estallido *m*; *(fig: illumination)* destello *m*.

décoiffer [dekwafe] *vt* despeinar.

décollage [dekɔlaʒ] *nm* despegue *m*.

décoller [dekɔle] *vt* & *vi* despegar. ❑ **se décoller** *vp* despegarse.

décolleté, -e [dekɔlte] *adj* escotado(-da). ◆ *nm* escote *m*.

décolorer [dekɔlɔre] *vt* decolorar.

décombres [dekɔ̃br] *nmpl* escombros *mpl*.

décommander [dekɔmɑ̃de] *vt* cancelar. ❑ **se décommander** *vp* cancelar *(una cita, una invitación)*.

décomposer [dekɔ̃poze] *vt*: ~ **qqch en** descomponer algo en. ❑ **se décomposer** *vp (pourrir)* descomponerse.

déconcentrer [dekɔ̃sɑ̃tre]: **se déconcentrer** *vp* desconcentrarse.

déconcerter [dekɔ̃sɛrte] *vt* desconcertar.

déconseiller [dekɔ̃seje] *vt*: ~ **qqch à qqn** desaconsejar algo a alguien; ~ **à qqn de faire qqch** desaconsejar a alguien que haga algo.

décontracté, -e [dekɔ̃trakte] *adj* relajado(-da).

décor [dekɔr] *nm (paysage)* entorno *m*; *(de théâtre)* decorado *m*; *(d'une pièce)* decoración *f*.

décorateur, -trice [dekɔratœr, tris] *nm, f* decorador *m* (-ra *f*).

décoration [dekɔrasjɔ̃] *nf (d'une pièce)* decoración *f*; *(médaille)* condecoración *f*.

décorer [dekɔre] *vt (pièce, objet)* decorar; *(soldat)* condecorar.

décortiquer [dekɔrtike] *vt* desmenuzar.

découdre [dekudr] *vt* descoser. ❑ **se découdre** *vp* descoserse.

découler [dekule]: **découler de** *v + prép* derivar de.

découper [dekupe] *vt (gâteau)* partir; *(viande)* trinchar; *(images, photos)* recortar.

découragé, -e [dekuraʒe] *adj* desalentado(-da).

décourager [dekuraʒe] *vt* desalentar. ❑ **se décourager** *vp* desalentarse.

décousu, -e [dekuzy] *adj (vêtement, ourlet)* descosido(-da); *(raisonnement, conversation)* deshilvanado(-da).

découvert, -e [dekuvɛr, ɛrt]

pp → **découvrir**. ◆ *nm (bancaire)* descubierto *m*.
découverte [dekuvɛrt] *nf* descubrimiento *m*.
découvrir [dekuvrir] *vt* descubrir; *(ôter ce qui couvre)* destapar. ❑ **se découvrir** *vp (ôter son chapeau)* descubrirse; *(au lit)* destaparse.
décrire [dekrir] *vt* describir.
décrocher [dekrɔʃe] *vt* descolgar; **~ (le téléphone)** descolgar (el teléfono). ❑ **se décrocher** *vp* descolgarse.
déçu, -e [desy] *pp* → **décevoir**. ◆ *adj* defraudado(-da).
dédaigner [dedeɲe] *vt* desdeñar.
dédaigneux, -euse [dedɛɲø, øz] *adj* desdeñoso(-sa).
dédain [dedɛ̃] *nm* desdén *m*.
dedans [dədɑ̃] *adv* dentro. ◆ *nm* interior *m*; **en ~** hacia adentro.
dédicacer [dedikase] *vt*: **~ qqch à qqn** dedicar algo a alguien.
dédier [dedje] *vt*: **~ qqch à qqn** dedicar algo a alguien.
dédommager [dedɔmaʒe] *vt* indemnizar.
déduction [dedyksjɔ̃] *nf* deducción *f*.
déduire [dedɥir] *vt*: **~ qqch (de)** deducir algo (de).
déduit, -e [dedɥi, it] *pp* → **déduire**.
déesse [deɛs] *nf* diosa *f*.
défaillant, -e [defajɑ̃, ɑ̃t] *adj (appareil)* defectuoso(-sa).
défaire [defɛr] *vt* deshacer. ❑ **se défaire** *vp* deshacerse.
défait, -e [defɛ, ɛt] *pp* → **défaire**.
défaite [defɛt] *nf* derrota *f*.
défaut [defo] *nm* defecto *m*; **à ~ de** a falta de.
défavorable [defavɔrabl] *adj* desfavorable.
défavoriser [defavɔrize] *vt* desfavorecer.
défectueux, -euse [defɛktɥø, øz] *adj* defectuoso(-sa).
défendre [defɑ̃dr] *vt* defender; **~ qqch à qqn** prohibir algo a alguien; **~ à qqn de faire qqch** prohibir a alguien que haga algo. ❑ **se défendre** *vp* defenderse.
défense [defɑ̃s] *nf (d'une ville, d'un accusé)* defensa *f*; *(d'éléphant)* colmillo *m*; **prendre la ~ de qqn** defender a alguien; **'~ de déposer des ordures'** 'prohibido verter basura'; **'~ d'entrer'** 'prohibido entrar'.

---

i **LA DÉFENSE**

Barrio de gran actividad económica construido al oeste de París durante la década de los sesenta y de los setenta en el que predominan edificios de oficinas. Su arquitectura futurista se caracteriza por enormes edificaciones de cristal, así como por el Gran Arco, versión moderna en color blanco del Arco de Triunfo, situado en la prolongación de los Campos Elíseos.

---

défi [defi] *nm* desafío *m*, reto *m*; **lancer un ~ à qqn** retar a alguien.

déficit [defisit] *nm* déficit *m*.
déficitaire [defisitɛr] *adj* deficitario(-ria).
défier [defje] *vt* desafiar; ~ **qqn de faire qqch** retar a alguien a que haga algo.
défigurer [defigyre] *vt* desfigurar.
défilé [defile] *nm (militaire)* desfile *m*; *(gorges)* desfiladero *m*; ~ **de mode** desfile de modelos.
défiler [defile] *vi* desfilar.
définir [definir] *vt* definir.
définitif, **-ive** [definitif, iv] *adj* definitivo(-va); **en définitive** en definitiva.
définition [definisjɔ̃] *nf* definición *f*.
définitivement [definitivmɑ̃] *adv* definitivamente.
défoncer [defɔ̃se] *vt* echar abajo.
déformé, **-e** [defɔrme] *adj* deforme.
déformer [defɔrme] *vt* deformar; *(fig: réalité)* desfigurar.
défouler [defule]: **se défouler** *vp* desahogarse.
défricher [defriʃe] *vt* desbrozar.
dégager [degaʒe] *vt (déblayer)* despejar; *(fumée, odeur)* desprender; ~ **qqch/qqn de** *(libérer)* sacar algo/a alguien de. ❑ **se dégager** *vp (se libérer)* librarse; *(ciel)* despejarse; **se** ~ **de** *(se libérer de)* librarse de; *(suj: fumée, odeur)* desprenderse de.
dégainer [degene] *vt & vi* desenfundar.
dégarni, **-e** [degarni] *adj (crâne, personne)* pelón(-ona).
dégâts [dega] *nmpl* daños *mpl*; **faire des** ~ causar daños.
dégel [deʒɛl] *nm* deshielo *m*.
dégeler [deʒle] *vt* deshelar; *(atmosphère)* caldear. ◆ *vi (lac)* deshelarse; *(surgelé)* descongelar.
dégénérer [deʒenere] *vi* degenerar.
dégivrage [deʒivraʒ] *nm* deshielo *m*.
dégivrer [deʒivre] *vt (réfrigérateur)* descongelar; *(pare-brise)* deshelar.
dégonfler [degɔ̃fle] *vt* deshinchar. ❑ **se dégonfler** *vp* deshincharse; *(fam: renoncer)* rajarse.
dégouliner [deguline] *vi* chorrear.
dégourdi, **-e** [degurdi] *adj* espabilado(-da).
dégourdir [degurdir]: **se dégourdir** *vp*: **se** ~ **les jambes** estirar las piernas.
dégoût [degu] *nm* asco *m*.
dégoûtant, **-e** [degutɑ̃, ɑ̃t] *adj* asqueroso(-sa).
dégoûter [degute] *vt* asquear; ~ **qqn de qqch** quitar las ganas a alguien de algo.
dégrafer [degrafe] *vt (papiers)* desenganchar; *(vêtement)* desabrochar.
degré [dəgre] *nm* grado *m*.
dégressif, **-ive** [degresif, iv] *adj* decreciente.
dégringoler [degrɛ̃gɔle] *vi* rodar.

dégueulasse [degœlas] *adj (fam)* asqueroso(-sa).
déguisement [degizmɑ̃] *nm* disfraz *m*.
déguiser [degize] *vt* disfrazar. ❑ **se déguiser** *vp* disfrazarse; **se ~ en** disfrazarse de.
dégustation [degystasjɔ̃] *nf* degustación *f*.
déguster [degyste] *vt (goûter)* degustar.
dehors [dəɔr] *adv* fuera. ◆ *nm* exterior *m*; **jeter** OU **mettre qqn ~** echar a alguien fuera; **en ~** hacia afuera; **en ~ de** *(à l'extérieur de)* fuera de; *(sauf)* excepto.
déjà [deʒa] *adv* ya.
déjeuner [deʒœne] *nm (à midi)* almuerzo *m*; *(petit déjeuner)* desayuno *m*. ◆ *vi (à midi)* almorzar; *(le matin)* desayunar.
délabré, -e [delabre] *adj* derruido(-da).
délacer [delase] *vt* desatar.
délai [delɛ] *nm (durée)* plazo *m*; *(temps supplémentaire)* prórroga *f*.
délasser [delase] *vt* relajar.
délavé, -e [delave] *adj* descolorido(-da).
délayer [deleje] *vt* desleír.
Delco® [dɛlko] *nm* Delco® *m*.
délégué, -e [delege] *nm, f* delegado *m* (-da *f*).
délibérément [deliberemɑ̃] *adv* deliberadamente.
délicat, -e [delika, at] *adj* delicado(-da).
délicatement [delikatmɑ̃] *adv* con delicadeza.
délicieux, -euse [delisjø, øz] *adj* delicioso(-sa).
délimiter [delimite] *vt* delimitar.
délinquant, -e [delɛ̃kɑ̃, ɑ̃t] *nm, f* delincuente *mf*.
délirer [delire] *vi* delirar.
délit [deli] *nm* delito *m*; **(en) flagrant ~** (en) flagrante delito.
délivrer [delivre] *vt (prisonnier)* liberar; *(autorisation, reçu)* expedir.
déloyal, -e, -aux [delwajal, o] *adj* desleal.
delta [dɛlta] *nm (de rivière)* delta *m*.
deltaplane [dɛltaplan] *nm* ala *f* delta.
déluge [delyʒ] *nm* diluvio *m*.
demain [dəmɛ̃] *adv* mañana; **à ~!** ¡hasta mañana!; **~ matin/soir** mañana por la mañana/por la noche.
demande [dəmɑ̃d] *nf (réclamation)* petición *f*; *(formulaire)* solicitud *f*; **~s d'emploi** solicitudes de empleo.
demander [dəmɑ̃de] *vt (interroger sur)* preguntar; *(exiger)* pedir; *(nécessiter)* requerir; **~ qqch à qqn** *(interroger)* preguntar algo a alguien; *(exiger)* pedir algo a alguien; **~ à qqn de faire qqch** pedir a alguien que haga algo. ❑ **se demander** *vp* preguntarse.
demandeur, -euse [dəmɑ̃dœr, øz] *nm, f*: **~ d'emploi** desempleado *m*.
démangeaison [demɑ̃ʒɛzɔ̃] *nf* comezón *f*; **avoir des ~s** tener picores.

démanger [demɑ̃ʒe] *vt* picar.
démaquillant [demakijɑ̃] *nm* desmaquillador *m*.
démarche [demarʃ] *nf (allure)* andares *mpl*; *(administrative)* trámite *m*.
démarrage [demaraʒ] *nm* arranque *m*.
démarrer [demare] *vi (partir)* arrancar; *(commencer)* iniciar.
démarreur [demarœr] *nm* arranque *m*.
démasquer [demaske] *vt* desenmascarar.
démêler [demele] *vt* desenredar.
déménagement [demenaʒmɑ̃] *nm* mudanza *f*.
déménager [demenaʒe] *vi* mudarse. ◆ *vt* trasladar.
démener [demne]: **se démener** *vp (bouger)* agitarse; *(faire des efforts)* moverse.
dément, -e [demɑ̃, ɑ̃t] *adj (fou)* demente; *(fam: incroyable)* demencial.
démentir [demɑ̃tir] *vt* desmentir.
démesuré, -e [deməzyre] *adj* desmesurado(-da).
démettre [demɛtr]: **se démettre** *vp*: **se ~ l'épaule** dislocarse un hombro.
demeure [dəmœr] *nf* mansión *f*.
demeurer [dəmœre] *vi (sout) (habiter)* residir; *(rester)* quedar.
demi, -e [dəmi] *adj* medio(-dia). ◆ *nm* caña *f*; **cinq heures et ~e** las cinco y media; **un ~-kilo de** medio kilo de; **à ~ fermé** medio cerrado.
demi-finale, -s [dəmifinal] *nf* semifinal *f*.
demi-frère, -s [dəmifrɛr] *nm* hermanastro *m*.
demi-heure, -s [dəmijœr] *nf* media hora *f*.
demi-pension, -s [dəmipɑ̃sjɔ̃] *nf* media pensión *f*.
demi-pensionnaire, -s [dəmipɑ̃sjɔnɛr] *nmf* mediopensionista *mf*.
démis, -e [demi, iz] *pp* → **démettre**.
demi-saison, -s [dəmisɛzɔ̃] *nf*: **de ~** de entretiempo.
demi-sœur, -s [dəmisœr] *nf* hermanastra *f*.
démission [demisjɔ̃] *nf* dimisión *f*; **donner sa ~** presentar su dimisión.
démissionner [demisjɔne] *vi* dimitir.
demi-tarif, -s [dəmitarif] *nm* media tarifa *f*.
demi-tour, -s [dəmitur] *nm* media vuelta *f*; **faire ~** dar media vuelta.
démocratie [demɔkrasi] *nf* democracia *f*.
démocratique [demɔkratik] *adj* democrático(-ca).
démodé, -e [demɔde] *adj* anticuado(-da).
demoiselle [dəmwazɛl] *nf* señorita *f*; **~ d'honneur** dama *f* de honor.
démolir [demɔlir] *vt* derribar.
démon [demɔ̃] *nm* demonio *m*.

démonstratif, -ive [demɔ̃stratif, iv] *adj* efusivo(-va).
démonstration [demɔ̃strasjɔ̃] *nf* demostración *f*; *(d'une machine)* muestra *f*.
démonter [demɔ̃te] *vt* desarmar.
démontrer [demɔ̃tre] *vt* demostrar.
démoraliser [demɔralize] *vt* desmoralizar.
démouler [demule] *vt (gâteau)* desmoldear.
démuni, -e [demyni] *adj (pauvre)* despojado(-da).
dénicher [deniʃe] *vt (trouver)* toparse con.
dénivellation [denivɛlasjɔ̃] *nf* desnivel *m*.
dénoncer [denɔ̃se] *vt (coupable)* denunciar.
dénouement [denumɑ̃] *nm* desenlace *m*.
dénouer [denwe] *vt* desatar.
dénoyauter [denwajote] *vt* deshuesar.
denrée [dɑ̃re] *nf* comestible *m*.
dense [dɑ̃s] *adj* denso(-sa).
dent [dɑ̃] *nf* diente *m*; **~ de lait** diente de leche; **~ de sagesse** muela *f* del juicio.
dentelle [dɑ̃tɛl] *nf* encaje *m*.
dentier [dɑ̃tje] *nm* dentadura *f* postiza.
dentifrice [dɑ̃tifris] *nm* dentífrico *m*.
dentiste [dɑ̃tist] *nmf* dentista *mf*.
Denver [dɑ̃vɛr] *n* → **sabot**.
déodorant [deɔdɔrɑ̃] *nm* desodorante *m*.
dépannage [depanaʒ] *nm* reparación *f*; **service de ~** *(AUT)* servicio *m* de asistencia en carretera.
dépanner [depane] *vt* reparar; *(fig: aider)* echar una mano a.
dépanneur [depanœr] *nm (de voitures)* mecánico *m*; *(d'appareils ménagers)* técnico *m*; *(Can: épicerie)* *ultramarinos abierto fuera del horario comercial habitual*.
dépanneuse [depanøz] *nf* grúa *f* (remolque).
dépareillé, -e [depareje] *adj (service)* dispar; *(gant, chaussette)* desparejado(-da).
départ [depar] *nm* salida *f*; *(d'une personne)* marcha *f*; **au ~** *(au début)* en un principio; **'~s'** 'salidas'.
départager [departaʒe] *vt* desempatar.
département [departəmɑ̃] *nm (division administrative)* ≈ provincia *f*; *(service)* departamento *m*.
départementale [departəmɑ̃tal] *nf*: **(route) ~** ≈ comarcal *f*.
dépassement [depasmɑ̃] *nm (sur la route)* adelantamiento *m*.
dépasser [depase] *vt (passer devant)* pasar por delante de; *(doubler)* adelantar; *(limite)* rebasar; *(somme)* superar. ◆ *vi (déborder)* sobresalir; **il dépasse son père d'une tête** le saca una cabeza a su padre.
dépaysement [depeizmɑ̃] *nm* cambio *m* de aires.
dépêcher [depeʃe]: **se dépê-**

cher *vp* darse prisa; **se ~ de faire qqch** darse prisa en hacer algo.

dépendre [depɑ̃dr] *vi*: **~ de** depender de; **ça dépend** depende.

dépens [depɑ̃]: **aux dépens de** *prép* a costa de.

dépense [depɑ̃s] *nf* gasto *m*.

dépenser [depɑ̃se] *vt* gastar. ❑ **se dépenser** *vp (physiquement)* cansarse.

dépensier, -ère [depɑ̃sje, ɛr] *adj* gastador(-ra).

dépêtrer [depetre]: **se dépêtrer de** *vp + prép* librarse de.

dépit [depi] *nm* despecho *m*; **en ~ de** a pesar de.

déplacement [deplasmɑ̃] *nm (voyage)* viaje *m*; **en ~** de viaje.

déplacer [deplase] *vt (objet)* desplazar; *(rendez-vous)* cambiar. ❑ **se déplacer** *vp (bouger)* desplazarse; *(voyager)* viajar.

déplaire [deplɛr]: **déplaire à** *v + prép*: **ça me déplaît** *(livre, tableau)* me desagrada; *(attitude)* me disgusta.

déplaisant, -e [deplɛzɑ̃, ɑ̃t] *adj* desagradable.

dépliant [deplijɑ̃] *nm* folleto *m*.

déplier [deplije] *vt (papier)* desdoblar; *(chaise)* abrir. ❑ **se déplier** *vp* abrirse.

déplorable [deplɔrabl] *adj* deplorable.

déployer [deplwaje] *vt (ailes, carte)* desplegar.

déporter [depɔrte] *vt (prisonnier)* deportar; *(dévier)* desviar.

déposer [depoze] *vt* dejar en; *(argent)* depositar. ❑ **se déposer** *vp* depositarse.

dépôt [depo] *nm (de marchandises)* depósito *m*; *(à la banque)* ingreso *m*; *(de poussière etc)* acumulación *f*; *(de bus)* cochera *f*.

dépotoir [depɔtwar] *nm* vertedero *m*.

dépouiller [depuje] *vt (voler)* despojar.

dépourvu, -e [depurvy] *adj*: **~ de** desprovisto de; **prendre qqn au ~** pillar a alguien desprevenido(-da).

dépression [depresjɔ̃] *nf* depresión *f*; **~ (nerveuse)** depresión (nerviosa).

déprimer [deprime] *vt* deprimir. ◆ *vi* estar depre.

depuis [dəpɥi] *prép* desde. ◆ *adv* desde entonces; **il n'est jamais revenu ~** no ha vuelto desde entonces; **je travaille ici ~ trois ans** trabajo aquí desde hace tres años; **~ quand est-il marié?** ¿desde cuándo está casado?; **~ que** desde que.

député [depyte] *nm* diputado *m*.

déraciner [derasine] *vt* arrancar de raíz.

dérailler [deraje] *vi (train)* descarrilar.

dérailleur [derajœr] *nm* cambio *m* de velocidades (de bicicleta).

dérangement [derɑ̃ʒmɑ̃] *nm (gêne)* trastorno *m*; **en ~** averiado(-da).

déranger [derɑ̃ʒe] *vt (gêner)* molestar; *(objets, affaires)* desor-

denar; **ça vous dérange si...?** ¿le molesta si...? ❑ **se déranger** *vp* desplazarse.
dérapage [derapaʒ] *nm (glissade)* derrape *m* patinazo.
déraper [derape] *vi (personne)* resbalar; *(voiture)* derrapar, patinar.
dérégler [deregle] *vt* estropear. ❑ **se dérégler** *vp* estropearse.
dérive [deriv] *nf (NAVIG)* orza *f*; **aller à la ~** ir a la deriva.
dériver [derive] *vi (bateau)* derivar.
dermatologue [dɛrmatɔlɔg] *nmf* dermatólogo *m* (-ga *f*).
dernier, -ère [dɛrnje, ɛr] *adj* último(-ma). ◆ *nm, f* último *m* (-ma *f*); **la semaine dernière** la semana pasada; **en ~** *(arriver, passer)* en último lugar.
dernièrement [dɛrnjɛrmɑ̃] *adv* últimamente.
dérouler [derule] *vt* desenrollar. ❑ **se dérouler** *vp* desarrollarse.
dérouter [derute] *vt (surprendre)* desconcertar; *(dévier)* desviar.
derrière [dɛrjɛr] *prép* detrás de. ◆ *adv* detrás. ◆ *nm (fesses)* trasero *m*.
des [de] = **de + les**, → **de, un**.
dès [dɛ] *prép (à partir de)* desde; **~ que** tan pronto como; **~ qu'il arrivera** tan pronto como llegue.
désaccord [dezakɔr] *nm* desacuerdo *m*; **être en ~ avec** estar en desacuerdo con.
désaffecté, -e [dezafɛkte] *adj* abandonado(-da).
désagréable [dezagreabl] *adj* desagradable.
désaltérer [dezaltere]: **se désaltérer** *vp* beber.
désappointé, -e [dezapwɛ̃te] *adj* decepcionado(-da).
désapprouver [desapruve] *vt (personne)* reprobar; *(décision)* desaprobar.
désarçonner [dezarsɔne] *vt* desarzonar; *(fig)* desconcertar.
désarmant, -e [dezarmɑ̃, ɑ̃t] *adj (sourire, gentillesse)* que desarma.
désarmer [dezarme] *vt (malfaiteur)* desarmar.
désastre [dezastr] *nm* desastre *m*.
désastreux, -euse [dezastrø, øz] *adj* desastroso(-sa).
désavantage [dezavɑ̃taʒ] *nm* desventaja *f*.
désavantager [dezavɑ̃taʒe] *vt* perjudicar.
descendant, -e [desɑ̃dɑ̃, ɑ̃t] *nm, f* descendiente *mf*.
descendre [desɑ̃dr] *vt (aux avoir)* bajar. ◆ *vi (aux être) (aller en bas)* bajar; *(être en pente)* estar cuesta abajo; *(baisser)* descender; **~ de** *(voiture, vélo)* bajar de; *(ancêtres)* descender de.
descente [desɑ̃t] *nf (à ski, en avion)* descenso *m*; *(pente)* bajada *f*; **~ de lit** alfombrilla *f* de cama.
description [dɛskripsjɔ̃] *nf* descripción *f*.
désemparé, -e [dezɑ̃pare] *adj* desamparado(-da).
déséquilibre [dezekilibr] *nm*

desequilibrio *m*; **en ~** en desequilibrio.

déséquilibré, -e [dezekilibre] *nm, f* desequilibrado *m* (-da *f*).

déséquilibrer [dezekilibre] *vt* desequilibrar.

désert, -e [dezɛr, ɛrt] *adj* desierto(-ta). ◆ *nm* desierto *m*.

déserter [dezɛrte] *vi* desertar.

désertique [dezɛrtik] *adj* desértico(-ca).

désespéré, -e [dezɛspere] *adj* desesperado(-da); *(regard)* de desesperación.

désespoir [dezɛspwar] *nm* desesperación *f*.

déshabiller [dezabije] *vt* desnudar. ❑ **se déshabiller** *vp* desnudarse.

désherbant [dezɛrbɑ̃] *nm* herbicida *m*.

désherber [dezɛrbe] *vt* desherbar.

déshonorer [dezɔnɔre] *vt* deshonrar.

déshydraté, -e [dezidrate] *adj* deshidratado(-da).

déshydrater [dezidrate] *vt* deshidratar. ❑ **se déshydrater** *vp* deshidratarse.

désigner [deziɲe] *vt (montrer)* señalar; *(choisir)* designar.

désillusion [dezilyzjɔ̃] *nf* desilusión *f*.

désinfectant [dezɛ̃fɛktɑ̃] *nm* desinfectante *m*.

désinfecter [dezɛ̃fɛkte] *vt* desinfectar.

désintéressé, -e [dezɛ̃terese] *adj* desinteresado(-da).

désintéresser [dezɛ̃terese]: **se désintéresser de** *vp + prép* desentenderse de.

désinvolte [dezɛ̃vɔlt] *adj (personne)* desenvuelto(-ta); *(geste)* desenfadado(-da).

désir [dezir] *nm* deseo *m*.

désirer [dezire] *vt* desear; **vous désirez?** ¿qué desea?; **laisser à ~** dejar que desear.

désobéir [dezɔbeir] *vi* desobedecer; **~ à** *(personne)* desobedecer a; *(loi, règle)* quebrantar.

désobéissant, -e [dezɔbeisɑ̃, ɑ̃t] *adj* desobediente.

désodorisant [dezɔdɔrizɑ̃] *nm* ambientador *m*.

désolant, -e [dezɔlɑ̃, ɑ̃t] *adj* desolador(-ra).

désolé, -e [dezɔle] *adj (personne)* desconsolado(-da); *(paysage)* desolador(-ra); **je suis ~ de ne pas pouvoir venir** siento no poder venir; **je suis ~** lo siento.

désordonné, -e [dezɔrdɔne] *adj (chambre, personne)* desordenado(-da); *(gestes)* desmedido(-da).

désordre [dezɔrdr] *nm* desorden *m*; **être en ~** estar desordenado(-da).

désorienté, -e [dezɔrjɑ̃te] *adj (déconcerté)* desorientado(-da).

désormais [dezɔrmɛ] *adv* en adelante.

desquelles [dekɛl] = **de + lesquelles**, → **lequel**.

desquels [dekɛl] = **de + lesquels**, → **lequel**.

dessécher [deseʃe] *vt* secar. ❑

se dessécher *vp (peau)* resecarse; *(plantes)* secarse.

desserrer [desere] *vt (vis)* desatornillar; *(dents, poing)* abrir; *(frein)* soltar; *(ceinture)* aflojar.

dessert [desɛr] *nm* postre *m*.

desservir [desɛrvir] *vt (ville, gare)* tener parada en; *(table)* quitar; *(nuire à)* perjudicar.

dessin [desɛ̃] *nm (image)* dibujo *m*; *(art)* diseño *m*; ~ **animé** dibujo *m* animado.

dessinateur, -trice [desinatœr, tris] *nm, f* dibujante *mf*.

dessiner [desine] *vt* dibujar; *(vêtement, voiture)* diseñar.

dessous [dəsu] *adv* debajo. ◆ *nm (d'une table)* parte *f* inferior; **les voisins du ~** los vecinos de abajo; **en ~** debajo; **en ~ de zéro** bajo cero; **en ~ de la moyenne** por debajo de la media.

dessous-de-plat [dəsudpla] *nm inv* salvamanteles *m inv*.

dessus [dəsy] *adv* encima. ◆ *nm (d'une cheminée, table)* parte *f* superior; **les voisins du ~** los vecinos de arriba; **avoir le ~** salirse con la suya.

dessus-de-lit [dəsydli] *nm inv* colcha *f*.

destin [dɛstɛ̃] *nm* destino *m*.

destinataire [dɛstinatɛr] *nmf* destinatario *m* (-ria *f*).

destination [dɛstinasjɔ̃] *nf* destino *m*; **arriver à ~** llegar a su destino; **à ~ de** con destino a.

destiné, -e [dɛstine] *adj*: **être ~ à qqn** *(adressé à)* ir dirigido a; **être ~ à qqn/qqch** *(conçu pour)* estar pensado para alguien/algo; **être ~ à faire qqch** *(conçu pour)* estar destinado a hacer algo.

destruction [dɛstryksjɔ̃] *nf* destrucción *f*.

détachant [detaʃɑ̃] *nm* quitamanchas *m inv*.

détacher [detaʃe] *vt* soltar; *(découper)* separar; *(nettoyer)* quitar las manchas de; *(ceinture)* desabrochar. ❑ **se détacher** *vp* deshacerse; **se ~ de qqn** alejarse de alguien.

détail [detaj] *nm* detalle *m*; **au ~** al por menor; **en ~** con todo detalle.

détaillant [detajɑ̃] *nm* minorista *m*.

détaillé, -e [detaje] *adj* detallado(-da).

détartrant [detartrɑ̃] *nm* desincrustante *m*.

détaxé, -e [detakse] *adj* libre de impuestos.

détecter [detɛkte] *vt* detectar.

détective [detɛktiv] *nm* detective *mf*.

déteindre [detɛ̃dr] *vi* desteñir; **~ sur** desteñir.

déteint, -e [detɛ̃, ɛ̃t] *pp* → **déteindre**.

détendre [detɑ̃dr] *vt (corde)* aflojar; *(personne)* relajar; *(atmosphère)* distendir. ❑ **se détendre** *vp (corde)* aflojarse; *(se décontracter)* relajarse.

détendu, -e [detɑ̃dy] *adj (décontracté)* relajado(-da).

détenir [detnir] *vt (fortune, record)* poseer; *(pouvoir)* ostentar; *(secret)* guardar.

détenu, **-e** [detny] *pp* → **détenir**. ◆ *nm, f* detenido *m* (-da *f*).
détergent [detɛrʒɑ̃] *nm* detergente *m*.
détériorer [deterjɔre] *vt* deteriorar. ❑ **se détériorer** *vp* deteriorarse.
déterminé, **-e** [determine] *adj* determinado(-da).
déterminer [determine] *vt* determinar; ~ **qqn à faire qqch** mover a alguien a hacer algo.
déterrer [detere] *vt* desenterrar.
détester [deteste] *vt* detestar.
détonation [detɔnasjɔ̃] *nf* detonación *f*.
détour [detur] *nm (crochet)*: **faire un** ~ dar un rodeo.
détourner [deturne] *vt (regard)* apartar; *(argent)* malversar; *(circulation)* desviar; *(attention)* distraer; ~ **qqn de** distraer a alguien de. ❑ **se détourner** *vp* apartar la vista; **se** ~ **de** *(se désintéresser de)* desinteresarse de.
détraqué, **-e** [detrake] *adj* estropeado(-da); *(fam)* chiflado(-da).
détritus [detrity(s)] *nmpl* detritus *m inv*.
détroit [detrwa] *nm* estrecho *m*.
détruire [detrɥir] *vt* destruir.
détruit, **-e** [detrɥi, it] *pp* → **détruire**.
dette [dɛt] *nf* deuda *f*.
DEUG [dœg] *nm diploma francés que se obtiene tras dos años de estudios universitarios*.
deuil [dœj] *nm (décès)* defunción *f*; **être en** ~ estar de luto.
deux [dø] *num* dos *m*; **à** ~ entre dos; ~ **points** dos puntos *mpl*, → **six**.
deuxième [døzjɛm] *num* segundo(-da), → **sixième**.
deux-pièces [døpjɛs] *nm (maillot de bain)* bañador *m* de dos piezas; *(appartement) piso de dos habitaciones*.
deux-roues [døru] *nm vehículo de dos ruedas*.
dévaliser [devalize] *vt* desvalijar.
devancer [dəvɑ̃se] *vt* tomar la delantera.
devant [dəvɑ̃] *prép* delante de. ◆ *adv (en face)* delante; *(en avant)* antes. ◆ *nm (d'une maison)* fachada *f*; *(d'un vêtement)* delantero *m*; **de** ~ de delante; **(sens)** ~ **derrière** del revés.
devanture [dəvɑ̃tyr] *nf* escaparate *m*.
dévaster [devaste] *vt* devastar.
développement [devlɔpmɑ̃] *nm (physique, économique)* desarrollo *m*; *(de photos)* revelado *m*.
développer [devlɔpe] *vt* desarrollar; *(photo)* revelar; **faire** ~ **des photos** revelar unas fotos. ❑ **se développer** *vp* desarrollarse.
devenir [dəvnir] *vi*: **il est devenu fou** se volvió loco; **il est devenu avocat** ha llegado a ser abogado.
devenu, **-e** [dəvny] *pp* → **devenir**.
déviation [devjasjɔ̃] *nf* desvío *m*.

dévier [devje] *vt* desviar.
deviner [dəvine] *vt* adivinar.
devinette [dəvinɛt] *nf* adivinanza *f*; **jouer aux ~s** jugar a las adivinanzas.
devis [dəvi] *nm* presupuesto *m*.
dévisager [devizaʒe] *vt* mirar descaradamente.
devise [dəviz] *nf* divisa *f*.
deviser [dəvize] *vt (Helv)* presupuestar.
dévisser [devise] *vt (vis)* desatornillar; *(couvercle)* desenroscar.
dévoiler [devwale] *vt (secret, intentions)* revelar.
devoir [dəvwar] *vt* -1. *(gén)* deber; ~ **qqch à qqn** deber algo a alguien; **vous devriez essayer le rafting** debería probar el rafting; **j'aurais dû/je n'aurais pas dû l'écouter** tendría/no tendría que haberlo escuchado.
-2. *(exprime l'obligation)*: ~ **faire qqch** tener que hacer algo.
-3. *(exprime la probabilité)* deber (de); **ça doit coûter cher** debe (de) costar mucho; **le temps devrait s'améliorer cette semaine** el tiempo debería mejorar esta semana.
-4. *(exprime l'intention)* tener que; **nous devions partir hier, mais...** teníamos que salir ayer pero...
◆ *nm* -1. *(obligation)* deber *m*.
-2. *(SCOL)*: ~ **(à la maison)** deber *m*; ~ **(sur table)** examen *m*.
❑ **devoirs** *nmpl* deberes *mpl*; **faire ses ~s** hacer los deberes; **~s de vacances** deberes para las vacaciones.
dévorer [devɔre] *vt* devorar.
dévoué, -e [devwe] *adj* abnegado(-da).
dévouer [devwe]: **se dévouer** *vp* consagrarse; **se ~ pour faire qqch** sacrificarse por hacer algo.
devra [dəvra] → **devoir**.
devrai [dəvrɛ] → **devoir**.
diabète [djabɛt] *nm* diabetes *f inv*.
diabétique [djabetik] *adj* diabético(-ca).
diable [djabl] *nm* diablo *m*.
diabolo [djabɔlo] *nm (boisson)*: ~ **menthe** *bebida a base de gaseosa y jarabe de menta*.
diagnostic [djagnɔstik] *nm* diagnóstico *m*.
diagonale [djagɔnal] *nf* diagonal *f*; **lire en ~** leer por encima.
dialecte [djalɛkt] *nm* dialecto *m*.
dialogue [djalɔg] *nm* diálogo *m*.
diamant [djamɑ̃] *nm* diamante *m*; *(d'un électrophone)* aguja *f (de un tocadiscos)*.
diamètre [djamɛtr] *nm* diámetro *m*.
diapositive [djapozitiv] *nf* diapositiva *f*.
diarrhée [djare] *nf* diarrea *f*.
dictateur [diktatœr] *nm* dictador *m* (-ra *f*).
dictature [diktatyr] *nf* dictadura *f*.
dictée [dikte] *nf* dictado *m*.
dicter [dikte] *vt* dictar.
dictionnaire [diksjɔnɛr] *nm* diccionario *m*.
dicton [diktɔ̃] *nm* refrán *m*.
diesel [djezɛl] *nm* & *adj* diésel.

diététique [djetetik] *adj* dietético(-ca).

dieu, -x [djø] *nm* dios *m*. ❑ **Dieu** *nm* Dios *m*; **mon Dieu!** ¡Dios mío!

différence [diferɑ̃s] *nf* diferencia *f*.

différent, -e [diferɑ̃, ɑ̃t] *adj* *(distinct)* diferente; ~ **de** diferente de. ❑ **différents, -es** *adj pl* *(divers)* diferentes.

différer [difere] *vt* & *vi* diferir; ~ **de** diferir de.

difficile [difisil] *adj* difícil.

difficulté [difikylte] *nf* dificultad *f*; **avoir des ~s à faire qqch** tener dificultades para hacer algo; **en ~** en apuros.

diffuser [difyze] *vt (RADIO)* difundir; *(chaleur, lumière)* emitir; *(parfum)* exhalar.

digérer [diʒere] *vt* *(aliment)* digerir; *(fig: supporter)* tragar.

digeste [diʒɛst] *adj* digestible.

digestif, -ive [diʒɛstif, iv] *adj* digestivo(-va). ◆ *nm* digestivo *m*.

digestion [diʒɛstjɔ̃] *nf* digestión *f*.

Digicode® [diʒikɔd] *nm* *código numérico con el que se accede a un edificio.*

digital, -e, -aux [diʒital, o] *adj* digital.

digne [diɲ] *adj* digno(-na); ~ **de** digno(-na) de.

digue [dig] *nf* dique *m*.

dilater [dilate] *vt* dilatar. ❑ **se dilater** *vp* dilatarse.

diluer [dilɥe] *vt* diluir.

dimanche [dimɑ̃ʃ] *nm* domingo *m*, → **samedi**.

dimension [dimɑ̃sjɔ̃] *nf* dimensión *f*.

diminuer [diminɥe] *vt* *(chiffre, mesure)* reducir; *(courage, mérite)* restar; *(physiquement)* debilitar. ◆ *vi* disminuir.

diminutif [diminytif] *nm* diminutivo *m*.

dinde [dɛ̃d] *nf* *(animal)* pava *f*; ~ **aux marrons** pavo *m* con castañas.

dîner [dine] *nm* cena *f*. ◆ *vi* cenar.

diplomate [diplɔmat] *adj* & *nmf* diplomático(-ca). ◆ *nm* *pudin a base de galletas, fruta escarchada y natillas.*

diplomatie [diplɔmasi] *nf* diplomacia *f*.

diplôme [diplom] *nm* título *m*.

dire [dir] *vt* -1. *(gén)* decir; ~ **la vérité** decir la verdad; ~ **à qqn que/pourquoi** decir a alguien que/por qué; **comment dit-on "de rien" en espagnol?** ¿cómo se dice "de rien" en español?; **on dit que...** se dice que...; ~ **à qqn de faire qqch** decir a alguien que haga algo.
-2. *(penser)*: **qu'est-ce que vous en dites?** ¿qué le parece?; **que dirais-tu de...?** ¿qué dirías de...?; ~ **que j'étais à 2 m du président!** ¡y pensar que he estado a dos metros del presidente!; **on dirait un champ de bataille** parece una leonera.
-3. *(dans des expressions)*: **à vrai ~,...** la verdad es que,...; **ça ne me**

dit rien no me apetece nada; **cela dit,...** dicho esto,...; **dis donc!** *(surprise, reproche)* ¡oye!; *(au fait)* por cierto,...; **disons...** digamos...
❑ **se dire** *vp* decirse.

direct, **-e** [dirɛkt] *adj* directo(-ta). ◆ *nm*: **en ~ (de)** en directo (desde).

directement [dirɛktəmɑ̃] *adv* directamente.

directeur, **-trice** [dirɛktœr, tris] *nm, f* director *m* (-ra *f*).

direction [dirɛksjɔ̃] *nf* dirección *f*; **en ~ de** en dirección a; **'toutes ~s'** 'todas direcciones'.

dirigeant, **-e** [diriʒɑ̃, ɑ̃t] *nm, f* (POL) dirigente *mf*; *(d'une entreprise, d'un club)* directivo *m* (-va *f*).

diriger [diriʒe] *vt* dirigir; **~ qqch sur** dirigir algo hacia. ❑ **se diriger vers** *vp + prép* dirigirse a.

dis [di] → **dire**.

discipline [disiplin] *nf* disciplina *f*.

discipliné, **-e** [disipline] *adj* disciplinado(-da).

disc-jockey, **-s** [diskʒɔkɛ] *nm* pinchadiscos *m inv*.

disco [disko] *nf (fam)* disco *f*.

discothèque [diskɔtɛk] *nf* discoteca *f*.

discours [diskur] *nm* discurso *m*.

discret, **-ète** [diskrɛ, ɛt] *adj* discreto(-ta).

discrétion [diskresjɔ̃] *nf* discreción *f*.

discrimination [diskriminasjɔ̃] *nf* discriminación *f*.

discussion [diskysjɔ̃] *nf* charla *f*.

discuter [diskyte] *vi (parler)* hablar; *(protester)* protestar; **~ de qqch (avec qqn)** hablar de algo (con alguien).

dise [diz] → **dire**.

disjoncteur [disʒɔ̃ktœr] *nm* disyuntor *m*.

disons [dizɔ̃] → **dire**.

disparaître [disparɛtr] *vi* desaparecer.

disparition [disparisjɔ̃] *nf* desaparición *f*; *(d'une espèce)* extinción *f*.

disparu, **-e** [dispary] *pp* → **disparaître**. ◆ *nm, f* desaparecido *m* (-da *f*).

dispensaire [dispɑ̃sɛr] *nm* dispensario *m*.

dispenser [dispɑ̃se] *vt*: **~ qqn de qqch** dispensar a alguien de algo.

disperser [dispɛrse] *vt* dispersar.

disponible [dispɔnibl] *adj* disponible.

disposé, **-e** [dispoze] *adj*: **être ~ à faire qqch** estar dispuesto a hacer algo.

disposer [dispoze] *vt* disponer. ❑ **disposer de** *v + prép* disponer de. ❑ **se disposer à** *vp + prép* disponerse a.

dispositif [dispozitif] *nm* dispositivo *m*.

disposition [dispozisjɔ̃] *nf* disposición *f*; **prendre ses ~s** tomar sus disposiciones; **à la ~ de qqn** a disposición de alguien.

disproportionné, **-e** [disprɔpɔrsjɔne] *adj* desproporcionado(-da).
dispute [dispyt] *nf* disputa *f*.
disputer [dispyte] *vt* disputar. ❑ **se disputer** *vp* pelearse.
disquaire [diskɛr] *nmf* vendedor *m* (-ra *f*) de discos.
disqualifier [diskalifje] *vt* descalificar.
disque [disk] *nm* disco *m*; ~ **laser** disco láser; ~ **dur** disco duro.
disquette [diskɛt] *nf* disquete *m*.
dissertation [disɛrtasjɔ̃] *nf* disertación *f*.
dissimuler [disimyle] *vt* disimular.
dissipé, **-e** [disipe] *adj* indisciplinado(-da).
dissiper [disipe]: **se dissiper** *vp (brouillard)* disiparse; *(élève)* distraerse.
dissolvant [disɔlvɑ̃] *nm (à peinture)* disolvente *m*; *(à ongles)* quitaesmalte *m*.
dissoudre [disudr] *vt* disolver.
dissous, **-oute** [disu, ut] *pp* → **dissoudre**.
dissuader [disɥade] *vt*: ~ **qqn de faire qqch** disuadir a alguien de hacer algo.
distance [distɑ̃s] *nf* distancia *f*; **à une ~ de 20 km, à 20 km de ~** a una distancia de 20 Km, a 20 Km de distancia; **à ~** a distancia.
distancer [distɑ̃se] *vt* tomar ventaja a.
distinct, **-e** [distɛ̃, ɛ̃kt] *adj (différent)* distinto(-ta); *(clair)* claro(-ra).
distinction [distɛ̃ksjɔ̃] *nf*: **faire une ~ entre** hacer una distinción entre.
distingué, **-e** [distɛ̃ge] *adj* distinguido(-da).
distinguer [distɛ̃ge] *vt* distinguir. ❑ **se distinguer de** *vp + prép* distinguirse de.
distraction [distraksjɔ̃] *nf* distracción *f*.
distraire [distrɛr] *vt* distraer. ❑ **se distraire** *vp* distraerse.
distrait, **-e** [distrɛ, ɛt] *pp* → **distraire**. ◆ *adj* distraído(-da).
distribuer [distribɥe] *vt* distribuir.
distributeur [distribytœr] *nm* máquina *f* expendedora; ~ **(automatique) de billets** cajero *m* automático.
distribution [distribysjɔ̃] *nf* distribución *f*; *(du courrier, de rôles)* reparto *m*.
dit, **-e** [di, dit] *pp* → **dire**.
dites [dit] → **dire**.
divan [divɑ̃] *nm* diván *m*.
divers, **-es** [divɛr, ɛrs] *adj* diversos(-sas).
divertir [divɛrtir] *vt* divertir. ❑ **se divertir** *vp* divertirse.
divertissement [divɛrtismɑ̃] *nm* diversión *f*.
divin, **-e** [divɛ̃, in] *adj* divino(-na).
diviser [divize] *vt* dividir.
division [divizjɔ̃] *nf* división *f*.
divorce [divɔrs] *nm* divorcio *m*.

divorcé, -e [divɔrse] *adj & nm, f* divorciado(-da).
divorcer [divɔrse] *vi* divorciarse.
dix [dis] *num* diez, → **six**.
dix-huit [dizɥit] *num* dieciocho, → **six**.
dix-huitième [dizɥitjɛm] *num* decimoctavo(-va), → **sixième**.
dixième [dizjɛm] *num* décimo(-ma), → **sixième**.
dix-neuf [diznœf] *num* diecinueve, → **six**.
dix-neuvième [diznœvjɛm] *num* decimonoveno(-na), → **sixième**.
dix-sept [disɛt] *num* diecisiete, → **six**.
dix-septième [disɛtjɛm] *num* decimoséptimo(-ma), → **sixième**.
dizaine [dizɛn] *nf*: **une ~ (de)** una decena (de).
DJ [didʒi] *nm abr* = **disc-jockey**.
docile [dɔsil] *adj* dócil.
docks [dɔk] *nmpl* dársena *f*.
docteur [dɔktœr] *nm* doctor *m* (-ra *f*).
document [dɔkymɑ̃] *nm* documento *m*.
documentaire [dɔkymɑ̃tɛr] *nm* documental *m*.
documentaliste [dɔkymɑ̃talist] *nmf* (SCOL) documentalista *mf*.
documentation [dɔkymɑ̃tasjɔ̃] *nf* documentación *f*.
documenter [dɔkymɑ̃te]: **se documenter** *vp* documentarse.
doigt [dwa] *nm* dedo *m*; **~ de pied** dedo del pie; **à deux ~s de** a dos dedos de.
dois [dwa] → **devoir**.
doive [dwav] → **devoir**.
dollar [dɔlar] *nm* dólar *m*.
domaine [dɔmɛn] *nm* *(propriété)* propiedad *f*; *(secteur)* campo *m*.
dôme [dom] *nm* cúpula *f*.
domestique [dɔmɛstik] *adj* doméstico(-ca). ◆ *nmf* criado *m* (-da *f*).
domicile [dɔmisil] *nm* domicilio *m*; **à ~** a domicilio.
dominer [dɔmine] *vt & vi* dominar.
dominos [dɔmino] *nmpl* dominó *m*.
dommage [dɔmaʒ] *nm*: **(quel) ~!** ¡qué pena!; **c'est ~ de...** es una pena...; **c'est ~ que** es una pena que. ❑ **dommages** *nmpl* daños *mpl*.
dompter [dɔ̃te] *vt* domar.
dompteur, -euse [dɔ̃tœr, øz] *nm, f* domador *m* (-ra *f*).
DOM-TOM [dɔmtɔm] *nmpl* *provincias y territorios franceses de ultramar*.

DOM-TOM

Los DOM (departamentos de ultramar) están formados por las islas de Martinica, Guadalupe, la Reunión y St-Pierre-et-Miquelon. La administración de estos territorios y su población se lleva a cabo a imagen de los departamentos de la metrópoli. Los TOM (territorios de ultramar) están formados por Nueva Caledonia, Wallis y Futuna, Polinesia, los territorios australes y antárticos, y la isla de Mayotte. Su administración goza de mayor autonomía que la de los DOM.

---

don [dɔ̃] *nm* don *m*.

donc [dɔ̃k] *conj (par conséquent)* así que; *(pour reprendre)* pues; **viens ~!** ¡pues ven!

donjon [dɔ̃ʒɔ̃] *nm* torreón *m*.

données [dɔne] *nfpl* datos *mpl*.

donner [dɔne] *vt* dar; **~ qqch à qqn** dar algo a alguien; **~ à manger à qqn** dar de comer a alguien; **~ chaud** dar calor; **~ soif** dar sed. ❑ **donner sur** *v + prép* dar a.

dont [dɔ̃] *pron relatif* **-1.** *(complément du verbe ou de l'adjectif)* del que (de la que); **la région ~ je viens est très montagneuse** la región de donde vengo es muy montañosa; **c'est le camping ~ on nous a parlé** es el camping del que nos han hablado; **l'établissement ~ ils sont responsables** el establecimiento del que son responsables.
-2. *(complément d'un nom de personne)* de quien; **un homme ~ on m'a parlé** un hombre de quien me han hablado.
-3. *(complément du nom, exprime l'appartenance)* cuyo(-ya); **c'est un pays ~ la principale industrie est le tourisme** es un país cuya principal industria es el turismo; **pour ceux ~ la passion est le sport** para aquellos cuya pasión es el deporte.
-4. *(parmi lesquels)*: **nous avons passé plusieurs jours au Portugal, ~ trois à la plage** hemos pasado varios días en Portugal, tres de ellos en la playa; **certaines personnes, ~ moi, pensent que...** algunas personas, como yo, piensan que...

dopage [dɔpaʒ] *nm* doping *m*, dopaje *m*.

doré, -e [dɔre] *adj* dorado(-da). ◆ *nm (Can) pescado de río muy consumido.*

dorénavant [dɔrenavɑ̃] *adv* en adelante.

dorin [dɔrɛ̃] *nm (Helv) denominación genérica de los vinos blancos procedentes del cantón de Vaud.*

dormir [dɔrmir] *vi* dormir.

dortoir [dɔrtwar] *nm* dormitorio *m* común.

dos [do] *nm* espalda *f*; *(d'un siège)* respaldo *m*; *(d'un livre, d'une feuille)* dorso *m*; **au ~ (de)** en el dorso (de); **de ~ (à)** de espaldas (a).

dose [doz] *nf* dosis *f*.

dossier [dosje] *nm (d'un siège)* respaldo *m*; *(documents)* informe *m*, dossier *m*.

douane [dwan] *nf* aduana *f*.

douanier [dwanje] *nm* aduanero *m* (-ra *f*).

doublage [dublaʒ] *nm* doblaje *m*.

double [dubl] *adj & adv* doble. ◆ *nm (copie)* copia *f*; *(partie de tennis)* dobles *mpl*; **le ~ (de)** el doble (de); **avoir qqch en ~** tener algo repetido; **mettre qqch en ~** hacer algo por duplicado.

doubler [duble] *vt* doblar; *(vêtement)* forrar; (AUT) adelantar. ◆ *vi* *(augmenter)* duplicarse; *(AUT)* adelantar.

doublure [dublyr] *nf (d'un vêtement)* forro *m*.

douce → **doux**.

doucement [dusmɑ̃] *adv (bas)* bajo; *(lentement)* despacio.

douceur [dusœr] *nf (sensation)* suavidad *f*; *(gentillesse)* dulzura *f*; **en ~** despacio.

douche [duʃ] *nf* ducha *f*; **prendre une ~** tomar OU darse una ducha.

doucher [duʃe]: **se doucher** *vp* ducharse.

doué, **-e** [dwe] *adj* dotado(-da); **être ~ pour** OU **en qqch** tener facilidad para algo.

douillet, **-ette** [dujɛ, ɛt] *adj (personne)* sensible; *(lit)* mullido(-da).

douleur [dulœr] *nf* dolor *m*.

douloureux, **-euse** [dulurø, øz] *adj (opération, souvenir)* doloroso(-sa); *(partie du corps)* dolorido(-da).

doute [dut] *nm* duda *f*; **avoir un ~ (sur)** tener una duda (sobre); **sans ~** sin duda.

douter [dute] *vt* dudar; **~ que** dudar que. ❑ **douter de** *v + prép* dudar de. ❑ **se douter** *vp*: **se ~ de** sospechar; **se ~ que** sospechar que.

Douvres [duvr] *n* Dover.

doux, **douce** [du, dus] *adj* suave; *(gentil)* dulce.

douzaine [duzɛn] *nf*: **une ~ (de)** una docena (de).

douze [duz] *num* doce, → **six**.

douzième [duzjɛm] *num* duodécimo(-ma), → **sixième**.

dragée [draʒe] *nf* peladilla *f*.

dragon [dragɔ̃] *nm* dragón *m*.

draguer [drage] *vt (fam: personne)* ligar con.

dramatique [dramatik] *adj* dramático(-ca). ◆ *nf obra de teatro difundida en televisión o en la radio.*

drame [dram] *nm* drama *m*.

drap [dra] *nm* sábana *f*.

drapeau, **-x** [drapo] *nm* bandera *f*.

drap-housse [draus] (*pl* **draps-housses**) *nm* sábana *f* bajera.

dresser [drese] *vt (lever)* levantar; *(animal)* adiestrar; *(plan, procès-verbal)* elaborar. ❑ **se dresser** *vp (se mettre debout)* levantarse; *(s'élever)* erguirse.

drogue [drɔg] *nf* droga *f*.

drogué, **-e** [drɔge] *nm, f* drogadicto *m* (-ta *f*).

droguer [drɔge]: **se droguer** *vp* drogarse.

droguerie [drɔgri] *nf* droguería *f*.

droit, **-e** [drwa, drwat] *adj* derecho(-cha); *(sans détour)* recto(-ta). ◆ *adv* recto. ◆ *nm* derecho *m*; **le ~** *(JUR)* el derecho; **avoir le ~ de faire qqch** tener derecho a hacer algo; **avoir ~ à qqch** tener derecho a algo.

droite [drwat] *nf* derecha *f*; **à ~ (de)** a la derecha (de); **la ~** la derecha; **de ~** *(du côté droit)* de la derecha.

droitier, **-ère** [drwatje, ɛr] *adj*

diestro(-tra) *(que usa la mano derecha)*.
drôle [drol] *adj (amusant)* divertido(-da); *(bizarre)* raro(-ra); **un ~ de bonhomme** un tipo curioso.
drôlement [drolmɑ̃] *adv (fam)* tremendamente.
drugstore [drœgstɔr] *nm pequeño centro comercial en donde se venden productos de belleza, medicamentos y periódicos, entre otros.*
du [dy] = **de + le**, → **de**.
dû, **due** [dy] *pp* → **devoir**.
duc, **duchesse** [dyk, dyʃɛs] *nm, f* duque *m* (-sa *f*).
duel [dɥɛl] *nm* duelo *m*.
duffle-coat, **-s** [dœfəlkot] *nm* trenca *f*.
dune [dyn] *nf* duna *f*.
duo [dɥo] *nm* dúo *m*.
duplex [dyplɛks] *nm* dúplex *m*.
duplicata [dyplikata] *nm* duplicado *m*.
duquel [dykɛl] = **de + lequel**, → **lequel**.
dur, **-e** [dyr] *adj* duro(-ra); *(difficile)* difícil. ◆ *adv (travailler)* mucho; *(frapper)* fuerte.
durant [dyrɑ̃] *prép* durante.
durcir [dyrsir] *vi* endurecer. ❑ **se durcir** *vp* endurecerse.
durée [dyre] *nf* duración *f*.
durer [dyre] *vi* durar.
dureté [dyrte] *nf* dureza *f*.
duvet [dyvɛ] *nm (plumes)* plumón *m*; *(sac de couchage)* saco *m* de dormir de plumón.
dynamique [dinamik] *adj* dinámico(-ca).
dynamite [dinamit] *nf* dinamita *f*.
dynamo [dinamo] *nf* dinamo *f*.
dyslexique [dislɛksik] *adj* disléxico(-ca).

E

E *(abr de est)* E.
eau, **-x** [o] *nf* agua *f*; **~ bénite** agua bendita; **~ de Cologne** agua de Colonia; **~ gazeuse/plate** agua con gas/sin gas; **~ minérale** agua mineral; **~ oxygénée** agua oxigenada; **~ potable/non potable** agua potable/no potable; **~ du robinet** agua del grifo; **~ de toilette** eau de toilette.
eau-de-vie [odvi] (*pl* **eaux-de-vie**) *nf* aguardiente *m*.
ébéniste [ebenist] *nm* ebanista *mf*.
éblouir [ebluir] *vt* deslumbrar.
éblouissant, **-e** [ebluisɑ̃, ɑ̃t] *adj* deslumbrante.
éborgner [ebɔrɲe] *vt*: **~ qqn** dejar a alguien tuerto(-ta).
éboueur [ebwœr] *nm* basurero *m* (-ra *f*).
ébouillanter [ebujɑ̃te] *vt* escaldar.
éboulement [ebulmɑ̃] *nm* desprendimiento *m*.
ébouriffé, **-e** [eburife] *adj* desgreñado(-da).
ébrécher [ebreʃe] *vt* mellar.

ébrouer [ebrue]: **s'ébrouer** *vp* sacudirse.

ébruiter [ebrɥite] *vt* divulgar.

ébullition [ebylisjɔ̃] *nf* ebullición *f*; **porter qqch à ~** llevar algo a ebullición.

écaille [ekaj] *nf (de poisson)* escama *f*; *(matière)* concha *f*; **en ~** de concha.

écailler [ekaje] *vt (poisson)* escamar. ❑ **s'écailler** *vp* desconcharse.

écarlate [ekarlat] *adj* escarlata.

écarquiller [ekarkije] *vt*: **~ les yeux** abrir los ojos de par en par.

écart [ekar] *nm (distance)* distancia *f*; *(différence)* diferencia *f*; **faire un ~** echarse a un lado; **à l'~ (de)** apartado(-da) (de); **faire un grand ~** abrirse de piernas.

écarter [ekarte] *vt (éloigner)* descartar; *(ouvrir)* abrir.

échafaudage [eʃafodaʒ] *nm* andamio *m*.

échalote [eʃalɔt] *nf* chalote *m*.

échancré, -e [eʃɑ̃kre] *adj (décolleté)* escotado(-da); *(maillot de bain)* de pata alta.

échange [eʃɑ̃ʒ] *nm (troc)* cambio *m*; *(SCOL)* intercambio *m*; *(au tennis)* peloteo *m*; **en ~ (de)** a cambio (de).

échanger [eʃɑ̃ʒe] *vt* intercambiar; **~ qqch contre** cambiar algo por.

échangeur [eʃɑ̃ʒœr] *nm (d'autoroute)* cruce *m* a diferentes niveles.

échantillon [eʃɑ̃tijɔ̃] *nm* muestra *f*.

échapper [eʃape]: **échapper à** *v + prép* escapar de; **ça m'a échappé** *(nom, détail)* se me ha ido de la memoria; *(paroles)* se me han escapado; **ça m'a échappé des mains** se me ha resbalado de las manos. ❑ **s'échapper** *vp* escaparse; **s'~ de** escaparse de.

écharde [eʃard] *nf* astilla *f*.

écharpe [eʃarp] *nf* bufanda *f*; **en ~** en cabestrillo.

échauffement [eʃofmɑ̃] *nm (sportif)* calentamiento *m*.

échauffer [eʃofe]: **s'échauffer** *vp (sportif)* calentarse.

échec [eʃɛk] *nm* fracaso *m*; **~!** ¡jaque!; **~ et mat!** ¡jaque mate! ❑ **échecs** *nmpl* ajedrez *m*; **jouer aux ~s** jugar al ajedrez.

échelle [eʃɛl] *nf* escalera *f*; *(sur une carte)* escala *f*; **faire la courte ~ à qqn** aupar a alguien.

échelon [eʃlɔ̃] *nm (d'échelle)* peldaño *m*; *(grade)* escalón *m*.

échevelé, -e [eʃəvle] *adj* desmelenado(-da).

échine [eʃin] *nf (CULIN)* lomo *m*.

échiquier [eʃikje] *nm* tablero *m* de ajedrez.

écho [eko] *nm* eco *m*.

échographie [ekografi] *nf* ecografía *f*.

échouer [eʃwe] *vi* fracasar. ❑ **s'échouer** *vp* encallar.

éclabousser [eklabuse] *vt* salpicar.

éclaboussure [eklabusyr] *nf* salpicadura *f*.

éclair [eklɛr] *nm* relámpago *m*; *(gâteau)* petisú *m*.

éclairage [eklɛraʒ] *nm* iluminación *f*.
éclaircie [eklɛrsi] *nf* claro *m*.
éclaircir [eklɛrsir] *vt* aclarar. ❑ **s'éclaircir** *vp (ciel)* despejarse; *(fig: mystère)* aclararse.
éclaircissement [eklɛrsismɑ̃] *nm (explication)* aclaración *f*.
éclairer [eklere] *vt (illuminer)* iluminar; *(expliquer)* aclarar. ❑ **s'éclairer** *vp (visage)* iluminarse; *(fig: mystère)* aclararse.
éclaireur, -euse [eklɛrœr, øz] *nm, f* explorador *m* (-ra *f*); **partir en ~** ir por delante.
éclat [ekla] *nm (de verre)* trozo *m*; *(d'une lumière)* resplandor *m*; **~s de rire** carcajadas *fpl*; **~s de voix** voces *fpl*.
éclatant, -e [eklatɑ̃, ɑ̃t] *adj (lumière, blancheur, sourire)* resplandeciente; *(succès)* brillante.
éclater [eklate] *vi* estallar; **~ de rire** echarse a reír; **~ en sanglots** romper a llorar.
éclipse [eklips] *nf* eclipse *m*.
éclosion [eklozjɔ̃] *nf* eclosión *f*.
écluse [eklyz] *nf* esclusa *f*.
écœurant, -e [ekœrɑ̃, ɑ̃t] *adj (aliment)* asqueroso(-sa); *(spectacle, comportement)* repugnante.
écœurer [ekœre] *vt* dar asco.
école [ekɔl] *nf* escuela *f*, colegio *m*; **je vais à l'~** voy al colegio; **faire l'~ buissonnière** hacer novillos.
écolier, -ère [ekɔlje, ɛr] *nm, f* colegial *m* (-la *f*).
écologie [ekɔlɔʒi] *nf* ecología *f*.
écologique [ekɔlɔʒik] *adj* ecológico(-ca).
économie [ekɔnɔmi] *nf* economía *f*. ❑ **économies** *nfpl* ahorros *mpl*; **faire des ~s** ahorrar.
économique [ekɔnɔmik] *adj* económico(-ca).
économiser [ekɔnɔmize] *vt* ahorrar.
écorce [ekɔrs] *nf* corteza *f*.
écorcher [ekɔrʃe]: **s'écorcher** *vp*: **s'~ le genou** arañarse la rodilla.
écorchure [ekɔrʃyr] *nf* arañazo *m*.
écossais, -e [ekɔsɛ, ɛz] *adj* escocés(-esa). ❑ **Écossais, -e** *nm, f* escocés *m* (-esa *f*).
Écosse [ekɔs] *nf*: **l'~** Escocia.
écouler [ekule]: **s'écouler** *vp (temps)* pasar; *(liquide)* fluir.
écouter [ekute] *vt* escuchar.
écouteur [ekutœr] *nm (de téléphone)* auricular *m*; **~s** *(casque)* cascos *mpl*.
écran [ekrɑ̃] *nm* pantalla *f*; **(crème) ~ total** (crema de) protección *f* total; **le grand ~** *(le cinéma)* el cine; **le petit ~** *(la télévision)* la pequeña pantalla.
écrasant, -e [ekrazɑ̃, ɑ̃t] *adj* aplastante.
écraser [ekraze] *vt* aplastar; *(en voiture)* atropellar; **se faire ~** *(par une voiture)* ser atropellado(-da) ❑ **s'écraser** *vp (avion)* estrellarse
écrémé, -e [ekreme] *adj* desnatado(-da); **demi-~** semidesnatado(-da).

écrevisse [ekrəvis] *nf* cangrejo *m* de río.

écrier [ekrije]: **s'écrier** *vp* exclamar.

écrin [ekrɛ̃] *nm* joyero *m*.

écrire [ekrir] *vt* & *vi* escribir; ~ **à qqn** escribir a alguien. ❑ **s'écrire** *vp* escribirse.

écrit, **-e** [ekri, it] *pp* → **écrire**. ◆ *nm*: **par** ~ por escrito.

écriteau, **-x** [ekrito] *nm* letrero *m*.

écriture [ekrityr] *nf* escritura *f*.

écrivain [ekrivɛ̃] *nm* escritor *m* (-ra *f*).

écrou [ekru] *nm* tuerca *f*.

écrouler [ekrule]: **s'écrouler** *vp* derrumbarse.

écru, **-e** [ekry] *adj (couleur)* crudo(-da).

ÉCU [eky] *nm* ECU *m*.

écume [ekym] *nf* espuma *f*.

écumoire [ekymwar] *nf* espumadera *f*.

écureuil [ekyrœj] *nm* ardilla *f*.

écurie [ekyri] *nf* cuadra *f*.

écusson [ekysɔ̃] *nm* escudo *m*.

eczéma [ɛgzema] *nm* eczema *m*.

édenté, **-e** [edɑ̃te] *adj* desdentado(-da), mellado(-da).

édifice [edifis] *nm* edificio *m*.

Édimbourg [edɛ̃bur] *n* Edimburgo.

éditer [edite] *vt* editar.

édition [edisjɔ̃] *nf* edición *f*.

édredon [edrədɔ̃] *nm* edredón *m*.

éducatif, **-ive** [edykatif, iv] *adj* educativo(-va).

éducation [edykasjɔ̃] *nf* educación *f*; ~ **physique** educación física.

éduquer [edyke] *vt* educar.

effacer [efase] *vt* borrar. ❑ **s'effacer** *vp* borrarse.

effaceur [efasœr] *nm rotulador que sirve para borrar tinta*.

effectif [efɛktif] *nm* efectivo *m*.

effectivement [efɛktivmɑ̃] *adv* efectivamente.

effectuer [efɛktɥe] *vt* efectuar.

efféminé, **-e** [efemine] *adj* afeminado(-da).

effervescent, **-e** [efɛrvesɑ̃, ɑ̃t] *adj* efervescente.

effet [efɛ] *nm* efecto *m*; **faire de l'**~ causar efecto; **en** ~ en efecto.

efficace [efikas] *adj* eficaz.

efficacité [efikasite] *nf* eficacia *f*.

effilé, **-e** [efile] *adj* afilado(-da).

effilocher [efilɔʃe]: **s'effilocher** *vp* deshilacharse.

effleurer [eflœre] *vt* rozar.

effondrer [efɔ̃dre]: **s'effondrer** *vp* derrumbarse.

efforcer [efɔrse]: **s'efforcer de** *vp + prép* esforzarse por.

effort [efɔr] *nm* esfuerzo *m*; **faire des ~s (pour)** hacer esfuerzos (por).

effrayant, **-e** [efrɛjɑ̃, ɑ̃t] *adj* horroroso(-sa).

effrayer [efreje] *vt* horrorizar.

effriter [efrite]: **s'effriter** *vp* desmoronarse.

effroyable [efrwajabl] *adj* espantoso(-sa).

égal, **-e**, **-aux** [egal, o] *adj*

(identique) igual; *(régulier)* regular; **ça m'est ~** me da igual; **~ à** igual que.

également [egalmɑ̃] *adv (aussi)* igualmente.

égaliser [egalize] *vt* igualar. ◆ *vi (SPORT)* empatar.

égalité [egalite] *nf* igualdad *f*; **être à ~** *(SPORT)* estar empatados(-das).

égard [egar] *nm*: **à l'~ de** respeto a.

égarer [egare] *vt* extraviar. ❑ **s'égarer** *vp (se perdre)* extraviarse; *(sortir du sujet)* desviarse.

égayer [egeje] *vt* alegrar.

église [egliz] *nf* iglesia *f*; **l'Église** la Iglesia.

égoïste [egɔist] *adj & nmf* egoísta.

égorger [egɔrʒe] *vt* degollar.

égouts [egu] *nmpl* alcantarillado *m*.

égoutter [egute] *vt* escurrir.

égouttoir [egutwar] *nm* escurreplatos *m inv*.

égratigner [egratiɲe] *vt* arañar. ❑ **s'égratigner** *vp* arañarse; **s'~ le genou** arañarse la rodilla.

égratignure [egratiɲyr] *nf* arañazo *m*.

égrener [egrəne] *vt* desgranar.

Égypte [eʒipt] *nf*: **l'~** Egipto.

égyptien, -enne [eʒipsjɛ̃, ɛn] *adj* egipcio(-cia).

eh [e] *excl* ¡eh!; **~ bien** bueno.

élan [elɑ̃] *nm (pour sauter)* impulso *m*; *(de tendresse)* arrebato *m*; **prendre de l'~** coger impulso.

élancer [elɑ̃se]: **s'élancer** *vp* lanzarse.

élargir [elarʒir] *vt (route, vêtement)* ensanchar; *(débat, connaissances)* ampliar. ❑ **s'élargir** *vp (route, vêtement)* ensancharse.

élastique [elastik] *adj* elástico(-ca). ◆ *nm* elástico *m*.

électeur, -trice [elɛktœr, tris] *nm, f* elector *m* (-ra *f*).

élections [elɛksjɔ̃] *nfpl* elecciones *fpl*.

électricien [elɛktrisjɛ̃] *nm* electricista *m*.

électricité [elɛktrisite] *nf* electricidad *f*; **~ statique** electricidad estática.

électrique [elɛktrik] *adj* eléctrico(-ca).

électrocuter [elɛktrɔkyte]: **s'électrocuter** *vp* electrocutarse.

électroménager [elɛktrɔmenaʒe] *nm* electrodoméstico *m*.

électronique [elɛktrɔnik] *adj* electrónico(-ca). ◆ *nf* electrónica *f*.

électrophone [elɛktrɔfɔn] *nm* electrófono *m*.

électuaire [elɛktyɛr] *nm (Helv)* *crema para untar parecida a la mermelada*.

élégance [elegɑ̃s] *nf* elegancia *f*.

élégant, -e [elegɑ̃, ɑ̃t] *adj* elegante.

élément [elemɑ̃] *nm* elemento *m*; *(de meuble, de cuisine)* módulo *m*.

élémentaire [elemɑ̃tɛr] *adj* elemental.

éléphant [elefɑ̃] *nm* elefante *m*.

élevage [ɛlvaʒ] *nm (activité)* ganadería *f*; *(animaux)* cría *f*.

élevé, -e [ɛlve] *adj* elevado(-da); **bien/mal ~** bien/mal educado.

élève [elɛv] *nmf* alumno *m* (-na *f*).

élever [ɛlve] *vt (enfant, animaux)* criar; *(niveau, voix)* elevar. ❑ **s'élever** *vp* elevarse; **s'~ à** ascender a.

éleveur, -euse [ɛlvœr, øz] *nm, f* criador *m* (-ra *f*).

éliminatoire [eliminatwar] *adj* eliminatorio(-ria). ◆ *nf* eliminatoria *f*.

éliminer [elimine] *vt & vi* eliminar.

élire [elir] *vt* elegir.

elle [ɛl] *pron* ella; **~-même** ella misma. ❑ **elles** *pron* ellas; **~s-mêmes** ellas mismas.

éloigné, -e [elwaɲe] *adj* alejado(-da); **~ de** *(loin de)* alejado de; *(différent de)* diferente de.

éloigner [elwaɲe] *vt* alejar. ❑ **s'éloigner (de)** *vp (+ prép)* alejarse (de).

élongation [elɔ̃gasjɔ̃] *nf* elongación *f*.

élu, -e [ely] *pp* → **élire**. ◆ *nm, f* representante *mf* del pueblo.

Élysée [elize] *nm*: **(le palais de) l'~** *residencia del presidente de la república francesa*.

émail, -aux [emaj, o] *nm* esmalte *m*.

emballage [ɑ̃balaʒ] *nm* embalaje *m*.

emballer [ɑ̃bale] *vt* empaquetar; *(fam: enthousiasmer)* chiflar.

embarcadère [ɑ̃barkadɛr] *nm* embarcadero *m*.

embarcation [ɑ̃barkasjɔ̃] *nf* embarcación *f*.

embarquement [ɑ̃barkəmɑ̃] *nm* embarque *m*; **'~ immédiat'** 'embarque inmediato'.

embarquer [ɑ̃barke] *vt (marchandises, passagers)* embarcar; *(fam: prendre)* llevarse. ◆ *vi* embarcar. ❑ **s'embarquer** *vp* embarcarse; **s'~ dans** embarcarse en.

embarras [ɑ̃bara] *nm* apuro *m*; **mettre qqn dans l'~** poner a alguien en un aprieto.

embarrassant, -e [ɑ̃barasɑ̃, ɑ̃t] *adj* molesto(-ta).

embarrasser [ɑ̃barase] *vt (encombrer)* atestar; *(gêner)* molestar. ❑ **s'embarrasser de** *vp + prép (s'encombrer de)* cargarse de.

embaucher [ɑ̃boʃe] *vt* contratar.

embellir [ɑ̃belir] *vt* embellecer; *(histoire, vérité)* adornar. ◆ *vi* embellecerse.

embêtant, -e [ɑ̃bɛtɑ̃, ɑ̃t] *adj* molesto(-ta).

embêter [ɑ̃bɛte] *vt (taquiner)* fastidiar; *(contrarier)* molestar. ❑ **s'embêter** *vp* aburrirse.

emblème [ɑ̃blɛm] *nm* emblema *m*.

emboîter [ɑ̃bwate] *vt* encajar. ❑ **s'emboîter** *vp* encajar.

embouchure [ɑ̃buʃyr] *nf* desembocadura *f*.
embourber [ɑ̃burbe]: **s'embourber** *vp* atascarse.
embout [ɑ̃bu] *nm* contera *f*.
embouteillage [ɑ̃butɛjaʒ] *nm* atasco *m*.
embranchement [ɑ̃brɑ̃ʃmɑ̃] *nm (carrefour)* cruce *m*.
embrasser [ɑ̃brase] *vt* besar. ❑ **s'embrasser** *vp* besarse.
embrayage [ɑ̃brɛjaʒ] *nm* embrague *m*.
embrayer [ɑ̃breje] *vi* embragar.
embrouiller [ɑ̃bruje] *vt* enredar. ❑ **s'embrouiller** *vp* enredarse.
embruns [ɑ̃brœ̃] *nmpl* salpicaduras *fpl* (de las olas).
embuscade [ɑ̃byskad] *nf* emboscada *f*.
éméché, -e [emeʃe] *adj* alegre.
émeraude [emrod] *adj* & *nf* esmeralda.
émerger [emɛrʒe] *vi* emerger.
émerveillé, -e [emɛrveje] *adj* maravillado(-da).
émetteur [emetœr] *nm* emisor *m* (-ra *f*).
émettre [emɛtr] *vt* emitir.
émeute [emøt] *nf* motín *m*.
émietter [emjete] *vt* desmigar.
émigrer [emigre] *vi* emigrar.
émincé [emɛ̃se] *nm trocitos de carne en salsa;* ~ **de veau à la zurichoise** *carne y riñones de ternera preparados con nata, champiñones y vino blanco; especialidad suiza.*
émis, -e [emi, iz] *pp* → **émettre**.
émission [emisjɔ̃] *nf* programa *m*.
emmagasiner [ɑ̃magazine] *vt* almacenar.
emmanchure [ɑ̃mɑ̃ʃyr] *nf* sisa *f*.
emmêler [ɑ̃mele] *vt* enredar. ❑ **s'emmêler** *vp (fil, cheveux)* enredarse; *(souvenirs, dates)* embrollarse.
emménager [ɑ̃menaʒe] *vi* instalarse.
emmener [ɑ̃mne] *vt* llevar.
emmental [emɛ̃tal] *nm* emmental *m*.
emmitoufler [ɑ̃mitufle]: **s'emmitoufler** *vp* abrigarse.
émotif, -ive [emɔtif, iv] *adj* emotivo(-va).
émotion [emosjɔ̃] *nf* emoción *f*.
émouvant, -e [emuvɑ̃, ɑ̃t] *adj* emocionante.
émouvoir [emuvwar] *vt* conmover.
empaillé, -e [ɑ̃paje] *adj* disecado(-da).
empaqueter [ɑ̃pakte] *vt* empaquetar.
emparer [ɑ̃pare]: **s'emparer de** *vp* + *prép* apoderarse de.
empêchement [ɑ̃pɛʃmɑ̃] *nm* impedimiento *m*; **avoir un** ~ tener un impedimiento.
empêcher [ɑ̃peʃe] *vt* impedir; ~ **qqn de faire qqch** impedir a alguien hacer algo; ~ **qqch d'arriver** impedir que algo ocurra; **(il) n'empêche que** (eso) no quita que.

❑ **s'empêcher de** *vp + prép* evitar, dejar de.

empereur [ɑ̃prœr] *nm* emperador *m*.

empester [ɑ̃pɛste] *vt & vi* apestar.

empêtrer [ɑ̃petre]: **s'empêtrer dans** *vp + prép (fils)* enredarse con; *(mensonges)* liarse con.

empiffrer [ɑ̃pifre]: **s'empiffrer (de)** *vp (+ prép) (fam)* atiborrarse (de).

empiler [ɑ̃pile] *vt* apilar. ❑ **s'empiler** *vp* apilarse.

empire [ɑ̃pir] *nm* imperio *m*.

empirer [ɑ̃pire] *vi* empeorar.

emplacement [ɑ̃plasmɑ̃] *nm* ubicación *f*; *(de parking)* plaza *f*; **'~ réservé'** 'aparcamiento reservado'.

emploi [ɑ̃plwa] *nm (poste)* empleo *m*; *(d'un objet, d'un mot)* uso *m*; **l'~** *(en économie)* el empleo; **~ du temps** agenda *f*.

employé, -e [ɑ̃plwaje] *nm, f* empleado *m* (-da *f*); **~ de bureau** oficinista *m*.

employer [ɑ̃plwaje] *vt* emplear.

employeur, -euse [ɑ̃plwajœr, øz] *nm, f* empresa *f*.

empoigner [ɑ̃pwaɲe] *vt* empuñar.

empoisonnement [ɑ̃pwazɔnmɑ̃] *nm* envenenamiento *m*.

empoisonner [ɑ̃pwazɔne] *vt* envenenar.

emporter [ɑ̃pɔrte] *vt (prendre avec soi)* llevarse; *(suj: vent, rivière)* arrancar; **à ~** *(plats)* para llevar; **l'~ sur** vencer. ❑ **s'emporter** *vp* enfurecerse.

empreinte [ɑ̃prɛ̃t] *nf* huella *f*; **~s digitales** huellas digitales.

empresser [ɑ̃prese]: **s'empresser de** *vp + prép* apresurarse en; **s'~ de faire qqch** apresurarse en hacer algo.

emprisonner [ɑ̃prizɔne] *vt* encarcelar.

emprunt [ɑ̃prœ̃] *nm* préstamo *m*.

emprunter [ɑ̃prœ̃te] *vt (argent, objet)* pedir prestado(-da); *(itinéraire)* tomar; **~ qqch à qqn** tomar prestado algo a alguien.

ému, -e [emy] *pp* → **émouvoir**. ◆ *adj* emocionado(-da).

en [ɑ̃] *prép* **-1.** *(gén)* en; **~ été/1995** en verano/1995; **être ~ classe** estar en clase; **habiter ~ Angleterre** vivir en Inglaterra; **~ dix minutes** en diez minutos; **être ~ vacances** estar de vacaciones; **s'habiller ~ noir** vestirse de negro; **combien ça fait ~ francs?** ¿cuánto es en francos?; **on dit "hola" ~ espagnol** se dice "hola" en español; **voyager ~ avion/voiture** viajar en avión/coche.

-2. *(indique le lieu où l'on va)* a; **aller ~ ville/~ Normandie** ir a la ciudad/a Normandía.

-3. *(désigne la matière)* de; **un pull ~ laine** un jersey de lana.

-4. *(pour désigner la taille)*: **auriez-vous celle-ci ~ 38/~ plus petit?** ¿tiene usted la (talla) 38/una talla menos?

-5. *(devant un participe présent)*: **on ne parle pas ~ mangeant** comiendo no se habla; ~ **arrivant à Paris** al llegar a París.

◆ *pron* -1. *(object indirect)*: **j'~ rêve la nuit** de noche, sueño con ello; **n'~ parlons plus** no se hable más; **je vous ~ remercie** se lo agradezco.

-2. *(avec un indéfini)*: ~ **reprendrez-vous?** ¿tomará más?

-3. *(indique la provenance)* de; **j'~ viens** vengo de allí.

-4. *(complément du nom)*: **j'~ garde un excellent souvenir** guardo un excelente recuerdo de ello.

-5. *(complément de l'adjectif)*: **elle est super, ta maison! - ma foi, j' ~ suis assez fier** ¡tu casa es genial! - pues sí, estoy bastante orgulloso de ella; **les escargots? il ~ est fou** ¿los caracoles? le encantan.

encadrer [ɑ̃kadre] *vt* enmarcar.

encaisser [ɑ̃kese] *vt (argent)* cobrar.

encastrer [ɑ̃kastre] *vt* empotrar.

enceinte [ɑ̃sɛ̃t] *adj f* embarazada. ◆ *nf (haut-parleur)* altavoz *m*; *(d'une ville)* murallas *fpl*.

encens [ɑ̃sɑ̃] *nm* incienso *m*.

encercler [ɑ̃sɛrkle] *vt (personne, ville)* cercar; *(mot)* rodear con un círculo.

enchaîner [ɑ̃ʃene] *vt* encadenar. ❑ **s'enchaîner** *vp* encadenarse.

enchanté, -e [ɑ̃ʃɑ̃te] *adj* encantado(-da); ~ **(de faire votre connaissance)!** ¡encantado (de conocerle)!

enchères [ɑ̃ʃɛr] *nfpl* subasta *f*; **vendre qqch aux ~** subastar algo.

enclencher [ɑ̃klɑ̃ʃe] *vt (mécanisme)* activar; *(guerre, processus)* iniciar.

enclos [ɑ̃klo] *nm* cercado *m*.

encoche [ɑ̃kɔʃ] *nf* muesca *f*.

encolure [ɑ̃kɔlyr] *nf (de vêtement)* cuello *m*.

encombrant, -e [ɑ̃kɔ̃brɑ̃, ɑ̃t] *adj* que estorba.

encombrements [ɑ̃kɔ̃brəmɑ̃] *nmpl* atascos *mpl*.

encombrer [ɑ̃kɔ̃bre] *vt* estorbar; **encombré de** *(pièce, table)* atestado de.

encore [ɑ̃kɔr] *adv* -1. *(gén)* todavía; **il reste ~ une centaine de kilomètres** todavía quedan unos cien kilómetros; **pas ~** todavía no; **c'est ~ plus cher ici** aquí es todavía más caro.

-2. *(de nouveau)* otra vez; **j'ai ~ oublié mes clefs!** otra vez se me han olvidado las llaves; ~ **une fois** una vez más.

-3. *(en plus)* más; ~ **un peu de légumes?** ¿un poco más de verdura?; **reste ~ un peu** quédate un poco más.

encourager [ɑ̃kuraʒe] *vt* animar; ~ **qqn à faire qqch** animar a alguien a hacer algo.

encrasser [ɑ̃krase] *vt* atascar.

encre [ɑ̃kr] *nf* tinta *f*; ~ **de Chine** tinta china.

encyclopédie [ɑ̃siklɔpedi] *nf* enciclopedia *f*.

endetter [ɑ̃dete]: **s'endetter** *vp* endeudarse.

endive [ɑ̃div] *nf* endibia *f*.

endommager [ɑ̃dɔmaʒe] *vt* deteriorar.

endormi, **-e** [ɑ̃dɔrmi] *adj* dormido(-da).
endormir [ɑ̃dɔrmir] *vt* dormir; *(douleur, soupçons)* adormecer. ❑ **s'endormir** *vp* dormirse.
endroit [ɑ̃drwa] *nm* sitio *m*; *(côté)* derecho *m*; **à l'~** al derecho.
endurant, **-e** [ɑ̃dyrɑ̃, ɑ̃t] *adj* resistente.
endurcir [ɑ̃dyrsir]: **s'endurcir** *vp* endurecerse.
énergie [enɛrʒi] *nf* energía *f*.
énergique [enɛrʒik] *adj* enérgico(-ca).
énerver [enɛrve] *vt* poner nervioso(-sa). ❑ **s'énerver** *vp* ponerse nervioso(-sa).
enfance [ɑ̃fɑ̃s] *nf* infancia *f*.
enfant [ɑ̃fɑ̃] *nmf (jeune)* niño *m* (-ña *f*); *(descendant)* hijo *m* (-ja *f*); **~ de chœur** monaguillo *m*.
enfantin, **-e** [ɑ̃fɑ̃tɛ̃, in] *adj* infantil.
enfer [ɑ̃fɛr] *nm* infierno *m*.
enfermer [ɑ̃fɛrme] *vt* encerrar.
enfiler [ɑ̃file] *vt (aiguille)* enhebrar; *(perles)* ensartar; *(fam: vêtement)* ponerse.
enfin [ɑ̃fɛ̃] *adv (finalement)* por fin; *(en dernier)* por último.
enflammer [ɑ̃flame]: **s'enflammer** *vp* inflamarse.
enfler [ɑ̃fle] *vi* hincharse.
enfoncer [ɑ̃fɔ̃se] *vt (clou)* clavar; *(porte)* derribar; *(aile de voiture)* hundir. ❑ **s'enfoncer** *vp*: **s'~ dans** *(eau, boue)* hundirse en; *(forêt, ville)* adentrarse en.
enfouir [ɑ̃fwir] *vt* enterrar.
enfreindre [ɑ̃frɛ̃dr] *vt* infringir.
enfreint, **-e** [ɑ̃frɛ̃, ɛ̃t] *pp* → **enfreindre**.
enfuir [ɑ̃fɥir]: **s'enfuir** *vp* huir.
enfumé, **-e** [ɑ̃fyme] *adj* lleno(-na) de humo.
engagement [ɑ̃gaʒmɑ̃] *nm (promesse)* compromiso *m*; *(SPORT)* saque *m*.
engager [ɑ̃gaʒe] *vt (salarié, domestique)* contratar; *(conversation, négociations)* entablar. ❑ **s'engager** *vp (dans l'armée)* alistarse; **s'~ à faire qqch** comprometerse a hacer algo; **s'~ dans** *(rue)* meterse por.
engelure [ɑ̃ʒlyr] *nf* sabañón *m*.
engin [ɑ̃ʒɛ̃] *nm* máquina *f*.
engloutir [ɑ̃glutir] *vt (nourriture)* engullir; *(submerger)* tragar.
engouffrer [ɑ̃gufre]: **s'engouffrer dans** *vp + prép* irrumpir en.
engourdi, **-e** [ɑ̃gurdi] *adj* entumecido(-da).
engrais [ɑ̃grɛ] *nm* abono *m*.
engraisser [ɑ̃grɛse] *vt* cebar. ◆ *vi* engordar.
engrenage [ɑ̃grənaʒ] *nm* engranaje *m*.
énigmatique [enigmatik] *adj* enigmático(-ca).
énigme [enigm] *nf (devinette)* acertijo *m*; *(mystère)* enigma *m*.
enjamber [ɑ̃ʒɑ̃be] *vt (flaque, fossé)* salvar; *(suj: pont)* atravesar.
enjoliveur [ɑ̃ʒɔlivœr] *nm* embellecedor *m*.
enlaidir [ɑ̃ledir] *vt* afear.
enlèvement [ɑ̃lɛvmɑ̃] *nm* rapto *m*.

enlever [ɑ̃lve] *vt* quitar; *(kidnapper)* raptar. ❑ **s'enlever** *vp (tache)* quitarse.

enliser [ɑ̃lize]: **s'enliser** *vp* atascarse.

enneigé, -e [ɑ̃neʒe] *adj* nevado(-da).

ennemi, -e [ɛnmi] *nm, f* enemigo *m* (-ga *f*).

ennui [ɑ̃nɥi] *nm (lassitude)* aburrimiento *m*; *(problème)* problema *m*; **avoir des ~s** tener problemas.

ennuyé, -e [ɑ̃nɥije] *adj (contrarié)* apurado(-da).

ennuyer [ɑ̃nɥije] *vt (lasser)* aburrir; *(contrarier)* apurar. ❑ **s'ennuyer** *vp* aburrirse.

ennuyeux, -euse [ɑ̃nɥijø, øz] *adj (lassant)* aburrido(-da); *(contrariant)* fastidioso(-sa).

énorme [enɔrm] *adj* enorme.

énormément [enɔrmemɑ̃] *adv* muchísimo; **~ de** muchísimo(-ma); **~ d'argent** muchísimo dinero; **~ de gens** muchísima gente.

enquête [ɑ̃kɛt] *nf (policière)* investigación *f*; *(sondage)* encuesta *f*.

enquêter [ɑ̃kete] *vi*: **~ (sur)** investigar (sobre).

enragé, -e [ɑ̃raʒe] *adj (chien)* rabioso(-sa); *(fanatique)* apasionado(-da).

enrayer [ɑ̃rɛje] *vt* detener. ❑ **s'enrayer** *vp (arme)* encasquillarse.

enregistrement [ɑ̃rəʒistrəmɑ̃] *nm* grabación *f*; **~ des bagages** facturación *f* de equipaje.

enregistrer [ɑ̃rəʒistre] *vt (disque, cassette)* grabar; *(données)* guardar; *(par écrit)* consignar; *(bagages)* facturar.

enrhumé, -e [ɑ̃ryme] *adj* acatarrado(-da).

enrhumer [ɑ̃ryme]: **s'enrhumer** *vp* acatarrarse.

enrichir [ɑ̃riʃir] *vt* enriquecer. ❑ **s'enrichir** *vp* enriquecerse.

enrobé, -e [ɑ̃rɔbe] *adj*: **~ de** bañado(-da) de OU en.

enroué, -e [ɑ̃rwe] *adj* ronco(-ca).

enrouler [ɑ̃rule] *vt* enrollar. ❑ **s'enrouler** *vp* enroscarse; **s'~ autour de** enroscarse alrededor de.

enseignant, -e [ɑ̃sɛɲɑ̃, ɑ̃t] *nm, f* profesor *m* (-ra *f*).

enseigne [ɑ̃sɛɲ] *nf* letrero *m*; **~ lumineuse** letrero luminoso.

enseignement [ɑ̃sɛɲmɑ̃] *nm* enseñanza *f*.

enseigner [ɑ̃seɲe] *vt* & *vi* enseñar; **~ qqch à qqn** enseñar algo a alguien.

ensemble [ɑ̃sɑ̃bl] *adv*: **ils travaillent ~** trabajan juntos; **elles jouent ~** juegan juntas. ◆ *nm* conjunto *m*; **l'~ de** todo el (toda la); **dans l'~** en conjunto.

ensevelir [ɑ̃səvlir] *vt* sepultar.

ensoleillé, -e [ɑ̃sɔleje] *adj* soleado(-da).

ensuite [ɑ̃sɥit] *adv* después.

entaille [ɑ̃taj] *nf (fente)* muesca *f*; *(blessure)* corte *m*.

entamer [ɑ̃tame] *vt (pain, bouteille)* empezar; *(discussion)* entablar.

entasser [ɑ̃tase] *vt (mettre en tas)* amontonar; *(serrer)* apiñar. ❑ **s'entasser** *vp (voyageurs)* apiñarse.

entendre [ɑ̃tɑ̃dr] *vt* oír; ~ **dire que** oír decir que; ~ **parler de** oír hablar de. ❑ **s'entendre** *vp (sympathiser)* entenderse; **s'~ bien avec qqn** llevarse bien con alguien.

entendu, -e [ɑ̃tɑ̃dy] *adj* acordado(-da); **(c'est) ~!** ¡de acuerdo!; **bien ~** por supuesto.

enterrement [ɑ̃tɛrmɑ̃] *nm* entierro *m*.

enterrer [ɑ̃tere] *vt* enterrar.

en-tête, -s [ɑ̃tɛt] *nm* membrete *m*; **papier à ~** papel con membrete.

entêter [ɑ̃tete]: **s'entêter** *vp* empeñarse; **s'~ à faire qqch** empeñarse en hacer algo.

enthousiasme [ɑ̃tuzjasm] *nm* entusiasmo *m*.

enthousiasmer [ɑ̃tuzjasme] *vt* entusiasmar. ❑ **s'enthousiasmer pour** *vp + prép* entusiasmarse por.

enthousiaste [ɑ̃tuzjast] *adj* entusiasta.

entier, -ère [ɑ̃tje, ɛr] *adj* entero(-ra); *(total)* completo(-ta); **dans le monde ~** en el mundo entero; **pendant des journées entières** durante días y días; **en ~** entero(-ra).

entièrement [ɑ̃tjɛrmɑ̃] *adv* completamente.

entonnoir [ɑ̃tɔnwar] *nm* embudo *m*.

entorse [ɑ̃tɔrs] *nf* esguince *m*; **se faire une ~** hacerse un esguince.

entortiller [ɑ̃tɔrtije] *vt* enroscar.

entourage [ɑ̃turaʒ] *nm* entorno *m*.

entourer [ɑ̃ture] *vt* rodear; **entouré de** rodeado de.

entracte [ɑ̃trakt] *nm* entreacto *m*.

entraider [ɑ̃trede]: **s'entraider** *vp* ayudarse mutuamente.

entrain [ɑ̃trɛ̃] *nm*: **avec ~** con animación; **plein d'~** muy animado.

entraînant, -e [ɑ̃trɛnɑ̃, ɑ̃t] *adj* animado(-da).

entraînement [ɑ̃trɛnmɑ̃] *nm* entrenamiento *m*.

entraîner [ɑ̃trene] *vt (emporter, emmener)* llevar; *(provoquer)* acarrear; (SPORT) entrenar. ❑ **s'entraîner** *vp (sportif)* entrenarse; **s'~ à (faire) qqch** entrenarse a (hacer) algo.

entraîneur, -euse [ɑ̃trɛnœr, øz] *nm, f* (SPORT) entrenador *m* (-ra *f*).

entraver [ɑ̃trave] *vt* entorpecer.

entre [ɑ̃tr] *prép* entre; ~ **amis** entre amigos; **l'un d'~ nous** uno de nosotros.

entrebâiller [ɑ̃trəbaje] *vt* entornar.

entrechoquer [ɑ̃trəʃɔke]: **s'entrechoquer** *vp* golpearse.

entrecôte [ɑ̃trəkot] *nf* entrecot *m*; ~ **à la bordelaise** *entrecot a la plancha servido con salsa de vino tinto y cebolla.*

entrée [ɑ̃tre] *nf* entrada *f*; '**~ gratuite**' 'entrada gratis'; '**~ interdite**' 'prohibida la entrada'; '**~ libre**' 'entrada libre'.

entremets [ɑ̃trəmɛ] *nm* postre *m*.

entreposer [ɑ̃trəpoze] *vt* almacenar.

entrepôt [ɑ̃trəpo] *nm* almacén *m*.

entreprendre [ɑ̃trəprɑ̃dr] *vt* emprender.

entrepreneur [ɑ̃trəprənœr] *nm* contratista *m*.

entrepris, -e [ɑ̃trəpri, iz] *pp* → **entreprendre**.

entreprise [ɑ̃trəpriz] *nf* empresa *f*.

entrer [ɑ̃tre] *vi (aux être)* entrar. ◆ *vt (aux avoir) (INFORM)* introducir; **entrez!** ¡pasen!; **~ dans** *(pièce)* entrar en; *(foncer dans)* chocar contra.

entre-temps [ɑ̃trətɑ̃] *adv* mientras tanto.

entretenir [ɑ̃trətnir] *vt (maison, plante)* mantener. ❑ **s'entretenir** *vp*: **s'~ (de qqch) avec qqn** entrevistarse con alguien (a propósito de algo).

entretenu, -e [ɑ̃trətny] *pp* → **entretenir**.

entretien [ɑ̃trətjɛ̃] *nm (d'un vêtement, d'une machine)* mantenimiento *m*; *(conversation)* entrevista *f*.

entrevue [ɑ̃trəvy] *nf* entrevista *f*.

entrouvert, -e [ɑ̃truvɛr, ɛrt] *adj* entreabierto(-ta). ◆ *pp* → **entrouvrir**.

entrouvrir [ɑ̃ntruvrir] *vt* entreabrir.

énumération [enymerasjɔ̃] *nf* enumeración *f*.

énumérer [enymere] *vt* enumerar.

envahir [ɑ̃vair] *vt* invadir.

envahissant, -e [ɑ̃vaisɑ̃, ɑ̃t] *adj* cargante.

enveloppe [ɑ̃vlɔp] *nf* sobre *m*.

envelopper [ɑ̃vlɔpe] *vt* envolver.

envers [ɑ̃vɛr] *prép* (para) con. ◆ *nm* revés *m*; **à l'~** al revés.

envie [ɑ̃vi] *nf (désir)* ganas *fpl*; *(jalousie)* envidia *f*; **avoir ~ de (faire) qqch** tener ganas de (hacer) algo.

envier [ɑ̃vje] *vt* envidiar.

environ [ɑ̃virɔ̃] *adv* aproximadamente; **il y a ~ 20 personnes** hay unas 20 personas. ❑ **environs** *nmpl*: **aux ~s de** *(heure)* a eso de; *(lieu)* cerca de; **dans les ~s** en los alrededores.

environnant, -e [ɑ̃virɔnɑ̃, ɑ̃t] *adj* circundante.

environnement [ɑ̃virɔnmɑ̃] *nm (milieu)* entorno *m*; *(nature)* medio ambiente *m*.

envisager [ɑ̃vizaʒe] *vt* considerar; **~ de faire qqch** proponerse hacer algo.

envoi [ɑ̃vwa] *nm (colis)* envío *m*.

envoler [ɑ̃vɔle]: **s'envoler** *vp (oiseau)* echar a volar; *(avion)* despegar; *(feuilles)* volar.

envoyé, -e [ɑ̃vwaje] *nm, f* enviado *m* (-da *f*); **~ spécial** enviado especial.

envoyer [ɑ̃vwaje] *vt (lettre, pa-*

quet) mandar, enviar; *(balle, objet)* lanzar; *(personne)* mandar.
épagneul [epaɲœl] *nm* perro *m* spaniel.
épais, -aisse [epɛ, ɛs] *adj (large)* grueso(-sa); *(dense)* espeso(-sa).
épaisseur [epɛsœr] *nf* grosor *m*.
épaissir [epesir] *vi* espesarse. ❑ **s'épaissir** *vp* espesarse.
épanouir [epanwir]: **s'épanouir** *vp (fleur)* abrirse; *(visage)* iluminarse.
épargner [eparɲe] *vt (argent)* ahorrar; *(ennemi)* perdonar la vida a; ~ **qqch à qqn** evitarle algo a alguien.
éparpiller [eparpije] *vt* dispersar. ❑ **s'éparpiller** *vp* dispersarse.
épatant, -e [epatɑ̃, ɑ̃t] *adj* asombroso(-sa).
épater [epate] *vt* asombrar.
épaule [epol] *nf* hombro *m*; ~ **d'agneau** paletilla *f* de cordero.
épaulette [epolɛt] *nf (décoration)* galón *m*; *(rembourrage)* hombrera *f*.
épave [epav] *nf (bateau)* restos *mpl*; *(voiture)* chatarra *f*.
épée [epe] *nf* espada *f*.
épeler [eple] *vt* deletrear.
éperon [eprɔ̃] *nm* espuela *f*.
épi [epi] *nm (de blé)* espiga *f*; *(de maïs)* mazorca *f*; *(de cheveux)* remolino *m*.
épice [epis] *nf* especia *f*.
épicé, -e [epise] *adj* picante.
épicerie [episri] *nf (magasin)* tienda *f* de comestibles; *(denrées)* comestibles *mpl*; ~ **fine** *tienda de productos selectos*.
épicier, -ère [episje, ɛr] *nm, f* tendero *m* (-ra *f*).
épidémie [epidemi] *nf* epidemia *f*.
épier [epje] *vt* espiar.
épilepsie [epilɛpsi] *nf* epilepsia *f*.
épiler [epile] *vt* depilar.
épinards [epinar] *nmpl* espinacas *fpl*.
épine [epin] *nf* espina *f*.
épingle [epɛ̃gl] *nf* alfiler *m*; ~ **à cheveux** horquilla *f*; ~ **de nourrice** imperdible *m*.
épingler [epɛ̃gle] *vt* sujetar con alfileres.
épisode [epizɔd] *nm* episodio *m*.
éplucher [eplyʃe] *vt* mondar.
épluchures [eplyʃyr] *nfpl* mondas *fpl*.
éponge [epɔ̃ʒ] *nf* esponja *f*; *(tissu)* felpa *f*.
éponger [epɔ̃ʒe] *vt* enjugar.
époque [epɔk] *nf* época *f*.
épouse → **époux**.
épouser [epuze] *vt* casarse con.
épousseter [epuste] *vt* quitar el polvo de.
épouvantable [epuvɑ̃tabl] *adj* espantoso(-sa).
épouvantail [epuvɑ̃taj] *nm* espantapájaros *m inv*.
épouvante [epuvɑ̃t] *nf* → **film**.
épouvanter [epuvɑ̃te] *vt* espantar.

époux, **épouse** [epu, epuz] *nm, f* esposo *m* (-sa *f*).
épreuve [eprœv] *nf* prueba *f*.
éprouvant, **-e** [epruvɑ̃, ɑ̃t] *adj* penoso(-sa).
éprouver [epruve] *vt (ressentir)* sentir; *(faire souffrir)* afectar.
éprouvette [epruvɛt] *nf* probeta *f*.
EPS *nf (abr de éducation physique et sportive)* educación *f* física y deportes.
épuisant, **-e** [epɥizɑ̃, ɑ̃t] *adj* agotador(-ra).
épuisé, **-e** [epɥize] *adj* agotado(-da).
épuiser [epɥize] *vt* agotar.
épuisette [epɥizɛt] *nf* salabre *m*.
équateur [ekwatœr] *nm* ecuador *m*.
Équateur [ekwatœr] *nm*: **l'~** (el) Ecuador.
équation [ekwasjɔ̃] *nf* ecuación *f*.
équerre [ekɛr] *nf* escuadra *f*.
équilibre [ekilibr] *nm* equilibrio *m*; **en ~** en equilibrio; **perdre l'~** perder el equilibrio.
équilibré, **-e** [ekilibre] *adj* equilibrado(-da).
équilibriste [ekilibrist] *nmf* equilibrista *mf*.
équipage [ekipaʒ] *nm* tripulación *f*.
équipe [ekip] *nf* equipo *m*.
équipement [ekipmɑ̃] *nm* equipo *m*.
équiper [ekipe] *vt* equipar. ❑ **s'équiper (de)** *vp (+ prép)* equiparse (con OU de).
équipier, **-ère** [ekipje, ɛr] *nm, f* compañero *m* (-ra *f*).
équitable [ekitabl] *adj* equitativo(-va).
équitation [ekitasjɔ̃] *nf* equitación *f*; **faire de l'~** practicar equitación.
équivalent, **-e** [ekivalɑ̃, ɑ̃t] *adj* equivalente. ◆ *nm* equivalente *m*.
équivaloir [ekivalwar] *vi*: **ça équivaut à (faire)...** equivale a (hacer)...
équivalu [ekivaly] *pp* → **équivaloir**.
érable [erabl] *nm* → **sirop**.
érafler [erafle] *vt (peau)* arañar; *(peinture)* rozar.
éraflure [eraflyr] *nf* arañazo *m*.
érotique [erɔtik] *adj* erótico(-ca).
erreur [ɛrœr] *nf* error *m*; **faire une ~** cometer un error.
éruption [erypsjɔ̃] *nf* erupción *f*; **~ cutanée** erupción cutánea.
es [ɛ] → **être**.
escabeau, **-x** [ɛskabo] *nm* escalera *f*.
escalade [ɛskalad] *nf* escalada *f*.
escalader [ɛskalade] *vt* escalar.
Escalator® [ɛskalatɔr] *nm* escalera *f* mecánica.
escale [ɛskal] *nf* escala *f*; **faire ~ (à)** hacer escala (en); **vol sans ~** vuelo *m* sin escala.
escalier [ɛskalje] *nm* escalera *f*; **les ~s** la escalera; **~ roulant** escalera mecánica.
escalope [ɛskalɔp] *nf* filete *m*.

escargot [ɛskargo] *nm* caracol *m*.
escarpé, -e [ɛskarpe] *adj* escarpado(-da).
escarpin [ɛskarpɛ̃] *nm* escarpín *m*.
escavèche [ɛskavɛʃ] *nf (Belg) pescado frito marinado en vino y vinagre*.
esclaffer [ɛsklafe]: **s'esclaffer** *vp* partirse de risa.
esclavage [ɛsklavaʒ] *nm* esclavitud *f*.
esclave [ɛsklav] *nmf* esclavo *m* (-va *f*).
escorte [ɛskɔrt] *nf* escolta *f*.
escrime [ɛskrim] *nf* esgrima *f*.
escroc [ɛskro] *nm* estafador *m*.
escroquerie [ɛskrɔkri] *nf* estafa *f*.
espace [ɛspas] *nm* espacio *m*; **en l'~ de** en el espacio de; **~s verts** zonas verdes; **~ fumeurs/non-fumeurs** área *f* de fumadores/de no fumadores.
espacer [ɛspase] *vt* espaciar.
espadrille [ɛspadrij] *nf* alpargata *f*.
Espagne [ɛspaɲ] *nf*: **l'~** España.
espagnol, -e [ɛspaɲɔl] *adj* español(-la). ◆ *nm (langue)* español *m*. ❑ **Espagnol, -e** *nm, f* español *m* (-la *f*).
espèce [ɛspɛs] *nf* especie *f*; **une ~ de** una especie de; **~ d'imbécile!** ¡so imbécil! ❑ **espèces** *nfpl* efectivo *m*; **en ~s** en efectivo.
espérer [ɛspere] *vt* esperar; **~ (faire) qqch** esperar (hacer) algo; **j'espère (bien)!** ¡eso espero!
espion, -onne [ɛspjɔ̃, ɔn] *nm, f* espía *mf*.
espionnage [ɛspjɔnaʒ] *nm* espionaje *m*; **film/roman d'~** película/novela de espionaje.
espionner [ɛspjɔne] *vt* espiar.
esplanade [ɛsplanad] *nf* explanada *f*.
espoir [ɛspwar] *nm* esperanza *f*.
esprit [ɛspri] *nm* espíritu *m*; *(humour)* ingenio *m*.
Esquimau, -aude, -x [ɛskimo, od] *nm, f* esquimal *mf*; **Esquimau®** bombón *m* helado.
esquisser [ɛskise] *vt* esbozar.
esquiver [ɛskive] *vt* esquivar. ❑ **s'esquiver** *vp* escabullirse.
essai [esɛ] *nm (SPORT: tentative)* intento *m*; *(test)* prueba *f*; *(littéraire)* ensayo *m*.
essaim [esɛ̃] *nm* enjambre *m*.
essayage [esɛjaʒ] *nm* → **cabine**.
essayer [eseje] *vt* probar; *(tenter)* intentar; **~ de faire qqch** intentar hacer algo.
essence [esɑ̃s] *nf* gasolina *f*; **~ sans plomb** gasolina sin plomo.
essentiel, -elle [esɑ̃sjɛl] *adj* esencial. ◆ *nm*: **l'~** lo esencial.
essieu, -x [esjø] *nm* eje *m*.
essorage [esɔraʒ] *nm* centrifugado *m*.
essorer [esɔre] *vt* escurrir; *(dans un lave-linge)* centrifugar.
essoufflé, -e [esufle] *adj* sofocado(-da).
essuie-glace, -s [esɥiglas] *nm* limpiaparabrisas *m inv*.

essuie-mains [esɥimɛ̃] *nm inv* toalla *f*.

essuyer [esɥije] *vt* secar. ❑ **s'essuyer** *vp* secarse; **s'~ les mains** secarse las manos.

est[1] [ɛ] → **être**.

est[2] [ɛst] *adj inv* & *nm* este; **à l'~ (de)** al este (de); **l'Est** *(les pays de l'Est)* los países del Este; *(l'Est de la France) región situada al noreste de Francia que incluye Alsacia y Lorena*.

est-ce que [ɛskə] *adv*: **est-ce qu'il est là?** ¿está aquí?; **~ tu as mangé?** ¿has comido?; **comment ~ ça c'est passé?** ¿cómo pasó?

esthéticienne [ɛstetisjɛn] *nf* esteticista *mf*.

esthétique [ɛstetik] *adj* estético(-ca).

estimation [ɛstimasjɔ̃] *nf* estimación *f*.

estimer [ɛstime] *vt* estimar; **~ que** considerar que.

estivant, -e [ɛstivɑ̃, ɑ̃t] *nm, f* veraneante *mf*.

estomac [ɛstɔma] *nm* estómago *m*.

estrade [ɛstrad] *nf* estrado *m*; *(à l'école)* tarima *f*.

estragon [ɛstragɔ̃] *nm* estragón *m*.

Estrémadure [estremadyr] *n*: **l'~** Extremadura.

estuaire [ɛstɥɛr] *nm* estuario *m*.

et [e] *conj* y; **~ après?** ¿y qué?; **je l'aime bien, ~ toi?** me gusta, ¿y a ti?; **vingt ~ un** veintiuno.

étable [etabl] *nf* establo *m*.

établi [etabli] *nm* banco *m*.

établir [etablir] *vt* establecer. ❑ **s'établir** *vp* establecerse.

établissement [etablismɑ̃] *nm* establecimiento *m*; **~ scolaire** establecimiento escolar OU docente.

étage [etaʒ] *nm* piso *m*; **au premier ~** en el primer piso; **à l'~** en el piso de arriba.

étagère [etaʒɛr] *nf (planche)* estante *m*; *(meuble)* estantería *f*.

étain [etɛ̃] *nm* estaño *m*.

étais [etɛ] → **être**.

étal [etal] *nm (sur les marchés)* puesto *m*.

étalage [etalaʒ] *nm (vitrine)* escaparate *m*.

étaler [etale] *vt (nappe, carte)* extender; *(beurre, confiture)* untar; *(paiements)* repartir; *(connaissances, richesse)* hacer alarde de. ❑ **s'étaler** *vp (se répartir)* extenderse.

étanche [etɑ̃ʃ] *adj* estanco(-ca).

étang [etɑ̃] *nm* estanque *m*.

étant [etɑ̃] *ppr* → **être**.

étape [etap] *nf (période)* etapa *f*; *(lieu)* parada *f*; **faire ~ à** parar en.

état [eta] *nm* estado *m*; **en ~ (de marche)** en estado de funcionar; **en bon/mauvais ~** en buen/mal estado; **~ civil** *(d'une personne)* estado civil; **~ d'esprit** estado de ánimo. ❑ **État** *nm* Estado *m*.

États-Unis [etazyni] *nmpl*: **les ~** (los) Estados Unidos.

etc *(abr de et cetera)* etc.

et cetera [ɛtsetera] *adv* etcétera.

été[1] [ete] *pp* → **être**.

été[2] [ete] *nm* verano *m*; **en ~** en verano.
éteindre [etɛ̃dr] *vt* apagar. ❑ **s'éteindre** *vp* apagarse.
éteint, -e [etɛ̃, ɛ̃t] *pp* → **éteindre.**
étendre [etɑ̃dr] *vt (nappe, bras)* extender; *(linge, blessé)* tender. ❑ **s'étendre** *vp (se coucher)* tenderse; *(plaine, épidémie)* extenderse.
étendu, -e [etɑ̃dy] *adj (grand)* extenso(-sa).
étendue [etɑ̃dy] *nf (surface)* extensión *f*; *(fig)* magnitud *f*.
éternel, -elle [etɛrnɛl] *adj* eterno(-na).
éternité [etɛrnite] *nf* eternidad *f*; **cela fait une ~ que...** hace una eternidad que...
éternuement [etɛrnymɑ̃] *nm* estornudo *m*.
éternuer [etɛrnɥe] *vi* estornudar.
êtes [ɛt] → **être.**
étinceler [etɛ̃sle] *vi* resplandecer.
étincelle [etɛ̃sɛl] *nf* chispa *f*.
étiquette [etikɛt] *nf* etiqueta *f*.
étirer [etire] *vt* estirar. ❑ **s'étirer** *vp* estirarse.
étoffe [etɔf] *nf* tela *f*.
étoile [etwal] *nf* estrella *f*; **hôtel deux/trois ~s** hotel de dos/tres estrellas; **dormir à la belle ~** dormir al raso; **~ de mer** estrella de mar.
étonnant, -e [etɔnɑ̃, ɑ̃t] *adj* asombroso(-sa).
étonné, -e [etɔne] *adj* asombrado(-da).
étonner [etɔne] *vt* asombrar; **ça m'étonnerait (que)** me extrañaría (que); **tu m'étonnes!** *(fam)* ¡ni que lo digas! ❑ **s'étonner** *vp*: **s'~ que** extrañarse que.
étouffant, -e [etufɑ̃, ɑ̃t] *adj* sofocante.
étouffer [etufe] *vt (personne, animal)* ahogar; *(bruit)* amortiguar. ◆ *vi (manquer d'air)* sofocar; *(avoir chaud)* asarse. ❑ **s'étouffer** *vp (manquer d'air)* ahogarse.
étourderie [eturdəri] *nf* descuido *m*; **faire une ~** tener un descuido.
étourdi, -e [eturdi] *adj (distrait)* despistado(-da).
étourdir [eturdir] *vt* aturdir.
étourdissement [eturdismɑ̃] *nm* mareo *m*.
étrange [etrɑ̃ʒ] *adj* extraño(-ña).
étranger, -ère [etrɑ̃ʒe, ɛr] *adj* & *nm, f (d'un autre pays)* extranjero(-ra); *(inconnu)* extraño(-ña). ◆ *nm*: **à l'~** en el extranjero.
étrangler [etrɑ̃gle] *vt* estrangular. ❑ **s'étrangler** *vp* atragantarse.
être [ɛtr] *vi* -1. *(pour décrire, indiquer l'origine)* ser; **je suis architecte** soy arquitecto; **il est très sympa** es muy majo; **d'où êtes-vous?** ¿de dónde es usted?
-2. *(pour désigner une situation, un état)* estar: **~ content** estar contento; **~ en forme** estar en forma; **nous serons à Naples /à la maison à partir de demain** estaremos en Nápoles/en casa a partir de mañana.
-3. *(pour donner la date)* estar a;

quel jour sommes-nous? ¿a qué día estamos?
-4. *(aller)*: **j'ai été trois fois en Écosse** he ido tres veces a Escocia.
-5. *(pour exprimer l'appartenance)*: **~ à qqn** ser de alguien; **cette voiture est à vous?** ¿este coche es de usted?; **c'est à Daniel** es de Daniel.
◆ *v impers*: **il est 8 h** son las ocho; **il est tard** es tarde; **il est difficile de savoir si...** es difícil saber si...; **il serait bon de réserver à l'avance** sería conveniente reservar con antelación.
◆ *v aux* -1. *(pour former les temps composés)* haber; **nous sommes partis ensemble** nos hemos ido juntos; **elle est née ce matin** ha nacido esta mañana; **tu t'es coiffé?** ¿te has peinado?
-2. *(pour former le passif)* ser; **les blessés ont été évacués** los heridos han sido evacuados.
◆ *nm* ser *m*; **~ humain** ser humano.

étrenner [etrene] *vt* estrenar.

étrennes [etrɛn] *nfpl* ≃ aguinaldo *m*.

étrier [etrije] *nm* estribo *m*.

étroit, -e [etrwa, at] *adj* estrecho(-cha); **~ d'esprit** de mente cerrada; **être à l'~** quedarse pequeño(-ña).

étude [etyd] *nf* estudio *m*; *(salle d'école)* sala *f* de estudio; *(de notaire)* notaría *f*. ❑ **études** *nfpl* estudios *mpl*; **faire des ~s (de)** estudiar.

étudiant, -e [etydjɑ̃, ɑ̃t] *adj* & *nm, f* estudiante.

étudier [etydje] *vt* & *vi* estudiar.

étui [etɥi] *nm* estuche *m*.

eu, -e [y] *pp* → **avoir**.

euh [ø] *excl* ¡pues!

eurochèque [ørɔʃɛk] *nm* eurocheque *m*.

Europe [ørɔp] *nf*: **l'~** Europa; **l'~ de l'Est** Europa del Este.

européen, -enne [ørɔpeɛ̃, ɛn] *adj* europeo(-a). ❑ **Européen, -enne** *nm, f* europeo *m* (-a *f*).

eux [ø] *pron* ellos; **~-mêmes** ellos mismos.

évacuer [evakɥe] *vt* evacuar; *(liquide)* verter.

évader [evade]: **s'évader** *vp* evadirse.

évaluer [evalɥe] *vt* evaluar.

Évangile [evɑ̃ʒil] *nm* *(livre)* Evangelio *m*.

évanouir [evanwir]: **s'évanouir** *vp* *(avoir un malaise)* desmayarse; *(disparaître)* desvanecerse.

évaporer [evapɔre]: **s'évaporer** *vp* evaporarse.

évasé, -e [evaze] *adj* acampanado(-da).

évasion [evazjɔ̃] *nf* evasión *f*.

éveillé, -e [eveje] *adj* *(vif)* despierto(-ta).

éveiller [eveje] *vt* despertar. ❑ **s'éveiller** *vp* despertarse.

événement [evɛnmɑ̃] *nm* acontecimiento *m*.

éventail [evɑ̃taj] *nm* abanico *m*.

éventrer [evɑ̃tre] *vt* destripar.

éventuel, -elle [evɑ̃tɥɛl] *adj* eventual.

éventuellement [evɑ̃tɥɛlmɑ̃] *adv* eventualmente.

évêque [evɛk] *nm* obispo *m*.

évidemment [evidamɑ̃] *adv* evidentemente.
évident, -e [evidɑ̃, ɑ̃t] *adj* evidente; **c'est pas ~!** *(pas facile)* ¡no es tan fácil!
évier [evje] *nm* fregadero *m*.
évitement [evitmɑ̃] *nm (Belg)* desvío *m*.
éviter [evite] *vt* evitar; **~ qqch à qqn** librar a alguien de algo; **~ de faire qqch** evitar hacer algo.
évolué, -e [evɔlɥe] *adj* evolucionado(-da).
évoluer [evɔlɥe] *vi* evolucionar.
évolution [evɔlysjɔ̃] *nf* evolución *f*.
évoquer [evɔke] *vt (faire penser à)* evocar; *(mentionner)* mencionar.
ex- [ɛks] *préf* ex.
exact, -e [ɛgzakt] *adj* exacto(-ta); *(ponctuel)* puntual; **c'est ~** es cierto.
exactement [ɛgzaktəmɑ̃] *adv* exactamente.
exactitude [ɛgzaktityd] *nf (précision)* exactitud *f*; *(ponctualité)* puntualidad *f*.
ex aequo [ɛgzeko] *adj inv*: **ils ont terminé ~** quedaron empatados.
exagérer [ɛgzaʒere] *vt* & *vi* exagerar.
examen [ɛgzamɛ̃] *nm* examen *m*; *(médical)* reconocimiento *m*; **~ blanc** *examen de entrenamiento cuya nota no entra en la evaluación.*
examinateur, -trice [ɛgzaminatœr, tris] *nm, f* examinador *m* (-ra *f*).
examiner [ɛgzamine] *vt* examinar; *(malade)* reconocer.
exaspérer [ɛgzaspere] *vt* exasperar.
excédent [ɛksedɑ̃] *nm* excedente *m*; **~ de bagages** exceso *m* de equipaje.
excéder [ɛksede] *vt (dépasser)* exceder; *(énerver)* hartar.
excellent, -e [ɛkselɑ̃, ɑ̃t] *adj* excelente.
excentrique [ɛksɑ̃trik] *adj* excéntrico(-ca).
excepté [ɛksɛpte] *prép* excepto.
exception [ɛksɛpsjɔ̃] *nf* excepción *f*; **faire une ~** hacer una excepción; **à l'~ de** con excepción de; **sans ~** sin excepción.
exceptionnel, -elle [ɛksɛpsjɔnɛl] *adj* excepcional.
excès [ɛksɛ] *nm* exceso *m*. ◆ *nmpl*: **faire des ~** cometer excesos; **~ de vitesse** exceso de velocidad.
excessif, -ive [ɛksesif, iv] *adj* excesivo(-va).
excitant, -e [ɛksitɑ̃, ɑ̃t] *adj* & *nm* excitante.
excitation [ɛksitasjɔ̃] *nf* excitación *f*.
exciter [ɛksite] *vt* excitar.
exclamation [ɛksklamasjɔ̃] *nf* exclamación *f*.
exclamer [ɛksklame]: **s'exclamer** *vp* exclamar.
exclure [ɛksklyr] *vt* excluir; *(renvoyer)* expulsar.
exclusif, -ive [ɛksklyzif, iv] *adj* exclusivo(-va).

exclusivité [ɛksklyzivite] *nf* exclusiva *f*; **en ~** en exclusiva.
excursion [ɛkskyrsjɔ̃] *nf* excursión *f*.
excuse [ɛkskyz] *nf* excusa *f*. ❑ **excuses** *nfpl*: **faire des ~s à qqn** presentar sus excusas a alguien.
excuser [ɛkskyze] *vt* disculpar; **excusez-moi** disculpe, perdone. ❑ **s'excuser** *vp* disculparse; **s'~ de faire qqch** disculparse por hacer algo.
exécuter [ɛgzekyte] *vt* ejecutar.
exécution [ɛgzekysjɔ̃] *nf* ejecución *f*.
exemplaire [ɛgzɑ̃plɛr] *nm* ejemplar *m*.
exemple [ɛgzɑ̃pl] *nm* ejemplo *m*; **par ~** por ejemplo.
exercer [ɛgzɛrse] *vt (métier, autorité)* ejercer; *(voix, mémoire)* ejercitar. ❑ **s'exercer** *vp* ejercitarse; **s'~ à faire qqch** ejercitarse a hacer algo.
exercice [ɛgzɛrsis] *nm* ejercicio *m*; **faire de l'~** hacer ejercicio.
exhiber [ɛgzibe] *vt* exhibir. ❑ **s'exhiber** *vp* exhibirse.
exigeant, -e [ɛgziʒɑ̃, ɑ̃t] *adj* exigente.
exigence [ɛgziʒɑ̃s] *nf* exigencia *f*.
exiger [ɛgziʒe] *vt* exigir.
exiler [ɛgzile]: **s'exiler** *vp* exiliarse.
existence [ɛgzistɑ̃s] *nf* existencia *f*.
exister [ɛgziste] *vi* existir; **il existe plusieurs possibilités** existen varias posibilidades.
exorbitant, -e [ɛgzɔrbitɑ̃, ɑ̃t] *adj* exorbitante.
exotique [ɛgzɔtik] *adj* exótico(-ca).
expatrier [ɛkspatrije]: **s'expatrier** *vp* expatriarse.
expédier [ɛkspedje] *vt (envoyer)* expedir; *(péj: bâcler)* despachar.
expéditeur, -trice [ɛkspeditœr, tris] *nm, f* remitente *mf*.
expédition [ɛkspedisjɔ̃] *nf* expedición *f*.
expérience [ɛksperjɑ̃s] *nf* experiencia *f*; **~ (professionnelle)** experiencia (profesional).
expérimenté, -e [ɛksperimɑ̃te] *adj* experimentado(-da).
expert [ɛkspɛr] *nm (technicien)* perito *m*; *(connaisseur)* experto *m*; **~ en** experto en.
expertiser [ɛkspɛrtize] *vt* peritar.
expirer [ɛkspire] *vi* espirar.
explication [ɛksplikasjɔ̃] *nf* explicación *f*; *(discussion)* altercado *m*; **~ de texte** comentario *m* de texto.
expliquer [ɛksplike] *vt* explicar; **~ qqch à qqn** explicar algo a alguien. ❑ **s'expliquer** *vp* explicarse; *(se disputer)* tener un altercado.
exploit [ɛksplwa] *nm* hazaña *f*.
exploitation [ɛksplwatasjɔ̃] *nf* explotación *f*; **~ (agricole)** explotación agraria.
exploiter [ɛksplwate] *vt* explotar.

exploration [ɛksplɔrasjɔ̃] *nf* exploración *f.*

explorer [ɛksplɔre] *vt* explorar.

exploser [ɛksploze] *vi* explotar.

explosif, -ive [ɛksplozif, iv] *adj* explosivo(-va). ◆ *nm* explosivo *m.*

explosion [ɛksplozjɔ̃] *nf* explosión *f.*

exportation [ɛkspɔrtasjɔ̃] *nf* exportación *f.*

exporter [ɛkspɔrte] *vt* exportar.

exposé, -e [ɛkspoze] *adj (en danger)* expuesto(-ta). ◆ *nm* exposición *f*; ~ **au sud** orientado al sur; **bien** ~ bien orientado.

exposer [ɛkspoze] *vt* exponer; ~ **qqn/qqch à** exponer a alguien/algo a. ❑ **s'exposer à** *vp* + *prép* exponerse a.

exposition [ɛkspozisjɔ̃] *nf (d'art)* exposición *f*; *(d'une maison)* orientación *f.*

exprès[1] [ɛksprɛs] *adj inv* urgente. ◆ *nm*: **par** ~ por correo urgente.

exprès[2] [ɛksprɛ] *adv* adrede; **faire** ~ **de faire qqch** hacer algo adrede.

express [ɛksprɛs] *nm (café)* expresso *m*; **(train)** ~ (tren) expreso *m.*

expression [ɛksprɛsjɔ̃] *nf* expresión *f*; ~ **écrite/orale** expresión escrita/oral.

expresso [ɛksprɛso] *nm* exprés *m inv.*

exprimer [ɛksprime] *vt* expresar. ❑ **s'exprimer** *vp* expresarse.

expulser [ɛkspylse] *vt* expulsar.

exquis, -e [ɛkski, iz] *adj* exquisito(-ta).

extensible [ɛkstɑ̃sibl] *adj (vêtement)* extensible.

exténué, -e [ɛkstenye] *adj* extenuado(-da).

extérieur, -e [ɛksterjœr] *adj* & *nm* exterior; **à l'**~ *(dehors)* afuera; (SPORT) fuera; **à l'**~ **de** fuera de.

exterminer [ɛkstɛrmine] *vt* exterminar.

externe [ɛkstɛrn] *adj* & *nmf* externo(-na).

extincteur [ɛkstɛ̃ktœr] *nm* extintor *m.*

extinction [ɛkstɛ̃ksjɔ̃] *nf*: ~ **de voix** afonía *f.*

extra [ɛkstra] *adj inv* extra; *(fam)* guay. ◆ *préf* extra.

extraire [ɛkstrɛr] *vt* extraer; ~ **qqch de** extraer algo de; ~ **qqn de** sacar a alguien de.

extrait [ɛkstrɛ] *nm* extracto *m.*

extraordinaire [ɛkstraɔrdinɛr] *adj* extraordinario.

extravagant, -e [ɛkstravagɑ̃, ɑ̃t] *adj* extravagante.

extrême [ɛkstrɛm] *adj* extremo(-ma). ◆ *nm* extremo *m*; **l'Extrême-Orient** Extremo Oriente.

extrêmement [ɛkstrɛmmɑ̃] *adv* extremadamente.

extrémité [ɛkstremite] *nf* extremidad *f.*

F *(abr de franc, Fahrenheit)* F.

fable [fabl] *nf* fábula *f.*

fabricant [fabrikɑ̃] *nm* fabricante *m.*

fabrication [fabrikasjɔ̃] *nf* fabricación *f.*

fabriquer [fabrike] *vt* fabricar; **mais qu'est-ce que tu fabriques?** *(fam)* pero ¿qué estás haciendo?

fabuleux, -euse [fabylø, øz] *adj* fabuloso(-sa).

fac [fak] *nf (fam)* facul *f.*

façade [fasad] *nf* fachada *f.*

face [fas] *nf* cara *f; (d'une montagne)* ladera *f;* **faire ~ à** *(être devant)* estar frente a; *(affronter)* hacer frente a; **de ~** de frente; **en ~ (de)** enfrente (de); **~ à ~** cara a cara.

fâché, -e [faʃe] *adj* enfadado(-da).

fâcher [faʃe]: **se fâcher** *vp* enfadarse.

facile [fasil] *adj* fácil.

facilement [fasilmɑ̃] *adv (aisément)* fácilmente; *(au moins)* por lo menos.

facilité [fasilite] *nf* facilidad *f.*

faciliter [fasilite] *vt* facilitar.

façon [fasɔ̃] *nf* manera *f;* **de ~ (à ce) que** de manera que; **de toute ~** de todas maneras; **non merci, sans ~** gracias, pero no. ❑ **façons** *nfpl* modales *mpl;* **faire des ~s** ser muy relamido(-da).

facteur, -trice [faktœr, tris] *nm, f* cartero *m* (-ra *f*). ◆ *nm* factor *m.*

facture [faktyr] *nf* factura *f.*

facturer [faktyre] *vt* facturar.

facturette [faktyrɛt] *nf recibo que uno guarda cuando realiza un pago mediante tarjeta de crédito.*

facultatif, -ive [fakyltatif, iv] *adj* facultativo(-va).

faculté [fakylte] *nf* facultad *f.*

fade [fad] *adj (aliment)* soso(-sa); *(couleur)* apagado(-da).

fagot [fago] *nm* manojo *m (de leña).*

faible [fɛbl] *adj* débil; *(son, lumière, revenus)* bajo(-ja); *(élève)* flojo(-ja). ◆ *nm*: **j'ai un ~ pour le chocolat** mi punto flaco es el chocolate.

faiblement [fɛbləmɑ̃] *adv* débilmente.

faiblesse [fɛblɛs] *nf* flojedad *f; (indulgence)* flaqueza *f.*

faiblir [feblir] *vi* flaquear.

faïence [fajɑ̃s] *nf* loza *f.*

faille [faj] *nf (du terrain)* falla *f; (défaut)* fallo *m.*

faillir [fajir] *vi*: **il a failli tomber** por poco se cae.

faillite [fajit] *nf* quiebra *f;* **faire ~** quebrar.

faim [fɛ̃] *nf* hambre *f;* **avoir ~** tener hambre.

fainéant, -e [feneɑ̃, ɑ̃t] *adj & nm, f* vago(-ga).

faire [fɛr] *vt* -1. *(gén)* hacer; **~ les comptes** hacer cuentas; **~ une**

promenade dar un paseo; ~ **le ménage** hacer la limpieza; ~ **son lit** hacer la cama; ~ **la vaisselle** fregar los platos; ~ **ses valises** hacer las maletas; **je lui ai fait mal sans le faire exprès** sin querer le he hecho daño; **ma jambe me fait horriblement mal** me duele muchísimo la pierna; ~ **de la peine à qqn** entristecer a alguien.
-2. *(s'occuper à)*: **que faites-vous comme métier?** ¿a qué se dedica usted?
-3. *(sport, discipline)* hacer; ~ **du piano** tocar el piano; ~ **des études** estudiar.
-4. *(imiter)*: ~ **l'imbécile** hacer el imbécil.
-5. *(parcourir)* recorrer; **nous avons fait 150 km en deux heures** hemos recorrido 150 km en dos horas; ~ **du 150 (à l'heure)** ir a unos 150 km (por hora).
-6. *(avec des mesures)*: **les pièces font 3 m de haut** las habitaciones tienen 3 m de altura; **je fais 1,68 m** mido 1.68 m; **je fais du 40** uso la talla 40.
-7. *(MATH)*: **10 et 3 font 13** 10 más 3 son 13.
-8. *(dire)* decir.
-9. *(dans des expressions)*: **ça ne fait rien** no importa; **ne** ~ **que** *(faire sans cesse)* no parar de; *(faire seulement)* no hacer más que; **qu'est-ce que ça peut te ~?** ¿qué más te da?; **qu'est-ce que j'ai fait de mes clefs?** ¿qué he hecho con mis llaves?
◆ *vi* -1. *(agir)* hacer; **vas-y, mais fais vite** ve pero date prisa; **vous feriez mieux de...** más valdría que...; **faites comme chez vous** haga como si estuviese en su casa.
-2. *(avoir l'air)*: ~ **jeune/vieux** parecer joven/mayor.
◆ *v impers*: **il fait chaud/- 2°C** hace calor/- 2°C; **ça fait trois jours que nous avons quitté Rouen** hace tres días que nos fuimos de Rouen; **ça fait longtemps que je n'ai pas eu de ses nouvelles** hace tiempo que no tengo noticias suyos; **ça fait dix ans que j'habite ici** hace diez años que vivo aquí.
◆ *v aux* -1. *(indique que l'on provoque une action)* hacer; ~ **tomber qqch** hacer caer algo; ~ **cuire qqch** cocer algo.
-2. *(indique que l'on commande une action)*: ~ **repeindre la maison** volver a pintar la casa; ~ **nettoyer un vêtement** llevar a limpiar una prenda.
◆ *v substitut* hacer; **on lui a conseillé de réserver mais il ne l'a pas fait** se le aconsejó que reservara pero no lo hizo.
❑ **se faire** *vp* -1. *(gén)* hacerse; **ça ne se fait pas** no se hace; **ça se fait** *(c'est à la mode)* se lleva; **se** ~ **des amis** hacerse amigos; **se** ~ **mal** hacerse daño; **se** ~ **du souci** preocuparse; **se** ~ **beau** ponerse guapo; **se** ~ **vieux** hacerse viejo.
-2. *(avec un infinitif)*: **il se fait opérer de l'appendicite mardi** el martes lo operan de apendicitis; **je me suis fait arrêter par la police** me ha arrestado la policía; **je me suis fait aider par mon frère** me ha ayudado mi hermano; **il s'est fait couper les cheveux** se ha cortado el pelo.

-3. *(dans des expressions)*: **comment se fait-il que...?** ¿cómo es que...?; **ne pas s'en ~** no preocuparse.
❑ **se faire à** *vp + prép* acostumbrase a.
faire-part [fɛrpar] *nm inv* participación *f (de boda)*.
fais [fɛ] → **faire**.
faisable [fəzabl] *adj* factible.
faisan [fəzɑ̃] *nm* faisán *m*.
faisant [fəzɑ̃] *ppr* → **faire**.
faisons [fəzɔ̃] → **faire**.
fait, **-e** [fɛ, fɛt] *pp* → **faire**. ◆ *adj* hecho(-cha). ◆ *nm* hecho *m*; **(c'est) bien ~ pour toi!** ¡te está bien empleado!; **~s divers** sucesos *mpl*; **au ~** a propósito; **du ~ de** a causa de; **en ~** de hecho; **prendre qqn sur le ~** coger a alguien con las manos en la masa.
faites [fɛt] → **faire**.
fait-tout [fɛtu] *nm inv* cacerola *f*.
falaise [falɛz] *nf* acantilado *m*.
falloir [falwar] *v impers*: **il faut du courage pour faire ça** hace falta valor para hacer eso; **il faut y aller** OU **que nous y allions** tenemos que irnos; **il me faut deux kilos d'oranges** necesito dos kilos de naranjas; **il me faut y retourner** tengo que volver.
fallu [faly] *pp* → **falloir**.
falsifier [falsifje] *vt* falsificar.
fameux, **-euse** [famø, øz] *adj (célèbre)* famoso(-sa); *(très bon)* exquisito(-ta).
familial, **-e**, **-aux** [familjal, o] *adj* familiar.
familiarité [familjarite] *nf* familiaridad *f*.
familier, **-ère** [familje, ɛr] *adj* familiar.
famille [famij] *nf* familia *f*; **en ~** en familia.
fan [fan] *nmf (fam)* fan *mf*.
fanatique [fanatik] *adj* & *nmf* fanático(-ca).
fané, **-e** [fane] *adj (fleur)* marchitado(-da); *(couleur, tissu)* deslucido(-da).
faner [fane]: **se faner** *vp* marchitarse.
fanfare [fɑ̃far] *nf* fanfarria *f*.
fanfaron, **-onne** [fɑ̃farɔ̃, ɔn] *adj* fanfarrón(-ona).
fantaisie [fɑ̃tezi] *nf (imagination)* fantasía *f*; *(caprice)* antojo *m*; **bijoux ~** bisutería *f* de fantasía.
fantastique [fɑ̃tastik] *adj* fantástico(-ca).
fantôme [fɑ̃tom] *nm* fantasma *m*.
far [far] *nm*: **~ breton** *flan con ciruelas pasas*.
farce [fars] *nf (plaisanterie)* broma *f*; *(CULIN)* relleno *m*; **faire une ~ à qqn** gastar una broma a alguien.
farceur, **-euse** [farsœr, øz] *nm, f* bromista *mf*.
farci, **-e** [farsi] *adj* relleno(-na).
fard [far] *nm*: **~ à joues** colorete *m*; **~ à paupières** sombra *f* de ojos.
farfelu, **-e** [farfəly] *adj* estrafalario(-ria).
farine [farin] *nf* harina *f*.
farouche [faruʃ] *adj* salvaje.

fascinant, -e [fasinɑ̃, ɑ̃t] *adj* fascinante.
fasciner [fasine] *vt* fascinar.
fasse *etc* → **faire**.
fatal, -e [fatal] *adj* fatal.
fatalement [fatalmɑ̃] *adv* fatalmente.
fataliste [fatalist] *adj* fatalista.
fatigant, -e [fatigɑ̃, ɑ̃t] *adj (épuisant)* cansado(-da); *(agaçant)* pesado(-da).
fatigue [fatig] *nf* cansancio *m*.
fatigué, -e [fatige] *adj* cansado(-da); **être ~ de (faire) qqch** estar harto de (hacer) algo.
fatiguer [fatige] *vt* cansar. ❑ **se fatiguer** *vp* cansarse; **se ~ à faire qqch** matarse a hacer algo.
faubourg [fobur] *nm*: **les ~s** las inmediaciones.
faucher [foʃe] *vt (blé)* segar; *(piéton, cycliste)* atropellar; *(fam: voler)* birlar.
faudra [fodra] → **falloir**.
faufiler [fofile]: **se faufiler** *vp* colarse.
faune [fon] *nf* fauna *f*.
fausse → **faux**.
fausser [fose] *vt (résultat)* falsear; *(clef, mécanisme)* torcer.
faut [fo] → **falloir**.
faute [fot] *nf* falta *f*; *(responsabilité)* culpa *f*; **c'est (de) ma ~** es culpa mía; **~ de** a falta de.
fauteuil [fotœj] *nm* sillón *m*; *(de cinéma, de théâtre)* butaca *f*; **~ à bascule** mecedora *f*; **~ roulant** silla *f* de ruedas.
fauve [fov] *nm* fiera *f*.
faux, fausse [fo, fos] *adj* falso(-sa); *(barbe, dent)* postizo(-za). ◆ *adv*: **chanter ~** desafinar; **fausse note** *(MUS)* nota *f* falsa; **~ numéro** número equivocado.
faux-filet, -s [fofilɛ] *nm* solomillo *m* bajo.
faveur [favœr] *nf* favor *m*; **en ~ de** a favor de.
favorable [favɔrabl] *adj* favorable; **être ~ à** estar a favor de.
favori, -ite [favɔri, it] *adj* favorito(-ta).
favoriser [favɔrize] *vt* favorecer.
fax [faks] *nm* fax *m*.
faxer [fakse] *vt* enviar por fax.
féculent [fekylɑ̃] *nm* alimento *m* feculento.
fédéral, -e, -aux [federal, o] *adj* federal.
fédération [federasjɔ̃] *nf* federación *f*.
fée [fe] *nf* hada *f*.
feignant, -e [fɛɲɑ̃, ɑ̃t] *adj (fam)* vago(-ga).
feinte [fɛ̃t] *nf* finta *f*.
fêler [fele]: **se fêler** *vp* resquebrajarse.
félicitations [felisitasjɔ̃] *nfpl* felicidades *fpl*.
féliciter [felisite] *vt* felicitar.
félin [felɛ̃] *nm* felino *m*.
femelle [fəmɛl] *nf* hembra *f*.
féminin, -e [feminɛ̃, in] *adj* femenino(-na). ◆ *nm* femenino *m*.
femme [fam] *nf* mujer *f*; **~ de chambre** camarera *f*; **~ de ménage** asistenta *f*; **bonne ~** *(fam)* tía *f*.
fendant [fɑ̃dɑ̃] *nm variedad de*

vino blanco de la región de Valais en Suiza.

fendre [fɑ̃dr] *vt* rajar.

fenêtre [fənɛtr] *nf* ventana *f.*

fenouil [fənuj] *nm* hinojo *m.*

fente [fɑ̃t] *nf (fissure)* grieta *f; (de tirelire, de distributeur)* ranura *f.*

fer [fɛr] *nm* hierro *m;* ~ **à cheval** herradura *f;* ~ **forgé** hierro forjado; ~ **à repasser** plancha *f (para la ropa).*

fera *etc* → **faire.**

féra [fera] *nf variedad de pescado del lago Lemán.*

fer-blanc [fɛrblɑ̃] *nm* hojalata *f.*

férié [ferje] *adj m* → **jour.**

ferme [fɛrm] *adj (dur)* firme; *(strict)* severo(-ra). ◆ *nf* granja *f;* ~ **auberge** *granja restaurante.*

fermé, -e [fɛrme] *adj* cerrado(-da); *(visage)* impenetrable.

fermement [fɛrməmɑ̃] *adv (appuyer)* con fuerza; *(refuser)* con firmeza.

fermenter [fɛrmɑ̃te] *vi* fermentar.

fermer [fɛrme] *vt* cerrar; *(rideau)* correr. ◆ *vi* cerrar; ~ **qqch à clef** cerrar algo con llave; **ça ne ferme pas** no cierra. ❑ **se fermer** *vp* cerrarse.

fermeté [fɛrməte] *nf (dureté)* dureza *f; (autorité)* firmeza *f.*

fermeture [fɛrmətyr] *nf* cierre *m;* '~ **annuelle**' 'cierre anual'; ~ **Éclair**® cremallera *f.*

fermier, -ère [fɛrmje, ɛr] *nm, f* granjero *m* (-ra *f*).

fermoir [fɛrmwar] *nm* cierre *m.*

féroce [ferɔs] *adj* feroz.

ferraille [fɛraj] *nf* chatarra *f.*

ferrée [fɛre] *adj f* → **voie.**

ferroviaire [fɛrɔvjɛr] *adj* ferroviario(-ria).

ferry [fɛri] (*pl* **ferries**) *nm* ferry *m.*

fertile [fɛrtil] *adj* fértil.

fesse [fɛs] *nf* nalga *f.* ❑ **fesses** *nfpl* culo *m.*

fessée [fese] *nf* azotaina *f.*

festin [fɛstɛ̃] *nm* festín *m.*

festival [fɛstival] *nm* festival *m.*

FESTIVAL D'AVIGNON

Festival creado por Jean Vilar en 1947 que se celebra cada verano en Aviñón, en el suroeste de Francia, y en sus alrededores. Además de importantes espectáculos teatrales y de danza que seguidamente serán presentados en otros lugares de Francia, la ciudad también acoge múltiples espectáculos callejeros más informales.

FESTIVAL DE CANNES

Este festival internacional de cine se celebra todos los años en mayo. Un jurado, compuesto por insignes representantes del mundo del espectáculo, entrega varios premios a la mejor interpretación, realización, etc. El más destacado de ellos es la Palma de Oro que se atribuye a la mejor película del festival.

fête [fɛt] *nf* fiesta *f; (jour du saint)* santo *m;* **faire la** ~ ir de juerga;

bonne ~! ¡felicidades!; **~ foraine** feria *f*; **la ~ des Mères/des Pères** el día de la madre/del padre; **la ~ de la Musique** *fiesta que se celebra el 21 de junio y que se dedica a la música*; **~ nationale** fiesta nacional. ❑ **fêtes** *nfpl*: **les ~s (de fin d'année)** las fiestas de fin de año.

 **FÊTE**

Según la tradición se felicita el santo deseando "Bonne fête" a las personas cuyo nombre coincide con la onomástica del día.

 **FÊTE DE LA MUSIQUE**

Esta manifestación cultural se creó a principio de los años 80 para fomentar la difusión de la música en Francia. Durante la noche del 21 de junio todo tipo de orquestas y músicos, incluso aficionados, pueden actuar en la calle. Todos los espectáculos son gratuitos.

fêter [fete] *vt* celebrar.

feu, **-x** [fø] *nm* fuego *m*; **avez-vous du ~?** ¿tiene fuego?; **faire du ~** hacer fuego; **mettre le ~ à** prender fuego a; **à ~ doux** a fuego lento; **~ d'artifice** fuegos artificiales; **~ de camp** fuego de campamento; **~ rouge/vert** semáforo *m* en rojo/en verde; **~ de signalisation**, **~ tricolore** semáforo; **~x arrière/de croisement/de recul** luces traseras/de cruce/de marcha atrás; **au ~!** ¡fuego!; **en ~** ardiendo.

feuillage [fœjaʒ] *nm* follaje *m*.

feuille [fœj] *nf* hoja *f*; **~ morte** hoja seca.

feuilleté, **-e** [fœjte] *adj* → **pâte**. ◆ *nm* hojaldre *m*.

feuilleter [fœjte] *vt* ojear.

feuilleton [fœjtɔ̃] *nm* serial *m*.

feutre [føtr] *nm (stylo)* rotulador *m*; *(chapeau)* sombrero *m* de fieltro.

fève [fɛv] *nf (haricot)* haba *f*; *(de galette) figurita que designa rey al que la encuentra en su porción del pastel de reyes*.

février [fevrije] *nm* febrero *m*, → **septembre**.

FF *(abr de franc français)* FF.

fiable [fjabl] *adj* fiable.

fiançailles [fjɑ̃saj] *nfpl (cérémonie)* pedida *f*; *(période)* noviazgo *m*.

fiancé, **-e** [fjɑ̃se] *nm, f* novio *m* (-via *f*).

fiancer [fjɑ̃se]: **se fiancer** *vp* prometerse.

fibre [fibr] *nf* fibra *f*.

ficeler [fisle] *vt* atar.

ficelle [fisɛl] *nf* cordel *m*; *(pain) barra de pan muy fina*.

fiche [fiʃ] *nf* ficha *f*; **~ de paie** nómina *f (documento)*.

ficher [fiʃe] *vt (renseignement, suspect)* fichar; *(planter)* clavar; *(fam: faire)* hacer; *(fam: mettre)* poner; **mais qu'est-ce qu'il fiche?** *(fam)* ¿pero qué hace?; **fiche-moi la paix!** *(fam)* ¡déjame en paz!; **~ le camp** *(fam)* largarse. ❑ **se fi-**

cher de *vp + prép (fam: ridiculiser)* burlarse de; **je m'en fiche** *(fam: ça m'est égal)* me importa un bledo.
fichier [fiʃje] *nm* fichero *m*.
fichu, -e [fiʃy] *adj (fam)*: **c'est ~** *(raté)* se jorobó la cosa; *(cassé)* está escacharrado; **être bien ~** estar bien hecho; **être mal ~** estar pachucho.
fidèle [fidɛl] *adj* fiel.
fidélité [fidelite] *nf* fidelidad *f*.
fier[1] [fje]: **se fier** *vp*: **se ~ à** fiarse de.
fier[2], **fière** [fjɛr] *adj* orgulloso(-sa); **être ~ de** estar orgulloso de.
fierté [fjɛrte] *nf* orgullo *m*.
fièvre [fjɛvr] *nf* fiebre *f*; **avoir de la ~** tener fiebre.
fiévreux, -euse [fjevrø, øz] *adj* febril.
fig. *(abr de figure)* fig.
figé, -e [fiʒe] *adj (personne)* petrificado(-da); *(sauce)* cuajado(-da).
figer [fiʒe]: **se figer** *vp (personne)* quedarse petrificado(-da); *(sauce)* cuajarse.
figue [fig] *nf* higo *m*.
figure [figyr] *nf (visage)* cara *f*; *(schéma)* figura *f*.
figurer [figyre] *vi* figurar. ❑ **se figurer** *vp*: **se ~ que** figurarse que.
fil [fil] *nm* hilo *m*; **~ de fer** alambre *m*.
file [fil] *nf* fila *f*; **~ (d'attente)** cola *f*; **à la ~** en fila; **en ~ (indienne)** en fila (india).
filer [file] *vt (collant)* hacerse una carrera en. ◆ *vi (aller vite)* volar; *(fam: partir)* salir pitando; **~ qqch à qqn** *(fam)* pasar algo a alguien.
filet [filɛ] *nm (de pêche, au tennis)* red *f*; *(d'eau)* hilo *m*; *(de poisson)* filete *m*; *(de bœuf)* solomillo *m*; **~ américain** *carne cruda picada mezclada con una yema de huevo a la que se añaden condimentos; especialidad belga*; **~ à bagages** rejilla *f*; **~ mignon** solomillo.
filiale [filjal] *nf* filial *f*.
filière [filjɛr] *nf (SCOL)* carrera *f*.
fille [fij] *nf* chica *f*; *(descendante)* hija *f*.
fillette [fijɛt] *nf* chiquilla *f*.
filleul, -e [fijœl] *nm, f* ahijado *m* (-da *f*).
film [film] *nm* película *f*; *(plastique)* film *m*; **~ d'horreur** OU **d'épouvante** película de terror; **~ vidéo** película de vídeo.
filmer [filme] *vt* filmar.
fils [fis] *nm* hijo *m*.
filtre [filtr] *nm* filtro *m*.
filtrer [filtre] *vt* filtrar.
fin, -e [fɛ̃, fin] *adj* fino(-na); *(subtil)* agudo(-da). ◆ *nf* final *m*; **~ juillet** a finales de julio; **à la ~ (de)** al final (de).
final, -e, -als OU **-aux** [final, o] *adj* final.
finale [final] *nf* final *f*.
finalement [finalmɑ̃] *adv* finalmente.
finaliste [finalist] *nmf* finalista *mf*.
finance [finɑ̃s] *nf*: **la ~** la finanza; **les ~s** *(publiques)* las finanzas; *(fam: d'un particulier)* los fondos.

financement [finɑ̃smɑ̃] *nm* financiación *f*.

financer [finɑ̃se] *vt* financiar.

financier, **-ère** [finɑ̃sje, ɛr] *adj* financiero(-ra). ◆ *nm (gâteau) pastel de almendras y fruta confitada*; **sauce financière** *salsa a base de vino de Madeira y esencia de trufas*.

finesse [finɛs] *nf* finura *f*; *(de l'esprit)* sutileza *f*.

finir [finir] *vt* & *vi* acabar; ~ **bien** acabar bien; ~ **de faire qqch** acabar de hacer algo; ~ **par faire qqch** acabar por hacer algo.

finlandais, **-e** [fɛ̃lɑ̃dɛ, ɛz] *adj* finlandés(-esa). ◆ *nm (langue)* = **finnois**. ❑ **Finlandais**, **-e** *nm, f* finlandés *m* (-esa *f*).

Finlande [fɛ̃lɑ̃d] *nf*: **la** ~ Finlandia.

finnois [finwa] *nm* finlandés *m*.

fioul [fjul] *nm* fuel *m*.

fisc [fisk] *nm* fisco *m*.

fiscal, **-e**, **-aux** [fiskal, o] *adj* fiscal.

fissure [fisyr] *nf* grieta *f*.

fissurer [fisyre]: **se fissurer** *vp* agrietarse.

fixation [fiksasjɔ̃] *nf (de ski)* fijación *f*; **faire une ~ sur qqch** tener una fijación con algo.

fixe [fiks] *adj* fijo(-ja).

fixer [fikse] *vt* fijar; *(regarder)* mirar fijamente.

flacon [flakɔ̃] *nm* frasco *m*.

flageolet [flaʒɔlɛ] *nm* alubia *f* verde.

flagrant, **-e** [flagrɑ̃, ɑ̃t] *adj* flagrante; **(en) ~ délit** (en) flagrante delito.

flair [flɛr] *nm* olfato *m*; **avoir du ~** *(fig)* tener olfato.

flairer [flɛre] *vt* olfatear; *(fig)* presentir.

flamand, **-e** [flamɑ̃, ɑ̃d] *adj* flamenco(-ca). ◆ *nm (langue)* flamenco *m*.

flambé, **-e** [flɑ̃be] *adj* flameado(-da).

flamber [flɑ̃be] *vi* arder.

flamiche [flamiʃ] *nf pastel que se suele rellenar con puerros o queso, típico del norte de Francia y de Bélgica*.

flamme [flam] *nf* llama *f*; **en ~s** en llamas.

flan [flɑ̃] *nm* flan *m*.

flanc [flɑ̃] *nm* costado *m*.

flâner [flane] *vi* callejear.

flanquer [flɑ̃ke] *vt* rodear; ~ **une gifle à qqn** *(fam)* meter un bofetón a alguien.

flaque [flak] *nf* charco *m*.

flash [flaʃ] (*pl* **-s** OU **-es**) *nm* flash *m*; *(d'information)* avance *m* informativo.

flatter [flate] *vt* halagar.

fléau, **-x** [fleo] *nm* plaga *f*.

flèche [flɛʃ] *nf* flecha *f*.

fléchette [fleʃɛt] *nf* dardo *m*.

fléchir [fleʃir] *vt* doblar. ◆ *vi* vencerse.

flemme [flɛm] *nf (fam)*: **avoir la ~ (de faire qqch)** darle pereza a alguien (hacer algo).

flétri, **-e** [fletri] *adj* marchitado(-da).

fleur [flœr] *nf* flor *f*; ~ **d'oranger** (CULIN) (flor de) azahar *m*; **à ~s** de flores; **en ~(s)** en flor.

fleuri, -e [flœri] *adj (jardin)* florido(-da); *(tissu)* floreado(-da).
fleurir [flœrir] *vi* florecer.
fleuriste [flœrist] *nmf* florista *mf.*
fleuve [flœv] *nm* río *m.*
flexible [flɛksibl] *adj* flexible.
flic [flik] *nm (fam)* poli *m.*
flipper [flipœr] *nm* flipper *m.*
flirter [flœrte] *vi* flirtear.
flocon [flɔkɔ̃] *nm*: **~ de neige** copo *m* de nieve; **~s d'avoine** copos *mpl* de avena.
flore [flɔr] *nf* flora *f.*
flot [flo] *nm* raudal *m.*
flottante [flɔtɑ̃t] *adj f* → **île**.
flotte [flɔt] *nf* flota *f*; *(fam: eau)* agua *f*; *(fam: pluie)* lluvia *f.*
flotter [flɔte] *vi* flotar.
flotteur [flɔtœr] *nm (de pêche)* corcho *m*; *(de bateau)* boya *f.*
flou, -e [flu] *adj (photo)* borroso(-sa); *(idée, souvenir)* confuso(-sa).
fluide [flɥid] *adj* fluido(-da). ◆ *nm* fluido *m.*
fluo [flyo] *adj inv* fluorescente.
fluor [flyɔr] *nm* flúor *m.*
fluorescent, -e [flyɔresɑ̃, ɑ̃t] *adj* fluorescente.
flûte [flyt] *nf (instrument)* flauta *f*; *(pain)* barra fina de pan; *(verre)* copa *f* de champán. ◆ *excl* ¡vaya!; **~ à bec** flauta dulce.
FM *nf* FM *f.*
FNAC [fnak] *nf* FNAC *f.*
foi [fwa] *nf* fe *f*; **bonne/mauvaise ~** buena/mala fe.
foie [fwa] *nm* hígado *m*; **~ gras** *plato exquisito a base de hígado de oca o pato*; **~ de veau** *hígado de ternera lechal.*
foin [fwɛ̃] *nm* heno *m.*
foire [fwar] *nf* feria *f.*
fois [fwa] *nf* vez *f*; **une/deux/trois ~ (par jour)** una/dos/tres veces (al día); **3 ~ 2** 3 por 2; **à la ~** a la vez; **des ~** *(fam)* a veces; **une ~ que** una vez que; **une ~ pour toutes** de una vez por todas.
folie [fɔli] *nf* locura *f*; **faire une ~** hacer una locura.
folklore [fɔlklɔr] *nm* folclor *m.*
folklorique [fɔlklɔrik] *adj* folclórico(-ca).
folle → **fou**.
foncé, -e [fɔ̃se] *adj* oscuro(-ra).
foncer [fɔ̃se] *vi* oscurecerse; *(fam: aller vite)* volar; **~ dans** OU **sur** arremeter contra.
fonction [fɔ̃ksjɔ̃] *nf* función *f*; **la ~ publique** la función pública; **en ~ de** en función de.
fonctionnaire [fɔ̃ksjɔnɛr] *nmf* funcionario *m* (-ria *f*).
fonctionnel, -elle [fɔ̃ksjɔnɛl] *adj* funcional.
fonctionnement [fɔ̃ksjɔnmɑ̃] *nm* funcionamiento *m.*
fonctionner [fɔ̃ksjɔne] *vi* funcionar; **faire ~ qqch** hacer funcionar algo.
fond [fɔ̃] *nm* fondo *m*; **au ~, dans le ~** *(en réalité)* en el fondo; **au ~ de** en el fondo de; **à ~** a fondo; *(rouler)* a todo gas; **~ d'artichaut** corazón *m* de alcachofa; **~ de teint** fondo de maquillaje.

fondamental, -e, -aux [fɔ̃damɑ̃tal, o] *adj* fundamental.

fondant, -e [fɔ̃dɑ̃, ɑ̃t] *adj* que se deshace. ◆ *nm*: ~ **au chocolat** *pastel de chocolate de consistencia parecida al bombón*.

fondation [fɔ̃dasjɔ̃] *nf* fundación *f*. ❑ **fondations** *nfpl* cimientos *mpl*.

fonder [fɔ̃de] *vt* fundar. ❑ **se fonder sur** *vp* + *prép* basarse en.

fondre [fɔ̃dr] *vi* derretir; ~ **en larmes** romper a llorar.

fonds [fɔ̃] *nmpl* fondos *mpl*.

fondue [fɔ̃dy] *nf*: ~ **bourguignonne/savoyarde** fondue *f* de carne/de queso; ~ **parmesan** *(Can) variedad de quesos fundidos, sobre todo parmesano, que se sirve empanado y frito en la sartén*.

font [fɔ̃] → **faire**.

fontaine [fɔ̃tɛn] *nf* fuente *f*.

fonte [fɔ̃t] *nf (métal)* hierro *m* colado; *(des neiges)* deshielo *m*.

foot(ball) [fut(bol)] *nm* fútbol *m*.

footballeur [futbolœr] *nm* futbolista *m*.

footing [futiŋ] *nm* footing *m*; **faire un** ~ hacer footing.

forain, -e [fɔrɛ̃, ɛn] *adj* → **fête**. ◆ *nm* feriante *m*.

force [fɔrs] *nf* fuerza *f*; **de** ~ por OU a la fuerza; **à** ~ **de faire qqch** a fuerza de hacer algo.

forcément [fɔrsemɑ̃] *adv* forzosamente; **pas** ~ no necesariamente.

forcer [fɔrse] *vt* & *vi* forzar; ~ **qqn à faire qqch** forzar a alguien a hacer algo. ❑ **se forcer** *vp*: **se** ~ **(à faire qqch)** forzarse (a hacer algo).

forêt [fɔrɛ] *nf* bosque *m*.

forêt-noire [fɔrɛnwar] (*pl* **forêts-noires**) *nf* selva *f* negra.

forfait [fɔrfɛ] *nm* forfait *m*; **déclarer** ~ abandonar.

forfaitaire [fɔrfɛtɛr] *adj*: **tarif** ~ tarifa *f* fija.

forgé [fɔrʒe] *adj m* → **fer**.

forger [fɔrʒe] *vt* forjar.

formalités [fɔrmalite] *nfpl* formalidades *fpl*.

format [fɔrma] *nm* formato *m*.

formater [fɔrmate] *vt* formatear.

formation [fɔrmasjɔ̃] *nf* formación *f*.

forme [fɔrm] *nf* forma *f*; **en** ~ **de** en forma de; **être en (pleine)** ~ estar en (plena) forma.

former [fɔrme] *vt* formar. ❑ **se former** *vp* formarse.

formidable [fɔrmidabl] *adj* formidable.

formulaire [fɔrmylɛr] *nm* formulario *m*.

formule [fɔrmyl] *nf* fórmula *f*; *(de restaurant)* menú *m*.

fort, -e [fɔr, fɔrt] *adj* & *adv* fuerte; ~ **en maths** bueno en matemáticas.

forteresse [fɔrtərɛs] *nf* fortaleza *f*.

fortifications [fɔrtifikasjɔ̃] *nfpl* fortificaciones *fpl*.

fortifier [fɔrtifje] *vt* fortificar; *(suj: médicament)* fortalecer.

fortune [fɔrtyn] *nf* fortuna *f*; **faire ~** hacer fortuna.
fosse [fos] *nf* fosa *f*.
fossé [fose] *nm* cuneta *f*.
fossette [fosɛt] *nf* hoyuelo *m*.
fossile [fosil] *nm* fósil *m*.
fou, **folle** [fu, fɔl] *adj* loco(-ca); *(fig)* increíble. ◆ *nm, f* loco *m* (-ca *f*). ◆ *nm (aux échecs)* alfil *m*; **j'ai eu le ~ rire** me dio la risa tonta.
foudre [fudr] *nf* rayo *m*.
foudroyant, **-e** [fudrwajɑ̃, ɑ̃t] *adj* fulminante.
foudroyer [fudrwaje] *vt* fulminar.
fouet [fwɛ] *nm* látigo *m*; *(CULIN)* batidor *m*; **de plein ~** de frente.
fouetter [fwete] *vt* azotar; *(CULIN)* batir.
fougère [fuʒɛr] *nf* helecho *m*.
fouiller [fuje] *vt* registrar.
fouillis [fuji] *nm* revoltijo *m*.
foulard [fular] *nm* pañuelo *m*.
foule [ful] *nf* multitud *f*.
fouler [fule]: **se fouler** *vp*: **se ~ la cheville** torcerse el tobillo.
foulure [fulyr] *nf* torcedura *f*.
four [fur] *nm* horno *m*.
fourche [furʃ] *nf (instrument)* horquilla *f*; *(carrefour)* bifurcación *f*; *(Belg)* tiempo *m* libre.
fourchette [furʃɛt] *nf* tenedor *m*; *(de prix)* gama *f*.
fourchu, **-e** [furʃy] *adj (cheveux)* con las puntas abiertas.
fourgon [furgɔ̃] *nm* furgón *m*.
fourgonnette [furgɔnɛt] *nf* furgoneta *f*.
fourmi [furmi] *nf* hormiga *f*; **avoir des ~s dans les jambes** tener hormigueo en las piernas.
fourmilière [furmiljɛr] *nf* hormiguero *m*.
fourneau, **-x** [furno] *nm* hornilla *m*.
fournir [furnir] *vt* suministrar; *(effort)* realizar; **~ qqch à qqn** procurar algo a alguien; **~ qqn en qqch** proveer a alguien de algo.
fournisseur, **-euse** [furnisœr, øz] *nm, f* proveedor *m* (-ra *f*).
fournitures [furnityr] *nfpl* material *m*.
fourré, **-e** [fure] *adj (vêtement)* forrado(-da); *(CULIN)* relleno(-na).
fourrer [fure] *vt* rellenar; *(fam)* meter. ❑ **se fourrer** *vp (fam)* meterse.
fourre-tout [furtu] *nm inv* bolso *m*.
fourrière [furjɛr] *nf (pour voitures)* depósito *m*; *(pour animaux)* perrera *f*.
fourrure [furyr] *nf* piel *f*; *(vêtement)* prenda *f* de piel.
foyer [fwaje] *nm* hogar *m*; *(pour travailleurs, étudiants)* residencia *f*; **femme/mère au ~** ama *f* de casa.
fracasser [frakase]: **se fracasser** *vp* estrellarse.
fraction [fraksjɔ̃] *nf* fracción *f*.
fracture [fraktyr] *nf* fractura *f*.
fracturer [fraktyre] *vt* forzar. ❑ **se fracturer** *vp*: **se ~ le crâne** fracturarse el cráneo.
fragile [fraʒil] *adj* frágil.
fragment [fragmɑ̃] *nm* fragmento *m*.

fraîche → **frais**.
fraîcheur [frɛʃœr] *nf (du matin, de l'ombre)* frescor *m*; *(d'un aliment)* frescura *f*.
frais, **fraîche** [frɛ, frɛʃ] *adj* fresco(-ca). ◆ *nmpl* gastos *mpl*. ◆ *nm*: **mettre qqch au ~** poner algo al fresco; **prendre le ~** tomar el fresco. ◆ *adv*: **il fait ~** hace fresco; **'servir ~'** 'servir frío'.
fraise [frɛz] *nf* fresa *f*.
fraisier [frɛzje] *nm (plante)* fresera *f*; *(gâteau) bizcocho empapado en kirsch relleno de nata y trocitos de fresa*.
framboise [frɑ̃bwaz] *nf* frambuesa *f*.
franc, **franche** [frɑ̃, frɑ̃ʃ] *adj* franco(-ca). ◆ *nm* franco *m*; **~ belge/suisse** franco belga/suizo.
français, **-e** [frɑ̃sɛ, ɛz] *adj* francés(-esa). ◆ *nm (langue)* francés *m*. ❑ **Français**, **-e** *nm, f* francés *m* (-esa *f*).
France [frɑ̃s] *nf*: **la ~** Francia; **~ 2** *cadena pública de televisión francesa*, ≃ TVE 1; **~ 3** *cadena pública de televisión francesa*, ≃ La 2; **~ Télécom** *compañía nacional francesa de telecomunicaciones*, ≃ Telefónica.
franche → **franc**.
franchement [frɑ̃ʃmɑ̃] *adv (honnêtement)* francamente; *(très)* verdaderamente.
franchir [frɑ̃ʃir] *vt* atravesar.
franchise [frɑ̃ʃiz] *nf (honnêteté)* franqueza *f*; *(d'assurance)* franquicia *f*.
francophone [frɑ̃kɔfɔn] *adj* francófono(-na).
frange [frɑ̃ʒ] *nf* flequillo *m*; **à ~s** con flecos.
frangipane [frɑ̃ʒipan] *nf (crème)* crema *f* de almendras; *(gâteau)* pastel *m* con crema de almendras.
frappant, **-e** [frapɑ̃, ɑ̃t] *adj (ressemblance)* sorprendente.
frappé, **-e** [frape] *adj (frais)* helado(-da).
frapper [frape] *vt (battre)* pegar; *(coup)* golpear; *(impressionner)* impresionar; *(suj: maladie, catastrophe)* afectar. ◆ *vi*: **~ (à la porte)** llamar (a la puerta); **~ dans ses mains** dar palmadas.
fraude [frod] *nf* fraude *m*; **passer qqch en ~** pasar algo fraudulentamente.
frayer [frɛje]: **se frayer** *vp*: **se ~ un chemin** abrirse camino.
frayeur [frɛjœr] *nf* pavor *m*.
fredonner [frədɔne] *vt* tararear.
freezer [frizœr] *nm* congelador *m*.
frein [frɛ̃] *nm* freno *m*; **~ à main** freno de mano.
freiner [frene] *vt* & *vi* frenar.
frémir [fremir] *vi* estremecerse.
fréquence [frekɑ̃s] *nf* frecuencia *f*.
fréquent, **-e** [frekɑ̃, ɑ̃t] *adj* frecuente.
fréquenter [frekɑ̃te] *vt* frecuentar.
frère [frɛr] *nm* hermano *m*.
fresque [frɛsk] *nf* fresco *m*.
friand [frijɑ̃] *nm* ≃ empanada *f* de carne.

friandise [frijɑ̃diz] *nf* golosina *f*.
fric [frik] *nm (fam)* pasta *f*.
fricassée [frikase] *nf* fricasé *m*.
frictionner [friksjɔne] *vt* friccionar.
Frigidaire® [friʒidɛr] *nm* nevera *f*.
frigo [frigo] *nm (fam)* frigo *m*.
frileux, **-euse** [frilø, øz] *adj* friolero(-ra).
frimer [frime] *vi (fam)* vacilar.
fripé, **-e** [fripe] *adj* arrugado(-da).
frire [frir] *vt* & *vi* freír; **faire ~** freír.
frisé, **-e** [frize] *adj* rizado(-da).
frisée [frize] *nf* escarola *f*.
friser [frize] *vi* rizar.
frisson [frisɔ̃] *nm* escalofrío *m*; **avoir des ~s** sentir escalofríos.
frissonner [frisɔne] *vi* estremecerse.
frit, **-e** [fri, frit] *pp* → **frire**. ◆ *adj* frito(-ta).
frites [frit] *nfpl*: **(pommes) ~** patatas *fpl* fritas.
friteuse [fritøz] *nf* freidora *f*.
friture [frityr] *nf (huile)* aceite *m* de freír; *(poissons)* fritura *f*; *(parasites)* parásitos *mpl*.
froid, **-e** [frwa, frwad] *adj* frío(-a). ◆ *nm* frío *m*. ◆ *adv*: **avoir ~** tener frío; **il fait ~** hace frío; **prendre ~** coger frío.
froidement [frwadmɑ̃] *adv* fríamente.
froisser [frwase] *vt* arrugar; *(fig)* ofender. ❑ **se froisser** *vp* arrugarse; *(fig)* ofenderse.
frôler [frole] *vt* rozar.
fromage [frɔmaʒ] *nm* queso *m*; **~ blanc** queso blanco; **~ de tête** queso de cerdo.

FROMAGE

Existen alrededor de 350 variedades de queso en Francia. Se distinguen las pastas blandas como el camembert, el brie y el pont-l'évêque, las pastas prensadas que incluyen el tomme y el comté, los quesos azules como el roquefort o el bleu de Bresse, los quesos de cabra o de oveja y, por último, los quesos frescos. El queso se suele tomar al final de las comidas, entre la ensalada y el postre, con pan y a veces vino tinto.

fronce [frɔ̃s] *nf* frunce *m*.
froncer [frɔ̃se] *vt* fruncir; **~ les sourcils** fruncir el ceño.
fronde [frɔ̃d] *nf* honda *f*.
front [frɔ̃] *nm* (ANAT) frente *f*; *(des combats)* frente *m*; **de ~** *(de face)* de frente; *(côte à côte)* juntos(-tas); *(en même temps)* al mismo tiempo.
frontière [frɔ̃tjɛr] *nf* frontera *f*.
frottement [frɔtmɑ̃] *nm* roce *m*.
frotter [frɔte] *vt* frotar. ◆ *vi* rozar.
fruit [frɥi] *nm (qui se mange)* fruta *f*; *(d'un arbre, profit)* fruto *m*; **~ de la passion** fruta de la pasión; **~s confits** frutas confitadas; **~s de mer** marisco *m*; **~s secs** frutos secos.

fruitier [frɥitje] *adj m* → **arbre.**
fugue [fyg] *nf*: **faire une ~** fugarse.
fuir [fɥir] *vi* huir; *(robinet, eau)* salirse.
fuite [fɥit] *nf* huida *f*, fuga *f*; *(d'eau, de gaz)* escape *m*; **être en ~** estar fugado(-da); **prendre la ~** darse a la fuga.
fumé, -e [fyme] *adj* ahumado(-da).
fumée [fyme] *nf* humo *m*.
fumer [fyme] *vt* fumar. ◆ *vi* fumar; *(liquide)* humear.
fumeur, -euse [fymœr, øz] *nm, f* fumador *m* (-ra *f*).
fumier [fymje] *nm* estiércol *m*.
funambule [fynɑ̃byl] *nmf* funámbulo *m* (-la *f*).
funèbre [fynɛbr] *adj* → **pompe.**
funérailles [fyneraj] *nfpl (sout)* funeral *m*.
funiculaire [fynikylɛr] *nm* funicular *m*.
fureur [fyrœr] *nf* furor *m*; **faire ~** hacer furor.
furieux, -euse [fyrjø, øz] *adj* furioso(-sa).
furoncle [fyrɔ̃kl] *nm* forúnculo *m*.
fuseau, -x [fyzo] *nm (pantalon)* pantalón *m* tubo; **~ horaire** huso *m* horario.
fusée [fyze] *nf* cohete *m*.
fusible [fyzibl] *nm* fusible *m*.
fusil [fyzi] *nm* fusil *m*.
fusillade [fyzijad] *nf* tiroteo *m*.
fusiller [fyzije] *vt* fusilar; **~ qqn du regard** fulminar a alguien con la mirada.
futé, -e [fyte] *adj* listo(-ta).
futile [fytil] *adj* fútil.
futur, -e [fytyr] *adj* futuro(-ra). ◆ *nm* futuro *m*.

G

gâcher [gaʃe] *vt (détruire)* estropear; *(gaspiller)* derrochar.
gâchette [gaʃɛt] *nf* gatillo *m*.
gâchis [gaʃi] *nm (gaspillage)* derroche *m*.
gadget [gadʒɛt] *nm* chisme *m*.
gaffe [gaf] *nf*: **faire une ~** meter la pata; **faire ~ (à)** *(fam)* tener cuidado (con).
gag [gag] *nm* broma *f*.
gage [gaʒ] *nm (dans un jeu)* prenda *f*; *(assurance, preuve)* prueba *f*.
gagnant, -e [gaɲɑ̃, ɑ̃t] *adj & nm, f* ganador(-ra).
gagner [gaɲe] *vt* ganar; *(atteindre)* llegar a. ◆ *vi* ganar; **(bien) ~ sa vie** ganarse (bien) la vida.
gai, -e [gɛ] *adj* alegre.
gaiement [gemɑ̃] *adv* alegremente.
gaieté [gete] *nf* alegría *f*.
gain [gɛ̃] *nm* ganancia *f*; *(de temps)* reducción *f*. ❑ **gains** *nmpl (salaire, au jeu)* ganancias *fpl*.
gaine [gɛn] *nf (étui)* funda *f*; *(sous-vêtement)* faja *f*.

gala [gala] *nm* gala *f*.

galant [galɑ̃] *adj m* galante.

galerie [galʀi] *nf (passage couvert)* galería *f*; *(à bagages)* baca *f*; ~ **(d'art)** galería (de arte); ~ **marchande** galerías *fpl*.

galet [galɛ] *nm* canto *m* rodado.

galette [galɛt] *nf (gâteau)* torta *f*; *(crêpe)* crepe *f* salada; ~ **bretonne** galleta *f* de bretaña; ~ **des Rois** *pastel que se toma tradicionalmente el 6 de enero*, ≃ roscón *m* de Reyes.

GALETTE DES ROIS

Roscón de hojaldre relleno de crema de almendras que se toma el día de la Epifanía o de los Reyes Magos y que contiene en su interior una figurilla de porcelana, la haba. La persona a la que le toca la haba, se convierte en el rey o la reina del día y debe ponerse una corona de cartón dorado.

Galice [galis] *nf*: **la** ~ Galicia.

Galles [gal] *n* → **pays**.

gallois, -e [galwa, az] *adj* galés(-esa). ❑ **Gallois, -e** *nm, f* galés *m* (-esa *f*).

galon [galɔ̃] *nm (ruban)* pasamanos *m inv*; *(MIL)* galón *m*.

galop [galo] *nm*: **aller/partir au** ~ ir/salir al galope.

galoper [galɔpe] *vi* galopar; *(fig)* correr.

gambader [gɑ̃bade] *vi* brincar.

gambas [gɑ̃bas] *nfpl* langostinos *mpl*.

gamelle [gamɛl] *nf* escudilla *f*.

gamin, -e [gamɛ̃, in] *nm, f (fam: enfant)* crío *m* (-a *f*); *(fils, fille)* niño *m* (-ña *f*).

gamme [gam] *nf* gama *f*.

ganglion [gɑ̃glijɔ̃] *nm* ganglio *m*.

gangster [gɑ̃gstɛʀ] *nm* gángster *m*.

gant [gɑ̃] *nm* guante *m*; ~ **de toilette** manopla *f*.

garage [gaʀaʒ] *nm (d'une maison)* garaje *m*; *(de réparation)* taller *m*.

garagiste [gaʀaʒist] *nm* mecánico *m* (-ca *f*).

garantie [gaʀɑ̃ti] *nf* garantía *f*; **(bon de)** ~ garantía *f*; **appareil sous** ~ aparato en garantía.

garantir [gaʀɑ̃tiʀ] *vt* garantizar; ~ **qqch à qqn** garantizar algo a alguien; ~ **à qqn que** garantizar a alguien que.

garçon [gaʀsɔ̃] *nm* chico *m*; ~ **(de café)** camarero *m*.

garde[1] [gaʀd] *nm* guarda *m*; ~ **du corps** guardaespaldas *mf inv*.

garde[2] [gaʀd] *nf* guardia *f*; *(JUR)* custodia *f*; **monter la** ~ montar la guardia; **mettre qqn en** ~ **(contre)** poner a alguien en guardia (contra); **prendre** ~ **(à)** tener cuidado (con); **prendre** ~ **de ne pas faire qqch** tener cuidado de no hacer algo; **de** ~ de guardia.

garde-barrière [gaʀd(ə)baʀjɛʀ] *(pl* **gardes-barrière(s)**) *nmf* guardabarrera *mf*.

garde-boue [gaʀdəbu] *nm inv* guardabarros *m inv*.

garde-chasse [gaʀdəʃas] *(pl*

gardes-chasse(s)) *nm* guarda *m* de caza.
garde-fou, -s [gardəfu] *nm* pretil *m*.
garder [garde] *vt (conserver)* guardar; *(sur soi)* quedarse con; *(surveiller)* vigilar. ❑ **se garder** *vp* conservarse.
garderie [gardəri] *nf* guardería *f*.
garde-robe, -s [gardərɔb] *nf* guardarropa *m*.
gardien, -enne [gardjɛ̃, ɛn] *nm, f (de musée, de prison)* guardián *m* (-ana *f*); *(d'immeuble)* portero *m* (-ra *f*); ~ **de but** portero *m*; ~ **de nuit** vigilante *m* nocturno.
gare [gar] *nf* estación *f*. ◆ *excl*: ~ **à toi!** ¡pobre de ti!; **entrer en** ~ entrar en la estación; ~ **maritime/routière** estación marítima/de autobuses.
garer [gare] *vt* aparcar. ❑ **se garer** *vp* aparcar.
gargouille [garguj] *nf* gárgola *f*.
gargouiller [garguje] *vi (tuyau)* gorgotear; *(estomac)* hacer borborigmos.
garnement [garnəmɑ̃] *nm* pillo *m*.
garni, -e [garni] *adj (plat)* con guarnición.
garnir [garnir] *vt*: ~ **qqch de** guarnecer algo con.
garniture [garnityr] *nf (légumes)* guarnición *f*; *(décoration)* adorno *m*.
gars [ga] *nm (fam)* tipo *m*.
Gascogne [gaskɔɲ] *n* → **Golfe**.
gas-oil [gazɔjl] *nm* = **gazole**.
gaspillage [gaspijaʒ] *nm* despilfarro *m*, derroche *m*.
gaspiller [gaspije] *vt* derrochar.
gastronomique [gastrɔnɔmik] *adj* gastronómico(-ca).
gâté, -e [gate] *adj (enfant)* mimado(-da); *(fruit)* podrido(-da); *(dent)* picado(-da).
gâteau, -x [gato] *nm* pastel *m*; ~ **marbré** *pastel de bizcocho con capas de chocolate*; ~ **sec** galleta *f*.
gâter [gate] *vt* mimar. ❑ **se gâter** *vp (fruit)* pudrirse; *(dent)* picarse; *(temps, situation)* estropearse.
gâteux, -euse [gatø, øz] *adj* chocho(-cha).
gauche [goʃ] *adj* izquierdo(-da); *(maladroit)* torpe. ◆ *nf*: **la** ~ la izquierda; **à** ~ **(de)** a la izquierda (de); **de** ~ *(du côté gauche)* de la izquierda; *(POL: personne)* de izquierdas.
gaucher, -ère [goʃe, ɛr] *adj* zurdo(-da).
gaufre [gofr] *nf* gofre *m*.
gaufrette [gofrɛt] *nf* barquillo *m*.
gaver [gave] *vt*: ~ **qqn de qqch** hartar a alguien de algo. ❑ **se gaver de** *vp + prép* hartarse de.
gaz [gaz] *nm inv* gas *m*.
gaze [gaz] *nf* gasa *f*.
gazeux, -euse [gazø, øz] *adj* con gas.
gazinière [gazinjɛr] *nf* cocina *f* de gas.
gazole [gazɔl] *nm* gasoil *m*.
gazon [gazɔ̃] *nm* césped *m*.
GB *(abr de Grande-Bretagne)* GB.

géant, -e [ʒeɑ̃, ɑ̃t] *adj* gigante. ◆ *nm, f* gigante *m* (-ta *f*).

gel [ʒɛl] *nm* hielo *m*; *(pour cheveux)* gomina *f*.

gélatine [ʒelatin] *nf* gelatina *f*.

gelée [ʒəle] *nf (glace)* helada *f*; *(de fruits)* jalea *f*; **en ~** con gelatina.

geler [ʒəle] *vt* helar. ◆ *vi* helar; *(avoir froid)* helarse; **il gèle** está helando.

gélule [ʒelyl] *nf* cápsula *f*.

Gémeaux [ʒemo] *nmpl* Géminis *m inv*.

gémir [ʒemir] *vi* gemir.

gênant, -e [ʒenɑ̃, ɑ̃t] *adj* molesto(-ta); **c'est ~** me da apuro; **ce meuble est ~** este mueble es un estorbo.

gencive [ʒɑ̃siv] *nf* encía *f*.

gendarme [ʒɑ̃darm] *nm* ≃ guardia *m* civil.

gendarmerie [ʒɑ̃darməri] *nf (gendarmes)* ≃ guardia *f* civil; *(bureau)* ≃ cuartel *m* de la guardia civil.

gendre [ʒɑ̃dr] *nm* yerno *m*.

gêne [ʒɛn] *nf* molestia *f*.

généalogique [ʒenealɔʒik] *adj* → **arbre**.

gêner [ʒene] *vt* molestar; *(encombrer)* estorbar; **ça vous gêne si...?** ¿le molesta si...? ❑ **se gêner** *vp*: **il ne se gêne pas (pour faire/dire qqch)** no se corta (para hacer/decir algo).

général, -e, -aux [ʒeneral, o] *adj* general. ◆ *nm* general *m*; **en ~** en general.

généralement [ʒeneralmɑ̃] *adv* generalmente.

généraliste [ʒeneralist] *nm*: **(médecin) ~** ≃ médico *m* (-ca *f*) de cabecera.

génération [ʒenerasjɔ̃] *nf* generación *f*.

généreux, -euse [ʒenerø, øz] *adj* generoso(-sa).

générique [ʒenerik] *nm* ficha *f* técnica y artística.

générosité [ʒenerozite] *nf* generosidad *f*.

genêt [ʒənɛ] *nm* retama *f*.

génétique [ʒenetik] *adj* genético(-ca).

Genève [ʒənɛv] *n* Ginebra.

génial, -e, -aux [ʒenjal, o] *adj* genial.

génie [ʒeni] *nm* genio *m*.

génoise [ʒenwaz] *nf* ≃ bizcocho *m*.

genou, -x [ʒənu] *nm* rodilla *f*; **se mettre à ~x** ponerse de rodillas; **être à ~x** estar arrodillado(-da).

genre [ʒɑ̃r] *nm* género *m*; **un ~ de** una especie de.

gens [ʒɑ̃] *nmpl* gente *f*.

gentil, -ille [ʒɑ̃ti, ij] *adj* bueno(-na).

gentillesse [ʒɑ̃tijɛs] *nf* bondad *f*.

gentiment [ʒɑ̃timɑ̃] *adv* amablemente; *(Helv)* tranquilamente.

géographie [ʒeɔgrafi] *nf* geografía *f*.

géométrie [ʒeɔmetri] *nf* geometría *f*.

géranium [ʒeranjɔm] *nm* geranio *m*.

gérant, **-e** [ʒerɑ̃, ɑ̃t] *nm, f* gerente *mf*.
gerbe [ʒɛrb] *nf* haz *m*; *(de fleurs)* ramo *m*.
gercé, **-e** [ʒɛrse] *adj* cortado(-da).
gérer [ʒere] *vt* administrar.
germain, **-e** [ʒɛrmɛ̃, ɛn] *adj* → **cousin**.
germe [ʒɛrm] *nm* germen *m*.
germer [ʒɛrme] *vi* germinar.
Gérone [ʒerɔn] *n* Gerona.
gésier [ʒezje] *nm* molleja *f*.
geste [ʒɛst] *nm* gesto *m*.
gesticuler [ʒɛstikyle] *vi* gesticular.
gestion [ʒɛstjɔ̃] *nf (d'une entreprise)* administración *f*; *(d'un projet)* gestión *f*.
gibelotte [ʒiblɔt] *nf guiso de conejo con vino blanco, panceta, cebolletas y champiñones*.
gibier [ʒibje] *nm* caza *f*.
giboulée [ʒibule] *nf* chubasco *m*.
Gibraltar [ʒibraltar] *n* Gibraltar; **le rocher de ~** el peñón de Gibraltar.
gicler [ʒikle] *vi* salpicar.
gifle [ʒifl] *nf* bofetada *f*.
gifler [ʒifle] *vt* dar una bofetada.
gigantesque [ʒigɑ̃tɛsk] *adj* gigantesco(-ca).
gigot [ʒigo] *nm* pierna *f (de cordero)*.
gigoter [ʒigɔte] *vi* revolverse; **arrête de ~** estate quieto.
gilet [ʒilɛ] *nm (pull)* chaqueta *f (de punto)*, rebeca *f*; *(sans manches)* chaleco *m*; **~ de sauvetage** chaleco salvavidas.
gin [dʒin] *nm* ginebra *f*.
gingembre [ʒɛ̃ʒɑ̃br] *nm* jengibre *m*.
girafe [ʒiraf] *nf* jirafa *f*.
giratoire [ʒiratwar] *adj* → **sens**.
girofle [ʒirɔfl] *nm* → **clou**.
girouette [ʒirwɛt] *nf* veleta *f*.
gisement [ʒizmɑ̃] *nm* yacimiento *m*.
gitan, **-e** [ʒitɑ̃, an] *nm, f* gitano *m* (-na *f*).
gîte [ʒit] *nm (de bœuf)* codillo *m (de vaca)*; **~ d'étape** ≃ posada *f*; **~ (rural)** vivienda *f* rural.

i GÎTE RURAL

Vivienda privada ubicada en zonas rurales y acondicionada para recibir a huéspedes. Según el tipo de comodidades, se pueden encontrar diferentes precios y categorías.

givre [ʒivr] *nm* escarcha *f*.
givré, **-e** [ʒivre] *adj* escarchado(-da); **orange ~e** naranja *f* helada.
glace [glas] *nf (eau gelée)* hielo *m*; *(crème glacée)* helado *m*; *(miroir)* espejo *m*; *(vitre)* cristal *m*.
glacé, **-e** [glase] *adj* helado(-da).
glacer [glase] *vt* helar; *(intimider)* dejar helado(-da) a alguien.
glacial, **-e**, **-als** OU **-aux** [glasjal, o] *adj* frío(-a).

glacier [glasje] *nm (de montagne)* glaciar *m*; *(marchand)* heladero *m*.
glacière [glasjɛr] *nf* nevera *f*.
glaçon [glasɔ̃] *nm* cubito *m* de hielo.
gland [glɑ̃] *nm* bellota *f*.
glande [glɑ̃d] *nf* glándula *f*.
glissade [glisad] *nf* resbalón *m*.
glissant, -e [glisɑ̃, ɑ̃t] *adj* resbaladizo(-za).
glisser [glise] *vt* deslizar. ◆ *vi (en patinant)* deslizarse; *(déraper)* resbalar. ❑ **se glisser** *vp* deslizarse.
global, -e, -aux [glɔbal, o] *adj* global.
globalement [glɔbalmɑ̃] *adv* globalmente.
globe [glɔb] *nm* globo *m*; **le ~ (terrestre)** el globo (terráqueo).
gloire [glwar] *nf* gloria *f*.
glorieux, -euse [glɔrjø, øz] *adj* glorioso(-sa).
glossaire [glɔsɛr] *nm* glosario *m*.
gloussement [glusmɑ̃] *nm (de poule)* cacareo *m*; *(rire)* risitas *fpl*.
glouton, -onne [glutɔ̃, ɔn] *adj* glotón(-ona).
gluant, -e [glyɑ̃, ɑ̃t] *adj* pegajoso(-sa).
GO *(abr de grandes ondes)* GO.
gobelet [gɔblɛ] *nm (à boire)* vaso *m*; *(à dés)* cubilete *m*.
gober [gɔbe] *vt* tragar; *(fam)* tragarse.
goéland [gɔelɑ̃] *nm* gaviota *f*.
goinfre [gwɛ̃fr] *nmf* zampón *m* (-ona *f*).
golf [gɔlf] *nm* golf *m*; **~ miniature** minigolf *m*.
golfe [gɔlf] *nm* golfo *m*; **le ~ de Gascogne** el Mar Cantábrico.
gomme [gɔm] *nf* goma *f*, borrador *m*.
gommer [gɔme] *vt* borrar.
gond [gɔ̃] *nm* gozne *m*.
gondoler [gɔ̃dɔle]: **se gondoler** *vp* combarse.
gonflé, -e [gɔ̃fle] *adj* hinchado(-da); **être ~** *(fam)* tener mucho morro.
gonfler [gɔ̃fle] *vt* inflar, hinchar. ◆ *vi* hincharse; *(pâte)* crecer.
gorge [gɔrʒ] *nf* garganta *f*.
gorgée [gɔrʒe] *nf* trago *m*.
gorille [gɔrij] *nm* gorila *m*.
gosette [gɔsɛt] *nf (Belg) pastelillo de hojaldre relleno de compota de manzana o albaricoque*.
gosse [gɔs] *nmf (fam)* chaval *m* (-la *f*).
gothique [gɔtik] *adj* gótico(-ca).
gouache [gwaʃ] *nf* guache *m*.
goudron [gudrɔ̃] *nm* alquitrán *m*.
goudronner [gudrɔne] *vt* alquitranar.
gouffre [gufr] *nm* abismo *m*.
goulot [gulo] *nm* cuello *m (de una botella)*; **boire au ~** beber a morro.
gourde [gurd] *nf* cantimplora *f*.
gourmand, -e [gurmɑ̃, ɑ̃d] *adj* goloso(-sa).
gourmandise [gurmɑ̃diz] *nf* gula *f*.

gourmet [gurmɛ] *nm* gourmet *m*.

gourmette [gurmɛt] *nf* esclava *f (pulsera)*.

gousse [gus] *nf*: ~ **d'ail** diente *m* de ajo; ~ **de vanille** vaina *f* de vainilla.

goût [gu] *nm (saveur)* sabor *m*; *(sens du beau)* gusto *m*; **avoir bon ~** *(aliment)* tener buen sabor; *(personne)* tener buen gusto.

goûter [gute] *nm* merienda *f*. ◆ *vt* probar. ◆ *vi* merendar; ~ **à qqch** probar algo.

goutte [gut] *nf* gota *f*; ~ **à** ~ gota a gota. ❑ **gouttes** *nfpl (médicament)* gotas *fpl*.

gouttelette [gutlɛt] *nf* gotita *f*.

gouttière [gutjɛr] *nf* gotera *f*.

gouvernail [guvɛrnaj] *nm* timón *m*.

gouvernement [guvɛrnəmɑ̃] *nm* gobierno *m*.

gouverner [guvɛrne] *vt* gobernar.

grâce [gras] *nf* gracia *f*. ❑ **grâce à** *prép* gracias a.

gracieux, **-euse** [grasjø, øz] *adj (démarche, geste)* garboso(-sa); *(enfant)* lleno(-na) de gracia.

grade [grad] *nm* grado *m*.

gradins [gradɛ̃] *nmpl* gradas *fpl*.

gradué, **-e** [gradɥe] *adj* graduado(-da); *(Belg)* diplomado técnico, diplomada técnica.

graduel, **-elle** [gradɥɛl] *adj* gradual.

graffiti(s) [grafiti] *nmpl* pintada *f*, graffiti *m inv*.

grain [grɛ̃] *nm* grano *m*; ~ **de beauté** lunar *m*.

graine [grɛn] *nf* semilla *f*.

graisse [grɛs] *nf* grasa *f*.

graisser [grɛse] *vt* engrasar.

graisseux, **-euse** [grɛsø, øz] *adj* grasiento(-ta).

grammaire [gramɛr] *nf* gramática *f*.

grammatical, **-e**, **-aux** [gramatikal, o] *adj* gramatical.

gramme [gram] *nm* gramo *m*.

grand, **-e** [grɑ̃, grɑ̃d] *adj (personne)* alto(-ta); *(objet)* grande; *(en durée)* largo(-ga); *(important)* gran. ◆ *adv*: ~ **ouvert** abierto de par en par; **il est ~ temps de** ya va siendo hora de; ~ **frère** hermano mayor; ~ **magasin** grandes almacenes *mpl*; **~e surface** supermercado *m*; **les ~es vacances** vacaciones de verano.

grand-chose [grɑ̃ʃoz] *pron*: **pas ~** poca cosa.

Grande-Bretagne [grɑ̃dbrətaɲ] *nf*: **la ~** Gran Bretaña.

grandeur [grɑ̃dœr] *nf (taille)* tamaño *m*; *(importance)* grandeza *f*; ~ **nature** (de) tamaño real.

grandir [grɑ̃dir] *vi (en taille)* crecer; *(en importance)* acrecentarse.

grand-mère [grɑ̃mɛr] (*pl* **grands-mères**) *nf* abuela *f*.

grand-père [grɑ̃pɛr] (*pl* **grands-pères**) *nm* abuelo *m*.

grand-rue, **-s** [grɑ̃ry] *nf* calle *f* principal.

grands-parents [grɑ̃parɑ̃] *nmpl* abuelos *mpl*.

grange [grɑ̃ʒ] *nf* granero *m*.

granit(e) [granit] *nm* granito *m*.
granulé [granyle] *nm* granulado *m*.
graphique [grafik] *nm* gráfico *m*.
grappe [grap] *nf* racimo *m*.
gras, **grasse** [gra, gras] *adj* graso(-sa); *(gros)* gordo(-da). ◆ *nm* grasa *f*; *(caractères d'imprimerie)* negrita *f*; **faire la grasse matinée** levantarse tarde.
gras-double, **-s** [gradubl] *nm* callos *mpl* de vaca.
grasse → **gras**.
gratin [gratɛ̃] *nm* gratén *m*; ~ **dauphinois** patatas *fpl* al gratén.
gratinée [gratine] *nf sopa de cebolla gratinada con queso.*
gratiner [gratine] *vi*: **faire** ~ **qqch** gratinar algo.
gratis [gratis] *adv* gratis.
gratitude [gratityd] *nf* gratitud *f*.
gratte-ciel [gratsjɛl] *nm inv* rascacielos *m inv*.
gratter [grate] *vt* rascar; *(suj: vêtement)* picar. ❑ **se gratter** *vp* rascarse.
gratuit, **-e** [gratɥi, it] *adj* gratis.
gravats [grava] *nmpl* escombros *mpl*.
grave [grav] *adj* grave.
gravement [gravmɑ̃] *adv* gravemente.
graver [grave] *vt* grabar.
gravier [gravje] *nm* grava *f*.
gravillon [gravijɔ̃] *nm* gravilla *f*.
gravir [gravir] *vt* subir.
gravité [gravite] *nf* gravedad *f*.
gravure [gravyr] *nf* grabado *m*.
gré [gre] *nm*: **de mon plein** ~ voluntariamente; **de** ~ **ou de force** por las buenas o por las malas; **bon** ~ **mal** ~ mal que bien.
grec, **grecque** [grɛk] *adj* griego(-ga). ◆ *nm (langue)* griego *m*. ❑ **Grec**, **Grecque** *nm, f* griego *m* (-ga *f*).
Grèce [grɛs] *nf*: **la** ~ Grecia.
greffe [grɛf] *nf* trasplante *m*.
greffer [grɛfe] *vt* trasplantar.
grêle [grɛl] *nf* granizo *m*.
grêler [grele] *v impers*: **il grêle** está granizando.
grêlon [grɛlɔ̃] *nm* granizo *m*.
grelot [grəlo] *nm* cascabel *m*.
grelotter [grəlɔte] *vi* tiritar.
grenade [grənad] *nf* granada *f*.
Grenade [grənad] *n* Granada.
grenadine [grənadin] *nf* granadina *f*.
grenat [grəna] *adj inv* granate.
grenier [grənje] *nm* desván *m*.
grenouille [grənuj] *nf* rana *f*.
grésiller [grezije] *vi (huile)* chisporrotear; *(radio)* zumbar.
grève [grɛv] *nf* huelga *f*; **être/se mettre en** ~ hacer/ponerse en huelga; ~ **de la faim** huelga de hambre.
gréviste [grevist] *nmf* huelguista *mf*.
gribouillage [gribujaʒ] *nm* garabato *m*.
gribouiller [gribuje] *vt* garabatear.
grièvement [grijɛvmɑ̃] *adv* gravemente.

griffe [grif] *nf (d'un chat)* uña *f*; *(d'un tigre, d'un aigle)* garra *f*; *(Belg)* arañazo *m*.

griffer [grife] *vt* arañar.

griffonner [grifɔne] *vt* garabatear.

grignoter [griɲɔte] *vt (manger)* picar.

gril [gril] *nm* parrilla *f*.

grillade [grijad] *nf* carne *f* a la parrilla.

grillage [grijaʒ] *nm* enrejado *m*.

grille [grij] *nf (d'un jardin)* reja *f*; *(d'un four)* parrilla *f*; *(de mots croisés)* casillas *fpl*; *(de loto)* boleto *m*; *(tableau)* tabla *f*.

grillé, -e [grije] *adj (ampoule)* fundido(-da).

grille-pain [grijpɛ̃] *nm inv* tostador *m*, tostadora *f*.

griller [grije] *vt (pain)* tostar; *(viande, poisson)* hacer a la plancha; *(fam: feu rouge)* saltarse.

grillon [grijɔ̃] *nm* grillo *m*.

grimace [grimas] *nf* mueca *f*; **faire des ~s** hacer muecas.

grimpant, -e [grɛ̃pɑ̃, ɑ̃t] *adj* trepador(-ra).

grimper [grɛ̃pe] *vt* subir. ◆ *vi (chemin)* empinarse; *(alpiniste)* trepar; *(prix)* dispararse; **~ aux arbres** subirse a los árboles.

grincement [grɛ̃smɑ̃] *nm* chirrido *m*.

grincer [grɛ̃se] *vi* chirriar.

grincheux, -euse [grɛ̃ʃø, øz] *adj* refunfuñón(-ona).

griotte [grijɔt] *nf* guinda *f*.

grippe [grip] *nf* gripe *f*; **avoir la ~** tener gripe.

grippé, -e [gripe] *adj*: **être ~** estar con gripe.

gris, -e [gri, griz] *adj* gris. ◆ *nm* gris *m*; **cheveux ~** canas *fpl*.

grivois, -e [grivwa, az] *adj* verde.

grognement [grɔɲmɑ̃] *nm* gruñido *m*.

grogner [grɔɲe] *vi* gruñir.

grognon, -onne [grɔɲɔ̃, ɔn] *adj* gruñón(-ona).

grondement [grɔ̃dmɑ̃] *nm* rugido *m*.

gronder [grɔ̃de] *vt* reñir. ◆ *vi (tonnerre)* rugir; **je me suis fait ~ (par ma mère)** me riñó (mi madre).

groom [grum] *nm* botones *m inv*.

gros, grosse [gro, gros] *adj (personne, animal)* gordo(-da); *(objet)* grande; *(épais)* grueso(-sa); *(important)* importante. ◆ *adv (écrire)* grande; *(gagner)* mucho. ◆ *nm*: **en ~** *(environ)* grosso modo; *(COMM)* al por mayor; **~ lot** premio gordo; **~ mot** palabrota *f*; **~ titre** titular *m*.

groseille [grozɛj] *nf* grosella *f*; **~ à maquereau** uva *f* espina.

grosse → **gros**.

grossesse [groses] *nf* embarazo *m*.

grosseur [grosœr] *nf (épaisseur)* grosor *m*; *(MÉD)* bulto *m*.

grossier, -ère [grosje, ɛr] *adj (impoli)* grosero(-ra); *(approximatif)* aproximado(-da); *(erreur)* burdo(-da).

grossièreté [grosjɛrte] *nf* grosería *f*.
grossir [grosir] *vi* engordar. ◆ *vt* aumentar.
grosso modo [grosomodo] *adv* grosso modo.
grotesque [grɔtɛsk] *adj* grotesco(-ca).
grotte [grɔt] *nf* cueva *f*.
grouiller [gruje]: **grouiller de** *v + prép* estar plagado(-da) de.
groupe [grup] *nm* grupo *m*; **en ~** en grupo; **~ sanguin** grupo sanguíneo.
grouper [grupe] *vt* agrupar. ❑ **se grouper** *vp* agruparse.
gruau [gryo] *nm (Can) copos de avena que se toman para desayunar.*
grue [gry] *nf* grúa *f*.
grumeau, -x [grymo] *nm* grumo *m*.
gruyère [gryjɛr] *nm* gruyer *m*.
Guadeloupe [gwadlup] *nf*: **la ~** (la isla de) Guadalupe.
guadeloupéen, -enne [gwadlupeɛ̃, ɛn] *adj* guadalupeño(-ña).
guédille [gedij] *nf (Can) bollo de pan alargado y blando relleno de una ensalada a base de huevo o de pollo.*
guêpe [gɛp] *nf* avispa *f*.
guère [gɛr] *adv*: **elle ne mange ~** apenas come.
guérir [gerir] *vt* curar. ◆ *vi (persone, blessure)* curarse.
guérison [gerizɔ̃] *nf* curación *f*.
guerre [gɛr] *nf* guerra *f*; **être en ~** estar en guerra; **~ mondiale** guerra mundial.
guerrier [gɛrje] *nm* guerrero.
guet [gɛ] *nm*: **faire le ~** montar la guardia.
guetter [gete] *vt* acechar.
gueule [gœl] *nf* morro *m*; *(vulg)* careto *m*; **avoir la ~ de bois** *(fam)* tener resaca.
gueuler [gœle] *vi (vulg)* chillar.
gueuze [gøz] *nf (Belg) cerveza de alta graduacVón que se obtiene tras una segunda fermentación.*
gui [gi] *nm* muérdago *m*.
guichet [giʃɛ] *nm* taquilla *f*; **~ automatique (de banque)** cajero *m* automático.
guichetier, -ère [giʃtje, ɛr] *nm, f* taquillero *m* (-ra *f*).
guide [gid] *nmf* guía *mf*. ◆ *nm* guía *f*; **~ touristique** guía turística.
guider [gide] *vt* guiar.
guidon [gidɔ̃] *nm* manillar *m*.
guignol [giɲɔl] *nm* títeres *mpl*.
guillemets [gijəmɛ] *nmpl* comillas *fpl*; **entre ~** entre comillas.
guimauve [gimov] *nf* ≃ nube *f*.
guirlande [girlɑ̃d] *nf (de fleurs)* guirnalda *f*; *(de Noël)* espumillón *m*.
guise [giz] *nf*: **en ~ de** a modo de.
guitare [gitar] *nf* guitarra *f*; **~ électrique** guitarra eléctrica.
guitariste [gitarist] *nmf* guitarrista *mf*.
Guyane [gɥijan] *nf*: **la ~ (française)** Guayana.
gymnase [ʒimnaz] *nm* gimnasio *m*.

gymnastique [ʒimnastik] *nf* gimnasia *f*.
gynécologue [ʒinekɔlɔg] *nmf* ginecólogo *m* (-ga *f*).

habile [abil] *adj* hábil.
habileté [abilte] *nf* habilidad *f*.
habillé, -e [abije] *adj (personne)* vestido(-da); *(tenue)* de vestir.
habillement [abijmɑ̃] *nm (couture)* confección *f*.
habiller [abije] *vt* vestir. ❑ **s'habiller** *vp* vestirse; **s'~ bien/mal** vestirse bien/mal.
habitant, -e [abitɑ̃, ɑ̃t] *nm, f* habitante *mf*; *(Can)* campesino *m* (-na *f*); **loger chez l'~** vivir con una familia *(en un desplazamiento)*.
habitation [abitasjɔ̃] *nf* vivienda *f*.
habiter [abite] *vt* vivir en. ◆ *vi* vivir.
habits [abi] *nmpl* ropa *f*.
habitude [abityd] *nf* costumbre *f*; **avoir l'~ de faire qqch** tener (la) costumbre de hacer algo; **avoir l'~ de qqch** estar acostumbrado(-da) a algo; **d'~** de costumbre; **comme d'~** como de costumbre.
habituel, -elle [abitɥɛl] *adj* habitual.
habituellement [abitɥɛlmɑ̃] *adv* habitualmente.
habituer [abitɥe] *vt*: **~ qqn à (faire) qqch** acostumbrar a alguien a (hacer) algo; **être habitué à (faire) qqch** estar acostumbrado a (hacer) algo. ❑ **s'habituer à** *vp + prép*: **s'~ à (faire) qqch** acostumbrarse a (hacer) algo.
hache ['aʃ] *nf* hacha *f*.
hacher ['aʃe] *vt* picar.
hachis ['aʃi] *nm* picadillo *m*; **~ Parmentier** *pastel gratinado de carne picada y puré*.
hachoir ['aʃwar] *nm (lame)* tajadera *f*.
hachures ['aʃyr] *nfpl* plumeado *m*.
haddock ['adɔk] *nm especie de bacalao ahumado*.
haie ['ɛ] *nf* seto *m*.
haine ['ɛn] *nf* odio *m*.
haïr ['air] *vt* odiar.
Haïti [aiti] *n* Haití.
hâle ['al] *nm* moreno *m*.
haleine [alɛn] *nf* aliento *m*.
haleter ['alte] *vi* jadear.
hall ['ol] *nm* vestíbulo *m*.
halle ['al] *nf* mercado *m*.
hallucination [alysinasjɔ̃] *nf* alucinación *f*.
halogène [alɔʒɛn] *nm*: **(lampe) ~** halógeno *m*.
halte ['alt] *nf* parada *f*; **faire ~** hacer una parada.
haltère [altɛr] *nm* haltera *f*.
hamac ['amak] *nm* hamaca *f*.
hamburger ['ɑ̃burgœr] *nm* hamburguesa *f*.
hameçon [amsɔ̃] *nm* anzuelo *m*.
hamster ['amstɛr] *nm* hámster *m*.

hanche ['ɑ̃ʃ] *nf* cadera *f*.
handball ['ɑ̃dbal] *nm* balonmano *m*.
handicap ['ɑ̃dikap] *nm (infirmité)* minusvalía *f*; *(désavantage)* desventaja *f*.
handicapé, -e ['ɑ̃dikape] *adj (infirme)* minusválido(-da); *(désavantagé)* desaventajado(-da). ◆ *nm, f* minusválido *m* (-da *f*).
hangar ['ɑ̃gar] *nm* cobertizo *m*.
hanté, -e [ɑ̃te] *adj* encantado(-da).
happer ['ape] *vt (saisir)* atrapar; *(suj: animal)* atrapar de un bocado; *(suj: voiture)* arrollar.
harceler ['arsəle] *vt* acosar.
hardi, -e ['ardi] *adj* atrevido(-da).
hareng ['arɑ̃] *nm* arenque *m*; **~ saur** arenque en salazón.
hargneux, -euse ['arɲø, øz] *adj* arisco(-ca).
haricot ['ariko] *nm* judía *f*; **~ blanc** alubia *f*; **~ vert** judía verde.
harmonica [armɔnika] *nm* armónica *f*.
harmonie [armɔni] *nf* armonía *f*.
harmonieux, -euse [armɔnjø, øz] *adj* armonioso(-sa).
harmoniser [armɔnize] *vt* armonizar.
harnais ['arnɛ] *nm (d'alpiniste)* cinturón *m* de escalada; *(de cheval)* arneses *mpl*.
harpe ['arp] *nf* arpa *f*.
hasard ['azar] *nm* azar *m*, casualidad *f*; **au ~** al azar; **à tout ~** por si acaso; **par ~** por casualidad.
hasarder ['azarde] *vt* aventurar. ❑ **se hasarder** *vp*: **se ~ à faire qqch** aventurarse a hacer algo.
hasardeux, -euse ['azardø, øz] *adj* arriesgado(-da).
hâte ['at] *nf* prisa *f*; **à la ~, en ~** deprisa; **sans ~** sin prisa; **avoir ~ de faire qqch** estar deseando hacer algo.
hâter ['ate]: **se hâter** *vp* apresurarse.
hausse ['os] *nf* alza *f*; **être en ~** estar en alza.
hausser ['ose] *vt* alzar; **~ les épaules** encogerse de hombros.
haut, -e ['o, 'ot] *adj* alto(-ta). ◆ *adv* alto. ◆ *nm* parte *f* alta; **tout ~** en alta voz; **~ la main** triunfalmente; **de ~ en bas** de arriba abajo; **en ~** arriba; **en ~ de** en lo alto de; **la pièce fait 3m de ~** la habitación mide 3m de altura; **avoir des ~s et des bas** tener altibajos.
hautain, -e ['otɛ̃, ɛn] *adj* altivo(-va).
haute-fidélité ['otfidelite] *nf* alta fidelidad *f*.
hauteur ['otœr] *nf* altura *f*; **être à la ~** dar la talla.
haut-le-cœur ['olkœr] *nm inv* arcada *f (náusea)*.
haut-parleur, -s ['oparlœr] *nm* altavoz *m*.
hebdomadaire [ɛbdɔmadɛr] *adj* semanal. ◆ *nm* semanario *m*.
hébergement [ebɛrʒəmɑ̃] *nm* alojamiento *m*.
héberger [ebɛrʒe] *vt* hospedar.
hectare [ɛktar] *nm* hectárea *f*.

hein ['ɛ̃] *excl (fam)*: **tu ne lui diras pas, ~?** no se lo dirás, ¿vale?; **~?** *(pour faire répéter)* ¿qué?; *(de surprise)* ¡cómo!

hélas ['elas] *excl* ¡desgraciadamente!

hélice [elis] *nf* hélice *f*.

hélicoptère [elikɔptɛr] *nm* helicóptero *m*.

hématome [ematom] *nm* hematoma *m*.

hémorragie [emɔraʒi] *nf* hemorragia *f*.

hennissement ['enismɑ̃] *nm* relincho *m*.

hépatite [epatit] *nf* hepatitis *f inv*.

herbe [ɛrb] *nf* hierba *f*; **fines ~s** finas hierbas; **mauvaises ~s** mala hierba.

héréditaire [ereditɛr] *adj* hereditario(-ria).

hérisser ['erise]: **se hérisser** *vp* erizarse.

hérisson ['erisɔ̃] *nm* erizo *m*.

héritage [eritaʒ] *nm* herencia *f*.

hériter [erite] *vt* heredar. ❑ **hériter de** *v + prép* heredar.

héritier, -ère [eritje, ɛr] *nm, f* heredero *m* (-ra *f*).

hermétique [ɛrmetik] *adj* hermético(-ca).

hernie ['ɛrni] *nf* hernia *f*.

héroïne [erɔin] *nf (drogue)* heroína *f*, → **héros**.

héroïsme [erɔism] *nm* heroísmo *m*.

héros, héroïne ['ero, erɔin] *nm, f* héroe *m* (heroína *f*).

herve [ɛrv] *nm (Belg) queso blando de vaca de la región de Lieja.*

hésitation [ezitasjɔ̃] *nf* vacilación *f*.

hésiter [ezite] *vi* vacilar; **~ à faire qqch** dudar si hacer algo.

hêtre ['ɛtr] *nm* haya *f*.

heure [œr] *nf* hora *f*; **quelle ~ est-il? - il est quatre ~s** ¿qué hora es? - son las cuatro; **il est trois ~s vingt** son las tres y veinte; **à quelle ~ part le train? - à deux ~s** ¿a qué hora sale el tren? - a las dos; **c'est l'~ de...** es hora de...; **être à l'~** ser puntual; **de bonne ~** de madrugada; **~s de bureau/d'ouverture** horario *m* de oficina/de apertura; **~s de pointe** horas punta.

heureusement [œrøzmɑ̃] *adv* afortunadamente.

heureux, -euse [œrø, øz] *adj* feliz.

heurter ['œrte] *vt (frapper)* chocar con; *(vexer)* ofender. ❑ **se heurter à** *vp + prép* encontrarse con.

hexagone [ɛgzagɔn] *nm* hexágono *m*; **l'Hexagone** *nombre que se da a Francia por parecerse geográficamente a un hexágono.*

hibou, -x ['ibu] *nm* búho *m*.

hier [ijɛr] *adv* ayer; **~ après-midi** ayer por la tarde.

hiérarchie ['jerarʃi] *nf* jerarquía *f*.

hiéroglyphes ['jerɔglif] *nmpl* jeroglíficos *mpl*.

hi-fi [ifi] *nf inv* equipo *m* de alta fidelidad.

hilarant, -e [ilarɑ̃, ɑ̃t] *adj* jocoso(-sa).

hindou, -e [ɛ̃du] *adj* & *nm, f* hindú.
hippodrome [ipɔdrom] *nm* hipódromo *m*.
hippopotame [ipɔpɔtam] *nm* hipopótamo *m*.
hirondelle [irɔ̃dɛl] *nf* golondrina *f*.
hisser ['ise] *vt (voile, drapeau)* izar.
histoire [istwar] *nf* historia *f*; *(mensonge)* mentira *f*; **faire des ~s** armar un follón; **~ drôle** chiste *m*.
historique [istɔrik] *adj* histórico(-ca).
hit-parade, -s ['itparad] *nm* lista *f* de éxitos.
hiver [ivɛr] *nm* invierno *m*; **en ~** en invierno.
HLM *nm inv* OU *nf inv* ≃ VPO *f*.
hobby ['ɔbi] (*pl* **-s** OU **-ies**) *nm* hobby *m*.
hochepot ['ɔʃpo] *nm (Belg) especialidad flamenca consistente en un guiso a base de cola de cerdo, costillar de buey, cordero y verduras*.
hocher ['ɔʃe] *vt*: **~ la tête** mover la cabeza.
hochet ['ɔʃɛ] *nm* sonajero *m*.
hockey ['ɔkɛ] *nm* hockey *m*; **~ sur glace** hockey sobre hielo.
hold-up ['ɔldœp] *nm inv* atraco *m*.
hollandais, -e ['ɔlɑ̃dɛ, ɛz] *adj* holandés(-esa). ◆ *nm (langue)* holandés *m*. ❑ **Hollandais, -e** *nm, f* holandés *m* (-esa *f*).
hollande ['ɔlɑ̃d] *nm* queso *m* holandés.
Hollande ['ɔlɑ̃d] *nf*: **la ~** Holanda.
homard ['ɔmar] *nm* bogavante *m*; **~ à l'américaine** *bogavante con salsa de tomate con especias y vino blanco*; **~ Thermidor** *bogavante a la plancha, servido en su caparazón con salsa de mostaza y al gratén*.
homéopathie [ɔmeɔpati] *nf* homeopatía *f*.
hommage [ɔmaʒ] *nm*: **en ~ à** en homenaje a; **rendre ~ à** rendir homenaje a.
homme [ɔm] *nm* hombre *m*; **~ d'affaires** hombre de negocios; **~ politique** político *m*.
homogène [ɔmɔʒɛn] *adj* homogéneo(-nea).
homosexuel, -elle [ɔmɔsɛksɥɛl] *adj* & *nm, f* homosexual.
Hongrie ['ɔ̃gri] *nf*: **la ~** Hungría.
honnête [ɔnɛt] *adj* honrado(-da); *(salaire, résultats)* decente.
honnêteté [ɔnɛtte] *nf* honradez *f*.
honneur [ɔnœr] *nm* honor *m*; **en l'~ de** en honor a; **faire ~ à** *(famille)* honrar a; *(repas)* hacer los honores de.
honorable [ɔnɔrabl] *adj* honorable.
honoraires [ɔnɔrɛr] *nmpl* honorarios *mpl*.
honte ['ɔ̃t] *nf* vergüenza *f*; **avoir ~ (de)** avergonzarse (de); **faire ~ à qqn** *(embarrasser)* avergonzar a alguien.
honteux, -euse [ɔ̃tø, øz] *adj*

(personne, air) avergonzado(-da); *(scandaleux)* vergonzoso(-sa).

hôpital, -aux [ɔpital, o] *nm* hospital *m*.

hoquet [ˈɔkɛ] *nm*: **avoir le ~** tener hipo.

horaire [ɔrɛr] *nm* horario *m*; **'~s d'ouverture'** 'horario de apertura'.

horizon [ɔrizɔ̃] *nm* horizonte *m*; **à l'~** en el horizonte.

horizontal, -e, -aux [ɔrizɔ̃tal, o] *adj* horizontal.

horloge [ɔrlɔʒ] *nf* reloj *m*; **l'~ parlante** el reloj parlante.

horloger, -ère [ɔrlɔʒe, ɛr] *nm, f* relojero *m* (-ra *f*).

horlogerie [ɔrlɔʒri] *nf* relojería *f*.

horoscope [ɔrɔskɔp] *nm* horóscopo *m*.

horreur [ɔrœr] *nf* horror *m*; **quelle ~!** ¡qué horror!; **avoir ~ de (faire) qqch** darle a alguien horror (hacer) algo.

horrible [ɔribl] *adj* horrible.

horriblement [ɔribləmɑ̃] *adv* horriblemente.

horrifié, -e [ɔrifje] *adj* horrorizado(-da).

hors [ˈɔr] *prép*: **~ de** fuera de; **~ saison** fuera de temporada; **'~ service'** 'fuera de servicio'; **~ sujet** fuera del tema; **~ taxes** libre de impuestos; **~ d'atteinte, ~ de portée** fuera de alcance; **~ d'haleine** jadeante; **~ de prix** carísimo(-ma); **~ de question** ni hablar; **être ~ de soi** estar fuera de sí; **~ d'usage** inservible.

hors-bord [ˈɔrbɔr] *nm inv* fueraborda *m* OU *f*.

hors-d'œuvre [ˈɔrdœvr] *nm inv* entremés *m*.

hortensia [ɔrtɑ̃sja] *nm* hortensia *f*.

horticulture [ɔrtikyltyr] *nf* horticultura *f*.

hospice [ɔspis] *nm* asilo *m*.

hospitaliser [ɔspitalize] *vt* hospitalizar.

hospitalité [ɔspitalite] *nf* hospitalidad *f*.

hostie [ɔsti] *nf* hostia *f*.

hostile [ɔstil] *adj* hostil.

hostilité [ɔstilite] *nf* hostilidad *f*.

hot dog, -s [ˈɔtdɔg] *nm* perrito *m* caliente.

hôte, hôtesse [ot, otɛs] *nm, f* anfitrión *m* (-ona *f*). ◆ *nm* huésped *m* (-da *f*).

hôtel [otɛl] *nm* hotel *m*; *(château)* palacete *m*; **'~ de ville** ayuntamiento *m*.

hôtellerie [otɛlri] *nf* *(hôtel)* hospedería *f*; *(activité)* hostelería *f*.

hôtesse [otɛs] *nf* *(d'accueil)* azafata *f*; **~ de l'air** azafata, aeromoza *(Amér)*, → **hôte**.

hotte [ˈɔt] *nf* *(panier)* cuévano *m*; **~ (aspirante)** campana *f* (extractora).

houle [ˈul] *nf* marejadilla *f*.

hourra [ˈura] *excl* ¡hurra!

housse [ˈus] *nf* funda *f*; **~ de couette** funda de edredón.

houx [ˈu] *nm* acebo *m*.

hovercraft [ɔvœrkraft] *nm* aerodeslizador *m*.

HT *adj* ≃ sin IVA.
hublot ['yblo] *nm (de bateau)* ojo *m* de buey; *(d'avion)* ventanilla *f*.
huer ['ɥe] *vt* abuchear.
huile [ɥil] *nf* aceite *m*; ~ **d'arachide/d'olive** aceite de cacahuete/de oliva; ~ **solaire** aceite bronceador.
huiler [ɥile] *vt (mécanisme)* engrasar; *(moule)* untar con aceite.
huileux, -euse [ɥilø, øz] *adj* aceitoso(-sa).
huissier [ɥisje] *nm* ≃ alguacil *m*.
huit ['ɥit] *num* ocho, → **six**.
huitaine ['ɥitɛn] *nf*: **une ~ (de jours)** una semana.
huitième ['ɥitjɛm] *num* octavo(-va), → **sixième**.
huître [ɥitr] *nf* ostra *f*.
humain, -e [ymɛ̃, ɛn] *adj* humano(-na). ◆ *nm* humano *m*.
humanitaire [ymanitɛr] *adj* humanitario(-ria).
humanité [ymanite] *nf* humanidad *f*.
humble [œ̃bl] *adj* humilde.
humecter [ymɛkte] *vt* humedecer.
humeur [ymœr] *nf* humor *m*; **être de bonne/mauvaise ~** estar de buen/mal humor.
humide [ymid] *adj* húmedo(-da).
humidité [ymidite] *nf* humedad *f*.
humiliant, -e [ymiljɑ̃, ɑ̃t] *adj* humillante.
humilier [ymilje] *vt* humillar.
humoristique [ymɔristik] *adj* humorístico(-ca).
humour [ymur] *nm* humor *m*; **avoir de l'~** ser gracioso(-sa).
hurlement ['yrləmɑ̃] *nm* aullido *m*.
hurler ['yrle] *vi (loup, personne)* aullar; *(vent)* ulular.
hutte ['yt] *nf* choza *f*.
hydratant, -e [idratɑ̃, ɑ̃t] *adj* hidratante.
hydrophile [idrɔfil] *adj* → **coton**.
hygiène [iʒjɛn] *nf* higiene *f*.
hygiénique [iʒjenik] *adj* higiénico(-ca).
hymne [imn] *nm* himno *m*; ~ **national** himno nacional.
hyper ['ipɛr] *préf* hiper.
hypermarché [ipɛrmarʃe] *nm* hipermercado *m*.
hypertension [ipɛrtɑ̃sjɔ̃] *nf* hipertensión *f*.
hypnotiser [ipnɔtize] *vt* hipnotizar.
hypocrisie [ipɔkrizi] *nf* hipocresía *f*.
hypocrite [ipɔkrit] *adj* & *nmf* hipócrita.
hypothèse [ipɔtɛz] *nf* hipótesis *f inv*.
hystérique [isterik] *adj* histérico(-ca).

I

Ibérique [iberik] *adj*: **la péninsule ~** la península Ibérica.
iceberg [ajsbɛrg] *nm* iceberg *m*.
ici [isi] *adv* aquí; **d'~ là** de aquí a entonces; **d'~ peu** dentro de poco; **par ~** por aquí.
icône [ikon] *nf* icono *m*.
idéal, **-e**, **-aux** [ideal, o] *adj & nm* ideal; **l'~, ce serait...** lo ideal, sería...
idéaliste [idealist] *adj & nmf* idealista.
idée [ide] *nf* idea *f*; **avoir une ~ de** tener idea de.
identifier [idɑ̃tifje] *vt* identificar. ❑ **s'identifier à** *vp + prép* identificarse con.
identique [idɑ̃tik] *adj*: **~ (à)** idéntico(-ca) (a).
identité [idɑ̃tite] *nf* identidad *f*.
idiot, **-e** [idjo, ɔt] *adj & nm, f* idiota.
idiotie [idjɔsi] *nf* idiotez *f*.
idole [idɔl] *nf* ídolo *m*.
igloo [iglu] *nm* iglú *m*.
ignoble [iɲɔbl] *adj* ignominioso(-sa).
ignorant, **-e** [iɲɔrɑ̃, ɑ̃t] *adj & nm, f* ignorante.
ignorer [iɲɔre] *vt* ignorar.
il [il] *pron* él. ❑ **ils** *pron* ellos; **~ pleut** llueve.
île [il] *nf* isla *f*; **~ flottante** *natillas con claras a punto de nieve bañadas en caramelo*; **l'~ Maurice** la isla Mauricio; **les ~s Anglo-Normandes** las islas Normandas.
Île-de-France [ildəfrɑ̃s] *n región de París*.
illégal, **-e**, **-aux** [ilegal, o] *adj* ilegal.
illettré, **-e** [iletre] *adj & nm, f* analfabeto(-ta).
illimité, **-e** [ilimite] *adj* ilimitado(-da).
illisible [ilizibl] *adj* ilegible.
illuminer [ilymine] *vt* iluminar. ❑ **s'illuminer** *vp* iluminarse.
illusion [ilyzjɔ̃] *nf* ilusión *f*; **se faire des ~s** hacerse ilusiones.
illusionniste [ilyzjɔnist] *nmf* ilusionista *mf*.
illustration [ilystrasjɔ̃] *nf* ilustración *f*.
illustré, **-e** [ilystre] *adj* ilustrado(-da). ◆ *nm* revista *f* ilustrada.
illustrer [ilystre] *vt* ilustrar.
îlot [ilo] *nm* islote *m*.
ils → **il**.
image [imaʒ] *nf* imagen *f*.
imaginaire [imaʒinɛr] *adj* imaginario(-ria).
imagination [imaʒinasjɔ̃] *nf* imaginación *f*; **avoir de l'~** tener imaginación.
imaginer [imaʒine] *vt* imaginar. ❑ **s'imaginer** *vp* imaginarse; **s'~ que** imaginarse que.
imbattable [ɛ̃batabl] *adj* insuperable.
imbécile [ɛ̃besil] *nmf* imbécil *mf*.

imbiber [ɛ̃bibe] *vt*: ~ **qqch de** empapar algo en.
imbuvable [ɛ̃byvabl] *adj*: **ce café est** ~ este café no hay quien se lo beba.
imitateur, **-trice** [imitatœr, tris] *nm, f* imitador *m* (-ra *f*).
imitation [imitasjɔ̃] *nf* imitación *f*; ~ **cuir** piel *f* sintética OU de imitación.
imiter [imite] *vt* imitar.
immangeable [ɛ̃mɑ̃ʒabl] *adj* incomible.
immatriculation [imatrikylasjɔ̃] *nf* matrícula *f*.
immédiat, **-e** [imedja, at] *adj* inmediato(-ta).
immédiatement [imedjatmɑ̃] *adv* inmediatamente.
immense [imɑ̃s] *adj* inmenso(-sa).
immergé, **-e** [imɛrʒe] *adj* inmerso(-sa).
immeuble [imœbl] *nm* edificio *m*.
immigration [imigrasjɔ̃] *nf* inmigración *f*.
immigré, **-e** [imigre] *adj* & *nm, f* inmigrado(-da).
immobile [imɔbil] *adj* inmóvil.
immobilier, **-ère** [imɔbilje] *adj* inmobiliario(-ria). ◆ *nm*: **l'**~ el sector inmobiliario.
immobiliser [imɔbilize] *vt* inmovilizar.
immonde [imɔ̃d] *adj* inmundo(-da).
immoral, **-e**, **-aux** [imɔral, o] *adj* inmoral.
immortel, **-elle** [imɔrtɛl] *adj* inmortal.
immuniser [imynize] *vt* inmunizar.
impact [ɛ̃pakt] *nm* impacto *m*.
impair, **-e** [ɛ̃pɛr] *adj* impar.
impardonnable [ɛ̃pardɔnabl] *adj* imperdonable.
imparfait, **-e** [ɛ̃parfɛ, ɛt] *adj* imperfecto(-ta). ◆ *nm* imperfecto *m*.
impartial, **-e**, **-aux** [ɛ̃parsjal, o] *adj* imparcial.
impasse [ɛ̃pas] *nf* callejón *m* sin salida; **faire une** ~ *no estudiarse un capítulo para un examen*.
impassible [ɛ̃pasibl] *adj* impasible.
impatience [ɛ̃pasjɑ̃s] *nf* impaciencia *f*.
impatient, **-e** [ɛ̃pasjɑ̃, ɑ̃t] *adj* impaciente; **être** ~ **de faire qqch** estar impaciente por hacer algo.
impatienter [ɛ̃pasjɑ̃te]: **s'impatienter** *vp* impacientarse.
impeccable [ɛ̃pekabl] *adj* impecable.
imper [ɛ̃pɛr] *nm* impermeable *m*.
impératif, **-ive** [ɛ̃peratif, iv] *adj* imprescindible. ◆ *nm* imperativo *m*.
impératrice [ɛ̃peratris] *nf* emperatriz *f*.
imperceptible [ɛ̃pɛrsɛptibl] *adj* imperceptible.
imperfection [ɛ̃pɛrfɛksjɔ̃] *nf* imperfección *f*.
impérial, **-e**, **-aux** [ɛ̃perjal, o] *adj* imperial.

impériale [ɛ̃perjal] *nf* → **autobus.**
imperméable [ɛ̃pɛrmeabl] *adj* & *nm* impermeable.
impersonnel, -elle [ɛ̃pɛrsɔnɛl] *adj* impersonal.
impertinent, -e [ɛ̃pɛrtinɑ̃, ɑ̃t] *adj* impertinente.
impitoyable [ɛ̃pitwajabl] *adj* despiadado(-da).
implanter [ɛ̃plɑ̃te] *vt (mode)* implantar; *(entreprise)* establecer. ❑ **s'implanter** *vp (entreprise, peuple)* establecerse.
impliquer [ɛ̃plike] *vt* implicar; **~ qqn dans** implicar a alguien en. ❑ **s'impliquer dans** *vp + prép* implicarse en.
impoli, -e [ɛ̃pɔli] *adj* maleducado(-da).
import [ɛ̃pɔr] *nm (Belg)* importe *m*.
importance [ɛ̃pɔrtɑ̃s] *nf* importancia *f*.
important, -e [ɛ̃pɔrtɑ̃, ɑ̃t] *adj* importante.
importation [ɛ̃pɔrtasjɔ̃] *nf* importación *f*.
importer [ɛ̃pɔrte] *vt* importar. ◆ *vi (être important)* contar; **peu importe** da igual; **n'importe comment** *(mal)* de cualquier manera; **n'importe quel** cualquier; **n'importe qui** cualquiera.
importuner [ɛ̃pɔrtyne] *vt* importunar.
imposable [ɛ̃pozabl] *adj* imponible.
imposant, -e [ɛ̃pozɑ̃, ɑ̃t] *adj* imponente.
imposer [ɛ̃poze] *vt* gravar; **~ qqch à qqn** imponer algo a alguien. ❑ **s'imposer** *vp* imponerse.
impossible [ɛ̃pɔsibl] *adj* imposible; **il est ~ de/que** es imposible/que.
impôt [ɛ̃po] *nm* impuesto *m*.
impraticable [ɛ̃pratikabl] *adj* impracticable.
imprégner [ɛ̃preɲe] *vt* impregnar; **~ qqch de** impregnar algo de. ❑ **s'imprégner de** *vp + prép* impregnarse de.
impression [ɛ̃presjɔ̃] *nf* impresión *f*; **avoir l'~ que** tener la impresión de que; **avoir l'~ de faire qqch** tener la impresión de hacer algo.
impressionnant, -e [ɛ̃presjɔnɑ̃, ɑ̃t] *adj* impresionante.
impressionner [ɛ̃presjɔne] *vt* impresionar.
imprévisible [ɛ̃previzibl] *adj* imprevisible.
imprévu, -e [ɛ̃prevy] *adj* imprevisto(-ta). ◆ *nm*: **l'~** lo imprevisto.
imprimante [ɛ̃primɑ̃t] *nf* impresora *f*.
imprimé, -e [ɛ̃prime] *adj (tissu)* estampado(-da). ◆ *nm (publicitaire)* impreso *m*.
imprimer [ɛ̃prime] *vt* imprimir.
imprimerie [ɛ̃primri] *nf* imprenta *f*.
imprononçable [ɛ̃prɔnɔ̃sabl] *adj* impronunciable.
improviser [ɛ̃prɔvize] *vt* & *vi* improvisar.

improviste [ɛ̃provist]: **à l'improviste** *adv* de improviso.
imprudence [ɛ̃prydɑ̃s] *nf* imprudencia *f*.
imprudent, -e [ɛ̃prydɑ̃, ɑ̃t] *adj* imprudente.
impuissant, -e [ɛ̃pɥisɑ̃, ɑ̃t] *adj* *(sans recours)* impotente.
impulsif, -ive [ɛ̃pylsif, iv] *adj* impulsivo(-va).
impureté [ɛ̃pyrte] *nf* impureza *f*.
inabordable [inabɔrdabl] *adj* *(prix)* inasequible.
inacceptable [inaksɛptabl] *adj* inaceptable.
inaccessible [inaksesibl] *adj* inaccesible.
inachevé, -e [inaʃve] *adj* inacabado(-da).
inactif, -ive [inaktif, iv] *adj* inactivo(-va).
inadapté, -e [inadapte] *adj* *(personne)* inadaptado(-da); *(objet)* inadecuado(-da).
inadmissible [inadmisibl] *adj* inadmisible.
inanimé, -e [inanime] *adj* exánime.
inaperçu, -e [inapɛrsy] *adj*: **passer ~** pasar desapercibido.
inapte [inapt] *adj*: **~ à (faire) qqch** no apto(-ta) para (hacer) algo.
inattendu, -e [inatɑ̃dy] *adj* inesperado(-da).
inattention [inatɑ̃sjɔ̃] *nf* falta *f* de atención; **faute d'~** descuido *m*.
inaudible [inodibl] *adj* inaudible.
inauguration [inogyrasjɔ̃] *nf* inauguración *f*.
inaugurer [inogyre] *vt* inaugurar.
incalculable [ɛ̃kalkylabl] *adj* incalculable.
incandescent, -e [ɛ̃kɑ̃desɑ̃, ɑ̃t] *adj* incandescente.
incapable [ɛ̃kapabl] *nmf* inútil *mf*. ◆ *adj*: **être ~ de faire qqch** ser incapaz de hacer algo.
incapacité [ɛ̃kapasite] *nf* incapacidad *f*; **être dans l'~ de faire qqch** resultar imposible a alguien hacer algo.
incarner [ɛ̃karne] *vt* encarnar.
incassable [ɛ̃kasabl] *adj* irrompible.
incendie [ɛ̃sɑ̃di] *nm* incendio *m*.
incendier [ɛ̃sɑ̃dje] *vt* incendiar.
incertain, -e [ɛ̃sɛrtɛ̃, ɛn] *adj* incierto(-ta).
incertitude [ɛ̃sɛrtityd] *nf* incertidumbre *f*.
incessamment [ɛ̃sesamɑ̃] *adv* en breve.
incessant, -e [ɛ̃sesɑ̃, ɑ̃t] *adj* incesante.
incident [ɛ̃sidɑ̃] *nm* incidente *m*.
incisive [ɛ̃siziv] *nf* incisivo *m*.
inciter [ɛ̃site] *vt*: **~ qqn à faire qqch** incitar a alguien a hacer algo.
incliné, -e [ɛ̃kline] *adj* inclinado(-da).
incliner [ɛ̃kline] *vt* inclinar. ❑

s'incliner *vp* inclinarse; **s'~ devant** inclinarse ante.
inclure [ɛ̃klyr] *vt* incluir.
inclus, -e [ɛ̃kly, yz] *pp* → **inclure.** ◆ *adj* incluso(-sa); **jusqu'au 15 ~** hasta el 15 inclusive.
incohérent, -e [ɛ̃kɔerɑ̃, ɑ̃t] *adj* incoherente.
incollable [ɛ̃kɔlabl] *adj (riz)* que no se pega; *(fam)* empollado(-da).
incolore [ɛ̃kɔlɔr] *adj* incoloro(-ra).
incommoder [ɛ̃kɔmɔde] *vt* molestar.
incomparable [ɛ̃kɔ̃parabl] *adj* incomparable.
incompatible [ɛ̃kɔ̃patibl] *adj* incompatible.
incompétent, -e [ɛ̃kɔ̃petɑ̃, ɑ̃t] *adj* incompetente.
incomplet, -ète [ɛ̃kɔ̃plɛ, ɛt] *adj* incompleto(-ta).
incompréhensible [ɛ̃kɔ̃preɑ̃sibl] *adj* incomprensible.
inconditionnel, -elle [ɛ̃kɔ̃disjɔnɛl] *nm, f*: **un ~ de** un incondicional de.
incongru, -e [ɛ̃kɔ̃gry] *adj* incongruente.
inconnu, -e [ɛ̃kɔny] *adj & nm, f* desconocido(-da). ◆ *nm*: **l'~** lo desconocido.
inconsciemment [ɛ̃kɔ̃sjamɑ̃] *adv* inconscientemente.
inconscient, -e [ɛ̃kɔ̃sjɑ̃, ɑ̃t] *adj* inconsciente. ◆ *nm*: **l'~** el inconsciente.
inconsolable [ɛ̃kɔ̃sɔlabl] *adj* inconsolable.
incontestable [ɛ̃kɔ̃tɛstabl] *adj* incontestable.
inconvénient [ɛ̃kɔ̃venjɑ̃] *nm* inconveniente *m*.
incorporer [ɛ̃kɔrpɔre] *vt* incorporar; **~ qqch à** incorporar algo a.
incorrect, -e [ɛ̃kɔrɛkt] *adj* incorrecto(-ta).
incorrigible [ɛ̃kɔriʒibl] *adj* incorregible.
incrédule [ɛ̃kredyl] *adj* incrédulo(-la).
incroyable [ɛ̃krwajabl] *adj* increíble.
incrusté, -e [ɛ̃kryste] *adj*: **~ de** *(décoré de)* incrustado de.
incruster [ɛ̃kryste]: **s'incruster** *vp (tache, saleté)* incrustarse.
inculpé, -e [ɛ̃kylpe] *nm, f* inculpado *m* (-da *f*).
inculper [ɛ̃kylpe] *vt* inculpar; **~ qqn de qqch** inculpar a alguien de algo.
inculte [ɛ̃kylt] *adj* inculto(-ta).
incurable [ɛ̃kyrabl] *adj* incurable.
Inde [ɛ̃d] *nf*: **l'~** la India.
indécent, -e [ɛ̃desɑ̃, ɑ̃t] *adj* indecente.
indécis, -e [ɛ̃desi, iz] *adj* indeciso(-sa).
indéfini, -e [ɛ̃defini] *adj* indefinido(-da).
indéfiniment [ɛ̃definimɑ̃] *adv* indefinidamente.
indélébile [ɛ̃delebil] *adj* indeleble.
indemne [ɛ̃dɛmn] *adj* ileso(-sa); **sortir ~ de** salir indemne de.

indemniser [ɛ̃dɛmnize] *vt* indemnizar.

indemnité [ɛ̃dɛmnite] *nf* indemnización *f*.

indépendamment [ɛ̃depɑ̃damɑ̃]: **indépendamment de** *prép (à part)* independientemente de.

indépendance [ɛ̃depɑ̃dɑ̃s] *nf* independencia *f*.

indépendant, -e [ɛ̃depɑ̃dɑ̃, ɑ̃t] *adj* independiente; *(travailleur)* autónomo(-ma); **être ~ de** *(sans relation avec)* no depender de.

indescriptible [ɛ̃dɛskriptibl] *adj* indescriptible.

index [ɛ̃dɛks] *nm* índice *m*.

indicateur [ɛ̃dikatœr] *adj* → **poteau**.

indicatif, -ive [ɛ̃dikatif, iv] *adj*: **à titre ~** a título indicativo; *(téléphonique)* prefijo *m*; *(d'une émission)* sintonía *f*; *(GRAMM)* indicativo *m*.

indication [ɛ̃dikasjɔ̃] *nf* indicación *f*; **'~s'** *(sur un médicament)* 'indicaciones'.

indice [ɛ̃dis] *nm (preuve)* indicio *m*; *(taux)* indíce *m*.

indien, -enne [ɛ̃djɛ̃, ɛn] *adj (d'Inde)* indio(-dia), hindú; *(d'Amérique)* indio(-dia). ❑ **Indien, -enne** *nm, f (d'Inde)* indio *m* (-dia *f*), hindú *mf*; *(d'Amérique)* indio *m* (-dia *f*).

indifféremment [ɛ̃diferamɑ̃] *adv* indiferentemente.

indifférence [ɛ̃diferɑ̃s] *nf* indiferencia *f*.

indifférent, -e [ɛ̃diferɑ̃, ɑ̃t] *adj* indiferente; **ça m'est ~** es indiferente.

indigène [ɛ̃diʒɛn] *nmf* indígena *mf*.

indigeste [ɛ̃diʒɛst] *adj* indigesto(-ta).

indigestion [ɛ̃diʒɛstjɔ̃] *nf* indigestión *f*.

indignation [ɛ̃diɲasjɔ̃] *nf* indignación *f*.

indigner [ɛ̃diɲe]: **s'indigner** *vp*: **s'~ de qqch** indignarse por algo.

indiquer [ɛ̃dike] *vt* indicar; **~ qqn/qqch à qqn** indicar alguien/algo a alguien.

indirect, -e [ɛ̃dirɛkt] *adj* indirecto(-ta).

indirectement [ɛ̃dirɛktəmɑ̃] *adv* indirectamente.

indiscipliné, -e [ɛ̃disipline] *adj* indisciplinado(-da).

indiscret, -ète [ɛ̃diskrɛ, ɛt] *adj* indiscreto(-ta).

indiscrétion [ɛ̃diskresjɔ̃] *nf* indiscreción *f*.

indispensable [ɛ̃dispɑ̃sabl] *adj* indispensable.

indistinct, -e [ɛ̃distɛ̃(kt), ɛ̃kt] *adj* indistinto(-ta).

individu [ɛ̃dividy] *nm* individuo *m*.

individualiste [ɛ̃dividɥalist] *adj* individualista.

individuel, -elle [ɛ̃dividɥɛl] *adj* individual.

indolore [ɛ̃dɔlɔr] *adj* indoloro(-ra).

indulgent, -e [ɛ̃dylʒɑ̃, ɑ̃t] *adj* indulgente.

industrialisé, -e [ɛ̃dystrijalize] *adj* industrializado(-da).
industrie [ɛ̃dystri] *nf* industria *f*.
industriel, -elle [ɛ̃dystrijɛl] *adj* industrial.
inédit, -e [inedi, it] *adj* inédito(-ta).
inefficace [inefikas] *adj* ineficaz.
inégal, -e, -aux [inegal, o] *adj* desigual.
inégalité [inegalite] *nf* desigualdad *f*.
inépuisable [inepɥizabl] *adj* inagotable.
inerte [inɛrt] *adj* inerte.
inestimable [inɛstimabl] *adj* inestimable.
inévitable [inevitabl] *adj* inevitable.
inexact, -e [inegza(kt), akt] *adj* inexacto(-ta).
inexcusable [inɛkskyzabl] *adj* inexcusable.
inexistant, -e [inɛgzistɑ̃, ɑ̃t] *adj* inexistente.
inexplicable [inɛksplikabl] *adj* inexplicable.
inexpliqué, -e [inɛksplike] *adj* inexplicado(-da).
in extremis [inɛkstremis] *adv* in extremis.
infaillible [ɛ̃fajibl] *adj* infalible.
infarctus [ɛ̃farktys] *nm* infarto *m*.
infatigable [ɛ̃fatigabl] *adj* incansable.
infect, -e [ɛ̃fɛkt] *adj (odeur)* apestoso(-sa); *(goût)* asqueroso(-sa).
infecter [ɛ̃fɛkte]: **s'infecter** *vp* infectarse.
infection [ɛ̃fɛksjɔ̃] *nf* infección *f*; *(odeur)* peste *f*.
inférieur, -e [ɛ̃ferjœr] *adj* inferior; ~ **à** inferior a.
infériorité [ɛ̃ferjɔrite] *nf* inferioridad *f*.
infernal, -e, -aux [ɛ̃fɛrnal, o] *adj* infernal.
infesté, -e [ɛ̃fɛste] *adj*: ~ **de** infestado de.
infidèle [ɛ̃fidɛl] *adj* infiel.
infiltrer [ɛ̃filtre]: **s'infiltrer** *vp* infiltrarse.
infime [ɛ̃fim] *adj* ínfimo(-ma).
infini, -e [ɛ̃fini] *adj* infinito(-ta). ◆ *nm* infinito *m*; **à l'~** hasta el infinito.
infiniment [ɛ̃finimɑ̃] *adv* infinitamente; **je vous remercie ~** le estoy sumamente agradecido.
infinitif [ɛ̃finitif] *nm* infinitivo *m*.
infirme [ɛ̃firm] *adj* & *nmf* inválido(-da).
infirmerie [ɛ̃firməri] *nf* enfermería *f*.
infirmier, -ère [ɛ̃firmje, ɛr] *nm, f* enfermero *m* (-ra *f*).
inflammable [ɛ̃flamabl] *adj* inflamable.
inflammation [ɛ̃flamasjɔ̃] *nf* inflamación *f*.
inflation [ɛ̃flasjɔ̃] *nf* inflación *f*.
inflexible [ɛ̃flɛksibl] *adj* inflexible.

infliger [ɛ̃fliʒe] *vt*: **~ qqch à qqn** infligir algo a alguien.
influence [ɛ̃flyɑ̃s] *nf* influencia *f*; **avoir de l'~ sur qqn** tener influencia sobre alguien.
influencer [ɛ̃flyɑ̃se] *vt* influenciar.
informaticien, -enne [ɛ̃fɔrmatisjɛ̃, ɛn] *nm, f* informático *m* (-ca *f*).
information [ɛ̃fɔrmasjɔ̃] *nf* información *f*. ❑ **informations** *nfpl* noticias *fpl*.
informatique [ɛ̃fɔrmatik] *adj* informático(-ca). ◆ *nf* informática *f*.
informatisé, -e [ɛ̃fɔrmatize] *adj* informatizado(-da).
informe [ɛ̃fɔrm] *adj* informe.
informer [ɛ̃fɔrme] *vt*: **~ qqn de/que** informar a alguien de/de que. ❑ **s'informer (de)** *vp (+ prép)* informarse (de).
infos [ɛ̃fo] *nfpl (fam)* parte *m*.
infraction [ɛ̃fraksjɔ̃] *nf* infracción *f*; **être en ~** cometer una infracción.
infranchissable [ɛ̃frɑ̃ʃisabl] *adj* infranqueable.
infusion [ɛ̃fyzjɔ̃] *nf* infusión *f*.
ingénieur [ɛ̃ʒenjœr] *nm* ingeniero *m*.
ingénieux, -euse [ɛ̃ʒenjø, øz] *adj* ingenioso(-sa).
ingrat, -e [ɛ̃gra, at] *adj (personne)* ingrato(-ta); *(visage, physique)* poco agraciado(-da).
ingratitude [ɛ̃gratityd] *nf* ingratitud *f*.
ingrédient [ɛ̃gredjɑ̃] *nm* ingrediente *m*.
inhabituel, -elle [inabitɥɛl] *adj* inusal.
inhumain, -e [inymɛ̃, ɛn] *adj* inhumano(-na).
inimaginable [inimaʒinabl] *adj* inimaginable.
ininflammable [inɛ̃flamabl] *adj* ininflamable.
ininterrompu, -e [inɛ̃terɔ̃py] *adj* ininterrumpido(-da).
initial, -e, -aux [inisjal, o] *adj* inicial.
initiale [inisjal] *nf* inicial *f*.
initiation [inisjasjɔ̃] *nf* iniciación *f*.
initiative [inisjativ] *nf* iniciativa *f*; **prendre l'~ de faire qqch** tomar la iniciativa de hacer algo.
injecter [ɛ̃ʒɛkte] *vt* inyectar.
injection [ɛ̃ʒɛksjɔ̃] *nf* inyección *f*.
injure [ɛ̃ʒyr] *nf* injuria *f*.
injurier [ɛ̃ʒyrje] *vt* injuriar.
injuste [ɛ̃ʒyst] *adj* injusto(-ta).
injustice [ɛ̃ʒystis] *nf* injusticia *f*.
injustifié, -e [ɛ̃ʒystifje] *adj* injustificado(-da).
inné, -e [ine] *adj* innato(-ta).
innocence [inɔsɑ̃s] *nf* inocencia *f*.
innocent, -e [inɔsɑ̃, ɑ̃t] *adj* & *nm, f* inocente.
innombrable [inɔ̃brabl] *adj* innumerable.
innover [inɔve] *vi* innovar.
inoccupé, -e [inɔkype] *adj* desocupado(-da).

inodore [inɔdɔr] *adj* inodoro(-ra).
inoffensif, -ive [inɔfɑ̃sif, iv] *adj* inofensivo(-va).
inondation [inɔ̃dasjɔ̃] *nf* inundación *f*.
inonder [inɔ̃de] *vt* inundar.
inoubliable [inublijabl] *adj* inolvidable.
Inox® [inɔks] *nm* acero *m* inoxidable.
inoxydable [inɔksidabl] *adj* inoxidable.
inquiet, -ète [ɛ̃kjɛ, ɛt] *adj* inquieto(-ta); **être ~** estar preocupado.
inquiétant, -e [ɛ̃kjetɑ̃, ɑ̃t] *adj* inquietante.
inquiéter [ɛ̃kjete] *vt* preocupar. ❑ **s'inquiéter** *vp* preocuparse.
inquiétude [ɛ̃kjetyd] *nf* inquietud *f*.
inscription [ɛ̃skripsjɔ̃] *nf* inscripción *f*; *(à l'université)* matrícula *f*.
inscrire [ɛ̃skrir] *vt* inscribir. ❑ **s'inscrire** *vp* inscribirse; **s'~ à** *(club)* inscribirse en; *(université)* matricularse en.
inscrit, -e [ɛ̃skri, it] *pp* → **inscrire**.
insecte [ɛ̃sɛkt] *nm* insecto *m*.
insecticide [ɛ̃sɛktisid] *nm* insecticida *m*.
insensé, -e [ɛ̃sɑ̃se] *adj* disparatado(-da).
insensible [ɛ̃sɑ̃sibl] *adj* insensible; **être ~ à** ser insensible a.
insensiblement [ɛ̃sɑ̃sibləmɑ̃] *adv* imperceptiblemente.
inséparable [ɛ̃separabl] *adj* inseparable.
insérer [ɛ̃sere] *vt* insertar.
insigne [ɛ̃siɲ] *nm* insignia *f*.
insignifiant, -e [ɛ̃siɲifjɑ̃, ɑ̃t] *adj* insignificante.
insinuer [ɛ̃sinɥe] *vt* insinuar.
insistance [ɛ̃sistɑ̃s] *nf* insistencia *f*; **avec ~** con insistencia.
insister [ɛ̃siste] *vi* insistir; **~ sur** insistir en.
insolation [ɛ̃sɔlasjɔ̃] *nf* insolación *f*.
insolence [ɛ̃sɔlɑ̃s] *nf* insolencia *f*.
insolent, -e [ɛ̃sɔlɑ̃, ɑ̃t] *adj* insolente.
insolite [ɛ̃sɔlit] *adj* insólito(-ta).
insoluble [ɛ̃sɔlybl] *adj* *(problème)* insoluble.
insomnie [ɛ̃sɔmni] *nf* insomnio *m*; **avoir des ~s** tener insomnio.
insonorisé, -e [ɛ̃sɔnɔrize] *adj* insonorizado(-da).
insouciant, -e [ɛ̃susjɑ̃, ɑ̃t] *adj* despreocupado(-da).
inspecter [ɛ̃spɛkte] *vt* inspeccionar.
inspecteur, -trice [ɛ̃spɛktœr, tris] *nm, f* inspector *m* (-ra *f*).
inspiration [ɛ̃spirasjɔ̃] *nf* inspiración *f*.
inspirer [ɛ̃spire] *vt* & *vi* inspirar; **~ qqch à qqn** inspirar algo a alguien; **ça ne m'inspire pas** no me dice nada. ❑ **s'inspirer de** *vp* + *prép* inspirarse de.

instable [ɛ̃stabl] *adj* inestable.

installation [ɛ̃stalasjɔ̃] *nf* instalación *f*.

installer [ɛ̃stale] *vt* instalar. ❑ **s'installer** *vp (dans un appartement)* instalarse; *(dans un fauteuil)* acomodarse; *(commerçant, docteur)* establecerse.

instant [ɛ̃stɑ̃] *nm* instante *m*; **il sort à l'~** acaba de salir; **pour l'~** de momento.

instantané, **-e** [ɛ̃stɑ̃tane] *adj* instantáneo(-nea).

instinct [ɛ̃stɛ̃] *nm* instinto *m*.

instinctif, **-ive** [ɛ̃stɛ̃ktif, iv] *adj* instintivo(-va).

institut [ɛ̃stity] *nm* instituto *m*; **~ de beauté** instituto de belleza.

instituteur, **-trice** [ɛ̃stitytœr, tris] *nm, f* ≃ profesor *m* (-ra *f*) de EGB.

institution [ɛ̃stitysjɔ̃] *nf* institución *f*.

instructif, **-ive** [ɛ̃stryktif, iv] *adj* instructivo(-va).

instruction [ɛ̃stryksjɔ̃] *nf* instrucción *f*. ❑ **instructions** *nfpl* instrucciones *fpl*.

instruire [ɛ̃strɥir]: **s'instruire** *vp* instruirse.

instruit, **-e** [ɛ̃strɥi, it] *pp* → **instruire**. ◆ *adj* instruido(-da).

instrument [ɛ̃strymɑ̃] *nm* instrumento *m*; **~ (de musique)** instrumento (musical).

insuffisant, **-e** [ɛ̃syfizɑ̃, ɑ̃t] *adj* insuficiente.

insuline [ɛ̃sylin] *nf* insulina *f*.

insulte [ɛ̃sylt] *nf* insulto *m*.

insulter [ɛ̃sylte] *vt* insultar.

insupportable [ɛ̃sypɔrtabl] *adj* insoportable.

insurmontable [ɛ̃syrmɔ̃tabl] *adj (difficulté)* insalvable.

intact, **-e** [ɛ̃takt] *adj* intacto(-ta).

intégral, **-e**, **-aux** [ɛ̃tegral, o] *adj* integral.

intégrer [ɛ̃tegre] *vt* integrar. ❑ **s'intégrer** *vp*: **(bien) s'~** integrarse (bien).

intellectuel, **-elle** [ɛ̃telɛktɥɛl] *adj* & *nm, f* intelectual.

intelligence [ɛ̃teliʒɑ̃s] *nf* inteligencia *f*.

intelligent, **-e** [ɛ̃teliʒɑ̃, ɑ̃t] *adj* inteligente.

intempéries [ɛ̃tɑ̃peri] *nfpl* inclemencias *fpl* climáticas.

intempestif, **-ive** [ɛ̃tɑ̃pɛstif, iv] *adj* intempestivo(-va).

intense [ɛ̃tɑ̃s] *adj* intenso(-sa).

intensif, **-ive** [ɛ̃tɑ̃sif, iv] *adj* intensivo(-va).

intensité [ɛ̃tɑ̃site] *nf* intensidad *f*.

intention [ɛ̃tɑ̃sjɔ̃] *nf* intención *f*; **avoir l'~ de faire qqch** tener la intención de hacer algo.

intentionné, **-e** [ɛ̃tɑ̃sjɔne] *adj*: **bien ~** bienintencionado; **mal ~** malintencionado.

intentionnel, **-elle** [ɛ̃tɑ̃sjɔnɛl] *adj* intencionado(-da).

intercalaire [ɛ̃tɛrkalɛr] *nm* folio *m* separador.

intercaler [ɛ̃tɛrkale] *vt* intercalar.

intercepter [ɛ̃tɛrsɛpte] *vt* interceptar.

interchangeable [ɛ̃tɛrʃɑ̃ʒabl] *adj* intercambiable.

interclasse [ɛ̃tɛrklas] *nm* descanso *m (entre dos clases)*.

interdiction [ɛ̃tɛrdiksjɔ̃] *nf* prohibición *f*; **'~ de fumer'** 'prohibido fumar'.

interdire [ɛ̃tɛrdir] *vt* prohibir; **~ à qqn de faire qqch** prohibir a alguien hacer algo.

interdit, -e [ɛ̃tɛrdi, it] *pp* → **interdire.** ◆ *adj* prohibido(-da); **il est ~ de...** está prohibido...

intéressant, -e [ɛ̃terɛsɑ̃, ɑ̃t] *adj* interesante.

intéresser [ɛ̃terese] *vt* interesar; *(concerner)* afectar. ❑ **s'intéresser à** *vp + prép* interesarse por.

intérêt [ɛ̃terɛ] *nm* interés *m*; **tu as ~ à réserver à l'avance** más vale que reserves con antelación; **dans l'~ de** en beneficio de. ❑ **intérêts** *nmpl (FIN)* intereses *mpl*.

intérieur, -e [ɛ̃terjœr] *adj* interior. ◆ *nm* interior *m*; **à l'~ (de)** en el interior (de); *(de maison)* dentro (de).

interligne [ɛ̃tɛrliɲ] *nm* interlínea *f*.

interlocuteur, -trice [ɛ̃tɛrlɔkytœr, tris] *nm, f* interlocutor *m* (-ra *f*).

intermédiaire [ɛ̃tɛrmedjɛr] *adj* intermedio(-dia). ◆ *nmf* intermediario *m* (-ria *f*). ◆ *nm*: **par l'~ de** por mediación de.

interminable [ɛ̃tɛrminabl] *adj* interminable.

internat [ɛ̃tɛrna] *nm (école)* internado *m*.

international, -e, -aux [ɛ̃tɛrnasjɔnal, o] *adj* internacional.

interne [ɛ̃tɛrn] *adj* & *nmf* interno(-na).

interner [ɛ̃tɛrne] *vt (malade)* internar.

interpeller [ɛ̃tɛrpəle] *vt (appeler)* interpelar.

Interphone® [ɛ̃tɛrfɔn] *nm* portero *m* automático.

interposer [ɛ̃tɛrpoze]: **s'interposer** *vp* interponerse.

interprète [ɛ̃tɛrprɛt] *nmf* intérprete *mf*.

interpréter [ɛ̃tɛrprete] *vt* interpretar.

interrogation [ɛ̃terɔgasjɔ̃] *nf (question)* interrogación *f*; **~ (écrite)** control *m* (escrito).

interrogatoire [ɛ̃terɔgatwar] *nm* interrogatorio *m*.

interroger [ɛ̃terɔʒe] *vt (un témoin)* interrogar; *(un élève)* hacer preguntas a; **~ qqn sur qqch** preguntar algo a alguien.

interrompre [ɛ̃terɔ̃pr] *vt* interrumpir.

interrupteur [ɛ̃teryptœr] *nm* interruptor *m*.

interruption [ɛ̃terypsjɔ̃] *nf* interrupción *f*.

intersection [ɛ̃tɛrsɛksjɔ̃] *nf* intersección *f*.

intervalle [ɛ̃tɛrval] *nm* intervalo *m*; **à deux jours d'~** a dos días de distancia.

intervenir [ɛ̃tɛrvənir] *vi* intervenir; *(avoir lieu)* suceder.

intervention [ɛ̃tɛrvɑ̃sjɔ̃] *nf* intervención *f*.

intervenu, -e [ɛ̃tɛrvəny] *pp* → **intervenir.**
interview [ɛ̃tɛrvju] *nf* entrevista *f.*
interviewer [ɛ̃tɛrvjuve] *vt* entrevistar.
intestin [ɛ̃tɛstɛ̃] *nm* intestino *m.*
intestinal, -e, -aux [ɛ̃tɛstinal, o] *adj* intestinal.
intime [ɛ̃tim] *adj* íntimo(-ma).
intimider [ɛ̃timide] *vt* intimidar.
intimité [ɛ̃timite] *nf* intimidad *f.*
intituler [ɛ̃tityle]: **s'intituler** *vp* titularse.
intolérable [ɛ̃tɔlerabl] *adj* intolerable.
intoxication [ɛ̃tɔksikasjɔ̃] *nf*: ~ **alimentaire** intoxicación *f* alimenticia.
intraduisible [ɛ̃tradɥizibl] *adj* intraducible.
intransigeant, -e [ɛ̃trɑ̃ziʒɑ̃, ɑ̃t] *adj* intransigente.
intrépide [ɛ̃trepid] *adj* intrépido(-da).
intrigue [ɛ̃trig] *nf* intriga *f.*
intriguer [ɛ̃trige] *vt* intrigar.
introduction [ɛ̃trɔdyksjɔ̃] *nf* introducción *f.*
introduire [ɛ̃trɔdɥir] *vt* introducir. ❑ **s'introduire** *vp* introducirse.
introduit, -e [ɛ̃trɔdɥi, it] *pp* → **introduire.**
introuvable [ɛ̃truvabl] *adj (objet perdu)* imposible de encontrar.
intrus, -e [ɛ̃try, yz] *nm, f* intruso *m* (-sa *f*).
intuition [ɛ̃tɥisjɔ̃] *nf* intuición *f.*
inusable [inyzabl] *adj* inalterable.
inutile [inytil] *adj* inútil.
inutilisable [inytilizabl] *adj* inservible.
invalide [ɛ̃valid] *nmf* inválido *m* (-da *f*).
invariable [ɛ̃varjabl] *adj* invariable.
invasion [ɛ̃vazjɔ̃] *nf* invasión *f.*
inventaire [ɛ̃vɑ̃tɛr] *nm* inventario *m*; **faire l'~ de qqch** hacer el inventario de algo.
inventer [ɛ̃vɑ̃te] *vt* inventar.
inventeur, -trice [ɛ̃vɑ̃tœr, tris] *nm, f* inventor *m* (-ra *f*).
invention [ɛ̃vɑ̃sjɔ̃] *nf* invento *m.*
inverse [ɛ̃vɛrs] *nm* contrario *m*; **à l'~ (de)** al contrario (de).
investir [ɛ̃vɛstir] *vt* invertir.
investissement [ɛ̃vɛstismɑ̃] *nm* inversión *f.*
invisible [ɛ̃vizibl] *adj* invisible.
invitation [ɛ̃vitasjɔ̃] *nf* invitación *f.*
invité, -e [ɛ̃vite] *nm, f* invitado *m* (-da *f*).
inviter [ɛ̃vite] *vt* invitar; ~ **qqn à faire qqch** invitar a alguien a hacer algo.
involontaire [ɛ̃vɔlɔ̃tɛr] *adj* involuntario(-ria).
invraisemblable [ɛ̃vrɛsɑ̃blabl] *adj* inverosímil.
iode [jɔd] *nm* → **teinture.**
ira *etc* → **aller.**
irlandais, -e [irlɑ̃dɛ, ɛz] *adj* ir-

landés(-esa). ❑ **Irlandais, -e** *nm, f* irlandés *m* (-esa *f*).

Irlande [irlɑ̃d] *nf*: **l'~ du Nord** Irlanda del Norte; **la République d'~** la República de Irlanda.

ironie [irɔni] *nf* ironía *f*.

ironique [irɔnik] *adj* irónico(-ca).

irrationnel, -elle [irasjɔnɛl] *adj* irracional.

irrécupérable [irekyperabl] *adj* irrecuperable.

irréel, -elle [ireɛl] *adj* irreal.

irrégulier, -ère [iregylje, ɛr] *adj* irregular.

irremplaçable [irɑ̃plasabl] *adj* irreemplazable.

irréparable [ireparabl] *adj* irreparable.

irrésistible [irezistibl] *adj* irresistible.

irrespirable [irɛspirabl] *adj* irrespirable.

irrigation [irigasjɔ̃] *nf* riego *m*.

irritable [iritabl] *adj* irritable.

irritation [iritasjɔ̃] *nf* irritación *f*.

irriter [irite] *vt* irritar.

islam [islam] *nm*: **l'~** el islam.

isolant, -e [izɔlɑ̃, ɑ̃t] *adj* & *nm* aislante.

isolation [izɔlasjɔ̃] *nf* aislamiento *m*.

isolé, -e [izɔle] *adj* aislado(-da).

isoler [izɔle] *vt* aislar. ❑ **s'isoler** *vp* aislarse.

Israël [israɛl] *n* Israel.

issu, -e [isy] *adj*: **être ~ de** *(famille)* proceder de; *(processus, théorie)* resultar de.

issue [isy] *nf (sortie)* salida *f*; **'voie sans ~'** 'calle sin salida'; **'~ de secours'** 'salida de emergencia'.

Italie [itali] *nf*: **l'~** Italia.

italien, -enne [italjɛ̃, ɛn] *adj* italiano(-na). ◆ *nm (langue)* italiano *m*. ❑ **Italien, -enne** *nm, f* italiano *m* (-na *f*).

italique [italik] *nm* cursiva *f*.

itinéraire [itinerɛr] *nm* itinerario *m*; **~ bis** itinerario alternativo.

ivoire [ivwar] *nm* marfil *m*.

ivre [ivr] *adj* ebrio(-bria).

ivrogne [ivrɔɲ] *nmf* borracho *m* (-cha *f*).

J

j' → je.

jacinthe [ʒasɛ̃t] *nf* jacinto *m*.

jaillir [ʒajir] *vi* brotar.

jalousie [ʒaluzi] *nf (sentiment)* envidia *f*; *(amoureuse)* celos *mpl*.

jaloux, -ouse [ʒalu, uz] *adj (possessif)* celoso(-sa); *(envieux)* envidioso(-sa); **être ~ de** tener envidia de.

jamais [ʒamɛ] *adv* nunca; **je ne vais ~ au théâtre** no voy nunca al teatro; **je ne reviendrai ~ plus** no volveré nunca más; **c'est le plus long voyage que j'aie ~ fait** es el viaje más largo que nunca he hecho; **plus que ~** más que nunca; **si ~...** si por casualidad...

jambe [ʒɑ̃b] *nf* pierna *f*.

jambon [ʒɑ̃bɔ̃] *nm* jamón *m*; ~ **blanc** ≈ jamón de York; ~ **cru** ≈ jamón serrano.

jambonneau, **-x** [ʒɑ̃bɔno] *nm* codillo *m* de cerdo.

jante [ʒɑ̃t] *nf* llanta *f*.

janvier [ʒɑ̃vje] *nm* enero *m*, → **septembre**.

Japon [ʒapɔ̃] *nm*: **le** ~ Japón.

japonais, **-e** [ʒapɔnɛ, ɛz] *adj* japonés(-esa). ◆ *nm (langue)* japonés *m*. ❑ **Japonais**, **-e** *nm, f* japonés *m* (-esa *f*).

jardin [ʒardɛ̃] *nm* jardín *m*; ~ **d'enfants/public** jardín de infancia/público.

jardinage [ʒardinaʒ] *nm* jardinería *f*.

jardinier, **-ère** [ʒardinje, ɛr] *nm, f* jardinero *m* (-ra *f*).

jardinière [ʒardinjɛr] *nf* jardinera *f*; ~ **de légumes** ≈ menestra *f* de verduras, → **jardinier**.

jarret [ʒarɛ] *nm*: ~ **de veau** jarrete *m* de ternera.

jauge [ʒoʒ] *nf* indicador *m*; ~ **d'essence** indicador del nivel de gasolina.

jaune [ʒon] *adj* amarillo(-lla). ◆ *nm* amarillo *m*; ~ **d'œuf** yema *f* de huevo.

jaunir [ʒonir] *vi* amarillear.

jaunisse [ʒonis] *nf* ictericia *f*.

Javel [ʒavɛl] *nf*: **(eau de)** ~ lejía *f*.

jazz [dʒaz] *nm* jazz *m*.

je [ʒə] *pron* yo.

jean [dʒin] *nm* vaqueros *mpl*.

Jeep® [dʒip] *nf* Jeep® *m*.

jerrican [ʒerikan] *nm* bidón *m*.

Jésus-Christ [ʒezykri] *nm* Jesucristo; **avant/après** ~ antes de/después de Cristo.

jet[1] [ʒɛ] *nm (de liquide)* chorro *m*; ~ **d'eau** surtidor *m*.

jet[2] [dʒɛt] *nm (avion)* jet *m*.

jetable [ʒətabl] *adj* desechable.

jetée [ʒəte] *nf* espigón *m*.

jeter [ʒəte] *vt* tirar. ❑ **se jeter** *vp*: **se** ~ **dans** *(suj: rivière)* desembocar en; **se** ~ **sur** abalanzarse sobre.

jeton [ʒətɔ̃] *nm* ficha *f*.

jeu, **-x** [ʒø] *nm* juego *m*; **le** ~ el juego; ~ **de cartes/de société** juego de cartas/de sociedad; *(paquet)* baraja *f*; ~ **d'échecs** ajedrez *m*; ~ **de mots** juego de palabras; ~ **vidéo** videojuego; **les** ~**x Olympiques** los Juegos Olímpicos.

jeudi [ʒødi] *nm* jueves *m*, → **samedi**.

jeun [ʒœ̃]: **à jeun** *adj* en ayunas.

jeune [ʒœn] *adj* & *nmf* joven; ~ **fille** muchacha *f*; ~ **homme** muchacho *m*; **les** ~**s** los jóvenes.

jeûner [ʒøne] *vi* ayunar.

jeunesse [ʒœnɛs] *nf* juventud *f*.

job [dʒɔb] *nm (fam)* trabajo *m*.

jockey [ʒɔkɛ] *nm* jockey *m*.

jogging [dʒɔgiŋ] *nm (vêtement)* chándal *m*; *(course)* footing *m*; **faire du** ~ hacer footing.

joie [ʒwa] *nf* alegría *f*.

joindre [jwɛ̃dr] *vt (relier)* conectar; *(contacter)* localizar; ~ **qqch à** adjuntar algo a. ❑ **se joindre à** *vp* + *prép* unirse a.

joint, **-e** [ʒwɛ̃, ɛ̃t] *pp* → **joindre**. ◆ *nm* junta *f*; *(fam)* porro *m*; ~ **de culasse** junta de culata.

joker [ʒɔkɛr] *nm* comodín *m*.

joli, -e [ʒɔli] *adj* bonito(-ta); *(iron)* menudo(-da); **~e mentalité!** ¡menuda mentalidad!

jongleur [ʒɔ̃glœr] *nm* malabarista *m*.

jonquille [ʒɔ̃kij] *nf* junquillo *m*.

joual [ʒwal] *nm (Can) dialecto francocanadiense que se habla en la región de Quebec.*

joue [ʒu] *nf* mejilla *f*.

jouer [ʒwe] *vi* jugar; *(musicien)* tocar; *(acteur)* actuar. ◆ *vt* jugar; *(somme)* apostar; *(suj: acteur, musicien)* interpretar; **~ à** jugar a; **~ de** tocar; **~ un rôle dans qqch** *(fig)* desempeñar un papel en algo.

jouet [ʒwɛ] *nm* juguete *m*.

joueur, -euse [ʒwœr, øz] *nm, f (au casino)* jugador *m* (-ra *f*); *(SPORT)* deportista *mf*; **être mauvais ~** ser mal perdedor; **~ de cartes** jugador de cartas; **~ de flûte** flautista *m*; **~ de foot** futbolista *m*.

jour [ʒur] *nm* día *m*; *(clarté)* claridad *f*; **il fait ~** es de día; **~ de l'an** día de año nuevo; **~ férié/ouvrable** día festivo/laborable; **huit ~s** una semana; **quinze ~s** quince días; **de ~** de día; **du ~ au lendemain** de la noche a la mañana; **de nos ~s** hoy en día; **être à ~** estar al día; **mettre qqch à ~** poner algo al día, → **ouvrable**.

journal, -aux [ʒurnal, o] *nm* periódico *m*; **~ (intime)** diario *m*; **~ télévisé** telediario *m*.

journaliste [ʒurnalist] *nmf* periodista *mf*.

journée [ʒurne] *nf* día *m*; **dans la ~** durante el día; **toute la ~** todo el día.

joyeux, -euse [ʒwajø, øz] *adj* feliz; **~ anniversaire!** ¡feliz cumpleaños!; **~ Noël!** ¡feliz Navidad!

judo [ʒydo] *nm* judo *m*.

juge [ʒyʒ] *nm (magistrat)* juez *m* (-za *f*); *(SPORT)* árbitro *m*.

juger [ʒyʒe] *vt* juzgar.

juif, -ive [ʒɥif, ʒɥiv] *adj* judío(-a). ❑ **Juif, -ive** *nm, f* judío *m* (-a *f*).

juillet [ʒɥijɛ] *nm* julio *m*; **le 14 Juillet** *el 14 de julio, día de la República en que se celebra la Toma de la Bastilla*, → **septembre**.

14 JUILLET

La festividad del 14 de julio, fiesta nacional francesa, celebra el aniversario de la toma de la Bastilla en 1789. En todo el país y durante varios días, se organizan actos festivos como bailes públicos, fuegos artificiales, etc. En la mañana del 14 tiene lugar en París un gran desfile militar en presencia del presidente de la República.

juin [ʒɥɛ̃] *nm* junio *m*, → **septembre**.

juke-box [dʒukbɔks] *nm inv* juke-box *m*.

julienne [ʒyljɛn] *nf* juliana *f*.

jumeau, -elle, -x [ʒymo, ɛl, o] *adj (maisons)* adosado(-da). ◆ *nm, f* gemelo *m* (-la *f*); **frère ~** hermano *m* gemelo.

jumelé, -e [ʒymle] *adj* herma-

nado(-da); **'ville ~e avec...'** 'ciudad hermanada con...'.
jumelle → **jumeau.** ❑ **jumelles** *nfpl* gemelos *mpl.*
jument [ʒymɑ̃] *nf* yegua *f.*
jungle [ʒœ̃gl] *nf* selva *f.*
jupe [ʒyp] *nf* falda *f;* ~ **droite/plissée** falda recta/tableada.
jupon [ʒypɔ̃] *nm* enaguas *fpl.*
jurer [ʒyre] *vt* & *vi* jurar; ~ **(à qqn) que** jurar (a alguien) que; ~ **de faire qqch** jurar hacer algo.
jury [ʒyri] *nm* jurado *m.*
jus [ʒy] *nm (de fruit)* zumo *m,* jugo *m (Amér); (de viande)* salsa *f;* ~ **d'orange** zumo de naranja.
jusque [ʒysk(ə)]: **jusqu'à** *prép*: **allez jusqu'à l'église** vaya hasta la iglesia; **jusqu'à ce que je parte** hasta que me vaya; **jusqu'à présent** hasta ahora. ❑ **jusqu'ici** *adv (dans l'espace)* hasta aquí; *(dans le temps)* hasta ahora. ❑ **jusque-là** *adv (dans l'espace)* hasta ahí; *(dans le temps)* hasta entonces.
justaucorps [ʒystokɔr] *nm* body *m.*
juste [ʒyst] *adj* justo(-ta); *(addition, raisonnement)* correcto(-ta); *(note, voix)* afinado(-da). ◆ *adv (seulement)* sólo; *(exactement)* justo; **au** ~ exactamente; **chanter** ~ cantar bien.
justement [ʒystəmɑ̃] *adv* precisamente.
justesse [ʒystɛs]: **de justesse** *adv* por poco.
justice [ʒystis] *nf* justicia *f.*
justifier [ʒystifje] *vt* justificar. ❑ **se justifier** *vp* justificarse.
jute [ʒyt] *nm*: **(toile de)** ~ yute *m.*
juteux, -euse [ʒytø, øz] *adj* jugoso(-sa).

K

K7 [kasɛt] *nf abr* = **cassette.**
kaki [kaki] *adj inv* caqui *inv.*
kangourou [kɑ̃guru] *nm* canguro *m.*
karaté [karate] *nm* kárate *m.*
kart [kart] *nm* kart *m.*
karting [kartiŋ] *nm* karting *m.*
kayak [kajak] *nm (bateau)* kayak *m; (SPORT)* piragüismo *m.*
képi [kepi] *nm* quepis *m inv.*
kermesse [kɛrmɛs] *nf* kermés *f.*

KERMESSE

En Francia, una "kermesse" es una fiesta organizada en beneficio de un colegio, parroquia u obra de caridad que se celebra al aire libre. Suele haber puestos con juegos, lotería, repostería casera, etc. En Flandes, la "kermesse" es una gran feria organizada por la parroquia con motivo de las fiestas patronales.

---

kérosène [kerɔzɛn] *nm* queroseno *m.*
ketchup [kɛtʃœp] *nm* ketchup *m.*

kg *(abr de kilogramme)* kg.
kidnapper [kidnape] *vt* secuestrar.
kilo(gramme) [kilɔ(gram)] *nm* kilo(gramo) *m*.
kilométrage [kilɔmetraʒ] *nm* kilometraje *m*; ~ **illimité** kilometraje ilimitado.
kilomètre [kilɔmɛtr] *nm* kilómetro *m*; **100 ~s à l'heure** 100 kilómetros por hora.
kilt [kilt] *nm* falda *f* escocesa.
kinésithérapeute [kineziterapøt] *nmf* kinesiterapeuta *mf*.
kiosque [kjɔsk] *nm* quiosco *m*; ~ **à journaux** quiosco de periódicos.
kir [kir] *nm aperitivo compuesto de vino blanco con licor de fruta por lo general de casis*; ~ **royal** *kir con Champán en vez de vino blanco*.
kirsch [kirʃ] *nm* kirsch *m*.
kit [kit] *nm* kit *m*; **en ~** en kit.
kiwi [kiwi] *nm* kiwi *m*.
Klaxon® [klaksɔn] *nm* claxon *m*.
klaxonner [klaksɔne] *vi* pitar.
Kleenex® [klinɛks] *nm* kleenex® *m inv*.
km *(abr de kilomètre)* km.
km/h *(abr de kilomètre par heure)* km/h.
K-O *adj inv* K.O.
kouglof [kuglɔf] *nm bizcocho de la región de Alsacia con uvas pasas y almendras*.
K-way® [kawɛ] *nm inv* chubasquero *m*.
kyste [kist] *nm* quiste *m*.

l *(abr de litre)* l.
l' → **le**.
la → **le**.
là [la] *adv (lieu)* allí, ahí; *(temps)* entonces; **par ~** *(de ce côté)* por allí; *(dans les environs)* por ahí; **cette fille-~** aquella chica; **ce jour-~** aquel día.
là-bas [laba] *adv* allí.
laboratoire [labɔratwar] *nm* laboratorio *m*.
labourer [labure] *vt* labrar.
labyrinthe [labirɛ̃t] *nm* laberinto *m*.
lac [lak] *nm* lago *m*.
lacer [lase] *vt* atar.
lacet [lasɛ] *nm (de chaussures)* cordón *m*; *(virage)* curva *f*.
lâche [laʃ] *adj (peureux)* cobarde; *(nœud, corde)* flojo(-ja). ◆ *nmf* cobarde *mf*.
lâcher [laʃe] *vt* soltar. ◆ *vi (corde)* ceder; *(freins)* fallar.
lâcheté [laʃte] *nf* cobardía *f*.
là-dedans [laddɑ̃] *adv* ahí dentro; *(fig)* en todo esto.
là-dessous [ladsu] *adv* ahí debajo; *(fig)* detrás de esto.
là-dessus [ladsy] *adv (lieu)* ahí encima; *(fig: à ce sujet)* al respecto.
là-haut [lao] *adv* ahí arriba.
laid, -e [lɛ, lɛd] *adj* feo(-a).

laideur [lɛdœr] *nf* fealdad *f*.
lainage [lɛnaʒ] *nm* prenda *f* de lana.
laine [lɛn] *nf* lana *f*; **en ~** de lana.
laïque [laik] *adj* laico(-ca).
laisse [lɛs] *nf* correa *f*; **tenir un chien en ~** llevar a un perro atado.
laisser [lese] *vt* dejar. ◆ *aux*: **~ qqn faire qqch** dejar a alguien hacer algo; **~ tomber** dejar caer; *(fig)* dejar, abandonar. ❑ **se laisser** *vp*: **se ~ aller** abandonarse; **se ~ faire** *(par lâcheté)* achicarse; *(se laisser tenter)* dejarse llevar.
lait [lɛ] *nm* leche *f*; **~ démaquillant/de toilette** leche desmaquilladora/limpiadora; **~ solaire** leche bronceadora.
laitage [lɛtaʒ] *nm* producto *m* lácteo.
laitier [lɛtje] *adj m* → **produit**.
laiton [lɛtɔ̃] *nm* latón *m*.
laitue [lety] *nf* lechuga *f*.
lambeau, -x [lɑ̃bo] *nm* jirón *m*.
lambic [lɑ̃bik] *nm (Belg) cerveza elaborada con malta y trigo que fermenta de forma espontánea*.
lambris [lɑ̃bri] *nm* boiserie *f*.
lame [lam] *nf (de métal)* lámina *f*; *(de couteau, d'épée)* hoja *f*; *(vague)* ola *f*; **~ de rasoir** cuchilla *f* de afeitar.
lamelle [lamɛl] *nf* loncha *f*; *(de légumes)* lámina *f*.
lamentable [lamɑ̃tabl] *adj* lamentable.
lamenter [lamɑ̃te]: **se lamenter** *vp* lamentarse.
lampadaire [lɑ̃padɛr] *nm* lámpara *f*; *(dans la rue)* farola *f*.
lampe [lɑ̃p] *nf* lámpara *f*; **~ de chevet** lámpara de mesa; **~ de poche** linterna *f*.
lance [lɑ̃s] *nf* lanza *f*; **~ d'incendie** manguera *f*.
lancée [lɑ̃se] *nf*: **continuer sur sa ~** continuar con su impulso.
lancement [lɑ̃smɑ̃] *nm* lanzamiento *m*.
lance-pierres [lɑ̃spjɛr] *nm inv* tirachinas *m inv*.
lancer [lɑ̃se] *vt* lanzar. ❑ **se lancer** *vp* lanzarse; **se ~ dans qqch** lanzarse en algo.
landau [lɑ̃do] *nm* cochecito *m (de bebé)*.
lande [lɑ̃d] *nf* landa *f*.
langage [lɑ̃gaʒ] *nm* lenguaje *m*.
langer [lɑ̃ʒe] *vt* poner pañales a.
langouste [lɑ̃gust] *nf* langosta *f*.
langoustine [lɑ̃gustin] *nf* cigala *f*.
langue [lɑ̃g] *nf* lengua *f*; **~ étrangère** lengua extranjera; **~ maternelle/vivante** lengua materna/viva.
langue-de-chat [lɑ̃gdəʃa] (*pl* **langues-de-chat**) *nf* lengua *f* de gato.
languette [lɑ̃gɛt] *nf* lengüeta *f*.
lanière [lanjɛr] *nf* correa *f*.
lanterne [lɑ̃tɛrn] *nf* farol *m*; **les ~s** *(AUT: feux de position)* faros.
lapin [lapɛ̃] *nm* conejo *m*.
laque [lak] *nf* laca *f*.

laqué [lake] *adj m* → **canard.**
laquelle → **lequel.**
larcin [larsɛ̃] *nm (sout)* hurto *m.*
lard [lar] *nm* tocino *m.*
lardon [lardɔ̃] *nm* taco *m* de panceta.
large [larʒ] *adj* ancho(-cha); *(généreux)* espléndido(-da); *(tolérant)* abierto(-ta). ◆ *nm* alta mar *f.* ◆ *adv* de sobra; **ça fait 2 mètres de ~** mide 2 metros de anchura; **au ~ de** a la altura de.
largement [larʒəmɑ̃] *adv* de sobra.
largeur [larʒœr] *nf* anchura *f.*
larme [larm] *nf* lágrima *f*; **être en ~s** estar llorando.
lasagne(s) [lazaɲ] *nfpl* lasaña *f.*
laser [lazɛr] *nm* láser *m.*
lassant, -e [lasɑ̃, ɑ̃t] *adj* pesado(-da).
lasser [lase] *vt* hastiar. ❑ **se lasser de** *vp + prép* hastiarse de.
latéral, -e, -aux [lateral, o] *adj* lateral.
latin [latɛ̃] *nm* latín *m.*
latitude [latityd] *nf* latitud *f.*
latte [lat] *nf* listón *m.*
lauréat, -e [lɔrea, at] *nm, f* galardonado *m* (-da *f*).
laurier [lɔrje] *nm* laurel *m.*
lavable [lavabl] *adj* lavable.
lavabo [lavabo] *nm* lavabo *m.* ❑ **lavabos** *nmpl (toilettes)* servicios *mpl.*
lavage [lavaʒ] *nm* lavado *m.*
lavande [lavɑ̃d] *nf* lavanda *f.*
lave-linge [lavlɛ̃ʒ] *nm inv* lavadora *f.*
laver [lave] *vt* lavar; *(tache)* limpiar. ❑ **se laver** *vp* lavarse; **se ~ les mains** lavarse las manos; **se ~ les dents** lavarse los dientes.
laverie [lavri] *nf*: **~ (automatique)** lavandería *f* (automática).
lavette [lavɛt] *nf* bayeta *f.*
lave-vaisselle [lavvesɛl] *nm inv* lavavajillas *m.*
lavoir [lavwar] *nm* lavadero *m.*
laxatif [laksatif] *nm* laxante *m.*
layette [lɛjɛt] *nf* canastilla *f.*
le [lə] (*f* **la** [la], *pl* **les** [lɛ]) *article défini* el (la); **~ lac** el lago; **la fenêtre** la ventana; **l'homme** el hombre; **les enfants** los niños; **les filles** las niñas; **nous sommes ~ 3 août** estamos a tres de agosto; **~ samedi/matin** los sabados/(por) las mañanas; **se laver les mains** lavarse les manos; **elle a les yeux bleus** tiene los ojos azules; **les pommes sont à 13 F ~ kilo** las manzanas están a 13 francos el kilo; **c'est 250 F la nuit** son 250 francos por noche.
◆ *pron* -1. *(représente une personne, une chose, un animal)* lo (la); **regarde-~/la** míralo(-la); **laissez-les-nous** déjenoslos.
-2. *(reprend un mot, une phrase)* lo; **je l'avais entendu dire** eso ya lo había oído antes.
lécher [leʃe] *vt* lamer.
lèche-vitrines [lɛʃvitrin] *nm inv*: **faire du ~** ir de escaparates.
leçon [ləsɔ̃] *nf* lección *f*; **faire la ~ à qqn** leer la cartilla a alguien.
lecteur, -trice [lɛktœr, tris] *nm, f* lector *m* (-ra *f*). ◆ *nm (INFORM)* lector *m*; **~ de cassettes** lector de

casetes; ~ **laser** OU **de CD** lector láser OU de CD.

lecture [lɛktyr] *nf* lectura *f.*

légal, -e, -aux [legal, o] *adj* legal.

légende [leʒɑ̃d] *nf* leyenda *f.*

léger, -ère [leʒe, ɛr] *adj* ligero(-ra); *(café, infusion)* flojo(-ja); **à la légère** a la ligera.

légèrement [leʒɛrmɑ̃] *adv* ligeramente; **être habillé** ~ llevar poca ropa.

légèreté [leʒɛrte] *nf* ligereza *f.*

législation [leʒislasjɔ̃] *nf* legislación *f.*

légitime [leʒitim] *adj* legítimo(-ma); ~ **défense** legítima defensa *f.*

léguer [lege] *vt* legar.

légume [legym] *nm* verdura *f.*

lendemain [lɑ̃dmɛ̃] *nm*: **le** ~ **(de)** al día siguiente (de); **le** ~ **matin** a la mañana siguiente.

lent, -e [lɑ̃, lɑ̃t] *adj* lento(-ta).

lentement [lɑ̃tmɑ̃] *adv* lentamente.

lenteur [lɑ̃tœr] *nf* lentitud *f.*

lentille [lɑ̃tij] *nf (légume)* lenteja *f*; *(verre de contact)* lentilla *f.*

léopard [leɔpar] *nm* leopardo *m.*

lequel [ləkɛl] (*f* **laquelle** [lakɛl], *mpl* **lesquels** [lekɛl], *fpl* **lesquelles** [lekɛl]) *pron (sujet)* el cual (la cual); *(complément)* el que (la que); *(interrogatif)* cuál; **j'ai deux amis avec lesquels je m'entends très bien** tengo dos amigos con los que me llevo muy bien; ~ **veux-tu?** ¿cuál quieres?

les → **le**.

léser [leze] *vt* perjudicar.

lésion [lezjɔ̃] *nf* lesión *f.*

lesquelles → **lequel**.

lesquels → **lequel**.

lessive [lesiv] *nf (poudre, liquide)* detergente *m*; *(linge)* colada *f*; **faire la** ~ hacer la colada.

lessiver [lesive] *vt* limpiar; **être lessivé** *(fam)* estar hecho polvo.

leste [lɛst] *adj (vif)* ágil.

lettre [lɛtr] *nf* letra *f*; *(courrier)* carta *f*; **écrivez en toutes ~s** escriba la palabra completa.

leucémie [løsemi] *nf* leucemia *f.*

leur [lœr] *adj* su; **ils ont vendu** ~ **maison** han vendido su casa. ◆ *pron* les; **je vais** ~ **montrer le chemin** les voy a indicar el camino; **tu devrais le** ~ **renvoyer** deberías devolvérselo. ❑ **le leur** (*f* **la leur**, *pl* **les leurs**) *pron* el suyo (la suya); **je préfère la** ~ prefiero la suya; **cet argent est le** ~ este dinero es suyo.

levant [ləvɑ̃] *adj m* → **soleil**.

levé, -e [ləve] *adj* levantado(-da).

levée [ləve] *nf (du courrier)* recogida *f.*

lever [ləve] *vt* levantar. ◆ *nm*: **au** ~ al levantarse; **le** ~ **du jour** el amanecer; **le** ~ **du soleil** la salida del sol. ❑ **se lever** *vp (personne)* levantarse; *(soleil)* salir; *(temps)* aclararse; *(jour)* amanecer.

levier [ləvje] *nm* palanca *f*; ~ **de vitesse** palanca de cambios.

lèvre [lɛvr] *nf* labio *m.*

levure [ləvyr] *nf (CULIN)* levadura *f.*
lexique [lɛksik] *nm* léxico *m.*
lézard [lezar] *nm* lagarto *m.*
lézarder [lezarde]: **se lézarder** *vp* agrietarse.
liaison [ljɛzɔ̃] *nf* enlace *m*; *(amoureuse)* relación *f*; **être en ~ avec** estar en relación con.
liane [ljan] *nf* liana *f.*
liasse [ljas] *nf* fajo *m.*
Liban [libɑ̃] *nm*: **le ~** el Líbano.
libéral, **-e**, **-aux** [liberal, o] *adj* liberal.
libération [liberasjɔ̃] *nf* liberación *f.* ❑ **Libération** *nf*: **la Libération** la Liberación *(de Francia)*.
libérer [libere] *vt* liberar. ❑ **se libérer** *vp* librarse.
liberté [libɛrte] *nf* libertad *f*; **en ~** en libertad.
libraire [librɛr] *nmf* librero *m* (-ra *f*).
librairie [librɛri] *nf* librería *f.*
libre [libr] *adj* libre; **~ de faire qqch** libre de hacer algo.
librement [librəmɑ̃] *adv* libremente.
libre-service [librəsɛrvis] (*pl* **libres-services**) *nm* autoservicio *m.*
licence [lisɑ̃s] *nf (permis)* permiso *m*; *(diplôme) diploma universitario que se obtiene después de los tres primeros años de carrera,* ≃ diplomatura *f*; *(sportive)* ficha *f.*
licenciement [lisɑ̃simɑ̃] *nm* despido *m.*
licencier [lisɑ̃sje] *vt* despedir.
liège [ljɛʒ] *nm* corcho *m.*
liégeois [ljeʒwa] *adj m* → **café**, **chocolat**.
lien [ljɛ̃] *nm (ruban)* lazo *m*; *(relation)* vínculo *m.*
lier [lje] *vt (attacher)* atar; *(par contrat)* ligar; *(idées)* enlazar; **~ conversation avec qqn** entablar conversación con alguien. ❑ **se lier** *vp*: **se ~ (d'amitié) avec qqn** intimar con alguien.
lierre [ljɛr] *nm* hiedra *f.*
lieu, **-x** [ljø] *nm* lugar *m*; **avoir ~** tener lugar; **au ~ de** en lugar de.
lièvre [ljɛvr] *nm* liebre *f.*
ligne [liɲ] *nf* línea *f*; **garder la ~** guardar la línea; **aller à la ~** poner punto y aparte; **~ blanche** *(sur la route)* línea continua; **(en) ~ droite** (en) línea recta; **'grandes ~s'** 'largo recorrido'.
ligoter [ligɔte] *vt* atar.
lilas [lila] *nm* lila *f.*
limace [limas] *nf* babosa *f.*
limande [limɑ̃d] *nf* gallo *m (pez)*.
lime [lim] *nf* lima *f*; **~ à ongles** lima de uñas.
limer [lime] *vt* limar.
limitation [limitasjɔ̃] *nf* limitación *f*; **~ de vitesse** límite *m* de velocidad.
limite [limit] *nf* límite *m.* ◆ *adj* límite; **à la ~** en último caso.
limiter [limite] *vt* limitar. ❑ **se limiter à** *vp + prép* limitarse a.
limonade [limɔnad] *nf* gaseosa *f.*
limpide [lɛ̃pid] *adj (eau)* límpido(-da); *(raisonnement)* claro(-ra).
lin [lɛ̃] *nm* lino *m.*

linge [lɛ̃ʒ] *nm* ropa *f*; ~ **de maison** ropa blanca.
lingerie [lɛ̃ʒri] *nf (sous-vêtements)* lencería *f*.
lingot [lɛ̃go] *nm*: ~ **(d'or)** lingote *m* (de oro).
lino(léum) [lino(leɔm)] *nm* linóleo *m*.
lion [ljɔ̃] *nm* león *m*. ❑ **Lion** *nm* Leo *m*.
liqueur [likœr] *nf* licor *m*.
liquidation [likidasjɔ̃] *nf*: '~ **totale**' 'liquidación total'.
liquide [likid] *adj* líquido(-da). ◆ *nm* líquido *m*; **(argent)** ~ dinero *m* en efectivo; **payer en (argent)** ~ pagar en efectivo; ~ **de frein** líquido de frenos.
liquider [likide] *vt (vendre)* liquidar; *(fam: terminer)* liquidar.
lire [lir] *vt* & *vi* leer.
Lisbonne [lisbɔn] *n* Lisboa.
lisible [lizibl] *adj* legible.
lisière [lizjɛr] *nf* linde *m*.
lisse [lis] *adj* liso(-sa).
liste [list] *nf* lista *f*; ~ **d'attente** lista de espera; **(être sur)** ~ **rouge** (estar en) la lista de números secretos.
lit [li] *nm* cama *f*; *(d'une rivière)* lecho *m*; **aller au** ~ ir a la cama; ~ **de camp** catre *m*; ~ **double, grand** ~ cama de matrimonio; ~ **simple,** ~ **à une place, petit** ~ cama individual; ~**s jumeaux** camas gemelas; ~**s superposés** literas *fpl*.
litchi [litʃi] *nm* litchi *m*.
literie [litri] *nf todo lo relativo a la cama (somier, colchón, ropa etc)*.
litière [litjɛr] *nf (pour chats)* lecho *m* para gatos.
litige [litiʒ] *nm* litigio *m*.
litre [litr] *nm* litro *m*.
littéraire [literɛr] *adj* literario(-ria).
littérature [literatyr] *nf* literatura *f*.
littoral, **-aux** [litɔral, o] *nm* litoral *m*.
livide [livid] *adj* lívido(-da).
living(-room), **-s** [liviŋ(rum)] *nm* cuarto *m* de estar.
livraison [livrɛzɔ̃] *nf* entrega *f*; ~ **à domicile** entrega a domicilio; '~ **des bagages**' 'recogida de equipajes'.
livre[1] [livr] *nm* libro *m*; ~ **de français** libro de francés.
livre[2] [livr] *nf (demi-kilo)* medio kilo *m*; ~ **(sterling)** libra *f* (esterlina).
livrer [livre] *vt* entregar.
livret [livrɛ] *nm* libreta *f*; ~ **(de caisse) d'épargne** libreta (de caja) de ahorros; ~ **de famille** libro *m* de familia; ~ **scolaire** libro *m* de escolaridad.
livreur, **-euse** [livrœr, øz] *nm, f* repartidor *m* (-ra *f*).
local, **-e**, **-aux** [lɔkal, o] *adj* local. ◆ *nm* local *m*; **dans les locaux** en los locales.
locataire [lɔkatɛr] *nmf* inquilino *m* (-na *f*).
location [lɔkasjɔ̃] *nf (d'une maison)* alquiler *m*; *(d'un billet)* venta *f*; *(logement)* casa *f* de alquiler; '~ **de voitures**' 'alquiler de coches'.

locomotive [lɔkɔmɔtiv] *nf* locomotora *f*.
loge [lɔʒ] *nf (de concierge)* portería *f*; *(d'acteur)* camerino *m*.
logement [lɔʒmɑ̃] *nm* vivienda *f*; *(hébergement)* alojamiento *m*; **le ~** *(secteur)* la vivienda.
loger [lɔʒe] *vt* alojar. ◆ *vi* vivir. ❑ **se loger** *vp (pénétrer)* ir a parar.
logiciel [lɔʒisjɛl] *nm* software *m*.
logique [lɔʒik] *adj* lógico(-ca). ◆ *nf* lógica *f*.
logiquement [lɔʒikmɑ̃] *adv* lógicamente.
logo [logo] *nm* logotipo *m*.
loi [lwa] *nf* ley *f*.
loin [lwɛ̃] *adv* lejos; **au ~** a lo lejos; **de ~** de lejos; *(fig: nettement)* con diferencia; **~ de** *(dans l'espace)* lejos de; **~ de là** *(fig)* ni mucho menos.
lointain, -e [lwɛ̃tɛ̃, ɛn] *adj* lejano(-na). ◆ *nm*: **dans le ~** a lo lejos.
Loire [lwar] *nf*: **la ~** *(fleuve)* el Loira.
loisirs [lwazir] *nmpl (temps libre)* tiempo *m* libre; *(activités)* ocio *m*.
Londonien, -enne [lɔ̃dɔnjɛ̃, ɛn] *nm, f* londinense *mf*.
Londres [lɔ̃dr] *n* Londres.
long, longue [lɔ̃, lɔ̃g] *adj* largo(-ga); **la pièce fait 10 mètres de ~** la habitación tiene diez metros de largo; **le ~ de** a lo largo de; **de ~ en large** a lo largo y a lo ancho; **à la longue** a la larga.
longeole [lɔ̃ʒɔl] *nf salchicha ahumada típica de la región de Ginebra en Suiza*.
longer [lɔ̃ʒe] *vt* bordear.
longitude [lɔ̃ʒityd] *nf* longitud *f*.
longtemps [lɔ̃tɑ̃] *adv* mucho tiempo.
longue → **long**.
longuement [lɔ̃gmɑ̃] *adv* mucho tiempo.
longueur [lɔ̃gœr] *nf (d'une route)* longitud *f*; *(d'une table)* largo *m*; *(d'un voyage, d'un discours)* duración *f*; **à ~ de** a lo largo de; **~ d'onde** longitud de onda.
longue-vue [lɔ̃gvy] (*pl* **longues-vues**) *nf* catalejo *m*.
loquet [lɔkɛ] *nm* picaporte *m*.
lorraine [lɔrɛn] *adj f* → **quiche**.
lors [lɔr]: **lors de** *prép* durante.
lorsque [lɔrskə] *conj* cuando.
losange [lɔzɑ̃ʒ] *nm* rombo *m*.
lot [lo] *nm (de loterie)* premio *m*; *(COMM: en offre spéciale)* lote *m*.
loterie [lɔtri] *nf* lotería *f*.
lotion [losjɔ̃] *nf* loción *f*.
lotissement [lɔtismɑ̃] *nm* urbanización *f*.
loto [lɔto] *nm (national)* ≃ lotería *f* primitiva; **le ~ sportif** ≃ las quinielas.

LOTO

En este juego de azar administrado por el Estado se pueden ganar importantes cantidades de dinero. Los jugadores, según la cantidad que apuesten, eligen números en boletos que se pueden obtener en los estancos. A continuación se comparan las apuestas con la combinación ganadora cuyo sorteo se retransmite en directo por televisión. El "loto sportif" (quinielas) permite apostar sobre los resultados de une serie de partidos de fútbol.

---

lotte [lɔt] *nf* rape *m*; ~ **à l'américaine** rape a la americana.
louche [luʃ] *adj* sospechoso(-sa). ◆ *nf* cucharón *m*.
loucher [luʃe] *vi* bizquear.
louer [lwe] *vt* alquilar; **'à ~'** 'se alquila'.
loup [lu] *nm (animal)* lobo *m*.
loupe [lup] *nf* lupa *f*.
louper [lupe] *vt (fam) (examen)* catear; *(train)* perder.
lourd, -e [lur, lurd] *adj* pesado(-da); *(dépense)* importante; *(erreur)* grave. ◆ *adv*: **peser ~** pesar mucho.
lourdement [lurdəmɑ̃] *adv* pesadamente; **il se trompe ~** está muy equivocado.
lourdeur [lurdœr] *nf*: **avoir des ~s d'estomac** tener pesadez de estómago.
Louvre [luvr] *nm*: **le ~** el Louvre.

LOUVRE

Éste es uno de los museos más importantes del mundo. Contiene valiosas colecciones de antigüedades, escultura y pintura. Algunas salas, que con anterioridad acogían el ministerio de Economía, han sido incorporadas al museo y se ha procedido a una rehabilitación integral de los alrededores de lo que hoy en día se denomina el Gran Louvre. Entre las dos alas del edificio se eleva una pirámide de cristal que constituye el acceso del museo. En el sótano, entre otras cosas existen una galería comercial y un aparcamiento.

---

loyal, -e, -aux [lwajal, o] *adj* leal.
loyauté [lwajote] *nf* lealtad *f*.
loyer [lwaje] *nm* alquiler *m*.
lu, -e [ly] *pp* → **lire**.
lubrifiant [lybrifjɑ̃] *nm* lubricante *m*.
lucarne [lykarn] *nf* tragaluz *m*.
lucide [lysid] *adj* lúcido(-da).
lueur [lɥœr] *nf (lumière)* luz *f*; *(dans le regard)* chispa *f*.
luge [lyʒ] *nf* trineo *m*; **faire de la ~** hacer trineo.
lugubre [lygybr] *adj* lúgubre.
lui[1] [lɥi] *pron* -1. *(gén)* él; **j'en ai moins que ~** tengo menos que él; **et ~, qu'est-ce qu'il en pense?** y él, ¿qué piensa de eso?; **c'est ~ qui nous a renseignés** fue él quien nos informó; **c'est ~-même qui l'a dit** él mismo lo ha dicho; **il se contredit ~-même** se contradice a sí mismo.
-2. *(complément d'objet indirect)* le; **dites-le-~ tout de suite** dígaselo inmediatamente; **je ~ ai serré la main** le estreché la mano.
lui[2] [lɥi] *pp* → **luire**.

luire [lɥir] *vi* lucir.
luisant, **-e** [lɥizɑ̃, ɑ̃t] *adj* reluciente.
lumière [lymjɛr] *nf* luz *f*.
luminaire [luminɛr] *nm* lámpara *f*.
lumineux, **-euse** [lyminø, øz] *adj* luminoso(-sa); *(explication)* claro(-ra).
lunch [lœnʃ] (*pl* **-s** OU **-es**) *nm* lunch *m*.
lundi [lœ̃di] *nm* lunes *m*, → **samedi**.
lune [lyn] *nf* luna *f*; **~ de miel** luna de miel; **pleine ~** luna llena.
lunette [lynɛt] *nf* anteojo *m*; **~ arrière** luneta *f* trasera. ❑ **lunettes** *nfpl* gafas *fpl*; **~s de soleil** gafas de sol.
lustre [lystr] *nm (lampe)* araña *f*.
lutte [lyt] *nf* lucha *f*.
lutter [lyte] *vi* luchar; **~ contre** luchar contra.
luxation [lyksasjɔ̃] *nf* luxación *f*.
luxe [lyks] *nm* lujo *m*; **de (grand) ~** de (gran) lujo.
Luxembourg [lyksɑ̃bur] *nm*: **le ~** Luxemburgo.
Luxembourgeois, **-e** [lyksɑ̃burʒwa, az] *nm, f* luxemburgués *m* (-esa *f*).
luxueux, **-euse** [lyksɥø, øz] *adj* lujoso(-sa).
lycée [lise] *nm* instituto *m*; **~ professionnel** instituto de formación profesional.
lycéen, **-enne** [liseɛ̃, ɛn] *nm, f* alumno *m* (-na *f*) *(de instituto)*.
Lycra® [likra] *nm* lycra *f*.
Lyon [ljɔ̃] *n* Lyon.

m *(abr de mètre)* m.
m' → **me**.
M. *(abr de Monsieur)* Sr.
ma → **mon**.
macadam [makadam] *nm* macadán *m*.
macaron [makarɔ̃] *nm (gâteau)* macarrón *m*.
macaronis [makarɔni] *nmpl* macarrones *mpl*.
macédoine [masedwan] *nf*: **~ (de légumes)** macedonia *f*; **~ de fruits** macedonia *f*.
macérer [masere] *vi* macerar.
mâcher [maʃe] *vt* masticar.
machin [maʃɛ̃] *nm (fam)* chisme *m*.
machinal, **-e**, **-aux** [maʃinal, o] *adj* maquinal.
machine [maʃin] *nf* máquina *f*; **~ à coudre** máquina de coser; **~ à écrire** máquina de escribir; **~ à laver** lavadora *f*; **~ à sous** tragaperras *f*.
machiniste [maʃinist] *nm (d'autobus)* conductor *m*; **'faire signe au ~'** 'hacer una seña al conductor'.
mâchoire [maʃwar] *nf* mandíbula *f*.
maçon [masɔ̃] *nm* albañil *m*.

madame [madam] (*pl* **mesdames** [medam]) *nf*: ~ **X** señora *f* X; **bonjour ~/mesdames!** ¡buenos días señora/señoras!; **Madame,** *(dans une lettre)* Señora; **Madame!** *(pour appeler le professeur)* ¡Señorita!

madeleine [madlɛn] *nf* magdalena *f*.

mademoiselle [madmwazɛl] (*pl* **mesdemoiselles** [medmwazɛl]) *nf*: ~ **X** señorita *f* X; **bonjour ~/mesdemoiselles!** ¡buenos días señorita/señoritas!; **Mademoiselle,** *(dans une lettre)* Señorita; **Mademoiselle!** *(pour appeler le professeur)* ¡Señorita!

madère [madɛr] *nm* → **sauce**.

Madrid [madrid] *n* Madrid.

madrilène [madrilɛn] *adj* madrileño(-ña). ❑ **Madrilène** *nmf* madrileño *m* (-ña *f*).

maf(f)ia [mafja] *nf* mafia *f*; **la Maf(f)ia** la Mafia.

magasin [magazɛ̃] *nm* tienda *f*; **en ~** *(réserve)* en almacén.

magazine [magazin] *nm* revista *f*.

Maghreb [magrɛb] *nm*: **le ~** el Magreb.

Maghrébin, -e [magrebɛ̃, in] *nm, f* magrebí *mf*.

magicien, -enne [maʒisjɛ̃, ɛn] *nm, f* mago *m* (-ga *f*).

magie [maʒi] *nf* magia *f*.

magique [maʒik] *adj* mágico(-ca).

magistrat [maʒistra] *nm* magistrado *m*.

magnésium [maɲezjɔm] *nm* magnesio *m*.

magnétique [maɲetik] *adj* magnético(-ca).

magnétophone [maɲetɔfɔn] *nm* magnetófono *m*.

magnétoscope [maɲetɔskɔp] *nm* vídeo *m*.

magnifique [maɲifik] *adj* magnífico(-ca).

magret [magrɛ] *nm*: ~ **(de canard)** magret *m* de pato.

mai [mɛ] *nm* mayo; **le premier ~** el uno de mayo, → **septembre**.

---

i PREMIER MAI

En esta festividad se celebra el día del trabajo, en el que tienen lugar los tradicionales desfiles organizados por los distintos sindicatos en las grandes ciudades. Para que dé buena suerte, se regala un ramillete de "muguet", planta con pequeñas flores blancas.

---

maigre [mɛgr] *adj (personne)* flaco(-ca); *(viande)* magro(-gra); *(yaourt)* bajo(-ja) en grasas.

maigrir [megrir] *vi* adelgazar.

maille [maj] *nf (d'un tricot)* punto *m*; *(d'un filet)* malla *f*.

maillon [majɔ̃] *nm* eslabón *m*.

maillot [majo] *nm (de foot)* camiseta *f*; *(de danse)* maillot *m*; **~ de bain** bañador *m*; **~ de corps** camiseta; **~ jaune** *(du Tour de France)* maillot amarillo.

main [mɛ̃] *nf* mano *f*; **à ~ gauche** a mano izquierda; **se donner la ~**

darse la mano; **fait (à la) ~** hecho a mano; **prendre qqch en ~** coger las riendas de algo.
main-d'œuvre [mɛ̃dœvr] (*pl* **mains-d'œuvre**) *nf* mano *f* de obra.
maintenant [mɛ̃tnɑ̃] *adv* ahora.
maintenir [mɛ̃tnir] *vt* mantener. ❑ **se maintenir** *vp* mantenerse.
maintenu, -e [mɛ̃tny] *pp* → **maintenir**.
maire [mɛr] *nm* alcalde *m* (-desa *f*).
mairie [meri] *nf (bâtiment)* ayuntamiento *m*.
mais [mɛ] *conj* pero; **~ non!** ¡claro que no!
maïs [mais] *nm* maíz *m*.
maison [mɛzɔ̃] *nf* casa *f*. ◆ *adj inv* casero(-ra); **à la ~** en casa; **~ de campagne** casa de campo; **~ des jeunes et de la culture** *centro cultural para jóvenes*.
maître, maîtresse [mɛtr, mɛtrɛs] *nm, f* dueño *m* (-ña *f*); **~ (d'école)** maestro *m* (-tra *f*); **~ d'hôtel** maître *m*; **~ nageur** profesor *m* de natación.
maîtresse [mɛtrɛs] *nf (amie)* amante *f*, → **maître**.
maîtrise [metriz] *nf (diplôme) diploma obtenido al final del segundo ciclo universitario*.
maîtriser [metrize] *vt* controlar; *(sujet)* dominar.
majestueux, -euse [maʒɛstɥø, øz] *adj* majestuoso(-sa).
majeur, -e [maʒœr] *adj (adulte)* mayor de edad; *(principal)* principal. ◆ *nm* (dedo) corazón *m*; **la ~e partie (de)** la mayor parte (de).
majoration [maʒɔrasjɔ̃] *nf* recargo *m*.
majorette [maʒɔrɛt] *nf* majorette *f*.
majorité [maʒɔrite] *nf (âge)* mayoría *f* de edad; *(plus grand nombre)* mayoría *f*; **en ~** en su mayoría; **la ~ de** la mayoría de.
Majorque [maʒɔrk] *n* Mallorca.
majuscule [maʒyskyl] *nf* mayúscula *f*.
mal [mal] (*pl* **maux** [mo]) *nm* mal *m*. ◆ *adv* mal; **j'ai très ~** me duele mucho; **avoir ~ au cœur** tener mareo; **avoir ~ aux dents** tener dolor de muelas; **avoir ~ au dos** tener dolor de espalda; **avoir ~ à la tête** tener dolor de cabeza; **avoir ~ au ventre** tener dolor de estómago; **ça fait ~** eso duele; **faire ~ à** hacer daño a; **se faire ~** hacerse daño; **se donner du ~ pour faire qqch** esforzarse por hacer algo; **~ de gorge** dolor *m* de garganta; **~ de mer** mareo *m*; **maux de tête** dolores de cabeza; **pas ~** *(fam)* no está mal; **pas ~ de** *(fam)* bastante.
malade [malad] *adj* enfermo(-ma); *(sur un bateau)* mareado(-da). ◆ *nmf* enfermo *m* (-ma *f*); **~ mental** enfermo mental.
maladie [maladi] *nf* enfermedad *f*.
maladresse [maladrɛs] *nf* torpeza *f*.
maladroit, -e [maladrwa, at] *adj* torpe.
malaise [malɛz] *nm* malestar *m*; **avoir un ~** marearse.

malaxer [malakse] *vt* amasar.
malchance [malʃɑ̃s] *nf* mala suerte *f*.
mâle [mal] *adj* macho. ◆ *nm* macho *m*.
malentendu [malɑ̃tɑ̃dy] *nm* malentendido *m*.
malfaiteur [malfɛtœr] *nm* malhechor *m* (-ra *f*).
malfamé, -e [malfame] *adj* de mala fama.
malformation [malfɔrmasjɔ̃] *nf* malformación *f*.
malgré [malgre] *prép* a pesar de; ~ **tout** a pesar de todo.
malheur [malœr] *nm* desgracia *f*.
malheureusement [malœrøzmɑ̃] *adv* desgraciadamente.
malheureux, -euse [malœrø, øz] *adj* desgraciado(-da).
malhonnête [malɔnɛt] *adj* deshonesto(-ta).
Mali [mali] *nm*: **le** ~ Malí.
malicieux, -euse [malisjø, øz] *adj* malicioso(-sa).
malin, -igne [malɛ̃, iɲ] *adj (habile, intelligent)* listo(-ta).
malle [mal] *nf* baúl *m*.
mallette [malɛt] *nf* maletín *m*.
malmener [malməne] *vt* maltratar.
malnutrition [malnytrisjɔ̃] *nf* desnutrición *f*.
Malouines [malwin] *nfpl*: **les (îles)** ~ las (islas) Malvinas.
malpoli, -e [malpɔli] *adj* maleducado(-da).
malsain, -e [malsɛ̃, ɛn] *adj* malsano(-na).
maltraiter [maltrete] *vt* maltratar.
malveillant, -e [malvɛjɑ̃, ɑ̃t] *adj* malévolo(-la).
maman [mamɑ̃] *nf* mamá *f*.
mamie [mami] *nf* abuelita *f*.
mammifère [mamifɛr] *nm* mamífero *m*.
manager [manadʒɛr] *nm* mánager *m*.
manche [mɑ̃ʃ] *nf* manga *f*. ◆ *nm (d'outil)* mango *m*; *(de guitare)* mástil *m*; **à ~s courtes/longues** de manga corta/larga.
Manche [mɑ̃ʃ] *nf*: **la** ~ la Mancha.
manchette [mɑ̃ʃɛt] *nf (manche)* puño *m*.
mandarine [mɑ̃darin] *nf* mandarina *f*.
mandat [mɑ̃da] *nm (postal)* giro *m*.
manège [manɛʒ] *nm (attraction)* tiovivo *m*; *(d'équitation)* picadero *m*.
manette [manɛt] *nf* palanca *f*; ~ **de jeux** palanca de juego.
mangeoire [mɑ̃ʒwar] *nf* comedero *m*.
manger [mɑ̃ʒe] *vt* & *vi* comer; **donner à ~ à qqn** dar de comer a alguien.
mangue [mɑ̃g] *nf* mango *m*.
maniable [manjabl] *adj* manejable.
maniaque [manjak] *adj* maniático(-ca).
manie [mani] *nf* manía *f*.

manier [manje] *vt* manejar.

manière [manjɛr] *nf* manera *f*; **de ~ à** con objeto de; **de toute ~** de todas maneras. ❑ **manières** *nfpl (attitude)* modales *mpl*; **faire des ~s** andar con remilgos.

maniéré, **-e** [manjere] *adj* amanerado(-da).

manif [manif] *nf (fam)* mani *f*.

manifestant, **-e** [manifɛstɑ̃, ɑ̃t] *nm, f* manifestante *mf*.

manifestation [manifɛstasjɔ̃] *nf* manifestación *f*.

manifester [manifɛste] *vt* manifestar. ◆ *vi* manifestarse. ❑ **se manifester** *vp* manifestarse.

manigancer [manigɑ̃se] *vt* tramar.

manipulation [manipylasjɔ̃] *nf* manipulación *f*.

manipuler [manipyle] *vt* manipular.

manivelle [manivɛl] *nf* manivela *f*.

mannequin [mankɛ̃] *nm* modelo *mf*; *(de vitrine)* maniquí *m*.

manœuvre [manœvr] *nf* maniobra *f*.

manœuvrer [manœvre] *vt* manejar. ◆ *vi* maniobrar.

manoir [manwar] *nm* mansión *f*.

manquant, **-e** [mɑ̃kɑ̃, ɑ̃t] *adj* que falta.

manque [mɑ̃k] *nm*: **le ~ de** la falta de.

manquer [mɑ̃ke] *vt (train, occasion)* perder; *(cible)* fallar. ◆ *vi (échouer)* fallar; *(être absent)* faltar; **elle nous manque** la echamos de menos; **il me manque dix francs** me faltan diez francos; **~ de qqch** *(n'avoir pas assez de)* carecer de algo; **il a manqué (de) se faire écraser** por poco lo atropellan.

mansardé, **-e** [mɑ̃sarde] *adj* abuhardillado(-da).

manteau, **-x** [mɑ̃to] *nm (vêtement)* abrigo *m*.

manucure [manykyr] *nmf* manicuro *m* (-ra *f*).

manuel, **-elle** [manɥɛl] *adj* & *nm* manual.

manuscrit [manyskri] *nm* manuscrito *m*.

mappemonde [mapmɔ̃d] *nf (carte)* mapamundi *m*; *(globe)* globo *m* terráqueo.

maquereau, **-x** [makro] *nm* caballa *f*.

maquette [makɛt] *nf* maqueta *f*.

maquillage [makijaʒ] *nm* maquillaje *m*.

maquiller [makije]: **se maquiller** *vp* maquillarse.

marais [marɛ] *nm* pantano *m*.

LE MARAIS

Este barrio del cuarto distrito de París, se sitúa entre la plaza de la Bastilla y el Ayuntamiento. Constituye el centro histórico de la capital, conocido por el gran número de palacetes denominados "hôtels particuliers". Los más prestigiosos se hallan alrededor de la Place des Vosges. Tradicionalmente, es el lugar donde reside gran parte de la comunidad judía.

cados tienen lugar una o dos veces por semana.

marathon [maratɔ̃] *nm* maratón *m*.

marbre [marbr] *nm* mármol *m*.

marbré, **-e** [marbre] *adj* jaspeado(-da), → **gâteau**.

marchand, **-e** [marʃɑ̃, ɑ̃d] *nm, f* vendedor *m* (-ra *f*); ~ **ambulant** vendedor ambulante; **chez le ~ de fruits et légumes** OU **de primeurs** en la frutería; ~ **de journaux** vendedor de periódicos.

marchander [marʃɑ̃de] *vi* regatear.

marchandise [marʃɑ̃diz] *nf* mercancía *f*.

marche [marʃ] *nf* marcha *f*; *(d'escalier)* escalón *m*; *(fonctionnement)* funcionamiento *m*; **en ~** en marcha; **~ arrière** marcha atrás.

marché [marʃe] *nm* mercado *m*; *(contrat)* trato *m*; **faire son ~** hacer la compra; **bon ~** barato(-ta); **par-dessus le ~** para colmo; **le Marché Commun** el Mercado Común; **~ couvert** mercado cubierto; **~ aux puces** mercadillo *m*.

MARCHÉ

En Francia, casi todas las ciudades, por pequeñas que sean, tienen un mercado al aire libre o cubierto donde se exponen productos alimenticios frescos, flores, ropa y utensilios de ferretería. Algunos de ellos están especializados como los de flores, quesos, etc. Los comerciantes alquilan un puesto fijo durante un año. Estos mer-

marchepied [marʃəpje] *nm* estribo *m*.

marcher [marʃe] *vi (à pied)* andar; *(fonctionner)* funcionar; **faire ~ qqch** hacer funcionar algo; **faire ~ qqn** *(fam)* tomar el pelo a alguien.

mardi [mardi] *nm* martes *m*; **~ gras** martes de carnaval, → **samedi**.

mare [mar] *nf* charca *f*.

marécage [marekaʒ] *nm* ciénaga *f*.

marée [mare] *nf* marea *f*; **(à) ~ basse/haute** (con) marea baja/alta.

margarine [margarin] *nf* margarina *f*.

marge [marʒ] *nf* margen *m*.

marginal, **-e**, **-aux** [marʒinal, o] *nm, f* marginado *m* (-da *f*).

marguerite [margərit] *nf* margarita *f*.

mari [mari] *nm* marido *m*.

mariage [marjaʒ] *nm (noce)* boda *f*; *(institution)* matrimonio *m*.

marié, **-e** [marje] *adj* casado(-da). ◆ *nm, f* novio *m* (-via *f*); **jeunes ~s** recién casados.

marier [marje]: **se marier** *vp* casarse.

marin, **-e** [marɛ̃, in] *adj* marino(-na). ◆ *nm* marino *m*, marinero *m*.

marine [marin] *adj inv* azul marino. ◆ *nm* marino *m*. ◆ *nf* marina *f*.

mariner [marine] *vi* marinar.

marinière [marinjɛr] *nf* → moule *nf*.

marionnette [marjɔnɛt] *nf* marioneta *f*.

maritime [maritim] *adj* marítimo(-ma).

marketing [markɛtiŋ] *nm* marketing *m*.

marmelade [marməlad] *nf* mermelada *f*.

marmite [marmit] *nf* olla *f*.

marmonner [marmɔne] *vt* refunfuñar.

Maroc [marɔk] *nm*: **le ~** Marruecos.

marocain, -e [marɔkɛ̃, ɛn] *adj* marroquí. ❑ **Marocain, -e** *nm, f* marroquí *mf*.

maroquinerie [marɔkinri] *nf* marroquinería *f*.

marque [mark] *nf* marca *f*; *(nombre de points)* resultado *m*.

marqué, -e [marke] *adj* marcado(-da).

marquer [marke] *vt* marcar; *(écrire)* apuntar. ◆ *vi (stylo)* marcar.

marqueur [markœr] *nm* rotulador *m* de punta gruesa.

marquis, -e [marki, iz] *nm, f* marqués *m* (-esa *f*).

marraine [marɛn] *nf* madrina *f*.

marrant, -e [marɑ̃, ɑ̃t] *adj (fam)* gracioso(-sa).

marre [mar] *adv*: **en avoir ~ (de)** *(fam)* estar harto(-ta) (de).

marrer [mare]: **se marrer** *vp (fam: s'amuser)* pasarlo pipa; *(rigoler)* desternillarse.

marron [marɔ̃] *adj inv* marrón. ◆ *nm (fruit)* castaña *f*; *(couleur)* marrón *m*; **~ glacé** marrón glacé.

marronnier [marɔnje] *nm* castaño *m*.

mars [mars] *nm* marzo, → **septembre**.

Marseille [marsɛj] *n* Marsella.

marteau, -x [marto] *nm* martillo *m*; **~ piqueur** martillo neumático.

martiniquais, -e [martinikɛ, ɛz] *adj* martiniqués(-esa).

Martinique [martinik] *nf*: **la ~** Martinica.

martyr, -e [martir] *adj* maltratado(-da). ◆ *nm, f* mártir *mf*.

martyre [martir] *nm* martirio *m*.

martyriser [martirize] *vt* martirizar.

mascara [maskara] *nm* rímel *m*.

mascotte [maskɔt] *nf* mascota *f*.

masculin, -e [maskylɛ̃, in] *adj* masculino(-na). ◆ *nm* masculino *m*.

masque [mask] *nm* máscara *f*.

masquer [maske] *vt (cacher à la vue)* tapar.

massacre [masakr] *nm* masacre *f*.

massacrer [masakre] *vt* masacrar; *(fig)* destrozar.

massage [masaʒ] *nm* masaje *m*.

masse [mas] *nf* masa *f*; *(outil)* mazo *m*; **une ~** OU **des ~s de** un montón OU montones de; **une arrivée en ~** una llegada masiva.

masser [mase] *vt* dar un masaje

a; *(grouper)* amontonar. ❑ **se masser** *vp (se grouper)* amontonarse.

masseur, -euse [masœr, øz] *nm, f* masajista *mf*.

massif, -ive [masif, iv] *adj* macizo(-za). ◆ *nm* macizo *m*; **le Massif central** *el macizo central francés*.

massivement [masivmɑ̃] *adv* masivamente.

massue [masy] *nf* maza *f*.

mastic [mastik] *nm* masilla *f*.

mastiquer [mastike] *vt* masticar.

mat, -e [mat] *adj* mate. ◆ *adj m inv (aux échecs)* mate.

mât [ma] *nm* mástil *m*.

match [matʃ] (*pl* **matchs** OU **matches**) *nm* partido *m*; **faire ~ nul** empatar a cero.

matelas [matla] *nm* colchón *m*; **~ pneumatique** colchoneta *f* hinchable.

matelassé, -e [matlase] *adj* acolchado(-da).

mater [mate] *vt (révolte)* reprimir; *(personne)* dominar.

matérialiser [materjalize]: **se matérialiser** *vp* materializarse.

matériaux [materjo] *nmpl* materiales *mpl*.

matériel, -elle [materjɛl] *adj* material. ◆ *nm* equipo *m*; *(INFORM)* hardware *m*; **~ de camping** material *m* de acampada.

maternel, -elle [matɛrnɛl] *adj* materno(-na). ❑ **maternelle** *nf*: **(école) ~le** ≃ parvulario *m*.

maternité [matɛrnite] *nf* maternidad *f*.

mathématiques [matematik] *nfpl* matemáticas *fpl*.

maths [mat] *nfpl (fam)* mates *fpl*.

matière [matjɛr] *nf* materia *f*; *(SCOL)* asignatura *f*; **~ première** materia prima; **~s grasses** materias grasas.

Matignon [matiɲɔ̃] *n*: **(l'hôtel) ~** *residencia del primer ministro francés*, ≃ (el palacio de) la Moncloa.

matin [matɛ̃] *nm* mañana *f*; **le ~** por la mañana.

matinal, -e, -aux [matinal, o] *adj (réveil)* matinal; *(personne)* madrugador(-ra).

matinée [matine] *nf* mañana *f*; *(spectacle)* matiné *f*.

matraque [matrak] *nf* porra *f*.

maudire [modir] *vt* maldecir.

maudit, -e [modi, it] *pp* → **maudire**. ◆ *adj* maldito(-ta).

maussade [mosad] *adj (humeur)* alicaído(-da); *(temps)* desapacible.

mauvais, -e [movɛ, ɛz] *adj* malo(-la); *(faux)* erróneo(-a); **il fait ~** hace mal tiempo; **~ en** malo en.

mauve [mov] *adj* malva.

maux → **mal**.

max. *(abr de maximum)* máx.

maximum [maksimɔm] *nm* máximo *m*; **au ~** como máximo.

mayonnaise [majɔnɛz] *nf* mayonesa *f*, mahonesa *f*.

mazout [mazut] *nm* fuel-oil *m*.

me [mə] *pron* me; **je ~ lève** me levanto.

mécanicien, -enne [mekanisjɛ̃, ɛn] *nm, f* mecánico *m* (-ca *f*).

mécanique [mekanik] *adj* mecánico(-ca). ◆ *nf* mecánica *f*.
mécanisme [mekanism] *nm* mecanismo *m*.
méchamment [meʃamɑ̃] *adv* malvadamente.
méchanceté [meʃɑ̃ste] *nf* maldad *f*.
méchant, -e [meʃɑ̃, ɑ̃t] *adj (personne)* malo(-la); *(action)* malvado(-da).
mèche [mɛʃ] *nf* mechón *m*; *(d'explosif)* mecha *f*.
méchoui [meʃwi] *nm comida del Norte de África que consiste en asar a la brasa un cordero o una oveja entero.*
méconnaissable [mekɔnɛsabl] *adj* irreconocible.
mécontent, -e [mekɔ̃tɑ̃, ɑ̃t] *adj* descontento(-ta).
médaille [medaj] *nf* medalla *f*.
médaillon [medajɔ̃] *nm* medallón *m*.
médecin [mɛdsɛ̃] *nm* médico *m*; ~ **traitant** médico de cabecera.
médecine [mɛdsin] *nf* medicina *f*.
médias [medja] *nmpl* medios *mpl* de comunicación.
médiatique [medjatik] *adj (personnalité)* popular.
médical, -e, -aux [medikal, o] *adj* médico(-ca).
médicament [medikamɑ̃] *nm* medicina *f*, medicamento *m*.
médiéval, -e, -aux [medjeval, o] *adj* medieval.
médiocre [medjɔkr] *adj* mediocre.
médisant, -e [medizɑ̃, ɑ̃t] *adj* murmurador(-ra).
méditation [meditasjɔ̃] *nf* meditación *f*.
méditer [medite] *vt* & *vi* meditar.
Méditerranée [mediterane] *nf*: **la (mer) ~** el (mar) Mediterráneo.
méditerranéen, -enne [mediterane ɛ̃, ɛn] *adj* mediterráneo(-a).
méduse [medyz] *nf* medusa *f*.
meeting [mitiŋ] *nm (POL)* mitin *m*; *(SPORT)* encuentro *m*.
méfiance [mefjɑ̃s] *nf* desconfianza *f*.
méfiant, -e [mefjɑ̃, ɑ̃t] *adj* desconfiado(-da).
méfier [mefje]: **se méfier** *vp* desconfiar; **se ~ de** desconfiar de.
mégot [mego] *nm* colilla *f*.
meilleur, -e [mɛjœr] *adj* mejor. ◆ *nm, f* mejor *mf*.
mélancolie [melɑ̃kɔli] *nf* melancolía *f*.
mélange [melɑ̃ʒ] *nm* mezcla *f*.
mélanger [melɑ̃ʒe] *vt* mezclar.
Melba [mɛlba] *adj inv* → **pêche**.
mêlée [mele] *nf (au rugby)* melé *f*.
mêler [mele] *vt (mélanger)* mezclar; **~ qqn à qqch** meter a alguien en algo. ❑ **se mêler** *vp*: **se ~ à qqch** *(se mélanger à)* mezclarse con algo; **se ~ de qqch** meterse en algo.
mélodie [melɔdi] *nf* melodía *f*.
melon [məlɔ̃] *nm* melón *m*.

membre [mɑ̃br] *nm* miembro *m*.
même [mɛm] *adj* -1. *(identique)* mismo(-ma); **nous avons les ~s places qu'à l'aller** tenemos los mismos asientos que a la ida.
-2. *(sert à renforcer)*: **c'est cela ~** eso mismo; **cette fille, c'est la gentillesse ~** esta chica es la simpatía personificada.
◆ *pron*: **le/la ~ (que)** el mismo/la misma (que).
◆ *adv* -1. *(sert à renforcer)*: **~ les sandwichs sont chers ici** incluso los bocadillos son caros aquí; **il n'y a ~ pas de cinéma** ni siquiera hay un cine.
-2. *(exactement)* mismo; **c'est aujourd'hui ~** es hoy mismo.
-3. *(dans des expressions)*: **coucher à ~ le sol** acostarse en el mismísimo suelo; **être à ~ de faire qqch** ser capaz de hacer algo; **bon appétit! - vous de ~** ¡qué aproveche! - igualmente; **faire de ~** hacer lo mismo; **de ~ que** igual que.
mémé [meme] *nf (fam)* abuelita *f*.
mémoire [memwar] *nf* memoria *f*; **de ~** *(réciter, jouer)* de memoria; **~ morte** memoria muerta, memoria ROM; **~ vive** memoria viva, memoria RAM.
menace [mənas] *nf* amenaza *f*.
menacer [mənase] *vt* amenazar.
◆ *vi*: **la pluie menace** amenaza lluvia; **~ de faire qqch** amenazar con hacer algo.
ménage [menaʒ] *nm (rangement)* limpieza *f*; *(famille)* hogar *m*; *(couple)* pareja *f*; **faire le ~** hacer la limpieza.
ménager[1] [menaʒe] *vt* escatimar.
ménager[2], **-ère** [menaʒe, ɛr] *adj* doméstico(-ca).
ménagère [menaʒɛr] *nf (couverts)* cubertería *f*.
ménagerie [menaʒri] *nf* zoológico *m*.
mendiant, -e [mɑ̃djɑ̃, ɑ̃t] *nm, f* mendigo *m* (-ga *f*). ◆ *nm (gâteau)* galleta de frutos secos (almendras, avellanas, higos y pasas).
mendier [mɑ̃dje] *vi* mendigar.
mener [məne] *vt* llevar; *(diriger)* dirigir. ◆ *vi* ir ganando.
menottes [mənɔt] *nfpl* esposas *fpl*.
mensonge [mɑ̃sɔ̃ʒ] *nm* mentira *f*.
mensualité [mɑ̃sɥalite] *nf* mensualidad *f*.
mensuel, -elle [mɑ̃sɥɛl] *adj* mensual. ◆ *nm* revista *f* mensual.
mensurations [mɑ̃syrasjɔ̃] *nfpl* medidas *fpl*.
mental, -e, -aux [mɑ̃tal, o] *adj* mental.
mentalité [mɑ̃talite] *nf* mentalidad *f*.
menteur, -euse [mɑ̃tœr, øz] *nm, f* mentiroso *m* (-sa *f*).
menthe [mɑ̃t] *nf (feuilles, plante)* hierbabuena *f*; *(essence)* menta *f*; **~ à l'eau** *refresco compuesto de jarabe de menta con agua.*
mention [mɑ̃sjɔ̃] *nf (à un examen)* nota *f*; **'rayer les ~s inutiles'** 'tachen las informaciones innecesarias'.

mentionner [mɑ̃sjɔne] *vt* mencionar.
mentir [mɑ̃tir] *vi* mentir.
menton [mɑ̃tɔ̃] *nm* barbilla *f*.
menu, -e [məny] *adj* menudo(-da). ◆ *nm* menú *m*. ◆ *adv*: **hacher ~** picar muy fino; **~ gastronomique** menú gastronómico; **~ touristique** menú turístico.
menuisier [mənɥizje] *nm* carpintero *m*.
mépris [mepri] *nm* desprecio *m*.
méprisant, -e [meprizɑ̃, ɑ̃t] *adj* despectivo(-va).
mépriser [meprize] *vt* despreciar.
mer [mɛr] *nf* mar *m* OU *f*; **en ~** en alta mar; **la ~ du Nord** el mar del Norte.
mercerie [mɛrsəri] *nf (boutique)* mercería *f*.
merci [mɛrsi] *excl* ¡gracias!; **~ beaucoup!** ¡muchas gracias!; **~ de...** gracias por...
mercredi [mɛrkrədi] *nm* miércoles *m inv*, → **samedi**.
merde [mɛrd] *excl (vulg)* ¡mierda! ◆ *nf (vulg)* mierda *f*.
mère [mɛr] *nf* madre *f*.
merguez [mɛrgɛz] *nf salchicha picante de vaca u oveja típica del Norte de África*.
méridional, -e, -aux [meridjɔnal, o] *adj* meridional.
meringue [mərɛ̃g] *nf* merengue *m*.
mérite [merit] *nm* mérito *m*; **avoir du ~** tener mérito.
mériter [merite] *vt* merecer.
merlan [mɛrlɑ̃] *nm* pescadilla *f*.
merle [mɛrl] *nm* mirlo *m*.
merlu [mɛrly] *nm* merluza *f*.
merveille [mɛrvɛj] *nf* maravilla *f*; *(beignet) buñuelo del sur de Francia que se come tradicionalmente durante carnaval*.
merveilleux, -euse [mɛrvɛjø, øz] *adj* maravilloso(-sa).
mes → **mon**.
mésaventure [mezavɑ̃tyr] *nf* desventura *f*.
mesdames → **madame**.
mesdemoiselles → **mademoiselle**.
mesquin, -e [mɛskɛ̃, in] *adj* mezquino(-na).
message [mesaʒ] *nm* mensaje *m*.
messager, -ère [mesaʒe, ɛr] *nm, f* mensajero *m* (-ra *f*).
messagerie [mesaʒri] *nf*: **~ électronique** mensajería *f* electrónica.
messe [mɛs] *nf* misa *f*.
messieurs → **monsieur**.
mesure [məzyr] *nf* medida *f*; *(rythme)* compás *m*; **sur ~** a (la) medida; **dans la ~ du possible** en la medida de lo posible; **(ne pas) être en ~ de faire qqch** (no) estar en condiciones de OU para hacer algo.
mesuré, -e [məzyre] *adj* mesurado(-da).
mesurer [məzyre] *vt* medir; **il mesure 2 mètres** mide 2 metros.
met *etc* → **mettre**.
métal, -aux [metal, o] *nm* metal *m*.

métallique [metalik] *adj* metálico(-ca).
météo [meteo] *nf*: **la ~, le bulletin ~** el tiempo; **~ marine** meteorología *f* marítima.
météorologique [meteɔrɔlɔʒik] *adj* meteorológico(-ca).
méthode [metɔd] *nf* método *m*.
méthodique [metɔdik] *adj* metódico(-ca).
méticuleux, -euse [metikylø, øz] *adj* meticuloso(-sa).
métier [metje] *nm* oficio *m*.
métis, -isse [metis] *nm, f* mestizo *m* (-za *f*).
mètre [mɛtr] *nm* metro *m*.
métro [metro] *nm* metro *m*; **~ aérien** metro aéreo.

MÉTRO

Esta red ferroviaria subterránea fue creada en 1900. Cuenta con trece líneas con paradas en estaciones repartidas por todo París a las que se accede por las denominadas "bocas de metro". Es la manera más rápida de desplazarse dentro de la capital. Funciona de forma ininterrumpida de cinco y media a una de la mañana.

métropole [metrɔpɔl] *nf* metrópolis *f*.
metteur [mɛtœr] *nm*: **~ en scène** director *m*.
mettre [mɛtr] *vt* -1. *(gén)* poner; **~ qqch debout** poner algo de pie; **~ le chauffage** poner la calefacción; **~ le contact** dar al contacto; **~ qqn en colère** poner furioso(-sa) a alguien; **~ qqch en marche** poner algo en marcha.
-2. *(vêtement)* ponerse; **~ qqch à qqn** poner algo a alguien.
-3. *(temps)* tardar; **nous avons mis deux heures par l'autoroute** hemos tardado dos horas por la autopista.
-4. *(argent)* gastarse; **combien voulez-vous ~?** ¿cuánto desea gastarse?
❑ **se mettre** *vp* ponerse; **se ~ debout** ponerse de pie; **se ~ au lit** meterse en la cama; **se ~ en colère** ponerse furioso(-sa); **se ~ d'accord** ponerse de acuerdo; **se ~ à faire qqch** ponerse a hacer algo; **se ~ au travail** ponerse a trabajar; **s'y ~** ponerse con ello.
meuble [mœbl] *nm* mueble *m*.
meublé [mœble] *nm* piso *m* amueblado.
meubler [mœble] *vt* amueblar.
meugler [møgle] *vi* mugir.
meule [møl] *nf (de foin)* hacina *f*.
meunière [mønjɛr] *nf* → **sole**.
meurt [mœr] → **mourir**.
meurtre [mœrtr] *nm* asesinato *m*.
meurtrier, -ère [mœrtrije, ɛr] *nm, f* asesino *m* (-na *f*).
meurtrière [mœrtrijɛr] *nf* aspillera *f*.
meurtrir [mœrtrir] *vt* magullar.
meurtrissure [mœrtrisyr] *nf* magulladura *f*; *(sur un fruit)* golpe *m*.
meute [møt] *nf (de chiens)* jauría *f*.

Mexique [mɛksik] *nm*: **le ~** México.
mezzanine [mɛdzanin] *nf* altillo *m*.
mi- [mi] *préf* medio, media; **à la ~mars** a mediados de marzo; **à ~chemin** a medio camino.
miauler [mjole] *vi* maullar.
miche [miʃ] *nf* hogaza *f*.
Michelin [miʃlɛ̃] *n*: **guide ~** guía *f* turística Michelín.
micro [mikro] *nm* micro *m*; *(micro-ordinateur)* microordenador *m*.
microbe [mikrɔb] *nm* microbio *m*.
micro-ondes [mikrɔɔ̃d] *nm inv*: **(four à) ~** (horno) microondas *m inv*.
micro-ordinateur, **-s** [mikrɔɔrdinatœr] *nm* microordenador *m*.
microprocesseur [mikrɔprɔsesœr] *nm* microprocesador *m*.
microscope [mikrɔskɔp] *nm* microscopio *m*.
microscopique [mikrɔskɔpik] *adj* microscópico(-ca).
midi [midi] *nm* mediodía *m*; **à ~** *(à 12h)* a las doce; *(à l'heure du déjeuner)* a mediodía; **le Midi** el Mediodía *(el Sur de Francia)*.
mie [mi] *nf* miga *f*.
miel [mjɛl] *nm* miel *f*.
mien [mjɛ̃]: **le mien** (*f* **la mienne** [lamjɛn], *mpl* **les miens** [lemjɛ̃], *fpl* **les miennes** [lemjɛn]) *pron* el mío (la mía).
miette [mjɛt] *nf* miga *f*; **en ~s** hecho(-cha) migas.
mieux [mjø] *adv* mejor. ◆ *adj* mejor; *(plus beau)* más guapo(-pa); **c'est ce qu'il fait le ~** es lo que hace mejor; **le ~ habillé des deux/de tous** el que mejor viste de los dos/de todos; **aller ~** *(malade)* estar mejor; *(situation)* mejorar; **ça vaut ~** más vale; **de ~ en ~** cada vez mejor; **c'est le ~ des deux/de tous** *(le plus beau)* es el más guapo de los dos/de todos; **c'est le ~** *(la meilleure chose à faire)* es lo mejor.
mignon, **-onne** [miɲɔ̃, ɔn] *adj* *(joli)* lindo(-da); *(gentil)* majo(-ja).
migraine [migrɛn] *nf* jaqueca *f*.
mijoter [miʒɔte] *vi* cocer a fuego lento.
milieu, **-x** [miljø] *nm* centro *m*; *(environnement)* medio *m*; **au ~ (de)** en medio (de).
militaire [militɛr] *adj* & *nm* militar.
militant, **-e** [militɑ̃, ɑ̃t] *nm, f* militante *mf*.
milk-shake, **-s** [milkʃɛk] *nm* batido *m*.
mille [mil] *num* mil, → **six**.
mille-feuille, **-s** [milfœj] *nm* milhojas *m inv*.
mille-pattes [milpat] *nm inv* ciempiés *m inv*.
milliard [miljar] *nm*: **un ~ de** mil millones de.
milliardaire [miljardɛr] *nmf* multimillonario *m* (-ria *f*).
millier [milje] *nm* millar *m*; **des ~s de** miles de.
millilitre [mililitr] *nm* mililitro *m*.

millimètre [milimɛtr] *nm* milímetro *m*.
million [miljɔ̃] *nm* millón *m*.
millionnaire [miljɔnɛr] *nmf* millonario *m* (-ria *f*).
mime [mim] *nm* mimo *m*.
mimer [mime] *vt (action)* hacer mímica; *(personne)* imitar.
mimosa [mimɔza] *nm* mimosa *f*.
min *(abr de minute)* min.
min. *(abr de minimum)* mín.
minable [minabl] *adj (fam)* ruin.
mince [mɛ̃s] *adj* delgado(-da). ◆ *excl* ¡córcholis!
mine [min] *nf* mina *f*; *(visage)* cara *f*; **avoir bonne/mauvaise ~** tener buena/mala cara; **faire ~ de faire qqch** fingir hacer algo.
miner [mine] *vt* minar.
minerai [minrɛ] *nm* mineral *m*.
minéral, -e, -aux [mineral, o] *adj* & *nm* mineral.
minéralogique [mineralɔʒik] *adj* → **plaque**.
mineur, -e [minœr] *adj* menor. ◆ *nm* minero *m*.
miniature [minjatyr] *adj* en miniatura. ◆ *nf* miniatura *f*; **en ~** en miniatura.
minibar [minibar] *nm (de train)* bar *m*; *(d'hôtel)* minibar *m*.
minijupe [miniʒyp] *nf* minifalda *f*.
minimiser [minimize] *vt* minimizar.
minimum [minimɔm] *adj* mínimo(-ma). ◆ *nm* mínimo *m*; **au ~** como mínimo.
ministère [ministɛr] *nm* ministerio *m*.
ministre [ministr] *nm* ministro *m*.
Minitel® [minitɛl] *nm red francesa de videotex*.

MINITEL

Este término designa tanto la red telemática de transmisión de datos como el terminal que sirve para conectarse a ella. Se proponen servicios de consulta como información metereológica, listín telefónico, etc. y diferentes servicios interactivos. Estos últimos permiten entablar un diálogo mediante correo electrónico e incluso llevar a cabo determinados trámites administrativos, comprar billetes de tren o entradas para un concierto. Se accede a estos servicios marcando en el teléfono una clave de cuatro números (36 14; 36 15, etc.) A continuación se teclea en el "Minitel" el nombre del servicio solicitado.

minorité [minɔrite] *nf* minoría *f*.
Minorque [minɔrk] *n* Menorca.
minuit [minɥi] *nm* medianoche *f*.
minuscule [minyskyl] *adj* minúsculo(-la).
minute [minyt] *nf* minuto *m*.
minuterie [minytri] *nf* temporizador *m*.
minuteur [minytœr] *nm* minutero *m*.
minutieux, -euse [minysjø, øz] *adj* minucioso(-sa).

mirabelle [mirabɛl] *nf* ciruela *f* mirabel.

miracle [mirakl] *nm* milagro *m*.

mirage [miraʒ] *nm* espejismo *m*.

miroir [mirwar] *nm* espejo *m*.

mis, -e [mi, miz] *pp* → **mettre**.

mise [miz] *nf (enjeu)* apuesta *f*; ~ **en plis** moldeado *m*; ~ **en scène** dirección *f*.

miser [mize]: **miser sur** *v + prép (au jeu)* apostar por; *(compter sur)* contar con.

misérable [mizerabl] *adj* miserable.

misère [mizɛr] *nf* miseria *f*.

missile [misil] *nm* misil *m*.

mission [misjɔ̃] *nf* misión *f*.

mistral [mistral] *nm* mistral *m*.

mitaine [mitɛn] *nf* mitón *m*.

mite [mit] *nf* polilla *f*.

mi-temps [mitɑ̃] *nf inv (pause)* descanso *m*; *(période)* parte *f*; **travailler à** ~ trabajar media jornada.

mitigé, -e [mitiʒe] *adj* tibio(-bia).

mitoyen, -enne [mitwajɛ̃, ɛn] *adj* medianero(-ra).

mitrailler [mitraje] *vt* ametrallar; *(fam: photographier)* acribillar a fotos.

mitraillette [mitrajɛt] *nf* metralleta *f*.

mitrailleuse [mitrajøz] *nf* ametralladora *f*.

mixer [mikse] *vt* triturar.

mixe(u)r [miksœr] *nm* batidora *f*.

mixte [mikst] *adj* mixto(-ta).

MJC *nf abr* = **maison des jeunes et de la culture.**

ml *(abr de millilitre)* ml.

Mlle *(abr de mademoiselle)* Srta.

mm *(abr de millimètre)* mm.

Mme *(abr de madame)* Sra.

mobile [mɔbil] *adj* móvil; *(regard)* animado(-da). ◆ *nm* móvil *m*.

mobilier [mɔbilje] *nm* mobiliario *m*.

mobiliser [mɔbilize] *vt* movilizar.

Mobylette® [mɔbilɛt] *nf* ≃ mobylette® *f*.

mocassin [mɔkasɛ̃] *nm* mocasín *m*.

moche [mɔʃ] *adj (fam) (laid)* feo(-a); *(choquant)* chungo(-ga).

mode [mɔd] *nf* moda *f*. ◆ *nm* modo *m*; **à la** ~ de moda; ~ **d'emploi** modo de empleo.

modèle [mɔdɛl] *nm* modelo *m*; ~ **réduit** modelo reducido.

modeler [mɔdle] *vt (terre, pâte)* modelar.

modélisme [mɔdelism] *nm* modelismo *m*.

modem [mɔdɛm] *nm* módem *m*.

modération [mɔderasjɔ̃] *nf* moderación *f*; **'à consommer avec** ~**'** consumir con moderación *(referido a bebidas alcohólicas)*.

modéré, -e [mɔdere] *adj* moderado(-da).

moderne [mɔdɛrn] *adj* moderno(-na).

moderniser [mɔdɛrnize] *vt* modernizar.

modeste [mɔdɛst] *adj (humble)* modesto(-ta); *(pauvre)* humilde.
modestie [mɔdɛsti] *nf* modestia *f*.
modification [mɔdifikasjɔ̃] *nf* modificación *f*.
modifier [mɔdifje] *vt* modificar.
modulation [mɔdylasjɔ̃] *nf*: **~ de fréquence** frecuencia *f* modulada.
moduler [mɔdyle] *vt* amoldar.
moelle [mwal] *nf* médula *f*; **~ épinière** médula espinal.
moelleux, **-euse** [mwalø, øz] *adj (lit)* mullido(-da); *(gâteau)* esponjoso(-sa).
mœurs [mœr(s)] *nfpl* costumbres *fpl*.
mohair [mɔɛr] *nm* mohair *m*.
moi [mwa] *pron* -1. *(objet direct ou indirect)* me; **regarde-~** mírame; **donne-le-~** dámelo.
-2. *(après prép)* mí; **c'est pour ~** es para mí.
-3. *(après comparaison, pour insister)* yo; **il est comme ~** es como yo; **~ je crois que...** yo creo que...; **il est à ~** es mío; **je vais le faire ~-même** voy a hacerlo yo mismo; **je le fais pour ~-même** lo hago para mí.
moindre [mwɛ̃dr] *adj* menor; **le ~...** el menor...
moine [mwan] *nm* monje *m*.
moineau, **-x** [mwano] *nm* gorrión *m*.
moins [mwɛ̃] *adv* menos; **~ ancien (que)** menos antiguo (que); **~ vite (que)** menos deprisa (que); **c'est la nourriture qui coûte le ~** la comida es lo que menos cuesta; **la ville la ~ intéressante que nous ayons visitée** la ciudad menos interesante que hemos visitado; **le ~ possible** lo menos posible; **ils ont accepté de gagner ~** han aceptado ganar menos; **~ de viande/de travail** menos carne/trabajo; **~ de la moitié** menos de la mitad; **à ~ d'un imprévu** a menos que surja un imprevisto; **à ~ de rouler** OU **que nous roulions toute la nuit,...** a menos que conduzcamos toda la noche...; **au ~** por lo menos; **de** OU **en ~** menos; **j'ai deux ans de ~ qu'elle** tengo dos años menos que ella; **de ~ en ~** cada vez menos; **~ tu y penseras, mieux ça ira** cuanto menos pienses en ello, mejor irá todo.
◆ *prép* -1. *(pour indiquer l'heure, soustraire)*: **nous partirons à 3 heures ~ le quart** saldremos a las tres menos cuarto.
-2. *(pour indiquer la température)*: **il fait ~ 2° C** hace dos grados bajo cero.
mois [mwa] *nm* mes *m*; **au ~ de...** en el mes de...
moisi, **-e** [mwazi] *adj* mohoso(-sa). ◆ *nm* moho *m*; **sentir le ~** oler a moho.
moisir [mwazir] *vi* enmohecer.
moisissure [mwazisyr] *nf* moho *m*.
moisson [mwasɔ̃] *nf* siega *f*.
moissonner [mwasɔne] *vt* segar *(las mieses)*.
moissonneuse [mwasɔnøz] *nf* cosechadora *f*.
moite [mwat] *adj* húmedo(-da).

moitié [mwatje] *nf* mitad *f*; **la ~ de** la mitad de; **à ~** a medias, por la mitad; **à ~ prix** a mitad de precio; **à ~ plein** medio lleno.

moka [mɔka] *nm (gâteau)* pastel *m* de moca.

molaire [mɔlɛr] *nf* muela *f*.

molle → **mou**.

mollet [mɔlɛ] *nm* pantorrilla *f*.

molletonné, -e [mɔltɔne] *adj* acolchado(-da).

mollusque [mɔlysk] *nm* molusco *m*.

môme [mom] *nmf (fam)* crío *m* (-a *f*).

moment [mɔmɑ̃] *nm* momento *m*; **c'est le ~ de...** es el momento de...; **au ~ où** cuando; **du ~ que** con tal de que; **en ce ~** en estos momentos; **par ~s** a veces; **pour le ~** de momento.

momentané, -e [mɔmɑ̃tane] *adj* momentáneo(-nea).

momie [mɔmi] *nf* momia *f*.

mon [mɔ̃] (*f* **ma** [ma], *pl* **mes** [me]) *adj* mi; **ma maison** mi casa; **mes chats** mis gatos.

Monaco [mɔnako] *n* Mónaco.

monarchie [mɔnarʃi] *nf* monarquía *f*.

monastère [mɔnastɛr] *nm* monasterio *m*.

monde [mɔ̃d] *nm* mundo *m*; **il y a du** OU **beaucoup de ~** hay mucha gente; **tout le ~** todo el mundo.

mondial, -e, -aux [mɔ̃djal] *adj* mundial.

moniteur, -trice [mɔnitœr, tris] *nm, f* monitor *m* (-ra *f*). ◆ *nm (écran)* monitor *m*.

monnaie [mɔnɛ] *nf* moneda *f*; *(pièces)* suelto *m*; **la ~ de 100F** el cambio de 100 francos; **faire de la ~** cambiar dinero; **rendre la ~** dar la vuelta.

monologue [mɔnɔlɔg] *nm* monólogo *m*.

monopoliser [mɔnɔpɔlize] *vt* monopolizar.

monotone [mɔnɔtɔn] *adj* monótono(-na).

monotonie [mɔnɔtɔni] *nf* monotonía *f*.

monsieur [məsjø] (*pl* **messieurs** [mesjø]) *nm* señor *m*; **~ X** el señor X; **bonjour ~/messieurs!** ¡buenos días!; **Cher Monsieur,** *(dans une lettre)* Muy señor mío:; **Monsieur!** *(pour appeler le professeur)* ¡profesor!

monstre [mɔ̃str] *nm* monstruo *m*. ◆ *adj (fam)* bárbaro(-ra).

monstrueux, -euse [mɔ̃strүø, øz] *adj* monstruoso(-sa).

mont [mɔ̃] *nm* monte *m*; **le ~ Blanc** el Mont Blanc; **le Mont-Saint-Michel** el Monte San Miguel.

MONT-SAINT-MICHEL

El "Mont-Saint-Michel", pequeña isla rocosa del canal de las costas de la Mancha que queda rodeada por el mar durante la marea alta y está unida al continente por un dique, constituye un paraje impresionante clasificado por la Unesco como parte del patrimonio de la Humanidad. En él se ubica una famosa abadía benedictina de estilo gótico que domina la isla. Desde un punto de vista más anecdótico, la "omelette de la mère Poulard", del nombre de la dueña de un restaurante instalado en el Mont-Saint-Michel en el siglo XIX, contribuye asimismo a la reputación del lugar.

---

montage [mɔ̃taʒ] *nm* montaje *m*.

montagne [mɔ̃taɲ] *nf* montaña *f*; **à la ~** en la montaña; **~s russes** montaña rusa.

montagneux, -euse [mɔ̃taɲø, øz] *adj* montañoso(-sa).

montant, -e [mɔ̃tɑ̃, ɑ̃t] *adj (marée)* creciente; *(col)* alto(-ta). ◆ *nm (somme)* importe *m*; *(d'une fenêtre, d'une échelle)* montante *m*.

montée [mɔ̃te] *nf* subida *f*.

monter [mɔ̃te] *vi (aux être)* subir. ◆ *vt (aux avoir) (meuble, tente, société)* montar; **ça monte!** *(route)* ¡vaya cuesta!; **~ à bord (d'un avion)** subir a bordo (de un avión); **~ à cheval** montar a caballo; **~ en voiture** subir al coche; **~ les blancs en neige** *(CULIN)* montar las claras a punto de nieve. ❑ **se monter à** *vp + prép (s'élever à)* ascender a.

montre [mɔ̃tr] *nf* reloj *m*.

montrer [mɔ̃tre] *vt (désigner)* enseñar; *(exposer, prouver)* mostrar; **~ qqch à qqn** enseñar algo a alguien; **~ qqn/qqch du doigt** señalar a alguien/algo con el dedo. ❑ **se montrer** *vp* aparecer; **se ~ courageux** mostrarse valiente.

monture [mɔ̃tyr] *nf* montura *f*.

monument [mɔnymɑ̃] *nm* monumento *m*; **~ aux morts** *monumento dedicado a los caídos franceses de las dos guerras mundiales.*

moquer [mɔke]: **se moquer de** *vp + prép (plaisanter)* burlarse de; *(ignorer)* traerle a uno sin cuidado; **je m'en moque** (eso) me trae sin cuidado.

moques [mɔk] *nfpl (Belg) rodajas de una masa elaborada con clavo cocinadas al horno.*

moquette [mɔkɛt] *nf* moqueta *f*.

moqueur, -euse [mɔkœr, øz] *adj* burlón(-ona).

moral, -e, -aux [mɔral, o] *adj* moral. ◆ *nm* moral *f*; **avoir le ~** tener la moral alta.

morale [mɔral] *nf (valeurs)* moral *f*; *(d'une histoire)* moraleja *f*; **faire la ~ à qqn** echar un sermón a alguien.

moralement [mɔralmɑ̃] *adv* moralmente.

morceau, -x [mɔrso] *nm (partie)* trozo *m*; *(de musique)* fragmento *m*; **~ de sucre** terrón *m* de azúcar; **en mille ~x** hecho(-cha) trizas.

mordiller [mɔrdije] *vt* mordisquear.

mordre [mɔrdr] *vt* morder; **~ sur** *(dépasser)* coincidir con.

morille [mɔrij] *nf* colmenilla *f*.

mors [mɔr] *nm* bocado *m*.

morse [mɔrs] *nm (animal)* morsa *f*; *(code)* morse *m*.

morsure [mɔrsyr] *nf* mordedura *f*.

mort, **-e** [mɔr, mɔrt] *pp* → **mourir**. ◆ *adj* muerto(-ta); *(hors d'usage)* acabado(-da). ◆ *nm, f* muerto *m* (-ta *f*). ◆ *nf* muerte *f*; **être ~ de peur** estar muerto de miedo.

mortel, **-elle** [mɔrtɛl] *adj* mortal.

morue [mɔry] *nf* bacalao *m*.

mosaïque [mɔzaik] *nf* mosaico *m*.

Moscou [mɔsku] *n* Moscú.

mosquée [mɔske] *nf* mezquita *f*.

mot [mo] *nm* palabra *f*; *(message)* nota *f*; **~ à ~** *(traduire)* literalmente; **avoir le dernier ~** tener la última palabra; **~ de passe** código *m* de acceso; **~s croisés** crucigramas *mpl*.

motard [mɔtar] *nm* motorista *m*.

motel [mɔtɛl] *nm* motel *m*.

moteur [mɔtœr] *nm* motor *m*.

motif [mɔtif] *nm* motivo *m*.

motivation [mɔtivasjɔ̃] *nf* motivación *f*.

motivé, **-e** [mɔtive] *adj* estimulado(-da).

moto [mɔto] *nf* moto *f*.

motocross [mɔtɔkrɔs] *nm* motocross *m*.

motocycliste [mɔtɔsiklist] *nmf* motociclista *mf*.

motte [mɔt] *nf* terrón *m*; *(de beurre)* pella *f*.

mou, **molle** [mu, mɔl] *adj (sans consistance)* blando(-da); *(sans énergie)* flojo(-ja).

mouche [muʃ] *nf* mosca *f*.

moucher [muʃe]: **se moucher** *vp* sonarse.

moucheron [muʃrɔ̃] *nm* mosca *f* pequeña.

mouchoir [muʃwar] *nm* pañuelo *m*; **~ en papier** pañuelo de papel.

moudre [mudr] *vt* moler.

moue [mu] *nf* mohín *m*; **faire la ~** hacer pucheros.

mouette [mwɛt] *nf* gaviota *f*.

moufle [mufl] *nf* manopla *f*.

mouillé, **-e** [muje] *adj* mojado(-da).

mouiller [muje] *vt* mojar. ❑ **se mouiller** *vp* mojarse.

mouillette [mujɛt] *nf trocito de pan alargado con el que se moja la yema de los huevos pasados por agua*.

moulant, **-e** [mulɑ̃, ɑ̃t] *adj* ceñido(-da).

moule[1] [mul] *nm* molde *m*; **~ à gâteau** molde.

moule[2] [mul] *nf* mejillón *m*; **~s marinière** mejillones a la marinera.

mouler [mule] *vt (statue)* moldear; *(suj: vêtement)* ceñir.

moulin [mulɛ̃] *nm* molino *m*; **~ à café/à poivre** molinillo *m* de café/de pimienta; **~ à vent** molino de viento.

moulinet [mulinɛ] *nm (de canne à pêche)* carrete *m*.

Moulinette® [mulinɛt] *nf* picadora *f*.

moulu, **-e** [muly] *adj* molido(-da).

moulure [mulyr] *nf* moldura *f*.
mourant, -e [murɑ̃, ɑ̃t] *adj* moribundo(-da).
mourir [murir] *vi* morir; **~ de faim** morirse de hambre; **~ d'envie de** morirse de ganas de.
moussaka [musaka] *nf plato griego compuesto de rodajas de berenjena con picadillo de carne, cebolla y tomate.*
mousse [mus] *nf (bulles)* espuma *f*; *(plante)* musgo *m*; *(CULIN)* mousse *f*; **~ à raser** espuma de afeitar; **~ au chocolat** mousse de chocolate.
mousseline [muslin] *nf* muselina *f*. ◆ *adj inv*: **purée** OU **pommes ~** *puré de patatas muy ligero*; **sauce ~** *salsa a base de yemas, mantequilla y nata montada para acompañar pescado o verdura.*
mousser [muse] *vi* hacer espuma.
mousseux, -euse [musø, øz] *adj* espumoso(-sa); *(chocolat)* cremoso(-sa). ◆ *nm*: **du (vin) ~** (vino) espumoso *m*.
moustache [mustaʃ] *nf* bigote *m*.
moustachu, -e [mustaʃy] *adj* bigotudo(-da).
moustiquaire [mustikɛr] *nf* mosquitera *f*.
moustique [mustik] *nm* mosquito *m*.
moutarde [mutard] *nf* mostaza *f*.
mouton [mutɔ̃] *nm (animal)* oveja *f*; *(CULIN)* cordero *m*.
mouvement [muvmɑ̃] *nm* movimiento *m*.
mouvementé, -e [muvmɑ̃te] *adj* movido(-da).
moyen, -enne [mwajɛ̃, ɛn] *adj (intermédiaire, passable)* mediano(-na); *(température, salaire, prix)* medio(-dia). ◆ *nm* medio *m*; **au ~ de** por medio de; **il n'y a pas ~ de** no hay manera de; **~ de transport** medio de transporte. ❑ **moyens** *nmpl (ressources)* medios *mpl*; *(capacités)* facultades *fpl*; **avoir les ~s de faire qqch** *(financièrement)* tener medios suficientes para hacer algo; **perdre ses ~s** perder los nervios.
moyenne [mwajɛn] *nf* media *f*; **en ~** por término medio.
muer [mɥe] *vi* mudar.
muet, muette [mɥɛ, ɛt] *adj* mudo(-da).
muguet [mygɛ] *nm* muguete *m*.
mule [myl] *nf (animal)* mula *f*; *(chaussure)* chinela *f*.
mulet [mylɛ] *nm* mulo *m*.
multicolore [myltikɔlɔr] *adj* multicolor.
multiple [myltipl] *adj* múltiple. ◆ *nm* múltiplo *m*.
multiplication [myltiplikasjɔ̃] *nf* multiplicación *f*.
multiplier [myltiplije] *vt* multiplicar; **2 multiplié par 9** 2 multiplicado por 9. ❑ **se multiplier** *vp* multiplicarse.
multipropriété [myltiprɔprijete] *nf vivienda en copropiedad de la que puede disfrutar cada copropietario durante cierto tiempo.*
multitude [myltityd] *nf*: **une ~ de** una multitud de.

municipal, **-e**, **-aux** [mynisipal, o] *adj* municipal.
municipalité [mynisipalite] *nf* municipio *m*.
munir [mynir] *vt*: ~ **qqn/qqch de** proveer a alguien/algo de. ❑ **se munir de** *vp + prép* proveerse de.
munitions [mynisjɔ̃] *nfpl* municiones *fpl*.
mur [myr] *nm (intérieur)* pared *f*, muro *m*; *(extérieur)* tapia *f*; **faire le ~** escaparse; **~ du son** barrera *f* del sonido.
mûr, **-e** [myr] *adj (fruit)* maduro(-ra).
muraille [myraj] *nf* muralla *f*.
mural, **-e**, **-aux** [myral, o] *adj* mural.
Murcie [myrsi] *nf* Murcia.
mûre [myr] *nf* mora *f*.
murer [myre] *vt* tapiar.
mûrir [myrir] *vi (fruit)* madurar.
murmure [myrmyr] *nm* murmullo *m*.
murmurer [myrmyre] *vi* murmurar.
muscade [myskad] *nf*: **(noix) ~** nuez *f* moscada.
muscat [myska] *nm* moscatel *f*.
muscle [myskl] *nm* músculo *m*.
musclé, **-e** [myskle] *adj* musculoso(-sa).
musculaire [myskylɛr] *adj* muscular.
musculation [myskylasjɔ̃] *nf*: **faire de la ~** hacer musculación.
museau, **-x** [myzo] *nm* hocico *m*; *(CULIN) embutido hecho con partes del hocico de cerdo o de buey*.
musée [myze] *nm* museo *m*.
muselière [myzəljɛr] *nf* bozal *m*.
musical, **-e**, **-aux** [myzikal, o] *adj* musical.
music-hall, **-s** [myzikol] *nm* music-hall *m*.
musicien, **-enne** [myzisjɛ̃, ɛn] *nm, f* músico *m* (-ca *f*).
musique [myzik] *nf* música *f*; **~ de chambre** música de cámara; **~ classique** música clásica; **~ de film** banda *f* sonora.
musulman, **-e** [myzylmɑ̃, an] *adj & nm, f* musulmán(-ana).
mutation [mytasjɔ̃] *nf (d'un employé)* traslado *m*.
mutiler [mytile] *vt* mutilar.
mutuel, **-elle** [mytɥɛl] *adj* mutuo(-tua).
mutuelle [mytɥɛl] *nf* mutualité *f*, mutua *f*.
mutuellement [mytɥɛlmɑ̃] *adv* mutuamente.
myope [mjɔp] *adj* miope.
myosotis [mjozɔtis] *nm* miosota *f*.
myrtille [mirtij] *nf* arándano *m*.
mystère [mistɛr] *nm* misterio *m*; **Mystère**® *helado de nata y merengue bañado en chocolate y recubierto con almendras picadas*.
mystérieusement [misterjøzmɑ̃] *adv* misteriosamente.
mystérieux, **-euse** [misterjø, øz] *adj* misterioso(-sa).
mythe [mit] *nm* mito *m*.
mythologie [mitɔlɔʒi] *nf* mitología *f*.

N

n' → **ne.**
n° *(abr de numéro)* n°.
N *(abr de nord)* N.
nacre [nakr] *nf* nácar *m*.
nage [naʒ] *nf* natación *f*; **en ~** chorreando de sudor.
nageoire [naʒwar] *nf* aleta *f*.
nager [naʒe] *vt* & *vi* nadar.
nageur, -euse [naʒœr, øz] *nm, f* nadador *m* (-ra *f*).
naïf, naïve [naif, iv] *adj* ingenuo(-nua).
nain, -e [nɛ̃, nɛn] *adj* & *nm, f* enano(-na).
naissance [nɛsɑ̃s] *nf* nacimiento *m*.
naître [nɛtr] *vi* nacer; **je suis né le... à...** nací el... en...
naïve → **naïf.**
naïveté [naivte] *nf* ingenuidad *f*.
nappe [nap] *nf* mantel *m*; *(de pétrole, de brouillard)* capa *f*.
nappé, -e [nape] *adj*: **~ de** cubierto de.
napperon [naprɔ̃] *nm* tapete *m*.
narguer [narge] *vt* provocar.
narine [narin] *nf* ventana *f* nasal.
narrateur, -trice [naratœr, tris] *nm, f* narrador *m* (-ra *f*).
naseaux [nazo] *nmpl* nariz *f*.
natal, -e [natal] *adj* natal.
natalité [natalite] *nf* natalidad *f*.
natation [natasjɔ̃] *nf* natación *f*; **faire de la ~** practicar natación.
natif, -ive [natif, iv] *adj*: **~ de** natural de.
nation [nasjɔ̃] *nf* nación *f*.
national, -e, -aux [nasjɔnal, o] *adj* nacional.
nationale [nasjɔnal] *nf*: **(route) ~** (carretera) nacional *f*.
nationaliser [nasjɔnalize] *vt* nacionalizar.
nationalité [nasjɔnalite] *nf* nacionalidad *f*.
native → **natif.**
natte [nat] *nf* *(tresse)* trenza *f*; *(tapis)* estera *f*.
naturaliser [natyralize] *vt* naturalizar.
nature [natyr] *nf* naturaleza *f*. ◆ *adj inv* al natural; **~ morte** bodegón *m*.
naturel, -elle [natyrɛl] *adj* natural. ◆ *nm* natural *m*; *(simplicité)* naturalidad *f*.
naturellement [natyrɛlmɑ̃] *adv* naturalmente.
naturiste [natyrist] *nmf* naturista *mf*.
naufrage [nofraʒ] *nm* naufragio *m*; **faire ~** naufragar.
nausée [noze] *nf* náusea *f*; **avoir la ~** tener náuseas.
nautique [notik] *adj* náutico(-ca).
naval, -e [naval] *adj* naval; **chantier ~** astillero *m*.
navarin [navarɛ̃] *nm* *carne de cordero estofada con patatas y verdura.*

Navarre [navar] *nf*: **la ~** Navarra.

navet [navɛ] *nm* navo *m*; *(fam)* birria *f*.

navette [navɛt] *nf* autobús *m* *(particular)*; **~ spatiale** lanzadera *f* espacial; **faire la ~ (entre)** ir y venir (entre).

navigateur, -trice [navigatœr, tris] *nm, f* navegante *mf*.

navigation [navigasjɔ̃] *nf* navegación *f*; **~ de plaisance** náutica *f* deportiva.

naviguer [navige] *vi* navegar.

navire [navir] *nm* nave *f*.

navré, -e [navre] *adj*: **je suis ~** lo siento mucho.

NB *(abr de nota bene)* NB.

ne [nə] *adv* no, → **jamais, pas, personne, plus, que, rien**.

né, -e [ne] *pp* → **naître**.

néanmoins [neɑ̃mwɛ̃] *adv* no obstante.

néant [neɑ̃] *nm* nada *f*; **réduire qqch à ~** aniquilar algo; **'néant'** *en un impreso, indica que no hay ninguna particularidad que señalar*.

nécessaire [nesesɛr] *adj* necesario(-ria). ◆ *nm* necesario *m*; **il est ~ de** es necesario que; **~ de toilette** neceser *m*.

nécessité [nesesite] *nf* necesidad *f*.

nécessiter [nesesite] *vt* necesitar.

nécessiteux, -euse [nesesitø, øz] *nm, f* necesitado *m* (-da *f*).

nectarine [nɛktarin] *nf* nectarina *f*.

néerlandais, -e [neɛrlɑ̃dɛ, ɛz] *adj* neerlandés(-esa). ◆ *nm (langue)* neerlandés *m*. ❑ **Néerlandais, -e** *nm, f* neerlandés *m* (-esa *f*).

nef [nɛf] *nf* nave *f*.

néfaste [nefast] *adj* nefasto(-ta).

négatif, -ive [negatif, iv] *adj* negativo(-va). ◆ *nm* negativo *m*.

négation [negasjɔ̃] *nf* negación *f*.

négligeable [negliʒabl] *adj* desdeñable.

négligent, -e [negliʒɑ̃, ɑ̃t] *adj* negligente.

négliger [negliʒe] *vt* descuidar.

négociant [negɔsjɑ̃] *nm*: **~ en vins** negociante *m* de vinos.

négociations [negɔsjasjɔ̃] *nfpl* negociaciones *fpl*.

négocier [negɔsje] *vt* negociar; *(virage)* tomar bien. ◆ *vi* negociar.

neige [nɛʒ] *nf* nieve *f*.

neiger [neʒe] *v impers*: **il neige** nieva.

neigeux, -euse [nɛʒø, øz] *adj* *(enneigé)* nevado(-da); *(blanc)* como la nieve.

nénuphar [nenyfar] *nm* nenúfar *m*.

néon [neɔ̃] *nm (tube)* fluorescente *m*.

nerf [nɛr] *nm* nervio *m*; **du ~!** ¡ánimo!; **être à bout de ~s** estar al borde del ataque de nervios.

nerveusement [nɛrvøzmɑ̃] *adv* nerviosamente.

nerveux, -euse [nɛrvø, øz] *adj* nervioso(-sa).

nervosité [nɛrvozite] *nf* nerviosismo *m*.

n'est-ce pas [nɛspa] *adv* ¿verdad?

net, nette [nɛt] *adj (précis, marqué)* nítido(-da); *(propre)* limpio(-pia); *(prix, salaire)* neto(-ta). ◆ *adv (se casser, s'arrêter)* de golpe.

nettement [nɛtmɑ̃] *adv (clairement)* nítidamente; *(beaucoup)* mucho; *(très)* muy.

netteté [nɛtte] *nf* nitidez *f*.

nettoyage [netwajaʒ] *nm (ménage)* limpieza *f*; ~ **à sec** limpieza en seco.

nettoyer [netwaje] *vt* limpiar; **faire ~ un vêtement** llevar a limpiar una prenda.

neuf, neuve [nœf, nœv] *adj* nuevo(-va). ◆ *num* nueve; **remettre qqch à ~** renovar algo; **quoi de ~?** ¿qué hay de nuevo?, → **six**.

neutre [nøtr] *adj* neutro(-tra).

neuvième [nœvjɛm] *num* noveno(-na), → **sixième**.

neveu, -x [nəvø] *nm* sobrino *m*.

nez [ne] *nm* nariz *f*; *(d'un avion)* morro *m*; **se trouver ~ à ~ avec qqn** encontrarse cara a cara con alguien.

NF *(abr de norme française)* norma francesa.

ni [ni] *conj*: **je n'aime ~ la guitare ~ le piano** no me gusta ni la guitarra ni el piano; **~ l'un ~ l'autre ne sont français** ni el uno ni el otro son franceses; **elle n'est ~ mince ~ grosse** no es ni delgada ni gorda.

niais, -e [njɛ, njɛz] *adj* bobo(-ba).

Nice [nis] *n* Niza.

niche [niʃ] *nf (à chien)* caseta *f*; *(dans un mur)* hornacina *f*.

niçoise [niswaz] *adj f* → **salade**.

nicotine [nikɔtin] *nf* nicotina *f*.

nid [ni] *nm (d'oiseaux)* nido *m*; *(de guêpes)* avispero *m*; *(de souris)* ratonera *f*.

nid-de-poule [nidpul] *(pl* **nids-de-poule**) *nm* socabón *m*.

nièce [njɛs] *nf* sobrina *f*.

nier [nje] *vt* negar; **~ avoir fait qqch** negar haber hecho algo; **~ que** negar que.

Nil [nil] *nm*: **le ~** el Nilo.

n'importe [nɛ̃pɔrt] → **importer**.

niveau, -x [nivo] *nm* nivel *m*; **au ~ de** al nivel de; **~ d'huile** nivel de aceite; **~ de vie** nivel de vida.

noble [nɔbl] *adj & nmf* noble.

noblesse [nɔblɛs] *nf* nobleza *f*.

noce [nɔs] *nf* boda *f*; **~s d'or** bodas de oro.

nocif, -ive [nɔsif, iv] *adj* nocivo(-va).

nocturne [nɔktyrn] *adj* nocturno(-na). ◆ *nf (d'un magasin)* apertura *f* nocturna.

Noël [nɔɛl] *nm* Navidad *f*. ◆ *nf*: **la ~** *(jour)* el día de Navidad; *(période)* la Navidad.

NOËL

La festividad de la Navidad empieza el 24 de diciembre por la noche con el "réveillon" que se celebra tradicionalmente comiendo pavo con castañas y a continuación un pastel parecido a un brazo de gitano con cre-

ha denominado "bûche". Antiguamente, los niños colocaban sus zapatos delante de la chimenea donde encontraban, el día 25 por la mañana, los regalos que Papá Noel les había dejado. Hoy, es cada día más frecuente que los regalos se entreguen en torno al árbol de Navidad el día 24 por la noche.

---

nœud [nø] *nm* nudo *m*; *(ruban)* lazo *m*; ~ **papillon** pajarita *f*.

noir, -e [nwar] *adj* negro(-gra); *(sombre)* oscuro(-ra). ◆ *nm* negro *m*; *(obscurité)* oscuridad *f*; **il fait ~ dans cette pièce** esta habitación está oscura; **dans le ~** en la oscuridad. ❑ **Noir, -e** *nm, f* negro *m* (-gra *f*).

noircir [nwarsir] *vt* & *vi* ennegrecer.

noisetier [nwaztje] *nm* avellano *m*.

noisette [nwazɛt] *nf* avellana *f*. ◆ *adj inv (yeux)* pardos; **une ~ de beurre** un poquito de mantequilla.

noix [nwa] *nf* nuez *f*; **une ~ de beurre** un poco de mantequilla; ~ **de cajou** anacardo *m*; ~ **de coco** coco *m*.

nom [nɔ̃] *nm* nombre *m*; ~ **commun** nombre común; ~ **de famille** apellido *m*; ~ **de jeune fille** apellido de soltera; ~ **propre** nombre propio.

nomade [nɔmad] *nmf* nómada *mf*.

nombre [nɔ̃br] *nm* número *m*; **un grand ~ de** un gran número de.

nombreux, -euse [nɔ̃brø, øz] *adj* numeroso(-sa); **peu ~** poco numeroso.

nombril [nɔ̃bril] *nm* ombligo *m*.

nommer [nɔme] *vt* nombrar. ❑ **se nommer** *vp* llamarse.

non [nɔ̃] *adv* no; **~?** *(exprime la surprise)* ¿no?; ~ **plus** tampoco; ~ **seulement..., mais...** no sólo..., sino...

nonante [nɔnɑ̃t] *num (Belg & Helv)* noventa, → **six**.

nonchalant, -e [nɔ̃ʃalɑ̃, ɑ̃t] *adj* indolente.

non-fumeur, -euse [nɔ̃fymœr, øz] *nm, f* no fumador *m* (-ra *f*).

nord [nɔr] *adj inv* & *nm* norte; **au ~ (de)** al norte (de); **le Nord** *(région)* el Norte.

nord-est [nɔrɛst] *adj inv* & *nm* nordeste; **au ~ (de)** al nordeste (de).

nordique [nɔrdik] *adj* nórdico(-ca); *(Can: du nord canadien)* *del norte de Canadá*.

nord-ouest [nɔrwɛst] *adj inv* & *nm* noroeste; **au ~ (de)** al noroeste (de).

normal, -e, -aux [nɔrmal, o] *adj* normal; **ce n'est pas ~** no es normal.

normale [nɔrmal] *nf*: **la ~** lo normal.

normalement [nɔrmalmɑ̃] *adv* normalmente.

normand, -e [nɔrmɑ̃, ɑ̃d] *adj* normando(-da).

Normandie [nɔrmɑ̃di] *nf*: **la ~** Normandía.

norme [nɔrm] *nf* norma *f*.

Norvège [nɔrvɛʒ] *nf*: **la ~** Noruega.

norvégien, -enne [nɔrveʒjɛ̃, ɛn] *adj* noruego(-ga). ◆ *nm (langue)* noruego *m*. ❑ **Norvégien, -enne** *nm, f* noruego *m* (-ga *f*).

nos → **notre**.

nostalgie [nɔstalʒi] *nf* nostalgia *f*; **avoir la ~ de** tener nostalgia de.

notable [nɔtabl] *adj* & *nm (sensible)* notable.

notaire [nɔtɛr] *nm* notario *m* (-ria *f*).

notamment [nɔtamɑ̃] *adv* particularmente.

note [nɔt] *nf* nota *f*; **prendre des ~s** tomar apuntes.

noter [nɔte] *vt (écrire)* anotar; *(élève, devoir)* calificar; *(remarquer)* señalar.

notice [nɔtis] *nf (mode d'emploi)* instrucciones *fpl* (de uso).

notion [nɔsjɔ̃] *nf* noción *f*; **avoir des ~s de** tener nociones de.

notoriété [nɔtɔrjete] *nf* notoriedad *f*.

notre [nɔtr] (*pl* **nos** [no]) *adj* nuestro(-tra); **~ maison** nuestra casa.

nôtre [notr]: **le nôtre** (*f* **la nôtre**, *pl* **les nôtres**) *pron* el nuestro (la nuestra).

nouer [nwe] *vt (cravate)* anudar; *(lacet, cheveux)* atar.

nougat [nuga] *nm* ≃ turrón *m*.

nougatine [nugatin] *nf hoja de caramelo rubio y de almendras trituradas*.

nouilles [nuj] *nfpl* pasta *f*.

nourrice [nuris] *nf (garde d'enfants)* niñera *f*.

nourrir [nurir] *vt* alimentar *(entretenir)* mantener. ❑ **se nourrir (de)** *vp (+ prép)* alimentarse (de).

nourrissant, -e [nurisɑ̃, ɑ̃t] *adj* nutritivo(-va).

nourrisson [nurisɔ̃] *nm* niño *m* de pecho.

nourriture [nurityr] *nf* comida *f*.

nous [nu] *pron pers (sujet)* nosotros(-tras); *(complément)* nos; **~ sommes sœurs** somos hermanas; **ils ~ regardent** nos miran; **~ ~ sommes parlé** nos hablamos; **~-mêmes** nosotros mismos.

nouveau, nouvel [nuvo, nuvɛl] (*f* **nouvelle** [nuvɛl], *mpl* **nouveaux** [nuvo]) *adj* & *nm, f* nuevo(-va); **rien de ~** nada nuevo; **à** OU **de ~** de nuevo.

nouveau-né, -e, -s [nuvone] *nm, f* recién nacido *m* (-da *f*).

nouveauté [nuvote] *nf* novedad *f*.

nouvel → **nouveau**.

nouvelle [nuvɛl] *nf (information)* noticia *f*; *(roman)* novela *f* corta; **les ~s** las noticias; **avoir des ~s de qqn** tener noticias de alguien.

Nouvelle-Calédonie [nuvɛlkaledɔni] *nf*: **la ~** Nueva Caledonia.

novembre [nɔvɑ̃br] *nm* noviembre, → **septembre**.

noyade [nwajad] *nf* ahogamiento *m*.

noyau, -x [nwajo] *nm (de fruit)* hueso *m*; *(petit groupe)* núcleo *m*.

noyé, -e [nwaje] *nm, f* ahogado *m* (-da *f*).
noyer [nwaje] *nm* nogal *m*. ◆ *vt* ahogar. ❑ **se noyer** *vp* ahogarse.
nu, -e [ny] *adj (personne)* desnudo(-da); *(pièce)* vacío(-a); *(arbre)* sin hojas; **pieds ~s** descalzo(-za); **tout ~** en cueros; **à l'œil ~** a simple vista; **~-tête** con la cabeza descubierta.
nuage [nɥaʒ] *nm* nube *f*.
nuageux, -euse [nɥaʒø, øz] *adj* nublado(-da).
nuance [nɥɑ̃s] *nf* matiz *m*.
nucléaire [nykleɛr] *adj* nuclear.
nudiste [nydist] *nmf* nudista *mf*.
nui [nɥi] *pp* → **nuire**.
nuire [nɥir]: **nuire à** *v + prép* perjudicar a.
nuisible [nɥizibl] *adj* perjudicial; **~ à** perjudicial para.
nuit [nɥi] *nf* noche *f*; **il travaille la ~** trabaja por la noche OU de noche; **bonne ~!** ¡buenas noches!; **il fait ~** es de noche; **de ~** *(travail, poste)* nocturno(-na); *(travailler, voyager)* de noche; **une ~ blanche** una noche en blanco.
nul, nulle [nyl] *adj* pésimo(-ma); *(fam: idiot)* negado(-da); **être ~ en qqch** ser negado para algo; **nulle part** en ninguna parte.
numérique [nymerik] *adj* digital.
numéro [nymero] *nm* número *m*; **~ de compte** número de cuenta; **~ d'immatriculation** número de matrícula; **~ de téléphone** número de teléfono; **~ vert** llamada gratuita.
numéroter [nymerɔte] *vt* numerar; **place numérotée** entrada *f* numerada.
nu-pieds [nypje] *nm inv* sandalia *f*.
nuque [nyk] *nf* nuca *f*.
nylon [nilɔ̃] *nm* nailon *m*.

O *(abr de ouest)* O.
oasis [ɔazis] *nf* oasis *m*.
obéir [ɔbeir] *vi* obedecer; **~ à** obedecer a.
obéissant, -e [ɔbeisɑ̃, ɑ̃t] *adj* obediente.
obèse [ɔbɛz] *adj* obeso(-sa).
objectif, -ive [ɔbʒɛktif, iv] *adj* objetivo(-va). ◆ *nm* objetivo *m*.
objection [ɔbʒɛksjɔ̃] *nf* objeción *f*.
objet [ɔbʒɛ] *nm* objeto *m*; **(bureau des) ~s trouvés** (oficina de) objetos perdidos; **~s de valeur** objetos de valor.
obligation [ɔbligasjɔ̃] *nf* obligación *f*.
obligatoire [ɔbligatwar] *adj* obligatorio(-ria).
obligé, -e [ɔbliʒe] *adj (fam: inévitable)* inevitable; **être ~ de faire qqch** estar obligado a hacer algo.
obliger [ɔbliʒe] *vt*: **~ qqn à faire**

qqch obligar a alguien a hacer algo.

oblique [ɔblik] *adj* oblicuo(-cua); *(regard)* de soslayo.

oblitérer [ɔblitere] *vt* sellar.

obscène [ɔpsɛn] *adj* obsceno(-na).

obscur, **-e** [ɔpskyr] *adj* oscuro(-ra).

obscurcir [ɔpskyrsir]: **s'obscurcir** *vp* oscurecerse.

obscurité [ɔpskyrite] *nf* oscuridad *f*.

obséder [ɔpsede] *vt* obsesionar.

obsèques [ɔpsɛk] *nfpl* funerales *mpl*.

observateur, **-trice** [ɔpsɛrvatœr, tris] *adj* observador(-ra).

observation [ɔpsɛrvasjɔ̃] *nf* observación *f*.

observatoire [ɔpsɛrvatwar] *nm* observatorio *m*.

observer [ɔpsɛrve] *vt* observar.

obsession [ɔpsesjɔ̃] *nf* obsesión *f*.

obstacle [ɔpstakl] *nm* obstáculo *m*.

obstiné, **-e** [ɔpstine] *adj* obstinado(-da).

obstiner [ɔpstine]: **s'obstiner** *vp* obstinarse; **s'~ à faire qqch** obstinarse en hacer algo.

obstruer [ɔpstrye] *vt* obstruir.

obtenir [ɔptənir] *vt* obtener.

obtenu, **-e** [ɔptəny] *pp* → **obtenir**.

obturateur [ɔptyratœr] *nm* obturador *m*.

obus [ɔby] *nm* obús *m*.

OC *(abr de ondes courtes)* OC.

occasion [ɔkazjɔ̃] *nf* ocasión *f*; **avoir l'~ de** tener la ocasión de; **à l'~ de** con ocasión de; **d'~** de segunda mano.

occasionnel, **-elle** [ɔkazjɔnɛl] *adj* ocasional.

occasionner [ɔkazjɔne] *vt* ocasionar.

Occident [ɔksidɑ̃] *nm*: **l'~** Occidente *m*.

occidental, **-e**, **-aux** [ɔksidɑ̃tal, o] *adj* occidental.

occupation [ɔkypasjɔ̃] *nf* ocupación *f*.

occupé, **-e** [ɔkype] *adj* ocupado(-da); **ça sonne ~** *(téléphone)* está comunicando.

occuper [ɔkype] *vt* ocupar; **ça l'occupe** eso lo entretiene. ❑ **s'occuper** *vp* entretenerse; **s'~ de** ocuparse de.

occurrence [ɔkyrɑ̃s]: **en l'occurrence** *adv* en este caso.

océan [ɔseɑ̃] *nm* océano *m*.

Océanie [ɔseani] *nf*: **l'~** Oceanía.

ocre [ɔkr] *adj inv* ocre.

octane [ɔktan] *nm*: **indice d'~** índice *m* de octanos.

octante [ɔktɑ̃t] *num (Belg & Helv)* ochenta, → **six**.

octet [ɔktɛ] *nm* octeto *m*.

octobre [ɔktɔbr] *nm* octubre, → **septembre**.

oculiste [ɔkylist] *nmf* oculista *mf*.

odeur [ɔdœr] *nf* olor *m*.

odieux, **-euse** [ɔdjø, øz] *adj* odioso(-sa).

odorat [ɔdɔra] *nm* olfato *m*.

œil [œj] (*pl* **yeux** [jø]) *nm* ojo *m*; **à l'~** *(fam)* por la cara; **avoir qqn à l'~** *(fam)* no quitar ojo a alguien; **mon ~!** *(fam)* ¡y una porra!

œillet [œjɛ] *nm (fleur)* clavel *m*; *(de chaussure)* ojete *m*.

œsophage [ezɔfaʒ] *nm* esófago *m*.

œuf [œf, *pl* ø] *nm* huevo *m*; **~ à la coque** huevo pasado por agua; **~ dur** huevo duro; **~ de Pâques** huevo de Pascua; **~ poché** huevo escalfado; **~ sur le plat** huevo frito; **~s brouillés** huevos revueltos; **~s à la neige** *natillas y merengue con caramelo*.

œuvre [œvr] *nf* obra *f*; **mettre qqch en ~** poner algo en práctica; **~ d'art** obra de arte.

offense [ɔfɑ̃s] *nf* ofensa *f*.

offenser [ɔfɑ̃se] *vt* ofender.

offert, -e [ɔfɛr, ɛrt] *pp* → **offrir**.

office [ɔfis] *nm (organisme)* oficina *f*; *(messe)* oficio *m*; **faire ~ de** hacer las veces de; **d'~** de oficio; **~ de tourisme** oficina de turismo.

officiel, -elle [ɔfisjɛl] *adj* oficial.

officiellement [ɔfisjɛlmɑ̃] *adv* oficialmente.

officier [ɔfisje] *nm* oficial *m*.

offre [ɔfr] *nf* oferta *f*; **'~ spéciale'** 'oferta especial'; **~s d'emploi** ofertas de empleo.

offrir [ɔfrir] *vt*: **~ qqch à qqn** *(mettre à sa disposition)* ofrecer algo a alguien; *(en cadeau)* regalar algo a alguien; **~ (à qqn) de faire qqch** ofrecerse (a alguien) a hacer algo. ❑ **s'offrir** *vp* regalarse.

oie [wa] *nf* oca *f*.

oignon [ɔɲɔ̃] *nm (légume)* cebolla *f*; *(de fleur)* bulbo *m*; **petits ~s** cebolletas *fpl*.

oiseau, -x [wazo] *nm* pájaro *m*.

OK [ɔkɛ] *excl* ¡vale!

olive [ɔliv] *nf* aceituna *f*; **~ noire/verte** aceituna negra/verde.

olivier [ɔlivje] *nm* olivo *m*.

olympique [ɔlɛ̃pik] *adj* olímpico(-ca).

omble-chevalier [ɔ̃bləʃəvalje] *nm pescado de carne muy fina del lago Lemán*.

ombragé, -e [ɔ̃braʒe] *adj* umbrío(-a).

ombre [ɔ̃br] *nf* sombra *f*; **à l'~ (de)** a la sombra (de); **~ chinoise** sombra chinesca; **~ à paupières** sombra de ojos.

ombrelle [ɔ̃brɛl] *nf* sombrilla *f*.

omelette [ɔmlɛt] *nf* tortilla *f*; **~ norvégienne** *helado cubierto con un suflé caliente*.

omettre [ɔmɛtr] *vt* omitir; **~ de faire qqch** olvidarse de hacer algo.

omis, -e [ɔmi, iz] *pp* → **omettre**.

omission [ɔmisjɔ̃] *nf* omisión *f*.

omnibus [ɔmnibys] *adj*: **(train) ~** *tren con parada en todas las estaciones*.

omoplate [ɔmɔplat] *nf* omoplato *m*.

on [ɔ̃] *pron*: **~ m'appelle** alguien me está llamando; **~ ne sait jamais** nunca se sabe; **~ s'en va** nos vamos; **~ frappe** están llamando a la puerta.

oncle [ɔ̃kl] *nm* tío *m*.

onctueux, -euse [ɔ̃ktɥø, øz] *adj* untuoso(-sa).

onde [ɔ̃d] *nf* onda *f*; **grandes ~s** onda larga; **~s courtes/moyennes** onda corta/media.

ondulé, -e [ɔ̃dyle] *adj* ondulado(-da).

onéreux, -euse [ɔnerø, øz] *adj* oneroso(-sa).

ongle [ɔ̃gl] *nm* uña *f*.

ont [ɔ̃] → **avoir**.

ONU [ɔny] *nf (abr de Organisation des Nations unies)* ONU *f*.

onze [ɔ̃z] *num* once, → **six**.

onzième [ɔ̃zjɛm] *num* undécimo(-ma), → **sixième**.

opaque [ɔpak] *adj* opaco(-ca).

opéra [ɔpera] *nm* ópera *f*.

opérateur, -trice [ɔperatœr, tris] *nm, f (au téléphone)* operador *m* (-ra *f*).

opération [ɔperasjɔ̃] *nf* operación *f*.

opérer [ɔpere] *vt* operar. ◆ *vi* obrar; **se faire ~ (de)** operarse (de).

opérette [ɔperɛt] *nf* opereta *f*.

ophtalmologiste [ɔftalmɔlɔʒist] *nmf* oftalmólogo *m* (-ga *f*).

opinion [ɔpinjɔ̃] *nf* opinión *f*; **l'~ (publique)** la opinión (pública).

opportun, -e [ɔpɔrtœ̃, yn] *adj* oportuno(-na).

opportuniste [ɔpɔrtynist] *adj* oportunista.

opposé, -e [ɔpoze] *adj (inverse)* opuesto(-ta); *(d'en face)* de enfrente. ◆ *nm*: **l'~** lo contrario; **~ à** *(inverse)* opuesto a; *(hostile à)* contrario a; **à l'~ de** *(du côté opposé à)* en el lado opuesto de; *(contrairement à)* al contrario de.

opposer [ɔpoze] *vt (argument, résistance)* oponer; *(personnes, équipes)* enfrentar. ❑ **s'opposer** *vp (s'affronter)* oponerse; **s'~ à** oponerse a.

opposition [ɔpozisjɔ̃] *nf* oposición *f*; **faire ~ à un chèque** suspender el pago de un talón.

oppresser [ɔprese] *vt* oprimir.

oppression [ɔpresjɔ̃] *nf* opresión *f*.

opprimer [ɔprime] *vt* oprimir.

opticien, -enne [ɔptisjɛ̃, ɛn] *nm, f* óptico *m* (-ca *f*).

optimisme [ɔptimism] *nm* optimismo *m*.

optimiste [ɔptimist] *adj & nmf* optimista.

option [ɔpsjɔ̃] *nf* opción *f*.

optionnel, -elle [ɔpsjɔnɛl] *adj (accessoire)* opcional; *(matière)* optativo(-va).

optique [ɔptik] *adj & nf* óptica.

or [ɔr] *conj* ahora bien. ◆ *nm* oro *m*; **en ~** de oro.

orage [ɔraʒ] *nm* tormenta *f*.

orageux, -euse [ɔraʒø, øz] *adj* tormentoso(-sa).

oral, -e, -aux [ɔral, o] *adj & nm* oral; **'voie ~e'** 'vía oral'.

orange [ɔrɑ̃ʒ] *adj inv & nm* naranja. ◆ *nf* naranja *f*.

orangeade [ɔrɑ̃ʒad] *nf* naranjada *f*.

Orangina® [ɔrɑ̃ʒina] *nm* Orangina® *f.*

orbite [ɔrbit] *nf* órbita *f.*

orchestre [ɔrkɛstr] *nm* orquesta *f*; *(au théâtre)* patio *m* de butacas.

orchidée [ɔrkide] *nf* orquídea *f.*

ordinaire [ɔrdinɛr] *adj (normal)* ordinario(-ria); *(banal)* corriente. ◆ *nm (essence)* normal *f*; **sortir de l'~** salirse de lo corriente; **d'~** normalmente.

ordinateur [ɔrdinatœr] *nm* ordenador *m.*

ordonnance [ɔrdɔnɑ̃s] *nf (médicale)* receta *f.*

ordonné, -e [ɔrdɔne] *adj* ordenado(-da).

ordonner [ɔrdɔne] *vt* ordenar; **~ à qqn de faire qqch** ordenar a alguien que haga algo.

ordre [ɔrdr] *nm (commandement, organisation)* orden *f*; *(enchaînement)* orden *m*; **donner l'~ de** dar la orden de; **à l'~ de** a la orden de; **jusqu'à nouvel ~** hasta nueva orden; **en ~** en orden; **mettre de l'~ dans** poner orden en; **dans l'~** en orden.

ordures [ɔrdyr] *nfpl* basura *f.*

oreille [ɔrɛj] *nf* oreja *f.*

oreiller [ɔrɛje] *nm* almohada *f.*

oreillons [ɔrɛjɔ̃] *nmpl* paperas *fpl.*

organe [ɔrgan] *nm* órgano *m.*

organisateur, -trice [ɔrganizatœr, tris] *nm, f* organizador *m* (-ra *f*).

organisation [ɔrganizasjɔ̃] *nf* organización *f.*

organisé, -e [ɔrganize] *adj* organizado(-da).

organiser [ɔrganize] *vt* organizar. ❑ **s'organiser** *vp* organizarse.

organisme [ɔrganism] *nm* organismo *m.*

orge [ɔrʒ] *nf* → **sucre.**

orgue [ɔrg] *nm* órgano *m*; **~ de Barbarie** organillo *m.*

orgueil [ɔrgœj] *nm* orgullo *m.*

orgueilleux, -euse [ɔrgœjø, øz] *adj* orgulloso(-sa).

Orient [ɔrjɑ̃] *nm*: **l'~** Oriente *m.*

oriental, -e, -aux [ɔrjɑ̃tal, o] *adj* oriental.

orientation [ɔrjɑ̃tasjɔ̃] *nf* orientación *f.*

orienter [ɔrjɑ̃te] *vt* orientar. ❑ **s'orienter** *vp* orientarse; **s'~ vers** orientarse hacia.

orifice [ɔrifis] *nm* orificio *m.*

originaire [ɔriʒinɛr] *adj*: **~ de** natural de.

original, -e, -aux [ɔriʒinal, o] *adj* original. ◆ *nm, f* original *mf.* ◆ *nm* original *m.*

originalité [ɔriʒinalite] *nf* originalidad *f.*

origine [ɔriʒin] *nf* origen *m*; **être à l'~ de** ser la causa de; **à l'~** al principio; **d'~** de origen.

ORL *nmf (abr de oto-rhino-laryngologiste)* otorrino *mf.*

ornement [ɔrnəmɑ̃] *nm* ornamento *m.*

orner [ɔrne] *vt* adornar; **~ qqch de** adornar algo con OU de.

ornière [ɔrnjɛr] *nf* rodada *f.*

orphelin, **-e** [ɔrfəlɛ̃, in] *nm, f* huérfano *m* (-na *f*).
orphelinat [ɔrfəlina] *nm* orfanato *m*.
Orsay [ɔrsɛ] *n*: **le musée d'~** *museo parisino dedicado al arte del siglo diecinueve.*
orteil [ɔrtɛj] *nm* dedo *m* del pie; **gros ~** dedo gordo del pie.
orthographe [ɔrtɔgraf] *nf* ortografía *f*.
orthophoniste [ɔrtɔfɔnist] *nmf* ortofonista *mf*.
ortie [ɔrti] *nf* ortiga *f*.
os [ɔs, *pl* o] *nm* hueso *m*.
oscillation [ɔsilasjɔ̃] *nf* oscilación *f*.
osciller [ɔsile] *vi* oscilar.
osé, **-e** [oze] *adj* atrevido(-da).
oseille [ozɛj] *nf* acedera *f*.
oser [oze] *vt* atreverse; **~ faire qqch** atreverse a hacer algo.
osier [ozje] *nm* mimbre *m*.
osselets [ɔslɛ] *nmpl (jeu)* taba *f*.
ostensible [ɔstɑ̃sibl] *adj* ostensible.
otage [ɔtaʒ] *nm* rehén *m*; **prendre en ~** tomar como rehén.
otarie [ɔtari] *nf* león *m* marino.
ôter [ote] *vt* quitar; **~ qqch à qqn** quitar algo a alguien; **~ qqch de qqch** quitar algo de algo; **3 ôté de 10 égale 7** 10 menos 3 igual a 7.
otite [ɔtit] *nf* otitis *f*.
oto-rhino(-laryngologiste), **-s** [ɔtɔrinɔ(larɛ̃gɔlɔʒist)] *nmf* otorrino(laringólogo) *m* (otorrino(laringóloga) *f*).
ou [u] *conj* o *(u delante de o)*; **c'est l'un ~ l'autre** uno u otro; **~ bien** o bien; **~... ~** o... o.
où [u] *adv* dónde; **~ habitez-vous?** ¿dónde vive usted?; **d'~ êtes-vous?** ¿de dónde es usted?; **par ~ faut-il passer?** ¿por dónde hay que pasar?; **nous ne savons pas ~ dormir/~ aller** no sabemos dónde dormir/adónde ir.
◆ *pron* -1. *(spatial)* donde; **le village ~ j'habite** el pueblo donde vivo; **le pays d'~ je viens** el país de donde vengo; **les endroits ~ nous sommes allés** los sitios adonde hemos ido; **la ville par ~ nous venons de passer** la ciudad por la que acabamos de pasar.
-2. *(temporel)* (en) que; **le jour ~** el día (en) que; **juste au moment ~** justo en el momento en que.
ouate [wat] *nf* guata *f*.
oubli [ubli] *nm* olvido *m*.
oublier [ublije] *vt* olvidar; **~ de faire qqch** olvidar hacer algo.
oubliettes [ublijɛt] *nfpl* mazmorra *f*.
ouest [wɛst] *adj inv* & *nm* oeste; **à l'~ (de)** al oeste (de); **l'Ouest** el Oeste.
ouf [uf] *excl* ¡uf!
oui [wi] *adv* sí.
ouïe [wi] *nf* oído *m*. ❑ **ouïes** *nfpl (de poisson)* agallas *fpl*.
ouragan [uragɑ̃] *nm* huracán *m*.
ourlet [urlɛ] *nm* dobladillo *m*.
ours [urs] *nm* oso *m*; **~ en peluche** oso de peluche.
oursin [ursɛ̃] *nm* erizo *m* de mar.
outil [uti] *nm* herramienta *f*.

outillage [utijaʒ] *nm* herramientas *fpl*.

outre [utr] *prép* además de; **en ~** además; **~ mesure** desmesuradamente.

outré, -e [utre] *adj* indignado(-da).

outre-mer [utrəmɛr] *adv* en ultramar.

ouvert, -e [uvɛr, ɛrt] *pp* → **ouvrir**. ◆ *adj* abierto(-ta); **'~ le lundi'** 'abierto los lunes'.

ouvertement [uvɛrtəmɑ̃] *adv* abiertamente.

ouverture [uvɛrtyr] *nf* apertura *f*; *(porte, fenêtre)* vano *m*; **~ d'esprit** amplitud *f* de miras.

ouvrable [uvrabl] *adj* → **jour**.

ouvrage [uvraʒ] *nm* obra *f*; *(couture, tricot)* labor *f*.

ouvre-boîtes [uvrəbwat] *nm inv* abrelatas *m*.

ouvre-bouteilles [uvrəbutɛj] *nm inv* abrebotellas *m*.

ouvreur, -euse [uvrœr, øz] *nm, f (au cinéma, au théâtre)* acomodador *m* (-ra *f*).

ouvrier, -ère [uvrije, ɛr] *adj & nm, f* obrero(-ra).

ouvrir [uvrir] *vt & vi* abrir. ❑ **s'ouvrir** *vp* abrirse.

ovale [ɔval] *adj* oval.

oxyder [ɔkside]: **s'oxyder** *vp* oxidarse.

oxygène [ɔksiʒɛn] *nm* oxígeno *m*.

oxygénée [ɔksiʒene] *adj f* → **eau**.

ozone [ozɔn] *nm* ozono *m*.

pacifique [pasifik] *adj* pacífico(-ca); **l'océan Pacifique, le Pacifique** el océano Pacífico, el Pacífico.

pack [pak] *nm (de bouteilles)* pack *m*.

pacte [pakt] *nm* pacto *m*.

paella [paela] *nf* paella *f*.

pagayer [pageje] *vi* remar con zagual.

page [paʒ] *nf* página *f*; **~ de garde** guarda *f*; **les ~s jaunes** las páginas amarillas.

paie [pɛ] = **paye**.

paiement [pɛmɑ̃] *nm* pago *m*.

paillasson [pajasɔ̃] *nm* felpudo *m*.

paille [paj] *nf* paja *f*.

paillette [pajɛt] *nf (de costume)* lentejuela *f*.

pain [pɛ̃] *nm* pan *m*; **~ au chocolat** napolitana *f* de chocolate; **~ complet** pan integral; **~ doré** *(Can)* torrija *f*; **~ d'épice** ≃ alajú *m*; **~ de mie** pan de molde; **~ perdu** ≃ torrija *f*; **~ aux raisins** caracola *f* con pasas.

PAIN

En Francia es imposible imaginarse una comida sin pan. Se compra en las panaderías bajo distintas formas: "baguette" (barra tradicional), "ficelle" (barra larga y fina), "bâtard" (pan de 400 gramos) o "miche" (hogaza). El de consumo más corriente, se elabora a base de harina de trigo. Asimismo, los panes llamados especiales contienen cereales o germen de trigo.

---

pair, -e [pɛr] *adj* par. ◆ *nm*: **jeune fille au ~** chica au pair.

paire [pɛr] *nf* par *m*.

paisible [pezibl] *adj* apacible.

paître [pɛtr] *vi* pacer.

paix [pɛ] *nf* paz *f*; **avoir la ~** estar tranquilo(-la); **laisser qqn en ~** dejar a alguien en paz.

Pakistan [pakistɑ̃] *nm*: **le ~** Pakistán.

pakistanais, -e [pakistanɛ, ɛz] *adj* paquistaní.

palace [palas] *nm* hotel *m* de lujo.

palais [palɛ] *nm (résidence)* palacio *m*; *(ANAT)* paladar *m*; **Palais de justice** Palacio de justicia.

pâle [pal] *adj* pálido(-da).

palette [palɛt] *nf (de peintre)* paleta *f*; *(viande)* paletilla *f*.

palier [palje] *nm (d'escalier)* rellano *m*.

pâlir [palir] *vi* palidecer.

palissade [palisad] *nf* empalizada *f*.

palmarès [palmarɛs] *nm* palmarés *m*.

palme [palm] *nf (de plongée)* aleta *f*.

palmé, -e [palme] *adj* palmeado(-da).

palmier [palmje] *nm* palmera *f*.

palourde [palurd] *nf* almeja *f*.

palper [palpe] *vt* palpar.

palpitant, -e [palpitɑ̃, ɑ̃t] *adj* palpitante.

palpiter [palpite] *vi* palpitar.

Pampelune [pɑ̃plyn] *n* Pamplona.

pamplemousse [pɑ̃pləmus] *nm* pomelo *m*.

pan [pɑ̃] *nm (de mur)* lienzo *m* de pared; *(de chemise)* faldón *m*.

panaché [panaʃe] *nm*: **(demi) ~** (caña de) clara *f*.

panaris [panari] *nm* panadizo *m*.

pan-bagnat [pɑ̃baɲa] (*pl* **pans-bagnats**) *nm bocadillo con lechuga, tomates, anchoas, huevo duro, atún y aceite de oliva.*

pancarte [pɑ̃kart] *nf* letrero *m*.

pané, -e [pane] *adj* empanado(-da).

panier [panje] *nm* cesta *f*; *(de basket, point)* canasta *f*; **~ à provisions** cesta de la compra.

panier-repas [panjerəpa] (*pl* **paniers-repas**) *nm* canasto *m* de comida.

panique [panik] *nf* pánico *m*.

paniquer [panike] *vt* aterrorizar. ◆ *vi* entrarle a uno el pánico.

panne [pan] *nf* avería *f*; **être en ~** estar averiado(-da); **tomber en**

~ tener una avería; **'en ~'** 'averiado'; **~ d'électricité** OU **de courant** apagón *m*; **avoir une ~ d'essence** quedarse sin gasolina.

panneau, -x [pano] *nm (d'indication)* panel *m* (indicador); *(de bois, de verre)* tablero *m*; **~ d'affichage** tablón *m* de anuncios; **~ de signalisation** señal *f* de tráfico.

panoplie [panɔpli] *nf (déguisement)* disfraz *m* infantil.

panorama [panɔrama] *nm* panorama *m*.

pansement [pɑ̃smɑ̃] *nm* venda *f*; **~ adhésif** tirita *f*.

pantalon [pɑ̃talɔ̃] *nm* pantalón *m*.

panthère [pɑ̃tɛr] *nf* pantera *f*.

pantin [pɑ̃tɛ̃] *nm* marioneta *f*.

pantoufle [pɑ̃tufl] *nf* zapatilla *f*.

PAO *nf* autoedición *f*, PAO *f*.

paon [pɑ̃] *nm* pavo *m* real.

papa [papa] *nm* papá *m*.

pape [pap] *nm* papa *m*.

papet [papɛ] *nm*: **~ vaudois** *guiso preparado a base de puerros y patatas acompañado de salchichas con coles e hígado de cerdo, típico del cantón de Vaud en Suiza.*

papeterie [papɛtri] *nf (magasin)* papelería *f*; *(usine)* papelera *f*.

papi [papi] *nm* abuelito *m*.

papier [papje] *nm* papel *m*; **~ aluminium** papel de aluminio OU de plata; **~ cadeau** papel de regalo; **~ d'emballage** papel de embalar; **~ hygiénique** OU **toilette** papel higiénico OU del wáter; **~ à lettres** papel de cartas; **~ peint** papel pintado; **~ de verre** papel de lija; **~s (d'identité)** papeles, documentación *f*; **~ à en-tête** papel con membrete.

papillon [papijɔ̃] *nm* mariposa *f*; **(brasse) ~** mariposa *f*.

papillote [papijɔt] *nf*: **en ~** a la papillote.

papoter [papɔte] *vi (fam)* estar de cháchara.

paquebot [pakbo] *nm* paquebote *m*.

pâquerette [pakrɛt] *nf* margarita *f*.

Pâques [pak] *nm* Semana *f* Santa.

paquet [pakɛ] *nm* paquete *m*; *(de cartes)* baraja *f*; **~-cadeau** paquete para regalo.

par [par] *prép* **-1.** *(gén)* por; **passer ~** pasar por; **regarder ~ la fenêtre** mirar por la ventana; **~ correspondance** por correspondencia; **faire qqch ~ intérêt/amitié** hacer algo por interés/amistad.
-2. *(indique le moyen)* en; **voyager ~ (le) train** viajar en tren.
-3. *(distributif)*: **deux comprimés ~ jour** dos comprimidos al día; **150 F ~ personne** 150 francos por persona; **deux ~ deux** de dos en dos.
-4. *(dans des expressions)*: **~ endroits** en algunos sitios; **~ moments** a veces; **~-ci ~-là** por aquí por acá.

parabolique [parabɔlik] *adj* → **antenne**.

paracétamol [parasetamɔl] *nm* paracetamol *m*.

parachute [paraʃyt] *nm* paracaídas *m inv*.

parade [parad] *nf (défilé)* desfile *m*.

paradis [paradi] *nm* paraíso *m*.

paradoxal, -e, -aux [paradɔksal, o] *adj* paradójico(-ca).

paradoxe [paradɔks] *nm* paradoja *f*.

parages [paraʒ] *nmpl*: **dans les ~** en los alrededores.

paragraphe [paragraf] *nm* párrafo *m*.

paraître [parɛtr] *vi (sembler)* parecer; *(apparaître, être publié)* aparecer; **il paraît que** parece que.

parallèle [paralɛl] *adj* paralelo(-la). ◆ *nm* paralelo *m*; **~ à** paralelo(-la) a.

paralyser [paralize] *vt* paralizar.

paralysie [paralizi] *nf* parálisis *f inv*.

parapente [parapɑ̃t] *nm* parapente *m*.

parapet [parapɛ] *nm* parapeto *m*.

parapluie [paraplɥi] *nm* paraguas *m inv*.

parasite [parazit] *nm* parásito *m*. ❑ **parasites** *nmpl (perturbation)* parásitos *mpl*.

parasol [parasɔl] *nm* sombrilla *f*.

paratonnerre [paratɔnɛr] *nm* pararrayos *m inv*.

paravent [paravɑ̃] *nm* pantalla *f*.

parc [park] *nm* parque *m*; **~ d'attractions** parque de atracciones; **~ de stationnement** aparcamiento *m*; **~ zoologique** parque zoológico.

PARCS NATIONAUX

En Francia existen seis parques nacionales. Los más conocidos son el de Vanoise, en los Alpes, el de Cévennes, situado en el suroeste, y el de Mercantour, en los Alpes del sur. En dichas zonas, la flora y la fauna gozan de una especial protección. No obstante, en su periferia existe un "preparque" en el que se permite la instalación de infraestructuras turísticas.

PARCS NATURELS RÉGIONAUX

En estos parajes, sometidos a vigilancia, se compagina la protección de la naturaleza y el desarrollo del turismo y de actividades de ocio. En Francia existen más de 20 parques naturales regionales entre los que cabe mencionar la Brière, al sur de Bretaña, la Camargue y el Lubéron, al sureste, y el Morvan, en el centro este.

parce que [parsk(ə)] *conj* porque.

parchemin [parʃəmɛ̃] *nm* pergamino *m*.

parcmètre [parkmɛtr] *nm* parquímetro *m*.

parcourir [parkurir] *vt* recorrer; *(livre, article)* hojear.

parcours [parkur] *nm* recorrido

m; **~ santé** *recorrido deportivo señalizado en un parque*.

parcouru, -e [parkury] *pp* → **parcourir**.

par-derrière [pardɛrjɛr] *adv* por detrás. ◆ *prép* tras.

par-dessous [pardəsu] *adv* por debajo. ◆ *prép* bajo.

pardessus [pardəsy] *nm* sobretodo *m*.

par-dessus [pardəsy] *adv* por encima. ◆ *prép* sobre.

par-devant [pardəvɑ̃] *adv* por delante. ◆ *prép* ante.

pardon [pardɔ̃] *nm*: **demander ~ à qqn** pedir perdón a alguien; **~!** *(pour s'excuser)* ¡perdón!; *(pour appeler)* perdone.

PARDON

Pardon equivale en bretón a "peregrinación". Existen unos 50 "pardon". Los más importantes reúnen a peregrinos procedentes de toda Bretaña. Durante estas fiestas, además de misas y procesiones en las que los fieles llevan tocados y trajes tradicionales, se organizan ferias, bailes, etc. Los "pardon" se celebran entre los meses de marzo y setiembre.

pardonner [pardɔne] *vt* perdonar; **~ (qqch) à qqn** perdonar (algo) a alguien; **~ à qqn d'avoir fait qqch** perdonar a alguien por haber hecho algo.

pare-brise [parbriz] *nm inv* parabrisas *m inv*.

pare-chocs [parʃɔk] *nm inv* parachoques *m inv*.

pareil, -eille [parɛj] *adj* igual. ◆ *adv (fam)* igual; **une somme pareille** semejante suma.

parent, -e [parɑ̃, ɑ̃t] *nm, f* familiar *m*; **les ~s** los padres.

parenthèse [parɑ̃tɛz] *nf* paréntesis *m inv*; **entre ~s** entre paréntesis.

parer [pare] *vt (éviter)* evitar.

paresse [parɛs] *nf* pereza *f*.

paresseux, -euse [parɛsø, øz] *adj* & *nm, f* perezoso(-sa).

parfait, -e [parfɛ, ɛt] *adj* perfecto(-ta). ◆ *nm postre hecho a base de nata, generalmente con sabor a café*.

parfaitement [parfɛtmɑ̃] *adv (très bien)* perfectamente; *(en réponse)* desde luego.

parfois [parfwa] *adv* a veces.

parfum [parfœ̃] *nm (odeur)* olor *m*; *(de toilette)* perfume *m*; *(de glace)* sabor *m*.

parfumé, -e [parfyme] *adj* perfumado(-da).

parfumer [parfyme] *vt* perfumar; **parfumé au citron** con sabor a limón. ❑ **se parfumer** *vp* perfumarse.

parfumerie [parfymri] *nf* perfumería *f*.

pari [pari] *nm* apuesta *f*; **faire un ~** hacer una apuesta.

parier [parje] *vt* apostar; **je (te) parie que...** (te) apuesto que...; **~ sur** apostar por.

Paris [pari] *n* París.

paris-brest [paribrɛst] *nm inv*

pastel relleno de crema caramelizada y recubierto de almendras ralladas.

parisien, **-enne** [parizjɛ̃, ɛn] *adj* parisiense. ❑ **Parisien**, **-enne** *nm, f* parisiense *mf*.

parka [parka] *nm* OU *nf* parka *f*.

parking [parkiŋ] *nm* parking *m*.

parlement [parləmɑ̃] *nm* parlamento *m*.

parler [parle] *vt* & *vi* hablar; **~ à qqn de** hablar a alguien de.

parmesan [parməzɑ̃] *nm* parmesano *m*.

parmi [parmi] *prép* entre.

parodie [parɔdi] *nf* parodia *f*.

paroi [parwa] *nf* pared *f*.

paroisse [parwas] *nf* parroquia *f*.

parole [parɔl] *nf* palabra *f*; **adresser la ~ à qqn** dirigir la palabra a alguien; **couper la ~ à qqn** quitarle la palabra a alguien; **prendre la ~** tomar la palabra; **tenir sa ~** cumplir su palabra. ❑ **paroles** *nfpl (d'une chanson)* letra *f*.

parquet [parkɛ] *nm (plancher)* parqué *m*.

parrain [parɛ̃] *nm* padrino *m*.

parrainer [parɛne] *vt* patrocinar.

parsemer [parsəme] *vt*: **~ qqch de qqch** esparcir algo sobre algo.

part [par] *nf (de gâteau)* pedazo *m*; *(d'un héritage)* parte *f*; **prendre ~ à** participar en; **à ~** *(sauf)* aparte; **de la ~ de** de parte de; **d'une ~..., d'autre ~...** por una parte..., por otra...; **autre ~** en otro sitio; **nulle ~** en ningún sitio; **quelque ~** en algún sitio.

partage [partaʒ] *nm* reparto *m*.

partager [partaʒe] *vt* dividir. ❑ **se partager** *vp*: **se ~ qqch** repartirse algo.

partenaire [partənɛr] *nmf* pareja *f*; *(en affaires)* socio *m* (-cia *f*).

parterre [partɛr] *nm (fam: sol)* suelo *m*; *(de fleurs)* parterre *m*; *(au théâtre)* patio *m* de butacas.

parti [parti] *nm* partido *m*; **prendre ~ pour** tomar partido por; **tirer ~ de** sacar partido de; **~ pris** idea *f* preconcebida.

partial, **-e**, **-aux** [parsjal, o] *adj* parcial.

participant, **-e** [partisipɑ̃, ɑ̃t] *nm, f* participante *mf*.

participation [partisipasjɔ̃] *nf* participación *f*.

participer [partisipe]: **participer à** *v + prép* participar en.

particularité [partikylarite] *nf* particularidad *f*.

particulier, **-ère** [partikylje, ɛr] *adj* particular; **en ~** en particular.

particulièrement [partikyljɛrmɑ̃] *adv* particularmente.

partie [parti] *nf* parte *f*; *(au jeu)* partida *f*; **en ~** en parte; **faire ~ de** formar parte de.

partiel, **-elle** [parsjɛl] *adj* parcial.

partiellement [parsjɛlmɑ̃] *adv* parcialmente.

partir [partir] *vi* irse; *(moteur)* arrancar; *(coup de feu)* saltar; **être bien/mal parti** empezar bien/mal;

~ **de** *(chemin)* empezar en; **à ~ de** a partir de.

partisan [partizɑ̃] *nm* partidario *m* (-ria *f*). ◆ *adj*: **être ~ de (faire) qqch** ser partidario de (hacer) algo.

partition [partisjɔ̃] *nf (MUS)* partitura *f*.

partout [partu] *adv* en todas partes.

paru, -e [pary] *pp* → **paraître**.

parution [parysjɔ̃] *nf* publicación *f*.

parvenir [parvənir]: **parvenir à** *v + prép* llegar a; **~ à faire qqch** conseguir hacer algo.

parvenu, -e [parvəny] *pp* → **parvenir**.

parvis [parvi] *nm* plaza *f (delante de una iglesia)*.

pas[1] [pa] *adv* no; **je n'aime ~ les épinards** no me gustan las espinacas; **elle ne dort ~ encore** no duerme todavía; **je n'ai ~ terminé** no he terminado; **il n'y a ~ de train pour Madrid aujourd'hui** hoy no hay tren para Madrid; **les passagers sont priés de ne ~ fumer pendant le décollage** se ruega a los señores pasajeros que no fumen durante el despegue; **tu viens ou ~?** ¿vienes o no?; **elle a aimé l'exposition, moi ~** OU **~ moi** a ella le ha gustado la exposición, a mí, no; **c'est un endroit ~ très agréable** es un sitio no muy agradable; **~ du tout** en absoluto.

pas[2] [pa] *nm* paso *m*; **à deux ~ de** a dos pasos de; **~ à ~** paso a paso; **sur le ~ de la porte** en el umbral de la puerta.

passable [pasabl] *adj* aceptable.

passage [pasaʒ] *nm* paso *m*; *(de livre, de film)* pasaje *m*; **être de ~** estar de paso; **~ clouté** OU **(pour) piétons** paso de cebra OU de peatones; **~ à niveau** paso a nivel; **~ protégé** cruce *m* con prioridad; **~ souterrain** paso subterráneo.

passager, -ère [pasaʒe, ɛr] *adj* pasajero(-ra). ◆ *nm, f* pasajero *m* (-ra *f*); **~ clandestin** polizón *m*.

passant, -e [pasɑ̃, ɑ̃t] *nm, f* transeunte *m*. ◆ *nm (d'une ceinture)* hebilla *f*; *(d'un vêtement)* trabilla *f*.

passe [pas] *nf (SPORT)* pase *m*.

passé, -e [pase] *adj* pasado(-da); *(décoloré)* descolorido(-da). ◆ *nm* pasado *m*.

passe-partout [paspartu] *nm inv* llave *f* maestra.

passe-passe [paspas] *nm inv*: **tour de ~** juego *m* de manos.

passeport [paspɔr] *nm* pasaporte *m*.

passer [pase] *vi (aux être)* -1. *(gén)* pasar; **~ par** pasar por; **~ voir qqn** pasar a ver a alguien; **laisser ~ qqn** dejar pasar a alguien; **je passe en 3e année** paso a tercero; **~ en seconde** *(vitesse)* meter la segunda.

-2. *(à la télé, à la radio, au cinéma)* poner; **ma sœur est passée à la télé** mi hermana ha salido en la tele.

-3. *(disparaître)*: **ta douleur est-elle passée?** ¿se te ha pasado el dolor?

-4. *(couleur)* irse.

-5. *(dans des expressions)*: **passons!**

(pour changer de sujet) ¡dejémoslo!; **en passant** de paso.
◆ *vt (aux avoir)* -1. *(gén)* pasar; **nous avons passé l'après-midi à chercher un hôtel** hemos pasado la tarde buscando un hotel; **~ le bras par la portière** asomar el brazo por la puerta; **~ l'aspirateur** pasar la aspiradora; **~ son tour** pasar; **~ qqch à qqn** *(objet)* pasar algo a alguien; *(maladie)* pegar; **je vous le passe** *(au téléphone)* se lo paso.
-2. *(examen)*: **~ son permis de conduire** examinarse del carné de conducir; **~ un test** presentarse a un test.
-3. *(film, disque)* poner.
-4. *(vitesse)* meter.
-5. *(filtrer)* colar.
❑ **passer pour** *v + prép* pasar por; **se faire ~ pour** hacerse pasar por.
❑ **se passer** *vp* -1. *(arriver)* pasar; **qu'est-ce qui se passe?** ¿qué pasa?
-2. *(se dérouler)*: **se ~ bien/mal** ir bien/mal.
-3. *(crème, eau)* ponerse; **se ~ de l'huile solaire sur les jambes** ponerse aceite solar en las piernas.
❑ **se passer de** *vp + prép* prescindir de.

passerelle [pasrɛl] *nf* pasarela *f*; *(sur un bateau)* puente *m* de mando.

passe-temps [pastɑ̃] *nm inv* pasatiempo *m*.

passible [pasibl] *adj*: **~ de** sancionable con.

passif, -ive [pasif, iv] *adj* pasivo(-va). ◆ *nm* pasiva *f*.

passion [pasjɔ̃] *nf* pasión *f*.

passionnant, -e [pasjɔnɑ̃, ɑ̃t] *adj* apasionante.

passionné, -e [pasjɔne] *adj* apasionado(-da); **~ de musique** apasionado de la música.

passionner [pasjɔne] *vt* apasionar. ❑ **se passionner pour** *vp + prép* apasionarse por.

passoire [paswar] *nf* colador *m*.

pastel [pastɛl] *adj inv* pastel.

pastèque [pastɛk] *nf* sandía *f*.

pasteurisé, -e [pastœrize] *adj* pasteurizado(-da).

pastille [pastij] *nf* pastilla *f*.

pastis [pastis] *nm* anís *m*.

Patagonie [patagɔni] *nf*: **la ~** Patagonia.

patate [patat] *nf* patata *f*; **~s pilées** *(Can)* puré *m* de patatas.

patauger [patoʒe] *vi* chapotear.

pâte [pat] *nf* masa *f*; **~ d'amandes** almendrado *m*; **~ brisée** pasta *f* quebrada; **~ feuilletée** hojaldre *m*; **~ de fruits** dulce *m* de fruta; **~ à modeler** plastilina *f*. ❑ **pâtes** *nfpl* pasta *f*.

pâté [pate] *nm (charcuterie)* paté *m*; *(tache)* borrón *m*; **~ chinois** *(Can) especie de gratén de carne picada, patatas y queso cubierto con una capa de maíz*; **~ de maisons** manzana *f*, cuadra *f (Amér)*; **~ de sable** flan *m* de arena.

pâtée [pate] *nf* comida *f (para perros)*.

paternel, -elle [patɛrnɛl] *adj* paterno(-na).

pâteux, -euse [patø, øz] *adj* pastoso(-sa).

patiemment [pasjamɑ̃] *adv* pacientemente.

patience [pasjɑ̃s] *nf* paciencia *f*; *(jeu de cartes)* solitario *m*.

patient, -e [pasjɑ̃, ɑ̃t] *adj* & *nm, f* paciente.

patienter [pasjɑ̃te] *vi* esperar.

patin [patɛ̃] *nm*: **~s à glace** patines *mpl* de hielo; **~s à roulettes** patines *mpl* de ruedas.

patinage [patinaʒ] *nm* patinaje *m*; **~ artistique** patinaje artístico.

patiner [patine] *vi* patinar.

patineur, -euse [patinœr, øz] *nm, f* patinador *m* (-ra *f*).

patinoire [patinwar] *nf* pista *f* de patinaje.

pâtisserie [patisri] *nf (gâteau)* pastel *m*; *(magasin)* pastelería *f*.

pâtissier, -ère [patisje, ɛr] *nm, f* pastelero *m* (-ra *f*).

patois [patwa] *nm* habla *f* regional.

patrie [patri] *nf* patria *f*.

patrimoine [patrimwan] *nm* patrimonio *m*.

patriote [patrijɔt] *nmf* patriota *mf*.

patriotique [patrijɔtik] *adj* patriótico(-ca).

patron, -onne [patrɔ̃, ɔn] *nm, f* patrón *m* (-ona *f*). ◆ *nm (modèle de vêtement)* patrón *m*.

patrouille [patruj] *nf* patrulla *f*.

patrouiller [patruje] *vi* patrullar.

patte [pat] *nf (d'animal)* pata *f*; *(languette)* lengüeta *f*; *(favori)* patilla *f*.

pâturage [patyraʒ] *nm* pasto *m*.

paume [pom] *nf* palma *f*.

paupière [popjɛr] *nf* párpado *m*.

paupiette [popjɛt] *nf* pulpeta *f*.

pause [poz] *nf* pausa *f*; **'pause'** *(sur un lecteur CD, un magnétoscope)* 'pause'.

pause-café [pozkafe] (*pl* **pauses-café**) *nf pausa para el café*.

pauvre [povr] *adj* pobre.

pauvreté [povrəte] *nf* pobreza *f*.

pavé, -e [pave] *adj* pavimentado(-da). ◆ *nm* adoquín *m*; **~ numérique** teclado *m* numérico.

pavillon [pavijɔ̃] *nm (maison individuelle)* chalé *m*.

payant, -e [pɛjɑ̃, ɑ̃t] *adj* de pago.

paye [pɛj] *nf* paga *f*.

payer [peje] *vt* pagar; **bien/mal payé** bien/mal pagado; **~ qqch à qqn** *(fam: offrir)* invitar a alguien a algo; **'payez ici'** 'pague aquí'.

pays [pei] *nm* país *m*; **les gens du ~** *(de la région)* la gente del lugar; **de ~** *(jambon, fromage)* de la región; **le ~ de Galles** País de Gales.

paysage [peizaʒ] *nm* paisaje *m*.

paysan, -anne [peizɑ̃, an] *nm, f* campesino *m* (-na *f*).

Pays-Bas [peiba] *nmpl*: **les ~** los Países Bajos.

PC *nm (abr de Parti communiste)* PC *m*; *(ordinateur)* PC *m*.

PCV *nm*: **appeler en ~** llamar a cobro revertido.

P-D G *nm (abr de président-directeur général)* director *m* general.

péage [peaʒ] *nm* peaje *m*.

peau, **-x** [po] *nf* piel *f*; **~ de chamois** gamuza *f*.

pêche [pɛʃ] *nf (fruit)* melocotón *m*; *(activité)* pesca *f*; **aller à la ~ (à la ligne)** ir de pesca (con caña); **~ en mer** pesca en alta mar; **~ Melba** (copa) melba *f*.

péché [peʃe] *nm* pecado *m*.

pêcher [peʃe] *vt* pescar. ◆ *nm* melocotonero *m*.

pêcheur, **-euse** [pɛʃœr, øz] *nm, f* pescador *m* (-ra *f*).

pédagogie [pedagɔʒi] *nf* pedagogía *f*.

pédale [pedal] *nf* pedal *m*.

pédaler [pedale] *vi* pedalear.

pédalier [pedalje] *nm* peladero *m*.

Pédalo® [pedalo] *nm* patín *m (con pedales)*.

pédant, **-e** [pedɑ̃, ɑ̃t] *adj* pedante.

pédestre [pedɛstr] *adj* → **randonnée**.

pédiatre [pedjatr] *nmf* pediatra *mf*.

pédicure [pedikyr] *nmf* pedicuro *m* (-ra *f*).

pedigree [pedigre] *nm* pedigrí *m*.

peigne [pɛɲ] *nm* peine *m*; *(pour retenir)* peineta *f*.

peigner [peɲe] *vt* peinar. ❏ **se peigner** *vp* peinarse.

peignoir [pɛɲwar] *nm* bata *f*; **~ de bain** albornoz *m*.

peindre [pɛ̃dr] *vt* pintar; **~ qqch en blanc** pintar algo de blanco.

peine [pɛn] *nf* pena *f*; **avoir de la ~** estar triste; **avoir de la ~ à faire qqch** costarle a uno trabajo hacer algo; **faire de la ~ à qqn** dar pena a alguien; **ce n'est pas la ~ (de)** no vale la pena; **valoir la ~** merecer OU valer la pena; **à ~** apenas; **sous ~ de** so pena de; **~ de mort** pena de muerte.

peiner [pene] *vt* apenar. ◆ *vi* costar trabajo.

peint, **-e** [pɛ̃, pɛ̃t] *pp* → **peindre**.

peintre [pɛ̃tr] *nm* pintor *m* (-ra *f*).

peinture [pɛ̃tyr] *nf* pintura *f*.

pelage [pəlaʒ] *nm* pelaje *m*.

pêle-mêle [pɛlmɛl] *adv* en desorden.

peler [pəle] *vt* pelar. ◆ *vi* pelarse.

pèlerinage [pɛlrinaʒ] *nm* peregrinaje *m*.

pelle [pɛl] *nf* pala *f*.

pellicule [pelikyl] *nf* película *f*. ❏ **pellicules** *nfpl* caspa *f*.

pelote [pəlɔt] *nf* ovillo *m*.

peloton [pəlɔtɔ̃] *nm (de cyclistes)* pelotón *m*.

pelotonner [pəlɔtɔne]: **se pelotonner** *vp* apelotonarse.

pelouse [pəluz] *nf* césped *m*; **'~ interdite'** 'prohibido pisar el césped'.

peluche [pəlyʃ] *nf (jouet)* peluche *m*; **animal en ~** animal de peluche.

pelure [pəlyr] *nf* monda *f*.

pénaliser [penalize] *vt* perjudicar.

penalty [penalti] (*pl* **-s** OU **-ies**) *nm* penalti *m*.

penchant [pɑ̃ʃɑ̃] *nm*: **avoir un ~ pour** tener inclinación por.
pencher [pɑ̃ʃe] *vt* inclinar. ◆ *vi* inclinarse; **~ pour** inclinarse por. ❑ **se pencher** *vp* inclinarse.
pendant [pɑ̃dɑ̃] *prép* durante; **~ que** mientras.
pendentif [pɑ̃dɑ̃tif] *nm* colgante *m*.
penderie [pɑ̃dri] *nf* ropero *m*.
pendre [pɑ̃dr] *vt (suspendre)* colgar; *(condamné)* ahorcar. ◆ *vi* colgar. ❑ **se pendre** *vp (se tuer)* ahorcarse.
pendule [pɑ̃dyl] *nf* reloj *m* de péndulo.
pénétrer [penetre] *vi*: **~ dans** penetrar en.
pénible [penibl] *adj* penoso(-sa); *(fam: agaçant)* pesado(-da).
péniche [peniʃ] *nf* chalana *f*.
pénicilline [penisilin] *nf* penicilina *f*.
péninsule [penɛ̃syl] *nf* península *f*.
pénis [penis] *nm* pene *m*.
pense-bête, -s [pɑ̃sbɛt] *nm* señal *f (recordatorio)*.
pensée [pɑ̃se] *nf* pensamiento *m*.
penser [pɑ̃se] *vt* & *vi* pensar; **qu'est-ce que tu en penses?** ¿qué te parece?; **~ faire qqch** pensar hacer algo; **~ à** pensar en; **~ à faire qqch** acordarse de hacer algo.
pensif, -ive [pɑ̃sif, iv] *adj* pensativo(-va).
pension [pɑ̃sjɔ̃] *nf* pensión *f*; **être en ~** estar en un internado; **~ complète** pensión completa; **~ de famille** casa *f* de huéspedes.
pensionnaire [pɑ̃sjɔnɛr] *nmf* pensionista *mf*.
pensionnat [pɑ̃sjɔna] *nm* internado *m*.
pente [pɑ̃t] *nf (inclinaison)* pendiente *f*; *(côte)* cuesta *f*; **en ~** empinado(-da).
Pentecôte [pɑ̃tkot] *nf* Pentecostés *m*.
pénurie [penyri] *nf* escasez *f*.
pépé [pepe] *nm* abuelito *m*.
pépin [pepɛ̃] *nm* pepita *f*; *(fam: ennui)* marrón *m*.
perçant, -e [pɛrsɑ̃, ɑ̃t] *adj* penetrante.
percepteur [pɛrsɛptœr] *nm* recaudador *m* (-ra *f*).
perceptible [pɛrsɛptibl] *adj* perceptible.
percer [pɛrse] *vt (perforer)* taladrar; *(trou, ouverture)* abrir; *(mystère)* descubrir. ◆ *vi (dent)* salir.
perceuse [pɛrsøz] *nf* taladradora *f*.
percevoir [pɛrsəvwar] *vt* percibir.
perche [pɛrʃ] *nf (tige)* pértiga *f*.
percher [pɛrʃe]: **se percher** *vp (personne)* encaramarse; *(oiseau)* posarse.
perchoir [pɛrʃwar] *nm* percha *f (de pájaros)*.
perçu, -e [pɛrsy] *pp* → **percevoir**.
percussions [pɛrkysjɔ̃] *nfpl* instrumentos *mpl* de percusión.

percuter [pɛrkyte] *vt* chocar contra.

perdant, -e [pɛrdɑ̃, ɑ̃t] *nm, f* perdedor *m* (-ra *f*).

perdre [pɛrdr] *vt* & *vi* perder; ~ **qqn de vue** perder a alguien de vista. ❑ **se perdre** *vp* perderse.

perdreau, -x [pɛrdro] *nm* perdigón *m (pájaro).*

perdrix [pɛrdri] *nf* perdiz *f*.

perdu, -e [pɛrdy] *adj* perdido(-da).

père [pɛr] *nm* padre *m*; **le ~ Noël** Papá Noel.

perfection [pɛrfɛksjɔ̃] *nf* perfección *f*.

perfectionné, -e [pɛrfɛksjɔne] *adj* perfeccionado(-da).

perfectionnement [pɛrfɛksjɔnmɑ̃] *nm* perfeccionamiento *m*.

perfectionner [pɛrfɛksjɔne] *vt* perfeccionar. ❑ **se perfectionner** *vp* perfeccionarse.

perforer [pɛrfɔre] *vt* perforar.

performance [pɛrfɔrmɑ̃s] *nf* *(d'un sportif)* resultado *m*. ❑ **performances** *nfpl (d'un ordinateur, d'une voiture)* prestaciones *fpl*.

perfusion [pɛrfyzjɔ̃] *nf* perfusión *f*.

péril [peril] *nm* peligro *m*; **en ~** en peligro.

périlleux, -euse [perijø, øz] *adj* peligroso(-sa).

périmé, -e [perime] *adj* caducado(-da).

périmètre [perimɛtr] *nm* perímetro *m*.

période [perjɔd] *nf* periodo *m*, período *m*; ~ **blanche/bleue/rouge** *(TRANSP)* días blancos/azules/rojos.

périodique [perjɔdik] *adj* periódico(-ca). ◆ *nm* publicación *f* periódica.

péripéties [peripesi] *nfpl* peripecias *fpl*.

périphérique [periferik] *adj* & *nm* periférico; **le (boulevard) ~** la ronda de circunvalación.

périr [perir] *vi* perecer.

périssable [perisabl] *adj* perecedero(-ra).

perle [pɛrl] *nf* perla *f*.

permanence [pɛrmanɑ̃s] *nf (bureau)* servicio *m* de guardia; *(SCOL)* sala *f* de estudio; **en ~** permanentemente.

permanent, -e [pɛrmanɑ̃, ɑ̃t] *adj* permanente.

permanente [pɛrmanɑ̃t] *nf* permanente *f*.

perméable [pɛrmeabl] *adj* permeable.

permettre [pɛrmɛtr] *vt* permitir; **~ à qqn de faire qqch** permitir a alguien hacer algo. ❑ **se permettre** *vp*: **se ~ de faire qqch** permitirse hacer algo; **pouvoir se ~ (de faire) qqch** poder permitirse (hacer) algo.

permis, -e [pɛrmi, iz] *pp* → **permettre**. ◆ *nm* permiso *m*; **il est ~ de...** está permitido...; **~ de conduire** carné *m* de conducir; **~ de pêche** permiso de pesca.

permission [pɛrmisjɔ̃] *nf* permiso *m*; **demander la ~ de faire qqch** pedir permiso para hacer algo.

Pérou [peru] *nm*: **le ~** (el) Perú.
perpendiculaire [pɛrpɑ̃dikylɛr] *adj* perpendicular.
perpétuel, -elle [pɛrpetɥɛl] *adj* perpetuo(-tua).
perplexe [pɛrplɛks] *adj* perplejo(-ja).
perron [pɛrɔ̃] *nm* escalinata *f*.
perroquet [pɛrɔkɛ] *nm* loro *m*.
perruche [pɛryʃ] *nf* cotorra *f*.
perruque [pɛryk] *nf* peluca *f*.
persécuter [pɛrsekyte] *vt* perseguir.
persécution [pɛrsekysjɔ̃] *nf* persecución *f*.
persévérant, -e [pɛrseverɑ̃, ɑ̃t] *adj* perseverante.
persévérer [pɛrsevere] *vi* perseverar.
persienne [pɛrsjɛn] *nf* persiana *f*.
persil [pɛrsi] *nm* perejil *m*.
persillé, -e [pɛrsije] *adj* con perejil.
persistant, -e [pɛrsistɑ̃, ɑ̃t] *adj* persistente.
persister [pɛrsiste] *vi* persistir; **~ à faire qqch** persistir en hacer algo.
personnage [pɛrsɔnaʒ] *nm* personaje *m*.
personnaliser [pɛrsɔnalize] *vt* personalizar.
personnalité [pɛrsɔnalite] *nf* personalidad *f*.
personne [pɛrsɔn] *nf* persona *f*. ◆ *pron* nadie; **il n'y a ~** no hay nadie; **en ~** en persona; **par ~ interposée** por terceras personas; **~ âgée** persona mayor.
personnel, -elle [pɛrsɔnɛl] *adj* personal. ◆ *nm* personal *m*, plantilla *f*.
personnellement [pɛrsɔnɛlmɑ̃] *adv* personalmente.
personnifier [pɛrsɔnifje] *vt* personificar.
perspective [pɛrspɛktiv] *nf* perspectiva *f*.
persuader [pɛrsɥade] *vt* persuadir; **~ qqn de faire qqch/de qqch** persuadir a alguien para que haga algo/de algo.
persuasif, -ive [pɛrsɥazif, iv] *adj* persuasivo(-va).
perte [pɛrt] *nf* pérdida *f*; **~ de temps** pérdida de tiempo.
pertinent, -e [pɛrtinɑ̃, ɑ̃t] *adj* pertinente.
perturbation [pɛrtyrbasjɔ̃] *nf* perturbación *f*.
perturber [pɛrtyrbe] *vt* perturbar.
pesant, -e [pəzɑ̃, ɑ̃t] *adj* pesado(-da).
pesanteur [pəzɑ̃tœr] *nf* gravedad *f*.
pèse-personne [pɛzpɛrsɔn] *nm inv* báscula *f* de baño.
peser [pəze] *vt* & *vi* pesar; **~ lourd** pesar mucho.
pessimisme [pesimism] *nm* pesimismo *m*.
pessimiste [pesimist] *adj* & *nmf* pesimista.
peste [pɛst] *nf* peste *f*.
pétale [petal] *nm* pétalo *m*.
pétanque [petɑ̃k] *nf* petanca *f*.

pétard [petar] *nm* petardo *m*.
péter [pete] *vi* tirarse pedos; *(fam: se casser)* escacharrarse.
pétillant, -e [petijɑ̃, ɑ̃t] *adj* *(vin, eau)* con burbujas; *(yeux)* chispeante.
pétiller [petije] *vi* *(champagne)* burbujear; *(yeux)* chispear.
petit, -e [p(ə)ti, it] *adj* pequeño(-ña); *(en durée)* corto(-ta). ◆ *nm, f* pequeño *m* (-ña *f*). ◆ *nm* *(d'un animal)* cría *f*; ~ **à** ~ poco a poco; ~ **ami** novio *m*; ~**e amie** novia *f*; ~ **déjeuner** desayuno *m*; ~ **pain** panecillo *m*; ~ **pois** guisante *m*; ~ **pot** potito *m*; ~**es annonces** anuncios *mpl* por palabras.
petit-beurre [p(ə)tibœr] (*pl* **petits-beurre**) *nm* galleta *f* *(de mantequilla y de forma rectangular)*.
petite-fille [p(ə)titfij] (*pl* **petites-filles**) *nf* nieta *f*.
petit-fils [p(ə)tifis] (*pl* **petits-fils**) *nm* nieto *m*.
petit-four [p(ə)tifur] (*pl* **petits-fours**) *nm* *pastelitos dulces o salados que se suelen servir en los bufés*.
pétition [petisjɔ̃] *nf* petición *f*.
petits-enfants [p(ə)tizɑ̃fɑ̃] *nmpl* nietos *mpl*.
petit-suisse [p(ə)tisɥis] (*pl* **petits-suisses**) *nm* petit suisse *m*.
pétrole [petrɔl] *nm* petróleo *m*.
pétrolier [petrɔlje] *nm* petrolero *m*.
peu [pø] *adv* -1. *(gén)* poco; **j'ai ~ voyagé** he viajado poco; **ils sont ~ nombreux** son poco numerosos; ~ **après** poco después; **sous** OU **d'ici** ~ dentro de poco; **il y a** ~ hace poco; **à ~ près** aproximadamente; ~ **à** ~ poco a poco.
-2. *(avec un nom)*: ~ **de gens** poca gente; ~ **de temps** poco tiempo; ~ **de livres** pocos libros.
◆ *nm*: **un** ~ un poco; **un (tout) petit** ~ un poquito; **un ~ de** un poco de.
peuple [pœpl] *nm* pueblo *m*.
peupler [pœple] *vt* poblar.
peuplier [pøplije] *nm* álamo *m*.
peur [pœr] *nf* miedo *m*; **avoir** ~ tener miedo; **avoir ~ de (faire) qqch** tener miedo de (hacer) algo; **faire ~ (à)** asustar (a).
peureux, -euse [pœrø, øz] *adj* miedoso(-sa).
peut [pø] → **pouvoir**.
peut-être [pøtɛtr] *adv* quizás; ~ **qu'elle ne viendra pas** quizás no venga.
peux [pø] → **pouvoir**.
phalange [falɑ̃ʒ] *nf* falange *f*.
pharaon [faraɔ̃] *nm* faraón *m*.
phare [far] *nm* faro *m*.
pharmacie [farmasi] *nf* farmacia *f*; *(armoire)* botiquín *m*.
pharmacien, -enne [farmasjɛ̃, ɛn] *nm, f* farmacéutico *m* (-ca *f*).
phase [faz] *nf* fase *f*.
phénoménal, -e, -aux [fenɔmenal, o] *adj* fenomenal.
phénomène [fenɔmɛn] *nm* fenómeno *m*.
philatélie [filateli] *nf* filatelia *f*.
philosophe [filɔzɔf] *adj*: **être**

très ~ tomárselo con filosofía. ◆ *nmf* filósofo *m* (-fa *f*).

philosophie [filɔzɔfi] *nf* filosofía *f*.

phonétique [fɔnetik] *adj* fonético(-ca).

phoque [fɔk] *nm* foca *f*.

photo [fɔto] *nf (image)* foto *f*; *(art)* fotografía *f*; **prendre qqn/qqch en** ~ sacar una foto a alguien/de algo; **prendre une** ~ **(de)** sacar una foto (de).

photocopie [fɔtɔkɔpi] *nf* fotocopia *f*.

photocopier [fɔtɔkɔpje] *vt* fotocopiar.

photocopieuse [fɔtɔkɔpjøz] *nf* fotocopiadora *f*.

photographe [fɔtɔgraf] *nmf* fotógrafo *m* (-fa *f*).

photographie [fɔtɔgrafi] *nf* fotografía *f*.

photographier [fɔtɔgrafje] *vt* fotografiar.

Photomaton® [fɔtɔmatɔ̃] *nm* fotomatón *m*.

phrase [fraz] *nf* frase *f*.

physionomie [fizjɔnɔmi] *nf* fisonomía *f*.

physique [fizik] *adj* físico(-ca). ◆ *nf* física *f*. ◆ *nm* físico *m*.

pianiste [pjanist] *nmf* pianista *mf*.

piano [pjano] *nm* piano *m*.

pic [pik] *nm (montagne)* pico *m*; **à** ~ *(couler)* a pique; *(descendre)* en picado; *(fig: tomber, arriver)* a punto.

pichet [piʃɛ] *nm* jarra *f*.

pickpocket [pikpɔkɛt] *nm* carterista *m*.

picorer [pikɔre] *vt* picotear.

picotement [pikɔtmɑ̃] *nm* picor *m*.

picoter [pikɔte] *vt* irritar.

pie [pi] *nf* urraca *f*.

pièce [pjɛs] *nf (argent)* moneda *f*; *(salle)* habitación *f*; *(sur un vêtement)* remiendo *m*; *(morceau)* pieza *f*; **20 F** ~ 20 francos cada uno; **(maillot de bain) une** ~ bañador *m*; ~ **d'identité** documento *m* de identidad; ~ **de monnaie** moneda; ~ **montée** plato *m* montado; ~ **de rechange** pieza de repuesto; ~ **(de théâtre)** obra *f* (de teatro).

pied [pje] *nm* pie *m*; **à** ~ a pie, andando; **au** ~ **de** al pie de; **avoir** ~ hacer pie; **mettre sur** ~ montar.

piège [pjɛʒ] *nm* trampa *f*.

piéger [pjeʒe] *vt (animal)* cazar *(con trampas)*; *(personne)* tender una trampa; *(voiture, valise)* poner una bomba en.

pierre [pjɛr] *nf* piedra *f*; ~ **précieuse** piedra preciosa.

piétiner [pjetine] *vt* pisotear. ◆ *vi (foule)* no avanzar; *(fig: enquête)* estancarse.

piéton, **-onne** [pjetɔ̃, ɔn] *nm, f* peatón *m* (-ona *f*). ◆ *adj* = **piétonnier**.

piétonnier, **-ère** [pjetɔnje, ɛr] *adj* peatonal.

pieu, **-x** [pjø] *nm* estaca *f*.

pieuvre [pjœvr] *nf* pulpo *m*.

pigeon [piʒɔ̃] *nm* paloma *f*.

pilaf [pilaf] *nm* → **riz**.

pile [pil] *nf* pila *f*. ◆ *adv (à l'heure)* en punto; **jouer qqch à ~ ou face** jugarse algo a cara o cruz; **~ ou face?** ¿cara o cruz?; **s'arrêter ~** pararse en seco; **3 h ~** las 3 en punto.

piler [pile] *vt* picar. ◆ *vi* frenar en seco.

pilier [pilje] *nm* pilar *m*.

piller [pije] *vt* saquear.

pilote [pilɔt] *nm* piloto *mf*.

piloter [pilɔte] *vt (avion, voiture)* pilotar; *(diriger)* guiar.

pilotis [pilɔti] *nm* pilote *m*.

pilule [pilyl] *nf (cachet)* pastilla *f*; *(contraception)* píldora *f*; **prendre la ~** tomar la píldora.

piment [pimɑ̃] *nm*: **~ rouge** guindilla *f*.

pimenté, -e [pimɑ̃te] *adj* picante.

pin [pɛ̃] *nm* pino *m*.

pince [pɛ̃s] *nf* pinza *f*; **~ à cheveux** pinza para el pelo; **~ à épiler** pinzas de depilar; **~ à linge** pinza de la ropa.

pinceau, -x [pɛ̃so] *nm* pincel *m*.

pincée [pɛ̃se] *nf* pizca *f*.

pincer [pɛ̃se] *vt (serrer)* pellizcar; *(fam: coincer)* pillar.

pingouin [pɛ̃gwɛ̃] *nm* pingüino *m*.

ping-pong [piŋpɔ̃g] *nm* ping-pong *m*.

pin's [pins] *nm inv* pin *m*.

pintade [pɛ̃tad] *nf* pintada *f*.

pinte [pɛ̃t] *nf (Helv: café)* bar *m*.

pioche [pjɔʃ] *nf* pico *m*.

piocher [pjɔʃe] *vi (aux cartes, aux dominos)* robar.

pion [pjɔ̃] *nm* peón *m*.

pionnier, -ère [pjɔnje, ɛr] *nm, f* pionero *m* (-ra *f*).

pipe [pip] *nf* pipa *f*.

pipi [pipi] *nm*: **faire ~** hacer pis.

piquant, -e [pikɑ̃, ɑ̃t] *adj* picante. ◆ *nm* pincho *m*.

pique [pik] *nf (remarque)* puya *f*. ◆ *nm* picas *fpl*.

pique-nique, -s [piknik] *nm* picnic *m*.

pique-niquer [piknike] *vi* ir de picnic.

piquer [pike] *vt (suj: aiguille, pointe)* pinchar; *(suj: guêpe, moustique, ortie)* picar; *(suj: fumée)* irritar; *(planter)* prender. ◆ *vi* picar.

piquet [pikɛ] *nm* estaca *f*.

piqûre [pikyr] *nf (d'insecte)* picadura *f*; *(MÉD)* pinchazo *m*.

piratage [pirataʒ] *nm* piratería *f*.

pirate [pirat] *nm* & *adj* pirata; **~ de l'air** pirata *m* del aire.

pirater [pirate] *vt* piratear.

pire [pir] *adj* peor. ◆ *nm*: **le ~** lo peor.

pirouette [pirwɛt] *nf* pirueta *f*.

pis [pi] *nm* ubre *f*.

piscine [pisin] *nf* piscina *f*.

pissenlit [pisɑ̃li] *nm* diente *m* de león.

pistache [pistaʃ] *nf* pistacho *m*.

piste [pist] *nf* pista *f*; *(chemin)* senda *f*; **~ (d'atterrissage)** pista (de aterrizaje); **~ cyclable** circuito *m* para bicicletas; **~ de danse** pista de baile; **~ verte/bleue/rouge/noire** pista verde/azul/roja/negra.

pistolet [pistɔlɛ] *nm* pistola *f*.

piston [pistɔ̃] *nm (de moteur)* pistón *m*.
pithiviers [pitivje] *nm hojaldre relleno con crema de almendras.*
pitié [pitje] *nf* piedad *f*, lástima *f*; **avoir ~ de qqn** sentir lástima por alguien; **faire ~ à qqn** dar lástima a alguien.
pitoyable [pitwajabl] *adj (triste)* lastimoso(-sa); *(méprisable)* lamentable.
pitre [pitr] *nm* payaso *m*; **faire le ~** hacer payasadas.
pittoresque [pitɔrɛsk] *adj* pintoresco(-ca).
pivoter [pivɔte] *vi* girar.
pizza [pidza] *nf* pizza *f*.
pizzeria [pidzerja] *nf* pizzería *f*.
placard [plakar] *nm* armario *m* empotrado.
placarder [plakarde] *vt* fijar carteles.
place [plas] *nf (endroit, espace)* sitio *m*; *(de théâtre)* localidad *f*; *(siège)* asiento *m*; *(d'une ville)* plaza *f*; *(dans un classement)* lugar *m*; *(emploi)* colocación *f*; **changer qqch de ~** cambiar algo de sitio; **à la ~ de** en lugar de; **sur ~** *(manger, dormir)* allí (mismo); **~ assise/debout** plaza sentada/de pie.
placement [plasmɑ̃] *nm* inversión *f*.
placer [plase] *vt* colocar; *(argent)* invertir. ❑ **se placer** *vp (se mettre)* colocarse; *(se classer)* situarse.
plafond [plafɔ̃] *nm (d'une salle)* techo *m*; *(limite)* tope *m*.
plafonnier [plafɔnje] *nm* lámpara *f* de techo.
plage [plaʒ] *nf* playa *f*; *(de disque)* surco *m*; **~ arrière** bandeja *f*.
plaie [plɛ] *nf* llaga *f*.
plaindre [plɛ̃dr] *vt* compadecer. ❑ **se plaindre** *vp* quejarse; **se ~ de** quejarse de.
plaine [plɛn] *nf* llanura *f*.
plaint, -e [plɛ̃, plɛ̃t] *pp* → **plaindre**.
plainte [plɛ̃t] *nf (gémissement)* quejido *m*; *(en justice)* denuncia *f*; **porter ~** denunciar.
plaintif, -ive [plɛ̃tif, iv] *adj* quejumbroso(-sa).
plaire [plɛr] *vi* gustar; **~ à qqn** gustarle a alguien; **il me plaît** me gusta; **s'il vous/te plaît** por favor. ❑ **se plaire** *vp (quelque part)* sentirse a gusto.
plaisance [plɛzɑ̃s] *nf* → **navigation, port**.
plaisanter [plɛzɑ̃te] *vi* bromear.
plaisanterie [plɛzɑ̃tri] *nf* broma *f*.
plaisir [plezir] *nm* placer *m*; **faire ~ à qqn** agradar OU complacer a alguien; **avec ~!** ¡con mucho gusto!
plan [plɑ̃] *nm (projet, structure)* plan *m*; *(carte)* mapa *f*; *(niveau)* plano *m*; **au premier/second ~** en primer/segundo plano; **~ d'eau** estanque *m*.
planche [plɑ̃ʃ] *nf* tabla *f*; **faire la ~** hacer el muerto; **~ à roulettes** monopatín *m*; **~ à voile** tabla de windsurf.
plancher [plɑ̃ʃe] *nm* suelo *m*.
planer [plane] *vi* planear.

planète [planɛt] *nf* planeta *m*.

planeur [planœr] *nm* planeador *m*.

planifier [planifje] *vt* planificar.

planning [planiŋ] *nm* programa *m*.

plantation [plɑ̃tasjɔ̃] *nf* plantación *f*.

plante [plɑ̃t] *nf* planta *f*; ~ **des pieds** planta de los pies; ~ **grasse** planta carnosa *(cactus)*; ~ **verte** planta de interior.

planter [plɑ̃te] *vt (graines)* plantar; *(enfoncer)* clavar.

plaque [plak] *nf* placa *f*; *(de chocolat)* tableta *f*; *(tache)* mancha *f*; ~ **chauffante** placa eléctrica; ~ **d'immatriculation** OU **minéralogique** matrícula *f*.

plaqué, -e [plake] *adj*: ~ **or/argent** chapado en oro/en plata.

plaquer [plake] *vt* aplastar; *(au rugby)* placar.

plaquette [plakɛt] *nf (de beurre, de chocolat)* pastilla *f*; ~ **de frein** pastilla de freno.

plastifié, -e [plastifje] *adj* plastificado(-da).

plastique [plastik] *nm* plástico *m*; **sac en** ~ bolsa *f* de plástico.

plat, -e [pla, plat] *adj* plano(-na); *(terrain)* llano(-na); *(eau)* sin gas. ◆ *nm (assiette)* fuente *f*; *(de menu)* plato *m*; **à** ~ *(pneu)* desinflado(-da); *(batterie)* agotado(-da); *(fam: fatigué)* reventado(-da); **à** ~ **ventre** boca abajo; ~ **cuisiné** plato precocinado; ~ **du jour** plato del día; ~ **de résistance** plato fuerte.

platane [platan] *nm* plátano *m (árbol)*.

plateau, -x [plato] *nm (de cuisine)* bandeja *f*; *(plaine)* meseta *f*; *(de télévision, de cinéma)* plató *m*; ~ **à fromages** *tabla para servir el queso*; ~ **de fromages** tabla *f* de quesos.

plate-bande [platbɑ̃d] (*pl* **plates-bandes**) *nf* arriate *m*.

plate-forme [platfɔrm] (*pl* **plates-formes**) *nf* plataforma *f*.

platine [platin] *nf*: ~ **cassette** platina *f (de casete)*; ~ **laser** reproductor *m* de discos compactos.

plâtre [platr] *nm (matière)* yeso *m*; *(MÉD)* escayola *f*.

plâtrer [platre] *vt (MÉD)* escayolar.

plausible [plozibl] *adj* plausible.

plébiscite [plebisit] *nm (Helv: référendum)* referéndum *m*.

plein, -e [plɛ̃, plɛn] *adj (rempli)* lleno(-na); *(complet)* completo(-ta). ◆ *nm*: **faire le** ~ **(d'essence)** llenar el depósito (de gasolina); ~ **de** *(rempli de)* lleno de; *(fam: beaucoup de)* un montón de; **en** ~ **air** al aire libre; **en** ~ **devant moi** justo delante de mí; **en** ~**e forme** en plena forma; **en** ~**e nuit** en medio de la noche; **en** ~ **milieu** justo en medio; ~**s phares** (luces) largas *fpl*; ~**e lune** luna *f* llena; ~**s pouvoirs** plenos poderes *mpl*.

pleurer [plœre] *vi* llorar.

pleurnicher [plœrniʃe] *vi* lloriquear.

pleut [plø] → **pleuvoir**.

pleuvoir [pløvwar] *vi* llover. ◆ *v impers*: **il pleut (à verse)** llueve (a cántaros).

Plexiglas® [plɛksiglas] *nm* plexiglás *m inv*.

pli [pli] *nm* pliegue *m*; *(d'un pantalon)* raya *f*; *(aux cartes)* baza *f*; **(faux)** ~ arruga *f*.

pliant, -e [plijɑ̃, ɑ̃t] *adj* plegable. ◆ *nm* silla *f* plegable.

plier [plije] *vt* doblar; *(lit, tente)* plegar. ◆ *vi* doblegarse.

plinthe [plɛ̃t] *nf* rodapié *m*.

plissé, -e [plise] *adj (jupe)* de tablas.

plisser [plise] *vt (papier)* hacer pliegues en; *(tissu)* plisar; *(yeux)* entrecerrar.

plomb [plɔ̃] *nm (matière, fusible)* plomo *m*; *(de pêche)* plomada *f*; *(de chasse)* perdigón *m*.

plombage [plɔ̃baʒ] *nm* empaste *m*.

plomberie [plɔ̃bri] *nf* fontanería *f*.

plombier [plɔ̃bje] *nm* fontanero *m*.

plombières [plɔ̃bjɛr] *nf* helado *m* de tutti frutti.

plongeant, -e [plɔ̃ʒɑ̃, ɑ̃t] *adj (vue)* de pájaro; *(décolleté)* muy abierto(-ta).

plongée [plɔ̃ʒe] *nf* buceo *m*; **~ sous-marine** submarinismo *m*.

plongeoir [plɔ̃ʒwar] *nm* trampolín *m (de piscina)*.

plongeon [plɔ̃ʒɔ̃] *nm* zambullida *f*.

plonger [plɔ̃ʒe] *vi* zambullirse. ◆ *vt* hundir. ❑ **se plonger dans** *vp + prép* enfrascarse en.

plongeur, -euse [plɔ̃ʒœr, øz] *nm, f* buceador *m* (-ra *f*).

plu [ply] *pp* → **plaire, pleuvoir**.

pluie [plɥi] *nf* lluvia *f*.

plumage [plymaʒ] *nm* plumaje *m*.

plume [plym] *nf* pluma *f*.

plupart [plypar] *nf*: **la ~ (de)** la mayoría (de); **la ~ du temps** la mayor parte del tiempo.

pluriel [plyrjɛl] *nm* plural *m*.

plus [ply(s)] *adv* más; **~ intéressant (que)** más interesante (que); **~ simplement (que)** de forma más sencilla (que); **c'est ce qui me plaît le ~ ici** es lo que más me gusta aquí; **l'hôtel le ~ confortable où nous ayons logé** el hotel más cómodo donde nos hemos alojado; **le ~ souvent** la mayoría de las veces; **le ~... possible** lo más... posible; **je ne veux pas dépenser ~** no quiero gastar más; **~ d'argent/de vacances** más dinero/ vacaciones; **~ de la moitié** más de la mitad; **je n'en veux ~, merci** no quiero más, gracias; **de ~** *(en supplément)* más; *(d'autre part)* además; **il a deux ans de ~ que moi** tiene dos años más que yo; **de ~ en ~ (de)** cada vez más; **en ~** *(en supplément)* de más; *(d'autre part)* además; **en ~ de** además de; **~ ou moins** más o menos; **~ tu y penseras, pire ce sera** cuanto más pienses en ello, peor será. ◆ *prép* más.

plusieurs [plyzjœr] *adj* & *pron* varios(-rias).

plus-que-parfait [plyskəparfɛ] *nm* (pretérito) pluscuamperfecto *m*.

plutôt [plyto] *adv (de préférence)*

más bien; *(assez)* bastante; ~ **que (de) faire qqch** en vez de hacer algo.

pluvieux, -euse [plyvjø, øz] *adj* lluvioso(-sa).

PMU *nm quiniela hípica en Francia.*

pneu [pnø] *nm* neumático *m*.

pneumatique [pnømatik] *adj* → **canot, matelas.**

pneumonie [pnømɔni] *nf* neumonía *f*.

PO *(abr de petites ondes)* OC.

poche [pɔʃ] *nf* bolsillo *m*; **de ~** de bolsillo.

poché, -e [pɔʃe] *adj (œil)* morado(-da).

pocher [pɔʃe] *vt (œil)* poner un ojo morado; *(CULIN)* escalfar.

pochette [pɔʃɛt] *nf (de rangement)* sobre *m*; *(de disque)* carátula *f*; *(sac à main)* cartera *f*; *(mouchoir)* pañuelo *m (de traje)*.

podium [pɔdjɔm] *nm* podio *m*.

poème [pɔɛm] *nm* poema *m*.

poésie [pɔezi] *nf* poesía *f*.

poète [pɔɛt] *nm* poeta *m*.

poétique [pɔetik] *adj* poético(-ca).

poids [pwa] *nm* peso *m*; *(de balance)* pesa *f*; **perdre/prendre du ~** adelgazar/engordar; **~ lourd** *(camion)* vehículo *m* pesado.

poignard [pwaɲar] *nm* puñal *m*.

poignarder [pwaɲarde] *vt* apuñalar.

poignée [pwaɲe] *nf (de porte)* picaporte *m*; *(de valise)* asa *f*; *(de sable, de bonbons)* puñado *m*; **une ~ de** un puñado de; **~ de main** apretón *m* de manos.

poignet [pwaɲɛ] *nm (ANAT)* muñeca *f*; *(de vêtement)* puño *m*.

poil [pwal] *nm* pelo *m*; *(sur les jambes)* vello *m*; *(de pinceau, de brosse à dents)* cerda *f*; **à ~** en pelotas; **au ~** *(fam: parfait)* al pelo.

poilu, -e [pwaly] *adj* peludo(-da).

poinçonner [pwɛ̃sɔne] *vt* picar.

poing [pwɛ̃] *nm* puño *m*.

point [pwɛ̃] *nm* punto *m*; **à ~** *(steak)* en su punto; **au ~** a punto; **au ~** OU **à tel ~ que** hasta tal punto que; **mal en ~** en mal estado; **être sur le ~ de faire qqch** estar a punto de hacer algo; **~ de côté** punzada *f* en el costado; **~ de départ** punto de partida; **~ d'exclamation** signo *m* de exclamación; **~ faible** punto débil OU flaco; **~ final** punto final; **~ d'interrogation** signo *m* de interrogación; **(au) ~ mort** (en) punto muerto; **~ de repère** punto de referencia; **~s cardinaux** puntos cardinales; **~s de suspension** puntos suspensivos; **~s (de suture)** puntos (de sutura).

point de vue [pwɛ̃dvy] *(pl* **points de vue**) *nm (endroit)* vista *f*; *(opinion)* punto *m* de vista.

pointe [pwɛ̃t] *nf* punta *f*; **sur la ~ des pieds** de puntillas; **de ~** puntero(-ra), punta; **en ~** *(tailler)* en punta. ❑ **pointes** *nfpl (chaussons)* puntas *fpl*.

pointer [pwɛ̃te] *vt* apuntar. ◆ *vi* fichar.

pointillé [pwɛ̃tije] *nm* línea *f* de puntos.
pointu, **-e** [pwɛ̃ty] *adj* puntiagudo(-da).
pointure [pwɛ̃tyr] *nf* número *m*.
point-virgule [pwɛ̃virgyl] (*pl* **points-virgules**) *nm* punto *m* y coma.
poire [pwar] *nf* pera *f*; ~ **Belle-Hélène** *pera en almíbar bañada en chocolate caliente y servida con helado de nata.*
poireau, **-x** [pwaro] *nm* puerro *m*.
poirier [pwarje] *nm* peral *m*.
pois [pwa] *nm (rond)* lunar *m*; **à** ~ de lunares; ~ **chiche** garbanzo *m*.
poison [pwazɔ̃] *nm* veneno *m*.
poisseux, **-euse** [pwasø, øz] *adj* pegajoso(-sa).
poisson [pwasɔ̃] *nm (animal)* pez *m*; *(mets)* pescado *m*; ~ **d'avril** ≃ inocentada *f*; **faire un** ~ **d'avril à qqn** ≃ gastar una inocentada a alguien; ~ **rouge** pez de colores; ~**s du lac** *(Helv) pescado del lago Lemán, sobre todo percas.* ❑ **Poissons** *nmpl* Piscis *m inv*.
poissonnerie [pwasɔnri] *nf* pescadería *f*.
poissonnier, **-ère** [pwasɔnje, ɛr] *nm, f* pescadero *m* (-ra *f*).
poitrine [pwatrin] *nf* pecho *m*; *(de porc)* panceta *f*.
poivre [pwavr] *nm* pimienta *f*.
poivré, **-e** [pwavre] *adj* picante *(con pimienta)*.
poivrier [pwavrije] *nm (sur la table)* pimentero *m*.
poivrière [pwavrijɛr] *nf* = **poivrier**.
poivron [pwavrɔ̃] *nm* pimiento *m*.
poker [pɔkɛr] *nm* póquer *m*.
polaire [pɔlɛr] *adj* polar.
Polaroid® [pɔlarɔid] *nm (appareil)* Polaroid® *f*; *(photo)* fotografía *f* Polaroid.
pôle [pol] *nm* polo *m*; ~ **Nord/Sud** polo Norte/Sur.
poli, **-e** [pɔli] *adj (bien élevé)* educado(-da); *(verre, bois)* pulido(-da).
police [pɔlis] *nf* policía *f*; ~ **d'assurance** póliza *f* de seguros; ~ **secours** *policía que se encarga de dar los primeros auxilios.*
policier, **-ère** [pɔlisje, ɛr] *adj* policiaco(-ca). ◆ *nm* policía *mf*.
poliment [pɔlimɑ̃] *adv* amablemente.
politesse [pɔlitɛs] *nf* cortesía *f*.
politicien, **-enne** [pɔlitisjɛ̃, ɛn] *nm, f* político *m* (-ca *f*).
politique [pɔlitik] *adj* & *nf* política.
pollen [pɔlɛn] *nm* polen *m*.
pollué, **-e** [pɔlɥe] *adj* contaminado(-da).
pollution [pɔlysjɔ̃] *nf* contaminación *f*.
polo [pɔlo] *nm (vêtement)* polo *m*.
polochon [pɔlɔʃɔ̃] *nm* travesaño *m (almohada)*.
Pologne [pɔlɔɲ] *nf*: **la** ~ Polonia.
polycopié [pɔlikɔpje] *nm* multicopia *f*.
polyester [pɔliɛstɛr] *nm* poliéster *m*.

Polynésie [pɔlinezi] *nf*: **la ~** Polinesia; **la ~ française** la Polinesia francesa.
polystyrène [pɔlistirɛn] *nm* poliestireno *m*.
polyvalent, -e [pɔlivalɑ̃, ɑ̃t] *adj* polivalente.
pommade [pɔmad] *nf* pomada *f*.
pomme [pɔm] *nf* manzana *f*; *(de douche, d'arrosoir)* alcachofa *f*; **tomber dans les ~s** *(fam)* darle a uno un patatús; **~ de pin** piña *f (de pino)*; **~s dauphine** ≈ croquetas *fpl* de patata; **~s noisettes** bolitas *fpl* de patata.
pomme de terre [pɔmdətɛr] (*pl* **pommes de terre**) *nf* patata *f*.
pommette [pɔmɛt] *nf* pómulo *m*.
pommier [pɔmje] *nm* manzano *m*.
pompe [pɔ̃p] *nf* bomba *f*; **~ à essence** surtidor *m* de gasolina; **~ à vélo** bombín *m*; **~s funèbres** pompas *fpl* fúnebres.
pomper [pɔ̃pe] *vt* bombear.
pompier [pɔ̃pje] *nm* bombero *m*.
pompiste [pɔ̃pist] *nmf* empleado *m* (-da *f*) de una gasolinera.
pompon [pɔ̃pɔ̃] *nm* pompón *m*.
poncer [pɔ̃se] *vt* lijar.
ponctuation [pɔ̃ktɥasjɔ̃] *nf* puntuación *f*.
ponctuel, -elle [pɔ̃ktɥɛl] *adj* puntual.
pondre [pɔ̃dr] *vt* poner.
poney [pɔnɛ] *nm* poney *m*.
pont [pɔ̃] *nm* puente *m*; **faire le ~** hacer puente.
pont-levis [pɔ̃ləvi] (*pl* **ponts-levis**) *nm* puente *m* levadizo.
ponton [pɔ̃tɔ̃] *nm* pontón *m*.
pop [pɔp] *adj inv* & *nf* pop.
pop-corn [pɔpkɔrn] *nm inv* palomitas *fpl*.
populaire [pɔpylɛr] *adj* popular.
population [pɔpylasjɔ̃] *nf* población *f*.
porc [pɔr] *nm* cerdo *m*.
porcelaine [pɔrsəlɛn] *nf* porcelana *f*.
porche [pɔrʃ] *nm* porche *m*.
pore [pɔr] *nm* poro *m*.
poreux, -euse [pɔrø, øz] *adj* poroso(-sa).
pornographique [pɔrnɔgrafik] *adj* pornográfico(-ca).
port [pɔr] *nm* puerto *m*; **'~ payé'** 'porte pagado'; **~ de plaisance** puerto deportivo.
portable [pɔrtabl] *adj* portátil.
portail [pɔrtaj] *nm* portada *f*.
portant, -e [pɔrtɑ̃, ɑ̃t] *adj*: **être bien/mal ~** tener buena/mala salud; **à bout ~** a quemarropa.
portatif, -ive [pɔrtatif, iv] *adj* portátil.
porte [pɔrt] *nf* puerta *f*; **mettre qqn à la ~** poner a alguien de patitas en la calle; **~ d'embarquement** puerta de embarque; **~ d'entrée** puerta de entrada.
porte-avions [pɔrtavjɔ̃] *nm inv* portaaviones *m inv*.
porte-bagages [pɔrtbagaʒ] *nm inv* portaequipaje *m*.

porte-bébé, **-s** [pɔrtbebe] *nm* mochila *f* portabebé.

porte-bonheur [pɔrtbɔnœr] *nm inv* talismán *m*.

porte-clefs [pɔrtəkle] = **porte-clés**.

porte-clés [pɔrtəkle] *nm inv* llavero *m*.

portée [pɔrte] *nf (d'un son, d'une arme)* alcance *m*; *(d'une femelle)* camada *f*; *(MUS)* pentagrama *m*; **à la ~ de qqn** *(intellectuelle)* al alcance de alguien; **à ~ de (la) main** al alcance de la mano; **à ~ de voix** al alcance de la voz.

porte-fenêtre [pɔrtfənɛtr] (*pl* **portes-fenêtres**) *nf* puerta *f* vidriera.

portefeuille [pɔrtəfœj] *nm* cartera *f*.

porte-jarretelles [pɔrtʒartɛl] *nm inv* liguero *m*.

portemanteau, **-x** [pɔrtmɑ̃to] *nm* perchero *m*.

porte-monnaie [pɔrtmɔnɛ] *nm inv* monedero *m*.

porte-parole [pɔrtparɔl] *nm inv* portavoz *mf*.

porter [pɔrte] *vt* llevar. ◆ *vi (menace)* surtir efecto; **~ bonheur/malheur** traer (buena) suerte/mala suerte; **~ sur** *(suj: discussion)* tratar de. ❑ **se porter** *vp*: **se ~ bien/mal** encontrarse bien/mal.

porte-savon, **-s** [pɔrtsavɔ̃] *nm* jabonera *f*.

porte-serviette, **-s** [pɔrtsɛrvjɛt] *nm* toallero *m*.

porteur, **-euse** [pɔrtœr, øz] *nm, f (de bagages)* mozo *m* de equipajes; *(d'une maladie)* portador *m* (-ra *f*).

portier [pɔrtje] *nm* portero *m*.

portière [pɔrtjɛr] *nf* puerta *f*.

portillon [pɔrtijɔ̃] *nm* puerta *f*; **~ automatique** puerta automática.

portion [pɔrsjɔ̃] *nf* porción *f*.

portique [pɔrtik] *nm* pórtico *m*.

porto [pɔrto] *nm* (vino de) oporto *m*.

portrait [pɔrtrɛ] *nm* retrato *m*.

portuaire [pɔrtɥɛr] *adj* portuario(-ria).

portugais, **-e** [pɔrtygɛ, ɛz] *adj* portugués(-esa). ◆ *nm (langue)* portugués *m*. ❑ **Portugais**, **-e** *nm, f* portugués *m* (-esa *f*).

Portugal [pɔrtygal] *nm*: **le ~** Portugal.

pose [poz] *nf (d'une moquette, d'une vitre)* instalación *f*; *(attitude)* pose *f*; **prendre la ~** posar.

posé, **-e** [poze] *adj* pausado(-da).

poser [poze] *vt (objet)* poner; *(installer)* instalar; *(question)* hacer; *(problème)* plantear. ◆ *vi* posar. ❑ **se poser** *vp* posarse.

positif, **-ive** [pozitif, iv] *adj* positivo(-va).

position [pozisjɔ̃] *nf* posición *f*; *(opinion, attitude)* postura *f*.

posologie [pozɔlɔʒi] *nf* posología *f*.

posséder [posede] *vt* poseer.

possessif, **-ive** [posesif, iv] *adj* posesivo(-va).

possibilité [posibilite] *nf* posibilidad *f*; **avoir la ~ de faire qqch**

tener la posibilidad de hacer algo. ❑ **possibilités** *nfpl (financières)* posibilidades *fpl*; *(intellectuelles)* facultades *fpl*.

possible [pɔsibl] *adj* posible; **prends le plus d'argent ~** coge todo el dinero que puedas; **dès que ~, le plus tôt ~** lo antes posible; **si ~** si es posible; **faire son ~ (pour faire qqch)** hacer todo lo posible (por hacer algo).

postal, -e, -aux [pɔstal, o] *adj* postal.

poste[1] [pɔst] *nm (emploi)* puesto *m*; *(de ligne téléphonique)* extensión *f*; **~ (de police)** comisaría *f*; **~ de radio** radio *f*; **~ de télévision** televisor *m*.

poste[2] [pɔst] *nf* correos *mpl*; **~ restante** lista *f* de correos.

poster[1] [pɔste] *vt* echar al correo.

poster[2] [pɔstɛr] *nm* póster *m*.

postérieur, -e [pɔsterjœr] *adj* posterior. ◆ *nm* trasero *m*.

postier, -ère [pɔstje, ɛr] *nm, f* empleado *m* (-da *f*) de correos.

postillons [pɔstijɔ̃] *nmpl* perdigones *mpl*.

post-scriptum [pɔstskriptɔm] *nm inv* postdata *f*.

posture [pɔstyr] *nf* postura *f*.

pot [po] *nm* tarro *m*, bote *m*; **~ d'échappement** tubo *m* de escape; **~ de fleurs** maceta *f*.

potable [pɔtabl] *adj* → **eau**.

potage [pɔtaʒ] *nm* potaje *m*.

potager, -ère [pɔtaʒe, ɛr] *adj*: **plante potagère** hortaliza *f*; **(jardin) ~** huerto *m*.

pot-au-feu [pɔtofø] *nm inv* ≃ cocido *m*.

pot-de-vin [podvɛ̃] (*pl* **pots-de-vin**) *nm* soborno *m*.

poteau, -x [pɔto] *nm* poste *m*; **~ indicateur** poste indicador.

potée [pɔte] *nf guiso compuesto de carne, verduras y col.*

potentiel, -elle [pɔtɑ̃sjɛl] *adj* & *nm* potencial.

poterie [pɔtri] *nf (art)* alfarería *f*; *(objet)* cerámica *f*.

potiron [pɔtirɔ̃] *nm* calabaza *f*.

pot-pourri [popuri] (*pl* **pots-pourris**) *nm* popurrí *m*.

pou, -x [pu] *nm* piojo *m*.

poubelle [pubɛl] *nf* cubo *m* de la basura; **mettre qqch à la ~** tirar algo a la basura.

pouce [pus] *nm* pulgar *m*.

pouding [pudiŋ] *nm* púdin *m*; **~ de cochon** *(Can) pastel preparado con carne e hígado de cerdo picados, cebolla y huevos*.

poudre [pudr] *nf (substance)* polvo *m*; *(maquillage)* polvos *mpl*; *(explosif)* pólvora *f*; **en ~** en polvo.

poudreux, -euse [pudrø, øz] *adj*: **neige poudreuse** nieve *f* en polvo.

pouf [puf] *nm* puf *m*.

pouffer [pufe] *vi*: **~ (de rire)** reír estúpidamente.

poulailler [pulaje] *nm* gallinero *m*.

poulain [pulɛ̃] *nm* potro *m*.

poule [pul] *nf* gallina *f*; **~ au pot** guiso *m* de gallina.

poulet [pulɛ] *nm* pollo *m*; ~

basquaise *pollo con guarnición a base de tomates, pimientos y ajos.*

poulie [puli] *nf* polea *f.*

pouls [pu] *nm* pulso *m*; **prendre le ~ à qqn** tomar el pulso a alguien.

poumon [pumɔ̃] *nm* pulmón *m.*

poupée [pupe] *nf* muñeca *f.*

pour [pur] *prép* **-1.** *(gén)* para; **c'est ~ vous** es para usted; **~ rien** *(inutilement)* para nada; *(gratuitement)* sin nada a cambio; **faire qqch ~ de l'argent** hacer algo por dinero; **~ faire qqch** para hacer algo; **~ que** para que; **le vol ~ Londres** el vuelo para Londres; **partir ~** salir para.
-2. *(en raison de)* por; **~ avoir fait qqch** por haber hecho algo.
-3. *(à la place de)*: **signe ~ moi** fílma por mí.
-4. *(en faveur de)*: **être ~ (qqch)** estar a favor (de algo).
-5. *(envers)*: **avoir de la sympathie ~ qqn** tener simpatía por alguien.
-6. *(exprime la durée)*: **~ longtemps** por mucho tiempo; **~ toujours** para siempre.
-7. *(somme)*: **je voudrais ~ 20 F de bonbons** quisiera 20 francos de caramelos; **nous en avons eu ~ 350 F** nos ha salido por 350 francos.
-8. *(pour donner son avis)*: **~ moi** *(à mon avis)* para mí.

pourboire [purbwar] *nm* propina *f.*

pourcentage [pursɑ̃taʒ] *nm* porcentaje *m.*

pourquoi [purkwa] *adv* por qué; **c'est ~...** por eso...; **~ pas?** ¿por qué no?

pourra *etc* → **pouvoir**.

pourrir [purir] *vi* pudrirse.

pourriture [purityr] *nf* podredumbre *f.*

poursuite [pursɥit] *nf* persecución *f*; **se lancer à la ~ de qqn** lanzarse a la persecución de alguien.
❑ **poursuites** *nfpl (JUR)* diligencias *fpl.*

poursuivi, -e [pursɥivi] *pp* → **poursuivre**.

poursuivre [pursɥivr] *vt (voleur)* perseguir; *(JUR)* llevar ante los tribunales; *(continuer)* proseguir.
❑ **se poursuivre** *vp* proseguir.

pourtant [purtɑ̃] *adv* sin embargo.

pourvu [purvy]: **pourvu que** *conj (condition)* con tal de que; *(souhait)* ojalá.

pousse-pousse [puspus] *nm inv (Helv: poussette)* cochecito *m* de niño.

pousser [puse] *vt (déplacer)* echar a un lado; *(appuyer sur, bousculer)* empujar; *(cri)* dar. ◆ *vi* empujar; **~ qqn à faire qqch** empujar a alguien a hacer algo; **faire ~** hacer crecer; **'poussez'** 'empuje'.

poussette [pusɛt] *nf* cochecito *m* de niño.

poussière [pusjɛr] *nf* polvo *m.*

poussiéreux, -euse [pusjerø, øz] *adj* polvoriento(-ta).

poussin [pusɛ̃] *nm* polluelo *m.*

poutine [putin] *nf (Can) patatas fritas cubiertas de pequeños trozos de* *queso y de una salsa parecida a la "brown sauce" estadounidense.*

poutre [putr] *nf (de toit)* viga *f*; *(de gymnastique)* potro *m*.

pouvoir [puvwar] *nm* poder *m*; **le ~** el poder; **les ~s publics** los poderes públicos.
◆ *vt* poder; **~ faire qqch** poder hacer algo; **vous ne pouvez pas stationner ici** no puede aparcar aquí; **pourriez-vous...?** ¿podría...?; **je fais ce que je peux** hago lo que puedo; **tu aurais pu faire ça avant!** ¡podrías haber hecho eso antes!; **je n'en peux plus** no puedo más; **je n'y peux rien** no puedo hacer nada; **attention, tu pourrais te blesser** cuidado, podrías hacerte daño.
❑ **se pouvoir** *vp*: **il se peut que...** puede que...; **ça se pourrait (bien)** podría ser.

prairie [preri] *nf* pradera *f*.

praline [pralin] *nf* almendra *f* garrapiñada; *(Belg: chocolat)* bombón *m*.

praliné, -e [praline] *adj* praliné.

pratiquant, -e [pratikɑ̃, ɑ̃t] *adj* practicante.

pratique [pratik] *adj* práctico(-ca). ◆ *nf* práctica *f*.

pratiquement [pratikmɑ̃] *adv* prácticamente.

pratiquer [pratike] *vt* practicar.

pré [pre] *nm* prado *m*.

préau, -x [preo] *nm* patio *m (de escuela)*.

précaire [prekɛr] *adj* precario(-ria).

précaution [prekosjɔ̃] *nf* precaución *f*; **prendre des ~s** tomar precauciones; **avec ~** con precaución.

précédent, -e [presedɑ̃, ɑ̃t] *adj* precedente.

précéder [presede] *vt* preceder.

précieux, -euse [presjø, øz] *adj (bijou)* precioso(-sa); *(ami, conseils)* preciado(-da).

précipice [presipis] *nm* precipicio *m*.

précipitation [presipitasjɔ̃] *nf* precipitación *f*. ❑ **précipitations** *nfpl* precipitaciones *fpl*.

précipiter [presipite] *vt* precipitar. ❑ **se précipiter** *vp* precipitarse; **se ~ dans/vers/sur** precipitarse en/hacia/sobre.

précis, -e [presi, iz] *adj* preciso(-sa); **à cinq heures ~es** a las cinco en punto.

préciser [presize] *vt* precisar. ❑ **se préciser** *vp* concretarse.

précision [presizjɔ̃] *nf* precisión *f*.

précoce [prekɔs] *adj* precoz.

prédécesseur [predesesœr] *nm* predecesor *m*.

prédiction [prediksjɔ̃] *nf* predicción *f*.

prédire [predir] *vt* predecir.

prédit, -e [predi, it] *pp* → **prédire**.

préfabriqué, -e [prefabrike] *adj* prefabricado(-da).

préface [prefas] *nf* prefacio *m*.

préfecture [prefɛktyr] *nf* ≃ gobierno *m* civil.

préféré, -e [prefere] *adj* & *nm, f* preferido(-da).

préférence [preferɑ̃s] *nf* preferencia *f*; **de ~** preferentemente.
préférer [prefere] *vt* preferir; **~ (faire) qqch** preferir (hacer) algo; **je préférerais qu'elle s'en aille** preferiría que se fuera.
préfet [prefɛ] *nm* ≃ gobernador *m* (-ra *f*) civil.
préhistoire [preistwar] *nf* prehistoria *f*.
préhistorique [preistɔrik] *adj* prehistórico(-ca).
préjugé [preʒyʒe] *nm* prejuicio *m*.
prélèvement [prelɛvmɑ̃] *nm* *(d'argent)* cargo *m*; *(MÉD)* extracción *f*.
prélever [preləve] *vt* *(somme, part)* retener; *(sang)* sacar.
prématuré, **-e** [prematyre] *adj* & *nm, f* prematuro(-ra).
prémédité, **-e** [premedite] *adj* premeditado(-da).
premier, **-ère** [prəmje, ɛr] *adj* *(du début)* primero(-ra). ◆ *nm, f* primero *m* (-ra *f*); **en ~** en primer lugar; **Premier ministre** Primer ministro.
première [prəmjɛr] *nf (SCOL)* ≃ tercero *m* de BUP; *(vitesse, TRANSP)* primera *f*; **voyager en ~ (classe)** viajar en primera (clase).
premièrement [prəmjɛrmɑ̃] *adv* primero.
prenais *etc* → **prendre**.
prendre [prɑ̃dr] *vt* -1. *(gén)* coger, agarrar *(Amér)*; **quelle route dois-je ~?** ¿qué carretera tengo que coger?; **~ l'avion/le train** coger el avión/el tren.
-2. *(aller chercher)* recoger; **passer ~ qqn** pasar a recoger a alguien.
-3. *(enlever)*: **~ qqch à qqn** quitar algo a alguien.
-4. *(aliments, boisson)* tomar; **qu'est-ce que vous prendrez?** ¿qué va a tomar?; **~ un verre** tomar una copa; **~ ses repas** comer.
-5. *(attraper, surprendre)* pillar; **il s'est fait ~** lo pillaron.
-6. *(air, ton)*: **ne prends pas ton air de martyr** no te hagas la mártir; **ne prends pas ce ton pour me parler** no me hables en ese tono.
-7. *(considérer)*: **~ qqn pour** tomar a alguien por.
-8. *(notes, mesures)* tomar; *(photo)* hacer.
-9. *(poids)* engordar.
-10. *(dans des expressions)*: **qu'est-ce qui te prend?** ¿qué te pasa?
◆ *vi* -1. *(sauce)* espesarse.
-2. *(feu)* prender.
-3. *(se diriger)*: **prenez à droite** tuerza a la derecha.
❑ **se prendre** *vp* -1. *(se considérer)*: **se ~ pour** tomarse por.
-2. *(dans des expressions)*: **s'en ~ à qqn** *(critiquer)* tomarla con alguien; **s'y ~ bien/mal** hacer algo bien/mal.
prenne *etc* → **prendre**.
prénom [prenɔ̃] *nm* nombre *m* (de pila).
préoccupé, **-e** [preɔkype] *adj* preocupado(-da).
préoccuper [preɔkype] *vt* preocupar. ❑ **se préoccuper de** *vp* + *prép* preocuparse de.
préparatifs [preparatif] *nmpl* preparativos *mpl*.

préparation [preparasjɔ̃] *nf* preparación *f*.
préparer [prepare] *vt* preparar. ❑ **se préparer** *vp* prepararse; *(se laver, s'habiller)* arreglarse; **se ~ à faire qqch** prepararse para hacer algo.
préposition [prepozisjɔ̃] *nf* preposición *f*.
près [prɛ] *adv*: **de ~** de cerca; **tout ~** muy cerca; **~ de** *(dans l'espace)* cerca de; *(dans le temps)* casi.
prescrire [prɛskrir] *vt* recetar.
prescrit, **-e** [prɛskri, it] *pp* → **prescrire**.
présence [prezɑ̃s] *nf* presencia *f*; **en ~ de** en presencia de.
présent, **-e** [prezɑ̃, ɑ̃t] *adj* & *nm* presente; **à ~ (que)** ahora (que).
présentateur, **-trice** [prezɑ̃tatœr, tris] *nm, f* presentador *m* (-ra *f*).
présentation [prezɑ̃tasjɔ̃] *nf* presentación *f*. ❑ **présentations** *nfpl*: **faire les ~s** hacer las presentaciones.
présenter [prezɑ̃te] *vt* presentar; **~ qqn à qqn** presentar alguien a alguien. ❑ **se présenter** *vp* presentarse; **se ~ bien/mal** presentarse bien/mal.
préservatif [prezɛrvatif] *nm* preservativo *m*.
préserver [prezɛrve] *vt* preservar; **~ qqn/qqch de** preservar a alguien/algo de.
président, **-e** [prezidɑ̃, ɑ̃t] *nm, f* presidente *m* (-ta *f*); **~ de la République** presidente de la república.
présider [prezide] *vt* presidir.
presque [prɛsk] *adv* casi; **~ pas de** apenas; **il n'y a ~ pas de neige** apenas hay nieve.
presqu'île [prɛskil] *nf* península *f*.
pressant, **-e** [prɛsɑ̃, ɑ̃t] *adj* apremiante.
presse [prɛs] *nf (journaux)* prensa *f*; **~ à sensation** prensa sensacionalista.
pressé, **-e** [prese] *adj (voyageur)* con prisa; *(urgent)* urgente; *(citron, orange)* exprimido(-da); **être ~ de faire qqch** tener prisa por hacer algo.
presse-citron [prɛssitrɔ̃] *nm inv* exprimidor *m*.
pressentiment [presɑ̃timɑ̃] *nm* presentimiento *m*.
presser [prese] *vt (fruit)* exprimir; *(bouton)* apretar. ◆ *vi*: **le temps presse** el tiempo apremia; **rien ne presse** no hay prisa ninguna; **~ qqn de faire qqch** apremiar a alguien para que haga algo. ❑ **se presser** *vp* darse prisa.
pressing [presiŋ] *nm* tintorería *f*.
pression [prɛsjɔ̃] *nf* presión *f*; *(bouton)* automático *m*; **(bière) ~** cerveza de barril.
prestidigitateur, **-trice** [prɛstidiʒitatœr, tris] *nm, f* prestidigitador *m* (-ra *f*).
prestige [prɛstiʒ] *nm* prestigio *m*.
prêt, **-e** [prɛ, prɛt] *adj* listo(-ta). ◆ *nm* préstamo *m*; **être ~ à faire qqch** estar dispuesto a hacer algo.
prêt-à-porter [prɛtapɔrte] *nm* prêt-à-porter *m*.

prétendre [pretɑ̃dr] *vt*: **~ que** afirmar que; **il prétend tout connaître** pretende saberlo todo.
prétentieux, **-euse** [pretɑ̃sjø, øz] *adj* pretencioso(-sa).
prétention [pretɑ̃sjɔ̃] *nf* pretensión *f*.
prêter [prete] *vt* prestar; **~ qqch à qqn** prestar algo a alguien; **~ attention à** prestar atención a.
prétexte [pretɛkst] *nm* pretexto *m*; **sous ~ que** con el pretexto de que.
prêtre [prɛtr] *nm* sacerdote *m*.
preuve [prœv] *nf* prueba *f*; **faire ~ de** dar pruebas de; **faire ses ~s** dar prueba de su eficacia.
prévaloir [prevalwar] *vi* prevalecer.
prévenir [prevnir] *vt* avisar; **~ contre/en faveur de** prevenir contra/en favor de.
préventif, **-ive** [prevɑ̃tif, iv] *adj* preventivo(-va).
prévention [prevɑ̃sjɔ̃] *nf* prevención *f*; **la ~ routière** ≈ (la Dirección General de) Tráfico.
prévenu, **-e** [prevny] *pp* → **prévenir**.
prévisible [previzibl] *adj* previsible.
prévision [previzjɔ̃] *nf* previsión *f*; **en ~ de** en previsión de; **~s météo(rologiques)** previsiones meteorológicas.
prévoir [prevwar] *vt* prever; **comme prévu** como estaba previsto.
prévoyant, **-e** [prevwajɑ̃, ɑ̃t] *adj* previsor(-ra).
prévu, **-e** [prevy] *pp* → **prévoir**.
prier [prije] *vi* rezar. ◆ *vt* rezar; **~ qqn de faire qqch** rogar a alguien que haga algo; **suivez-moi, je vous prie** sígame, por favor; **merci - je vous en prie!** gracias - de nada; **je peux fumer? - je t'en prie!** ¿puedo fumar? - por supuesto.
prière [prijɛr] *nf (RELIG)* oración *f*; **'~ de ne pas fumer'** 'se ruega no fumar'.
primaire [primɛr] *adj* primario(-ria).
prime [prim] *nf* prima *f*; **en ~** *(avec un achat)* de regalo.
primeurs [primœr] *nfpl* frutas *fpl* y verduras.
primevère [primvɛr] *nf* prímula *f*.
primitif, **-ive** [primitif, iv] *adj* primitivo(-va).
prince [prɛ̃s] *nm* príncipe *m*.
princesse [prɛ̃sɛs] *nf* princesa *f*.
principal, **-e**, **-aux** [prɛ̃sipal, o] *adj* principal. ◆ *nm (d'un collège)* director *m* (-ra *f*); **le ~** *(l'essentiel)* lo principal.
principalement [prɛ̃sipalmɑ̃] *adv* principalmente.
principe [prɛ̃sip] *nm* principio *m*; **en ~** en principio.
printemps [prɛ̃tɑ̃] *nm* primavera *f*.
priori [prijɔri] → **a priori**.
prioritaire [prijɔritɛr] *adj* prioritario(-ria).
priorité [prijɔrite] *nf* prioridad *f*; **~ à droite** prioridad a la derecha; **laisser la ~** dejar la prioridad.

pris, **-e** [pri, iz] *pp* → **prendre**.

prise [priz] *nf (à la pêche)* presa *f*; *(point d'appui)* agarradero *m*; ~ **de courant** enchufe *m*; ~ **multiple** ladrón *m*; ~ **de sang** toma *f* de sangre.

prison [prizɔ̃] *nf* cárcel *f*; **en ~** en la cárcel.

prisonnier, **-ère** [prizɔnje, ɛr] *nm, f* prisionero *m* (-ra *f*).

privé, **-e** [prive] *adj* privado(-da); **en ~** en privado.

priver [prive] *vt*: ~ **qqn de qqch** privar a alguien de algo. ❑ **se priver** *vp*: **se ~ (de qqch)** privarse (de algo).

privilège [privilɛʒ] *nm* privilegio *m*.

privilégié, **-e** [privileʒje] *adj* privilegiado(-da).

prix [pri] *nm (d'un produit)* precio *m*; *(récompense)* premio *m*; **à tout ~** a toda costa.

probable [prɔbabl] *adj* probable.

probablement [prɔbabləmɑ̃] *adv* probablemente.

problème [prɔblɛm] *nm* problema *m*.

procédé [prɔsede] *nm* procedimiento *m*.

procès [prɔsɛ] *nm* proceso *m*.

processus [prɔsesys] *nm* proceso *m*.

procès-verbal, **-aux** [prɔsɛvɛrbal, o] *nm (contravention)* multa *f*.

prochain, **-e** [prɔʃɛ̃, ɛn] *adj* próximo(-ma); **la semaine ~e** la semana que viene.

proche [prɔʃ] *adj (dans le temps)* próximo(-ma); *(dans l'espace)* cercano(-na); **être ~ de** *(lieu, but)* estar cerca de; *(personne, ami)* estar muy unido(-da) a; **le Proche-Orient** el Oriente Próximo.

procuration [prɔkyrasjɔ̃] *nf* poder *m*.

procurer [prɔkyre]: **se procurer** *vp* procurarse.

prodigieux, **-euse** [prɔdiʒjø, øz] *adj* prodigioso(-sa).

producteur, **-trice** [prɔdyktœr, tris] *nm, f* productor *m* (-ra *f*).

production [prɔdyksjɔ̃] *nf* producción *f*.

produire [prɔdɥir] *vt* producir. ❑ **se produire** *vp* producirse.

produit, **-e** [prɔdɥi, it] *pp* → **produire**. ◆ *nm* producto *m*; **~s de beauté** productos de belleza; **~s laitiers** productos lácteos.

prof [prɔf] *nmf (fam)* profe *mf*.

professeur [prɔfɛsœr] *nm* profesor *m* (-ra *f*); ~ **d'anglais/de piano** profesor de inglés/de piano.

profession [prɔfɛsjɔ̃] *nf* profesión *f*.

professionnel, **-elle** [prɔfɛsjɔnɛl] *adj* & *nm, f* profesional.

profil [prɔfil] *nm* perfil *m*; **de ~** de perfil.

profit [prɔfi] *nm (avantage)* provecho *m*; *(d'une entreprise)* beneficio *m*.

profiter [prɔfite]: **profiter de** *v + prép* aprovechar.

profiterole [prɔfitrɔl] *nf* profiterol *m*.

profond, -e [prɔfɔ̃, ɔ̃d] *adj* profundo(-da).

profondeur [prɔfɔ̃dœr] *nf* profundidad *f*; **à 10 mètres de ~** a diez metros de profundidad.

programmateur [prɔgramatœr] *nm* programador *m*.

programme [prɔgram] *nm* programa *m*.

programmer [prɔgrame] *vt* programar.

programmeur, -euse [prɔgramœr, øz] *nm, f* programador *m* (-ra *f*).

progrès [prɔgrɛ] *nm* progreso *m*; **en ~** *(appréciation)* progresa adecuadamente; **faire des ~** hacer progresos.

progresser [prɔgrese] *vi* avanzar.

progressif, -ive [prɔgresif, iv] *adj* progresivo(-va).

progressivement [prɔgresivmɑ̃] *adv* progresivamente.

prohiber [prɔibe] *vt* prohibir.

proie [prwa] *nf* presa *f*.

projecteur [prɔʒɛktœr] *nm* proyector *m*.

projection [prɔʒɛksjɔ̃] *nf* proyección *f*.

projectionniste [prɔʒɛksjɔnist] *nmf* proyeccionista *mf*.

projet [prɔʒɛ] *nm* proyecto *m*.

projeter [prɔʒte] *vt* proyectar; **~ de faire qqch** planear hacer algo.

prolongation [prɔlɔ̃gasjɔ̃] *nf* prolongación *f*. ❑ **prolongations** *nfpl (SPORT)* prórroga *f*.

prolongement [prɔlɔ̃ʒmɑ̃] *nm* prolongación *f*; **dans le ~ de** en la prolongación de.

prolonger [prɔlɔ̃ʒe] *vt* prolongar. ❑ **se prolonger** *vp* prolongarse.

promenade [prɔmnad] *nf* paseo *m*; **faire une ~** dar un paseo.

promener [prɔmne] *vt* pasear. ❑ **se promener** *vp* pasearse.

promesse [prɔmɛs] *nf* promesa *f*.

promettre [prɔmɛtr] *vt*: **~ qqch à qqn** prometer algo a alguien; **~ à qqn de faire qqch** prometer a alguien hacer algo; **c'est promis** prometido; **ça promet!** *(fam)* ¡empezamos bien!

promis, -e [prɔmi, iz] *pp* → **promettre**.

promotion [prɔmɔsjɔ̃] *nf (dans un emploi)* ascenso *m*; *(COMM)* promoción *f*; **en ~** en oferta.

pronom [prɔnɔ̃] *nm* pronombre *m*.

prononcer [prɔnɔ̃se] *vt* pronunciar. ❑ **se prononcer** *vp (mot)* pronunciarse.

prononciation [prɔnɔ̃sjasjɔ̃] *nf* pronunciación *f*.

pronostic [prɔnɔstik] *nm* pronóstico *m*.

propagande [prɔpagɑ̃d] *nf* propaganda *f*.

propager [prɔpaʒe] *vt* propagar. ❑ **se propager** *vp* propagarse.

prophétie [prɔfesi] *nf* profecía *f*.

propice [prɔpis] *adj* propicio(-cia).

proportion [prɔpɔrsjɔ̃] *nf* proporción *f*.

proportionnel, **-elle** [prɔpɔrsjɔnɛl] *adj*: **~ à** proporcional a.

propos [prɔpo] *nmpl* palabras *fpl*. ◆ *nm*: **à ~,...** a propósito,...; **à ~ de** a propósito de.

proposer [prɔpoze] *vt* proponer; **~ à qqn de faire qqch** proponer a alguien hacer algo.

proposition [prɔpozisjɔ̃] *nf* proposición *f*.

propre [prɔpr] *adj (linge, pièce)* limpio(-pia); *(sens)* propio(-pia); **avec ma ~ voiture** con mi propio coche.

proprement [prɔprəmɑ̃] *adv* decentemente; **à ~ parler** propiamente dicho.

propreté [prɔprəte] *nf* limpieza *f*.

propriétaire [prɔprijetɛr] *nmf* propietario *m* (-ria *f*).

propriété [prɔprijete] *nf* propiedad *f*; **'~ privée'** 'propiedad privada'.

prose [proz] *nf* prosa *f*.

prospectus [prɔspɛktys] *nm* prospecto *m*.

prospère [prɔspɛr] *adj* próspero(-ra).

prostituée [prɔstitɥe] *nf* prostituta *f*.

protection [prɔtɛksjɔ̃] *nf* protección *f*.

protège-cahier, **-s** [prɔtɛʒkaje] *nm* forro *m*.

protéger [prɔteʒe] *vt* proteger; **~ qqn de** OU **contre qqch** proteger a alguien de OU contra algo. ❑ **se protéger de** *vp + prép* protegerse de.

protestant, **-e** [prɔtɛstɑ̃, ɑ̃t] *adj* & *nm, f* protestante.

protester [prɔtɛste] *vi* protestar.

prothèse [prɔtɛz] *nf* prótesis *f*.

prototype [prɔtɔtip] *nm* prototipo *m*.

prouesse [pruɛs] *nf* proeza *f*.

prouver [pruve] *vt* probar.

provenance [prɔvnɑ̃s] *nf* procedencia *f*; **en ~ de** procedente de.

provençal, **-e**, **-aux** [prɔvɑ̃sal, o] *adj* provenzal.

Provence [prɔvɑ̃s] *nf*: **la ~** la Provenza.

provenir [prɔvnir]: **provenir de** *v + prép* proceder de.

proverbe [prɔvɛrb] *nm* proverbio *m*.

province [prɔvɛ̃s] *nf* región *f*; **en ~** en provincias.

provincial, **-e**, **-aux** [prɔvɛ̃sjal, o] *adj* de provincias. ◆ *nm*: **le ~** *(Can) gobierno de una provincia*.

proviseur [prɔvizœr] *nm* director *m* (-ra *f*) (de instituto).

provisions [prɔvizjɔ̃] *nfpl* provisiones *fpl*.

provisoire [prɔvizwar] *adj* provisional.

provocant, **-e** [prɔvɔkɑ̃, ɑ̃t] *adj* provocador(-ra).

provoquer [prɔvɔke] *vt* provocar.

proximité [prɔksimite] *nf*: **à ~ (de)** cerca (de).

prudemment [prydamɑ̃] *adv* prudentemente.

prudence [prydɑ̃s] *nf* prudencia *f*; **avec ~** con prudencia.

prudent, -e [prydɑ̃, ɑ̃t] *adj* prudente.

prune [pryn] *nf* ciruela *f*.

pruneau, -x [pryno] *nm* ciruela *f* pasa.

PS *nm (abr de post-scriptum)* PD; *(abr de parti socialiste) partido socialista francés*.

psychanalyste [psikanalist] *nmf* psicoanalista *mf*.

psychiatre [psikjatr] *nmf* psiquiatra *mf*.

psychologie [psikɔlɔʒi] *nf* psicología *f*.

psychologique [psikɔlɔʒik] *adj* psicológico(-ca).

psychologue [psikɔlɔg] *nmf* psicólogo *m* (-ga *f*).

PTT *nfpl antigua denominación de la administración de Correos y Telefónica en Francia*.

pu [py] *pp* → **pouvoir**.

pub[1] [pœb] *nm* pub *m*.

pub[2] [pyb] *nf (fam)* anuncio *m*.

public, -ique [pyblik] *adj* público(-ca). ◆ *nm* público *m*; **en ~** en público.

publication [pyblikasjɔ̃] *nf* publicación *f*.

publicitaire [pyblisitɛr] *adj* publicitario(-ria).

publicité [pyblisite] *nf* publicidad *f*.

publier [pyblije] *vt* publicar.

puce [pys] *nf* pulga *f*; *(INFORM)* chip *m*.

pudding [pudiŋ] = **pouding**.

pudique [pydik] *adj* púdico(-ca).

puer [pɥe] *vi* apestar. ◆ *vt* apestar a.

puéricultrice [pɥerikyltris] *nf* puericultora *f*.

puéril, -e [pɥeril] *adj* pueril.

puis [pɥi] *adv* después.

puisque [pɥiskə] *conj* ya que.

puissance [pɥisɑ̃s] *nf* potencia *f*; *(pouvoir)* poder *m*.

puissant, -e [pɥisɑ̃, ɑ̃t] *adj (influent)* poderoso(-sa); *(fort)* potente.

puisse, *etc* → **pouvoir**.

puits [pɥi] *nm* pozo *m*.

pull(-over), -s [pyl(ɔvɛr)] *nm* jersey *m*.

pulpe [pylp] *nf* pulpa *f*.

pulsation [pylsasjɔ̃] *nf* pulsación *f*.

pulvérisateur [pylverizatœr] *nm* pulverizador *m*.

pulvériser [pylverize] *vt* pulverizar.

punaise [pynɛz] *nf (insecte)* chinche *f*; *(clou)* chincheta *f*.

punch[1] [pɔ̃ʃ] *nm (boisson)* ponche *m*.

punch[2] [pœnʃ] *nm (fam: énergie)* marcha *f*.

punir [pynir] *vt* castigar.

punition [pynisjɔ̃] *nf* castigo *m*.

pupille [pypij] *nf (de l'œil)* pupila *f*.

pupitre [pypitr] *nm (bureau)* pupitre *m*; *(à musique)* atril *m*.

pur, -e [pyr] *adj* puro(-ra).

purée [pyre] *nf* puré *m*; ~ **(de pommes de terre)** puré (de patatas).

pureté [pyrte] *nf* pureza *f*.

purger [pyrʒe] *vt* purgar.

purifier [pyrifje] *vt* purificar.

pur-sang [pyrsɑ̃] *nm inv* pura sangre *m*.

pus [py] *nm* pus *m*.

puzzle [pœzl] *nm* rompecabezas *m*.

PV *nm (abr de procès-verbal)* multa *f*.

PVC *nm* PVC *m*.

pyjama [piʒama] *nm* pijama *m*.

pylône [pilon] *nm* pilón *m*.

pyramide [piramid] *nf* pirámide *f*.

Pyrénées [pirene] *nfpl*: **les** ~ los Pirineos.

Pyrex® [pireks] *nm* pírex *m*.

Q

QI *nm (abr de quotient intellectuel)* coeficiente *m* intelectual.

qu' → **que**.

quadrillé, -e [kadrije] *adj* cuadriculado(-da).

quadruple [k(w)adrypl] *nm*: **le** ~ **(de)** el cuádruple (de).

quai [kɛ] *nm (de port)* muelle *m*; *(de gare)* andén *m*.

qualification [kalifikasjɔ̃] *nf* calificación *f*.

qualifié, -e [kalifje] *adj* cualificado(-da).

qualifier [kalifje] *vt*: ~ **qqch/qqn de** calificar algo/a alguien de. ❑ **se qualifier** *vp* calificarse.

qualité [kalite] *nf* calidad *f*; **de (bonne)** ~ de (buena) calidad.

quand [kɑ̃] *conj* -1. *(gén)* cuando.
-2. *(dans des expressions)*: ~ **même** *(malgré tout)* a pesar de todo; ~ **même!** *(enfin)* ¡por fin!; *(exprime l'indignation)*: ~ **même, tu es un peu gonflé!** *(fam)* ¡tienes un poco de cara! ¿no?
◆ *adv* cuándo; **je me demande** ~ **il va arriver** me pregunto cuándo va a llegar.

quant [kɑ̃]: **quant à** *prép* en cuanto a.

quantité [kɑ̃tite] *nf* cantidad *f*; **une** ~ OU **des** ~**s de** cantidad de.

quarantaine [karɑ̃tɛn] *nf (isolement)* cuarentena *f*; **une** ~ **(de)** unos cuarenta; **avoir la** ~ tener la cuarentena.

quarante [karɑ̃t] *num* cuarenta, → **six**.

quarantième [karɑ̃tjɛm] *num* cuadragésimo(-ma), → **sixième**.

quart [kar] *nm* cuarto *m*; **cinq heures et** ~ las cinco y cuarto; **cinq heures moins le** ~ las cinco menos cuarto; **un** ~ **d'heure** un cuarto de hora.

quartier [kartje] *nm (d'une ville)* barrio *m*; *(de viande)* trozo *m*; *(d'orange)* gajo *m*.

QUARTIER LATIN

Este barrio de la orilla izquierda del Sena es el lugar en el que se concentran los estudiantes de París. Se situa entre los distritos quinto y sexto y en su centro se halla la Sorbona. Además de las facultades y de los importantes liceos son famosas sus librerías y bibliotecas así como sus "cafés" y cines.

quartz [kwarts] *nm* cuarzo *m*; **montre à ~** reloj de cuarzo.

quasiment [kazimɑ̃] *adv* casi, prácticamente.

quatorze [katɔrz] *num* catorce, → **six**.

quatorzième [katɔrzjɛm] *num* decimocuarto(-ta), → **sixième**.

quatre [katr] *num* cuatro; **monter les escaliers ~ à ~** subir las escaleras de cuatro en cuatro; **à ~ pattes** a cuatro patas, → **six**.

quatre-quarts [katkar] *nm inv bizcocho compuesto de cuatro ingredientes a partes iguales*.

quatre-quatre [kat(re)katr] *nm inv* cuatro *m* por cuatro.

quatre-vingt [katrəvɛ̃] = **quatre-vingts**.

quatre-vingt-dix [katrəvɛ̃dis] *num* noventa, → **six**.

quatre-vingt-dixième [katrəvɛ̃dizjɛm] *num* nonagésimo(-ma), → **sixième**.

quatre-vingtième [katrəvɛ̃tjɛm] *num* octogésimo(-ma), → **sixième**.

quatre-vingts [katrəvɛ̃] *num* ochenta, → **six**.

quatrième [katrijɛm] *num* cuarto(-ta). ◆ *nf (SCOL)* ≃ octavo *m* de EGB; *(vitesse)* cuarta *f*, → **sixième**.

que [kə] *conj* **-1.** *(introduit une subordonnée)* que; **voulez-vous ~ je ferme la fenêtre?** ¿quiere que cierre la ventana?; **je sais ~ tu es là** sé que estás ahí.
-2. *(exprime une restriction)*: **je n'ai qu'une sœur** no tengo más que una hermana.
-3. *(dans une comparaison)* → **aussi, autant, même, moins, plus**.
-4. *(exprime l'hypothèse)*: **~ nous partions aujourd'hui ou demain...** que nos vayamos hoy o mañana...
-5. *(remplace une autre conjonction)*: **comme il pleut et ~ je n'ai pas de parapluie...** como llueve y no tengo paraguas...
◆ *pron relatif* **-1.** *(désigne une personne)* (al) que, (a la) que; **la personne ~ vous voyez là-bas** la persona que ve allí.
-2. *(désigne une chose)* que; **le train ~ nous prenons part dans 10 minutes** el tren que cogemos sale dentro de 10 minutos; **les livres qu'il m'a prêtés** los libros que me ha prestado.
◆ *pron interrogatif* qué; **qu'a-t-il dit?, qu'est-ce qu'il a dit?** ¿qué ha dicho?; **qu'est-ce qui ne va pas?** ¿qué ocurre?; **je ne sais plus ~ faire** ya no sé qué hacer.

◆ *adv (dans une exclamation)*: ~ **c'est beau!**, **qu'est-ce ~ c'est beau!** ¡qué bonito!

Québec [kebɛk] *nm*: **le ~** Quebec.

québécois, -e [kebekwa, az] *adj* quebequés(-esa). ❑ **Québécois, -e** *nm, f* quebequés *m* (-esa *f*).

quel, quelle [kɛl] *adj* **-1.** *(interrogatif)* qué; *(parmi plusieurs)* cuál; **~s amis comptez-vous aller voir?** ¿(a) qué amigos vais a ver?; **quelle heure est-il?** ¿qué hora es?; **~ est ton vin préféré?** ¿cuál es tu vino favorito?; **quelle est la vendeuse qui vous a conseillé?** ¿cuál es la vendedora que le aconsejó?
-2. *(exclamatif)* qué; **~ beau temps!** ¡qué buen tiempo!
-3. *(avec «que»)*: **tous les Français ~s qu'ils soient** todos los franceses, sean quienes sean; **~ que soit le menu, il est toujours content** sea cual sea el menú, siempre está contento.
◆ *pron (interrogatif)* ¿cuál?; **~ est le plus intéressant des deux musées?** ¿cuál de los dos museos es el más interesante?

quelconque [kɛlkɔ̃k] *adj* cualquiera.

quelque [kɛlk(ə)] *adj* **-1.** *(un peu de)* alguno(-na); **dans ~ temps** dentro de algún tiempo.
-2. *(avec «que»)* sea cual sea; **~ route que je prenne** sea cual sea la carretera que coja.
❑ **quelques** *adj* **-1.** *(plusieurs)* algunos(-nas); **j'ai ~s lettres à écrire** tengo que escribir algunas cartas.
-2. *(dans des expressions)*: **200 F et ~s** 200 francos y pico; **il est midi et ~s** son las doce y pico.

quelque chose [kɛlkəʃoz] *pron* algo; **il y a ~ de bizarre** hay algo raro.

quelquefois [kɛlkəfwa] *adv* a veces.

quelque part [kɛlkəpar] *adv* por alguna parte.

quelques-uns, quelques-unes [kɛlkəzœ̃, kɛlkəzyn] *pron* algunos(-nas).

quelqu'un [kɛlkœ̃] *pron* alguien.

qu'en-dira-t-on [kɑ̃diratɔ̃] *nm inv*: **le ~** el qué dirán.

quenelle [kənɛl] *nf rulo de pescado o pollo picados con huevos y nata.*

quereller [kərele]: **se quereller** *vp* disputarse.

qu'est-ce que [kɛskə] → **que.**

qu'est-ce qui [kɛski] → **que.**

question [kɛstjɔ̃] *nf (interrogation)* pregunta *f*; *(sujet)* cuestión *f*; **l'affaire en ~** el asunto en cuestión; **il est ~ de qqch** se trata de algo; **il est ~ de faire qqch** es cuestión de hacer algo; **(il n'en est) pas ~!** ¡ni hablar!; **remettre qqch en ~** poner algo en duda.

questionnaire [kɛstjɔnɛr] *nm* cuestionario *m*.

questionner [kɛstjɔne] *vt* interrogar.

quête [kɛt] *nf (d'argent)* colecta *f*; **faire la ~** hacer una colecta.

quêter [kete] *vi* colectar.

quetsche [kwɛtʃ] *nf* ciruela *f* damascena.

queue [kø] *nf* cola *f*; **faire la ~** hacer cola; **à la ~ leu leu** en fila india; **faire une ~ de poisson à qqn** cerrar a alguien.

queue-de-cheval [kødʃəval] (*pl* **queues-de-cheval**) *nf* cola *f* de caballo.

qui [ki] *pron relatif* -1. *(sujet)* que; **les passagers ~ doivent changer d'avion** los pasajeros que tengan que hacer un transbordo; **la route ~ mène à Bordeaux** la carretera que conduce a Burdeos.
-2. *(complément d'objet direct, indirect)* quien; **tu vois ~ je veux dire** ves a quien me refiero; **invite ~ tu veux** invita a quien quieras; **la personne à ~ j'ai parlé** la persona con quien he hablado.
-3. *(quiconque)*: **~ que ce soit** quienquiera que sea.
-4. *(dans des expressions)*: **~ plus est** encima.
◆ *pron interr* quién; **~ êtes-vous?** ¿quién es usted?; **je voudrais savoir ~ viendra** me gustaría saber quién vendrá; **~ demandez-vous?**, **~ est-ce que vous demandez?** ¿por quién pregunta?; **dites-moi ~ vous demandez** dígame por quién pregunta; **à ~ dois-je m'adresser?** ¿a quién debo dirigirme?

quiche [kiʃ] *nf*: **~ (lorraine)** *pastel salado a base de hojaldre, huevos y trocitos de panceta.*

quiconque [kikɔ̃k] *pron* cualquiera que.

quille [kij] *nf (de jeu)* bolo *m*; *(d'un bateau)* quilla *f*.

quincaillerie [kɛ̃kajri] *nf (boutique)* ferretería *f*.

quinte [kɛ̃t] *nf*: **~ de toux** ataque *m* de tos.

quintuple [kɛ̃typl] *nm* quíntuplo *m*; **le ~ (de)** el quíntuplo (de).

quinzaine [kɛ̃zɛn] *nf (deux semaines)* quincena *f*; **une ~ (de)** una quincena (de).

quinze [kɛ̃z] *num* quince, → **six**.

quinzième [kɛ̃zjɛm] *num* decimoquinto(-ta), → **sixième**.

quiproquo [kiprɔko] *nm* equivoco *m*.

quittance [kitɑ̃s] *nf* recibo *m*.

quitte [kit] *adj*: **être ~ (envers qqn)** estar en paz (con alguien); **~ à y aller en taxi** aunque tengamos que ir en taxi.

quitter [kite] *vt (un lieu)* irse de; *(une personne)* dejar; **ne quittez pas** *(au téléphone)* no cuelgue. ❑ **se quitter** *vp* separarse.

quoi [kwa] *pron interr* -1. *(gén)* qué; **c'est ~?** *(fam)* ¿qué es?; **~ de neuf?** ¿qué tal?; **je ne sais pas ~ dire** no sé qué decir; **à ~ penses-tu?** ¿en qué piensas?; **à ~ bon?** ¿para qué?
-2. *(fam: exclamatif)*: **allez, ~!** ¡venga, hombre!
-3. *(dans des expressions)*: **tu viens ou ~?** *(fam)* ¿vienes o qué?; **~ qu'il dise** diga lo que; **~ qu'il en soit** como quiera que sea.
◆ *pron relatif (après préposition)*: **sans ~** si no; **ce à ~ je pense** lo que estoy pensando; **avoir de ~ manger/vivre** tener de qué comer/vivir; **avez-vous de ~ écrire?** ¿tiene

con qué escribir?; **merci - il n'y a pas de ~** gracias - no hay de qué.
quoique [kwakə] *conj* aunque.
quotidien, -enne [kɔtidjɛ̃, ɛn] *adj* diario(-ria). ◆ *nm* diario *m*.
quotient [kɔsjɑ̃] *nm* cociente *m*; **~ intellectuel** coeficiente *m* intelectual.

R

rabâcher [rabaʃe] *vt* machacar.
rabais [rabɛ] *nm* descuento *m*.
rabaisser [rabɛse] *vt* rebajar.
rabat [raba] *nm (de poche)* cartera *f*; *(d'enveloppe)* solapa *f*.
rabat-joie [rabajwa] *nm inv* aguafiestas *m inv*.
rabattre [rabatr] *vt (replier)* plegar; *(gibier)* ojear. ❑ **se rabattre** *vp (automobiliste)* cerrarse; **se ~ sur** *(choisir)* conformarse con.
rabbin [rabɛ̃] *nm* rabino *m*.
rabot [rabo] *nm* cepillo *m (de carpintería)*.
raboter [rabɔte] *vt* cepillar *(madera)*.
rabougri, -e [rabugri] *adj* desmedrado(-da).
raccommoder [rakɔmɔde] *vt* zurcir.
raccompagner [rakɔ̃paɲe] *vt* acompañar.
raccord [rakɔr] *nm (de tuyau)* empalme *m*; *(de papier peint)* unión *f*.
raccourci [rakursi] *nm* atajo *m*.
raccourcir [rakursir] *vt* acortar. ◆ *vi* acortarse.
raccrocher [rakrɔʃe] *vt (tableau)* volver a colgar; *(remorque)* volver a enganchar. ◆ *vi (au téléphone)* colgar.
race [ras] *nf* raza *f*; **de ~** de raza.
racheter [raʃte] *vt* comprar más; **~ qqch à qqn** comprar algo a alguien.
racial, -e, -aux [rasjal, o] *adj* racial.
racine [rasin] *nf* raíz *f*; **~ carrée** raíz cuadrada.
racisme [rasism] *nm* racismo *m*.
raciste [rasist] *adj* racista.
racket [rakɛt] *nm* extorsión *f*.
racler [rakle] *vt* raspar. ❑ **se racler** *vp*: **se ~ la gorge** aclararse la garganta.
raclette [raklɛt] *nf plato típico suizo a base de queso fundido.*
racontars [rakɔ̃tar] *nmpl (fam)* chismes *mpl*.
raconter [rakɔ̃te] *vt* contar; **~ qqch à qqn** contar algo a alguien; **~ à qqn que** contar a alguien que.
radar [radar] *nm* radar *m*.
radeau, -x [rado] *nm* balsa *f*.
radiateur [radjatœr] *nm* radiador *m*.
radiations [radjasjɔ̃] *nfpl* radiaciones *fpl*.
radical, -e, -aux [radikal, o] *adj* & *nm* radical.
radieux, -euse [radjø, øz] *adj* radiante.
radin, -e [radɛ̃, in] *adj* tacaño(-ña).

radio [radjo] *nf* radio *f*; *(MÉD)* radiografía *f*; **à la ~** en la radio.

radioactif, -ive [radjɔaktif, iv] *adj* radioactivo(-va).

radiocassette [radjɔkasɛt] *nf* radiocasete *m*.

radiographie [radjɔgrafi] *nf* radiografía *f*.

radiologue [radjɔlɔg] *nmf* radiólogo *m* (-ga *f*).

radio-réveil [radjɔrevɛj] (*pl* **radios-réveils**) *nm* radio despertador *m*.

radis [radi] *nm* rábano *m*.

radoter [radɔte] *vi* chochear.

radoucir [radusir]: **se radoucir** *vp* suavizarse.

rafale [rafal] *nf* ráfaga *f*.

raffermir [rafɛrmir] *vt* fortalecer.

raffiné, -e [rafine] *adj* refinado(-da).

raffinement [rafinmɑ̃] *nm* refinamiento *m*.

raffinerie [rafinri] *nf* refinería *f*.

raffoler [rafɔle]: **raffoler de** *v + prép* volverse loco(-ca) por.

rafler [rafle] *vt (fam: emporter)* arramblar con.

rafraîchir [rafrɛʃir] *vt* refrescar. ❑ **se rafraîchir** *vp (boire)* tomar algo fresco; *(temps)* refrescar.

rafraîchissant, -e [rafrɛʃisɑ̃, ɑ̃t] *adj* refrescante.

rafraîchissement [rafrɛʃismɑ̃] *nm* refresco *m*.

rage [raʒ] *nf* rabia *f*; **~ de dents** dolor *m* de muelas.

ragots [rago] *nmpl (fam)* cotilleos *mpl*.

ragoût [ragu] *nm* ragú *m*.

raide [rɛd] *adj (cheveux)* lacio(-cia); *(personne, démarche)* rígido(-da); *(pente)* empinado(-da). ◆ *adv*: **tomber ~ mort** caer fulminado.

raidir [rɛdir] *vt* endurecer. ❑ **se raidir** *vp* ponerse tieso(-sa).

raie [rɛ] *nf* raya *f*.

rails [raj] *nmpl* raíles *mpl*.

rainure [rɛnyr] *nf* ranura *f*.

raisin [rɛzɛ̃] *nm* uva *f*; **~s secs** uvas pasas.

raison [rɛzɔ̃] *nf* razón *f*; **à ~ de** a razón de; **avoir ~** tener razón; **tu as ~ de venir** haces bien en venir; **en ~ de** con motivo de.

raisonnable [rɛzɔnabl] *adj* razonable.

raisonnement [rɛzɔnmɑ̃] *nm* razonamiento *m*.

raisonner [rɛzɔne] *vi* razonar. ◆ *vt* hacer entrar en razón.

rajeunir [raʒœnir] *vi* rejuvenecer. ◆ *vt (faire paraître plus jeune)* rejuvenecer; *(attribuer un âge moindre)* echar menos años.

rajouter [raʒute] *vt* añadir.

ralenti [ralɑ̃ti] *nm (d'un moteur)* ralentí *m*; *(au cinéma)* cámara *f* lenta; **au ~** *(fonctionner)* al ralentí; *(passer une scène)* a cámara lenta.

ralentir [ralɑ̃tir] *vt* ralentizar. ◆ *vi* ir más despacio.

râler [rale] *vi* gruñir.

rallonge [ralɔ̃ʒ] *nf (de table)* larguero *m*; *(électrique)* alargador *m*.

rallonger [ralɔ̃ʒe] *vt* alargar. ◆ *vi* alargarse.
rallumer [ralyme] *vt* volver a encender.
rallye [rali] *nm* rally *m*.
RAM [ram] *nf inv* RAM *f inv*.
ramadan [ramadɑ̃] *nm* ramadán *m*.
ramassage [ramasaʒ] *nm*: ~ **scolaire** transporte *m* escolar.
ramasser [ramase] *vt* recoger.
rambarde [rɑ̃bard] *nf* barandilla *f* (de protección).
rame [ram] *nf (aviron)* remo *m*; *(de métro)* tren *m*.
ramener [ramne] *vt (raccompagner)* llevar; *(amener de nouveau)* volver a llevar.
ramequin [ramkɛ̃] *nm recipiente de cerámica utilizado para cocinar en el horno*; *(CULIN)* pastelillo *m* de queso.
ramer [rame] *vi* remar.
ramollir [ramɔlir] *vt* ablandar. ❑ **se ramollir** *vp* ablandarse.
ramoner [ramɔne] *vt* deshollinar.
rampe [rɑ̃p] *nf (d'escalier)* barandilla *f*; *(d'accès)* rampa *f*.
ramper [rɑ̃pe] *vi (animal)* reptar; *(persona)* arrastrarse.
rampon [rɑ̃pɔ̃] *nm (Helv)* milamores *f inv*.
rance [rɑ̃s] *adj* rancio(-cia).
ranch [rɑ̃tʃ] (*pl* **-s** OU **-es**) *nm* rancho *m*.
rançon [rɑ̃sɔ̃] *nf* rescate *m*.
rancune [rɑ̃kyn] *nf* rencor *m*; **sans ~!** ¡sin rencor!
rancunier, **-ère** [rɑ̃kynje, ɛr] *adj* rencoroso(-sa).
randonnée [rɑ̃dɔne] *nf* paseo *m*; ~ **pédestre** marcha *f*.
rang [rɑ̃] *nm (rangée)* fila *f*; *(place)* posición *f*; **se mettre en ~s** ponerse en fila.
rangé, **-e** [rɑ̃ʒe] *adj* ordenado(-da).
rangée [rɑ̃ʒe] *nf* fila *f*.
rangement [rɑ̃ʒmɑ̃] *nm (d'une chambre, de vêtements)* arreglo *m*; *(placard)* alacena *f*.
ranger [rɑ̃ʒe] *vt* ordenar. ❑ **se ranger** *vp (en voiture)* echarse a un lado.
ranimer [ranime] *vt (blessé)* reanimar; *(feu)* avivar.
rap [rap] *nm* rap *m*.
rapace [rapas] *nm* rapaz *f*.
rapatrier [rapatrije] *vt* repatriar.
râpe [rap] *nf* rallador *m*; *(Helv: fam: avare)* tacaño *m* (-ña *f*).
râper [rape] *vt* rallar.
rapetisser [raptise] *vi* reducir de tamaño.
râpeux, **-euse** [rapø, øz] *adj* áspero(-ra).
raphia [rafja] *nm* rafia *f*.
rapide [rapid] *adj* rápido(-da).
rapidement [rapidmɑ̃] *adv* rápidamente.
rapidité [rapidite] *nf* rapidez *f*.
rapiécer [rapjese] *vt* remendar.
rappel [rapɛl] *nm (de paiement)* advertencia *f*; **'rappel'** 'recuerde'.
rappeler [raple] *vt (faire revenir)* llamar; *(au téléphone)* volver a llamar; ~ **qqch à qqn** recordar algo a

alguien. ❑ **se rappeler** *vp* acordarse.

rapport [rapɔr] *nm (compte-rendu)* informe *m*; *(point commun)* conexión *f*; *(relation)* relación *f*; **par ~ à** con relación a.

rapporter [rapɔrte] *vt (rendre)* devolver; *(argent, avantage)* reportar. ◆ *vi (être avantageux)* reportar; *(répéter)* chivarse. ❑ **se rapporter à** *vp + prép* referirse a.

rapporteur, **-euse** [rapɔrtœr, øz] *nm, f* chivato *m* (-ta *f*). ◆ *nm (MATH)* transportador *m* (de ángulos).

rapprocher [raprɔʃe] *vt* acercar. ❑ **se rapprocher** *vp* acercarse; **se ~ de** *(dans l'espace)* acercarse de; *(affectivement)* acercarse a.

raquette [rakɛt] *nf* raqueta *f*.

rare [rar] *adj* raro(-ra).

rarement [rarmɑ̃] *adv* raramente.

ras, **-e** [ra, raz] *adj* raso(-sa). ◆ *adv*: **(à) ~** al raso; **au ~ de** a ras de; **à ~ bord** hasta el borde; **en avoir ~ le bol** estar hasta las narices.

raser [raze] *vt (barbe, personne)* afeitar; *(frôler)* rozar. ❑ **se raser** *vp* afeitarse.

rasoir [razwar] *nm* maquinilla *f* de afeitar; **~ électrique** maquinilla eléctrica.

rassasié, **-e** [rasazje] *adj* saciado(-da).

rassembler [rasɑ̃ble] *vt* juntar. ❑ **se rassembler** *vp* juntarse.

rasseoir [raswar]: **se rasseoir** *vp* volverse a sentar.

rassis, **-e** [rasi, iz] *pp* → **rasseoir**. ◆ *adj (pain)* duro(-ra).

rassurant, **-e** [rasyrɑ̃, ɑ̃t] *adj* tranquilizador(-ra).

rassurer [rasyre] *vt* tranquilizar.

rat [ra] *nm* rata *f*.

ratatiné, **-e** [ratatine] *adj* arrugado(-da).

ratatouille [ratatuj] *nf* ≃ pisto *m*.

râteau, **-x** [rato] *nm* rastrillo *m*.

rater [rate] *vt (cible)* fallar; *(examen)* suspender; *(train)* perder. ◆ *vi* fracasar.

ration [rasjɔ̃] *nf* ración *f*.

rationnel, **-elle** [rasjɔnɛl] *adj* racional.

ratisser [ratise] *vt* pasar el rastrillo.

RATP *nf Compañía de transportes de París*, ≃ EMT *f*.

rattacher [rataʃe] *vt*: **~ qqch à** *(attacher)* volver a atar algo a; *(relier)* vincular algo a.

rattrapage [ratrapaʒ] *nm (SCOL)* recuperación *f*.

rattraper [ratrape] *vt* atrapar; *(retard)* recuperar. ❑ **se rattraper** *vp (se retenir)* agarrarse; *(d'une erreur)* corregirse; *(sur le temps perdu)* recuperar.

rature [ratyr] *nf* tachadura *f*.

rauque [rok] *adj* ronco(-ca).

ravages [ravaʒ] *nmpl*: **faire des ~** hacer estragos.

ravaler [ravale] *vt (façade)* restaurar.

ravi, **-e** [ravi] *adj* encantado(-da).

ravin [ravɛ̃] *nm* barranco *m*.
ravioli(s) [ravjɔli] *nmpl* raviolis *mpl*.
raviser [ravize]: **se raviser** *vp* cambiar de opinión.
ravissant, -e [ravisɑ̃, ɑ̃t] *adj* encantador(-ra).
ravisseur, -euse [ravisœr, øz] *nm, f* secuestrador *m* (-ra *f*).
ravitaillement [ravitajmɑ̃] *nm (action)* abastecimiento *m*; *(provisions)* provisiones *fpl*.
ravitailler [ravitaje] *vt* abastecer.
rayé, -e [rɛje] *adj (tissu)* de OU a rayas; *(disque, verre)* rayado(-da).
rayer [rɛje] *vt (abîmer)* rayar; *(barrer)* tachar.
rayon [rɛjɔ̃] *nm (de soleil, de lumière)* rayo *m*; *(d'un cercle, d'une roue)* radio *m*; **~s X** rayos X.
rayonnage [rɛjɔnaʒ] *nm* estantería *f*.
rayonner [rɛjɔne] *vi (visage, personne)* irradiar; **~ autour de** *(ville)* moverse por los alrededores de.
rayure [rɛjyr] *nf* raya *f*; **à ~s** de rayas.
raz(-)de(-)marée [radmare] *nm inv* maremoto *m*.
réacteur [reaktœr] *nm* reactor *m*.
réaction [reaksjɔ̃] *nf* reacción *f*.
réagir [reaʒir] *vi* reaccionar.
réalisateur, -trice [realizatœr, tris] *nm, f* realizador *m* (-ra *f*).
réaliser [realize] *vt* realizar; *(comprendre)* darse cuenta. ❑ **se réaliser** *vp* realizarse.
réaliste [realist] *adj* realista.
réalité [realite] *nf* realidad *f*; **en ~** en realidad; **~ virtuelle** realidad virtual.
réanimation [reanimasjɔ̃] *nf* reanimación *f*.
rebeller [rəbɛle]: **se rebeller** *vp* rebelarse.
rebondir [rəbɔ̃dir] *vi* rebotar.
rebondissement [rəbɔ̃dismɑ̃] *nm (d'une affaire)* novedad *f*.
rebord [rəbɔr] *nm* borde *m*.
reboucher [rəbuʃe] *vt* tapar.
rebrousse-poil [rəbruspwal]: **à rebrousse-poil** *adv* a contrapelo.
rebrousser [rəbruse] *vt*: **~ chemin** volverse (atras).
rébus [rebys] *nm* jeroglífico *m*.
récapituler [rekapityle] *vt* recapitular.
récemment [resamɑ̃] *adv* recientemente.
recensement [rəsɑ̃smɑ̃] *nm* censo *m*.
récent, -e [resɑ̃, ɑ̃t] *adj* reciente.
récépissé [resepise] *nm* resguardo *m*.
récepteur [resɛptœr] *nm* receptor *m*.
réception [resɛpsjɔ̃] *nf* recepción *f*.
réceptionniste [resɛpsjɔnist] *nmf* recepcionista *mf*.
recette [rəsɛt] *nf (de cuisine)* receta *f*; *(argent gagné)* ingresos *mpl*.
receveur [rəsəvœr] *nm*: **~ des postes** jefe *m* de correos.

recevoir [rəsəvwar] *vt* recibir; *(candidat)* aprobar.

rechange [rəʃɑ̃ʒ]: **de rechange** *adj* de recambio.

recharge [rəʃarʒ] *nf* recambio *m*.

rechargeable [rəʃarʒabl] *adj* recargable.

recharger [rəʃarʒe] *vt* recargar.

réchaud [reʃo] *nm* hornillo *m*; ~ **à gaz** hornillo de gas.

réchauffer [reʃofe] *vt* calentar. ❑ **se réchauffer** *vp* calentarse; **se ~ les mains** calentarse las manos.

recherche [rəʃɛrʃ] *nf (scientifique)* investigación *m*; **faire des ~s** *(pour un travail scolaire)* documentarse; **être à la ~ de** estar en busca de.

rechercher [rəʃɛrʃe] *vt* buscar.

rechute [rəʃyt] *nf* recaída *f*.

rechuter [rəʃyte] *vi* recaer.

récif [resif] *nm* arrecife *m*.

récipient [resipjɑ̃] *nm* recipiente *m*.

réciproque [resiprɔk] *adj* recíproco(-ca).

récit [resi] *nm* narración *f*.

récital [resital] *nm* recital *m*.

récitation [resitasjɔ̃] *nf* recitación *f*.

réciter [resite] *vt* recitar.

réclamation [reklamasjɔ̃] *nf* reclamación *f*.

réclame [reklam] *nf* reclamo *m*, reclame *m (Amér)*.

réclamer [reklame] *vt* & *vi* reclamar.

recoiffer [rəkwafe]: **se recoiffer** *vp* volver a peinarse.

recoin [rəkwɛ̃] *nm* rincón *m*.

recoller [rəkɔle] *vt* volver a pegar.

récolte [rekɔlt] *nf* cosecha *f*.

récolter [rekɔlte] *vt* cosechar.

recommandation [rəkɔmɑ̃dasjɔ̃] *nf* recomendación *f*.

recommandé, -e [rəkɔmɑ̃de] *adj (lettre, paquet)* certificado(-da). ◆ *nm*: **envoyer qqch en ~** enviar algo certificado.

recommander [rəkɔmɑ̃de] *vt* recomendar. ❑ **se recommander** *vp (Helv: insister)* insistir.

recommencer [rəkɔmɑ̃se] *vt* volver a empezar. ◆ *vi (spectacle)* reanudarse; **~ à faire qqch** volver a hacer algo.

récompense [rekɔ̃pɑ̃s] *nf* recompensa *f*.

récompenser [rekɔ̃pɑ̃se] *vt* recompensar.

réconcilier [rekɔ̃silje] *vt* reconciliar. ❑ **se réconcilier** *vp* reconciliarse.

reconduire [rəkɔ̃dɥir] *vt* acompañar.

reconduit, -e [rəkɔ̃dɥi, it] *pp* → **reconduire**.

réconforter [rekɔ̃fɔrte] *vt* reconfortar.

reconnaissance [rəkɔnɛsɑ̃s] *nf* reconocimiento *m*.

reconnaissant, -e [rəkɔnɛsɑ̃, ɑ̃t] *adj* agradecido(-da).

reconnaître [rəkɔnɛtr] *vt* reconocer.

reconnu, -e [rəkɔny] *pp* → **reconnaître**.

reconstituer [rəkɔ̃stitɥe] *vt* reconstituir.
reconstruire [rəkɔ̃strɥir] *vt* reconstruir.
reconstruit, -e [rəkɔ̃strɥi, it] *pp* → **reconstruire**.
reconvertir [rəkɔ̃vɛrtir]: **se reconvertir (dans)** *vp (+ prép)* reconvertirse (en).
recopier [rəkɔpje] *vt (brouillon)* pasar a limpio; *(texte)* copiar.
record [rəkɔr] *nm* récord *m*.
recoucher [rəkuʃe]: **se recoucher** *vp* volver a acostarse.
recoudre [rəkudr] *vt* coser.
recourbé, -e [rəkurbe] *adj* encorvado(-da).
recours [rəkur] *nm*: **avoir ~ à** recurrir a.
recouvert, -e [rəkuvɛr, ɛrt] *pp* → **recouvrir**.
recouvrir [rəkuvrir] *vt* recubrir; **~ qqch de** recubrir algo de.
récréation [rekreasjɔ̃] *nf* recreo *m*.
recroqueviller [rəkrɔkvije]: **se recroqueviller** *vp (personne)* acurrucarse; *(feuille)* encogerse.
recruter [rəkryte] *vt* contratar.
rectangle [rɛktɑ̃gl] *nm* rectángulo *m*.
rectangulaire [rɛktɑ̃gylɛr] *adj* rectangular.
rectifier [rɛktifje] *vt* rectificar.
rectiligne [rɛktiliɲ] *adj* rectilíneo(-nea).
recto [rɛkto] *nm* recto *m*.
reçu, -e [rəsy] *pp* → **recevoir**. ◆ *nm* recibo *m*.
recueil [rəkœj] *nm* colección *f*.
recueillir [rəkœjir] *vt (rassembler)* reunir; *(accueillir)* recoger. ❑ **se recueillir** *vp* recogerse.
recul [rəkyl] *nm* retroceso *m*; **prendre du ~** *(pour sauter)* coger carrerilla.
reculer [rəkyle] *vt* echar hacia atrás; *(date)* atrasar. ◆ *vi* retroceder.
reculons [rəkylɔ̃]: **à reculons** *adv* hacia atrás.
récupérer [rekypere] *vt* recuperar. ◆ *vi* recuperarse.
récurer [rekyre] *vt* frotar.
recyclage [rəsiklaʒ] *nm* reciclaje *m*.
recycler [rəsikle] *vt* reciclar.
rédaction [redaksjɔ̃] *nf* redacción *f*.
redescendre [rədesɑ̃dr] *vi* volver a bajar.
redevance [rədəvɑ̃s] *nf* impuesto *m*.
rediffusion [rədifyzjɔ̃] *nf* repetición *f*.
rédiger [rediʒe] *vt* redactar.
redire [rədir] *vt* repetir.
redonner [rədɔne] *vt (rendre)* devolver; *(donner à nouveau)* volver a dar.
redoubler [rəduble] *vt (SCOL)* repetir. ◆ *vi (SCOL)* repetir; *(pluie)* arreciar.
redoutable [rədutabl] *adj* temible.
redouter [rədute] *vt* temer.
redresser [rədrɛse] *vt (relever)* levantar; *(remettre droit)* enderezar. ◆ *vi (conducteur)* enderezar. ❑ **se redresser** *vp* enderezarse.

réduction [redyksjɔ̃] *nf* reducción *f*; *(sur un prix)* descuento *m*.
réduire [redɥir] *vt* reducir; ~ **en miettes** hacer añicos; ~ **qqch en poudre** hacer polvo algo.
réduit, **-e** [redɥi, it] *pp* → **réduire**. ◆ *adj* reducido(-da).
rééducation [reedykasjɔ̃] *nf* rehabilitación *f*.
réel, **-elle** [reɛl] *adj* real.
réellement [reɛlmɑ̃] *adv* realmente.
réexpédier [reɛkspedje] *vt* reexpedir.
refaire [rəfɛr] *vt* rehacer.
refait, **-e** [rəfɛ, ɛt] *pp* → **refaire**.
réfectoire [refɛktwar] *nm* comedor *m*.
référence [referɑ̃s] *nf* referencia *f*; **faire ~ à** hacer referencia a.
référendum [referɛ̃dɔm] *nm* referéndum *m*.
refermer [rəfɛrme] *vt* cerrar. ❑ **se refermer** *vp* cerrarse.
réfléchi, **-e** [refleʃi] *adj (GRAMM)* reflexivo(-va).
réfléchir [refleʃir] *vt* reflejar. ◆ *vi* reflexionar. ❑ **se réfléchir** *vp* reflejarse.
reflet [rəflɛ] *nm* reflejo *m*.
refléter [rəflete] *vt* reflejar. ❑ **se refléter** *vp* reflejarse.
réflexe [reflɛks] *nm* reflejo *m*.
réflexion [reflɛksjɔ̃] *nf* reflexión *f*; *(critique)* reproche *m*.
réforme [refɔrm] *nf* reforma *f*.
réformer [refɔrme] *vt* reformar; *(MIL) declarar exento (del servicio militar)*.
refouler [rəfule] *vt* contener.
refrain [rəfrɛ̃] *nm* estribillo *m*.
réfrigérateur [refriʒeratœr] *nm* frigorífico *m*.
refroidir [rəfrwadir] *vt (aliment)* enfriar; *(décourager)* desanimar. ◆ *vi* enfriarse. ❑ **se refroidir** *vp (temps)* refrescar.
refroidissement [rəfrwadismɑ̃] *nm* enfriamiento *m*.
refuge [rəfyʒ] *nm (en montagne)* refugio *m*; *(pour sans-abri)* asilo *m*.
réfugié, **-e** [refyʒje] *nm, f* refugiado(-da).
réfugier [refyʒje]: **se réfugier** *vp* refugiarse.
refus [rəfy] *nm* negativa *f*.
refuser [rəfyze] *vt* rechazar; ~ **qqch à qqn** negar algo a alguien; ~ **de faire qqch** negarse a hacer algo.
regagner [rəgaɲe] *vt (reprendre)* recuperar; *(rejoindre)* volver a.
régaler [regale]: **se régaler** *vp*: **tu vas te régaler!** ¡te va a encantar!
regard [rəgar] *nm* mirada *f*.
regarder [rəgarde] *vt (observer)* mirar; *(concerner)* incumbir; **ça ne te regarde pas** no te incumbe.
reggae [rege] *nm* reggae *m*.
régime [reʒim] *nm* régimen *m*; *(de bananes)* racimo *m*; **être/se mettre au ~** estar/ponerse a régimen.
régiment [reʒimɑ̃] *nm* regimiento *m*.
région [reʒjɔ̃] *nf* región *f*.
régional, **-e**, **-aux** [reʒjɔnal, o] *adj* regional.

registre [rəʒistr] *nm* registro *m*.
réglable [reglabl] *adj* regulable.
réglage [reglaʒ] *nm* ajuste *m*.
règle [rɛgl] *nf* regla *f*; **être en ~** estar en regla; **en ~ générale** por regla general; **~s du jeu** reglas del juego. ❑ **règles** *nfpl* regla *f inv*.
règlement [rɛgləmɑ̃] *nm* *(lois)* reglamento *m*; *(paiement)* pago *m*.
réglementer [rɛgləmɑ̃te] *vt* reglamentar.
régler [regle] *vt* *(appareil, moteur)* ajustar; *(payer)* pagar; *(problème)* arreglar.
réglisse [reglis] *nf* regaliz *m*.
règne [rɛɲ] *nm* reino *m*.
régner [reɲe] *vi* reinar.
regret [rəgrɛ] *nm* arrepentimiento *m*; **avoir des ~s de** arrepentirse de.
regrettable [rəgrɛtabl] *adj* lamentable.
regretter [rəgrɛte] *vt* *(erreur, décision)* arrepentirse; *(personne)* echar de menos; **~ de faire qqch** sentir hacer algo; **~ que** sentir que.
regrouper [rəgrupe] *vt* agrupar. ❑ **se regrouper** *vp* agruparse.
régulier, -ère [regylje, ɛr] *adj* regular.
régulièrement [regyljɛrmɑ̃] *adv* regularmente.
rein [rɛ̃] *nm* riñón *m*. ❑ **reins** *nmpl (dos)* riñones *mpl*.
reine [rɛn] *nf* reina *f*.
rejeter [rəʒte] *vt* *(renvoyer)* devolver; *(refuser)* rechazar.
rejoindre [rəʒwɛ̃dr] *vt* *(personne)* alcanzar; *(lieu)* llegar a.
rejoint, -e [rəʒwɛ̃, ɛ̃t] *pp* → **rejoindre**.
réjouir [reʒwir]: **se réjouir** *vp* alegrarse; **se ~ de (faire) qqch** alegrarse de (hacer) algo.
réjouissant, -e [reʒwisɑ̃, ɑ̃t] *adj* regocijante.
relâcher [rəlaʃe] *vt* soltar. ❑ **se relâcher** *vp* *(corde)* soltarse; *(discipline)* relajarse.
relais [rəlɛ] *nm* *(auberge)* albergue *m*; *(SPORT)* relevo *m*; **prendre le ~ (de qqn)** tomar el relevo (de alguien); **~ routier** restaurante *m* de carretera.
relancer [rəlɑ̃se] *vt* *(balle)* volver a lanzar; *(solliciter)* volver a contactar con.
relatif, -ive [rəlatif, iv] *adj* relativo(-va); **~ à** relativo a.
relation [rəlasjɔ̃] *nf* relación *f*; **être/entrer en ~(s) avec qqn** estar/ponerse en contacto con alguien.
relativement [rəlativmɑ̃] *adv* relativamente.
relaxation [rəlaksasjɔ̃] *nf* relajación *f*.
relaxer [rəlakse]: **se relaxer** *vp* relajarse.
relayer [rəlɛje] *vt* relevar. ❑ **se relayer** *vp*: **se ~ (pour faire qqch)** relevarse (para hacer algo).
relevé, -e [rəlve] *adj* picante. ◆ *nm*: **~ de compte** extracto *m* de cuenta.
relever [rəlve] *vt* *(mettre droit)* levantar; *(remarquer)* notar; *(épicer)* condimentar. ❑ **se relever** *vp* levantarse.

relief [rəljɛf] *nm* relieve *m*; **en ~** en relieve.

relier [rəlje] *vt* unir.

religieuse [rəliʒjøz] *nf pastelillo redondo relleno de crema de café o chocolate.*

religieux, -euse [rəliʒjø, øz] *adj* religioso(-sa). ◆ *nm, f* fraile *m* (monja *f*).

religion [rəliʒjɔ̃] *nf* religión *f*.

relire [rəlir] *vt* releer.

reliure [rəljyr] *nf* encuadernación *f*.

relu, -e [rəly] *pp* → **relire**.

remanier [rəmanje] *vt* modificar.

remarquable [rəmarkabl] *adj* notable.

remarque [rəmark] *nf* observación *f*.

remarquer [rəmarke] *vt* notar; **remarque,...** fíjate,...; **se faire ~** hacerse notar.

rembobiner [rɑ̃bɔbine] *vt* rebobinar.

rembourré, -e [rɑ̃bure] *adj* relleno(-na).

remboursement [rɑ̃bursəmɑ̃] *nm* reembolso *m*.

rembourser [rɑ̃burse] *vt* reembolsar.

remède [rəmɛd] *nm* remedio *m*.

remédier [rəmedje]: **remédier à** *v + prép* poner remedio a.

remerciements [rəmɛrsimɑ̃] *nmpl* agradecimientos *mpl*.

remercier [rəmɛrsje] *vt* agradecer; **~ qqn de** OU **pour qqch** agradecer a alguien algo; **je te remercie d'être venu** te agradezco que hayas venido.

remettre [rəmɛtr] *vt (reposer)* volver a poner; *(vêtement)* volver a ponerse; *(retarder)* posponer; **~ qqch à qqn** entregar algo a alguien; **~ qqch en état** arreglar algo. ❑ **se remettre** *vp* reponerse; **se ~ à (faire) qqch** volver a (hacer) algo; **se ~ de** reponerse de.

remis, -e [rəmi, iz] *pp* → **remettre**.

remise [rəmiz] *nf (abri)* cobertizo *m*; *(rabais)* descuento *m*; **faire une ~ à qqn** hacer un descuento a alguien.

remontant [rəmɔ̃tɑ̃] *nm* tónico *m*.

remontée [rəmɔ̃te] *nf*: **~s mécaniques** remontes *mpl* mecánicos.

remonte-pente, -s [rəmɔ̃tpɑ̃t] *nm* telearrastre *m*.

remonter [rəmɔ̃te] *vt (aux avoir) (mettre plus haut)* subir; *(côte, escalier)* volver a subir; *(moteur, pièces)* volver a armar; *(montre)* dar cuerda a. ◆ *vi (aux être)* volver a subir; **~ à** *(dater de)* remontarse a.

remords [rəmɔr] *nm* remordimiento *m*.

remorque [rəmɔrk] *nf* remolque *m*.

remorquer [rəmɔrke] *vt* remolcar.

remous [rəmu] *nm* remolino *m*.

remparts [rɑ̃par] *nmpl* murallas *fpl*.

remplaçant, -e [rɑ̃plasɑ̃, ɑ̃t] *nm, f* suplente *mf*.

remplacer [rɑ̃plase] *vt (chan-*

ger) cambiar; *(prendre la place de)* sustituir; ~ **qqn/qqch par** cambiar a alguien/algo por.

remplir [rɑ̃plir] *vt (verre, salle)* llenar; *(questionnaire)* rellenar; ~ **qqch de** llenar algo de. ❑ **se remplir (de)** *vp (+ prép)* llenarse (de).

remporter [rɑ̃pɔrte] *vt (reprendre)* llevarse; *(gagner)* ganar.

remuant, -e [rəmɥɑ̃, ɑ̃t] *adj* revoltoso(-sa).

remue-ménage [rəmymenaʒ] *nm inv* trajín *m*.

remuer [rəmɥe] *vt (bouger)* menear; *(mélanger)* revolver; *(émouvoir)* trastornar.

rémunération [remynerasjɔ̃] *nf* remuneración *f*.

rémunérer [remynere] *vt* remunerar.

renard [rənar] *nm* zorro *m*.

rencontre [rɑ̃kɔ̃tr] *nf* encuentro *m*; **aller à la ~ de qqn** salir al encuentro de alguien.

rencontrer [rɑ̃kɔ̃tre] *vt (par hasard)* encontrarse con; *(faire la connaissance de)* conocer; *(équipe adverse)* enfrentarse a. ❑ **se rencontrer** *vp (par hasard)* encontrarse; *(faire connaissance)* conocerse.

rendez-vous [rɑ̃devu] *nm* cita *f*; ~ **chez moi à 14h** os espero en casa a las 2; **avoir ~ avec qqn** tener (una) cita con alguien; **donner ~ à qqn** dar cita a alguien; **prendre ~** pedir hora.

rendormir [rɑ̃dɔrmir]: **se rendormir** *vp* volver a dormirse.

rendre [rɑ̃dr] *vt* volver; *(redonner)* devolver. ◆ *vi* devolver; ~ **visite à** visitar a. ❑ **se rendre** *vp* rendirse; **se ~ à** *(sout: aller à)* acudir a; **se ~ utile** ser útil; **se ~ malade** ponerse malo(-la).

rênes [rɛn] *nfpl* riendas *fpl*.

renfermé, -e [rɑ̃fɛrme] *adj* cerrado(-da). ◆ *nm*: **sentir le ~** oler a cerrado.

renfermer [rɑ̃fɛrme] *vt* encerrar.

renfoncement [rɑ̃fɔ̃smɑ̃] *nm* hueco *m*.

renforcer [rɑ̃fɔrse] *vt (consolider)* reforzar; *(fig: certitude, peur)* afianzar.

renforts [rɑ̃fɔr] *nmpl* refuerzos *mpl*.

renfrogné, -e [rɑ̃frɔɲe] *adj* enfurruñado(-da).

renier [rənje] *vt* renegar de.

renifler [rənifle] *vi* sorber.

renommé, -e [rənɔme] *adj* famoso(-sa).

renommée [rənɔme] *nf* fama *f*.

renoncer [rənɔ̃se]: **renoncer à** *v + prép* renunciar a; ~ **à faire qqch** renunciar a hacer algo.

renouer [rənwe] *vt* reanudar. ◆ *vi*: ~ **avec qqn** reanudar la amistad con alguien.

renouvelable [rənuvlabl] *adj* renovable.

renouveler [rənuvle] *vt (changer)* reponer; *(recommencer, prolonger)* renovar. ❑ **se renouveler** *vp* repetirse.

rénovation [renɔvasjɔ̃] *nf* renovación *f*.

rénover [renɔve] *vt* renovar.

renseignement [rɑ̃sɛɲmɑ̃] *nm*

información *f*; **les ~s** información.

renseigner [rɑ̃seɲe] *vt*: **~ qqn (sur)** informar a alguien (de). ❑ **se renseigner (sur)** *vp (+ prép)* informarse (de).

rentable [rɑ̃tabl] *adj* rentable.

rente [rɑ̃t] *nf* renta *f*.

rentrée [rɑ̃tre] *nf*: **~ (d'argent)** ingreso *m* (de dinero); **~ (des classes)** vuelta *f* al colegio.

rentrer [rɑ̃tre] *vi (aux être) (entrer)* entrar; *(chez soi)* volver (a casa); *(être contenu)* caber. ◆ *vt (aux avoir)* meter; **~ dans** *(heurter)* estrellarse contra; **~ le ventre** meter la barriga. ❑ **se rentrer dedans** *vp (fam: voitures)* chocar.

renverse [rɑ̃vɛrs]: **à la renverse** *adv* de espaldas.

renverser [rɑ̃vɛrse] *vt (liquide)* derramar; *(piéton)* atropellar; *(gouvernement)* derrocar. ❑ **se renverser** *vp* derramarse.

renvoi [rɑ̃vwa] *nm (d'un élève)* expulsión *f*; *(d'un salarié)* despido *m*; **le chorizo me donne des ~s** el chorizo se me repite.

renvoyer [rɑ̃vwaje] *vt (balle, lettre)* devolver; *(image, rayon)* reflejar; *(élève)* expulsar; *(salarié)* despedir.

réorganiser [reɔrganize] *vt* reorganizar.

répandre [repɑ̃dr] *vt (renverser)* derramar; *(nouvelle)* difundir. ❑ **se répandre** *vp (liquide)* derramarse; *(nouvelle, maladie)* difundirse.

répandu, -e [repɑ̃dy] *adj* corriente.

réparateur, -trice [reparatœr, tris] *nm, f* reparador *m* (-ra *f*).

réparation [reparasjɔ̃] *nf* reparación *f*; **en ~** en reparación.

réparer [repare] *vt* arreglar; **faire ~ qqch** llevar algo a arreglar.

repartir [rəpartir] *vi (partir à nouveau)* volver a salir; *(rentrer)* volver, regresarse *(Amér)*.

répartir [repartir] *vt* repartir.

répartition [repartisjɔ̃] *nf* reparto *m*.

repas [rəpa] *nm* comida *f*.

repassage [rəpasaʒ] *nm* plancha *f*.

repasser [rəpase] *vt (aux avoir)* planchar. ◆ *vi (aux être) (rendre visite)* volver.

repêchage [rəpeʃaʒ] *nm (examen)* repesca *f*.

repêcher [rəpeʃe] *vt (retirer de l'eau)* rescatar; *(à un examen)* repescar.

repeindre [rəpɛ̃dr] *vt* volver a pintar.

repeint, -e [rəpɛ̃, ɛ̃t] *pp* → **repeindre**.

répercussions [reperkysjɔ̃] *nfpl* repercusiones *fpl*.

repère [rəper] *nm* señal *f*.

repérer [rəpere] *vt* localizar. ❑ **se repérer** *vp* orientarse.

répertoire [repɛrtwar] *nm (carnet)* agenda *f*; *(d'un acteur, d'un musicien)* repertorio *m*; *(INFORM)* directorio *m*.

répéter [repete] *vt* repetir; *(rôle, œuvre)* ensayar. ❑ **se répéter** *vp* repetirse.

répétition [repetisjɔ̃] *nf (dans un texte)* repetición *f*; *(au théâtre)* ensayo *m*; ~ **générale** ensayo general.

replacer [rəplase] *vt* volver a colocar.

replier [rəplije] *vt* doblar.

réplique [replik] *nf* réplica *f*.

répliquer [replike] *vt* & *vi* replicar.

répondeur [repɔ̃dœr] *nm*: ~ **(téléphonique** OU **automatique)** contestador *m* (automático).

répondre [repɔ̃dr] *vi (à une question, à une lettre)* contestar; *(freins)* responder. ◆ *vt* contestar; ~ **à qqn** contestar a alguien.

réponse [repɔ̃s] *nf* respuesta *f*.

reportage [rəpɔrtaʒ] *nm* reportaje *m*.

reporter[1] [rəpɔrtɛr] *nm* reportero *m*.

reporter[2] [rəpɔrte] *vt (rapporter)* devolver; *(date, réunion)* aplazar.

repos [rəpo] *nm* descanso *m*.

reposant, -e [rəpozɑ̃, ɑ̃t] *adj* descansado(-da).

reposer [rəpoze] *vt* volver a poner. ❑ **se reposer** *vp* descansar.

repousser [rəpuse] *vt (faire reculer)* empujar; *(retarder)* aplazar. ◆ *vi* volver a crecer.

reprendre [rəprɑ̃dr] *vt (revenir chercher)* recoger; *(objet donné)* quitar; *(activité)* reemprender; *(prisonnier)* capturar; *(se resservir)* repetir; *(corriger)* corregir; ~ **sa place** volver a su sitio; ~ **son souffle** recobrar la respiración. ❑ **se reprendre** *vp (se ressaisir)* dominarse; *(se corriger)* rectificarse.

représailles [rəprezaj] *nfpl* represalias *fpl*.

représentant, -e [rəprezɑ̃tɑ̃, ɑ̃t] *nm, f* representante *mf*; ~ **(de commerce)** viajante *m*.

représentatif, -ive [rəprezɑ̃tatif, iv] *adj* representativo(-va).

représentation [rəprezɑ̃tasjɔ̃] *nf* representación *f*.

représenter [rəprezɑ̃te] *vt* representar.

répression [represjɔ̃] *nf* represión *f*.

réprimer [reprime] *vt* reprimir.

repris, -e [rəpri, iz] *pp* → **reprendre**.

reprise [rəpriz] *nf (couture)* zurcido *m*; *(économique)* reactivación *f*; *(rachat)* traspaso *m*; **à plusieurs ~s** varias veces.

repriser [rəprize] *vt* zurcir.

reproche [rəprɔʃ] *nm* reproche *m*.

reprocher [rəprɔʃe] *vt*: ~ **qqch à qqn** reprochar algo a alguien.

reproduction [rəprɔdyksjɔ̃] *nf* reproducción *f*.

reproduire [rəprɔdɥir] *vt* reproducir. ❑ **se reproduire** *vp* reproducirse.

reproduit, -e [rəprɔdɥi, it] *pp* → **reproduire**.

reptile [rɛptil] *nm* reptil *m*.

repu, -e [rəpy] *adj* harto(-ta) *(de comida)*.

république [repyblik] *nf* república *f*.

répugnant, -e [repyɲɑ̃, ɑ̃t] *adj* repugnante.
réputation [repytasjɔ̃] *nf* reputación *f*.
réputé, -e [repyte] *adj* reputado(-da).
requin [rəkɛ̃] *nm* tiburón *m*.
RER *nm red de trenes de cercanías en París.*

 **RER**

El "Réseau Express Régional" es una red ferroviaria que atraviesa la región de "Île de France". En sus tres líneas principales (A, B y C) circulan trenes con parada tanto en las estaciones de las afueras de la ciudad como en los aeropuertos y en algunas de las estaciones más importantes del metro parisino. Gracias al "RER", los habitantes de las afueras pueden acceder de forma rápida a la capital.

rescapé, -e [rɛskape] *nm, f* superviviente *mf*.
rescousse [rɛskus] *nf*: **appeler qqn à la ~** pedir socorro a alguien; **aller à la ~ de qqn** socorrer a alguien.
réseau, -x [rezo] *nm* red *f*.
réservation [rezɛrvasjɔ̃] *nf* reserva *f*.
réserve [rezɛrv] *nf* reserva *f*; **en ~** en reserva.
réservé, -e [rezɛrve] *adj* reservado(-da).
réserver [rezɛrve] *vt* reservar; **~ qqch à qqn** reservar algo para alguien. ❑ **se réserver** *vp* reservarse.
réservoir [rezɛrvwar] *nm* depósito *m*.
résidence [rezidɑ̃s] *nf (sout: domicile)* residencia *f*; *(immeuble)* edificio *m* residencial; **~ secondaire** segunda vivienda *f*.
résider [rezide] *vi* residir.
résigner [reziɲe]: **se résigner** *vp* resignarse; **se ~ à (faire) qqch** resignarse a (hacer) algo.
résilier [rezilje] *vt* rescindir.
résine [rezin] *nf* resina *f*.
résistance [rezistɑ̃s] *nf* resistencia *f*.
résistant, -e [rezistɑ̃, ɑ̃t] *adj & nm, f* resistente.
résister [reziste]: **résister à** *v + prép* resistir.
résolu, -e [rezɔly] *pp* → **résoudre**. ◆ *adj (décidé)* determinado(-da).
résolution [rezɔlysjɔ̃] *nf (décision)* resolución *f*.
résonner [rezɔne] *vi* resonar.
résoudre [rezudr] *vt* resolver.
respect [rɛspɛ] *nm* respeto *m*.
respecter [rɛspɛkte] *vt* respetar.
respectif, -ive [rɛspɛktif, iv] *adj* respectivo(-va).
respiration [rɛspirasjɔ̃] *nf* respiración *f*.
respirer [rɛspire] *vi & vt* respirar.
responsabilité [rɛspɔ̃sabilite] *nf* responsabilidad *f*.
responsable [rɛspɔ̃sabl] *adj* responsable. ◆ *nmf (coupable)* res-

ponsable *mf*; *(d'une administration, d'un magasin)* encargado *m* (-da *f*); **être ~ de** *(coupable de)* ser responsable de; *(chargé de)* ser el encargado (la encargada) de.

resquiller [rɛskije] *vi* colarse.

ressaisir [rəsezir]: **se ressaisir** *vp* dominarse.

ressemblant, -e [rəsɑ̃blɑ̃, ɑ̃t] *adj* parecido(-da).

ressembler [rəsɑ̃ble]: **ressembler à** *v* + *prép* parecerse a. ❑ **se ressembler** *vp* parecerse.

ressemeler [rəsəmle] *vt* poner suelas nuevas a.

ressentir [rəsɑ̃tir] *vt* sentir.

resserrer [rəsere] *vt* apretar. ❑ **se resserrer** *vp* estrecharse.

resservir [rəsɛrvir] *vt* & *vi* volver a servir. ❑ **se resservir** *vp*: **se ~ (de)** volver a servirse.

ressort [rəsɔr] *nm* muelle *m*.

ressortir [rəsɔrtir] *vi (sortir à nouveau)* volver a salir; *(se détacher)* resaltar.

ressortissant, -e [rəsɔrtisɑ̃, ɑ̃t] *nm, f* ciudadano *m* (-na *f*).

ressources [resurs] *nfpl* recursos *mpl*.

ressusciter [resysite] *vi* resucitar.

restant [rɛstɑ̃] *nm* resto *m*.

restaurant [rɛstɔrɑ̃] *nm* restaurante *m*.

restauration [rɛstɔrasjɔ̃] *nf* restauración *f*.

restaurer [rɛstɔre] *vt* restaurar.

reste [rɛst] *nm* resto *m*; **un ~ de** unos restos de; **les ~s** *(d'un repas)* las sobras.

rester [rɛste] *vi (dans un lieu)* quedarse; *(subsister)* quedar; *(continuer à être)* permanecer; **il n'en reste que deux** no quedan más que dos.

restituer [rɛstitɥe] *vt* restituir.

resto [rɛsto] *nm* restaurante *m*; **les Restos du cœur** *organismo benévolo que da de comer a los necesitados*.

restreindre [rɛstrɛ̃dr] *vt* restringir.

restreint, -e [rɛstrɛ̃, ɛ̃t] *pp* → **restreindre**. ◆ *adj* limitado(-da).

résultat [rezylta] *nm* resultado *m*.

résumé [rezyme] *nm* resumen *m*; **en ~** en resumen.

résumer [rezyme] *vt* resumir.

rétablir [retablir] *vt* restablecer. ❑ **se rétablir** *vp* restablecerse.

retard [rətar] *nm* retraso *m*; **avoir du ~** retrasarse; **avoir une heure de ~** tener una hora de retraso; **être en ~ (sur)** llevar retraso (con respecto a).

retarder [rətarde] *vi*: **ma montre retarde (de 5 minutes)** mi reloj va (5 minutos) atrasado.

retenir [rətnir] *vt (empêcher de partir, se souvenir)* retener; *(empêcher de tomber)* agarrar; *(empêcher d'agir)* contener; *(réserver)* reservar; **~ son souffle** contener la respiración; **je retiens 1** *(dans une opération)* me llevo 1. ❑ **se retenir** *vp*: **se ~ (à qqch)** agarrarse (a algo); **se ~ (de faire qqch)** contenerse (para no hacer algo).

retenu, -e [rətny] *pp* → **retenir**.

retenue [rətny] *nf (SCOL)* castigo *m*; *(dans une opération)* cantidad *f* que se lleva.

réticent, -e [retisɑ̃, ɑ̃t] *adj* reticente.

retirer [rətire] *vt* sacar; *(vêtement)* quitarse; *(billet, colis, bagages)* recoger; ~ **qqch à qqn** quitarle algo a alguien.

retomber [rətɔ̃be] *vi (tomber à nouveau)* volver a caer; *(après un saut, pendre)* caer; ~ **malade** volver a ponerse enfermo(-ma).

retour [rətur] *nm* vuelta *f*; **être de** ~ estar de vuelta; **au** ~ a la vuelta.

retourner [rəturne] *vt (aux avoir) (mettre à l'envers)* dar la vuelta a; *(renvoyer)* devolver. ◆ *vi (aux être) (d'où l'on arrive)* volverse; *(aller à nouveau)* volver. ❑ **se retourner** *vp (voiture, bateau)* volcarse; *(tourner la tête)* volverse.

retrait [rətrɛ] *nm (d'argent)* reintegro *m*.

retraite [rətrɛt] *nf (arrêt du travail)* jubilación *f*; **être à la** ~ estar jubilado(-da); **prendre sa** ~ jubilarse.

retraité, -e [rətrete] *nm, f* jubilado *m* (-da *f*).

retransmission [rətrɑ̃smisjɔ̃] *nf* retransmisión *f*.

rétrécir [retresir] *vi* encoger. ❑ **se rétrécir** *vp* estrecharse.

rétro [retro] *adj inv* anticuado(-da). ◆ *nm (fam: rétroviseur)* retrovisor *m*.

rétrograder [retrɔgrade] *vi (automobiliste)* reducir.

rétrospective [retrɔspɛktiv] *nf* retrospectiva *f*.

retrousser [rətruse] *vt* remangarse.

retrouvailles [rətruvaj] *nfpl* reencuentro *m*.

retrouver [rətruve] *vt (objet perdu)* encontrar; *(personne perdue de vue)* encontrarse (con); *(rejoindre)* reunirse con. ❑ **se retrouver** *vp (se réunir)* reunirse; *(dans une situation)* encontrarse.

rétroviseur [retrɔvizœr] *nm* retrovisor *m*.

réunion [reynjɔ̃] *nf* reunión *f*; **la Réunion** la Reunión.

réunionnais, -e [reynjɔnɛ, ɛz] *adj* reunionense.

réunir [reynir] *vt* reunir. ❑ **se réunir** *vp* reunirse.

réussi, -e [reysi] *adj (photo)* logrado(-da); **la soirée a été très ~e** la fiesta ha sido todo un éxito.

réussir [reysir] *vt* salirle bien a uno. ◆ *vi (tentative)* salir bien; *(socialement, professionnellement)* triunfar (en la vida); ~ **(à) un examen** aprobar un examen; ~ **à faire qqch** conseguir hacer algo; ~ **à qqn** *(aliment, climat)* sentarle bien a alguien.

réussite [reysit] *nf (succès)* éxito *m*; *(jeu)* solitario *m*.

revanche [rəvɑ̃ʃ] *nf* revancha *f*; **en** ~ en cambio.

rêve [rɛv] *nm* sueño *m*.

réveil [revɛj] *nm* despertador *m*; **à son** ~ al despertar.

réveiller [reveje] *vt* despertar. ❑ **se réveiller** *vp* despertarse.

réveillon [revɛjɔ̃] *nm (repas du 24 décembre)* cena *f* de Nochebuena; *(repas du 31 décembre)* cena *f* de Nochevieja; *(fête du 31 décembre)* cotillón *m*.

 **RÉVEILLON**

Mediante este término se designa la noche del 24 de diciembre y, sobre todo, la del 31 de diciembre. Esta última, también denominada "Saint-Sylvestre", da lugar a una cena generalmente entre amigos. Cuando llegan las doce de la noche, los comensales se dan dos besos, se abrazan, beben champán y se desean "bonne année" (feliz año nuevo). En la calle el nuevo año se recibe con bocinazos.

réveillonner [revɛjɔne] *vi (faire un repas le 24 décembre)* celebrar la Nochebuena; *(faire un repas le 31 décembre)* celebrar la Nochevieja; *(participer à la fête du 31 décembre)* ir a un cotillón.

révélation [revelasjɔ̃] *nf* revelación *f*.

révéler [revele] *vt* revelar. ❑ **se révéler** *vp (s'avérer)* revelarse.

revenant [rəvnɑ̃] *nm* aparecido *m*.

revendication [rəvɑ̃dikasjɔ̃] *nf* reivindicación *f*.

revendre [rəvɑ̃dr] *vt* revender.

revenir [rəvnir] *vi* volver; **faire ~ qqch** *(CULIN)* rehogar algo; **~ cher** resultar caro; **ça nous est revenu à 2 000 F** nos salió por 2.000 francos; **ça me revient maintenant** ahora me acuerdo; **ça revient au même** viene a ser lo mismo; **je n'en reviens pas** no consigo creerlo; **~ sur sa décision** volverse atrás; **~ sur ses pas** dar media vuelta.

revenu, -e [rəvny] *pp* → **revenir**. ◆ *nm* renta *f*.

rêver [rɛve] *vi (en dormant)* soñar; *(être distrait)* estar en las nubes. ◆ *vt*: **~ que** soñar que; **~ de** soñar con; **~ de faire qqch** soñar con hacer algo.

réverbère [reverbɛr] *nm* farola *f*.

revers [rəvɛr] *nm (au tennis, d'une pièce)* revés *m*; *(de la main)* dorso *m*; *(d'une veste, d'un pantalon)* vuelta *f*.

réversible [revɛrsibl] *adj* reversible.

revêtement [rəvɛtmɑ̃] *nm* revestimiento *m*.

rêveur, -euse [rɛvœr, øz] *adj* soñador(-ra).

réviser [revize] *vt (leçons)* repasar; **faire ~ sa voiture** llevar el coche a revisión.

révision [revizjɔ̃] *nf (d'une voiture)* revisión *f*. ❑ **révisions** *nfpl (SCOL)* repaso *m*.

revoir [rəvwar] *vt (retrouver)* volver a ver; *(leçons)* repasar. ❑ **au revoir** *excl* ¡adiós!

révoltant, -e [revɔltɑ̃, ɑ̃t] *adj* indignante.

révolte [revɔlt] *nf* revuelta *f*.

révolter [revolte] *vt* sublevar. ❑ **se révolter** *vp* sublevarse.

révolution [revɔlysjɔ̃] *nf* revo-

lución *f*; **la Révolution (française)** la Revolución francesa.
révolutionnaire [revɔlysjɔnɛr] *adj* & *nmf* revolucionario(-ria).
revolver [revɔlvɛr] *nm* revólver *m*.
revue [rəvy] *nf* revista *f*; **passer qqch en ~** pasar revista a algo.
rez-de-chaussée [redʃose] *nm inv* planta *f* baja.
Rhin [rɛ̃] *nm*: **le ~** el Rin.
rhinocéros [rinɔserɔs] *nm* rinoceronte *m*.
Rhône [ron] *nm*: **le ~** el Ródano.
rhubarbe [rybarb] *nf* ruibarbo *m*.
rhum [rɔm] *nm* ron *m*.
rhumatismes [rymatism] *nmpl* reumatismo *m*; **avoir des ~** tener reúma.
rhume [rym] *nm* catarro *m*, resfriado *m*; **avoir un ~** tener un catarro; **~ des foins** fiebre *f* del heno.
ri [ri] *pp* → **rire**.
ricaner [rikane] *vi* pitorrearse.
riche [riʃ] *adj* rico(-ca). ◆ *nmf*: **les ~s** los ricos; **~ en** rico(-ca) en.
richesse [riʃɛs] *nf* riqueza *f*. ❑ **richesses** *nfpl* riquezas *fpl*.
ricocher [rikɔʃe] *vi* rebotar.
ricochet [rikɔʃɛ] *nm*: **faire des ~s** rebotar.
ride [rid] *nf* arruga *f*.
ridé, -e [ride] *adj* arrugado(-da).
rideau, -x [rido] *nm* cortina *f*; *(au théâtre)* telón *m*.
ridicule [ridikyl] *adj* ridículo(-la).
rien [rjɛ̃] *pron* nada; **je ne fais ~ le dimanche** los dominos no hago nada; **ne... ~** no... nada; **ça ne fait ~** no importa; **de ~** de nada; **pour ~** *(gratuitement)* gratis; *(inutilement)* para nada; **~ d'intéressant** nada interesante; **~ du tout** absolutamente nada; **~ que** sólo (con).
rigide [riʒid] *adj* rígido(-da).
rigole [rigɔl] *nf* reguero *m*.
rigoler [rigɔle] *vi (fam: rire)* reírse; *(s'amuser)* pasarlo bomba; *(plaisanter)* bromear.
rigolo, -ote [rigɔlo, ɔt] *adj (fam: amusant)* cachondo(-da); *(bizarre)* curioso(-sa).
rigoureux, -euse [rigurø, øz] *adj* riguroso(-sa).
rigueur [rigœr]: **à la rigueur** *adv* como mucho.
rillettes [rijɛt] *nfpl especie de paté a base de hebras de carne de cerdo u oca.*
rime [rim] *nf* rima *f*.
rinçage [rɛ̃saʒ] *nm* aclarado *m*.
rincer [rɛ̃se] *vt (verre, vaisselle)* enjuagar; *(linge)* aclarar.
ring [riŋ] *nm* ring *m*; *(Belg: route)* carretera *f* de circunvalación.
riposter [ripɔste] *vi* replicar.
rire [rir] *nm* risa *f*. ◆ *vi (de joie)* reír; *(s'amuser)* pasárselo bien; **~ aux éclats** reír a carcajadas; **tu veux ~?** ¡anda ya!; **pour ~** de broma.
ris [ri] *nmpl*: **~ de veau** lechecillas *fpl* de ternera.
risotto [rizɔto] *nm* risotto *m*.
risque [risk] *nm* riesgo *m*.

risqué, **-e** [riske] *adj* arriesgado(-da).
risquer [riske] *vt (mettre en danger)* arriesgar; *(être exposé à)* correr el riesgo de; *(proposition, question)* aventurar. ❑ **risquer de** *v + prép (être en danger de)* correr el riesgo de; **il risque de partir** puede que se vaya.
rissolé, **-e** [risole] *adj* sofrito(-ta).
rivage [rivaʒ] *nm* orilla *f*.
rival, **-e**, **-aux** [rival, o] *adj & nm, f* rival.
rivalité [rivalite] *nf* rivalidad *f*.
rive [riv] *nf* ribera *f*; **la ~ gauche/droite** *(à Paris) barrios situados respectivamente a la izquierda y a la derecha del río Sena.*
riverain, **-e** [rivrɛ̃, ɛn] *nm, f (d'une rue)* vecino *m* (-na *f*); **'interdit sauf aux ~s'** *paso reservado únicamente a los vecinos de una calle.*
rivière [rivjɛr] *nf* río *m*.
riz [ri] *nm* arroz *m*; **~ cantonais** *arroz cantonés*; **~ au lait** arroz con leche; **~ pilaf** *arroz rehogado con trocitos de carne o marisco y cocido en un caldo*; **~ sauvage** *(Can) planta de granos óscuros, finos y alargados parecida al arroz; se prepara de la misma manera que éste último.*
RMI *nm (abr de revenu minimum d'insertion) subsidio para ayudar a la inserción social de las personas sin ingresos.*
RN *nf (abr de route nationale)* N *f*.
robe [rɔb] *nf (vêtement de femme)* vestido *m*; *(d'un cheval)* pelaje *m*; **~ de chambre** bata *f*; **~ du soir** traje *m* de noche.
robinet [rɔbinɛ] *nm* grifo *m*.
robot [rɔbo] *nm* robot *m*; *(ménager)* robot *m* (de cocina).
robuste [rɔbyst] *adj* robusto(-ta).
roc [rɔk] *nm* roca *f*.
rocade [rɔkad] *nf* carretera *f* de circunvalación.
roche [rɔʃ] *nf* roca *f*.
rocher [rɔʃe] *nm* roca *f*; *(au chocolat)* bombón *m*.
rock [rɔk] *nm* rock *m*.
rodage [rɔdaʒ] *nm* rodaje *m*.
rôder [rode] *vi* rondar.
rœsti [røʃti] *nmpl (Helv) pastel relleno de patatas ralladas doradas en la sartén.*
rognons [rɔɲɔ̃] *nmpl* riñones *mpl*.
roi [rwa] *nm* rey *m*; **les Rois, la fête des Rois** el día de Reyes.
Roland-Garros [rɔlɑ̃garɔs] *n*: **(le tournoi de) ~** (el torneo de) Roland-Garros.
rôle [rol] *nm* papel *m*.
ROM [rɔm] *nf (abr de read only memory)* ROM *f*.
romain, **-e** [rɔmɛ̃, ɛn] *adj* romano(-na).
roman, **-e** [rɔmɑ̃, an] *adj* románico(-ca). ◆ *nm* novela *f*.
romancier, **-ère** [rɔmɑ̃sje, ɛr] *nm, f* novelista *mf*.
romantique [rɔmɑ̃tik] *adj* romántico(-ca).
romarin [rɔmarɛ̃] *nm* romero *m*.
Rome [rɔm] *n* Roma.
rompre [rɔ̃pr] *vi* romper.

romsteck [rɔmstɛk] *nm* filete *m* de lomo de vaca.

ronces [rɔ̃s] *nfpl* zarzas *fpl*.

rond, **-e** [rɔ̃, rɔ̃d] *adj* redondo(-da); *(gros)* rechoncho(-cha). ◆ *nm* círculo *m*; **en ~** en corro.

ronde [rɔ̃d] *nf (de policiers)* ronda *f*.

rondelle [rɔ̃dɛl] *nf* rodaja *f*.

rond-point [rɔ̃pwɛ̃] (*pl* **ronds-points**) *nm (en ville)* glorieta *f*; *(sur route)* rotonda *f*.

ronfler [rɔ̃fle] *vi* roncar.

ronger [rɔ̃ʒe] *vt (os)* roer; *(suj: rouille)* corroer. ❑ **se ronger** *vp*: **se ~ les ongles** morderse las uñas.

ronronner [rɔ̃rɔne] *vi* ronronear.

roquefort [rɔkfɔr] *nm* roquefort *m*.

rosace [rozas] *nf* rosetón *m*.

rosbif [rɔzbif] *nm* redondo *m (de vaca)*.

rose [roz] *adj, nm* & *nf* rosa.

rosé, **-e** [roze] *adj* rosado(-da). ◆ *nm* rosado *m*, clarete *m*.

roseau, **-x** [rozo] *nm* caña *f (planta)*.

rosée [roze] *nf* rocío *m*.

rosier [rozje] *nm* rosal *m*.

rossignol [rɔsiɲɔl] *nm* ruiseñor *m*.

rot [ro] *nm* eructo *m*.

roter [rote] *vi* eructar.

rôti [roti] *nm* asado *m*.

rôtie [roti] *nf (Can)* tostada *f*.

rotin [rɔtɛ̃] *nm* mimbre *m*.

rôtir [rotir] *vt* asar. ◆ *vi* asarse.

rôtissoire [rotiswar] *nf (électrique)* asador *m*.

rotule [rɔtyl] *nf* rótula *f*.

roucouler [rukule] *vi* arrullar.

roue [ru] *nf* rueda *f*; **~ de secours** rueda de repuesto; **grande ~** noria *f*.

rouge [ruʒ] *adj* rojo(-ja); *(fer)* candente; *(de confusion)* colorado(-da). ◆ *nm* rojo *m*; *(vin)* tinto *m*; **le feu est passé au ~** el semáforo se ha puesto en rojo; **~ à lèvres** lapiz *m* de labio.

rouge-gorge [ruʒgɔrʒ] (*pl* **rouges-gorges**) *nm* petirrojo *m*.

rougeole [ruʒɔl] *nf* sarampión *m*.

rougeurs [ruʒœr] *nfpl* manchas *fpl* rojas.

rougir [ruʒir] *vi* ruborizarse.

rouille [ruj] *nf* óxido *m*; *(sauce) salsa con ajo y guindilla que se sirve con la sopa de pescado*.

rouillé, **-e** [ruje] *adj* oxidado(-da); *(fig: physiquement, intellectuellement)* anquilosado(-da).

rouiller [ruje] *vi* oxidarse.

rouleau, **-x** [rulo] *nm (de papier, de tissu)* rollo *m*; *(pinceau)* rodillo *m*; *(vague)* ola *f*; **~ à pâtisserie** rodillo; **~ de printemps** rollito *m* de primavera.

roulement [rulmɑ̃] *nm* turnos *mpl*; **~ à billes** rodamiento *m*; **~ de tambour** redoble *m* de tambor.

rouler [rule] *vt* enrollar; *(fam)* timar. ◆ *vi (balle, caillou)* rodar; *(véhicule)* circular; *(automobiliste)* conducir; **~ les r** pronunciar fuerte las erres; **'roulez au pas'** 'circulen despacio'. ❑ **se rouler** *vp (par terre, dans l'herbe)* revolcarse.

roulette [rulɛt] *nf* rueda *f*; **la ~** *(jeu)* la ruleta.

roulotte [rulɔt] *nf* caravana *f*.

Roumanie [rumani] *nf*: **la ~** Rumania.

rousse → **roux**.

rousseur [rusœr] *nf* → **tache**.

roussi [rusi] *nm*: **ça sent le ~** huele a chamusquina.

route [rut] *nf* carretera *f*; *(itinéraire)* camino *m*; **mettre qqch en ~** poner algo en marcha; **se mettre en ~** *(voyageur)* ponerse en camino; '**~ barrée**' 'carretera cortada'.

routier, -ère [rutje, ɛr] *adj (carte)* de carretera; *(transports)* por carretera. ◆ *nm (camionneur)* camionero *m*; *(restaurant)* venta *f*.

routine [rutin] *nf (péj)* rutina *f*.

roux, rousse [ru, rus] *adj & nm, f* pelirrojo(-ja).

royal, -e, -aux [rwajal, o] *adj (famille, pouvoir)* real; *(cadeau, pourboire)* regio(-gia).

royaume [rwajom] *nm* reino *m*.

Royaume-Uni [rwajomyni] *nm*: **le ~** el Reino Unido.

RPR *nm partido político francés de derechas*.

ruade [ryad] *nf* coz *f*.

ruban [rybɑ̃] *nm* cinta *f*; **~ adhésif** cinta adhesiva.

rubéole [rybeɔl] *nf* rubeola *f*.

rubis [rybi] *nm* rubí *m*.

rubrique [rybrik] *nf (catégorie)* apartado *m*; *(de journal)* sección *f*.

ruche [ryʃ] *nf* colmena *f*.

rude [ryd] *adj (climat)* rigoroso(-sa); *(travail)* penoso(-sa); *(voix)* bronco(-ca).

rudimentaire [rydimɑ̃tɛr] *adj* rudimentario(-ria).

rue [ry] *nf* calle *f*.

ruelle [rɥɛl] *nf* callejón *m*.

ruer [rɥe] *vi* dar coces. ❑ **se ruer** *vp*: **se ~ dans/sur** abalanzarse sobre.

rugby [rygbi] *nm* rugby *m*.

rugir [ryʒir] *vi* rugir.

rugueux, -euse [rygø, øz] *adj* rugoso(-sa).

ruine [rɥin] *nf* ruina *f*; **en ~** en ruinas; **tomber en ~** estarse derruyendo. ❑ **ruines** *nfpl* ruinas *fpl*.

ruiné, -e [rɥine] *adj* arruinado(-da).

ruisseau, -x [rɥiso] *nm* arroyo *m*.

ruisseler [rɥisle] *vi* chorrear; **~ de** *(sueur, larmes)* chorrear de.

rumeur [rymœr] *nf* rumor *m*.

ruminer [rymine] *vi* rumiar.

rupture [ryptyr] *nf* ruptura *f*.

rural, -e, -aux [ryral, o] *adj* rural.

ruse [ryz] *nf (habileté)* astucia *f*; *(procédé)* ardid *m*.

rusé, -e [ryze] *adj* astuto(-ta).

russe [rys] *adj* ruso(-sa). ◆ *nm (langue)* ruso *m*. ❑ **Russe** *nmf* ruso *m* (-sa *f*).

Russie [rysi] *nf*: **la ~** Rusia.

Rustine® [rystin] *nf* parche *m (de bicicleta)*.

rustique [rystik] *adj* rústico(-ca).

rythme [ritm] *nm* ritmo *m*.

S

S *(abr de sud)* S.
sa → **son** *adj*.
SA *nf* SA *f*.
sable [sabl] *nm* arena *f*; **~s mouvants** arenas movedizas.
sablé, -e [sable] *adj*: **pâte ~e** *pasta granulenta*. ◆ *nm* galleta *f*.
sablier [sablije] *nm* reloj *m* de arena.
sablonneux, -euse [sablɔnø, øz] *adj* arenoso(-sa).
sabot [sabo] *nm (de cheval)* casco *m*; *(de vache)* pezuña *f*; *(chaussure)* zueco *m*; **~ de Denver** cepo *m (para los coches)*.
sabre [sabr] *nm* sable *m*.
sac [sak] *nm (en papier, en plastique)* bolsa *f*; *(de pommes de terre)* saco *m*; **~ de couchage** saco de dormir; **~ à dos** mochila *f*; **~ à main** bolso *m*.
saccadé, -e [sakade] *adj (gestes)* brusco(-ca); *(respiration)* entrecortado(-da).
saccager [sakaʒe] *vt* saquear.
sachant [saʃɑ̃] *ppr* → **savoir**.
sache *etc* → **savoir**.
sachet [saʃɛ] *nm* bolsa *f*; **~ de thé** bolsita *f* de té.
sacoche [sakɔʃ] *nf* cartera *f*.
sac-poubelle [sakpubɛl] (*pl* **sacs-poubelle**) *nm* bolsa *f* de basura.
sacré, -e [sakre] *adj (temple, texte)* sagrado(-da); *(musique, art)* sacro(-cra); *(fam: maudit)* dichoso(-sa); *(fam: important, excellent)* menudo(-da).
sacrifice [sakrifis] *nm* sacrificio *m*.
sacrifier [sakrifje] *vt* sacrificar. ❑ **se sacrifier** *vp* sacrificarse.
sadique [sadik] *adj* sádico(-ca).
safari [safari] *nm* safari *m*.
safran [safrɑ̃] *nm* azafrán *m*.
sage [saʒ] *adj (avisé)* sensato(-ta); *(obéissant)* bueno(-na).
sage-femme [saʒfam] (*pl* **sages-femmes**) *nf* comadrona *f*.
sagesse [saʒɛs] *nf* sabiduría *f*.
Sagittaire [saʒitɛr] *nm* Sagitario *m*.
saignant, -e [sɛɲɑ̃, ɑ̃t] *adj (viande)* poco hecho(-cha).
saigner [seɲe] *vi* sangrar; **~ du nez** sangrar por la nariz.
saillant, -e [sajɑ̃, ɑ̃t] *adj* saliente.
sain, -e [sɛ̃, sɛn] *adj* sano(-na); **~ et sauf** sano y salvo.
saint, -e [sɛ̃, sɛ̃t] *adj* & *nm, f* santo(-ta); **~ François** San Francisco; **la Saint-François** el día de San Francisco.
saint-honoré [sɛ̃tɔnɔre] *nm inv tarta bordeada de bocaditos de nata y crema en el centro*.
Saint-Jacques-de-Compostelle [sɛ̃ʒakdəkɔ̃pɔstɛl] *n* Santiago de Compostela.
Saint-Sébastien [sɛ̃sebastjɛ̃] *n* San Sebastián.

Saint-Sylvestre [sɛ̃silvɛstr] *nf*: **la ~** Nochevieja *f*.

sais *etc* → **savoir**.

saisir [sezir] *vt (prendre)* agarrar; *(occasion)* aprovechar; *(comprendre)* coger; *(JUR: biens)* embargar; *(INFORM)* picar.

saison [sɛzɔ̃] *nf* estación *f*; *(période)* temporada *f*; **basse/haute ~** temporada baja/alta.

salade [salad] *nf (verte)* lechuga *f*; *(plat en vinaigrette)* ensalada *f*; **champignons en ~** ensalada de champiñones; **~ de fruits** macedonia *f* de frutas; **~ mêlée** *(Helv)* ensalada mixta; **~ mixte** ensalada compuesta; **~ niçoise** *ensaladilla con tomates, patatas, anchoas, huevo.*

saladier [saladje] *nm* ensaladera *f*.

salaire [salɛr] *nm* sueldo *m*.

Salamanque [salamɑ̃k] *n* Salamanca.

salami [salami] *nm* salami *m*.

salarié, -e [salarje] *nm, f* asalariado *m* (-da *f*).

sale [sal] *adj* sucio(-cia); *(fam: temps)* asqueroso(-sa); *(fam: coup)* malo(-la); *(fam: mentalité)* sucio(-cia).

salé, -e [sale] *adj* salado(-da). ◆ *nm*: **petit ~ aux lentilles** *plato compuesto de lentejas con carne de cerdo en salazón.*

saler [sale] *vt* salar.

saleté [salte] *nf* suciedad *f*; *(fam)* porquería *f*.

salière [saljɛr] *nf* salero *m*.

salir [salir] *vt* ensuciar. ❑ **se salir** *vp* ensuciarse.

salissant, -e [salisɑ̃, ɑ̃t] *adj* sucio(-cia).

salive [saliv] *nf* saliva *f*.

salle [sal] *nf* sala *f*; **~ d'attente** sala de espera; **~ de bains** cuarto *m* de baño; **~ de classe** aula *f*; **~ d'embarquement** sala de embarque; **~ à manger** comedor *m*; **~ d'opération** quirófano *m*.

salon [salɔ̃] *nm* salón *m*; **~ de coiffure** peluquería *f*; **~ de thé** salón de té.

salopette [salɔpɛt] *nf* peto *m*.

salsifis [salsifi] *nm* salsifí *m*.

saluer [salɥe] *vt* saludar.

salut [saly] *nm* saludo *m*. ◆ *excl (fam: bonjour)* ¡hola!; *(au revoir)* ¡adiós!

salutations [salytasjɔ̃] *nfpl (dans une lettre)*: **~ distinguées** le saluda atentamente.

samaritain [samaritɛ̃] *nm (Helv)* socorrista *m*.

samedi [samdi] *nm* sábado *m*; **nous sommes** OU **c'est ~** estamos a OU hoy es sábado; **~ 13 septembre** sábado 13 de septiembre; **nous sommes partis ~** nos fuimos el sábado; **~ dernier** el sábado pasado; **~ prochain** el sábado próximo OU que viene; **~ matin** el sábado por la mañana; **le ~** los sábados; **à ~!** ¡hasta el sábado!

SAMU [samy] *nm servicio móvil de urgencias médicas.*

sanction [sɑ̃ksjɔ̃] *nf* sanción *f*.
sanctionner [sɑ̃ksjɔne] *vt* sancionar.
sandale [sɑ̃dal] *nf* sandalia *f*.
sandwich [sɑ̃dwitʃ] *nm* bocadillo *m*.
sang [sɑ̃] *nm* sangre *f*; **en ~** ensangrentado(-da); **se faire du mauvais ~** hacerse mala sangre.
sang-froid [sɑ̃frwa] *nm inv* sangre *f* fría.
sanglant, **-e** [sɑ̃glɑ̃, ɑ̃t] *adj* sangriento(-ta).
sangle [sɑ̃gl] *nf (de valise)* correa *f*; *(de selle)* cincha *f*.
sanglier [sɑ̃glije] *nm* jabalí *m*.
sanglot [sɑ̃glo] *nm* sollozo *m*.
sangloter [sɑ̃glɔte] *vi* sollozar.
sangria [sɑ̃grija] *nf* sangría *f*.
sanguin [sɑ̃gɛ̃] *adj m* → **groupe**.
sanguine [sɑ̃gin] *nf (orange)* sanguina *f*.
Sanisette® [sanizɛt] *nf aseos públicos automáticos*.
sanitaire [sanitɛr] *adj* sanitario(-ria). ❑ **sanitaires** *nmpl* sanitarios *mpl*.
sans [sɑ̃] *prép* sin; **~ faire qqch** sin hacer algo; **~ que personne s'en rende compte** sin que nadie se dé cuenta.
sans-abri [sɑ̃zabri] *nmf inv* sin hogar *mpl inv*.
sans-gêne [sɑ̃ʒɛn] *adj inv* descarado(-da). ◆ *nm inv* caradura *m*.
santé [sɑ̃te] *nf* salud *f*; **être en bonne/mauvaise ~** tener buena/mala salud; **(à ta) ~!** ¡(a tu) salud!
saoul, **-e** [su, sul] = **soûl**.
saouler [sule] = **soûler**.
saphir [safir] *nm (pierre)* zafiro *m*; *(d'un électrophone)* aguja *f* de zafiro.
sapin [sapɛ̃] *nm (arbre)* abeto *m*; *(bois)* pino *m*; **~ de Noël** árbol *m* de Navidad.
Saragosse [saragɔs] *n* Zaragoza.
sarcophage [sarkɔfaʒ] *nm* sarcófago *m*.
sardine [sardin] *nf* sardina *f*.
SARL *nf (abr de société à responsabilité limitée)* SL *f*.
sarrasin [sarazɛ̃] *nm* alforfón *m*.
satellite [satelit] *nm* satélite *m*.
satin [satɛ̃] *nm* raso *m*.
satiné, **-e** [satine] *adj (tissu, peinture)* satinado(-da); *(peau)* terso(-sa).
satirique [satirik] *adj* satírico(-ca).
satisfaction [satisfaksjɔ̃] *nf* satisfacción *f*.
satisfaire [satisfɛr] *vt* satisfacer. ❑ **se satisfaire de** *vp + prép* contentarse con.
satisfaisant, **-e** [satisfəzɑ̃, ɑ̃t] *adj* satisfactorio(-ria).
satisfait, **-e** [satisfɛ, ɛt] *pp* → **satisfaire**. ◆ *adj* satisfecho(-cha); **être ~ de** estar satisfecho con.
saturé, **-e** [satyre] *adj* saturado(-da).
sauce [sos] *nf* salsa *f*; **en ~** con OU en salsa; **~ blanche** *salsa a base de caldo de ternera o de ave*; **~ chasseur** *salsa a base de champiñones, vino blanco y tomate*; **~ madère** *salsa a base de champiñones y madei-*

ra; ~ **tartare** salsa tártara; ~ **tomate** tomate *m* frito.

saucer [sose] *vt* mojar.

saucisse [sosis] *nf* salchicha *f*; ~ **sèche** salchichón *m*.

saucisson [sosisɔ̃] *nm* salchichón *m*.

sauf, sauve [sof, sov] *adj* → **sain**. ◆ *prép* salvo; ~ **erreur de ma part** si no me equivoco.

sauge [soʒ] *nf* salvia *f*.

saule [sol] *nm* sauce *m*; ~ **pleureur** sauce llorón.

saumon [somɔ̃] *nm* salmón *m*. ◆ *adj inv*: **(rose)** ~ salmón; ~ **fumé** salmón ahumado.

sauna [sona] *nm* sauna *f*.

saupoudrer [sopudre] *vt*: ~ **qqch de** espolvorear algo con.

saur [sɔr] *adj m* → **hareng**.

saura *etc* → **savoir**.

saut [so] *nm* salto *m*; **faire un ~ chez qqn** darse una vuelta por casa de alguien; ~ **en hauteur** salto de altura; ~ **en longueur** salto de longitud; ~ **périlleux** salto mortal.

saute [sot] *nf*: ~ **d'humeur** cambio *m* de ánimo.

sauté, -e [sote] *adj* salteado(-da). ◆ *nm*: ~ **de veau** ternera *f* salteada.

saute-mouton [sotmutɔ̃] *nm inv*: **jouer à** ~ jugar al salto de pídola.

sauter [sote] *vi* saltar; *(exploser)* estallar. ◆ *vt (obstacle)* saltar; *(passage, classe)* saltarse; **faire ~ qqch** *(faire exploser)* hacer saltar algo; *(CULIN)* saltear algo.

sauterelle [sotrɛl] *nf* saltamontes *m inv*.

sautiller [sotije] *vi* brincar.

sauvage [sovaʒ] *adj* & *nmf* salvaje.

sauvegarde [sovgard] *nf (INFORM)* copia *f* de seguridad; ~ **automatique** copia automática.

sauvegarder [sovgarde] *vt* salvaguardar; *(INFORM)* guardar.

sauver [sove] *vt* salvar; ~ **qqn/qqch de qqch** salvar a alguien/algo de algo. ❑ **se sauver** *vp* escaparse.

sauvetage [sovtaʒ] *nm* salvamento *m*.

sauveteur [sovtœr] *nm* socorrista *mf*.

SAV *nm* servicio *m* posventa.

savane [savan] *nf* sabana *f*.

savant, -e [savɑ̃, ɑ̃t] *adj* sabio(-bia). ◆ *nm, f* científico *m* (-ca *f*).

savarin [savarɛ̃] *nm bizcocho borracho con crema*.

saveur [savœr] *nf* sabor *m*.

savoir [savwar] *vt* saber; *(leçon)* saberse; ~ **faire qqch** saber hacer algo; **je n'en sais rien** no tengo ni idea.

savoir-faire [savwarfɛr] *nm inv* destreza *f*.

savoir-vivre [savwarvivr] *nm inv* mundo *m*.

savon [savɔ̃] *nm* jabón *m*.

savonner [savɔne] *vt* enjabonar.

savonnette [savɔnɛt] *nf* pastilla *f* de jabón.

savourer [savure] *vt* saborear.

savoureux, -euse [savurø, øz] *adj (aliment)* sabroso(-sa).

savoyarde [savwajard] *adj f* → **fondue**.

saxophone [saksɔfɔn] *nm* saxofón *m*.

sbrinz [ʃbrints] *nm queso suizo de vaca duro y quebradizo*.

scandale [skɑ̃dal] *nm* escándalo *m*; **faire du** OU **un ~** armar un escándalo OU un follón; **faire ~** causar un escándalo.

scandaleux, -euse [skɑ̃dalø, øz] *adj* escandaloso(-sa).

scandinave [skɑ̃dinav] *adj* escandinavo(-va).

Scandinavie [skɑ̃dinavi] *nf*: **la ~** Escandinavia.

scanner [skanɛr] *nm* escáner *m*.

scaphandre [skafɑ̃dr] *nm* escafandra *f*.

scarole [skarɔl] *nf* escarola *f*.

sceller [sele] *vt (cimenter)* sellar.

scénario [senarjo] *nm* guión *m*.

scène [sɛn] *nf* escena *f*; **faire une ~ (à qqn)** armar un belén (a alguien); **mettre qqch en ~** poner algo en escena.

sceptique [sɛptik] *adj* escéptico(-ca).

schéma [ʃema] *nm* esquema *m*.

schématique [ʃematik] *adj* esquemático(-ca).

schublig [ʃublig] *nm (Helv) variedad de salchicha*.

sciatique [sjatik] *nf* ciática *f*.

scie [si] *nf* sierra *f*.

science [sjɑ̃s] *nf* ciencia *f*; **~s naturelles** ciencias naturales.

science-fiction [sjɑ̃sfiksjɔ̃] *nf* ciencia *f* ficción.

scientifique [sjɑ̃tifik] *adj & nmf* científico(-ca).

scier [sje] *vt* serrar.

scintiller [sɛ̃tije] *vi* centellear.

sciure [sjyr] *nf* serrín *m*.

scolaire [skɔlɛr] *adj* escolar.

scoop [skup] *nm* bomba *f*.

scooter [skutœr] *nm* scooter *m*.

score [skɔr] *nm* tanteo *m*.

Scorpion [skɔrpjɔ̃] *nm* Escorpio *m*.

scotch [skɔtʃ] *nm (whisky)* scotch *m*.

Scotch® [skɔtʃ] *nm* celo *m*.

scout, -e [skut] *nm, f* scout *mf*.

scrupule [skrypyl] *nm* escrúpulo *m*.

scrutin [skrytɛ̃] *nm* escrutinio *m*.

sculpter [skylte] *vt* esculpir.

sculpteur [skyltœr] *nm* escultor *m*.

sculpture [skyltyr] *nf* escultura *f*.

SDF *nmf (abr de sans domicile fixe)* sin hogar *m inv*.

se [sə] *pron pers* se; **elle ~ regarde dans le miroir** se mira en el espejo; **~ faire mal** hacerse daño; **~ battre** pelearse; **ils s'écrivent toutes les semaines** se escriben todas las semanas; **~ décider** decidirse; **~ mettre à faire qqch** ponerse a hacer algo; **ce produit ~ vend bien/partout** este producto se vende bien/en todos lados.

séance [seɑ̃s] *nf* sesión *f*; **~ tenante** acto seguido.

seau, -x [so] *nm* cubo *m*; **~ à champagne** *recipiente para poner a refrescar el champán.*

sec, sèche [sɛk, sɛʃ] *adj* seco(-ca); *(whisky)* solo(-la); **à ~** seco(-ca); **au ~** en sitio seco; **d'un coup ~** de un golpe seco.

sécateur [sekatœr] *nm* tijeras *fpl* de podar.

séchage [seʃaʒ] *nm* secado *m*.

sèche → **sec**.

sèche-cheveux [sɛʃʃəvø] *nm inv* secador *m* (de pelo).

sèche-linge [sɛʃlɛ̃ʒ] *nm inv* secadora *f* (de ropa).

sèchement [sɛʃmɑ̃] *adv* con sequedad.

sécher [seʃe] *vt* secar; *(fam: cours)* fumarse. ◆ *vi* secarse; *(fam: à un examen)* estar pez.

sécheresse [sɛʃrɛs] *nf* sequía *f*.

séchoir [seʃwar] *nm*: **~ (à cheveux)** secador *m* (de pelo); **~ (à linge)** secadora *f* (de ropa).

second, -e [səgɔ̃, ɔ̃d] *adj* segundo(-da), → **sixième**.

secondaire [səgɔ̃dɛr] *adj* secundario(-ria).

seconde [səgɔ̃d] *nf (unité de temps)* segundo *m*; *(SCOL)* ≈ segundo *m* de BUP; *(vitesse)* segunda *f*; **voyager en ~ (classe)** viajar en segunda (clase).

secouer [səkwe] *vt (agiter)* sacudir; *(bouleverser)* trastornar; *(inciter à agir)* zarandear.

secourir [səkurir] *vt* socorrer.

secouriste [səkurist] *nmf* socorrista *mf*.

secours [səkur] *nm* socorro *m*; **appeler au ~** pedir socorro; **au ~!** ¡socorro!; **~ d'urgence** auxilio *m* de urgencia; **premiers ~** primeros auxilios.

secouru, -e [səkury] *pp* → **secourir**.

secousse [səkus] *nf* sacudida *f*.

secret, -ète [səkrɛ, ɛt] *adj* secreto(-ta). ◆ *nm* secreto *m*; **en ~** en secreto.

secrétaire [səkretɛr] *nmf* secretario *m* (-ria *f*). ◆ *nm (meuble)* escritorio *m*.

secrétariat [səkretarja] *nm* secretaría *f*.

secte [sɛkt] *nf* secta *f*.

secteur [sɛktœr] *nm* sector *m*; **fonctionner sur ~** funcionar con electricidad.

section [sɛksjɔ̃] *nf* sección *f*; *(de ligne d'autobus)* zona *f*.

sectionner [sɛksjɔne] *vt* seccionar.

Sécu [seky] *nf (fam)*: **la ~** la Seguridad Social.

sécurité [sekyrite] *nf* seguridad *f*; **en ~** fuera de peligro; **la ~ routière** la seguridad vial; **la Sécurité sociale** la Seguridad Social.

séduire [sedɥir] *vt* seducir.

séduisant, -e [sedɥizɑ̃, ɑ̃t] *adj* seductor(-ra); *(fig)* atractivo(-va).

séduit, -e [sedɥi, it] *pp* → **séduire**.

segment [sɛgmɑ̃] *nm* segmento *m*.

ségrégation [segregasjɔ̃] *nf* segregación *f*.

seigle [sɛgl] *nm* centeno *m*.

seigneur [seɲœr] *nm* señor *m*; **le Seigneur** el Señor.
sein [sɛ̃] *nm* pecho *m*; **au ~ de** en el seno de.
Seine [sɛn] *nf*: **la ~** el Sena.
séisme [seism] *nm* seísmo *m*.
seize [sɛz] *num* dieciséis, → **six**.
seizième [sɛzjɛm] *num* decimosexto(-ta), → **sixième**.
séjour [seʒur] *nm* estancia *f*; **(salle de) ~** sala *f* de estar.
séjourner [seʒurne] *vi* residir.
sel [sɛl] *nm* sal *f*; **~s de bain** sales de baño.
sélection [selɛksjɔ̃] *nf* selección *f*.
sélectionner [selɛksjɔne] *vt* seleccionar.
self-service, **-s** [sɛlfsɛrvis] *nm* *(restaurant)* self-service *m*; *(station-service)* estación *f* autoservicio.
selle [sɛl] *nf (de cheval)* silla *f*; *(de vélo)* sillín *m*.
seller [sele] *vt* ensillar.
selon [səlɔ̃] *prép* según; **~ que** según que.
semaine [səmɛn] *nf* semana *f*; **en ~** durante la semana.
semblable [sɑ̃blabl] *adj* parecido(-da); **~ à** parecido(-da) a.
semblant [sɑ̃blɑ̃] *nm*: **faire ~ (de faire qqch)** fingir (hacer algo).
sembler [sɑ̃ble] *vi* parecer; **il semble que** parece que; **il me semble que** me parece que.
semelle [səmɛl] *nf* suela *f*; *(intérieure)* plantilla *f*.
semer [səme] *vt* sembrar; *(fam)* despistar.
semestre [səmɛstr] *nm* semestre *m*.
semi-remorque, **-s** [səmirəmɔrk] *nm* semirremolque *m*.
semoule [səmul] *nf* sémola *f*.
sénat [sena] *nm* senado *m*.
Sénégal [senegal] *nm*: **le ~** Senegal.
sens [sɑ̃s] *nm* sentido *m*; **dans le ~ (inverse) des aiguilles d'une montre** en el sentido (contrario) de las agujas del reloj; **en ~ inverse** en sentido contrario; **~ dessus dessous** patas arriba; **avoir du bon ~** tener sentido común; **~ giratoire** sentido rotatorio; **~ interdit/unique** dirección *f* prohibida/única.
sensation [sɑ̃sasjɔ̃] *nf* sensación *f*; **faire ~** causar sensación.
sensationnel, **-elle** [sɑ̃sasjɔnɛl] *adj* sensacional.
sensible [sɑ̃sibl] *adj* sensible; **~ à** sensible a.
sensiblement [sɑ̃sibləmɑ̃] *adv* *(à peu près)* casi; *(de façon perceptible)* sensiblemente.
sensuel, **-elle** [sɑ̃sɥɛl] *adj* sensual.
sentence [sɑ̃tɑ̃s] *nf* sentencia *f*.
sentier [sɑ̃tje] *nm* sendero *m*.
sentiment [sɑ̃timɑ̃] *nm* sentimiento *m*; **~s dévoués** OU **respectueux** respetuosos saludos.
sentimental, **-e**, **-aux** [sɑ̃timɑ̃tal, o] *adj* sentimental.
sentir [sɑ̃tir] *vt* oler; *(percevoir, ressentir)* sentir; **~ bon/mauvais** oler bien/mal; **ne pas pouvoir ~**

qqn *(fam)* no poder ver a alguien. ❑ **se sentir** *vp*: **se ~ mal** sentirse mal; **se ~ bizarre** sentirse raro(-ra).

séparation [separasjɔ̃] *nf* separación *f*.

séparément [separemɑ̃] *adv* por separado.

séparer [separe] *vt* separar; **~ qqn/qqch de** separar a alguien/algo de. ❑ **se séparer** *vp* separarse; **se ~ de** *(conjoint)* separarse de; *(employé)* despedir.

sept [sɛt] *num* siete, → **six**.

septante [sɛptɑ̃t] *num (Belg & Helv)* setenta, → **six**.

septembre [sɛptɑ̃br] *nm* septiembre; **en ~, au mois de ~** en septiembre, en el mes de septiembre; **début/fin ~** a principios de/a finales de septiembre; **le deux ~** el dos de septiembre.

septième [sɛtjɛm] *num* séptimo(-ma), → **sixième**.

séquelles [sekɛl] *nfpl* secuela *f*.

séquence [sekɑ̃s] *nf (de film)* secuencia *f*.

sera *etc* → **être**.

séré [sere] *nm (Helv)* queso *m* fresco.

serein, -e [sərɛ̃, ɛn] *adj* sereno(-na).

sérénité [serenite] *nf* serenidad *f*.

sergent [sɛrʒɑ̃] *nm* sargento *m*.

série [seri] *nf* serie *f*; **~ (télévisée)** serie (televisiva).

sérieusement [serjøzmɑ̃] *adv* seriamente.

sérieux, -euse [serjø, øz] *adj* serio(-ria). ◆ *nm*: **avec ~** *(travailler)* con seriedad; **garder son ~** mantener la seriedad; **prendre qqch au ~** tomarse algo en serio.

seringue [sərɛ̃g] *nf* jeringa *f*.

sermon [sɛrmɔ̃] *nm* sermón *m*.

séropositif, -ive [serɔpozitif, iv] *adj* seropositivo(-va).

serpent [sɛrpɑ̃] *nm* serpiente *f*.

serpenter [sɛrpɑ̃te] *vi* serpentear.

serpentin [sɛrpɑ̃tɛ̃] *nm (de fête)* serpentina *f*.

serpillière [sɛrpijɛr] *nf* trapo *m*, ≃ fregona *f*.

serre [sɛr] *nf* invernadero *m*.

serré, -e [sere] *adj (vêtement)* estrecho(-cha); *(spectateurs, passagers)* apretado(-da).

serrer [sere] *vt* apretar; *(dans ses bras)* abrazar; *(rapprocher)* juntar; **~ la main à qqn** estrechar la mano a alguien; **'serrez à droite'** 'péguese a la derecha'. ❑ **se serrer** *vp* apretarse; **se ~ contre qqn** apretujarse contra alguien.

serre-tête [sɛrtɛt] *nm inv* diadema *f*.

serrure [seryr] *nf* cerradura *f*.

serrurier [seryrje] *nm* cerrajero *m*.

sers *etc* → **servir**.

serveur, -euse [sɛrvœr, øz] *nm, f* camarero *m* (-ra *f*).

serviable [sɛrvjabl] *adj* servicial.

service [sɛrvis] *nm* servicio *m*; *(faveur)* favor *m*; **faire le ~** servir la comida; **rendre ~ à qqn** hacer un favor a alguien; **être de ~** estar de servicio; **'~ compris/non compris'** 'servicio incluido/no incluido'; **premier/deuxième ~** *(au restaurant)* primer/segundo servicio; **~ militaire** servicio militar.

serviette [sɛrvjɛt] *nf (cartable)* cartera *f*; **~ hygiénique** compresa *f*; **~ (de table)** servilleta *f*; **~ (de toilette)** toalla *f*.

servir [sɛrvir] *vt* servir; *(client)* atender; **~ qqch/qqn** servir algo/a alguien; **qu'est-ce que je vous sers?** ¿qué les sirvo?; **'~ frais'** 'sírvase frío'.
◆ *vi* servir; **~ à (faire) qqch** servir para (hacer) algo; **ça ne sert à rien d'insister** no sirve de nada insistir; **~ (à qqn) de qqch** servir (a alguien) de algo.
❑ **se servir** *vp (de la nourriture, de la boisson)* servirse.
❑ **se servir de** *vp + prép (objet)* utilizar.

ses → **son** *adj*.

sésame [sezam] *nm (graine)* sésamo *m*.

set [sɛt] *nm* (SPORT) set *m*; **~ (de table)** juego *m* de mesa.

seuil [sœj] *nm* umbral *m*.

seul, **-e** [sœl] *adj* solo(-la). ◆ *nm, f*: **le ~** el único; **un ~** uno solo; **(tout) ~** solo.

seulement [sœlmɑ̃] *adv (uniquement)* sólo; *(mais)* sólo que; **non ~... mais encore** OU **en plus** no sólo... sino que encima OU además; **si ~...** si tan sólo...

sève [sɛv] *nf* savia *f*.

sévère [sevɛr] *adj* severo(-ra).

sévérité [severite] *nf* severidad *f*.

Séville [sevij] *n* Sevilla.

sévir [sevir] *vi (punir)* castigar duramente; *(épidémie, crise)* hacer estragos.

sexe [sɛks] *nm* sexo *m*.

sexiste [sɛksist] *adj* sexista.

sexuel, **-elle** [sɛksɥɛl] *adj* sexual.

seyant, **-e** [sɛjɑ̃, ɑ̃t] *adj* favorecedor(-ra).

Seychelles [sɛʃɛl] *nfpl*: **les ~** las Seychelles.

shampo(o)ing *nm* champú *m*; **un ~ et une coupe** lavar y cortar.

short [ʃɔrt] *nm* shorts *mpl*.

show [ʃo] *nm* show *m*.

si [si] *conj* si; **~ tu veux, on y va** si quieres, nos vamos; **ce serait bien ~ vous pouviez** estaría bien si pudiera; **~ j'avais su...** si hubiera sabido...; **(et) ~ on allait à la piscine?** ¿y si fuésemos a la piscina?; **~ seulement tu m'en avais parlé avant!** ¡si me lo hubieras dicho antes!; **dites-moi ~ vous venez** dígame si viene; **~..., c'est que...** si... será que...
◆ *adv* -1. *(tellement)* tan; **~... que** tan... que; **ce n'est pas ~ facile que ça** no es tan fácil la cosa; **~ bien que** de modo que.
-2. *(oui)* sí.

SICAV [sikav] *nf inv (titre)* ≃ fondo *m* de inversión.

SIDA [sida] *nm* SIDA *m*.

siècle [sjɛkl] *nm* siglo *m*; **au vingtième ~** en el siglo veinte.

siège [sjɛʒ] *nm* asiento *m*; *(aux élections)* escaño *m*; *(d'une banque, d'une association)* sede *f*.

sien [sjɛ̃]: **le sien** (*f* **la sienne** [lasjɛn], *mpl* **les siens** [lesjɛ̃], *fpl* **les siennes** [lesjɛn]) *pron* el suyo.
sieste [sjɛst] *nf* siesta *f*; **faire la ~** echarse la siesta.
sifflement [sifləmɑ̃] *nm* silbido *m*.
siffler [sifle] *vt* & *vi* silbar.
sifflet [siflɛ] *nm (instrument)* silbato *m*; *(au spectacle)* silbido *m*.
sigle [sigl] *nm* sigla *f*.
signal, -aux [siɲal, o] *nm* señal *f*; **~ d'alarme** señal de alarma.
signalement [siɲalmɑ̃] *nm* descripción *f*.
signaler [siɲale] *vt* señalar.
signalisation [siɲalizasjɔ̃] *nf* señalización *f*.
signature [siɲatyr] *nf* firma *f*.
signe [siɲ] *nm (geste)* seña *f*; *(indice)* señal *f*; *(dessin)* signo *m*; **faire ~ à qqn (de faire qqch)** hacer una seña a alguien (para hacer algo); **c'est bon/mauvais ~** es buena/mala señal; **faire le ~ de croix** hacer la señal de la cruz; **~ du zodiaque** signo del zodíaco.
signer [siɲe] *vt* & *vi* firmar. ❑ **se signer** *vp* santiguarse.
significatif, -ive [siɲifikatif, iv] *adj* significativo(-va).
signification [siɲifikasjɔ̃] *nf* significado *m*.
signifier [siɲifje] *vt* significar.
silence [silɑ̃s] *nm* silencio *m*; **en ~** en silencio.
silencieux, -euse [silɑ̃sjø, øz] *adj* silencioso(-sa); *(personne)* callado(-da).
silhouette [silwɛt] *nf* silueta *f*.
sillonner [sijɔne] *vt* surcar.
similaire [similɛr] *adj* similar.
simple [sɛ̃pl] *adj* sencillo(-lla); *(direct, sans manières)* simple; *(chambre)* individual.
simplement [sɛ̃pləmɑ̃] *adv (sans complication)* sencillamente; *(seulement)* simplemente.
simplicité [sɛ̃plisite] *nf* simplicidad *f*.
simplifier [sɛ̃plifje] *vt* simplificar.
simuler [simyle] *vt* simular.
simultané, -e [simyltane] *adj* simultáneo(-nea).
simultanément [simyltanemɑ̃] *adv* simultáneamente.
sincère [sɛ̃sɛr] *adj* sincero(-ra).
sincérité [sɛ̃serite] *nf* sinceridad *f*.
singe [sɛ̃ʒ] *nm* mono *m*.
singulier [sɛ̃gylje] *nm* singular *m*.
sinistre [sinistr] *adj* siniestro(-tra). ◆ *nm (catastrophe)* siniestro *m*.
sinistré, -e [sinistre] *adj* & *nm, f* siniestrado(-da).
sinon [sinɔ̃] *conj (autrement)* si no; *(excepté)* sino.
sinueux, -euse [sinɥø, øz] *adj* sinuoso(-sa).
sinusite [sinyzit] *nf* sinusitis *f*.
sirène [sirɛn] *nf* sirena *f*.
sirop [siro] *nm* jarabe *m*; **~ d'érable/de fruits** jarabe de arce/de frutas.
siroter [sirɔte] *vt* beber a sorbos.
site [sit] *nm (paysage)* paraje *m*;

(emplacement) emplazamiento *m*; **~ touristique** emplazamiento turístico.

situation [sitɥasjɔ̃] *nf* situación *f*.

situé, -e [sitɥe] *adj* situado(-da); **bien/mal ~** bien/mal situado.

situer [sitɥe]: **se situer** *vp* situarse.

six [sis] *adj num* & *pron num* seis; **il a ~ ans** tiene seis años; **il est ~ heures** son las seis; **le ~ janvier** el seis de enero; **page ~** página seis; **(au) ~ rue Lepic** en el número seis de la calle Lepic; **ils étaient ~** eran seis. ◆ *nm*: **le ~ de pique** el seis de picas.

sixième [sizjɛm] *adj num* & *pron num* sexto(-ta); **~ étage** sexta planta. ◆ *nf* *(SCOL)* ≃ sexto *m* de EGB. ◆ *nm* sexto *m*; **au ~** *(étage)* en el sexto.

Skaï® [skaj] *nm* escay *m*.

skateboard [skɛtbɔrd] *nm* monopatín *m*.

sketch [skɛtʃ] (*pl* **-s** OU **-es**) *nm* sketch *m*.

ski [ski] *nm* esquí *m*; **faire du ~** esquiar; **~ alpin/de fond** esquí alpino/de fondo; **~ nautique** esquí acuático.

skier [skje] *vi* esquiar.

skieur, -euse [skjœr, øz] *nm, f* esquiador *m* (-ra *f*).

slalom [slalɔm] *nm* eslálom *m*.

slip [slip] *nm* *(d'homme)* calzoncillo *m*; *(de femme)* braga *f*; **~ de bain** bañador *m*.

slogan [slɔgɑ̃] *nm* eslogan *m*.

SMIC [smik] *nm* ≃ SMI *m*.

smoking [smɔkiŋ] *nm* esmoquin *m*.

snack(-bar), -s [snak(bar)] *nm* snack-bar *m*.

SNCF *nf* *compañía francesa de ferrocarril*, ≃ RENFE *f*.

snob [snɔb] *adj* & *nmf* esnob.

sobre [sɔbr] *adj* *(qui ne boit pas)* abstemio(-mia); *(simple)* sobrio(-bria).

sociable [sɔsjabl] *adj* sociable.

social, -e, -aux [sɔsjal, o] *adj* social.

socialisme [sɔsjalism] *nm* socialismo *m*.

socialiste [sɔsjalist] *adj* & *nmf* socialista.

société [sɔsjete] *nf* sociedad *f*.

socle [sɔkl] *nm* zócalo *m*.

socquette [sɔkɛt] *nf* calcetín *m* corto.

soda [sɔda] *nm* soda *f*.

sœur [sœr] *nf* hermana *f*; *(RELIG)* monja *f*.

sofa [sɔfa] *nm* sofá *m*.

soi [swa] *pron* sí mismo(-ma); **en ~** en sí; **cela va de ~** ni que decir tiene.

soi-disant [swadizɑ̃] *adj inv* supuesto(-ta). ◆ *adv* supuestamente.

soie [swa] *nf* seda *f*.

soif [swaf] *nf* sed *f*; **avoir ~** tener sed; **ça (me) donne ~** (me) da sed.

soigner [swaɲe] *vt* *(suj: médecin, infirmière)* atender a; *(maladie)* curar; *(travail, présentation)* esmerarse en; *(s'occuper de)* cuidar.

soigneusement [swaɲøzmɑ̃] *adv* cuidadosamente.

soigneux, -euse [swaɲø, øz] *adj* cuidadoso(-sa).
soin [swɛ̃] *nm* esmero *m*; **prendre ~ de ses affaires** cuidar sus cosas; **prendre ~ de faire qqch** asegurarse de hacer algo. ❑ **soins** *nmpl (médicaux, de beauté)* cuidados *mpl*; **premiers ~s** primeros auxilios *mpl*.
soir [swar] *nm* noche *f*; **le ~** por la noche.
soirée [sware] *nf* noche *f*; *(réception)* recepción *f*.
sois, soit [swa] → **être**.
soit [swa] *conj*: **~... ~** o...o.
soixante [swasɑ̃t] *num* sesenta, → **six**.
soixante-dix [swasɑ̃tdis] *num* setenta, → **six**.
soixante-dixième [swasɑ̃tdizjɛm] *num* septuagésimo(-ma), → **sixième**.
soixantième [swasɑ̃tjɛm] *num* sexagésimo(-ma), → **sixième**.
soja [sɔʒa] *nm* soja *f*.
sol [sɔl] *nm* suelo *m*.
solaire [sɔlɛr] *adj* solar.
soldat [sɔlda] *nm* soldado *m*.
solde [sɔld] *nm* saldo *m*; **en ~** *(article)* rebajado(-da); *(acheter)* en rebajas. ❑ **soldes** *nmpl* rebajas *fpl*.
soldé, -e [sɔlde] *adj* rebajado(-da).
sole [sɔl] *nf* lenguado *m*; **~ meunière** *lenguado preparado en una sartén con mantequilla y limón y servido con su propia salsa*.
soleil [sɔlɛj] *nm* sol *m*; **il fait (du) ~** hace sol; **au ~** al sol; **~ levant/couchant** sol naciente/poniente.
solennel, -elle [sɔlanɛl] *adj* solemne.
solfège [sɔlfɛʒ] *nm* solfeo *m*.
solidaire [sɔlidɛr] *adj*: **être ~ de qqn** ser solidario(-ria) con alguien.
solidarité [sɔlidarite] *nf* solidaridad *f*.
solide [sɔlid] *adj (matériau, construction)* sólido(-da); *(personne, santé)* robusto(-ta).
solidité [sɔlidite] *nf* solidez *f*.
soliste [sɔlist] *nmf* solista *mf*.
solitaire [sɔlitɛr] *adj & nmf* solitario(-ria).
solitude [sɔlityd] *nf* soledad *f*.
solliciter [sɔlisite] *vt* solicitar.
soluble [sɔlybl] *adj* soluble.
solution [sɔlysjɔ̃] *nf* solución *f*.
sombre [sɔ̃br] *adj* oscuro(-ra); *(fig)* sombrío(-bría).
sommaire [sɔmɛr] *adj (explication, résumé)* somero(-ra); *(repas, logement)* sencillo(-lla). ◆ *nm* índice *m*.
somme[1] [sɔm] *nf* suma *f*; **faire la ~ de** *(MATH)* efectuar la suma de; **en ~** en suma; **~ toute** después de todo.
somme[2] [sɔm] *nm*: **faire un ~** echar una cabezada.
sommeil [sɔmɛj] *nm* sueño *m*; **avoir ~** tener sueño.
sommelier, -ère [sɔməlje, ɛr] *nm, f* sumiller *mf*.
sommes [sɔm] → **être**.
sommet [sɔmɛ] *nm* cumbre *f*.
sommier [sɔmje] *nm* somier *m*.

somnambule [sɔmnɑ̃byl] *adj* & *nmf* sonámbulo(-la).

somnifère [sɔmnifɛr] *nm* somnífero *m*.

somnoler [sɔmnɔle] *vi* dormitar.

somptueux, **-euse** [sɔ̃ptɥø, øz] *adj* fastuoso(-sa).

son[1] [sɔ̃] (*f* **sa** [sa], *pl* **ses** [se]) *adj*: ~, **sa** su.

son[2] [sɔ̃] *nm (bruit)* sonido *m*; *(de blé)* salvado *m*; ~ **et lumière** espectáculo *m* de luces y sonido.

sondage [sɔ̃daʒ] *nm* sondeo *m*.

sonde [sɔ̃d] *nf (MÉD)* sonda *f*.

songer [sɔ̃ʒe]: **songer à** *v* + *prép (envisager de)* pensar en.

songeur, **-euse** [sɔ̃ʒœr, øz] *adj* pensativo(-va).

sonner [sɔne] *vi* sonar; *(à la porte)* llamar. ◆ *vt (cloche)* tañir; *(suj: horloge)* sonar.

sonnerie [sɔnri] *nf* timbre *m*.

sonnette [sɔnɛt] *nf* timbre *m*; ~ **d'alarme** *(dans un train)* señal *f* de alarma.

sono [sɔno] *nf (fam)* sonorización *f*.

sonore [sɔnɔr] *adj* sonoro(-ra).

sonorité [sɔnɔrite] *nf* sonoridad *f*.

sont [sɔ̃] → **être**.

sophistiqué, **-e** [sɔfistike] *adj* sofisticado(-da).

sorbet [sɔrbɛ] *nm* sorbete *m*.

sorcier, **-ère** [sɔrsje, ɛr] *nm, f* brujo *m* (-ja *f*).

sordide [sɔrdid] *adj (crime, affaire)* sórdido(-da).

sort [sɔr] *nm* suerte *f*; **tirer au** ~ echar a suertes.

sorte [sɔrt] *nf* especie *f*; **une** ~ **de** una especie de; **de (telle)** ~ **que** *(afin que)* de manera que; **en quelque** ~ en cierto modo.

sortie [sɔrti] *nf* salida *f*; '~ **de secours**' 'salida de emergencia'; '~ **de voitures**' 'vado permanente'.

sortir [sɔrtir] *vi* salir. ◆ *vt* sacar; ~ **de** salir de. ❑ **s'en sortir** *vp* salir adelante.

SOS *nm* SOS *m*; ~ **Médecins** *organismo de urgencias médicas*.

sosie [sɔzi] *nm* sosia *m*.

sou [su] *nm*: **ne plus avoir un** ~ no tener ni un duro. ❑ **sous** *nmpl (fam)* pelas *fpl*.

souche [suʃ] *nf (d'arbre)* tocón *m*; *(de carnet)* matriz *f*.

souci [susi] *nm* preocupación *f*; **se faire du** ~ **(pour)** preocuparse (por).

soucier [susje]: **se soucier de** *vp* + *prép* preocuparse de.

soucieux, **-euse** [susjø, øz] *adj* preocupado(-da).

soucoupe [sukup] *nf* platillo *m*; ~ **volante** platillo volante.

soudain, **-e** [sudɛ̃, ɛn] *adj* súbito(-ta). ◆ *adv* de repente.

souder [sude] *vt* soldar.

soudure [sudyr] *nf* soldadura *f*.

souffert [sufɛr] *pp* → **souffrir**.

souffle [sufl] *nm (respiration)* soplido *m*; *(d'une explosion)* onda *f* expansiva; **un** ~ **d'air** OU **de vent** un soplo de aire OU de viento; **être à bout de** ~ estar sin aliento.

soufflé [sufle] *nm* soufflé *m*.
souffler [sufle] *vt (fumée)* soplar; *(bougie)* apagar. ◆ *vi* soplar; *(haleter)* respirar; ~ **qqch à qqn** *(à un examen)* soplar algo a alguien.
soufflet [suflɛ] *nm* fuelle *m*.
souffrance [sufrɑ̃s] *nf* sufrimiento *m*.
souffrant, -e [sufrɑ̃, ɑ̃t] *adj (sout)* indispuesto(-ta).
souffrir [sufrir] *vi* sufrir; ~ **de** *(maladie)* padecer de; *(chaleur, froid)* pasar.
soufre [sufr] *nm* azufre *m*.
souhait [swɛ] *nm* deseo *m*; **à tes ~s!** ¡Jesús!
souhaitable [swɛtabl] *adj* deseable.
souhaiter [swete] *vt*: ~ **que** desear que; ~ **faire qqch** desear hacer algo; ~ **bonne chance/un bon anniversaire à qqn** desear buena suerte/un feliz cumpleaños a alguien.
soûl, -e [su, sul] *adj* borracho(-cha).
soulagement [sulaʒmɑ̃] *nm* alivio *m*.
soulager [sulaʒe] *vt* aliviar.
soûler [sule]: **se soûler** *vp* emborracharse.
soulever [sulve] *vt* levantar; *(problème)* plantear. ❑ **se soulever** *vp* levantarse.
soulier [sulje] *nm* zapato *m*.
souligner [suliɲe] *vt* subrayar.
soumettre [sumɛtr] *vt*: ~ **qqn/qqch à** someter a alguien/algo a; ~ **qqch à qqn** someter algo a alguien. ❑ **se soumettre à** *vp + prép (loi, obligation)* someterse a.
soumis, -e [sumi, iz] *pp* → **soumettre**. ◆ *adj* sumiso(-sa).
soupape [supap] *nf* válvula *f*.
soupçon [supsɔ̃] *nm* sospecha *f*.
soupçonner [supsɔne] *vt* sospechar.
soupçonneux, -euse [supsɔnø, øz] *adj* sospechoso(-sa).
soupe [sup] *nf* sopa *f*; ~ **à l'oignon** sopa de cebolla; ~ **de légumes** sopa de verduras.
souper [supe] *nm* cena *f*. ◆ *vi* cenar.
soupeser [supəze] *vt* sopesar.
soupière [supjɛr] *nf* sopera *f*.
soupir [supir] *nm* suspiro *m*; **pousser un** ~ dar un suspiro.
soupirer [supire] *vi* suspirar.
souple [supl] *adj* flexible.
souplesse [suplɛs] *nf* flexibilidad *f*.
source [surs] *nf* fuente *f*.
sourcil [sursi] *nm* ceja *f*.
sourd, -e [sur, surd] *adj* sordo(-da).
sourd-muet, sourde-muette [surmɥɛ, surdmɥɛt] (*mpl* **sourds-muets**, *fpl* **sourdes-muettes**) *nm, f* sordomudo *m* (-da *f*).
souriant, -e [surjɑ̃, ɑ̃t] *adj* sonriente.
sourire [surir] *nm* sonrisa *f*. ◆ *vi* sonreír.
souris [suri] *nf* ratón *m*.
sournois, -e [surnwa, az] *adj* ladino(-na).
sous [su] *prép* bajo, debajo de; ~

la pluie bajo la lluvia; ~ **la table** debajo de la mesa; ~ **enveloppe** en sobre; ~ **peu** en breve.
sous-bois [subwa] *nm* monte *m* bajo.
sous-développé, -e, -s [sudevlɔpe] *adj* subdesarrollado(-da).
sous-entendre [suzɑ̃tɑ̃dr] *vt* sobrentender.
sous-entendu, -s [suzɑ̃tɑ̃dy] *nm* sobrentendido *m*.
sous-estimer [suzɛstime] *vt* subestimar.
sous-louer [sulwe] *vt* subarrendar.
sous-marin, -e, -s [sumarɛ̃, in] *adj* submarino(-na). ◆ *nm* submarino *m*; *(Can) bollo de pan blando y alargado relleno de pastrami, lechuga y queso*.
sous-préfecture, -s [suprefɛktyr] *nf* subprefectura *f (división administrativa inferior a la "préfecture")*.
sous-pull, -s [supyl] *nm* niqui *m*.
sous-sol, -s [susɔl] *nm* sótano *m*.
sous-titre, -s [sutitr] *nm* subtítulo *m*.
sous-titré, -e, -s [sutitre] *adj* subtitulado(-da).
soustraction [sustraksjɔ̃] *nf* resta *f*.
soustraire [sustrɛr] *vt* restar.
sous-verre [suvɛr] *nm inv* posavasos *m inv*.
sous-vêtements [suvɛtmɑ̃] *nmpl* ropa *f* interior.
soute [sut] *nf (d'un bateau)* pañol *m*; ~ **à bagages** compartimento *m* de equipajes.
soutenir [sutnir] *vt* sostener; ~ **que** sostener que.
souterrain, -e [sutɛrɛ̃, ɛn] *adj* subterráneo(-a). ◆ *nm* subterráneo *m*.
soutien [sutjɛ̃] *nm* apoyo *m*; *(SCOL)* repaso *m*.
soutien-gorge [sutjɛ̃gɔrʒ] (*pl* **soutiens-gorge**) *nm* sujetador *m*.
souvenir [suvnir] *nm* recuerdo *m*. ❑ **se souvenir de** *vp + prép* acordarse de.
souvent [suvɑ̃] *adv (fréquemment)* a menudo; *(généralement)* en general.
souvenu [suvny] *pp* → **souvenir**.
souverain, -e [suvrɛ̃, ɛn] *nm, f* soberano *m* (-na *f*).
soviétique [sɔvjetik] *adj* soviético(-ca).
soyeux, -euse [swajø, øz] *adj* sedoso(-sa).
soyons [swajɔ̃] → **être**.
SPA *nf sociedad protectora de animales*.
spacieux, -euse [spasjø, øz] *adj* espacioso(-sa).
spaghetti(s) [spageti] *nmpl* espaguetis *mpl*.
sparadrap [sparadra] *nm* esparadrapo *m*.
spatial, -e, -aux [spasjal, o] *adj* espacial.
spatule [spatyl] *nf* espátula *f*.
spätzli [ʃpetsli] *nmpl (Helv) trozos pequeños de masa pasados por*

agua hirviendo; se suelen servir como acompañamiento a la carne.

spécial, -e, -aux [spesjal, o] *adj* especial.

spécialisé, -e [spesjalize] *adj* especializado(-da).

spécialiste [spesjalist] *nmf* especialista *mf*.

spécialité [spesjalite] *nf* especialidad *f*.

spécifique [spesifik] *adj* específico(-ca).

spécimen [spesimɛn] *nm* espécimen *m*.

spectacle [spɛktakl] *nm* espectáculo *m*.

spectaculaire [spɛktakylɛr] *adj* espectacular.

spectateur, -trice [spɛktatœr, tris] *nm, f* espectador *m* (-ra *f*).

speculoos [spekulos] *nmpl* *(Belg) pasta con forma de muñeco hecha de azúcar moreno y canela.*

spéléologie [speleɔlɔʒi] *nf* espeleología *f*.

sphère [sfɛr] *nf* esfera *f*.

spirale [spiral] *nf* espiral *f*; *(d'un cahier)* anillas *fpl*; **en ~** en espiral.

spirituel, -elle [spiritɥɛl] *adj* *(de l'âme)* espiritual; *(personne, remarque)* ingenioso(-sa).

spiritueux [spiritɥø] *nm* bebida *f* espirituosa.

splendide [splɑ̃did] *adj* espléndido(-da).

sponsor [spɔ̃sɔr] *nm* patrocinador *m*.

sponsoriser [spɔ̃sɔrize] *vt* patrocinar.

spontané, -e [spɔ̃tane] *adj* espontáneo(-a).

spontanéité [spɔ̃taneite] *nf* espontaneidad *f*.

sport [spɔr] *nm* deporte *m*; **~s d'hiver** deportes de invierno.

sportif, -ive [spɔrtif, iv] *adj* deportivo(-va). ◆ *nm, f* deportista *mf*.

spot [spɔt] *nm* foco *m*; **~ publicitaire** anuncio *m*.

sprint [sprint] *nm* sprint *m*.

square [skwar] *nm* plaza *f* ajardinada.

squelette [skəlɛt] *nm* esqueleto *m*.

St *(abr de saint)* Sto., S.

stable [stabl] *adj* estable.

stade [stad] *nm* estadio *m*.

stage [staʒ] *nm* prácticas *fpl*; **faire un ~** hacer unas prácticas.

stagiaire [staʒjɛr] *nmf* estudiante *mf* en prácticas.

stagner [stagne] *vi* estancarse.

stalactite [stalaktit] *nf* estalactita *f*.

stalagmite [stalagmit] *nf* estalagmita *f*.

stand [stɑ̃d] *nm* *(d'exposition)* estand *m*; *(de fête)* caseta *f*.

standard [stɑ̃dar] *adj inv* estándar. ◆ *nm (téléphonique)* centralita *f*.

standardiste [stɑ̃dardist] *nmf* telefonista *mf*.

star [star] *nf* estrella *f*.

starter [startɛr] *nm* estárter *m*.

station [stasjɔ̃] *nf* estación *f*; *(de radio)* emisora *f*; **~ balnéaire** balneario *m*; ~ **de taxis** parada *f* de taxis.

stationnement [stasjɔnmɑ̃] *nm* estacionamiento *m*; '~ **payant**' estacionamiento de pago; ~ **bilatéral/unilatéral autorisé** *estacionamiento autorizado respectivamente a los dos lados o a un lado de la calzada.*

stationner [stasjɔne] *vi* estacionar.

station-service [stasjɔ̃sɛrvis] (*pl* **stations-service**) *nf* gasolinera *f*.

statistiques [statistik] *nfpl* estadísticas *fpl*.

statue [staty] *nf* estatua *f*.

statuette [statɥɛt] *nf* estatuilla *f*.

statut [staty] *nm* estatus *m inv*.

Ste *(abr de sainte)* Sta.

Sté *(abr de société)* Sdad.

steak [stɛk] *nm* filete *m*; ~ **frites** filete con patatas (fritas); ~ **haché** filete de carne picada; ~ **tartare** steak *m* tártaro.

sténo [steno] *nf* taquigrafía *f*.

sténodactylo [stenɔdaktilo] *nf* taquimecanógrafa *f (secretaria)*.

stéréo [stereo] *adj inv* estéreo. ◆ *nf* estereofonía *f*.

stérile [steril] *adj* estéril.

stériliser [sterilize] *vt* esterilizar.

steward [stiwart] *nm* auxiliar *m* de vuelo.

stimuler [stimyle] *vt* estimular.

stock [stɔk] *nm* existencias *fpl*; **en** ~ en depósito.

stocker [stɔke] *vt* almacenar.

stop [stɔp] *nm (panneau)* stop *m*; *(phare)* luz *f* de freno. ◆ *excl* ¡alto!; **faire du** ~ hacer dedo.

stopper [stɔpe] *vt* parar. ◆ *vi* pararse.

store [stɔr] *nm* persiana *f*.

strapontin [strapɔ̃tɛ̃] *nm* traspuntín *m*.

Strasbourg [strasbur] *n* Estrasburgo.

stratégie [strateʒi] *nf* estrategia *f*.

stress [strɛs] *nm* estrés *m inv*.

stressé, -e [strɛse] *adj*: **être** ~ tener estrés.

strict, -e [strikt] *adj* estricto(-ta).

strictement [striktəmɑ̃] *adv* estrictamente; *(interdire)* terminantemente.

strident, -e [stridɑ̃, ɑ̃t] *adj* estridente.

strié, -e [strije] *adj* estriado(-da).

strophe [strɔf] *nf* estrofa *f*.

structure [stryktyr] *nf* estructura *f*.

studieux, -euse [stydjø, øz] *adj* estudioso(-sa).

studio [stydjo] *nm* estudio *m*.

stupéfait, -e [stypefɛ, ɛt] *adj* estupefacto(-ta).

stupéfiant, -e [stypefjɑ̃, ɑ̃t] *adj* asombroso(-sa). ◆ *nm* estupefaciente *m*.

stupide [stypid] *adj* estúpido(-da).

stupidité [stypidite] *nf* estupidez *f*.

style [stil] *nm* estilo *m*; **meuble de ~** mueble de estilo.

stylo [stilo] *nm* boli *m*; **~ (à) bille** bolígrafo *m*; **~ (à) plume** pluma *f* estilográfica.

stylo-feutre [stiloføtr] (*pl* **stylos-feutres**) *nm* rotulador *m*.

su, -e [sy] *pp* → **savoir**.

subir [sybir] *vt* sufrir.

subit, -e [sybi, it] *adj* súbito(-ta).

subjectif, -ive [sybʒɛktif, iv] *adj* subjetivo(-va).

subjonctif [sybʒɔ̃ktif] *nm* subjuntivo *m*.

sublime [syblim] *adj* sublime.

submerger [sybmɛrʒe] *vt (suj: eau)* sumergir; *(suj: travail, responsabilités)* abrumar.

subsister [sybziste] *vi* subsistir.

substance [sypstɑ̃s] *nf* sustancia *f*.

substantiel, -elle [sypstɑ̃sjɛl] *adj* sustancial.

substituer [sypstitɥe] *vt*: **~ qqch à qqch** sustituir algo por algo. ❑ **se substituer à** *vp + prép* sustituir a.

subtil, -e [syptil] *adj* sutil.

subtilité [syptilite] *nf* sutileza *f*.

subvention [sybvɑ̃sjɔ̃] *nf* subvención *f*.

succéder [syksede]: **succéder à** *v + prép* suceder a. ❑ **se succéder** *vp* sucederse.

succès [syksɛ] *nm* éxito *m*; **avoir du ~** tener éxito.

successeur [syksesœr] *nm* sucesor *m*.

successif, -ive [syksesif, iv] *adj* sucesivo(-va).

succession [syksesjɔ̃] *nf* sucesión *f*.

succulent, -e [sykylɑ̃, ɑ̃t] *adj* suculento(-ta).

succursale [sykyrsal] *nf* sucursal *f*.

sucer [syse] *vt* chupar.

sucette [sysɛt] *nf (sucrerie)* chupa-chups® *m inv*; *(de bébé)* chupete *m*.

sucre [sykr] *nm* azúcar *m* OU *f*; *(morceau, sachet)* azucarillo *m*; **~ en morceaux** terrones *mpl* de azúcar; **~ d'orge** garrote *m* (caramelo); **~ en poudre** azúcar en polvo.

sucré, -e [sykre] *adj* azucarado(-da).

sucrer [sykre] *vt* azucarar.

sucreries [sykrəri] *nfpl* golosinas *fpl*.

sucrier [sykrije] *nm* azucarero *m*.

sud [syd] *adj inv* & *nm* sur. ❑ **Sud** *nm* Sur *m*; **au ~ (de)** al sur (de).

sud-africain, -e, -s [sydafrikɛ̃, ɛn] *adj* sudafricano(-na).

sud-est [sydɛst] *adj inv* sudeste. ◆ *nm* sudeste *m*; **au ~ (de)** al sudeste (de).

sud-ouest [sydwɛst] *adj inv* sudoeste. ◆ *nm* sudoeste *m*; **au ~ (de)** al sudoeste (de).

Suède [sɥɛd] *nf*: **la ~** Suecia.

suédois, -e [sɥedwa, az] *adj* sueco(-ca). ◆ *nm (langue)* sueco *m*. ❑ **Suédois, -e** *nm, f* sueco *m* (-ca *f*).

suer [sɥe] *vi* sudar.

sueur [sɥœr] *nf* sudor *m*; **être en ~** estar chorreando de sudor; **avoir des ~s froides** entrarle a uno sudores.
suffire [syfir] *vi* bastar; **ça suffit!** ¡ya está bien!; **~ à qqn** bastar a alguien; **il suffit de qqch pour** basta con algo para; **il suffit de faire qqch** basta con hacer algo.
suffisamment [syfizamɑ̃] *adv* bastante; **~ de** bastante.
suffisant, -e [syfizɑ̃, ɑ̃t] *adj* suficiente.
suffocant, -e [syfɔkɑ̃, ɑ̃t] *adj* sofocante.
suffoquer [syfɔke] *vi* sofocarse.
suggérer [sygʒere] *vt* sugerir; **~ à qqn de faire qqch** sugerir a alguien que haga algo.
suggestion [sygʒɛstjɔ̃] *nf* sugerencia *f*.
suicide [sɥisid] *nm* suicidio *m*.
suicider [sɥiside]: **se suicider** *vp* suicidarse.
suie [sɥi] *nf* hollín *m*.
suinter [sɥɛ̃te] *vi* rezumar.
suis [sɥi] → **être, suivre**.
suisse [sɥis] *adj* suizo(-za). ❑ **Suisse** *nmf* suizo(-za). ◆ *nf*: **la Suisse** Suiza.
suite [sɥit] *nf (série, succession)* serie *f*; *(d'une histoire, d'un film)* continuación *f*; **~s** repercusiones *fpl*; **à la ~, de ~** seguido(-da); **à la ~ de** *(à cause de)* a causa de; **par ~ de** por causa de.
suivant, -e [sɥivɑ̃, ɑ̃t] *adj* & *nm, f* siguiente. ◆ *prép* según; **au ~!** ¡(el) siguiente!
suivi, -e [sɥivi] *pp* → **suivre**.
suivre [sɥivr] *vt* seguir; **suivi de** seguido de; **faire ~ le courrier** remitir el correo a la nueva dirección; **'à ~'** 'continuará'.
sujet [syʒɛ] *nm (thème)* tema *m*; (GRAMM) sujeto *m*; *(d'un roi)* súbdito *m*; **au ~ de** a propósito de.
super [sypɛr] *adj inv (fam)* guay. ◆ *nm* súper *m*.
superbe [sypɛrb] *adj* espléndido(-da).
supérette [syperɛt] *nf* supermercado *m (pequeño)*.
superficie [sypɛrfisi] *nf* superficie *f*.
superficiel, -elle [sypɛrfisjɛl] *adj* superficial.
superflu, -e [sypɛrfly] *adj* superfluo(-a).
supérieur, -e [syperjœr] *adj* superior. ◆ *nm, f* superior *m* (-ra *f*); **~ à** superior a.
supériorité [syperjɔrite] *nf* superioridad *f*.
supermarché [sypɛrmarʃe] *nm* supermercado *m*.
superposer [sypɛrpoze] *vt* superponer.
superstitieux, -euse [sypɛrstisjø, øz] *adj* supersticioso(-sa).
superviser [sypɛrvize] *vt* supervisar.
supplément [syplemɑ̃] *nm* suplemento *m*; **en ~** en suplemento.
supplémentaire [syplemɑ̃tɛr] *adj* suplementario(-ria).
supplice [syplis] *nm* suplicio *m*.

supplier [syplije] *vt*: **~ qqn (de faire qqch)** suplicar a alguien (que haga algo).
support [sypɔr] *nm* soporte *m*.
supportable [sypɔrtabl] *adj* soportable.
supporter[1] [sypɔrte] *vt* soportar; *(soutenir)* apoyar.
supporter[2] [sypɔrtɛr] *nm* hincha *m*.
supposer [sypoze] *vt* suponer; **à ~ que...** suponiendo que...
supposition [sypozisjɔ̃] *nf* suposición *f*.
suppositoire [sypozitwar] *nm* supositorio *m*.
suppression [sypresjɔ̃] *nf* supresión *f*.
supprimer [syprime] *vt* suprimir; *(tuer)* eliminar.
suprême [syprɛm] *nm*: **~ de volaille** *pechuga de ave con salsa*.
sur [syr] *prép* -1. *(dessus)* en, encima de; **~ la table** en OU encima de la mesa.
-2. *(au-dessus de, au sujet de)* sobre; **un dépliant ~ l'Auvergne** un folleto sobre Auvernia.
-3. *(indique la direction)* hacia; **tournez ~ la droite** gire a la derecha.
-4. *(indique la distance)* en; **'travaux ~ 10 kilomètres'** 'obras en 10 kilómetros'.
-5. *(dans une mesure)* por; **un mètre ~ deux** un metro por dos.
-6. *(dans une proportion)*: **9 personnes ~ 10** nueve de cada diez personas; **un jour ~ deux** (uno de) cada dos días.
sûr, -e [syr] *adj* seguro(-ra); **être ~ de/que** estar seguro de/de que; **être ~ de soi** estar seguro de sí mismo.
surcharger [syrʃarʒe] *vt* sobrecargar.
surchauffé, -e [syrʃofe] *adj* con la calefacción demasiado alta.
surélever [syrɛlve] *vt*: **~ un bâtiment** añadir una planta a un edificio.
sûrement [syrmɑ̃] *adv* seguramente; **~ pas!** ¡ni hablar!
surestimer [syrɛstime] *vt* sobreestimar.
sûreté [syrte] *nf*: **mettre qqch en ~** poner algo a salvo.
surexcité, -e [syrɛksite] *adj* excitadísimo(-ma).
surf [sœrf] *nm* surf *m*.
surface [syrfas] *nf* superficie *f*.
surgelé, -e [syrʒəle] *adj* congelado(-da). ◆ *nm* congelado *m*.
surgir [syrʒir] *vi* surgir.
sur-le-champ [syrləʃɑ̃] *adv* en el acto.
surlendemain [syrlɑ̃dmɛ̃] *nm*: **le ~** a los dos días.
surligneur [syrliɲœr] *nm* marcador *m*.
surmené, -e [syrməne] *adj* agotado(-da).
surmonter [syrmɔ̃te] *vt* superar.
surnaturel, -elle [syrnatyrɛl] *adj* sobrenatural.
surnom [syrnɔ̃] *nm* apodo *m*.
surnommer [syrnɔme] *vt* apodar.

surpasser [syrpase] *vt* superar. ❑ **se surpasser** *vp* superarse.

surplace [syrplas] *nm*: **faire du ~** *(fig)* estar atascado(-da).

surplomber [syrplɔ̃be] *vt* dominar.

surplus [syrply] *nm* excedente *m*.

surprenant, -e [syrprənɑ̃, ɑ̃t] *adj* sorprendente.

surprendre [syrprɑ̃dr] *vt* sorprender.

surpris, -e [syrpri, iz] *pp* → **surprendre**. ◆ *adj* asombrado(-da); **je suis ~ de le voir/qu'il vienne** me sorprende verlo/que venga.

surprise [syrpriz] *nf* sorpresa *f*; **faire une ~ à qqn** dar una sorpresa a alguien; **par ~** por sorpresa.

sursaut [syrso] *nm*: **se réveiller en ~** despertarse de un sobresalto.

sursauter [syrsote] *vi* sobresaltarse.

surtaxe [syrtaks] *nf* recargo *m*.

surtout [syrtu] *adv* sobre todo; **~, fais bien attention!** ¡sobre todo, ten mucho cuidado!; **~ que** sobre todo porque.

survécu [syrveky] *pp* → **survivre**.

surveillance [syrvɛjɑ̃s] *nf* vigilancia *f*; **être sous ~** estar vigilado(-da).

surveillant, -e [syrvɛjɑ̃, ɑ̃t] *nm, f persona encargada de la disciplina en un establecimiento escolar.*

surveiller [syrvɛje] *vt (observer)* vigilar; *(prendre soin de)* cuidar. ❑ **se surveiller** *vp (faire un régime)* cuidarse.

survêtement [syrvɛtmɑ̃] *nm* chandal *m*.

survivant, -e [syrvivɑ̃, ɑ̃t] *nm, f* superviviente *mf*.

survivre [syrvivr] *vi* sobrevivir; **~ à** sobrevivir a.

survoler [syrvɔle] *vt* sobrevolar.

sus [sy(s)]: **en sus** *adv* además.

susceptible [sysɛptibl] *adj* susceptible; **être ~ de faire qqch** ser capaz de hacer algo.

susciter [sysite] *vt* suscitar.

suspect, -e [syspɛ, ɛkt] *adj* & *nm, f* sospechoso(-sa).

suspecter [syspɛkte] *vt* sospechar.

suspendre [syspɑ̃dr] *vt (accrocher)* colgar; *(arrêter)* suspender.

suspense [syspɛns] *nm* suspense *m*.

suspension [syspɑ̃sjɔ̃] *nf (d'une voiture)* suspensión *f*; *(lampe)* lámpara *f* de techo.

suture [sytyr] *nf* → **point**.

SVP *(abr de s'il vous plaît)* por favor.

sweat-shirt, -s [switʃœrt] *nm* sudadera *f*.

syllabe [silab] *nf* sílaba *f*.

symbole [sɛ̃bɔl] *nm* símbolo *m*.

symbolique [sɛ̃bɔlik] *adj* simbólico(-ca).

symboliser [sɛ̃bɔlize] *vt* simbolizar.

symétrie [simetri] *nf* simetría *f*.

symétrique [simetrik] *adj* simétrico(-ca).

sympa [sɛ̃pa] *adj (fam) (personne)* majo(-ja); *(endroit, ambiance)* guay.

sympathie [sɛ̃pati] *nf* simpatía *f*; **éprouver** OU **avoir de la ~ pour qqn** sentir simpatía por alguien.

sympathique [sɛ̃patik] *adj (personne)* simpático(-ca); *(endroit, ambiance)* agradable.

sympathiser [sɛ̃patize] *vi* simpatizar.

symphonie [sɛ̃fɔni] *nf* sinfonía *f*.

symptôme [sɛ̃ptom] *nm* síntoma *m*.

synagogue [sinagɔg] *nf* sinagoga *f*.

synchronisé, -e [sɛ̃krɔnize] *adj* sincronizado(-da).

syncope [sɛ̃kɔp] *nf* *(MÉD)* síncope *m*.

syndical, -e, -aux [sɛ̃dikal, o] *adj* sindical.

syndicaliste [sɛ̃dikalist] *nmf* sindicalista *mf*.

syndicat [sɛ̃dika] *nm* sindicato *m*; **~ d'initiative** oficina *f* de turismo.

syndiqué, -e [sɛ̃dike] *adj* sindicado(-da).

synonyme [sinɔnim] *nm* sinónimo *m*.

synthèse [sɛ̃tɛz] *nf* síntesis *f inv*.

synthétique [sɛ̃tetik] *adj* sintético(-ca). ◆ *nm* sintético *m*.

synthétiseur [sɛ̃tetizœr] *nm* sintetizador *m*.

systématique [sistematik] *adj* sistemático(-ca).

système [sistɛm] *nm* sistema *m*; **~ d'exploitation** sistema operativo.

t' → **te**.

ta → **ton** *adj*.

tabac [taba] *nm* tabaco *m*; *(magasin)* ≃ estanco *m*.

TABAC

En los "débits de tabac" (puntos autorizados de venta) o "bureaux de tabac" (estancos) se venden cigarrillos, puros y tabaco pero también se pueden adquirir sellos, timbres fiscales, boletos para el "loto", etc. En provincias también es posible adquirir periódicos en estos establecimientos.

tabagie [tabaʒi] *nf (Can: bureau de tabac)* ≃ estanco *m*.

table [tabl] *nf* mesa *f*; *(tableau)* tabla *f*; **mettre la ~** poner la mesa; **être/se mettre à ~** estar comiendo/sentarse a comer; **à ~!** ¡a comer!; **~ de chevet** OU **de nuit** mesilla *f* (de noche); **~ à langer** cambiador *m*; **~ des matières** índice *m*; **~ d'opération** mesa de operaciones; **~ d'orientation** plano *m* de orientación; **~ à repasser** tabla de planchar.

tableau, -x [tablo] *nm* cuadro *m*; *(panneau)* tablón *m*; ~ **de bord** *(de voiture)* salpicadero *m*; *(d'avion)* cuadro *m* de instrumentos; ~ **(noir)** encerado *m*.

tablette [tablɛt] *nf (étagère)* repisa *f*; ~ **de chocolat** tableta *f* de chocolate.

tablier [tablije] *nm* delantal *m*.

taboulé [tabule] *nm ensalada de sémola, tomate, cebolla, menta y limón.*

tabouret [taburɛ] *nm* taburete *m*.

tache [taʃ] *nf* mancha *f*; **~s de rousseur** pecas *fpl*.

tâche [taʃ] *nf* tarea *f*.

tacher [taʃe] *vt* manchar.

tâcher [taʃe]: **tâcher de** *v* + *prép* procurar.

tacheté, -e [taʃte] *adj* moteado(-da).

tact [takt] *nm* tacto *m*.

tactique [taktik] *nf* táctica *f*.

tag [tag] *nm* pintada *f*.

tagine [taʒin] *nm comida del Norte de África que consiste en carne con verduras estofada en un recipiente de barro.*

taie [tɛ] *nf*: ~ **d'oreiller** funda *f* (de almohada).

taille [taj] *nf (dimension)* tamaño *m*; *(mensuration)* talla *f*; *(partie du corps)* cintura *f*.

taille-crayon, -s [tajkrɛjɔ̃] *nm* sacapuntas *m inv*.

tailler [taje] *vt (arbre)* talar; *(tissu)* cortar; *(crayon)* sacar punta a.

tailleur [tajœr] *nm (couturier)* sastre *m*; *(vêtement)* traje *m* de chaqueta; **s'asseoir en ~** sentarse con las piernas cruzadas.

taire [tɛr]: **se taire** *vp (arrêter de parler)* callarse; *(rester silencieux)* callar; **tais-toi!** ¡cállate!

talc [talk] *nm* talco *m*.

talent [talɑ̃] *nm* talento *m*.

talkie-walkie [tɔkiwɔki] (*pl* **talkies-walkies**) *nm* walkie-talkie *m*.

talon [talɔ̃] *nm* talón *m*; *(d'une chaussure)* tacón *m*; **~s hauts/plats** tacones altos/planos.

talus [taly] *nm* talud *m*.

tambour [tɑ̃bur] *nm* tambor *m*.

tambourin [tɑ̃burɛ̃] *nm* pandereta *f*.

tamis [tami] *nm* tamiz *m*.

Tamise [tamiz] *nf*: **la ~** el Támesis.

tamisé, -e [tamize] *adj* tamizado(-da).

tamiser [tamize] *vt* tamizar.

tampon [tɑ̃pɔ̃] *nm (cachet)* tampón *m*; *(de tissu)* paño *m*; ~ **(hygiénique)** tampón *m*.

tamponneuse [tɑ̃pɔnøz] *adj f* → **auto**.

tandem [tɑ̃dɛm] *nm (vélo)* tándem *m*.

tandis [tɑ̃di]: **tandis que** *conj* mientras que.

tango [tɑ̃go] *nm* tango *m*.

tanguer [tɑ̃ge] *vi* cabecear.

tank [tɑ̃k] *nm* tanque *m*.

tant [tɑ̃] *adv* -1. *(tellement)* tanto; **il l'aime ~ (que)** la quiere tanto (que); ~ **de... (que)** tanto(-ta)... (que).
-2. *(autant)*: ~ **que** tanto como.

-3. *(temporel)*: ~ **que nous resterons ici** mientras estemos aquí.
-4. *(dans des expressions)*: **en ~ que** como; ~ **bien que mal** mal que bien; ~ **mieux** tanto mejor; ~ **pis** ¡qué se le va a hacer!; ~ **pis pour lui** peor para él.

tante [tɑ̃t] *nf* tía *f*.

tantôt [tɑ̃to] *adv*: ~... ~... unas veces... otras...

taon [tɑ̃] *nm* tábano *m*.

tapage [tapaʒ] *nm* alboroto *m*.

tape [tap] *nf* palmada *f*.

tapenade [tapənad] *nf condimento a base de aceitunas, anchoas, alcaparras, trituradas con aceite de oliva y hierbas aromáticas*.

taper [tape] *vt* golpear; *(code)* teclear; ~ **(qqch) à la machine** escribir (algo) a máquina; ~ **des pieds** patalear; ~ **sur** *(porte)* dar golpes en; *(dos)* dar una palmada en; *(personne)* pegar.

tapioca [tapjɔka] *nm* tapioca *f*.

tapis [tapi] *nm* alfombra *f*; ~ **roulant** *(de marchandises)* cinta *f* transportadora; *(de voyageurs)* cinta *f* mecánica; ~ **de sol** *lona que cubre el suelo de una tienda de campaña*.

tapisser [tapise] *vt* tapizar.

tapisserie [tapisri] *nf (à l'aiguille)* tapicería *f*; *(papier peint)* empapelado *m*; *(arts décoratifs)* tapiz *m*.

tapoter [tapɔte] *vt* golpetear.

taquiner [takine] *vt* pinchar.

tarama [tarama] *nm crema a base de huevas de pescado, miga de pan, aceite de oliva y limón*.

tard [tar] *adv* tarde; **plus ~** más tarde; **à plus ~!** ¡hasta la vista!; **au plus ~** a más tardar.

tarder [tarde] *vi*: **elle ne va pas ~ (à arriver)** no va a tardar (en llegar); ~ **à faire qqch** tardar en hacer algo; **il me tarde de partir** estoy impaciente por irme.

tarif [tarif] *nm* tarifa *f*; ~ **plein** tarifa normal; ~ **réduit** tarifa reducida.

tarir [tarir] *vi* secarse.

tarot [taro] *nm juego de naipes que se practica con el tarot*.

tartare [tartar] *adj* → **sauce, steak**.

tarte [tart] *nf* tarta *f*; ~ **aux fraises** tarta de fresas; ~ **au maton** *(Belg) tarta elaborada con leche fermentada y almendras*; ~ **au sucre** *(Belg) tarta recubierta de azúcar glaseada*; ~ **Tatin** *tarta de manzana con caramelo por encima*.

tartelette [tartəlɛt] *nf* tartita *f*.

tartine [tartin] *nf* rebanada *f* de pan *(con mantequilla o mermelada)*.

tartiner [tartine] *vt* untar; **fromage/pâte à ~** queso/crema de untar.

tartre [tartr] *nm (sur les dents)* sarro *m*; *(calcaire)* cal *f*.

tas [ta] *nm* montón *m*; **mettre qqch en ~** amontonar algo; **un** OU **des ~ de** un montón OU montones de.

tasse [tas] *nf* taza *f*; **boire la ~** tragar agua *(al nadar)*; ~ **à café/thé** taza de café/de té *(vajilla)*.

tasser [tase] *vt* apretujar. ❑ **se tasser** *vp (s'affaisser)* hundirse; *(dans une voiture)* apretujarse.

tâter [tate] *vt* tentar. ❑ **se tâter** *vp (hésiter)* pensárselo.

tâtonner [tatɔne] *vi* tantear.

tâtons [tatɔ̃]: **à tâtons** *adv* a tientas.

tatouage [tatwaʒ] *nm* tatuaje *m*.

taupe [top] *nf* topo *m*.

taureau, -x [tɔro] *nm* toro *m*. ❑ **Taureau** *nm* Tauro *m*.

taux [to] *nm (proportion)* tasa *f*; *(prix)* tipo *m*; ~ **de change** tipo de cambio.

taverne [tavɛrn] *nf (Can: café)* bar *m*.

taxe [taks] *nf* impuesto *m*; **toutes ~s comprises** ≈ IVA incluido.

taxer [takse] *vt* gravar.

taxi [taksi] *nm* taxi *m*.

Tchécoslovaquie [tʃekɔslɔvaki] *nf*: **la** ~ Checoslovaquia.

te [tə] *pron* te.

technicien, -enne [tɛknisjɛ̃, ɛn] *nm, f* técnico *m* (-ca *f*).

technique [tɛknik] *adj* técnico(-ca). ◆ *nf* técnica *f*.

technologie [tɛknɔlɔʒi] *nf* tecnología *f*.

tee-shirt, -s [tiʃœrt] *nm* camiseta *f*.

teindre [tɛ̃dr] *vt* teñir; **se faire** ~ **(les cheveux)** teñirse (el pelo).

teint, -e [tɛ̃, tɛ̃t] *pp* → **teindre**. ◆ *nm* tez *f*.

teinte [tɛ̃t] *nf* matiz *m*.

teinter [tɛ̃te] *vt* teñir.

teinture [tɛ̃tyr] *nf* tinte *m*; ~ **d'iode** tintura *f* de yodo.

teinturerie [tɛ̃tyrri] *nf* tintorería *f*.

teinturier, -ère [tɛ̃tyrje, ɛr] *nm, f* tintorero *m* (-ra *f*).

tel, telle [tɛl] *adj (semblable)* semejante; *(si grand)* tal; ~ **que** como; ~ **quel** tal cual; ~ **ou** ~ tal o cual.

tél. *(abr de téléphone)* telf.

télé [tele] *nf (fam)* tele *f*; **à la** ~ en la tele.

télécabine [telekabin] *nf* telecabina *f*.

Télécarte® [telekart] *nf* tarjeta *f* de teléfono.

télécommande [telekɔmɑ̃d] *nf* mando *m* a distancia.

télécommunications [telekomynikasjɔ̃] *nfpl* telecomunicaciones *fpl*.

télécopie [telekɔpi] *nf* (tele)fax *m inv (documento)*.

télécopieur [telekɔpjœr] *nm* (tele)fax *m inv (aparato)*.

téléfilm [telefilm] *nm* telefilme *m*.

télégramme [telegram] *nm* telegrama *m*; ~ **téléphoné** telegrama por teléfono.

téléguidé, -e [telegide] *adj* teledirigido(-da).

téléobjectif [teleɔbʒɛktif] *nm* teleobjetivo *m*.

téléphérique [teleferik] *nm* teleférico *m*.

téléphone [telefɔn] *nm* teléfono *m*; **au** ~ al teléfono; ~ **mobile** teléfono *m* móvil; ~ **sans fil** teléfono inalámbrico; ~ **de voiture** teléfono de coche.

téléphoner [telefɔne] *vi* llamar por teléfono; ~ **à qqn** llamar a alguien por teléfono.
téléphonique [telefɔnik] *adj* → **cabine, carte.**
télescope [teleskɔp] *nm* telescopio *m*.
télescoper [teleskɔpe]: **se télescoper** *vp* chocar.
télescopique [teleskɔpik] *adj* telescópico(-ca).
télésiège [telesjɛʒ] *nm* telesilla *m*.
téléski [teleski] *nm* telesquí *m*.
téléspectateur, -trice [telespɛktatœr, tris] *nm, f* telespectador *m* (-ra *f*).
télévisé, -e [televize] *adj* televisivo(-va).
téléviseur [televizœr] *nm* televisor *m*.
télévision [televizjɔ̃] *nf* televisión *f*; **à la** ~ en la televisión.
télex [telɛks] *nm inv* télex *m inv*.
telle → **tel.**
tellement [tɛlmɑ̃] *adv (tant)* tanto; *(si)* tan; ~ **de** tanto(-ta); **pas** ~ no mucho.
témoignage [temwaɲaʒ] *nm* testimonio *m*.
témoigner [temwaɲe] *vi* testificar.
témoin [temwɛ̃] *nm* testigo *m*; **être** ~ **de** ser testigo de.
tempe [tɑ̃p] *nf* sien *f*.
tempérament [tɑ̃peramɑ̃] *nm* temperamento *m*.
température [tɑ̃peratyr] *nf* temperatura *f*.
tempête [tɑ̃pɛt] *nf* tempestad *f*.
temple [tɑ̃pl] *nm* templo *m*.
temporaire [tɑ̃pɔrɛr] *adj* temporal.
temporairement [tɑ̃pɔrɛrmɑ̃] *adv* temporalmente.
temps [tɑ̃] *nm* tiempo *m*; **avoir le** ~ **de faire qqch** tener tiempo de hacer algo; **il est** ~ **de/que** es hora de/de que; **à** ~ a tiempo; **de** ~ **en** ~ de vez en cuando; **en même** ~ al mismo tiempo; **à** ~ **complet/partiel** a tiempo completo/parcial.
tenailles [tənaj] *nfpl* tenazas *fpl*.
tendance [tɑ̃dɑ̃s] *nf* tendencia *f*; **avoir** ~ **à** tener tendencia a.
tendeur [tɑ̃dœr] *nm* tensor *m*.
tendinite [tɑ̃dinit] *nf* tendinitis *f inv*.
tendon [tɑ̃dɔ̃] *nm* tendón *m*.
tendre [tɑ̃dr] *adj* tierno(-na). ◆ *vt (corde)* tensar; *(bras)* tender; ~ **qqch à qqn** tender algo a alguien; ~ **la main à qqn** tender la mano a alguien; ~ **l'oreille** abrir los oídos; ~ **un piège à qqn** tender una trampa a alguien. ❑ **se tendre** *vp* tensarse.
tendresse [tɑ̃drɛs] *nf* ternura *f*.
tendu, -e [tɑ̃dy] *adj* tenso(-sa).
tenir [tənir] *vt* -1. *(à la main, dans ses bras)* sujetar.
-2. *(garder)* mantener; ~ **un plat au chaud** mantener un plato caliente.
-3. *(promesse, engagement)* cumplir.
-4. *(magasin, bar)* llevar.
-5. *(dans des expressions)*: **tiens!**

¡toma!; **tenez!**, ¡tenga!; **tiens!** *(exprime la surprise)* ¡anda!
◆ *vi* -1. *(résister)* resistir; **la neige n'a pas tenu** la nieve no ha cuajado.
-2. *(rester)* mantenerse; ~ **debout** *(objet, personne)* tenerse de pie; **ne plus ~ debout** *(personne)* no tenerse en pie; **ne pas ~ en place** no estarse quieto(-ta).
-3. *(être contenu)* caber.
❑ **tenir à** *v + prép (être attaché à)* apegarse a; ~ **à faire qqch** querer hacer algo.
❑ **tenir de** *v + prép (ressembler à)* salir a.
❑ **se tenir** *vp* -1. *(avoir lieu)* tener lugar.
-2. *(s'accrocher)* agarrarse; **se ~ à** agarrarse a.
-3. *(être, rester)* permanecer; **se ~ droit/debout/assis** mantenerse derecho/de pie/sentado; **se ~ tranquille** estarse quieto(-ta).
-4. *(se comporter)*: **bien/mal se ~** portarse bien/mal.

tennis [tenis] *nm* tenis *m*. ◆ *nmpl* zapatillas *fpl* de deporte; ~ **de table** tenis de mesa.

tension [tɑ̃sjɔ̃] *nf* tensión *f*.

tentacule [tɑ̃takyl] *nm* tentáculo *m*.

tentant, -e [tɑ̃tɑ̃, ɑ̃t] *adj* tentador(-ra).

tentation [tɑ̃tasjɔ̃] *nf* tentación *f*.

tentative [tɑ̃tativ] *nf* tentativa *f*.

tente [tɑ̃t] *nf* tienda *f* (de campaña).

tenter [tɑ̃te] *vt (essayer)* intentar; *(attirer)* tentar; ~ **de faire qqch** intentar hacer algo.

tenu, -e [təny] *pp* → **tenir**.

tenue [təny] *nf* ropa *f*; ~ **de soirée** traje *m* de noche.

ter [tɛr] *adv indica que hay tres números iguales en una calle.*

Tergal® [tɛrgal] *nm* tergal® *m*.

terme [tɛrm] *nm* término *m*; **à court ~** a corto plazo; **à long ~** a largo plazo.

terminaison [tɛrminɛzɔ̃] *nf* terminación *f*.

terminal, -aux [tɛrminal, o] *nm (d'aéroport)* terminal *f*; *(INFORM)* terminal *m*.

terminale [tɛrminal] *nf (SCOL)* ≃ COU *m*.

terminer [tɛrmine] *vt* terminar.
❑ **se terminer** *vp* terminarse.

terminus [tɛrminys] *nm* terminal *f*.

terne [tɛrn] *adj* apagado(-da).

terrain [tɛrɛ̃] *nm (emplacement)* solar *m*; *(sol)* terreno *m*; **tout ~** todoterreno *m*; ~ **de camping** camping *m*; ~ **de foot** campo *m* de fútbol; ~ **de jeux** área *f* de juegos; ~ **vague** solar *m*.

terrasse [tɛras] *nf* terraza *f*.

terre [tɛr] *nf* tierra *f*; *(argile)* barro *m*; **la Terre** la Tierra; **par ~** *(tomber)* al suelo; *(s'asseoir)* en el suelo.

Terre de Feu [tɛrdəfø] *nf*: **la ~** la Tierra del Fuego.

terre-plein, -s [tɛrplɛ̃] *nm* terraplén *m*; ~ **central** mediana *f*.

terrestre [tɛrɛstr] *adj* terrestre.

terreur [tɛrœr] *nf* terror *m*.

terrible [tɛribl] *adj* terrible; *(fam: excellent)* fenómenal; **pas ~** *(fam)* nada del otro mundo.
terrier [tɛrje] *nm* madriguera *f*.
terrifier [tɛrifje] *vt* aterrar.
terrine [tɛrin] *nf (récipient)* tarrina *f*; (CULIN) *paté de carne, pescado o verdura*.
territoire [tɛritwar] *nm* territorio *m*.
terroriser [tɛrɔrize] *vt* aterrorizar.
terroriste [tɛrɔrist] *nmf* terrorista *mf*.
tes → **ton** *adj*.
test [tɛst] *nm* test *m*.
testament [tɛstamɑ̃] *nm* testamento *m*.
tester [tɛste] *vt* probar.
tétanos [tetanos] *nm* tétanos *m inv*.
tête [tɛt] *nf* cabeza *f*; *(visage)* cara *f*; **de ~** *(wagon)* de cabeza; **être en ~** estar en cabeza; **faire la ~** poner cara larga; **en ~ à ~** en privado; **~ de veau** *preparación de las partes comestibles de la cabeza de ternera*.
tête-à-queue [tɛtakø] *nm inv* trompo *m*.
téter [tete] *vi* mamar.
tétine [tetin] *nf (de biberon)* tetina *f*; *(sucette)* chupete *m*.
têtu, **-e** [tety] *adj* testarudo(-da).
texte [tɛkst] *nm* texto *m*.
textile [tɛkstil] *nm* tejido *m*.
TF1 *n cadena de televisión francesa privada*.
TGV *nm* ≃ AVE *m*.

 **TGV**

El "Train à Grande Vitesse" (Tren de Alta Velocidad), poseedor del récord mundial de velocidad por ferrocarril, se inauguró en Francia con la línea París-Lyon. Hoy tiene parada en varias ciudades como Niza, Marsella, Rennes, Nantes, Burdeos o Lille. Es obligatorio hacer una reserva, pues son pocas sus paradas y el número de plazas está limitado.

Thaïlande [tajlɑ̃d] *nf*: **la ~** Tailandia.
thé [te] *nm* té *m*; **~ au citron** té con limón; **~ au lait** té con leche; **~ nature** té solo.
théâtral, **-e**, **-aux** [teatral, o] *adj* teatral.
théâtre [teatr] *nm* teatro *m*.
théière [tejɛr] *nf* tetera *f*.
thème [tɛm] *nm* tema *m*; *(traduction)* traducción *f* inversa.
théorie [teɔri] *nf* teoría *f*; **en ~** en teoría.
théoriquement [teɔrikmɑ̃] *adv* teóricamente.
thermal, **-e**, **-aux** [tɛrmal, o] *adj* termal.
thermomètre [tɛrmɔmɛtr] *nm* termómetro *m*.
Thermos® [tɛrmos] *nf*: **(bouteille) ~** termo *m*.
thermostat [tɛrmɔsta] *nm* termostato *m*.
thèse [tɛz] *nf* tesis *f inv*.
thon [tɔ̃] *nm* atún *m*.

thym [tɛ̃] *nm* tomillo *m*.

tibia [tibja] *nm* tibia *f*.

tic [tik] *nm (mouvement)* tic *m*; *(habitude)* manía *f*.

ticket [tikɛ] *nm* tique *m*, billete *m*; ~ **de caisse** tique de caja; ~ **de métro** billete de metro.

tiède [tjɛd] *adj* tibio(-bia).

tien [tjɛ̃]: **le tien** (*f* **la tienne** [latjɛn], *mpl* **les tiens** [letjɛ̃], *fpl* **les tiennes** [letjɛn]) *pron* el tuyo; **la tienne** la tuya; **à la tienne!** ¡salud!

tiendra *etc* → **tenir**.

tienne *etc* → **tenir, tien**.

tiens *etc* → **tenir, tien**.

tiercé [tjɛrse] *nm* ≃ quiniela *f* hípica.

tiers [tjɛr] *nm* tercio *m*.

tige [tiʒ] *nf (de plante)* tallo *m*; *(de métal, de bois)* vara *f*.

tigre [tigr] *nm* tigre *m*.

tilleul [tijœl] *nm (arbre)* tilo *m*; *(tisane)* tila *f*.

tilsit [tilsit] *nm queso suizo blando de vaca, de color amarillo, sabor fuertemente afrutado y con pequeños agujeros*.

timbale [tɛ̃bal] *nf (gobelet)* cubilete *m*; *(CULIN)* timbal *m*.

timbre(-poste) [tɛ̃br(əpɔst)] (*pl* **timbres(-poste)**) *nm* sello *m*.

timbrer [tɛ̃bre] *vt* sellar.

timide [timid] *adj* tímido(-da).

timidité [timidite] *nf* timidez *f*.

tir [tir] *nm* tiro *m*; ~ **à l'arc** tiro con arco.

tirage [tiraʒ] *nm (d'une loterie)* sorteo *m*; ~ **au sort** sorteo.

tire-bouchon, -s [tirbuʃɔ̃] *nm* sacacorchos *m inv*.

tirelire [tirlir] *nf* hucha *f*.

tirer [tire] *vt* -1. *(gén)* sacar; *(élastique)* estirar; *(rideau)* correr; ~ **qqch/qqn de** sacar algo/a alguien de; ~ **une conclusion de qqch** sacar una conclusión de algo; ~ **la langue à qqn** sacar la lengua a alguien.
-2. *(remorquer)* tirar de.
-3. *(trait)* trazar.
-4. *(avec une arme)* tirar.
◆ *vi* -1. *(avec une arme à feu)* disparar; ~ **sur** disparar sobre.
-2. *(vers soi, vers le bas etc)*: ~ **sur qqch** tirar de algo.
-3. *(SPORT)* tirar.
❑ **se tirer** *vp (fam: s'en aller)* abrirse.
❑ **s'en tirer** *vp* salir adelante.

tiret [tirɛ] *nm* guión *m*.

tirette [tirɛt] *nf (Belg: fermeture)* cremallera *f*.

tiroir [tirwar] *nm* cajón *m*.

tisane [tizan] *nf* tisana *f*.

tisonnier [tizɔnje] *nm* atizador *m*.

tisser [tise] *vt* tejer.

tissu [tisy] *nm* tejido *m*.

titre [titr] *nm* título *m*; *(de journal)* titular *m*; ~ **de transport** billete *m*.

toast [tost] *nm (pain)* tostada *f*; **porter un ~ à qqn** brindar por alguien.

toboggan [tɔbɔgɑ̃] *nm* tobogán *m*.

toc [tɔk] *nm* chatarra *f*. ◆ *excl*: ~ ~! ¡pum, pum!; **en** ~ de chatarra.

toi [twa] *pron (objet direct, après prép)* ti; *(après comparaison, pour insister)* tú; **regarde-~ dans la glace**

mírate en el espejo; **lève-~** levántate; **~-même** *(sujet)* tú mismo; *(objet)* ti mismo.

toile [twal] *nf (tissu)* tela *f*; *(tableau)* lienzo *m*; **~ d'araignée** tela de araña.

toilette [twalɛt] *nf (vêtements)* traje *m*; **faire sa ~** asearse. ❑ **toilettes** *nfpl* servicios *mpl*.

toit [twa] *nm* tejado *m*.

tôle [tol] *nf* chapa *f*; **~ ondulée** chapa ondulada.

Tolède [tɔlɛd] *n* Toledo.

tolérant, -e [tɔlerɑ̃, ɑ̃t] *adj* tolerante.

tolérer [tɔlere] *vt* tolerar.

tomate [tɔmat] *nf* tomate *m*; **~s farcies** tomates rellenos.

tombe [tɔ̃b] *nf* tumba *f*.

tombée [tɔ̃be] *nf*: **à la ~ de la nuit** al anochecer.

tomber [tɔ̃be] *vi* caer; *(date, fête)* caer en; **ça tombe bien!** ¡qué bien!; **la nuit tombe** está anocheciendo; **laisser ~** abandonar; **~ amoureux** enamorarse; **~ malade** ponerse enfermo(-ma); **~ en panne** averiarse.

tombola [tɔ̃bɔla] *nf* tómbola *f*.

tome [tɔm] *nm* tomo *m*.

tomme [tɔm] *nf*: **~ vaudoise** *(Helv) queso blando de vaca, blanco y suave.*

ton[1] [tɔ̃] (*f* **ta** [ta], *pl* **tes** [te]) *adj* tu.

ton[2] [tɔ̃] *nm* tono *m*.

tonalité [tɔnalite] *nf (au téléphone)* línea *f (sonido)*.

tondeuse [tɔ̃døz] *nf*: **~ (à gazon)** cortacésped *m*.

tondre [tɔ̃dr] *vt (gazon)* cortar; *(cheveux)* rapar.

tongs [tɔ̃g] *nfpl* chanclas *fpl* (de dedo).

tonne [tɔn] *nf* tonelada *f*.

tonneau, -x [tɔno] *nm* tonel *m*; **faire des ~x** *(voiture)* dar vueltas de campana.

tonnerre [tɔnɛr] *nm* trueno *m*; **coup de ~** trueno *m*.

tonus [tɔnys] *nm* tono *m*.

torche [tɔrʃ] *nf* antorcha *f*; **~ électrique** linterna *f*.

torchon [tɔrʃɔ̃] *nm* trapo *m*.

tordre [tɔrdr] *vt* retorcer; *(plier)* torcer. ❑ **se tordre** *vp*: **se ~ la cheville** torcerse el tobillo; **se ~ de douleur** retorcerse de dolor; **se ~ de rire** partirse de risa.

tornade [tɔrnad] *nf* tornado *m*.

torrent [tɔrɑ̃] *nm* torrente *m*; **il pleut à ~s** llueve a cántaros.

torsade [tɔrsad] *nf*: **pull à ~s** jersey *m* de ochos.

torse [tɔrs] *nm* torso *m*; **~ nu** a pecho descubierto.

tort [tɔr] *nm*: **avoir ~ (de faire qqch)** equivocarse (en hacer algo); **causer** OU **faire du ~ à qqn** perjudicar OU hacer daño a alguien; **donner ~ à qqn** quitarle la razón a alguien; **être dans son ~, être en ~** tener la culpa; **à ~** sin razón; **parler à ~ et à travers** hablar a tontas y a locas.

torticolis [tɔrtikɔli] *nm* tortícolis *f inv*.

tortiller [tɔrtije] *vt* retorcer. ❑ **se tortiller** *vp* retorcerse.

tortue [tɔrty] *nf* tortuga *f*.

torture [tɔrtyr] *nf* tortura *f*.
torturer [tɔrtyre] *vt (prisonnier)* torturar; *(moralement)* atormentar.
tôt [to] *adv (de bonne heure)* temprano; *(vite)* pronto; ~ **ou tard** tarde o temprano.
total, **-e**, **-aux** [tɔtal, o] *adj & nm* total.
totalement [tɔtalmɑ̃] *adv* totalmente.
totalité [tɔtalite] *nf*: **la** ~ **de** la totalidad de; **en** ~ totalmente.
touchant, **-e** [tuʃɑ̃, ɑ̃t] *adj* conmovedor(-ra).
touche [tuʃ] *nf* tecla *f*; *(SPORT: ligne)* banda *f*.
toucher [tuʃe] *vt* tocar; *(argent, chèque)* cobrar; *(cible)* dar en; *(émouvoir)* conmover. ◆ *vi*: ~ **à** *(objet)* tocar; *(nourriture)* probar. ❑ **se toucher** *vp (être en contact)* tocarse.
touffe [tuf] *nf* mata *f*.
toujours [tuʒur] *adv (tout le temps)* siempre; *(encore)* todavía, aún; **pour** ~ para siempre.
Toulouse [tuluz] *n* Tolosa.
toupie [tupi] *nf* trompo *m*.
tour[1] [tur] *nm* vuelta *f*; **faire un** ~ dar una vuelta; **faire le** ~ **de qqch** dar la vuelta a algo; **jouer un** ~ **à qqn** jugar una mala pasada a alguien; **c'est ton** ~ **(de faire qqch)** te toca (hacer algo); **à** ~ **de rôle** por turnos; **le Tour de France** el Tour de Francia; ~ **de magie** juego *m* de manos.
tour[2] [tur] *nf* torre *f*; ~ **de contrôle** torre de control; **la Tour Eiffel** la Torre Eiffel.

TOUR EIFFEL

Construida por Gustave Eiffel con ocasión de la exposición universal de 1889, la Torre Eiffel es, desde entonces, el símbolo de París. Se trata de uno de los monumentos más visitados del mundo. Desde la cumbre de esta estructura metálica de 320 m a la que se accede por ascensor, se domina toda la ciudad y parte de sus afueras.

tourbillon [turbijɔ̃] *nm* torbellino *m*.
tourisme [turism] *nm* turismo *m*; **faire du** ~ hacer turismo.
touriste [turist] *nmf* turista *mf*.
touristique [turistik] *adj* turístico(-ca).
tourmenter [turmɑ̃te] *vt* atormentar. ❑ **se tourmenter** *vp* atormentarse.
tournage [turnaʒ] *nm* rodaje *m*.
tournant [turnɑ̃] *nm* curva *f*.
tourne-disque, **-s** [turnədisk] *nm* tocadiscos *m*.
tournedos [turnədo] *nm solomillo grueso de ternera*; ~ **Rossini** *filete grueso de ternera con foie gras y salsa de trufas*.
tournée [turne] *nf* ronda *f*; *(d'un chanteur)* gira *f*.
tourner [turne] *vt* girar; *(sauce, salade)* remover; *(page)* pasar; *(tête, regard)* volver; *(film)* rodar. ◆ *vi* girar; *(route)* torcer; *(moteur, machine)* marchar; *(lait)* cuajar; *(acteur)* rodar; **tournez à gauche/droite** girar a la izquierda/derecha; ~

autour de girar alrededor de; **j'ai la tête qui tourne** me da vueltas la cabeza; **mal ~** *(affaire)* tomar mal cariz. ❑ **se tourner** *vp* volverse; **se ~ vers** *(dans l'espace)* volverse hacia; *(fig: activité)* pasarse a.

tournesol [turnəsɔl] *nm* girasol *m*.

tournevis [turnəvis] *nm* destornillador *m*.

tourniquet [turnikɛ] *nm (du métro)* molinete *m*.

tournoi [turnwa] *nm* torneo *m*.

tournure [turnyr] *nf (expression)* giro *m*.

tourte [turt] *nf especie de empanada*.

tourtière [turtjɛr] *nf (Can) pastel elaborado con carne de vaca picada y cebolla*.

tous → **tout**.

Toussaint [tusɛ̃] *nf*: **la ~** (el día de Todos) los Santos.

TOUSSAINT

Con ocasión de esta fiesta, que se celebra el uno de noviembre, se decoran con flores las tumbas de los seres queridos. El crisantemo es la flor típica del día de todos los santos. Paradójicamente, estas fechas son también unas de las más mortales del año puesto que el tráfico es especialmente intenso.

tousser [tuse] *vi* toser.

tout, -e [tu, tut] (*mpl* **tous** [tus], *fpl* **toutes** [tut]) *adj* -1. *(avec un substantif)* todo(-da); **~ le vin** todo el vino; **~e la journée** todo el día; **~e sa famille** toda su familia; **tous les gâteaux** todos los pasteles; **~es les maisons** todas las casas; **~es les deux** las dos; **tous les deux ans** cada dos años; **à ~e heure** a cualquier hora.
-2. *(avec un pronom démonstratif)* todo; **~ ça** OU **cela** todo eso.
◆ *pron* -1. *(gén)* todo; **je t'ai ~ dit** te lo he dicho todo; **c'est ~** eso es todo; **ce sera ~?** *(dans un magasin)* ¿algo más?; **en ~** en total; **il est capable de ~** es capaz de cualquier cosa.
-2. *(au pluriel: tout le monde)*: **ils voulaient tous la voir** todos querían verla.
◆ *adv* -1. *(très, complètement)* muy; **~ jeune** muy joven; **~ près** muy cerca; **ils étaient ~ seuls** estaban (completamente) solos; **~ en haut** arriba del todo.
-2. *(avec un gérondif)*: **~ en marchant** mientras andaba.
-3. *(dans des expressions)*: **~ à coup** de repente; **~ à fait** por supuesto, claro; **~ à l'heure** *(avant)* hace un rato; *(après)* dentro de un rato; **à ~ à l'heure!** ¡hasta luego!; **~ de même** *(malgré tout)* a pesar de todo; *(exprime l'indignation)* ¡vamos!; *(l'impatience)* por fin; **~ de suite** en seguida.
◆ *nm*: **le ~** *(la totalité)* todo; **le ~ est de...** lo importante es...; **pas du ~** en absoluto; **pas du ~ sympathique** nada simpático.

toutefois [tutfwa] *adv* sin embargo.

tout(-)terrain, -s [tutɛrɛ̃] *adj* todo terreno.

toux [tu] *nf* tos *f*.

toxique [tɔksik] *adj* tóxico(-ca).

TP *nmpl abr* = **travaux pratiques.**

trac [trak] *nm*: **avoir le ~** ponerse nervioso(-sa).

tracasser [trakase] *vt* preocupar. ❑ **se tracasser** *vp* preocuparse.

trace [tras] *nf* huella *f*.

tracer [trase] *vt* trazar.

tract [trakt] *nm* octavilla *f*.

tracteur [traktœr] *nm* tractor *m*.

tradition [tradisjɔ̃] *nf* tradición *f*.

traditionnel, **-elle** [tradisjɔnɛl] *adj* tradicional.

traducteur, **-trice** [tradyktœr, tris] *nm, f* traductor *m* (-ra *f*).

traduction [tradyksjɔ̃] *nf* traducción *f*.

traduire [tradɥir] *vt* traducir.

trafic [trafik] *nm* tráfico *m*.

tragédie [traʒedi] *nf* tragedia *f*.

tragique [traʒik] *adj* trágico(-ca).

trahir [trair] *vt* traicionar; *(secret)* desvelar. ❑ **se trahir** *vp* traicionarse.

train [trɛ̃] *nm* tren *m*; **être en ~ de faire qqch** estar haciendo algo; **~ d'atterrissage** tren de aterrizaje; **~ de banlieue** tren de cercanías; **~ rapide** tren rápido.

traîne [trɛn] *nf* cola *f*; **être à la ~** estar rezagado(-da).

traîneau, **-x** [trɛno] *nm* trineo *m*.

traînée [trene] *nf (trace)* reguero *m*.

traîner [trene] *vt* arrastrar. ◆ *vi (par terre)* estar por en medio; *(prendre du temps)* durar; *(s'attarder)* entretenerse; *(être en désordre)* estar desperdigado(-da); *(péj: dans la rue, dans les bars)* vagabundear. ❑ **se traîner** *vp* arrastrarse.

train-train [trɛ̃trɛ̃] *nm inv* rutina *f*.

traire [trɛr] *vt* ordeñar.

trait [trɛ] *nm* trazo *m*; *(caractéristique)* rasgo *m*; **d'un ~** *(boire)* de un trago; **~ d'union** guión *m*. ❑ **traits** *nmpl (du visage)* rasgos *mpl*.

traite [trɛt] *nf*: **d'une (seule) ~** de un tirón.

traitement [trɛtmɑ̃] *nm (MÉD)* tratamiento *m*; **~ de texte** tratamiento de textos.

traiter [trete] *vt* tratar; **~ qqn de** tratar a alguien de. ❑ **traiter de** *v + prép (suj: livre, exposé)* tratar de.

traiteur [trɛtœr] *nm comercio que vende platos preparados individuales o para banquetes.*

traître, **-esse** [trɛtr, ɛs] *nm, f* traidor *m* (-ra *f*).

trajectoire [traʒɛktwar] *nf* trayectoria *f*.

trajet [traʒɛ] *nm* trayecto *m*.

trampoline [trɑ̃pɔlin] *nm* cama *f* elástica.

tramway [tramwɛ] *nm* tranvía *m*.

tranchant, **-e** [trɑ̃ʃɑ̃, ɑ̃t] *adj* cortante. ◆ *nm* filo *m*.

tranche [trɑ̃ʃ] *nf* loncha *f*; *(d'un livre)* canto *m*.

tranchée [trɑ̃ʃe] *nf* zanja *f*.

trancher [trɑ̃ʃe] *vt* cortar. ◆ *vi (décider)* decidirse; *(ressortir)* resaltar.

tranquille [trɑ̃kil] *adj* tranquilo(-la); **laisser qqch/qqn ~** dejar algo/a alguien tranquilo; **rester ~** quedarse tranquilo(-la); **soyez ~** *(ne vous inquiétez pas)* no se preocupe.

tranquillisant [trɑ̃kilizɑ̃] *nm* tranquilizante *m*.

tranquillité [trɑ̃kilite] *nf* tranquilidad *f*; **en toute ~** con toda tranquilidad.

transaction [trɑ̃zaksjɔ̃] *nf* transacción *f*.

transférer [trɑ̃sfere] *vt* transferir.

transformateur [trɑ̃sfɔrmatœr] *nm* transformador *m*.

transformation [trɑ̃sfɔrmasjɔ̃] *nf* transformación *f*.

transformer [trɑ̃sfɔrme] *vt* transformar; **~ qqch en qqch** transformar algo en algo. ❑ **se transformer** *vp* transformarse; **se ~ en qqch** transformarse en algo.

transfusion [trɑ̃sfyzjɔ̃] *nf*: **~ (sanguine)** transfusión *f* (de sangre).

transistor [trɑ̃zistɔr] *nm* transistor *m*.

transit [trɑ̃zit] *nm*: **passagers en ~** pasajeros *mpl* en tránsito.

transmettre [trɑ̃smɛtr] *vt*: **~ qqch à qqn** transmitir algo a alguien. ❑ **se transmettre** *vp* transmitirse.

transmis, **-e** [trɑ̃smi, iz] *pp* → **transmettre**.

transmission [trɑ̃smisjɔ̃] *nf* transmisión *f*.

transparent, **-e** [trɑ̃sparɑ̃, ɑ̃t] *adj* transparente.

transpercer [trɑ̃spɛrse] *vt* traspasar.

transpiration [trɑ̃spirasjɔ̃] *nf* sudor *m*.

transpirer [trɑ̃spire] *vi* sudar.

transplanter [trɑ̃splɑ̃te] *vt* transplantar.

transport [trɑ̃spɔr] *nm* transporte *m*; **les ~s (en commun)** los transportes públicos.

transporter [trɑ̃spɔrte] *vt* transportar.

transversal, **-e**, **-aux** [trɑ̃svɛrsal, o] *adj* transversal.

trapèze [trapɛz] *nm* trapecio *m*.

trapéziste [trapezist] *nmf* trapecista *mf*.

trappe [trap] *nf* trampa *f*.

travail, **-aux** [travaj, o] *nm* trabajo *m*. ❑ **travaux** *nmpl (ménagers, agricoles)* labores *fpl*; *(de construction)* obras *fpl*; **'travaux'** 'obras'; **travaux pratiques** clases *fpl* prácticas.

travailler [travaje] *vi* & *vt* trabajar.

traveller's check, **-s** [travlœrʃɛk] *nm* cheque *m* de viaje.

traveller's cheque, **-s** [travlœrʃɛk] = **traveller's check**.

travers [travɛr] *nm*: **à ~** a través; **de ~** de través; *(marcher)* de lado; *(fig: mal)* al revés; *(regarder)* de soslayo; *(avaler)* atragantarse; **en ~ (de)** atravesado(-da) (en); **~ de porc** costillas *fpl* de cerdo.

traversée [traverse] *nf* travesía *f*.

traverser [traverse] *vt* atravesar. ◆ *vi* cruzar.

traversin [traversɛ̃] *nm* travesaño *m (almohada)*.

trébucher [trebyʃe] *vi* tropezar.

trèfle [trɛfl] *nm* trébol *m*.

treize [trɛz] *num* trece, → **six**.

treizième [trɛzjɛm] *num* decimotercero(-ra), → **sixième**.

tremblement [trɑ̃bləmɑ̃] *nm*: **~ de terre** terremoto *m*; **~s** temblores *mpl*.

trembler [trɑ̃ble] *vi* temblar; **~ de peur/froid** temblar de miedo/de frío.

trémousser [tremuse]: **se trémousser** *vp* menearse.

trempé, -e [trɑ̃pe] *adj* empapado(-da).

tremper [trɑ̃pe] *vt* mojar. ◆ *vi* estar en remojo; **faire ~ qqch** poner en remojo.

tremplin [trɑ̃plɛ̃] *nm* trampolín *m*.

trente [trɑ̃t] *num* treinta, → **six**.

trente-trois-tours [trɑ̃ttrwatur] *nm inv* elepé *m*.

trentième [trɑ̃tjɛm] *num* trigésimo(-ma), → **sixième**.

très [trɛ] *adv* muy; **~ peur/faim** mucho miedo/mucha hambre; **~ malade** muy enfermo(-ma); **~ bien** muy bien.

trésor [trezɔr] *nm* tesoro *m*.

tresse [trɛs] *nf* trenza *f*; *(Helv) pan con forma de trenza, típico de la ciudad de Berna*.

tresser [trese] *vt* trenzar.

tréteau, -x [treto] *nm* caballete *m*.

treuil [trœj] *nm* torno *m*.

trêve [trɛv] *nf*: **~ de...** basta de...

tri [tri] *nm*: **faire un ~ parmi** hacer una selección entre.

triangle [trijɑ̃gl] *nm* triángulo *m*.

triangulaire [trijɑ̃gylɛr] *adj* triangular.

tribord [tribɔr] *nm* estribor *m*; **à ~** a estribor.

tribu [triby] *nf* tribu *f*.

tribunal, -aux [tribynal, o] *nm* tribunal *m*.

tricher [triʃe] *vi (au jeu)* hacer trampas; *(à un examen)* copiar.

tricheur, -euse [triʃœr, øz] *nm, f* tramposo *m* (-sa *f*).

tricot [triko] *nm (ouvrage)* punto *m*; *(pull)* jersey *m*; **~ de corps** camiseta *f*.

tricoter [trikɔte] *vt* tejer. ◆ *vi* hacer punto; **~ un pull** hacer un jersey de punto.

tricycle [trisikl] *nm* triciclo *m*.

trier [trije] *vt (sélectionner)* seleccionar; *(classer)* clasificar.

trimestre [trimɛstr] *nm* trimestre *m*.

trimestriel, -elle [trimɛstrijɛl] *adj* trimestral.

trinquer [trɛ̃ke] *vi* brindar.
triomphe [trijɔ̃f] *nm* triunfo *m*.
triompher [trijɔ̃fe] *vi* triunfar. ❑ **triompher de** *v + prép* triunfar sobre.
tripes [trip] *nfpl (CULIN)* callos *mpl*.
triple [tripl] *adj* triple. ◆ *nm*: **le ~ (de)** el triple (de).
tripler [triple] *vt* triplicar. ◆ *vi* triplicarse.
tripoter [tripɔte] *vt* manosear.
triste [trist] *adj* triste.
tristesse [tristɛs] *nf* tristeza *f*.
troc [trɔk] *nm* trueque *m*.
trognon [trɔɲɔ̃] *nm* corazón *m*.
trois [trwa] *num* tres, → **six**.
troisième [trwazjɛm] *num* tercero(-ra). ◆ *nf (SCOL)* ≃ primero *m* de BUP; *(vitesse)* tercera *f*, → **sixième**.
trois-quarts [trwakar] *nm* tres cuartos *m*.
trombe [trɔ̃b] *nf*: **des ~s d'eau** trombas *fpl* de agua; **en ~** en tromba.
trombone [trɔ̃bɔn] *nm (agrafe)* clip *m*; *(MUS)* trombón *m*.
trompe [trɔ̃p] *nf* trompa *f*.
tromper [trɔ̃pe] *vt* engañar. ❑ **se tromper** *vp* equivocarse; **se ~ de** equivocarse de.
trompette [trɔ̃pɛt] *nf* trompeta *f*.
trompeur, -euse [trɔ̃pœr, øz] *adj* engañoso(-sa).
tronc [trɔ̃] *nm*: **~ (d'arbre)** tronco *m* (de árbol).
tronçonneuse [trɔ̃sɔnøz] *nf* sierra *f* eléctrica.
trône [tron] *nm* trono *m*.
trop [tro] *adv* demasiado; **~ de** demasiado(-da); **de** OU **en ~** de más.
tropical, -e, -aux [trɔpikal, o] *adj* tropical.
trot [tro] *nm* trote *m*; **au ~** al trote.
trotter [trɔte] *vi* trotar.
trotteuse [trɔtøz] *nf* segundero *m*.
trottinette [trɔtinɛt] *nf* patinete *m*.
trottoir [trɔtwar] *nm* acera *f*.
trou [tru] *nm* agujero *m*; **avoir un ~ de mémoire** fallarle a alguien la memoria.
trouble [trubl] *adj (eau)* turbio(-bia); *(image)* borroso(-sa). ◆ *adv*: **voir ~** ver borroso.
trouer [true] *vt* agujerear.
trouille [truj] *nf (fam)*: **avoir la ~** tener canguelo.
troupe [trup] *nf (de théâtre)* compañía *f*.
troupeau, -x [trupo] *nm* rebaño *m*.
trousse [trus] *nf* estuche *m*; **~ de secours** botiquín *m*; **~ de toilette** bolsa *f* de aseo.
trousseau, -x [truso] *nm (de clefs)* manojo *m* de llaves.
trouver [truve] *vt* encontrar; **je trouve que** creo que. ❑ **se trouver** *vp* encontrarse; **se ~ mal** encontrarse mal.
truc [tryk] *nm (fam: objet)* chisme *m*; *(astuce)* truco *m*.
trucage [trykaʒ] *nm* trucaje *m*.

truffe [tryf] *nf* trufa *f*; ~ **(en chocolat)** trufa (de chocolate).
truite [trɥit] *nf* trucha *f*; ~ **aux amandes** trucha con almendras.
truquage [trykaʒ] = **trucage**.
T-shirt [tiʃœrt] = **tee-shirt**.
TSVP *(abr de tournez s'il vous plaît)* véase al dorso.
TTC *adj (abr de toutes taxes comprises)* ≃ IVA incluido.
tu[1] [ty] *pron* tú.
tu[2], **-e** [ty] *pp* → **taire**.
tuba [tyba] *nm (de plongeur)* tubo *m (de buceo)*.
tube [tyb] *nm* tubo *m*; *(fam: musique)* éxito *m*.
tuberculose [tybɛrkyloz] *nf* tuberculosis *f*.
tuer [tɥe] *vt* matar. ❑ **se tuer** *vp* matarse.
tue-tête [tytɛt]: **à tue-tête** *adv* a voz en grito.
tuile [tɥil] *nf* teja *f*; ~ **aux amandes** teja con almendras.
tulipe [tylip] *nf* tulipán *m*.
tumeur [tymœr] *nf* tumor *m*.
tuner [tynɛr] *nm* radio *f*.
tunique [tynik] *nf* túnica *f*.
Tunisie [tynizi] *nf*: **la** ~ Túnez.
tunisien, **-enne** [tynizjɛ̃, ɛn] *adj* tunecino(-na). ❑ **Tunisien**, **-enne** *nm, f* tunecino *m* (-na *f*).
tunnel [tynɛl] *nm* túnel *m*; **le** ~ **sous la Manche** el túnel de la Mancha.

TUNNEL SOUS LA MANCHE

Este túnel, cavado en la roca bajo el mar, conecta Coquelles, en Francia con Cheriton, en Inglaterra. Los vehículos y sus pasajeros son transportados a bordo de un tren llamado "Shuttle". Asimismo, la línea regular de pasajeros del tren "Eurostar" enlaza París y Lille con Londres.

---

turbo [tyrbo] *adj inv* turbo. ◆ *nf* turbo *m*.
turbot [tyrbo] *nm* rodaballo *m*.
turbulences [tyrbylɑ̃s] *nfpl* turbulencias *fpl*.
turbulent, **-e** [tyrbylɑ̃, ɑ̃t] *adj* revoltoso(-sa).
turc, **turque** [tyrk] *adj* turco(-ca).
Turquie [tyrki] *nf*: **la** ~ Turquía.
turquoise [tyrkwaz] *adj* & *nf* turquesa.
tutoyer [tytwaje] *vt* tutear.
tutu [tyty] *nm* tutú *m*.
tuyau, **-x** [tɥijo] *nm* tubo *m*; ~ **d'arrosage** manguera *f* de riego; ~ **d'échappement** tubo de escape.
TV *(abr de télévision)* tele *f*.
TVA *nf (abr de taxe sur la valeur ajoutée)* ≃ IVA *m*.
tweed [twid] *nm* tweed *m*.
tympan [tɛ̃pɑ̃] *nm* tímpano *m*.
type [tip] *nm* tipo *m*.
typique [tipik] *adj* típico(-ca).

U

UDF *nf partido político francés a la derecha del espectro político.*

ulcère [ylsɛr] *nm* úlcera *f.*

ULM *nm* ultraligero *m.*

ultérieur, -e [ylterjœr] *adj* ulterior.

ultra- [yltra] *préf* ultra.

un, une [œ̃, yn] (*pl* **des** [de]) *article indéfini* un (una).

◆ *pron* uno (una); **(l') ~ de mes amis/des plus intéressants** uno de mis amigos/de los más interesantes; **l'~ l'autre** el uno al otro; **l'~..., l'autre** uno..., el otro; **les ~s..., les autres** unos..., otros; **l'~ et l'autre** uno y otro; **l'~ ou l'autre** uno u otro; **ni l'~ ni l'autre** ni uno ni otro.

◆ *num* uno, → **six**.

unanime [ynanim] *adj* unánime.

unanimité [ynanimite] *nf* unanimidad *f*; **à l'~** por unanimidad.

Unetelle → **Untel**.

uni, -e [yni] *adj (tissu, couleur)* liso(-sa); *(famille, couple)* unido(-da).

uniforme [ynifɔrm] *adj* & *nm* uniforme.

unilatéral, -e, -aux [ynilateral, o] *adj* → **stationnement**.

union [ynjɔ̃] *nf* unión *f*; **l'Union européenne** la Unión europea; **l'Union soviétique** la Unión soviética.

unique [ynik] *adj* único(-ca).

uniquement [ynikmɑ̃] *adv* únicamente.

unir [ynir] *vt* unir. ❑ **s'unir** *vp* unirse.

unisson [ynisɔ̃] *nm*: **à l'~** al unísono.

unitaire [ynitɛr] *adj* unitario(-ria).

unité [ynite] *nf* unidad *f*; **à l'~** por unidad; **~ centrale** unidad central.

univers [ynivɛr] *nm* universo *m.*

universel, -elle [ynivɛrsɛl] *adj* universal.

universitaire [ynivɛrsitɛr] *adj* universitario(-ria).

université [ynivɛrsite] *nf* universidad *f.*

Untel, Unetelle [œ̃tɛl, yntɛl] *nm, f* fulano *m* (-na *f*).

urbain, -e [yrbɛ̃, ɛn] *adj* urbano(-na).

urbanisme [yrbanism] *nm* urbanismo *m.*

urgence [yrʒɑ̃s] *nf* urgencia *f*; **d'~** urgentemente; **(service des) ~s** (servicio de) urgencias.

urgent, -e [yrʒɑ̃, ɑ̃t] *adj* urgente.

urine [yrin] *nf* orina *f.*

uriner [yrine] *vi* orinar.

urinoir [yrinwar] *nm* urinario *m.*

URSS *nf*: **l'~** la URSS.

urticaire [yrtikɛr] *nf* urticaria *f.*

USA *nmpl*: **les ~** (los) EEUU.

usage [yzaʒ] *nm* uso *m*; **'~ ex-**

terne' 'uso tópico'; '**~ interne'** 'uso interno'.

usagé, -e [yzaʒe] *adj* usado(-da).

usager [yzaʒe] *nm* usuario *m* (-ria *f*).

usé, -e [yze] *adj* gastado(-da).

user [yze] *vt (abîmer)* estropear; *(consommer)* gastar. ❑ **s'user** *vp* estropearse.

usine [yzin] *nf* fábrica *f*.

ustensile [ystɑ̃sil] *nm* utensilio *m*.

utile [ytil] *adj* útil.

utilisateur, -trice [ytilizatœr, tris] *nm, f* usuario *m* (-ria *f*).

utilisation [ytilizasjɔ̃] *nf* utilización *f*.

utiliser [ytilize] *vt* utilizar.

utilité [ytilite] *nf*: **être d'une grande ~** ser de (una) gran utilidad.

UV *nmpl (abr de ultraviolets)* UVA *mpl*.

va [va] → **aller**.

vacances [vakɑ̃s] *nfpl* vacaciones *fpl*; **être/partir en ~** estar/irse de vacaciones; **prendre des ~** coger vacaciones; **~ scolaires** vacaciones escolares.

vacancier, -ère [vakɑ̃sje, ɛr] *nm, f persona que está de vacaciones; (d'été)* veraneante *mf*.

vacarme [vakarm] *nm* jaleo *m*.

vaccin [vaksɛ̃] *nm* vacuna *f*.

vacciner [vaksine] *vt*: **~ qqn contre** vacunar a alguien contra.

vache [vaʃ] *nf* vaca *f*. ◆ *adj (fam)*: **il est ~** es un cerdo.

vachement [vaʃmɑ̃] *adv* tope; **c'est ~ bien** está tope guay.

vacherin [vaʃrɛ̃] *nm (gâteau) tarta helada con nata y merengue; (Helv) queso blando de la región de Friburgo*.

va-et-vient [vaevjɛ̃] *nm inv*: **faire le ~ entre** hacer la ida y vuelta entre.

vague [vag] *adj* vago(-ga). ◆ *nf* ola *f*; **~ de chaleur** ola de calor.

vaguement [vagmɑ̃] *adv* vagamente.

vaille *etc* → **valoir**.

vain [vɛ̃]: **en vain** *adv* en vano.

vaincre [vɛ̃kr] *vt* vencer.

vaincu, -e [vɛ̃ky] *nm, f* perdedor *m* (-ra *f*).

vainqueur [vɛ̃kœr] *nm* vencedor *m* (-ra *f*).

vais [vɛ] → **aller**.

vaisseau, -x [vɛso] *nm (veine)* vaso *m*; **~ spatial** nave *f* espacial.

vaisselle [vɛsɛl] *nf* vajilla *f*; **faire la ~** fregar los platos.

valable [valabl] *adj* válido(-da).

valait *etc* → **valoir**.

Valence [valɑ̃s] *n* Valencia.

valent [val] → **valoir**.

valet [valɛ] *nm (aux cartes)* ≃ sota *f*.

valeur [valœr] *nf* valor *m*.

valider [valide] *vt* validar.

validité [validite] *nf*: **date limite de ~** fecha *f* límite de validez.
valise [valiz] *nf* maleta *f*; **faire ses ~s** hacer las maletas.
vallée [vale] *nf* valle *m*.
vallonné, -e [valɔne] *adj* ondulado(-da).
valoir [valwar] *vi* valer. ◆ *v impers*: **il vaut mieux faire qqch** más vale hacer algo; **il vaut mieux que tu restes** más vale que te quedes; **ça vaut combien?** ¿cuánto vale?; **ça vaut la peine (de faire qqch)** vale la pena (hacer algo).
valse [vals] *nf* vals *m*.
valu [valy] *pp* → **valoir**.
vandale [vɑ̃dal] *nm* vándalo *m* (-la *f*).
vandalisme [vɑ̃dalism] *nm* vandalismo *m*.
vanille [vanij] *nf* vainilla *f*.
vaniteux, -euse [vanitø, øz] *adj* vanidoso(-sa).
vanter [vɑ̃te]: **se vanter** *vp* alardear.
vapeur [vapœr] *nf* vapor *m*; **à ~** *(fer, bateau)* de vapor; **(à la) ~** *(CULIN)* al vapor.
vaporisateur [vapɔrizatœr] *nm* vaporizador *m*.
varappe [varap] *nf* escalada *f*.
variable [varjabl] *adj* variable.
varicelle [varisɛl] *nf* varicela *f*.
varices [varis] *nfpl* varices *fpl*.
varié, -e [varje] *adj* variado(-da); **hors-d'œuvre ~s** entremeses variados.
variété [varjete] *nf* variedad *f*. ❑ **variétés** *nfpl (musique)* variedades *fpl*.
variole [varjɔl] *nf* viruela *f*.
vas [va] → **aller**.
vase [vaz] *nf* cieno *m*. ◆ *nm* jarrón *m*.
vaste [vast] *adj* vasto(-ta).
vaudra *etc* → **valoir**.
vaut [vo] → **valoir**.
vautour [votur] *nm* buitre *m*.
veau, -x [vo] *nm (animal)* ternero *m*; *(CULIN)* ternera *f*.
vécu, -e [veky] *pp* → **vivre**. ◆ *adj* vivido(-da).
vedette [vədɛt] *nf (célébrité)* estrella *f*; *(bateau)* lancha *f* (motora).
végétal, -e, -aux [veʒetal, o] *adj* & *nm* vegetal.
végétarien, -enne [veʒetarjɛ̃, ɛn] *adj* & *nm, f* vegetariano(-na).
végétation [veʒetasjɔ̃] *nf* vegetación *f*. ❑ **végétations** *nfpl (MÉD)* vegetaciones *fpl*.
véhicule [veikyl] *nm* vehículo *m*.
veille [vɛj] *nf* víspera *f*.
veillée [veje] *nf* velada *f*.
veiller [veje] *vi* velar; **~ à faire qqch** cerciorarse de hacer algo; **~ à ce que** procurar que; **~ sur qqn** cuidar de alguien.
veilleur [vejœr] *nm*: **~ de nuit** vigilante *m* nocturno.
veilleuse [vejøz] *nf (lampe)* lamparilla *f* de noche; *(flamme)* llama *f* auxiliar.
veine [vɛn] *nf* vena *f*; **avoir de la ~** *(fam)* tener potra.
Velcro® [vɛlkro] *nm* Velcro® *m*.
vélo [velo] *nm* bici *f*; **faire du ~**

montar en bici; ~ **de course** bici de carreras; ~ **tout terrain** bici de montaña.

vélomoteur [velɔmɔtœr] *nm* velomotor *m*.

velours [vəlur] *nm* terciopelo *m*; ~ **côtelé** pana *f*.

velouté [vəlute] *nm*: ~ **d'asperge** crema *f* de espárragos.

vendanges [vɑ̃dɑ̃ʒ] *nfpl* vendimia *f*.

vendeur, **-euse** [vɑ̃dœr, øz] *nm, f* vendedor *m* (-ra *f*).

vendre [vɑ̃dr] *vt* vender; ~ **qqch à qqn** vender algo a alguien; **'à ~'** 'se vende'.

vendredi [vɑ̃drədi] *nm* viernes *m*; ~ **saint** Viernes Santo, → **samedi**.

vénéneux, **-euse** [venenø, øz] *adj* venenoso(-sa).

vengeance [vɑ̃ʒɑ̃s] *nf* venganza *f*.

venger [vɑ̃ʒe]: **se venger** *vp* vengarse.

venimeux, **-euse** [vənimø, øz] *adj* venenoso(-sa).

venin [vənɛ̃] *nm* veneno *m*.

venir [vənir] *vi* venir; ~ **de** venir de; ~ **de faire qqch** acabar de hacer algo; **faire ~ qqn** llamar a alguien.

Venise [vəniz] *n* Venecia.

vent [vɑ̃] *nm* viento *m*; ~ **d'ouest** (viento de) poniente *m*.

vente [vɑ̃t] *nf* venta *f*; **être/mettre qqch en ~** estar/poner algo en venta; ~ **par correspondance** venta por correspondencia; ~ **aux enchères** subasta *f*.

ventilateur [vɑ̃tilatœr] *nm* ventilador *m*.

ventouse [vɑ̃tuz] *nf* ventosa *f*.

ventre [vɑ̃tr] *nm* barriga *f*.

venu, **-e** [vəny] *pp* → **venir**.

ver [vɛr] *nm* gusano *m*; ~ **luisant** luciérnaga *f*; ~ **de terre** lombriz *f* (de tierra).

véranda [verɑ̃da] *nf* mirador *m*.

verbe [vɛrb] *nm* verbo *m*.

verdict [vɛrdikt] *nm* veredicto *m*.

verdure [vɛrdyr] *nf* verdor *m*.

véreux, **-euse** [verø, øz] *adj (fruit)* con gusano.

verger [vɛrʒe] *nm* vergel *m*.

verglacé, **-e** [vɛrglase] *adj* cubierto(-ta) de hielo.

verglas [vɛrgla] *nm* hielo *m*.

vérification [verifikasjɔ̃] *nf* comprobación *f*.

vérifier [verifje] *vt* comprobar.

véritable [veritabl] *adj* verdadero(-ra).

vérité [verite] *nf* verdad *f*; **dire la ~** decir la verdad.

vermicelle [vɛrmisɛl] *nm* fideo *m*.

verni, **-e** [vɛrni] *adj (meuble)* barnizado(-da); *(chaussure)* de charol.

vernis [vɛrni] *nm* barniz *m*; ~ **à ongles** esmalte *m* de uñas.

verra *etc* → **voir**.

verre [vɛr] *nm* vaso *m*; *(matière)* cristal *m*; **boire** OU **prendre un ~** tomar una copa; ~ **à pied** copa *f*; ~ **à vin** copa *f* de vino; **~s de contact** lentes *mpl* de contacto.

verrière [vɛrjɛr] *nf* claraboya *f*.

verrou [veru] *nm* pestillo *m*.
verrouiller [veruje] *vt* echar el pestillo.
verrue [very] *nf* verruga *f*.
vers [ver] *nm* verso *m*. ◆ *prép* hacia.
Versailles [versaj] *n*: **le château de ~** el palacio de Versailles.

VERSAILLES

En un principio, bajo el reinado de Luis XIII, Versalles era un pabellón de caza que Luis XIV (a partir de 1661) convirtió en un palacio real imponente, de arquitectura clásica. La Galería de los Espejos constituida por 75 metros de espejos y los jardines a la francesa decorados con estanques y surtidores, son dos de sus partes más conocidas.

versant [versɑ̃] *nm* ladera *f*.
verse [vers]: **à verse** *adv*: **pleuvoir à ~** llover a cántaros.
Verseau [verso] *nm* Acuario *m inv*.
versement [versəmɑ̃] *nm (d'argent)* pago *m*; *(à la banque)* ingreso *m*.
verser [verse] *vt (liquide)* echar; *(argent)* pagar; *(à la banque)* ingresar.
verseur [versœr] *adj m* → **bec**.
version [versjɔ̃] *nf* versión *f*; *(traduction)* traducción *f* directa; **(en) ~ française** (en) versión francesa; **(en) ~ originale** (en) versión original.
verso [verso] *nm* reverso *m*.
vert, -e [ver, vert] *adj* & *nm* verde.
vertébrale [vertebral] *adj f* → **colonne**.
vertèbre [vertebr] *nf* vértebra *f*.
vertical, -e, -aux [vertikal, o] *adj* vertical.
vertige [vertiʒ] *nm*: **avoir le ~** tener vértigo.
vessie [vesi] *nf* vejiga *f*.
veste [vest] *nf* chaqueta *f*, saco *m (Amér)*.
vestiaire [vestjer] *nm (d'un musée, d'un théâtre)* guardarropa *m*; *(d'une piscine)* vestuario *m*.
vestibule [vestibyl] *nm* vestíbulo *m*.
vestiges [vestiʒ] *nmpl* vestigios *mpl*.
veston [vestɔ̃] *nm* americana *f*.
vêtements [vetmɑ̃] *nmpl* ropa *f*.
vétérinaire [veteriner] *nmf* veterinario *m* (-ria *f*).
veuf, veuve [vœf, vœv] *adj* & *nm, f* viudo(-da).
veuille *etc* → **vouloir**.
veuve → **veuf**.
veux [vø] → **vouloir**.
vexant, -e [veksɑ̃, ɑ̃t] *adj* ofensivo(-va).
vexer [vekse] *vt* ofender. ❑ **se vexer** *vp* molestarse.
VF *nf abr* = **version française**.
viaduc [vjadyk] *nm* viaducto *m*.
viande [vjɑ̃d] *nf* carne *f*; **~ séchée des Grisons** *carne de vaca en salazón, curada y prensada*.

vibration [vibrasjɔ̃] *nf* vibración *f*.
vibrer [vibre] *vi* vibrar.
vice [vis] *nm* vicio *m*.
vice versa [vis(e)vɛrsa] *adv* viceversa.
vicieux, -euse [visjø, øz] *adj* vicioso(-sa).
victime [viktim] *nf* víctima *f*; **être ~ de** ser víctima de.
victoire [viktwar] *nf* victoria *f*.
vidange [vidɑ̃ʒ] *nf (d'une auto)* cambio *m* de aceite.
vide [vid] *adj* vacío(-a). ◆ *nm* vacío *m*; **sous ~** al vacío.
vidéo [video] *adj inv* de vídeo. ◆ *nf* vídeo *m*.
vide-ordures [vidɔrdyr] *nm inv* conducto *m* para la basura.
vide-poches [vidpɔʃ] *nm inv (dans une voiture)* guantera *f*.
vider [vide] *vt* vaciar; *(poulet, poisson)* limpiar. ❑ **se vider** *vp* vaciarse.
videur [vidœr] *nm (de boîte de nuit)* segura *m*.
vie [vi] *nf* vida *f*; **en ~** con vida; **être en ~** estar vivo(-va).
vieil → **vieux**.
vieillard [vjɛjar] *nm* anciano *m*.
vieille → **vieux**.
vieillesse [vjejɛs] *nf* vejez *f*.
vieillir [vjejir] *vi* envejecer. ◆*vt*: **ça le vieillit** *(en apparence)* lo envejece.
viendra *etc* → **venir**.
viens *etc* → **venir**.
vierge [vjɛrʒ] *adj* virgen. ❑ **Vierge** *nf (signe du zodiaque)* Virgo *m*.
Vietnam [vjɛtnam] *nm*: **le ~** Vietnam.
vieux, vieil [vjø, vjɛj] (*f* **vieille** [vjɛj], *mpl* **vieux** [vjø]) *adj* viejo (-ja); **~ jeu** chapado a la antigua; **salut, mon ~/ma vieille!** *(fam)* ¡qué pasa tío/tía!
vif, vive [vif, viv] *adj (geste)* enérgico(-ca); *(esprit, couleur)* vivo(-va); *(regard)* intenso(-sa).
vigile [viʒil] *nm* vigilante *m*.
vigne [viɲ] *nf (plante)* vid *f*; *(terrain)* viñedo *m*.
vignette [viɲɛt] *nf (automobile) pegatina en el coche que certifica el pago del impuesto de circulación*; *(de médicament)* etiqueta *f*.
vignoble [viɲɔbl] *nm* viñedo *m*.
vigoureux, -euse [vigurø, øz] *adj* vigoroso(-sa).
vigueur [vigœr] *nf*: **les prix en ~** los precios en vigor; **entrer en ~** entrar en vigor.
vilain, -e [vilɛ̃, ɛn] *adj (méchant)* malo(-la); *(laid)* feo(-a).
villa [vila] *nf* mansión *f*.
village [vilaʒ] *nm* pueblo *m*.
ville [vil] *nf* ciudad *f*; **aller en ~** ir a la ciudad.
Villette [vilɛt] *nf*: **(le parc de) la ~** *parque-museo de París dedicado a las ciencias y la música*.
vin [vɛ̃] *nm* vino *m*; **~ blanc** vino blanco; **~ doux** vino dulce; **~ rosé** vino rosado; **~ rouge** vino tinto; **~ sec** vino seco; **~ de table** vino de mesa.

VIN

Francia es un importante país productor de vino, bebida que acompaña tradicionalmente las comidas.

Las principales regiones vinícolas son Borgoña, la zona de Burdeos, la región del Loira y el Beaujolais, donde se producen tanto vinos tintos como blancos. En Alsacia, predomina la producción de vino blanco, mientras que en Provenza se produce vino rosado principalmente. Los vinos se clasifican en cuatro categorías que se especifican en la etiqueta: los "AOC", vinos de denominación de origen, conocidos por su alta calidad y cuya procedencia está garantizada; los "VDQS", vinos de calidad que se producen en una región determinada; los "vins de pays", vinos de mesa en los que se indica la procedencia y los "vins de table", vinos en los que no se indica la procedencia y que pueden mezclarse.

---

vinaigre [vinɛgr] *nm* vinagre *m*.

vinaigrette [vinɛgrɛt] *nf* vinagreta *f*.

vingt [vɛ̃] *num* veinte, → **six**.

vingtaine [vɛ̃tɛn] *nf*: **une ~ (de)** una veintena (de).

vingtième [vɛ̃tjɛm] *num* vigésimo(-ma), → **sixième**.

viol [vjɔl] *nm* violación *f*.

violemment [vjɔlamɑ̃] *adv* violentamente.

violence [vjɔlɑ̃s] *nf* violencia *f*.

violent, -e [vjɔlɑ̃, ɑ̃t] *adj* violento(-ta).

violer [vjɔle] *vt* violar.

violet, -ette [vjɔlɛ, ɛt] *adj* & *nm* violeta.

violette [vjɔlɛt] *nf* violeta *f*.

violon [vjɔlɔ̃] *nm* violín *m*.

violoncelle [vjɔlɔ̃sɛl] *nm* violonchelo *m*.

violoniste [vjɔlɔnist] *nmf* violinista *mf*.

vipère [vipɛr] *nf* víbora *f*.

virage [viraʒ] *nm (sur la route)* curva *f*; *(en voiture, à ski)* giro *m*.

virement [virmɑ̃] *nm (sur un compte)* transferencia *f*.

virer [vire] *vt (argent)* hacer una transferencia.

virgule [virgyl] *nf* coma *f*.

viril, -e [viril] *adj* viril.

virtuelle [virtɥɛl] *adj f* → **réalité**.

virtuose [virtɥoz] *nmf* virtuoso *m* (-sa *f*).

virus [virys] *nm* virus *m*.

vis [vis] *nf* tornillo *m*.

visa [viza] *nm* visado *m*, visa *f* *(Amér)*.

visage [vizaʒ] *nm* cara *f*.

vis-à-vis [vizavi]: **vis-à-vis de** *prép* con respecto a.

viser [vize] *vt (cible)* apuntar; *(concerner)* concernir.

viseur [vizœr] *nm (de carabine)* mira *f*; *(d'appareil photo)* visor *m*.

visibilité [vizibilite] *nf* visibilidad *f*.

visible [vizibl] *adj* visible.

visière [vizjɛr] *nf* visera *f*.

vision [vizjɔ̃] *nf* visión *f*.

visionneuse [vizjɔnøz] *nf* proyector *m*.

visite [vizit] *nf* visita *f*; **rendre ~ à qqn** hacer una visita a alguien; **~ guidée** visita comentada; **~ médicale** reconocimiento *m* médico.
visiter [vizite] *vt* visitar.
visiteur, **-euse** [vizitœr, øz] *nm, f (touriste)* visitante *mf*; *(invité)* visita *f*.
visqueux, **-euse** [viskø, øz] *adj* viscoso(-sa).
visser [vise] *vt* enroscar.
visuel, **-elle** [vizɥɛl] *adj* visual.
vital, **-e**, **-aux** [vital, o] *adj* vital.
vitalité [vitalite] *nf* vitalidad *f*.
vitamine [vitamin] *nf* vitamina *f*.
vite [vit] *adv* deprisa.
vitesse [vitɛs] *nf* velocidad *f*; **à toute ~** a toda velocidad.
vitrail, **-aux** [vitraj, o] *nm* vidriera *f*.
vitre [vitr] *nf* cristal *m*.
vitré, **-e** [vitre] *adj* acristalado(-da).
vitrine [vitrin] *nf* escaparate *m*; *(meuble)* vitrina *f*; **en ~** en el escaparate; **faire les ~s** ir a ver escaparates.
vivacité [vivasite] *nf* vivacidad *f*.
vivant, **-e** [vivɑ̃, ɑ̃t] *adj* vivo(-va).
vive [viv] → **vif.** ◆ *excl* ¡viva!
vivement [vivmɑ̃] *adv* enérgicamente. ◆ *excl*: **~ demain!** ¡que llegue pronto mañana!
vivre [vivr] *vi* & *vt* vivir.
VO *nf abr* = **version originale.**
vocabulaire [vɔkabylɛr] *nm* vocabulario *m*.
vodka [vɔdka] *nf* vodka *m*.
vœu, **-x** [vø] *nm* deseo *m*; **meilleurs ~x** con mis/nuestros mejores deseos.
voici [vwasi] *prép*: **~ votre clef** aquí está su llave; **~ ma fille** ésta es mi hija; **le ~** aquí está.
voie [vwa] *nf* vía *f*; *(sur une route)* carril *m*; **en ~ de** en vías de; **'par ~ orale'** 'por vía oral'; **~ ferrée** vía férrea; **~ sans issue** callejón *m* sin salida.
voilà [vwala] *prép*: **~ ce qui s'est passé** eso es lo que pasó; **~ Pierre** aquí viene Pierre.
voile [vwal] *nm* velo *m*. ◆ *nf* vela *f*.
voilé, **-e** [vwale] *adj (roue)* torcido(-da).
voilier [vwalje] *nm* velero *m*.
voir [vwar] *vt* ver; **ça n'a rien à ~ (avec)** no tiene nada que ver (con); **voyons!** *(pour reprocher)* ¡qué diablos!; **faire ~ qqch à qqn** enseñar algo a alguien. ❑ **se voir** *vp (être visible)* notarse; *(se rencontrer)* verse.
voisin, **-e** [vwazɛ̃, in] *adj* & *nm, f* vecino(-na).
voiture [vwatyr] *nf* coche *m*, carro *m (Amér)*; *(wagon)* vagón *m*; **~ de sport** coche deportivo.
voix [vwa] *nf (organe)* voz *f*; *(vote)* voto *m*; **à ~ basse** en voz baja; **à ~ haute** en voz alta.
vol [vɔl] *nm (en avion)* vuelo *m*; *(délit)* robo *m*; *(groupe d'oiseaux)* bandada *f*; **attraper qqch au ~** coger algo al vuelo; **à ~ d'oiseau** en

línea recta; **en ~** en vuelo; **~ régulier** vuelo regular.

volaille [vɔlaj] *nf* ave *f*; *(collectif)* aves *fpl*.

volant [vɔlɑ̃] *nm* volante *m*; **à ~s** *(jupe)* de volantes.

vol-au-vent [vɔlovɑ̃] *nm inv* volován *m*.

volcan [vɔlkɑ̃] *nm* volcán *m*.

voler [vɔle] *vt* robar. ◆ *vi* volar; *(commettre un vol)* robar.

volet [vɔlɛ] *nm (de fenêtre)* persiana *f*; *(d'imprimé)* hoja *f*.

voleur, -euse [vɔlœr, øz] *nm, f* ladrón *m* (-ona *f*).

volière [vɔljɛr] *nf* pajarera *f*.

volley(-ball) [vɔlɛ(bol)] *nm* voleibol *m*.

volontaire [vɔlɔ̃tɛr] *adj* & *nmf* voluntario(-ria).

volontairement [vɔlɔ̃tɛrmɑ̃] *adv* voluntariamente.

volonté [vɔlɔ̃te] *nf* voluntad *f*; **bonne ~** buena voluntad; **mauvaise ~** mala voluntad.

volontiers [vɔlɔ̃tje] *adv* con mucho gusto.

volt [vɔlt] *nm* voltio *m*.

volume [vɔlym] *nm* volumen *m*.

volumineux, -euse [vɔlyminø, øz] *adj* voluminoso(-sa).

vomir [vɔmir] *vi* & *vt* vomitar.

vont [vɔ̃] → **aller**.

vos → **votre**.

vote [vɔt] *nm* voto *m*.

voter [vɔte] *vi* votar.

votre [vɔtr] (*pl* **vos** [vo]) *adj (collectif)* vuestro(-tra); *(de vouvoiement)* su.

vôtre [votr]: **le vôtre** (*f* **la vôtre**, *pl* **les vôtres**) *pron (collectif)* el vuestro (la vuestra); *(de vouvoiement)* el suyo (la suya); **à la ~!** ¡salud!

voudra *etc* → **vouloir**.

vouloir [vulwar] *vt* -1. *(gén)* querer; **voulez-vous boire quelque chose?** ¿quiere beber algo?; **~ que** querer que; **si tu veux** si quieres; **sans le ~** sin querer; **je voudrais...** quisiera...; **que me voulez-vous?** ¿qué quiere de mi?
-2. *(accepter)*: **je veux bien** de acuerdo; **veuillez vous asseoir** tome asiento por favor.
-3. *(dans des expressions)*: **ne pas ~ de qqn/qqch** no querer a alguien/algo; **en ~ à qqn** estar resentido(-da) con alguien; **~ dire** querer decir.
❑ **s'en vouloir** *vp*: **s'en ~ (de faire qqch)** lamentarse (de hacer algo).

voulu, -e [vuly] *pp* → **vouloir**.

vous [vu] *pron* -1. *(collectif)* vosotros(-tras).
-2. *(sujet singulier pour vouvoyer)* usted; **~-même** usted mismo(-ma).
-3. *(sujet pl pour vouvoyer)* ustedes; **~-mêmes** ustedes mismos(-mas).
-4. *(complément pl collectif, réfléchi)* os; **dépêchez-~!** ¡daos prisa!
-5. *(complément singulier pour vouvoyer)* le (la).
-6. *(complément pl pour vouvoyer)* les (las).
-7. *(complément indirect singulier pour vouvoyer)* se; **il ~ l'a donné** se lo ha dado.

voûte [vut] *nf* bóveda *f*.

voûté, -e [vute] *adj* encorvado(-da).

vouvoyer [vuvwaje] *vt* tratar de usted.

voyage [vwajaʒ] *nm* viaje *m*; **bon ~!** ¡buen viaje!; **partir en ~** irse de viaje; **~ de noces** viaje de novios; **~ organisé** viaje organizado.

voyager [vwajaʒe] *vi* viajar.

voyageur, **-euse** [vwajaʒœr, øz] *nm, f* viajero *m* (-ra *f*).

voyant, **-e** [vwajɑ̃, ɑ̃t] *adj* vistoso(-sa). ◆ *nm*: **~ lumineux** indicador *m* luminoso.

voyelle [vwajɛl] *nf* vocal *f*.

voyons [vwajɔ̃] → **voir**.

voyou [vwaju] *nm* golfo *m*.

vrac [vrak] *nm*: **en ~** *(en désordre)* patas arriba; *(sans emballage)* a granel.

vrai, **-e** [vrɛ] *adj* *(exact)* cierto(-ta); *(véritable)* auténtico(-ca); **à ~ dire** a decir verdad.

vraiment [vrɛmɑ̃] *adv* realmente.

vraisemblable [vrɛsɑ̃blabl] *adj* verosímil.

VTT *nm (abr de vélo tout terrain)* bicicleta *f* de montaña.

vu, **-e** [vy] *pp* → **voir**. ◆ *prép* dado(-da). ◆ *adj*: **être bien/mal ~ (de qqn)** estar bien/mal visto (por alguien); **~ que** dado que.

vue [vy] *nf* vista *f*; *(vision, spectacle)* visión *f*; **avec ~ sur** con vistas a; **connaître qqn de ~** conocer a alguien de vista; **en ~ de faire qqch** con vistas a hacer algo; **à ~ d'œil** a simple vista.

vulgaire [vylgɛr] *adj* vulgar.

wagon [vagɔ̃] *nm* vagón *m*.

wagon-lit [vagɔ̃li] (*pl* **wagons-lits**) *nm* coche *m* cama.

wagon-restaurant [vagɔ̃rɛstɔrɑ̃] (*pl* **wagons-restaurants**) *nm* vagón *m* restaurante.

Walkman® [wɔkman] *nm* walkman *m*.

wallon, **-onne** [walɔ̃, ɔn] *adj* valón(-ona). ❑ **Wallon**, **-onne** *nm, f* valón *m* (-ona *f*).

Washington [waʃiŋtɔn] *n* Washington.

waters [watɛr] *nmpl* váter *m*.

waterzooï [watɛrzɔj] *nm (Belg) especialidad flamenca a base de pollo o de pescado y verduras preparada con una salsa con nata.*

watt [wat] *nm* vatio *m*.

W-C [vese] *nmpl* WC *m*.

week-end, **-s** [wikɛnd] *nm* fin *m* de semana; **bon ~!** ¡buen fin de semana!

western [wɛstɛrn] *nm* película *f* del oeste.

whisky [wiski] *nm* whisky *m*.

xérès [gzeres] *nm* Jerez *m*.
xylophone [ksilɔfɔn] *nm* xilófono *m*.

y [i] *adv* -1. *(indique le lieu)*: **nous y resterons une semaine** nos quedaremos (allí) una semana; **j'y vais demain** voy mañana.
-2. *(dedans)*: **mets-y du sel** pon sal.
-3. *(dessus)*: **va voir sur la table si les clefs y sont** ve a ver si las llaves están encima de la mesa.
◆ *pron*: **que veux-tu que j'y fasse?** ¿qué quieres que yo le haga?; **pensez-y** piense en ello; **n'y comptez pas** no cuente con ello, → **aller, avoir**.
yacht [jɔt] *nm* yate *m*.
yaourt [jaurt] *nm* yogur *m*.
yeux → **œil**.
yoga [jɔga] *nm* yoga *m*.
yoghourt [jɔgurt] = **yaourt**.
Yougoslavie [jugɔslavi] *nf*: **la** ~ Yugoslavia.
Yo-Yo® [jojo] *nm inv* yoyó *m*.

Z

zapper [zape] *vi* hacer zapping.
zèbre [zɛbr] *nm* cebra *f*.
zéro [zero] *nm* cero *m*.
zeste [zɛst] *nm (écorce)* coteza *f*.
zigzag [zigzag] *nm* zigzag *m*; **en** ~ en zigzag, haciendo eses.
zigzaguer [zigzage] *vi* zigzaguear.
zodiaque [zɔdjak] *nm* → **signe**.
zone [zon] *nf* zona *f*; ~ **bleue** ≃ zona azul; ~ **industrielle** zona industrial; ~ **piétonne** OU **piétonnière** zona peatonal.
zoo [zo(o)] *nm* zoo *m*.
zoologique [zɔɔlɔʒik] *adj* → **parc**.
zut [zyt] *excl* ¡ostras!

ESPAÑOL-FRANCÉS
ESPAGNOL-FRANÇAIS

a *prep* -1. *(gen)* à; **a las siete** à sept heures; **a la salida del cine** à la sortie du cinéma; **voy a Sevilla** je vais à Séville; **llegó a África/a Japón** il est arrivé en Afrique/au Japon; **está a cien kilómetros** c'est à cent kilomètres; **su casa está a la derecha/izquierda** sa maison est à droite/gauche; **dáselo a Juan** donne-le à Juan; **¿a cuánto están las peras?** à combien sont les poires?; **ganaron por tres a cero** ils ont gagné trois à zéro; **escribir a máquina/mano** écrire à la machine/la main.
-2. *(período de tiempo)*: **a las pocas semanas** quelques semaines après; **al mes de casados** au bout d'un mois de mariage.
-3. *(frecuencia, cantidad)* par; **cuarenta horas a la semana** quarante heures par semaine; **a cientos/miles** par centaines/milliers.
-4. *(con complemento directo)*: **quiere a su hijo/gato** il aime son fils/chat.
-5. *(modo)* à, en; **a la antigua** à l'ancienne; **a escondidas** en cachette.
-6. *(finalidad)* pour, à; **entró a pagar** il entra pour payer; **aprender a nadar** apprendre à nager.
-7. *(mandato)*: **¡a comer!** à table!; **¡a la cama!** au lit!
-8. *(en el momento de)*: **al llegar me encontré la casa vacía** en arrivant j'ai trouvé la maison vide.

abad, -esa *m, f* abbé *m* (abbesse *f*).

abadía *f* abbaye *f*.

abajo *adv (de situación)* en dessous; *(de dirección)* en bas. ◆ *interj*: **¡~ la dictatura!** à bas la dictature!; **más ~** plus bas; **ir para ~** descendre; **el piso de ~** l'appartement du dessous.

abalear *vt (Amér)* tirer sur.

abandonado, -da *adj* abandonné(-e).

abandonar *vt* abandonner; *(lugar)* quitter; *(obligaciones)* négliger. ❑ **abandonarse** *vpr (en las obligaciones)* se laisser aller; *(en el aspecto)* se négliger.

abandono *m (dejadez)* laisser-aller *m inv*.

abanicarse *vpr* s'éventer.

abanico *m* éventail *m*.

abarcar *vt (incluir)* comprendre; *(ver)* embrasser du regard.
abarrotado, -da *adj* plein (-e) à craquer.
abarrotero, -ra *m, f (Amér)* épicier *m* (-ère *f*).
abarrotes *mpl (Amér)* épicerie *f*.
abastecer *vt* approvisionner. ❑ **abastecerse de** *v + prep* s'approvisionner en.
abatible *adj* inclinable.
abatido, -da *adj (desanimado)* abattu(-e).
abatir *vt (muro, árbol)* abattre.
abdicar *vi* abdiquer.
abdomen *m* abdomen *m*.
abdominales *mpl* abdominaux *mpl*.
abecedario *m* alphabet *m*.
abeja *f* abeille *f*.
abejorro *m* bourdon *m*.
aberración *f (disparate)* aberration *f*.
abertura *f (agujero)* ouverture *f*.
abeto *m* sapin *m*.
abierto, -ta *adj* ouvert(-e); **estar ~ a** *(cambio, novedad)* être ouvert à.
abismo *m* abîme *m*.
ablandar *vt (materia)* ramollir; *(persona)* attendrir.
abofetear *vt* gifler.
abogado, -da *m, f* avocat *m* (-e *f*).
abolición *f* abolition *f*.
abolir *vt* abolir.
abollar *vt* cabosser.
abonado, -da *adj (a servicio, revista)* abonné(-e); *(a asociación)* inscrit(-e); *(tierra)* amendé(-e).
abonar *vt (tierra)* amender; *(cuenta)* payer. ❑ **abonarse a** *v + prep (suscribirse a)* s'abonner à.
abono *m (del metro, autobús)* carte *f* d'abonnement; *(para tierra)* engrais *m*.
abordar *vt* aborder.
aborrecer *vt* avoir en horreur.
abortar *vi (intencionalmente)* avorter; *(espontáneamente)* faire une fausse couche.
aborto *m (intencionado)* avortement *m*; *(espontáneo)* fausse couche *f*; *(fam: persona fea)* avorton *m*.
abrasador, -ra *adj (sol)* brûlant(-e) *(calor)* torride.
abrasar *vt* brûler.
abrazadera *f* anneau *m*.
abrazar *vt* serrer dans ses bras. ❑ **abrazarse** *vpr* s'étreindre.
abrazo *m* accolade *f*; **dar un ~ a alguien** embrasser qqn.
abrebotellas *m inv* ouvre-bouteille *m*.
abrecartas *m inv* coupe-papier *m*.
abrelatas *m inv* ouvre-boîte *m*.
abreviar *vt* abréger.
abreviatura *f* abréviation *f*.
abridor *m (abrebotellas)* décapsuleur *m*; *(abrelatas)* ouvre-boîte *m*.
abrigar *vt* couvrir. ❑ **abrigarse** *vpr* se couvrir.

abrigo *m* manteau *m*; **al ~ de** à l'abri de.

abril *m* avril *m*, → **setiembre**.

abrillantador *m produit pour faire briller les sols*.

abrillantar *vt* faire briller.

abrir *vt* ouvrir; *(alas)* déployer; *(agujero)* percer. ◆ *vi* ouvrir. ❑ **abrirse** *vpr*: **~se a alguien** s'ouvrir à qqn.

abrochar *vt* fermer; *(cinturón)* attacher. ❑ **abrocharse** *vpr (camisa, abrigo)* boutonner; *(cinturón)* attacher; **abróchense los cinturones** attachez votre ceinture.

abrumador, **-ra** *adj* accablant(-e).

abrumarse *vpr* être accablé(-e).

abrupto, **-ta** *adj (camino, terreno)* abrupt(-e).

ábside *m* abside *f*.

absolución *f (DER)* acquittement *m*; *(RELIG)* absolution *f*.

absolutamente *adv* absolument.

absoluto, **-ta** *adj* absolu(-e); **en ~** pas du tout.

absolver *vt*: **~ a alguien (de)** *(RELIG)* absoudre qqn (de); *(DER)* acquitter qqn (de).

absorbente *adj (material)* absorbant(-e); *(actividad)* prenant(-e); *(persona)* envahissant(-e).

absorber *vt (líquido)* absorber; *(suj: trabajo, persona)* accaparer.

absorto, **-ta** *adj*: **~ en** plongé dans.

abstemio, **-mia** *m, f*: **es un ~** il ne boit pas d'alcool.

abstención *f* abstention *f*.

abstenerse: **abstenerse de** *v + prep* s'abstenir de.

abstinencia *f* abstinence *f*; **hacer ~** faire abstinence.

abstracto, **-ta** *adj* abstrait(-e).

absurdo, **-da** *adj* absurde.

abuelo, **-la** *m, f (familiar)* grand-père *m* (grand-mère *f*); *(fam: anciano)* pépé *m* (mémé *f*). ❑ **abuelos** *mpl* ancêtres *mpl*.

abultado, **-da** *adj* volumineux(-euse).

abultar *vi* prendre de la place.

abundancia *f* abondance *f*.

abundante *adj* abondant(-e).

aburrido, **-da** *adj* ennuyeux(-euse); **estar ~** *(harto)* en avoir assez.

aburrimiento *m* ennui *m*.

aburrir *vt* ennuyer. ❑ **aburrirse** *vpr* s'ennuyer.

abusar: **abusar de** *v + prep* abuser de.

abusivo, **-va** *adj (precio)* abusif(-ive); *(Amér: descarado)* effronté(-e); *(Amér: que abusa)*: **es ~** c'est un profiteur.

abuso *m* abus *m*.

a/c *(abrev de a cuenta)* au compte numéro...

acá *adv* ici. ◆ *pron (Amér)*: **~ es mi hermana María** voici ma sœur María.

acabar *vt* -1. *(concluir)* finir. -2. *(provisiones)* épuiser.

◆ *vi* -1. *(gen)* finir; ~ **bien/mal** finir bien/mal; ~ **con** en finir avec; ~ **con la paciencia de alguien** pousser qqn à bout; ~ **con alguien** *(fig)* achever qqn; ~ **en** finir en; **esta palabra acaba en n** ce mot finit en n.
-2. *(haber ocurrido recientemente)*: **acabo de llegar** je viens d'arriver.
-3. *(volverse)* devenir; **acabó loco** il est devenu fou.
❑ **acabarse** *vpr (agotarse)*: **se acabó el petróleo** il n'y a plus de pétrole.

academia *f (escuela)* école *f*; *(de ciencias, arte)* académie *f*.

académico, -ca *adj* académique; *(curso)* scolaire. ◆ *m, f* académicien *m* (-enne *f*).

acalorado, -da *adj (exaltado)* échauffé(-e); *(apasionado)* emporté(-e); **estar** ~ *(por el calor)* avoir chaud.

acalorarse *vpr (por un esfuerzo)* avoir chaud; *(excitarse)* s'échauffer.

acampada *f* camping *m*; **ir de** ~ faire du camping.

acampanado, -da *adj* en forme de cloche.

acampar *vi* camper.

acantilado *m* falaise *f*.

acaparar *vt* accaparer.

acápite *m (Amér)* paragraphe *m*.

acariciar *vt* caresser.

acaso *adv* peut-être; **por si** ~ au cas où.

acatarrarse *vpr* s'enrhumer.

acaudalado, -da *adj* fortuné(-e).

acceder *vi*: ~ **a** *(lugar)* accéder à. ❑ **acceder a** *v + prep (petición)* consentir à.

accesible *adj* accessible.

acceso *m (a un lugar)* accès *m*; *(a poder)* accession *f*; '~ **pasajeros**' 'accès à bord'.

accesorio *m (de coche)* accessoire *m*; *(de cocina)* ustensile *m*.

accidentado, -da *adj (viaje, carrera)* mouvementé(-e); *(terreno)* accidenté(-e).

accidental *adj* accidentel (-elle).

accidente *m* accident *m*; **por** ~ par hasard; ~ **geográfico** accident de terrain; ~ **laboral** accident du travail.

acción *f (acto)* action *f*; *(hecho)* acte *m*. ❑ **acciones** *fpl (en bolsa)* actions *fpl*.

acechar *vt* guetter.

aceite *m* huile *f*; ~ **de girasol/de oliva** huile de tournesol/d'olive.

aceitoso, -sa *adj* huileux (-euse).

aceituna *f* olive *f*; ~**s rellenas** olives farcies *(d'anchois ou de poivrons)*.

acelerador *m* accélérateur *m*.

acelerar *vt* & *vi* accélérer.

acelga *f* bette *f*.

acento *m* accent *m*.

acentuación *f* accentuation *f*.

acentuar *vt* accentuer.

aceptable *adj* acceptable.

aceptación *f* acceptation *f*.

aceptar *vt* accepter.
acequia *f* canal *m* d'irrigation.
acera *f* trottoir *m*.
acerca: **acerca de** *prep* au sujet de.
acercamiento *m* rapprochement *m*.
acercar *vt (aproximar)* approcher; **acércame la sal** passe-moi le sel. ❑ **acercarse** *vpr (día, fecha)* approcher; *(persona, animal)* s'approcher; **~se a** *(lugar)* approcher de; *(persona, animal)* s'approcher de. ❑ **acercarse a** *v + prep (solución, idea)* être proche de.
acero *m* acier *m*; **~ inoxidable** acier inoxydable.
acertado, -da *adj (respuesta)* bon (bonne); *(disparo)* dans le mille.
acertar *vt (respuesta, solución)* trouver. ❑ **acertar con** *v + prep (hallar)* trouver; *(elegir bien)* bien choisir. ❑ **acertar en** *v + prep (dar en)* atteindre; *(elegir bien)* bien choisir.
acertijo *m* devinette *f*.
achinado, -da *adj (Amér)* d'origine indienne.
ácido, -da *adj* & *m* acide.
acierto *m (en respuesta)* bonne réponse *f*; *(habilidad)* discernement *m*.
aclamar *vt* acclamer.
aclarar *vt (ropa, platos)* rincer. ◆ *v impers*: **está aclarando** le temps se lève. ❑ **aclararse** *vpr* comprendre.
aclimatación *f* acclimatation *f*.
aclimatar *vt* acclimater. ❑ **aclimatarse** *vpr* s'acclimater.
acogedor, -ra *adj* accueillant(-e).
acoger *vt* accueillir. ❑ **acogerse a** *v + prep (ley, excusa)* recourir à.
acogida *f* accueil *m*.
acomodado, -da *adj (rico)* aisé(-e).
acomodador, -ra *m, f* ouvreur *m* (-euse *f*).
acomodarse *vpr (aposentarse)* s'installer. ❑ **acomodarse a** *v + prep* s'adapter à.
acompañamiento *m (en música)* accompagnement *m*.
acompañante *mf* compagnon *m* (compagne *f*).
acompañar *vt (hacer compañía)* accompagner; *(adjuntar)* joindre; **le acompaño en el sentimiento** je vous présente mes condoléances.
acomplejado, -da *adj* complexé(-e).
acondicionado, -da *adj* aménagé(-e).
acondicionador *m* après-shampoing *m*.
acondicionar *vt* aménager.
aconsejable *adj* recommandé(-e).
aconsejar *vt* conseiller.
acontecer *v impers* arriver.
acontecimiento *m* événement *m*.

acoplar *vt (encajar)* ajuster; *(adaptar)* adapter.

acordar *vt (decidir)* décider. ❑ **acordarse** *vpr (recordar)* se souvenir; **~se de hacer algo** penser à faire qqch.

acorde *adj (conforme)* en accord. ◆ *m* accord *m*; **~ con** en accord avec.

acordeón *m* accordéon *m*.

acortar *vt (en tiempo)* écourter; *(en espacio)* raccourcir.

acosar *vt (perseguir)* traquer; *(molestar)* harceler.

acoso *m* poursuite *f*.

acostar *vt* coucher. ❑ **acostarse** *vpr* se coucher; **~se con alguien** *(fam)* coucher avec qqn.

acostumbrar *vt*: **~ a alguien a** habituer qqn à. ◆ *vi*: **~ a** avoir l'habitude de. ❑ **acostumbrarse** *vpr*: **~se a** s'habituer à.

acreditado, **-da** *adj* réputé(-e).

acreditar *vt (con documentos)* certifier.

acrílico, **-ca** *adj* acrylique.

acrobacia *f* acrobatie *f*.

acróbata *mf* acrobate *mf*.

acta *f (de una reunión)* compte-rendu *m*.

actitud *f* attitude *f*.

activar *vt* activer.

actividad *f* activité *f*. ❑ **actividades** *fpl (tareas)* devoirs *mpl*.

activo, **-va** *adj* actif(-ive).

acto *m* acte *m*; **~ seguido** là-dessus; **en el ~** sur-le-champ.

actor, **-triz** *m, f* acteur *m* (-trice *f*).

actuación *f (acto, hecho)* conduite *f*; *(en el cine, teatro)* jeu *m*.

actual *adj* actuel(-elle).

actualidad *f* actualité *f*; **de ~** d'actualité; **en la ~** à l'heure actuelle.

actualizar *vt* actualiser.

actualmente *adv* actuellement.

actuar *vi* agir; *(en cine, teatro, etc)* jouer.

acuarela *f* aquarelle *f*.

acuario *m* acuarium *m*. ❑ **Acuario** *m* Verseau *m*.

acuático, **-ca** *adj* aquatique.

acudir *vi* faire appel à; **~ a** *(un lugar)* se rendre à.

acueducto *m* aqueduc *m*.

acuerdo *m* accord *m*; **de ~** d'accord; **estar de ~** être d'accord; **ponerse de ~** se mettre d'accord.

acumulación *f* accumulation *f*.

acumular *vt* accumuler.

acupuntura *f* acupuncture *f*.

acusación *f* accusation *f*.

acusado, **-da** *m, f* accusé *m* (-e *f*).

acusar *vt*: **~ a alguien de** accuser qqn de.

acústica *f* acoustique *f*.

adaptación *f* adaptation *f*.

adaptador *m* adaptateur *m*.

adaptarse: **adaptarse a** *v + prep* s'adapter à.

adecuado, **-da** *adj* adéquat(-e).
adecuar *vt* adapter. ❑ **adecuarse** *vpr*: **~se a** *(acostumbrarse a)* s'adapter à.
a. de J.C. *(abrev de antes de Jesucristo)* av. J.-C.
adelantado, **-da** *adj (trabajo, tarea)* avancé(-e); *(alumno)* en avance; *(pago)* anticipé(-e); **ir ~** *(reloj)* avancer; **por ~** d'avance.
adelantamiento *m (de persona, vehículo)* dépassement *m*.
adelantar *vt* avancer; *(sobrepasar)* dépasser. ◆ *vi (reloj)* avancer. ❑ **adelantarse** *vpr* être en avance.
adelante *adv*: **más ~** *(en tiempo)* plus tard; *(en espacio)* plus loin. ◆ *interj (siga)* en avant!; *(pase)* entrez!; **en ~** dorénavant.
adelanto *m (progreso)* progrès *m*; *(de dinero)* avance *f*; *(en carretera)* dépassement *m*.
adelgazante *adj* amaigrissant(-e).
adelgazar *vt (kilos)* perdre. ◆ *vi* maigrir.
además *adv* en plus; **~ de ser caro es malo** non seulement c'est cher mais en plus c'est mauvais.
adentro *adv* dedans, à l'intérieur.
adherente *adj* adhésif(-ive).
adherir *vt* coller. ❑ **adherirse a** *v + prep* adhérer à.
adhesión *f* adhésion *f*.
adhesivo, **-va** *adj* adhésif(-ive). ◆ *m* autocollant *m*.
adicción *f* dépendance *f*.
adición *f (de condimentos)* ajout *m*; *(suma)* addition *f*.
adicional *adj* supplémentaire.
adicto, **-ta** *adj* dépendant(-e); **~ a** *(partidario)* partisan de; *(las drogas)* dépendant de.
adiós *m* adieu *m*. ◆ *interj* au revoir!
adivinanza *f* devinette *f*.
adivinar *vt* deviner.
adivino, **-na** *m, f* devin *m* (devineresse *f*).
adjetivo *m* adjectif *m*.
adjuntar *vt* joindre.
administración *f* administration *f*. ❑ **Administración** *f*: **la Administración** l'Administration.
administrar *vt* administrer; *(organizar)* gérer.
administrativo, **-va** *adj* administratif(-ive). ◆ *m, f* employé *m* (-e *f*) de bureau.
admiración *f* admiration *f*.
admirar *vt* admirer; *(provocar sorpresa)* étonner.
admisible *adj* admissible.
admitir *vt* admettre.
admón. *abrev* = **administración**.
adobe *m* pisé *m*.
adolescencia *f* adolescence *f*.
adolescente *adj* & *mf* adolescent(-e).
adonde *adv* où; **la ciudad ~ vamos** la ville où nous allons.
adónde *adv* où; **¿~ vas?** où vas-tu?

adopción *f* adoption *f*.
adoptar *vt* adopter.
adoptivo, -va *adj* adoptif(-ive).
adoquín *m* pavé *m*.
adorable *adj* adorable.
adoración *f* adoration *f*.
adorar *vt* adorer.
adornar *vt* décorer.
adorno *m* décoration *f*.
adosado, -da *adj* adossé(-e); **casa adosada, chale ~** *maison séparée d'une maison jumelle par un mur mitoyen*.
adquirir *vt* acquérir.
adquisición *f* acquisition *f*.
adquisitivo *adj m* → **poder**.
adrede *adv* exprès.
aduana *f* douane *f*.
aduanero, -ra *adj* & *m, f* douanier(-ère).
adulterio *m* adultère *m*.
adúltero, -ra *adj* adultère.
adulto, -ta *adj* & *m, f* adulte.
adverbio *m* adverbe *m*.
adversario, -ria *m, f* adversaire *mf*.
adverso, -sa *adj* adverse.
advertencia *f* avertissement *m*.
advertir *vt (avisar)* avertir; *(notar)* remarquer.
aéreo, -a *adj* aérien(-enne).
aerobic [æ'roβik] *m* aérobic *m*.
aeromodelismo *m* aéromodélisme *m*.
aeromoza *f (Amér)* hôtesse *f* de l'air.
aeronave *f* aéronef *m*.
aeropuerto *m* aéroport *m*.
aerosol *m* aérosol *m*.
afán *m (deseo)* désir *m*; *(en el trabajo)* ardeur *f*.
afear *vt* enlaidir.
afección *f (formal: enfermedad)* affection *f*.
afectado, -da *adj* affecté(-e); **~ de** o **por** *(enfermedad)* atteint de.
afectar *vt* affecter; *(concernir)* concerner. ❑ **afectarse** *vpr*: **~se por** o **con** *(impresionarse)* être affecté(-e) par.
afectivo, -va *adj (sensible)* sensible.
afecto *m* affection *f*.
afectuoso, -sa *adj* affectueux (-euse).
afeitado, -da *adj* rasé(-e). ◆ *m* rasage *m*.
afeitarse *vpr* se raser.
afeminado, -da *adj* efféminé(-e).
afiche *m (Amér)* affiche *f*.
afición *f* goût *m*; *(partidarios)* supporters *mpl*; **tener ~ a algo** aimer qqch.
aficionado, -da *adj* amateur; **~ a** amateur de.
aficionarse: **aficionarse a** *v + prep (interesarse por)* se passionner pour; *(habituarse a)* prendre goût à.
afilado, -da *adj* aiguisé(-e).
afilar *vt* aiguiser.
afiliado, -da *adj* affilié(-e); **~ a** affilié à.

afiliarse: **afiliarse a** *v + prep* s'affilier à.
afín *adj (gustos, ideas)* commun(-e).
afinar *vt (instrumento)* accorder; *(tiro, puntería)* ajuster. ◆ *vi (cantar)* chanter juste; *(tocar)* jouer juste.
afinidad *f* affinité *f*.
afirmación *f* affirmation *f*.
afirmar *vt* affirmer. ❑ **afirmarse en** *v + prep (postura, idea)* maintenir.
afirmativo, **-va** *adj* affirmatif(-ive).
afligido, **-da** *adj* affligé(-e).
afligir *vt* affliger. ❑ **afligirse** *vpr* être affligé(-e).
aflojar *vt (cuerda)* donner du mou; *(nudo)* desserrer. ◆ *vi (en esfuerzo)* se relâcher; *(ceder)* lâcher du lest.
afluencia *f* affluence *f*.
afluente *m* affluent *m*.
afónico, **-ca** *adj* aphone.
aforo *m (de un local)* nombre *m* de places.
afortunadamente *adv* heureusement.
afortunado, **-da** *adj (con suerte)* chanceux(-euse); *(oportuno)* heureux(-euse); ~ **en** heureux en.
África *s* Afrique *f*.
africano, **-na** *adj* africain(-e). ◆ *m, f* Africain *m* (-e *f*).
afrodisíaco *m* aphrodisiaque *m*.
afrutado, **-da** *adj* fruité(-e).
afuera *adv* dehors. ❑ **afueras** *fpl*: **las ~s** la banlieue.
agacharse *vpr* se baisser.
agarrar *vt* saisir; *(fam: enfermedad)* attraper. ❑ **agarrarse** *vpr (pelearse)* s'accrocher. ❑ **agarrarse a** *v + prep (oportunidad)* saisir; *(pretexto)* recourir à.
agencia *f* agence *f*; ~ **de viajes** agence de voyages.
agenda *f* agenda *m*; *(actividades)* programme *m*.
agente *mf* agent *m*; ~ **de policía** agent de police.
ágil *adj (movimiento)* agile; *(mente)* vif (vive).
agilidad *f (del cuerpo)* agilité *f*; *(de la mente)* vivacité *f*.
agitación *f* agitation *f*.
agitado, **-da** *adj* agité(-e).
agitar *vt* agiter. ❑ **agitarse** *vpr (removerse)* s'agiter; *(inquietarse)* s'inquiéter.
agnóstico, **-ca** *adj* agnostique.
agobiado, **-da** *adj* angoissé(-e).
agobiar *vt (suj: problema, trabajo)* accabler; *(suj: persona)* angoisser. ❑ **agobiarse** *vpr (con trabajo)* être débordé(-e); *(con problemas)* se faire du souci.
agosto *m* août *m*, → **setiembre**.
agotado, **-da** *adj* épuisé(-e).
agotador, **-ra** *adj* épuisant (-e).
agotamiento *m* épuisement *m*.
agotar *vt* épuiser. ❑ **agotarse**

vpr (cansarse) s'épuiser; *(acabarse)* être épuisé(-e).
agradable *adj* agréable.
agradar *vi* plaire.
agradecer *vt*: ~ **(algo) a alguien** remercier qqn (de qqch).
agradecido, -da *adj* reconnaissant(-e).
agradecimiento *m* reconnaissance *f*.
agredir *vt* agresser.
agregado, -da *adj* ajouté(-e). ◆ *m, f (en embajada)* attaché *m* (-e *f*).
agregar *vt* ajouter.
agresión *f* agression *f*.
agresivo, -va *adj* agressif(-ive).
agresor, -ra *m, f* agresseur *m*.
agreste *adj (paisaje)* sauvage.
agrícola *adj* agricole.
agricultor, -ra *m, f* agriculteur *m* (-trice *f*).
agricultura *f* agriculture *f*.
agridulce *adj* aigre-doux (aigre-douce).
agrio, -gria *adj (sabor)* aigre; *(carácter)* âpre.
agrupación *f* groupe *m*.
agrupar *vt* grouper.
agua *f (líquido)* eau *f*; *(lluvia)* pluie *f*; ~ **corriente** eau courante; ~ **de colonia** eau de Cologne; ~ **mineral** eau minérale; ~ **mineral con/sin gas** eau gazeuse/plate; ~ **oxigenada** eau oxygénée; ~ **potable** eau potable; ~ **tónica** ≃ Schweppes® *m*. ❑ **aguas** *fpl (mar)* eaux *fpl*.
aguacate *m* avocat *m*.
aguacero *m* averse *f*.
aguafiestas *m inv* rabat-joie *m inv*.
aguamiel *f (Amér) eau mélangée à du sucre de canne*.
aguanieve *f* neige *f* fondue.
aguantar *vt* supporter. ◆ *vi (durar)* résister; **no** ~ *(aborrecer)* ne pas supporter. ❑ **aguantarse** *vpr (contenerse)* se retenir; *(resignarse)* faire avec.
aguardar *vt* & *vi* attendre.
aguardiente *m* eau-de-vie *f*.
aguarrás *m* white-spirit *m*.
agudeza *f (de ingenio)* finesse *f*.
agudo, -da *adj* aigu(-uë); **palabra aguda** *mot accentué sur la dernière syllabe*.
águila *f* aigle *m*.
aguinaldo *m* étrennes *fpl*.

AGUINALDO

Pendant les fêtes de Noël, les facteurs, les éboueurs, les balayeurs, etc vont de maison en maison apporter une carte de Noël; en échange ils reçoivent des étrennes, «el aguinaldo», une petite somme d'argent, en remerciement des services rendus au cours de l'année.

aguja *f* aiguille *f*; *(de pelo)* pique *f*; ~ **hipodérmica** seringue *f* hypodermique.
agujerear *vt* percer des trous dans.

agujero *m* trou *m*.

agujetas *fpl* courbatures *fpl*.

ahí *adv* là; **~ viene** le voilà; **de ~ que** d'où le fait que; **por ~** par là; **por ~ va la cosa** c'est à peu près ça.

ahijado, -da *m, f (de un padrino)* filleul *m* (-e *f*); *(en adopción)* protégé *m* (-e *f*).

ahogado, -da *adj* étouffé(-e). ◆ *m, f* noyé *m* (-e *f*).

ahogarse *vpr (en agua)* se noyer; *(asfixiarse)* s'étouffer; *(sofocarse)* s'étrangler; **~ en un vaso de agua** se noyer dans un verre d'eau.

ahora *adv* maintenant; **por ~** pour le moment; **~ bien** cela dit; **~ mismo** tout de suite.

ahorcar *vt* pendre. ❑ **ahorcarse** *vpr* se pendre.

ahorita *adv (Amér)* tout de suite.

ahorrar *vt (dinero, energía, esfuerzos)* économiser; *(en el banco)* épargner; *(disgustos)* éviter.

ahorro *m (de energía)* économie *f*; *(de tiempo)* gain *m*. ❑ **ahorros** *mpl* économies *fpl*.

ahuecar *vt (vaciar)* évider; *(lo compacto)* creuser.

ahumado, -da *adj* fumé(-e).

aire *m* air *m*; *(gracia, garbo)* allure *f*; **al ~** à l'air; **al ~ libre** à l'air libre; **darse ~s** se donner de grands airs; **estar en el ~** *(proyecto)* être encore vague; **~ acondicionado** air conditionné.

airear *vt* aérer.

airoso, -sa *adj (garboso)* gracieux(-euse); **salir ~ de algo** se tirer brillamment de qqch.

aislado, -da *adj* isolé(-e).

aislamiento *m* isolement *m*.

aislante *adj* isolant(-e).

aislar *vt* isoler. ❑ **aislarse** *vpr* s'isoler.

ajedrez *m* échecs *mpl*.

ajeno, -na *adj* d'autrui; **~ a** étranger à.

ajetreo *m* agitation *f*.

ají *m (Amér)* piment *m*; **ponerse como un ~** *(fam)* piquer un fard.

ajiaco *m (Amér) ragoût aux piments*.

ajillo *m*: **al ~** *avec une sauce à base d'huile, d'ail et de piment.*

ajo *m* ail *m*; **estar en el ~** *(fam: de un problema, situación)* être dans le coup.

ajuar *m* trousseau *m*.

ajustado, -da *adj (precio)* raisonnable; *(ropa)* moulant(-e).

ajustar *vt (encajar)* ajuster; *(precios, condiciones)* négocier. ❑ **ajustarse a** *v + prep* s'adapter à.

al → **a, el.**

ala *f* aile *f*; *(de sombrero)* bord *m*.

alabanza *f* louange *f*.

alabar *vt* vanter.

alabastro *m* albâtre *m*.

alacena *f* placard *m* à provisions.

alambrar *vt* grillager.

alambre *m (de metal)* fil *m* de fer; *(Amér) brochette de viande ou de poisson avec des légumes.*

alameda *f* promenade *f (bordée d'arbres).*

álamo *m* peuplier *m.*

alardear: alardear de *v + prep* se targuer de.

alargar *vt (falda, pantalón)* rallonger; *(situación)* prolonger; **~ algo a alguien** *(acercar)* passer qqch à qqn. ❑ **alagarse** *vpr (en discurso, conferencia)* parler longuement.

alarma *f* alarme *f;* **dar la (voz de) ~** donner l'alerte.

alarmante *adj* alarmant(-e).

alarmar *vt* alarmer. ❑ **alarmarse** *vpr* s'alarmer.

alba *f* aube *f.*

albañil *m* maçon *m.*

albarán *m* bon *m* de livraison.

albaricoque *m* abricot *m.*

albatros *m inv* albatros *m.*

albedrío *m*: **a su ~** à sa guise.

alberca *f (Amér)* piscine *f.*

albergar *vt (personas)* héberger; *(odio)* nourrir; *(esperanzas)* caresser. ❑ **albergarse** *vpr* loger.

albergue *m* refuge *m;* **~ juvenil** auberge *f* de jeunesse.

albóndiga *f* boulette *f* de viande; **~s a la jardinera** *boulettes de viande en sauce avec des légumes.*

albornoz (*pl* **-ces**) *m* peignoir *m* (de bain).

alborotado, -da *adj (persona)* affolé(-e); *(cabello)* ébouriffé(-e).

alborotar *vt* affoler. ◆ *vi* chahuter. ❑ **alborotarse** *vpr* s'affoler.

alboroto *m* chahut *m.*

albufera *f* marécage *m (du Levant espagnol).*

álbum *m* album *m;* **~ de fotos** album photos; **~ familiar** album de famille.

alcachofa *f (planta)* artichaut *m; (de ducha)* pomme *f;* **~s con jamón** *cœurs d'artichauts sautés au jambon.*

alcaldada *f* abus *m* de pouvoir.

alcalde, -desa *m, f* maire *m.*

alcaldía *f (cargo)* mairie *f.*

alcalino, -na *adj* alcalin(-e).

alcance *m* portée *f;* **a su ~** à sa portée; **dar ~ a alguien** rattraper qqn.

alcanfor *m* camphre *m.*

alcantarilla *f* égout *m.*

alcanzar *vt* rattraper; *(autobús, tren)* attraper; *(meta, cima)* atteindre; **~ a** arriver à; **~ algo a alguien** passer qqch à qqn. ❑ **alcanzar para** *v + prep* suffire pour.

alcaparra *f* câpre *f.*

alcayata *f (clavo)* piton *m.*

alcázar *m* alcazar *m.*

alcoba *f* chambre *f* à coucher.

alcohol *m* alcool *m.*

alcohólico, -ca *adj (persona)* alcoolique; *(bebida)* alcoolisé(-e). ◆ *m, f* alcoolique *mf.*

alcoholismo *m* alcoolisme *m.*

alcoholizado, -da *adj* alcoolique.

alcoholizarse *vpr* devenir alcoolique.

alcornoque *m* chêne-liège *m.*

aldea *f* hameau *m.*

aldeano, -na *m, f* villageois *m* (-e *f*).
alebestrarse *vpr (Amér) (ponerse nervioso)* s'énerver; *(enojarse)* se fâcher.
alegrar *vt (persona)* faire plaisir à; *(fiesta)* égayer. ❑ **alegrarse** *vpr:* **~se de** être content(-e) de; **~se por** se réjouir de.
alegre *adj* gai(-e); *(cara, expresión)* joyeux(-euse).
alegremente *adv (con alegría)* joyeusement; *(sin pensar)* allègrement.
alegría *f* joie *f*.
alejar *vt* éloigner. ❑ **alejarse** *vpr:* **~se de** s'éloigner de.
alemán, -ana *adj* allemand (-e). ◆ *m, f* Allemand *m* (-e *f*). ◆ *m (lengua)* allemand *m*.
Alemania *s* Allemagne *f*.
alergia *f* allergie *f*; **tener ~ a** être allergique à.
alérgico, -ca *adj* allergique; **ser ~ a** être allergique à.
alero *m* auvent *m*.
alerta *f* alerte *f*. ◆ *interj* alerte! ◆ *adv*: **estar ~** être sur ses gardes; **~ roja** alerte maximum.
aleta *f (de pez)* nageoire *f*; *(de automóvil, nariz)* aile *f*. ❑ **aletas** *fpl (para nadar)* palmes *fpl*.
alevín *m (de pez)* alevin *m*; *(en deportes)* poussin *m*.
alfabético, -ca *adj* alphabétique.
alfabetización *f* alphabétisation *f*.
alfabetizar *vt (personas)* alphabétiser; *(palabras, letras)* classer par ordre alphabétique.
alfabeto *m* alphabet *m*.
alfarero, -ra *m, f* potier *m* (-ère *f*).
alférez (*pl* **-ces**) *m* ≃ sous-lieutenant *m*.
alfil *m* fou *m (aux échecs)*.
alfiler *m* épingle *f*; **~ de gancho** *(Amér)* épingle de nourrice.
alfombra *f* tapis *m*.
alfombrilla *f (de coche)* tapis *m* de sol; *(felpudo)* paillasson *m*; *(de baño)* tapis *m* de bain.
alga *f* algue *f*.
álgebra *f* algèbre *f*.
algo *pron* quelque chose. ◆ *adv* un peu; **¿busca usted ~?** cherchez-vous quelque chose?; **por ~ será** il y a certainement une raison; **es ~ presumida** elle est un peu prétentieuse.
algodón *m* coton *m*; **de ~** en coton; **~ hidrófilo** coton hydrophile.
alguien *pron* quelqu'un.
alguno, -na *adj (indeterminado)* un (une); *(ninguno)* aucun(-e); **algún día** un jour; **sin duda alguna** sans aucun doute.
◆ *pron (alguien)* quelqu'un; **~s no vinieron** certains ne sont pas venus.
alhaja *f (joya)* bijou *m*; *(objeto)* joyau *m*.
aliado, -da *adj* allié(-e).
alianza *f* alliance *f*; **~ matrimonial** mariage *m*.

aliarse: **aliarse con** *v + prep* s'allier à o avec.
alicates *mpl* pince *f*.
aliciente *m* encouragement *m*.
aliento *m* haleine *f*; **tener mal ~** avoir mauvaise haleine; **quedarse sin ~** *(fig)* avoir le souffle coupé.
aligerar *vt (peso)* alléger; *(paso)* hâter.
alijo *m* marchandise *f* de contrebande.
alimentación *f* alimentation *f*.
alimentar *vt (persona, animal)* nourrir; *(máquina, motor)* alimenter. ◆ *vi* être nourrissant(-e). ❑ **alimentarse de** *v + prep* se nourrir de.
alimenticio, **-cia** *adj* alimentaire.
alimento *m* aliment *m*.
alinear *vt* aligner. ❑ **alinearse** *vpr* s'aligner.
aliñar *vt* assaisonner.
aliño *m* assaisonnement *m*.
alioli *m* aïoli *m*.
aliviar *vt (dolor, enfermedad)* soulager; *(trabajo, peso)* alléger.
alivio *m* soulagement *m*.
allá *adv (de espacio)* là-bas; *(de tiempo)* autrefois; **~ él** libre à lui.
allegado, **-da** *m, f* proche *mf*.
allí *adv* là; **~ nació** c'est là qu'il est né; **está ~** il est là-bas.
alma *f* âme *f*.
almacén *m* magasin *m*. ❑ **almacenes** *mpl* grands magasins *mpl*.
almacenar *vt (guardar)* stocker; *(acumular)* accumuler.
almanaque *m* almanach *m*.
almejas *fpl* palourdes *fpl*; **~ a la marinera** palourdes (à la) marinière.
almendra *f* amande *f*.
almendrado *m petit gâteau aux amandes*.
almendro *m* amandier *m*.
almíbar *m* sirop *m*; **en ~** au sirop.
almidón *m* amidon *m*.
almidonado, **-da** *adj* amidonné(-e).
almidonar *vt* amidonner.
almirante *m* amiral *m*.
almohada *f* oreiller *m*.
almohadilla *f* petit coussin *m*
almorranas *fpl* hémorroïdes *fpl*.
almorzar *vt (al mediodía)* manger au déjeuner; *(a media mañana)*: **~ un bocadillo** prendre un sandwich. ◆ *vi (al mediodía)* déjeuner; *(a media mañana)* prendre un en-cas.
almuerzo *m (al mediodía)* déjeuner *m*; *(a media mañana) en-cas pris entre le petit déjeuner et le déjeuner*.
aló *interj (Amér)* allô!
alocado, **-da** *adj (niño)* agité(-e); *(decisión)* irréfléchi(-e).
alojamiento *m* logement *m*.
alojar *vt* loger. ❑ **alojarse** *vpr* loger.
alondra *f* alouette *f*.
alpargata *f* espadrille *f*.

Alpes *mpl*: **los ~** les Alpes.
alpinismo *m* alpinisme *m*.
alpinista *mf* alpiniste *mf*.
alpino, -na *adj* alpin(-e).
alpiste *m* alpiste *m*.
alquilar *vt* louer; **'se alquila'** 'à louer'.
alquiler *m* location *f*; *(precio)* loyer *m*; **de ~** *(casa)* en location; *(coche)* de location; **~ de coches** location de voitures.
alquitrán *m* goudron *m*.
alrededor *adv*: **~ (de)** *(en torno a)* autour (de); *(aproximadamente)* environ. ❑ **alrededores** *mpl*: **los ~es** les environs.
alta *f (de enfermedad) fin de l'arrêt maladie; (en asociación)* inscription *f*; **dar de ~** *donner l'autorisation de reprendre le travail.*
altar *m* autel *m*.
altavoz (*pl* **-ces**) *m* haut-parleur *m*.
alteración *f (cambio)* modification *f*; *(trastorno)* trouble *m*.
alterado, -da *adj* troublé(-e).
alterar *vt (cambiar)* modifier; *(trastornar)* troubler; *(enojar)* énerver. ❑ **alterarse** *vpr (enojarse)* s'énerver.
altercado *m* altercation *f*.
alternar *vt* alterner. ❑ **alternar con** *v + prep (relacionarse con)* fréquenter.
alternativa *f* alternative *f*.
alterno, -na *adj* alterné(-e).
Alteza *f*: **Su ~** Son Altesse.
altibajos *mpl (de terreno)* irrégularités *fpl*; **tener ~** *(de humor)* avoir des hauts et des bas.
altillo *m (de vivienda)* combles *mpl*; *(de armario) placard situé au-dessus d'une penderie.*
altiplano *m* haut plateau *m*.
altitud *f* altitude *f*.
altivo, -va *adj* hautain(-e).
alto, -ta *adj* haut(-e); *(persona, arbol)* grand(-e); *(sonido)* fort(-e); *(valor, precio)* élevé(-e). ◆ *m (interrupción)* halte *f*; *(lugar elevado)* hauteur *f*. ◆ *adv (hablar)* fort; *(estar)* haut. ◆ *interj* halte!; **a altas horas de la noche** à une heure avancée de la nuit; **en lo ~ de** tout en haut de; **de ~** de haut.
altoparlante *m (Amér)* haut-parleur *m*.
altramuz (*pl* **-ces**) *m* graine *f* de lupin.
altruismo *m* altruisme *m*.
altruista *adj* altruiste.
altura *f (dimensión)* hauteur *f*; *(altitud)* altitude *f*; **dos metros de ~** deux mètres de haut; **estar a la ~ de** être à la hauteur de. ❑ **alturas** *fpl* cieux *mpl*; **a estas ~s** à ce stade.
alubias *fpl* haricots *mpl* blancs.
alucinación *f* hallucination *f*.
alucinar *vi (delirar)* avoir des hallucinations; *(fam: asombrarse)* être épaté(-e).
alud *m* avalanche *f*.
aludido, -da *adj*: **darse por ~** se sentir visé.
aludir: **aludir a** *v + prep* faire allusion à.

alumbrado *m* éclairage *m*.
alumbrar *vt* éclairer. ◆ *vi (dar a luz)* mettre au monde.
aluminio *m* aluminium *m*.
alumno, -na *m, f* élève *mf*.
alusión *f* allusion *f*; **hacer ~ a** faire allusion à.
alza *f (de precios)* hausse *f*; **en ~** en hausse.
alzar *vt (precio, voz)* élever; *(bandera, telón)* lever. ❑ **alzarse** *vpr (levantarse)* se lever; *(sublevarse)* se soulever.
a.m. *(abrev de ante meridiem)* a.m.
amabilidad *f* amabilité *f*.
amable *adj* aimable.
amablemente *adv* aimablement.
amaestrado, -da *adj* dressé(-e).
amaestrar *vt* dresser.
amamantar *vt* allaiter.
amanecer *m* lever *m* du jour. ◆ *v impers*: **amanece** le jour se lève. ◆ *vi*: **~ en** *(un lugar)* se réveiller à.
amanerado, -da *adj (afectado)* maniéré(-e); *(afeminado)* efféminé(-e).
amansar *vt (animal)* dompter; *(persona)* calmer.
amante *mf* amant *m* (maîtresse *f*); **un ~ de algo** *(aficionado)* un amoureux de qqch.
amapola *f* coquelicot *m*.
amar *vt* aimer.
amargado, -da *adj* aigri(-e).
amargar *vt* rendre amer(-ère).
❑ **amargarse** *vpr (alimento)* devenir aigre; *(persona)* s'aigrir.
amargo, -ga *adj* amer(-ère).
amarillear *vi* jaunir.
amarillo, -lla *adj* & *m* jaune.
amarrar *vt* attacher; *(embarcación)* amarrer.
amarre *m* amarrage *m*.
amasar *vt (pan)* pétrir; *(fortuna)* amasser.
amateur [ama'ter] *adj* & *m* amateur.
amazona *f (jinete)* cavalière *f*.
Amazonas *m*: **el ~** l'Amazone.
amazónico, -ca *adj* amazonien(-enne).
ámbar *m* ambre *m*.
ambición *f* ambition *f*.
ambicioso, -sa *adj* ambitieux(-euse).
ambientador *m* désodorisant *m*.
ambiental *adj* ambiant(-e).
ambiente *m (aire)* air *m*; *(medio social, personal)* milieu *m*; *(animación)* ambiance *f*; *(Amér)* pièce *(d'un logement)*.
ambigüedad *f* ambiguïté *f*.
ambiguo, -gua *adj* ambigu(-uë).
ámbito *m* cadre *m (limites)*.
ambos, -bas *adj inv* les deux. ◆ *pron pl* tous les deux (toutes les deux); **~ aspectos** les deux aspects.
ambulancia *f* ambulance *f*.
ambulante *adj* ambulant(-e).

ambulatorio *m* dispensaire *m*.

amén *adv* amen; **decir ~ a todo** dire amen à tout.

amenaza *f* menace *f*; **~ de bomba** alerte *f* à la bombe.

amenazar *vt* menacer. ◆ *v impers*: **amenaza lluvia** la pluie menace; **~ a alguien (con** ○ **de)** menacer qqn (de).

amenizar *vt* égayer.

ameno, **-na** *adj* agréable.

América *s* Amérique *f*.

americana *f* veste *f*.

americanismo *m* américanisme *m*.

americano, **-na** *adj* américain(-e). ◆ *m, f* Américain *m* (-e *f*). ◆ *m (lengua)* américain *m*.

ametralladora *f* mitrailleuse *f*.

ametrallar *vt* mitrailler.

amígdalas *fpl* amygdales *fpl*.

amigo, **-ga** *adj* & *mf* ami(-e); **ser ~s** être amis.

amistad *f* amitié *f*. ❑ **amistades** *fpl* amis *mpl*.

amnesia *f* amnésie *f*.

amnistía *f* amnistie *f*.

amo, **-ma** *m, f* maître *m* (maîtresse *f*); **ama de casa** maîtresse de maison; **ama de llaves** gouvernante *f*.

amodorrado, **-da** *adj* assoupi(-e).

amoldarse: **amoldarse a** *v + prep* s'adapter à.

amoníaco *m (disolución)* ammoniaque *f*.

amontonar *vt* entasser. ❑ **amontonarse** *vpr* s'entasser.

amor *m* amour *m*; **hacer el ~** faire l'amour; **~ propio** amour-propre *m*. ❑ **amores** *mpl* amours *fpl*.

amordazar *vt* bâillonner.

amoroso, **-sa** *adj* amoureux(-euse).

amortiguador *m* amortisseur *m*.

amortiguar *vt* amortir.

amparar *vt* protéger. ❑ **ampararse en** *v + prep (ley)* s'abriter derrière.

amparo *m* protection *f*; **al ~ de** *(ley, persona)* sous la protection de; *(lluvia)* à l'abri de.

ampliación *f (de local, fotografía)* agrandissement *m*; *(de negocio)* développement *m*; *(de capital)* augmentation *f*.

ampliar *vt (local, fotografía)* agrandir; *(negocio)* développer; *(capital)* augmenter; *(conocimientos)* élargir; *(estudios)* poursuivre.

amplificador *m* amplificateur *m*.

amplio, **-plia** *adj (casa)* grand(-e); *(ropa)* ample; *(panorama)* large.

amplitud *f (anchura)* largeur *f*; *(extensión)* grandeur *f*.

ampolla *f* ampoule *f*.

amueblado, **-da** *adj* meublé(-e).

amueblar *vt* meubler.

amuermarse *vpr (fam)* s'endormir.

amuleto *m* amulette *f*.
amurallar *vt* entourer de murailles.
analfabetismo *m* analphabétisme *m*.
analfabeto, -ta *adj* & *m, f* analphabète.
analgésico *m* analgésique *m*.
análisis *m inv* analyse *f*; ~ **(de sangre)** analyse (de sang).
analítico, -ca *adj* analytique.
analizar *vt* analyser.
analogía *f* analogie *f*.
análogo, -ga *adj* analogue.
ananás *m inv (Amér)* ananas *m*.
anaranjado, -da *adj* orangé(-e).
anarquía *f* anarchie *f*.
anárquico, -ca *adj* anarchique.
anarquista *adj* anarchiste.
anatomía *f* anatomie *f*.
anatómico, -ca *adj* anatomique.
anca *f (de rana)* cuisse *f*.
ancho, -cha *adj (amplio)* large.
◆ *m* largeur *f*; **a sus anchas** à son aise; **quedarse tan ~** ne pas se gêner; **venir ~** *(prenda)* être grand.
anchoa *f* anchois *m*.
anchura *f* largeur *f*.
anciano, -na *adj* âgé(-e).
◆ *m, f* personne *f* âgée.
ancla *f* ancre *f*.
anda *interj* sans blague!
Andalucía *s* Andalousie *f*.
andaluz, -za *adj* andalou(-se).
◆ *m, f* Andalou *m* (-se *f*).
andamio *m* échafaudage *m*.
andar *vi* -1. *(caminar, funcionar)* marcher; **el reloj no anda** la montre ne marche pas; **las cosas andan mal en la empresa** les choses vont mal dans l'entreprise.
-2. *(estar)* être; **el niño anda atareado con sus deberes** l'enfant est occupé par ses devoirs; **creo que anda por el almacén** je crois qu'il est dans le magasin; ~ **haciendo algo** être en train de faire qqch.
◆ *vt (recorrer)* parcourir.
◆ *m (de animal, persona)* démarche *f*, allure *f*.
❑ **andar en** *v + prep (papeleos, negocios)* être dans; *(asuntos, líos)* être mêlé(-e) à.
❑ **andar por** *v + prep (alcanzar, rondar)*: **anda por los cuarenta años** il doit avoir dans les quarante ans.
❑ **andarse con** *v + prep (obrar con)*: **~se con cuidado/misterios** faire attention/des mystères.
❑ **andares** *mpl (actitud)* démarche *f*.
ándele *interj (Amér)* allez!
andén *m* quai *m (de gare)*.
Andes *mpl*: **los ~** les Andes.
andinismo *m (Amér)* alpinisme *m (dans les Andes)*.
andinista *mf (Amér)* alpiniste *mf (dans les Andes)*.
andino, -na *adj* andin(-e).
anécdota *f* anecdote *f*.
anecdótico, -ca *adj* anecdotique.
anemia *f* anémie *f*.
anémico, -ca *adj* anémique.

anémona *f* anémone *f*.
anestesia *f* anesthésie *f*.
anestesista *mf* anesthésiste *mf*.
anexo, **-xa** *adj* annexe. ◆ *m* annexe *f*.
anfetamina *f* amphétamine *f*.
anfibios *mpl* amphibiens *mpl*.
anfiteatro *m* amphithéâtre *m*.
anfitrión, **-ona** *m, f* hôte *m* (hôtesse *f*).
ángel *m* ange *m*.
angelical *adj* angélique.
angina *f* angine *f*; **tener ~s** avoir une angine; **~ de pecho** angine de poitrine.
anglosajón, **-ona** *adj* anglo-saxon(-onne). ◆ *m, f* Anglo-Saxon *m* (-onne *f*).
anguila *f* anguille *f*.
angula *f* civelle *f*.
angular *adj* angulaire.
ángulo *m* angle *m*.
angustia *f* angoisse *f*.
angustiado, **-da** *adj* angoissé(-e).
angustiarse *vpr* s'angoisser.
angustioso, **-sa** *adj* angoissant(-e).
anhelar *vt (ambicionar)* aspirer à.
anhelo *m* aspiration *f*.
anidar *vi* nicher.
anilla *f* anneau *m*. ❑ **anillas** *fpl* *(DEP)* anneaux *mpl*.
anillo *m* bague *f*.
ánima *m o f* âme *f*.
animación *f* animation *f*; *(alegría)* entrain *m*.
animado, **-da** *adj (divertido)* animé(-e); **~ a** *(predispuesto)* décidé à.
animal *m* animal *m*. ◆ *adj* animal(-e); **es ~** *(basto)* c'est une brute; *(ignorante)* il est bête; **~ de compañía** animal de compagnie; **~ doméstico** animal domestique.
animar *vt (persona)* remonter le moral à; *(reunión)* animer. ❑ **animarse** *vpr* s'égayer. ❑ **animarse a** *v + prep* se décider à.
ánimo *m (humor)* humeur *f*; *(valor)* courage *m*. ◆ *interj* courage!
aniñado, **-da** *adj* enfantin(-e).
aniquilar *vt* anéantir.
anís *m* anis *m*.
aniversario *m* anniversaire *m*.
ano *m* anus *m*.
anoche *adv* hier soir.
anochecer *m*: **al ~** à la tombée de la nuit. ◆ *v impers*: **anochece** la nuit tombe.
anomalía *f* anomalie *f*.
anómalo, **-la** *adj* anormal(-e).
anonimato *m* anonymat *m*.
anónimo, **-ma** *adj* anonyme. ◆ *m* lettre *f* anonyme.
anorak *m* anorak *m*.
anorexia *f* anorexie *f*.
anotar *vt* noter.
ansia *f (deseo, anhelo)* avidité *f*; *(inquietud)* anxiété *f*.
ansiedad *f* anxiété *f*.
ansioso, **-sa** *adj* anxieux (-euse); **~ por** *(deseoso de)* impatient de.

Antártico *m*: **el ~** l'Antartique.
ante[1] *prep* devant.
ante[2] *m (piel)* daim *m*.
anteanoche *adv* avant-hier soir.
anteayer *adv* avant-hier.
antebrazo *m* avant-bras *m*.
antecedentes *mpl*: **tener ~ (penales)** avoir un casier judiciaire.
anteceder *vt* précéder.
antecesor, -ra *m, f* prédécesseur *m*.
antelación *f*: **con ~** à l'avance.
antemano: de antemano *adv* d'avance.
antena *f* antenne *f*; **~ parabólica** antenne parabolique.
anteojos *mpl (Amér)* lunettes *fpl*.
antepasados *mpl* ancêtres *mpl*.
antepenúltimo, -ma *adj* antépénultième.
anterior *adj* précédent(-e).
antes *adv* -1. *(gen)* avant; **~ se vivía mejor** avant on vivait mieux; **¿quién ha llamado ~?** qui a appelé tout à l'heure?; **lo ~ posible** dès que possible; **~ de venir** avant de venir; **llegó ~ de las nueve** il est arrivé avant neuf heures; **~ de nada** avant tout; **~ (de) que llegarais** avant que vous n'arriviez; **el hotel está ~ del cruce** l'hôtel est avant le carrefour; **yo la vi ~** c'est moi qui l'ai vu le premier.
-2. *(expresa preferencia)*: **iría a la cárcel ~ que mentir** j'irais en prison plutôt que de mentir.
◆ *adj*: **llegó el día ~** il est arrivé la veille; **la noche ~ fui a su casa** la nuit précédente, je suis allé chez lui.
antesala *f* antichambre *f*.
antiabortista *mf*: **es un ~** il est contre l'avortement.
antiarrugas *m inv* antirides *m*.
antibiótico *m* antibiotique *m*.
anticiclón *m* anticyclone *m*.
anticipado, -da *adj* anticipé(-e).
anticipar *vt (noticias)* dire à l'avance; *(fecha, pago)* avancer. ❑ **anticiparse** *vpr*: **~ a alguien** devancer qqn.
anticipo *m (de dinero)* avance *f*.
anticoncepción *f* contraception *f*.
anticonceptivo *m* contraceptif *m*.
anticuado, -da *adj (ropa, música)* démodé(-e); *(persona)* vieux jeu.
anticuario *m* antiquaire *mf*.
anticuerpo *m* anticorps *m*.
antidepresivo *m* antidépresseur *m*.
antier *adv (Amér: fam)* avant-hier.
antifaz (*pl* **-ces**) *m* loup *m (masque)*.
antiguamente *adv* autrefois.
antigüedad *f (época)* antiquité *f*; *(en el trabajo)* ancienneté *f*. ❑ **antigüedades** *fpl* antiquités *fpl*.

antiguo, -gua *adj (viejo)* ancien(-enne); *(pasado de moda)* démodé(-e).

antihistamínico *m* antihistaminique *m*.

antiinflamatorio *m* anti-inflammatoire *m*.

Antillas *fpl*: **las ~** les Antilles.

antílope *m* antilope *f*.

antipatía *f* antipathie *f*.

antipático, -ca *adj* antipathique.

antirrobo *adj* & *m* antivol.

antiséptico *m* antiseptique *m*.

antitérmico *m* fébrifuge *m*.

antojitos *mpl (Amér)* amuse-gueule *mpl*.

antojo *m (capricho)* envie *f*; **tener ~ de** avoir envie de.

antología *f* anthologie *f*.

antónimo *m* antonyme *m*.

antorcha *f* torche *f*.

antro *m (despec: local)* boui-boui *m*.

anual *adj* annuel(-elle).

anuario *m* annuaire *m*.

anulado, -da *adj* annulé(-e).

anular *m* annulaire *m*. ◆ *vt* annuler; *(personalidad)* étouffer.

anunciar *vt* annoncer; *(en publicidad)* faire de la publicité pour.

anuncio *m* annonce *f*; *(en publicidad)* publicité *f*.

anzuelo *m* hameçon *m*.

añadidura *f* ajout *m*; **por ~** en outre.

añadir *vt* ajouter.

añicos *mpl*: **hacer ~** réduire en miettes.

año *m* année *f*; **hace ~s** il y a des années; **hace dos ~s** il y a deux ans; **tiene tres ~s** elle a trois ans; **~ nuevo** nouvel an *m*.

añoranza *f* regret *m*.

añorar *vt* regretter.

aorta *f* aorte *f*.

apache *adj* apache. ◆ *mf* Apache *mf*.

apacible *adj* calme.

apadrinar *vt (en bautizo)* être le parrain de; *(proteger, ayudar)* parrainer.

apagado, -da *adj (luz, fuego)* éteint(-e); *(persona)* effacé(-e); *(color)* terne; *(sonido)* étouffé(-e).

apagar *vt* éteindre. ❑ **apagarse** *vpr* s'éteindre.

apagón *m* coupure *f* de courant.

apaisado, -da *adj* à l'italienne *(format)*.

apalabrar *vt* convenir verbalement de.

apalancado, -da *adj (en lugar, posición)* installé(-e).

apañado, -da *adj* débrouillard(-e).

apañarse *vpr* se débrouiller; **apañárselas (para hacer algo)** se débrouiller (pour faire qqch).

apapachar *vt (Amér)* câliner.

aparador *m* buffet *m*.

aparato *m* appareil *m*; *(de radio, televisión)* poste *m*; *(ostentación)* apparat *m*.

aparcamiento *m (lugar)* parking *m*; *(hueco)* place *f*; **hacer un ~** se garer; '**~ público**' 'parking public'.

aparcar *vt (vehículo)* garer; *(problema, decisión)* suspendre; '**no ~**' ne pas stationner; '**~ en batería**' se garer en épi.

aparecer *vi (de forma repentina)* apparaître; *(lo perdido)* réapparaître; *(publicación)* paraître.

aparejador, **-ra** *m, f* métreur *m* (-euse *f*).

aparejar *vt* gréer.

aparejo *m* gréement *m*.

aparentar *vt* feindre; **no aparenta los años que tiene** il ne fait pas son âge.

aparente *adj (fingido)* apparent(-e); *(vistoso)* voyant(-e).

aparición *f* apparition *f*; *(publicación)* parution *f*.

apariencia *f* apparence *f*; **en ~** en apparence; **guardar las ~s** sauver les apparences.

apartado, **-da** *adj* écarté(-e). ◆ *m (de libro, ley)* alinéa *m*; **~ de correos** boîte *f* postale.

apartamento *m* appartement *m*; '**~s de alquiler**' appartements en location.

apartar *vt (separar)* séparer; *(alejar)* écarter. ❑ **apartarse** *vpr* s'écarter; **~se de** s'écarter de.

aparte *adv* à part; *(además)* en plus. ◆ *adj* à part; **~ de** *(además de)* en plus de; *(excepto)* mis à part.

aparthotel *m* apparthôtel *m*.

apasionado, **-da** *adj* passionné(-e); **~ por** passionné de.

apasionante *adj* passionnant(-e).

apasionar *vi* passionner. ❑ **apasionarse** *vpr (excitarse)* s'emporter. ❑ **apasionarse por** *v + prep (aficionarse a)* se passionner pour.

apdo. *(abrev de apartado)* BP.

apechugar *vi*: **~ con** *(fam)* se coltiner.

apego *m*: **tener ~ a** être attaché(-e) à.

apellidarse *vpr* s'appeler; **se apellida Gómez** son nom de famille c'est Gómez.

apellido *m* nom *m* de famille.

apenado, **-da** *adj (Amér)* gêné(-e).

apenar *vt* peiner.

apenas *adv* à peine.

apéndice *m* appendice *m*.

apendicitis *f inv* appendicite *f*.

aperitivo *m (bebida)* apéritif *m*; *(comida)* amuse-gueule *m*.

---

i APERITIVO

Avant le déjeuner, les Espagnols prennent souvent un verre de vermouth, de vin, ou de tout autre boisson apéritive et des «tapas» pour se mettre en appétit. Ils se rendent en général dans un bar avec terrasse mais le préparent aussi à la maison.

---

apertura *f (inauguración)* ouverture *f*.
apestar *vi* puer.
apetecer *vi*: **me apetece un café/salir** j'ai envie d'un café/de sortir.
apetecible *adj (comida)* appétissant(-e); *(viaje)* tentant(-e).
apetito *m* appétit *m*; **abrir el ~** ouvrir l'appétit; **tener ~** avoir de l'appétit.
apetitoso, -sa *adj (sabroso)* délicieux(-euse); *(apetecible)* appétissant(-e).
apicultura *f* apiculture *f*.
apiñado, -da *adj* entassé(-e).
apiñarse *vpr* s'entasser.
apio *m* céleri *m*.
apisonadora *f* rouleau *m* compresseur.
aplanar *vt* aplanir.
aplastar *vt (chafar)* écraser.
aplaudir *vt & vi* applaudir.
aplauso *m* applaudissement *m*.
aplazar *vt* reporter.
aplicación *f* application *f*.
aplicado, -da *adj* appliqué(-e).
aplicar *vt* appliquer. ❑ **aplicarse** *vpr*: **~ en** s'appliquer à.
aplique *m* applique *f*.
aplomo *m* aplomb *m*.
apoderarse: apoderarse de *v + prep* s'emparer de.
apodo *m* surnom *m*.
apogeo *m* apogée *m*; **estar en su ~** être à son apogée.
aportación *f* apport *m*.
aportar *vt* apporter.
aposta *adv* exprès.
apostar *vt & vi* parier. ❑ **apostar por** *v + prep* parier sur.
apóstol *m* apôtre *m*.
apóstrofo *m* apostrophe *f*.
apoyar *vt* appuyer; *(animar)* soutenir. ❑ **apoyarse** *vpr*: **~se en** s'appuyer sur.
apoyo *m* appui *m*.
apreciable *adj* appréciable.
apreciación *f* appréciation *f*.
apreciado, -da *adj* apprécié(-e).
apreciar *vt* apprécier; *(percibir)* distinguer.
aprecio *m* estime *f*.
apremiar *vt & vi* presser.
aprender *vt* apprendre; **~ a** apprendre à.
aprendiz (*pl* **-ces**) *m* apprenti *m*.
aprendizaje *m* apprentissage *m*.
aprensión *f (miedo)* appréhension *f*; *(escrúpulo)* dégoût *m*.
aprensivo, -va *adj (miedoso)* craintif(-ive); *(escrupuloso)* délicat(-e); *(hipocondríaco)* hypocondriaque.
apresurado, -da *adj* précipité(-e).
apresurarse *vpr* se dépêcher; **~ a** se dépêcher de.
apretado, -da *adj* serré(-e); *(agenda)* chargé(-e).
apretar *vt* serrer; *(presionar)* appuyer sur. ◆ *vi (calor, hambre)* redoubler. ❑ **apretarse** *vpr* se

serrer; **~se el cinturón** se serrer la ceinture.

apretujar *vt (fam)* tasser. ❑ **apretujarse** *vpr* se tasser.

aprisa *adv* vite.

aprobado *m* mention *f* passable.

aprobar *vt (asignatura, examen)* réussir; *(ley, norma)* adopter; *(decisión, comportamiento)* approuver.

apropiado, **-da** *adj* approprié(-e).

apropiarse: **apropiarse de** *v + prep* s'approprier.

aprovechado, **-da** *adj (tiempo)* bien employé(-e); *(espacio)* bien conçu(-e).

aprovechar *vt (oferta, tiempo)* profiter de; *(espacio)* gagner; *(lo inservible)* récupérer. ◆ *vi*: **¡que aproveche!** bon appétit! ❑ **aprovecharse de** *v + prep* profiter de.

aproximación *f (acercamiento)* rapprochement *m*; *(en cálculo)* approximation *f*.

aproximadamente *adv* approximativement.

aproximar *vt* approcher. ❑ **aproximarse** *vpr*: **~se a** s'approcher de.

apto, **-ta** *adj*: **~ para** apte à; **no ~ para menores** interdit aux moins de 18 ans.

apuesta *f* pari *m*.

apuesto, **-ta** *adj* élégant(-e).

apunarse *vpr (Amér)* avoir le mal des montagnes.

apuntador, **-ra** *m, f (de teatro)* souffleur *m* (-euse *f*).

apuntar *vt (escribir)* noter; *(inscribir)* inscrire; *(con arma)* viser; *(con el dedo)* montrer. ❑ **apuntarse** *vpr (inscribirse)* s'inscrire. ❑ **apuntarse a** *v + prep (participar en)* se joindre à.

apunte *m (nota)* note *f*; *(boceto)* esquisse *f*. ❑ **apuntes** *mpl* notes *fpl*; **tomar ~s** prendre des notes.

apuñalar *vt* poignarder.

apurar *vt (agotar)* épuiser; *(preocupar)* inquiéter. ❑ **apurarse** *vpr (darse prisa)* se dépêcher; **~se por** *(preocuparse por)* s'inquiéter pour.

apuro *m (dificultad)* ennui *m*; *(escasez económica)* gêne *f*; **dar ~** *(dar vergüenza)* gêner; **estar en ~s** avoir des ennuis.

aquel, **aquella** *adj* ce (cette); **aquella casa** cette maison; **~ año** cette année-là.

aquél, **aquélla** *pron* celui-là (celle-là); **~ que** celui qui.

aquello *pron neutro* cela.

aquellos, **-llas** *adj pl* ces.

aquéllos, **-llas** *pron pl* ceux-là (celles-là).

aquí *adv* ici; **~ arriba** en haut; **~ dentro** dedans.

árabe *adj* arabe. ◆ *mf* Arabe *mf*. ◆ *m (lengua)* arabe *m*.

Arabia Saudí *s* Arabie Saoudite *f*.

arado *m* charrue *f*.

arandela *f (de tornillo)* rondelle *f*.

araña *f* araignée *f*.

arañar *vt* griffer.

arañazo *m* égratignure *f*.
arar *vt* labourer.
arbitrar *vt* arbitrer.
árbitro *m* arbitre *m*.
árbol *m* arbre *m*; **~ de Navidad** sapin *m* O arbre *m* de Noël.
arbusto *m* arbuste *m*.
arca *f* coffre *m*.
arcada *f (en monumentos)* arcade *f*. ❑ **arcadas** *fpl (náuseas)* haut-le-cœur *m inv*.
arcaico, -ca *adj* archaïque.
arcángel *m* archange *m*.
arcén *m* bas-côté *m*.
archipiélago *m* archipel *m*.
archivador *m (mueble)* classeur *m*.
archivar *vt* classer.
archivo *m* archives *fpl*.
arcilla *f* argile *f*.
arcilloso, -sa *adj* argileux (-euse).
arco *m* arc *m*; *(Amér: en deporte)* but *m*; **~ iris** arc-en-ciel *m*; **~ de triunfo** arc de triomphe.
arder *vi* brûler; **está que arde** *(fam)* il est furax.
ardiente *adj (bebida)* brûlant(-e); *(deseo, brasa)* ardent(-e).
ardilla *f* écureuil *m*.
área *f (zona)* zone *f*; *(medida)* are *m*; *(en geometría)* surface *f*; **'~ de descanso'** 'aire de repos'; **'~ de recreo'** 'aire de jeux'.
arena *f* sable *m*; **~s movedizas** sables mouvants.
arenoso, -sa *adj* sablonneux (-euse).
arenque *m* hareng *m*.
aretes *mpl (Amér)* boucles *fpl* d'oreille.
Argelia *s* Algérie *f*.
Argentina *s* Argentine *f*.
argentino, -na *adj* argentin(-e). ◆ *m, f* Argentin *m* (-e *f*).
argolla *f (Amér: fam)* alliance *f*.
argot *m* argot *m*.
argumentar *vt* invoquer.
argumento *m (razonamiento)* argument *m*; *(de novela, película)* thème *m*.
aria *f* aria *f*.
árido, -da *adj* aride.
Aries *m* Bélier *m*.
arista *f* arête *f*.
aristocracia *f* aristocratie *f*.
aristócrata *mf* aristocrate *mf*.
aritmética *f* arithmétique *f*.
arlequín *m* arlequin *m*.
arma *f* arme *f*; **ser de ~s tomar** *(tener un carácter fuerte)* être emporté(-e).
armada *f (fuerzas navales)* flotte *f*.
armadillo *m* tatou *m*.
armadura *f (coraza)* armure *f*; *(de gafas)* monture *f*.
armamento *m* armement *m*.
armar *vt (ejército, arma)* armer; *(mueble, tienda)* monter; *(alboroto, ruido)* faire. ❑ **armarse** *vpr* s'armer. ❑ **armarse de** *v + prep (valor, paciencia)* s'armer de.
armario *m* armoire *f*.
armazón *f* armature *f*.
armisticio *m* armistice *m*.

armonía *f* harmonie *f*.
armónica *f* harmonica *m*.
armonizar *vt* harmoniser.
aro *m (anilla)* anneau *m*; *(juguete)* cerceau *m*.
aroma *m* arôme *m*.
arpa *f* harpe *f*.
arqueología *f* archéologie *f*.
arqueólogo, -ga *m, f* archéologue *mf*.
arquero *m (Amér)* gardien *m* de but.
arquitecto, -ta *m, f* architecte *mf*.
arquitectónico, -ca *adj* architectural(-e).
arquitectura *f* architecture *f*.
arraigar *vi (planta, árbol)* pousser; *(costumbre, vicio)* s'ancrer.
arrancar *vt* arracher; *(motor)* faire démarrer. ◆ *vi (vehículo)* démarrer; ~ **de** *(tener origen en)* remonter à.
arranque *m (ímpetu)* accès *m*; ~ **de generosidad** élan *m* de générosité.
arrastrar *vt (por el suelo)* traîner; *(convencer)* entraîner. ❑ **arrastrarse** *vpr (reptar)* se traîner; *(humillarse)* ramper.
arrastre *m* déplacement *m*; **estar para el** ~ *(fam)* être au bout du rouleau.
arrebatar *vt (quitar)* arracher.
arrebato *m (de ira, locura)* accès *m*.
arreglar *vt* arranger; *(ordenar)* ranger. ❑ **arreglarse** *vpr* s'arranger; **arreglárselas** se débrouiller.
arreglo *m (reparación)* réparation *f*; *(acuerdo)* arrangement *m*.
arrendatario, -ria *m, f* locataire *mf*.
arreos *mpl* harnais *m*.
arrepentirse: **arrepentirse de** *v + prep* se repentir de.
arrestar *vt* arrêter.
arriba *adv (posición)* au-dessus; *(dirección)* en haut. ◆ *interj*: **¡~ las manos!** haut les mains!; **de ~ abajo** *(detenidamente)* du début à la fin; *(con desdén)* de la tête aux pieds; **calle ~** en remontant la rue; **más ~** plus haut; **ir para ~** monter; **la vecina de ~** la voisine du dessus.
arriesgado, -da *adj* risqué(-e).
arriesgar *vt* risquer. ❑ **arriesgarse** *vpr*: **~se a** se risquer à.
arrimar *vt* approcher; ~ **el hombro** donner un coup de main. ❑ **arrimarse** *vpr*: **~se a** s'approcher de.
arrodillarse *vpr* s'agenouiller.
arrogancia *f* arrogance *f*.
arrogante *adj* arrogant(-e).
arrojar *vt (lanzar)* jeter; *(vomitar)* rendre; ~ **a alguien de** *(echar)* chasser qqn de. ❑ **arrojarse** *vpr* se jeter.
arroyo *m* ruisseau *m*.
arroz *m* riz *m*; ~ **a la cubana** *riz blanc accompagné de sauce tomate et d'un œuf au plat*; ~ **a la cazuela** *riz avec des légumes et de la viande cuits dans une terrine*; ~ **chaufa** *(Amér)* ≃ riz cantonnais; ~ **con leche** riz au

lait; ~ **negro** *riz cuit dans l'encre de seiche*.

arruga *f (en piel)* ride *f*; *(en tejido)* pli *m*.

arrugado, -da *adj (piel)* ridé(-e); *(tejido, papel)* froissé(-e).

arrugar *vt* froisser. ❑ **arrugarse** *vpr* se froisser.

arruinar *vt* ruiner. ❑ **arruinarse** *vpr* être ruiné(-e).

arsénico *m* arsenic *m*.

arte *m o f* art *m*; **con malas ~s** par des procédés malhonnêtes; **por ~ de magia** comme par enchantement. ❑ **artes** *fpl* arts *mpl*.

artefacto *m* appareil *m*.

arteria *f* artère *f*.

artesanal *adj* artisanal(-e).

artesanía *f* artisanat *m*; **de ~** artisanal(-e).

artesano, -na *m, f* artisan *m* (-e *f*).

ártico *adj* arctique. ❑ **Ártico** *m*: **el Ártico** l'Arctique.

articulación *f* articulation *f*.

articulado, -da *adj* articulé(-e).

articular *vt* articuler. ❑ **articularse** *vpr* s'articuler.

articulista *mf* journaliste *mf*.

artículo *m* article *m*; **~s de consumo** biens *mpl* de consommation; **~s de lujo** articles de luxe.

artificial *adj (no natural)* artificiel(-elle); *(falso)* affecté(-e).

artificio *m (dispositivo)* dispositif *m*; *(artimaña)* artifice *m*.

artista *mf* artiste *mf*.

artístico, -ca *adj* artistique.

arveja *f (Amér)* petit pois *m*.

arzobispo *m* archevêque *m*.

as *m* as *m*.

asa *f* anse *f (poignée)*.

asado, -da *adj* grillé(-e). ◆ *m* rôti *m*; **carne asada** viande *f* grillée; **pimientos ~s** poivrons *mpl* grillés; **pollo ~** poulet *m* rôti.

asador *m (varilla)* broche *f*; *(restaurante)* grill *m*.

asalariado, -da *adj* & *m, f* salarié(-e).

asaltar *vt (banco, tienda)* attaquer; *(persona)* assaillir.

asalto *m (a banco, tienda)* hold-up *m*; *(en boxeo, judo)* round *m*.

asamblea *f* assemblée *f*.

asar *vt* rôtir. ❑ **asarse** *vpr (fig)* cuire.

ascendencia *f* ascendance *f*.

ascendente *adj* ascendant (-e).

ascender *vt (empleado)* promouvoir. ❑ **ascender a** *v + prep (suj: cantidad)* s'élever à.

ascendiente *mf* ancêtre *mf*.

ascenso *m (de sueldo)* augmentation *f*; *(de puesto)* avancement *m*.

ascensor *m* ascenseur *m*.

asco *m* dégoût *m*; **ser un ~** *(fam)* être nul (nulle); **dar ~** dégoûter; **¡qué asco!** c'est dégoutant!; **estar hecho un ~** *(fam)* être vraiment dégoûtant(-e).

ascua *f* charbon *m* ardent; **estar en ~s** être sur des charbons ardents.

aseado, **-da** *adj (lugar)* propre; *(persona)* net (nette).

asear *vt* nettoyer. ❑ **asearse** *vpr* faire sa toilette.

asegurado, **-da** *adj* & *m, f* assuré(-e).

asegurar *vt* assurer; *(cuerda, nudo)* resserrer. ❑ **asegurarse de** *v + prep*: **~se de que** s'assurer que.

asentir *vi* acquiescer.

aseo *m (limpieza)* toilette *f*; *(habitación)* salle *f* d'eau.

aséptico, **-ca** *adj* aseptique.

asequible *adj* accessible.

asesinar *vt* assassiner.

asesinato *m* assassinat *m*.

asesino, **-na** *adj* assassin(-e). ◆ *m, f* assassin *m*.

asesor, **-ra** *m, f* conseiller *m* (-ère *f*).

asesorar *vt* conseiller. ❑ **asesorarse** *vpr* prendre conseil.

asesoría *f (oficio)* conseil *m*; *(oficina)* cabinet *m*.

asfaltado, **-da** *adj* goudronné(-e). ◆ *m* chaussée *f*.

asfaltar *vt* asphalter.

asfalto *m* asphalte *m*.

asfixia *f* asphyxie *f*.

asfixiante *adj (olor)* asphyxiant(-e); *(calor)* étouffant(-e).

asfixiar *vt (ahogar)* asphyxier; *(agobiar)* étouffer. ❑ **asfixiarse** *vpr (ahogarse)* s'asphyxier; *(agobiarse)* étouffer.

así *adv* ainsi, comme cela. ◆ *adj inv* pareil(-eille); **~ de grande** grand(-e) comme ça; **~ como** *(del mismo modo)* comme; **~ es** c'est ça; **~ es como** c'est ainsi que; **~ y todo** malgré tout; **y ~ todos los días** et c'est comme ça tous les jours.

Asia *s* Asie *f*.

asiático, **-ca** *adj* asiatique. ◆ *m, f* Asiatique *mf*.

asiento *m (mueble)* siège *m*; *(plaza sentada)* place *f*.

asignatura *f* matière *f (d'enseignement)*.

asilado, **-da** *adj* réfugié(-e).

asilo *m (para ancianos)* hospice *m*; **~ político** asile *m* politique.

asimilación *f* assimilation *f*.

asimilar *vt (conocimientos)* assimiler; *(cambio, situación)* accepter.

asistencia *f* assistance *f*; *(a clase, espectáculo)* présence *f*.

asistir *vt (enfermo)* soigner. ❑ **asistir a** *v + prep (clase, espectáculo)* assister à.

asma *f* asthme *m*.

asmático, **-ca** *adj* asthmatique.

asno, **-na** *m, f* âne *m* (ânesse *f*).

asociación *f* association *f*; **~ de ideas** association d'idées.

asociar *vt* associer. ❑ **asociarse a** *v + prep (club, institución)* s'inscrire à. ❑ **asociarse con** *v + prep* s'associer avec.

asolar *vt* dévaster.

asomar *vi (mostrarse)* apparaître. ◆ *vt*: **~ la cabeza por la ventana** passer la tête par la fenêtre. ❑ **asomarse** *vpr*: **~se a** *(ventana, balcón)* se pencher à.

asombrar *vt* stupéfier. ❑ **asombrarse de** *v + prep* s'étonner de.
asombro *m* étonnement *m*.
asorocharse *vpr (Amér)* avoir le mal des montagnes.
aspa *f (de molino)* aile *f*; *(de hélice)* pale *f*.
aspecto *m* aspect *m*; **tener buen/mal ~** *(persona)* avoir bonne/mauvaise mine; *(comida)* être /ne pas être appétissant(-e).
aspereza *f* aspérité *f*.
áspero, -ra *adj (al tacto)* rugueux(-euse); *(fruto, voz)* âpre.
aspiradora *f* aspirateur *m*.
aspirar *vt* aspirer. ❑ **aspirar a** *v + prep* aspirer à.
aspirina® *f* aspirine *f*.
asqueado, -da *adj* dégoûté(-e).
asquerosidad *f*: **¡qué ~!** c'est répugnant!
asqueroso, -sa *adj* répugnant(-e).
asta *f (de lanza, bandera)* hampe *f*; *(de toro)* corne *f*; *(de ciervo)* bois *m*.
asterisco *m* astérisque *m*.
astillero *m* chantier *m* naval.
astro *m* astre *m*.
astrología *f* astrologie *f*.
astrólogo, -ga *m, f* astrologue *mf*.
astronauta *mf* astronaute *m*.
astronomía *f* astronomie *f*.
astronómico, -ca *adj* astronomique.
astrónomo, -ma *m, f* astronome *mf*.
astuto, -ta *adj (listo)* astucieux (-euse); *(taimado)* rusé(-e).
asumir *vt* assumer.
asunto *m (tema)* sujet *m*; *(negocio)* affaire *f*.
asustar *vt* faire peur à. ❑ **asustarse** *vpr* avoir peur.
atacar *vt* attaquer.
atajo *m (camino)* raccourci *m*; *(despec: pandilla)* bande *f*; **un ~ de** une bande de.
ataque *m* attaque *f*; **~ al corazón** crise *f* cardiaque; **~ de nervios** crise *f* de nerfs; **~ de risa** fou rire *m*; **~ de tos** quinte *f* de toux.
atar *vt* attacher.
atardecer *m*: **al ~** à la tombée du jour.
atareado, -da *adj* occupé(-e).
atasco *m* embouteillage *m*.
ataúd *m* cercueil *m*.
ate *m (Amér)* gelée *f* de coing.
ateísmo *m* athéisme *m*.
atención *f* attention *f*; **~ al cliente** service *m* clients; **llamar la ~** attirer l'attention. ❑ **atenciones** *fpl (cuidados)* attentions *fpl*.
atender *vt (solicitud, petición)* accéder à; *(negocio, clientes)* s'occuper de; *(enfermo)* soigner. ◆ *vi (escuchar)* être attentif(-ive).
atentado *m* attentat *m*.
atentamente *adv* attentivement.
atento, -ta *adj (con atención)* attentif(-ive); *(amable)* attentionné(-e).

ateo, -a *m, f* athée *mf*.
aterrizaje *m* atterrissage *m*.
aterrizar *vi* atterrir.
aterrorizar *vt* terroriser.
atestado, -da *adj* bondé(-e).
atestiguar *vt* témoigner.
ático *m appartement situé au dernier étage d'un immeuble*.
atinar *vi (dar en el blanco)* viser juste; *(acertar)* trouver.
atípico, -ca *adj* atypique.
Atlántico *m*: **el ~** l'Atlantique.
atlas *m inv* atlas *m*.
atleta *mf* athlète *mf*.
atlético, -ca *adj (persona)* athlétique; *(competición, prueba)* d'athlétisme.
atletismo *m* athlétisme *m*.
atmósfera *f* atmosphère *f*.
atmosférico, -ca *adj* atmosphérique.
atole *m (Amér) boisson à base de farine de maïs*.
atolondrarse *vpr* être étourdi(-e).
atómico, -ca *adj* atomique.
átomo *m* atome *m*.
atónito, -ta *adj* sans voix.
atontado, -da *adj (aturdido)* étourdi(-e); *(tonto)* abruti(-e).
atorado, -da *adj (Amér: atascado)* bouché(-e); *(agitado, nervioso)* nerveux(-euse).
atorar *vt (Amér: bloquear)* boucher. ❑ **atorarse** *vpr (Amér: atascarse)* se boucher; *(atragantarse)* s'étrangler.
atracador, -ra *m, f (ladrón)* voleur *m* (-euse *f*) à main armée.
atracar *vt (banco, tienda)* attaquer; *(persona)* agresser. ◆ *vi (barco)* accoster. ❑ **atracarse de** *v + prep (fam)* s'empiffrer de.
atracción *f* attraction *f*. ❑ **atracciones** *fpl (espectáculos)* attractions *fpl*.
atraco *m* hold-up *m inv*.
atractivo, -va *adj* attrayant(-e). ◆ *m (cualidades)* attrait *m*; *(de persona)* charme *m*.
atraer *vt* attirer. ◆ *vi (gustar)* plaire.
atragantarse *vpr* s'étrangler.
atrapar *vt* attraper.
atrás *adv (en el espacio)* derrière; *(en movimiento)* en arrière; *(en el tiempo)* plus tôt, avant.
atrasado, -da *adj* en retard; **ir ~** *(reloj)* retarder.
atrasar *vt (llegada, reloj)* retarder; *(proyecto, cita)* reporter. ◆ *vi* retarder. ❑ **atrasarse** *vpr (persona)* être en retard; *(tren, proyecto etc)* prendre du retard.
atraso *m* retard *m*. ❑ **atrasos** *mpl (de dinero)* arriérés *mpl*.
atravesar *vt* traverser. ❑ **atravesarse** *vpr (interponerse)* se mettre en travers.
atreverse *vpr*: **~ a** oser.
atrevido, -da *adj (osado)* osé(-e); *(insolente)* effronté(-e); *(valiente)* intrépide.
atribución *f* attribution *f*.
atribuir *vt* attribuer.
atributo *m* attribut *m*.

atrio *m (de palacio, convento)* cour *f* intérieure.
atropellar *vt (suj: vehículo)* renverser; *(suj: persona)* bousculer. ❑ **atropellarse** *vpr (hablando)* bredouiller.
atropello *m* accident *m*.
ATS *mf (abrev de Ayudante Técnico Sanitario)* infirmier *m* (-ère *f*).
atte *abrev* = **atentamente.**
atún *m* thon *m*; ~ **en aceite** thon à l'huile.
audaz (*pl* **-ces**) *adj* audacieux(-euse).
audiencia *f* audience *f*.
audiovisual *adj* audiovisuel(-elle). ◆ *m* audiovisuel *m*.
auditivo, **-va** *adj* auditif(-ive).
auditor *m (FIN)* audit *m*.
auditoría *f (trabajo)* audit *m*; *(despacho)* cabinet *m* d'audit.
auditorio *m (público)* auditoire *m*; *(local)* auditorium *m*.
auge *m* essor *m*; **en** ~ en plein essor.
aula *f* salle *f* de cours.
aullar *vi* hurler.
aullido *m* hurlement *m*.
aumentar *vt* augmenter.
aumento *m (de sueldo, peso)* augmentation *f*; *(en óptica)* grossissement *m*.
aun *adv (incluso)* même. ◆ *conj (aunque)* bien que; ~ **así** même ainsi; ~ **estando malo...** bien qu'étant malade...
aún *adv* encore; ~ **no ha llamado** il n'a pas encore appelé.
aunque *conj* bien que.
aureola *f* auréole *f*.
auricular *m (de teléfono)* écouteur *m*. ❑ **auriculares** *mpl (de radio, casete, TV)* casque *m*.
ausencia *f* absence *f*.
ausente *adj* absent(-e).
austeridad *f* austérité *f*.
austero, **-ra** *adj* austère.
Australia *s* Australie *f*.
australiano, **-na** *adj* australien(-enne). ◆ *m, f* Australien *m* (-enne *f*).
Austria *s* Autriche *f*.
austríaco, **-ca** *adj* autrichien(-enne). ◆ *m, f* Autrichien *m* (-enne *f*).
autenticidad *f* authenticité *f*.
auténtico, **-ca** *adj (veraz)* authentique; *(verdadero)* vrai(-e); *(piel)* véritable.
auto *m* auto *f*.
autobiografía *f* autobiographie *f*.
autobús *m* autobus *m*.
autocar *m* autocar *m*; ~ **de línea** autocar interurbain.
autocontrol *m* maîtrise *f* de soi.
autóctono, **-na** *adj* autochtone.
autoescuela *f* auto-école *f*.
autógrafo *m* autographe *m*.
automáticamente *adv* automatiquement.
automático, **-ca** *adj (máquina, arma)* automatique; *(gesto, comportamiento)* mécanique.
automóvil *m* automobile *f*.

automovilismo *m* automobilisme *m*.
automovilista *mf* automobiliste *mf*.
autonomía *f (autosuficiencia)* autonomie *f*; *(autogobierno)* communauté *f* autonome.
autonómico, **-ca** *adj (ley, región etc)* d'une communauté autonome.
autónomo, **-ma** *adj* autonome.
autopista *f* autoroute *f*; ~ **de peaje** autoroute à péage.
autopsia *f* autopsie *f*.
autor, **-ra** *m, f* auteur *m*.
autoridad *f* autorité *f*; **la** ~ *(la policía)* les autorités.
autoritario, **-ria** *adj* autoritaire.
autorización *f* autorisation *f*.
autorizado, **-da** *adj* autorisé(-e).
autorizar *vt* autoriser.
autorretrato *m* autoportrait *m*.
autoservicio *m* self-service *m*.
autostop *m* auto-stop *m*; **hacer** ~ faire de l'auto-stop.
autostopista *mf* auto-stoppeur *m* (-euse *f*).
autosuficiente *adj* autosuffisant(-e).
autovía *f* route *f* à quatre voies.
auxiliar *adj* auxiliaire. ◆ *mf (ayudante)* assistant *m* (-e *f*). ◆ *vt (socorrer)* assister; ~ **administrativo** employé *m* (-e *f*) de bureau; ~ **de vuelo** steward *m* (hôtesse de l'air *f*).
auxilio *m* secours *m*. ◆ *interj* au secours!; **primeros ~s** premiers secours.
aval *m (persona)* garant *m*; *(documento)* aval *m*.
avalador, **-ra** *m, f* garant *m* (-e *f*).
avalancha *f* avalanche *f*.
avalar *vt (crédito)* avaliser; *(propuesta, idea)* donner son aval à.
avance *m (de tecnología, ciencia)* progrès *m*; *(de película)* bande-annonce *f*; ~ **informativo** flash *m* d'information.
avanzado, **-da** *adj* avancé(-e).
avanzar *vi* avancer.
avaricioso, **-sa** *adj* intéressé(-e).
avaro, **-ra** *adj* avare.
avda *(abrev de avenida)* Av.
ave *f* oiseau *m*.
AVE *m (abrev de Alta Velocidad Española)* ≃ TGV *m*.
avellana *f* noisette *f*.
avellano *m* noisetier *m*.
avena *f* avoine *f*.
avenida *f* avenue *f*.
aventar *vt (Amér)* jeter.
aventón *m (Amér)*: **dar un ~ a alguien** déposer qqn *(en voiture)*.
aventura *f* aventure *f*.
aventurarse *vpr*: ~ **a** s'aventurer à.
aventurero, **-ra** *adj* aventu-

reux(-euse). ◆ *m, f* aventurier *m* (-ère *f*).

avergonzado, -da *adj* honteux(-euse).

avergonzarse: avergonzarse de *v + prep* avoir honte de.

avería *f* panne *f*.

averiado, -da *adj* en panne.

averiarse *vpr* tomber en panne.

averiguar *vt (indagar)* chercher à savoir; *(enterarse)* découvrir.

aversión *f* aversion *f*.

avestruz (*pl* **-ces**) *m* autruche *f*.

aviación *f* aviation *f*.

AVIACO *f compagnie aérienne espagnole assurant les vols intérieurs.*

aviador, -ra *m, f* aviateur *m* (-trice *f*).

avión *m* avion *m*.

avioneta *f* avion *m* de tourisme.

avisar *vt* appeler. ❑ **avisar de** *v + prep (comunicar)* informer de; *(prevenir)* prévenir de.

aviso *m (noticia)* avis *m*; *(advertencia)* avertissement *m*.

avispa *f* guêpe *f*.

avituallarse *vpr* se ravitailler.

axila *f* aisselle *f*.

ay *interj (expresa dolor)* aïe!; *(expresa pena)* oh!

ayer *adv* hier; ~ **noche** hier soir; ~ **por la mañana** hier matin.

ayuda *f* aide *f*.

ayudante *mf* assistant *m* (-e *f*).

ayudar *vt* aider; ~ **a alguien a** aider qqn à; ~ **a alguien en algo** aider qqn à faire qqch.

ayunar *vi* jeûner.

ayuntamiento *m (corporación)* municipalité *f*; *(edificio)* mairie *f*.

azada *f* houe *f*.

azafata *f* hôtesse *f*; ~ **de vuelo** hôtesse de l'air.

azafrán *m* safran *m*.

azar *m* hasard *m*; **al** ~ au hasard.

azotea *f* terrasse *f (d'un immeuble)*.

azúcar *m o f* sucre *m*.

azucarado, -da *adj* sucré(-e).

azucarero *m* sucrier *m*.

azucena *f* lis *m*.

azufre *m* soufre *m*.

azul *adj* bleu(-e). ◆ *m* bleu *m*; ~ **marino** bleu marine.

azulado, -da *adj* bleuté(-e).

azulejo *m* azulejo *m*.

azuloso, -sa *adj (Amér)* bleuté(-e).

B

baba *f* bave *f*.

babero *m* bavoir *m*.

babor *m* bâbord *m*.

babosa *f* limace *f*.

baboso, -sa *adj (caracol, bebé)*

baveux(-euse); *(fam: infantil)* gamin(-e); *(Amér: tonto)* crétin(-e).
baca *f* galerie *f (de voiture)*.
bacalao *m* morue *f*; ~ **al pil-pil** *morue frite avec une sauce à l'ail et au persil*; ~ **a la llauna** *morue en sauce cuite dans un moule métallique*; ~ **a la vizcaína** *morue au four avec des tomates, des oignons, des poivrons et du piment*; ~ **con sanfaina** *morue préparée avec une sorte de ratatouille*.
bacán *adj (Amér)* élégant(-e). ◆ *m (Amér)* dandy *m*.
bachillerato *m (ancien) cycle d'études secondaires en Espagne*.
bacinica *f (Amér)* pot *m* de chambre.
bacon ['bejkon] *m* bacon *m*.
bádminton *m* badminton *m*.
bafle *m* baffle *m*.
bahía *f* baie *f*.
bailar *vt* danser. ◆ *vi (danzar)* danser; *(prenda)* être trop grand(-e); *(no encajar)* jouer.
bailarín, **-ina** *m, f* danseur *m* (-euse *f*).
baile *m (danza)* danse *f*; *(fiesta)* bal *m*.
baja *f (por enfermedad)* arrêt *m* maladie; *(de asociación, club etc)* renvoi *m*; **dar de** ~ renvoyer; **estar de** ~ être en arrêt O congé maladie.
bajada *f* descente *f*.
bajar *vt* baisser; *(escalera)* descendre. ◆ *vi (disminuir)* baisser. ❑ **bajar de** *v + prep (apearse de)* descendre de.
bajío *m (Amér)* basse terre *f*.
bajo, **-ja** *adj* bas (basse); *(persona)* petit(-e); *(sonido)* grave. ◆ *m (instrumento)* basse *f*; *(planta baja)* rez-de-chaussée *m*. ◆ *adv (hablar)* bas. ◆ *prep* sous.
bala *f* balle *f (d'arme)*.
balacear *vt (Amér)* blesser par balle.
balacera *f (Amér)* fusillade *f*.
balada *f* ballade *f*.
balance *m* bilan *m*; **hacer ~ de** faire le bilan de.
balancín *m* rocking-chair *m*.
balanza *f* balance *f*.
balar *vi* bêler.
balcón *m* balcon *m*.
balde *m* seau *m*; **de** ~ gratis; **en** ~ en vain.
baldosa *f* carreau *m* (de céramique).
Baleares *fpl*: **las (islas)** ~ les Baléares.
balido *m* bêlement *m*.
ballena *f* baleine *f*.
ballet [ba'le] *m* ballet *m*.
balneario *m* station *f* thermale.

BALNEARIO

En Amérique latine le «balneario» est un endroit très fréquenté qui comporte généralement plusieurs piscines où les gens se rendent pour se baigner, prendre des bains de soleil, déjeuner, boire un verre, etc.

balón *m* ballon *m*.
baloncesto *m* basket-ball *m*.
balonmano *m* hand-ball *m*.
balonvolea *m* volley-ball *m*.
balsa *f (embarcación)* radeau *m*; *(de agua)* réservoir *m*.
bálsamo *m* baume *m*.
bambú *m* bambou *m*.
banana *f* banane *f*.
banca *f* banque *f*; *(profesión)* secteur *m* bancaire.
banco *m (para dinero)* banque *f*; *(para sentarse)* banc *m*; ~ **de arena** banc de sable; ~ **de peces** banc de poissons.
banda *f (cinta, grupo)* bande *f*; *(lado)* côté *m*; *(de músicos)* fanfare *f*; ~ **sonora** bande originale.
bandeja *f* plateau *m*.
bandera *f* drapeau *m*.
banderilla *f (en toros)* banderille *f*; *(aperitivo) petite brochette d'amuse-gueule*.
banderín *m* fanion *m*.
bandido *m (ladrón, asesino)* bandit *m*; *(fam: pillo)* coquin *m* (-e *f*).
bando *m (partido)* camp *m*; *(de alcalde)* arrêté *m* (municipal).
banjo *m* banjo *m*.
banquero *m* banquier *m*.
banqueta *f* banquette *f*.
bañador *m* maillot *m* de bain.
bañar *vt* baigner. ❑ **bañarse** *vpr (en playa, piscina)* se baigner; *(en el baño)* prendre un bain.
bañera *f* baignoire *f*.
bañista *mf* baigneur *m* (-euse *f*).
baño *m* bain *m*; *(espacio, habitación)* salle *f* de bains; *(capa)* couche *f*; **al ~ maría** au bain-marie. ❑ **baños** *mpl (balneario)* eaux *fpl*.
bar *m* bar *m*; ~ **musical** *bar avec une ambiance de discothèque*.
baraja *f* jeu *m* de cartes.

BARAJA ESPAÑOLA

Le jeu de carte espagnol comporte 48 cartes réparties en quatre couleurs de douze cartes chacune: «oros», l'or, «bastos», le bâton, «espadas», l'épée et «copas», la coupe. Le dix, le onze et le douze de chaque couleur constituent les figures et portent respectivement les noms de «sota» (valet), «caballo» (cheval) et «rey» (roi).

---

barajar *vt (naipes)* battre; *(posibilidades)* envisager; *(datos, números)* brasser.
baranda *f (de escalera)* rampe *f*; *(de balcón)* balustrade *f*.
barandilla *f (de escalera)* rampe *f*; *(de balcón)* balustrade *f*.
baratija *f* babiole *f*.
barato, -ta *adj* & *adv* bon marché.
barba *f* barbe *f*; **por ~** par tête de pipe.
barbacoa *f* barbecue *m*; **a la ~** au barbecue.
barbaridad *f (crueldad)* atrocité *f*; *(disparate)* ineptie *f*; **una ~ de** des tonnes de; **¡qué ~!** quelle horreur!
barbarie *f* barbarie *f*.

bárbaro, **-ra** *adj (cruel)* barbare; *(fam: estupendo)* super.

barbería *f* coiffeur *m* (pour hommes) *(salon)*.

barbero *m* coiffeur *m* (pour hommes).

barbilla *f* menton *m*.

barbudo, **-da** *adj* barbu(-e).

barca *f* barque *f*; **~ de pesca** bateau *m* de pêche.

barcaza *f* bac *m*.

Barcelona *s* Barcelone.

barco *m* bateau *m*; **~ de vapor/de vela** bateau à vapeur/à voile.

barítono *m* baryton *m*.

barman *m* barman *m*.

barniz (*pl* **-ces**) *m* vernis *m*.

barnizado, **-da** *adj* verni(-e).

barnizar *vt* vernir.

barómetro *m* baromètre *m*.

barquillo *m* gaufre *f*.

barra *f (listón alargado)* barre *f*; *(de bar, café, restaurante)* comptoir *m*; *(helado, hielo)* bloc *m*; **~ de labios** rouge *m* à lèvres; **~ libre** *boisson à volonté*; **~ de pan** ≃ baguette *f*.

barraca *f (chabola)* baraque *f*; *(para feria)* stand *m*.

barranco *m* précipice *m*.

barrendero *m* balayeur *m*.

barreño *m* bassine *f*.

barrer *vt* balayer.

barrera *f* barrière *f*; *(en toros) barrière qui sépare l'arène des gradins*.

barriada *f* quartier *m*.

barriga *f* ventre *m*.

barril *m (para bebidas)* tonneau *m*; *(de petróleo)* baril *m*.

barrio *m (de población)* quartier *m*; *(Amér)* bidonville *m*; **~ chino** quartier chaud; **~ comercial** quartier commerçant.

barro *m (fango)* boue *f*; *(en cerámica)* argile *f*.

barroco, **-ca** *adj (en arte)* baroque; *(recargado)* rococo. ◆ *m* baroque *m*.

bártulos *mpl* affaires *fpl*.

barullo *m (fam)* bazar *m*.

basarse: **basarse en** *v + prep* se baser sur.

bascas *fpl* mal *m* au cœur.

báscula *f* bascule *f*.

base *f* base *f*; **a ~ de** *(mediante)* à force de; **~ de datos** base de données.

básico, **-ca** *adj* de base.

basta *interj* ça suffit!

bastante *adv* assez de. ◆ *adj* assez de; **gana ~ dinero** il gagne pas mal d'argent.

bastar *vi* suffire; **~ (con)** suffire; **basta (con) decirlo** il suffit de le dire. ❑ **bastarse** *vpr*: **me basto solo para hacerlo** je peux le faire tout seul.

bastardo, **-da** *adj* bâtard(-e).

bastidores *mpl* coulisses *fpl*; **entre ~** dans les coulisses.

basto, **-ta** *adj (vulgar, bruto)* grossier(-ère); *(rugoso)* rugueux (-euse). ❑ **bastos** *mpl l'une des quatre couleurs du jeu de cartes espagnol*.

bastón *m (para andar)* canne *f*; *(de mando)* bâton *m*.
basura *f* ordures *fpl*.
basurero, -ra *m, f* éboueur *m*. ◆ *m* décharge *f*.
bata *f (de casa)* robe *f* de chambre; *(de trabajo)* blouse *f*.
batalla *f* bataille *f*; **de ~** *(para cada día)* de tous les jours.
batería *f* batterie *f*; **~ de cocina** batterie de cuisine.
batido *m* milk-shake *m*.
batidora *f* batteur *m* (électrique).
batín *m* veste *f* d'intérieur.
batir *vt (huevos, récord)* battre; *(nata)* fouetter.
batuta *f* baguette *f* de chef d'orchestre.
baúl *m (caja)* malle *f*; *(Amér)* coffre *m (de voiture)*.
bautismo *m* baptême *m (sacrement)*.
bautizar *vt* baptiser.
bautizo *m* baptême *m*.
baya *f* baie *f (fruit)*.
bayeta *f* lavette *f (carré de tissu-éponge)*.
bayoneta *f* baïonnette *f*.
bazar *m* bazar *m*.
beato, -ta *adj (santo)* bienheureux(-euse); *(piadoso)* dévot(-e); *(fam: santurrón)* bigot(-e).
beba *f (Amér: fam)* bébé *m (fille)*.
bebé *m* bébé *m*.
beber *vt* & *vi* boire.
bebida *f* boisson *f*.
bebido, -da *adj* ivre.
bebito, -ta *m, f (Amér)* bébé *m*.
beca *f* bourse *f (d'étudiant)*.
becario, -ria *m, f* boursier *m* (-ère *f*).
becerro, -rra *m, f* veau *m* (génisse *f*).
bechamel [betʃa'mel] *f* béchamel *f*.
bedel *m* appariteur *m*.
begonia *f* bégonia *m*.
beige [beiʃ] *adj inv* beige.
béisbol *m* base-ball *m*.
belén *m (de Navidad)* crèche *f*.
belga *adj* belge. ◆ *mf* Belge *mf*.
Bélgica *s* Belgique *f*.
bélico, -ca *adj* de guerre.
belleza *f* beauté *f*.
bello, -lla *adj* beau (belle).
bellota *f* gland *m*.
bendecir *vt* bénir.
bendición *f* bénédiction *f*.
bendito, -ta *adj* bénit(-e). ◆ *m, f (bobo)* simple *mf* d'esprit.
beneficencia *f (caridad)* bienfaisance *f*.
beneficiar *vt* profiter à. ❑ **beneficiarse de** *v + prep* profiter de.
beneficio *m (bien)* bienfait *m*; *(ganancia)* bénéfice *m*; **a ~ de** au profit de.
benéfico, -ca *adj* de bienfaisance.
benevolencia *f* bienveillance *f*.
benévolo, -la *adj* bienveillant(-e).

bengala *f* feu *m* de Bengale.
berberechos *mpl* coques *fpl*.
berenjena *f* aubergine *f*; **~s rellenas** aubergines farcies.
bermudas *mpl* bermuda *m*.
berrinche *m (fam: llanto infantil)* colère *f*; *(disgusto)* rogne *f*.
berza *f* chou *m*.
besar *vt* embrasser. ❑ **besarse** *vpr* s'embrasser.
beso *m* baiser *m*; **dar un ~** donner un baiser.
bestia *adj (bruto)* brut(-e); *(ignorante)* crétin(-e). ◆ *mf* brute *f*. ◆ *f (animal)* bête *f*.
besugo *m* daurade *f*.
betún *m* cirage *m*.
biberón *m* biberon *m*.
Biblia *f* Bible *f*.
bibliografía *f* bibliographie *f*.
biblioteca *f* bibliothèque *f*.
bibliotecario, -ria *m, f* bibliothécaire *mf*.
bicarbonato *m* bicarbonate *m*.
bíceps *m inv* biceps *m*.
bicho *m (animal pequeño)* bestiole *f*; *(pillo)* peste *f*.
bici *f (fam)* vélo *m*.
bicicleta *f* bicyclette *f*.
bicolor *adj* bicolore.
bidé *m* bidet *m*.
bidón *m* bidon *m*.
bien *adv* -1. *(gen)* bien; **habla ~ inglés** il parle bien anglais; **estar ~** *(de aspecto, calidad)* être bien; *(de salud)* aller bien; **¡muy ~!** très bien!; **quiero un vaso de agua ~ fría** je voudrais un verre d'eau bien fraîche.
-2. *(suficiente)*: **¡ya está ~!** ça suffit!; **está ~ de azúcar** il y a assez de sucre.
-3. *(de manera agradable)* bon; **oler ~** sentir bon.
-4. *(vale, de acuerdo)* bon, d'accord; **¡está ~!** d'accord!
◆ *adj inv*: **gente ~** des gens bien.
◆ *conj*: **~... ~** soit... soit; **entrega el vale ~ a mi padre, ~ a mi madre** donne le reçu soit à mon père, soit à ma mère; **más ~** plutôt.
◆ *m* bien *m*; *(calificación)* mention *f* assez bien; **el ~ y el mal** le bien et le mal; **hacer el ~** faire le bien. ❑ **bienes** *mpl (patrimonio)* biens *mpl*; **~es de consumo** biens de consommation; **~es inmuebles** o **raíces/muebles** biens immobiliers/mobiliers.
bienal *adj* biennal(-e).
bienestar *m* bien-être *m*.
bienvenida *f* bienvenue *f*.
bienvenido, -da *adj* bienvenu(-e); **¡~!** soyez le bienvenu!
bife *m (Amér)* bifteck *m*.
bifocal *adj* bifocal(-e).
bigote *m* moustache *f*.
bigotudo, -da *adj* moustachu(-e).
bigudí *m* bigoudi *m*.
bilingüe *adj* bilingue.
billar *m* billard *m*; **~ americano** billard américain.
billete *m* billet *m*; **~ de ida y vuelta** *(billet)* aller-retour *m*; **~ sencillo** aller *m* simple.
billetero *m* portefeuille *m*.

billón *m* billion *m*.
bingo *m (juego)* bingo *m*; *(sala)* salle *f* de bingo.
biodegradable *adj* biodégradable.
biografía *f* biographie *f*.
biográfico, **-ca** *adj* biographique.
biología *f* biologie *f*.
biopsia *f* biopsie *f*.
bioquímica *f* biochimie *f*.
biquini *m* bikini *m*.
birlar *vt (fam)* faucher.
birra *f (fam)* mousse *f*.
birria *f (fam: persona)* nullité *f*; *(cosa)* camelote *f*; *(Amér: carne)* viande *f*.
bisabuelo, **-la** *m, f* arrière-grand-père *m* (arrière-grand-mère *f*).
biscuit *m* petit gâteau *m*; **~ con chocolate** gâteau *m* au chocolat; **~ glacé** gâteau *m* glacé.
bisexual *adj* bisexuel(-elle).
bisnieto, **-ta** *m, f* arrière-petit-fils *m* (arrière-petite-fille *f*).
bisonte *m* bison *m*.
bistec *m* bifteck *m*; **~ de ternera** escalope *f* de veau; **~ a la plancha** bifteck grillé.
bisturí *m* bistouri *m*.
bisutería *f* bijoux *mpl* fantaisie.
bíter *m* bitter *m*.
bizco, **-ca** *adj*: **es ~** il louche.
bizcocho *m* ≃ génoise *f*.
blanca *f*: **estar sin ~** *(fam)* ne pas avoir un sou, → **blanco**.
blanco, **-ca** *adj* blanc (blanche). ◆ *m, f* Blanc *m* (Blanche *f*). ◆ *m (color)* blanc *m*; *(diana)* cible *f*; *(objetivo)* but *m*; **dar en el ~** mettre dans le mille; **pasar la noche en ~** passer une nuit blanche; **quedarse con la mente en ~** avoir un trou de mémoire.
blando, **-da** *adj (cama, cera etc)* mou (molle); *(persona)* faible; *(carne)* tendre.
blanquear *vt* blanchir.
blindado, **-da** *adj* blindé(-e).
blindar *vt* blinder.
bloc *m (de notas)* bloc-notes *m*; *(de dibujo)* bloc *m* à dessin.
bloque *m* bloc *m*; **~ de pisos** immeuble *m*.
bloquear *vt* bloquer. ❑ **bloquearse** *vpr (mecanismo, coche)* se bloquer; *(persona)* faire un blocage.
bloqueo *m (mental)* blocage *m*; *(económico, financiero)* embargo *m*.
blusa *f* chemisier *m*.
bluyines *mpl (Amér)* jean *m*.
bobada *f* bêtise *f*; **decir ~s** dire des bêtises.
bobina *f* bobine *f*.
bobo, **-ba** *adj (tonto)* idiot(-e); *(ingenuo)* niais(-e).
boca *f* bouche *f*; **~ a ~** bouche-à-bouche *m inv*; **~ de incendios** bouche d'incendie; **~ de metro** bouche de métro; **~ abajo** sur le ventre; **~ arriba** sur le dos.
bocacalle *f* rue *f*.
bocadillo *m* sandwich *m*.

bocado *m (comida)* bouchée *f*; *(mordisco)* morsure *f*.
bocata *m (fam)* sandwich *m*.
boceto *m (de cuadro, dibujo, edificio)* esquisse *f*; *(de texto)* ébauche *f*.
bochorno *m (calor)* chaleur *f* étouffante; *(vergüenza)* honte *f*.
bochornoso, -sa *adj (caluroso)* étouffant(-e); *(vergonzoso)* honteux(-euse).
bocina *f (de coche)* Klaxon® *m*; *(Amér: de teléfono)* écouteur *m*.
boda *f* mariage *m*; **~s de oro/de plata** noces *fpl* d'or/d'argent.
bodega *f* cave *f* à vin; *(bar)* bar *m* à vin; *(Amér)* épicerie *f*.
bodegón *m* nature *f* morte.
bodrio *m (despec: porquería)* horreur *f*; *(comida)*: **¡es un ~!** c'est infâme!
bofetada *f* gifle *f*.
bogavante *m* homard *m*.
bohemio, -mia *adj (persona)* bohème; *(vida)* de bohème.
bohío *m (Amér)* cabane *f*.
boicot (*pl* **boicots**) *m* boycott *m*; **hacer el ~** boycotter.
boicotear *vt* boycotter.
boina *f* béret *m*.
bola *f* boule *f*; *(fam: mentira)* bobard *m*; *(Amér: fam: rumor)* rumeur *f*; *(Amér: fam: lío)* bazar *m*; **hacerse ~s** *(Amér: fam)* s'embrouiller.
bolera *f* bowling *m*.
bolero *m* boléro *m*.
boletería *f (Amér)* guichet *m*.
boletín *m* bulletin *m*.
boleto *m (Amér)* billet *m*.
boli *m (fam)* stylo *m*.
bolígrafo *m* stylo-bille *m*.
Bolivia *s* Bolivie *f*.
boliviano, -na *adj* bolivien(-enne). ◆ *m, f* Bolivien *m* (-enne *f*).
bollería *f* viennoiserie *f*.
bollo *m* pain *m* au lait; **los ~s** la viennoiserie.
bolos *mpl* quilles *fpl*.
bolsa *f (de plástico, papel, tela)* sac *m*; *(en economía)* bourse *f*; **~ de basura** sac-poubelle *m*; **~ de viaje** sac de voyage.
bolsillo *m* poche *f*; **de ~** de poche.
bolso *m* sac *m* (à main).
boludez *f (Amér: vulg)* connerie *f*.
boludo, -da *m, f (Amér: vulg)* con *m* (conne *f*).
bomba *f (explosivo)* bombe *f*; *(máquina)* pompe *f*; **~ atómica** bombe atomique.
bombardear *vt* bombarder.
bombardeo *m* bombardement *m*.
bombero *m* pompier *m*.
bombilla *f* ampoule *f* (électrique).
bombo *m (de lotería, rifa, sorteo)* sphère *f*; *(tambor)* grosse caisse *f*; **a ~ y platillo** à grand bruit.
bombón *m* chocolat *m*; **ser un ~** être joli(-e) comme un cœur.
bombona *f* bonbonne *f*; **~ de butano** bouteille *f* de gaz.
bombonería *f* confiserie *f*.

bonanza *f (de tiempo, mar)* calme *m*; *(prosperidad)* prospérité *f*.
bondad *f* bonté *f*; **tenga la ~ de** *(formal)* ayez la bonté de.
bondadoso, -sa *adj* bon (bonne).
bonificación *f* ristourne *f*.
bonificar *vt* faire une remise à.
bonito, -ta *adj (persona, cosa)* joli(-e); *(cantidad)* bon (bonne). ◆ *m* thon *m*; **~ con tomate** thon à la tomate.
bono *m (vale)* bon *m* d'achat.
bonobús *m coupon d'autobus valable pour dix trajets*.
bonoloto *f* ≃ loto *m*.

BONOLOTO

Jeu de hasard institué par l'État espagnol qui consiste à déterminer la combinaison gagnante de six numéros sur quarante neuf. Chaque bulletin comporte huit grilles de 49 numéros, constituant chacune un pari, et on peut en remplir autant que l'on veut. Un tirage a lieu quatre fois par semaine.

bonsai *m* bonsaï *m*.
boñiga *f* bouse *f*.
boquerones *mpl* anchois *mpl (frais)*.
boquete *m* brèche *f*.
boquilla *f (para cigarrillo)* fume-cigarette *m inv*; *(de flauta, trompeta etc)* embouchure *f*; **de ~** *(promesas etc)* en l'air.
borda *f* bord *m*; **por la ~** pardessus bord.
bordado, -da *adj* brodé(-e). ◆ *m* broderie *f*; **salir ~** être très réussi.
bordar *vt (en costura)* broder; *(actuación, interpretación)* parfaire.
borde *m* bord *m*. ◆ *adj (fam)* emmerdant(-e); **al ~ de** au bord de.
bordear *vt* border.
bordillo *m* bordure *f*.
bordo *m*: **a ~ (de)** à bord (de).
borla *f (adorno)* pompon *m*; *(para maquillaje)* houppe *f*.
borrachera *f*: **coger una ~** se soûler.
borracho, -cha *adj* soûl(-e). ◆ *m, f* ivrogne *mf*.
borrador *m (boceto)* brouillon *m*; *(de pizarra)* brosse *f*.
borrar *vt (hacer desaparecer)* effacer; *(de lista)* rayer.
borrasca *f* tempête *f*.
borrón *m (de tinta etc)* pâté *m*; **hacer ~ y cuenta nueva** *(fig)* tourner la page.
borroso, -sa *adj* flou(-e).
bosque *m* bois *m*; *(grande)* forêt *f*.
bostezar *vi* bâiller.
bostezo *m* bâillement *m*.
bota *f (calzado)* botte *f*; *(de vino)* gourde *f (en peau)*; **~s de agua** bottes en caoutchouc; **ponerse las ~s** *(fam)* s'en mettre plein la lampe.
botana *f (Amér)* amuse-geule *m*.
botánica *f* botanique *f*.

botar *vt (pelota)* faire rebondir; *(Amér: tirar)* jeter; *(Amér: echar)* renvoyer. ◆ *vi* rebondir.

bote *m (recipiente)* pot *m*; *(embarcación)* canot *m*; *(salto)* bond *m*; **tener a alguien en el ~** *(fam)* avoir qqn dans la poche.

botella *f* bouteille *f*.

botellín *m* canette *f*.

botijo *m* cruche *f*.

botín *m (calzado)* bottine *f*; *(tras un robo, atraco)* butin *m*.

botiquín *m* trousse *f* à pharmacie.

botón *m* bouton *m*. ❑ **botones** *m inv (en un hotel)* groom *m*.

bourbon ['burbon] *m* bourbon *m*.

bóveda *f* voûte *f*.

bovino, -na *adj* bovin(-e).

boxear *vi* boxer.

boxeo *m* boxe *f*.

boya *f* bouée *f*.

bragas *fpl* culotte *f*.

bragueta *f* braguette *f*.

bramar *vi* mugir.

brandada *f*: **~ de bacalao** brandade *f* de morue.

brandy *m* brandy *m*.

brasa *f* braise *f*; **a la ~** au barbecue.

brasero *m* brasero *m*.

brasier *m (Amér)* soutien-gorge *m*.

Brasil *s* Brésil *m*.

brasilero, -ra *adj (Amér)* brésilien(-enne). ◆ *m, f (Amér)* Brésilien *m* (-enne *f*).

bravo, -va *adj (toro)* sauvage; *(persona)* brave; *(mar)* démonté(-e). ◆ *interj* bravo!

braza *f* brasse *f*.

brazalete *m* bracelet *m*.

brazo *m* bras *m*; **con los ~s abiertos** *(fig)* à bras ouverts; **con los ~s cruzados** les bras croisés; **~ de gitano** ≃ gâteau *m* roulé.

brebaje *m* breuvage *m*.

brecha *f (abertura)* brèche *f*; *(herida)* blessure *f*.

brécol *m* brocoli *m*.

breve *adj* bref (brève); **en ~** d'ici peu.

brevedad *f* brièveté *f*.

brevemente *adv* brièvement.

brezo *m* bruyère *f*.

bricolaje *m* bricolage *m*.

brida *f* bride *f*.

brigada *f (de obreros, salvamento)* équipe *f*; *(de la policía)* brigade *f*.

brillante *adj* brillant(-e). ◆ *m* brillant *m*.

brillantina *f* brillantine *f*.

brillar *vi* briller.

brillo *m* éclat *m*; **sacar ~** faire briller.

brilloso, -sa *adj (Amér)* brillant(-e).

brindar *vi* trinquer. ◆ *vt* offrir; **~ por** porter un toast à. ❑ **brindarse** *vpr*: **~se a hacer algo** offrir de faire qqch.

brindis *m* toast *m*.

brío *m* entrain *m*.

brisa *f* brise *f*.

británico, -ca *adj* britannique. ◆ *m, f* Britannique *mf*.
brizna *f* brin *m*.
broca *f* foret *m*.
brocal *m* margelle *f*.
brocha *f (para pintar)* brosse *f*; *(para afeitarse)* blaireau *m*.
broche *m (joya)* broche *f*; *(de vestido)* agrafe *f*.
brocheta *f* brochette *f*.
broma *f* plaisanterie *f*; **en ~** pour plaisanter; **tomar a ~** prendre à la plaisanterie; **~ pesada** mauvaise plaisanterie.
bromear *vi* plaisanter.
bromista *adj* & *mf* farceur(-euse).
bronca *f* bagarre *f*.
bronce *m* bronze *m*.
bronceado *m* bronzage *m*.
bronceador *m* crème *f* solaire.
broncearse *vpr* se faire bronzer.
bronquios *mpl* bronches *fpl*.
bronquitis *f inv* bronchite *f*.
brotar *vi (plantas)* pousser; *(sangre, agua)* jaillir.
brote *m (de planta)* pousse *f*; *(de enfermedad)* premiers signes *mpl*.
bruja *f (fig: fea y vieja)* vieille sorcière *f*, → **brujo**.
brujería *f* sorcellerie *f*.
brujo, -ja *m, f* sorcier *m* (-ère *f*).
brújula *f* boussole *f*.
brusco, -ca *adj* brusque.
brusquedad *f (imprevisión)* soudaineté *f*; *(grosería)* brusquerie *f*.
brutal *adj* brutal(-e); *(fam)* énorme.
brutalidad *f (brusquedad)* brutalité *f*; *(fam: estupidez)* bêtise *f*.
bruto, -ta *adj (ignorante)* bête; *(violento)* brutal(-e); *(rudo)* rustre; *(peso, precio, sueldo)* brut(-e).
bucear *vi* faire de la plongée.
buche *m (de ave)* jabot *m*; *(de líquido)* gorgée *f*.
bucle *m* boucle *f*.
bucólico, -ca *adj* bucolique.
bueno, -na (*compar* & *superl* **mejor**) *adj* bon (bonne). ◆ *adv* bon, d'accord. ◆ *interj (Amér: al teléfono)* allô!; **¡buenas!** bonjour!; **¡buen día!** *(Amér)* bonjour!; **¡buenas noches!** bonsoir!; **¡buenas (tardes)!** bonjour!
buey *m* bœuf *m*; **~ de mar** tourteau *m*.
búfalo *m* buffle *m*.
bufanda *f* écharpe *f*.
bufete *m* cabinet *m* (d'avocat).
buffet *m*: **~ (libre)** buffet *m* libre.
buhardilla *f (desván)* mansarde *f*; *(ventana)* lucarne *f*.
búho *m* hibou *m*.
buitre *m* vautour *m*.
bujía *f* bougie *f*.
bula *f (documento)* bulle *f*.
bulbo *m* bulbe *m*.
bulerías *fpl variante de chants et de danses flamenco*.
bulevar *m* boulevard *m*.
Bulgaria *s* Bulgarie *f*.

bulla *f* raffut *m*.
bullicio *m* brouhaha *m*.
bullicioso, -sa *adj (persona)* turbulent(-e); *(lugar)* animé(-e).
bulto *m (volumen)* volume *m*; *(paquete)* paquet *m*; *(en superficie, piel)* bosse *f*; **'(un solo) ~ de mano'** '(un seul) bagage à main'.
bumerang [bume'ran] *m* boomerang *m*.
bungalow [buŋga'lo] *m* bungalow *m*.
buñuelo *m* beignet *m*; **~s de viento** pets-de-nonne *mpl*; **~s de bacalao** beignets de morue.
BUP *m (abrev de Bachillerato Unificado Polivalente) scolarité de la troisième à la première en Espagne.*
buque *m* navire *m*.
burbuja *f (de gas, aire)* bulle *f*; *(flotador)* flotteur *m*.
burdel *m* bordel *m*.
burgués, -esa *adj* & *m, f* bourgeois(-e).
burguesía *f* bourgeoisie *f*.
burla *f* moquerie *f*.
burlar *vt* déjouer. ❑ **burlarse de** *v + prep* se moquer de.
buró *m (Amér)* table *f* de nuit.
burrada *f (dicho)* ânerie *f*; *(hecho)* bêtise *f*.
burro, -rra *m, f (animal)* âne *m* (ânesse *f*); *(persona tonta)* âne *m*.
buscar *vt* chercher; **ir a ~** aller chercher.
busto *m* buste *m*.
butaca *f* fauteuil *m*.
butano *m* butane *m*.
butifarra *f saucisse catalane*; **~ con judías** *saucisse catalane grillée accompagnée de haricots blancs.*
buzo *m (persona)* plongeur *m*; *(traje)* bleu *m* de travail.
buzón *m* boîte *f* aux lettres.

C

c/ *(abrev de calle)* r; *abrev* = **cuenta.**
cabales *mpl*: **no estar en sus ~** ne pas avoir toute sa tête.
cabalgada *f* chevauchée *f*.
cabalgar *vi* chevaucher.
cabalgata *f* défilé *m*; **la ~ (de los Reyes Magos)** *défilé de chars et de cavaliers déguisés en Rois Mages pour l'Épiphanie.*
caballa *f* maquereau *m*.
caballería *f (cuerpo militar)* cavalerie *f*; *(animal)* monture *f*.
caballero *m (hombre, cortés)* gentleman *m*; *(formal: señor)* monsieur *m*; **'~s'** *(en aseos, probadores etc)* 'messieurs'.
caballete *m (para mesa, tabla)* tréteau *m*; *(para cuadro, pizarra)* chevalet *m*.
caballito *m*: **~ de mar** hippocampe *m*; **~ de totora** *(Amér) petit canoë indien.* ❑ **caballitos** *mpl* chevaux *mpl* de bois.
caballo *m (animal)* cheval *m*; *(en la baraja) dame dans le jeu de*

cartes espagnol; *(en ajedrez)* cavalier *m*.

cabaña *f* cabane *f*.

cabaret *m* cabaret *m*.

cabecear *vi (negando, afirmando)* hocher la tête; *(durmiéndose)* dodeliner de la tête.

cabecera *f (de la cama)* chevet *m*; *(en un periódico)* manchette *f*; *(lugar de preferencia)* place *f* d'honneur.

cabecilla *mf* meneur *m* (-euse *f*).

cabellera *f* chevelure *f*.

cabello *m* cheveu *m*; *(cabellera)* cheveux *mpl*; **~ de ángel** cheveu d'ange.

caber *vi (haber espacio para)* rentrer, tenir; *(pasar por, entrar)* rentrer; **no me cabe el vestido** cette robe est trop petite pour moi; **cabe preguntarse si...** on peut se demander si...; **no cabe duda** il n'y a pas de doute.

cabestrillo *m*: **en ~** en écharpe.

cabeza *f* tête *f*; *(de grupo, familia)* chef *m*; **por ~** par tête; **ir de ~** ne pas savoir où donner de la tête; **perder la ~** perdre la tête; **sentar la ~** se ranger; **traer de ~** rendre fou (folle); **~ de ajos** tête d'ail; **~ de familia** chef *m* de famille; **~ rapada** skinhead *m*.

cabezada *f*: **dar una ~** se cogner la tête.

cabida *f*: **tener ~ para** avoir une capacité de.

cabina *f* cabine *f*; **~ telefónica** cabine téléphonique.

cable *m* câble *m*; **por ~** par câble; **~ eléctrico** câble électrique.

cabo *m (en geografía)* cap *m*; *(cuerda)* cordage *m*; *(militar)* caporal *m*; **al ~ de** au bout de; **atar ~s** faire des recoupements; **~ suelto** question *f* en suspens; **de ~ a rabo** d'un bout à l'autre; **llevar algo a ~** mener qqch à bien.

cabra *f* chèvre *f*; **estar como una ~** *(fam)* être complètement cinglé(-e).

cabrear *vt (vulg)* foutre en rogne. ❑ **cabrearse** *vpr (vulg)* se foutre en rogne.

cabreo *m (vulg)*: **coger un ~** se foutre en rogne.

cabrito *m* chevreau *m*.

cabrón *m (vulg)* salaud *m*.

cabronada *f (vulg)* sale coup *m*.

caca *f (fam: excremento)* caca *m*; *(suciedad)* cochonnerie *f*.

cacahuete *m* cacahouète *f*.

cacao *m (chocolate)* cacao *m*; *(fam: jaleo)* pagaille *f*.

cacarear *vi* caqueter.

cacería *f* partie *f* de chasse.

cacerola *f* fait-tout *m inv*.

cachalote *m* cachalot *m*.

cacharro *m (de cocina)* ustensile *m*; *(fam: trasto)* machin *m*; *(fam: coche)* guimbarde *f*.

cachear *vt* fouiller *(une personne)*.

cachemir *m* cachemire *m*.

cachete *m (moflete)* joue *f*; *(golpe)* gifle *f*.

cachivache *m* truc *m*.

cacho *m (fam: trozo)* bout *m*; *(Amér: cuerno)* corne *f*.

cachondearse: **cachondearse de** *v + prep (fam)* se foutre de.

cachondeo *m (fam)* rigolade *f*.

cachondo, -da *adj (fam: alegre)* marrant(-e).

cachorro, -rra *m, f (de perro)* chiot *m*; *(de mamífero)* petit *m*.

cacique *m* cacique *m*.

cactus *m* cactus *m*.

cada *adj (para distribuir)* chaque; *(en frecuencia)* tous; **~ dos días** tous les deux jours; *(en progresión)*: **~ vez más** de plus en plus; **~ vez (que)** chaque fois (que); **~ uno** chacun.

cadáver *m* cadavre *m*.

cadena *f* chaîne *f*; *(sucesión)* enchaînement *m*; **en ~** en chaîne.

cadencia *f* cadence *f*.

cadera *f* hanche *f*.

cadete *m* cadet *m*.

caducar *vi* se périmer.

caducidad *f (de producto, alimento)* péremption *f*; *(de ley, documento)* expiration *f*.

caduco, -ca *adj (hoja)* caduc (caduque); *(persona)* décati(-e).

caer *vi* tomber; **me cae bien** je l'aime bien; **me cae mal** je ne l'aime pas. ❑ **caer en** *v + prep*: **cae en domingo** ça tombe un dimanche; **~ en la cuenta** comprendre; **¡ya caigo!** j'y suis! ❑ **caerse** *vpr* tomber.

café *m* café *m*; **~ con leche** café au lait; **~ molido** café moulu; **~ solo** café noir; **~ cortado** café noisette.

CAFÉ

Il y a de nombreuses façons de boire le café en Espagne. Pour demander un express on dit «un café solo» ou plus familièrement «uno solo». Si on y ajoute un peu de lait, il devient alors «cortado»; mais additionné d'une goutte de cognac, de rhum ou d'anis au lieu de lait c'est un «carajillo». Le «carajillo» accompagné d'un peu de lait s'appelle familièrement «trifásico». Enfin, au petit déjeuner ou au goûter on boit le «café con leche» (café au lait), une grande tasse contenant autant de café que de lait. En Amérique latine il existe aussi le «café de olla», très sucré, préparé avec de la cannelle et d'autres épices.

cafebrería *f établissement faisant à la fois fonction de café et de librairie.*

CAFEBRERÍA

En Amérique latine ce terme désigne un café-librairie où l'on sert des boissons et des repas légers. Outre des livres, on vend dans la plupart de ces «cafebrerías» des revues et des disques. Des rencontres littéraires, des lectures de poésie, des conférences et des concerts y sont organisés.

cafeína *f* caféine *f*.

cafetera *f* cafetière *f*.

cafetería *f* café *m (établissement)*.

cagar *vi (vulg)* chier. ◆ *vt (vulg: estropear)* foutre en l'air; **la has cagado** tu t'es foutu dedans.

caída *f* chute *f*.

caído, -da *adj* abattu(-e). ❑ **caídos** *mpl* morts *mpl (pour la patrie)*.

caimán *m* caïman *m*.

caja *f* caisse *f*; *(recipiente)* boîte *f*; **~ de ahorros** caisse d'épargne; **~ de herramientas** boîte à outils; **~ rápida** caisse express; **~ registradora** caisse enregistreuse; **~ fuerte** coffre-fort *m*.

cajero, -ra *m, f* caissier *m* (-ère *f*); **~ automático** distributeur *m* automatique de billets.

cajetilla *f (de cigarrillos)* paquet *m*. ◆ *m (Amér: despec)* dandy *m*.

cajón *m* tiroir *m*; **~ de sastre** fourre-tout *m*.

cajonera *f meuble ou partie de meuble à tiroirs*.

cajuela *f (Amér)* coffre *m*.

cal *f* chaux *f*.

cala *f* crique *f*.

calabacín *m* courgette *f*; **~ relleno** courgette farcie.

calabaza *f* potiron *m*.

calabozo *m* cachot *m*.

calada *f (de cigarro)* bouffée *f*.

calamar *m* calmar *m*; **~es a la plancha** calmars grillés; **~es a la romana** beignets *mpl* de calmars; **~es en su tinta** calmars cuits dans leur encre.

calambre *m (de un músculo)* crampe *f*; *(descarga eléctrica)* décharge *f* (électrique).

calamidad *f* calamité *f*; **ser una ~** *(persona)* être une calamité.

calar *vt (suj: lluvia, frío, humedad)* transpercer. ❑ **calar en** *v + prep (ideas, propuestas, sentimiento)* avoir un impact sur. ❑ **calarse** *vpr (mojarse)* se faire tremper; *(suj: vehículo)* caler; *(sombrero)* enfoncer.

calato, -ta *adj (Amér)* nu(-e).

calaveras *fpl (Amér)* feux *mpl* arrière.

calcar *vt* décalquer.

calcáreo, -a *adj* calcaire.

calcetín *m* chaussette *f*.

calcio *m* calcium *m*.

calcomanía *f* décalcomanie *f*.

calculador, -ra *adj* calculateur(-trice).

calculadora *f* calculatrice *f*.

calcular *vt (cantidad)* calculer; *(suponer)* penser.

cálculo *m* calcul *m*.

caldear *vt (local)* chauffer; *(ambiente)* échauffer.

caldera *f* chaudière *f*.

calderilla *f* petite monnaie *f*.

caldo *m* bouillon *m*; **~ gallego** *soupe à base de haricots, de chou et de pommes de terre*.

calefacción *f* chauffage *m*; **~ central** chauffage central.

calefactor *m* radiateur *m*.

calendario *m* calendrier *m*.

calentador *m* chauffe-eau *m inv*.

calentamiento *m* échauffement *m*.

calentar *vt (agua, leche, comida)* faire chauffer; *(fig: pegar)* frapper; *(fig: incitar, provocar)* échauffer. ❑ **calentarse** *vpr* s'échauffer.

calesitas *fpl (Amér)* manège *m (de chevaux de bois)*.

calibrar *vt* calibrer; *(fig)* mesurer.

calibre *m (diámetro)* calibre *m*; *(importancia)* importance *f*.

calidad *f* qualité *f*; **de ~** de qualité; **en ~ de** en qualité de.

cálido, -da *adj (caliente)* chaud(-e); *(afectuoso, acogedor)* chaleureux(-euse).

caliente *adj* chaud(-e); **en ~** à chaud.

calificación *f (de prueba, acto)* qualification *f*; *(de alumno)* note *f*.

calificar *vt (trabajo, examen)* noter; **~ a alguien de** qualifier qqn de.

caligrafía *f* calligraphie *f*.

cáliz (*pl* **-ces**) *m* calice *m*.

callado, -da *adj (sin hablar)* silencieux(-euse); *(tímido, reservado)* réservé(-e).

callar *vi (dejar de hablar)* se taire. ◆ *vt (secreto)* taire. ❑ **callarse** *vpr* se taire.

calle *f* rue *f*; *(en natación)* couloir *m*; **dejar a alguien en la ~** mettre qqn à la porte; **~ abajo/arriba** en remontant/en descendant la rue.

callejero, -ra *adj* de rue. ◆ *m* plan *m*.

callejón *m* ruelle *f*; *(en toros)* couloir circulaire situé entre l'arène et les gradins; **~ sin salida** impasse *f*.

callejuela *f* ruelle *f*.

callo *m (de manos)* durillon *m*; *(de pies)* cor *m*. ❑ **callos** *mpl* tripes *fpl*; **~s a la madrileña** *tripes accommodées dans une sauce à base de tomates, oignons, piment et chorizo*.

calloso, -sa *adj* calleux(-euse).

calma *f* calme *m*.

calmado, -da *adj (tranquilo, sosegado)* calmé(-e); *(mar)* calme.

calmante *m* calmant *m*.

calmar *vt* calmer. ❑ **calmarse** *vpr* se calmer.

calor *m o f* chaleur *f*.

caloría *f* calorie *f*.

calumnia *f* calomnie *f*.

calumniar *vt* calomnier.

caluroso, -sa *adj (día, lugar)* chaud(-e); *(persona, acogida)* chaleureux(-euse).

calvario *m* calvaire *m*.

calvicie *f* calvitie *f*.

calvo, -va *adj* & *m, f* chauve.

calzada *f* chaussée *f*; **'~ irregular'** 'chaussée déformée'.

calzado *m* chaussure *f*.

calzador *m* chausse-pied *m inv*.

calzar *vt* chausser; **¿qué número calza?** vous chaussez du combien? ❑ **calzarse** *vpr* se chausser.

calzoncillos *mpl* slip *m*; *(short)* caleçon *m*.

calzones *mpl (Amér)* slip *m*.

cama *f* lit *m*; **guardar ~** garder le lit; **~ de matrimonio** lit à deux places.

camaleón *m* caméléon *m*.

cámara[1] *f (para filmar)* caméra *f*; *(de diputados, senadores)* chambre *f*; *(de neumático)* chambre *f* à air; ~ **fotográfica** appareil *m* photo; ~ **de vídeo** Caméscope® *m*.
cámara[2] *m* cadreur *m* (-euse *f*).
camarada *mf* camarade *mf*.
camarero, -ra *m, f* serveur *m* (-euse *f*).
camarón *m* petite crevette *f*.
camarote *m* cabine *f*.
camastro *m* mauvais lit *m*.
cambiar *vt (transformar)* changer; *(intercambiar)* échanger. ◆ *vi* changer; ~ **de** changer de. ❑ **cambiarse** *vpr* se changer; ~**se de** *(ropa)* changer de.
cambio *m (transformación)* changement *m*; *(intercambio)* échange *m*; *(moneda pequeña)* monnaie *f*; *(valor de moneda)* change *m*; **en** ~ en revanche; ~ **de marchas** changement de vitesses; **'~ (de moneda)'** 'change'; **'~ de sentido'** *panneau routier signalant qu'il est possible de faire demi-tour.*
camello *m* chameau *m*.
camellón *m (Amér)* terre-plein *m* central.
camembert ['kamember] *m* camembert *m*.
camerino *m* loge *f (de théâtre)*.
camilla *f* civière *f*.
camillero, -ra *m, f* brancardier *m*.
caminante *mf* marcheur *m* (-euse *f*).
caminar *vi* marcher. ◆ *vt* parcourir (à pied).
caminata *f* longue marche *f*.
camino *m* chemin *m*; ~ **de** en direction de; **ir por buen** ~ *(fig)* être sur la bonne voie; **ir por mal** ~ *(fig)* être sur la mauvaise pente; **ponerse en** ~ se mettre en route.
camión *m (de mercancías)* camion *m*; *(Amér: autobús)* bus *m*.
camionero, -ra *m, f* camionneur *m*.
camioneta *f* camionnette *f*.
camisa *f* chemise *f*; ~ **de fuerza** camisole *f* de force.
camisero, -ra *adj (vestido)* chemisier.
camiseta *f (ropa interior)* tricot *m* de corps; *(de verano)* tee-shirt *m*.
camisola *f (Amér)* chemisier *m*; *(camisón)* chemise *f* de nuit.
camisón *m* chemise *f* de nuit.
camomila *f* camomille *f*.
camorra *f* bagarre *f*.
campamento *m* campement *m*.
campana *f (de iglesia)* cloche *f*; *(de chimenea)* hotte *f*; ~ **extractora** hotte aspirante.
campanario *m* clocher *m*.
campaña *f* campagne *f*.
campechano, -na *adj* bon enfant.
campeón, -ona *m, f* champion *m* (-onne *f*).
campeonato *m* championnat *m*; **de** ~ *(fam)* d'enfer.
campera *f (Amér)* blouson *m*.

campesino, **-na** *m, f* paysan *m* (-anne *f*).

campestre *adj* champêtre.

camping ['kampiŋ] *m* camping *m*.

campista *mf* campeur *m* (-euse *f*).

campo *m* *(de cultivo)* champ *m*; *(campiña)* campagne *f*; *(materia, actividad)* domaine *m*; ~ **de deportes** terrain *m* de sport; **dejar el ~ libre** laisser le champ libre.

Campsa *f* *compagnie pétrolière espagnole semi-publique*.

campus *m* campus *m*.

camuflar *vt* camoufler.

cana *f* cheveu *m* blanc.

Canadá *m*: **(el)** ~ (le) Canada.

canadiense *adj* canadien (-enne). ◆ *mf* Canadien *m* (-enne *f*).

canal *m* canal *m*; *(de televisión)* chaîne *f*; *(de desagüe)* conduite *f*.

canalla *mf* canaille *f*.

canapé *m* *(aperitivo)* canapé *m*.

Canarias *fpl*: **(las islas) Canarias** les (îles) Canaries.

canario, **-ria** *adj* canarien(-enne). ◆ *m, f* Canarien *m* (-enne *f*). ◆ *m* *(pájaro)* canari *m*.

canasta *f* panier *m*; *(en naipes)* canasta *f*.

canastilla *f* layette *f*.

cancela *f* grille *f*.

cancelación *f* annulation *f*.

cancelar *vt* annuler; *(cuenta, deuda)* solder.

cáncer *m* cancer *m*. ❑ **Cáncer** *m* Cancer *m inv*.

cancerígeno, **-na** *adj* cancérigène.

cancha *f* *(de fútbol, golf)* terrain *m*; *(de tenis)* court *m*.

canciller *m* chancelier *m*; *(Amér)* ministre *m* des Affaires Étrangères.

cancillería *f* chancellerie *f*; *(Amér)* ministère *m* des Affaires Étrangères.

canción *f* chanson *f*.

cancionero *m* *(de canciones)* recueil *m* de chansons; *(de poemas)* recueil *m* de poésies.

candado *m* cadenas *m*.

candela *f* *(Amér)* chandelle *f*.

candelabro *m* candélabre *m*.

candidato, **-ta** *m, f* candidat *m* (-e *f*).

candidatura *f* *(a un cargo, puesto etc)* candidature *f*; *(en elecciones)* liste *f* de candidats.

candil *m* *(Amér)* lustre *m*.

candilejas *fpl* feux *mpl* de la rampe.

caneca *f* *(Amér)* poubelle *f*.

canela *f* cannelle *f*.

canelones *mpl* cannelloni *mpl*.

cangrejo *m* crabe *m*.

canguro *m* *(animal)* kangourou *m*. ◆ *mf* *(persona)* baby-sitter *mf*.

caníbal *mf* cannibale *mf*.

canica *f* bille *f*. ❑ **canicas** *fpl* *(juego)* billes *fpl*.

canijo, **-ja** *adj* malingre.

canilla *f* *(Amér)* *(grifo)* robinet *m*; *(fam: pierna)* quille *f*.

canjeable *adj* échangeable.

canjear *vt* échanger; ~ **algo por algo** échanger qqch contre qqch.
canoa *f* canoë *m*.
canon *m (norma)* canon *m*.
canónico, **-ca** *adj* canonique.
canoso, **-sa** *adj* grisonnant(-e).
cansado, **-da** *adj (fatigado)* fatigué(-e); *(aburrido)* fatigant(-e); **estar ~ (de)** être fatigué (de).
cansador, **-ra** *adj (Amér) (que cansa)* fatigant(-e); *(que aburre)* ennuyeux(-euse).
cansancio *m* fatigue *f*.
cansar *vt* fatiguer. ❑ **cansarse** *vpr* se fatiguer; **~se de** *(fatigarse de)* se fatiguer de; *(hartarse de)* se lasser de.
cantábrico, **-ca** *adj* cantabrique. ❑ **Cantábrico** *m*: **el Cantábrico** le golfe de Gascogne.
cantante *mf* chanteur *m* (-euse *f*).
cantaor, **-ra** *m, f* chanteur *m* (-euse *f*) de flamenco.
cantar *vt (canción)* chanter; *(premio)* annoncer. ◆ *vi* chanter; *(fam: confesar)* cracher le morceau.
cántaro *m* cruche *f*; **llover a ~s** pleuvoir des cordes.
cantautor, **-ra** *m, f* auteur *m* compositeur interprète.
cante *m*: ~ **flamenco** chant *m* flamenco; ~ **jondo** *âme du chant flamenco*.
cantera *f (de piedra)* carrière *f*; *(de profesionales)* vivier *m*.
cántico *m* cantique *m*.
cantidad *f* quantité *f*; *(importe)* somme *f*. ◆ *adv (fam)* vachement; **en ~** énormément.
cantimplora *f* gourde *f*.
cantina *f* cafétéria *f*.
canto *m (arte, canción)* chant *m*; *(de cuchillo)* dos *m*; *(de moneda, libro)* tranche *f*; *(piedra)* caillou *m*; **de ~** sur le côté.
canturrear *vt* & *vi* chantonner.
caña *f (tallo)* tige *f*; *(de cerveza)* demi *m*; ~ **de azúcar** canne *f* à sucre; ~ **de pescar** canne *f* à pêche.
cáñamo *m* chanvre *m*.
cañaveral *m endroit où poussent des roseaux*; *(plantación)* plantation *f* de canne à sucre.
cañería *f* canalisation *f*.
caño *m (de fuente)* jet *m*; *(tubo)* tuyau *m*; *(Amér)* robinet *m*.
cañón *m* canon *m*; *(entre montañas)* cañon *m*.
cañonazo *m* coup *m* de canon.
caoba *f* acajou *m*.
caos *m inv* chaos *m*.
caótico, **-ca** *adj* chaotique.
capa *f* couche *f*; *(prenda)* cape *f*; ~ **de ozono** couche d'ozone; **a ~ y espada** contre vents et marées; **andar de ~ caída** *(persona)* être dans une mauvaise passe; *(negocio)* battre de l'aile.
capacidad *f* capacité *f*.
capacitado, **-da** *adj*: **estar ~ para** être qualifié pour.
caparazón *m* carapace *f*.
capataz (*pl* **-ces**) *mf* contremaître *m*.

capaz (*pl* **-ces**) *adj* capable; **ser ~ de** être capable de.
capazo *m* cabas *m*.
capellán *m* aumônier *m*.
capicúa *adj inv* palindrome.
capilar *adj* & *m* capillaire.
capilla *f* chapelle *f*.
capital *adj* capital(-e). ◆ *m* capital *m*. ◆ *f* capitale *f*.
capitalismo *m* capitalisme *m*.
capitalista *adj* & *mf* capitaliste.
capitán, **-ana** *m, f* capitaine *m*.
capitanía *f (edificio) bureau de l'état-major d'une région militaire.*
capitel *m* chapiteau *m*.
capítulo *m* chapitre *m*.
capó *m* capot *m*.
capón *m (animal)* chapon *m*; *(golpe)* pichenette *f*.
capota *f* capote *f*.
capote *m (de torero)* cape *f*.
capricho *m* caprice *m*; **darse un ~** se faire un petit plaisir.
caprichoso, **-sa** *adj* capricieux(-euse).
Capricornio *m* Capricorne *m inv*.
cápsula *f (medicamento)* gélule *f*; *(de cohete, proyectil)* capsule *f*.
captar *vt (sonido, rumor)* capter; *(explicación, idea)* saisir.
capturar *vt* capturer.
capucha *f (de prenda de vestir)* capuche *f*; *(de pluma, bolígrafo)* capuchon *m*.
capuchino, **-na** *adj* & *m, f* capucin(-e). ◆ *m* capuccino *m*.
capullo *m (de flor)* bouton *m*; *(de gusano)* cocon *m*.
cara *f (rostro)* visage *m*, figure *f*; *(apariencia)* mine *f*; *(lado)* face *f*; **~ a ~** face à face; **de ~ a** face à; **a ~ o cruz** à pile ou face; **dar la ~ (por algo)** assumer la responsabilité (de qqch); **echar en ~** jeter à la figure; **plantar ~ a** tenir tête a; **tener (mucha) ~** être (très) culotté(-e).
carabela *f* caravelle *f*.
carabina *f (arma)* carabine *f*; *(fam: persona)* chaperon *m*.
caracol *m (animal)* escargot *m*; *(del oído)* limaçon *m*; **~es a la llauna** *escargots sautés avec de l'ail et du persil.*
caracola *f* conque *f*.
caracolada *f escargots servis avec plusieurs sauces.*
carácter *m* caractère *m*; **tener buen/mal ~** avoir bon/mauvais caractère; **tener mucho/poco ~** avoir beaucoup/peu de caractère.
característica *f* caractéristique *f*.
característico, **-ca** *adj* caractéristique.
caracterizar *vt (identificar)* caractériser; *(representar)* incarner. ❑ **caracterizarse por** *v* + *prep* se caractériser par.
caradura *adj inv (fam)* gonflé(-e).
carajillo *m café mélangé de cognac, d'anis ou de rhum.*
caramba *interj (expresa sorpre-*

sa) ça alors!; *(expresa enfado)* zut alors!

carambola *f (en billar)* carambolage *m*; **de ~** *(de casualidad)* par hasard; *(de rebote)* par ricochet.

caramelo *m (golosina)* bonbon *m*; *(azúcar fundido)* caramel *m*.

carátula *f (de libro, revista)* couverture *f*; *(de disco)* pochette *f*.

caravana *f (en carretera)* bouchon *m*; *(remolque)* caravane *f*; **hacer ~** rouler à la queue leu leu.

caravaning [kara'βaniŋ] *m* caravaning *m*.

caray *interj* mince!

carbón *m* charbon *m*.

carboncillo *m* fusain *m*.

carbono *m* carbone *m*.

carburador *m* carburateur *m*.

carburante *m* carburant *m*.

carcajada *f* éclat *m* de rire; **a ~s** aux éclats.

cárcel *f* prison *f*.

carcoma *f* vrillette *f*.

cardenal *m (en religión)* cardinal *m*; *(morado)* bleu *m*.

cardíaco, -ca *adj* cardiaque.

cardinal *adj* cardinal(-e).

cardiólogo, -ga *m, f* cardiologue *mf*.

cardo *m (planta)* chardon *m*; *(fam: persona)*: **es un ~** il est aimable comme une porte de prison.

carecer: **carecer de** *v + prep* manquer de.

carencia *f* carence *f*.

careta *f* masque *m*.

carey *m (tortuga)* caret *m*; *(material)* écaille *f*.

carga *f* charge *f*; *(mercancía)* cargaison *f*; *(para bolígrafo, mechero, pluma)* recharge *f*; **de ~** *(tren, camión)* de marchandises; **'~ y descarga'** 'livraisons'.

cargado, -da *adj (cielo)* chargé(-e); *(ambiente)* étouffant(-e); *(bebida)* tassé(-e); *(café)* serré(-e); **~ de** plein(-e) de.

cargador, -ra *m, f (persona)* débardeur *m*. ◆ *m (de arma, batería)* chargeur *m*.

cargar *vt* charger; *(tener capacidad para)* avoir une capacité de; *(factura, letra, deudas)* faire payer; *(fam: molestar)* assommer; **~ algo de** remplir qqch de. ❑ **cargar con** *v + prep (paquete)* porter; *(responsabilidad, consecuencia)* assumer; *(persona)* supporter. ❑ **cargar contra** *v + prep* charger contre. ❑ **cargarse** *vpr (fam: estropear)* bousiller; *(fam: matar)* zigouiller; *(fam: suspender)* recaler; *(ambiente)* devenir étouffant(-e). ❑ **cargarse de** *v + prep* se remplir de.

cargo *m (empleo, función)* poste *m*; *(en cuenta)* débit *m*; **a ~ de** à la charge de; **hacerse ~ de** *(responsabilizarse)* se charger de; *(comprender)* se rendre compte de.

cargosear *vt (Amér)* agacer.

cargoso, -sa *adj (Amér)* agaçant(-e).

cariado, -da *adj* carié(-e).

Caribe *m*: **el ~** la Caraïbe.

caribeño, -ña *adj* caraïbe. ◆ *m, f* Caraïbe *mf*.

caricatura *f* caricature *f*.

caricia *f* caresse *f.*
caridad *f* charité *f.*
caries *f inv* carie *f.*
cariño *m (afecto)* affection *f; (cuidado)* soin *m; (apelativo)* chéri *m* (-e *f*).
cariñoso, **-sa** *adj* affectueux (-euse).
carisma *m* charisme *m.*
caritativo, **-va** *adj (persona)* charitable; *(asociación)* caritatif (-ive).
cariz *m* tournure *f.*
carmín *m (para labios)* rouge *m* à lèvres.
carnal *adj (deseo)* charnel(-elle); *(pariente)* au premier degré; **un primo ~** un cousin germain.
Carnaval *m* carnaval *m.*
carne *f (alimento)* viande *f; (de persona, fruta)* chair *f;* **~ picada** viande hachée; **~ de cerdo/de cordero** viande de porc/d'agneau; **~ de ternera** viande de veau; **~ de gallina** chair de poule.
carné *m (de club, asociación, partido)* carte *f;* **~ de conducir** permis *m* de conduire; **~ de identidad** carte d'identité.
carnear *vt (Amér) (matar a las reses)* abattre; *(fig: matar)* tuer.
carnero *m* mouton *m.*
carnicería *f (tienda)* boucherie *f; (matanza)* carnage *m.*
carnicero, **-ra** *m, f* boucher *m* (-ère *f*).
carnitas *fpl (Amér) viande marinée et grillée garnissant les «tacos».*
caro, **-ra** *adj* cher (chère). ◆ *adv* cher.
carpa *f (de circo)* chapiteau *m; (para fiestas)* tente *f; (pez)* carpe *f.*
carpeta *f* chemise *f (dossier).*
carpintería *f* menuiserie *f.*
carpintero *m* menuisier *m.*
carrera *f (competición)* course *f; (estudios)* études *fpl* (univertaires); *(profesión)* carrière *f; (en medias, calcetines)* échelle *f;* **a la ~** en vitesse.
carrerilla *f* élan *m;* **de ~** d'une traite.
carreta *f* charrette *f.*
carrete *m (de fotografías)* pellicule *f; (de hilo)* bobine *f; (para pescar)* moulinet *m.*
carretera *f* route *f;* **~ de cuota** *(Amér)* autoroute *f.*
carretilla *f* brouette *f.*
carril *m (de carretera, autopista)* voie *f; (de tren)* rail *m.*
carrito *m (de la compra)* caddie *m; (para bebés)* poussette *f.*
carro *m (carruaje)* chariot *m; (Amér)* voiture *f;* **~ de la compra** caddie *m;* **~ comedor** *(Amér)* wagon-restaurant *m.*
carrocería *f* carrosserie *f.*
carromato *m* roulotte *f.*
carroña *f* charogne *f.*
carroza *f* carrosse *m.*
carruaje *m* voiture *f (hippomobile).*
carrusel *m* manège *m.*
carta *f (escrito)* lettre *f; (de restaurante, de la baraja)* carte *f.*
cartabón *m* équerre *f.*

cartearse *vpr* s'écrire.
cartel *m* affiche *f*.
cartelera *f (en periódico)* rubrique *f* des spectacles; *(tablón)* porte-affiche *m*.
cartera *f (para dinero)* portefeuille *m*; *(para documentos, libros)* porte-documents *m*; *(de colegial)* cartable *m*.
carterista *mf* pickpocket *m*.
cartero, -ra *m, f* facteur *m* (-trice *f*).
cartilla *f (de lectura)* abécédaire *m*; ~ **de ahorros** livret *m* de caisse d'épargne; ~ **de la Seguridad Social** carte *f* de sécurité sociale.
cartón *m* carton *m*; *(de cigarrillos)* cartouche *f*.
cartucho *m* cartouche *f*.
cartulina *f* bristol *m*.
casa *f* maison *f*; ~ **de campo** maison de campagne; ~ **de huéspedes** pension *f* de famille.

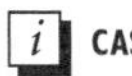

CASA ROSADA

C'est la résidence officielle du président de la République d'Argentine et le siège de son gouvernement. Le président y reçoit les ministres, les visiteurs de marque et ses homologues étrangers. La façade rose d'où cet édifice tire son nom donne sur la Plaza de Mayo.

casadero, -ra *adj* en âge de se marier.
casado, -da *adj* marié(-e).
casamiento *m* mariage *m*.
casar *vt* marier. ❑ **casarse** *vpr* se marier; ~ **se con** se marier avec.
cascabel *m* grelot *m*.
cascada *f* cascade *f*.
cascado, -da *adj (vaso)* fêlé(-e); *(fam: estropeado)* nase.
cascanueces *m inv* casse-noix *m inv*.
cascar *vt (romper)* casser; *(fam: golpear)* cogner.
cáscara *f (de huevo, frutos secos)* coquille *f*; *(de plátanos)* peau *f*; *(de naranja)* écorce *f*.
casco *m (para la cabeza)* casque *m*; *(envase)* bouteille *f* vide; *(de caballo)* sabot *m*; *(de barco)* coque *f*; ~ **antiguo** vieille ville *f*; ~ **urbano** centre-ville *m*; ~**s azules** casques bleus *mpl*.
caserío *m* maison *f* de campagne.
caserita *f (Amér)* maîtresse *f* de maison.
casero, -ra *adj (comida)* maison; *(persona)* casanier(-ère). ◆ *m, f* propriétaire *mf*.
caseta *f (de feria) tente installée dans les foires pour danser le flamenco*; *(para perro)* niche *f*; *(en la playa)* cabine *f*.
casete *m (aparato)* magnétophone *m*. ◆ *m o f (cinta)* cassette *f*.
casi *adv* presque.
casilla *f (de impreso, tablero)* case *f*; *(de mueble, caja, armario etc)* casier *m*; ~ **de correos** *(Amér)* boîte *f* postale.
casillero *m* casier *m*.
casino *m* casino *m*.

caso *m* cas *m*; *(en derecho)* affaire *f*; **en ~ de que** au cas où; **en todo ~** en tout cas; **en cualquier ~** en tout cas; **hacer ~** prêter attention; **ser un ~** *(fam)* être un cas; **no venir al ~** être hors de propos.

caspa *f* pellicules *fpl (de cheveux)*.

casquete *m (gorra)* calotte *f*; **~ polar** calotte glaciaire.

casquillo *m (de bala)* douille *f*; *(de lámpara)* culot *m*.

casta *f (linaje)* lignée *f*; *(raza)* race *f*.

castaña *f (fruto, golpe)* châtaigne *f*.

castaño, **-ña** *adj (color)* châtain. ◆ *m (árbol)* châtaigner *m*.

castañuelas *fpl* castagnettes *fpl*.

castellano, **-na** *adj* castillan(-e). ◆ *m, f* Castillan *m* (-e *f*). ◆ *m (lengua)* castillan *m*.

castidad *f* chasteté *f*.

castigar *vt* punir.

castigo *m* punition *f*.

castillo *m* château *m*.

castizo, **-za** *adj* pur(-e).

casto, **-ta** *adj* chaste.

castor *m* castor *m*.

castrar *vt* castrer.

casualidad *f* hasard *m*; **por ~** par hasard.

catacumbas *fpl* catacombes *fpl*.

catalán, **-ana** *adj* catalan(-e). ◆ *m, f* Catalan *m* (-e *f*). ◆ *m (lengua)* catalan *m*.

catálogo *m* catalogue *m*.

Cataluña *s* Catalogne *f*.

catamarán *m* catamaran *m*.

catar *vt* goûter.

cataratas *fpl (de agua)* chutes *fpl*; *(en los ojos)* cataracte *f*.

catarro *m* rhume *m*.

catástrofe *f* catastrophe *f*.

catastrófico, **-ca** *adj* catastrophique.

catear *vt (fam)* recaler.

catecismo *m* catéchisme *m*.

cátedra *f (en enseñanza)* chaire *f*.

catedral *f* cathédrale *f*.

catedrático, **-ca** *m, f* ≃ professeur *m* agrégé.

categoría *f* catégorie *f*; **de ~** de classe.

catequesis *f inv* catéchèse *f*.

cateto, **-ta** *m, f (despec)* plouc *mf*. ◆ *m (de triángulo)* côté *m*.

catire, **-ra** *adj (Amér)* blond(-e).

catolicismo *m* catholicisme *m*.

católico, **-ca** *adj* & *m, f* catholique.

catorce *núm* quatorze, → **seis**.

catre *m (fam)* pieu *m*.

cauce *m (de río)* lit *m*; *(de acequia)* canal *m*.

caucho *m* caoutchouc *m*.

caudal *m (de un río)* débit *m*; *(dinero)* fortune *f*.

caudaloso, **-sa** *adj* à fort débit.

caudillo *m* caudillo *m*.

causa *f* cause *f*; **a ~ de** à cause de.

causante *m (Amér)* contribuable *m*.

causar *vt* causer; *(placer, víctimas)* faire.

cáustico, -ca *adj* caustique.

cautela *f* précaution *f*; **con ~** avec précaution.

cautivador, -ra *adj* charmeur(-euse).

cautivar *vt* charmer.

cautiverio *m* captivité *f*; **en ~** en captivité.

cautivo, -va *adj* & *m, f* captif(-ive).

cauto, -ta *adj* prudent(-e).

cava *f* cave *f*. ◆ *m vin catalan fabriqué selon la méthode champenoise*; **al ~** au «cava»; **~ brut** «cava» brut.

cavar *vt* creuser.

caverna *f* caverne *f*.

cavernícola *adj (animal)* cavernicole; *(persona)* des cavernes.

caviar *m* caviar *m*.

cavidad *f* cavité *f*.

cavilar *vi* réfléchir.

caza *f (actividad)* chasse *f*; *(presa)* gibier *m*; **andar** ○ **ir a la ~ de** être à la poursuite de; **dar ~ a** donner la chasse à.

cazador, -ra *m, f* chasseur *m* (-euse *f*).

cazadora *f* blouson *m*, → **cazador**.

cazar *vt* chasser; *(fam: marido, esposa)* dégoter; *(fam: captar, entender)* piger.

cazo *m (cucharón)* louche *f*; *(vasija)* casserole *f*.

cazuela *f* casserole *f* en terre cuite; **a la ~** à la casserole.

cazurro, -rra *adj (torpe)* abruti(-e).

c/c *(abrev de cuenta corriente)* compte *m* courant.

CC *(abrev de código civil)* code *m* civil.

CE *f (abrev de Comunidad Europea)* CE *f*.

cebar *vt* gaver. ❑ **cebarse en** *v + prep* s'acharner sur.

cebo *m* appât *m*.

cebolla *f* oignon *m*.

cebolleta *f* ciboulette *f*.

cebra *f* zèbre *m*.

cecear *vi* zézayer.

ceder *vt* & *vi* céder; **'ceda el paso'** 'cédez le passage'.

cedilla *f* cédille *f*.

cedro *m* cèdre *m*.

cédula *f* certificat *m*; **~ de identidad** *(Amér)* carte *f* d'identité.

cegato, -ta *adj (fam)* bigleux(-euse).

ceguera *f* cécité *f*.

ceja *f* sourcil *m*; **meterse algo entre ~ y ~** se mettre qqch dans la tête.

celda *f* cellule *f (pièce)*.

celdilla *f (de panal)* alvéole *f*.

celebración *f* célébration *f*.

celebrar *vt (cumpleaños, acontecimiento)* fêter; *(asamblea, reunión)* tenir; *(misa)* célébrer.

célebre *adj* célèbre.

celebridad *f* célébrité *f*; **ser una ~** être une célébrité.
celeste *adj* céleste.
celestial *adj* céleste.
celo *m (cinta adhesiva)* Scotch® *m*; *(en el trabajo)* zèle *m*; **estar en ~** *(hembra)* être en chaleur; *(macho)* être en rut. ❑ **celos** *mpl* jalousie *f*; **tener ~s** être jaloux(-ouse).
celofán® *m* Cellophane® *f*.
celoso, **-sa** *adj* jaloux(-ouse).
célula *f* cellule *f*.
celular *adj* cellulaire.
celulitis *f inv* cellulite *f*.
cementerio *m* cimetière *m*; **~ de coches** casse *f*.
cemento *m* ciment *m*; **~ armado** béton *m* armé.
cena *f* dîner *m*.
cenar *vt* manger au dîner. ◆ *vi* dîner.
cencerro *m* sonnaille *f*; **estar como un ~** *(fam)* avoir un grain.
cenefa *f* liseré *m*.
cenicero *m* cendrier *m*.
ceniza *f* cendre *f*. ❑ **cenizas** *fpl (restos mortales)* cendres *fpl*.
censado, **-da** *adj* recensé(-e).
censar *vt* recenser.
censo *m* recensement *m*; **~ electoral** listes *fpl* électorales.
censor *m* censeur *m*.
censura *f* censure *f*.
censurar *vt (película, libro)* censurer; *(conducta, actitud)* blâmer.
centena *f* centaine *f*.
centenar *m* centaine *f*; **un ~ de** une centaine de.
centenario, **-ria** *adj* & *m* centenaire.
centeno *m* seigle *m*.
centésimo, **-ma** *núm* centième, → **sexto**.
centígrado, **-da** *adj* centigrade.
centímetro *m* centimètre *m*.
céntimo *m* centime *m*; **no tener un ~** ne pas avoir un sou.
centinela *mf* sentinelle *f*.
centollo *m* araignée *f* de mer.
centrado, **-da** *adj (cuadro, mueble)* centré(-e); *(persona)* équilibré(-e); **~ en** *(trabajo, lectura)* concentré sur.
central *adj (posición)* central(-e); *(principal)* principal(-e). ◆ *f (oficina)* maison *f* mère; *(de energía)* centrale *f*; **~ eléctrica** centrale électrique.
centralismo *m* centralisme *m*.
centralita *f* standard *m* (téléphonique).
centrar *vt (cuadro, mueble)* centrer; *(miradas, atención)* attirer. ❑ **centrarse en** *v + prep (trabajo, lectura)* se concentrer sur.
céntrico, **-ca** *adj* central(-e).
centrifugar *vt* centrifuger.
centrífugo, **-ga** *adj* centrifuge.
centro *m* centre *m*; **en el ~ de** au centre de; **ser el ~ de** être le centre de; **~ comercial** centre commercial; **~ social** *association culturelle de personnes habitant une même région*; **~ turístico** site *m*

touristique; ~ **urbano** centre-ville *m*.

Centroamérica *s* Amérique *f* centrale.

centuria *f* siècle *m*.

ceñido, -da *adj (vestido, falda)* moulant(-e).

ceñir *vt (ajustar)* serrer; *(rodear)* entourer. ❑ **ceñirse a** *v* + *prep* s'en tenir à.

ceño *m*: **fruncir el** ~ froncer les sourcils.

cepa *f* cep *m*.

cepillar *vt* brosser. ❑ **cepillarse** *vpr (fam) (trabajo)* expédier; *(comida)* finir; *(matar)* butter.

cepillo *m* brosse *f*; ~ **de dientes** brosse à dents.

cepo *m (de animales)* piège *m*; *(de coches)* sabot *m*.

CEPSA *f groupe pétrolier espagnol*.

cera *f* cire *f*.

cerámica *f* céramique *f*.

ceramista *mf* céramiste *mf*.

cerca *f* clôture *f*. ◆ *adv* près; **la Navidad está** ~ Noël est proche; ~ **de** près de; **de** ~ de près.

cercanías *fpl (alrededores)* environs *mpl*.

cercano, -na *adj* proche.

cercar *vt (vallar)* clôturer; *(rodear)* encercler.

cerco *m (de vallas)* clôture *f*.

cerda *f (de cepillo)* soie *f*, → **cerdo**.

cerdo, -da *m, f (animal)* porc *m* (truie *f*); *(despec: persona)* porc *m*. ◆ *adj (despec: persona)* cochon. ◆ *m (carne)* porc *m*.

cereal *m* céréale *f*. ❑ **cereales** *mpl (para desayuno)* céréales *fpl*.

cerebelo *m* cervelet *m*.

cerebro *m* cerveau *m*; ~ **electrónico** ordinateur *m*.

ceremonia *f* cérémonie *f*.

ceremonioso, -sa *adj* solennel(-elle).

cereza *f* cerise *f*.

cerezo *m* cerisier *m*.

cerilla *f* allumette *f*.

cerillo *m (Amér)* allumette *f*.

cero *núm* & *m* zéro; **cinco grados bajo** ~ moins cinq (degrés); **cinco grados sobre** ~ plus cinq (degrés); **ser un** ~ **a la izquierda** *(fam)* être un zéro, → **seis**.

cerquillo *m (Amér)* frange *f (de cheveux)*.

cerrada *f (Amér)* impasse *f*.

cerrado, -da *adj (espacio, local)* fermé(-e); *(introvertido)* renfermé(-e); *(intransigente)* borné(-e); *(acento, habla)* prononcé(-e); **'~ por vacaciones'** 'fermé pour congés'.

cerradura *f* serrure *f*.

cerrajería *f* serrurerie *f*.

cerrajero *m* serrurier *m*.

cerrar *vt* fermer; *(acto, debate)* clore; *(paso, acceso)* barrer; *(pacto, trato)* conclure. ◆ *vi* fermer; ~ **el desfile** fermer la marche. ❑ **cerrarse** *vpr (en uno mismo)* se renfermer; ~ **a** être fermé(-e) à.

cerro *m* colline *f*.

cerrojo *m* verrou *m*.

certamen *m* concours *m*.
certeza *f* certitude *f*; **tener la ~ de que** avoir la certitude que.
certidumbre *f* certitude *f*.
certificado, **-da** *adj (carta, paquete)* recommandé(-e). ◆ *m* certificat *m*.
certificar *vt (documento)* certifier; *(carta, paquete)* envoyer en recommandé.
cervecería *f* brasserie *f*.
cerveza *f* bière *f*; **~ sin alcohol** bière sans alcool; **~ negra** bière brune.
cesar *vi* cesser. ◆ *vt*: **~ a alguien de** démettre qqn de; **(no) ~ de** (ne pas) cesser de; **sin ~** sans cesse.
cesárea *f* césarienne *f*.
cese *m (de empleo, cargo)* renvoi *m*; *(de actividad)* cessation *f*.
cesión *f* cession *f*.
césped *m* pelouse *f*.
cesta *f* panier *m*; **~ de la compra** panier de la ménagère.
cesto *m* corbeille *f*.
cetro *m* sceptre *m*.
cg *(abrev de centigramo)* cg.
chabacano, **-na** *adj* vulgaire. ◆ *m (Amér: fruto)* abricot *m*; *(árbol)* abricotier *m*.
chabola *f* baraque *f*.
chacarero, **-ra** *m, f (Amér) (agricultor)* fermier *m* (-ère *f*); *(hablador)* bavard *m* (-e *f*).
chacha *f (fam: criada)* bonne *f*; *(niñera)* bonne *f* d'enfants.
cháchara *f* papotage *m*.
chacolí *m vin léger du Pays basque*.
chacra *f (Amér)* ferme *f*.
chafar *vt (aplastar)* écraser; *(plan, proyecto)* gâcher; *(fam: desmoralizar)* saper le moral à.
chal *m* châle *m*.
chalado, **-da** *adj (fam)* dingue; **estar ~ por** être dingue de.
chalé *m* pavillon *m*.
chaleco *m* gilet *m*; **~ salvavidas** gilet de sauvetage.
chamaco, **-ca** *m, f (Amér)* gamin *m* (-e *f*).
chamba *f (Amér: fam)* boulot *m*.
chambear *vi (Amér: fam)* bosser.
champán *m* champagne *m*.
champiñón *m* champignon *m* de Paris; **champiñones con jamón** champignons au jambon.
champú *m* shampooing *m*.
champurrado *m (Amér) boisson à base de farine de maïs*.
chamuscado, **-da** *adj* roussi(-e).
chamuscarse *vpr* roussir.
chamusquina *f* roussi *m*; **oler a ~** sentir le roussi.
chance *f (Amér)* possibilité *f*, occasion *f*.
chanchada *f (Amér) (fig: grosería)* grossièreté *f*; *(porquería)* cochonnerie *f*.
chancho *m (Amér)* cochon *m*.
chancleta *f* tong *f*.
chanclo *m (de madera)* sabot *m*; *(de goma)* caoutchouc *m (enfilé sur les chaussures)*.
chándal *m* survêtement *m*.

changarro *m (Amér)* petit magasin *m*.
chantaje *m* chantage *m*.
chantajista *mf* maître-chanteur *m*.
chapa *f (de metal, madera etc)* plaque *f*; *(de botella)* capsule *f*; *(Amér)* serrure *f*.
chapado, -da *adj (reloj, pulsera etc)* plaqué(-e); ~ **a la antigua** *(anticuado)* vieux jeu.
chapar *vt* plaquer.
chaparrón *m* averse *f*.
chapucería *f* travail *m* bâclé.
chapucero, -ra *adj (trabajo, obra)* bâclé(-e); **no seas** ~ ne fais pas n'importe quoi.
chapuza *f* travail *m* mal fait.
chaqué *m* jaquette *f*.
chaqueta *f* veste *f*.
chaquetilla *f* spencer *m*.
chaquetón *m* trois-quarts *m*.
charca *f* mare *f*.
charco *m* flaque *f* (d'eau).
charcutería *f* charcuterie *f* *(magasin)*.
charla *f (conversación)* discussion *f*; *(conferencia)* exposé *m*.
charlar *vi* bavarder.
charlatán, -ana *adj* bavard(-e).
charnego, -ga *m, f (despec) en Catalogne, immigrant venant d'une autre région d'Espagne.*
charola *f (Amér)* plateau *m*.
charro *adj (Amér)* typique des cavaliers mexicains. ◆ *m (Amér)* cavalier *m* mexicain.
chárter *m inv* charter *m*.
chasco *m (decepción)* déception *f*; *(broma)* tour *m*.
chasis *m inv* châssis *m*.
chatarra *f* ferraille *f*.
chatarrero, -ra *m, f* ferrailleur *m*.
chato, -ta *adj (persona)* au nez camus; *(nariz)* aplati(-e). ◆ *m, f (apelativo)* coco *m* (cocotte *f*). ◆ *m (de vino)* petit verre *m*.
chau *interj (Amér)* ciao!
chaucha *f (Amér) (patata)* pomme de terre *f* nouvelle; *(vaina)* cosse *f*; *(moneda)* petite monnaie *f*.
chavo, -va *m, f (Amér: fam)* mec *m* (nana *f*).
che *interj (Amér)* eh!
Checoslovaquia *s* Tchécoslovaquie *f*.
chef [tʃef] *m* chef *m*.
cheque *m* chèque *m*; ~ **de viaje** chèque de voyage, traveller's cheque *m*.
chequeo *m (médico)* bilan *m* de santé.
chequera *f (Amér)* carnet *m* de chèques.
chévere *adj (Amér: fam)* super.
chic *adj inv* chic.
chica *f (criada)* bonne *f*, → **chico**.
chicha *f (fam: para comer)* bidoche *f*; *(fam: de persona)* graisse *f*; *(Amér: bebida) boisson alcoolisée à base de maïs.*
chícharo *m (Amér)* petit pois *m*.

chicharrones *mpl* ≃ rillons *mpl*.
chiche *m (Amér: chuchería)* bibelot *m*. ◆ *f (fam: teta)* néné *m*.
chichón *m* bosse *f*.
chicle *m* chewing-gum *m*.
chico, -ca *adj* petit(-e). ◆ *m, f* garçon *m* (fille *f*).
chicote *m (Amér) (látigo)* fouet *m*; *(colilla)* mégot *m*.
chifa *m (Amér) restaurant chinois*.
chiflado, -da *adj (fam)* cinglé(-e).
chiflar *vi (fam: silbar)* siffler; *(Amér: aves)* chanter; **me chiflan los pasteles** j'adore les gâteaux. ❑ **chiflarse** *vpr (fam)*: **~se por alguien** s'enticher de qqn.
chiflido *m (Amér)* sifflement *m*.
Chile *s* Chili *m*.
chileno, -na *adj* chilien. ◆ *m, f* Chilien *m* (-enne *f*).
chillar *vi* crier.
chillido *m* cri *m*.
chillón, -ona *adj* criard(-e).
chimenea *f* cheminée *f*.
chimpancé *m* chimpanzé *m*.
china *f (piedra)* caillou *m*; *(Amér: criada)* bonne *f*; **me tocó la ~** *(fam)* c'est tombé sur moi.
China *f*: **(la) ~** (la) Chine.
chinche *f* punaise *f (insecte)*. ◆ *adj* enquiquineur(-euse).
chincheta *f* punaise *f (clou)*.
chinchín *m (sonido)* flonflon *m*. ◆ *interj* tchin-tchin!
chingado, -da *adj (Amér: vulg)* foutu(-e).
chingar *vt (Amér: vulg)* baiser.
chino, -na *adj* chinois(-e). ◆ *m, f* Chinois *m* (-e *f*). ◆ *m (lengua)* chinois *m*.
chip *m (en informática)* puce *f*.
chipirón *m* petit calamar *m*; **chipirones en su tinta** *calamars dans une sauce faite avec leur encre*.
chirimoya *f* anone *f*.
chirucas *fpl* bottes *fpl* de toile.
chisme *m (habladuría)* commérage *m*; *(fam: objeto, aparato)* truc *m*.
chismoso, -sa *adj* cancanier (-ère).
chispa *f (de fuego, electricidad)* étincelle *f*; *(gracia, ingenio)* esprit *m*; *(pizca)* pincée *f*.
chiste *m* histoire *f* drôle.
chistorra *f saucisson typique d'Aragon et de Navarre*.
chistoso, -sa *adj* drôle.
chivarse *vpr (fam)* moucharder.
chivatazo *m (fam)* mouchardage *m*.
chivato, -ta *m, f (fam)* mouchard *m* (-e *f*). ◆ *m (Amér: hombre)* ponte *m*; *(Amér: aprendiz)* apprenti *m*.
chocar *vi (coche, camión)* se heurter; *(sorprender)* choquer; *(discrepar)* être incompatible; *(discutir)* s'accrocher; *(copas, vasos)* s'entrechoquer. ◆ *vt (la mano)* taper dans.
chocho, -cha *adj (viejo)* gâteux(-euse); *(encariñado)* gaga.
choclo *m (Amér)* maïs *m*.

chocolate *m* chocolat *m*.
chocolatería *f (establecimiento)* chocolatier *m*.
chocolatina *f* barre *f* chocolatée.
chófer *m* chauffeur *m*.
chollo *m (fam)* occase *f*.
chompa *f (Amér)* pull *m*.
chongo *m (Amér)* chignon *m*.
chopo *m* peuplier *m* noir.
choque *m (colisión)* choc *m*; *(pelea, riña)* accrochage *m*.
chorizo *m (embutido)* chorizo *m*; *(fam: ladrón)* voleur *m*.
choro *m (Amér)* moule *f*.
chorrada *f (fam)* bêtise *f*.
chorrear *vi* goutter.
chorro *m* jet *m*; **a ~s** à flots.
choto, -ta *m, f* chevreau *m* (chevrette *f*).
choza *f* hutte *f*.
christma *m* carte *f* de vœux *(de Noël)*.
chubasco *m* averse *f*.
chubasquero *m* ciré *m*.
chúcaro, -ra *adj (Amér)* sauvage.
chuchería *f (golosina)* friandise *f*; *(trivialidad)* babiole *f*.
chucho, -cha *m, f (fam)* cabot *m (chien)*.
chueco, -ca *adj (Amér) (torcido)* tordu(-e); *(patizambo)* qui a les jambes arquées.
chufa *f* souchet *m (tubercule avec lequel on fait la «horchata»)*.
chuleta *f (de examen)* antisèche *f*; **~ de cerdo/de ternera** côte *f* de porc/de veau.
chuletón *m* côte *f* de bœuf.
chulo, -la *adj (engreído)* crâneur(-euse); *(fam: bonito)* chouette. ◆ *m (de prostituta)* maquereau *m*.
chumbera *f* figuier *m* de Barbarie.
chupachup® *m* sucette *f* ronde.
chupado, -da *adj (fig: flaco)* squelettique; *(fam: fácil)* fastoche; **está ~** *(fam)* c'est du tout cuit.
chupar *vt (caramelo, fruta)* sucer; *(suj: esponja, papel)* absorber; *(arruinar)* soutirer.
chupe *m (Amér)* ragoût *m*; **~ de camarones** *soupe épaisse à base de pommes de terre et de crevettes*.
chupete *m* tétine *f*.
chupito *m (de licor)* gorgée *f*.
churrasco *m* grillade *f*.
churrería *f commerce de «churros»*.
churro *m long beignet cylindrique*; *(fam: chapuza)* truc *m* mal foutu.
chusma *f* racaille *f*.
chutar *vt* shooter.
chute *m (fam)* shoot *m*.
Cía *(abrev de compañía)* Cie.
cicatriz (*pl* **-ces**) *f* cicatrice *f*.
cicatrizar *vi* cicatriser. ❑ **cicatrizarse** *vpr* se cicatriser.
ciclismo *m* cyclisme *m*.
ciclista *mf* cycliste *mf*.
ciclo *m* cycle *m*.
ciclomotor *m* cyclomoteur *m*.

ciclón *m* cyclone *m*.
ciego, **-ga** *m, f* aveugle *mf*. ◆ *adj*: ~ **de** aveuglé par.
cielo *m* ciel *m*; *(de casa, habitación etc)* plafond *m*; *(apelativo)*: ¡~! ¡mon ange!; **como llovido del** ~ *(fig: inesperadamente)* à pic. ❑ **cielos** *interj* ciel!
ciempiés *m inv* mille-pattes *m inv*.
cien *núm* cent, → **ciento**.
ciencia *f* science *f*; ~**s económicas/naturales** sciences économiques/naturelles; ~ **ficción** science-fiction *f*. ❑ **ciencias** *fpl (en educación)* sciences *fpl*.
científico, **-ca** *adj* & *m, f* scientifique.
ciento *núm* cent; **por** ~ pour cent.
cierre *m* fermeture *f*; *(de negociación, trato)* conclusion *f*; *(de actividad, acto)* clôture *f*.
cierto, **-ta** *adj* certain(-e); **por** ~ au fait.
ciervo, **-va** *m, f* cerf *m* (biche *f*).
CIF *m code d'identification fiscale attribué à toute personne physique ou morale ayant des activités commerciales.*
cifra *f* chiffre *m*.
cigala *f* langoustine *f*.
cigarra *f* cigale *f*.
cigarrillo *m* cigarette *f*.
cigarro *m (cigarrillo)* cigarette *f*; *(habano)* cigare *m*.
cigüeña *f* cigogne *f*.
cilindrada *f* cylindrée *f*.
cilíndrico, **-ca** *adj* cylindrique.
cilindro *m* cylindre *m*.
cima *f* cime *f*.
cimientos *mpl (de edificio)* fondations *fpl*; *(principio, raíz)* bases *fpl*.
cinco *núm* cinq, → **seis**.
cincuenta *núm* cinquante, → **seis**.
cine *m* cinéma *m*.
cineasta *mf* cinéaste *mf*.
cinematografía *f* cinématographie *f*.
cinematográfico, **-ca** *adj* cinématographique.
cínico, **-ca** *adj* cynique.
cinismo *m* cynisme *m*.
cinta *f (de tela)* ruban *m*; *(de imagen, sonido)* cassette *f*; *(para medir)* mètre *m* ruban; ~ **aislante** gaine *f* isolante; ~ **magnética** bande *f* magnétique.
cintura *f (de persona)* taille *f*; *(de vestido)* ceinture *f*.
cinturón *m* ceinture *f*; ~ **de seguridad** ceinture de sécurité.
cipote, **-ta** *m, f (Amér) (muchacho)* gamin *m* (-e *f*). ◆ *adj (rechoncho)* rondouillard(-e).
ciprés *m* cyprès *m*.
circo *m* cirque *m*.
circuito *m* circuit *m*; ~ **eléctrico** circuit électrique.
circulación *f* circulation *f*.
circular *adj* circulaire. ◆ *f* circulaire *f*. ◆ *vi* circuler.
círculo *m* cercle *m*; ~ **polar** cercle polaire.

circunferencia *f* circonférence *f*.
circunscribir *vt* circonscrire; ~ **algo a** limiter qqch à.
circunstancial *adj* fortuit(-e).
circunstancias *fpl* circonstances *fpl*.
cirio *m* cierge *m*.
cirrosis *f inv* cirrhose *f*.
ciruela *f* prune *f*.
ciruelo *m* prunier *m*.
cirugía *f* chirurgie *f*; ~ **plástica** chirurgie plastique.
cirujano, **-na** *m, f* chirurgien *m* (-enne *f*).
cisma *m* schisme *m*.
cisne *m* cygne *m*.
cisterna *f* citerne *f*.
cita *f* rendez-vous *m*; *(nota)* citation *f*.
citación *f (de juez)* citation *f*.
citar *vt* citer. ❑ **citarse** *vpr* se donner rendez-vous.
cítrico, **-ca** *adj* citrique. ❑ **cítricos** *mpl* agrumes *mpl*.
ciudad *f* ville *f*.
ciudadanía *f* citoyenneté *f*.
ciudadano, **-na** *adj* citadin(-e). ◆ *m, f (habitante)* citadin *m* (-e *f*); *(súbdito)* citoyen *m* (-enne *f*).
cívico, **-ca** *adj* civique.
civil *adj* civil(-e).
civilización *f* civilisation *f*.
civilizado, **-da** *adj* civilisé(-e).
civismo *m (cortesía)* civilité *f*; *(urbanidad)* civisme *m*.
cl *(abrev de centilitro)* cl.
clan *m* clan *m*.
clara *f (de huevo)* blanc *m*.
claraboya *f* lucarne *f*.
clarear *vt* éclaircir. ◆ *vi (día)* poindre; *(cielo)* s'éclaircir; **al ~ el día** au point du jour.
claridad *f* clarté *f*.
clarinete *m* clarinette *f*.
clarividencia *f* clairvoyance *f*.
claro, **-ra** *adj* clair(-e). ◆ *m* clairière *f*. ◆ *adv (hablar)* clairement. ◆ *interj* bien sûr!; **poner** ○ **sacar en ~** tirer au clair.
clase *f* classe *f*; *(variedad, tipo)* sorte *f*; *(enseñanza, lección)* cours *m*; **de primera ~** de première catégorie; **~ media** classe moyenne; **~ preferente** classe affaires; **~ turista** classe économique.
clásico, **-ca** *adj* classique.
clasificación *f* classement *m*.
clasificador, **-ra** *adj* classificateur(-trice). ◆ *m* classeur *m*.
clasificar *vt* classer. ❑ **clasificarse** *vpr (en competición)* se qualifier.
claudicar *vi* abandonner.
claustro *m* cloître *m*; **~ de profesores** conseil *m* de classe.
claustrofobia *f* claustrophobie *f*.
cláusula *f* clause *f*.
clausura *f* clôture *f*.
clausurar *vt (acto, curso, celebración)* clôturer; *(local, establecimiento)* fermer.
clavado, **-da** *adj (en punto)*

sonnant(-e); **ser ~ a alguien** être la copie conforme de qqn.
clavar *vt (clavo, palo)* planter; *(sujetar)* clouer; *(ojos, mirada)* fixer; *(fam: en el precio)* arnaquer.
clave *f (explicación, solución)* clef *f*; *(de acceso)* code *m*. ◆ *adj inv* clef.
clavel *m* œillet *m*.
clavícula *f* clavicule *f*.
clavija *f (de enchufe, teléfono)* fiche *f*.
clavo *m (para sujetar)* clou *m*; *(especia)* clou *m* de girofle; **dar en el ~** mettre dans le mille.
claxon *m* Klaxon® *m*.
cleptomanía *f* kleptomanie *f*.
clérigo *m* prêtre *m*.
clero *m* clergé *m*.
cliché *m* cliché *m*.
cliente *mf* client *m* (-e *f*).
clima *m* climat *m*.
climático, **-ca** *adj* climatique.
climatizado, **-da** *adj* climatisé(-e).
climatología *f* climatologie *f*.
clímax *m inv* point *m* culminant.
clínica *f* clinique *f*.
clínico, **-ca** *adj* clinique.
clip *m (para papeles)* trombone *m*; *(para pelo)* pince *f*; *(pendiente)* clip *m*.
cloaca *f* égout *m*.
cloro *m* chlore *m*.
club *m* club *m*.
cm *(abrev de centímetro)* cm.
coacción *f* pression *f*.
coaccionar *vt*: **~ a alguien** faire pression sur qqn.
coartada *f* alibi *m*.
coba *f*: **dar ~ a alguien** *(fam)* lécher les bottes de qqn.
cobarde *adj* & *mf* lâche.
cobardía *f* lâcheté *f*.
cobertizo *m* auvent *m*.
cobija *f (Amér)* couverture *f*.
cobijar *vt (albergar)* héberger; *(proteger)* abriter. ❑ **cobijarse** *vpr (resguardarse)* s'abriter.
cobra *f* cobra *m*.
cobrador, **-ra** *m, f* encaisseur *m*.
cobrar *vt (dinero)* toucher; *(importancia)* prendre; **~ fama** devenir célèbre.
cobre *m* cuivre *m*; **no tener un ~** *(Amér)* ne pas avoir un sou.
cobro *m* encaissement *m*; **a ~ revertido** en PCV.
coca *f (planta)* coca *f*; *(fam: cocaína)* coke *f*.
cocaína *f* cocaïne *f*.
cocainómano, **-na** *m, f* cocaïnomane *mf*.
cocción *f* cuisson *f*.
cocear *vi* ruer.
cocer *vt* cuire. ◆ *vi (hervir)* bouillir. ❑ **cocerse** *vpr* cuire; *(fig)* se tramer.
cochayuyo *m (Amér) algue comestible de couleur noire*.
coche *m* voiture *f*; **~ cama** wagon-lit *m*; **~ de alquiler** voiture de location; **~ restaurante** wagon-restaurant *m*.

cochinillo *m*: ~ **asado** cochon *m* de lait rôti.
cochino, **-na** *adj* dégoûtant(-e). ◆ *m, f (animal)* cochon *m* (truie *f*).
cocido, **-da** *adj* cuit(-e). ◆ *m pot-au-feu aux pois chiches*; ~ **madrileño** *pot-au-feu aux pois chiches et aux vermicelles*.
cocina *f* cuisine *f*; *(aparato)* cuisinière *f*; ~ **de gas/de butano** cuisinière à gaz/à gaz butane; ~ **eléctrica** cuisinière électrique.
cocinar *vt* & *vi* cuisiner.
cocinero, **-ra** *m, f* cuisinier *m* (-ère *f*).
coco *m (fruto)* noix *f* de coco; *(árbol)* cocotier *m*; *(fam: cabeza)* caboche *f*.
cocodrilo *m* crocodile *m*.
cocotero *m* cocotier *m*.
cóctel *m* cocktail *m*.
coctelera *f* shaker *m*.
codazo *m* coup *m* de coude.
codiciar *vt* convoiter.
codificado, **-da** *adj (mensaje, texto)* codé(-e); *(ley)* codifié(-e).
código *m* code *m*; ~ **de barras** code-barres *m*; ~ **penal** code pénal; ~ **postal** code postal.
codo *m* coude *m*; ~ **a** ~ coude à coude.
codorniz (*pl* **-ces**) *f* caille *f*.
coeficiente *m* coefficient *m*; ~ **intelectual** quotient *m* intellectuel.
coetáneo, **-a** *adj* contemporain(-e).
coexistencia *f* coexistence *f*.
coexistir: **coexistir con** *v + prep* coexister avec.
cofia *f* coiffe *f*.
cofradía *f (no religiosa)* corporation *f*; *(religiosa)* confrérie *f*.
cofre *m* coffre *m*.
coger *vt (objeto, tren, etc)* prendre; *(animal, enfermedad)* attraper; *(frutos)* cueillir; *(suj: coche)* renverser; *(suj: toro)* encorner; *(captar, entender)* saisir; *(Amér: vulg)* baiser. ◆ *vi (planta, árbol)* prendre; *(caber)* rentrer. ❑ **cogerse** *vpr*: **~se de** s'accrocher à.
cogida *f (de toro)* coup *m* de corne.
cogollos *mpl* cœurs *mpl* de laitue.
cogote *m* nuque *f*.
cohabitar *vi (pareja)* vivre ensemble.
coherencia *f* cohérence *f*.
coherente *adj* cohérent(-e).
cohete *m* fusée *f*.
COI *m (abrev de Comité Olímpico Inter)* CIO *m*.
coima *f (Amér: fam)* pot-de-vin *m*.
coincidencia *f* coïncidence *f*.
coincidir *vi* coïncider. ❑ **coincidir con** *v + prep (estar de acuerdo con)* être d'accord avec; *(ocurrir en el mismo momento que)* coïncider avec.
coito *m* coït *m*.
cojear *vi (persona)* boiter; *(mueble)* être bancal(-e).
cojín *m* coussin *m*.
cojo, **-ja** *adj (persona)* boi-

teux(-euse); *(mueble)* bancal(-e). ◆ *m, f* boiteux *m* (-euse *f*).

cojón *m (vulg)* couille *f*. ❑ **cojones** *interj (vulg)* bordel!

cojudear *vt (Amér: fam)* déconner.

cojudez *f (Amér: fam)* connerie *f*.

cojudo, -da *adj (Amér: fam)* con (conne).

col *f* chou *m*.

cola *f* queue *f*; *(de vestido)* traîne *f*; *(para pegar)* colle *f*; *(bebida)* Coca® *m*; **hacer ~** faire la queue; **~ de caballo** queue de cheval; **traer ~** *(fig)* avoir des suites.

colaboración *f* collaboration *f*.

colaborador, -ra *m, f* collaborateur *m* (-trice *f*).

colaborar *vi*: **~ en** collaborer à.

colada *f* lessive *f*.

colado, -da *adj*: **estar ~ por** *(fam)* en pincer pour.

colador *m* passoire *f*.

colar *vt (líquido)* filtrer; *(lo falso, lo ilegal etc)* passer. ◆ *vi (mentira)* prendre. ❑ **colarse** *vpr (fam: en cine, metro etc)* se faufiler; *(equivocarse)* se planter; *(en una cola)* resquiller.

colcha *f* couvre-lit *m*.

colchón *m* matelas *m*.

colchoneta *f (de playa)* matelas *m* pneumatique; *(de gimnasio)* tapis *m* de sol.

colección *f* collection *f*.

coleccionar *vt* collectionner.

coleccionista *mf* collectionneur *m* (-euse *f*).

colecta *f* collecte *f*.

colectivo, -va *adj* collectif(-ive). ◆ *m* association *f*.

colega *mf* collègue *mf*.

colegiado, -da *m, f* (DEP) arbitre *m*.

colegial, -la *m, f* collégien *m* (-enne *f*).

colegio *m (de estudiantes)* école *f*; *(de médicos)* ordre *m*; **~ profesional** association *f* professionnelle.

cólera *m* choléra *m*. ◆ *f* colère *f*.

colérico, -ca *adj* colérique.

colesterol *m* cholestérol *m*.

coleta *f* couette *f*.

colgador *m* étendoir *m*.

colgar *vt* pendre; *(ropa mojada)* étendre; *(cuadro)* accrocher; *(fam: abandonar)* laisser tomber; **~ (el teléfono)** raccrocher (le téléphone).

coliflor *f* chou-fleur *m*.

colilla *f* mégot *m*.

colina *f* colline *f*.

colirio *m* collyre *m*.

colitis *f inv* colite *f*.

collage *m* collage *m*.

collar *m* collier *m*.

collarín *m* minerve *f*.

colmado *m* épicerie *f*.

colmar *vt* remplir à ras bord; **~ a alguien de** combler qqn de.

colmena *f* ruche *f*.

colmillo *m (de persona)* canine *f*; *(de elefante)* défense *f*; *(de perro)* croc *m*.

colmo *m* comble *m*.
colocación *f (situación)* emplacement *m*; *(empleo)* place *f*.
colocado, -da *adj (fam) (drogado)* défoncé(-e); *(bebido)* bourré(-e).
colocar *vt* placer; ~ **a alguien** *(proporcionar empleo)* placer qqn. ❑ **colocarse** *vpr (fam: con drogas)* se défoncer; *(con alcohol)* se bourrer.
Colombia *s* Colombie *f*.
colombiano, -na *adj* colombien(-enne). ◆ *m, f* Colombien *m* (-enne *f*).
colonia *f (grupo de personas, territorio)* colonie *f*; *(perfume)* eau *f* de Cologne; *(Amér: barrio)* quartier *m*; ~ **proletaria** *(Amér)* bidonville *m*; *(para niños)* colonie de vacances; **ir de ~s** partir en colonie de vacances.
colonización *f* colonisation *f*.
colonizar *vt* coloniser.
colono *m* colon *m (personne)*.
coloquial *adj* parlé(-e) *(langue)*.
coloquio *m* colloque *m*.
color *m* couleur *f*; *(aspecto)* jour *m*; **en** ~ en couleurs.
colorado, -da *adj* rouge; **ponerse** ~ rougir.
colorante *m* colorant *m*.
colorete *m* fard *m* à joues.
colorido *m* coloris *m*; **tener** ~ *(animación)* être animé(-e).
colosal *adj* colossal(-e).
columna *f* colonne *f*; ~ **vertebral** colonne vertébrale.
columpiarse ❑ **columpiarse** *vpr* se balancer.
columpio *m* balançoire *f*.
coma *f* virgule *f*. ◆ *m* coma *m*; **estar en** ~ être dans le coma.
comadreja *f* belette *f*.
comadrona *f* sage-femme *f*.
comandante *mf* commandant *m*.
comando *m* commando *m*.
comarca *f* région *f*.
comba *f* corde *f* à sauter.
combate *m* combat *m*.
combatir *vi* & *vt* combattre.
combinación *f* combinaison *f*; **tener buena** ~ ne pas avoir beaucoup de changements à faire *(en métro)*.
combinado *m* cocktail *m*.
combinar *vt* combiner. ◆ *vi* être assorti(-e); ~ **algo con** *(compaginar)* combiner qqch avec; ~ **con** être assorti(-e) à.
combustible *m* combustible *m*.
combustión *f* combustion *f*.
comecocos *m inv* casse-tête *m*.
comedia *f* comédie *f*; **hacer** ~ *(fam)* jouer la comédie.
comediante *mf* comédien *m* (-enne *f*).
comedor *m* salle *f* à manger.
comensal *mf* convive *mf*.
comentar *vt* commenter.
comentario *m* commentaire *m*.

comentarista *mf* commentateur *m* (-trice *f*).
comenzar *vt* & *vi* commencer; ~ **a** commencer à.
comer *vt* manger. ◆ *vi* manger; *(al mediodía)* déjeuner.
comercial *adj* commercial(-e).
comercializar *vt* commercialiser.
comerciante *mf* commerçant *m* (-e *f*).
comerciar *vi*: ~ **con** commercer avec.
comercio *m* commerce *m*.
comestible *adj* comestible.
cometa *m* comète *f*. ◆ *f* cerf-volant *m*.
cometer *vt* commettre.
cometido *m* *(encargo)* mission *f*.
cómic *m* bande *f* dessinée.
comicios *mpl* *(formal)* élections *fpl*.
cómico, **-ca** *adj* & *m, f* comique.
comida *f* *(alimento)* nourriture *f*; *(almuerzo, cena)* repas *m*; ~ **rápida** restauration *f* rapide; ~ **casera** cuisine *f* familiale; ~**s para llevar** plats *mpl* à emporter.
comienzo *m* début *m*; **a ~s del año** au début de l'année.
comillas *fpl* guillemets *mpl*; **entre ~s** entre guillemets.
comilón, **-ona** *adj* & *m, f* gros mangeur (grosse mangeuse).
comilona *f* *(fam)* gueuleton *m*.
comino *m* cumin *m*; **me importa un ~** *(fam)* je m'en fiche complètement.
comisaría *f* commissariat *m*.
comisario, **-ria** *m, f* commissaire *m*.
comisión *f* commission *f*.
comisura *f* commissure *f*.
comité *m* comité *m*.
comitiva *f* cortège *m*.
como *adv* comme; *(aproximadamente)* à peu près; **es tan alto ~ yo** il est aussi grand que moi; **~ si** comme si; **me quedan ~ mil pesetas** il me reste à peu près mille pesetas.
◆ *conj* *(ya que)* comme; *(si)* si; **~ no llegabas nos fuimos** comme tu n'arrivais pas, nous sommes partis; **¡~ vuelvas a hacerlo!** si jamais tu recommences!
cómo *adv* comment; *(exclamativo)* comme; **¿~ te llamas?** comment t'appelles-tu?; **¡~ pasa el tiempo!** comme le temps passe vite!; **¿~?** comment?; **¡~ no!** bien sûr!
◆ *m*: **el ~ y el porqué** le comment et le pourquoi.
cómoda *f* commode *f*.
cómodamente *adv* confortablement.
comodidad *f*: **con ~** confortablement; **un hotel con todas las ~es** un hôtel tout confort.
comodín *m* *(en juegos)* joker *m*.
cómodo, **-da** *adj* *(confortable)* confortable; *(práctico)* commode.
comodón, **-ona** *adj* *(fam)* flemmard(-e).

compa *mf (Amér: fam)* copain *m* (copine *f*).
compacto, -ta *adj* compact(-e).
compadecer *vt* avoir pitié de; **te compadezco** je compatis. ❑ **compadecerse de** *v + prep*: **~se de alguien** plaindre qqn.
compadrear *vi (Amér: fam)* crâner.
compadreo *m (Amér: fam)* camaraderie *f*.
compaginar *vt*: **~ algo con** concilier qqch avec.
compañerismo *m* camaraderie *f*.
compañero, -ra *m, f (de juego, clase)* camarade *mf*; *(de trabajo)* collègue *mf*; *(amigo)* ami *m* (-e *f*).
compañía *f* compagnie *f*; **de ~** de compagnie; **hacer ~** tenir compagnie.
comparación *f* comparaison *f*.
comparar *vt* comparer. ❑ **compararse** *vpr*: **~se con** se comparer à.
comparsa *f (de fiesta) groupe de personnes déguisées de la même manière pendant le carnaval et chantant des chansons satiriques*; *(de teatro)* figurants *mpl*. ◆ *mf (subalterno)* subalterne *mf*.
compartimiento *m* compartiment *m*.
compartir *vt* partager; **~ algo con alguien** partager qqch avec qqn.
compás *m (instrumento)* compas *m*; *(ritmo)* mesure *f*.
compasión *f* compassion *f*.
compasivo, -va *adj* compatissant(-e).
compatible *adj* compatible; **~ con** compatible avec.
compatriota *mf* compatriote *mf*.
compenetrarse *vpr* bien s'entendre.
compensación *f* compensation *f*.
compensar *vt* compenser; **no me compensa ir en coche** ça ne vaut pas la peine que j'y aille en voiture; **~ algo con** compenser qqch par.
competencia *f (rivalidad)* concurrence *f*; *(incumbencia)* ressort *m*; *(aptitud)* compétence *f*.
competente *adj* compétent (-e).
competición *f* compétition *f*.
competir *vi (rivalizar)* être en compétition.
competitivo, -va *adj (precio)* compétitif(-ive); *(mercado)* concurrentiel(-elle); *(deporte)* de compétition.
complacer *vt* faire plaisir à. ❑ **complacerse** *vpr*: **~se en** avoir plaisir à.
complaciente *adj* complaisant(-e).
complejidad *f* complexité *f*.
complejo, -ja *adj* complexe. ◆ *m* complexe *m*.
complementar *vt* compléter. ❑ **complementarse** *vpr* se compléter.

complementario, **-ria** *adj* complémentaire.
complemento *m* complément *m*.
completamente *adv* complètement.
completar *vt* compléter.
completo, **-ta** *adj* complet(-ète); **por ~** complètement; **'completo'** 'complet'.
complexión *f* constitution *f* *(physique)*.
complicación *f* complication *f*.
complicado, **-da** *adj* compliqué(-e).
complicar *vt* compliquer; **~ a alguien en** impliquer qqn dans. ❑ **complicarse** *vpr* se compliquer.
cómplice *mf* complice *mf*.
complot *m* complot *m*.
componente *m* composant *m*; *(de un grupo)* membre *m*.
componer *vt* *(obra literaria, musical)* composer; *(lo roto, desordenado)* arranger. ❑ **componerse de** *v + prep* se composer de; **componérselas** *(fam)* se débrouiller.
comportamiento *m* comportement *m*.
comportar *vt* impliquer. ❑ **comportarse** *vpr* se conduire.
composición *f* composition *f*.
compositor, **-ra** *m, f* compositeur *m* (-trice *f*).
compostura *f* *(buena educación)* tenue *f*.
compota *f* compote *f*.
compra *f* achat *m*; **hacer la ~** faire son marché; **ir de ~s** faire des courses.
comprador, **-ra** *m, f* acheteur *m* (-euse *f*).
comprar *vt* acheter.
comprender *vt* comprendre.
comprensible *adj* compréhensible.
comprensión *f* compréhension *f*.
comprensivo, **-va** *adj* compréhensif(-ive).
compresa *f* *(para higiene femenina)* serviette *f* hygiénique; *(para uso médico)* compresse *f*.
comprimido, **-da** *adj* comprimé(-e). ◆ *m* comprimé *m*.
comprimir *vt* comprimer.
comprobación *f* vérification *f*.
comprobar *vt* vérifier.
comprometer *vt* *(poner en peligro)* compromettre; *(hacer responsable)* impliquer. ❑ **comprometerse** *vpr* *(novios)* se fiancer; **~se a** s'engager à; **~se con** s'engager envers.
comprometido, **-da** *adj* *(asunto)* délicat(-e); *(con una idea)* engagé(-e).
compromiso *m* *(obligación)* engagement *m*; *(acuerdo)* compromis *m*; *(apuro)* embarras *m*; **sin ~** sans engagement.
compuerta *f* vanne *f*.
compuesto, **-ta** *adj* *(por varios elementos)* composé(-e); *(repa-*

rado) arrangé(-e). ◆ *m* composé *m*.

compungido, -da *adj* contrit(-e).

comulgar *vi* communier. ❑ **comulgar con** *v + prep (ideas, sentimientos)* partager.

común *adj* commun(-e).

comuna *f* communauté *f*.

comunicación *f* communication *f*; *(escrito)* avis *m*.

comunicado, -da *adj* communiqué(-e). ◆ *m* communiqué *m*; **bien/mal ~** *(pueblo, ciudad etc)* bien/mal desservi.

comunicar *vt* communiquer. ◆ *vi (teléfono)* être occupé(-e).

comunicativo, -va *adj* communicatif(-ive).

comunidad *f (grupo)* communauté *f*; **~ autónoma** communauté autonome *(nom donné à chacune des 17 régions d'Espagne dotées d'un gouvernement propre)*; **Comunidad Europea** Communauté Européenne.

COMUNIDAD AUTÓNOMA

Division territoriale de l'État espagnol, la «comunidad autónoma» peut être constituée d'une ou de plusieurs «provincias» (comparables aux départements) et jouit d'une certaine indépendance administrative. Les 17 «comunidades autónomas» espagnoles sont les suivantes: Andalucía, Aragón, Principado de Asturias, Comunidad Autónoma de las Islas Baleares, Canarias, Cantabria, Castilla y León, Castilla-La Mancha, Cataluña, Extremadura, La Rioja, Comunidad de Madrid, Région de Murcia, Comunidad Foral de Navarra, Comunidad de Valencia, Galicia et País Vasco.

comunión *f* communion *f*.

comunismo *m* communisme *m*.

comunista *mf* communiste *mf*.

comunitario, -ria *adj* communautaire.

con *prep* -1. *(gen)* avec; **clavó el clavo ~ el martillo** il a enfoncé le clou avec le marteau; **trabaja ~ su padre** il travaille avec son père; **lo ha conseguido ~ su esfuerzo** il y est parvenu grâce à ses efforts; **le robaron la cartera ~ varios documentos** on lui a volé son attaché-case qui contenait plusieurs documents.
-2. *(a pesar de)* bien que; **~ lo aplicado que es lo han suspendido** bien qu'il soit très appliqué, il a été recalé; **~ todo iremos a su casa** malgré tout nous irons chez lui.
-3. *(condición)* si; **~ salir a las cinco será suficiente** si nous partons à cinq heures, ça ira.
-4. *(en locuciones)*: **~ (tal) que** du moment que; **~ (tal) que llegue a tiempo me conformo** du moment qu'il arrive à l'heure, je ne me plains pas.

conato *m (de agresión)* tentative *f*; *(de incendio)* début *m*.

cóncavo, -va *adj* concave.

concebir *vt* concevoir; **no ~**

(no entender) ne pas arriver à comprendre.
conceder *vt (dar)* accorder; *(asentir)* admettre.
concejal, **-la** *m, f* conseiller municipal *m* (conseillère municipale *f*).
concentración *f (de personas)* rassemblement *m*; *(de partículas)* concentration *f*.
concentrado, **-da** *adj* concentré(-e). ◆ *m* concentré *m*.
concentrar *vt (interés, atención)* concentrer; *(lo desunido)* rassembler. ❑ **concentrarse** *vpr*: **~se en** *(estudio, trabajo)* se concentrer sur; *(lugar)* se rassembler dans.
concepción *f* conception *f*.
concepto *m* concept *m*; **tener en gran ~ a alguien** avoir une haute idée de qqn; **en ~ de** au titre de; **bajo ningún ~** en aucun cas.
concernir: **concernir a** *v + prep* concerner.
concertación *f* concertation *f*.
concertar *vt* convenir de.
concesión *f* concession *f*; *(de premio)* remise *f*.
concesionario, **-ria** *adj & m* concessionnaire.
concha *f (caparazón)* coquille *f*; *(material)* écaille *f*.
conchudo, **-da** *adj (Amér: vulg)* con (conne).
conciencia *f* conscience *f*; **a ~** consciencieusement; **tener ~ de** avoir conscience de.
concienzudo, **-da** *adj* consciencieux(-euse).
concierto *m (composición musical)* concerto *m*; *(actuación musical)* concert *m*; *(convenio)* accord *m*.
conciliación *f* conciliation *f*.
conciliar *vt (poner de acuerdo)* réconcilier; *(sueño)* trouver. ❑ **conciliarse con** *v + prep* se réconcilier avec.
concisión *f* concision *f*.
conciso, **-sa** *adj* concis(-e).
concluir *vt (acabar)* terminer; *(deducir)* conclure.
conclusión *f* conclusion *f*.
concordancia *f* concordance *f*.
concordar *vt* mettre d'accord. ◆ *vi (género, número)* s'accorder; **~ con** *(coincidir con)* concorder avec.
concordia *f* entente *f*.
concretar *vt (especificar)* préciser; *(reducir)* résumer.
concreto, **-ta** *adj* concret (-ète). ◆ *m*: **~ armado** *(Amér)* béton *m* armé.
concubina *f* concubine *f*.
concurrencia *f (público)* assistance *f*; *(de hechos)* coïncidence *f*.
concurrente *mf* participant *m* (-e *f*).
concurrido, **-da** *adj* fréquenté(-e).
concurrir *vi (coincidir)* se rejoindre; **~ a** assister à.
concursante *mf* candidat *m* (-e *f*).
concursar *vi* concourir.
concurso *m* concours *m*.

condado *m (territorio)* comté *m*.

condal *adj* comtal(-e); **la ciudad ~** Barcelone.

conde, **-desa** *m, f* comte *m* (comtesse *f*).

condecoración *f (insignia)* décoration *f*; *(acto)* remise *f* de décoration.

condena *f* condamnation *f*.

condenado, **-da** *adj* & *m, f* condamné(-e).

condenar *vt* condamner.

condensación *f* condensation *f*.

condensar *vt* condenser.

condición *f* condition *f*; *(modo de ser)* naturel *m*. ❑ **condiciones** *fpl* conditions *fpl*; **estar en buenas/malas condiciones** être en bon/mauvais état.

condicional *adj* conditionnel (-elle).

condimentar *vt* assaisonner.

condimento *m* condiment *m*.

condominio *m (Amér)* immeuble *m* en copropriété.

conducción *f* conduite *f*.

conducir *vt* & *vi* conduire.

conducta *f* conduite *f*.

conducto *m (tubo)* conduit *m*; *(vía)* voie *f*.

conductor, **-ra** *m, f (de vehículo)* conducteur *m* (-trice *f*). ◆ *m (transmisor)* conducteur *m*.

conectar *vt (cables, piezas)* raccorder; *(radio, televisión)* brancher. ❑ **conectar con** *v + prep* prendre contact avec; **no conecto (bien) con él** je ne m'entends pas bien avec lui.

conejera *f* terrier *m*.

conejo, **-ja** *m, f* lapin *m* (-e *f*).

conexión *f* liaison *f*.

confección *f* confection *f*. ❑ **confecciones** *fpl (tienda)* prêt-à-porter *m*.

confederación *f* confédération *f*.

conferencia *f (disertación)* conférence *f*; *(por teléfono)* communication *f* (longue distance).

conferenciante *mf* conférencier *m* (-ère *f*).

confesar *vt (delito, crimen)* avouer; *(pecados)* confesser. ❑ **confesarse** *vpr* se confesser.

confesión *f (de delito, crimen)* aveu *m*; *(de pecados)* confession *f*.

confesionario *m* confessionnal *m*.

confesor *m* confesseur *m*.

confeti *m* confetti *m*.

confiado, **-da** *adj* confiant (-e).

confianza *f* confiance *f*; **tener mucha ~ con alguien** bien connaître qqn.

confiar *vt* confier. ❑ **confiar en** *v + prep* avoir confiance en; **~ en que** espérer que. ❑ **confiarse** *vpr (despreocuparse)* être (trop) sûr(-e) de soi.

confidencia *f* confidence *f*.

confidencial *adj* confidentiel (-elle).

confidente *mf (de un secreto)*

confident *m* (-e *f*); *(de la policía)* indicateur *m* (-trice *f*).
configuración *f* configuration *f*.
configurar *vt* configurer.
confirmación *f* confirmation *f*.
confirmar *vt* confirmer.
confiscar *vt* confisquer.
confitado, **-da** *adj* confit(-e).
confite *m* sucrerie *f*.
confitería *f* confiserie *f (magasin)*.
confitura *f* confiture *f*.
conflictivo, **-va** *adj* conflictuel(-elle).
conflicto *m* conflit *m*.
confluencia *f (de ríos)* confluent *m*; *(de calles)* croisement *m*.
confluir: **confluir en** *v + prep* converger vers.
conformarse: **conformarse con** *v + prep* se contenter de.
conforme *adj* d'accord. ◆ *adv (como)* tel que (telle que); *(a medida que)* à mesure que; ~ **a** conformément à; ~ **con** d'accord avec.
conformidad *f*: **dar su** ~ donner son accord.
conformismo *m* conformisme *m*.
conformista *mf* conformiste *mf*.
confort *m* confort *m*.
confortable *adj* confortable.
confrontación *f* confrontation *f*.
confundir *vt (no distinguir)* confondre; *(liar)* embrouiller; ~ **algo/ a alguien con** confondre qqch/qqn avec. ❑ **confundirse** *vpr (equivocarse)* se tromper. ❑ **confundirse con** *v + prep (mezclarse con)* se confondre avec.
confusión *f* confusion *f*.
confuso, **-sa** *adj* confus(-e).
congelación *f* congélation *f*.
congelado, **-da** *adj (alimentos, productos)* surgelé(-e); *(persona)* congelé(-e). ❑ **congelados** *mpl* surgelés *mpl*.
congelador *m* congélateur *m*.
congelar *vt (líquido)* congeler; *(alimentos)* surgeler. ❑ **congelarse** *vpr (persona)* geler.
congeniar: **congeniar con** *v + prep* sympathiser avec.
congénito, **-ta** *adj* congénital(-e).
congestión *f* congestion *f*.
conglomerado *m (de madera)* aggloméré *m*.
congregar *vt* rassembler. ❑ **congregarse** *vpr* se rassembler.
congresista *mf* congressiste *mf*.
congreso *m* congrès *m*; ~ **de diputados** ≃ Chambre *f* des députés.
conjetura *f* conjecture *f*.
conjugación *f (de verbos)* conjugaison *f*; *(de colores, estilos)* combinaison *f*.
conjugar *vt* conjuguer.
conjunción *f* conjonction *f*.
conjuntamente *adv* conjointement.

conjuntivitis *f inv* conjonctivite *f*.
conjunto *m* ensemble *m*; *(de rock)* groupe *m*; **en ~** dans l'ensemble.
conmemoración *f* commémoration *f*.
conmemorar *vt* commémorer.
conmigo *pron* avec moi.
conmoción *f* *(perturbación)* commotion *f*; **~ cerebral** commotion *f* cérébrale.
conmover *vt* émouvoir.
conmutador *m* *(de electricidad)* commutateur *m*; *(Amér)* standard *m* téléphonique.
cono *m* cône *m*.
conocer *vt* connaître; *(distinguir)* reconnaître. ❑ **conocerse** *vpr* se connaître.
conocido, **-da** *adj* connu(-e). ◆ *m, f* connaissance *f*.
conocimiento *m* connaissance *f*. ❑ **conocimientos** *mpl* *(saberes)* connaissances *fpl*.
conque *conj* alors; **no llegaste ~ me fui** tu n'es pas venu, alors je suis parti.
conquista *f* conquête *f*.
conquistador, **-ra** *adj* séducteur(-trice). ◆ *m, f* *(de país)* conquistador *m*; *(persona seductora)* séducteur *m* (-trice *f*).
conquistar *vt* conquérir.
consagrado, **-da** *adj* consacré(-e).
consagrar *vt* consacrer; *(obispo, rey)* sacrer.
consciente *adj* conscient(-e); **ser ~ de** être conscient(-e) de.
consecuencia *f* conséquence *f*; **en ~** en conséquence; **a ~ de** à la suite de.
consecuente *adj* *(persona)* conséquent(-e); *(hecho)* consécutif(-ive).
consecutivo, **-va** *adj* consécutif(-ive).
conseguir *vt* obtenir.
consejo *m* conseil *m*.
consenso *m* consensus *m*.
consentido, **-da** *adj* gâté(-e) *(enfant)*.
consentir *vt* permettre.
conserje *m* concierge *mf*.
conserjería *f* conciergerie *f*.
conserva *f* conserve *f*; **en ~** en conserve.
conservador, **-ra** *adj* conservateur(-trice).
conservadurismo *m* conservatisme *m*.
conservante *m* conservateur *m (produit)*.
conservar *vt* conserver. ❑ **conservarse** *vpr* *(persona)* être bien conservé(-e); *(alimentos, productos)* se conserver.
conservatorio *m* conservatoire *m*.
considerable *adj* considérable.
consideración *f* considération *f*; **de ~** important(-e).
considerar *vt* considérer.
consigna *f* consigne *f*; **en ~** à la consigne.

consignación *f* consignation *f*; *(dinero asignado)* crédit *m*.
consigo *pron (con él, con ella)* avec lui (avec elle); *(con usted)* avec vous; *(con uno mismo)* avec soi.
consiguiente: **por consiguiente** *adv* par conséquent.
consistencia *f* consistance *f*.
consistente *adj* consistant (-e).
consistir: **consistir en** *v + prep (componerse de)* consister en; *(estar fundado en)* reposer sur.
consistorio *m (ayuntamiento)* hôtel *m* de ville.
consola *f* console *f*.
consolar *vt* consoler. ❑ **consolarse** *vpr* se consoler.
consolidación *f* consolidation *f*.
consolidar *vt* consolider.
consomé *m* bouillon *m* de viande; **~ al jerez** bouillon de viande au Xérès.
consonante *f* consonne *f*.
consorcio *m* consortium *m*.
consorte *mf* conjoint *m* (-e *f*).
conspiración *f* conspiration *f*.
conspirar *vi* conspirer.
constancia *f* constance *f*.
constante *adj* constant(-e). ◆ *f* constante *f*; **~ vitales** fonctions *fpl* vitales.
constantemente *adv* constamment.
constar: **constar de** *v + prep* être constitué(-e) de. ❑ **constar en** *v + prep* figurer dans; **me consta que** je suis certain(-e) que; **que conste que...** notez que...
constelación *f* constellation *f*.
constipado *m* rhume *m*.
constiparse *vpr* s'enrhumer.
constitución *f* constitution *f*
constitucional *adj* constitutionnel(-elle).
constituir *vt* constituer. ❑ **constituirse** *vpr* se constituer; **~se de** être constitué(-e) de.
construcción *f* construction *f*.
constructivo, **-va** *adj* constructif(-ive).
constructor *m* constructeur *m*.
constructora *f* entreprise du bâtiment.
construir *vt* construire.
consuelo *m* consolation *f*.
cónsul *mf* consul *m*.
consulado *m* consulat *m*.
consulta *f* consultation *f*; **~ (médica)** cabinet *m* médical.
consultar *vt* consulter.
consultorio *m (de médico)* cabinet *m* (médical); *(de revista etc)* courrier *m* des lecteurs; *(de radio) émission durant laquelle un spécialiste répond aux questions des auditeurs*.
consumición *f* consommation *f*; **'~ obligatoria'** 'consommation obligatoire'.
consumidor, **-ra** *m*, consommateur *m* (-trice *f*).
consumir *vt (gastar)* consom-

mer; *(acabar totalmente)* dilapider. ◆ *vi (gastar)* consommer. ❑ **consumirse** *vpr (extinguirse)* se consumer; *(alimentos)* se consommer.

consumismo *m* surconsommation *f*.

consumo *m* consommation *f*.

contabilidad *f* comptabilité *f*.

contable *mf* comptable *mf*.

contacto *m* contact *m*.

contador, -ra *m, f (Amér)* bailleur *m* de fonds; *(contable)* comptable *mf*. ◆ *m (de luz, gas, teléfono)* compteur *m*.

contagiar *vt (enfermedad)* transmettre; *(risa)* communiquer.

contagio *m (de enfermedad)* transmission *f*; **por ~** par contagion.

contagioso, -sa *adj* contagieux(-euse).

container *m (de mercancías)* conteneur *m*; *(de basuras)* benne *f* à ordures.

contaminación *f* pollution *f*.

contaminado, -da *adj* pollué(-e).

contaminar *vt* polluer. ❑ **contaminarse** *vpr* être pollué(-e).

contar *vt* compter; *(explicar)* raconter. ◆ *vi* compter. ❑ **contar con** *v + prep* compter sur.

contemplaciones *fpl*: **sin ~** sans ménagement.

contemplar *vt* contempler.

contemporáneo, -a *adj* contemporain(-e).

contenedor *m* conteneur *m*; **~ de basura** benne *f* à ordures.

contener *vt* contenir; *(respiración, risa)* retenir. ❑ **contenerse** *vpr* se retenir.

contenido, -da *adj* contenu (-e). ◆ *m* contenu *m*.

contentar *vt* faire plaisir à. ❑ **contentarse con** *v + prep* se contenter de.

contento, -ta *adj* content (-e).

contestación *f* réponse *f*.

contestador *m*: **~ automático** répondeur *m* (téléphonique).

contestar *vt* répondre à. ◆ *vi* répondre.

contexto *m* contexte *m*.

contigo *pron* avec toi.

contiguo, -gua *adj* contigu (-uë).

continental *adj* continental (-e).

continente *m* continent *m*.

continuación *f* suite *f*; **a ~** ensuite.

continuamente *adv* continuellement.

continuar *vt (proseguir)* continuer. ◆ *vi* continuer; *(permanecer)* être toujours *(au même endroit)*; *(extenderse)* continuer.

continuo, -nua *adj (sin interrupción)* continu(-e); *(repetido)* continuel(-elle).

contorno *m* contour *m*.

contra *prep* contre. ◆ *m* contre

m; **en ~** contre; **estar en ~ de algo** être contre qqch; **los pros y los ~s** le pour et le contre.
contrabajo *m* contrebasse *f*.
contrabandista *mf* contrebandier *m* (-ère *f*).
contrabando *m* contrebande *f*.
contracorriente *f* contre-courant *m*; **a ~** à contre-courant.
contradecir *vt* contredire. ❑ **contradecirse** *vpr* se contredire.
contradicción *f* contradiction *f*.
contradictorio, -ria *adj* contradictoire.
contraer *vt* contracter; **~ matrimonio** contracter mariage.
contraindicado, -da *adj* contre-indiqué(-e).
contraluz *m* contre-jour *m*; **a ~** à contre-jour.
contrapartida *f* contrepartie *f*; **en ~** en contrepartie.
contrapelo *m*: **a ~** *(acariciar)* à rebrousse-poil; *(actuar)* à contre-cœur.
contrapeso *m* contrepoids *m*.
contrariar *vt* contrarier.
contrario, -ria *adj* contraire; *(opuesto)* opposé(-e). ◆ *m, f* adversaire *mf*. ◆ *m* contraire *m*; **al** o **por el ~** au contraire; **llevar la contraria a alguien** contredire qqn.
contraseña *f (señal)* signe *m*; *(palabra, frase)* mot *m* de passe.
contrastar *vt (comparar)* comparer; *(comprobar)* éprouver. ◆ *vi* contraster.
contraste *m* contraste *m*.
contratar *vt (persona)* embaucher; *(servicio, obra)*: **~ algo con alguien** passer un contrat pour qqch avec qqn.
contratiempo *m* contretemps *m*.
contrato *m* contrat *m*.
contribuir *vi*: **~ a** contribuer à; **~ con** *(suma)* donner une participation de.
contrincante *mf* adversaire *mf*.
control *m* contrôle *m*; **~ de pasaportes** contrôle des passeports.
controlar *vt* contrôler. ❑ **controlarse** *vpr* se contrôler.
contusión *f* contusion *f*.
convalidar *vt (estudios)* obtenir une équivalence pour.
convencer *vt* convaincre. ❑ **convencerse de** *v + prep* se convaincre de.
convención *f* convention *f*.
convencional *adj* conventionnel(-elle).
conveniente *adj (beneficioso, pertinente)* bon (bonne); *(correcto)* convenable.
convenio *m* convention *f*.
convenir *vt* convenir de. ◆ *vi* convenir.
convento *m* couvent *m*.
conversación *f* conversation *f*; **dar ~ a alguien** faire la conversation à qqn.
conversar *vi* converser.
convertir *vt* convertir; **~ algo en** transformer qqch en; **lo convirtió en estrella** il a fait de lui une vedette. ❑ **convertirse** *vpr*: **~se**

a *(religión, ideología)* se convertir à; **~se en** *(transformarse en)* devenir.
convicción *f* conviction *f*.
convidado, -da *m, f* convive *mf*.
convidar *vt* convier.
convincente *adj* convaincant (-e).
convite *m* banquet *m*.
convivencia *f* vie *f* en commun.
convivir: **convivir con** *v + prep* vivre avec.
convocar *vt* convoquer.
convocatoria *f* convocation *f*.
convulsión *f* convulsion *f*; *(fig)* agitation *f*.
cónyuge *mf* conjoint *m* (-e *f*).
coña *f (vulg)*: **estar de ~** déconner; **dar la ~** emmerder.
coñac *m* cognac *m*.
coñazo *m (vulg)*: **ser un ~** être chiant(-e).
coño *interj (vulg)* bordel!
cooperar *vi* coopérer.
cooperativa *f* coopérative *f*.
coordinación *f* coordination *f*.
coordinar *vt* coordonner.
copa *f (para beber)* verre *m* (à pied); *(trofeo)* coupe *f*; *(de árbol)* cime *f*; **invitar a una ~** inviter à prendre un verre; **tomar una ~** prendre un verre; **ir de ~s** sortir prendre un verre. ❑ **copas** *fpl (de la baraja) l'une des quatre couleurs du jeu de cartes espagnol.*
copeo *m*: **ir de ~** *(fam)* faire la tournée des bars.
copia *f* copie *f*.
copiar *vt* copier.
copiloto *m* copilote *mf*.
copioso, -sa *adj* copieux (-euse).
copla *f (estrofa)* couplet *m*; *(canción)* chanson *f*.
copo *m* flocon *m*.
coquetear *vi* flirter.
coqueto, -ta *adj* coquet(-ette); *(frívolo)* aguicheur (-euse).
coraje *m (valor)* courage *m*; **dar ~** *(enfadar)* mettre en colère.
coral *m* corail *m*. ◆ *f* chorale *f*.
coraza *f* cuirasse *f*.
corazón *m* cœur *m*. ❑ **corazones** *mpl (de la baraja)* cœur *m*.
corbata *f* cravate *f*.
corchea *f* croche *f*.
corchete *m (cierre)* agrafe *f*; *(signo)* crochet *m*.
corcho *m (material)* liège *m*; *(tapón)* bouchon *m*.
cordel *m* ficelle *f*.
cordero, -ra *m, f (animal)* agneau *m* (agnelle *f*). ◆ *m (carne)* agneau *m*; **~ asado** agneau rôti.
cordial *adj* cordial(-e).
cordialmente *adv* cordialement.
cordillera *f* cordillère *f*; **la ~ Cantábrica** les monts Cantabriques.
cordón *m (de zapato)* lacet *m*; *(cable eléctrico)* fil *m*; **~ umbilical** cordon *m* ombilical.

Corea *s* Corée *f*; **~ del Norte/del Sur** Corée du Nord/du Sud.
coreografía *f* chorégraphie *f*.
corista *mf* choriste *mf*.
cornada *f* coup *m* de corne.
cornamenta *f* cornes *fpl*.
córnea *f* cornée *f*.
corneja *f* corneille *f*.
córner *m* corner *m*.
cornete *m* *(de helado)* cornet *m*.
cornflakes® ['konfleiks] *mpl* corn flakes *mpl*.
cornisa *f* corniche *f*.
coro *m* chœur *m*; **a ~** en chœur.
corona *f* couronne *f*; *(fig: trono)* Couronne *f*.
coronar *vt* couronner.
coronel *m* colonel *m*.
coronilla *f* sommet *m* du crâne; **estar hasta la ~** en avoir par-dessus la tête.
corporal *adj* corporel(-elle).
corpulento, -ta *adj* corpulent(-e).
Corpus *m* Fête-Dieu *f*.
corral *m* *(para animales)* cour *f* (de ferme); *(de aves)* basse-cour *f*.
correa *f* *(de bolso)* bandoulière *f*; *(de reloj)* courroie *f*; *(de animal)* laisse *f*.
corrección *f* correction *f*.
correctamente *adv* correctement.
correcto, -ta *adj* correct(-e).
corredor, -ra *m, f* *(en deporte)* coureur *m* (-euse *f*); *(intermediario)* courtier *m* (-ère *f*). ◆ *m* *(pasillo)* corridor *m*.
corregir *vt* corriger. ❑ **corregirse** *vpr* se corriger.
correo *m* *(correspondencia)* courrier *m*; **~ aéreo** poste *f* aérienne; **~ certificado** courrier recommandé; **~ urgente** pli *m* urgent. ❑ **Correos** *m inv* Poste *f*; **'Correos y Telégrafos'** ≃ La Poste.
correr *vi* courir; *(río)* couler; *(tiempo)* passer. ◆ *vt* *(desplazar)* pousser; *(deslizar)* tirer; **dejar ~** laisser courir. ❑ **correrse** *vpr* *(pintura, colores)* couler.
correspondencia *f* correspondance *f*.
corresponder *vi* correspondre; *(incumbir)* revenir; **~ a algo** remercier de qqch; **te corresponde hacerlo** c'est à toi de le faire.
correspondiente *adj* correspondant(-e).
corresponsal *mf* correspondant *m* (-e *f*) *(d'un journal)*.
corrida *f* corrida *f*.
corriente *adj* courant(-e); *(común)* ordinaire. ◆ *f* courant *m*; **estar al ~ de algo** être au courant de qqch; **poner al ~** mettre au courant; **~ (eléctrica)** courant (électrique).
corro *m* ronde *f*.
corromper *vt* *(sobornar)* corrompre; *(pudrir)* pourrir.
corrupción *f* corruption *f*.
corsé *m* corset *m*.
corsetería *f* boutique *f* de lingerie féminine.

cortacésped *m* tondeuse *f* à gazon.

cortado, **-da** *adj (salsa)* tourné(-e); *(labios, manos)* gercé(-e); *(persona)* timide. ◆ *m* noisette *f (café)*.

cortante *adj (cuchilla)* tranchant(-e); *(persona)* cassant(-e); *(viento)* cinglant(-e); *(frío)* glacial(-e).

cortar *vt* couper; *(calle)* barrer; *(conversación)* interrompre; *(labios, piel)* gercer. ❑ **cortarse** *vpr (herirse)* se couper; *(avergonzarse)* se troubler; *(leche, salsa)* tourner.

cortauñas *m inv* coupe-ongles *m inv*.

corte *m* coupure *f*; *(raja en tela)* déchirure *f*; *(vergüenza)* honte *f*; **~ y confección** confection *f*; **~ de pelo** coupe *f* de cheveux.

Cortes *fpl*: **Las ~** *le Parlement espagnol*.

cortés *adj* courtois(-e).

cortesía *f* politesse *f*.

corteza *f (de árbol)* écorce *f*; *(de pan, queso)* croûte *f*.

cortijo *m* ferme *f (andalouse)*.

cortina *f* rideau *m*.

corto, **-ta** *adj (breve)* court(-e); *(fam: tonto)* simplet(-ette); **quedarse ~** calculer trop juste; **~ de vista** myope.

cortometraje *m* court-métrage *m*.

cosa *f* chose *f*; **eso es ~ mía** cela ne regarde que moi; **como si tal ~** comme si de rien n'était.

coscorrón *m* coup *m* sur la tête.

cosecha *f* récolte *f*.

cosechar *vt* récolter. ◆ *vi* faire la récolte.

coser *vt & vi* coudre.

cosmopolita *adj* cosmopolite.

cosmos *m* cosmos *m*.

cosquillas *fpl* chatouilles *fpl*; **hacer ~** chatouiller; **tener ~** être chatouilleux(-euse).

cosquilleo *m* chatouillement *m*.

costa *f* côte *f*; **a ~ de** aux dépens de.

costado *m* flanc *m*.

costar *vi* coûter.

Costa Rica *s* Costa Rica *m*.

costarriqueño, **-ña** *adj* costaricien(-enne). ◆ *m, f* Costaricien *m* (-enne *f*).

coste *m* coût *m*.

costero, **-ra** *adj* côtier(-ère).

costilla *f* côte *f*; **~s de cordero** côtelettes *fpl* d'agneau.

costo *m* coût *m*.

costoso, **-sa** *adj* coûteux (-euse).

costra *f* croûte *f*.

costumbre *f* habitude *f*; **tener la ~ de** avoir l'habitude de.

costura *f* couture *f*.

costurera *f* couturière *f*.

costurero *m* corbeille *f* à ouvrage.

cota *f* cote *f (sur une carte)*.

cotejo *m* confrontation *f*.

cotidiano, -na *adj* quotidien (-enne).
cotilla *mf (fam)* commère *f*.
cotilleo *m (fam)* potin *m*.
cotillón *m* cotillon *m*.
cotización *f (de la moneda)* cours *m*.
cotizar *vt (en Bolsa)* coter; *(cuota)* cotiser.
coto *m* réserve *f*; ~ **(privado) de caza** chasse *f* gardée.
cotorra *f* perruche *f*; *(fam: charlatán)* pie *f*.
COU *m (abrev de curso de orientación universitaria) dernière année (facultative) des études secondaires, préparant à l'entrée à l'université,* ≃ terminale *f*.
coyuntura *f* conjoncture *f*.
coz *f* ruade *f*.
cráneo *m* crâne *m*.
cráter *m* cratère *m*.
crawl [krol] *m* crawl *m*.
creación *f* création *f*.
creador, -ra *m, f* créateur *m* (-trice *f*).
crear *vt* créer.
creatividad *f* créativité *f*.
creativo, -va *adj* créatif(-ive).
crecer *vi (persona)* grandir; *(luna, interés)* croître; *(río)* grossir; *(planta)* pousser.
crecimiento *m* croissance *f*.
credencial *f* laissez-passer *m*.
crédito *m (préstamo)* crédit *m*; *(confianza)* confiance *f*.
credo *m* credo *m*.
creencia *f (en religión)* croyance *f*; *(convicción)* conviction *f*.
creer *vt* croire; **¡ya lo creo!** je pense bien! ❑ **creer en** *v + prep* croire en.
creído, -da *adj* prétentieux (-euse).
crema *f* crème *f*; ~ **de belleza** crème de beauté; ~ **pastelera** crème pâtissière; ~ **catalana** crème renversée; ~ **de ave** velouté *m* de volaille; ~ **de cangrejos** velouté *m* de crabes; ~ **de espárragos** velouté *m* d'asperges; ~ **de gambas** velouté *m* de crevettes; ~ **de marisco** velouté *m* de fruits de mer.
cremallera *f* fermeture Éclair®.
crepe [krep] *f* crêpe *f*.
cresta *f* crête *f*.
cretino, -na *adj* crétin(-e).
creyente *mf* croyant *m* (-e *f*).
cría *f (de ganado)* élevage *m*; *(hijo de animal)* petit *m*, → **crío**.
criadero *m* élevage *m*.
criadillas *fpl testicules d'animal (taureau par exemple) utilisés en cuisine*.
criado, -da *m, f* domestique *mf*.
crianza *f* élevage *m*; *(de hijos)* éducation *f*.
criar *vt* élever. ◆ *vi (tener crías)* avoir des petits.
criatura *f* créature *f*; *(niño)* enfant *m*.
crimen *m* crime *m*.
criminal *mf* criminel *m* (-elle *f*).
crío, -a *m, f* gamin *m* (-e *f*).

criollo, **-lla** *m, f* créole *mf*.
crisis *f inv* crise *f*.
cristal *m* verre *m*.
cristalería *f (tienda)* vitrerie *f*; *(objetos)* verrerie *f*.
cristalino, **-na** *adj* cristallin (-e). ◆ *m* cristallin *m*.
cristianismo *m* christianisme *m*.
cristiano, **-na** *adj* & *m, f* chrétien(-enne).
Cristo *m* Christ *m*.
criterio *m (regla, norma)* critère *m*; *(juicio)* avis *m*.
crítica *f* critique *f*, → **crítico**.
criticar *vt* critiquer.
crítico, **-ca** *adj* & *m, f* critique.
croar *vi* coasser.
croissant [krwa'san] *m* croissant *m*.
cromo *m (estampa)* image *f*.
crónica *f* chronique *f*.
cronometrar *vt* chronométrer.
cronómetro *m* chronomètre *m*.
croqueta *f* croquette *f*.
croquis *m inv* croquis *m*.
cross *m inv* cross *m*.
cruce *m (de calles, caminos)* croisement *m*; *(en el teléfono)* interférence *f*.
crucero *m (en barco)* croisière *f*; *(de iglesia)* croisée *f* du transept.
crucial *adj* crucial(-e).
crucifijo *m* crucifix *m*.
crucigrama *m* mots croisés *mpl*.
crudo, **-da** *adj (alimento)* cru(-e); *(novela, película)* dur(-e); *(clima)* rude.
cruel *adj* cruel(-elle).
crueldad *f* cruauté *f*.
crujido *m* craquement *m*.
crujiente *adj* croustillant(-e).
crustáceo *m* crustacé *m*.
cruz *f* croix *f*; *(de moneda)* pile *f*; *(fig: carga)* calvaire *m*.
cruzada *f* croisade *f*.
cruzar *vt (calle)* traverser. ❑ **cruzarse** *vpr*: **~se de brazos** *(fig)* se croiser les bras. ❑ **cruzarse con** *v + prep*: **~se con alguien** croiser qqn.
cta. *abrev* = **cuenta**.
cte. *abrev* = **corriente**.
CTNE *f (abrev de Compañía Telefónica Nacional de España) compagnie nationale espagnole des télécommunications*, ≃ France Télécom.
cuaderno *m* cahier *m*.
cuadra *f* écurie *f*; *(Amér: esquina)* coin *m*; *(Amér: de casas)* pâté *m* de maisons.
cuadrado, **-da** *adj* carré(-e). ◆ *m* carré *m*.
cuadriculado, **-da** *adj* quadrillé(-e).
cuadrilla *f (de trabajadores)* équipe *f*; *(de maleantes)* bande *f*.
cuadro *m (cuadrado)* carré *m*; *(pintura)* tableau *m*; **a** ○ **de ~s** à carreaux.
cuajada *f* caillé *m*; **~ con miel** caillé avec du miel.
cual *pron*: **el/la ~** lequel/la-

quelle; **lo ~** *(sujeto)* ce qui; *(complemento)* ce que; **sea ~ sea** quel (quelle) que soit.

cuál *pron (interrogativo)* quel (quelle); *(especificando)* lequel (laquelle); **¿~ es la diferencia?** quelle est la différence?; **no sé ~ es el mejor** je ne sais pas lequel est le meilleur.

cualidad *f* qualité *f*.

cualificado, -da *adj* qualifié(-e).

cualquier *adj* → **cualquiera**.

cualquiera *adj* n'importe quel (n'importe quelle); **en cualquier lugar** n'importe où. ◆ *pron* n'importe qui. ◆ *mf* moins que rien *mf*.

cuando *adv* & *prep* quand. ◆ *conj (si)* si; **~ la guerra** pendant la guerre; **de ~ en ~, de vez en ~** de temps en temps; **~ tú lo dices será verdad** si c'est toi qui le dis, ça doit être vrai.

cuándo *adv* quand; **¿~ vendrás?** quand viendras-tu?

cuantía *f* quantité *f*.

cuanto, -ta *adj* -1. *(todo)* tout le (toute la); **despilfarra ~ dinero gana** il gaspille tout l'argent qu'il gagne.
-2. *(compara cantidades)*: **cuantas más mentiras digas, menos te creerán** plus tu raconteras de mensonges, moins on te croira.
◆ *pron* -1. *(de personas)* tous ceux qui (toutes celles qui); **dio las gracias a todos ~s le ayudaron** il a remercié tous ceux qui l'ont aidé.
-2. *(todo lo que)* tout ce que; **todo ~ dijo era verdad** tout ce qu'il a dit était vrai.
-3. *(compara cantidades)*: **~ más se tiene, más se quiere** plus on en a, plus on en veut.
-4. *(en locuciones)*: **~ antes** le plus vite possible; **en ~** dès que; **en ~ a** en ce qui concerne.

cuánto, -ta *adj (interrogativo)* combien de; *(exclamativo)* que de; **¿~s quieres?** combien en veux-tu?; **no sé ~s serán** je ne sais pas combien ils seront; **¡~s problemas!** que de problèmes! ◆ *pron (interrogativo)* combien; **¿~ hay?** combien y en a-t-il?; **me pregunto ~ gana** je me demande combien il gagne; **unos ~s** quelques-uns.

cuarenta *núm* quarante, → **seis**.

cuaresma *f* carême *m*.

cuartel *m* caserne *f*; **~ de la Guardia Civil** caserne de la Garde civile.

cuartelazo *m (Amér)* putsch *m*.

cuarteto *m* quatuor *m*.

cuartilla *f* feuille *f* (de papier).

cuarto, -ta *núm* quatrième. ◆ *m (habitación)* chambre *f*; *(parte)* quart *m*; **~ de baño** salle *f* de bains; **~ de hora** quart d'heure; **un ~ de kilo** une demi-livre, → **sexto**.

cuarzo *m* quartz *m*.

cuate, -ta *m, f (Amér: fam)* copain *m* (copine *f*).

cuatro *núm* quatre, → **seis**.

cuatrocientos, -tas *núm* quatre cents, → **seiscientos**.

Cuba *s* Cuba.
cubalibre *m* rhum-Coca *m*.
cubano, -na *adj* cubain(-e). ◆ *m, f* Cubain *m* (-e *f*).
cubertería *f* ménagère *f (couverts)*.
cubeta *f* cuvette *f*; *(Amér)* seau *m*.
cúbico, -ca *adj* cubique.
cubierta *f (de libro)* couverture *f*; *(de barco)* pont *m*.
cubierto, -ta *adj* couvert(-e). ◆ *m* couvert *m*. ◆ *f* toiture *f*; **a ~** à l'abri.
cubito *m*: **~ de hielo** glaçon *m*.
cúbito *m* cubitus *m*.
cubo *m (recipiente)* seau *m*; *(en geometría, matemáticas)* cube *m*; **~ de la basura** poubelle *f*.
cubrir *vt* couvrir. ❑ **cubrirse** *vpr* se couvrir.
cucaracha *f* cafard *m*.
cuchara *f* cuillère *f*.
cucharada *f* cuillerée *f*.
cucharilla *f* petite cuillère *f*.
cucharón *m* louche *f*.
cuchilla *f* lame *f*; **~ de afeitar** lame de rasoir.
cuchillo *m* couteau *m*.
cuclillas *fpl*: **en ~** accroupi(-e).
cucurucho *m* cornet *m*.
cuello *m* cou *m*; *(de camisa)* col *m*.
cuenca *f* bassin *m*.
cuenco *m* terrine *f (plat)*.
cuenta *f* compte *m*; *(factura)* note *f*; *(de collar)* perle *f*; **caer en la ~** comprendre; **darse ~ de** se rendre compte de; **tener en ~ algo** tenir compte de qqch.
cuentagotas *m inv* compte-gouttes *m inv*; **en ~** au compte-gouttes.
cuentakilómetros *m inv* compteur *m* kilométrique.
cuento *m (relato)* conte *m*; *(mentira)* histoire *f*.
cuerda *f* corde *f*; *(del reloj)* ressort *m*; **~s vocales** cordes vocales.
cuerno *m (de animal)* corne *f*; *(instrumento)* cor *m* de chasse.
cuero *m* cuir *m*; **en ~s** nu(-e) comme un ver; **~ cabelludo** cuir chevelu.
cuerpo *m* corps *m*.
cuervo *m* corbeau *m*.
cuesta *f* côte *f*; **ir ~ arriba** monter (la côte); **ir ~ abajo** descendre (la pente); **a ~s** sur le dos.
cuestión *f* question *f*; **ser ~ de** être une question de.
cuestionario *m* questionnaire *m*.
cueva *f* grotte *f*.
cuidado *m (esmero)* soin *m*; *(vigilancia)* attention *f*. ◆ *interj* attention!; **~ con** attention à; **un golpe de ~** un vilain coup; **estar al ~ de** s'occuper de; **tener ~** faire attention.
cuidadosamente *adv* soigneusement.
cuidadoso, -sa *adj* soigneux (-euse).
cuidar *vt* prendre soin de. ◆ *vi*: **~ de** *(asistir)* soigner. ❑ **cuidarse**

vpr se ménager. ❑ **cuidarse de** *v + prep* s'occuper de.

culata *f* culasse *f*.

culebra *f* couleuvre *f*.

culebrón *m (fam)* feuilleton *m* mélo.

culo *m* cul *m*.

culpa *f* faute *f*; **tiene la ~** c'est de sa faute.

culpabilidad *f* culpabilité *f*.

culpable *adj* & *mf* coupable; **~ de** coupable de.

culpar *vt* accuser; **~ a alguien de** accuser qqn de.

cultivar *vt* cultiver.

cultivo *m* culture *f (des terres)*.

culto, **-ta** *adj (persona)* cultivé(-e); *(estilo, lenguaje)* soutenu(-e). ◆ *m* culte *m*.

cultura *f* culture *f*.

cultural *adj* culturel(-elle).

culturismo *m* musculation *f*.

cumbre *f* sommet *m*.

cumpleaños *m inv* anniversaire *m*.

cumplido *m* compliment *m*.

cumplir *vt (ley, reglamento)* respecter; *(orden)* exécuter; *(años)* avoir; *(condena)* purger; *(promesa)* tenir. ◆ *vi (plazo)* expirer; **~ con** *(deber)* remplir; *(palabra)* tenir.

cúmulo *m (de cosas)* tas *m*; *(de nubes)* cumulus *m*.

cuna *f* berceau *m*.

cuneta *f (de calle)* caniveau *m*; *(de carretera)* fossé *m*.

cuña *f (calza)* cale *f*; *(en radio, televisión)* message *m* publicitaire.

cuñado, **-da** *m, f* beau-frère *m* (belle-sœur *f*).

cuota *f (a club)* cotisation *f*; *(cupo)* quote-part *f*.

cuplé *m chanson populaire espagnole légèrement satirique et licencieuse.*

cupo *m (cantidad máxima)* quota *m*; *(cantidad proporcional)* quote-part *f*.

cupón *m (de sorteo, lotería)* billet *m*.

cúpula *f* coupole *f*.

cura[1] *m* curé *m*.

cura[2] *f (restablecimiento)* guérison *f*; *(tratamiento)* cure *f*; **~ de reposo** cure de repos.

curandero, **-ra** *m, f* guérisseur *m* (-euse *f*).

curar *vt (enfermedo, herida)* soigner; *(carne, pescado)* faire sécher; *(pieles)* tanner. ❑ **curarse** *vpr*: **~se (de)** guérir (de).

curiosidad *f* curiosité *f*; **tener ~ por** être curieux(-euse) de.

curioso, **-sa** *adj* & *m, f* curieux(-euse).

curita *f (Amér)* pansement *m* adhésif.

curry *m* curry *m*; **al ~** au curry.

cursi *adj (prenda)* de mauvais goût; *(persona)* maniéré(-e).

cursillo *m (curso breve)* stage *m*; *(de conferencias)* cycle *m* de conférences.

curso *m* cours *m*; *(año académico)* année *f* scolaire; *(grupo de alumnos)* promotion *f*; **en ~** en cours.

cursor *m* curseur *m*.

curva *f* courbe *f*; *(de camino, carretera)* virage *m*.

curvado, -da *adj* courbe.

custodia *f* garde *f*.

cutis *m inv* peau *f* (du visage).

cutre *adj (fam: lugar)* craignos; *(tacaño)* radin(-e).

cuy *m (Amér)* cochon *m* d'Inde.

cuyo, -ya *adj* dont le (dont la); **el señor ~ hijo viste ayer** le monsieur dont tu as vu le fils hier; **el libro en cuya portada...** le livre sur la couverture duquel...

D

D. *abrev* = **don**.

dado *m* dé *m*.

daga *f* dague *f*.

dalia *f* dahlia *m*.

dama *f* dame *f*. ❑ **damas** *fpl (juego)* dames *fpl*.

danés, -esa *adj* danois(-e). ◆ *m, f* Danois *m* (-e *f*). ◆ *m (lengua)* danois *m*.

danza *f* danse *f*.

danzar *vt* & *vi* danser.

dañar *vt* endommager.

dañino, -na *adj (sustancia)* nocif(-ive); *(animal)* nuisible.

daño *m (dolor)* mal *m*; *(perjuicio)* dégât *m*; **hacer ~** faire mal.

dar *vt* -1. *(gen)* donner; **dame ese libro** donne-moi ce livre; **no le quieren ~ trabajo** ils ne veulent pas lui donner de travail; **me dio un consejo de amigo** il m'a donné un conseil d'ami; **el dinero no da la felicidad** l'argent ne fait pas le bonheur; **su aspecto daba señales de cansancio** il donnait des signes de fatigue; **da clases/conferencias en la universidad** il donne des cours/conférences à l'université; **van a ~ una fiesta para su aniversario** ils vont donner une fête pour son anniversaire.
-2. *(beneficios, intereses)* rapporter.
-3. *(suj: reloj)* sonner; **el reloj ha dado las diez** l'horloge a sonné dix heures.
-4. *(encender)* allumer; **por favor, da la luz** s'il te plaît, allume la lumière.
-5. *(en cine, televisión)* passer.
-6. *(provocar)*: **me da vergüenza/pena** cela me fait honte/de la peine; **me da risa** ça me fait rire.
-7. *(decir)*: **me dio las gracias/ los buenos días** il m'a dit merci/bonjour.
-8. *(expresa acción)*: **~ un grito** pousser un cri; **~ un susto a alguien** faire peur à qqn; **~ un empujón a alguien** bousculer qqn.
-9. *(considerar)*: **~ algo/a alguien por** considérer qqch/qqn comme; **le dieron por muerto** on l'a tenu pour mort.
-10. *(en locuciones)*: **~ de sí** *(ropa)* se détendre; *(zapato)* se faire.
◆ *vi* -1. *(horas)* sonner; **han dado las tres en el reloj** trois heures viennent de sonner à l'horloge.

-2. *(golpear en)*: **le dieron en la cabeza** ils l'ont frappé à la tête.
-3. *(sobrevenir)*: **le dieron varios ataques al corazón** il a eu plusieurs crises cardiaques.
-4. *(estar orientado)*: **~ a** *(ventana, balcón)* donner sur; *(puerta)* ouvrir sur.
-5. *(proporcionar)*: **~ de comer a alguien** donner à manger à qqn.
-6. *(alcanzar)*: **~ en el blanco** mettre dans le mille; **el sol le da en la cara** il a le soleil dans les yeux.
-7. *(en locuciones)*: **~ que pensar** donner à penser; **esta historia dio mucho que hablar** cette histoire a fait beaucoup parler les gens; **da igual** ○ **lo mismo** ce n'est pas grave; **¡qué más da!** qu'est-ce que ça fait!
❑ **dar a** *v + prep (llave de paso)* ouvrir.
❑ **dar con** *v + prep (encontrar)* trouver.
❑ **darse** *vpr* -1. *(suceder)* arriver.
-2. *(golpearse)* se cogner.
-3. *(tener aptitud)*: **se me dan bien/mal las matemáticas** je suis bon/mauvais en mathématiques.
-4. *(en locuciones)*: **~se prisa** se dépêcher; **dárselas de valiente** jouer les durs; **~se por** *(considerarse)* se considérer.
❑ **darse a** *v + prep (entregarse)* s'adonner à.

dardo *m* dard *m*. ❑ **dardos** *mpl (juego)* fléchettes *fpl*.

dátil *m* datte *f*.

dato *m* donnée *f*; **~s personales** *nom, prénom, adresse... d'une personne*.

dcha. *(abrev de derecha)* dr.

d. de J.-C. *(abrev de después de Jesucristo)* ap. J.-C.

de *prep* -1. *(gen)* de; **el coche ~ mi padre** la voiture de mon père; **bebió un gran vaso ~ agua** il a bu un grand verre d'eau; **háblame ~ ti** parle-moi de toi; **una bici ~ carreras** un vélo de course; **soy ~ Madrid** je suis de Madrid; **vengo ~ mi casa** je viens de chez moi; **morirse ~ frío** mourir de froid; **el mejor ~ todos** le meilleur de tous; **más/menos ~** plus/moins de.
-2. *(materia)* en; **un reloj ~ oro** une montre en or.
-3. *(en descripciones)*: **~ fácil manejo** facile à utiliser; **la señora ~ verde** la dame en vert.
-4. *(en calidad de)* comme; **trabaja ~ bombero** il travaille comme pompier.
-5. *(tiempo)*: **trabaja ~ noche y duerme ~ día** il travaille la nuit et dort le jour; **llegamos ~ madrugada** nous sommes arrivés à l'aube.
-6. *(condición)* si; **~ querer ayudarme, lo haría** s'il voulait m'aider, il le ferait.
-7. *(después de adj y antes de infinitivo)* à; **fácil ~ hacer** facile à faire.

debajo *adv* dessous; **~ de** sous; **por ~ de** en dessous de.

debate *m* débat *m*.

debatir *vt*: **~ algo** débattre de qqch.

deber *vt* -1. *(gen)* devoir; **nos debemos ir a casa a las diez** nous devons rentrer à la maison à dix

heures; **me debes doce mil pesetas** tu me dois douze mille pesetas. -2. *(en locuciones)*: **debido a** à cause de.
◆ *m* devoir *m*.
❑ **deber de** *v + prep (expresa suposición)* devoir; **debe de tener más de sesenta años** il doit avoir plus de soixante ans.
❑ **deberse a** *v + prep (ser consecuencia)* être dû (due) à; *(dedicarse)* se devoir à.
❑ **deberes** *mpl (trabajo escolar)* devoirs *mpl*.

debido, **-da** *adj* dû (due); **~ a** en raison de.

débil *adj* faible.

debilidad *f* faiblesse *f*; **sentir ~ por** avoir un faible pour.

debilitar *vt* affaiblir.

debut *m* débuts *mpl*.

década *f* décennie *f*.

decadencia *f* décadence *f*.

decadente *adj* décadent(-e).

decaer *vi (fuerza, energía)* décliner; *(ánimos, esperanzas)* faiblir; *(país)* s'affaiblir.

decaído, **-da** *adj (deprimido)* abattu(-e).

decano, **-na** *m, f* doyen *m* (-enne *f*).

decena *f* dizaine *f*.

decente *adj (honesto)* décent(-e); *(adecuado)* convenable; *(limpio)* propre.

decepción *f* déception *f*.

decepcionar *vt* décevoir. ❑ **decepcionarse** *vpr* être déçu(-e).

decidido, **-da** *adj* décidé(-e).

decidir *vt (acordar)* décider (de); *(determinar)* décider de; **~ hacer algo** décider de faire qqch. ❑ **decidirse** *vpr*: **~se a** se décider à.

decimal *adj* décimal(-e).

décimo, **-ma** *núm* dixième.
◆ *m* dixième *m*, → **sexto**.

decir *vt* dire; **~ que sí** dire oui; **¿diga, ¿dígame?** *(al teléfono)* allô!; **es ~** c'est-à-dire; **se dice que...** on dit que...

decisión *f* décision *f*.

declaración *f* déclaration *f*; *(testimonio)* déposition *f*; **prestar ~** témoigner; **tomar ~** recueillir une déposition; **~ de renta** déclaration de revenus.

declarado, **-da** *adj* déclaré(-e).

declarar *vt* déclarer; *(testimoniar)* témoigner. ◆ *vi (dar testimonio)* témoigner. ❑ **declararse** *vpr* se déclarer; *(en el amor)* faire une déclaration (d'amour).

declinar *vt* & *vi* décliner.

decoración *f* décoration *f*.

decorado *m* décor *m*.

decorar *vt (casa, habitación)* décorer; *(escenario)* monter le décor de.

decretar *vt* décréter.

decreto *m* décret *m*.

dedal *m* dé *m* (à coudre).

dedicación *f*: **de ~ exclusiva** *(en el trabajo)* à temps plein.

dedicar *vt (tiempo, dinero, energía)* consacrer; *(obra)* dédier. ❑ **dedicarse a** *v + prep* se consacrer à; **se dedica a la pintura** il est peintre.

dedo *m* doigt *m*; **hacer ~** *(fam)* faire du stop; **~ anular** annulaire *m*; **~ corazón** majeur *m*; **~ índice** index *m*; **~ meñique** petit doigt *m*; **~ gordo** pouce *m*.

deducción *f* déduction *f*.

deducir *vt* déduire.

defecar *vi* déféquer.

defecto *m* défaut *m*.

defender *vt* défendre. ❑ **defenderse** *vpr* se défendre; **~se de** se défendre contre.

defensa *f* défense *f*.

defensor, -ra *m, f* défenseur *m*.

deficiencia *f (defecto)* défaillance *f*; *(falta, ausencia)* insuffisance *f*.

deficiente *adj* déficient(-e).

déficit *m inv (en economía)* déficit *m*; *(escasez)* manque *m*.

definición *f* définition *f*.

definir *vt* définir. ❑ **definirse** *vpr (fig: en postura, ideas)* prendre position.

definitivo, -va *adj* définitif(-ive); **en definitiva** en définitive.

deformación *f* déformation *f*.

deformar *vt* déformer.

defraudar *vt (decepcionar)* décevoir; *(estafar)* frauder.

defunción *f (formal)* décès *m*.

degenerado, -da *m, f* dégénéré *m* (-e *f*).

degenerar *vi* dégénérer.

degustación *f* dégustation *f*.

dejadez *f* laisser-aller *m*.

dejar *vt* -1. *(colocar, poner)* laisser; **deja el abrigo en la percha** laisse ton manteau sur le portemanteau; **deja un poco de café para mí** laisse-moi un peu de café; **déjalo, que se fastidie** laisse (tomber), tant pis pour lui; **¡déjame! que tengo trabajo** laisse-moi (tranquille), j'ai du travail; **le dejaré la llave a la portera** je laisserai la clef à la concierge; **en vacaciones dejo el perro a mi madre** pendant les vacances, je laisse mon chien à ma mère; **'dejen salir antes de entrar'** 'laissez sortir avant d'entrer'.
-2. *(prestar)* prêter; **me dejó su pluma para firmar** il m'a prêté son stylo pour que je signe.
-3. *(abandonar)* quitter; **dejó a su familia** il a quitté sa famille; **ha dejado sus estudios** il a abandonné ses études.
-4. *(producir)*: **ha dejado buena impresión** il a fait bonne impression.
-5. *(omitir)* oublier; **~ algo por** o **sin hacer** ne pas faire qqch.
-6. *(esperar)*: **~ que** attendre que; **dejó que acabara de llover para salir** il a attendu qu'il cesse de pleuvoir pour sortir.
-7. *(en locuciones)*: **~ algo/a alguien aparte** laisser qqch/qqn de côté; **~ algo/a alguien atrás** laisser qqch/qqn derrière soi; **~ caer algo** laisser entendre qqch.
◆ *vi* -1. *(parar)*: **~ de** arrêter de.
-2. *(olvidar)*: **no ~ de** ne pas oublier de.
❑ **dejarse** *vpr* -1. *(olvidarse)*: **~se**

algo en algún sitio laisser o oublier qqch quelque part.
-2. *(descuidarse, abandonarse)* se laisser aller.
-3. *(en locuciones)*: **~se llevar por** se laisser influencer par; **~se ver** se montrer.
❑ **dejarse de** *v + prep*: **¡déjate de cuentos!** arrête de raconter des histoires!

del → **de, el.**

delantal *m* tablier *m*.

delante *adv* devant; **~ de** devant; **por delante de** devant.

delantera *f (de coche, avión)* avant *m*; **coger** o **tomar la ~** devancer.

delantero, -ra *adj* avant. ◆ *m (en deporte)* avant *m*.

delatar *vt (persona)* dénoncer; *(suj: gesto, acto)* trahir.

delco® *m* Delco® *m*.

delegación *f (oficina)* agence *f*; *(representación)* délégation *f*.

delegado, -da *m, f* délégué *m* (-e *f*).

delegar *vt* déléguer.

deletrear *vt* épeler.

delfín *m* dauphin *m*.

delgado, -da *adj (flaco)* maigre; *(fino)* mince.

deliberadamente *adv* délibérément.

deliberado, -da *adj* délibéré(-e).

deliberar *vt* délibérer.

delicadeza *f* délicatesse *f*.

delicado, -da *adj* délicat(-e).

delicia *f* délice *m*.

delicioso, -sa *adj* délicieux (-euse).

delincuencia *f* délinquance *f*.

delincuente *mf* délinquant *m* (-e *f*); **~ común** petit délinquant.

delirante *adj* délirant(-e).

delirar *vi* délirer.

delirio *m* délire *m*.

delito *m* délit *m*.

delta *m* delta *m*.

demanda *f* demande *f*; *(en un juicio)* action *f* en justice.

demandar *vt (pedir)* demander; *(en un juicio)* poursuivre.

demás *adj*: **las ~ personas** les autres personnes. ◆ *pron*: **los ~, las ~** les autres; **lo ~** le reste; **por lo ~** à part ça.

demasiado, -da *adj* trop de; **~ pan** trop de pain. ◆ *adv* trop; **come ~** il mange trop.

demencia *f* démence *f*.

demente *adj* dément(-e).

democracia *f* démocratie *f*.

demócrata *adj* & *mf* démocrate.

democráticamente *adv* démocratiquement.

democrático, -ca *adj* démocratique.

demoledor, -ra *adj (máquina, aparato)* de démolition; *(argumento)* écrasant(-e); *(crítica)* virulent(-e).

demoler *vt* démolir.

demonio *m* démon *m*; **¿qué ~s está haciendo?** bon sang, qu'est-ce qu'il fait?

demora *f* retard *m*.

.ostración *f* démonstra-.ion *f*; *(de afecto, sentimiento)* preuve *f*.
demostrar *vt (probar)* démontrer; *(indicar)* montrer.
denominación *f* dénomination *f*; ~ **de origen** appellation *f* d'origine.
densidad *f* densité *f*.
denso, -sa *adj* dense.
dentadura *f* dentition *f*; ~ **postiza** dentier *m*.
dentífrico *m* dentifrice *m*.
dentista *mf* dentiste *mf*.
dentro *adv (en el interior)* dedans, à l'intérieur; ~ **de** dans; ~ **del coche** dans la voiture; ~ **de un año** dans un an.
denunciante *mf* dénonciateur *m* (-trice *f*).
denunciar *vt* dénoncer.
departamento *m (de armario, maleta)* compartiment *m*; *(de empresa, organismo)* département *m*.
dependencia *f (subordinación)* dépendance *f*; *(sección, departamento)* service *m*. ❑ **dependencias** *fpl* dépendances *fpl*.
depender: depender de *v + prep* dépendre de.
dependiente, -ta *m, f* vendeur *m* (-euse *f*).
depilarse *vpr* s'épiler.
depilatorio, -ria *adj* dépilatoire.
deporte *m* sport *m*; **hacer** ~ faire du sport; ~**s de invierno** sports d'hiver.
deportista *mf* sportif *m* (-ive *f*).
deportivo, -va *adj (zapatillas, pantalón)* de sport; *(competición, prueba)* sportif(-ive); *(persona)* fair-play. ◆ *m* voiture *f* de sport.
depositar *vt* déposer.
depósito *m* dépôt *m*; *(recipiente)* réservoir *m*; ~ **de agua** citerne *f*; ~ **de gasolina** réservoir d'essence.
depresión *f* dépression *f*.
depresivo, -va *adj* dépressif (-ive).
deprimido, -da *adj* déprimé(-e).
deprimir *vt* déprimer. ❑ **deprimirse** *vpr* être déprimé(-e).
deprisa *adv* vite.
depuradora *f* épurateur *m*.
depurar *vt* épurer.
derecha *f* droite *f*; **la** ~ la droite; *(mano derecha)* la main droite; **a la** ~ à droite; **ser de** ~**s** être de droite.
derecho, -cha *adj* droit(-e). ◆ *m* droit *m*; *(de tela, prenda)* endroit *m*. ◆ *adv* droit; **todo** ~ tout droit; **¡no hay** ~**!** ce n'est pas juste!; **del** ~ à l'endroit.
derivar: derivar de *v + prep* dériver de. ❑ **derivar en** *v + prep (acabar en)* se terminer par.
dermoprotector, -ra *adj* dermoprotecteur(-trice).
derramar *vt* répandre. ❑ **derramarse** *vpr* se répandre.
derrame *m* écoulement *m*; ~ **cerebral** hémorragie *f* cérébrale.

derrapar *vi* déraper.
derretir *vt* faire fondre. ❑ **derretirse** *vpr* fondre.
derribar *vt (casa, muro)* abattre; *(régimen, gobernante)* renverser.
derrochar *vt (dinero)* gaspiller; *(esfuerzos)* déployer; *(simpatía)* déborder de.
derroche *m (de dinero)* gaspillage *m*; *(de esfuerzos)* déploiement *m*; *(de simpatía)* démonstration *f*.
derrota *f* défaite *f*.
derrotar *vt* battre.
derrumbar *vt* démolir. ❑ **derrumbarse** *vpr* s'effondrer.
desabrochar *vt* défaire *(bouton, agrafe)*. ❑ **desabrocharse** *vpr* se déboutonner.
desacreditar *vt* discréditer.
desacuerdo *m* désaccord *m*.
desafiar *vt (persona)* défier; *(elementos, peligros)* affronter; ~ **a alguien a** défier qqn de.
desafinar *vi (persona)* chanter faux; *(instrumento)* être désaccordé(-e). ❑ **desafinarse** *vpr (instrumento de cuerda)* se désaccorder; *(instrumento de viento)* sonner faux.
desafío *m* défi *m*.
desafortunadamente *adv* malheureusement.
desafortunado, -da *adj (sin suerte)* malchanceux(-euse); *(inoportuno)* malheureux(-euse).
desagradable *adj* désagréable.
desagradecido, -da *adj* ingrat(-e).
desagüe *m* tuyau *m* d'écoulement.
desahogarse *vpr (hablar)* s'épancher; *(aliviarse)* se défouler.
desaire *m* affront *m*.
desajuste *m*: ~ **horario** décalage *m* horaire.
desaliñado, -da *adj* négligé(-e).
desalojar *vt* (faire) évacuer; ~ **a alguien de** déloger qqn de.
desamparado, -da *adj* abandonné(-e).
desangrarse *vpr* saigner abondamment; *(totalmente)* perdre tout son sang.
desanimar *vt* décourager. ❑ **desanimarse** *vpr* se décourager.
desaparecer *vi* disparaître.
desaparecido, -da *m, f* disparu *m* (-e *f*).
desaparición *f* disparition *f*.
desapercibido, -da *adj*: **pasar** ~ passer inaperçu.
desaprovechar *vt (tiempo, ocasión)* perdre; *(comida, tela)* gaspiller.
desarmador *m (Amér)* tournevis *m*.
desarrollado, -da *adj* développé(-e).
desarrollar *vt* développer. ❑ **desarrollarse** *vpr* se développer; *(suceder, ocurrir)* se dérouler.
desarrollo *m* développement *m*; *(de una persona)* croissance *f*.
desasosiego *m* trouble *m*.
desastre *m (desgracia, fracaso)* désastre *m*; *(persona)* calamité *f*;

(objeto de mala calidad) catastrophe *f*.
desatar *vt* détacher; *(sentimiento)* déchaîner.
desatino *m* bêtise *f*.
desavenencia *f (culto: desacuerdo)* désaccord *m*.
desayunar *vi* prendre son petit déjeuner. ◆ *vt*: ~ **algo** prendre qqch au petit déjeuner.
desayuno *m* petit déjeuner *m*.
desbarajuste *m* désordre *m*.
desbaratar *vt* faire échouer.
desbordarse *vpr (río, lago)* déborder; *(sentimiento, pasión)* se déchaîner.
descabellado, **-da** *adj* insensé(-e).
descafeinado *adj m* & *m* décaféiné.
descalificar *vt (jugador)* disqualifier; *(desacreditar)* discréditer.
descalzarse *vpr* se déchausser.
descalzo, **-za** *adj* pieds nus; **ir** ~ marcher pieds nus.
descampado *m* terrain *m* vague.
descansar *vi* se reposer.
descansillo *m* palier *m (d'escalier)*.
descanso *m (reposo)* repos *m*; *(pausa)* pause *f*; *(en espectáculo)* entracte *m*; *(en competición)* mi-temps *f*; *(alivio)* soulagement *m*.
descapotable *m* décapotable *f*.
descarado, **-da** *adj* effronté(-e).
descarga *f* déchargement *m*; ~ **eléctrica** décharge *f* électrique.
descargar *vt* décharger. ❑ **descargarse** *vpr (batería, encendedor)* se décharger; *(desahogarse)* se défouler.
descaro *m* effronterie *f*.
descarrilar *vi* dérailler.
descartar *vt* écarter.
descendencia *f* descendance *f*.
descender *vi (bajar)* descendre; *(disminuir)* baisser.
descendiente *mf* descendant *m* (-e *f*).
descenso *m* descente *f*; *(de índice, temperatura)* baisse *f*.
descifrar *vt* déchiffrer.
descolgar *vt* & *vi* décrocher.
descolorido, **-da** *adj* décoloré(-e).
descomponer *vt* décomposer; *(Amér)* abîmer. ❑ **descomponerse** *vpr* se décomposer; *(Amér)* tomber en panne.
descomposición *f* décomposition *f*; ~ **(de vientre)** dérangement *m* intestinal.
descompuesto, **-ta** *pp* → **descomponer**. ◆ *adj (Amér)* en panne.
desconcertante *adj* déconcertant(-e).
desconcertar *vt* déconcerter.
desconfianza *f* méfiance *f*.
desconfiar: **desconfiar de** *v + prep* ne pas avoir confiance en.

descongelar *vt (alimentos, bebidas)* décongeler; *(nevera)* dégivrer. ❑ **descongelarse** *vpr* décongeler.

descongestionarse *vpr (tráfico)* se débloquer; *(nariz)* se déboucher.

desconocer *vt (no conocer)* ne pas connaître; *(no saber)* ignorer.

desconocido, -da *m, f* inconnu *m* (-e *f*).

desconocimiento *m* méconnaissance *f*.

desconsiderado, -da *adj* grossier(-ère).

desconsolado, -da *adj* triste.

desconsuelo *m* tristesse *f*.

descontar *vt* déduire.

descrédito *m* discrédit *m*.

describir *vt* décrire.

descripción *f* description *f*.

descuartizar *vt* dépecer.

descubierto, -ta *adj (sin tapar)* découvert(-e); *(sin nubes)* dégagé(-e); **al ~** *(al aire libre)* en plein air; *(en evidencia)* ouvertement.

descubrimiento *m* découverte *f*.

descubrir *vt* découvrir; *(inventar)* inventer.

descuento *m (rebaja)* remise *f*.

descuerar *vt (Amér: fig)* dénigrer.

descuidado, -da *adj (persona, aspecto)* négligé(-e); *(lugar)* mal entretenu(-e).

descuidar *vt* négliger. ❑ **descuidarse** *vpr* ne pas faire attention.

descuido *m (imprudencia)* inattention *f*; *(error)* négligence *f*.

desde *prep (en el tiempo)* depuis; *(en el espacio)* de; **~ el lunes** depuis lundi; **~ mi casa** de ma maison; **~ luego** bien sûr; **~ que** depuis que; **~ que murió** depuis qu'il est mort.

desdén *m* dédain *m*.

desdentado, -da *adj* édenté(-e).

desdicha *f* malheur *m*.

desdoblar *vt* déplier.

desear *vt* désirer; **te deseo mucha suerte** je te souhaite bonne chance.

desechable *adj* jetable.

desechar *vt* rejeter.

desechos *mpl* déchets *mpl*.

desembarcar *vi* débarquer.

desembocadura *f (de río)* embouchure *f*; *(de calle)* débouché *m*.

desembocar: **desembocar en** *v + prep (río)* se jeter dans; *(calle, situación)* déboucher sur.

desempeñar *vt (papel)* jouer; *(funciones)* exercer; *(objeto empeñado)* récupérer.

desempleo *m* chômage *m*.

desencadenar *vt (provocar)* déchaîner. ❑ **desencadenarse** *vpr* se déchaîner.

desencajarse *vpr (piezas)* se déboîter; *(rostro)* se décomposer.

desencanto *m* désenchantement *m*.

desenchufar *vt* débrancher.
desenfadado, -da *adj* décontracté(-e).
desenfrenado, -da *adj* effréné(-e).
desengañar *vt* détromper. ❑ **desengañarse** *vpr* se détromper; **~se de** être déçu(-e) par.
desengaño *m* déception *f*.
desenlace *m* dénouement *m*.
desenmascarar *vt* démasquer.
desenredar *vt* démêler.
desentenderse: **desentenderse de** *v + prep (obligaciones, actividades)* négliger.
desenvolver *vt (paquete, regalo)* défaire. ❑ **desenvolverse** *vpr (persona)* se débrouiller.
deseo *m* désir *m*.
desequilibrado, -da *adj* déséquilibré(-e).
desesperación *f* désespoir *m*.
desesperarse *vpr* se désespérer.
desfachatez *f* toupet *m*.
desfallecer *vi* défaillir.
desfigurarse *vpr* se décomposer *(visage)*.
desfiladero *m* défilé *m (en montagne)*.
desfile *m* défilé *m*.
desgana *f (falta de apetito)* manque *m* d'appétit; **con ~** sans entrain.
desgastar *vt* user.
desgracia *f (suerte contraria)* malchance *f*; *(suceso trágico)* malheur *m*; **por ~** malheureusement.
desgraciadamente *adv* malheureusement.
desgraciado, -da *m, f* pauvre homme *m* (pauvre femme *f*).
desgraciar *vt* abîmer.
desgreñado, -da *adj* échevelé(-e); **ir ~** être échevelé.
deshacer *vt* défaire; *(destruir)* détruire; *(derretir)* faire fondre. ❑ **deshacerse** *vpr* se défaire; *(derretirse)* fondre. ❑ **deshacerse de** *v + prep* se défaire ○ se débarrasser de.
deshecho, -cha *adj (sin hacer)* défait(-e); *(estropeado)* cassé(-e); *(triste, abatido)* abattu(-e).
desheredar *vt* déshériter.
deshidratarse *vpr* se déshydrater.
deshielo *m* dégel *m*.
deshonesto, -ta *adj* malhonnête.
deshonra *f* déshonneur *m*.
deshuesar *vt (carne)* désosser; *(fruta)* dénoyauter.
desierto, -ta *adj* désert(-e). ◆ *m* désert *m*.
designar *vt (persona)* désigner; *(lugar)* choisir.
desigual *adj (no uniforme)* inégal(-e); *(irregular)* changeant(-e).
desigualdad *f* inégalité *f*.
desilusión *f* désillusion *f*.
desilusionar *vt* décevoir.
desinfectante *m* désinfectant *m*.
desinfectar *vt* désinfecter.

desinflar *vt* dégonfler.

desintegración *f* désintégration *f*.

desinterés *m* manque *m* d'intérêt.

desinteresado, **-da** *adj* désintéressé(-e).

desistir: **desistir de** *v + prep*: **~ de (hacer) algo** renoncer à (faire) qqch.

desliz (*pl* **-ces**) *m* faux pas *m*.

deslizar *vt (hacer pasar)* glisser. ❑ **deslizarse** *vpr (resbalar)* glisser.

deslumbrar *vt* éblouir.

desmadrarse *vpr (fam: persona)* se défouler.

desmaquillador *m* démaquillant *m*.

desmaquillarse *vpr* se démaquiller.

desmayarse *vpr* s'évanouir.

desmayo *m* évanouissement *m*.

desmentir *vt* démentir.

desmesurado, **-da** *adj* démesuré(-e).

desmontar *vt (estructura, aparato)* démonter. ◆ *vi*: **~ de** *(del caballo)* descendre de.

desmoralizar *vt* démoraliser.

desnatado, **-da** *adj* écrémé(-e).

desnivel *m* déséquilibre *m*.

desnudar *vt* déshabiller. ❑ **desnudarse** *vpr* se déshabiller.

desnudo, **-da** *adj* nu(-e).

desnutrición *f* malnutrition

desobedecer *vt* désobéir.

desobediente *adj* désobéissant(-e).

desodorante *m* déodorant *m*.

desorden *m* désordre *m*; **en ~** en désordre.

desordenar *vt* déranger.

desorganización *f* désorganisation *f*.

desorientar *vt* désorienter. ❑ **desorientarse** *vpr (perderse)* se perdre; *(confundirse)* être désorienté(-e).

despachar *vt (vender)* vendre; *(despedir)* congédier.

despacho *m* bureau *m*; **~ de billetes** guichet *m*.

despacio *adv* lentement. ◆ *interj* doucement!

despampanante *adj (fam: mujer)* canon.

desparpajo *m* sans-gêne *m inv*.

despecho *m* dépit *m*.

despectivo, **-va** *adj* méprisant(-e).

despedida *f* adieux *mpl*.

despedir *vt (decir adiós)* dire au revoir à; *(del trabajo)* renvoyer; *(arrojar)* jeter; *(desprender)* dégager; *(suj: volcán)* cracher. ❑ **despedirse** *vpr (decir adiós)* dire au revoir; *(del trabajo)* quitter son travail.

despegar *vt & vi* décoller.

despegue *m* décollage *m*.

despeinarse *vpr* se décoiffer.

despejado, **-da** *adj* dégagé(-e).
despejar *vt (lugar)* dégager; *(incógnita)* trouver; *(dudas)* éclaircir. ❑ **despejarse** *vpr (cielo, día)* se dégager; *(persona)* se réveiller.
despensa *f* garde-manger *m*.
despeñadero *m* précipice *m*.
desperdiciar *vt* gaspiller.
desperdicio *m* gaspillage *m*. ❑ **desperdicios** *mpl (basura)* déchets *mpl*.
desperezarse *vpr* s'étirer.
desperfecto *m* dégât *m*.
despertador *m* réveil *m*.
despertar *vt (persona)* réveiller; *(interés, sospecha)* éveiller; *(admiración)* susciter. ❑ **despertarse** *vpr* se réveiller.
despido *m* licenciement *m*.
despierto, **-ta** *adj* éveillé(-e).
despistado, **-da** *adj* tête en l'air.
despistarse *vpr (desorientarse)* s'égarer; *(distraerse)* avoir un moment d'inattention.
despiste *m (olvido)* étourderie *f*; *(error)* faute *f* d'étourderie.
desplazarse *vpr* se déplacer.
desplegar *vt (mapa, periódico)* déplier; *(cualidad, alas, bandera)* déployer.
desplomarse *vpr* s'effondrer.
despojos *mpl (de animal)* abats *mpl*; *(de persona)* dépouille *f* mortelle; *(sobras)* restes *mpl*.
despreciar *vt (persona, cosa)* mépriser; *(posibilidad, propuesta)* rejeter.
desprecio *m* mépris *m*.
desprender *vt (desengancha*r*)* détacher; *(olor)* dégager. ❑ **desprenderse** *vpr* se détacher. ❑ **desprenderse de** *v + prep (deshacerse de)* se détacher de; *(deducirse de)* se dégager de.
desprendimiento *m* éboulement *m*.
despreocuparse: **despreocuparse de** *v + prep* se désintéresser de.
desprevenido, **-da** *adj*: **coger ~** prendre au dépourvu.
desproporcionado, **-da** *adj* disproportionné(-e).
después *adv* -1. *(en el tiempo)* après; **decídete, ~ será demasiado tarde** décide-toi, après il sera trop tard.
-2. *(en espacio, lista)* ensuite; **¿qué calle viene ~?** quelle rue y a-t-il ensuite?; **Juan está primero, ~ vas tú** Juan est le premier, ensuite c'est toi.
-3. *(en locuciones)*: **~ de comer** après le déjeuner; **~ de que te fueras** après que tu es parti; **~ de todo** après tout.
◆ *adj*: **vino años ~** il est venu des années plus tard.
destacar *vt (realzar)* souligner. ◆ *vi (resaltar)* ressortir.
destajo *m* forfait *m*; **a ~** *(por un tanto)* au forfait; *(sin descanso)* d'arrache-pied.
destapar *vt (caja, botella etc)* ouvrir.
destello *m (de luz)* éclat *m*.

destemplado, **-da** *adj (persona)* fiévreux(-euse).
desteñir *vt* ternir; *(suj: ropa)* déteindre sur. ◆ *vi* déteindre.
desterrar *vt (persona)* exiler; *(pensamiento, sentimiento)* chasser.
destierro *m* exil *m*.
destilación *f* distillation *f*.
destilar *vt* distiller.
destilería *f* distillerie *f*.
destinar *vt* destiner; **~ a alguien a** affecter qqn à.
destinatario, **-ria** *m, f* destinataire *mf*.
destino *m (azar)* destin *m*; *(de viaje)* destination *f*; *(finalidad)* usage *m*; *(trabajo)* affectation *f*; **con ~ a** à destination de.
destornillador *m* tournevis *m*.
destornillar *vt* dévisser.
destrozar *vt (objeto)* mettre en pièces; *(plan, proyecto)* détruire; *(persona)* briser.
destrucción *f* destruction *f*.
destruir *vt* détruire; *(plan, proyecto)* démolir.
desuso *m*: **caer en ~** tomber en désuétude.
desvalijar *vt* dévaliser.
desván *m* grenier *m*.
desvanecimiento *m* évanouissement *m*.
desvariar *vi* délirer.
desvelar *vt (persona)* empêcher de dormir; *(secreto, misterio)* dévoiler. ❑ **desvelarse** *vpr* ne pas pouvoir dormir.
desventaja *f* désavantage *m*.
desvergonzado, **-da** *adj* effronté(-e).
desvestirse *vpr* se dévêtir.
desviar *vt* détourner. ❑ **desviarse** *vpr*: **~se de** *(camino)* dévier de; *(tema)* s'éloigner de.
desvío *m* déviation *f*.
detallar *vt* détailler.
detalle *m (pormenor, minucia)* détail *m*; *(delicadeza)* attention *f*; **al ~** *(minuciosamente)* en détail.
detallista *adj* méticuleux (-euse).
detectar *vt* détecter.
detective *mf* détective *mf*.
detener *vt* arrêter. ❑ **detenerse** *vpr* s'arrêter.
detenido, **-da** *m, f* détenu *m* (-e *f*).
detergente *m (para la ropa)* lessive *f*; *(para el suelo)* détergent *m*.
determinación *f* détermination *f*; **tomar una ~** prendre une résolution.
determinado, **-da** *adj* déterminé(-e).
determinante *adj* déterminant(-e). ◆ *m* déterminant *m*.
determinar *vt (fijar)* déterminer; *(causar, motivar)* être à l'origine de; **~ hacer algo** décider de faire qqch.
detestable *adj* détestable.
detestar *vt* détester.
detrás *adv (en el espacio)* derrière; *(en el orden)* après; **~ de** der-

rière; ~ **de la puerta** derrière la porte; **por** ~ par derrière.

deuda *f* dette *f*; **contraer ~s** avoir des dettes.

devaluación *f* dévaluation *f*.

devaluar *vt* dévaluer.

devoción *f* dévotion *f*.

devolución *f (de dinero)* remboursement *m*; *(de objetos)* retour *m* à l'expéditeur.

devolver *vt* & *vi* rendre; **'devuelve cambio'** 'cet appareil rend la monnaie'.

devorar *vt* dévorer.

devoto, **-ta** *adj (en religión)* dévot(-e); **ser ~ de** *(aficionado)* être amateur de.

dg *(abrev de decigramo)* dg.

DGT *f abrev* = **Dirección General del Tráfico**.

día *m* jour *m*; *(espacio de tiempo)* journée *f*; **es de ~** il fait jour; **al ~ siguiente** le lendemain; **del ~** frais (fraîche) *(légumes)*; **por ~** par jour; **~ azul** jour bleu; **~ del espectador** *jour où le prix des places de cinéma est réduit*; **~ festivo/laborable** jour férié/ouvrable; **~ de los inocentes** ≃ 1er avril; **~ libre** jour de congé; **~ del santo (patrón)** fête *f* patronale.

DÍA DE LOS INOCENTES

Le jour des saints Innocents, le 28 décembre, la tradition veut que les enfants et les adultes se fassent des plaisanteries et se jouent des tours appelés «inocentadas». La plaisanterie la plus courante est d'accrocher une marionnette en papier dans le dos de quelqu'un sans qu'il s'en rende compte. Les médias diffusent généralement une fausse nouvelle qu'ils démentent le lendemain.

DÍA DE LOS MUERTOS

C'est le nom que porte au Mexique le jour où l'on célèbre les défunts et qui correspond en Espagne à la fête de la Toussaint. Cette fête, une des plus importantes du Mexique, qui commence le premier novembre est surtout célébrée le 2. Les enfants se déguisent en morts, momies, vampires, sorcières, etc. Les pâtissiers vendent des têtes de mort en sucre et en chocolat de toutes tailles qui portent sur le front le nom de la personne à laquelle elles seront offertes et le «pan de muerto», une sorte de grand pain au lait rond recouvert de sucre. Dans les maisons et dans les rues, les gens portent des offrandes à leurs morts des fleurs, des bougies et un assortiment des choses que le défunt aimait de son vivant: de la tequila, des cigarettes, du pain...

diabetes *f inv* diabète *m*.

diabético, **-ca** *m, f* diabétique *mf*.

diablo *m* diable *m*.

diablura *f* diablerie *f*.

diabólico, **-ca** *adj* diabolique.

diadema *f* serre-tête *m*.

diagnosticar *vt* diagnostiquer.

diagnóstico *m* diagnostic *m*.

dialecto *m* dialecte *m*.
diálogo *m* dialogue *m*.
diamante *m* diamant *m*. ❑ **diamantes** *mpl (palo de la baraja)* carreau *m*.
diana *f* centre *m* de la cible.
diapositiva *f* diapositive *f*.
diario, -ria *adj* quotidien(-enne). ◆ *m* journal *m*; **a ~** tous les jours.
diarrea *f* diarrhée *f*.
dibujar *vt* dessiner.
dibujo *m* dessin *m*; **~s animados** dessins animés.
diccionario *m* dictionnaire *m*; **~ de bolsillo** dictionnaire de poche.
dicha *f* bonheur *m*.
dicho, -cha *pp* → **decir**. ◆ *m* dicton *m*. ◆ *adj*: **~ y hecho** aussitôt dit aussitôt fait; **mejor ~** ou plutôt.
diciembre *m* décembre *m*, → **setiembre**.
dictado *m* dictée *f*.
dictador *m* dictateur *m*.
dictadura *f* dictature *f*.
dictamen *m* avis *m*.
dictar *vt (texto)* dicter; *(decreto, ley)* promulguer.
dictatorial *adj* dictatorial(-e).
diecinueve *núm* dix-neuf, → **seis**.
dieciocho *núm* dix-huit, → **seis**.
dieciséis *núm* seize, → **seis**.
diecisiete *núm* dix-sept, → **seis**.
diente *m* dent *f*; **~ de ajo** gousse *f* d'ail; **~ de leche** dent de lait.
diéresis *f inv* tréma *m*.
diesel *m* diesel *m*.
diestro, -tra *adj (de la derecha)* droit(-e); *(experto)* adroit(-e). ◆ *m (torero)* torero *m*.
dieta *f* régime *m*. ❑ **dietas** *fpl* frais *mpl*.
dietética *f* diététique *f*.
diez *núm* dix, → **seis**.
diferencia *f* différence *f*; *(discrepancia)* différend *m*; **a ~ de** à la différence de.
diferenciar *vt* différencier.
diferente *adj* différent(-e). ◆ *adv* différemment.
diferido, -da *adj* différé(-e); **en ~** en différé.
diferir *vt* différer. ❑ **diferir de** *v + prep (estar en desacuerdo con)* ne pas être d'accord avec.
difícil *adj* difficile.
dificultad *f* difficulté *f*.
difundir *vt* diffuser; *(noticia)* répandre.
difunto, -ta *m, f* défunt *m* (-e *f*).
difusión *f* diffusion *f*.
digerir *vt* digérer.
digestión *f* digestion *f*; **hacer la ~** digérer.
digital *adj (de los dedos)* digital(-e); *(en electrónica)* numérique.
dígito *m* chiffre *m*.
dignarse *vpr*: **~se hacer algo** daigner faire qqch.
dignidad *f* dignité *f*.

digno, **-na** *adj* digne.
dilema *m* dilemme *m*.
diligente *adj (resuelto)* actif (-ive).
diluviar *v impers* pleuvoir à torrents.
diluvio *m* déluge *m*.
dimensión *f* dimension *f*.
diminuto, **-ta** *adj* tout petit (toute petite).
dimitir *vi* démissionner; ~ **de** démissionner de.
Dinamarca *s* Danemark *m*.
dinámico, **-ca** *adj* dynamique.
dinamita *f* dynamite *f*.
dinastía *f* dynastie *f*.
dinero *m* argent *m*; ~ **de bolsillo** argent de poche; ~ **suelto** monnaie *f*.
dinosaurio *m* dinosaure *m*.
diócesis *f inv* diocèse *m*.
dios *m* dieu *m*. ❑ **Dios** *m* Dieu *m*; **como Dios manda** comme il faut; **¡Dios mío!** mon Dieu!; **¡por Dios!** je t'en/vous en prie!
diploma *m* diplôme *m*.
diplomacia *f* diplomatie *f*.
diplomado, **-da** *m, f* diplômé *m* (-e *f*).
diplomarse: **diplomarse en** *v + prep*: **~se en ingeniería** obtenir son diplôme d'ingénieur.
diplomático, **-ca** *adj* diplomatique. ◆ *m, f* diplomate *mf*.
diplomatura *f* ≃ licence *f (diplôme)*.
diptongo *m* diphtongue *f*.
diputación *f (edificio)* chambre *f* des députés; ~ **provincial** *institution chargée du gouvernement des provinces d'une communauté autonome en Espagne*.
diputado, **-da** *m, f* député *m*.
dique *m* digue *f*.
dirección *f* direction *f*; *(domicilio)* adresse *f*; ~ **asistida** direction assistée; **Dirección General de Tráfico** *organisme dépendant du ministère de l'Intérieur espagnol chargé de la circulation routière*.
direccionales *mpl (Amér)* clignotants *mpl*.
directa *f* cinquième vitesse *f*.
directo, **-ta** *adj* direct(-e); **en** ~ en direct.
director, **-ra** *m, f* directeur *m* (-trice *f*).
directorio *m (anuario)* annuaire *m*; *(en informática)* répertoire *m*.
dirigente *mf* dirigeant *m* (-e *f*).
dirigir *vt* diriger; *(destinar)* adresser; *(obra de teatro)* mettre en scène; *(guiar, orientar)* guider; *(película)* réaliser; ~ **la palabra a alguien** adresser la parole à qqn. ❑ **dirigirse** *vpr*: **~se a** *(ir, marchar hacia)* se diriger vers; *(hablar a)* s'adresser à.
discar *vt (Amér)* composer *(un numéro de téléphone)*.
disciplina *f* discipline *f*.
discípulo, **-la** *m, f* disciple *mf*.
disco *m* disque *m*; *(semáforo)* feu *m*; ~ **compacto** disque compact.

disconformidad *f* désaccord *m*.
discoteca *f* discothèque *f*.
discotequero, -ra *adj (música, ambiente)* de discothèque.
discreción *f* discrétion *f*.
discrepancia *f* divergence *f*.
discreto, -ta *adj* discret(-ète).
discriminación *f* discrimination *f*.
discriminar *vt* discriminer.
disculpa *f* excuse *f*.
disculpar *vt* excuser. ❑ **disculparse** *vpr* s'excuser; **~se por algo** s'excuser de qqch.
discurrir *vi* réfléchir.
discurso *m* discours *m*.
discusión *f* discussion *f*.
discutible *adj* discutable.
discutir *vt (debatir)* discuter de; *(contradecir)* discuter. ◆ *vi (reñir)* se disputer.
disecar *vt* disséquer.
diseñador, -ra *m, f* dessinateur *m* (-trice *f*).
diseñar *vt* dessiner.
diseño *m* design *m*; **de ~** design.
disfraz (*pl* **-ces**) *m* déguisement *m*.
disfrazar *vt* déguiser. ❑ **disfrazarse** *vpr* se déguiser; **~se de** se déguiser en.
disfrutar *vi* s'amuser. ❑ **disfrutar de** *v + prep (vacaciones)* profiter de; *(ventajas)* bénéficier de; *(buena salud)* jouir de.
disgustar *vt* déplaire. ❑ **disgustarse** *vpr* se fâcher.
disgusto *m* contrariété *f*.
disidente *mf* dissident *m* (-e *f*).
disimular *vt* dissimuler. ◆ *vi* faire comme si de rien n'était.
disminución *f* diminution *f*.
disminuir *vt* diminuer.
disolvente *m* dissolvant *m*.
disolver *vt* dissoudre.
disparar *vt (arma)* décharger. ◆ *vi* tirer. ❑ **dispararse** *vpr (actuar precipitadamente)* s'emporter; *(precios)* s'envoler.
disparate *m* bêtise *f*.
disparo *m* coup *m* de feu.
dispensar *vt*: **~ a alguien de** dispenser qqn de.
dispersar *vt* disperser.
disponer *vt (colocar)* disposer; *(preparar)* préparer; *(establecer)* établir. ❑ **disponer de** *v + prep* disposer de. ❑ **disponerse** *vpr*: **~se a** s'apprêter à.
disponible *adj* disponible.
disposición *f* disposition *f*; **a ~ de** à la disposition de.
dispositivo *m* dispositif *m*.
dispuesto, -ta *adj* prêt(-e); **~ a** prêt à.
disputa *f* dispute *f*.
disputar *vt* disputer. ◆ *vi* se disputer. ❑ **disputarse** *vpr* se disputer.
disquete [dis'kete] *m* disquette *f*.
disquetera *f* lecteur *m* de disquette.
distancia *f* distance *f*; **¿a qué ~?** à quelle distance?
distanciarse *vpr* s'éloigner;

(perder afecto) prendre ses distances.
distante *adj (lugar)* éloigné(-e); *(persona)* distant(-e).
distinción *f* distinction *f.*
distinguido, -da *adj* distingué(-e).
distinguir *vt* distinguer.
distintivo *m* badge *m.*
distinto, -ta *adj* différent(-e).
distracción *f* distraction *f.*
distraer *vt* distraire. ❑ **distraerse** *vpr (descuidarse)* se déconcentrer; *(no prestar atención)* être distrait(-e); *(entretenerse)* se distraire.
distraído, -da *adj (entretenido)* amusant(-e); *(despistado)* distrait(-e).
distribución *f* distribution *f.*
distribuir *vt* distribuer.
distrito *m* district *m*; ~ **postal** code *m* postal.
disturbio *m* troubles *mpl.*
diurno, -na *adj* diurne.
diva *f* diva *f.*
diván *m* divan *m.*
diversidad *f* diversité *f.*
diversión *f* distraction *f.*
diverso, -sa *adj* divers(-e).
divertido, -da *adj* amusant (-e).
divertirse *vpr* s'amuser.
dividir *vt* diviser; *(repartir)* partager.
divino, -na *adj* divin(-e).
divisar *vt* apercevoir.
divisas *fpl* devises *fpl.*
división *f* division *f.*
divorciado, -da *m, f* divorcé *m* (-e *f*).
divorciarse *vpr* divorcer.
divorcio *m* divorce *m.*
divulgar *vt* divulguer.
DNI *m (abrev de documento nacional de identidad)* ≃ carte *f* nationale d'identité.

DNI

A partir de 14 ans, les citoyens espagnols doivent toujours avoir sur eux un «documento de identificación personal» (équivalant à la carte nationale d'identité) délivré par la police nationale et qui comporte la photographie, le nom, le prénom, la date et le lieu de naissance et l'adresse de l'intéressé. Les membres de la force publique peuvent demander à tout citoyen de présenter son «DNI» et lui imposer une amende en cas de non présentation.

dobladillo *m* ourlet *m.*
doblaje *m* doublage *m.*
doblar *vt* doubler; *(plegar, flexionar)* plier; ~ **la esquina** tourner au coin de la rue.
doble *adj* double. ◆ *mf (persona idéntica)* double *m*; *(en cine)* doublure *f.* ◆ *m* double *m*; **el ~ (de)** deux fois plus (que). ❑ **dobles** *mpl (en tenis)* double *m.*
doce *núm* douze, → **seis.**
docena *f* douzaine *f.*
docente *adj (personal)* ensei-

gnant(-e); *(centro)* d'enseignement.

dócil *adj* docile.

doctor, **-ra** *m, f* docteur *m*.

doctorado *m* doctorat *m*.

doctorarse *vpr* obtenir son doctorat.

doctrina *f* doctrine *f*.

documentación *f* papiers *mpl*; ~ **del coche** papiers de la voiture.

documental *m* documentaire *m*.

documento *m* document *m*; ~ **nacional de identidad** ≃ carte *f* nationale d'identité.

dogma *m* dogme *m*.

dogmático, **-ca** *adj* dogmatique.

dólar *m* dollar *m*.

doler *vi (sentir dolor, daño)* faire mal; *(causar pena)* faire de la peine; **me duele la pierna** j'ai mal à la jambe; **me duele verte llorar** ça me fait de la peine de te voir pleurer.

dolor *m (daño)* douleur *f*; *(pena)* peine *f*; **tener ~ de** avoir mal à; ~ **de cabeza** mal *m* de tête.

doloroso, **-sa** *adj* douloureux (-euse).

domador, **-ra** *m, f* dompteur *m* (-euse *f*).

domar *vt* dompter.

domesticar *vt* domestiquer.

doméstico, **-ca** *adj (de la casa)* ménager(-ère); *(animal)* domestique.

domicilio *m* domicile *m*; **a ~** à domicile.

dominante *adj* dominant(-e).

dominar *vt* dominer; *(pasiones, incendio, idioma)* maîtriser. ◆ *vi* dominer. ❑ **dominarse** *vpr* se dominer.

domingo *m* dimanche *m*; ~ **de Pascua** dimanche de Pâques; ~ **de Ramos** dimanche des Rameaux, → **sábado**.

dominguero, **-ra** *m, f (fam)* conducteur *m* (-trice *f*) du dimanche.

dominical *adj* dominical(-e).

dominio *m (autoridad)* domination *f*; *(de una lengua)* maîtrise *f*; *(territorio, ámbito)* domaine *m*.

dominó *m* dominos *mpl*.

don *m* don *m*; ~ **Luis García** monsieur Luis García.

donante *mf* donneur *m* (-euse *f*).

donativo *m* don *m*.

donde *adv* où; **el bolso está ~ lo dejaste** le sac est là où tu l'as laissé; **de/desde ~** d'où; **por ~** par où. ◆ *pron*: **ésta es la casa ~ nací** c'est la maison où je suis né; **de/desde ~** d'où; **ése es el camino por ~ pasamos** c'est le chemin par lequel nous sommes passés.

dónde *adv (interrogativo)* où; **¿~ está el niño?** où est le petit?; **no sé ~ se habrá metido** je ne sais pas où il est; **¿de/desde ~?** d'où?; **¿por ~?** par où?

donut® ['donut] *m* beignet *m* rond.

doparse *vpr* se doper.
doping ['dopin] *m* dopage *m*.
dorado, -da *adj (color)* doré (-e); *(de oro)* d'or.
dormir *vi* dormir. ◆ *vt* endormir; ~ **con alguien** dormir avec qqn. ❑ **dormirse** *vpr (persona)* s'endormir; *(parte del cuerpo)* s'engourdir.
dormitorio *m* chambre *f* (à coucher).
dorsal *adj* dorsal(-e).
dorso *m* dos *m*; ~ **de la mano** dos de la main.
dos *núm* deux; **cada ~ por tres** à tout bout de champ, → **seis**.
doscientos *núm* deux cents, → **seiscientos**.
dosis *f inv* dose *f*.
dotado, -da *adj* doué(-e); ~ **de** *(persona)* doué de; *(edificio, instalación)* équipé de.
dotar *vt* doter.
Dr. *(abrev de doctor)* Dr.
Dra. *(abrev de doctora)* Dr.
dragón *m* dragon *m*.
drama *m* drame *m*.
dramático, -ca *adj* dramatique.
dramaturgo, -ga *m, f* dramaturge *m*.
droga *f* drogue *f*.
drogadicción *f* toxicomanie *f*.
drogadicto, -ta *m, f* toxicomane *mf*.
droguería *f* droguerie *f*.
dto. *abrev* = **descuento**.
dual *adj*: **sistema ~** ≃ sous-titrage *m* codé.
ducha *f* douche *f*; **darse una ~** prendre une douche.
ducharse *vpr* se doucher.
duda *f* doute *m*; **sin ~** sans doute.
dudar *vi* douter. ❑ **dudar de** *v + prep* douter de.
duelo *m* duel *m*; *(pena)* deuil *m*.
duende *m (de cuentos infantiles)* lutin *m*; *(gracia, encanto)* charme *m*; **tener ~** avoir du charme.
dueño, -ña *m, f* propriétaire *mf*.
dulce *adj* doux (douce); *(azucarado)* sucré(-e). ◆ *m (pastel)* gâteau *m*; *(golosina)* bonbon *m*.
dulzura *f* douceur *f*.
duna *f* dune *f*.
dúo *m* duo *m*.
dúplex *m inv* duplex *m*.
duplicar *vt (cantidad)* doubler.
duración *f* durée *f*.
durante *adv* pendant.
durar *vi* durer.
durazno *m (Amér)* pêche *f*.
dureza *f* dureté *f*; *(callosidad)* durillon *m*.
duro, -ra *adj* dur(-e). ◆ *m (moneda)* pièce de cinq pesetas. ◆ *adv* dur.

E

ébano *m* ébène *f*.
ebrio, -bria *adj (formal)* ivre.
ebullición *f* ébullition *f*.
echar *vt* -1. *(tirar)* lancer; *(red, basura etc)* jeter; **echó la pelota** il a lancé le ballon.
-2. *(añadir, accionar)* mettre; **echa sal a la sopa, está sosa** mets du sel dans la soupe, elle est fade; **~ la llave/el cerrojo** fermer à clé/le verrou; **~ el freno** mettre le frein à main.
-3. *(decir)*: **nos echó un discurso al llegar** en arrivant il nous a fait un discours.
-4. *(enviar)* poster.
-5. *(expulsar)* renvoyer; **lo echaron del colegio** il s'est fait renvoyer du collège; **la han echado a la calle** ils l'ont mis à la porte.
-6. *(vapor, chispas)* faire; **~ humo** fumer.
-7. *(brotar)*: **los árboles echan hojas** les arbres bourgeonnent; **~ flores** fleurir.
-8. *(acostar)* allonger; **echa al niño en el sofá para que duerma** allonge le petit sur le canapé pour qu'il dorme.
-9. *(calcular)*: **¿cuántos años me echas?** quel âge me donnes-tu?
-10. *(fam: en televisión, cine)* passer; **¿qué echan esta noche en la tele?** qu'est-ce qu'il y a ce soir à la télé?
-11. *(en locuciones)*: **~ abajo** *(edificio)* abattre; *(gobierno)* renverser; *(proyecto)* faire échouer; **te echo de menos** tu me manques.
◆ *vi* -1. *(dirigirse)* prendre; **nos echamos a la carretera de buena mañana** nous avons pris la route très tôt.
-2. *(empezar)*: **~ a** se mettre à.
❑ **echarse** *vpr (lanzarse)* se jeter; *(acostarse)* s'allonger; **~se a** *(empezar a)* se mettre à.
echarpe *m* écharpe *f*.
eclesiástico, -ca *adj* ecclésiastique.
eclipse *m* éclipse *f*.
eco *m* écho *m*.
ecología *f* écologie *f*.
ecológico, -ca *adj* écologique.
economía *f* économie *f*. ❑ **economías** *fpl (ahorros)* économies *fpl*.
económico, -ca *adj* économique.
economista *mf* économiste *mf*.
ecosistema *m* écosystème *m*.
ecu *m* écu *m*.
ecuación *f* équation *f*.
ecuador *m* équateur *m*.
Ecuador *m*: **(el) ~** l'Équateur.
ecuatoriano, -na *adj* équatorien(-enne). ◆ *m, f* Équatorien *m* (-enne *f*).
edad *f* âge *m*; **la Edad Media** le Moyen Âge.
edición *f* édition *f*.
edificante *adj* édifiant(-e).

edificar *vt* construire.
edificio *m* bâtiment *m*.
editar *vt* éditer.
editor, **-ra** *m, f* éditeur *m* (-trice *f*).
editorial *f* maison *f* d'édition.
edredón *m* édredon *m*.
educación *f* éducation *f*.
educado, **-da** *adj* poli(-e); **bien/mal ~** bien/mal élevé.
educar *vt* éduquer; *(hijos)* élever.
educativo, **-va** *adj* éducatif (-ive).
EEUU *(abrev de Estados Unidos)* USA *mpl*.
efectivo *m*: **en ~** en espèces.
efecto *m* effet *m*; **en ~** en effet; **~s personales** effets personnels; **~s secundarios** effets secondaires.
efectuar *vt* effectuer.
eficacia *f* efficacité *f*.
eficaz (*pl* **-ces**) *adj* efficace.
eficiente *adj* efficace.
EGB *f (abrev de Enseñanza General Básica) cycle d'enseignement comprenant l'école primaire et les trois premières années du secondaire.*
Egipto *s* Égypte *f*.
egoísmo *m* égoïsme *m*.
egoísta *adj* égoïste.
egresado, **-da** *m, f (Amér)* diplômé *m* (-e *f*).
egresar *vi (Amér)* obtenir son diplôme.
egreso *m (Amér)* diplôme *m*.
ej. *(abrev de ejemplo)* ex.
eje *m* axe *m*.
ejecución *f* exécution *f*.
ejecutar *vt* exécuter.
ejecutivo, **-va** *m, f (de empresa)* cadre *m*.
ejemplar *adj* & *m* exemplaire.
ejemplo *m* exemple *m*; **poner un ~** donner un exemple; **por ~** par exemple.
ejercer *vt* exercer.
ejercicio *m* exercice *m*; **~ físico** exercice physique.
ejército *m* armée *f*.
ejote *m (Amér)* haricot *m* vert.
el, **la** (*mpl* **los**, *fpl* **las**) *art* -1. *(gen)* le (la); **~ libro** le livre; **la casa** la maison; **~ amor** l'amour; **las niñas** les petites filles; **~ agua** l'eau; **~ hacha** la hache; **~ águila** l'aigle.
-2. *(indica pertenencia)*: **se rompió la pierna** il s'est cassé la jambe.
-3. *(con días de la semana)*: **vuelven ~ sábado** ils reviennent samedi prochain.
-4. *(en locuciones)*: **~ de** celui de; **~ que** *(sujeto)* celui qui; *(complemento)* celui que.
él, **ella** (*mpl* **ellos**, *fpl* **ellas**) *pron* -1. *(sujeto, predicado)* il (elle); **ella es una amiga de la familia** c'est une amie de la famille; **mi hermano es ~** mon frère, c'est lui.
-2. *(complemento)* lui (elle); **voy a ir de vacaciones con ellos** je vais partir en vacances avec eux.
-3. *(posesivo)*: **de ~/ella** à lui/elle.
elaborar *vt* élaborer.
elasticidad *f* élasticité *f*.
elástico, **-ca** *adj* élastique.

❑ **elásticos** *mpl (para pantalones)* bretelles *fpl*.

elección *f (de regalo, vestido etc)* choix *m*; *(de presidente, jefe etc)* élection *f*. ❑ **elecciones** *fpl* élections *fpl*.

electricidad *f* électricité *f*.

electricista *mf* électricien *m* (-enne *f*).

eléctrico, -ca *adj* électrique.

electrocutar *vt* électrocuter.

electrodoméstico *m* appareil *m* électroménager.

electrónica *f* électronique *f*.

electrónico, -ca *adj* électronique.

elefante *m* éléphant *m*.

elegancia *f* élégance *f*.

elegante *adj* élégant(-e).

elegir *vt (escoger)* choisir; *(en votación)* élire.

elemental *adj* élémentaire.

elemento *m* élément *m*. ❑ **elementos** *mpl (fuerzas de la naturaleza)* éléments *mpl*.

elevación *f* élévation *f*.

elevado, -da *adj* élevé(-e).

elevador *m (Amér)* ascenseur *m*.

elevadorista *mf (Amér)* garçon *m* d'ascenseur.

elevar *vt* élever. ❑ **elevarse** *vpr* s'élever.

eliminación *f* élimination *f*.

eliminar *vt* éliminer.

élite *f* élite *f*.

ella → **él**.

ello *pron neutro* cela; **no hablaré de ~** je n'en parlerai pas; **para ~** pour cela.

ellos, ellas *pron pl (sujeto)* ils, elles; *(complemento)* eux, elles; **de ~/ellas** à eux/elles; **díselo a ~** dis-le-leur.

elocuencia *f* éloquence *f*.

elocuente *adj* éloquent(-e).

elogiar *vt* faire l'éloge de.

elogio *m* éloge *m*.

elote *m (Amér)* épi *m* de maïs.

eludir *vt (pregunta)* éluder; *(obligaciones, compromisos)* se soustraire à; *(perseguidores)* échapper à.

emancipado, -da *adj* émancipé(-e).

emanciparse *vpr* s'émanciper.

embajada *f* ambassade *f*.

embajador, -ra *m, f* ambassadeur *m* (-drice *f*).

embalar *vt* emballer. ❑ **embalarse** *vpr* s'emballer.

embalsamar *vt* embaumer.

embalse *m* lac *m (de barrage)*.

embarazada *adj f*: **estar ~** être enceinte.

embarazo *m (de mujer)* grossesse *f*; *(turbación)* embarras *m*.

embarcación *f* embarcation *f*.

embarcadero *m* embarcadère *m*.

embarcar *vi* embarquer. ❑ **embarcarse** *vpr (pasajeros)* s'embarquer; **~se en algo** se lancer dans qqch.

embargar *vt* saisir.
embargo *m (de bienes)* saisie *f*; **sin ~** cependant.
embarque *m* embarquement *m*.
embestir *vt* charger *(attaquer)*.
emblema *m* emblème *m*.
emborracharse *vpr* se soûler.
emboscada *f* embuscade *f*.
embotellado, -da *adj (vino, licor etc)* en bouteille; *(calle, circulación)* embouteillé(-e).
embotellamiento *m (de tráfico)* embouteillage *m*; *(de vino, agua etc)* mise *f* en bouteille.
embotellar *vt* mettre en bouteille.
embrague *m* embrayage *m*.
embrión *m* embryon *m*.
embromar *vt (Amér)* casser les pieds à.
embrujar *vt* ensorceler.
embudo *m* entonnoir *m*.
embustero, -ra *m, f* menteur *m* (-euse *f*).
embutidos *mpl* charcuterie *f*.
emergencia *f* urgence *f*.
emigración *f (de persona, pueblo)* émigration *f*; *(de animales)* migration *f*.
emigrante *mf* émigrant *m* (-e *f*).
emigrar *vi (persona, pueblo)* émigrer; *(animal)* migrer.
eminente *adj* éminent(-e).
emisión *f* émission *f*.
emisor, -ra *adj* émetteu (-trice).
emisora *f* station *f (de radio)*.
emitir *vt* émettre.
emoción *f* émotion *f*.
emocionado, -da *adj* ém (-e).
emocionante *adj* émouvan (-e).
emocionarse *vpr* être ém (-e).
empacho *m* indigestion *f*.
empanada *f sorte de tourte à l viande ou au poisson*; **~ galleg** *tourte au thon*.
empanadilla *f chausson fourr à la viande ou au thon*.
empañarse *vpr* être embu (-e).
empapado, -da *adj* tremp (-e).
empapar *vt* tremper. ❑ **empaparse** *vpr* être trempé(-e).
empapelar *vt* tapisser.
empaquetar *vt* emballe **'empaquetado para regalo'** *endro où l'on fait des paquets-cadeau dans les grands magasins*.
empastar *vt* plomber.
empaste *m* plombage *m*.
empatar *vi* être à égalité. ◆ *(Amér)* emboîter.
empate *m (en juego, deporte)* égalité *f*; *(Amér: empalme)* emboîtement *m*; **~ a dos** deux partout
empeñar *vt* mettre en gage. ❑ **empeñarse** *vpr (endeudarse)* s'endetter. ❑ **empeñarse en** *v prep (insistir en)* s'obstiner à.

empeño *m (constancia)* acharnement *m*.

empeorar *vt* aggraver. ◆ *vi* empirer.

emperador, -triz *m, f* empereur *m* (impératrice *f*). ◆ *m (pez)* espadon *m*.

empezar *vt & vi* commencer; ~ **a** commencer à.

empinado, -da *adj* escarpé (-e).

empleado, -da *m, f* employé *m* (-e *f*).

emplear *vt* employer.

empleo *m* emploi *m*.

emplomadura *f (Amér)* plombage *m*.

emplomar *vt (Amér)* plomber.

empotrado, -da *adj* encastré (-e); **armario** ~ placard *m*.

emprender *vt* entreprendre.

empresa *f* entreprise *f*.

empresario, -ria *m, f* chef *m* d'entreprise.

empujar *vt* pousser; ~ **a alguien a hacer algo** pousser qqn à faire qqch.

empujón *m* grand coup *m*; **a empujones** *(bruscamente)* en bousculant; *(de forma discontinua)* par à-coups.

en *prep* -1. *(en el interior)* dans; **viven ~ la capital** ils vivent dans la capitale; **entraron ~ la habitación** ils sont entrés dans la chambre.
-2. *(sobre la superficie)* sur; ~ **la bandeja/la mesa** sur le plateau/la table.
-3. *(en un punto concreto)* à; ~ **casa/el trabajo** à la maison/au travail.
-4. *(tiempo)* en, à; **llegará ~ mayo/Navidades** il arrivera en mai/à Noël.
-5. *(medio de transporte)* en; **ir ~ coche/tren/avión/barco** aller en voiture/train/avion/bateau.
-6. *(modo)* en, à; **lo dijo ~ inglés** il l'a dit en anglais; ~ **voz baja** à voix basse.
-7. *(precio)*: **las ganancias se calculan ~ millones** les gains se chiffrent en millions; **te lo dejo ~ 5.000 pesetas** je te le laisse à 5000 pesetas.
-8. *(tema, cualidad)* en; **es un experto ~ la materia** c'est un expert en la matière; **le supera ~ inteligencia** il est plus intelligent que lui.

enaguas *fpl* jupon *m*.

enamorado, -da *adj* amoureux(-euse); ~ **de** amoureux de.

enamorarse *vpr*: ~ **(de)** tomber amoureux(-euse) (de).

enano, -na *adj & m, f* nain(-e).

encabezar *vt (lista, grupo)* être en tête de; *(carta, escrito)* figurer en en-tête de.

encadenar *vt* enchaîner. ❑ **encadenarse** *vpr* s'enchaîner.

encajar *vt (meter)* emboîter; *(aceptar)* encaisser. ◆ *vi (caber)* s'emboîter; *(cuadrar)*: ~ **con** cadrer avec.

encaje *m* dentelle *f*.

encalar *vt* blanchir à la chaux.

encamotarse *vpr (Amér: fam)* s'amouracher.

encantado, -da *adj (satisfecho)* enchanté(-e); *(casa, lugar)* hanté(-e); *(persona)* ensorcelé(-e); *(fam: distraído)* distrait(-e). ◆ *interj (saludo)* enchanté(-e)!

encantador, -ra *adj* charmant(-e).

encantar *vt (hechizar)* ensorceler; **~le a alguien algo** adorer qqch; **¡me encanta!** j'adore! ❑ **encantarse** *vpr* avoir un moment de distraction.

encanto *m (atractivo)* charme *m*; *(hechizo)* enchantement *m*.

encapotado, -da *adj (cielo)* couvert(-e).

encapricharse *vpr*: **~ con algo** s'enticher de qqch; **~ con hacer algo** se mettre en tête de faire qqch.

encaramarse: **encaramarse a** *v + prep* se percher sur.

encarar *vt* affronter. ❑ **encararse** *vpr*: **~se con** tenir tête à.

encarcelar *vt* emprisonner.

encarecer *vt (precio)* faire monter.

encargado, -da *m, f* gérant *m* (-e *f*).

encargar *vt (pedir)* commander; **~ a alguien algo** *(poner al cuidado)* charger qqn de qqch. ❑ **encargarse de** *v + prep* se charger de.

encargo *m (pedido)* commande *f*; *(tarea)* mission *f*; *(recado)* commission *f*.

encariñarse: **encariñarse con** *v + prep* s'attacher à.

encarnado, -da *adj (rojo)* incarnat(-e); *(personificado)* incarné(-e).

encausar *vt* mettre en accusation.

encendedor *m* briquet *m*.

encender *vt* allumer. ❑ **encenderse** *vpr* s'allumer.

encendido *m* allumage *m*.

encerado *m (pizarra)* tableau *m* noir; *(del suelo)* cirage *m*.

encerrar *vt (meter dentro)* enfermer; *(contener)* renfermer. ❑ **encerrarse** *vpr* s'enfermer; **~se en sí mismo** se renfermer.

encestar *vi* marquer un panier.

enchilarse *vpr (Amér) (fam: con chile)* avoir la bouche en feu; *(enfadarse)* se fâcher.

enchinar *vt (Amér)* friser.

enchufar *vt (aparato eléctrico)* brancher; *(fam: a una persona)* pistonner.

enchufe *m (clavija)* prise *f* (de courant); *(fam: recomendación)* piston *m*.

encía *f* gencive *f*.

enciclopedia *f* encyclopédie *f*.

encierro *m (de personas)* réclusion *f*; *(de toros) course de taureaux lâchés dans les rues avant d'être conduits au toril*.

encima *adv (arriba)* au-dessus; *(además)* en plus; *(sobre sí)* sur soi; **~ de** *(sobre)* sur; *(en lugar superior)* au-dessus de; **por ~** superficiellement; **por ~ de** au-dessus de; **por**

~ **de todo** par-dessus tout; **no llevo dinero** ~ je n'ai pas d'argent sur moi.
encimera *f* plan *m* de travail.
encina *f* chêne *m* vert.
encinta *adj f*: **estar** ~ être enceinte.
encoger *vt (miembro)* contracter. ◆ *vi (tejido)* rétrécir. ❑ **encogerse** *vpr (tejido, ropa)* rétrécir; ~**se de hombros** hausser les épaules.
encolar *vt* coller.
encolerizarse *vpr* se mettre en colère.
encontrar *vt* trouver; ~ **trabajo** trouver du travail. ❑ **encontrarse** *vpr (coincidir)* se rencontrer; *(hallarse)* se trouver; ~**se con alguien** rencontrer qqn; ~**se cansado** se sentir fatigué.
encrespado, -da *adj (pelo)* crépu(-e); *(mar)* agité(-e).
encrucijada *f* carrefour *m*.
encuadernar *vt* relier.
encuadre *m* cadrage *m*.
encubrir *vt (persona)* couvrir; *(hecho)* dissimuler.
encuentro *m* rencontre *f*.
encuesta *f* sondage *m* (d'opinion).
encuestador, -ra *m, f* enquêteur *m* (-trice *f*).
enderezar *vt* redresser.
endeudado, -da *adj* endetté (-e).
endivia *f* endive *f*; ~**s al roquefort** endives au roquefort.
enemigo, -ga *m, f* ennemi *m* (-e *f*); ~ **de** ennemi de.
energía *f* énergie *f*.
enérgico, -ca *adj* énergique.
enero *m* janvier *m*, → **setiembre**.
enfadado, -da *adj* fâché(-e).
enfadarse *vpr* se fâcher.
enfado *m* colère *f*.
enfermar *vi* tomber malade. ❑ **enfermarse** *vpr (Amér)* tomber malade.
enfermedad *f* maladie *f*.
enfermería *f* infirmerie *f*.
enfermero, -ra *m, f* infirmier *m* (-ère *f*).
enfermizo, -za *adj (de poca salud)* maladif(-ive); *(obsesivo)* malsain(-e).
enfermo, -ma *adj* & *m, f* malade; **ponerse** ~ tomber malade.
enfocar *vt (luz, foco)* braquer; *(cámara fotográfica, de vídeo)* faire la mise au point sur; *(tema, cuestión, problema)* aborder.
enfoque *m (de cámara de fotos, vídeo)* mise *f* au point; *(de tema, problema)* approche *f*.
enfrentamiento *m* affrontement *m*.
enfrentarse *vpr* s'affronter; ~ **a** *(oponerse a)* tenir tête à.
enfrente *adv* en face; ~ **de** en face de.
enfriamiento *m* refroidissement *m*.
enfriarse *vpr (comida, bebida)* refroidir; *(relación)* se refroidir; *(resfriarse)* prendre froid.

enganchar *vt* accrocher; *(caballos)* atteler. ❑ **engancharse** *vpr* s'accrocher.

enganche *m (Amér)* acompte *m*; *(mecanismo, pieza)* crochet *m*; *(trenes, caballos)* attelage *m*; **de ~** *(Amér)* en acompte.

engañar *vt* tromper. ❑ **engañarse** *vpr (ilusionarse)* se leurrer; *(equivocarse)* se tromper.

engaño *m* tromperie *f*.

engañoso, -sa *adj* trompeur (-euse).

engendrar *vt* engendrer.

englobar *vt* englober.

engordar *vi* grossir; *(alimento)* faire grossir.

engorde *f (Amér)*: **(carne) de ~** *viande de bêtes qui ont été engraissées*.

engranaje *m* engrenage *m*.

engrasar *vt* graisser. ❑ **engrasarse** *vpr (motor)* s'encrasser.

engreído, -da *adj* suffisant (-e) *(prétentieux)*.

enhorabuena *f* félicitations *fpl*. ◆ *interj* félicitations!; **dar la ~ a alguien** féliciter qqn.

enigma *m* énigme *f*.

enjabonar *vt* savonner; *(fig)* passer de la pommade à. ❑ **enjabonarse** *vpr* se savonner.

enjuagar *vt* rincer. ❑ **enjuagarse** *vpr* se rincer.

enlace *m (de trenes)* correspondance *f*; *(de carreteras)* échangeur *m*; *(formal: matrimonio)* union *f*. ◆ *mf* intermédiaire *mf*.

enlazar *vt* relier.

enlosar *vt* daller.

enmendar *vt* corriger. ❑ **enmendarse** *vpr* se corriger.

enmienda *f (corrección)* correction *f*; *(de ley)* amendement *m*.

enmudecer *vi (por enfermedad)* devenir muet(-ette); *(por disgusto, susto etc)* rester muet(-ette).

enojado, -da *adj* en colère.

enojar *vt* mettre en colère. ❑ **enojarse** *vpr* se mettre en colère.

enojo *m* colère *f*.

enorme *adj* énorme.

enredadera *f* plante *f* grimpante.

enredar *vt (lana, hilo, pelo)* emmêler; *(engañar)* embrouiller; **~ a alguien en** entraîner qqn dans.

enredo *m (de lana, hilo)* enchevêtrement *m*; *(en el pelo)* nœuds *mpl*; *(situación difícil)* imbroglio *m*.

enriquecer *vt* enrichir. ❑ **enriquecerse** *vpr* s'enrichir.

enrojecer *vt* & *vi* rougir.

enrollar *vt* enrouler. ❑ **enrollarse** *vpr (fam)* avoir la langue bien pendue; **~se con alguien** *(ligar)* sortir avec qqn.

ensaimada *f gâteau brioché typique de Majorque*.

ensalada *f* salade *f*; **~ catalana** *salade verte accompagnée de tomates, d'oignons et de charcuterie*; **~ de lechuga** ○ **verde** salade verte; **~ mixta** *salade verte accompagnée de tomates*; **~ del tiempo** *salade verte accompagnée de tomates, carottes et* *pignons*; ~ **variada** salade composée.

ensaladera *f* saladier *m*.

ensaladilla *f*: ~ **(rusa)** salade *f* russe.

ensanchar *vt* élargir.

ensayar *vt (espectáculo)* répéter; *(mecanismo, invento)* tester.

ensayo *m (de espectáculo)* répétition *f*; *(en técnica, literatura)* essai *m*.

enseguida *adv* tout de suite.

ensenada *f* anse *f (de mer)*.

enseñanza *f* enseignement *m*.

enseñar *vt* montrer; *(en escuela, universidad)* enseigner.

enseres *mpl* biens *mpl*.

ensopar *vt (Amér)* tremper.

ensuciar *vt* salir. ❑ **ensuciarse** *vpr* se salir.

ente *m (ser)* être *m*; *(asociación)* organisme *m*.

entender *vt* comprendre; *(opinar)* penser. ◆ *vi* comprendre. ❑ **entender de** *v + prep* s'y connaître en. ❑ **entenderse** *vpr (comprenderse)* se comprendre; *(llegar a un acuerdo)* s'entendre; *(fam: estar liado)* avoir une liaison; **~se bien/mal con alguien** bien/mal s'entendre avec qqn.

entendido, **-da** *m, f* connaisseur *m* (-euse *f*); ~ **en** connaisseur en.

enterarse: **enterarse de** *v + prep*: ~ **de algo** *(noticia, suceso)* apprendre qqch; *(darse cuenta)* se rendre compte de qqch.

entero, **-ra** *adj* entier(-ère); *(firme)* fort(-e); **por** ~ entièrement.

enterrar *vt* enterrer.

entidad *f (asociación)* organisme *m*; *(en filosofía)* entité *f*.

entierro *m* enterrement *m*.

entlo *abrev* = **entresuelo**.

entonces *adv* alors; **desde** ~ depuis; **en** ○ **por aquel** ~ en ce temps-là.

entrada *f (lugar)* entrée *f*; *(de espectáculo)* place *f*; *(anticipo)* apport *m* initial; '~ **libre**' 'entrée libre'; '~ **por la otra puerta**' entrez par l'autre porte; **de** ~ d'emblée.

entrantes *mpl (entremeses)* entrées *fpl*.

entrañable *adj (digno de afecto)* attendrissant(-e); *(recuerdos, amigo)* cher (chère).

entrañas *fpl* entrailles *fpl*.

entrar *vi* -1. *(gen)*: **la pelota entró por la ventana** le ballon est entré par la fenêtre; **el clavo ha entrado en la pared** le clou est entré dans le mur; **entró en el partido en abril** il est entré au parti en avril; **entró de secretaria** elle a été embauchée comme secrétaire; **la consumición no entra** la boisson n'est pas comprise; **esto no entraba en mis cálculos** ceci n'entrait pas dans mes calculs.

-2. *(caber)*: **este anillo no te entra** cette bague est trop petite pour toi; **en el garaje entran dos coches** dans le garage il y a de la place pour deux voitures.

-3. *(entender)*: **no le entra la geometría** la géométrie, ça ne rentre

pas; **no me entra que aún lo quieras** je n'arrive pas à comprendre que tu l'aimes encore.
-4. *(estado físico o de ánimo)*: **me está entrando frío** je commence à avoir froid; **me entró mucha pena** ça m'a fait beaucoup de peine; **me entraron ganas de hablar** j'ai eu envie de parler.
-5. *(participar)* participer; ~ **en** participer à.
-6. *(cantidad)*: **¿cuántas peras entran en un kilo?** il faut combien de poires pour faire un kilo?
-7. *(AUTOM)* passer; **no entra la quinta** la cinquième ne passe pas.
-8. *(empezar)*: ~ **a** commencer à; **entró a trabajar en la fábrica en mayo** il a commencé à travailler à l'usine en mai.
◆ *vt (introducir)* rentrer.

entre *prep* -1. *(gen)* entre; **aparcar ~ dos coches** se garer entre deux voitures; **vendré ~ las tres y las cuatro** je viendrai entre trois et quatre heures.
-2. *(en medio de)* parmi; **estaba ~ los asistentes** il était parmi les personnes présentes; **encontré tu carta ~ los libros** j'ai trouvé ta lettre parmi les livres.
-3. *(participación, cooperación)*: ~ **tú y yo lo consiguiremos** à nous deux nous y arriverons; ~ **nosotros** *(en confianza)* entre nous.

entreabierto, -ta *adj* entrouvert(-e).

entreacto *m* entracte *m*.

entrecejo *m*: **fruncir el ~** froncer les sourcils.

entrecot *m* entrecôte *f*; ~ **a la pimienta verde** entrecôte au poivre vert; ~ **al roquefort** entrecôte au roquefort.

entrega *f (de premio, llaves)* remise *f*; *(de pedido)* livraison *f*; *(dedicación)* dévouement *m*; *(fascículo)* fascicule *m*.

entregar *vt (dar)* remettre. ❑ **entregarse a** *v + prep (rendirse)* se livrer à; *(abandonarse a)* s'abandonner à; *(dedicarse a)* se consacrer à; *(bebida)* s'adonner à.

entrelazar *vt* entrelacer.

entremeses *mpl* hors d'œuvre *m inv*.

entrenador, -ra *m, f* entraîneur *m* (-euse *f*).

entrenamiento *m* entraînement *m*.

entrenar *vt* entraîner. ❑ **entrenarse** *vpr* s'entraîner.

entrepierna *f* entrejambe *m*.

entresuelo *m* entresol *m*.

entretanto *adv* entre-temps.

entretecho *m (Amér)* grenier *m*.

entretener *vt (divertir)* distraire; *(hacer retrasar)* retarder. ❑ **entretenerse** *vpr (divertirse)* se distraire; *(retrasarse)* s'attarder.

entretenido, -da *adj (divertido)* distrayant(-e); *(que requiere atención)* prenant(-e).

entretenimiento *m* distraction *f*.

entretiempo *m*: **de ~** de demi-saison.

entrever *vt* entrevoir.

entreverar *vt (Amér)* entre

nêler. ❑ **entreverarse** *vpr* *Amér)* s'entremêler.

ntrevero *m* *(Amér)* confusion

ntrevista *f* *(reunión)* entre-ien *m*; *(en radio, TV)* interview *f*.

ntrevistador, -ra *m, f* in-erviewer *m* (-euse *f*).

ntrevistar *vt* interviewer.

ntristecer *vt* attrister. ❑ **en-ristecerse** *vpr* s'attrister.

ntrometerse *vpr* s'immis-er.

ntusiasmado, -da *adj* en-housiasmé(-e).

ntusiasmar *vi* enthousias-ner. ❑ **entusiasmarse** *vpr* s'en-housiasmer.

ntusiasmo *m* enthousiasme *1*.

ntusiasta *adj* enthousiaste.

nvasar *vt* conditionner.

nvase *m* *(recipiente)* emballage *1*; ~ **sin retorno** bouteille *f* non onsignée.

nvejecer *vi* vieillir.

nvenenamiento *m* empoi-onnement *m*.

nvenenar *vt* empoisonner.

nvergadura *f* envergure *f*.

nviar *vt* envoyer; ~ **algo por orreo** envoyer qqch par la poste.

nvidia *f* envie *f*.

nvidiar *vt* envier.

nvidioso, -sa *adj* envieux euse).

nvío *m* *(acción)* envoi *m*; *(pa-uete)* colis *m*.

enviudar *vi* devenir veuf (veu-ve).

envolver *vt* envelopper.

enyesar *vt* plâtrer.

epidemia *f* épidémie *f*.

episodio *m* épisode *m*.

época *f* époque *f*.

equilibrado, -da *adj* équili-bré(-e).

equilibrar *vt* équilibrer.

equilibrio *m* équilibre *m*.

equilibrista *mf* équilibriste *mf*.

equipaje *m* bagages *mpl*; ~ **de mano** bagage *m* à main.

equipar *vt* équiper.

equipo *m* *(de personas)* équipe *f*; *(de objetos, prendas)* matériel *m*; *(de música)* chaîne *f* (hi-fi).

equitación *f* équitation *f*.

equivalente *adj* équivalent (-e). ◆ *m* équivalent *m*.

equivaler: equivaler a *v* + *prep* équivaloir à.

equivocación *f* erreur *f*.

equivocado, -da *adj*: **estar ~** se tromper.

equivocar *vt*: ~ **algo con algo** confondre qqch avec qqch. ❑ **equivocarse** *vpr* se tromper; **~se de** se tromper de.

era *f* ère *f*; *(del campo)* aire *f*.

erguido, -da *adj* *(cabeza, persona)* dressé(-e).

erizo *m* hérisson *m*.

ermita *f* ermitage *m*.

erótico, -ca *adj* érotique.

erotismo *m* érotisme *m*.

errante *adj* errant(-e).
errar *vi (equivocarse)* se tromper.
erróneo, **-a** *adj* erroné(-e).
error *m* erreur *f*.
eructar *vi* éructer.
eructo *m* rot *m*.
erudito, **-ta** *m, f* érudit *m* (-e *f*).
erupción *f* éruption *f*.
esbelto, **-ta** *adj* svelte.
esbozo *m* ébauche *f*.
escabeche *m*: **en ~** mariné(-e).
escala *f* échelle *f*; *(de barco, avión)* escale *f*; **a gran ~** à grande échelle; **~ musical** gamme *f*.
escalador, **-ra** *m, f* alpiniste *mf*.
escalar *vt (montaña, pico)* escalader; *(posiciones)* grimper.
escalera *f (de casa, edificio)* escalier *m*; *(portátil)* échelle *f*; **~ de caracol** escalier en colimaçon; **~ mecánica** escalier mécanique. ❑ **escaleras** *fpl* escaliers *mpl*.
escalerilla *f* passerelle *f*.
escalofrío *m* frisson *m*.
escalón *m* marche *f*.
escalope *m* escalope *f*.
escalopín *m*: **escalopines de ternera** petites escalopes *fpl* de veau.
escama *f* écaille *f*.
escampar *vi* cesser de pleuvoir.
escandalizar *vt* scandaliser. ❑ **escandalizarse** *vpr* se scandaliser.
escándalo *m (alboroto)* tapage *m*; *(inmoralidad)* scandale *m*.
escaño *m (de diputado)* siège *m*
escapar *vi* s'échapper; **~ de** *(encierro)* s'échapper de; *(peligro)* échapper à. ❑ **escaparse** *vpr* *(persona)* s'échapper; *(líquido, gas)* fuir.
escaparate *m* vitrine *f*.
escape *m (de líquido, gas)* fuite *f*; **a ~** à toute vitesse.
escarabajo *m* scarabée *m*.
escarbar *vt (tierra)* gratter.
escarcha *f* givre *m*.
escarmentar *vt* donner une leçon à. ◆ *vi* tirer la leçon *(d'une expérience)*.
escarola *f* frisée *f*.
escasear *vi* manquer.
escasez *f (insuficiencia)* pénurie *f*; *(pobreza)* indigence *f*.
escaso, **-sa** *adj (poco frecuente)* rare; *(recursos, comida)* maigre; **un metro ~** à peine un mètre; **andar ~ de dinero** avoir peu d'argent.
escayola *f* plâtre *m*.
escayolar *vt* plâtrer.
escena *f* scène *f*.
escenario *m (de teatro)* scène *f*; *(fig: de un suceso)* théâtre *m*.
escepticismo *m* scepticisme *m*.
escéptico, **-ca** *adj* sceptique
esclavitud *f* esclavage *m*.
esclavo, **-va** *m, f* esclave *mf*.
esclusa *f* écluse *f*.
escoba *f* balai *m*.

escobilla *f (escoba)* balayette *f*; *(Amér: cepillo)* brosse *f*.
escocer *vi (piel)* brûler.
Escocia *s* Écosse *f*.
escoger *vt* choisir.
escolar *adj* scolaire. ◆ *mf* écolier *m* (-ère *f*).
escolaridad *f* scolarité *f*.
escollo *m* écueil *m*.
escolta *f* escorte *f*.
escombros *mpl* gravats *mpl*.
esconder *vt* cacher. ❑ **esconderse** *vpr* se cacher.
escondidas: **a escondidas** *adv* en cachette.
escondido, -da *adj* caché(-e).
escondite *m (lugar)* cachette *f*; *(juego)* cache-cache *m inv*.
escopeta *f* fusil *m (de chasse)*.
escorpión *m* scorpion *m*. ❑ **Escorpión** *m* Scorpion *m inv*.
escotado, -da *adj* décolleté(-e).
escote *m* décolleté *m*.
escotilla *f* écoutille *f*.
escribir *vt* & *vi* écrire; **~ a mano** écrire à la main; **~ a máquina** taper à la machine. ❑ **escribirse** *vpr* s'écrire.
escrito *m* écrit *m*.
escritor, -ra *m, f* écrivain *m*.
escritorio *m (mueble)* secrétaire *m*.
escritura *f (letra)* écriture *f*; *(DER)* acte *m*.
escrúpulo *m* scrupule *m*. ❑ **escrúpulos** *mpl*: **tener ~s** *(manías)* faire le délicat (la délicate).
escuadra *f (en dibujo)* équerre *f*; *(de barcos)* escadre *f*; *(del ejército)* escouade *f*.
escuchar *vt* & *vi* écouter; **~ la radio** écouter la radio.
escudella *f*: **~ catalana** *sorte de pot-au-feu avec du vermicelle et de la saucisse catalane*.
escudo *m (arma defensiva)* bouclier *m*; *(emblema)* blason *m*.
escuela *f* école *f*; **~ pública/privada** école publique/privée; **~ universitaria** institut *m* universitaire.
esculpir *vt* sculpter.
escultor, -ra *m, f* sculpteur *m*.
escultura *f* sculpture *f*.
escupir *vt* & *vi* cracher.
escurrir *vt (platos etc)* égoutter; *(ropa)* essorer. ◆ *vi (suelo)* être glissant(-e). ❑ **escurrirse** *vpr (deslizarse)* glisser.
ese, esa (*mpl* **esos**, *fpl* **esas**) *adj* ce (cette); **esa casa** cette maison; **el hombre ~** cet homme-là.
ése, ésa (*mpl* **ésos**, *fpl* **ésas**) *pron* celui-là (celle-là); **no cojas este libro, coge ~** ne prends pas ce livre-ci, prends celui-là.
esencia *f* essence *f*.
esencial *adj* essentiel(-elle).
esfera *f (en geometría)* sphère *f*; *(del reloj)* cadran *m*; **las altas ~s de** *(fig)* les hautes sphères de.
esférico, -ca *adj* sphérique.
esforzarse *vpr* faire des efforts.
esfuerzo *m* effort *m*.
esfumarse *vpr* se volatiliser.

esgrima *f* escrime *f*.
esguince *m* entorse *f*.
eslabón *m* chaînon *m*.
eslálom *m* slalom *m*.
eslip (*pl* **eslips**) *m* slip *m*.
esmalte *m* émail *m*; ~ **de uñas** vernis *m* à ongles.
esmeralda *f* émeraude *f*.
esmerarse *vpr* s'appliquer.
esmero *m* soin *m*.
esmoquin *m* smoking *m*.
esnob (*pl* **esnobs**) *mf* snob *mf*.
eso *pron neutro* cela; ~ **me interesa** cela m'intéresse; **a** ~ **de las tres** vers trois heures; **y** ~ **que** et pourtant.
esos, **esas** → **ese**.
ésos, **ésas** → **ése**.
espacial *adj* spatial(-e).
espacio *m* espace *m*; **por un** ~ **de 2 horas** pendant 2 heures.
espacioso, **-sa** *adj* spacieux (-euse).
espada *f* épée *f*. ❑ **espadas** *fpl (palo de la baraja) l'une des quatre couleurs du jeu de cartes espagnol.*
espaguetis *mpl* spaghettis *mpl*.
espalda *f (de persona, animal)* dos *m*; *(en natación)* dos *m* crawlé. ❑ **espaldas** *fpl*: **cubrirse las ~s** protéger ses arrières; **a ~s de** à l'insu de.
espantapájaros *m inv* épouvantail *m*.
espanto *m* épouvante *f*.
espantoso, **-sa** *adj* épouvantable; *(muy feo)* affreux(-euse); *(enorme)* terrible.
España *s* Espagne *f*.
español, **-la** *adj* espagnol(-e). ◆ *m, f* Espagnol *m* (-e *f*). ◆ *m (lengua)* espagnol *m*.
esparadrapo *m* sparadrap *m*.
esparcir *vt* répandre.
espárrago *m* asperge *f*; **~s trigueros** asperges vertes.
espasmo *m* spasme *m*.
espátula *f* spatule *f*.
especia *f* épice *f*.
especial *adj* spécial(-e).
especialidad *f* spécialité *f*.
especialista *mf* spécialiste *mf*.
especializado, **-da** *adj* spécialisé(-e).
especializarse: **especializarse en** *v + prep* se spécialiser en.
especialmente *adv* spécialement.
especie *f* espèce *f*; **en** ~ en nature; ~ **protegida** espèce protégée.
especificar *vt* spécifier.
específico, **-ca** *adj* spécifique.
espectáculo *m* spectacle *m*.
espectador, **-ra** *m, f* spectateur *m* (-trice *f*).
especulación *f* spéculation *f*.
espejismo *m* mirage *m*.
espejo *m* glace *f*, miroir *m*.
espera *f* attente *f*; **en** ~ **de** dans l'attente de.
esperanza *f* espoir *m*.
esperar *vt* & *vi* attendre; **¡eso espero!** j'espère bien!; **¡espera y**

verás! attends, tu vas voir!; **¡puedes ~ sentado!** *(fig)* tu peux toujours attendre!; **~ que** *(confiar)* espérer que. ❑ **esperarse** *vpr* s'attendre.

esperma *m* sperme *m*.

espeso, -sa *adj* épais(-aisse).

espesor *m* épaisseur *f*.

espía *mf* espion *m* (-onne *f*).

espiar *vt* espionner.

espiga *f* épi *m*.

espina *f* *(de planta)* épine *f*; *(de pez)* arête *f*.

espinacas *fpl* épinards *mpl*.

espinilla *f* *(de la pierna)* tibia *m*; *(en la piel)* point *m* noir.

espionaje *m* espionnage *m*.

espiral *f* spirale *f*; **en ~** en spirale.

espirar *vi* expirer.

espiritismo *m* spiritisme *m*.

espíritu *m* esprit *m*.

espiritual *adj* spirituel(-elle).

espléndido, -da *adj* *(magnífico)* splendide; *(generoso)* prodigue.

esplendor *m* splendeur *f*.

espliego *m* lavande *f*.

esponja *f* éponge *f*.

esponjoso, -sa *adj* spongieux (-euse).

espontaneidad *f* spontanéité *f*.

espontáneo, -a *adj* spontané(-e). ◆ *m, f* *(en toros) spectateur qui saute dans l'arène pour toréer.*

esposas *fpl* menottes *fpl*.

esposo, -sa *m, f* époux *m* (-ouse *f*).

espray *m* spray *m*.

esprint *m* sprint *m*.

esprínter *mf* sprinter *m*.

espuma *f* mousse *f*; **~ para el pelo** mousse coiffante.

esquash *m* squash *m*.

esqueleto *m* squelette *m*.

esquema *m* schéma *m*.

esquematizar *vt* schématiser.

esquí *m* ski *m*; **~ acuático** ski nautique.

esquiador, -ra *m, f* skieur *m* (-euse *f*).

esquiar *vi* skier.

esquilar *vt* tondre.

esquimal *adj* esquimau (-aude). ◆ *mf* Esquimau *m* (-aude *f*).

esquina *f* coin *m*.

esquivar *vt* esquiver.

estabilidad *f* stabilité *f*.

estable *adj* stable.

establecer *vt* établir. ❑ **establecerse** *vpr* s'établir.

establecimiento *m* établissement *m*.

establo *m* étable *f*.

estaca *f* pieu *m*.

estación *f* *(de tren, autobús)* gare *f*; *(del año, temporada)* saison *f*; **'~ de servicio'** 'station-service'.

estacionamiento *m* stationnement *m*; **'~ limitado'** 'stationnement limité'; **'~ indebido'** 'stationnement interdit'.

estacionar *vt* stationner; **'no**

~' ne pas stationner. ❑ **estacionarse** *vpr* stationner.
estadio *m (de deporte)* stade *m*.
estadística *f* statistique *f*.
estado *m* état *m*; **estar en ~** être enceinte; **en buen/mal ~** être en bon/mauvais état; **~ civil** état civil; **~ de salud** état de santé. ❑ **Estado** *m* État *m*; **el Estado** l'État.
Estados Unidos *mpl*: **(los) ~** (les) États-Unis *mpl*.
estadounidense *adj* américain(-e). ◆ *mf* Américain *m* (-e *f*).
estafa *f* escroquerie *f*.
estafador, -ra *m, f* escroc *m*.
estafar *vt* escroquer.
estalactita *f* stalactite *f*.
estalagmita *f* stalagmite *f*.
estallar *vi (bomba)* exploser; *(guerra, revolución)* éclater; **~ en carcajadas** éclater de rire.
estallido *m* explosion *f*.
estambre *m* étamine *f*.
estamento *m* classe *f (de la société)*.
estampado, -da *adj* imprimé (-e). ◆ *m* imprimé *m*.
estampida *f* débandade *f*.
estampilla *f (Amér: sello)* timbre *m*; *(cromo)* cachet *m*.
estancado, -da *adj (agua, río)* stagnant(-e); *(mecanismo)* bloqué (-e).
estancarse *vpr (agua, río)* stagner; *(mecanismo)* se bloquer.
estancia *f (cuarto)* pièce *f*; *(tiempo)* séjour *m*; *(Amér)* ferme *f* d'élevage.
estanciero, -ra *m, f (Amér)* propriétaire *m* de ferme d'élevage.
estanco *m* bureau *m* de tabac.
estand (*pl* **estands**) *m* stand *m*.
estándar *adj* standard.
estanque *m* étang *m*.
estante *m* étagère *f (planche)*.
estantería *f* étagère *f (meuble)*.
estaño *m* étain *m*.
estar *vi* -1. *(gen)* être; **¿está Juan?** est-ce que Juan est là?; **hoy estamos a martes 13 de julio** nous sommes le mardi 13 juillet; **estamos a 20 grados** il fait 20 degrés; **para eso están los amigos** les amis sont là pour ça.
-2. *(quedarse)* rester; **estaré un par de horas y me iré** je resterai une heure ou deux et je m'en irai.
-3. *(hallarse listo)* être prêt(-e); **la comida estará a las tres** le repas sera prêt à trois heures.
-4. *(expresa duración)*: **estoy pintando** je suis en train de peindre; **estuvieron trabajando día y noche** ils ont travaillé jour et nuit.
-5. *(faltar)*: **esto está por hacer** ceci est à faire.
-6. *(hallarse a punto de)*: **estuve por darle una bofetada** j'ai failli le gifler.
◆ *v copulativo* -1. *(expresa cualidad, estado)* être, aller; **¿cómo estás?** comment vas-tu?; **esta calle está sucia** cette rue est sale; **~ bien/mal** aller bien/mal; **el cielo está con nubes** le ciel est nuageux; **estoy sin dinero** je suis sans argent; **el jefe está que muerde** le chef n'est pas à prendre avec des pincettes;

está como cajera en un supermercado elle est caissière dans un supermarché; **están de viaje** ils sont en voyage; ~ **en paro** être au chômage.
-2. *(sentar)*: **el traje te está muy bien** le costume te va très bien; **este sombrero me está ancho** ce chapeau est trop grand pour moi.
-3. *(consistir)*: **el problema está en la fecha** c'est la date qui pose problème.
-4. *(en locuciones)*: **¿estamos?** prêts?
❑ **estarse** *vpr (permanecer)* rester; **estate quieto** reste tranquille.

estatal *adj* d'État; **un organismo** ~ un organisme d'État.

estático, -ca *adj* statique.

estatua *f* statue *f*.

estatura *f* stature *f*.

estatus *m* statut *m* social.

estatuto *m* statut *m*.

este[1], **esta** (*mpl* **estos**, *fpl* **estas**) *adj* ce (cette); **me han regalado** ~ **reloj** on m'a offert cette montre; **esta mañana ha llovido** ce matin il a plu; **me gusta más** ~ **hotel que ése** cet hôtel-ci me plaît plus que celui-là.

este[2] *m* est *m*. ❑ **Este** *m*: **el Este** l'Est *m*.

éste, ésta (*mpl* **éstos**, *fpl* **éstas**) *pron* celui-ci (celle-ci); **aquella camisa es bonita, pero ésta me gusta más** cette chemise-là est jolie, mais je préfère celle-ci.

estera *f* natte *f (en paille)*.

estéreo *adj* stéréo. ◆ *m* stéréo *f*.

estéril *adj* stérile.

esterilizar *vt* stériliser.

esternón *m* sternum *m*.

estética *f* esthétique *f*.

estibador, -ra *m, f* arrimeur *m*.

estiércol *m* fumier *m*.

estilo *m* style *m*; *(de natación)* nage *f*; **algo por el** ~ quelque chose comme ça.

estilográfica *f* stylo *m* plume.

estima *f* estime *f*.

estimación *f* estimation *f*.

estimado, -da *adj* estimé(-e).

estimulante *adj* stimulant (-e). ◆ *m* stimulant *m*.

estimular *vt* stimuler.

estímulo *m (aliciente)* stimulant *m*; *(ánimo)* stimulation *f*.

estirado, -da *adj* hautain(-e).

estirar *vt (cable, cuerda)* tendre; *(brazos, piernas)* étirer. ◆ *vi*: ~ **de** tirer sur. ❑ **estirarse** *vpr* s'étirer.

estirpe *f* souche *f (lignée)*.

esto *pron neutro* ceci, ça; ~ **es un nuevo producto** ceci est un nouveau produit; ~ **no puede ser** ça n'est pas possible.

estofado *m* ragoût *m*.

estoico, -ca *adj* stoïque.

estómago *m* estomac *m*.

estorbar *vt* gêner. ◆ *vi (obstaculizar)* bloquer le passage; *(molestar)* gêner.

estorbo *m (obstáculo)* gêne *f*.

estornudar *vi* éternuer.

estornudo *m* éternuement *m*.

estos, estas → **este**.

éstos, **éstas** → éste.
estrafalario, **-ria** *adj (fam)* saugrenu(-e).
estrangulador, **-ra** *m, f* étrangleur *m* (-euse *f*).
estrangular *vt* étrangler.
estratega *mf* stratège *m*.
estrategia *f* stratégie *f*.
estratégico, **-ca** *adj* stratégique.
estrechar *vt (calle, ropa)* rétrécir; *(mano)* serrer; *(amistad, relación)* resserrer. ❑ **estrecharse** *vpr* se serrer.
estrecho, **-cha** *adj* étroit(-e). ◆ *m* détroit *m*; **estar ~** *(en un lugar)* être à l'étroit.
estrella *f (astro)* étoile *f*; *(de cine)* vedette *f*; **~ de mar** étoile de mer; **~ fugaz** étoile filante.
estrellarse *vpr*: **~ (contra algo)** s'écraser (contre qqch).
estremecerse: **estremecerse de** *v + prep* trembler de.
estrenar *vt (ropa, coche etc)* étrenner; *(en el teatro)* donner la première; *(en el cine)* projeter pour la première fois.
estreno *m (de espectáculo)* première *f*; *(de película)* sortie *f*.
estreñimiento *m* constipation *f*.
estrepitoso, **-sa** *adj* retentissant(-e).
estrés *m* stress *m inv*.
estría *f* strie *f*.
estribillo *m* refrain *m*.
estribo *m (del jinete)* étrier *m*; *(del automóvil)* marchepied *m*; **perder los ~s** *(fig)* perdre les pédales.
estribor *m* tribord *m*.
estricto, **-ta** *adj* strict(-e).
estrofa *f* strophe *f*.
estropajo *m* tampon *m* à récurer.
estropeado, **-da** *adj* abîmé (-e); *(coche, máquina etc)* en panne.
estropear *vt (máquina, aparato, comida)* abîmer; *(proyecto, plan)* faire échouer. ❑ **estropearse** *vpr (dañarse)* s'abîmer; *(máquina, aparato)* tomber en panne; *(planes, proyecto)* échouer.
estructura *f* structure *f*.
estuario *m* estuaire *m*.
estuche *m* étui *m*.
estudiante *mf* étudiant *m* (-e *f*).
estudiar *vt (asignatura)* apprendre; *(asunto, problema)* étudier. ◆ *vi* étudier; **~ medicina** faire des études de médecine.
estudio *m (para un examen)* travail *m*; *(análisis, investigación)* étude *f*; *(de artista)* atelier *m*; *(piso)* studio *m*. ❑ **estudios** *mpl (de radio, televisión)* studios *mpl*; *(enseñanza)* études *fpl*.
estudioso, **-sa** *adj* studieux (-euse).
estufa *f* poêle *m*.
estupefacto, **-ta** *adj* stupéfait(-e).
estupendo, **-da** *adj* formidable. ◆ *interj* formidable!
estupidez *f (calidad)* stupidité *f*; *(acto)* bêtise *f*.

estúpido, **-da** *adj* stupide.
ETA *f (abrev de Euskadi ta Askatasuna)* ETA *f*.
etapa *f* étape *f*.
etarra *mf* membre *m* de l'ETA.
etc. *(abrev de etcétera)* etc.
etcétera *adv* et cetera.
eternidad *f* éternité *f*.
eterno, **-na** *adj (perpetuo)* éternel(-elle); *(que dura mucho)* interminable; *(que se repite)* sempiternel(-elle).
ética *f* éthique *f*.
ético, **-ca** *adj* éthique.
etimología *f* étymologie *f*.
etiqueta *f* étiquette *f*; **de ~** *(cena)* habillé(-e); *(traje)* de soirée.
étnico, **-ca** *adj* ethnique.
eucalipto *m* eucalyptus *m*.
eucaristía *f* eucharistie *f*.
eufemismo *m* euphémisme *m*.
eufórico, **-ca** *adj* euphorique.
Europa *s* Europe *f*.
europeo, **-a** *adj* européen(-enne). ◆ *m, f* Européen *m* (-enne *f*).
Euskadi *s* Euskadi *m (Pays basque)*.
euskera *adj* basque. ◆ *m (lengua)* euskera *m*.
eutanasia *f* euthanasie *f*.
evacuación *f* évacuation *f*.
evacuar *vt* évacuer.
evadir *vt (problemas, dificultades etc)* fuir. ❑ **evadirse** *vpr* s'évader; **~se de** s'évader de.
evaluación *f* évaluation *f*.
evaluar *vt* évaluer.
evangelio *m* évangile *m*; *(fam: verdad indiscutible)* parole *f* d'évangile.
evangelización *f* évangélisation *f*.
evaporarse *vpr* s'évaporer.
evasión *f* évasion *f*; **~ de capitales** fuite *f* des capitaux.
eventual *adj* éventuel(-elle); *(trabajo, ingresos)* occasionnel (-elle).
eventualidad *f (posibilidad)* éventualité *f*; *(de situación)* précarité *f*.
evidencia *f (seguridad)* évidence *f*; *(prueba)* preuve *f*; **poner a alguien en ~** tourner qqn en ridicule.
evidente *adj* évident(-e).
evidentemente *adv* évidemment.
evitar *vt* éviter.
evocar *vt* évoquer.
evolución *f* évolution *f*.
evolucionar *vi* évoluer.
exactamente *adv* exactement.
exactitud *f* exactitude *f*.
exacto, **-ta** *adj* exact(-e).
exageración *f* exagération *f*.
exagerado, **-da** *adj* exagéré (-e).
exagerar *vt* & *vi* exagérer.
exaltarse *vpr* s'exalter.
examen *m* examen *m*.
examinar *vt (alumno)* faire passer un examen à; *(analizar)* examiner. ❑ **examinarse** *vpr* pas-

ser un examen; **~se de** passer une épreuve de.

excavación *f (en arqueología)* fouille *f.*

excavadora *f* pelle *f* mécanique.

excavar *vt* creuser; *(en arqueología)* fouiller.

excedencia *f (de empleados)* congé *m; (de funcionarios)* mise *f* en disponibilité.

exceder *vt* dépasser. ❑ **excederse** *vpr* dépasser les bornes.

excelencia *f* excellence *f;* **por ~** par excellence; **Su Excelencia** Son Excellence.

excelente *adj* excellent(-e).

excentricidad *f* excentricité *f.*

excéntrico, -ca *m, f* excentrique *mf.*

excepción *f* exception *f;* **a** ○ **con ~ de** à l'exception de; **de ~** d'exception.

excepcional *adj* exceptionnel(-elle).

excepto *adv* excepté; **~ festivos** sauf les jours fériés.

excesivo, -va *adj* excessif (-ive).

exceso *m (abuso)* excès *m; (excedente)* excédent *m;* **~ de equipaje** excédent de bagages; **~ de peso** excès de poids; **~ de velocidad** excès de vitesse; **en ~** trop. ❑ **excesos** *mpl (abusos)* excès *mpl.*

excitar *vt* exciter. ❑ **excitarse** *vpr* s'exciter.

exclamación *f* exclamation *f.*

excluir *vt* exclure.

exclusiva *f:* **en ~** en exclusivité.

exclusivo, -va *adj (único)* seul(-e); *(total)* exclusif(-ive).

excursión *f* excursion *f;* **ir de ~** partir en excursion; **'excursiones'** 'excursions'.

excusa *f* excuse *f.*

excusar *vt* excuser. ❑ **excusarse** *vpr* s'excuser.

exento, -ta *adj:* **~ de** exempt de.

exhaustivo, -va *adj* exhaustif(-ive).

exhibición *f (de cuadros)* exposition *f; (de deportes)* exhibition *f; (de modelos)* présentation *f.*

exhibir *vt (documentos, modelos)* présenter; *(cuadros)* exposer; *(película)* projeter.

exigencia *f* exigence *f.*

exigente *adj* exigeant(-e).

exigir *vt* exiger.

exiliar *vt* exiler. ❑ **exiliarse** *vpr* s'exiler.

exilio *m* exil *m.*

existencia *f* existence *f.* ❑ **existencias** *fpl (mercancías)* stocks *mpl.*

existir *vi* exister; **existen muchas posibilidades** il y a beaucoup de possibilités.

éxito *m* succès *m; (canción)* tube *m;* **tener ~** avoir du succès.

exitoso, -sa *m, f (Amér):* **es un ~** il réussit tout ce qu'il fait.

exótico, -ca *adj* exotique.

expedición *f* expédition *f*; *(de carné)* délivrance *f*.
expediente *m* dossier *m*.
expedir *vt (paquete, mercancía etc)* expédier; *(pasaporte, certificado etc)* délivrer.
expendedor, **-ra** *m, f* vendeur *m* (-euse *f*); ~ **automático** distributeur *m* automatique.
expendedora *f*: '~ **de billetes**' 'distributeur automatique de billets', → **expendedor**.
expensas: **a expensas de** *prep* aux dépens de.
experiencia *f* expérience *f*.
experimentado, **-da** *adj* expérimenté(-e).
experimental *adj* expérimental(-e).
experimentar *vt* expérimenter; *(sensación, sentimiento)* éprouver.
experimento *m* expérience *f* *(essai)*.
experto, **-ta** *m, f* expert *m*; ~ **en** expert en.
expirar *vi (formal)* expirer.
explicación *f* explication *f*.
explicar *vt* expliquer; *(asignatura)* enseigner. ❑ **explicarse** *vpr* s'expliquer.
explícito, **-ta** *adj* explicite.
explorador, **-ra** *m, f* explorateur *m* (-trice *f*).
explorar *vt (terreno, lugar)* explorer; *(paciente)* examiner.
explosión *f* explosion *f*.
explosivo, **-va** *adj* explosif(-ive). ◆ *m* explosif *m*.
explotación *f* exploitation *f*.
explotar *vi* exploser. ◆ *vt* exploiter.
exponente *m* exposant *m*.
exponer *vt* exposer; *(arriesgar)* risquer. ❑ **exponerse a** *v + prep* s'exposer à.
exportación *f* exportation *f*.
exportar *vt* exporter.
exposición *f (de pinturas etc)* exposition *f*; *(de tema, asunto)* exposé *m*; ~ **de arte** exposition artistique.
expositor, **-ra** *m, f (persona)* exposant *m* (-e *f*). ◆ *m (mueble)* présentoir *m*.
exprés *adj* express.
expresar *vt* exprimer. ❑ **expresarse** *vpr* s'exprimer.
expresión *f* expression *f*.
expresivo, **-va** *adj (mirada)* expressif(-ive); *(abrazo)* affectueux(-euse).
expreso, **-sa** *adj (claro)* express(-esse); *(tren)* express. ◆ *m (tren)* express *m*.
exprimidor *m* presse-agrume *m*.
exprimir *vt (limón, naranja)* presser.
expuesto, **-ta** *adj* exposé(-e); *(arriesgado)* dangereux(-euse); **estar** ~ **a** être exposé à.
expulsar *vt* expulser.
expulsión *f* expulsion *f*.
exquisitez *f (cualidad)* délicatesse *f*; *(comida)* délice *m*.
exquisito, **-ta** *adj* exquis(-e).
éxtasis *m inv* extase *f*.

extender *vt* étendre; *(certificado, cheque)* établir. ❑ **extenderse** *vpr* s'étendre; *(durar)* se prolonger.

extensión *f (en espacio)* étendue *f*; *(en tiempo)* durée *f*; *(alcance)* portée *f*.

extenso, -sa *adj (espacio)* étendu(-e); *(duración)* long (longue).

exterior *adj* extérieur(-e). ◆ *m* extérieur *m*.

exterminar *vt* exterminer.

externo, -na *adj* & *m, f* externe.

extinguirse *vpr* s'éteindre.

extintor *m* extincteur *m*.

extirpar *vt (formal: quiste)* extirper; *(formal: muela)* extraire.

extra *adj (calidad, producto)* supérieur(-e); *(horas, gastos)* supplémentaire. ◆ *m (de dinero)* bonus *m*; *(de menú)* supplément *m*. ◆ *mf (en cine)* figurant *m* (-e *f*).

extracción *f* extraction *f*.

extracto *m* extrait *m*; ~ **de cuentas** relevé *m* de compte.

extractor *m (de humos)* hotte *f* aspirante.

extradición *f* extradition *f*.

extraer *vt (muela, diente)* arracher; *(petróleo)* extraire.

extranjero, -ra *adj* & *m, f* étranger(-ère). ◆ *m* étranger *m*; **vivir en el** ~ vivre à l'étranger.

extrañar *vt (sorprender)* étonner; *(echar de menos)*: **extraña a sus padres** ses parents lui manquent. ❑ **extrañarse de** *v + prep* s'étonner de.

extrañeza *f (rareza)* bizarrerie *f*; *(sorpresa)* étonnement *m*.

extraño, -ña *adj (raro)* étrange; *(no propio)* étranger(-ère). ◆ *m, f* étranger *m* (-ère *f*).

extraordinario, -ria *adj* extraordinaire.

extraterrestre *mf* extraterrestre *mf*.

extravagante *adj* extravagant(-e).

extraviar *vt* égarer. ❑ **extraviarse** *vpr* s'égarer.

extremar *vt* redoubler de.

extremidades *fpl* extrémités *fpl*.

extremista *mf* extrémiste *mf*.

extremo, -ma *adj (último)* extrême; *(ideología)* extrémiste; *(frío, calor)* intense. ◆ *m (final)* extrémité *f*; *(punto máximo)* extrême *m*; *(en deporte)* ailier *m*; **en** ~ extrêmement.

extrovertido, -da *adj* extraverti(-e).

F

fabada *f*: ~ **(asturiana)** *plat typique des Asturies comparable au cassoulet.*

fábrica *f* usine *f*.

fabricante *mf* fabricant *m* (-e *f*).
fabricar *vt* fabriquer.
fábula *f* fable *f*.
fabuloso, **-sa** *adj* fabuleux (-euse).
faceta *f* facette *f*.
fachada *f* façade *f*.
fácil *adj* facile; *(persona)* facile à vivre; **es ~ que vengamos** il est probable que nous venions.
facilidad *f* facilité *f*; **tener ~ para** avoir la possibilité de.
facilitar *vt (hacer fácil)* faciliter; *(proporcionar)* fournir.
factor *m* facteur *m*.
factura *f* facture *f*.
facturación *f (de equipaje)* enregistrement *m*; *(de empresa)* chiffre *m* d'affaires.
facturar *vt (equipaje)* enregistrer; *(cobrar)* facturer.
facultad *f* faculté *f*; **~ de ciencias/letras** faculté de sciences/lettres.
faena *f (tarea, trabajo)* travail *m*; *(en los toros) série de passes exécutées avec la muleta par le torero.*
faisán *m* faisan *m*.
faja *f (ropa interior)* gaine *f*; *(para cintura)* ceinture *f*.
fajo *m* liasse *f*.
falange *f* phalange *f*.
falda *f (prenda)* jupe *f*; *(parte de tela)* pan *m*; *(de montaña)* flanc *m*. ❑ **faldas** *fpl (fam)*: **ser aficionado a las ~s** être un coureur de jupons.
falla *f (de terreno)* faille *f*; *(defecto)* défaut *m*; *(en Valencia) grande figure en carton-pâte brûlée lors des fêtes de la Saint-Joseph.* ❑ **Fallas** *fpl fêtes de la Saint-Joseph à Valence.*

LAS FALLAS DE SAN JOSÉ

Ce sont les fêtes les plus typiques de Valence. Au cours de l'année les habitants construisent des personnages en carton-pâte, Les «ninots», et le 16 mars a lieu la «plantà», c'est-à-dire l'exposition dans les rues et sur les places de tous les «ninots» et de leurs monuments illustrant des thèmes satiriques ou «fallas». Au bout de trois jours, un jury décide lequel de ces «ninots» sera sauvé de la «cremà», c'est-à-dire de l'embrasement de tous les «ninots» le 19 mars à minuit, jour de la Saint-Joseph.

fallar *vi (memoria)* défaillir; *(corazón, motor)* lâcher; *(fracasar)* échouer.
fallecer *vi (formal)* décéder.
fallo *m (equivocación)* erreur *f*; *(omisión)* défaillance *f*; *(sentencia)* jugement *m*.
falsedad *f* fausseté *f*; *(mentira)* mensonge *m*.
falsete *m* fausset *m*.
falsificar *vt* falsifier.
falso, **-sa** *adj* faux (fausse).
falta *f (carencia, necesidad)* manque *m*; *(error, infracción)* faute *f*; *(de asistencia, puntualidad)* absence *f*; **echar en ~** *(persona, cosa)* regretter; *(lo desaparecido)* remarquer

l'absence de; **hace ~ pan** il faut du pain; **~ de educación** manque d'éducation.

faltar *vi* manquer; *(estar ausente)* être absent(-e); *(quedar)* rester; **~ a clase** manquer la classe; **¡no faltaba más!** il ne manquait plus que ça! ❑ **faltar a** *v + prep* manquer à; *(ofender)* manquer de respect à; **falta una semana para Navidad** il reste une semaine jusqu'à Noël.

fama *f (reputación)* réputation *f*; *(popularidad)* célébrité *f*.

familia *f* famille *f*; **~ numerosa** famille nombreuse.

familiar *adj (de familia)* familial(-e); *(conocido, llano)* familier(-ère). ◆ *mf* parent *m* (-e *f*).

familiarizarse: **familiarizarse con** *v + prep* se familiariser avec.

famoso, **-sa** *adj* célèbre.

fanatismo *m* fanatisme *m*.

fandango *m (baile, danza)* fandango *m*; *(fam: juerga)* raffut *m*.

fanfarrón, **-ona** *adj* fanfaron(-onne).

fantasía *f (imaginación)* fantaisie *f*; *(imagen, ilusión)* chimère *f*.

fantasma *m (aparición)* fantôme *m*; *(fam: persona presuntuosa)* crâneur *m* (-euse *f*).

fantástico, **-ca** *adj* fantastique.

farmacéutico, **-ca** *m, f* pharmacien *m* (-enne *f*).

farmacia *f* pharmacie *f*; **'~ de guardia'** 'pharmacie de garde'.

faro *m* phare *m*.

farol *m (lámpara)* lanterne *f*; *(en los toros)* passe *f* de cape.

farola *f* réverbère *m*.

farolillo *m* lampion *m*.

farsa *f* farce *f*.

farsante *adj (impostor)* comédien(-enne); *(hipócrita)* hypocrite.

fascismo *m* fascisme *m*.

fascista *mf* fasciste *mf*.

fase *f* phase *f*.

fastidiar *vt* ennuyer. ❑ **fastidiarse** *vpr (fam: plan, proyecto)* tomber à l'eau; **¡te fastidias!** tant pis pour toi!

fastidio *m* ennui *m*.

fatal *adj* fatal(-e); *(muy malo)* très mauvais(-e). ◆ *adv (fam)* très mal.

fatalidad *f (desgracia)* malchance *f*; *(destino, suerte)* fatalité *f*.

fatiga *f* fatigue *f*.

fatigarse *vpr* se fatiguer.

fauna *f* faune *f*.

favor *m (ayuda)* service *m*; *(beneficio, preferencia)* faveur *f*; **estar a ~ de** être en faveur de; **hacer un ~** rendre un service; **pedir un ~** demander un service; **por ~** s'il te plaît, s'il vous plaît.

favorable *adj* favorable.

favorecer *vt (quedar bien)* avantager; *(beneficiar)* favoriser.

favorito, **-ta** *adj* favori(-ite).

fax *m* fax *m*.

fayuquero *m (Amér)* contrebandier *m*.

fe *f* foi *f*; **de buena/mala ~** de bonne/mauvaise foi.

fealdad *f* laideur *f*.
febrero *m* février *m*, → **setiembre**.
fecha *f* date *f*; ~ **de caducidad** *(de alimentos)* date limite de consommation; *(de pasaporte)* date d'expiration; ~ **de nacimiento** date de naissance. ❑ **fechas** *fpl (período, época)* époque *f*.
fechar *vt* dater.
fecundo, **-da** *adj* fécond(-e).
federación *f* fédération *f*.
felicidad *f* bonheur *m*. ❑ **felicidades** *interj (para congratular)* félicitations!; *(en cumpleaños)* joyeux anniversaire!; *(en boda)* meilleurs vœux!
felicitación *f (tarjeta)* carte *f* de vœux. ❑ **felicitaciones** *fpl* félicitations *fpl*.
felicitar *vt* féliciter.
feligrés, **-esa** *m, f* paroissien *m* (-enne *f*).
feliz *adj* heureux(-euse); **¡felices Pascuas!** joyeuses pâques!; **¡~ Año Nuevo!** bonne année!; **¡~ cumpleaños!** joyeux anniversaire!; **¡~ Navidad!** joyeux Noël!
felpudo *m* paillasson *m*.
femenino, **-na** *adj* féminin(-e).
feminismo *m* féminisme *m*.
feminista *mf* féministe *mf*.
fémur *m* fémur *m*.
fenomenal *adj (fam: estupendo)* formidable; *(fam: muy grande)* phénoménal(-e).
fenómeno *m* phénomène *m*. ◆ *adv (fam)* vachement bien.
feo, **-a** *adj (rostro, decoración)* laid(-e); *(actitud, tiempo, nariz)* vilain(-e); *(asunto)* sale.
féretro *m* cercueil *m*.
feria *f (mercado)* foire *f*; *(de atracciones)* fête *f* foraine; *(exposición)* salon *m*; ~ **del libro** salon du livre; ~ **de muestras** foire exposition. ❑ **ferias** *fpl* fêtes *fpl*.

LA FERIA DE ABRIL

La foire de Séville qui a lieu au mois d'avril est la plus célèbre d'Espagne. Dans une enceinte à l'air libre sont installées une multitude de «casetas» ou grandes tentes louées par des familles, des groupes d'amis ou des clubs, dans lesquelles les gens se réunissent pour bavarder, boire, manger et danser les «sevillanas». Si l'entrée à la «feria» est gratuite, il n'en est pas de même pour toutes les «casetas». Certaines sont en effet réservées à la famille et aux invités, d'autres, en revanche, qui accueillent les représentations d'institutions publiques sont ouvertes à tous. La «feria» de Séville marque aussi le début de la saison tauromachique en Espagne.

---

fermentación *f* fermentation *f*.
feroz (*pl* **-ces**) *adj (animal)* féroce; *(mirada, enfermedad)* terrible.
ferretería *f* quincaillerie *f*.
ferrocarril *m* chemin *m* de fer.

ferroviario, -ria *adj* ferroviaire.
ferry *(pl* **ferries***)* *m* ferry-boat *m.*
fértil *adj* fertile.
fertilidad *f* fertilité *f.*
festival *m* festival *m*; ~ **de cine** festival de cinéma.

FESTIVALES

Les festivals de théâtre de renommée internationale sont le festival d'automne de Madrid, le festival international de théâtre de Mérida, le festival de théâtre de rue de Tàrrega et le festival international de Sitges. Les festivals de cinéma ont lieu entre septembre et octobre. Le festival international de cinéma de Saint-Sébastien dure dix jours; la semaine internationale du cinéma de Valladolid (SEMINCI), le festival du cinéma fantastique de Sitges et le festival de cinéma ibéro-américain de Huelva durent environ une semaine.

festividad *f* fête *f.*
festivo, -va *adj (traje, ambiente)* de fête; *(tono)* badin(-e); *(día)* férié(-e).
feto *m* fœtus *m.*
fiambre *m* charcuterie *f.*
fiambrera *f (de metal)* gamelle *f*; *(de plástico)* ≃ Tupperware® *m.*
fianza *f* caution *f.*
fiar *vt (vender a crédito)* faire crédit à; *(hacerse responsable)* se porter garant(-e) de. ❑ **fiarse de** *v + prep* faire confiance à.
fibra *f* fibre *f.*
ficción *f* fiction *f.*
ficha *f (de datos)* fiche *f*; *(de casino, parchís etc)* jeton *m*; *(de dominó)* domino *m.*
fichar *vt (datos)* mettre sur fiche; *(empleado)* engager; *(delincuente)* ficher. ◆ *vi*: ~ **(con)** signer un contrat (avec).
fichero *m* fichier *m.*
ficticio, -cia *adj* fictif(-ive).
fidelidad *f* fidélité *f.*
fideos *mpl* vermicelles *mpl.*
fiebre *f* fièvre *f.*
fiel *adj* & *m* fidèle.
fieltro *m* feutre *m (tissu).*
fiera *f (animal)* bête *f* féroce; *(persona)* brute *f.*
fiero, -ra *adj* féroce.
fierro *m (Amér)* fer *m.*
fiesta *f* fête *f*; *(día de descanso)* jour *m* férié; ~ **mayor** *fête du saint patron dans une localité*; ~ **patrias** *fête nationale.*

FIESTA MAYOR

Toutes les villes d'Espagne, les quartiers, les villages célèbrent la «fiesta mayor», fête du saint patron, à l'occasion de laquelle des festivités et des activités culturelles ont lieu. À la tombée de la nuit un bal est organisé dans la rue. Ces fêtes peuvent durer de deux jours à une semaine selon les villes.

i FIESTAS PATRIAS

C'est le nom donné en Amérique latine à la fête nationale qui commémore l'indépendance vis-à-vis de la Couronne espagnole. C'est la fête la plus importante de chaque pays et elle dure en général deux jours.

figura *f (forma exterior)* silhouette *f*; *(representación)* figure *f*.
figurar *vt (representar)* représenter; *(simular)* feindre. ◆ *vi (constar)* figurer; *(ser importante)* être en vue. ❑ **figurarse** *vpr* imaginer.
figurativo, -va *adj* figuratif (-ive).
figurín *m* dessin *m* de mode.
fijador *m*: ~ **de pelo** *(espray)* spray *m* fixant; *(crema)* gel *m*.
fijar *vt* fixer. ❑ **fijarse** *vpr (prestar atención)* faire attention; **~se en algo** *(prestar atención a)* faire attention à qqch; *(darse cuenta de)* remarquer qqch.
fijo, -ja *adj* fixe.
fila *f (hilera)* rang *m*; *(cola)* file *f*.
filatelia *f* philatélie *f*.
filete *m* filet *m*; *(de carne)* bifteck *m*; ~ **de ternera** escalope *f* de veau; ~ **de lenguado** filet de sole.
filiación *f (datos personales)* renseignements *mpl* personnels; *(procedencia)* filiation *f*.
filial *adj* filial(-e). ◆ *f* filiale *f*.
Filipinas *fpl*: **(las)** ~ (les) Philippines *fpl*.
filmar *vt* & *vi* filmer.
filoso, -sa *adj (Amér)* aiguisé (-e).
filosofar *vi* philosopher.
filosofía *f* philosophie *f*.
filósofo, -fa *m, f* philosophe *mf*.
filtrar *vt* filtrer.
filtro *m* filtre *m*; *(pócima)* philtre *m*; ~ **solar** filtre solaire.
fin *m* fin *f*; **a ~es de** à la fin de; **en** ~ *(en resumen)* enfin; **por** ~ *(por último)* enfin; ~ **de semana** week-end *m*; '~ **zona de estacionamiento**' 'fin de stationnement autorisé'; **a ~ de que** afin que.
final *adj* final(-e). ◆ *m* fin *f*. ◆ *f* finale *f*.
finalidad *f* finalité *f*.
finalista *mf* finaliste *mf*.
finalizar *vt* terminer, achever. ◆ *vi* se terminer.
financiación *f* financement *m*.
financiar *vt* financer.
financista *mf (Amér)* financier *m*.
finanzas *fpl (mundo)* finance *f*; *(dinero)* finances *fpl*.
finca *f (de campo)* propriété *f*.
finger *m* passerelle *f (pour les avions)*.
fingir *vt* feindre.
finlandés, -esa *adj* finlandais (-e). ◆ *m, f* Finlandais *m* (-e *f*). ◆ *m (lengua)* finnois *m*.
Finlandia *s* Finlande *f*.
fino, -na *adj* fin(-e); *(refinado)* raffiné(-e). ◆ *m (vino)* xérès très sec; **finas hierbas** fines herbes *fpl*.
fiordo *m* fjord *m*.

firma *f (de persona)* signature *f*; *(empresa)* firme *f*.
firmar *vt* signer.
firme *adj* ferme; *(bien sujeto)* stable.
firmemente *adv* fermement.
firmeza *f* fermeté *f*.
fiscal *adj (inspección, impuesto)* fiscal(-e); *(abogado)* du ministère public. ◆ *mf (abogado)* procureur *m* (de la République).
fiscalía *f (oficio)* ministère *m* public; *(oficina)* cabinet *m* du procureur.
física *f* physique *f*, → **físico**.
físico, **-ca** *adj* physique. ◆ *m, f (persona)* physicien *m* (-enne *f*). ◆ *m (aspecto exterior)* physique *m*.
fisioterapeuta *mf* physiothérapeute *mf*.
fisonomía *f* physionomie *f*.
fisonomista *adj* physionomiste.
flaco, **-ca** *adj* maigre.
flamante *adj (espléndido)* resplendissant(-e); *(nuevo)* flambant neuf.
flamenco, **-ca** *adj (de Flandes)* flamand(-e). ◆ *m, f (de Flandes)* Flamand *m* (-e *f*). ◆ *m (lengua)* flamand *m*; *(ave)* flamant *m*; *(cante andaluz)* flamenco *m*.
flan *m* flan *m*; ~ **con nata** *crème renversée servie avec de la chantilly*.
flaqueza *f* faiblesse *f*.
flash [flaʃ] *m* flash *m*.
flauta *f* flûte *f*.
flecha *f* flèche *f*.
fleco *m* frange *f (de tissu)*. ❑ **flecos** *mpl (de pantalón, camisa)* franges *fpl*.
flemón *m* phlegmon *m*.
flequillo *m* frange *f (de cheveux)*.
flexibilidad *f (de material)* flexibilité *f*; *(de persona, carácter)* souplesse *f*.
flexible *adj (material)* flexible; *(persona, carácter)* souple.
flexión *f* flexion *f*.
flojera *f (fam)* flemme *f*.
flojo, **-ja** *adj (cuerda, nudo)* lâche; *(carácter, persona)* faible; *(trabajo)* médiocre.
flor *f* fleur *f*.
flora *f* flore *f*.
florecer *vi (planta)* fleurir; *(prosperar)* être florissant(-e).
florero *m* vase *m*.
florido, **-da** *adj* fleuri(-e).
florista *mf* fleuriste *mf*.
floristería *f* fleuriste *m (magasin)*.
flota *f* flotte *f*.
flotador *m* flotteur *m*; *(para nadar)* bouée *f*.
flotar *vi* flotter.
flote: **a flote** *adv* à flot; **salir a ~** *(fig)* se renflouer.
fluido, **-da** *adj* & *m* fluide.
fluir *vi* couler.
flúor *m* fluor *m*.
FM *f (abrev de frecuencia modulada)* FM *f*.
foca *f* phoque *m*.
foco *m (lámpara)* projecteur *m*;

(de lente, infección) foyer *m*; *(Amér)* ampoule *f*.
folclore *m* folklore *m*.
folclórico, **-ca** *adj* folklorique.
folio *m* feuille *f (de papier)*.
follaje *m* feuillage *m*.
folleto *m* brochure *f*.
fomentar *vt* développer.
fonda *f* auberge *f*.
fondo *m* fond *m*; **a ~** à fond; **al ~ de** au fond de. ❑ **fondos** *mpl (dinero)* fonds *mpl*; *(de archivo, biblioteca)* fonds *m*.
fonema *m* phonème *m*.
fono *m (Amér)* écouteur *m (de téléphone)*.
fontanero, **-ra** *m, f* plombier *m*.
footing ['futin] *m* footing *m*.
forastero, **-ra** *m, f* étranger *m* (-ère *f*).
forense *mf* médecin *m* légiste.
forestal *adj* forestier(-ère).
forjar *vt* forger.
forma *f* forme *f*; *(modo, manera)* façon *f*; **en ~ de** en forme de; **estar en ~** être en forme. ❑ **formas** *fpl (modales)* formes *fpl*.
formación *f* formation *f*; **~ profesional** *enseignement technique en Espagne*.
formal *adj (análisis)* formel (-elle); *(persona, empresa)* sérieux (-euse).
formalidad *f (seriedad)* sérieux *m*; *(requisito)* formalité *f*.
formar *vt* former. ❑ **formarse** *vpr* se former.
formidable *adj* formidable.
fórmula *f* formule *f*.
formular *vt (en química)* rédiger la formule de; *(expresar)* formuler.
formulario *m* formulaire *m*.
forrar *vt (libro, mueble)* couvrir; *(ropa)* doubler. ❑ **forrarse** *vpr (fam)* s'en mettre plein les poches.
forro *m (de prenda de vestir)* doublure *f*; *(de libro)* couverture *f*.
fortaleza *f (fuerza)* force *f*; *(recinto)* forteresse *f*.
fortuna *f (riqueza)* fortune *f*; *(suerte)* chance *f*; **por ~** heureusement.
forzado, **-da** *adj* forcé(-e).
forzar *vt* forcer; **~ a alguien a** forcer qqn à.
forzosamente *adv* forcément.
fósforo *m* allumette *f*.
fósil *m* fossile *m*.
foso *m (de castillo)* fossé *m*; *(de teatro)* fosse *f* d'orchestre.
foto *f (fam)* photo *f*; **sacar una ~** prendre une photo.
fotocopia *f* photocopie *f*.
fotocopiadora *f* photocopieuse *f*.
fotocopiar *vt* photocopier.
fotografía *f* photographie *f*.
fotografiar *vt* photographier.
fotográfico, **-ca** *adj* photographique.
fotógrafo, **-fa** *m, f* photographe *mf*.
fotomatón *m* Photomaton® *m*.

FP *f abrev* = **formación profesional.**
fra. *abrev* = **factura.**
fracasar *vi* échouer.
fracaso *m* échec *m*.
fracción *f* fraction *f*.
fractura *f* fracture *f*.
fragancia *f* parfum *m*.
frágil *adj* fragile; **'frágil'** 'fragile'.
fragmento *m* fragment *m*.
fraile *m* frère *m (religieux)*.
frambuesa *f* framboise *f*.
francamente *adv* franchement.
francés, -esa *adj* français(-e). ◆ *m, f* Français *m* (-e *f*). ◆ *m (lengua)* français *m*.
Francia *s* France *f*.
franco, -ca *adj* franc (franche). ◆ *m* franc *m*; ~ **belga** franc belge; ~ **francés** franc français; ~ **suizo** franc suisse.
francotirador, -ra *m, f* franc-tireur *m*.
franela *f* flanelle *f*.
franja *f (de adorno)* frange *f*; *(banda)* bande *f*.
franqueo *m* affranchissement *m*.
frasco *m* flacon *m*.
frase *f* phrase *f*.
fraternal *adj* fraternel(-elle).
fraternidad *f* fraternité *f*.
fraude *m* fraude *f*.
fray *m*: ~ **Luis** frère Luis.
frazada *f (Amér)* couverture *f*; ~ **eléctrica** couverture chauffante.
frecuencia *f* fréquence *f*.
frecuente *adj* fréquent(-e).
fregadero *m* évier *m*.
fregado, -da *adj (Amér: fam)* enquiquinant(-e).
fregar *vt (limpiar)* laver; *(frotar)* frotter; *(Amér: fam: molestar)* enquiquiner; ~ **los platos** faire la vaisselle.
fregona *f (utensilio)* balai-serpillière *m*; *(despec: mujer)* bonniche *f*.
freír *vt* faire frire.
frenar *vt* freiner; *(impulso, ira)* refréner. ◆ *vi* freiner.
frenazo *m* coup *m* de frein.
frenético, -ca *adj (rabioso)* fou furieux (folle furieuse); *(exaltado)* frénétique.
freno *m* frein *m*; ~ **de mano** frein à main; ~ **de urgencia** signal *m* d'alarme *(dans un train)*.
frente[1] *m (en guerra)* front *m*; *(de manifestación, marcha)* tête *f*; **estar al ~ de** être à la tête de.
frente[2] *f (de la cara)* front *m*; **de ~** *(de cara)* de face; *(con valentía)* de front; ~ **a** en face de; ~ **a ~** face à face.
fresa *f* fraise *f*.
fresco, -ca *adj* frais (fraîche); *(desvergonzado)* sans gêne; *(tejido, ropa)* léger(-ère). ◆ *m, f (desvergonzado)*: **ser un ~** être sans-gêne. ◆ *m (frío suave)* fraîcheur *f*; *(pintura)* fresque *f*.
fresno *m* frêne *m*.
fresón *m* fraise *f (de serre)*.
fricandó *m ragoût catalan fait*

avec du veau, de l'ail, de l'oignon et des tomates.
frigorífico *m* réfrigérateur *m.*
frijol *m (Amér)* haricot *m.*
frío, -a *adj* froid(-e). ◆ *m* froid *m.*
fritada *f* friture *f;* ~ **de pescado** friture de poissons.
frito, -ta *adj* frit(-e); **me tiene** ~ *(fam)* il me tue.
fritura *f* friture *f.*
frívolo, -la *adj* frivole.
frondoso, -sa *adj* touffu(-e).
frontera *f* frontière *f.*
fronterizo, -za *adj* frontalier (-ère).
frontón *m (juego)* pelote *f* basque; *(de edificio)* fronton *m.*
frotar *vt* frotter.
fruncir *vt* froncer; ~ **el ceño** froncer les sourcils.
frustración *f* frustration *f; (decepción)* déception *f; (de plan, proyecto)* échec *m.*
frustrarse *vpr* être frustré(-e); *(desilusionarse)* être déçu(-e); *(plan, proyecto)* échouer.
fruta *f* fruit *m;* ~ **del tiempo** fruit de saison; **le gusta la** ~ il aime les fruits.
frutal *m* arbre *m* fruitier.
frutería *f* marchand *m* de fruits *(magasin).*
frutero, -ra *m, f (persona)* marchand *m* (-e *f*) de fruits. ◆ *m (plato)* coupe *f* à fruits.
frutilla *f (Amér)* fraise *f.*
fruto *m* fruit *m;* ~**s secos** fruits secs.
fuego *m* feu *m.* ◆ *interj (MIL)* feu!; *(incendie)* au feu!; **¿tienes ~?** tu as du feu?; ~**s artificiales** feu d'artifice.
fuelle *m* soufflet *m.*
fuente *f (en la calle)* fontaine *f; (manantial, origen)* source *f; (recipiente)* plat *m.*
fuera *adv* dehors. ◆ *interj* dehors!; **el coche está** ~ la voiture est dehors; **tu hermano está** ~ ton frère n'est pas là; **por** ~ à l'extérieur; ~ **de** en dehors de; ~ **de combate** hors de combat; **'~ de servicio'** 'hors service'.
fueraborda *m* hors-bord *m.*
fuerte *adj* fort(-e); *(resistente)* solide; *(intenso, violento)* violent(-e). ◆ *m (fortaleza)* fort *m; (afición)* point *m* fort. ◆ *adv (con fuerza)* fort; *(en abundancia)* beaucoup.
fuerza *f* force *f;* **a ~ de** *(gracias a)* grâce à; *(insistir en)* à force de; **a la** ~ de force; **por** ~ *(por obligación)* de force; *(por necesidad)* forcément.
fuga *f* fuite *f.*
fugarse *vpr* s'évader.
fugaz (*pl* **-ces**) *adj* fugace.
fugitivo, -va *m, f* fugitif *m* (-ive *f*).
fulana *f* prostituée *f,* → **fulano.**
fulano, -na *m, f (nombre desconocido)* Machin *m* (Machine *f*); **un** ~ un type; ~ **y mengano** *(fam)* Machin et Trucmuche.
fulminante *adj* foudroyant (-e).

fumador, **-ra** *m, f* fumeur *m* (-euse *f*); **'~es'** 'fumeurs'; **'no ~es'** 'non fumeurs'.
fumar *vt* & *vi* fumer; **~ en pipa** fumer la pipe; **'no ~'** 'interdiction de fumer'.
función *f* fonction *f*; *(de teatro)* représentation *f*; *(de cine)* séance *f*.
funcionar *vi* fonctionner.
funcionario, **-ria** *m, f* fonctionnaire *mf*.
funda *f* étui *m*.
fundación *f* fondation *f*.
fundador, **-ra** *m, f* fondateur *m* (-trice *f*).
fundamental *adj* fondamental(-e).
fundamento *m (base)* fondement *m*. ❑ **fundamentos** *mpl (conocimientos)* bases *fpl*; *(cimientos)* fondations *fpl*.
fundar *vt* fonder. ❑ **fundarse en** *v + prep* se fonder sur.
fundición *f (de metal)* fonte *f*; *(fábrica)* fonderie *f*.
fundir *vt (derretir)* fondre; *(unir)* unir; *(fam: gastar)* claquer. ❑ **fundirse** *vpr* fondre.
funeral *m* funérailles *fpl*.
fungir *vi (Amér)*: **~ de** faire office de.
funicular *m (por tierra)* funiculaire *m*; *(por aire)* téléphérique *m*.
furgón *m* fourgon *m*.
furgoneta *f* fourgonnette *f*.
furia *f* fureur *f*.
furioso, **-sa** *adj* furieux(-euse).
furor *m* fureur *f*; **hacer ~** faire fureur.
fusible *m* fusible *m*.
fusil *m* fusil *m (de guerre)*.
fusilar *vt* fusiller.
fusión *m* fusion *f*.
fustán *m (Amér)* jupon *m*.
fútbol *m* football *m*; **~ sala** football en salle.
futbolín *m* baby-foot *m inv*.
futbolista *mf* footballeur *m* (-euse *f*).
futuro, **-ra** *adj* futur(-e). ◆ *m (porvenir)* avenir *m*; (GRAM) futur *m*.

G

g *(abrev de gramo)* g.
g/ *abrev* = **giro**.
gabán *m* pardessus *m*.
gabardina *f* gabardine *f*.
gabinete *m* cabinet *m*.
gafas *fpl* lunettes *fpl*; **~ de sol** lunettes de soleil.
gaita *f* cornemuse *f*; **es una ~** *(fam: fastidio)* c'est la galère.
gala *f* gala *m*; **de ~** de gala. ❑ **galas** *fpl*: **se puso sus mejores ~s** elle a mis ses plus beaux atours.
galán *m (hombre atractivo)* bel homme *m*; *(actor)* jeune premier *m*; **~ de noche** *(mueble)* valet *m* de nuit.
galaxia *f* galaxie *f*.

galería *f* galerie *f*; **~ de arte** galerie d'art. ❑ **galerías** *fpl (tiendas)* galerie *f* marchande.

Gales *s* pays *m* de Galles.

Galicia *s* Galice *f*.

gallego, -ga *adj* galicien (-enne). ◆ *m, f* Galicien *m* (-enne *f*). ◆ *m (lengua)* galicien *m*.

galleta *f* biscuit *m*.

gallina *f* poule *f*. ◆ *mf (fam: cobarde)* poule *f* mouillée.

gallinero *m* poulailler *m*.

gallo *m (ave)* coq *m*; *(pescado)* limande *f*; *(nota falsa)* canard *m*.

galopar *vi* galoper.

galope *m* galop *m*.

gama *f* gamme *f*.

gamba *f* crevette *f*; **~s al ajillo** crevettes à l'ail; **~s a la plancha** crevettes grillées.

gamberro, -rra *m, f* voyou *m*.

gamonal *m (Amér)* riche propriétaire *m* terrien.

gamuza *f (para limpiar)* peau *f* de chamois; *(animal)* chamois *m*.

gana *f*: **~ (de)** envie *f* (de); **de buena ~** volontiers; **de mala ~** à contrecœur; **no me da la ~ de hacerlo** je n'ai pas envie de le faire. ❑ **ganas** *fpl (deseo)* envie *f*; *(hambre)* appétit *m*; **tener ~s de** avoir envie de; **comer con ~s** manger avec appétit.

ganadería *f* élevage *m*; *(reses)* cheptel *m*.

ganadero, -ra *m, f* éleveur *m* (-euse *f*).

ganado *m* bétail *m*.

ganador, -ra *m, f* gagnant *m* (-e *f*).

ganancias *fpl* bénéfices *mpl*.

ganar *vt* gagner. ◆ *vi (ser vencedor)* gagner; **hemos ganado con el cambio** nous avons gagné au change. ❑ **ganarse** *vpr*: **~se algo** *(conseguir)* gagner qqch; **~se la vida** gagner sa vie.

ganchillo *m* crochet *m*.

gancho *m* crochet *m*; *(Amér: percha)* cintre *m*; **tener ~** avoir du chien.

gandul, -la *adj (fam)* feignant (-e).

ganga *f (artículo barato)* affaire *f*.

ganso, -sa *m, f* jars *m* (oie *f*).

garabato *m* gribouillage *m*.

garaje *m* garage *m*.

garantía *f* garantie *f*.

garbanzo *m* pois *m* chiche.

garfio *m* crochet *m*.

garganta *f* gorge *f*.

gargantilla *f* ras-du-cou *m* *(collier)*.

gárgaras *fpl* gargarismes *mpl*.

garra *f* griffe *f*.

garrafa *f* carafe *f*.

garrapata *f* tique *f*.

garúa *f (Amér)* bruine *f*.

gas *m* gaz *m*. ❑ **gases** *mpl (del estómago)* gaz *mpl*.

gasa *f* gaze *f*.

gaseosa *f* limonade *f*.

gaseoso, -sa *adj* gazeux (-euse).

gasfitería *f (Amér)* plomberie *f*.

gasfitero *m (Amér)* plombier *m.*

gasóleo *m* gazole *m.*

gasolina *f* essence *f*; **~ normal** essence ordinaire; **~ sin plomo** essence sans plomb; **(~) súper** super *m.*

gasolinera *f* pompe *f* à essence.

gastar *vt (dinero)* dépenser; *(colonia, crema etc)* utiliser; *(provisiones)* finir. ❑ **gastarse** *vpr (consumirse)* s'user; **¿qué número gastas?** tu fais du combien?; **~ una broma a alguien** faire une blague à qqn.

gasto *m* dépense *f.*

gastritis *f inv* gastrite *f.*

gastronomía *f* gastronomie *f.*

gastronómico, -ca *adj* gastronomique.

gatear *vi* marcher à quatre pattes.

gatillo *m* gâchette *f.*

gato, -ta *m, f* chat *m* (chatte *f*). ◆ *m (aparato)* cric *m*; **a gatas** à quatre pattes.

gauchada *f (Amér: fig)* service *m.*

gaucho *m* gaucho *m.*

gavilán *m* épervier *m.*

gaviota *f* mouette *f.*

gazpacho *m*: **~ (andaluz)** gaspacho *m.*

gel *m* gel *m (pour le bain).*

gelatina *f* gélatine *f*; *(postre)* gelée *f.*

gemelo, -la *adj* & *m, f* jumeau(-elle). ◆ *m (músculo)* mollet *m.* ❑ **gemelos** *mpl (botones)* boutons *mpl* de manchette; *(anteojos)* jumelles *fpl.*

gemido *m* gémissement *m.*

Géminis *m* Gémeaux *mpl.*

gemir *vi* gémir.

generación *f* génération *f.*

generador *m* générateur *m.*

general *adj* général(-e). ◆ *m* général *m*; **en ~** en général; **por lo ~** en général.

generalizar *vt* & *vi* généraliser.

generalmente *adv* généralement.

generar *vt* générer.

género *m* genre *m*; *(mercancía)* marchandise *f*; **'~s de punto'** *(tienda)* bonneterie *f.*

generosidad *f* générosité *f.*

generoso, -sa *adj* généreux(-euse); *(comida, ración)* copieux(-euse).

genial *adj* génial(-e).

genio *m (carácter)* caractère *m*; *(mal carácter)* mauvais caractère *m*; *(persona inteligente, ser fabuloso)* génie *m*; **tener mal ~** avoir mauvais caractère.

genitales *mpl* organes *mpl* génitaux.

gente *f* gens *mpl*; **es buena ~** il/elle est sympa; **mi ~** *(fam)* les miens.

gentil *adj (cortés)* courtois(-e); *(gracioso)* gracieux(-euse).

gentileza *f (cortesía)* courtoisie *f*; *(gracia)* grâce *f.*

genuino, -na *adj (auténtico)* authentique; *(piel)* véritable.
geografía *f* géographie *f*.
geometría *f* géométrie *f*.
geométrico, -ca *adj* géométrique.
geranio *m* géranium *m*.
gerente *mf* gérant *m* (-e *f*).
germen *m* germe *m*.
gestión *f (de asunto)* démarche *f*; *(de empresa)* gestion *f*.
gestionar *vt (tramitar)* faire des démarches pour; *(empresa)* gérer.
gesto *m* geste *m*; *(mueca)* grimace *f*.
gestor, -ra *m, f (de gestoría) personne effectuant des démarches administratives pour le compte de tiers ou d'entreprises*; *(de empresa)* gestionnaire *mf*.
gestoría *f (establecimiento)* cabinet *m* d'affaires; *(actividad)* gestion *f*.
Gibraltar *s* Gibraltar.
gibraltareño, -ña *m, f* Gibraltarien *m* (-enne *f*).
gigante, -ta *adj* & *m, f* géant (-e). ◆ *m (ser fabuloso)* géant *m*.
gigantesco, -ca *adj* gigantesque.
gimnasia *f* gymnastique *f*.
gimnasio *m* gymnase *m*.
gimnasta *mf* gymnaste *mf*.
gin tonic [zin'tonik] *m* gin tonic *m*.
ginebra *f* gin *m*.
ginecólogo, -ga *m, f* gynécologue *mf*.
gira *f* tournée *f*.
girar *vt (cambiar el sentido de)* tourner; *(dinero)* virer; *(letra)* tirer. ◆ *vi* tourner.
girasol *m* tournesol *m*.
giro *m (movimiento circular)* tour *m*; *(curva)* virage *m*; *(aspecto, expresión)* tournure *f*; *(de dinero)* virement *m*; ~ **postal** ≃ mandat *m*; ~ **urgente** mandat *m* en urgent.
gitano, -na *adj* gitan(-e). ◆ *m, f* Gitan *m* (-e *f*).
glaciar *m* glacier *m*.
gladiolo *m* glaïeul *m*.
glándula *f* glande *f*.
global *adj* global(-e).
globo *m* globe *m*; *(para jugar, volar)* ballon *m*; ~ **terráqueo** globe terrestre.
glóbulo *m* globule *m*.
gloria *f* gloire *f*; *(placer)* plaisir *m*.
glorieta *f (plaza)* rond-point *m*; *(de jardín)* tonnelle *f*.
glorioso, -sa *adj* glorieux (-euse).
glotón, -ona *adj* glouton (-onne).
glucosa *f* glucose *m*.
gluten *m* gluten *m*.
gobernador, -ra *m, f* gouverneur *m*.
gobernante *m, f* gouvernant *m* (-e *f*).
gobernar *vt* gouverner; *(vehículo)* conduire.
gobierno *m (de nave)* gouvernail *m*; *(grupo)* gouvernement *m*; ~ **civil** ≃ préfecture *f*.
goce *m* jouissance *f*.

godo, **-da** *m, f*: **los ~s** les Goths *mpl*.
gol *m* but *m (en sport)*.
goleador, **-ra** *m, f* buteur *m*.
golf *m* golf *m*.
golfa *f (prostituta)* prostituée *f*.
golfo, **-fa** *m, f* voyou *m*. ◆ *m (en geografía)* golfe *m*.
golondrina *f* hirondelle *f*.
golosina *f* friandise *f*.
goloso, **-sa** *adj* gourmand(-e).
golpe *m* coup *m*; *(con coche)* accrochage *m*; *(ocurrencia)* repartie *f*; **de ~** tout d'un coup; **~ bajo** coup bas.
golpear *vt* & *vi* frapper.
goma *f (sustancia viscosa)* gomme *f*; *(caucho)* caoutchouc *m*; *(banda elástica)* élastique *m*; **~ de borrar** gomme.
gomero *m (Amér)* gommier *m*.
gomina *f* gomina *f*.
góndola *f (Amér)* autobus *m*.
gordo, **-da** *adj* & *m, f* gros (grosse). ◆ *m*: **el ~** *(de la lotería)* le gros lot; **le tocó el ~** il a touché le gros lot.

EL GORDO

C'est le gros lot attribué à chaque tirage de la Loterie nationale en Espagne, en particulier à Noël.

---

gordura *f* embonpoint *m*.
gorila *m* gorille *m*.
gorjeo *m* gazouillement *m*.
gorra *f* casquette *f*; **de ~** *(fam)* à l'œil.
gorrión *m* moineau *m*.
gorro *m* bonnet *m*.
gota *f* goutte *f*; **no me queda ni ~ de harina** il ne me reste pas un gramme de farine. ❑ **gotas** *fpl (MED)* gouttes *fpl*.
gotera *f (filtración)* gouttière *f*; *(grieta)* fuite *f*; *(mancha)* tache *f* d'humidité.
gótico, **-ca** *adj* & *m* gothique.
gozar *vi* éprouver du plaisir. ❑ **gozar de** *v + prep* jouir de.
gozo *m* réjouissance *f*.
gr *abrev* = **grado**.
grabación *f* enregistrement *m*.
grabado *m* gravure *f*.
grabar *vt* graver; *(canción, voz, imágenes)* enregistrer.
gracia *f (atractivo)* charme *m*; *(humor)* drôlerie *f*; *(elegancia)* grâce *f*; *(don)* talent *m*; *(chiste)* plaisanterie *f*; **hacer ~** faire rire. ❑ **gracias** *fpl* merci *m*; **dar las ~s a** remercier; **~s a** grâce à; **~s por** merci de; **muchas ~s** merci beaucoup.
gracioso, **-sa** *adj (que da risa)* drôle; *(con encanto)* gracieux (-euse).
grada *f (de estadio, plaza de toros)* gradin *m*; *(peldaño)* marche *f*.
gradería *f (de estadio, plaza de toros)* gradins *mpl*; *(público)* public *m (des gradins)*.
grado *m (medida, fase)* degré *m*; *(de enseñanza)* niveau *m*; *(del ejército)* grade *m*; **de buen ~** de bon gré.

raduación *f (de bebida)* titre
ı; (de militar) grade *m; (acto)* gra-
uation *f; (estudios)* diplôme *m.*
raduado, -da *adj (persona)*
iplômé(-e); *(regla, termómetro etc)*
radué(-e). ◆ *m, f (persona)* diplô-
ıé *m* (-e *f*). ◆ *m (título)* diplôme
ı; ~ **en** diplômé en.

---

i GRADUADO ESCOLAR

Diplôme obtenu à la fin des études primaires espagnoles (fin du pre-
ıier cycle des études secondaires en
rance). Il est obligatoire pour pour-
ıivre les études et pour les personnes
e plus de 25 ans qui veulent entrer à
université.

---

radual *adj* graduel(-elle).
radualmente *adv* graduel-
ement.
raduar *vt (calefacción, calenta-
or)* régler; *(regla, termómetro)* gra-
uer. ❑ **graduarse** *vpr (estudian-
)* obtenir son diplôme; *(militar)*
tre promu(-e); ~**se en** obtenir
on diplôme de.
raffiti *m* graffiti *m.*
rafía *f* graphie *f.*
ráfica *f* courbe *f (graphique).*
ráfico, -ca *adj (con dibujos, fo-
ɔs)* graphique; *(expresivo)* clair
-e). ◆ *m (dibujo)* graphique *m.*
ragea *f* dragée *f.*
ramática *f* grammaire *f.*
ramatical *adj* grammatical
e).
ramo *m* gramme *m.*
gran *adj* → **grande.**
granada *f* grenade *f.*
granadilla *f (Amér)* fruit *m* de la passion.
granate *adj inv* & *m* grenat.
Gran Bretaña *s* Grande-Bretagne *f.*
grande *adj* grand(-e). ◆ *m (noble)* grand *m*; **me va ~** *(vestido, zapato)* c'est trop grand; **~s almacenes** grands magasins *mpl.*
grandeza *f* grandeur *f.*
grandioso, -sa *adj* grandiose.
granel: a granel *adv (a peso)* en vrac; *(en abundancia)* à foison.
granero *m* grenier *m (grange).*
granito *m* granit *m.*
granizada *f* grêle *f.*
granizado *m boisson glacée à base de jus de fruit.*
granizar *v impers* grêler.
granja *f* ferme *f.*
granjero, -ra *m, f* fermier *m* (-ère *f*).
grano *m* grain *m*; *(de la piel)* bouton *m*; **ir al ~** *(fam)* en venir au fait.
granuja *mf* canaille *f*; *(chiquillo)* garnement *m.*
grapa *f* agrafe *f.*
grapadora *f* agrafeuse *f.*
grapar *vt* agrafer.
grasa *f* graisse *f.*
grasiento, -ta *adj* gras (grasse).
graso, -sa *adj* gras (grasse).
gratificar *vt* gratifier; **'se gratificará'** 'récompense promise'.

gratinado *m* gratin *m*.
gratinar *vt* gratiner.
gratis *adv* gratis.
gratitud *f* gratitude *f*.
grato, **-ta** *adj* agréable.
gratuito, **-ta** *adj* gratuit(-e).
grave *adj* grave.
gravedad *f* gravité *f*.
gravilla *f* gravillon *m*.
Grecia *s* Grèce *f*.
gremio *m* corporation *f*.
greña *f* tignasse *f*.
griego, **-ga** *adj* grec (grecque). ◆ *m, f* Grec *m* (Grecque *f*). ◆ *m* *(lengua)* grec *m*.
grieta *f (de pared, techo)* fissure *f*; *(de piel)* crevasse *f*.
grifero, **-ra** *m, f (Amér)* pompiste *mf*.
grifo *m* robinet *m*; *(Amér)* station-service *f*.
grill [gril] *m* gril *m*.
grilla *f (Amér: fam)* cabale *f*.
grillo *m* grillon *m*.
gripa *f (Amér)* grippe *f*.
gripe *f* grippe *f*.
gris *adj* gris(-e); *(persona)* terne. ◆ *m* gris *m*.
gritar *vi* crier.
grito *m* cri *m*; **a ~s** à cor et à cri.
grosella *f* groseille *f*; *(bebida)* sirop *m* de groseille.
grosería *f* grossièreté *f*.
grosero, **-ra** *adj* grossier(-ère).
grosor *m* épaisseur *f*.
grotesco, **-ca** *adj* grotesque.
grúa *f (máquina)* grue *f*; *(vehículo)* dépanneuse *f*.
grueso, **-sa** *adj* gros (grosse) ◆ *m (espesor, volumen)* épaisseur *f* **el ~ de** le gros de.
grumo *m* grumeau *m*.
gruñido *m* grognement *m*.
gruñir *vi* grogner.
grupa *f* croupe *f*.
grupo *m* groupe *m*; **en ~** en groupe; **~ de riesgo** groupe à risque; **~ sanguíneo** groupe sanguin
gruta *f* grotte *f*.
guaca *f (Amér)* tombeau *m* précolombien.
guacal *m (Amér)* calebasse *f*.
guacamole *m (Amér) purée d'avocat épicée typique du Mexique*
guachimán *m (Amér)* gardien *m*.
guacho, **-cha** *adj (Amér: huérfano)* orphelin(-e); *(solitario)* solitaire. ◆ *m, f (Amér)* bâtard *m* (-e *f*)
guaco *m (Amér)* poterie *f* précolombienne.
guagua *f (Amér) (autobús)* bus *m*; *(bebé)* bébé *m*.
guaiño *m (Amér) chanson mélancolique indigène*.
guajiro, **-ra** *m, f (Amér)* paysan *m* (-anne *f*) *(cubain)*.
guano *m* guano *m*.
guante *m* gant *m*.
guantera *f* boîte *f* à gants.
guapo, **-pa** *adj (persona)* beau (belle); *(fam: objeto, ropa)* chouette.
guardabarros *m inv* garde-boue *m inv*.
guardacoches *m inv* gardien *m* (-enne *f*) de parking.

guardaespaldas *m inv* garde *m* du corps.

guardameta *m* gardien *m* de but.

guardapolvo *m* *(prenda)* blouse *f*; *(funda)* housse *f*.

guardar *vt (en un lugar)* ranger; *(conservar, cuidar)* garder; *(cumplir)* observer. ❑ **guardarse** *vpr*: **~se de** se garder de.

guardarropa *m (de local)* vestiaire *m*; *(armario)* armoire *f*.

guardería *f* crèche *f (pour enfants)*.

guardia *mf (policía)* agent *m*. ◆ *f* garde *f*; **~ civil** ≃ gendarme *m*; **~ de seguridad** vigile *m*; **~ municipal** ○ **urbano** policier *m* municipal; **de ~** de garde. ❑ **Guardia Civil** *f* Garde *f* civile, ≃ gendarmerie *f*.

guardián, -ana *m, f* gardien *m* (-enne *f*).

guarida *f* tanière *f*.

guarnición *f (de comida)* garniture *f*; *(del ejército)* garnison *f*.

guarro, -rra *adj (despec)* dégoûtant(-e).

guasa *f (fam)*: **¡tiene ~ la cosa!** elle est forte, celle-là!

guasca *f (Amér: látigo)* fouet *m*.

Guatemala *s* Guatemala *m*.

guatemalteco, -ca *adj* guatémaltèque. ◆ *m, f* Guatémaltèque *mf*.

guateque *m* boum *f*.

guayaba *f* goyave *f*.

guayabo *m* goyavier *m*.

güero, -ra *adj (Amér: fam)* blond(-e).

guerra *f* guerre *f*; **~ civil/mundial** guerre civile/mondiale.

guerrera *f* vareuse *f*, → **guerrero**.

guerrero, -ra *m, f* guerrier *m*.

guerrilla *f (grupo)* groupe *m* de guérilleros; *(estrategia)* guérilla *f*.

guerrillero, -ra *m, f* guérillero *m*.

guía *mf (persona)* guide *m*. ◆ *f (libro, indicación)* guide *m*; **~ telefónica** annuaire *m*; **~ turística** guide touristique.

guiar *vt* guider; *(coche, vehículo)* conduire. ❑ **guiarse por** *v + prep* se guider à.

guijarro *m* caillou *m*.

guillotina *f (para decapitar)* guillotine *f*; *(para papel)* massicot *m*.

guinda *f* griotte *f*.

guindilla *f* piment *m* rouge.

guiñar *vt*: **~ un ojo** faire un clin d'œil.

guiñol *m* guignol *m*.

guión *m (argumento)* scénario *m*; *(esquema)* plan *m*; *(en gramática)* trait d'union *m*.

guionista *mf* scénariste *mf*.

guiri *mf (fam)* étranger *m* (-ère *f*).

guirnalda *f* guirlande *f*.

guisado *m* ragoût *m*.

guisante *m* petit pois *m*; **~s con jamón** ○ **salteados** *petits pois cuisinés avec des dés de jambon de pays*.

guisar *vt & vi* cuisiner.

guiso *m* ragoût *m*.

guitarra *f* guitare *f*.
guitarrista *mf* guitariste *mf*.
gusano *m* ver *m*.
gustar *vi* plaire; **me gusta esta chica** cette fille me plaît; **me gusta la pintura** j'aime la peinture.
gusto *m* goût *m*; *(placer)* plaisir *m*; **a ~** *(cómodamente)* à son aise; **al ~** *(filete, entrecot)* à votre goût.

H

h. *(abrev de hora)* h.
ha. *(abrev de hectárea)* ha.
haba *f* fève *f*; **~s a la catalana** *fèves cuisinées avec des lardons, des saucisses et du vin.*
habano *m* havane *m*.
haber *v aux* -1. *(en tiempos compuestos)* avoir; **los niños ya han comido** les enfants ont déjà mangé. -2. *(antes de verbo de movimiento, estado o permanencia)*: **ha salido** il est sorti; **nos hemos quedado en casa** nous sommes restés à la maison.
-3. *(expresa reproche)*: **¡~ venido antes!** tu n'avais qu'à arriver plus tôt!; **¡~lo dicho!** tu aurais pu le dire!
◆ *v impers* -1. *(gen)* avoir; **¿qué hay hoy para comer?** qu'est-ce qu'on mange aujourd'hui?; **hubo muchos problemas** il y a eu beaucoup de problèmes; **el jueves no habrá reparto** il n'y aura pas de livraison le jeudi.
-2. *(expresa obligación)*: **hay que cuidar a los enfermos** il faut soigner les malades.
-3. *(en locuciones)*: **habérselas con alguien** se bagarrer avec qqn; **¡hay que ver qué malo es!** qu'est-ce qu'il est méchant!; **no hay de qué** il n'y a pas de quoi.
◆ *m (en cuentas, contabilidad)* crédit *m*; **tiene tres pisos en su ~** il est propriétaire de trois appartements.
❏ **haber de** *v + prep (estar obligado)* devoir; **has de trabajar más** tu dois travailler plus.
❏ **haberes** *mpl (bienes)* biens *mpl*.
habichuela *f* haricot *m*.
hábil *adj* habile; **día ~** jour *m* ouvrable.
habilidad *f* habileté *f*.
habiloso, -sa *adj (Amér)* intelligent(-e).
habitación *f (cuarto)* pièce *f*; *(dormitorio)* chambre *f*; **~ doble/individual** chambre double/simple.
habitante *mf* habitant *m* (-e *f*).
habitar *vi* & *vt* habiter.
hábito *m (costumbre)* habitude *f*; *(traje)* habit *m*.
habitual *adj* habituel(-elle).
habitualmente *adv* habituellement.
hablador, -ra *adj* bavard(-e).
habladurías *fpl* commérages *mpl*.
hablar *vi* parler. ◆ *vt (saber)* parler; *(tratar)* parler de; **~ de** par-

ler de; ~ **por teléfono** parler au téléphone; ~ **por** ~ parler pour parler; **¡ni ~!** pas question! ❑ **hablarse** *vpr* se parler.

hacer *vt* -1. *(gen)* faire; ~ **planes/un vestido** faire des projets/une robe; ~ **el tonto** faire l'idiot; **el árbol hace sombra** l'arbre fait de l'ombre; **el reloj hace tic-tac** la montre fait tic-tac; **deberías ~ deporte** tu devrais faire du sport; **hicimos muchas fotografías del viaje** nous avons fait beaucoup de photos du voyage; **he hecho la cama** j'ai fait mon lit; **hizo de ella una buena cantante** il a fait d'elle une bonne chanteuse; ~ **feliz a alguien** rendre qqn heureux; **me hizo daño/reír** il m'a fait mal/rire; **hizo arrancar los árboles** il a fait arracher les arbres.
-2. *(construir)* construire; **han hecho un edificio nuevo** ils ont construit un nouveau bâtiment.
-3. *(dar aspecto)*: **este traje te hace más delgado** ce costume t'amincit.
-4. *(en cine y teatro)*: ~ **el papel de** jouer le rôle de.
◆ *vi* -1. *(gen)* faire; **déjame ~ a mí** laisse-moi faire.
-2. *(en cine y teatro)*: **hace de malo** il joue le rôle du méchant.
-3. *(trabajar)*: **hace de cajera** elle travaille comme caissière.
-4. *(aparentar)*: **haz como si no lo vieras** fais comme si tu ne le voyais pas.
◆ *v impers* -1. *(tiempo meteorológico)* faire; **hace frío/calor** il fait froid/chaud; **hace buen/mal tiempo** il fait beau/mauvais.
-2. *(tiempo transcurrido)*: **hace una semana** il y a une semaine; **hace ya una hora que espero** cela fait une heure que j'attends.
❑ **hacerse** *vpr* -1. *(convertirse)* devenir; **se hizo monja** elle est devenue bonne sœur; **~se viejo** se faire vieux.
-2. *(formarse)* se former.
-3. *(desarrollarse, crecer)* pousser.
-4. *(cocerse)* cuire.
-5. *(resultar)*: **se está haciendo tarde** il se fait tard.
-6. *(mostrarse)*: **intenta ~se el simpático** il essaye de se rendre sympathique; **se hace el atrevido** il joue les courageux.
❑ **hacerse a** *v + prep (acostumbrarse)* se faire à.
❑ **hacerse con** *v + prep (apropiarse)*: **se hizo con el poder** il a pris le pouvoir.

hacha *f* hache *f*.

hachís *m* haschisch *m*.

hacia *prep* vers; ~ **abajo/arriba** vers le bas/le haut; ~ **aquí/allí** par ici/là; ~ **atrás/adelante** en arrière/avant; ~ **las tres** vers trois heures.

hacienda *f (finca)* exploitation *f* agricole; *(bienes)* fortune *f*. ❑ **Hacienda** *f* le Trésor.

hada *f* fée *f*.

Haití *s* Haïti.

hala *interj (para dar prisa)* allez!; *(expresa contrariedad)* allons donc!

halago *m* flatterie *f*.

halcón *m* faucon *m*.

hall [xol] *m* hall *m*.

hallar *vt* trouver. ❑ **hallarse** *vpr* se trouver.

halógeno, **-na** *adj* halogène.

halterofilia *f* haltérophilie *f*.

hamaca *f* hamac *m*.

hambre *f* faim *f*; **tener ~** avoir faim.

hambriento, **-ta** *adj* affamé (-e).

hamburguesa *f* hamburger *m*.

hamburguesería *f* fast-food *m*.

hámster ['xamster] *m* hamster *m*.

hangar *m* hangar *m*.

hardware ['xarwar] *m (INFORM)* matériel *m*.

harina *f* farine *f*.

hartar *vt (atiborrar)* gaver; *(cansar)* fatiguer. ❑ **hartarse de** *v + prep (cansarse de)* en avoir assez de; *(hacer en exceso)* ne pas arrêter de; *(comiendo)* se gaver de.

harto, **-ta** *adj (saciado)* repu (-e); *(cansado)* fatigué(-e); **estar ~ de** en avoir assez de.

hasta *prep* jusqu'à. ◆ *adv (incluso)* même; **trabaja ~ cuando está enfermo** il travaille même lorsqu'il est malade; **~ luego** au revoir; **~ pronto** à bientôt; **~ que** jusqu'à ce que.

haya *f* hêtre *m*.

haz (*pl* **-ces**) *m (de luz)* faisceau *m*; *(de leña)* fagot *m*; *(de hierba)* gerbe *f*.

hazaña *f* exploit *m*.

hebilla *f* boucle *f (de ceinture, chaussure etc)*.

hebra *f (de hilo, especias)* brin *m*; *(en legumbres)* fil *m*.

hebreo, **-a** *adj* hébreu. ◆ *m, f* Israélite *mf*. ◆ *m (lengua)* hébreu *m*.

hechizar *vt* envoûter.

hechizo *m* envoûtement *m*.

hecho, **-cha** *adj* cuit(-e). ◆ *m* fait *m*; **muy ~** bien cuit; **poco ~** saignant; **~ de** fait de; **de ~** de fait.

hectárea *f* hectare *m*.

helada *f* gelée *f*.

heladería *f* marchand *m* de glaces.

helado, **-da** *adj* glacé(-e). ◆ *m* glace *f*; **quedarse ~** *(asombrado)* avoir un choc; **'~s variados'** 'glaces'.

helar *v impers* & *vt* geler. ❑ **helarse** *vpr (congelarse)* geler; *(pasar frío)* se geler.

hélice *f* hélice *f*.

helicóptero *m* hélicoptère *m*.

hematoma *m* hématome *m*.

hembra *f (animal)* femelle *f*; *(de enchufe)* prise *f* femelle.

hemorragia *f* hémorragie *f*.

heno *m* foin *m*.

hepatitis *f inv* hépatite *f*.

herboristería *f* herboristerie *f*.

heredar *vt* hériter de.

heredero, **-ra** *m, f* héritier *m* (-ère *f*).

hereje *mf* hérétique *mf*.

herejía *f* hérésie *f*.

herencia *f* héritage *m*.
herida *f* blessure *f*, → **herido**.
herido, **-da** *adj* & *m, f* blessé(-e).
herir *vt* blesser. ❑ **herirse** *vpr* se blesser.
hermanastro, **-tra** *m, f* demi-frère *m* (demi-sœur *f*).
hermano, **-na** *m, f* frère *m* (sœur *f*).
hermético, **-ca** *adj* hermétique.
hermoso, **-sa** *adj* beau (belle).
hermosura *f* beauté *f*.
héroe *m* héros *m*.
heroico, **-ca** *adj* héroïque.
heroína *f* héroïne *f*.
heroinómano, **-na** *m, f* héroïnomane *mf*.
heroísmo *m* héroïsme *m*.
herradura *f* fer *m* à cheval.
herramienta *f* outil *m*.
herrería *f (taller)* forge *f*.
herrero *m* forgeron *m*.
hervir *vt* faire bouillir. ◆ *vi (líquido)* bouillir.
heterosexual *m, f* hétérosexuel *m* (-elle *f*).
hidalgo *m* hidalgo *m*.
hidratante *adj* hydratant(-e).
hidratar *vt* hydrater.
hiedra *f* lierre *m*.
hielo *m* glace *f*.
hiena *f* hyène *f*.
hierba *f* herbe *f*.
hierbabuena *f* menthe *f*.
hierro *m* fer *m*.
hígado *m* foie *m*.
higiene *f* hygiène *f*.
higiénico, **-ca** *adj* hygiénique.
higo *m* figue *f*; ~ **chumbo** figue de Barbarie.
higuera *f* figuier *m*.
hijastro, **-tra** *m, f* beau-fils *m* (belle-fille *f*) *(d'un premier mariage)*.
hijo, **-ja** *m, f* fils *m* (fille *f*); ~ **de la chingada** *(Amér: vulg)* fils de pute; ~ **de puta** *(vulg)* fils de pute; ~ **político** gendre *m*; **hija política** belle-fille *f*. ❑ **hijos** *mpl* enfants *mpl*.
hilera *f* rangée *f*.
hilo *m* fil *m*; *(de voz, agua)* filet *m*; ~ **musical** fond *m* musical.
hilvanar *vt* faufiler.
hincapié *m*: **hacer ~ en** mettre l'accent sur.
hincha *mf* supporter *m*.
hinchado, **-da** *adj (globo, colchón)* gonflé(-e); *(parte del cuerpo)* enflé(-e).
hinchar *vt (inflar)* gonfler; *(exagerar)* grossir. ❑ **hincharse** *vpr (parte del cuerpo)* enfler. ❑ **hincharse de** *v + prep (comida)* se gaver de.
hinchazón *f* enflure *f*.
híper *m (fam)* hypermarché *m*.
hipermercado *m* hypermarché *m*.
hipermetropía *f* hypermétropie *f*.
hipertensión *f* hypertension *f*.
hipertenso, **-sa** *adj* hypertendu(-e).

hípica *f* hippisme *m*.
hipnotizar *vt* hypnotiser.
hipo *m* hoquet *m*.
hipocresía *f* hypocrisie *f*.
hipócrita *adj* hypocrite.
hipódromo *m* hippodrome *m*.
hipopótamo *m* hippopotame *m*.
hipoteca *f* hypothèque *f*.
hipótesis *f inv* hypothèse *f*.
hipotético, -ca *adj* hypothétique.
hippy ['xipi] *mf* hippie *mf*.
hispánico, -ca *adj* hispanique.
hispano, -na *adj (en España)* espagnol(-e); *(en Estados Unidos)* hispanique.
Hispanoamérica *s* Amérique *f* latine.
hispanoamericano, -na *adj* hispano-américain(-e). ◆ *m, f* Hispano-Américain *m* (-e *f*).
hispanohablante *mf* hispanophone *mf*.
histeria *f* hystérie *f*.
histérico, -ca *adj* hystérique.
historia *f* histoire *f*.
histórico, -ca *adj* historique.
historieta *f (relato)* petite histoire *f*; *(cuento con dibujos)* bande *f* dessinée.
hobby ['xoβi] *(pl* **hobbies**) *m* hobby *m*.
hocico *m* museau *m*.
hockey ['xokej] *m* hockey *m*.
hogar *m* foyer *m*.
hogareño, -ña *adj* casanier (-ère).
hoguera *f* bûcher *m*; *(de fiesta)* feu *m* de joie.
hoja *f* feuille *f*; *(de cuchillo)* lame *f*; ~ **de afeitar** lame *f* de rasoir.
hojalata *f* fer-blanc *m*.
hojaldre *m* pâte *f* feuilletée.
hola *interj* bonjour!
Holanda *s* Hollande *f*.
holandés, -esa *adj* hollandais (-e). ◆ *m, f* Hollandais *m* (-e *f*) ◆ *m (lengua)* hollandais *m*.
holgado, -da *adj (ropa)* ample; *(vida, situación)* aisé(-e).
holgazán, -ana *adj* fainéant (-e).
hombre *m* homme *m*. ◆ *interj (sorpresa)* tiens!; ~ **de negocios** homme d'affaires.
hombrera *f* épaulette *f*.
hombro *m* épaule *f*.
homenaje *m* hommage *m*; **en** ~ en hommage.
homeopatía *f* homéopathie *f*.
homicida *mf* meurtrier *m* (-ère *f*).
homicidio *m* homicide *m*.
homosexual *mf* homosexuel *m* (-elle *f*).
hondo, -da *adj* profond(-e).
Honduras *s* Honduras *m*.
hondureño, -ña *adj* hondurien(-enne). ◆ *m, f* Hondurien *m* (-enne *f*).
honestidad *f* honnêteté *f*.
honesto, -ta *adj* honnête.
hongo *m* champignon *m*.
honor *m* honneur *m*; **en ~ de** en l'honneur de.

honorario *adj* honoraire. ❑ **honorarios** *mpl* honoraires *mpl*.

honra *f* honneur *m*; **¡soy europeo, y a mucha ~!** je suis européen, et fier de l'être!

honradez *f* honnêteté *f*.

honrado, **-da** *adj* honnête.

honrar *vt* honorer.

hora *f* heure *f*; **¿a qué ~?** à quelle heure?; **¿qué ~ es?** quelle heure est-il?; **pedir ~ para** prendre rendez-vous pour; **tener ~** avoir l'heure; **a última ~** au dernier moment; **'~s convenidas'** 'sur rendez-vous'; **~ punta** heure de pointe.

horario *m* horaire *m*; **'~ comercial'** 'heures d'ouverture'.

horca *f (de ejecución)* potence *f*; *(en agricultura)* fourche *f*.

horchata *f* ≈ sirop *m* d'orgeat.

horizontal *adj* horizontal(-e).

horizonte *m* horizon *m*.

horma *f (molde)* forme *f*; *(utensilio)* embauchoir *m*.

hormiga *f* fourmi *f*.

hormigón *m* béton *m*; **~ armado** béton armé.

hormigonera *f* bétonnière *f*.

hormiguero *m* fourmilière *f*.

hormona *f* hormone *f*.

hornear *vt* enfourner.

horno *m* four *m*; **al ~** au four.

horóscopo *m* horoscope *m*.

horquilla *f* épingle *f* à cheveux.

hórreo *m silo en granite sur pilotis typique de Galice et des Asturies.*

horrible *adj* horrible.

horror *m* horreur *f*; **¡qué ~!** quelle horreur!

horrorizar *vt* horrifier.

horroroso, **-sa** *adj* horrible.

hortaliza *f* légume *m*.

hortelano, **-na** *m, f* maraîcher *m* (-ère *f*).

hortensia *f* hortensia *m*.

hortera *adj* de mauvais goût.

hospedarse *vpr* loger.

hospital *m* hôpital *m*.

hospitalario, **-ria** *adj* hospitalier(-ère).

hospitalidad *f* hospitalité *f*.

hospitalizar *vt* hospitaliser.

hostal *m* hôtel *m*.

hostelería *f* hôtellerie *f*.

hostia *f (en religión)* ostie *f*; *(vulg: golpe, tortazo)* torgnole *f*. ◆ *interj (vulg)* putain!; **darse una ~** *(vulg)* se casser la gueule; *(en coche)* se planter.

hostil *adj* hostile.

hotel *m* hôtel *m*; **~ de lujo** hôtel de luxe.

hotelero, **-ra** *adj* hôtelier (-ère).

hoy *adv* aujourd'hui; **~ en día**, **~ por ~** de nos jours.

hoyo *m* trou *m*.

hoz *f* faucille *f*.

huachafería *f (Amér)*: **es una ~** c'est de mauvais goût.

huachafo, **-fa** *adj (Amér)* de mauvais goût.

huachinango *m (Amér)* pagre *m*.

hucha *f* tirelire *f*.

hueco, **-ca** *adj (vacío)* creux (-euse). ◆ *m (agujero)* place *f*; *(de tiempo)* creux *m*.
huelga *f* grève *f*.
huella *f* trace *f*; **~s dactilares** empreintes *fpl* digitales.
huérfano, **-na** *m, f* orphelin *m* (-e *f*).
huerta *f (huerto grande)* plaine *f* maraîchère; *(de árboles frutales)* verger *m*.
huerto *m* jardin *m* potager.
hueso *m* os *m*; *(de una fruta)* noyau *m*.
huésped, **-da** *m, f* hôte *m* (hôtesse *f*).
huevada *f (Amér: fam)* bêtise *f*.
huevear *vi (Amér: fam)* faire l'imbécile.
huevo *m* œuf *m*; **~ de la copa** o **tibio** *(Amér)* œuf à la coque; **~ estrellado** œuf sur le plat; **~ frito** œuf frit; **~s revueltos** œufs brouillés; **~s a la flamenca** *œufs sur le plat accompagnés de tranches de chorizo et de sauce tomate*; **~s al plato** *œufs cuits au four*; **~ pasado por agua** œuf à la coque; **~ duro** œuf dur.
huevón *m (Amér: vulg)* couillon *m*.
huida *f* fuite *f*.
huir *vi* s'enfuir; **~ de algo/alguien** fuir qqch/qqn.
humanidad *f* humanité *f*. ❑ **humanidades** *fpl* sciences *fpl* humaines.
humanitario, **-ria** *adj* humanitaire.
humano, **-na** *adj* humain(-e). ◆ *m* humain *m*.
humareda *f* nuage *m* de fumée.
humedad *f* humidité *f*.
humedecer *vt* humecter.
húmedo, **-da** *adj* humide.
humilde *adj* humble.
humillación *f* humiliation *f*.
humillante *adj* humiliant(-e).
humillar *vt* humilier.
humo *m* fumée *f*. ❑ **humos** *mpl*: **tener (unos) ~s** prendre de grands airs.
humor *m* humeur *f*; *(gracia)* humour *m*; **mal/buen ~** mauvaise/bonne humeur.
humorismo *m* humour *m*.
humorista *mf* comique *m*.
humorístico, **-ca** *adj* humoristique.
hundir *vt (barco)* couler; *(edificio, techo)* démolir; *(persona)* anéantir; *(cuchillo, mano)* plonger. ❑ **hundirse** *vpr (barco)* couler; *(edificio, techo, persona)* s'effondrer.
húngaro, **-ra** *adj* hongrois(-e). ◆ *m, f* Hongrois *m* (-e *f*). ◆ *m (lengua)* hongrois *m*.
Hungría *s* Hongrie *f*.
huracán *m* ouragan *m*.
hurtadillas: **a hurtadillas** *adv* en cachette.
hurto *m* larcin *m*.

I

IBERIA *f* IBERIA.
ibérico, **-ca** *adj* ibérique.
Ibiza *s* Ibiza.
iceberg *m* iceberg *m*.
ICONA *m* *organisme espagnol pour la protection de la nature*, ≃ SNPN *f*.
icono *m* icône *f*.
ida *f* aller *m*; **billete de ~ y vuelta** billet *m* aller-retour.
idea *f* idée *f*; **ni ~** aucune idée.
ideal *adj* idéal(-e). ◆ *m* idéal *m*.
idealismo *m* idéalisme *m*.
idealista *mf* idéaliste *mf*.
idéntico, **-ca** *adj* identique.
identidad *f* identité *f*.
identificación *f* identification *f*.
identificar *vt* identifier. ❑ **identificarse** *vpr* montrer ses papiers d'identité; **~se con** s'identifier à.
ideología *f* idéologie *f*.
idilio *m* idylle *f*.
idioma *m* langue *f*.
idiota *adj* idiot(-e).
ídolo *m* idole *f*.
idóneo, **-a** *adj* adéquat(-e).
iglesia *f* église *f*; **la Iglesia** l'Église.
ignorancia *f* ignorance *f*.
ignorante *adj* ignorant(-e).
ignorar *vt* ignorer.
igual *adj* *(semejante)* pareil (-eille); *(constante)* égal(-e). ◆ *adv* de la même façon; **me da ~** cela m'est égal; **es ~** ça ne fait rien; **al ~ que** de la même façon que; **por ~** à parts égales.
igualado, **-da** *adj*: **están ~s** ils sont à égalité.
igualdad *f* égalité *f*.
igualmente *adv* également; **¡que te diviertas mucho! - ~** amuse-toi bien! - toi aussi!
ilegal *adj* illégal(-e).
ilegítimo, **-ma** *adj* illégitime.
ileso, **-sa** *adj* indemne.
ilimitado, **-da** *adj* illimité(-e).
ilógico, **-ca** *adj* illogique.
iluminación *f* *(alumbrado)* éclairage *m*; *(en las fiestas)* illumination *f*.
iluminar *vt* illuminer; *(dar luz a)* éclairer.
ilusión *f* *(alegría)* plaisir *m*; *(esperanza)* espoir *m*; **hacerse ilusiones** se faire des illusions.
ilusionarse *vpr* se faire des illusions.
ilustración *f* illustration *f*.
ilustrar *vt* illustrer.
ilustre *adj* illustre.
imagen *f* image *f*; *(escultura)* statue *f*; *(descripción)* portrait *m*.
imaginación *f* imagination *f*.
imaginar *vt* imaginer. ❑ **imaginarse** *vpr* s'imaginer.
imaginario, **-ria** *adj* imaginaire.

imaginativo, **-va** *adj* imaginatif(-ive).
imán *m* aimant *m*.
imbécil *adj* imbécile.
imitación *f* imitation *f*; *(de obra de arte)* plagiat *m*.
imitar *vt* imiter.
impaciencia *f* impatience *f*.
impaciente *adj* impatient(-e); ~ **por** impatient(-e) de.
impar *adj* impair(-e).
imparable *adj* imparable.
imparcial *adj* impartial(-e).
impasible *adj* impassible.
impecable *adj* impeccable.
impedimento *m* empêchement *m*.
impedir *vt* empêcher.
impensable *adj* impensable.
imperativo *m* impératif *m*.
imperceptible *adj* imperceptible.
imperdible *m* épingle *f* de nourrice.
imperdonable *adj* impardonnable.
imperfecto, **-ta** *adj* imparfait(-e). ◆ *m* imparfait *m*.
imperial *adj* impérial(-e).
imperio *m* empire *m*.
impermeable *adj* & *m* imperméable.
impersonal *adj* impersonnel (-elle).
impertinencia *f* impertinence *f*.
impertinente *adj* impertinent(-e).
ímpetu *m* *(energía)* énergie *f*; *(rapidez)* force *f*.
implicar *vt* impliquer.
implícito, **-ta** *adj* implicite.
imponer *vt* imposer. ◆ *vi* en imposer.
importación *f* importation *f*.
importancia *f* importance *f*.
importante *adj* important (-e).
importar *vt* & *vi* importer; **no importa** ce n'est pas grave; **¿a tí que te importa?** qu'est-ce que ça peut te faire?; **¿te importa que venga con nosotros?** ça t'ennuie s'il vient avec nous?
importe *m* montant *m*; **'~ del billete'** 'prix du billet'.
imposibilidad *f* impossibilité *f*.
imposible *adj* & *m* impossible. ◆ *interj* impossible!
impostor, **-ra** *m, f* imposteur *m*.
impotencia *f* impuissance *f*.
impotente *adj* impuissant(-e).
impreciso, **-sa** *adj* imprécis (-e).
impregnar *vt* imprégner.
imprenta *f* imprimerie *f*.
imprescindible *adj* indispensable.
impresión *f* impression *f*.
impresionante *adj* impressionnant(-e).
impresionar *vi* impressionner.
impreso *m* imprimé *m*.
impresora *f* imprimante *f*.

imprevisto *m* imprévu *m*.
imprimir *vt* imprimer.
improvisación *f* improvisation *f*.
improvisado, **-da** *adj* improvisé(-e).
improvisar *vt* improviser.
imprudente *adj* imprudent (-e).
impuesto *m* impôt *m*.
impulsar *vt* pousser; **~ a alguien a** pousser qqn à.
impulsivo, **-va** *adj* impulsif (-ive).
impulso *m (empuje)* impulsion *f*; *(estímulo)* élan *m*.
impuro, **-ra** *adj* impur(-e).
inaceptable *adj* inacceptable.
inadecuado, **-da** *adj* inadéquat(-e).
inadmisible *adj* inadmissible.
inaguantable *adj* insupportable.
inauguración *f* inauguration *f*.
inaugurar *vt* inaugurer.
incapacidad *f* incapacité *f*.
incapaz (*pl* **-ces**) *adj* incapable; **ser ~ de** être incapable de.
incendio *m* incendie *m*; **contra ~s** contre les incendies.
incentivo *m* incitation *f*.
incidente *m* incident *m*.
incineradora *f* incinérateur *m*.
incinerar *vt* incinérer.
incitar *vt* inciter.
inclinación *f (saludo, afecto)* inclination *f*; *(tendencia)* penchant *m*; *(de terreno)* inclinaison *f*.
inclinarse *vpr* se pencher; **~ por** *(preferir)* pencher pour; *(decidirse por)* être tenté(-e) de.
incluido, **-da** *adj* inclus(-e).
incluir *vt* inclure.
inclusive *adv* y compris.
incluso *adv* même; **incluso nos invitaron a cenar** ils nous ont même invités à dîner.
incógnita *f (en matemáticas)* inconnue *f*; *(enigma)* mystère *m*.
incoherente *adj* incohérent (-e).
incoloro, **-ra** *adj* incolore.
incómodo, **-da** *adj* inconfortable.
incomparable *adj* incomparable.
incompatibilidad *f* incompatibilité *f*; **~ de caracteres** incompatibilité d'humeur.
incompetente *adj* incompétent(-e).
incomprensible *adj* incompréhensible.
incomunicado, **-da** *adj* isolé (-e).
incondicional *adj* inconditionnel(-elle).
inconfundible *adj* reconnaissable entre tous (toutes).
inconsciencia *f* inconscience *f*.
inconsciente *adj* inconscient (-e).
incontable *adj (cantidad)* incalculable; *(hecho)* irracontable.

inconveniente *m* inconvénient *m*.
incorporación *f* incorporation *f*.
incorporar *vt (agregar)* incorporer; *(levantar)* redresser. ❑ **incorporarse** *vpr (levantarse)* se redresser; **~se a** *(equipo, grupo)* intégrer; *(trabajo)* commencer.
incorrecto, **-ta** *adj* incorrect (-e).
incorregible *adj* incorrigible.
incrédulo, **-la** *adj* incrédule.
increíble *adj* incroyable.
incremento *m* accroissement *m*.
incubadora *f* couveuse *f*.
incubar *vt* couver.
inculpado, **-da** *m, f* inculpé *m* (-e *f*).
inculto, **-ta** *adj (persona)* inculte.
incumbir *vi* incomber.
incurable *adj* incurable.
incurrir: **incurrir en** *v + prep (error, falta)* commettre.
indecente *adj* indécent(-e).
indeciso, **-sa** *adj* indécis(-e).
indefenso, **-sa** *adj* sans défense.
indefinido, **-da** *adj* indéfini(-e).
indemnización *f* indemnisation *f*.
indemnizar *vt* indemniser.
independencia *f* indépendance *f*.
independiente *adj* indépendant(-e).
independizarse: **independizarse de** *v + prep* devenir indépendant(-e) de.
indeterminado, **-da** *adj* indéterminé(-e).
India *f*: **la ~** l'Inde.
indicación *f (señal)* signe *m*. ❑ **indicaciones** *fpl (instrucciones)* indications *fpl*.
indicador *m* indicateur *m*; **~ de dirección** clignotant *m*.
indicar *vt* indiquer.
indicativo, **-va** *adj* indicatif(-ive).
índice *m (dedo)* index *m*; *(de libro)* table *f* des matières; *(de natalidad, mortalidad)* taux *m*; *(de precios, en matemáticas)* indice *m*.
indicio *m* indice *m*.
indiferencia *f* indifférence *f*.
indiferente *adj* indifférent (-e).
indígena *mf* indigène *mf*.
indigestión *f* indigestion *f*.
indigesto, **-ta** *adj* indigeste.
indignación *f* indignation *f*.
indignado, **-da** *adj* indigné (-e).
indignante *adj* révoltant(-e).
indio, **-dia** *adj* indien(-enne). ◆ *m, f* Indien *m* (-enne *f*).
indirecta *f* sous-entendu *m*.
indirecto, **-ta** *adj* indirect(-e).
indiscreto, **-ta** *adj* indiscret (-ète).
indiscriminado, **-da** *adj* indistinct(-e).

indiscutible *adj* indiscutable.
indispensable *adj* indispensable.
indispuesto, -ta *adj* indisposé(-e).
individual *adj* individuel (-elle).
individuo *m* individu *m*; *(despec)* type *m* (bonne femme *f*).
índole *f* nature *f*.
Indonesia *s* Indonésie *f*.
indudablemente *adv* indubitablement.
indumentaria *f* tenue *f*.
industria *f (actividad)* industrie *f*; *(fábrica)* usine *f*.
industrial *adj* industriel(-elle). ◆ *mf* industriel *m*.
industrializado, -da *adj* industrialisé(-e).
inédito, -ta *adj* inédit(-e).
inepto, -ta *adj* inepte.
inequívoco, -ca *adj* manifeste.
inesperado, -da *adj* inespéré(-e).
inestable *adj* instable.
inevitable *adj* inévitable.
inexperto, -ta *adj* inexpérimenté(-e).
infalible *adj* infaillible.
infancia *f* enfance *f*.
infanta *f* infante *f*.
infantería *f* infanterie *f*.
infantil *adj (literatura, sonrisa)* enfantin(-e); *(enfermedad, persona)* infantile.
infarto *m* infarctus *m*.
infección *f* infection *f*.
infeccioso, -sa *adj* infectieux(-euse).
infectar *vt* infecter. ❑ **infectarse** *vpr* s'infecter.
infelicidad *f* malheur *m*.
infeliz (*pl* **-ces**) *adj* & *mf* malheureux(-euse); **¡pobre ~!** *(fam: ingenuo)* il est bien brave!
inferior *adj* inférieur(-e).
inferioridad *f* infériorité *f*.
infidelidad *f* infidélité *f*.
infiel *adj* & *mf* infidèle.
infierno *m* enfer *m*.
ínfimo, -ma *adj* infime.
infinito, -ta *adj* infini(-e). ◆ *m* infini *m*.
inflación *f* inflation *f*.
inflar *vt* gonfler. ❑ **inflarse de** *v + prep (comida)* se gaver de.
inflexible *adj* inflexible.
influencia *f* influence *f*; **tener ~** avoir de l'influence.
influenciar *vt* influencer.
influir: influir en *v + prep* avoir de l'influence sur.
influjo *m* influence *f*.
influyente *adj* influent(-e).
información *f* information *f*; **'información'** 'accueil'.
informal *adj (persona)* peu sérieux(-euse); *(traje, lenguaje)* décontracté(-e).
informalidad *f* manque *m* de sérieux.
informar *vt* informer. ❑ **informarse** *vpr* s'informer.

informática *f* informatique *f*, → **informático**.
informático, **-ca** *m, f* informaticien *m* (-enne *f*).
informativo *m* informations *fpl*.
informe *m* rapport *m*. ❑ **informes** *mpl (de empleado)* références *fpl*.
infracción *f* infraction *f*.
infundir *vt* inspirer.
infusión *f* infusion *f*.
ingeniería *f* génie *m (science)*.
ingeniero, **-ra** *m, f* ingénieur *m*.
ingenio *m (agudeza)* ingéniosité *f*.
ingenioso, **-sa** *adj* ingénieux (-euse).
ingenuidad *f* ingénuité *f*.
ingenuo, **-nua** *adj* ingénu(-e).
Inglaterra *s* Angleterre *f*.
ingle *f* aine *f*.
inglés, **-esa** *adj* anglais(-e). ◆ *m, f* Anglais *m* (-e *f*). ◆ *m (lengua)* anglais *m*.
ingrato, **-ta** *adj* ingrat(-e).
ingrediente *m* ingrédient *m*.
ingresar *vt (dinero)* déposer. ◆ *vi*: ~ **(en)** être admis(-e) à.
ingreso *m (de dinero)* dépôt *m*; *(en hospital, escuela etc)* admission *f*.
inhabitable *adj* inhabitable.
inhalar *vt* inhaler.
inhibición *f* inhibition *f*.
inhumano, **-na** *adj* inhumain(-e).
iniciación *f* initiation *f*.
inicial *adj* initial(-e). ◆ *f* initiale *f*.
iniciar *vt* commencer. ❑ **iniciarse en** *v + prep* s'initier à.
iniciativa *f* initiative *f*; **tener ~** faire preuve d'initiative.
inicio *m* début *m*.
inimaginable *adj* inimaginable.
injerto *m* greffe *f*.
injusticia *f* injustice *f*.
injusto, **-ta** *adj* injuste.
inmaduro, **-ra** *adj (fruto)* pas mûr(-e); *(muchacho)* immature.
inmediatamente *adv* immédiatement.
inmediato, **-ta** *adj (instantáneo)* immédiat(-e); *(contiguo)* voisin(-e); **de ~** immédiatement.
inmejorable *adj* exceptionnel (-elle).
inmenso, **-sa** *adj* immense.
inmigración *f* immigration *f*.
inmigrante *mf* immigrant *m* (-e *f*).
inmigrar *vi* immigrer.
inmobiliaria *f* société *f* immobilière.
inmoral *adj* immoral(-e).
inmortal *adj* immortel(-elle).
inmóvil *adj* immobile.
inmovilizar *vt* immobiliser.
inmueble *m* immeuble *m*.
inmune *adj* immunisé(-e).
inmunidad *f* immunité *f*.
innato, **-ta** *adj* inné(-e).
innecesario, **-ria** *adj* inutile.

nnovación *f* innovation *f*.
nocencia *f* innocence *f*.
nocentada *f* ≃ poisson *m* 'avril.
nocente *adj* & *mf* innocent -e).
nofensivo, **-va** *adj* inoffensif ive).
nolvidable *adj* inoubliable.
noportuno, **-na** *adj* inopportun(-e).
noxidable *adj* inoxydable.
nquietarse *vpr* s'inquiéter.
nquieto, **-ta** *adj* *(revoltoso)* gité(-e); *(preocupado)* inquiet ète).
nquietud *f* inquiétude *f*.
nquilino, **-na** *m, f* locataire *f*.
nquisición *f*: **la ~** l'Inquisition.
nsaciable *adj* insatiable.
nsalubre *adj* insalubre.
nsatisfacción *f* insatisfacion *f*.
nsatisfecho, **-cha** *adj* insasfait(-e).
nscribir: **inscribirse en** *v* + *rep* s'inscrire à.
nscripción *f* inscription *f*.
nsecticida *m* insecticide *m*.
nsecto *m* insecte *m*.
nseguridad *f* *(falta de confianza)* manque *m* d'assurance; *(peligro)* insécurité *f*.
nseguro, **-ra** *adj* *(sin confianza)* peu sûr(-e) de soi; *(peligroso)* angereux(-euse).
insensato, **-ta** *adj* stupide.
insensible *adj* insensible.
inseparable *adj* inséparable.
insertar *vt* insérer; **~ algo en** insérer qqch dans.
inservible *adj* inutilisable.
insignia *f* insigne *m*; *(bandera)* pavillon *m*.
insignificante *adj* insignifiant (-e).
insinuar *vt* insinuer. ❑ **insinuarse** *vpr* *(persona)* faire des avances.
insípido, **-da** *adj* insipide.
insistencia *f* insistance *f*.
insistir *vi* insister; **~ en** insister sur.
insolación *f* insolation *f*.
insolencia *f* insolence *f*.
insolente *adj* insolent(-e).
insólito, **-ta** *adj* insolite.
insolvente *adj* insolvable.
insomnio *m* insomnie *f*.
insonorización *f* insonorisation *f*.
insoportable *adj* insupportable.
inspeccionar *vt* inspecter.
inspector, **-ra** *m, f* inspecteur *m* (-trice *f*).
inspiración *f* inspiration *f*.
inspirar *vt* inspirer. ❑ **inspirarse en** *v* + *prep* s'inspirer de.
instalación *f* installation *f*; **~ eléctrica** installation électrique. ❑ **instalaciones** *fpl* *(edificios)* équipements *mpl*; **instalaciones deportivas** équipements sportifs.

instalar *vt* installer. ❑ **instalarse** *vpr* s'installer.
instancia *f (solicitud)* requête *f*.
instantánea *f* instantané *m*.
instantáneo, **-a** *adj* instantané(-e).
instante *m* instant *m*; **al ~** à l'instant.
instintivo, **-va** *adj* instinctif (-ive).
instinto *m* instinct *m*.
institución *f* institution *f*. ❑ **instituciones** *fpl* institutions *fpl*.
institucional *adj* institutionnel(-elle).
instituir *vt* instituer.
instituto *m (centro de enseñanza)* lycée *m*; *(centro cultural, de investigación)* institut *m*.
institutriz (*pl* **-ces**) *f* institutrice *f*.
instrucción *f* instruction *f*. ❑ **instrucciones** *fpl (de máquina)* mode *m* d'emploi.
instruir *vt* instruire.
instrumental *m* instruments *mpl*.
instrumento *m* instrument *m*.
insuficiente *adj* insuffisant(-e). ◆ *m (calificación)* mention *f* insuffisante.
insufrible *adj* insupportable.
insultante *adj* insultant(-e).
insultar *vt* insulter. ❑ **insultarse** *vpr* s'insulter.
insulto *m* insulte *f*.
insuperable *adj* imbattable.
intacto, **-ta** *adj* intact(-e).
integración *f* intégration *f*.
integrarse: **integrarse en** *v + prep* s'intégrer dans.
íntegro, **-gra** *adj (cosa)* intégral(-e); *(persona)* intègre.
intelectual *mf* intellectuel *m* (-elle *f*).
inteligencia *f* intelligence *f*.
inteligente *adj* intelligent(-e).
intemperie *f*: **a la ~** à la belle étoile.
intención *f* intention *f*; **con la ~ de** dans l'intention de; **tener la ~ de** avoir l'intention de.
intencionado, **-da** *adj* intentionné(-e); **bien/mal ~** bien/mal intentionné.
intensivo, **-va** *adj* intensif (-ive).
intenso, **-sa** *adj* intense.
intentar *vt* essayer.
intento *m (tentativa)* tentative *f*; *(propósito)* intention *f*; (DEP) essai *m*.
intercalar *vt* intercaler.
intercambio *m* échange *m*.
interceder: **interceder por** *v + prep* intercéder en faveur de.
interceptar *vt* intercepter.
interés *m* intérêt *m*. ❑ **intereses** *mpl (dinero, aspiraciones)* intérêts *mpl*.
interesado, **-da** *adj* intéressé(-e).
interesante *adj* intéressant(-e).
interesar *vi* intéresser. ❑ **interesarse en** *v + prep* s'intéresser à. ❑ **interesarse por** *v + prep*

s'intéresser à; *(salud)* s'inquiéter de.
interferencia *f* interférence *f*.
interina *f (criada)* femme *f* de ménage.
interino, -na *adj (trabajador)* intérimaire.
interior *adj* intérieur(-e); *(piso)* sur cour. ◆ *m* intérieur *m*; *(fig: mente)* for *m* intérieur.
interlocutor, -ra *m, f* interlocuteur *m* (-trice *f*).
intermediario, -ria *m, f* intermédiaire *mf*.
intermedio, -dia *adj* intermédiaire. ◆ *m (de espectáculo)* intermède *m*.
interminable *adj* interminable.
intermitente *m* clignotant *m*.
internacional *adj* international(-e).
internado *m* internat *m*.
interno, -na *adj* & *m, f* interne.
interponerse *vpr* s'interposer.
interpretación *f* interprétation *f*.
interpretar *vt* interpréter.
intérprete *mf* interprète *mf*.
interrogación *f* interrogation *f*.
interrogante *m o f* interrogation *f*.
interrogar *vt* interroger.
interrogatorio *m* interrogatoire *m*.
interrumpir *vt* interrompre.
interrupción *f* interruption *f*.
interruptor *m* interrupteur *m*.
interurbano, -na *adj* interurbain(-e).
intervalo *m* intervalle *m*.
intervención *f* intervention *f*; ~ **quirúrgica** intervention chirurgicale.
intervenir *vt (en medicina)* opérer; *(confiscar)* saisir. ◆ *vi* intervenir.
interviú *f* interview *m* o *f*.
intestino *m* intestin *m*.
intimidad *f* intimité *f*.
íntimo, -ma *adj* intime.
intocable *adj* intouchable.
intolerable *adj* intolérable.
intolerante *adj* intolérant(-e).
intoxicación *f* intoxication *f*; ~ **alimenticia** intoxication alimentaire.
intoxicarse *vpr* s'intoxiquer.
intranquilo, -la *adj (nervioso)* agité(-e); *(preocupado)* inquiet (-ète).
intransigente *adj* intransigeant(-e).
intransitable *adj* impraticable.
intrépido, -da *adj* intrépide.
intriga *f* curiosité *f*.
intrigar *vt* & *vi* intriguer.
introducción *f* introduction *f*.
introducir *vt* introduire; '~ **monedas**' 'insérer la monnaie'.

introvertido, -da *adj* introverti(-e).
intruso, -sa *m, f* intrus *m* (-e *f*).
intuición *f* intuition *f*.
inundación *f* inondation *f*.
inundar *vt* inonder.
inusual *adj* inhabituel(-elle).
inútil *adj* inutile; *(torpe)* maladroit(-e); *(inválido)* invalide.
invadir *vt* envahir.
inválido, -da *m, f* invalide *mf*.
invasión *f* invasion *f*.
invasor, -ra *m, f* envahisseur *m*.
invención *f* invention *f*.
inventar *vt* inventer.
inventario *m* inventaire *m*.
invento *m* invention *f*.
invernadero *m* serre *f*.
inversión *f (de dinero)* investissement *m*; *(de orden)* inversion *f*.
inversionista *mf (Amér)* investisseur *m* (-euse *f*).
inverso, -sa *adj* inverse; **a la inversa** à l'inverse.
invertir *vt (dinero)* investir; *(tiempo)* consacrer; *(orden)* inverser.
investigación *f (de delito, crimen)* enquête *f*; *(en ciencia)* recherche *f*.
investigador, -ra *m, f* chercheur *m* (-euse *f*).
investigar *vt (delito, crimen)* enquêter sur; *(en ciencia)* faire des recherches sur.
invidente *mf* non-voyant *m* (-e *f*).
invierno *m* hiver *m*; **en ~** en hiver.
invisible *adj* invisible.
invitación *f* invitation *f*.
invitado, -da *m, f* invité *m* (-e *f*).
invitar *vt* inviter; **~ a alguien a** inviter qqn à.
involucrar *vt* impliquer. ❑ **involucrarse en** *v + prep* être impliqué(-e) dans.
invulnerable *adj* invulnérable.
inyección *f (acción)* injection *f*; *(medicamento)* piqûre *f*.
ir *vi* -1. *(desplazarse)* aller; **iremos en coche/en tren/andando** nous irons en voiture/en train/à pied; **nunca va a las juntas** il ne va jamais aux assemblées; **la carretera va hasta Valencia** la route va jusqu'à Valence; **los negocios van mal** les affaires vont mal; **¿cómo te va?** comment ça va?
-2. *(funcionar)* marcher; **tu coche va muy bien** ta voiture marche très bien.
-3. *(vestir)* être; **~ de azul/en camiseta /con corbata** être en bleu/en tee-shirt /en cravate.
-4. *(tener aspecto físico)*: **iba hecho un pordiosero** on aurait dit un mendiant; **tal como voy no puedo entrar** je ne peux pas entrer habillé comme ça.
-5. *(expresa duración gradual)*: **voy mejorando mi estilo** j'améliore mon style peu à peu.

-6. *(sentar, convenir)* aller; **le va fatal el color negro** le noir ne lui va pas du tout; **le irían bien unas vacaciones** des vacances lui feraient du bien.
-7. *(referirse)*: ~ **por** ○ **con alguien** viser qqn.
-8. *(en locuciones)*: **fue y dijo que...** il est allé dire que...; **ni me va ni me viene** *(fam)* je n'en ai rien à faire; **¡qué va!** *(fam)* tu parles!; **vamos, no te preocupes** allez, ne t'inquiète pas; **¿vamos bien a Madrid?** pour Madrid, c'est la bonne route?
❏ **ir a** *v + prep (expresa intención, opinión)*: **voy a decírselo a mi padre** je vais le dire à mon père.
❏ **ir de** *v + prep* -1. *(tratar de)*: **la película va de vampiros** c'est un film sur les vampires.
-2. *(fig: persona)*: **va de listo** il fait le malin.
❏ **ir por** *v + prep* -1. *(buscar)* aller chercher.
-2. *(alcanzar)* en être à; **voy por la mitad del libro** j'en suis à la moitié du livre.
❏ **irse** *vpr* -1. *(marcharse)* partir; **¡vete!** va-t'en!
-2. *(gastarse, desaparecer)* s'en aller; **~se abajo** *(edificio)* s'effondrer; *(negocio)* péricliter; *(proyecto)* tomber à l'eau.

ira *f* colère *f*.
Irak *s* Irak *m*.
Irán *s* Iran *m*.
Irlanda *s* Irlande *f*; ~ **del Norte** Irlande du Nord.
irlandés, -esa *adj* irlandais(-e). ◆ *m, f* Irlandais *m* (-e *f*).
ironía *f* ironie *f*.
irónico, -ca *adj* ironique.
IRPF *m (abrev de Impuesto sobre la Renta de las Personas Físicas) impôt sur le revenu des personnes physiques en Espagne.*
irracional *adj* irrationnel (-elle).
irrecuperable *adj* irrécupérable.
irregular *adj* irrégulier(-ère).
irregularidad *f* irrégularité *f*.
irresistible *adj* irrésistible.
irresponsable *adj* irresponsable.
irreversible *adj* irréversible.
irrigar *vt* irriguer.
irritable *adj* irritable.
irritación *f* irritation *f*.
irritante *adj* irritant(-e).
irritar *vt* irriter. ❏ **irritarse** *vpr* s'irriter.
isla *f* île *f*.
islam *m* islam *m*.
islandés, -esa *adj* islandais (-e). ◆ *m, f* Islandais *m* (-e *f*).
Islandia *s* Islande *f*.
islote *m* îlot *m*.
Israel *s* Israël.
istmo *m* isthme *m*.
Italia *s* Italie *f*.
italiano, -na *adj* italien (-enne). ◆ *m, f* Italien *m* (-enne *f*). ◆ *m (lengua)* italien *m*.
itinerario *m* itinéraire *m*.
IVA *m (abrev de impuesto sobre el valor añadido)* = TVA *f*.
izda *(abrev de izquierda)* gche.

izquierda *f*: **la ~** *(mano izquierda)* la main gauche; *(lado izquierdo)* la gauche; **a la ~** à gauche; **ser de ~s** être de gauche.

izquierdo, **-da** *adj* gauche.

J

jabalí *m* sanglier *m*.

jabalina *f (en deporte)* javelot *m*.

jabón *m* savon *m*.

jabonera *f* porte-savon *m*.

jacal *m (Amér)* hutte *f*.

jacuzzi® *m* Jacuzzi® *m*.

jade *m* jade *m*.

jadear *vi* haleter.

jaiba *f (Amér)* crabe *m*.

jalea *f* gelée *f*; **~ real** gelée royale.

jaleo *m (barullo)* raffut *m*; *(lío)* histoire *f*.

Jamaica *s* Jamaïque *f*.

jamás *adv* jamais.

jamón *m* jambon *m*; **~ de bellota** *jambon de pays de qualité supérieure*; **~ de jabugo** *jambon de pays de qualité supérieure provenant de la région de Huelva*; **~ serrano** jambon de montagne; **~ (de) York** jambon blanc.

Japón *s* Japon *m*.

japonés, **-esa** *adj* japonais (-e). ◆ *m, f* Japonais *m* (-e *f*). ◆ *m (lengua)* japonais *m*.

jarabe *m* sirop *m*.

jardín *m* jardin *m*; **~ botánico** jardin botanique; **~ de infancia** jardin d'enfants; **~ público** jardin public.

jardinera *f (recipiente)* jardinière *f*, → **jardinero**.

jardinero, **-ra** *m, f* jardinier *m* (-ère *f*); **ternera a la jardinera** veau jardinière.

jarra *f* carafe *f*; **en ~s** les poings sur les hanches.

jarro *m* pichet *m*.

jarrón *m* vase *m*.

jaula *f* cage *f*.

jazmín *m* jasmin *m*.

jazz [ʒas] *m* jazz *m*.

jefatura *f (lugar)* direction *f*; *(cargo)* direction *f*; **~ de policía** ≃ commissariat *m* de police.

jefe, **-fa** *m, f* chef *m*; **~ de gobierno** chef de gouvernement.

jerez *m* xérès *m*.

jerga *f* jargon *m*.

jeringuilla *f* seringue *f*.

jeroglífico *m (signo)* hiéroglyphe *m*; *(pasatiempo)* rébus *m*.

jersey *m* pull-over *m*; **~ de cuello alto** pull *m* à col roulé.

Jesucristo *s* Jésus-Christ.

jesús *interj (después de estornudo)* à tes/vos souhaits!; *(de asombro)* ça alors!

jícama *f (Amér)* tubercule *m*.

jinete *m* cavalier *m*.

jirafa *f* girafe *f*.

jirón *m (Amér)* avenue *f*.

jitomate *m (Amér)* tomate *f*.

JJOO *(abrev de Juegos Olímpicos)* JO *mpl*.

joder *vt (vulg: fastidiar)* emmerder. ◆ *vi (copular)* baiser. ◆ *interj (expresa queja)* putain!; *(expresa asombro)* merde alors!

Jordania *s* Jordanie *f*.

jornada *f (de obrero, trabajador etc)* journée *f* O temps *m* de travail; *(de viaje, trayecto etc)* trajet *m*.

jornal *m* salaire *m* journalier.

jornalero, -ra *m, f* journalier *m* (-ère *f*).

jota *f* jota *f*.

joven *adj* jeune. ◆ *mf* jeune homme *m* (jeune fille *f*). ❑ **jóvenes** *mpl* jeunes *mpl*.

joya *f* bijou *m*; *(cosa valiosa)* trésor *m*; *(fig: persona)* perle *f*.

joyería *f* bijouterie *f*, joaillerie *f*.

joyero, -ra *m, f* bijoutier *m* (-ère *f*), joaillier *m* (-ère *f*). ◆ *m* coffret *m* à bijoux.

joystick *m* manche *m* à balai.

jubilación *f* retraite *f*.

jubilado, -da *m, f* retraité *m* (-e *f*).

jubilarse *vpr* prendre sa retraite.

judaísmo *m* judaïsme *m*.

judía *f* haricot *m*; **~ tierna** O **verde** haricot vert, → **judío**.

judío, -a *adj* juif (juive). ◆ *m, f* Juif *m* (Juive *f*).

judo [ˈʒuðo] *m* judo *m*.

juego *m* jeu *m*; *(de té, de café)* service *m*; *(de cama)* parure *f*; **hacer ~** être assorti(-e); **~ de azar** jeu de hasard; **~ de manos** tour *m* de passe-passe; **~ de sociedad** jeux *mpl* de société; **Juegos Olímpicos** jeux Olympiques.

juerga *f* bringue *f*.

jueves *m* jeudi *m*; **~ Santo** jeudi saint, → **sábado**.

juez (*pl* **-ces**) *mf* juge *m*; **~ de línea** *(en fútbol)* juge de touche.

jugador, -ra *m, f* joueur *m* (-euse *f*).

jugar *vi* jouer. ◆ *vt (partido, partida)* faire. ❑ **jugar a** *v + prep* jouer à. ❑ **jugar con** *v + prep* jouer avec. ❑ **jugarse** *vpr (arriesgar)* jouer; *(apostar)* parier.

jugo *m (líquido)* jus *m*; *(interés)* substance *f*.

jugoso, -sa *adj (fruta)* juteux (-euse); *(sabroso)* savoureux (-euse).

juguete *m* jouet *m*.

juguetería *f* magasin *m* de jouets.

juguetón, -ona *adj* joueur (-euse).

juicio *m* jugement *m*; **a mi ~** à mon sens.

julio *m* juillet *m*, → **setiembre**.

junco *m* jonc *m*.

jungla *f* jungle *f*.

junio *m* juin *m*, → **setiembre**.

junta *f (grupo de personas)* assemblée *f*; *(sesión)* séance *f*; *(conjunto de personas)* conseil *m*.

juntar *vt (aproximar)* joindre; *(reunir)* réunir; *(acumular)* rassembler. ❑ **juntarse** *vpr (aproximar-*

se) se rejoindre; *(reunirse)* s'assembler; *(pareja)* vivre ensemble.
junto, -ta *adj* ensemble. ◆ *adv (a la vez)* en même temps; ~ **a** près de; **todo ~** ensemble.
jurado *m* jury *m*.
jurar *vt* & *vi* jurer.
jurídico, -ca *adj* juridique.
justicia *f* justice *f*.
justificación *f* justification *f*.
justificar *vt* justifier. ❑ **justificarse** *vpr* se justifier.
justo, -ta *adj* juste. ◆ *adv* juste.
juvenil *adj* juvénile.
juventud *f* jeunesse *f*.
juzgado *m* tribunal *m*; *(territorio)* juridiction *f*.
juzgar *vt* juger.

K

karaoke *m* karaoké *m*.
kárate *m* karaté *m*.
kg *(abrev de kilogramo)* kg.
kilo *m* kilo *m*; **un cuarto de ~ de** une demi-livre de.
kilogramo *m* kilogramme *m*.
kilómetro *m* kilomètre *m*; **~s por hora** kilomètres à l'heure.
kimono *m* kimono *m*.
kiwi *m* kiwi *m*.
kleenex® *m inv* Kleenex® *m*.
km *(abrev de kilómetro)* km.
KO *m (abrev de knock-out)* KO.

L

l *(abrev de litro)* l.
la → **el, lo**.
laberinto *m* labyrinthe *m*.
labio *m* lèvre *f*.
labor *f* travail *m*; *(de bordado, ganchillo)* ouvrage *m*.
laborable *adj (día)* ouvrable. ◆ *m* jour *m* ouvrable; **'sólo ~s'** 'fermé les dimanches et jours fériés'.
laboral *adj* de travail.
laboratorio *m* laboratoire *m*; **~ fotográfico** labo *m* photo.
laborioso, -sa *adj (trabajador)* travailleur(-euse); *(complicado, difícil)* laborieux(-euse).
labrador, -ra *m, f* cultivateur *m* (-trice *f*).
labrar *vt (tierra)* cultiver; *(madera, piedra)* travailler.
laca *f* laque *f*.
lacio, -cia *adj (cabello)* raide.
lacón *m épaule de porc salée*; **~ con grelos** *épaule de porc salée accompagnée de feuilles de navet*.
lácteo, -a *adj* laitier(-ère).
ladera *f* versant *m*.
lado *m* côté *m*; *(de disco, moneda)* face *f*; *(sitio)* endroit *m*; **al ~ de** à côté de; **al otro ~ de** de l'autre

côté de; **de ~** de côté; **en otro ~** ailleurs.
ladrar *vi* aboyer.
ladrido *m* aboiement *m*.
ladrillo *m* brique *f*.
ladrón, **-ona** *m, f (persona)* voleur *m* (-euse *f*). ◆ *m (enchufe)* prise *f* multiple.
lagartija *f* (petit) lézard *m*.
lagarto *m* lézard *m*.
lago *m* lac *m*.
lágrima *f* larme *f*.
laguna *f (de agua)* lagune *f*; *(de ley, memoria)* lacune *f*.
lamentable *adj (triste)* regrettable; *(estropeado)* lamentable.
lamentar *vt* regretter. ❑ **lamentarse** *vpr* se lamenter; **~se de** se lamenter sur.
lamer *vt* lécher.
lámina *f (de madera, metal etc)* lame *f*; *(estampa)* planche *f*.
lámpara *f* lampe *f*.
lampista *m* plombier *m*.
lana *f* laine *f*; *(Amér: fam)* fric *m*.
lancha *f* chaloupe *f*; **~ motora** vedette *f*.
langosta *f (crustáceo)* langouste *f*; *(insecto)* sauterelle *f*.
langostino *m* grosse crevette *f*; **~s a la plancha** crevettes grillées; **~s al ajillo** crevettes à l'ail.
lanza *f* lance *f*.
lanzar *vt* lancer. ❑ **lanzarse** *vpr*: **~se a** *(mar, agua etc)* se jeter à; **~se sobre** *(precipitarse)* se précipiter sur.
lapa *f* patelle *f*.
lápida *f* pierre *f (commémorative)*.
lápiz (*pl* **-ces**) *m* crayon *m*; **~ de labios** rouge *m* à lèvres; **~ de ojos** crayon pour les yeux.
largo, **-ga** *adj* long (longue). ◆ *m* longueur *f*; **a la larga** à la longue; **a lo ~ de** *(playa, carretera etc)* le long de; *(en el transcurso de)* tout au long de; **de ~ recorrido** *(tren)* grandes lignes.
largometraje *m* long-métrage *m*.
laringe *f* larynx *m*.
lástima *f (compasión)* peine *f*; *(disgusto, pena)* dommage *m*; **¡qué ~!** quel dommage!
lata *f (envase)* boîte *f* (de conserve); *(lámina metálica)* fer-blanc *m*; **ser una ~** *(fam: ser un aburrimiento)* être la barbe; *(fam: ser un estorbo)* être casse-pieds; **~ de conserva** boîte de conserve.
latido *m* battement *m (du cœur)*.
látigo *m* fouet *m*.
latín *m* latin *m*.
Latinoamérica *s* Amérique *f* latine.
latinoamericano, **-na** *adj* latino-américain(-e). ◆ *m, f* Latino-Américain *m* (-e *f*).
latir *vi (palpitar)* battre.
laurel *m* laurier *m*.
lava *f* lave *f*.
lavabo *m (cuarto de baño)* toilettes *fpl*; *(pila)* lavabo *m*.
lavadero *m* lavoir *m*.
lavado *m* lavage *m*; **~ automático** lavage automatique.

lavadora *f* lave-linge *m*.
lavanda *f* lavande *f*.
lavandería *f* blanchisserie *f*.
lavaplatos *m* lave-vaisselle *m*. ◆ *mf inv (persona)* plongeur *m* (-euse *f*).
lavar *vt* laver; ~ **la ropa** faire la lessive. ❑ **lavarse** *vpr* se laver.
lavavajillas *m inv (máquina)* lave-vaisselle *m inv*; *(detergente)* liquide *m* vaisselle.
laxante *m* laxatif *m*.
lazo *m* nœud *m*; *(para animales)* lasso *m*; *(vínculo)* lien *m*.
le (*pl* **les**) *pron (a él, ella)* lui; *(a usted, ustedes)* vous; ~ **di una manzana** je lui ai donné une pomme; ~ **tengo miedo** j'ai peur de lui/d'elle; ~ **dije que no** *(a usted)* je vous ai dit non.
leal *adj* loyal(-e).
lealtad *f* loyauté *f*.
lección *f* leçon *f*.
lechal *adj* de lait *(agneau, cochon)*.
leche *f* lait *m*. ◆ *interj (expresa enfado)* merde!; **darse una** ~ *(fam)* se prendre une gamelle; ~ **condensada** lait concentré; ~ **desnatada** o **descremada** lait écrémé; ~ **entera** lait entier; ~ **frita** *dessert à base de lait, de Maïzena® et de beurre*; ~ **limpiadora** lait démaquillant.
lechera *f (recipiente)* pot *m* à lait, → **lechero**.
lechería *f* crémerie *f*.
lechero, **-ra** *m, f* laitier *m* (-ère *f*).
lecho *m* lit *m*.
lechuga *f* laitue *f*.
lechuza *f* chouette *f*.
lector, **-ra** *m, f* lecteur *m* (-trice *f*). ◆ *m (aparato)* lecteur *m*.
lectura *f* lecture *f*.
leer *vt* & *vi* lire.
legal *adj* légal(-e).
legalidad *f (cualidad)* légalité *f*; *(conjunto de leyes)* législation *f*.
legible *adj* lisible.
legislación *f* législation *f*.
legislatura *f* législature *f*.
legítimo, **-ma** *adj (legal)* légitime; *(auténtico)* authentique.
legumbre *f* légume *m* sec.
lejano, **-na** *adj* lointain(-e).
lejía *f* eau *f* de Javel.
lejos *adv* loin; ~ **de** loin de; **a lo** ~ au loin; **de** ~ de loin.
lencería *f (ropa interior)* lingerie *f*; *(tienda)* boutique *f* de lingerie.
lengua *f* langue *f*; ~ **de gato** langue-de-chat *f*; ~ **materna** langue maternelle; ~ **oficial** langue officielle.
lenguado *m* sole *f*; ~ **menier** sole meunière.
lenguaje *m* langage *m*.
lengüeta *f (de zapato)* languette *f*; *(de instrumento musical)* anche *f*.
lentamente *adv* lentement.
lente *m* o *f (en óptica)* lentille *f*; ~**s de contacto** verres *mpl* de contact. ❑ **lentes** *mpl (gafas)* lunettes *fpl*.

lenteja *f* lentille *f*; **~s estofadas** lentilles à l'étouffée.
lentitud *f* lenteur *f*.
lento, **-ta** *adj* lent(-e). ◆ *adv* lentement.
leña *f (para fuego)* bois *m (de chauffage)*.
leñador, **-ra** *m, f* bûcheron *m* (-onne *f*).
leño *m (de árbol)* bois *m*.
Leo *m* Lion *m*.
león, **-ona** *m, f* lion *m* (lionne *f*).
leopardo *m* léopard *m*.
leotardos *mpl* collant *m (épais)*.
lépero, **-ra** *adj (Amér) (grosero)* grossier(-ère); *(astuto)* rusé(-e).
lesbiana *f* lesbienne *f*.
lesión *f* lésion *f*.
letal *adj* mortel(-elle).
letra *f (signo)* lettre *f*; *(de persona)* écriture *f*; *(de canción)* paroles *fpl*; **~ de cambio** lettre de change. ❑ **letras** *fpl (en enseñanza)* lettres *fpl*.
letrero *m* écriteau *m*.
levantamiento *m (sublevación)* soulèvement *m*; **~ de pesos** haltérophilie *f*.
levantar *vt (mano, brazo, prohibición)* lever; *(caja, peso, persona)* soulever; *(poner derecho)* relever; *(edificar)* élever; *(ánimos, esperanzas etc)* redonner. ❑ **levantarse** *vpr* se lever; *(sublevarse)* se soulever.
levante *m (este)* levant *m*; *(viento)* vent *m* d'est. ❑ **Levante** *m*: **el Levante** le Levant *(région d'Espagne)*.
léxico *m* lexique *m*.
ley *f* loi *f*.
leyenda *f* légende *f*.
liar *vt (atar)* lier; *(envolver)* envelopper; *(fam: complicar)* embrouiller. ❑ **liarse** *vpr (enredarse)* s'embrouiller; **~se a** *(comenzar a)* se mettre à.
Líbano *s* Liban *m*.
libélula *f* libellule *f*.
liberal *adj* libéral(-e).
liberar *vt* libérer.
libertad *f* liberté *f*. ❑ **libertades** *fpl (atrevimiento)* libertés *fpl*.
libertador, **-ra** *m, f* libérateur *m* (-trice *f*).
Libia *s* Libye *f*.
libra *f* livre *f*; **~ esterlina** livre sterling.
Libra *f* Balance *f*.
librar *vi* être en congé. ❑ **librarse de** *v + prep (peligro)* échapper à; *(obligación)* se dispenser de.
libre *adj* libre; **~ de** *(impuestos)* exonéré(-e) de; *(obligación)* dégagé(-e) de; **'libre'** *(taxi)* libre.
librería *f (establecimiento)* librairie *f*; *(mueble)* bibliothèque *f*.
librero *m (Amér)* bibliothèque *f*.
libreta *f* carnet *m*.
libro *m* livre *m*; **~ de bolsillo** livre de poche; **~ de reclamaciones** livre des réclamations; **~ de texto** manuel *m* scolaire.
licencia *f* permission *f*.

licenciado, **-da** *m, f titulaire du diplôme de fin du second cycle de l'enseignement supérieur.*
licenciarse *vpr (en universidad) obtenir le diplôme de fin du second cycle de l'enseignement supérieur; (de servicio militar)* être libéré(-e).
licenciatura *f (estudios) diplôme sanctionnant le second cycle de l'enseignement supérieur,* ≃ DESS *m.*
licor *m* liqueur *f.*
licorería *f* marchand *m* de spiritueux.
licuadora *f* mixer *m.*
líder *mf* leader *m.*
lidia *f (de toro)* combat *m.*
liebre *f* lièvre *m.*
lienzo *m* toile *f.*
liga *f (en deporte)* championnat *m; (para medias)* jarretière *f; (grupo de personas, países)* ligue *f.*
ligar *vt* lier. ◆ *vi (fam)* draguer.
ligeramente *adv* légèrement.
ligero, **-ra** *adj* léger(-ère); **a la ligera** à la légère.
light *adj (comida)* allégé(-e); *(bebida, cigarrillo)* light.
ligue *m (fam)* passade *f.*
liguero *m* porte-jarretelles *m.*
lija *f* papier *m* de verre.
lijar *vt* poncer.
lila *adj inv* & *f* lilas.
lima *f* lime *f;* ~ **para uñas** lime à ongles.
límite *m* limite *f.*
limón *m* citron *m.*
limonada *f* citronnade *f.*
limonero *m* citronnier *m.*
limosna *f* aumône *f.*
limpiabotas *m inv* cireur *m* de chaussures.
limpiacristales *m inv (detergente)* produit *m* pour les vitres. ◆ *mf (persona)* laveur *m* (-euse *f*) de carreaux.
limpiador, **-ra** *m, f* nettoyeur *m* (-euse *f*).
limpiaparabrisas *m inv* essuie-glace *m.*
limpiar *vt* nettoyer; ~ **la casa** faire le ménage; **lo limpiaron** *(fam)* ils lui ont tout fauché.
limpieza *f (cualidad)* propreté *f; (acción)* nettoyage *m; (destreza)* adresse *f; (honradez)* honnêteté *f;* **hacer la** ~ faire le ménage.
limpio, **-pia** *adj (sin suciedad)* propre; *(pulcro)* soigneux(-euse); *(puro)* pur(-e); *(correcto)* honnête; *(dinero)* net (nette); **poner en** ~ mettre au propre.
linaje *m* lignage *m.*
lince *m* lynx *m.*
lindo, **-da** *adj* joli(-e); **de lo** ~ *(mucho)* joliment.
línea *f* ligne *f; (hilera)* rangée *f;* **~s aéreas** lignes aériennes; ~ **telefónica** ligne téléphonique.
lingote *m* lingot *m;* ~ **de oro** lingot d'or.
lingüística *f* linguistique *f.*
lingüístico, **-ca** *adj* linguistique.
lino *m* lin *m.*
linterna *f* lampe *f* de poche.
lío *m (embrollo)* histoire *f; (fam:*

desorden) pagaille *f*; *(fam: relación amorosa)* aventure *f*; **hacerse un ~** s'embrouiller; **meterse en un ~** se mettre dans une sale histoire.

lionesa *f* ≈ profiterole *f*.

liquidación *f* liquidation *f*; **'~ total'** 'liquidation totale'.

liquidar *vt* liquider.

líquido *m* liquide *m*.

lira *f (instrumento musical)* lyre *f*; *(moneda)* lire *f*.

lirio *m* iris *m*.

liso, -sa *adj (superficie)* lisse; *(vestido, color)* uni(-e); *(pelo)* raide. ◆ *m, f (Amér)* effronté *m* (-e *f*).

lista *f* liste *f*; *(de tela)* bande *f*; **~ de boda** liste de mariage; **~ de correos** poste *f* restante; **~ de espera** liste d'attente; **~ de precios** liste des prix; **~ de vinos** carte *f* des vins.

listín *m* répertoire *m*; **~ telefónico** annuaire *m* téléphonique.

listo, -ta *adj (inteligente)* intelligent(-e); *(astuto)* malin(-e). ◆ *interj* ¡a y est!; **estar ~** être prêt.

listón *m (de madera)* baguette *f*; *(en deporte)* barre *f*.

lisura *f (Amér)* sans-gêne *m*.

litera *f (de tren, barco)* couchette *f*. ❑ **literas** *fpl (mueble)* lits *mpl* superposés.

literal *adj* littéral(-e).

literario, -ria *adj* littéraire.

literatura *f* littérature *f*.

litro *m* litre *m*.

llaga *f* plaie *f*.

llama *f (de fuego)* flamme *f*; *(animal)* lama *m*.

llamada *f* appel *m*; **~ a cobro revertido** appel en PCV; **~ automática** communication *f* automatique; **~ interurbana** communication *f* interurbaine; **~ metropolitana** communication *f* locale; **~ provincial/interprovincial** *communication à l'intérieur de la province/ d'une province à une autre*; **~ telefónica** appel téléphonique.

llamar *vt* appeler. ◆ *vi (a la puerta)* frapper; *(al timbre)* sonner; **~ por teléfono** téléphoner. ❑ **llamarse** *vpr* s'appeler.

llano, -na *adj (superficie, terreno)* plat(-e); *(amable)* simple. ◆ *m* plaine *f*.

llanta *f* jante *f*; *(Amér)* pneu *m*.

llanura *f* plaine *f*.

llave *f* clef *f*; *(signo ortográfico)* accolade *f*; **~ de contacto** clef de contact; **~ de paso** robinet *m* d'arrêt; **~ inglesa** clef anglaise; **~ maestra** passe-partout *m*.

llegada *f* arrivée *f*. ❑ **llegadas** *fpl* arrivées *fpl*; **'~s internacionales'** arrivées internationales.

llegar *vi* arriver; *(ser suficiente)* suffire. ❑ **llegar a** *v + prep* atteindre; *(posición)* devenir; *(fin)* arriver à; **~ a ser** devenir; **~ a conocer** finir par connaître. ❑ **llegar de** *v + prep* rentrer de; **con dos mil pesetas me llega** avec deux mille pesetas j'ai assez.

llenar *vt* remplir. ❑ **llenarse** *vpr (lugar)* se remplir; *(hartarse)* se gaver. ❑ **llenarse de** *v + prep (cubrirse)* se couvrir de.

lleno, -na *adj* plein(-e). ◆ *m*:

hay ~ en el teatro le théâtre fait salle comble; **de ~** en plein.

llevar *vt* -1. *(transportar)* transporter; **el barco lleva carga y pasajeros** le navire transporte des marchandises et des passagers.
-2. *(acompañar)* emmener; **llevó al niño a casa de la abuela** il a emmené le petit chez sa grand-mère.
-3. *(prenda)* porter; **lleva gafas** il porte des lunettes.
-4. *(coche)* conduire.
-5. *(conducir)*: **~ a alguien a** conduire qqn à.
-6. *(ocuparse, dirigir)*: **lleva la contabilidad** il tient la comptabilité; **lleva muy bien sus estudios** il mène très bien ses études.
-7. *(tener)* avoir; **~ el pelo largo** avoir les cheveux longs; **no llevamos dinero** nous n'avons pas d'argent sur nous.
-8. *(soportar)* supporter; **lleva mal la soledad** il supporte mal la solitude.
-9. *(pasarse tiempo)*: **lleva tres semanas de viaje** cela fait trois semaines qu'il est en voyage.
-10. *(ocupar tiempo)* prendre; **me llevó mucho tiempo hacer el trabajo** le travail m'a pris beaucoup de temps.
-11. *(sobrepasar)*: **te llevo seis puntos** j'ai six points de plus que toi.
◆ *vi* -1. *(conducir)* mener; **esta carretera lleva a Madrid** cette route mène à Madrid.
-2. *(antes de gerundio) (haber)*: **llevo leída media novela** j'ai déjà lu la moitié du roman.
-3. *(estar)*: **lleva mucho tiempo saliendo con él** ça fait longtemps qu'elle sort avec lui.
❑ **llevarse** *vpr* -1. *(coger)* prendre.
-2. *(premio)* remporter.
-3. *(recibir)* avoir; **¡me llevé un susto!** j'ai eu une de ces peurs!
-4. *(estar de moda)* se porter.
-5. *(en matemáticas)* retenir.
-6. *(entenderse)*: **~se bien/mal (con)** s'entendre bien/mal (avec).

llorar *vi* & *vt* pleurer.

llorón, **-ona** *m, f* pleurnicheur *m* (-euse *f*).

llover *v impers* & *vi* pleuvoir; **llueve a cántaros** il pleut des cordes.

llovizna *f* bruine *f*.

lloviznar *v impers* bruiner.

lluvia *f* pluie *f*.

lluvioso, **-sa** *adj* pluvieux(-euse).

lo, **la** *(mpl* **los**, *fpl* **las**) *pron (a él, ellos)* le (la); *(a usted, a ustedes)* vous; **la conoce** il la connaît; **los vi** je les ai vus; **~ invito a mi casa** je vous invite chez moi. ◆ *art*: **~ mejor** le mieux; **~ peor** le pire. ◆ *pron neutro*: **siento ~ de ayer** je regrette ce qui s'est passé hier; **acepté ~ que me ofrecieron** j'ai accepté ce qu'on m'a offert.

lobo, **-ba** *m, f* loup *m* (louve *f*).

local *adj* local(-e). ◆ *m* local *m*.

localidad *f (pueblo, ciudad)* localité *f*; *(asiento, entrada)* place *f*.

localización *f* localisation *f*.

localizar *vt* localiser. ❑ **localizarse** *vpr* être localisé(-e).

loción *f* lotion *f*; **~ bronceadora** lait *m* bronzant.

loco, **-ca** *adj* & *m, f* fou (folle); **~ por** fou de; **a lo ~** n'importe comment; **volver ~ a alguien** rendre qqn fou; **las motos le vuelven ~** c'est un fou de motos.

locomotora *f* locomotive *f*.

locura *f* folie *f*.

locutor, **-ra** *m, f* présentateur *m* (-trice *f*).

locutorio *m (de emisora)* studio *m*; *(de convento)* parloir *m*; **~ (telefónico)** cabines *fpl* téléphoniques.

lodo *m* boue *f*.

lógica *f* logique *f*.

lógico, **-ca** *adj (razonable)* logique; *(natural)* normal(-e).

logrado, **-da** *adj* réussi(-e).

lograr *vt* obtenir.

logro *m* réussite *f*.

lombriz (*pl* **-ces**) *f* ver *m* de terre.

lomo *m (de animal)* dos *m*; *(carne)* échine *f*; *(de libro)* tranche *f*; **~ de cerdo** échine de porc; **~ embuchado** rôti *m* de porc farci; **~ ibérico** *gros saucisson d'échine de porc fumée*; **~s de merluza** filets *mpl* de colin.

lona *f* toile *f* de bâche.

loncha *f (de queso, embutido)* tranche *f*.

lonche *m (Amér)* déjeuner *m* léger.

Londres *s* Londres.

longaniza *f* saucisse *f*.

longitud *f* longueur *f*.

lonja *f (edificio)* bourse *f* de commerce; *(loncha)* tranche *f*.

loro *m* perroquet *m*.

lote *m* lot *m*.

lotería *f* loterie *f*; **~ primitiva** ≃ loto *m*.

LOTERÍA PRIMITIVA

Jeu de hasard institué par l'État espagnol qui consiste à déterminer la combinaison gagnante de six numéros sur quarante-neuf. Chaque bulletin comporte huit grilles de quarante-neuf numéros, constituant chacune un pari et on peut en remplir autant que l'on veut. Un tirage a lieu deux fois par semaine.

lotero, **-ra** *m, f* vendeur *m* (-euse *f*) de billets de loterie.

loza *f (material)* faïence *f*; *(vajilla)* vaisselle *f*.

ltda. *(abrev de limitada)* SARL *f*.

lubina *f* loup *m* de mer.

lubricante *m* lubrifiant *m*.

lucha *f* lutte *f*; **~ libre** lutte libre.

luchador, **-ra** *m, f* lutteur *m* (-euse *f*).

luchar *vi* lutter.

luciérnaga *f* ver *m* luisant.

lucir *vt (valor, ingenio)* faire preuve de; *(llevar puesto)* porter. ◆ *vi (brillar)* briller; *(trabajo, esfuerzo)* profiter; *(Amér: verse bien)* aller bien. ❑ **lucirse** *vpr (quedar bien)* briller; *(exhibirse)* se montrer; **¡te has lucido!** *(fam)* tu as bonne mine!

lucro *m* gain *m*.

lúdico, **-ca** *adj* ludique.

luego *adv (después)* ensuite; *(Amér: pronto)* tôt. ◆ *conj* donc; **desde ~** *(sin duda)* bien sûr; *(para reprochar)* vraiment; **luego, luego** *(Amér: inmediatamente después)* tout de suite; **¡desde ~ siempre llegas tarde!** vraiment, tu es toujours en retard!
lugar *m (sitio)* lieu *m*; *(posición)* place *f*; *(localidad)* endroit *m*; **tener ~** avoir lieu; **en ~ de** au lieu de; **en cualquier ~** n'importe où; **en primer ~** en premier lieu.
lujo *m* luxe *m*; **de ~** de luxe.
lujoso, -sa *adj* luxueux(-euse).
lujuria *f* luxure *f*.
lumbago *m* lumbago *m*.
luminoso, -sa *adj* lumineux(-euse).
luna *f* lune *f*; *(de vidrio)* glace *f*.
lunar *adj* lunaire. ◆ *m* grain *m* de beauté. ❑ **lunares** *mpl (estampado)* pois *mpl*.
lunes *m inv* lundi *m*, → **sábado**.
luneta *f (de coche)* lunette *f* arrière; **~ térmica** dégivreur *m*.
lupa *f* loupe *f*.
lustrabotas *m inv (Amér)* cireur *m* de chaussures.
lustrador *m (Amér)* cireur *m* de chaussures.
luto *m* deuil *m*; **estar de ~** être en deuil.
luz *(pl* **-ces***)* *f* lumière *f*; *(electricidad)* électricité *f*; **se ha ido la ~** il y a une panne de courant; **~ solar** rayonnement *m* solaire; **dar a ~** accoucher, mettre au monde. ❑ **luces** *fpl (de coche)* feux *mpl*.
lycra® *f* Lycra® *m*.

m *(abrev de metro)* m.
macana *f (Amér) (garrote)* gourdin *m*; *(fig: disparate)* bêtise *f*.
macanudo *adj (Amér: fam)* super.
macarrones *mpl* macaronis *mpl*.
macedonia *f* macédoine *f*; **~ de frutas** salade *f* de fruits.
maceta *f* pot *m (de fleurs)*.
machacar *vt (aplastar)* piler; *(fam: empollar)* potasser; *(derrotar)* écraser.
machismo *m* machisme *m*.
machista *mf* machiste *mf*.
macho *adj* mâle; *(hombre)* macho. ◆ *m* mâle *m*.
macizo, -za *adj (sólido)* massif(-ive); *(de carnes duras)* musclé(-e). ◆ *m* massif *m*.
macramé *m* macramé *m*.
macuto *m* sac *m* à dos.
madeja *f* pelote *f*.
madera *f* bois *m*; **de ~** en bois.
madrastra *f* belle-mère *f (marâtre)*.
madre *f* mère *f*; **~ política** belle-mère *f*; **¡~ mía!** mon Dieu!

madreselva *f* chèvrefeuille *m*.

Madrid *s* Madrid; ~ **capital** ville *f* de Madrid.

madriguera *f* tanière *f*.

madrileño, -ña *adj* madrilène. ◆ *m, f* Madrilène *mf*.

madrina *f* marraine *f*.

madrugada *f (noche)* matin *m*; *(amanecer)* aube *f*.

madrugador, -ra *adj* matinal(-e).

madrugar *vi* se lever tôt.

madurar *vt* & *vi* mûrir.

madurez *f* maturité *f*; *(edad adulta)* âge *m* mûr.

maduro, -ra *adj* mûr(-e); *(proyecto, plan, idea)* mûrement réfléchi(-e).

maestría *f* maîtrise *f*.

maestro, -tra *m, f (de escuela)* maître *m* (maîtresse *f*). ◆ *m* maître *m*; *(músico)* maestro *m*.

mafia *f* mafia *f*.

magdalena *f* madeleine *f*.

magia *f* magie *f*.

mágico, -ca *adj* magique.

magistrado, -da *m, f* magistrat *m*.

magistratura *f* magistrature *f*.

magnate *m* magnat *m*.

magnesio *m* magnésium *m*.

magnético, -ca *adj* magnétique.

magnetófono *m* magnétophone *m*.

magnífico, -ca *adj* magnifique.

magnitud *f (dimensión)* grandeur *f*; *(importancia)* ampleur *f*.

magnolia *f* magnolia *m*.

mago, -ga *m, f (en espectáculo)* magicien *m* (-enne *f*); *(personaje fantástico)* enchanteur *m* (-eresse *f*).

magro, -gra *adj* maigre *(viande)*.

maguey *m (Amér)* agave *m*.

maicena *f* Maïzena® *f*.

maíz *m* maïs *m*.

majestuoso, -sa *adj* majestueux(-euse).

majo, -ja *adj (agradable)* gentil(-ille); *(bonito)* mignon(-onne).

mal *m* mal *m*. ◆ *adv* mal. ◆ *adj* → **malo**; **el** ~ le mal; **encontrarse** ~ se sentir mal; **oír/ver** ~ entendre/voir mal; **oler** ~ sentir mauvais; **saber** ~ avoir mauvais goût; **sentar** ~ *(ropa)* aller mal; *(comida)* ne pas réussir à; *(actitud)* ne pas plaire à; **ir de** ~ **en peor** aller de mal en pis.

Malasia *s* Malaisie *f*.

malcriar *vt* gâter *(les enfants)*.

maldad *f* méchanceté *f*.

maldición *f* malédiction *f*.

maldito, -ta *adj* maudit(-e); **¡maldita sea!** bon sang!

maleable *adj* malléable.

malecón *m (muralla)* terre-plein *m*; *(rompeolas)* jetée *f*.

maleducado, -da *adj* mal élevé(-e).

malentendido *m* malentendu *m*.

malestar *m (inquietud)* malaise *m*; *(dolor)* douleur *f*.
maleta *f* valise *f*; **hacer las ~s** faire ses valises.
maletero *m (de coche)* coffre *m*.
maletín *m* mallette *f*.
malformación *f* malformation *f*.
malgastar *vt* gaspiller.
malhablado, -da *adj* grossier (-ère).
malhechor, -ra *adj* malfaisant(-e).
malicia *f (maldad)* méchanceté *f*; *(astucia)* malice *f*.
malintencionado, -da *adj* malintentionné(-e).
malla *f (tejido)* maille *f*. ❑ **mallas** *fpl (prenda)* caleçon *m (de femme)*.
Mallorca *s* Majorque.
malo, -la, *(compar* **peor**, *superl* **el peor**) *adj* mauvais(-e); *(inclinado al mal)* méchant(-e); *(travieso)* vilain(-e); **estar ~** *(estar enfermo)* être malade; **estar de malas** être de mauvaise humeur; **por las malas** de force.
malograr *vt (Amér)* abîmer. ❑ **malograrse** *vpr (Amér)* s'abîmer.
malpensado, -da *m, f*: **ser un ~** avoir l'esprit mal tourné.
maltratar *vt (persona)* maltraiter; *(objeto)* abîmer.
mamá *f (fam)* maman *f*; **~ grande** *(Amér)* grand-mère *f*.
mamadera *f (Amér) (biberón)* biberon *m*; *(tetilla)* tétine *f*.
mamar *vt* & *vi* téter.
mamey *m (Amér) (árbol)* sapotier *m*; *(fruto)* sapote *f*.
mamífero *m* mammifère *m*.
mamita *f (Amér)* maman *f*.
mampara *f (de ducha)* pare-douche *m*; *(de habitación)* cloison *f*.
manada *f* troupeau *m*.
mánager *m* manager *m*.
manantial *m* source *f*.
mancha *f* tache *f*.
manchar *vt* tacher. ❑ **mancharse** *vpr* se tacher.
manco, -ca *adj* manchot(-e).
mancuerna *f (Amér)* bouton *m* de manchette.
mandar *vt (ordenar)* ordonner; *(dirigir)* commander; *(enviar)* envoyer; **¿mande?** *(Amér)* pardon?; **~ hacer algo** faire faire qqch.
mandarina *f* mandarine *f*.
mandíbula *f* mâchoire *f*.
mando *m (autoridad)* commandement *m*; *(jefe)* cadre *m*; *(instrumento)* commande *f*; **~ a distancia** télécommande *f*.
manecilla *f* aiguille *f (de montre)*.
manejable *adj* maniable.
manejar *vt (herramienta, aparato)* manier; *(dinero)* brasser; *(persona)* mener; *(Amér)* conduire.
manejo *m (de instrumento, aparato)* maniement *m*; *(de dinero)* brassage *m*; *(engaño, astucia)* manigances *fpl*.
manera *f* manière *f*; **de cualquier ~** *(mal)* n'importe comment; *(de todos modos)* de toute

açon; **de esta ~** comme ça; **de ~ ue** de telle sorte que. ❑ **mane-as** *fpl (comportamiento)* manières *pl.*

nanga *f* manche *f; (tubo flexible)* uyau *m.*

nango *m (asa)* manche *m; (fru-))* mangue *f; (árbol)* manguier *m.*

nanguera *f* tuyau *m* d'arro-age.

naní *m (Amér)* cacahouète *f.*

nanía *f* manie *f;* **cogerle ~ a al-uien** prendre qqn en grippe.

naniático, -ca *adj* mania-ue.

nanicomio *m* asile *m (d'alié-és).*

nanicura *f* manucure *f;* **hacer-e la ~** se faire les ongles.

nanifestación *f* manifesta-on *f.*

nanifestante *mf* manifes-ant *m* (-e *f*).

nanifestar *vt* manifester. ❑ **nanifestarse** *vpr* se manifester.

nanifiesto, -ta *adj* & *m* ma-ifeste.

nanillar *m* guidon *m.*

naniobra *f* manœuvre *f.*

nanipular *vt* manipuler.

naniquí *m* & *mf* mannequin *m.*

nanito *m (Amér: fam)* pote *m.*

nanivela *f* manivelle *f.*

nano *f* main *f; (capa)* couche *f; le juego)* partie *f.* ◆ *m (Amér: fam)* ote *m;* **a ~** *(sin máquina)* à la nain; *(cerca)* sous la main; **de se-unda ~** d'occasion; **dar la ~ a al-uien** serrer la main à qqn; **~ de obra** main-d'œuvre *f;* **echar una ~ a alguien** donner un coup de main à qqn; **a ~ derecha/izquierda** à droite/gauche.

manoletina *f* ballerine *f.*

manopla *f* moufle *f.*

manosear *vt* tripoter.

mansión *f* demeure *f,* ≃ hôtel *m* particulier.

manso, -sa *adj (animal)* docile; *(persona)* paisible.

manta *f* couverture *f.*

manteca *f (de animal)* graisse *f; (de leche)* beurre *m;* **~ de cacao** beurre de cacao.

mantecado *m (de Navidad) petit gâteau fait de pâte sablée au saindoux que l'on mange à Noël; (sorbete)* crème *f* glacée.

mantel *m* nappe *f.*

mantelería *f* linge *m* de table.

mantener *vt* maintenir; *(conservar)* conserver; *(sujetar)* soutenir; *(sustentar, tener)* entretenir; *(promesa, palabra)* tenir. ❑ **mantenerse** *vpr:* **~se (de** ○ **con)** vivre (de); **~se en pie** tenir debout; **~se joven** rester jeune.

mantenimiento *m* entretien *m.*

mantequería *f* crémerie *f.*

mantequilla *f* beurre *m.*

mantilla *f* mantille *f.*

mantón *m* châle *m.*

manual *adj* manuel(-elle). ◆ *m* manuel *m.*

manualidades *fpl* travaux *mpl* manuels.

manuscrito *m* manuscrit *m.*

manzana *f (fruto)* pomme *f*; *(de casas)* pâté *m* de maisons; ~ **al horno** pomme au four.
manzanilla *f (infusión)* camomille *f*; *(vino)* manzanilla *m*.
manzano *m* pommier *m*.
mañana *f* matin *m*. ◆ *m (futuro)* lendemain *m*. ◆ *adv (día siguiente)* demain; **a las dos de la** ~ à deux heures du matin; **por la** ~ le matin; ~ **por la** ~ demain matin.
mañanitas *fpl (Amér) chant populaire mexicain à l'occasion d'un anniversaire*.
mapa *m* carte *f (plan)*.
maqueta *f* maquette *f*.
maquillaje *m* maquillage *m*.
maquillar *vt* maquiller. ❑ **maquillarse** *vpr* se maquiller.
máquina *f* machine *f*; *(locomotora)* locomotive *f*; *(Amér)* voiture *f*; **a** ~ à la machine; ~ **de afeitar** rasoir *m* électrique; ~ **de coser/de escribir** machine à coudre/à écrire; ~ **fotográfica** appareil *m* photo.
maquinaria *f* machinerie *f*.
maquinilla *f* rasoir *m* (électrique).
maquinista *mf (de metro, tren)* mécanicien *m*.
mar *m o f* mer *f*; **la** ~ **de** *(fam: gran cantidad)* plein de; **la** ~ **de bien** drôlement bien. ❑ **Mar** *m*: **el Mar del Norte** la mer du Nord.
maracas *fpl* maracas *fpl*.
maratón *m* marathon *m*.
maravilla *f (cosa extraordinaria)* merveille *f*; *(impresión)* émerveillement *m*.
maravilloso, **-sa** *adj* merveilleux(-euse).
marca *f* marque *f*; *(en deporte)* score *m*; **de** ~ *(ropa, producto)* de marque; ~ **registrada** marque déposée.
marcado, **-da** *adj* marqué(-e)
marcador *m (panel)* tableau *m* d'affichage; *(rotulador)* marqueur *m*.
marcapasos *m inv* pacemaker *m*.
marcar *vt* marquer; *(indicar, señalar)* indiquer; *(número de teléfono)* composer; *(pelo)* faire un brushing; ~ **un gol** marquer un but.
marcha *f (partida)* départ *m*; *(de vehículo)* vitesse *f*; *(desarrollo, pieza musical)* marche *f*; *(fam: animación)* ambiance *f*; **poner en** ~ mettre en marche.
marchar *vi* marcher; *(soldado)* marcher au pas. ❑ **marcharse** *vpr* s'en aller.
marchitarse *vpr* se faner.
marchoso, **-sa** *adj (fam: persona)* fêtard(-e); *(música)* qui bouge bien; *(sala, ciudad, bar)* animé(-e).
marciano, **-na** *m, f* martien *m* (-enne *f*).
marco *m* cadre *m*; *(de puerta, ventana)* encadrement *m*.
marea *f* marée *f*; ~ **negra** marée noire.
mareado, **-da** *adj*: **estar** ~ avoir mal au cœur.

marearse *vpr (en coche)* avoir mal au cœur; *(en barco)* avoir le mal de mer.
marejada *f* houle *f*.
marejadilla *f* houle *f* moyenne.
maremoto *m* raz de marée *m*.
mareo *m* mal *m* au cœur; *(en barco)* mal *m* de mer.
marfil *m* ivoire *m*.
margarina *f* margarine *f*.
margarita *f* marguerite *f*.
margen *m* marge *f*; *(de camino, río)* rive *f*; *(posibilidad de actuar)* marge *f* de manœuvre.
marginación *f* marginalisation *f*.
marginado, -da *m, f* marginal *m* (-e *f*).
mariachis *mpl orchestre de musiciens mexicains.*

i MARIACHIS

Ces musiciens mexicains qui portent un pantalon noir, un boléro richement orné et un grand sombrero, se réunissent en orchestres pour interpréter des chansons au cours de fêtes populaires, dans les restaurants et dans la rue. On peut les faire venir chez soi à l'occasion d'un anniversaire, d'un mariage, etc.

maricón *m (vulg)* pédé *m*.
marido *m* mari *m*.
marihuana *f* marijuana *f*.
marina *f* marine *f*.
marinero, -ra *adj (pueblo)* de marins; **a la marinera** *(almejas, mejillones)* (à la) marinière.
marino *m* marin *m*.
marioneta *f* marionnette *f*. ❑ **marionetas** *fpl (teatro)* marionnettes *fpl*.
mariposa *f* papillon *m*.
mariquita *f* coccinelle *f*.
mariscada *f* ≃ plateau *m* de fruits de mer.
marisco *m* fruits *mpl* de mer.
marisma *f* marais *m (du littoral)*.
marítimo, -ma *adj* maritime.
mármol *m* marbre *m*.
marqués, -esa *m, f* marquis *m* (-e *f*).
marquesina *f* marquise *f (auvent)*.
marrano, -na *adj (sucio)* cochon(-onne). ◆ *m, f (cerdo)* cochon *m* (truie *f*); **¡que tío más ~!** quel saligaud!
marrón *adj* marron.
marroquí *adj* marocain(-e). ◆ *mf* Marocain *m* (-e *f*).
Marruecos *s* Maroc *m*.
martes *m inv* mardi *m*, → **sábado**.
martillo *m* marteau *m*.
mártir *mf* martyr *m* (-e *f*).
marzo *m* mars *m*, → **setiembre**.
más *adv* -1. *(gen)* plus; **Juan es ~ alto/ambicioso** Juan est plus grand/ambitieux; **~ peras/aire** plus de poires/d'air; **~ de/que** plus de/que; **Juan es ~ joven que tú**

Juan est plus jeune que toi; **de ~** de o en trop; **el/la ~** le/la plus; **dos ~ dos** deux plus deux.
-2. *(en frases negativas)*: **no quiero ~** je n'en veux plus; **ni un vaso ~** pas un verre de plus.
-3. *(con pron interrogativo o indefinido)*: **¿quién/qué ~?** qui/quoi d'autre?; **no vino nadie ~** personne d'autre n'est venu.
-4. *(indica intensidad)*: **¡qué día ~ bonito!** quelle belle journée!; **¡es ~ tonto!** qu'est-ce qu'il est bête!
-5. *(indica preferencia)* mieux; **~ vale que te quedes en casa** il vaut mieux que tu restes à la maison.
-6. *(en locuciones)*: **dijo poco ~ al respecto** il n'a pas dit grand-chose à ce sujet; **no está contento, es ~, está enfadado** il n'est pas content, je dirais même qu'il est fâché; **~ o menos** plus ou moins; **por ~ que lo intente no lo conseguirá** il aura beau essayer, il n'y arrivera pas; **¿qué ~ da?** qu'est-ce que ça peut faire?
◆ *m inv (en matemáticas)* plus *m*; **tuvo sus ~ y sus menos** il y a eu des hauts et des bas.
masa *f* masse *f*; *(de pan, bizcocho)* pâte *f*; *(Amér)* petit gâteau *m*.
masaje *m* massage *m*.
masajista *mf* masseur *m* (-euse *f*).
mascar *vt* mâcher.
máscara *f* masque *m*.
mascarilla *f* masque *m*.
mascota *f* mascotte *f*.
masculino, -na *adj* masculin (-e).
masía *f* ferme *f (en Catalogne)*.
masticar *vt* mastiquer.
mástil *m* mât *m*.
matadero *m* abattoir *m*.
matador *m* matador *m*.
matambre *m (Amér)* plat *m* de côtes.
matamoscas *m inv* papier *m* tue-mouches.
matanza *f (de personas, animales)* tuerie *f*; *(de cerdo)* abattage *m*.
matar *vt* tuer; *(brillo, color)* ternir; **~ una carta** monter. ❑ **matarse** *vpr* se tuer.
matarratas *m inv (insecticida)* mort-aux-rats *f*; *(bebida mala)* tord-boyaux *m*.
matasellos *m inv* cachet *m*.
mate *adj* mat(-e). ◆ *m (en ajedrez)* mat *m*; *(planta, infusión)* maté *m*.

 **MATE**

Cette infusion d'herbes est propre aux pays du Río de la Plata. Elle se boit dans un petit récipient appelé aussi «mate» fait d'une calebasse vidée et séchée qui sert de tasse et est réservée exclusivement à cet effet.

matemáticas *fpl* mathématiques *fpl*.
matemático, -ca *adj* mathématique.
materia *f* matière *f*; **~ prima** matière première.
material *adj (de materia)* maté-

riel(-elle); *(verdadero)* réel(-elle). ◆ *m (componente)* matériau *m*; *(instrumento)* matériel *m*.

maternidad *f* maternité *f*.

materno, -na *adj* maternel (-elle).

matinal *adj* matinal(-e).

matiz (*pl* **-ces**) *m* nuance *f*.

matizar *vt* nuancer.

matón *m (fam: bravucón)* dur *m*; *(guardaespaldas)* gorille *m*; *(asesino)* homme *m* de main.

matorral *m (lugar)* fourré *m*; *(arbusto)* buisson *m*.

matrícula *f (de colegio, universidad)* inscription *f*; *(documento)* certificat *m* d'inscription; *(de vehículo)* immatriculation *f*; ~ **de honor** ≃ félicitations *fpl* du jury.

matricular *vt (coche)* immatriculer. ❑ **matricularse** *vpr* s'inscrire.

matrimonio *m (pareja)* couple *m*; *(ceremonia)* mariage *m*.

matutino, -na *adj* matinal (-e).

maullar *vi* miauler.

maullido *m* miaulement *m*.

máxima *f (temperatura)* température *f* maximale; *(frase)* maxime *f*.

máximo, -ma *adj* maximal(-e). ◆ *m* maximum *m*; **como** ~ au maximum; **el ~ triunfo** le plus grand triomphe.

maya *adj* maya. ◆ *mf* Maya *mf*. ◆ *m (lengua)* maya *m*.

mayo *m* mai *m*, → **setiembre**.

mayonesa *f* mayonnaise *f*.

mayor *adj (en edad)* plus âgé (-e); *(en tamaño)* plus grand(-e); *(en importancia, calidad)* supérieur(-e). ◆ *m (en el ejército)* major *m*. ◆ *mf*: **el/la** ~ *(en edad)* le plus âgé/la plus âgée; *(en tamaño, importancia)* le plus grand/la plus grande; **al por** ~ en gros; **la ~ parte** la majorité; ~ **de edad** majeur(-e). ❑ **mayores** *mpl*: **los ~es** *(adultos)* les grandes personnes.

mayoreo *m (Amér)* vente *f* en gros.

mayoría *f* majorité *f*.

mayúscula *f* majuscule *f*; **en ~s** en majuscules.

mazapán *m* massepain *m*.

mazo *m (de madera)* maillet *m*; *(de cartas)* paquet *m*.

me *pron* me; *(en imperativo)* moi, me; **viene a verme** il vient me voir; ~ **quiere** il m'aime; **mírame** regarde-moi; ~ **levanto a las siete** je me lève à sept heures; **¡no ~ digas que no!** ne me dis pas non!

mear *vi (vulg)* pisser.

mecánica *f* mécanique *f*.

mecánico, -ca *adj* mécanique. ◆ *m* mécanicien *m*.

mecanismo *m* mécanisme *m*.

mecanografía *f* dactylographie *f*.

mecanógrafo, -fa *m, f* dactylo *mf*.

mecedora *f* fauteuil *m* à bascule.

mecer *vt* bercer.

mecha *f* mèche *f*; *(de tocino)* lardon *m*.

mechero *m* briquet *m*.
mechón *m* mèche *f*.
medalla *f* médaille *f*.
medallón *m* médaillon *m*; **medallones de rape** médaillons de lotte; **medallones de solomillo** tournedos *mpl*.
media *f (calcetín)* chaussette *f*. ❑ **medias** *fpl* bas *mpl*.
mediado, -da *adj*: **a ~s de** vers le milieu de.
mediana *f (en geometría)* médiane *f*; *(de autopista)* ligne *f* blanche.
mediano, -na *adj* moyen (-enne).
medianoche *f* minuit *m*.
mediante *prep* grâce à.
mediar *vi (transcurrir)* s'écouler; *(interceder)* intercéder; **mediaba el mes de julio** c'était la mi-juillet; **media un kilómetro entre las dos casas** il y a un kilomètre entre les deux maisons.
medicamento *m* médicament *m*.
medicina *f* médecine *f*; *(medicamento)* médicament *m*.
medicinal *adj* médicinal(-e).
médico, -ca *m, f* médecin *m*; **~ de guardia** médecin de garde.
medida *f* mesure *f*; **tomar ~s** prendre des mesures; **~s de seguridad** mesures de sécurité; **a ~ que** au fur et à mesure que.
medieval *adj* médiéval(-e).
medio, -dia *adj* moyen (-enne); *(a la mitad)* demi(-e). ◆ *m* milieu *m*; *(mitad)* moitié *f*; *(manera, modo)* moyen *m*. ◆ *adv (no del todo)* à moitié; **en ~ de** au milieu de; **a medias** *(sin terminar)* à moitié; *(partido entre dos)* moitié moitié; **~ ambiente** environnement *m*; **media hora** demi-heure *f*; **~ kilo (de)** une livre (de); **media docena (de)** une demi-douzaine (de); **media pensión** demi-pension *f*. ❑ **medios** *mpl* moyens *mpl*.
mediocre *adj* médiocre.
mediocridad *f* médiocrité *f*.
mediodía *m* midi *m*.
mediopensionista *mf* demi-pensionnaire *mf*.
medir *vt* mesurer.
meditar *vt* & *vi* méditer.
mediterráneo, -a *adj* méditerranéen(-enne). ❑ **Mediterráneo** *m*: **el (mar) Mediterráneo** la (mer) Méditerranée.
médium *mf inv* médium *mf*.
medusa *f* méduse *f*.
megáfono *m* haut-parleur *m*.
mejilla *f* joue *f*.
mejillón *m* moule *f*; **mejillones a la marinera** moules (à la) marinière.
mejor *adj* meilleur(-e). ◆ *adv* mieux. ◆ *interj* tant mieux!; **la ~ alumna** la meilleure élève; **es ~ que...** il vaut mieux que...; **el/la ~** le meilleur/la meilleure; **a lo ~** peut-être; **a lo ~ viene** il viendra peut-être.
mejora *f* amélioration *f*; *(de sueldo)* augmentation *f*.
mejorar *vt* améliorer; *(superar)* être meilleur(-e). ◆ *vi (enfermo)* al-

er mieux; *(tiempo, clima)* s'améliorer; **este medicamento le mejoró** *(enfermo)* ce médicament lui a fait du bien. ❑ **mejorarse** *vpr (persona)* aller mieux; *(tiempo, clima)* s'améliorer.

mejoría *f* amélioration *f*.

melancolía *f* mélancolie *f*.

melancólico, -ca *adj* mélancolique.

melena *f (de persona)* longue chevelure *f*; *(de león)* crinière *f*.

mella *f (en arma, herramienta)* brèche *f*; *(en encía)* trou *m*; **hacer ~ en alguien** marquer qqn.

mellizo, -za *adj* jumeau(-elle). ❑ **mellizos** *mpl* jumeaux *mpl*.

melocotón *m* pêche *f*; **~ en almíbar** pêche au sirop.

melocotonero *m* pêcher *m*.

melodía *f* mélodie *f*.

melodrama *m* mélodrame *m*.

melodramático, -ca *adj* mélodramatique.

melón *m* melon *m*; **~ con jamón** melon et jambon de pays.

membrillo *m* coing *m*.

memorable *adj* mémorable.

memoria *f* mémoire *f*; *(recuerdo)* souvenir *m*; *(estudio)* mémoire *m*; *(informe)* rapport *m*; **de ~** par cœur. ❑ **memorias** *mpl* Mémoires *mpl*.

memorizar *vt* mémoriser.

menaje *m (de cocina)* ustensiles *mpl*.

mención *f* mention *f*.

mencionar *vt* mentionner.

mendigo, -ga *m, f* mendiant *m* (-e *f*).

menestra *f*: **~ de verduras** jardinière *f* de légumes.

menor *adj (en edad)* plus jeune; *(en tamaño)* plus petit(-e); *(en importancia)* inférieur(-e); *(en calidad)* mineur(-e). ◆ *mf (persona)* mineur *m* (-e *f*); **el/la ~** *(en edad)* le/la plus jeune; *(en tamaño)* le plus petit/la plus petite; *(en importancia)* le/la moindre; **~ de edad** mineur *m* (-e *f*).

Menorca *s* Minorque.

menos *adv* -1. *(comparativo)*: **está ~ gordo** il est moins gros; **~ manzanas/aire** moins de pommes/d'air; **~ de/que** moins de/que; **tengo ~ calor que ayer** j'ai moins chaud qu'hier; **de ~** en moins.
-2. *(superlativo)*: **el/la/lo ~** le/la/le moins.
-3. *(en matemáticas, horas)* moins; **son las cuatro ~ diez** il est quatre heures moins dix; **tres ~ dos igual a uno** trois moins deux égale un.
-4. *(excepto)* sauf; **acudieron todos ~ él** ils sont tous venus sauf lui.
-5. *(en locuciones)*: **a ~ que** à moins que; **al/por lo ~** au moins; **un poco ~** un peu moins; **¡~ mal!** heureusement!; **es lo de ~** ce n'est pas le plus important.
◆ *m inv* moins *m*; **el ~ es el signo de la sustracción** le moins est le signe de la soustraction.

menospreciar *vt (despreciar)* mépriser; *(apreciar poco)* sous-estimer.

menosprecio *m* mépris *m*.
mensaje *m* message *m*.
mensajero, -ra *m, f (de paquetes, cartas)* coursier *m* (-ère *f*); *(de comunicados)* messager *m* (-ère *f*).
menstruación *f* menstruation *f*.
mensual *adj* mensuel(-elle).
menta *f* menthe *f*; **a la ~** à la menthe.
mental *adj* mental(-e).
mente *f* esprit *m*.
mentir *vi* mentir.
mentira *f* mensonge *m*.
mentiroso, -sa *m, f* menteur *m* (-euse *f*).
mentón *m* menton *m*.
menú *m* menu *m*; **~ de degustación** menu dégustation; **~ del día** menu du jour.
menudeo *m (Amér)* vente *f* au détail.
menudo, -da *adj (persona)* menu(-e); *(objeto, cosa)* petit(-e); **a ~** souvent.
meñique *m* petit doigt *m*.
mercadillo *m* marché *m*.
mercado *m* marché *m*.
mercancía *f* marchandise *f*.
mercantil *adj* commercial(-e).
mercería *f* mercerie *f*.
mercurio *m* mercure *m*.
merecer *vt* mériter. ❑ **merecerse** *vpr* mériter.
merendar *vi* goûter *(l'après-midi)*. ◆ *vt*: **~ algo** prendre qqch au goûter.
merendero *m* buvette *f*.
merengue *m* meringue *f*.
meridiano, -na *adj (evidente)* éclatant(-e); *(del mediodía)* de midi. ◆ *m (de la Tierra)* méridien *m*.
meridional *adj* méridional (-e).
merienda *f (de media tarde)* goûter *m*; *(para excursión)* pique-nique *m*.
mérito *m* mérite *m*.
merluza *f* colin *m*; **~ a la plancha** colin grillé; **~ a la romana** colin à la romaine; **~ a la vasca** colin en sauce avec un œuf poché.
mermelada *f* confiture *f*.
mero *m* mérou *m*; **~ a la plancha** mérou grillé.
mes *m* mois *m*; **en el ~ de** au mois de.
mesa *f* table *f*; **poner/quitar la ~** mettre/débarrasser la table.
mesero, -ra *m, f (Amér)* serveur *m* (-euse *f*).
meseta *f* plateau *m (relief)*.
mesilla *f*: **~ de noche** table *f* de nuit.
mesón *m* auberge *f*.
mestizo, -za *m, f* métis *m* (-isse *f*).
meta *f* but *m*; *(de carrera)* ligne *f* d'arrivée.
metáfora *f* métaphore *f*.
metal *m* métal *m*.
metálico, -ca *adj* métallique. ◆ *m (dinero)* liquide *m*; **en ~** en liquide.
meteorito *m* météorite *f*.

meteorología *f* météorologie *f*.

meter *vt* -1. *(introducir)* mettre; **~ algo/a alguien en** mettre qqch/qqn dans; **lo han metido en la cárcel** on l'a mis en prison; **~ dinero en el banco** mettre de l'argent à la banque.
-2. *(hacer participar)*: **me ha metido en la asociación** il m'a fait entrer dans l'association.
-3. *(fam: hacer soportar)*: **nos meterá su discurso** il va nous sortir son discours.
-4. *(fam: imponer)*: **me han metido una multa** on m'a collé une amende.
-5. *(causar)*: **~ miedo a alguien** faire peur à qqn; **¡no me metas prisa!** ne me bouscule pas!; **no metas ruido** ne fais pas de bruit.
-6. *(fam: echar)*: **le metieron una bronca por llegar tarde** ils l'ont engueulé parce qu'il était en retard.
-7. *(en locuciones)*: **~ la pata** *(fam)* faire une gaffe.
❑ **meterse** *vpr* -1. *(entrar)* entrer.
-2. *(estar)*: **¿dónde se ha metido?** où est-il passé?
-3. *(en locuciones)*: **~se a** *(dedicarse a)* devenir; *(empezar)* se mettre à; **~se en** *(entrometerse)* se mêler de; *(mezclarse con)* être mêlé(-e) à.
❑ **meterse con** *v + prep*: **~se con alguien** *(atacar, molestar)* s'en prendre à qqn; *(incordiar)* chercher qqn.

método *m* méthode *f*.

metralla *f* mitraille *f*.

metro *m* mètre *m*; *(transporte)* métro *m*.

metrópoli *f* métropole *f*.

mexicano, -na *adj* mexicain(-e). ◆ *m, f* Mexicain *m* (-e *f*).

México *s* Mexique *m*.

mezcla *f* mélange *m*.

mezclar *vt* mélanger; *(en negocio, asunto)* mêler. ❑ **mezclarse en** *v + prep (asunto)* se mêler de.

mezquino, -na *adj* mesquin(-e).

mezquita *f* mosquée *f*.

mg *(abrev de miligramo)* mg.

mi (*pl* **mis**) *adj* mon (ma); **~s libros** mes livres.

mí *pron* moi; **¡a ~ qué!** et alors!; **por ~...** en ce qui me concerne...

mico *m* ouistiti *m*.

microbio *m* microbe *m*.

micrófono *m* microphone *m*.

microondas *m inv* micro-ondes *m inv*.

microscopio *m* microscope *m*.

miedo *m* peur *f*; **tener ~ de** avoir peur de.

miedoso, -sa *adj* peureux (-euse).

miel *f* miel *m*.

miembro *m* membre *m*.

mientras *conj (hasta que)* tant que; *(a la vez)* pendant que; **~ que** alors que; **~ (tanto)** pendant ce temps; **~ esté aquí** tant que je serai là.

miércoles *m inv* mercredi *m*, → **sábado**.

mierda *f* merde *f*. ◆ *interj (vulg)* merde!
mies *f (cereal)* blé *m* mûr; *(siega)* moisson *f*.
miga *f (de pan)* mie *f*; *(trocito pequeño)* miette *f*; *(parte sustanciosa)* consistance *f*. ❑ **migas** *fpl (guiso) pain émietté, imbibé de lait et frit.*
migaja *f* miette *f*.
mil *núm* mille, → **seis**.
milagro *m* miracle *m*; **de ~** par miracle.
milanesa *f*: **a la ~** à la milanaise.
milenario, -ria *adj & m* millénaire.
milenio *m* millénaire *m*.
milésimo, -ma *adj* millième.
mili *f (fam)* service *m* (militaire); **hacer la ~** faire son service.
miligramo *m* milligramme *m*.
mililitro *m* millilitre *m*.
milímetro *m* millimètre *m*.
militante *mf* militant *m* (-e *f*).
militar *adj & mf* militaire.
milla *f (en tierra)* mile *m*; *(en mar)* mille *m* (marin).
millar *m* millier *m*.
millón *núm* million *m*, → **seis**.
millonario, -ria *m, f* millionnaire *mf*.
mimado, -da *adj* gâté(-e).
mimar *vt* gâter.
mímica *f*: **expresarse con ~** s'exprimer par gestes.
mimosa *f* mimosa *m*.
min *(abrev de minuto)* min.
mina *f* mine *f*.
mineral *adj* minéral(-e). ◆ *m (sustancia)* minerai *m*.
minero, -ra *m, f* mineur *m*.
miniatura *f* miniature *f*.
minifalda *f* minijupe *f*.
mínimo, -ma *adj* minime. ◆ *m* minimum *m*; **como ~** au minimum; **la temperatura mínima** la température minimale; **no tengo la más mínima idea** je n'en ai pas la moindre idée.
ministerio *m* ministère *m*.
ministro, -tra *m, f* ministre *m*.
minoría *f* minorité *f*.
minoritario, -ria *adj* minoritaire.
minucioso, -sa *adj* minutieux(-euse).
minúscula *f* minuscule *f*; **en ~** en minuscules.
minúsculo, -la *adj* minuscule.
minusválido, -da *m, f* handicapé *m* (-e *f*).
minutero *m* aiguille *f* des minutes.
minuto *m* minute *f*.
mío, mía *adj* à moi. ◆ *pron*: **el ~/la mía** le mien/la mienne; **este libro es ~** ce livre est à moi; **lo ~ es la poesía** *(fam)* mon truc c'est la poésie; **un amigo ~** un de mes amis.
miope *adj* myope.
miopía *f* myopie *f*.
mirada *f* regard *m*.
mirador *m (lugar)* belvédère *m*; *(balcón cerrado)* bow-window *m*.

mirar *vt* regarder; *(vigilar)* faire attention à; *(considerar)* prendre en considération. ◆ *vi (buscar)* regarder; *(estar orientado)* donner sur. ❑ **mirarse** *vpr* se regarder.
mirilla *f* judas *m (de porte)*.
mirlo *m* merle *m*.
mirón, -ona *m, f* curieux *m* (-euse *f*).
misa *f* messe *f*; ~ **del gallo** messe de minuit.
miserable *adj* misérable; *(mezquino)* avare.
miseria *f* misère *f*.
misericordia *f* miséricorde *f*.
misil *m* missile *m*.
misión *f* mission *f*.
misionero, -ra *m, f* missionnaire *mf*.
mismo, -ma *adj* même. ◆ *pron* même; **el** ~ le même; **la misma** la même; **ahora** ~ tout de suite; **lo** ~ **(que)** la même chose (que); **me da lo** ~ ça m'est égal.
misterio *m* mystère *m*.
misterioso, -sa *adj* mystérieux(-euse).
mitad *f (parte)* moitié *f*; *(centro, medio)* milieu *m*.
mitin *m* meeting *m*.
mito *m* mythe *m*.
mitología *f* mythologie *f*.
mitote *m (Amér: fam)* grabuge *m*; **armar un** ~ ficher la pagaille.
mixto, -ta *adj* mixte. ◆ *m sandwich de pain de mie au jambon et au fromage*.
ml *(abrev de mililitro)* ml.
mm *(abrev de milímetro)* mm.
mobiliario *m* mobilier *m*.
mocasín *m* mocassin *m*.
mochila *f* sac *m* à dos.
mocho *m* balai *m* espagnol.
mochuelo *m* hibou *m*.
moco *m* morve *f*.
moda *f* mode *f*; **a la** ~ à la mode; **estar de** ~ être à la mode.
modalidad *f* modalité *f*; *(en deporte)* catégorie *f*.
modelo *m* modèle *m*. ◆ *mf (de artista)* modèle *m*; *(de moda)* mannequin *m*.
modem (*pl* **modems**) *m* modem *m*.
modernismo *m (arte)* art *m* nouveau.
modernista *adj (en arte)* art nouveau.
moderno, -na *adj* moderne.
modestia *f* modestie *f*.
modesto, -ta *adj* modeste.
modificación *f* modification *f*.
modificar *vt* modifier.
modisto, -ta *m, f* grand couturier *m*.
modo *m* façon *f*; *(en gramática)* mode *m*; **de** ~ **que** alors; **de ningún** ~ en aucune façon; **de todos** ~**s** de toute façon; **en cierto** ~ d'une certaine façon; **no podía aguantarlo, de** ~ **que me fui** je ne pouvais pas le supporter, alors je suis partie.
moflete *m* bonne joue *f*.
mogollón *m (fam)*: **un** ~ **de** un tas de.
moho *m* moisissure *f*.

mojado, **-da** *adj* mouillé(-e).
mojar *vt* mouiller; *(pan)* tremper. ❑ **mojarse** *vpr* se mouiller.
molde *m* moule *m*.
moldeado *m* mise *f* en plis.
moldear *vt (fundir)* mouler; *(dar forma)* modeler; ~ **el pelo** faire une mise en plis.
mole *m (Amér) sauce épicée à base de tomates, d'ail, d'épices et parfois de chocolat qui accompagne le poulet ou le riz.*
molestar *vt (incordiar)* déranger; *(disgustar)* ennuyer; *(doler)* faire mal. ❑ **molestarse** *vpr (enfadarse, ofenderse)* se vexer; *(darse trabajo)* se déranger.
molestia *f (fastidio)* gêne *f*; *(dolor)* douleur *f* légère.
molesto, **-ta** *adj*: **ser** ~ être gênant; **estar** ~ *(estar enfadado)* être fâché; *(estar incómodo)* être gêné.
molino *m* moulin *m*; ~ **de viento** moulin à vent.
molusco *m* mollusque *m*.
momento *m* moment *m*; **hace un** ~ il y a un moment; **de** ~, **por el** ~ pour le moment; **al** ~ à l'instant; **de un** ~ **a otro** d'un moment à l'autre; **¡un** ~**!** un instant!; **espérame, será un** ~ attends-moi, j'en ai pour une minute.
momia *f* momie *f*.
mona: **mona de Pascua** *f gâteau vendu à Pâques*, → **mono**.
monada *f*: **es una** ~ *(persona)* elle est mignonne; *(cosa)* c'est mignon.
monaguillo *m* enfant *m* de chœur.
monarca *m* monarque *m*.
monarquía *f* monarchie *f*.
monasterio *m* monastère *m*.
Moncloa *f*: **la** ~ *siège de la présidence du gouvernement espagnol.*

LA MONCLOA

C'est depuis 1977 la résidence officielle du chef du gouvernement espagnol et le siège de ce gouvernement. Situé au nord-ouest de Madrid, ce palais fait partie d'un ensemble de bâtiments officiels et a été l'objet de nombreux remaniements, en particulier après la guerre civile.

moneda *f* pièce *f* (de monnaie); ~ **de duro** pièce de cinq pesetas.
monedero *m* porte-monnaie *m*.
monitor, **-ra** *m, f* moniteur *m* (-trice *f*). ◆ *m (pantalla)* moniteur *m*.
monja *f* religieuse *f*.
monje *m* moine *m*.
mono, **-na** *adj* mignon(-onne). ◆ *m, f* singe *m* (guenon *f*). ◆ *m (traje)* bleu *m* de travail; **¡qué** ~**!** comme c'est mignon!
monólogo *m* monologue *m*.
monopatín *m* planche *f* à roulettes.
monopolio *m* monopole *m*.
monótono, **-na** *adj* monotone.

monstruo *m* monstre *m*.
montacargas *m inv* monte-charge *m*.
montaje *m (de máquina, película)* montage *m*; *(de espectáculo)* mise *f* en scène; *(estafa)* coup *m* monté.
montaña *f* montagne *f*; ~ **rusa** montagnes russes.
montañismo *m* alpinisme *m*.
montañoso, -sa *adj* montagneux(-euse).
montar *vt* monter; *(nata)* fouetter. ◆ *vi* monter; ~ **a caballo** monter à cheval; ~ **en bicicleta** faire du vélo.
monte *m* montagne *f*.
montera *f (de torero)* toque *f*.
montón *m* tas *m*.
montura *f* monture *f*.
monumental *adj* monumental(-e).
monumento *m* monument *m*.
moño *m* chignon *m*.
MOPU *m (abrev de Ministerio de Obras Públicas y Urbanismo) ministère espagnol des Travaux publics et de l'Urbanisme*.
moqueta *f* moquette *f*.
mora *f* mûre *f*, → **moro**.
morado, -da *adj* violet(-ette). ◆ *m (color)* violet *m*; *(herida)* bleu *m*.
moral *adj* moral(-e). ◆ *f (principios, conducta)* morale *f*; *(ánimo)* moral *m*.
moraleja *f* morale *f (d'une fable)*.
moralista *mf* moraliste *mf*.
morcilla *f* boudin *m* (noir).
mordaza *f* bâillon *m*.
mordedura *f* morsure *f*.
morder *vt* mordre.
mordida *f (Amér: fam)* bakchich *m*.
mordisco *m (acto, herida)* morsure *f*; *(trozo)* bouchée *f*.
moreno, -na *adj (por el sol)* bronzé(-e); *(piel, pelo)* brun(-e).
moribundo, -da *adj* moribond(-e).
morir *vi* mourir. ❑ **morirse** *vpr* mourir; **~se por algo** *(fig)* mourir d'envie d'avoir qqch.
moro, -ra *adj (despec)* arabe. ◆ *m, f (despec)* Arabe *mf*; *(en la Edad Media)* Maure *mf*.
morocho, -cha *adj (Amér) (fam: robusto)* costaud(-e); *(moreno)* brun(-e).
moroso, -sa *m, f* mauvais payeur *m*.
morralla *f (Amér)* petite monnaie *f*.
morro *m (de animal)* museau *m*; **por el** ~ *(fam)* gratis. ❑ **morros** *mpl (fam)* lèvres *fpl*.
morsa *f* morse *m (animal)*.
mortadela *f* mortadelle *f*.
mortal *adj* mortel(-elle).
mortero *m* mortier *m*.
mosaico *m* mosaïque *f*.
mosca *f* mouche *f*; **por si las ~s** au cas où.
moscatel *m* muscat *m (vin doux)*.
mosquito *m* moustique *m*.

mostaza *f* moutarde *f*.
mostrador *m* comptoir *m*; **'~ de facturación'** 'enregistrement' *(dans les aéroports)*.
mostrar *vt* montrer. ❑ **mostrarse** *vpr* se montrer.
motel *m* motel *m*.
motivación *f* motivation *f*.
motivar *vt* motiver.
motivo *m* motif *m*; **con ~ de** *(a causa de)* en raison de; *(para celebrar)* à l'occasion de.
moto *f* moto *f*; **~ acuática** scooter *m* des mers.
motocicleta *f* motocyclette *f*.
motociclismo *m* motocyclisme *m*.
motociclista *mf* motocycliste *mf*.
motocross *m inv* motocross *m*.
motor *m* moteur *m*.
motora *f* bateau *m* à moteur.
motorista *mf* motocycliste *mf*.
mountain bike *f* VTT *m*.
mousse *f* mousse *f*; **~ de chocolate/de limón** mousse au chocolat/au citron.
mover *vt* déplacer; *(hacer funcionar)* faire marcher. ❑ **moverse** *vpr (desplazarse)* bouger; *(fam: realizar gestiones)* se remuer.
movida *f (fam)* ambiance *f*.
movido, -da *adj (día)* chargé(-e); *(niño)* remuant(-e).
móvil *adj* & *m* mobile.
movimiento *m* mouvement *m*; *(circulación)* passage *m*; *(de cuenta corriente)* opération *f*.
mozárabe *adj* & *m* mozarabe.
mozo, -za *m, f* jeune homme *m* (jeune fille *f*). ◆ *m (de estación)* porteur *m*; *(recluta)* appelé *m*; *(camarero)* serveur *m*.
mucamo, -ma *m, f (Amér)* domestique *mf*.
muchacha *f (fam: criada)* bonne *f*, → **muchacho**.
muchachada *f (Amér)* bande *f* d'enfants.
muchacho, -cha *m, f* garçon *m* (fille *f*).
muchedumbre *f* foule *f*.
mucho, -cha *adj* beaucoup de. ◆ *adv* beaucoup; *(indica frecuencia)* souvent. ◆ *pron*: **~s piensan que...** beaucoup de gens pensent que...; **~ gusto** *(saludo)* enchanté(-e); **como ~** (tout) au plus; **¡con ~ gusto!** avec plaisir!; **ni ~ menos** loin de là; **por ~ que lo intente** il a beau essayer; **~ ruido** beaucoup de bruit; **~ más/menos** beaucoup plus/moins; **~ antes/después** bien avant/après.
mudanza *f* déménagement *m*.
mudar *vi*: **~ de piel/plumas** muer. ❑ **mudarse** *vpr (de casa)* déménager; *(de ropa)* se changer.
mudéjar *adj* mudéjar(-e). ◆ *m* mudéjar *m*.
mudo, -da *adj* & *m, f* muet (-ette).
mueble *m* meuble *m*.
mueca *f* grimace *f*.

muela *f* dent *f*; *(diente molar)* molaire *f*.
muelle *m* ressort *m*; *(de puerto)* quai *m*.
muerte *f* mort *f*.
muerto, -ta *adj* & *m, f* mort(-e); ~ **de** mort de.
muestra *f (de mercancía)* échantillon *m*; *(de cariño, simpatía)* marque *f*; *(exposición)* exposition *f*; *(de cansancio)* signe *m*.
mugido *m* mugissement *m*.
mugir *vi* mugir.
mujer *f* femme *f*.
mulato, -ta *m, f* mulâtre *mf*.
muleta *f* béquille *f*; *(de torero)* muleta *f*.
mulo, -la *m, f* mulet *m* (mule *f*).
multa *f* amende *f*.
multar *vt* condamner à une amende.
multicine *m* cinéma *m* multisalles.
multinacional *f* multinationale *f*.
múltiple *adj* multiple.
multiplicación *f* multiplication *f*.
multiplicar *vt* & *vi* multiplier. ❑ **multiplicarse** *vpr* se multiplier.
multitud *f* multitude *f*.
mundial *adj* mondial(-e).
mundo *m* monde *m*; **un hombre de** ~ un homme qui a vécu; **todo el** ~ tout le monde.
munición *f* munition *f*.
municipal *adj (del municipio)* municipal(-e). ◆ *m, f* policier *m* municipal.
municipio *m (territorio)* commune *f*; *(organismo)* municipalité *f*.
muñeca *f (de la mano)* poignet *m*.
muñeco, -ca *m, f* poupée *f*.
muñeira *f danse populaire de Galice*.
muñequera *f* (DEP) poignet *m*.
mural *m* peinture *f* murale.
muralla *f* muraille *f*.
murciélago *m* chauve-souris *f*.
muro *m* mur *m*.
musa *f* muse *f*.
músculo *m* muscle *m*.
museo *m* musée *m*.
musgo *m* mousse *f*.
música *f* musique *f*; ~ **ambiental** musique d'ambiance; ~ **clásica/pop** musique classique/pop, → **músico**.
musical *adj* musical(-e).
músico, -ca *m, f* musicien *m* (-enne *f*).
muslo *m* cuisse *f*; ~ **de pollo** cuisse de poulet.
musulmán, -ana *adj* & *m, f* musulman(-e).
mutilado, -da *m, f* mutilé *m* (-e *f*).
mutua *f* mutuelle *f*.
mutuo, -tua *adj* mutuel (-elle).
muy *adv* très.

N

n° *(abrev de número)* n°.
nabo *m* navet *m*.
nacer *vi* naître; *(arroyo, río)* prendre sa source.
nacimiento *m* naissance *f*; *(de río, arroyo)* source *f*; *(belén)* crèche *f*.
nación *f* nation *f*.
nacional *adj* national(-e).
nacionalidad *f* nationalité *f*.
nada *pron* rien. ◆ *adv (en absoluto)* pas du tout; **de ~** de rien; **no quiero ~ más** je ne veux rien d'autre; **como si ~** comme si de rien n'était; **no me gusta ~** ça ne me plaît pas du tout.
nadador, **-ra** *m, f* nageur *m* (-euse *f*).
nadar *vi* nager.
nadie *pron* personne; **no llamó ~** personne n'a appelé; **~ me lo dijo** personne ne me l'a dit.
nailon® ['nailon] *m* Nylon® *m*.
naipe *m* carte *f (à jouer)*.
nalga *f* fesse *f*.
nana *f* berceuse *f*.
naranja *f, adj inv* & *m* orange; **~ exprimida** orange *f* pressée.
naranjada *f* orangeade *f*.
naranjo *m* oranger *m*.
narcotraficante *mf* trafiquant *m* (-e *f*) de drogue.
narcotráfico *m* trafic *m* de stupéfiants.
nariz (*pl* **-ces**) *f* nez *m*.
narración *f* narration *f*.
narrador, **-ra** *m, f* narrateur *m* (-trice *f*).
narrar *vt* narrer.
narrativa *f* roman *m*.
nata *f* crème *f*; **~ montada** crème fouettée.
natación *f* natation *f*.
natillas *fpl* crème *f (entremets)*.
nativo, **-va** *m, f* natif *m* (-ive *f*).
natural *adj* naturel(-elle); **~ de** originaire de.
naturaleza *f* nature *f*; **por ~** par nature.
naufragar *vi* faire naufrage.
naufragio *m* naufrage *m*.
náuseas *fpl* nausées *fpl*; **tener ~s** avoir des nausées.
náutico, **-ca** *adj* nautique.
navaja *f* couteau *m (à lame pliante)*.
naval *adj* naval(-e).
nave *f (barco)* vaisseau *m*; *(de iglesia)* nef *f*; *(en una fábrica)* hangar *m*; **~ espacial** vaisseau spatial.
navegable *adj* navigable.
navegar *vi* naviguer.
Navidad *s* Noël *m*; **¡Feliz ~!** joyeux Noël! ❑ **Navidades** *fpl (vacaciones)* vacances *fpl* de Noël; *(fiestas)* fêtes *fpl* de Noël.
nazareno *m* pénitent *m*.
neblina *f* brume *f*.

necedad *f* sottise *f*.

necesario, **-ria** *adj* nécessaire.

neceser *m* nécessaire *m (de toilette)*.

necesidad *f* besoin *m*; **de primera ~** de première nécessité. ❑ **necesidades** *fpl*: **hacer sus ~es** faire ses besoins; **pasar ~es** être dans le besoin.

necesitar *vt* avoir besoin de; **'se necesita empleada'** 'on demande une employée'.

necio, **-cia** *adj* idiot(-e).

nécora *f* étrille *f*.

necrológicas *fpl* rubrique *f* nécrologique.

negación *f* négation *f*.

negado, **-da** *adj* inepte.

negar *vt (desmentir)* nier; *(denegar)* refuser. ❑ **negarse** *vpr* refuser; **~se a** refuser de.

negativa *f* refus *m*.

negativo, **-va** *adj* négatif(-ive). ◆ *m* négatif *m*.

negociable *adj* négociable.

negociación *f* négociation *f*.

negociador, **-ra** *m, f* négociateur *m* (-trice *f*).

negociar *vt* négocier. ◆ *vi (comerciar)* faire du commerce.

negocio *m* affaire *f*; *(local)* commerce *m*; **hacer ~s** gagner de l'argent.

negro, **-gra** *adj* noir(-e); *(fig)* sombre. ◆ *m, f (persona)* Noir *m* (-e *f*). ◆ *m (color)* noir *m*.

nene, **-na** *m, f (fam)* bébé *m*.

nenúfar *m* nénuphar *m*.

nervio *m* nerf *m*; *(de planta)* nervure *f*. ❑ **nervios** *mpl* nerfs *mpl*; **tener los ~s de punta** avoir les nerfs à vif.

nerviosismo *m* nervosité *f*.

nervioso, **-sa** *adj* nerveux (-euse); *(irritado)* énervé(-e).

neto, **-ta** *adj* net (nette).

neumático *m* pneu *m*.

neurosis *f* névrose *f*.

neutral *adj* neutre.

neutro, **-tra** *adj* neutre.

nevada *f* chute *f* de neige.

nevado, **-da** *adj* enneigé(-e).

nevar *v impers* neiger.

nevera *f* réfrigérateur *m*.

ni *conj* ni; **no es alto ~ bajo** il n'est ni grand ni petit; **~... ~** ni... ni; **~ mañana ~ pasado** ni demain ni après-demain; **no he comido ~ una manzana** je n'ai même pas mangé une pomme; **no me quedaré ~ un minuto más** je ne resterai pas une minute de plus; **~ siquiera lo ha probado** il n'y a même pas goûté; **¡~ que lo conocieras!** quand bien même tu le connaîtrais! ◆ *adv* même pas; **está tan atareado que ~ come** il est tellement occupé qu'il ne mange même pas; **no quiero ~ pensarlo** je ne veux même pas y penser.

Nicaragua *s* Nicaragua *m*.

nicaragüense *adj* nicaraguayen(-enne). ◆ *mf* Nicaraguayen *m* (-enne *f*).

nicho *m (en cementerio)* niche *f*.

nido *m* nid *m*.

niebla *f* brouillard *m*.

nieto, **-ta** *m, f* petit-fils *m* (petite-fille *f*).
nieve *f* neige *f*.
NIF *m (abrev de número de identificación fiscal) numéro d'identification attribué à toute personne physique en Espagne.*
ningún *adj* → **ninguno**.
ninguno, **-na** *adj* & *pron* aucun(-e); **en ninguna parte** nulle part; **ningún libro** aucun livre; **~ funciona** aucun ne marche; **~ de ellos lo vio** aucun d'eux ne l'a vu.
niña *f (del ojo)* pupille *f*, → **niño**.
niñera *f* nourrice *f*.
niñez *f* enfance *f*.
niño, **-ña** *m, f* petit garçon *m* (petite fille *f*).
níquel *m* nickel *m*.
níspero *m (árbol)* néflier *m*; *(fruto)* nèfle *f*.
nítido, **-da** *adj* net (nette).
nitrógeno *m* azote *m*.
nivel *m* niveau *m*; **al ~ de** au niveau de; **~ de vida** niveau de vie.
no *adv* non; **¡cómo ~!** bien sûr!; **¡eso sí que ~!** certainement pas!; **¡qué ~!** certainement pas!; **¿te gusta? - ~** ça te plaît? - non; **~ tengo hambre** je n'ai pas faim; **~ quiero ir** je ne veux pas y aller.
noble *adj* & *mf* noble.
nobleza *f* noblesse *f*.
noche *f* nuit *f*; *(atardecer)* soir; **por la ~** la nuit, le soir; **de la ~** du soir; **esta ~ no ceno en casa** ce soir je ne dîne pas à la maison; **de ~** la nuit; **es de ~** il fait nuit; **ayer por la ~** hier soir.
Nochebuena *f* nuit *f* de Noël.
nochero *m (Amér) (vigilante nocturno)* veilleur *m* de nuit; *(trasnochador)* noctambule *mf*; *(mesita de noche)* table *f* de nuit.
Nochevieja *f* nuit *f* de la Saint-Sylvestre.

NOCHEVIEJA

La nuit du 31 décembre on fête par un bal l'année qui s'achève. Selon la tradition des «uvas de la suerte», l'absorption d'un grain de raisin au son de chacun des douze coups de minuit porte chance toute l'année à venir.

noción *f* notion *f*. ❑ **nociones** *fpl*: **tener nociones de...** avoir des notions de...
nocivo, **-va** *adj* nocif(-ive).
noctámbulo, **-la** *m, f* noctambule *mf*.
nocturno, **-na** *adj* nocturne.
nogal *m* noyer *m*.
nómada *mf* nomade *mf*.
nombrar *vt* nommer.
nombre *m* nom *m*; **~ de pila** nom de baptême; **¿~ y apellidos?** nom, prénom?; **en ~ de** au nom de.
nomeolvides *m* myosotis *m*.
nómina *f (lista de empleados)* registre *m* du personnel; *(sueldo)* paie *f*; *(documento)* fiche *f* de paie.
nopal *m (Amér)* nopal *m*.

nórdico, -ca *adj (del norte)* du nord; *(escandinavo)* nordique.
noreste *m* nord-est *m*.
noria *f (para agua)* noria *f*; *(de feria)* grande roue *f*.
norma *f (reglamento)* règle *f*; *(de industria)* norme *f*.
normal *adj* normal(-e).
normalmente *adv* normalement.
noroeste *m* nord-ouest *m*.
norte *m* nord *m*.
Norteamérica *s* Amérique *f* du Nord.
norteamericano, -na *adj* nord-américain(-e). ◆ *m, f* Nord-Américain *m* (-e *f*).
Noruega *s* Norvège *f*.
noruego, -ga *adj* norvégien(-enne). ◆ *m, f* Norvégien *m* (-enne *f*). ◆ *m (lengua)* norvégien *m*.
nos *pron* nous; **viene a vernos** il vient nous voir; **~ lo dijo** elle nous l'a dit; **~ queremos** nous nous aimons.
nosotros, -tras *pron* nous; **entre ~** entre nous.
nostalgia *f* nostalgie *f*.
nostálgico, -ca *adj* nostalgique.
nota *f* note *f*; **tomar ~** prendre note.
notable *adj* remarquable. ◆ *m (calificación)* mention *f* bien.
notar *vt (darse cuenta de)* remarquer; *(sentir)* sentir.
notario, -ria *m, f* notaire *m*.
noticia *f* nouvelle *f*. ❑ **noticias** *fpl (telediario)* informations *fpl*.
novatada *f* bizutage *m*.
novato, -ta *m, f* novice *mf*.
novecientos, -tas *núm* neuf cents, → **seis**.
novedad *f* nouveauté *f*; **'~es'** *(en tienda)* 'nouveautés'.
novela *f* roman *m*; **~ de aventuras** roman d'aventures; **~ policíaca** roman policier; **~ rosa** roman à l'eau de rose.
novelesco, -ca *adj* romanesque.
novelista *mf* romancier *m* (-ère *f*).
noveno, -na *núm* neuvième, → **sexto**.
noventa *núm* quatre-vingt-dix, → **seis**.
noviazgo *m (relaciones)* fiançailles *fpl*.
noviembre *m* novembre *m*, → **setiembre**.
novillada *f course de jeunes taureaux*.
novillero *m torero combattant de jeunes taureaux*.
novillo, -lla *m, f* jeune taureau *m* (génisse *f*).
novio, -via *m, f (prometido)* fiancé *m* (-e *f*); *(compañero)* copain *m* (copine *f*). ❑ **novios** *mpl (recién casados)* jeunes mariés *mpl*.
nubarrón *m* gros nuage *m*.
nube *f* nuage *m*.
nublado, -da *adj* nuageux(-euse).

nublarse *v impers* se couvrir *(ciel)*.
nubosidad *f* nébulosité *f*.
nuboso, -sa *adj* nuageux(-euse).
nuca *f* nuque *f*.
nuclear *adj* nucléaire.
núcleo *m* noyau *m*.
nudillos *mpl* jointures *fpl (des doigts)*.
nudismo *m* nudisme *m*.
nudista *mf* nudiste *mf*.
nudo *m* nœud *m*.
nuera *f* belle-fille *f*.
nuestro, -tra *adj* notre. ◆ *pron*: **el ~** le nôtre; **la nuestra** la nôtre; **lo ~ es el cine** notre truc c'est le cinéma; **~ piso** notre appartement; **~s libros** nos livres.
nuevamente *adv* de ○ à nouveau.
Nueva Zelanda *s* Nouvelle-Zélande *f*.
nueve *núm* neuf, → **seis**.
nuevo, -va *adj* nouveau(-elle); *(poco usado)* neuf (neuve); **de ~** de ○ à nouveau.
nuez (*pl* **-ces**) *f* noix *f*; *(del cuello)* pomme *f* d'Adam.
nulidad *f* nullité *f*.
nulo, -la *adj* nul (nulle).
núm. *(abrev de número)* n°.
numerado, -da *adj* numéroté(-e).
número *m* numéro *m*; *(cifra, cantidad)* nombre *m*; *(ropa)* taille *f*; *(zapatos)* pointure *f*; **~ de teléfono** numéro de téléphone.
numeroso, -sa *adj* nombreux (-euse).
numismática *f* numismatique *f*.
nunca *adv* jamais; **no llama ~** il n'appelle jamais; **~ jamás** ○ **más** jamais plus.
nupcial *adj* nuptial(-e).
nupcias *fpl* noces *fpl*.
nutria *f* loutre *f*.
nutrición *f* nutrition *f*.
nutritivo, -va *adj* nutritif(-ive).
ñandú *m* nandou *m*.
ñato, -ta *adj (Amér)* aplati(-e).
ñoñería *f* niaiserie *f*.
ñoño, -ña *adj (remilgado)* cucul; *(quejica)* geignard(-e); *(soso)* mièvre.
ñoqui *m* gnocchi *m*.
ñudo: al ñudo *adv (Amér)* pour rien.

o *conj* ou; **~ sea** autrement dit; **rojo ~ verde** rouge ou vert.
oasis *m inv* oasis *f*.
obedecer *vt* obéir à. ❑ **obedecer a** *v + prep* obéir à.
obediencia *f* obéissance *f*.
obediente *adj* obéissant(-e).
obesidad *f* obésité *f*.
obeso, -sa *adj* obèse.

obispo *m* évêque *m*.
objeción *f* objection *f*.
objetividad *f* objectivité *f*.
objetivo, -va *adj* objectif(-ive). ◆ *m* objectif *m*.
objeto *m* objet *m*; **con ~ de** dans le but de; **'~s perdidos'** 'objets trouvés'.
obligación *f* obligation *f*.
obligar *vt* obliger. ❑ **obligarse a** *v + prep (comprometerse a)* s'obliger à; *(moralmente)* s'engager à.
obligatorio, -ria *adj* obligatoire.
obra *f* œuvre *f*; *(edificio en construcción)* chantier *m*; **~ de caridad** œuvre de charité; **~ de teatro** pièce de théâtre. ❑ **obras** *fpl (reformas)* travaux *mpl*.
obrador *m* atelier *m*.
obrero, -ra *m, f* ouvrier *m* (-ère *f*).
obsequiar *vt* offrir.
obsequio *m* cadeau *m*.
observación *f* observation *f*.
observador, -ra *adj* observateur(-trice).
observar *vt* observer. ◆ *vi (comentar)* remarquer.
observatorio *m* observatoire *m*.
obsesión *f* obsession *f*.
obsesionar *vt* obséder. ❑ **obsesionarse** *vpr*: **~se con** être obsédé(-e) par.
obstáculo *m* obstacle *m*.
obstante: **no obstante** *conj* néanmoins.
obstinado, -da *adj* obstiné(-e).
obstruir *vt* obstruer; *(dificultar)* empêcher. ❑ **obstruirse** *vpr* se boucher.
obtener *vt* obtenir.
obvio, -via *adj* évident(-e).
oca *f* oie *f*; *(juego)* jeu *m* de l'oie.
ocasión *f* occasion *f*; **de ~** d'occasion.
ocasional *adj* occasionnel (-elle).
ocaso *m* crépuscule *m*; *(fig)* déclin *m*.
occidental *adj* occidental(-e).
occidente *m* occident *m*. ❑ **Occidente** *m* = Occident *m*.
océano *m* océan *m*.
ochenta *núm* quatre-vingts, → **seis**.
ocho *núm* huit, → **seis**.
ochocientos, -tas *núm* huit cents, → **seis**.
ocio *m* loisirs *mpl*.
ocioso, -sa *adj* oisif(-ive).
ocre *adj inv* ocre.
octavo, -va *núm* huitième, → **sexto**.
octubre *m* octobre *m*, → **setiembre**.
oculista *mf* oculiste *mf*.
ocultar *vt* cacher.
oculto, -ta *adj* caché(-e).
ocupación *f* occupation *f*; *(oficio)* profession *f*.
ocupado, -da *adj* occupé(-e); **'ocupado'** *(taxi)* 'occupé'.
ocupar *vt* occuper; *(dar empleo)*

employer. ❑ **ocuparse de** *v + prep* s'occuper de.

ocurrir *vi* arriver. ❑ **ocurrirse** *vpr*: **no se me ocurre ninguna solución** je ne vois aucune solution; **¡ni se te ocurra!** tu n'y penses même pas!

odiar *vt* haïr.

odio *m* haine *f*.

oeste *m* ouest *m*.

ofensiva *f* offensive *f*.

oferta *f* offre *f*; *(rebaja)* promotion *f*.

oficial *adj* officiel(-elle). ◆ *m, f* officier *m*.

oficina *f* bureau *m*; ~ **de correos** bureau de poste; ~ **de objetos perdidos** bureau des objets trouvés; ~ **de turismo** office *m* du tourisme.

oficinista *mf* employé *m* (-e *f*) de bureau.

oficio *m* métier *m*; *(misa)* office *m*.

ofrecer *vt* offrir. ❑ **ofrecerse** *vpr*: **~se a hacer algo** s'offrir à faire qqch.

oftalmología *f* ophtalmologie *f*.

ogro *m* ogre *m*.

oído *m (sentido)* ouïe *f*; *(órgano)* oreille *f*; **al ~** à l'oreille.

oír *vt* entendre; *(atender)* écouter; **¡oiga!** allô!

ojal *m* boutonnière *f*.

ojalá *interj*: **¡~ lo haga!** pourvu qu'il le fasse!

ojeras *fpl* cernes *mpl*.

ojo *m* œil *m*; *(de aguja)* chas *m*; *(de cerradura)* trou *m*. ◆ *interj (expresa advertencia)* attention!; ~ **de buey** œil-de-bœuf *m*; **a ~** *(fig)* à vue de nez.

OK [o'kej] *interj* OK!

okupa *mf (fam)* squatter *m*.

ola *f* vague *f*; *(de enfermedad)* épidémie *f*; ~ **de calor/de frío** vague de chaleur/de froid.

ole *interj* olé!

oleaje *m* houle *f*.

óleo *m* huile *f*.

oler *vt & vi* sentir; ~ **bien/mal** sentir bon/mauvais. ❑ **olerse** *vpr*: **~se algo** flairer qqch.

olfato *m* odorat *m*; *(astucia)* flair *m*.

olimpiadas *fpl* jeux Olympiques *mpl*.

olímpico, -ca *adj* olympique.

oliva *f* olive *f*.

olivo *m* olivier *m*.

olla *f* marmite *f*; ~ **a presión** Cocotte-Minute® *f*.

olmo *m* orme *m*.

olor *m* odeur *f*; ~ **a** odeur de.

olvidar *vt* oublier. ❑ **olvidarse de** *v + prep*: **~se de hacer algo** oublier de faire qqch.

olvido *m* oubli *m*.

ombligo *m* nombril *m*.

omitir *vt* omettre.

once *núm* onze, → **seis**.

ONCE *f association espagnole d'aide aux aveugles et aux handicapés, qui organise une loterie.*

 **ONCE**

Cette organisation indépendante fondée à l'origine pour venir en aide aux aveugles couvre actuellement d'autres infirmités. Son but principal est de fournir du travail à ses membres. Une loterie nationale quotidienne a été créée et les membres de l'association se chargent d'en vendre les billets; c'est là leur principale source de revenus.

onda *f* onde *f*; *(de pelo, tela)* ondulation *f*.
ondulado, -da *adj* ondulé(-e).
ONU *f* ONU *f*.
opaco, -ca *adj* opaque.
opción *f* choix *m*; **tener ~ a** *(tener derecho a)* avoir droit à.
ópera *f* opéra *m*.
operación *f* opération *f*; **~ retorno/salida** opération retours/grands départs.
operador, -ra *m, f (de teléfonos)* opérateur *m* (-trice *f*).
operar *vt* opérer.
operario, -ria *m, f* ouvrier *m* (-ère *f*).
opinar *vt* penser. ◆ *vi* donner son opinion.
opinión *f* opinion *f*; **la ~ pública** l'opinion publique.
oponer *vt* opposer. ❑ **oponerse** *vpr* s'opposer. ❑ **oponerse a** *v + prep* s'opposer à.
oportunidad *f* occasion *f*; **'~es'** 'bonnes affaires'.
oportuno, -na *adj* opportun(-e).
oposición *f* opposition *f*; *(resistencia)* résistance *f*; **la ~** *(en política)* l'opposition. ❑ **oposiciones** *fpl (para empleo)* concours *m (généralement administratif)*.
oprimir *vt (apretar)* appuyer sur; *(reprimir)* opprimer.
optar: **optar a** *v + prep (aspirar a)* aspirer à. ❑ **optar por** *v + prep* opter pour.
optativo, -va *adj* optionnel(-elle).
óptica *f (ciencia)* optique *f*; *(establecimiento)* opticien *m*.
optimismo *m* optimisme *m*.
optimista *adj* optimiste.
opuesto, -ta *adj* opposé(-e); **~ a** opposé à.
oración *f (rezo)* prière *f*; *(frase)* phrase *f*.
orador, -ra *m, f* orateur *m* (-trice *f*).
oral *adj* oral(-e).
órale *interj (Amér) (ánimo)* allez!; *(consentimiento)* d'accord!
orangután *m* orang-outan *m*.
órbita *f* orbite *f*; *(ámbito)* sphère *f* d'influence.
orca *f* orque *f*.
orden[1] *m* ordre *m*; **en ~** en ordre.
orden[2] *f* ordre *m*.
ordenación *f (de sacerdote)* ordination *f*.

ordenado, **-da** *adj* ordonné(-e).

ordenador *m* ordinateur *m*.

ordenar *vt* ordonner; *(habitación, armario)* ranger.

ordeñar *vt* traire.

ordinario, **-ria** *adj (habitual)* ordinaire; *(basto, grosero)* grossier(-ère).

orégano *m* origan *m*.

oreja *f* oreille *f*.

orgánico, **-ca** *adj* organique.

organillo *m* orgue *m* de Barbarie.

organismo *m* organisme *m*.

organización *f* organisation *f*; *(conjunto de personas)* organisateurs *mpl*.

organizador, **-ra** *m, f* organisateur *m* (-trice *f*).

organizar *vt* organiser.

órgano *m (de ser vivo)* organe *m*; *(instrumento musical)* orgue *m*.

orgullo *m (vanidad)* orgueil *m*; *(satisfacción)* fierté *f*.

orgulloso, **-sa** *adj (vanidoso)* orgueilleux(-euse); ~ **de** *(satisfecho de)* fier (fière) de.

oriental *adj* oriental(-e). ◆ *mf* Oriental *m* (-e *f*).

orientar *vt* orienter.

oriente *m* est *m*. ❑ **Oriente** *m (países asiáticos)* Orient *m*.

orificio *m* orifice *m*.

origen *m* origine *f*.

original *adj (único, extraño)* original(-e); *(inicial)* originel(-elle).

originario, **-ria** *adj (país, ciudad)* d'origine; *(inicial)* originel(-elle); ~ **de** originaire de.

orilla *f (de río, lago)* rive *f*; *(de mar)* rivage *m*; *(de camino, tela)* bord *m*; *(de bosque)* lisière *f*.

orillarse *vpr (Amér)* s'écarter.

orina *f* urine *f*.

orinal *m* pot *m* de chambre.

orinar *vi* uriner.

oro *m* or *m*. ❑ **oros** *mpl (de la baraja) l'une des quatre couleurs du jeu de cartes espagnol.*

orquesta *f* orchestre *m*; *(lugar)* fosse *f* d'orchestre.

orquestar *vt* orchestrer.

orquídea *f* orchidée *f*.

ortiga *f* ortie *f*.

ortodoxo, **-xa** *adj* orthodoxe.

oruga *f* chenille *f*.

os *pron* vous; **no ~ vi** je ne vous ai pas vus; **~ lo dijo** il vous l'a dit; **¿~ vais?** vous partez?; **no ~ peleéis** ne vous disputez pas.

oscilar *vi* osciller; ~ **entre** osciller entre.

oscuridad *f* obscurité *f*.

oscuro, **-ra** *adj* sombre; *(color)* foncé(-e); *(confuso)* obscur(-e); **a oscuras** dans le noir.

oso, **osa** *m, f* ours *m* (ourse *f*); ~ **hormiguero** fourmilier *m*.

ossobuco *m* osso-buco *m inv*.

ostra *f* huître *f*. ❑ **ostras** *interj (fam)* la vache!

OTAN *f* OTAN *f*.

otoño *m* automne *m*.

otorrino, **-na** *m, f (fam)* otorhino *mf*.

otorrinolaringólogo, **-ga** *m, f* oto-rhino-laryngologiste *mf*.
otro, **otra** *adj* autre. ◆ *pron* un autre (une autre); **el ~**, **la otra** l'autre; **el ~ día** l'autre jour; **dame ~** donne-m'en un autre; **~s prefieren la playa** d'autres préfèrent la plage.
ovalado, **-da** *adj* ovale.
ovario *m* ovaire *m*.
oveja *f* brebis *f*.
ovni ['ofni] *m* ovni *m*.
óxido *m (en química)* oxyde *m*; *(de metales)* rouille *f*.
oxígeno *m* oxygène *m*.
oyente *mf* auditeur *m* (-trice *f*).
ozono *m* ozone *m*.

p. *(abrev de página)* p.
pabellón *m* pavillon *m*; *(tienda de campaña)* tente *f*.
pacer *vi* paître.
pachamama *f (Amér)* terre *f* (nourricière).
pacharán *m liqueur à base d'airelles*.
paciencia *f* patience *f*; **perder la ~** perdre patience; **tener ~** avoir de la patience.
paciente *adj* & *mf* patient(-e).
pacificación *f* pacification *f*.
pacífico, **-ca** *adj* pacifique. ❑ **Pacífico** *m*: **el Pacífico** le Pacifique.
pacifista *mf* pacifiste *mf*.
pack *m* pack *m*.
pacto *m* pacte *m*.
padecer *vt (enfermedad)* souffrir de; *(soportar)* subir. ◆ *vi* souffrir; **~ de** souffrir de.
padrastro *m (pariente)* beau-père *m (second mari de la mère)*; *(pellejo)* envies *fpl*.
padre *m* père *m*. ◆ *adj (Amér: fam)* super; **estar ~** *(Amér: fam)* être super. ❑ **padres** *mpl* parents *mpl*.
padrino *m (de boda)* témoin *m*; *(de bautizo)* parrain *m*. ❑ **padrinos** *mpl* parrains *mpl*.
padrísimo *adj (Amér: fam)* génial(-e).
padrote *m (Amér: fam)* maquereau *m*.
paella *f* paella *f*.
pág. *(abrev de página)* p.
paga *f* paie *f*.
pagadero, **-ra** *adj*: **~ a** payable à.
pagano, **-na** *m, f* païen *m* (-enne *f*).
pagar *vt* payer; *(corresponder)* payer de retour. ◆ *vi* payer; **'pague en caja antes de retirar su vehículo'** 'payez à la caisse avant de reprendre votre véhicule'.
página *f* page *f*.
pago *m* paiement *m*; **como ~ de** en remerciement de.
paila *f (Amér) (sartén)* poêle *f*;

(charco pequeño) bassin naturel dans une rivière.

país *m* pays *m*.

paisaje *m* paysage *m*.

paisano, -na *m, f (de país, ciudad)* compatriote *mf*. ◆ *m (persona civil)* civil *m*; **de ~** en civil.

Países Bajos *mpl*: **los ~** les Pays-Bas.

País Vasco *m*: **el ~** le Pays basque.

paja *f* paille *f*; *(fig: relleno)* remplissage *m*.

pajarita *f* nœud *m* papillon; **~ de papel** cocotte *f* en papier.

pájaro *m* oiseau *m*.

paje *m* page *m*.

pala *f* pelle *f*; *(raqueta)* raquette *f*; *(de remo, hacha)* pale *f*.

palabra *f* parole *f*; *(parte de la oración)* mot *m*; **de ~** *(hablando)* de vive voix. ❑ **palabras** *fpl (palabrería)* discours *m*.

palacio *m* palais *m*; **~ municipal** *(Amér)* hôtel *m* de ville.

paladar *m* palais *m*; *(gusto)* goût *m*.

PALACIO DE LA MONEDA

C'est la résidence officielle du président de la République du Chili et le siège de son gouvernement. C'est là que le président reçoit les ministres, les visiteurs de marque et ses homologues étrangers. Construit à la fin du XIXe siècle, l'édifice est de style néoclassique.

PALACIO DE LA ZARZUELA

Résidence actuelle du roi d'Espagne, le palais de la Zarzuela est situé sur les collines du Pardo, au nord-ouest de Madrid. Construit entre 1634 et 1638 par Juan Gómez de Mora et Alonso Carbonell sous le règne de Philippe IV, c'était une maison de campagne et un pavillon de chasse. Édifice de style néoclassique à un seul étage avec une cour intérieure rectangulaire, il a été reconstruit au XVIIIe siècle en style rococo.

paladear *vt* savourer.

palanca *f* levier *m*; **~ de cambios** levier (de changement) de vitesse.

palangana *f* bassine *f*.

palco *m* loge *f (de théâtre)*.

paletilla *f (omóplato)* omoplate *f*; **~ de cordero** épaule *f* d'agneau.

pálido, -da *adj* pâle.

palillo *m (para dientes)* cure-dents *m inv*; *(para tambor)* baguette *f*.

paliza *f* raclée *f*; *(fam: rollo)* plaie *f*; **el viaje ha sido una ~** le voyage a été crevant; **darse una buena ~** *(esforzarse)* en mettre un coup.

palma *f (de mano)* paume *f*; *(palmera)* palmier *m*; *(hoja de palmera)* palme *f*. ❑ **palmas** *fpl (aplausos)* applaudissements *mpl*; **dar ~s** frapper dans ses mains *(au rythme de la musique)*.

palmada *f* tape *f*; **dar ~s** frapper dans ses mains.

palmera *f* palmier *m*.

palmitos *mpl* cœurs *mpl* de palmier; ~ **en vinagreta** cœurs de palmier à la vinaigrette.

palo *m* bâton *m*; *(golpe)* coup *m* de bâton; *(de barco)* mât *m*; *(en naipes)* couleur *f*.

paloma *f* pigeon *m*; *(blanca)* colombe *f*.

palomar *m* pigeonnier *m*.

palomitas *fpl* pop-corn *m inv*.

palpitar *vi* palpiter; **en sus palabras palpitaba su emoción** ses paroles trahissaient son émotion.

palta *f (Amér)* avocat *m (fruit)*.

pamela *f* capeline *f*.

pampa *f* pampa *f*.

pan *m* pain *m*; ~ **dulce** *(Amér)* viennoiserie *f*; ~ **de molde** pain de mie; ~ **de muerto** *(Amér) sorte de grand pain au lait que l'on mange à la Toussaint*; ~ **rallado** chapelure *f*; ~ **con tomate** *tranche de pain frottée d'ail et de tomate et arrosée d'huile d'olive*; ~ **tostado** pain grillé.

panadería *f* boulangerie *f*.

panadero, -ra *m, f* boulanger *m* (-ère *f*).

panal *m (de colmena)* rayon *m*.

Panamá *s* Panamá *m*.

panameño, -ña *adj* panaméen(-enne). ◆ *m, f* Panaméen *m* (-enne *f*).

pancarta *f* pancarte *f*.

pandereta *f* tambour *m* de basque.

pandilla *f* bande *f (d'amis)*.

panecillo *m* petit pain *m*.

panel *m* panneau *m*.

panera *f (cesta)* corbeille *f* à pain; *(caja)* huche *f* à pain.

pánico *m* panique *f*.

panorama *m (paisaje)* panorama *m*; *(situación)* situation *f*.

panorámica *f* vue *f* panoramique.

panorámico, -ca *adj* panoramique.

pantaletas *fpl (Amér)* culotte *f*.

pantalla *f (de cine, televisión)* écran *m*; *(de lámpara)* abat-jour *m*.

pantalones *mpl* pantalon *m*; ~ **cortos** culottes *fpl* courtes; ~ **vaqueros** jean *m*.

pantano *m (embalse)* retenue *f* d'eau; *(ciénaga)* marais *m*.

pantanoso, -sa *adj* marécageux(-euse); *(fig: difícil)* épineux(-euse).

pantera *f* panthère *f*.

pantimedias *fpl (Amér)* collants *mpl*.

pantorrilla *f* mollet *m*.

pantys *mpl* collant *m*.

pañal *m* couche *f* (culotte).

paño *m (trapo)* chiffon *m*; *(tejido)* drap *m*; ~ **de cocina** torchon *m* (de cuisine).

pañuelo *m (para limpiarse)* mouchoir *m*; *(de adorno)* foulard *m*.

Papa *m*: **el** ~ le pape.

papá *m (fam)* papa *m*; ~ **grande** *(Amér)* grand-père *m*. ❑ **papás** *mpl (fam)* parents *mpl*.

papachador, -ra *adj (Amér)* caressant(-e).

papachar *vt (Amér)* cajoler.
papagayo *m* perroquet *m*.
papalote *m (Amér)* cerf-volant *m*.
papel *m* papier *m*; *(de actor, función)* rôle *m*; ~ **higiénico** papier toilette; ~ **pintado** papier peint. ❑ **papeles** *mpl (documentos)* papiers *mpl*.
papeleo *m* paperasserie *f*.
papelera *f* corbeille *f* à papier; *(fábrica)* papeterie *f*.
papelería *f* papeterie *f*.
papeleta *f (de votación)* bulletin *m* de vote; *(de rifa)* billet *m*; *(de examen)* bulletin *m* de notes; *(fig: asunto difícil)*: **¡vaya ~!** quelle tuile!
paperas *fpl* oreillons *mpl*.
papilla *f (alimento)* bouillie *f*.
paquete *m* paquet *m*.
Paquistán *m*: **el ~** le Pakistan.
paquistaní *adj* pakistanais(-e). ◆ *mf* Pakistanais *m* (-e *f*).
par *adj* pair(-e). ◆ *m* paire *f*; **abierto de ~ en ~** grand ouvert; **sin ~** hors pair; **un ~ de...** quelques...
para *prep* -1. *(gen)* pour; **este agua no es buena ~ beber** cette eau n'est pas bonne à boire; **lo he comprado ~ ti** je l'ai acheté pour toi; **te lo repetiré ~ que te enteres** je te le répéterai pour que tu comprennes; **lo he hecho ~ agradarte** je l'ai fait pour te faire plaisir; **está muy espabilado ~ su edad** il est très éveillé pour son âge.
-2. *(dirección)*: **vete ~ casa** rentre à la maison; **salir ~ Sevilla** partir pour Séville.
-3. *(tiempo)*: **lo tendré acabado ~ mañana** je l'aurai fini (d'ici) demain; **la ceremonia se ha fijado ~ el día cinco** la cérémonie a été fixée au cinq.
-4. *(inminencia, propósito)*: **la comida está lista ~ servir** le repas est prêt à être servi.
parabólica *f* antenne *f* parabolique.
parabrisas *m inv* pare-brise *m inv*.
paracaídas *m inv* parachute *m*.
parachoques *m inv* pare-chocs *m inv*.
parada *f* arrêt *m*; ~ **de autobús** arrêt d'autobus; ~ **de taxis** station *f* de taxis, → **parado**.
parado, -da *adj (coche, máquina etc)* arrêté(-e); *(desempleado)* au chômage; *(tímido)* indolent(-e). ◆ *m, f* chômeur *m* (-euse *f*).
paradoja *f* paradoxe *m*.
paradójico, -ca *adj* paradoxal(-e).
parador *m (mesón)* relais *m*; ~ **nacional** *monument historique ou bâtiment situé dans un site remarquable et aménagé en hôtel*.

PARADOR NACIONAL

Ces hôtels de luxe (quatre étoiles) gérés par le ministère du Tourisme espagnol sont installés dans des monuments historiques, des bâtiments d'intérêt artistique ou dans des sites exceptionnels éloignés des centres urbains.

---

paraguas *m inv* parapluie *m*.

Paraguay *s* Paraguay *m*.

paraguayo, -ya *adj* paraguayen(-enne). ◆ *m, f* Paraguayen *m* (-enne *f*).

paraíso *m* paradis *m*.

paraje *m* contrée *f*.

paralelas *fpl* barres *fpl* parallèles.

paralelo, -la *adj* & *m* parallèle.

parálisis *f inv* paralysie *f*.

paralítico, -ca *m, f* paralytique *mf*.

paralizar *vt* paralyser.

parapente *m* parapente *m*.

parar *vt* arrêter. ◆ *vi (detenerse)* s'arrêter; *(hacer huelga)* faire grève; *(Amér: levantar)* lever; **'para en todas las estaciones'** s'arrête dans toutes les gares; **sin ~** sans arrêt. ❑ **pararse** *vpr (detenerse)* s'arrêter; *(Amér: ponerse de pie)* se lever.

pararrayos *m inv* paratonnerre *m*.

parasol *m* parasol *m*.

parchís *m inv* ≃ petits chevaux *mpl*.

parcial *adj* partiel(-elle); *(injusto)* partial(-e). ◆ *m* partiel *m*.

pardo, -da *adj* brun(-e).

parecer *m (opinión)* avis *m*; *(aspecto)* apparence *f*. ◆ *v copulativo (tener aspecto de)* avoir l'air. ◆ *v impers* sembler; **un perro que parece un lobo** un chien qui ressemble à un loup; **pareces cansado** tu as l'air fatigué; **me parece que...** il me semble que...; **parece que se está nublando el cielo** le ciel semble se couvrir. ❑ **parecerse** *vpr* se ressembler; **~se a** ressembler à.

parecido, -da *adj*: **~ (a)** *(semejante (a))* semblable (à). ◆ *m* ressemblance *f*.

pared *f* mur *m*.

pareja *f (par)* paire *f*; *(de casados, novios)* couple *m*; *(compañero)* partenaire *mf*.

parentesco *m (en familia)* lien *m* de parenté; *(conexión)* parenté *f*.

paréntesis *m inv* parenthèse *f*; **entre ~** entre parenthèses.

pareo *m* paréo *m*.

pariente, -ta *m, f* parent *m* (-e *f*).

parking ['parkin] *m* parking *m*.

parlamentario, -ria *m, f* parlementaire *mf*.

parlamento *m* parlement *m*; *(discurso)* tirade *f*.

parlanchín, -ina *adj* bavard(-e).

paro *m (desempleo)* chômage *m*; *(parada)* arrêt *m*; *(huelga)* arrêt *m* de travail; **estar en ~** être au chômage.

parpadear *vi* cligner des yeux.

párpado *m* paupière *f*.

parque *m* parc *m*; **~ acuático** parc aquatique; **~ de atracciones** parc d'attractions; **~ de bomberos**

caserne *f* de pompiers; ~ **infantil** terrain *m* de jeux; ~ **nacional** parc national; ~ **zoológico** parc zoologique.

PARQUE NATURAL

Les parcs naturels sont protégés par l'État en raison de leur beauté. Leur accès est libre, mais il est soumis à des règles qui impliquent le respect de la faune et de la flore locales. Les principaux parcs sont le parc naturel du Coto de Doñana (province de Huelva), le parc naturel d'Ordesa (province de Huesca) et le parc naturel du delta de l'Èbre (province de Tarragone).

parqué *m* parquet *m*.
parquear *vt (Amér)* garer.
parquímetro *m* parcmètre *m*.
parra *f* treille *f*.
párrafo *m* paragraphe *m*.
parrilla *f* gril *m*; *(Amér: baca del coche)* galerie *f*; **a la** ~ au gril.
parrillada *f* grillade *f*; ~ **de carne** *assortiment de viandes grillées*; ~ **de pescado** *assortiment de poissons grillés*.
parroquia *f* paroisse *f*; *(fig: clientela)* clientèle *f*.
parte *f* partie *f*; *(sitio)* part *f*; *(lado, cara)* côté *m*. ◆ *m* rapport *m*; **dar** ~ **de algo** informer de qqch; **de** ~ **de** de la part de; **¿de** ~ **de quién?** c'est de la part de qui?; **en alguna** ~ quelque part; **en otra** ~ autre part; **en** ~ en partie; **en** ○ **por todas** ~**s** partout; **por otra** ~ d'autre part.
participación *f (colaboración)* participation *f*; *(de boda, bautizo etc)* faire-part *m*; *(en lotería)* billet *m*.
participar *vi* participer; ~ **en** participer à. ◆ *vt*: ~ **algo a alguien** faire part de qqch à qqn.
partícula *f* particule *f*.
particular *adj* particulier; *(privado)* privé(-e); **en** ~ en particulier.
partida *f (en el juego)* partie *f*; *(marcha)* départ *m*; *(certificado)* acte *m*; *(de género, mercancías etc)* lot *m*; ~ **de nacimiento** extrait *m* d'acte de naissance.
partidario, -ria *m, f* partisan *m*; ~ **de** partisan de.
partidista *adj* partisan(-e).
partido *m (en política)* parti *m*; *(en deporte)* match *m*; **sacar** ~ tirer parti; ~ **de ida/vuelta** match aller/retour.
partir *vt (dividir)* partager; *(romper)* casser; *(repartir)* répartir; *(cortar)* couper. ◆ *vi (ponerse en camino)* partir; **a** ~ **de** à partir de. ❑ **partir de** *v + prep (tomar como base)* partir de.
partitura *f* partition *f*.
parto *m* accouchement *m*.
parvulario *m* école *f* maternelle.
pasa *f* raisin *m* sec.
pasable *adj* passable.
pasada *f (con escoba, de pintura*

tc) coup *m*; *(en labores de punto)* oint *m*; **de ~** *(de paso)* en passant.

›asado, -da *adj (semana, mes tc)* dernier(-ère); *(viejo)* vieux vieille); *(deteriorado)* périmé(-e); *fruta)* blet (blette). ◆ *m* passé *m*; **- de moda** démodé(-e); **~ mañana** près-demain.

›asaje *m (de avión, barco)* billet *ı*; *(calle, parte)* passage *m*; *(conjun- › de pasajeros)* passagers *mpl*; **'~ articular'** 'passage privé'.

›asajero, -ra *adj & m, f* passaer(-ère); **'~s sin equipaje'** 'passaers sans bagages'.

›asamanos *m inv* main *f* couınte.

›asaporte *m* passeport *m*.

›asar *vt* -1. *(gen)* passer; **¿me asas la sal?** tu me passes le sel?; **· la harina por el tamiz** passer la ırine au tamis; **me has pasado el atarro** tu m'as passé ton rhume; **asó dos años en Roma** il a passé eux ans à Rome; **ya ha pasado ›s cuarenta** il a passé la quaranaine; **~ una película** passer un lm; **no pases el semáforo en rojo** e passe pas au rouge.

2. *(cruzar)* traverser; **ayúdame a ~ ı calle** aide-moi à traverser la rue.

3. *(trasladar)*: **~ algo de un sitio a tro** déménager qqch d'un enroit à un autre.

4. *(llevar adentro)*: **~ a alguien** ıire entrer qqn.

5. *(admitir)* tolérer; **no podemos ~ sta actitud** nous ne pouvons to-ſrer cette attitude; **le pasa todos sus caprichos** elle lui passe tous ses caprices.

-6. *(rebasar, adelantar)* dépasser.

-7. *(padecer)*: **está pasando una depresión** elle fait une dépression.

-8. *(aprobar)* réussir; **ya he pasado el examen** j'ai réussi l'examen.

-9. *(revisar)* réviser.

-10. *(en locuciones)*: **~ lista** faire l'appel; **~ visita** examiner (les malades).

◆ *vi* -1. *(ir)* passer; **déjame más sitio que no paso** fais-moi de la place, je ne peux pas passer; **pasaré por mi oficina/por tu casa** je passerai à mon bureau/chez toi; **pasó el frío** le froid est passé; **el tiempo pasa muy deprisa** le temps passe très vite; **~ de... a...** passer de... à...; **el autobús pasa por mi casa** l'autobus passe devant chez moi; **pasó por mi lado** il est passé à côté de moi; **el Manzanares pasa por Madrid** le Manzanares passe à Madrid; **me ha visto pero ha pasado de largo** il m'a vu mais est passé sans s'arrêter; **~ a** *(cambiar de acción, tema)* passer à.

-2. *(entrar)* entrer; **'no pasar'** 'entrée interdite'; **¡pase!** entrez!

-3. *(suceder)* se passer, arriver; **¿qué te pasa?** qu'est-ce qui t'arrive?; **¿qué pasa aquí?** qu'est-ce qui se passe ici?; **pase lo que pase** quoi qu'il arrive.

-4. *(divertirse)*: **~lo bien** bien s'amuser.

-5. *(fam: prescindir)*: **paso de ir al cine** je n'ai aucune envie d'aller au cinéma; **paso de política** la politique ne m'intéresse pas.

-6. *(tolerar)*: ~ **por algo** supporter qqch.
❑ **pasarse** *vpr* -1. *(gen)* passer; **se pasaron el día hablando** ils ont passé la journée à parler; **~se a** *(cambiar de bando)* passer à.
-2. *(comida)* se gâter.
-3. *(medicamentos)* être périmé(-e).
-4. *(olvidarse)*: **se me pasó decírtelo** j'ai oublié de te le dire.
-5. *(no fijarse)*: **no se le pasa nada** rien ne lui échappe.
-6. *(fam: propasarse)*: **te estás pasando** tu pousses.

pasarela *f (de barco)* passerelle *f*; *(para modelos)* podium *m*.

pasatiempo *m* passe-temps *m*.

Pascua *f (fiesta cristiana)* Pâques *m*; *(fiesta judía)* Pâque *f*. ❑ **Pascuas** *fpl (Navidad)* Noël *m*.

pase *m (permiso)* laissez-passer *m*; *(en corrida de toros)* passe *f*.

pasear *vt* promener. ◆ *vi* se promener. ❑ **pasearse** *vpr* se promener.

paseíllo *m tour d'honneur du torero et de ses assistants avant de commencer à toréer.*

paseo *m* promenade *f*; **dar un ~** faire une promenade; **ir de ~** aller se promener; **de mi casa a la oficina hay un ~** mon bureau est à deux pas de chez moi.

pasillo *m* couloir *m*.

pasión *f* passion *f*.

pasiva *f* voie *f* passive.

pasividad *f* passivité *f*.

pasivo, -va *adj* passif(-ive). ◆ *m (deudas)* passif *m*.

paso *m* pas *m*; *(acción de pasar camino)* passage *m*; *(gestión)* démarche *f*; **de ~** au passage; **a dos ~s** à deux pas; **~ de cebra** passage clouté; **~ a nivel** passage à niveau; **~ de peatones** passage (pour) piétons; **~ subterráneo** passage souterrain.

pasodoble *m* paso doble *m inv*.

pasta *f (macarrones, espaguetti etc)* pâtes *fpl*; *(para pastelería)* pâte *f*; *(pastelillo)* petit gâteau *m* sec; *(fam: dinero)* fric *m*; **~ de dientes** dentifrice *m*.

pastel *m (tarta)* gâteau *m*; *(en pintura)* pastel *m*.

pastelería *f* pâtisserie *f*.

pastelero, -ra *m, f* pâtissier *m* (-ère *f*).

pastilla *f (medicamento)* pilule *f*; *(caramelo)* bonbon *m*; **~ de jabón** savonnette *f*.

pastor, -ra *m, f* berger *m* (-ère *f*). ◆ *m (sacerdote)* pasteur *m*.

pastoreo *m* pâturage *m*.

pata *f* patte *f*; *(de mueble)* pied *m*. ◆ *m (Amér)* pote *m*; **estar ~s arriba** *(fig: estar desordenado)* être sens dessus dessous; **meter la ~** *(fam)* faire une gaffe; **tener mala ~** *(fam)* avoir la poisse; **~ negra** *jambon de pays de qualité supérieure*, → **pato**.

patada *f* coup *m* de pied.

patata *f* pomme de terre *f*; *(de bolsa)* chips *fpl*; **~s fritas** frites *fpl*.

paté *m* pâté *m*.

patente *adj (evidente)* pa-

tent(-e). ◆ *f (autorización)* patente *f*; *(de invento)* brevet *m*.
paterno, -na *adj* paternel(-elle).
patilla *f (de barba)* favori *m*; *(de gafas)* branche *f*.
patín *m* patin *m*; *(juguete)* trottinette *f*; ~ **de pedales** pédalo *m*; ~ **de vela** catamaran *m*.
patinaje *m* patinage *m*; ~ **sobre hielo** patinage sur glace.
patinar *vi* patiner; *(fam: equivocarse)* gaffer.
patinazo *m (resbalón)* glissade *f*; *(fam: equivocación)* bourde *f*.
patinete *m* trottinette *f*.
patio *m (de casa)* cour *f*; *(de escuela)* cour *f* (de récréation); ~ **de butacas** orchestre *m (au théâtre)*; ~ **interior** cour intérieure.
pato, -ta *m, f* canard *m* (cane *f*); ~ **a la naranja** canard à l'orange; ~ **confitado** confit *m* de canard.
patoso, -sa *adj* pataud(-e).
patria *f* patrie *f*.
patriota *mf* patriote *mf*.
patriótico, -ca *adj* patriotique.
patrocinador, -ra *m, f* sponsor *m*.
patrón, -ona *m, f* patron *m* (-onne *f*). ◆ *m (en costura)* patron *m*.
patronal *f* patronat *m*.
patrono, -na *m, f* patron *m* (-onne *f*).
patrulla *f* patrouille *f*; ~ **urbana** îlotiers *mpl*.
pausa *f* pause *f*.
pauta *f* règle *f*.
pavimento *m* revêtement *m*.
pavo, -va *m, f* dindon *m* (dinde *f*); ~ **real** paon *m*.
payaso, -sa *m, f* clown *m*.
paz (*pl* **-ces**) *f* paix *f*; **dejar en** ~ laisser tranquille; **hacer las paces** faire la paix; **que en ~ descanse** qu'il/qu'elle repose en paix.
pazo *m* maison *f* de famille *m (en Galice)*.
PC *m (abrev de personal computer)* PC *m*.
PD *(abrev de posdata)* PS.
peaje *m* péage *m*.
peatón *m* piéton *m* (-onne *f*).
peatonal *adj* piétonnier(-ère).
peca *f* tache *f* de rousseur.
pecado *m* péché *m*.
pecador, -ra *m, f* pécheur *m* (-eresse *f*).
pecar *vi* pécher.
pecera *f* aquarium *m*.
pecho *m (en anatomía)* poitrine *f*; *(de animal)* poitrail *m*; *(mama)* sein *m*; **el** ~ les seins.
pechuga *f (de ave)* blanc *m*.
pecoso, -sa *adj*: **ser** ~ avoir des taches de rousseur.
peculiar *adj* particulier(-ère).
pedagogía *f* pédagogie *f*.
pedagogo, -ga *m, f* pédagogue *mf*.
pedal *m* pédale *f*.
pedalear *vi* pédaler.
pedante *adj* pédant(-e).

pedazo *m* morceau *m*; **hacer ~s** mettre en morceaux.

pedestal *m* piédestal *m*.

pediatra *mf* pédiatre *mf*.

pedido *m* commande *f*.

pedir *vt* demander; *(en restaurante, bar)* commander; *(necesitar)* avoir besoin de. ◆ *vi (mendigar)* mendier; **~ disculpas** faire des excuses; **~ un crédito** demander un prêt; **~ prestado** emprunter.

pedo *m* pet *m*.

pedregoso, -sa *adj* pierreux(-euse).

pedrisco *m* grêle *f*.

pega *f (inconveniente)* difficulté *f*; *(pegamento)* colle *f*; **poner ~s a** faire obstacle à.

pegajoso, -sa *adj* collant(-e).

pegamento *m* colle *f*.

pegar *vt (adherir, arrimar)* coller; *(golpear)* frapper; *(contagiar)* passer; *(grito)* pousser. ◆ *vi (sol)* taper; **~ con algo** *(armonizar)* aller avec qqch. ❑ **pegarse** *vpr (chocar)* se cogner; *(adherirse)* coller; *(pelearse)* se battre; *(a una persona)* coller; **~ un salto** faire un bond.

pegatina *f* autocollant *m*.

peinado *m* coiffure *f*.

peinar *vt* peigner. ❑ **peinarse** *vpr* se coiffer.

peine *m* peigne *m*.

peineta *f* peigne *m (de mantille)*.

p.ej. *(abrev de por ejemplo)* p. ex.

peladilla *f* dragée *f*.

pelar *vt (patatas)* éplucher; *(fruta)* peler; *(ave)* plumer; *(pelo)* tondre. ❑ **pelarse** *vpr*: **~se de frío** peler de froid.

peldaño *m* marche *f (d'escalier)*.

pelea *f* bagarre *f*.

pelear *vi* se battre. ❑ **pelearse** *vpr* se disputer.

peletería *f* fourreur *m*.

pelícano *m* pélican *m*.

película *f (en cine)* film *m*; *(piel)* pellicule *f*.

peligro *m* danger *m*; **correr ~** être en danger.

peligroso, -sa *adj* dangereux(-euse).

pelirrojo, -ja *adj* roux (rousse).

pellejo *m* peau *f*.

pellizcar *vt* pincer.

pellizco *m* pincement *m*.

pelma *mf (fam)* casse-pieds *mf inv*.

pelo *m* poil *m*; *(de persona)* cheveux *mpl*; **con ~s y señales** dans les moindres détails; **no se mató por un ~** il s'en est fallu d'un cheveu qu'il ne se tue; **tomar el ~ a alguien** *(fam)* se payer la tête de qqn; **~ rizado** cheveux frisés.

pelota *f (balón)* ballon *m*; *(pequeña)* balle *f*. ◆ *mf (fam: persona)* lèche-bottes *mf inv*; **jugar a la ~** jouer au ballon; **hacer la ~** *(fam)* cirer les bottes; **~ vasca** pelote basque.

pelotari *mf* joueur *m* (-euse *f*) de pelote basque.

pelotón *m (de gente)* foule *f*; *(de soldados)* peloton *m*.

pelotudo, -da *adj (Amér: fam)* crétin(-e).

peluca *f* perruque *f*.

peludo, -da *adj* poilu(-e).

peluquería *f (local)* salon *m* de coiffure; *(oficio)* coiffure *f*; **'~-estética'** 'salon de coiffure et de beauté'.

peluquero, -ra *m, f* coiffeur *m* (-euse *f*).

pelvis *f inv* bassin *m (os)*.

pena *f* peine *f*; *(Amér: vergüenza)* honte *f*; **a duras ~s** à grand-peine; **valer la ~** valoir la peine; **¡qué ~!** quel dommage!

penalti *m* penalty *m*.

pendiente *adj (por hacer)* en suspens. ◆ *m (adorno)* boucle *f* d'oreille. ◆ *f (cuesta)* pente *f*.

péndulo *m* pendule *m*.

pene *m* pénis *m*.

penetrar: **penetrar en** *v + prep* pénétrer dans; *(perforar)* pénétrer.

penicilina *f* pénicilline *f*.

península *f* péninsule *f*.

peninsular *adj* péninsulaire.

penitencia *f* pénitence *f*; **hacer ~** faire pénitence.

penitente *m* pénitent *m*.

penoso, -sa *adj (lamentable)* affligeant(-e); *(dificultoso)* pénible; *(Amér: vergonzoso)* honteux (-euse).

pensador, -ra *m, f* penseur *m* (-euse *f*).

pensamiento *m* pensée *f*.

pensar *vt (meditar)* penser à; *(opinar, tener la intención de)* penser; *(idear)* réfléchir à. ◆ *vi* penser; **~ en** penser à; **~ sobre** réfléchir sur.

pensativo, -va *adj* pensif (-ive).

pensión *f (casa de huéspedes)* pension *f*; *(paga)* retraite *f*; **media ~** demi-pension *f*; **~ completa** pension complète.

peña *f (piedra)* rocher *m*; *(de amigos)* bande *f*; *(asociación)* club *m*.

peñasco *m* rocher *m*.

peón *m (obrero)* manœuvre *m*; *(en el campo)* ouvrier *m* agricole; *(en ajedrez)* pion *m*.

peonza *f* toupie *f*.

peor *adj*: **~ (que)** pire (que); **es ~ alumno que su hermano** il est plus mauvais élève que son frère. ◆ *adv*: **es todavía ~** c'est encore pire; **es cada vez ~** c'est de pire en pire. ◆ *mf*: **el/la ~** le/la pire.

pepino *m* concombre *m*.

pepita *f (de fruta)* pépin *m*; *(de metal)* pépite *f*.

pepito *m (de carne) petit sandwich chaud à la viande.*

pequeño, -ña *adj* petit(-e).

pera *f* poire *f*.

peral *m* poirier *m*.

percebe *m* pouce-pied *m*.

percha *f* cintre *m*.

perchero *m* portemanteau *m*.

percibir *vt* percevoir.

perdedor, -ra *m, f* perdant *m* (-e *f*).

perder *vt* perdre; *(tren, oportunidad)* rater. ◆ *vi* perdre; **la película**

ha perdido mucho con los cortes le film a beaucoup perdu de son intérêt à cause des coupures; **echarse a ~** *(fam)* s'abîmer. ❑ **perderse** *vpr* se perdre.

pérdida *f* perte *f*.

perdigón *m* plomb *m (de chasse)*.

perdiz (*pl* **-ces**) *f* perdrix *f*.

perdón *m* pardon *m*. ◆ *interj* pardon!

perdonar *vt (obligación, castigo)* faire grâce (de); *(ofensa)* pardonner; **~ una deuda a alguien** libérer qqn d'une dette.

peregrinación *f* pèlerinage *m*.

peregrino, -na *m, f* pèlerin *m*.

perejil *m* persil *m*.

pereza *f* paresse *f*; **me da ~ salir** je n'ai pas envie de sortir.

perezoso, -sa *adj* paresseux(-euse).

perfección *f* perfection *f*.

perfeccionista *mf* perfectionniste *mf*.

perfectamente *adv* parfaitement.

perfecto, -ta *adj* parfait(-e).

perfil *m* profil *m*; **de ~** de profil.

perforación *f* perforation *f*.

perforar *vt* perforer.

perfumar *vt* parfumer. ❑ **perfumarse** *vpr* se parfumer.

perfume *m* parfum *m*.

perfumería *f* parfumerie *f*; **'~-cosmética'** 'parfums et produits de beauté'.

pergamino *m* parchemin *m*.

pérgola *f* pergola *f*.

periferia *f* périphérie *f*.

periódico, -ca *adj* périodique. ◆ *m* journal *m*.

periodismo *m* journalisme *m*.

periodista *mf* journaliste *mf*.

periodo *m (espacio de tiempo)* période *f*; *(menstruación)* règles *fpl*.

periquito *m* perruche *f*.

peritaje *m* expertise *f*.

perito, -ta *m, f (experto)* expert *m*; *(ingeniero técnico)* ingénieur *m* technique.

perjudicar *vt* nuire à.

perjuicio *m (material)* dégât *m*; *(moral)* préjudice *m*.

perla *f* perle *f*; **ir de ~s** tomber à point nommé.

permanecer *vi* rester; **~ en** rester à.

permanencia *f* permanence *f*.

permanente *adj* permanent(-e). ◆ *f* permanente *f*.

permiso *m* permission *f*; **~ de conducir** permis *m* de conduire.

permitir *vt* permettre.

pernoctar *vi* passer la nuit.

pero *conj* mais.

perpendicular *adj* & *f* perpendiculaire; **~ a** perpendiculaire à.

perpetuo, -tua *adj* perpétuel(-elle).

perplejo, -ja *adj* perplexe.

perra *f*: **coger una ~** *(fam)* piquer une colère; **no tengo ni una**

~ *(fam)* je n'ai pas un rond, → perro.

perrito *m*: ~ **caliente** hot dog *m*.

perro, -rra *m, f* chien *m* (chienne *f*).

persa *adj* persan(-e). ◆ *mf* Persan *m* (-e *f*).

persecución *f* poursuite *f*.

perseguir *vt (seguir)* poursuivre; *(querer lograr)* rechercher.

persiana *f* persienne *f*.

persona *f* personne *f*; **en ~** en personne.

personaje *m* personnage *m*.

personal *adj* personnel(-elle). ◆ *m (empleados)* personnel *m*; **hay mucho ~** *(fam)* il y a du peuple; **'sólo ~ autorizado'** 'réservé aux personnes autorisées'.

personalidad *f* personnalité *f*.

perspectiva *f* perspective *f*; *(punto de vista)* point *m* de vue.

persuadir *vt* persuader.

persuasión *f* persuasion *f*.

pertenecer *vi* appartenir. ❑ **pertenecer a** *v + prep (ser parte de)* faire partie de; *(ser miembro de)* être membre de; *(corresponder a)* appartenir à.

perteneciente *adj*: ~ **a** appartenant à.

pertenencias *fpl* biens *mpl*.

pértiga *f* perche *f*.

Perú *m*: **(el)** ~ (le) Pérou.

peruano, -na *adj* péruvien(-enne). ◆ *m, f* Péruvien *m* (-enne *f*).

pesa *f* poids *m*. ❑ **pesas** *fpl (en gimnasia)* haltères *mpl*.

pesadez *f* lourdeur *f*; *(aburrimiento)* ennui *m*.

pesadilla *f* cauchemar *m*.

pesado, -da *adj* lourd(-e); *(agotador)* pénible; *(aburrido)* ennuyeux(-euse).

pesadumbre *f* chagrin *m*.

pésame *m*: **dar el ~** présenter ses condoléances.

pesar *m* chagrin *m*. ◆ *vi* & *vt* peser; **a ~ de** malgré; **me pesa decírtelo pero...** je suis désolé de te dire que...

pesca *f* pêche *f*.

pescadería *f* poissonnerie *f*.

pescadero, -ra *m, f* poissonnier *m* (-ère *f*).

pescadilla *f* merlan *m*.

pescadito *m*: ~ **frito** petite friture *f*.

pescado *m* poisson *m*.

pescador, -ra *m, f* pêcheur *m* (-euse *f*).

pescar *vt* pêcher; *(fam: pillar)* attraper.

pesebre *m (establo)* mangeoire *f*; *(belén)* crèche *f*.

pesero *m (Amér)* minibus *m (pour le transport en commun)*.

peseta *f* peseta *f*.

pesimismo *m* pessimisme *m*.

pesimista *adj* pessimiste.

pésimo, -ma *adj* très mauvais(-e).

peso *m* poids *m*; *(moneda)* peso *m*.

pesquero, **-ra** *adj* de pêche. ◆ *m* bateau *m* de pêche.
pestañas *fpl* cils *mpl*.
peste *f* puanteur *f*; *(enfermedad)* peste *f*.
pesticida *m* pesticide *m*.
pestillo *m* verrou *m*.
petaca *f (para tabaco)* blague *f*; *(para bebidas)* flasque *f*.
pétalo *m* pétale *m*.
petanca *f* pétanque *f*.
petardo *m* pétard *m*.
petición *f (solicitud)* demande *f*.
peto *m* salopette *f*.
petróleo *m* pétrole *m*.
petrolero, **-ra** *adj* pétrolier(-ère). ◆ *m* pétrolier *m*.
petrolífero, **-ra** *adj* pétrolifère.
petulancia *f* arrogance *f*.
petulante *adj* arrogant(-e).
petunia *f* pétunia *m*.
peúco *m* chausson *m (de bébé)*.
pez (*pl* **-ces**) *m* poisson *m*; ~ **espada** espadon *m*.
pezón *m* mamelon *m*.
pezuña *f* sabot *m (d'animal)*.
pianista *mf* pianiste *mf*.
piano *m* piano *m*; ~ **bar** piano-bar *m*.
piar *vi* piailler.
pibe, **-ba** *m, f (Amér: fam) (hombre)* mec *m* (nana *f*); *(niño)* gamin *m* (-e *f*).
picador, **-ra** *m, f* picador *m*.
picadora *f* hachoir *m*, → **picador**.
picadura *f* piqûre *f*; *(de réptil)* morsure *f*; *(tabaco picado)* tabac *m* fine coupe.
picante *adj (comida)* piquant(-e); *(broma, chiste)* grivois(-e).
picantería *f (Amér) petit restaurant où l'on sert des amuse-gueules piquants*.
picar *vt* piquer; *(suj: réptil, pez)* mordre; *(piedra)* concasser; *(comida)* hacher; *(billet)* poinçonner. ◆ *vi (comer un poco)* grignoter; *(sal, pimienta, pimiento)* piquer; *(la piel)* démanger; *(sol)* taper. ❑ **picarse** *vpr (ropa)* se miter; *(vino)* se piquer; *(muela)* se carier; *(fam: enfadarse)* se vexer.
pícaro, **-ra** *adj* malin(-igne).
picas *fpl (palo de la baraja)* pique *m*.
pichincha *f (Amér: fam)* occase *f*.
pichón *m* pigeonneau *m*.
picnic *m* pique-nique *m*.
pico *m* pic *m*; *(de ave)* bec *m*; **y** ~ et quelques.
picor *m* démangeaison *f*.
picoso, **-sa** *adj (Amér)* piquant(-e).
pie *m* pied *m*; *(de un escrito)* bas *m*; **a** ~ à pied; **en** ~ debout; **estar de** ~ être debout; **hacer** ~ *(en el agua)* avoir pied; **~s de cerdo** pieds de cochon.
piedad *f* pitié *f*.
piedra *f* pierre *f*; *(en el riñón)* calcul *m*; ~ **preciosa** pierre précieuse.

piel *f* peau *f*; *(cuero)* cuir *m*; *(pelo)* fourrure *f*.

pierna *f* jambe *f*; *(de animal)* patte *f*; **estirar las ~s** se dégourdir les jambes; **~ de cordero** gigot *m* d'agneau.

pieza *f* pièce *f*; **~ de recambio** pièce détachée.

pijama *m* pyjama *m*.

pila *f* pile *f*; *(fregadero)* évier *m*; **~ alcalina** pile alcaline.

pilar *m* pilier *m*.

píldora *f* pilule *f*.

pillar *vt (fam: agarrar)* attraper; *(atropellar)* renverser; *(fam: sorprender)* surprendre; **~ une insolación/un resfriado** *(fam)* attraper une insolation/un rhume. ❑ **pillarse** *vpr* se coincer.

pilotar *vt* piloter.

piloto *mf* pilote *m*. ◆ *m (indicador luminoso)* voyant *m* lumineux; *(luz de coche)* feu *m*; **~ automático** pilote automatique.

pimentón *m* piment *m* rouge moulu.

pimienta *f* poivre *m*; **a la ~ verde** au poivre vert.

pimiento *m* piment *m*; **~s del piquillo** *poivrons rouges que l'on mange grillés*.

pin *m* pin's *m inv*.

pincel *m* pinceau *m*.

pinchar *vt* piquer; *(fam: provocar)* asticoter. ❑ **pincharse** *vpr* se piquer.

pinchazo *m (en la piel)* piqûre *f*; *(de rueda)* crevaison *f*.

pinche *adj (Amér: fam)* satané(-e).

pincho *m (espina)* épine *f*; *(varilla)* brochette *f*; **~ moruno** brochette *f* de viande.

pinga *f (Amér: vulg)* quéquette *f*.

ping-pong® [pin'pon] *m* ping-pong *m*.

pingüino *m* pingouin *m*.

pino *m* pin *m*.

LOS PINOS

C'est la résidence officielle du président du Mexique et le siège de son gouvernement. C'est là que le président reçoit les ministres, les visiteurs de marque et ses homologues étrangers.

---

pintada *f (escrito)* graffiti *m*; *(ave)* pintade *f*.

pintado, -da *adj (coloreado)* peint(-e); *(maquillado)* maquillé(-e); **'recién ~'** 'peinture fraîche'.

pintalabios *m inv* rouge *m* à lèvres.

pintar *vt (con colores)* peindre; *(fig: describir)* dépeindre. ❑ **pintarse** *vpr (maquillarse)* se maquiller.

pintor, -ra *m, f* peintre *m*.

pintoresco, -ca *adj* pittoresque.

pintura *f* peinture *f*.

pinzas *fpl (de tender ropa)* pinces *fpl* à linge; *(pliegue)* pinces *fpl*; *(instrumento, de cangrejo)* pinces *fpl*.

piña *f (del pino)* pomme *f* de pin; *(ananás)* ananas *m*; *(fam: de gente)* troupeau *m*; ~ **en almíbar** ananas au sirop; ~ **natural** ananas au naturel.

piñata *f récipient que les enfants brisent à coups de bâton pour y récupérer des friandises.*

PIÑATA

Récipient de terre cuite de taille variable suspendu au plafond et rempli de friandises que les enfants dont on a bandé les yeux brisent à coups de bâton au cours des fêtes d'anniversaire. En Amérique latine la «piñata» est un personnage en papier mâché rempli de fruits.

piñón *m* pignon *m*.

piojo *m* pou *m*.

pipa *f (de fumar)* pipe *f*; *(semilla)* pépin *m*; *(de girasol)* graine *f* de tournesol.

pipí *m (fam)* pipi *m*.

pique *m (fam)* dispute *f*; **irse a ~** *(barco)* couler.

piragua *f* pirogue *f*.

piragüismo *m* canoë-kayak *m (discipline)*.

pirámide *f* pyramide *f*.

piraña *f* piranha *m*.

pirata *adj* & *m* pirate.

piratear *vt* pirater.

Pirineos *mpl*: **los ~** les Pyrénées.

pirómano, -na *m, f* pyromane *mf*.

piropo *m* compliment *m*.

pirueta *f* pirouette *f*.

pisada *f* pas *m*.

pisar *vt* marcher sur; *(acelerador, freno)* appuyer sur.

piscina *f* piscine *f*.

Piscis *m inv* Poissons *mpl*.

pisco *m (Amér) eau-de-vie fabriquée à Pisco, au Pérou*; ~ **sour** *(Amér) cocktail à base d'eau-de-vie de Pisco et de citron vert.*

piso *m* appartement *m*; *(suelo)* sol *m*; *(de un edificio)* étage *m*; *(Amér: fam)* piston *m*; ~ **bajo** rez-de-chaussée *m inv*.

pisotón *m*: **me dieron un ~** quelqu'un m'a marché sur le pied.

pista *f* piste *f*; ~ **de baile** piste de danse; ~ **de tenis** court *m* de tennis.

pistacho *m* pistache *f*.

pistola *f* pistolet *m*.

pistolero *m* bandit *m*.

pitar *vi (tocar el pito)* siffler; *(del coche)* klaxonner; **salir pitando** *(fig)* partir en quatrième vitesse.

pitillera *f* étui *m* à cigarettes.

pitillo *m* cigarette *f*.

pito *m* sifflet *m*.

pitón *m (del toro)* corne *f*; *(de botijo, jarra)* bec *m* (verseur); *(serpiente)* python *m*.

pizarra *f (encerado)* tableau *m*; *(roca)* ardoise *f*.

pizza ['pitsa] *f* pizza *f*.

pizzería [pitse'ria] *f* pizzeria *f*.

placa *f* plaque *f*.

placer *m* plaisir *m*; **es un ~** c'est un plaisir.
plan *m* plan *m*; **hacer ~es** faire des projets.
plancha *f (de madera etc)* planche *f*; *(para planchar)* fer *m* à repasser; *(para cocinar)* gril *m*; *(fam: error)* gaffe *f*; **a la ~** grillé(-e).
planchar *vt* repasser.
planeta *m* planète *f*.
plano, -na *adj* plat(-e). ◆ *m* plan *m*.
planta *f (vegetal, del pie)* plante *f*; *(en arquitectura)* plan *m*; *(piso)* étage *m*; *(fábrica)* usine *f*; **~ baja** rez-de-chaussée *m inv*; **segunda ~** deuxième étage.
plantar *vt* planter. ❑ **plantarse** *vpr* se planter; *(aparecer)* se présenter; **me planto** *(en naipes)* servi(-e).
planteamiento *m (explicación)* présentation *f*; *(exposición)* approche *f*.
plantear *vt (plan, proyecto)* présenter; *(problema, cuestión)* poser. ❑ **plantearse** *vpr (problema, cuestión)* se poser; *(posibilidad, cambio)* envisager.
plantilla *f (de zapato)* semelle *f*; *(modelo)* patron *m*; *(personal)* personnel *m*.
plástico, -ca *adj* & *m* plastique; **de ~** en plastique.
plastificar *vt* plastifier.
plastilina® *f* pâte à modeler *f*.
plata *f (metal, Amér)* argent *m*; **de ~** en argent.
plataforma *f* plate-forme *f*.
plátano *m (árbol)* bananier *m*; *(fruta)* banane *f*.
platea *f* parterre *m (au théâtre)*.
plateresco, -ca *adj* plateresque.
plática *f (Amér)* conversation *f*.
platicar *vi (Amér)* converser.
platillo *m (plato pequeño)* soucoupe *f*; *(de balanza)* plateau *m*. ❑ **platillos** *mpl (en música)* cymbales *fpl*.
plato *m (recipiente)* assiette *f*; *(comida)* plat *m*; **~ combinado** plat garni; **~ principal** plat principal; **~ del día** plat du jour; **~s caseros** plats maison.
platudo, -da *adj (Amér: fam)* friqué(-e).
playa *f* plage *f*; **~ de estacionamiento** *(Amér)* parking *m*.
play-back ['pleiβak] *m* playback *m*.
playeras *fpl* tennis *mpl*.
plaza *f* place *f*; *(puesto, vacante)* poste *m*; **~ de toros** arènes *fpl*.
plazo *m* délai *m*; *(pago)* versement *m*; **a corto/largo ~** à court/long terme; **a ~s** à crédit.
plegable *adj* pliant(-e).
pleito *m* procès *m*.
plenamente *adv* pleinement.
plenitud *f* plénitude *f*.
pleno, -na *adj* plein(-e). ◆ *m* séance *f* plénière.
pliegue *m* pli *m*.
plomería *f (Amér)* plomberie *f*.
plomero *m (Amér)* plombier *m*.
plomo *m* plomb *m*; *(fam: persona pesada)* casse-pieds *mf inv*.

pluma *f* plume *f*; ~ **estilográfica** stylo *m* (à) plume.
plumaje *m (de ave)* plumage *m*; *(adorno)* plumet *m*.
plumero *m (para el polvo)* plumeau *m*; *(estuche)* plumier *m*; *(adorno)* plumet *m*.
plumier (*pl* **plumiers**) *m* plumier *m*.
plumilla *f* plume *f (de stylo)*.
plumón *m (de ave)* duvet *m*; *(anorak)* doudoune *f*.
plural *adj* pluriel(-elle). ◆ *m* pluriel *m*.
pluralidad *f* pluralité *f*.
plusmarca *f* record *m*.
plusmarquista *mf* recordman *m* (recordwoman *f*).
p.m. *(abrev de post meridiem)* p.m.
PM *f (abrev de policía militar) police militaire espagnole*.
p.n. *(abrev de peso neto)* poids *m* net.
p.o. *(abrev de por orden)* pour *(dans un contrat)*.
población *f (habitantes)* population *f*; *(ciudad)* localité *f*.
poblado, -da *adj* peuplé(-e). ◆ *m* village *m*.
poblar *vt* peupler.
pobre *adj* pauvre; *(escaso)* faible. ◆ *mf* pauvre *mf*.
pobreza *f (miseria)* pauvreté *f*; *(escasez)* manque *m*.
pochismo *m (Amér: fam) espagnol que parlent les Mexicains vivant en Californie*.
pocho, -cha *adj (fruta)* blet (blette); *(Amér: fam)* américanisé(-e) *(se dit des Mexicains)*; *(enfermo)* patraque.
pocilga *f* porcherie *f*.
poco, -ca *adj* peu de. ◆ *pron* peu; **tiene ~s amigos** il a peu d'amis; **un ~ (de)** un peu (de). ◆ *adv* *(con escasez)* peu; *(tiempo corto)* **dentro de ~** bientôt; **hace ~** il y a peu de temps; **~ a ~** peu à peu; **por ~ me caigo** j'ai failli tomber.
poda *f* élagage *m*.
podar *vt (árboles)* élaguer; *(vides, rosales)* tailler.
poder *m* -1. *(gen)* pouvoir *m*; **estar en el/hacerse con el ~** être au/prendre le pouvoir; **~ adquisitivo** pouvoir d'achat; **~es públicos** pouvoirs publics.
-2. *(posesión)* possession; **estar en ~ de alguien** être entre les mains de qqn.
◆ *v aux* pouvoir; **puedo levantar esta piedra** je peux soulever ce rocher; **¿se puede fumar aquí?** on peut fumer ici?; **no podemos abandonarlo** nous ne pouvons pas l'abandonner; **puedo ir en barco o en avión** je peux y aller en bateau ou en avion; **podría ser más discreto** il pourrait être plus discret; **es tonto a más no ~** il est complètement idiot; **disfrutamos a más no ~** on en a profité à fond; **no ~ más** n'en plus pouvoir; **¿se puede?** je peux?
◆ *v impers (ser posible)*: **puede ser que llueva** il se peut qu'il pleuve; **¿vendrás mañana? - puede** tu viens demain? - peut-être.
◆ *vt (tener más fuerza)* battre; **no**

hay quien me pueda je suis le plus fort; **tú puedes a Ricardo** tu peux battre Ricardo.
❑ **poder con** *v + prep* -1. *(enfermedad, rival)* vaincre.
-2. *(tarea, problema)*: **no podré con el problema de mates** je n'arriverai pas à faire le problème de maths.
-3. *(soportar)*: **no ~ con algo/alguien** ne pas supporter qqch/qqn.
poderoso, -sa *adj* puissant(-e).
podio *m* podium *m*.
podrido, -da *adj* pourri(-e).
poema *m* poème *m*.
poesía *f* poésie *f*.
poeta *m* poète *m*.
poético, -ca *adj* poétique.
polar *adj* polaire.
polaroid® *f* Polaroid® *m*.
polea *f* poulie *f*.
polémica *f* polémique *f*.
polémico, -ca *adj* polémique.
polen *m* pollen *m*.
polichinela *m* polichinelle *m*.
policía *f* police *f*. ◆ *mf* policier *m* (femme policier *f*); **~ municipal** o **urbana** police municipale; **~ nacional** police nationale.
policíaco, -ca *adj* policier (-ère).
polideportivo *m* club *m* omnisports.
poliéster *m* polyester *m*.
políglota *mf* polyglotte *mf*.
polígono *m* polygone *m*.
politécnica *f* ≃ école *f* d'ingénieurs.
política *f* politique *f*, → **político**.
político, -ca *adj* politique. ◆ *m, f* homme *m* politique; **padre ~** beau-père *m*; **hermano ~** beau-frère *m*.
póliza *f (de seguros)* police *f*; *(sello)* timbre *m* fiscal.
pollera *f (Amér)* jupe *f*.
pollito *m* poussin *m*.
pollo *m* poulet *m*; **~ a la plancha** poulet grillé; **~ al ajillo/al curry** poulet à l'ail/au curry; **~ asado** poulet rôti.
polo *m (de una pila)* pôle *m*; *(helado)* glace *f*; *(jersey, juego)* polo *m*.
pololo, -la *m, f (Amér) (persona pesada)* casse-pieds *m inv*. ◆ *m (Amér: galán)* séducteur *m*.
Polonia *s* Pologne *f*.
Polo Norte *m*: **el ~** le pôle Nord.
Polo Sur *m*: **el ~** le pôle Sud.
polución *f* pollution *f*.
polvera *f* poudrier *m*.
polvo *m* poussière *f*. ❑ **polvos** *mpl (en cosmética, medicina)* poudre *f*; **~s de talco** talc *m*.
pólvora *f* poudre *f*.
polvoriento, -ta *adj* poussiéreux(-euse).
polvorón *m petit gâteau fait de pâte sablée que l'on mange à Noël.*
pomada *f* pommade *f*.
pomelo *m* pamplemousse *m*.
pomo *m (de puerta, cajón)* bouton *m*; *(de espada)* pommeau *m*.
pómulo *m* pommette *f*.
ponchar *vt (Amér)* crever

(pneu). ❑ **poncharse** *vpr (Amér)* crever.

poner *vt* -1. *(gen)* mettre; **¿dónde has puesto el libro?** où as-tu mis le livre?; **pon más azúcar en el café** mets plus de sucre dans le café; **le he puesto un pantalón corto** je lui ai mis un short; **pon la radio** mets la radio; **pongamos que** mettons ○ admettons que; **~ en marcha** mettre en marche.
-2. *(hacer estar de cierta manera)*: **me has puesto colorado** tu m'as fait rougir; **lo puso triste** ça l'a rendu triste.
-3. *(telegrama, fax)* envoyer; **~ una conferencia** faire un appel à l'étranger; **¿me pones con Juan?** tu me passes Juan?
-4. *(llamar)* appeler; **le pusieron Mario** ils l'ont appelé Mario.
-5. *(abrir)*: **han puesto una tienda nueva** ils ont ouvert un nouveau magasin.
-6. *(instalar)* installer; **han puesto su casa con mucho gusto** ils ont arrangé leur maison avec beaucoup de goût.
-7. *(contribuir)*: **ya ha puesto su parte del regalo** il a déjà participé au cadeau.
-8. *(asignar)* donner; **ya no ponen deberes** on ne donne plus de devoirs (à faire à la maison).
-9. *(aplicar facultad)*: **no pone ningún interés** il ne s'intéresse pas du tout.
-10. *(en cine, teatro)* donner; **¿qué ponen en la tele?** qu'est-ce qu'il y a à la télé?
-11. *(escribir, decir)*: **no sé qué pone ahí** je ne sais pas ce qui est écrit là; **pon tu firma en la factura** signe la facture.
-12. *(dar trabajo)*: **lo han puesto de receptionista** il a été embauché comme réceptionniste.
◆ *vi (ave)* pondre; **esta gallina ya no pone** cette poule ne pond plus.
❑ **ponerse** *vpr* -1. *(colocarse)* se mettre.
-2. *(ropa, gafas, maquillaje)* mettre.
-3. *(estar de cierta manera)*: **me puse muy contenta** j'étais toute contente; **se puso rojo** il est devenu tout rouge.
-4. *(de salud)*: **~se malo** ○ **enfermo** tomber malade; **~se bien** se rétablir.
-5. *(suj: astro)* se coucher.

poniente *m (oeste)* ouest *m*; *(viento)* vent *m* d'ouest.

popa *f* poupe *f*.

popular *adj* populaire.

popularidad *f* popularité *f*.

póquer *m* poker *m*.

por *prep* -1. *(causa)* à cause de; **se enfadó ~ tu culpa** elle s'est fâchée à cause de toi.
-2. *(finalidad)* pour; **lo hizo ~ complacerte** il l'a fait pour te faire plaisir; **lo hizo ~ ella** il l'a fait pour elle.
-3. *(medio, agente)* par; **~ mensajero/fax** par coursier/fax; **el récord fue batido ~ el atleta** le record a été battu par l'athlète; **entramos en España ~ Irún** nous sommes entrés en Espagne par Irún.
-4. *(tiempo aproximado)*: **~ abril** en avril.
-5. *(tiempo concreto)*: **~ la mañana/**

tarde/noche le matin/l'après-midi/la nuit.
-6. *(aproximadamente en)*: **está ~ ahí** il est quelque part par là; **¿~ dónde vive?** il habite dans quel coin?
-7. *(a cambio)*: **cambió el coche ~ la moto** il a échangé sa voiture contre une moto.
-8. *(en lugar de)*: **él lo hará ~ mí** il le fera à ma place.
-9. *(distribución)*: **cien pesetas ~ unidad** cinq pesetas pièce; **20 km ~ hora** 20 km à l'heure.
-10. *(en matemáticas)* fois; **dos ~ dos** deux fois deux.

porcelana *f* porcelaine *f*.

porcentaje *m* pourcentage *m*.

porche *m* porche *m*.

porción *f* portion *f*.

porno *adj (fam)* porno.

pornografía *f* pornographie *f*.

pornográfico, -ca *adj* pornographique.

porque *conj* parce que.

porqué *m*: **el ~ de...** le pourquoi de...

porrón *m récipient en verre pour boire le vin à la régalade.*

portada *f* couverture *f*.

portador, -ra *m, f* porteur *m* (-euse *f*); **al ~** au porteur.

portaequipajes *m inv* coffre *m* à bagages.

portafolios *m inv* porte-documents *m*.

portal *m* entrée *f*.

portalámparas *m inv* douille *f*.

portarse *vpr* se comporter; **los niños se portaron bien** les enfants se sont bien tenus; **si te portas mal** si tu ne te tiens pas bien.

portátil *adj* portable.

portavoz (*pl* **-ces**) *mf* porte-parole *mf inv*.

portazo *m*: **dar un ~** claquer la porte.

portería *f (conserjería)* loge *f (de concierge)*; *(en deporte)* buts *mpl*.

portero, -ra *m, f (conserje)* gardien *m* (-enne *f*); *(en deporte)* gardien *m* de but; **~ electrónico** interphone *m*.

Portugal *s* Portugal *m*.

portugués, -esa *adj* portugais(-e). ◆ *m, f* Portugais *m* (-e *f*). ◆ *m (lengua)* portugais *m*.

porvenir *m* avenir *m*.

posada *f* auberge *f*; **dar ~ a alguien** héberger qqn.

posarse *vpr* se poser.

posavasos *m inv* dessous *m* de verre.

posdata *f* post-scriptum *m inv*.

pose *f* pose *f*.

poseedor, -ra *m, f* possesseur *m*.

poseer *vt* posséder.

posesión *f* possession *f*.

posesivo, -va *adj* possessif(-ive). ◆ *m* possessif *m*.

posibilidad *f*: **hay ~es de que...** il est possible que...

posible *adj* possible.

posición *f* position *f*; *(condición social, económica)* situation *f*.

positivamente *adv* positivement.

positivo, -va *adj* positif(-ive). ◆ *m (en fotografía)* positif *m*.

posmoderno, -na *adj* postmoderne.

poso *m* dépôt *m (d'un liquide)*.

postal *f* carte *f* postale.

poste *m* poteau *m*.

póster *m* poster *m*.

posterior *adj (en tiempo)* postérieur(-e); *(en orden)* suivant(-e); *(en espacio)* de derrière.

postre *m* dessert *m*; ~ **de la casa** dessert maison.

póstumo, -ma *adj* posthume.

postura *f (colocación, posición)* posture *f*; *(actitud)* attitude *f*.

potable *adj* potable.

potaje *m plat de légumes secs*; ~ **de garbanzos** *ragoût de pois chiches*.

potencia *f* puissance *f*.

potenciar *vt (fig)* favoriser.

potrillo *m (Amér)* coupe *f*.

potro, -tra *m, f (caballo)* poulain *m*. ◆ *m (en gimnasia)* cheval-d'arçons *m inv*.

pozo *m* puits *m*.

p.p. *(abrev de por poder)* par procuration.

práctica *f* pratique *f*; *(experiencia)* expérience *f*. ❑ **prácticas** *fpl (en clase)* travaux *mpl* pratiques; *(en empresa)* stage *m*.

practicante *mf (en religión)* pratiquant *m* (-e *f*); ~ **(ambulatorio)** aide-soignant *m* (-e *f*).

practicar *vt (profesión)* exercer; *(deporte)* pratiquer. ◆ *vi (con un maestro)* s'exercer; ~ **la natación** faire de la natation.

práctico, -ca *adj* pratique.

pradera *f* prairie *f*.

prado *m* pré *m*.

pral. *abrev* = **principal**.

precario, -ria *adj* précaire.

precaución *f* précaution *f*.

precintado, -da *adj* scellé(-e).

precio *m* prix *m*; ~ **fijo** prix fixe; ~ **de coste** prix de revient; **¿que ~ tiene?** combien ça coûte?

preciosidad *f (cualidad)* beauté *f*; *(cosa preciosa)* merveille *f*.

precioso, -sa *adj (valioso)* précieux(-euse); *(bonito)* ravissant (-e).

precipicio *m* précipice *m*.

precipitación *f* précipitation *f*.

precipitado, -da *adj* précipité(-e).

precipitarse *vpr* se précipiter.

precisamente *adv* précisément.

precisar *vt (especificar)* préciser; *(necesitar)* avoir besoin de.

preciso, -sa *adj* précis(-e); **es ~ que...** il faut que...

precoz *adj* précoce.

predicar *vt* prêcher.

predilecto, -ta *adj* préféré(-e).

predominar *vi* prédominer.

preeminente *adj* prééminent(-e).

preescolar *adj* préscolaire.
preferencia *f (inclinación)* préférence *f*; *(prioridad)* priorité *f*.
preferible *adj* préférable.
preferir *vt* préférer.
prefijo *m (en gramática)* préfixe *m*; *(de teléfono)* indicatif *m*.
pregón *m* discours *m*.
pregonar *vt (noticia)* rendre public; *(secreto)* crier sur tous les toits.
pregonero *m* crieur *m* public.
pregunta *f* question *f*; **hacer una ~** poser une question.
preguntar *vt* demander; *(lección)* interroger sur. ❑ **preguntar por** *v + prep*: **~ por alguien** demander des nouvelles de qqn. ❑ **preguntarse** *vpr* se demander.
prehistórico, -ca *adj* préhistorique.
prejuicio *m* préjugé *m*.
prematuro, -ra *adj* prématuré(-e).
premeditación *f* préméditation *f*.
premiar *vt* récompenser.
premio *m* prix *m*; *(en lotería, rifa)* lot *m*; **~ gordo** gros lot.
premisa *f* hypothèse *f*.
prenatal *adj* prénatal(-e).
prenda *f (vestido)* vêtement *m*; *(garantía)* gage *m*.
prensa *f* presse *f*; **la ~** la presse.
preocupación *f* souci *m*.
preocupado, -da *adj*: **estar ~** être inquiet.
preocupar *vt* inquiéter. ❑ **preocuparse de** *v + prep (encargarse de)* veiller à. ❑ **preocuparse por** *v + prep* s'inquiéter de.
preparación *f* préparation *f*; *(formación)* bagage *m*.
preparar *vt* préparer. ❑ **prepararse** *vpr* se préparer.
preparativos *mpl* préparatifs *mpl*.
preparatoria *f en Amérique latine, fin du second cycle des études secondaires.*

PREPARATORIA

Ce sont les trois années d'études qui précèdent l'entrée à l'université en Amérique latine. Les étudiants commencent la «prepa» à 16 ans et l'achèvent à 19 ans.

preponderante *adj* prépondérant(-e).
preposición *f* préposition *f*.
prepotente *adj* arrogant(-e).
presa *f (de un animal)* proie *f*; *(embalse)* barrage *m*, → **preso**.
presbiterio *m* chœur *m (d'une église)*.
prescindir: **prescindir de** *v + prep* se passer de.
presencia *f* présence *f*; *(aspecto)* allure *f*.
presenciar *vt* assister à.
presentable *adj* présentable.
presentación *f* présentation *f*; *(aspecto)* aspect *m*.
presentador, -ra *m, f* présentateur *m* (-trice *f*).

presentar *vt* présenter. ❑ **presentarse** *vpr* se présenter; **~se a** se présenter à.

presente *adj* présent(-e). ◆ *m* présent *m*; **tener algo ~** se rappeler qqch; **en el ~** de nos jours.

presentimiento *m* pressentiment *m*.

preservar *vt* préserver.

preservativo *m* préservatif *m*.

presidencia *f (cargo, lugar)* présidence *f*; *(persona)* président *m*.

presidencial *adj* présidentiel(-elle).

presidente, -ta *m, f* président *m* (-e *f*).

presidiario, -ria *m, f* prisonnier *m* (-ère *f*).

presidir *vt* présider; *(predominar)* présider à.

presión *f* pression *f*; **~ sanguínea** pression artérielle.

preso, -sa *m, f* prisonnier *m* (-ère *f*).

préstamo *m* prêt *m*.

prestar *vt* prêter; *(declaración)* faire. ❑ **prestarse a** *v + prep (ofrecerse a)* offrir de; *(dar motivo a)* prêter à.

prestigio *m* prestige *m*.

presumido, -da *adj* prétentieux(-euse).

presumir *vt* présumer. ❑ **presumir de** *v + prep*: **presume de listo** il se croit intelligent.

presunción *f* présomption *f*.

presunto, -ta *adj* présumé(-e).

presuntuoso, -sa *adj* présomptueux(-euse).

presupuesto *m* budget *m*.

pretencioso, -sa *adj* prétentieux(-euse).

pretender *vt (intentar)* vouloir; *(hacer creer)* prétendre; **~ a algo** aspirer à qqch.

pretendiente *mf (aspirante)* candidat *m* (-e *f*); *(al trono)* prétendant *m*. ◆ *m (de una mujer)* prétendant *m*.

pretensión *f (intención)* intention *f*; *(aspiración)* prétention *f*.

pretexto *m* prétexte *m*.

prever *vt* prévoir.

previo, -via *adj* préalable.

previsor, -ra *adj* prévoyant(-e).

previsto, -ta *adj* prévu(-e).

primaria *f (enseñanza)* primaire *m*.

primario, -ria *adj* primaire.

primavera *f* printemps *m*.

primer *núm* → **primero**.

primera *f* première *f*, → **primero**.

primero, -ra *núm* & *m, f* premier(-ère). ◆ *adv* d'abord; **lo ~** le plus important; **primera clase** première classe; **~s auxilios** premiers soins; **a ~s de** au début de, → **sexto**.

primo, -ma *m, f* cousin *m* (-e *f*); *(fam: bobo)* poire *f*.

primogénito, -ta *m, f* aîné *m* (-e *f*).

princesa *f* princesse *f*.
principado *m* principauté *f*.
principal *adj (más importante)* principal(-e). ◆ *m (piso) étage situé entre l'entresol et le premier étage.*
príncipe *m* prince *m*.
principiante, -ta *m, f* débutant *m* (-e *f*).
principio *m* début *m*; *(causa, origen)* origine *f*; *(norma)* principe *m*; **a ~s de** au début de; **al ~** au début; **en ~** en principe; **por ~** par principe.
pringoso, -sa *adj* graisseux(-euse).
prioridad *f* priorité *f*.
prisa *f* hâte *f*; **darse ~** se dépêcher; **tener ~** être pressé(-e).
prisión *f* prison *f*.
prisionero, -ra *m, f* prisonnier *m* (-ère *f*).
prisma *m* prisme *m*.
prismáticos *mpl* jumelles *fpl*.
privado, -da *adj* privé(-e).
privar *vt* priver. ❑ **privarse de** *v + prep* se priver de.
privilegiado, -da *adj* privilégié(-e).
privilegio *m* privilège *m*.
proa *f* proue *f*.
probabilidad *f* probabilité *f*.
probable *adj* probable.
probador *m* cabine *f* d'essayage.
probar *vt* prouver; *(ensayar)* essayer; *(comida, bebida)* goûter. ◆ *vi (intentar)* essayer. ❑ **probarse** *vpr* essayer.
probeta *f* éprouvette *f*.
problema *m* problème *m*.
problemático, -ca *adj* problématique.
procedencia *f (origen, fuente)* origine *f*; *(de un tren, barco)* provenance *f*.
procedente *adj (oportuno)* pertinent(-e); **~ de** *(persona)* originaire de; *(tren, autobús)* en provenance de.
proceder *m (comportamiento)* comportement *m*. ◆ *vi (actuar)* agir; *(ser oportuno)* convenir. ❑ **proceder de** *v + prep (provenir de)* provenir de; *(de un lugar)* venir de.
procedimiento *m* procédé *m*.
procesado, -da *m, f* accusé *m* (-e *f*).
procesar *vt (enjuiciar)* poursuivre.
procesión *f* procession *f*.
proceso *m (evolución)* processus *m*; *(método)* procédé *m*; *(transcurso del tiempo)* cours *m*; *(DER)* procédure *f*.
proclamación *f* proclamation *f*.
proclamar *vt* proclamer. ❑ **proclamarse** *vpr* se proclamer.
procurar *vt* s'efforcer de.
prodigarse *vpr* se montrer; **~ en atenciones** se répandre en attentions.
producción *f* production *f*.
producir *vt* produire. ❑ **producirse** *vpr* se produire.

productividad *f* productivité *f*.
productivo, -va *adj* productif(-ive).
producto *m* produit *m*; *(resultado)* fruit *m*.
productor, -ra *m, f* producteur *m* (-trice *f*).
productora *f (en cine)* maison *f* de production.
profecía *f* prophétie *f*.
profesión *f* profession *f*.
profesional *adj* & *m, f* professionnel(-elle).
profesionista *mf (Amér)* professionnel *m* (-elle *f*).
profesor, -ra *m, f* professeur *m*.
profeta *m* prophète *m*.
profiteroles *mpl* profiteroles *fpl*.
profundidad *f* profondeur *f*.
profundo, -da *adj* profond(-e).
programa *m* programme *m*; *(en televisión)* émission *f*.
programación *f (en televisión, radio)* programme *m*; *(en informática)* programmation *f*.
programador, -ra *m, f (en televisión, radio)* programmateur *m* (-trice *f*); *(en informática)* programmeur *m* (-euse *f*).
programar *vt* programmer.
progresar *vi* progresser.
progresivo, -va *adj* progressif(-ive).
progreso *m* progrès *m*.
prohibición *f* interdiction *f*.
prohibido, -da *adj* interdit(-e); **'~ aparcar'** 'stationnement interdit'; **'~ el paso'** 'interdiction d'entrer'; **'~ el paso a personas ajenas a la obra'** 'chantier interdit au public'; **'~ fijar carteles'** 'défense d'afficher'; **'~ fumar'** 'défense de fumer'; **'prohibida la entrada'** 'entrée interdite'; **'prohibida la entrada a menores'** 'entrée interdite aux moins de 18 ans'.
prohibir *vt* interdire.
prójimo *m* prochain *m*.
proliferación *f* prolifération *f*.
prólogo *m* préface *f*.
prolongar *vt* prolonger. ❑ **prolongarse** *vpr* se prolonger.
promedio *m* moyenne *f*.
promesa *f* promesse *f*.
prometer *vt* & *vi* promettre. ❑ **prometerse** *vpr (para casarse)* se fiancer.
prometido, -da *m, f* fiancé *m* (-e *f*).
promoción *f* promotion *f*.
promocionar *vt* promouvoir. ❑ **promocionarse** *vpr (persona)* se faire valoir.
promotor, -ra *m, f* promoteur *m* (-trice *f*).
pronóstico *m* pronostic *m*; **~ del tiempo** prévisions *fpl* météorologiques.
pronto *adv (temprano)* tôt; *(rápidamente)* vite; **de ~** soudain; **tan ~ como** dès que.
pronunciación *f* prononciation *f*.

pronunciar *vt* prononcer.
propaganda *f* propagande *f.*
propensión *f*: **tener ~ a** avoir tendance à.
propenso, -sa *adj*: **ser ~ a** être sujet à.
propicio, -cia *adj* propice.
propiedad *f* propriété *f.*
propietario, -ria *m, f* propriétaire *mf.*
propina *f* pourboire *f.*
propio, -pia *adj (de propiedad, peculiar)* propre; *(apropiado)* approprié(-e); *(natural)* naturel (-elle); **tiene coche ~** il a sa propre voiture; **el ~ director** le directeur lui-même.
proponer *vt* proposer. ❑ **proponerse** *vpr* se proposer.
proporcionado, -da *adj* proportionné(-e).
proporcionar *vt* fournir; *(ser causa de)* causer.
proposición *f* proposition *f.*
propósito *m (intención)* intention *f; (objetivo)* but *m*; **a ~** exprès; **a ~ de** à propos de.
propuesta *f* proposition *f.*
prórroga *f* prorogation *f; (en deporte)* prolongation *f.*
prorrogar *vt (prolongar)* prolonger; *(aplazar)* reporter.
prosa *f* prose *f.*
proscrito, -ta *m, f* proscrit *m* (-e *f*).
prospecto *m* prospectus *m; (de medicamento)* notice *f.*
próspero, -ra *adj* prospère.
prostíbulo *m* maison *f* close.
prostitución *f* prostitution *f.*
prostituta *f* prostituée *f.*
protagonista *mf* protagoniste *mf.*
protección *f* protection *f.*
proteger *vt* protéger. ❑ **protegerse** *vpr* se protéger.
protegido, -da *m, f* protégé *m* (-e *f*).
proteína *f* protéine *f.*
protesta *f* protestation *f.*
protestante *mf* protestant *m* (-e *f*).
protestar *vi* protester.
protocolo *m* protocole *m.*
provecho *m* profit *m*; **¡buen ~!** bon appétit!
provechoso, -sa *adj* profitable.
provenir: **provenir de** *v + prep* provenir de.
proverbio *m* proverbe *m.*
provincia *f* province *f.*
provisional *adj* provisoire.
provocación *f* provocation *f.*
provocar *vt* provoquer; *(incitar)* inciter; **¿te provoca ir al cine?** *(Amér)* ça te dit d'aller au cinéma?
provocativo, -va *adj* provocant(-e).
próximo, -ma *adj (cercano)* proche; *(siguiente)* prochain(-e); **'próximas llegadas'** prochaines arrivées.
proyección *f* projection *f.*
proyectar *vt* projeter.
proyecto *m* projet *m.*

proyector *m* projecteur *m*.
prudencia *f* prudence *f*.
prudente *adj* prudent(-e).
prueba *f (testimonio)* preuve *f*; *(ensayo)* essai *m*; *(competición, examen)* épreuve *f*.
psicoanálisis *m* psychanalyse *f*.
psicología *f* psychologie *f*.
psicológico, -ca *adj* psychologique.
psicólogo, -ga *m, f* psychologue *mf*.
psicópata *mf* psychopathe *mf*.
psiquiatra *mf* psychiatre *mf*.
psiquiátrico *m* hôpital *m* psychiatrique.
psíquico, -ca *adj* psychique.
pta. *(abrev de peseta)* pta.
púa *f (pincho)* piquant *m*; *(de peine)* dent *f*.
pub [pab] *m* pub *m*.
pubertad *f* puberté *f*.
pubis *m* pubis *m*.
publicación *f* publication *f*.
públicamente *adv* publiquement.
publicar *vt* publier.
publicidad *f* publicité *f*.
publicitario, -ria *adj* publicitaire.
público, -ca *adj* public(-ique).
◆ *m* public *m*; **en ~** en public.
pucha *interj (Amér)* punaise!
pucho *m (Amér)* mégot *m*.
pudding [ˈpuðin] *m* pudding *m*.
pudor *m (recato)* pudeur *f*; *(timidez)* timidité *f*.
pudrir *vt* pourrir. ❑ **pudrirse** *vpr* pourrir.
pueblo *m* peuple *m*; *(localidad)* village *m*.
puente *m* pont *m*; *(en los dientes)* bridge *m*; **hacer ~** faire le pont; **~ aéreo** pont aérien.

PUENTE AÉREO

En Espagne, le «puente aéreo» est une liaison aérienne quasi ininterrompue entre Madrid et Barcelone.

puerco, -ca *adj* dégoûtant(-e).
◆ *m, f (cerdo)* porc *m* (truie *f*); *(persona)* cochon *m* (-onne *f*).
puerro *m* poireau *m*.
puerta *f* porte *f*; *(en deporte)* buts *mpl*; **~ de embarque** porte d'embarquement; **~ principal** entrée *f* principale.
puerto *m (de mar)* port *m*; *(de montaña)* col *m*; **~ deportivo** port de plaisance.
Puerto Rico *s* Porto Rico *m*.
pues *conj (de causa)* car; *(uso ilativo)* eh bien; **¿~ sabes que pasó?** eh bien, tu sais ce qui est arrivé?; **¡~ claro!** mais bien sûr!
puesta *f*: **~ de sol** coucher *m* de soleil.
puesto, -ta *adj (elegante)* bien habillé(-e). ◆ *m* poste *m*; *(posición)* place *f*; *(tienda pequeña)* étal *m*; **~ que** puisque.
pulga *f* puce *f*.
pulgar *m* pouce *m*.
pulidora *f* ponceuse *f*.

pulir *vt* polir; *(perfeccionar)* peaufiner.
pulmón *m* poumon *m*.
pulmonía *f* pneumonie *f*.
pulpa *f (de fruta, planta)* pulpe *f*; *(carne)* chair *f*.
pulpo *m* poulpe *m*; ~ **a la gallega** *poulpes préparés avec une sauce piquante*.
pulque *m (Amér)* pulque *m*.
pulquería *f (Amér) débit de boissons où l'on vend du «pulque»*.
pulsar *vt* appuyer sur.
pulsera *f* bracelet *m*.
pulso *m* pouls *m*; **tener** ~ avoir la main sûre.
puma *m* puma *m*.
punk ['paŋ] *mf* punk *mf*.
punta *f* pointe *f*; *(extremo)* bout *m*; **en la** ~ **de la lengua** sur le bout de la langue.
puntapié *m* coup *m* de pied.
puntera *f* bout *m (d'une chaussure)*.
puntería *f* adresse *f (au tir)*.
puntiagudo, **-da** *adj* pointu(-e).
puntilla *f* dentelle *f* rapportée.
punto *m* point *m*; **a** ~ **de** sur le point de; **en** ~ *(hora)* pile; ~ **de encuentro** point de rencontre; ~ **de vista** point de vue; ~ **y aparte** point à la ligne; ~ **y coma** point-virgule *m*; ~ **y seguido** point; ~**s suspensivos** points de suspension; **llegar en el** ~ **justo** arriver à point nommé.
puntuación *f (en gramática)* ponctuation *f*; *(en competición)* classement *m*; *(en examen)* note *f*.
puntual *adj* ponctuel(-elle); *(detallado)* précis(-e).
puntualidad *f* ponctualité *f*.
puntualización *f* précision *f*.
puntualizar *vt* préciser.
puntuar *vt (texto)* ponctuer; *(examen)* noter.
punzón *m* poinçon *m*.
puñado *m* poignée *f*.
puñal *m* poignard *m*.
puñalada *f* coup *m* de poignard.
puñeta *interj (fam)* mince!
puñetazo *m* coup *m* de poing.
puñetero, **-ra** *adj (fam)*: **tu** ~ **marido** ton fichu mari.
puño *m (mano cerrada)* poing *m*; *(de camisa)* poignet *m*; *(de arma)* crosse *f*; *(de paraguas)* poignée *f*.
pupa *f (en el labio)* bouton *m* (de fièvre); *(fam: daño)* bobo *m*.
pupitre *m* pupitre *m*.
puré *m* purée *f*; ~ **de patatas** purée de pommes de terre.
puritano, **-na** *adj* puritain(-e).
puro, **-ra** *adj* pur(-e). ◆ *m* cigare *m*.
puta *f (vulg)* pute *f*.
puzzle ['puθle] *m* puzzle *m*.
PVP *m (abrev de precio venta al público)* ppv.
pza. *(abrev de plaza)* Pl, pl.

Q

que *pron* -1. *(sujeto)* qui; **ése es el hombre ~ me lo compró** c'est cet homme qui me l'a acheté.
-2. *(complemento directo)* que; **el hombre ~ conociste ayer** l'homme que tu as rencontré hier.
-3. *(complemento indirecto)*: **ése es el chico al que hablé** c'est le jeune homme à qui j'ai parlé; **la persona de la ~ te hablo es médico** la personne dont je te parle est médecin.
-4. *(complemento circunstancial)*: **la playa a la ~ fui es preciosa** la plage où je suis allé est très belle; **la mujer con la ~ hablas es mi novia** la femme avec laquelle tu parles est ma fiancée; **el día en ~ fui era soleado** il faisait beau le jour où j'y suis allé.
◆ *conj* -1. *(gen)* que; **es importante ~ me escuches** il est important que tu m'écoutes; **me ha confesado ~ me quiere** il m'a avoué qu'il m'aimait; **es más rápido ~ tú** il est plus rapide que toi; **antes morir ~ ir a verle** plutôt mourir que d'aller le voir; **me lo pidió tantas veces ~ se lo di** il me l'a demandé tant de fois que je le lui ai donné; **ven aquí ~ te vea** viens ici que je te voie; **espero ~ te diviertas** j'espère que tu t'amuseras.
-2. *(expresa causa)*: **hemos de esperar ~ todavía no es la hora** il faut attendre, ce n'est pas encore l'heure.
-3. *(expresa disyunción)*: **quieras ~ no, harás lo que yo te mande** que tu le veuilles ou non, tu feras ce que je dis.
-4. *(expresa hipótesis)*: **~ no quieres, pues no pasa nada** si tu ne veux pas, ce n'est pas grave; *(en oraciones exclamativas)*: **¡~ te diviertas!** amuse-toi bien!; **¡~ sí/no!** mais si/non!

qué *adj (interrogativo)* quel (quelle). ◆ *pron (interrogativo)* que. ◆ *adv (exclamativo)* que; **¿~?** quoi?; **¿por ~ (...)?** pourquoi (...)?; **¿ ~ hora es?** quelle heure est-il?; **¿~ te dijo?** qu'est-ce qu'il t'a dit?; **no sé ~ hacer** je ne sais pas quoi faire; **¡~ tonto eres!** que tu es bête!

quebrado *m (en matemáticas)* fraction *f*.

quebrar *vt* casser. ◆ *vi (arruinarse)* faire faillite.

quedar *vi* rester; *(sentar)* aller; *(estar situado)* se trouver; **el trabajo ha quedado perfecto** le travail est parfait; **~ en ridículo** se ridiculiser; **~ por hacer** rester à faire; **~ bien/mal con alguien** faire bonne/mauvaise impression à qqn; **~ en nada** ne rien donner. ❑ **quedar con** *v + prep (citarse)* prendre rendez-vous avec. ❑ **quedar en** *v + prep (acordar)* convenir de. ❑ **quedarse** *vpr (permanecer)* rester; *(llegar a ser)* devenir; *(retener)* garder; *(adquirir)* prendre. ❑ **que-**

darse con *v + prep (preferir)* choisir; *(fam: burlarse de)* faire marcher.

quehacer *m* travail *m*.

quejarse *vpr* se plaindre; **~ por** O **de** se plaindre de.

quejido *m* gémissement *m*.

quemadura *f* brûlure *f*.

quemar *vt* & *vi* brûler. ❑ **quemarse** *vpr* se brûler; *(por el sol)* prendre un coup de soleil.

querer *m* amour *m*.
◆ *vt* -1. *(desear)* vouloir; **el niño quiere una bicicleta** le petit veut une bicyclette; **queremos que las cosas vayan bien** nous voulons que tout aille bien; **¿quiere pasar?** vous voulez entrer?; **¿cuánto quiere por el coche?** combien voulez-vous pour la voiture?; **tal vez él quiera acompañarte** peut-être qu'il voudra t'accompagner; **quisiera hacer obras en verano** je voudrais faire des travaux en été.
-2. *(amar)* aimer.
-3. *(requerir)* avoir besoin de.
◆ *vi* -1. *(apetecer)* vouloir; **ven cuando quieras** viens quand tu voudras.
-2. *(en locuciones)*: **lo hizo queriendo** il l'a fait exprès; **sin ~** sans faire exprès.
◆ *v impers (haber atisbos)*: **parece que quiere llover** on dirait qu'il va pleuvoir.
❑ **quererse** *vpr* s'aimer.

querido, -da *adj (en una carta)* cher(-ère).

queso *m* fromage *m*; **~ de bola** fromage de Hollande; **~ manchego** *fromage de brebis de la Manche*; **~ rallado** fromage râpé.

quiebra *f* faillite *f*.

quien *pron relativo (sujeto)* qui; *(complemento)* que. ◆ *pron indef (sujeto)* celui qui (celle qui); *(complemento)* celui que (celle que); **fue mi hermano ~ me lo explicó** c'est mon frère qui me l'a expliqué; **era Pepe de ~ no me fiaba** c'est à Pepe que je ne faisais pas confiance; **~ lo quiera que venga** que celui qui le veut vienne; **apoyaré a ~ considere oportuno** je soutiendrai celui que je jugerai bon de soutenir.

quién *pron (interrogativato)* qui; **¡~ pudiera verlo!** si seulement je pouvais le voir!; **¿~ es?** *(en la puerta)* qui est là?; *(al teléfono)* qui est à l'appareil?; **¿~ es ese hombre?** qui est cet homme?; **¿a ~es has invitado?** qui as-tu invité?

quieto, -ta *adj* tranquille; *(inactivo)* calme.

quilla *f* quille *f*.

quilo *m* = **kilo**.

química *f* chimie *f*.

químico, -ca *m, f* chimiste *mf*.

quince *núm* quinze; **~ días** quinze jours, → **seis**.

quincena *f* quinzaine *f*.

quiniela *f* ≃ loto *m* sportif.

quinientos, -tas *núm* cinq cents, → **seis**.

quinqué *m* quinquet *m*.

quinteto *m (estrofa) strophe de cinq vers*; *(en música)* quintette *m*.

quinto, -ta *núm* cinquième.

◆ *m* *(parte)* cinquième *m*; *(recluta)* appelé *m*, → **sexto**.
quiosco *m* kiosque *m*.
quirófano *m* bloc *m* opératoire.
quisquilla *f* vétille *f*.
quisquilloso, **-sa** *adj* pointilleux(-euse).
quitamanchas *m* *inv* détachant *m*.
quitar *vt* enlever; *(robar)* prendre. ❑ **quitarse** *vpr* *(apartarse)* se pousser; **~se la ropa** se déshabiller.
quizá(s) *adv* peut-être; **~ no lo sepa** il ne le sait peut-être pas.

R

rábano *m* radis *m*.
rabia *f* rage *f*.
rabieta *f* colère *f*.
rabioso, **-sa** *adj* *(perro)* enragé(-e); *(violento)* furieux(-euse).
rabo *m* queue *f*.
racha *f* *(de viento, aire)* rafale *f*; **tener una buena ~** *(fam)* être en veine; **mala ~** *(fam)* mauvaise passe *f*.
racial *adj* racial(-e).
racimo *m* *(de uvas)* grappe *f*; *(de dátiles, plátanos)* régime *m*.
ración *f* *(de comida)* ration *f*; *(asignación)* part *f*.
racismo *m* racisme *m*.
racista *mf* raciste *mf*.
radar *m* radar *m*.
radiación *f* radiation *f*.
radiador *m* radiateur *m*.
radiante *adj* radieux(-euse).
radiar *vt* *(irradiar)* irradier; *(en la radio)* radiodiffuser; *(en medicina)* traiter aux rayons X.
radical *adj* radical(-e).
radio *f* radio *f*. ◆ *m* rayon *m*; *(hueso)* radius *m*.
radioaficionado, **-da** *m, f* radioamateur *m*.
radiocasete *m* radiocassette *f*.
radiodespertador *m* radioréveil *m*.
radiodifusión *f* radiodiffusion *f*.
radiografía *f* radiographie *f*.
radiólogo, **-ga** *m, f* radiologue *mf*.
radionovela *f* feuilleton *m* radiodiffusé.
radiorreloj *m* radioréveil *m*.
radiotaxi *m* radio-taxi *m*.
radioyente *mf* auditeur *m* (-trice *f*).
ráfaga *f* rafale *f*; *(de luces)* appel *m* de phares.
rafia *f* raphia *m*.
rafting *m* raft *m*.
raíl *m* rail *m*.
raíz *f* racine *f*; *(causa)* origine *f*; **a ~ de** à la suite de; **~ cuadrada** racine carrée.

raja *f* fissure *f*; *(de melón, sandía)* tranche *f*.
rajatabla: **a rajatabla** *adv* à la lettre.
rallador *m* râpe *f*.
rallar *vt* râper.
rally ['rali] (*pl* **rallys**) *m* rallye *m*.
rama *f* branche *f*.
ramada *f (Amér)* auvent *m*.
rambla *f (paseo)* promenade *f*.
ramo *m (de flores)* bouquet *m*; *(de una actividad)* branche *f*.
rampa *f (para subir y bajar)* rampe *f*; *(pendiente)* côte *f*.
rana *f* grenouille *f*.
ranchera *f (Amér) chanson populaire mexicaine.*
rancho *m (granja)* ranch *m*; *(comida)* gamelle *f*.
rancio, **-cia** *adj (pasado)* rance; *(vino)* aigre.
rango *m* rang *m*.
ranura *f* rainure *f*.
rape *m* lotte *f*; ~ **a la marinera** lotte marinière; ~ **a la plancha** lotte grillée.
rápidamente *adv* rapidement.
rapidez *f* rapidité *f*.
rápido, **-da** *adj* & *m* rapide. ◆ *adv* rapidement. ❑ **rápidos** *mpl* rapides *mpl*.
raptar *vt* enlever.
raqueta *f* raquette *f*.
raramente *adv* rarement.
raro, **-ra** *adj* bizarre; *(poco frecuente, escaso)* rare; **rara vez** rarement.
rascacielos *m inv* gratte-ciel *m inv*.
rascador *m* grattoir *m*.
rascar *vt* gratter.
rasgar *vt* déchirer.
rasgo *m* trait *m*.
raso, **-sa** *adj (superficie)* plat(-e); *(cucharada)* ras(-e). ◆ *m* satin *m*; **al** ~ *(al aire libre)* à la belle étoile.
rastrillo *m* râteau *m*.
rastro *m* trace *f*; *(mercadillo)* marché *m* aux puces.

 **RASTRO**

Marché de rue où l'on vend toutes sortes d'objets anciens, d'occasion et neufs. Ce nom vient du «Rastro» de Madrid, mais on trouve ce genre de marché dans la plupart des grandes villes espagnoles.

rata *f* rat *m*.
ratero, **-ra** *m, f* chapardeur *m* (-euse *f*).
rato *m* moment *m*; **a ~s** par moments; **pasar un buen/mal ~** passer un bon/mauvais moment; **~s libres** moments perdus.
ratón *m* souris *f*.
rattán *m (Amér)* rotin *m*.
raya *f* raie *f*; *(estampado)* rayure *f*; *(de pantalón)* pli *m*; **a** ○ **de ~s** à rayures.
rayo *m* rayon *m*; *(de tormenta)* foudre *f*; **~s X** rayons X.
rayuela *f* marelle *f*.
raza *f* race *f*; **de ~** de race.

razón *f* raison *f*; *(argumento)* argument *m*; **dar la ~ a alguien** donner raison à qqn; **entrar en ~** se raisonner; **'se vende piso: ~ portería'** appartement à vendre: renseignements chez le gardien; **tener ~** avoir raison.
razonable *adj* raisonnable.
razonamiento *m* raisonnement *m*.
razonar *vt (exponer)* justifier. ◆ *vi (pensar)* raisonner.
reacción *f* réaction *f*.
reaccionar *vi* réagir.
reactor *m* réacteur *m*; *(avión)* avion *m* à réaction.
real *adj* réel(-elle); *(de rey)* royal(-e).
realeza *f* royauté *f*.
realidad *f* réalité *f*; **en ~** en réalité.
realismo *m* réalisme *m*.
realización *f* réalisation *f*.
realizar *vt* réaliser.
realmente *adv* réellement.
realquilado, -da *m, f* sous-locataire *mf*.
realquilar *vt* sous-louer.
reanimación *f (de fuerzas, energía)* regain *m*; *(de enfermo)* réanimation *f*; *(del ánimo)* réconfort *m*.
rebaja *f (de precio)* réduction *f*; *(de altura, nivel etc)* baisse *f*. ❑ **rebajas** *fpl* soldes *mpl*.
rebajado, -da *adj* réduit(-e).
rebajar *vt (precio)* réduire; *(altura, nivel etc)* abaisser; *(humillar)* rabaisser.
rebanada *f* tranche *f (de pain)*
rebanar *vt* couper (en tranches).
rebaño *m* troupeau *m*.
rebelarse *vpr* se rebeller.
rebelde *adj* & *mf* rebelle.
rebeldía *f* révolte *f*.
rebelión *f* rébellion *f*.
rebozado, -da *adj (carne, pescado)* enrobé de pâte à frire.
recado *m (mensaje)* message *m*
recaer *vi (en enfermedad)* faire une rechute; *(en vicio, error)* retomber.
recalcar *vt* insister sur.
recalentar *vt (volver a calentar)* réchauffer; *(calentar demasiado)* surchauffer. ❑ **recalentarse** *vpr (calentarse demasiado)* surchauffer.
recámara *f (de arma)* magasin *m*; *(Amér)* chambre *f*.
recamarera *f (Amér)* femme de ménage *f*.
recambio *m* pièce *f* de rechange.
recargar *vt* recharger; *(cargar demasiado)* surcharger; *(impuesto)* majorer.
recato *m (pudor)* pudeur *f*; *(prudencia)* prudence *f*.
recepción *f* réception *f*.
recepcionista *mf* réceptionniste *mf*.
receptor *m* récepteur *m*.
recesión *f* récession *f*.
receta *f* recette *f*; **~ (médica)** ordonnance *f*.
recetar *vt* prescrire.

rechazar *vt* rejeter; *(repeler)* repousser.
rechazo *m* rejet *m*.
recibidor *m* entrée *f*.
recibimiento *m* accueil *m*.
recibir *vt (tomar)* recevoir; *(dar la bienvenida a)* accueillir.
recibo *m* reçu *m*.
reciclado, -da *adj* recyclé(-e).
reciclar *vt* recycler. ❑ **reciclarse** *vpr* se recycler.
recién *adv*: ~ **hecho** fait récemment; ~ **nacido** nouveau-né; '~ **pintado**' 'peinture fraîche'.
reciente *adj* récent(-e).
recientemente *adv* récemment.
recinto *m* enceinte *f*.
recipiente *m* récipient *m*.
recital *m* récital *m*.
recitar *vt* réciter.
reclamación *f* réclamation *f*; '**reclamaciones y quejas**' 'réclamations'.
reclamar *vt* réclamer.
recluir *vt* enfermer.
reclusión *f (encierro)* réclusion *f*; *(lugar)* prison *f*.
recobrar *vt (salud)* recouvrer; *(joya, cartera etc)* récupérer; *(alegría, esperanza etc)* retrouver; ~ **el conocimiento** reprendre connaissance. ❑ **recobrarse de** *v + prep (enfermedad)* se remettre de; *(pena, sufrimiento)* se consoler de.
recogedor *m* pelle *f (à poussière)*.
recoger *vt (del suelo)* ramasser; *(guardar)* ranger; *(reunir)* réunir; *(recolectar)* récolter; ~ **a alguien** *(ir a buscar)* passer prendre qqn; *(acoger)* recueillir qqn. ❑ **recogerse** *vpr (acostarse)* aller se coucher; *(retirarse)* se retirer.
recogida *f (de objetos, basura etc)* ramassage *m*; *(de frutos)* récolte *f*.
recolección *f* récolte *f*.
recomendar *vt* recommander.
recompensa *f* récompense *f*.
recompensar *vt* récompenser.
reconocer *vt* reconnaître; *(agradecer)* être reconnaissant(-e) de; *(en medicina)* examiner.
reconocimiento *m* reconnaissance *f*; *(en medicina)* examen *m* médical.
récord ['rekor] *m* record *m*.
recordar *vt* se rappeler; ~ **a** rappeler.
recorrer *vt* parcourir.
recorrido *m* parcours *m*; **trenes de largo** ~ grandes lignes *fpl*.
recortar *vt (tela, pelo)* couper; *(papel)* découper; *(gastos, precio)* réduire.
recostarse *vpr* s'allonger.
recreo *m (de escolares)* récréation *f*; *(diversión)* loisir *m*.
recta *f* droite *f*.
rectangular *adj* rectangulaire.
rectángulo *m* rectangle *m*.
rectitud *f* droiture *f*.

recto, **-ta** *adj* droit(-e). ◆ *adv*: **todo ~** tout droit.
rector, **-ra** *m, f* recteur *m*.
recuerdo *m* souvenir *m*. ❑ **recuerdos** *mpl*: **dale ~s** salue-le de ma part.
recuperación *f* récupération *f*; (EDUC) rattrapage *m*; *(de enfermedad)* guérison *f*; *(después de accidente)* rééducation *f*.
recuperar *vt* récupérer; *(tiempo)* rattraper. ❑ **recuperarse (de)** *vpr (+ prep)* se remettre (de).
recurrir *vi (en juicio)* faire appel; **~ a algo/a alguien** avoir recours à qqch/à qqn.
recurso *m (medio)* recours *m*; *(reclamación)* pourvoi *m*. ❑ **recursos** *mpl* ressources *fpl*; **~s humanos** ressources humaines.
red *f (de pescar, en deporte)* filet *m*; *(de pelo)* résille *f*; *(de carreteras, conductos)* réseau *m*; *(de tiendas)* chaîne *f*.
redacción *f* rédaction *f*.
redactar *vt* rédiger.
redactor, **-ra** *m, f* rédacteur *m* (-trice *f*).
redil *m* enclos *m*.
redondeado, **-da** *adj* arrondi(-e).
redondel *m* rond *m*.
redondo, **-da** *adj* rond(-e); *(trabajo)* parfait(-e); *(negocio)* bon (bonne).
reducción *f* réduction *f*.
reducir *vt* réduire; *(tropas, rebeldes)* soumettre. ❑ **reducirse a** *v + prep* se réduire à.
reembolsar *vt* rembourser.
reembolso *m* remboursement *m*; **contra ~** contre remboursement.
reemplazar *vt* remplacer.
reestrenar *vt* reprendre *(film, pièce)*.
reestreno *m* reprise *f*.
reestructurar *vt* restructurer.
refacción *f (Amér)* réparation *f*
refaccionar *vt (Amér)* réparer
referencia *f* référence *f*; *(nota)* renvoi *m*. ❑ **referencias** *fpl (informes)* références *fpl*.
referéndum *m* référendum *m*.
referente *adj*: **~ a algo** concernant qqch.
referirse: **referirse a** *v + prep (aludir a)* parler de.
refinería *f* raffinerie *f*.
reflector *m* réflecteur *m*.
reflejar *vt* refléter. ❑ **reflejarse** *vpr* se refléter.
reflejo, **-ja** *adj* réflexe. ◆ *m* reflet *m*; *(del organismo)* réflexe *m*; **hacerse ~s** *(en peluquería)* se faire faire un balayage; **tener ~s** avoir des réflexes.
reflexión *f* réflexion *f*.
reflexionar *vi* réfléchir.
reforma *f (de casa, edificio)* rénovation *f*; *(de ley, proyecto)* réforme *f*.
reformar *vt (casa, edificio)* rénover; *(ley, proyecto)* réformer; *(educar)* rééduquer. ❑ **reformar**

se *vpr (corregirse)* changer *(de comportement)*.
reforzar *vt* renforcer.
refrán *m* proverbe *m*.
refrescante *adj* rafraîchissant(-e).
refresco *m* rafraîchissement *m*.
refrigerado, -da *adj* climatisé(-e).
refrigerador *m* réfrigérateur *m*.
refugiado, -da *m, f* réfugié *m* (-e *f*).
refugiar *vt* donner refuge à. ❑ **refugiarse** *vpr* se réfugier.
refugio *m* refuge *m*; *(de guerra)* abri *m*.
regadera *f (para plantas)* arrosoir *m*; *(Amér: ducha)* douche *f*.
regadío *m* terres *fpl* irrigables.
regalar *vt* offrir.
regaliz (*pl* **-ces**) *m* réglisse *f*.
regalo *m* cadeau *m*.
regañar *vt (reñir)* gronder. ◆ *vi (pelearse)* se disputer.
regar *vt* arroser.
regata *f* régate *f*; *(canal)* rigole *f*.
regatear *vt (precio)* marchander; *(en fútbol)* dribbler.
regazo *m* giron *m*.
regenerar *vt (cosa)* régénérer; *(persona)* transformer. ❑ **regenerarse** *vpr (persona)* se transformer.
regente *m (Amér)* maire *m*.
régimen *m* régime *m*; *(conjunto de normas)* règlement *m*.
región *f* région *f*.
regional *adj* régional(-e).
regir *vt* diriger. ◆ *vi (estar vigente)* être en vigueur.
registrar *vt (inspeccionar, cachear)* fouiller; *(en lista, registro)* enregistrer; *(grabar)* enregistrer. ❑ **registrarse** *vpr (ocurrir)* se produire.
registro *m* registre *m*; *(inspección)* fouille *f*; ~ **civil** état *m* civil.
regla *f* règle *f*; *(menstruación)* règles *fpl*; **en** ~ en règle; **por** ~ **general** en règle générale.
reglamento *m* règlement *m*.
regresar *vt (Amér)* rendre. ◆ *vi* revenir. ❑ **regresarse** *vpr (Amér)* revenir.
regreso *m* retour *m*.
regular *adj* régulier(-ère); *(moderado)* raisonnable; *(mediocre)* moyen(-enne). ◆ *vt* réglementer. ◆ *adv* comme ci comme ça.
regularidad *f* régularité *f*.
rehabilitar *vt (local, casa)* réhabiliter; *(persona)* rééduquer.
rehén *mf* otage *m*.
rehogar *vt* faire revenir.
reina *f* reine *f*; *(en naipes)* ≃ dame *f*.
reinado *m* règne *m*.
reinar *vi* régner.
reincorporar *vt* réintégrer. ❑ **reincorporarse a** *v + prep (trabajo)* reprendre.
reino *m (territorio)* royaume *m*; *(en biología)* règne *m*.
Reino Unido *m*: **el** ~ le Royaume-Uni.
reintegro *m (pago)* rembour-

sement *m*; *(en lotería)* remboursement *m* du billet.

reír *vi* rire. ◆ *vt (chistes)* rire de. ❑ **reírse de** *v + prep* rire de; *(burlarse de)* se moquer de.

reivindicación *f* revendication *f*.

reivindicar *vt* revendiquer.

reja *f* grille *f*.

rejilla *f (para abertura)* grillage *m*; *(de horno)* grille *f*; *(de silla)* cannage *m*.

rejuvenecer *vt* & *vi* rajeunir.

relación *f (nexo)* rapport *m*; *(trato)* relation *f*; *(enumeración)* liste *f*; *(narración)* récit *m*. ❑ **relaciones** *fpl* relations *fpl*; *(noviazgo)* relation *f* amoureuse.

relacionar *vt* relier. ❑ **relacionarse** *vpr* être lié(-e); **~se con alguien** fréquenter qqn.

relajación *f* relaxation *f*.

relajar *vt (piernas, músculos)* décontracter; *(persona)* détendre. ❑ **relajarse** *vpr* se détendre.

relajo *m (Amér: fam)* raffut *m*.

relámpago *m* éclair *m*.

relampaguear *v impers*: **relampaguea** il y a des éclairs.

relatar *vt (historia)* raconter; *(suceso)* relater.

relativo, -va *adj* relatif(-ive); **~ a** *(referente a)* concernant.

relato *m (exposición)* rapport *m*; *(cuento)* récit *m*.

relevo *m (sustitución)* relève *f*; *(en deporte)* relais *m*. ❑ **relevos** *mpl (carrera)* course *f* de relais.

relieve *m* relief *m*.

religión *f* religion *f*.

religioso, -sa *adj* & *m, f* religieux(-euse).

relinchar *vi* hennir.

rellano *m* palier *m*.

rellenar *vt* remplir; *(pollo)* farcir; *(almohada)* bourrer.

relleno, -na *adj (muy lleno)* rempli(-e); *(persona)* enveloppé(-e). ◆ *m (de almohada, colchón etc)* bourrage *m*; *(de pastel)* garniture *f*; *(de pollo)* farce *f*.

reloj *m* horloge *f*; **~ de arena** sablier *m*; **~ (de pared)** pendule *f*; **~ (de pulsera)** montre-bracelet *f*.

relojería *f* horlogerie *f*.

relojero, -ra *m, f* horloger *m* (-ère *f*).

remar *vi* ramer.

remediar *vt (solucionar)* remédier à.

remedio *m (solución)* solution *f*; *(auxilio)* aide *f*; *(para enfermedad)* remède *m*; **no queda más ~** il n'y a pas d'autre solution; **no tiene más ~ que...** il ne peut pas faire autrement que de...; **sin ~** *(inevitablemente)* forcément.

remendar *vt* rapiécer.

remezón *m (Amér)* tremblement *m* de terre.

remite *m nom et adresse de l'expéditeur*.

remitente *mf* expéditeur *m* (-trice *f*).

remitir *vt* expédier. ❑ **remitir a** *v + prep (hacer referencia a)* renvoyer à.

remo *m* rame *f*.

remojar *vt* faire tremper.
remojo *m*: **poner en ~** faire tremper.
remolacha *f* betterave *f*.
remolcador *m* *(embarcación)* remorqueur *m*; *(camión)* dépanneuse *f*.
remolcar *vt* remorquer.
remolque *m* *(acción)* remorquage *m*; *(vehículo)* remorque *f*.
remontar *vt* *(pendiente, cuesta)* gravir; *(río)* remonter. ❑ **remontarse a** *v + prep* remonter à.
remordimiento *m* remords *m*.
remoto, -ta *adj* *(lejano)* lointain(-e); *(improbable)* minime.
remover *vt* remuer.
remuneración *f* rémunération *f*.
renacuajo *m* têtard *m*.
rencor *m* rancune *f*.
rendición *f* reddition *f*.
rendimiento *m* rendement *m*.
rendir *vt* *(homenaje, culto)* rendre. ◆ *vi* *(máquina, empleado)* être performant(-e); *(negocio)* être rentable; *(dinero)* rapporter. ❑ **rendirse** *vpr* se rendre.
RENFE *f chemins de fer espagnols*, ≃ SNCF *f*.
reno *m* renne *m*.
renovación *f* *(de decoración, local)* rénovation *f*; *(de contrato, carné)* renouvellement *m*.
renovar *vt* *(decoración, local)* rénover; *(contrato, vestuario)* renouveler; *(carné, pasaporte)* faire renouveler; *(amistad, relación)* renforcer.
renta *f* *(alquiler)* loyer *m*; *(ingresos)* revenu *m*; *(beneficio)* rente *f*.
rentable *adj* rentable.
rentar *vt* *(Amér)* louer.
renunciar: **renunciar a** *v + prep*: **~ a algo** *(prescindir de)* renoncer à qqch; *(declinar)* refuser qqch.
reñir *vt* *(reprender)* gronder. ◆ *vi* *(pelearse)* se disputer; *(romper relaciones)* rompre.
reo, -a *m, f* inculpé *m* (-e *f*).
reparación *f* réparation *f*.
reparar *vt* réparer. ❑ **reparar en** *v + prep*: **~ en algo** remarquer qqch.
repartidor, -ra *m, f* livreur *m* (-euse *f*).
repartir *vt* *(dividir)* partager; *(distribuir)* distribuer.
reparto *m* *(de bienes, dinero etc)* partage *m*; *(de mercancías, periódicos etc)* livraison *f*; *(de actores)* distribution *f*.
repasar *vt* *(revisar)* passer en revue; *(releer)* réviser; *(remendar)* recoudre; **~ apuntes** relire des notes.
repaso *m* *(de lección, trabajo)* révision *f*; *(fam: reprensión)* savon *m*.
repelente *adj* *(repugnante)* repoussant(-e).
repente: **de repente** *adv* tout à coup.
repentino, -na *adj* soudain(-e).
repercusión *f* répercussion *f*.

repertorio *m* répertoire *m*.
repetición *f* répétition *f*.
repetidor, **-ra** *m, f (alumno)* redoublant *m* (-e *f*). ◆ *m (en telecomunicaciones)* relais *m*.
repetir *vt (hacer de nuevo)* refaire; *(decir de nuevo)* répéter; *(curso)* redoubler. ◆ *vi (sabor)* donner des renvois; ~ **algo** *(comida, bebida)* reprendre de qqch.
réplica *f* réplique *f*.
replicar *vt* & *vi* répliquer.
repoblación *f* repeuplement *m*; ~ **forestal** reboisement *m*.
repoblar *vt* repeupler.
reponer *vt (colocar de nuevo)* remettre; *(sustituir)* remplacer; *(película, obra de teatro etc)* reprendre. ❑ **reponerse** *vpr (recuperarse)* se remettre.
reportaje *m* reportage *m*.
reportar *vt (Amér)* informer de. ❑ **reportarse** *vpr (Amér)* se présenter.
reporte *m (Amér)* information *f*.
reportero, **-ra** *m, f* reporter *m*.
reposera *f (Amér)* chaise *f* longue.
reposo *m* repos *m*.
repostería *f* pâtisserie *f*.
representación *f* représentation *f*; *(grupo de personas)* délégation *f*; **en ~ de** en tant que représentant de.
representante *mf (de actor, cantante etc)* agent *m*; *(vendedor)* représentant *m* (-e *f*).
representar *vt* représenter; *(obra de teatro)* jouer; *(edad)* faire.
representativo, **-va** *adj* représentatif(-ive).
represión *f* répression *f*.
reprimir *vt (sublevación, huelga)* réprimer; *(lágrimas, risa)* retenir. ❑ **reprimirse** *vpr* se retenir.
reprochar *vt* reprocher.
reproche *m* reproche *m*.
reproducción *f* reproduction *f*.
reproducir *vt* reproduire. ❑ **reproducirse** *vpr* se reproduire.
reptar *vi* ramper.
reptil *m* reptile *m*.
república *f* république *f*.
República Dominicana *f*: **la ~** la République Dominicaine.
republicano, **-na** *adj* républicain(-e).
repuesto *m* pièce *f* de rechange; **de ~** de rechange.
repugnar *vt* répugner.
reputación *f* réputation *f*.
requerir *vt* exiger.
requesón *m* fromage *m* frais.
resaca *f (fam: de borrachera)* gueule *f* de bois; *(del mar)* ressac *m*.
resbalada *f (Amér)* glissade *f*.
resbaladizo, **-za** *adj* glissant(-e).
resbalar *vi* glisser; *(equivocarse)* se tromper. ❑ **resbalarse** *vpr* glisser.
rescatar *vt* délivrer.
rescate *m* sauvetage *m*; *(dinero)* rançon *f*.

resentimiento *m* ressentiment *m*.

reserva[1] *f* réserve *f*; *(de habitación, asiento etc)* réservation *f*; *(cautela)* discrétion *f*; **de ~** en réserve; **'~s hoteles y pensiones'** réservations d'hôtels; **~ natural** réserve naturelle.

reserva[2] *m (vino)*: **un ~ del 91** un millésime 91.

reservado, -da *adj* réservé(-e). ◆ *m* compartiment *m* réservé.

reservar *vt* réserver.

resfriado, -da *adj* enrhumé(-e). ◆ *m* rhume *m*.

resfriarse *vpr* s'enrhumer.

resfrío *m (Amér)* rhume *m*.

resguardar *vt*: **~ de** protéger de. ❑ **resguardarse de** *v + prep* se mettre à l'abri de.

resguardo *m* reçu *m*.

residencia *f* résidence *f*; *(lugar)* lieu *m* de résidence; *(pensión)* hôtel *m*.

residuo *m* résidu *m*. ❑ **residuos** *mpl (desperdicios)* déchets *mpl*.

resignarse *vpr* se résigner.

resistencia *f* résistance *f*.

resistente *adj* résistant(-e).

resistir *vt* résister à; *(dolor, enfermedad)* supporter. ◆ *vi* résister. ❑ **resistirse a** *v + prep* se refuser à.

resolver *vt* résoudre.

resonancia *f* résonance *f*; *(repercusión)* retentissement *m*.

resorte *m* ressort *m*.

respaldo *m (de asiento)* dossier *m*.

respectivo, -va *adj* respectif(-ive).

respecto *m*: **~ a** au sujet de; **al ~** à ce sujet; **con ~ a** en ce qui concerne.

respetable *adj* respectable.

respetar *vt* respecter.

respeto *m* respect *m*.

respiración *f* respiration *f*.

respirar *vi* respirer.

respiro *m* répit *m*; **darse un ~** souffler.

resplandor *m* éclat *m*.

responder *vt* répondre à. ◆ *vi* répondre; *(reaccionar)* réagir; **~ a algo** répondre à qqch. ❑ **responder a** *v + prep (deberse a)* être dû (due) à. ❑ **responder de** *v + prep (responsabilizarse de)* répondre de. ❑ **responder por** *v + prep (avalar a)* répondre de.

responsabilidad *f* responsabilité *f*.

responsable *adj* responsable; **~ de** responsable de.

respuesta *f* réponse *f*.

resta *f* soustraction *f*.

restar *vt (quitar)* enlever; *(en matemáticas)* soustraire.

restauración *f* restauration *f*.

restaurado, -da *adj* restauré(-e).

restaurador, -ra *m, f* restaurateur *m* (-trice *f*).

restaurante *m* restaurant *m*.

restaurar *vt* restaurer.

resto *m* reste *m*. ❑ **restos** *mpl*

restes *mpl*; **~s mortales** dépouille *f* mortelle.
restricción *f* restriction *f*.
resucitar *vt* & *vi* ressusciter.
resuelto, -ta *adj* résolu(-e).
resultado *m* résultat *m*.
resultar *vi (ser, acabar en)* être; *(tener éxito)* réussir; **el viaje resultó largo** le voyage a été long. ❑ **resultar de** *v + prep (originarse de)* ressortir de; **¿qué resultará de todo esto?** que ressortira-t-il de tout cela?
resumen *m* résumé *m*.
resumir *vt* résumer.
retablo *m* retable *m*.
retal *m* coupon *m (de tissu)*.
retención *f (en sueldo)* retenue *f*; *(de líquidos, grasas)* rétention *f*; *(de tráfico)* embouteillage *m*.
retirado, -da *adj (apartado)* retiré(-e); *(jubilado)* retraité(-e).
retirar *vt* retirer. ❑ **retirarse** *vpr (jubilarse)* prendre sa retraite; *(acostarse)* aller se coucher.
reto *m* défi *m*.
retocar *vt (fotografía, pintura)* retoucher; *(trabajo)* mettre la dernière main à.
retorcer *vt* tordre. ❑ **retorcerse de** *v + prep (dolor, risa)* se tordre de.
retórica *f* rhétorique *f*.
retornable *adj* consigné(-e).
retorno *m* retour *m*.
retransmisión *f* retransmission *f*.
retransmitir *vt* retransmettre.
retrasado, -da *adj (trabajo)* en retard; *(no actual)* vieux (vieille); *(persona)* attardé(-e).
retrasar *vt (viaje)* repousser; *(cita, reloj)* retarder; *(hacer más lento)* ralentir. ❑ **retrasarse** *vpr* être en retard; *(reloj)* retarder.
retraso *m* retard *m*; **con ~** en retard; **llevar ~** être en retard.
retratar *vt (fotografiar)* photographier; *(dibujar, pintar)* faire le portrait de; *(describir)* dépeindre.
retrato *m* portrait *m*.
retrete *m* toilettes *fpl*.
retroceder *vi* reculer.
retrospectivo, -va *adj* rétrospectif(-ive).
retrovisor *m* rétroviseur *m*.
reuma *m o f* rhumatisme *m*.
reunión *f* réunion *f*.
reunir *vt* réunir. ❑ **reunirse** *vpr* se réunir.
revancha *f* revanche *f*.
revelado *m* développement *m (en photographie)*; **~ en color/blanco y negro** tirage *m* couleur/ noir et blanc.
revelar *vt (secreto, noticia etc)* révéler; *(fotografía)* développer.
reventar *vt (romper)* faire éclater; *(fam: fastidiar)* tuer. ◆ *vi (cansarse)* être crevé(-e); *(estallar)* éclater; *(fam: morir)* crever. ❑ **reventarse** *vpr (romperse)* éclater.
reventón *m (de rueda)* éclatement *m*.
reverencia *f* révérence *f*.
reversible *adj* réversible.
reverso *m* revers *m*.

revés *m* revers *m*; **al ~** *(en orden contrario)* à l'envers; *(al contrario)* au contraire.
revestimiento *m* revêtement *m*.
revisar *vt (corregir)* réviser; *(coche)* faire réviser.
revisión *f* révision *f*.
revisor, -ra *m, f (en tren, autobús)* contrôleur *m* (-euse *f*).
revista *f* revue *f*.
revistero *m* chroniqueur *m* (-euse *f*).
revolcarse *vpr* se rouler.
revoltillo *m (desorden)* fouillis *m*; *(plato) œufs brouillés aux champignons, à l'ail, etc.*
revoltoso, -sa *adj* turbulent(-e).
revolución *f* révolution *f*; *(en mecánica)* tour *m*.
revolucionario, -ria *m, f* révolutionnaire *mf*.
revolver *vt (mezclar)* remuer; *(desordenar)* mettre sens dessus dessous.
revólver *m* revolver *m*.
revuelta *f* révolte *f*.
revuelto, -ta *adj (desordenado)* sens dessus dessous; *(alborotado)* troublé(-e); *(turbio)* trouble; *(tiempo)* instable; *(mar)* agité(-e). ◆ *m œufs brouillés accompagnés d'un autre ingrédient.*
rey *m* roi *m*. ❑ **Reyes** *mpl (fiestas)* Épiphanie *f*; **los Reyes Magos** les Rois mages.

---

i REYES MAGOS

Selon la tradition espagnole, ce sont les Rois mages qui apportent les cadeaux aux enfants le 6 janvier. Ce jour-là, le dessert traditionnel est le «roscón de reyes» qui contient une fève et une figurine. La personne qui trouve la fève doit offrir le gâteau et celle qui trouve la figurine est proclamée roi ou reine de la fête.

---

rezar *vi* prier. ◆ *vt*: **~ su oración** faire sa prière.
rezo *m* prière *f*.
ría *f* ria *f*.
riachuelo *m* ruisseau *m*.
riada *f* inondation *f*.
ribera *f* rive *f*; *(de mar)* rivage *m*.
ribete *m (de vestido, zapato etc)* liseré *m*; *(añadido)* touche *f*.
rico, -ca *adj* riche; *(sabroso)* délicieux(-euse); *(fam: simpático)* adorable.
ridículo, -la *adj* ridicule. ◆ *m* ridicule *m*; **hacer el ~** se ridiculiser.
riego *m (de tierra)* arrosage *m*; *(de campos)* irrigation *f*.
rienda *f* rêne *f*.
riesgo *m* risque *m*; **a todo ~** tous risques.
rifar *vt* tirer au sort.
rigidez *f (de palo, tela etc)* rigidité *f*; *(de carácter, norma)* rigueur *f*.
rígido, -da *adj* rigide; *(norma, regla)* rigoureux(-euse).

rigor *m* rigueur *f*; **de ~** de rigueur.
riguroso, -sa *adj* rigoureux(-euse); *(severo)* rigide.
rima *f (entre versos)* rime *f*; *(poema)* poème *m* lyrique.
rímel *m* Rimmel® *m*.
rincón *m* coin *m*; *(lugar apartado)* recoin *m*.
ring *m* ring *m*.
rinoceronte *m* rhinocéros *m*.
riña *f (discusión)* dispute *f*; *(pelea)* bagarre *f*.
riñón *m* rein *m*. ❑ **riñones** *mpl (parte del cuerpo)* reins *mpl*; **~es al jerez** *(guiso)* rognons *m* au xérès.
riñonera *f* banane *f (sac)*.
río *m (con desembocadura en mar)* fleuve *m*; *(con desembocadura en río)* rivière *f*.
rioja *m vin de la région espagnole de la Rioja*.
RIP *(abrev de requiescat in pace)* RIP.
riqueza *f* richesse *f*.
risa *f* rire *m*.
ristra *f* chapelet *m*.
ritmo *m* rythme *m*.
rito *m* rite *m*.
ritual *m* rituel *m*.
rival *mf* rival *m* (-e *f*).
rizado, -da *adj (pelo)* frisé(-e); *(papel, tela etc)* crêpé(-e); *(mar)* moutonneux(-euse).
rizo *m* boucle *f*.
RNE *f (abrev de Radio Nacional de España) radio nationale espagnole*.
robar *vt* voler; *(en naipes, dominó)* piocher.
roble *m* chêne *m*.
robo *m* vol *m*.
robot *m* robot *m*.
robusto, -ta *adj* robuste.
roca *f* roche *f*.
roce *m* frottement *m*; *(trato)* fréquentation *f*; *(discusión)* heurt *m*.
rociar *vt* asperger.
rocío *m* rosée *f*.
rock *m* rock *m*.
rocoso, -sa *adj* rocheux (-euse).
rodaballo *m* turbot *m*.
rodaje *m (de película)* tournage *m*; *(de vehículo)* rodage *m*.
rodar *vt (película)* tourner; *(vehículo)* roder. ◆ *vi* rouler; *(caerse)* dégringoler; *(deambular)* errer.
rodeado, -da *adj* entouré(-e); **~ de** entouré de.
rodear *vt* entourer; *(con tropas, policías)* cerner; *(dar la vuelta a)* faire le tour de. ❑ **rodearse de** *v + prep* s'entourer de.
rodeo *m* détour *m*; *(espectáculo)* rodéo *m*; **dar ~s** *(fig)* tergiverser; **déjate de ~s** arrête de tourner autour du pot.
rodilla *f* genou *m*; **de ~s** à genoux.
rodillo *m* rouleau *m*.
roedor *m* rongeur *m*.
roer *vt* ronger; **le roe el remordimiento** il est rongé par le remords.
rogar *vt*: **~ a alguien que haga algo** prier qqn de faire qqch.

rojo, **-ja** *adj* rouge. ◆ *m, f (en política)* rouge *mf.* ◆ *m (color)* rouge *m.*

rollito *m* rouleau *m (de printemps).*

rollo *m (cilindro)* rouleau *m; (película fotográfica)* pellicule *f; (fam: persona aburrida)* casse-pieds *m inv; (fam: cosa aburrida)* barbe *f; (fam: actividad)* coup *m;* **soltar un ~ a alguien** *(fam)* tenir la jambe à qqn.

romana *f*: **a la ~** à la romaine.

románico, **-ca** *adj* roman(-e). ◆ *m* roman *m.*

romano, **-na** *adj* romain(-e).

romántico, **-ca** *adj* romantique.

rombo *m* losange *m.*

romería *f* pèlerinage *m; (fiesta popular)* fête *f* patronale.

romero *m* romarin *m.*

romo, **-ma** *adj* émoussé(-e).

rompecabezas *m inv (juego)* puzzle *m; (asunto complicado)* casse-tête *m inv.*

rompeolas *m inv* brise-lames *m inv.*

romper *vt* casser; *(rasgar)* déchirer; *(hábito, relación, silencio)* rompre; *(monotonía, amistad)* briser. ◆ *vi (olas)* se briser; **~ con** rompre avec; **~ a** *(empezar a)* se mettre à. ❑ **romperse** *vpr (partirse)* se casser; *(desgarrarse)* s'user.

ron *m* rhum *m.*

roncar *vi* ronfler.

ronco, **-ca** *adj* enroué(-e).

ronda *f (paseo)* promenade *f; (camino)* boulevard *m* périphérique; *(grupo de personas)* orchestre *m* d'étudiants; *(vigilancia)* ronde *f; (fam: de copas, tapas)* tournée *f.*

rondín *m (Amér) (vigilante)* gardien *m; (instrumento)* harmonica *m.*

ronquido *m* ronflement *m.*

ronronear *vi* ronronner.

ronroneo *m* ronronnement *m.*

ropa *f* vêtements *mpl;* **~ blanca** linge *m* blanc; **~ interior** sous-vêtements *mpl;* **~ sucia** linge *m* sale.

roquefort [roke'for] *m* roquefort *m;* **al ~** au roquefort.

rosa *f* & *adj inv* rose; **~ de los vientos** rose *f* des vents.

rosado, **-da** *adj* rosé(-e). ◆ *m (vino)* rosé.

rosal *m* rosier *m.*

rosario *m (oración)* rosaire *m; (objeto)* chapelet *m.*

roscón *m*: **~ (de Reyes)** *brioche aux fruits que l'on mange pour la fête des Rois.*

rosetón *m* rosace *f.*

rosquilla *f petite pâtisserie sèche en forme d'anneau.*

rostro *m* visage *m.*

rotativo *m* journal *m.*

roto, **-ta** *adj* cassé(-e). ◆ *m (en ropa)* accroc *m.*

rotonda *f (plaza)* rond-point *m; (edificio)* rotonde *f.*

rotulador *m* feutre *m.*

rótulo *m* écriteau *m.*

rotundo, **-da** *adj* catégorique.

rozar *vt* frôler. ❑ **rozarse** *vpr (desgastarse)* s'user.
r.p.m. *(abrev de revoluciones por minuto)* tr/min.
Rte. *(abrev de remitente)* exp.
RTVE *f (abrev de Radiotelevisión Española) organisme public de radiodiffusion et de télévision d'Espagne.*
rubí *m* rubis *m*.
rubio, -bia *adj* blond(-e).
rubor *m (enrojecimiento)* rougeur *f*; *(vergüenza)* honte *f*.
ruborizarse *vpr* rougir.
rudimentario, -ria *adj* rudimentaire.
rudo, -da *adj (descortés, basto)* grossier(-ère); *(violento)* rude.
rueda *f* roue *f*; *(corro)* cercle *m*; **~ de prensa** conférence *f* de presse; **~ de repuesto** ○ **de recambio** roue de secours.
ruedo *m (plaza de toros)* arène *f*; *(límite exterior)* bord *m (circulaire)*.
ruego *m* prière *f (demande)*.
rugby *m* rugby *m*.
rugido *m* rugissement *m*.
rugir *vi* rugir.
rugoso, -sa *adj (aspero)* rugueux(-euse); *(con arrugas)* fripé(-e).
ruido *m* bruit *m*.
ruidoso, -sa *adj* bruyant(-e).
ruin *adj (malo)* vil(-e); *(avaro)* avare.
ruina *f* ruine *f*; **ser la ~ de alguien** causer la perte de qqn. ❑ **ruinas** *fpl* ruines *fpl*.
ruinoso, -sa *adj (edificio, casa, puente)* en ruine; *(negocio, trabajo)* ruineux(-euse).
ruiseñor *m* rossignol *m*.
ruleta *f* roulette *f*.
rulo *m (objeto)* bigoudi *m*; *(rizo)* boucle *f (de cheveux)*.
ruma *f (Amér)* tas *m*.
rumba *f* rumba *f*.
rumbo *m* cap *m*; **~ a** en direction de.
rumiante *m* ruminant *m*.
rumiar *vt* ruminer.
rumor *m (chisme)* rumeur *f*; *(ruido)* brouhaha *m*.
rumorearse *vpr*: **se rumorea que...** le bruit court que...
ruptura *f* rupture *f*.
rural *adj* rural(-e).
Rusia *s* Russie *f*.
ruso, -sa *adj* russe. ◆ *m, f* Russe *mf*. ◆ *m (lengua)* russe *m*.
ruta *f (itinerario)* route *f*.
rutina *f* routine *f*.

S

s *(abrev de segundo)* s.
S *(abrev de San)* St.
SA *f (abrev de sociedad anónima)* SA *f*.
sábado *m* samedi *m*; **cada ~, todos los ~s** tous les samedis; **caer en ~** tomber un samedi; **el próximo ~, el ~ que viene** samedi

prochain; **viene el ~** elle vient samedi; **el ~ pasado** samedi dernier; **el ~ por la mañana/tarde/noche** samedi matin/après-midi/soir; **este ~** *(pasado)* samedi dernier; *(próximo)* samedi prochain; **los ~s** le samedi.

sábana *f* drap *m*.

sabañón *m* engelure *f*.

saber *m* savoir *m*. ◆ *vt* savoir; *(entender de)* s'y connaître en. ◆ *vi* *(Amér: soler)* avoir l'habitude de; **~ algo de** *(tener noticias de)* avoir des nouvelles de; **~ bien/mal** *(alimento, bebida)* avoir bon/mauvais goût; **~ mal a alguien** *(disgustar)* ne pas plaire à qqn. ❑ **saber a** *v + prep (tener sabor de)* avoir un goût de.

sabiduría *f (conocimiento)* savoir *m*; *(prudencia)* sagesse *f*.

sabio, -bia *adj (con conocimientos)* savant(-e); *(prudente)* sage. ◆ *m, f* savant *m* (-e *f*).

sable *m* sabre *m*.

sabor *m* goût *m*; **un ~ a** un goût de.

saborear *vt* savourer.

sabotaje *m* sabotage *m*.

sabroso, -sa *adj (comida)* délicieux(-euse); *(comentario, noticia etc)* intéressant(-e); *(cantidad)* substantiel(-elle).

sacacorchos *m inv* tire-bouchon *m*.

sacapuntas *m inv* taille-crayon *m*.

sacar *vt* sortir; *(conseguir, obtener)* obtenir; *(premio)* gagner; *(verdad)* soutirer; *(vino)* tirer; *(ecuación)* résoudre; *(en el juego)* piocher; *(ensanchar)* élargir; *(pecho)* bomber; *(barriga, músculo)* gonfler; *(copia, foto)* faire. ◆ *vi (en tenis)* servir; **~ tres minutos a alguien** prendre une avance de trois minutes sur qqn; **~ billetes/entradas** prendre des billets; **~ brillo** faire briller; **~ dinero** retirer de l'argent; **~ la lengua** tirer la langue; **~ nota** avoir une bonne note; **~ buenas/malas notas** avoir de bonnes/mauvaises notes. ❑ **sacarse** *vpr (carné, permiso)* passer.

sacarina *f* saccharine *f*.

sacerdote *m* prêtre *m*.

saciar *vt* assouvir; **~ la sed** étancher sa soif.

saco *m* sac *m*; *(Amér)* veste *f*; **~ de dormir** sac de couchage.

sacramento *m* sacrement *m*.

sacrificar *vt* sacrifier; *(para el consumo)* abattre. ❑ **sacrificarse** *vpr* se sacrifier; **~se por** se sacrifier pour.

sacrificio *m* sacrifice *m*; *(de animal)* abattage *m*.

sacristán *m* sacristain *m*.

sacudida *f* secousse *f*.

sacudir *vt* secouer; *(fam: pegar)* flanquer une raclée à.

safari *m (expedición)* safari *m*; *(parque zoológico)* parc *m* animalier.

Sagitario *m* Sagittaire *m*.

sagrado, -da *adj* sacré(-e).

sal *f* sel *m*; *(fig: gracia)* piquant *m*. ❑ **sales** *fpl (de baño)* sels *mpl*.

sala *f* salle *f*; **~ climatizada** salle

climatisée; ~ **de espera** salle d'attente; ~ **de estar** salle de séjour; ~ **de fiestas** salle de bal; ~ **de juegos** salle de jeux.

salado, -da *adj (alimento, comida)* salé(-e); *(persona)* drôle.

salamandra *f* salamandre *f*.

salar *vt* saler.

salario *m* salaire *m*.

salchicha *f* saucisse *f*.

salchichón *m* saucisson *m*.

saldo *m* solde *m*.

salero *m* salière *f*; *(gracia)* charme *m*.

salida *f* sortie *f*; *(en transporte, deporte)* départ *m*; *(pretexto)* échappatoire *f*; *(ocurrencia)* trait *m* d'esprit; *(recurso)* issue *f*; *(de productos)* débouchés *mpl*; **'~ sin compra'** 'sortie sans achat'; ~ **de socorro** O **emergencia** sortie de secours; **~s internacionales** *(de tren, avión)* départs internationaux.

salina *f* salin *m*.

salir *vi* -1. *(gen)* sortir; **salió a la calle** il sortit dans la rue; **Pedro sale mucho con sus amigos** Pedro sort beaucoup avec ses amis; ~ **de** sortir de; **Juan y María salen juntos** Juan et María sortent ensemble; **el tapón sale poco a poco** le bouchon sort petit à petit.
-2. *(marcharse)* partir; **el tren sale muy temprano** le train part très tôt; **él ha salido para Madrid** il est parti pour Madrid.
-3. *(resultar)*: **ha salido muy estudioso** il est très studieux; **salió elegida mejor actriz del año** elle a été élue meilleure actrice de l'année; **me ha salido bien el examen** j'ai réussi l'examen; **les ha salido mal el plan** leur plan a échoué.
-4. *(resolver)*: **este problema no me sale** je n'arrive pas à résoudre ce problème; **me ha salido la división** j'ai résolu la division.
-5. *(proceder)*: **el vino sale de la uva** le raisin donne le vin.
-6. *(sol)* se lever.
-7. *(dientes, plantas)* pousser.
-8. *(publicación)* paraître.
-9. *(en imagen, prensa)*: **¡qué bien sales en la foto!** tu es très bien sur la photo!; **mi vecina salió en la tele** ma voisine est passée à la télé.
-10. *(ocasión)* se présenter.
-11. *(costar)*: **la comida le ha salido por diez mil pesetas** le repas lui est revenu à dix mille pesetas.
-12. *(sobresalir)* ressortir.
-13. *(INFORM)* quitter.
-14. *(en locuciones)*: ~ **adelante** *(persona, empresa)* s'en sortir; *(proyecto, propuesta)* se réaliser.
❑ **salirse** *vpr* -1. *(marcharse)*: **~se (de)** sortir (de).
-2. *(de asociación, partido)* quitter.
-3. *(rebosar)* déborder.
-4. *(desviarse)*: **~se de** *(vía)* dérailler; **el coche se salió de la carretera** la voiture a quitté la route.

saliva *f* salive *f*.

salmón *m* saumon *m*; ~ **ahumado/fresco** saumon fumé/frais.

salmonete *m* rouget *m*.

salón *m* salon *m*; *(de edificio público)* salle *f*; ~ **del automóvil** salon de l'automobile; ~ **recreativo** salle de jeux.

salpicadero *m* tableau *m* de bord.

salpicar *vt* éclabousser.

salpicón *m* *morceaux de viande ou de poisson assaisonnés d'oignon, d'huile et de vinaigre*; **~ de marisco** *«salpicón» de fruits de mer*.

salpimentar *vt* saupoudrer de sel et de poivre.

salsa *f* sauce *f*; *(gracia)* attrait *m*; *(baile, música)* salsa *f*; **~ bechamel** sauce béchamel; **~ rosa** sauce cocktail; **~ de tomate** sauce tomate; **~ verde** ≈ sauce tartare.

salsera *f* saucière *f*.

saltamontes *m inv* sauterelle *f*.

saltar *vi* sauter; *(levantarse)* bondir; *(desprenderse)* tomber; *(desparramarse)* jaillir; *(explotar)* exploser. ◆ *vt* *(obstáculo)* sauter; *(espacio)* sauter dessus. ❑ **saltarse** *vpr* *(omitir)* sauter; *(no respetar)* ignorer; *(semáforo)* brûler; **se me ha saltado un botón** j'ai perdu un bouton.

salteado, -da *adj* sauté(-e); **la falda tiene lunares ~s** la jupe est parsemée de pois.

saltear *vt* *(asaltar)* attaquer; *(CULIN)* faire sauter.

salto *m* saut *m*; *(en el tiempo)* bond *m*; **~ de agua** chute *f* d'eau; **~ de cama** saut-de-lit *m*; **el corazón le da ~s** son cœur bat à toute vitesse; **dar ~s de un tema a otro** passer d'un sujet à l'autre.

salud *f* santé *f*; **tener buena/mala ~** avoir une bonne/mauvaise santé; **estar bien/mal de ~** être en bonne/mauvaise santé; **¡(a tu) ~!** (à ta) santé!

saludable *adj* sain(-e); *(provechoso)* salutaire.

saludar *vt* saluer. ❑ **saludarse** *vpr* se saluer.

saludo *m* salut *m*. ❑ **saludos** *mpl (recuerdos)* bonjour *m*.

salvación *f (RELIG)* salut *m*; **no tener ~** *(enfermo)* être perdu(-e).

Salvador *m*: **El ~** le Salvador.

salvadoreño, -ña *adj* salvadorien(-enne). ◆ *m, f* Salvadorien *m* (-enne *f*).

salvaje *adj* sauvage.

salvamanteles *m inv* dessous-de-plat *m inv*.

salvar *vt* sauver; *(peligro)* échapper à; *(dificultad)* surmonter; *(obstáculo)* franchir; *(distancia)* parcourir. ❑ **salvarse** *vpr* *(persona)* réchapper de; *(RELIG)* sauver son âme.

salvavidas *m inv* bouée *f* de sauvetage.

salvo *adv* sauf; **a ~** à l'abri.

san *adj* → **santo**.

sanatorio *m* clinique *f*.

sanción *f* sanction *f*.

sancochado *m (Amér)* *plat de viande, de banane plantain et de manioc*.

sancochar *vt (Amér)* *faire une cuisine peu relevée*.

sandalia *f* sandale *f*.

sandía *f* pastèque *f*.

sandwich ['sanwitʃ] *m* sandwich *m (de pain de mie)*.

sanfermines *mpl* *fête patronale*

de Pampelune, célèbre pour ses courses de taureaux.

SANFERMINES

Les fêtes les plus populaires de Pampelune sont les «sanfermines» en l'honneur du saint patron de la ville. Le coup d'envoi des festivités qui durent une semaine est donné le 7 juillet sur la place de la mairie par le «chupinazo», un tir de pétards. Ensuite, des groupes d'amis ou «cuadrillas» parcourent bras dessus bras dessous les rues de la ville au son des fanfares: c'est le «pasacalles». Les courses de taureaux quotidiennes sont précédées de l'«encierro» qui constitue la particularité de ces fêtes: les jeunes gens libèrent les troupeaux de taureaux du toril et courent devant eux jusqu'aux arènes où la corrida aura lieu l'après-midi.

sangrar *vi* saigner. ◆ *vt* saigner; *(árbol)* gemmer; *(línea, párrafo)* commencer en retrait.

sangre *f* sang *m*; ~ **azul** sang bleu; ~ **fría** sang-froid *m*.

sangría *f* saignée *f*; *(bebida)* sangria *f*.

sangriento, -ta *adj (con sangre)* sanglant(-e); *(cruel)* sanguinaire.

sanidad *f (higiene)* hygiène *f*; *(servicios de salud)* secteur *m* médical.

sanitario, -ria *adj* sanitaire. ◆ *m, f (persona)* professionnel *m* (-elle *f*) de la santé. ❑ **sanitarios** *mpl* sanitaires *mpl*.

sano, -na *adj* sain(-e); *(sin daño)* intact(-e); ~ **y salvo** sain et sauf.

santiguarse *vpr* se signer.

santo, -ta *adj* & *m, f* saint(-e). ◆ *m (de persona)* fête *f*.

SANTO

La fête du saint dont on porte le nom est très célébrée en Espagne, pays de tradition catholique. Les personnes dont c'est la fête invitent généralement leurs parents, amis et collègues de travail à prendre un verre. En retour, ils reçoivent de menus cadeaux.

santuario *m* sanctuaire *m*.

sapo *m* crapaud *m*.

saque *m (inicio)* coup *m* d'envoi; *(en tenis)* service *m*.

saquear *vt (ciudad, tienda)* mettre à sac; *(fam: vaciar)* faire une razzia sur.

sarampión *m* rougeole *f*.

sarcástico, -ca *adj* sarcastique.

sardana *f* sardane *f*.

sardina *f* sardine *f*; ~**s a la plancha** sardines grillées.

sargento *m* sergent *m*.

sarna *f* gale *f*.

sarpullido *m* éruption *f* cutanée.

sarro *m* tartre *m*.

sartén *f* poêle *f*.

sastre *m* tailleur *m*.
sastrería *f*: **en la ~** chez le tailleur.
satélite *m* satellite *m*.
sátira *f* satire *f*.
satírico, -ca *adj* satirique.
satisfacción *f* satisfaction *f*.
satisfacer *vt* satisfaire; *(deuda)* honorer; *(duda, dificultad)* lever; *(pregunta)* répondre à.
satisfecho, -cha *adj (complacido)* satisfait(-e); *(harto)* repu(-e).
sauce *m* saule *m*.
sauna *f* sauna *m*.
saxofón *m* saxophone *m*.
sazonar *vt* assaisonner.
se *pron* -1. *(reflexivo, recíproco)* se; **el niño ~ lava los dientes** le petit se lave les dents; **siénte~** asseyez-vous; **~ quieren** ils s'aiment.
-2. *(en construcción pasiva)*: **las cosas ~ guardan en su sitio** il faut ranger les choses à leur place; **~ ha suspendido la reunión** la réunion a été suspendue.
-3. *(en construcción impersonal)* on; **'~ habla inglés'** on parle anglais; **'~ prohíbe fumar'** 'interdiction de fumer'.
-4. *(a él, ella)* lui; **yo ~ lo daré** je le lui donnerai.
-5. *(a ellos, ellas)*: **~ lo dije pero no me creyeron** je le leur ai dit mais ils ne m'ont pas cru.
-6. *(a usted, ustedes)* vous; **si usted quiere, yo ~ las mandaré** si vous voulez, je vous les enverrai.
secador *m* séchoir *m*; **~ de cabello** sèche-cheveux *m*.
secadora *f (de ropa)* sèche-linge *m*.
secano *m* terrain *m* non irrigué.
secar *vt (dejar seco)* sécher; *(enjugar)* essuyer. ❑ **secarse** *vpr (río, fuente)* s'assécher; *(planta, árbol)* se dessécher; *(ropa, cabello, superficie)* sécher.
sección *f* section *f*; *(de empresa, oficina)* service *m*; *(dibujo)* coupe *f*.
seco, -ca *adj* sec (sèche); *(río, fuente)* à sec; **a secas** tout court; **parar en ~** s'arrêter net.
secretaría *f* secrétariat *m*.
secretariado *m* secrétariat *m*.
secretario, -ria *m, f* secrétaire *mf*.
secreto, -ta *adj* secret(-ète). ◆ *m* secret *m*; **en ~** en secret.
secta *f* secte *f*.
sector *m* secteur *m*.
secuestrador, -ra *m, f* ravisseur *m* (-euse *f*).
secuestrar *vt (persona)* enlever; *(avión)* détourner.
secuestro *m (de persona)* enlèvement *m*; *(de avión)* détournement *m*.
secundario, -ria *adj* secondaire.
sed *f* soif *f*; **dar/tener ~** donner/avoir soif.
seda *f* soie *f*.
sedante *m* sédatif *m*.
sede *f* siège *m*.
sedentario, -ria *adj* sédentaire.

sediento, -ta *adj* assoiffé(-e).
seductor, -ra *adj* séduisant(-e). ◆ *m, f* séducteur *m* (-trice *f*).
segador, -ra *m, f* moissonneur *m* (-euse *f*).
segadora *f (máquina)* moissonneuse *f*, → **segador**.
segar *vt (cereal)* moissonner; *(hierba)* faucher.
segmento *m* segment *m*.
seguido, -da *adj (continuo)* continu(-e); *(consecutivo)* de suite, d'affilée. ◆ *adv (en línea recta)* tout droit; **en seguida** tout de suite; **todo ~** tout droit.
seguir *vt* suivre; *(reanudar)* poursuivre. ◆ *vi* continuer; **sigue soltero/enfermo** il est toujours célibataire/malade; **~ a algo** *(sucederse)* suivre qqch.
según *prep* selon. ◆ *adv (como)* comme; *(a medida que)* (au fur et) à mesure que; **~ yo/tú** selon moi/toi.
segunda *f (velocidad)* seconde *f*, → **segundo**.
segundero *m* trotteuse *f (d'une montre)*.
segundo, -da *núm* deuxième, second(-e). ◆ *m, f (persona)* second *m* (-e *f*). ◆ *m (de tiempo)* seconde *f*, → **sexto**.
seguramente *adv (con seguridad)* sûrement; *(probablemente)* probablement.
seguridad *f* sécurité *f*. ❑ **Seguridad Social** *f* Sécurité *f* sociale.
seguro, -ra *adj* sûr(-e). ◆ *m (de coche, vida, casa)* assurance *f*; *(de arma, máquina)* cran *m* de sûreté; *(fam: Seguridad Social)* Sécu *f*. ◆ *adv* sûrement; **estar ~** *(sin temor)* être tranquille; *(cierto, confiado)* être sûr.
seis *adj inv* & *m* six. ◆ *mpl* six. ◆ *fpl*: **las ~** six heures; **doscientos ~** deux cent six; **treinta y ~** trente-six; **de ~ en ~** six par six; **empatados a ~** six partout; **los ~** les six; **~ a cero** six à zéro.
seiscientos *núm* six cents, → **seis**.
selección *f* sélection *f*; *(equipo nacional)* équipe *f* nationale.
seleccionador, -ra *m, f* sélectionneur *m* (-euse *f*).
seleccionar *vt* sélectionner.
selectividad *f examen d'entrée à l'université*, ≃ baccalauréat *m*.

SELECTIVIDAD

La «selectividad» une série d'examens sanctionnant la fin des études secondaires et permettant l'entrée à l'université. Ces examens durent deux jours et portent sur toutes les matières étudiées. La moyenne obtenue détermine l'admission de l'étudiant dans l'une ou l'autre des facultés.

selecto, -ta *adj* de choix.
selector *m* sélecteur *m*.
self-service *m* self-service *m*.
sello *m (de correos)* timbre *m*; *(tampón)* tampon *m*.

selva *f* forêt *f* vierge.
semáforo *m* feu *m* (de signalisation).
semana *f* semaine *f.* ❑ **Semana Santa** *f* semaine *f* sainte.

SEMANA SANTA

À l'occasion de la semaine sainte de nombreuses cérémonies commémorent la passion et la résurrection de Jésus-Christ. Les célébrations les plus spectaculaires sont les processions au cours desquelles des statues religieuses sont transportées à dos d'homme. Des pénitents entièrement masqués appartenant à différentes confréries suivent les porteurs tandis que la foule se joint à eux pour prier. La procession de la Vierge de la Macarena à Séville est l'une des plus importantes et donne parfois lieu à des «saetas», brefs poèmes religieux chantés du haut d'un balcon.

semanal *adj* hebdomadaire.
semanario *m* hebdomadaire *m*.
sembrar *vt* semer.
semejante *adj (parecido)* semblable; *(tal)* pareil(-eille). ◆ *m* semblable *m*.
semejanza *f* ressemblance *f.*
semen *m* sperme *m*.
semestre *m* semestre *m*.
semidesnatado, -da *adj (leche)* demi-écrémé(-e); *(yogur)* à 50% de matières grasses.
semidirecto, -ta *adj* semi-direct(-e).
semifinal *f* demi-finale *f.*
semilla *f* graine *f.*
sémola *f* semoule *f.*
Senado *m*: **el ~** le Sénat.
senador, -ra *m, f* sénateur *m*.
sencillo, -lla *adj* simple. ◆ *m (Amér: monedas)* petite monnaie *f.*
sendero *m* sentier *m*.
seno *m* sein *m*.
sensación *f* sensation *f*; **causar ~** faire sensation.
sensacional *adj* sensationnel(-elle).
sensacionalismo *m* sensationnalisme *m*.
sensacionalista *adj* à sensation.
sensato, -ta *adj* sensé(-e).
sensibilidad *f* sensibilité *f.*
sensible *adj* sensible.
sensual *adj* sensuel(-elle).
sentado, -da *adj* réfléchi(-e); **dar por ~** considérer comme acquis.
sentar *vt* asseoir. ◆ *vi*: **~ bien/mal a alguien** *(comida, bebida)* réussir/ne pas réussir à qqn; *(ropa, zapatos, joyas)* aller bien/mal à qqn; *(dicho, hecho, broma)* plaire/déplaire à qqn. ❑ **sentarse** *vpr* s'asseoir.
sentencia *f* sentence *f.*
sentenciar *vt* condamner.
sentido *m* sens *m*; *(entendimiento)* raison *f*; **~ común** sens commun.

sentimental *adj* sentimental(-e).

sentimiento *m* sentiment *m*; *(pena)* douleur *f*.

sentir *m* sentiment *m*. ◆ *vt (percibir, apreciar)* sentir; *(miedo, dolor)* avoir; *(alegría, tristeza)* éprouver; *(lamentar)* regretter; **lo siento** *(disculpa)* je suis désolé(-e); *(pésame)* toutes mes condoléances. ❑ **sentirse** *vpr* se sentir; **~se bien/mal** se sentir bien/mal.

seña *f* signe *m*. ❑ **señas** *fpl (domicilio)* adresse *f*, coordonnées *fpl*; *(características)* signes *mpl*; **~s personales** *(rasgos físicos)* signes particuliers.

señal *f (distintivo)* insigne *m*; *(signo, indicio)* signe *m*; *(aviso, orden)* signal *m*; *(de teléfono)* tonalité *f*; *(fianza)* acompte *m*; *(huella)* trace *f*; *(cicatriz)* marque *f*; **~ de tráfico** panneau *m* de signalisation.

señalado, -da *adj* important(-e).

señalar *vt (poner marca, nombrar)* signaler; *(con la mano, dedo)* montrer; *(ser indicio de)* indiquer; *(lugar, precio, fecha)* fixer; *(hacer cicatrices)* marquer.

señor, -ra *adj (gran)* beau (belle). ◆ *m* monsieur *m*; *(dueño)* maître *m*; *(caballero)* gentleman *m*; **Muy ~ mío** *(en carta)* Cher Monsieur.

señora *f* dame *f*; *(tratamiento)* madame *f*; *(esposa)* femme *f*; *(dueña)* maîtresse *f*; **Muy ~ mía** *(en carta)* Chère Madame.

señorita *f (tratamiento)* mademoiselle *f*; *(mujer soltera)* demoiselle *f*; *(maestra)* maîtresse *f*.

señorito, -ta *adj (despec: refinado)*: **es muy ~** il aime bien se faire servir. ◆ *m (hijo del amo)* fils *m* de la famille.

separación *f* séparation *f*; *(espacio, distancia)* écart *m*.

separado, -da *adj* séparé(-e).

separar *vt* séparer; *(apartar)* éloigner; *(reservar)* mettre de côté; *(distinguir)* distinguer. ❑ **separarse** *vpr* se séparer.

sepia *f* seiche *f*; **~ a la plancha** seiche grillée.

septentrional *adj* septentrional(-e).

septiembre *m* = **setiembre**.

séptimo, -ma *núm* septième, → **sexto**.

sepulcro *m* tombeau *m*.

sequía *f* sécheresse *f*.

ser *m* être *m*; **~ humano/vivo** être humain/vivant.

◆ *v aux (forma la voz pasiva)* être; **fue visto por un testigo** il a été vu par un témoin.

◆ *v copulativo* être; **mi abrigo es rojo** mon manteau est rouge; **son estudiantes** ils sont étudiants; **el gato es un mamífero** le chat est un mammifère; **~ de** *(estar hecho de)* être en; *(ser originario de)* être de; *(pertenecer a)* être à; *(formar parte de)* être membre de; **eres como tu padre** tu es comme ton père.

◆ *vi* -1. *(suceder, ocurrir)* avoir lieu; **el eclipse fue ayer** l'éclipse a eu lieu hier.

-2. *(haber, existir)* être; **~ o no ~**

être ou ne pas être; **¿cuánto es?** c'est combien?; **hoy es martes** aujourd'hui on est mardi; **hoy es San José** aujourd'hui c'est la Saint-Joseph; **¿qué hora es?** quelle heure est-il?; **son las tres de la tarde** il est trois heures de l'après-midi. **-3.** *(causar)*: **el negocio fue su ruina** cette affaire a causé sa perte. **-4.** *(en locuciones)*: **a no ~ que** à moins que; **como sea** coûte que coûte; **o sea** c'est-à-dire. ◆ *v impers (expresión de tiempo)*: **es de día/de noche** il fait jour/nuit; **es muy tarde** il est très tard. ❏ **ser para** *v + prep (servir, adecuarse)*: **este trapo es para limpiar los cristales** ce chiffon sert à nettoyer les vitres; **este libro no es para los niños** ce n'est pas un livre pour les enfants.

serenar *vt* apaiser. ❏ **serenarse** *vpr* se calmer; *(tiempo)* s'améliorer.

serenidad *f* sérénité *f*.

sereno, -na *adj (persona)* serein(-e); *(tiempo)* clair(-e); *(mar)* calme.

serie *f* série *f*.

seriedad *f* sérieux *m*.

serio, -ria *adj* sérieux(-euse); *(sin adornos)* strict(-e); **en ~** sérieusement; **ir en ~** *(suj: novios)* entretenir une relation sérieuse; **tomar en ~** prendre au sérieux.

sermón *m* sermon *m*.

serpentina *f* serpentin *m*.

serpiente *f* serpent *m*.

serrar *vt* scier.

serrín *m* sciure *f*.

serrucho *m* scie *f* (égoïne).

servicio *m* service *m*; *(criados)* domestiques *mpl*; **estar de ~** être de service; **~ militar** service militaire; **~s mínimos** service minimum; **~ público** service public; **~ de revelado rápido** développement *m* rapide; **~ urgente** service urgent. ❏ **servicios** *mpl* toilettes *fpl*.

servidumbre *f (criados)* domestiques *mpl*.

servilleta *f* serviette *f* (de table).

servir *vt* servir; *(ser útil a)* être utile à. ◆ *vi* servir; *(ropa, zapatos)* aller; **~ de algo** servir à qqch. ❏ **servirse** *vpr* se servir; **sírvase usted mismo** servez-vous. ❏ **servirse de** *v + prep* se servir de.

sesenta *núm* soixante, → **seis**.

sesión *f* séance *f*; *(de teatro)* représentation *f*; **un cine de ~ continua** un cinéma permanent.

sesos *mpl (de animal)* cervelle *f*; *(de persona)* jugeote *f*.

seta *f* champignon *m*; **~s al ajillo/con gambas** champignons à l'ail/aux crevettes.

setecientos, -tas *núm* sept cents, → **seis**.

setenta *núm* soixante-dix, → **seis**.

setiembre *m* septembre *m*; **a principios/mediados/finales de ~** début/à la mi-/fin septembre; **el pasado/próximo (mes de) ~** en septembre dernier/prochain; **en ~** en septembre; **este (mes de) ~** *(pasado)* en septembre dernier;

(próximo) en septembre prochain; **para ~** en septembre; **uno de los ~s más lluviosos** l'un des mois de septembre les plus pluvieux; **el nueve de ~** le neuf septembre.

seto *m* haie *f*.

severidad *f* sévérité *f*.

severo, -ra *adj* sévère.

Sevilla *s* Séville.

sevillanas *fpl (baile) danse populaire andalouse; (música) musique populaire andalouse*.

sexismo *m* sexisme *m*.

sexista *mf* sexiste *mf*.

sexo *m* sexe *m*.

sexto, -ta *adj* & *m, f* sixième. ◆ *m (fracción)* sixième *m*; **~ (de E.G.B.)** ≃ sixième *f*; **el ~** le sixième; **la sexta** la sixième; **capítulo ~** chapitre six; **el ~ día** le sixième jour; **en ~ lugar, en sexta posición** en sixième position; **la sexta parte** un sixième.

sexual *adj* sexuel(-elle).

sexualidad *f* sexualité *f*.

shorts ['ʃors] *mpl* short *m*.

show ['ʃow] *m* show *m*.

si *conj* si; **~ viene él yo me voy** s'il vient je m'en vais; **me pregunto ~ lo sabe** je me demande s'il le sait.

sí (*pl* **síes**) *adv (afirmación)* oui. ◆ *pron (él)* lui; *(ella)* elle; *(ellos)* eux; *(ellas)* elles; *(usted, ustedes)* vous. ◆ *m* approbation *f*; **¿vendrás? - ~** tu viendras? - oui; **¿no vendrás? - ~** tu ne viendras pas? - si; **cuando uno piensa en ~ mismo** quand on pense à soi.

sida *m* sida *m*.

sidecar *m* side-car *m*.

sidra *f* cidre *m*.

siega *f* moisson *f*.

siembra *f* semailles *fpl*.

siempre *adv* toujours; *(Amér: con toda seguridad)* vraiment; **desde ~** depuis toujours.

sien *f* tempe *f*.

sierra *f (herramienta)* scie *f*; *(de montañas)* chaîne *f*.

siesta *f* sieste *f*; **echar una ~** faire la sieste.

SIESTA

Après le déjeuner, en particulier dans les régions les plus chaudes d'Espagne ou d'Amérique latine, les gens s'accordent un moment pour dormir ou se reposer.

siete *núm* sept, → **seis**. ◆ *f*: **¡la gran ~!** *(admiración: Amér: fam)* ouah!; *(enfado)* purée!

sifón *m (botella)* siphon *m*; *(agua con gas)* eau *f* de Seltz.

siglas *fpl* sigles *mpl*.

siglo *m* siècle *m*; **hace un ~ que no lo he visto** *(fam)* ça fait des siècles que je ne l'ai pas vu.

significado *m* signification *f*.

significar *vt* signifier.

significativo, -va *adj (con significado)* significatif(-ive); *(importante, destacado)* important(-e).

signo *m* signe *m*; **~ de admiración/de interrogación** point *m* d'exclamation/d'interrogation.

siguiente *adj* & *mf* suivant(-e); **el ~** le suivant.
sílaba *f* syllabe *f*.
silbar *vi* & *vt* siffler.
silbato *m* sifflet *m*.
silbido *m* sifflement *m*.
silenciador *m* silencieux *m*.
silencio *m* silence *m*.
silenciosamente *adv* silencieusement.
silencioso, **-sa** *adj* silencieux(-euse).
silla *f* chaise *f*; **~ de montar** selle *f*; **~ de ruedas** fauteuil *m* roulant.
sillín *m* selle *f* *(de bicyclette etc)*.
sillón *m* fauteuil *m*.
silueta *f* silhouette *f*.
silvestre *adj* *(planta)* sauvage.
símbolo *m* symbole *m*.
simétrico, **-ca** *adj* symétrique.
similar *adj* semblable.
similitud *f* similitude *f*.
simpatía *f* sympathie *f*.
simpático, **-ca** *adj* sympathique.
simpatizante *mf* sympathisant *m* (-e *f*).
simpatizar *vi* sympathiser; **~ con** sympathiser avec.
simple *adj* simple; *(ingenuo)* simplet(-ette). ◆ *m* *(en tenis, ping-pong)* simple *m*.
simplicidad *f* *(sencillez)* simplicité *f*; *(ingenuidad)* naïveté *f*.
simular *vt* simuler.
simultáneo, **-a** *adj* simultané(-e).
sin *prep* sans; **~ embargo** cependant.
sinagoga *f* synagogue *f*.
sinceridad *f* sincérité *f*.
sincero, **-ra** *adj* sincère.
sincronizar *vt* synchroniser.
sindicato *m* syndicat *m*.
sinfonía *f* symphonie *f*.
sinfónico, **-ca** *adj* symphonique.
singular *adj* singulier(-ère); *(único)* unique. ◆ *m* singulier *m*.
siniestro, **-tra** *adj* sinistre.
sinnúmero *m*: **un ~ de** une foule de.
sino *conj* *(para contraponer)* mais; *(excepto)* sauf; **no es azul, ~ verde** ce n'est pas bleu, mais vert; **nadie lo sabe ~ él** personne ne le sait sauf lui; **no quiero ~ que se haga justicia** je veux seulement que justice soit faite.
sinónimo *m* synonyme *m*.
síntesis *f* synthèse *f*.
sintético, **-ca** *adj* synthétique.
sintetizador *m* synthétiseur *m*.
síntoma *m* symptôme *m*.
sintonía *f* *(música)* indicatif *m*; *(de estación de radio)* fréquence *f*.
sintonizar *vt*: **sintoniza Radio Nacional** *(busca)* mets Radio Nacional; *(escucha)* vous écoutez Radio Nacional.
sinvergüenza *mf* *(estafador)* crapule *f*; *(descarado)* effronté *m* (-e *f*).
siquiera *adv* au moins; **dime ~**

su nombre dis-moi au moins son nom; **ni ~** même pas; **ni ~ me saludó** il ne m'a même pas dit bonjour.

sirena *f* sirène *f*.

sirviente, -ta *m, f* domestique *mf*.

sisa *f (de vestido)* emmanchure *f*; **hacer ~** *(robar)* grappiller.

sistema *m* système *m*; **por ~** systématiquement.

sitiar *vt* assiéger.

sitio *m (lugar)* endroit *m*; *(espacio)* place *f*; *(de ciudad, pueblo)* siège *m*; *(Amér: de taxis)* station *f*; **en otro ~** ailleurs; **hacer ~** faire de la place.

situación *f* situation *f*.

situar *vt (colocar)* placer; *(localizar)* situer. ❑ **situarse** *vpr* se placer; *(enriquecerse)* se faire une situation.

skin head *mf* skinhead *mf*.

SL *f (abrev de sociedad limitada)* SARL *f*.

SM *(abrev de Su Majestad)* SM.

s/n *(abrev de sin número) dans la formulation d'une adresse, symbole indiquant qu'il n'y a pas de numéro.*

sobaco *m* aisselle *f*.

sobado, -da *adj (ropa)* élimé(-e).

soberbia *f* orgueil *m*.

soberbio, -bia *adj (orgulloso)* orgueilleux(-euse); *(magnífico)* superbe.

soborno *m* corruption *f*.

sobrar *vi* rester; *(estar de más)* être de trop; **nos sobra comida** il nous reste à manger.

sobras *fpl (de comida)* restes *mpl*.

sobrasada *f saucisson pimenté typique de Majorque*.

sobre[1] *prep* -1. *(gen)* sur; **el libro estaba ~ la mesa** le livre était sur la table; **un libro ~ el amor** un livre sur l'amour; **~ todo** surtout.
-2. *(por encima de)* au-dessus de; **el pato vuela ~ el lago** le canard vole au-dessus du lac.
-3. *(superioridad)*: **su opinión está ~ la de los demás** son opinion fait autorité sur celle des autres.
-4. *(alrededor)* vers; **llegaron ~ las diez** ils sont arrivés vers dix heures.

sobre[2] *m* enveloppe *f*.

sobreático *m* ≃ chambre *f* de bonne.

sobrecarga *f* surcharge *f*.

sobredosis *f inv* overdose *f*.

sobrehumano, -na *adj* surhumain(-e).

sobremesa *f temps passé à bavarder à table après le repas*; **de ~** *(programación)* de l'après-midi.

sobrenombre *m* surnom *m*.

sobrepasar *vt* dépasser.

sobreponer *vt* superposer. ❑ **sobreponerse a** *v + prep (no dejarse abatir por)* surmonter.

sobrepuesto, -ta *adj* superposé(-e).

sobresaliente *adj* remarquable. ◆ *m (calificación)* mention *f* très bien.

sobresalir *vi (en altura)* dépasser; *(en importancia)* se distinguer.
sobresalto *m* sursaut *m*.
sobrevivir *vi* survivre.
sobrevolar *vt* survoler.
sobrino, -na *m, f* neveu *m* (nièce *f*).
sobrio, -bria *adj* sobre.
sociable *adj* sociable.
social *adj* social(-e).
socialista *mf* socialiste *mf*.
sociedad *f* société *f*.
socio, -cia *m, f (de club, asociación)* membre *m*; *(de negocio)* associé *m* (-e *f*).
sociología *f* sociologie *f*.
sociólogo, -ga *m, f* sociologue *mf*.
socorrer *vt* secourir.
socorrismo *m* secourisme *m*.
socorrista *mf* secouriste *mf*.
socorro *m* secours *m*. ◆ *interj* au secours!
soda *f* soda *m*.
sofá *m* canapé *m*.
sofisticado, -da *adj* sophistiqué(-e).
sofocante *adj (calor, ambiente)* étouffant(-e).
sofoco *m (ahogo)* étouffement *m*; *(vergüenza)* honte *f*; **llevarse un ~** être vert(-e) de rage.
sofrito *m friture d'oignons et de tomates*.
software ['sofwar] *m* logiciel *m*.
sol *m* soleil *m*; *(de plaza de toros) place côté soleil dans l'arène*.
solamente *adv* seulement; **lo hizo ~ para ayudarme** il ne l'a fait que pour m'aider.
solapa *f (de vestido, chaqueta)* revers *m*; *(de libro)* rabat *m*.
solar *adj (del sol)* solaire. ◆ *m (terreno)* terrain *m* vague.
solárium *m* solarium *m*.
soldado *m* soldat *m*; **~ raso** simple soldat.
soldador *m (herramienta)* fer *m* à souder.
soldar *vt* souder.
soleado, -da *adj* ensoleillé(-e).
soledad *f* solitude *f*; *(tristeza)* tristesse *f*.
solemne *adj* solennel(-elle); *(grande)* grandiose.
solemnidad *f* solennité *f*.
soler *vi*: **suele cenar tarde** en général il dîne tard; **aquí suele hacer mucho frío** il fait généralement très froid ici.
solfeo *m* solfège *m*.
solicitar *vt* demander.
solicitud *f* demande *f*.
solidaridad *f* solidarité *f*.
sólido, -da *adj* & *m* solide.
solista *mf* soliste *mf*.
solitario, -ria *adj* & *m, f* solitaire. ◆ *m (joya)* solitaire *m*; *(juego)* réussite *f*.
sollozar *vi* sangloter.
sollozo *m* sanglot *m*.
solo, -la *adj* seul(-e); *(vacío)* désert(-e); **a solas** tout seul (toute seule); **un café ~** un café noir.
sólo *adv* seulement.

solomillo *m* filet *m*; ~ **a la parrilla** filet grillé.

soltar *vt* lâcher; *(dejar libre)* libérer; *(aflojar)* desserrer; *(lanzar)* lancer; ~ **un estornudo** éternuer.

soltero, -ra *adj* & *m, f* célibataire.

solterón, -ona *m, f* vieux garçon *m* (vieille fille *f*).

soltura *f* aisance *f*; **con** ~ avec aisance.

solución *f* solution *f*.

solucionar *vt* résoudre.

solvente *adj* solvable.

sombra *f* ombre *f*; *(de plaza de toros) place côté ombre dans l'arène*; **a la** ~ à l'ombre; **dar** ~ donner de l'ombre.

sombrero *m* chapeau *m*.

sombrilla *f* parasol *m*.

someter *vt* soumettre; ~ **a alguien a algo** soumettre qqn à qqch. ❑ **someterse** *vpr* se soumettre.

somier *m* sommier *m*.

somnífero *m* somnifère *m*.

sonajero *m* hochet *m*.

sonar *vi (teléfono, timbre)* sonner; *(ser conocido)* dire quelque chose; *(letra)* se prononcer. ❑ **sonar a** *v + prep (parecer)* avoir l'air. ❑ **sonarse** *vpr (nariz)* se moucher; **su nombre me suena** son nom me dit quelque chose; **suena a verdad** cela a l'air d'être vrai.

sonido *m* son *m*.

sonoro, -ra *adj* sonore.

sonreír *vi* sourire. ❑ **sonreírse** *vpr* sourire.

sonriente *adj* souriant(-e).

sonrisa *f* sourire *m*.

sonrojarse *vpr* rougir.

soñar *vi* & *vt* rêver; ~ **con** rêver de.

sopa *f* soupe *f*; ~ **de ajo** potage *m* à l'ail; ~ **de cebolla** soupe à l'oignon; ~ **de marisco/de pescado** soupe de fruits de mer/de poissons.

sopera *f* soupière *f*.

soplar *vi* souffler. ◆ *vt (aire, polvo, migas)* souffler sur; *(respuesta)* souffler.

soplete *m* chalumeau *m*.

soplido *m* souffle *m*.

soplo *m* souffle *m*; *(fam: chivatazo)* tuyau *m*.

soportales *mpl* arcades *fpl*.

soportar *vt* supporter.

soporte *m* support *m*.

soprano *mf* soprano *mf*.

sorber *vt (beber)* boire; *(haciendo ruido)* boire en aspirant; *(absorber)* absorber.

sorbete *m* sorbet *m*; ~ **de frambuesa/de limón** sorbet à la framboise/au citron.

sordo, -da *adj* & *m, f* sourd(-e).

sordomudo, -da *m, f* sourd-muet *m* (sourde-muette *f*).

soroche *m (Amér)* mal *m* des montagnes.

sorprendente *adj* surprenant(-e).

sorprender *vt* surprendre. ❑ **sorprenderse** *vpr* être surpris(-e).

sorpresa *f* surprise *f*; **por ~** par surprise.
sorpresivo, -va *adj (Amér)* inattendu(-e).
sortear *vt (rifar)* tirer au sort; *(evitar)* éviter; *(dificultad)* esquiver.
sorteo *m* tirage *m* au sort.
sortija *f* bague *f*.
SOS *m* SOS *m*.
sosiego *m* calme *m*.
soso, -sa *adj (comida, alimento)* fade; *(persona)* insipide.
sospechar *vt* soupçonner. ❑ **sospechar de** *v + prep*: **~ de alguien** soupçonner qqn.
sospechoso, -sa *adj* & *m, f* suspect(-e).
sostén *m (apoyo)* soutien *m*; *(prenda femenina)* soutien-gorge *m*.
sostener *vt* soutenir; *(mantener, alimentar)* entretenir. ❑ **sostenerse** *vpr (sujetarse)* se tenir; *(tenerse en pie)* tenir debout.
sota *f (en naipes)* ≃ valet *m*.
sotana *f* soutane *f*.
sótano *m* sous-sol *m*.
squash [es'kwaʃ] *m* squash *m*.
Sr. *(abrev de señor)* M.
Sra. *(abrev de señora)* Mme.
Sres. *(abrev de señores)* MM.
Srta. *(abrev de señorita)* Mlle.
SSMM *(abrev de Sus Majestades)* leurs Majestés.
Sta. *(abrev de santa)* Ste.
Sto. *(abrev de santo)* St.
stock [es'tok] *m* stock *m*.
stop *m* stop *m*.
su (*pl* **sus**) *adj (de él, ella)* son, sa; *(de ellos, ellas)* leur; *(de usted, ustedes)* votre; **~s libros** *(de él, ella)* ses livres; *(de ellos, ellas)* leurs livres; *(de usted, ustedes)* vos livres.
suave *adj* doux (douce).
suavidad *f* douceur *f*.
suavizante *m* adoucissant *m*.
subasta *f* vente *f* aux enchères.
subcampeón, -ona *m, f* second *m* (-e *f*).
subconsciente *m* subconscient *m*.
subdesarrollado, -da *adj* sous-développé(-e).
subdesarrollo *m* sous-développement *m*.
subdirector, -ra *m, f* sous-directeur *m* (-trice *f*).
súbdito, -ta *m, f (de rey)* sujet *m* (-ette *f*); *(de país)* ressortissant *m* (-e *f*).
subida *f (ascensión)* ascension *f*; *(pendiente, cuesta)* montée *f*; *(de precios, temperatura)* hausse *f*.
subir *vt* monter; *(precio)* augmenter; *(voz)* élever; *(persiana, ventanilla)* remonter. ◆ *vi* monter; **~ a** *(piso)* monter à; *(montaña)* faire l'ascension de; *(avión, coche)* monter dans; *(cuenta, factura)* s'élever à; **subió de subdirector a director** il est passé de sous-directeur à directeur.
súbito, -ta *adj* soudain(-e).
subjetivo, -va *adj* subjectif(-ive).
subjuntivo *m* subjonctif *m*.
sublevar *vt* révolter. ❑ **suble-**

varse *vpr (contra la autoridad)* se soulever.
sublime *adj* sublime.
submarinismo *m* plongée *f* sous-marine.
submarinista *mf* plongeur *m* (-euse *f*).
submarino *m* sous-marin *m*.
subrayar *vt* souligner.
subsidio *m* subvention *f*.
subsistencia *f* subsistance *f*.
subterráneo, -a *adj* souterrain(-e). ◆ *m* souterrain *m*.
subtitulado, -da *adj* sous-titré(-e).
subtítulo *m* sous-titre *m*.
suburbio *m* banlieue *f (défavorisée)*.
subvención *f* subvention *f*.
sucedáneo *m* succédané *m*.
suceder *v impers* arriver. ❑ **suceder a** *v + prep* succéder à; **¿qué le sucede?** qu'est-ce qu'il vous arrive?
sucesión *f* succession *f*; *(descendencia)* descendance *f*.
sucesivo, -va *adj (siguiente)* suivant(-e); *(consecutivo)* successif(-ive).
suceso *m* événement *m*.
sucesor, -ra *m, f* successeur *m*.
suciedad *f* saleté *f*.
sucio, -cia *adj* sale; *(que puede ensuciarse)* salissant(-e). ◆ *adv*: **jugar ~** tricher.
suculento, -ta *adj* succulent(-e).
sucumbir *vi* succomber.
sucursal *f* succursale *f*.
sudadera *f* sweat-shirt *m*.
sudado *m (Amér)* ragoût *m*.
Sudáfrica *s* Afrique *f* du Sud.
Sudamérica *s* Amérique *f* du Sud.
sudamericano, -na *adj* sud-américain(-e). ◆ *m, f* Sud-Américain *m* (-e *f*).
sudar *vi (persona)* suer, transpirer; *(pared, recipiente)* suinter; *(fam: trabajar mucho)* en baver.
sudeste *m* sud-est *m*.
sudoeste *m* sud-ouest *m*.
sudor *m* sueur *f*, transpiration *f*.
Suecia *s* Suède *f*.
sueco, -ca *adj* suédois(-e). ◆ *m, f* Suédois *m* (-e *f*). ◆ *m (lengua)* suédois *m*.
suegro, -gra *m, f* beau-père *m* (belle-mère *f*).
suela *f* semelle *f*.
sueldo *m* salaire *m*.
suelo *m (piso)* sol *m*; *(terreno)* terrain *m*; **en el ~** par terre.
suelto, -ta *adj* détaché(-e); *(ropa)* ample. ◆ *m (dinero)* monnaie *f*; **la chaqueta y la falda se venden sueltas** la veste et la jupe sont vendues séparément.
sueño *m* sommeil *m*; *(fantasía, deseo)* rêve *m*; **coger el ~** s'endormir.
suero *m* sérum *m*.
suerte *f (azar, casualidad)* hasard *m*; *(fortuna)* chance *f*; *(futuro)* sort *m*; *(en el toreo) nom donné aux actions exécutées au cours des «tercios» ou étapes de la corrida.* ◆ *interj*

bonne chance!; **por** ~ par chance; **tener** ~ avoir de la chance.

suéter *m* pull *m*.

suficiente *adj* suffisant(-e). ◆ *m (calificación)* mention *f* passable.

sufragio *m* suffrage *m*.

sufrido, -da *adj (persona)* résigné(-e); *(color)* peu salissant(-e).

sufrimiento *m* souffrance *f*.

sufrir *vt (accidente, caída)* être victime de; *(persona)* supporter. ◆ *vi* souffrir; ~ **de** souffrir de.

sugerencia *f* suggestion *f*.

sugerir *vt* suggérer.

suicidio *m* suicide *m*.

suite ['swit] *f (de hotel)* suite *f*.

Suiza *s* Suisse *f*.

suizo, -za *adj* suisse. ◆ *m, f* Suisse *mf*. ◆ *m (bollo) sorte de petit pain au lait.*

sujetador *m* soutien-gorge *m*.

sujetar *vt (agarrar)* tenir; *(asegurar, aguantar)* maintenir. ❑ **sujetarse** *vpr (agarrarse)* se tenir.

sujeto, -ta *adj (agarrado)* fixé(-e). ◆ *m* sujet *m*; *(despec: individuo)* individu *m*.

suma *f* somme *f*; *(operación)* addition *f*.

sumar *vt* additionner.

sumario *m (de juicio)* instruction *f*; *(resumen)* sommaire *m*.

sumergible *adj (reloj)* étanche.

sumergirse *vpr* plonger.

suministrar *vt* fournir.

suministro *m (acción)* fourniture *f*; *(abasto, víveres)* approvisionnement *m*.

sumiso, -sa *adj* soumis(-e).

súper *adj (fam)* super. ◆ *m (fam)* supermarché *m*. ◆ *f (gasolina)* super *m*.

superación *f* dépassement *m*.

superar *vt (persona)* surpasser; *(límite)* dépasser; *(prueba, obstáculo)* surmonter. ❑ **superarse** *vpr* se surpasser.

superficial *adj* superficiel (-elle).

superficie *f* surface *f*.

superfluo, -flua *adj* superflu (-e).

superior *adj* supérieur(-e); ~ **a** supérieur(-e) à. ◆ *m (jefe)* supérieur *m* (hiérarchique).

supermercado *m* supermarché *m*.

superponer *vt* superposer.

superstición *f* superstition *f*.

supersticioso, -sa *adj* superstitieux(-euse).

superviviente *mf* survivant *m* (-e *f*).

suplemento *m* supplément *m*.

suplente *adj*: **un jugador ~, un médico ~** un remplaçant.

supletorio, -ria *adj*: **cama supletoria** lit *m* supplémentaire. ◆ *m (teléfono)* poste *m* supplémentaire.

súplica *f (petición)* requête *f*.

suplir *vt (falta, carencia)* compenser; *(persona)* remplacer.

suponer *vt* supposer; *(imaginar)* imaginer.

suposición *f* supposition *f*.

supositorio *m* suppositoire *m*.
suprema *f* suprême *m*.
suprimir *vt* supprimer.
supuesto, -ta *adj (falso)* prétendu(-e); *(presunto)* présumé(-e). ◆ *m* hypothèse *f*; **por ~** bien sûr.
sur *m (zona)* Sud *m*. ❑ **Sur** *m (punto cardinal)* sud *m*.
surco *m* sillon *m*; *(de piel)* ride *f*.
sureño, -ña *adj* du sud.
surf *m* surf *m*.
surfista *mf* surfeur *m* (-euse *f*).
surgir *vi* surgir; *(brotar)* jaillir.
surtido, -da *adj* approvisionné(-e). ◆ *m (de prendas)* choix *m*; *(de pastas)* assortiment *m*.
surtidor *m (de agua)* jet *m*; *(de gasolina)* pompe *f*.
susceptible *adj* susceptible; **~ de** susceptible de.
suscribir *vt (escrito)* souscrire; *(opinión)* souscrire à. ❑ **suscribirse a** *v + prep (publicación)* s'abonner à.
suscripción *f (a una publicación)* abonnement *m*; *(pago)* souscription *f*.
suspender *vt* suspendre; *(examen)* rater; **lo suspendieron en setiembre** il s'est fait recaler en septembre.
suspense *m* suspense *m*.
suspenso *m note inférieure à la moyenne*.
suspensores *mpl (Amér)* bretelles *fpl*.
suspirar *vi* soupirer. ❑ **suspirar por** *v + prep (coche, viaje)* avoir une folle envie de; *(persona)* soupirer après.
suspiro *m* soupir *m*.
sustancia *f* substance *f*; *(de alimento)* consistance *f*.
sustancial *adj* substantiel (-elle).
sustantivo *m* substantif *m*.
sustituir *vt* remplacer; **~ algo a alguien por** remplacer qqch/qqn par.
susto *m* peur *f*; **¡qué ~!** quelle peur!
sustracción *f (robo)* vol *m (resta)* soustraction *f*.
sustraer *vt (robar)* subtiliser *(restar)* soustraire.
susurrar *vi* & *vt (persona)* chuchoter.
suyo, -ya *adj (de él, de ella)* à lui (à elle); *(de usted, ustedes)* à vous *(de ellos)* à eux; *(de ellas)* à elles ◆ *pron*; **el ~** *(de él)* le sien; *(de usted, ustedes)* le vôtre; *(de ellos)* leur; **lo ~ es la literatura** son truc c'est la littérature; **los ~s** *(su familia)* les siens *mpl*.

T

(*abrev de tonelada*) t.
'abacalera *f régie espagnole 'es tabacs.*
abaco *m* tabac *m*; **¿tienes ~?** ı as une cigarette?
ábano *m* taon *m*.
:abasco *m* tabasco *m*.
:aberna *f* bistrot *m*.
abique *m* cloison *f*.
abla *f* planche *f*; *(de metal)* plaıue *f*; *(lista, gráfico)* tableau *m*; *(de ılda)* pli *m*; *(de multiplicar)* table *f*; *:n arte)* panneau *m*. ❑ **tablas** *fpl :scenario)* planches *fpl*; **quedar en hacer ~s** *(en ajedrez)* faire partie ıulle; **~ de planchar** planche à re›asser.
,ablao *m*: **~ flamenco** *représenıtion de flamenco dans un bar.*
ablero *m (de ajedrez)* échiquier ı; *(de damas)* damier *m*; *(tabla)* anneau *m*.
ableta *f (de chocolate)* tablette *(medicamento)* comprimé *m*.
ablón *m* planche *f*; **~ de anun›os** tableau *m* d'affichage.
abú *m* tabou *m*.
aburete *m* tabouret *m*.
acaño, -ña *adj* avare.
achar *vt (palabra, frase, núme›)* barrer.
tacho *m (Amér)* poubelle *f*.
tácito, -ta *adj* tacite.
taco *m (para pared)* taquet *m*; *(de billar)* queue *f*; *(de papel)* bloc *m*; *(de jamón, queso)* dé *m*; *(fam: palabrota)* gros mot *m*; *(fam: lío)* embrouille *f*; *(Amér: tortilla)* taco *m*.
tacón *m* talon *m (de chaussure)*.
tacto *m* toucher *m*; *(en el trato)* tact *m*.
taekwondo [tajk'ondo] *m* taekwondo *m*.
Taiwán [tai'wan] *s* Taiwan.
tajada *f (de melón, sandía)* tranche *f*; *(fam: borrachera)* cuite *f*.
tal *adj* tel (telle). ◆ *pron* ceci, cela; **~ vez** peut-être; **me repitió lo mismo que ayer, y ~ y cual...** il m'a répété la même chose qu'hier, ceci, cela...
taladradora *f* perceuse *f*.
taladrar *vt* percer.
taladro *m* perceuse *f*.
talco *m* talc *m*.
talento *m (aptitud)* talent *m*; *(inteligencia)* intelligence *f*.
Talgo *m train articulé doté d'essieux à écartement variable.*
talla *f* taille *f*.
tallarines *mpl* tagliatelles *fpl*.
taller *m (de trabajo manual)* atelier *m*; *(de coches)* garage *m (de réparation de voitures)*.
tallo *m (de flor, planta)* tige *f*.
talón *m (de pie, calcetín)* talon *m*; *(cheque)* chèque *m*.
talonario *m* chéquier *m*.
tamal *m (Amér) petit pâté à base de viande et de farine de maïs enve-*

loppé dans une feuille de bananier ou de maïs.

tamaño *m* taille *f*.

también *adv* aussi; **~ dijo que...** il a dit aussi que...; **yo ~** moi aussi.

tambor *m* tambour *m*; *(de detergente)* baril *m*.

tampoco *adv* non plus; **yo ~** moi non plus; **si a ti no te gusta a mí ~** si ça ne te plaît pas, alors ça ne me plaît pas non plus.

tampón *m* tampon *m*.

tan *adv* → **tanto**.

tanda *f (turno)* groupe *m*; *(serie)* série *f*.

tándem *m* tandem *m*.

tanga *m* string *m*.

tango *m* tango *m*.

tanque *m (de guerra)* tank *m*; *(vehículo cisterna)* citerne *f*.

tanto, -ta *adj* -1. *(gen)* tant de, tellement de; **es muy rico, tiene ~ dinero** il est très riche, il a tellement d'argent; **¡hay ~s libros!** il y a tant de livres!; **tiene tantas ganas de irse que...** il a tellement envie de s'en aller que...; **nos daban tantas pesetas al día** on nous donnait tant de pesetas par jour; **tiene cincuenta y ~s años** elle a cinquante ans et quelques.
-2. *(en comparaciones)*: **hay tantas peras como manzanas** il y a autant de poires que de pommes.
◆ *pron* -1. *(gen)* autant; **yo tengo muchas posibilidades, él no tantas** j'ai beaucoup de possibilités, il n'en a pas autant; **había mucha gente allí, aquí no tanta** il y avait beaucoup de monde là-bas, il n'y en avait pas autant ici.
-2. *(cantidad indeterminada)* tant; **supongamos que vengan ~s** supposons qu'il en vienne tant; **a ~ de (mes)** le tant; **ser uno de ~s** être un parmi tant d'autres.
-3. *(en locuciones)*: **llegaron a las tantas** ils sont arrivés très tard.
◆ *adv* -1. *(gran cantidad)* autant; **no me sirvas ~** ne m'en sers pas autant; **come ~ que va a reventar** il mange tellement qu'il va éclater; **de eso hace ~ que...** il y a si longtemps de cela que...
-2. *(en comparaciones)*: **es tan alto como su padre** il est aussi grand que son père; **sabe ~ como yo** elle en sait autant que moi.
-3. *(en locuciones)*: **por (lo) ~** par conséquent; **~ (es así) que** tant et si bien que; **eran las tantas** il était très tard.
◆ *m* -1. *(punto)* point *m*; **consiguieron el ~ de la victoria** ils ont obtenu le point de la victoire; **marcar un ~** marquer un point; *(gol)* marquer un but.
-2. *(cantidad indeterminada)*: **un ~ por hoja** tant par page; **~ por ciento** pourcentage *m*.

tapa *f (de recipiente)* couvercle *m*; *(de libro)* couverture *f*; *(de zapato)* talon *m*; *(de comida) amuse-gueules (olives, anchois, 'tortilla' etc) accompagnant un apéritif*; **'~s variadas'** amuse-gueules variés.

TAPAS

es «tapas» qui varient selon les régions sont des amuse-gueules (olis, fromage, charcuterie, poulpe, oisson frit, «tortilla», etc.) servis en éritif le midi ou le soir. Dans la plurt des villes espagnoles il existe des es où abondent les bars spécialisés «tapas», les plus célèbres se trount dans les villes du nord (Pampene, Saint-Sébastien) et en Andausie.

apabarro *m (Amér)* gardeoue *m inv*.

apadera *f (de recipiente)* couercle *m*; *(fig: para encubrir)* couerture *f*.

apar *vt* couvrir; *(botella)* oucher; *(cofre, caja)* fermer; *cultar)* cacher. ❑ **taparse** *vpr* se ouvrir.

apete *m* napperon *m*; *(de jueo)* tapis *m*.

apia *f* mur *m (de clôture)*.

apicería *f (tela)* tapisserie *f*; *ienda)* tapissier *m*.

apiz (*pl* **-ces**) *m* tapisserie *f*.

apizado *m (de mueble)* tapiserie *f*.

apizar *vt (silla, sofá, sillón)* reouvrir.

apón *m* bouchon *m*; *(en el oído)* ouchon *m (de cire)*.

aquería *f (Amér) magasin ou staurant où l'on sert des «tacos»*.

TAQUERÍA

Au Mexique, la «taquería» est un restaurant populaire où l'on sert une cuisine traditionnelle, en particulier les «tacos», galettes de maïs, ou «tortillas», fourrées de viande hachée, de fromage et de légumes. Depuis les années 80, les «taquerías» sont devenues à la mode en Europe, dans d'autres pays d'Amérique et en particulier aux États-Unis.

taquigrafía *f* sténographie *f*.

taquilla *f (de cine, teatro, tren)* guichet *m*; *(armario)* vestiaire *m*; *(recaudación)* recette *f*.

taquillero, -ra *adj (actor, espectáculo)* qui fait recette; *(película)* qui fait beaucoup d'entrées. ◆ *m, f* guichetier *m* (-ère *f*).

tara *f* tare *f*.

tardar *vi*: **el tren tarda tres horas en ir hasta París** le train met trois heures pour aller jusqu'à Paris; **no tardarán en llegar** ils ne vont pas tarder à arriver.

tarde *f* après-midi *m*. ◆ *adv (a hora avanzada)* tard; *(con retraso)* en retard; **a las tres de la ~** à trois heures de l'après-midi; **trabaja por la ~** elle travaille l'après-midi; **buenas ~s** *(antes de anochecer)* bonjour; *(después de anochecer)* bonsoir.

tarea *f (trabajo)* travail *m*; *(misión)* tâche *f*; *(deberes escolares)* devoirs *mpl*.

tarifa *f* tarif *m*; **'~s de metro'**

tarif du métro; ~ **nocturna** tarif de nuit.

tarima *f* estrade *f*.

tarjeta *f* carte *f*; **'~s admitidas'** 'cartes de crédit acceptées'; ~ **de crédito** carte de crédit; ~ **de embarque** carte d'embarquement; ~ **postal** carte postale; ~ **10 viajes** *coupon valable pour dix voyages en métro*.

tarro *m* pot *m*.

tarta *f* gâteau *m*; *(plana)* tarte *f*; ~ **de la casa** tarte maison; ~ **de chocolate** gâteau au chocolat; ~ **helada** gâteau glacé; ~ **de Santiago** *gâteau à base d'amandes typique de Galice*; ~ **al whisky** *gâteau glacé au whisky*.

tartamudo, -da *m, f* bègue *mf*.

tasa *f* taxe *f*.

tasca *f* bistrot *m*.

tatuaje *m* tatouage *m*.

taurino, -na *adj* taurin(-e).

Tauro *m* Taureau *m inv*.

tauromaquia *f* tauromachie *f*.

TAUROMAQUIA

La tauromachie est l'art de combattre les taureaux dans l'arène. La corrida s'ouvre par le défilé des toreros vêtus du costume traditionnel brodé de paillettes, appelé «traje de luces», précédés de deux cavaliers ou «alguacilillos». Chacun des trois toreros principaux, les «matadores» ou «espadas», est suivi de ses assistants ou «subalternos», puis des «picadores» à cheval qui forment, ensemble, la «cuadrilla». La corrida proprement dite ou «lidia» est divisée en trois parties. Au cours de chaque corrida, six taureaux sont lâchés chacun à leur tour dans l'arène, «el ruedo». Le «matador» reçoit le taureau et effectue une série de passes avec une grande cape rose, «el capote». Dans la troisième et dernière partie de la «lidia», le matador saisit son épée et la «muleta», rectangle de serge rouge replié sur un bâton, et exécute la «faena», une série de passes destinées à trouver le moment propice pour frapper le taureau de son épée.

---

taxi *m* taxi *m*.

taxímetro *m* compteur *m* (de taxi).

taxista *mf* chauffeur *m* de taxi.

taza *f* tasse *f*; *(de retrete)* cuvette *f*.

tazón *m* bol *m*.

te *pron (complemento directo)* te, *(delante de vocal)*; **no ~ mira nadie** personne ne te regarde; **ya ~ lo he dado** je te l'ai déjà donné; **¡no te vayas!** ne t'en va pas!

té *m* thé *m*.

teatral *adj* théâtral(-e).

teatro *m* théâtre *m*.

tebeo® *m* bande *f* dessinée.

techo *m* plafond *m*; *(tejado)* toit *m*; **llegar a su ~** *(fig: persona)* arriver au maximum de ses possibilités.

tecla *f* touche *f*.

teclado *m* clavier *m*.

teclear *vi (en ordenador)* taper *sur le clavier).*
técnica *f* technique *f.*
técnico, -ca *adj* technique.
tecnología *f* technologie *f.*
tecnológico, -ca *adj* technoogique.
teja *f* tuile *f.*
tejado *m* toit *m.*
tejanos *mpl* jean *m.*
tejer *vt (tela)* tisser; *(jersey, labor)* ricoter.
tejido *m* tissu *m.*
tejo *m (juego)* palet *m.*
tel. *(abrev de teléfono)* tél.
tela *f* tissu *m; (lienzo)* toile *f; fam: dinero)* fric *m;* **esto tiene mucha)** ~ *(fam)* ce n'est pas de la arte.
telaraña *f* toile *f* d'araignée.
tele *f* télé *f.*
telearrastre *m* remonte-pene *m.*
telecabina *f* télécabine *f.*
telecomunicación *f* télécommunication *f.*
telediario *m* journal *m* télévié.
teledirigido, -da *adj* téléguié(-e).
telefax *m inv* télécopieur *m.*
teleférico *m* téléphérique *m.*
telefonazo *m (fam)* coup *m* de l.
telefonear *vt* téléphoner.
Telefónica *f compagnie nationale espagnole des Téléphones,* ≃ rance Télécom.
telefónico, -ca *adj* téléphonique.
telefonista *mf* standardiste *mf.*
teléfono *m* téléphone *m;* ~ **móvil** téléphone portable.
telégrafo *m* télégraphe *m.*
telegrama *m* télégramme *m;* **poner un** ~ envoyer un télégramme.
telenovela *f* feuilleton *m* télévisé.
teleobjetivo *m* téléobjectif *m.*
telepatía *f* télépathie *f.*
telescopio *m* télescope *m.*
telesilla *f* télésiège *m.*
telespectador, -ra *m, f* téléspectateur *m* (-trice *f*).
telesquí *m* téléski *m.*
teletexto *m* télétexte *m.*
teletipo *m* Télétype® *m.*
televidente *mf* téléspectateur *m* (-trice *f*).
televisado, -da *adj* télévisé(-e).
televisión *f* télévision *f.*
televisor *m* téléviseur *m.*
télex *m inv* télex *m.*
telón *m* rideau *m (de scène).*
tema *m* sujet *m; (melodía, canción)* thème *m.*
temática *f* thématique *f.*
temático, -ca *adj* thématique.
temblar *vi* trembler.
temblor *m* tremblement *m.*
temer *vt* craindre; ~ **por** avoir

peur pour. ❑ **temerse** *vpr (sospechar)* craindre.

temor *m* crainte *f*.

temperamento *m* tempérament *m*.

temperatura *f* température *f*.

tempestad *f* tempête *f*.

templado, -da *adj (temperatura, clima)* tempéré(-e); *(agua, comida)* tiède.

templo *m* temple *m*.

temporada *f (periodo concreto)* saison *f*; *(de una actividad)* période *f*; **de ~** de saison.

temporal *adj* temporaire. ◆ *m* tempête *f*.

temprano, -na *adj* précoce. ◆ *adv* tôt; **frutas/verduras tempranas** primeurs *fpl*.

tenazas *fpl* tenailles *fpl*.

tendedero *m* étendoir *m*.

tendencia *f* tendance *f*.

tender *vt* étendre; *(extender, entregar)* tendre. ❑ **tender a** *v + prep* tendre à. ❑ **tenderse** *vpr* s'étendre.

tenderete *m* étalage *m*.

tendero, -ra *m, f* petit commerçant *m* (petite commerçante *f*).

tendón *m* tendon *m*.

tenedor *m* fourchette *f*.

tener *vt* -1. *(poseer)* avoir; **tiene mucho dinero** il a beaucoup d'argent; **el piso tiene cuatro habitaciones** l'appartement a quatre pièces; **tengo dos hijos** j'ai deux fils; **¿cuántos años tienes?** quel âge as-tu?; **ya tiene diez años** il a déjà dix ans; **~ frío/calor** avoir froid/chaud; **~ fiebre/dolor de muelas** avoir de la fièvre/mal aux dents; **tiene los ojos azules** il a les yeux bleus; **le tiene lástima** il a pitié de lui; **~ un niño** avoir un enfant; **tiene algo que decirnos** il a quelque chose à nous dire; **~ lugar** avoir lieu; **hoy tengo clase** j'a cours aujourd'hui.
-2. *(medir)* faire; **la sala tiene cuatro metros de largo** le salon fait quatre mètres de long.
-3. *(sujetar, coger)* tenir; **ten el libro que me pediste** tiens, voici le livre que tu m'as demandé.
-4. *(mantener)*: **hemos tenido una discusión** nous nous sommes disputés; **tuvieron una pelea en la calle** ils se sont bagarrés dans la rue.
-5. *(para desear)*; **¡que tengas un buen viaje!** bon voyage!; **¡que tengan unas felices fiestas!** joyeuses fêtes!
-6. *(valorar, considerar)*: **~ algo/a alguien por** o **como** considérer qqch/qqn comme; **ten por seguro que lloverá** tu peux être sûr qu'il pleuvra; **le tienen por informal** ils ne le considèrent pas comme quelqu'un de sérieux.
◆ *v aux* -1. *(haber)* avoir; **teníamos pensado ir al teatro** nous avions pensé aller au théâtre.
-2. *(hacer estar)*: **me tienes loca con tus tonterías** tu me rends folle avec tes bêtises.
-3. *(obligación)*: **~ que hacer algo** devoir faire qqch; **tenemos que**

estar a las ocho** nous devons y être à huit heures.
teniente *m* lieutenant *m*.
tenis *m* tennis *m*; ~ **de mesa** tennis de table.
tenista *mf* joueur *m* (-euse *f*) de tennis.
tenor *m* ténor *m*.
tensión *f* tension *f*.
tenso, -sa *adj* tendu(-e).
tentación *f* tentation *f*.
tentáculo *m* tentacule *m*.
tentempié *m (bebida, comida)* en-cas *m*; *(juguete)* poussah *m*.
tenue *adj (tela, cortina)* fin(-e); *(color, luz)* ténu(-e).
teñir *vt* teindre.
teología *f* théologie *f*.
teoría *f* théorie *f*; **en** ~ en théorie.
terapeuta *mf* thérapeute *mf*.
tercermundista *adj* du tiers-monde; *(política)* tiers-mondiste.
tercero, -ra *núm* troisième. ◆ *m (persona)* troisième *mf*. ◆ *f (categoría, velocidad)* troisième catégorie *f*; **tercera edad** troisième âge *m*, → **sexto**.
tercio *m (tercera parte)* tiers *m*; *(de corrida de toros) nom donné à chacune des trois phases de la corrida.*
terciopelo *m* velours *m*.
terco, -ca *adj (persona)* entêté(-e).
tergal® *m* Tergal® *m*.
termas *fpl* thermes *mpl*.
terminado, -da *adj* terminé(-e).
terminal *adj* final(-e). ◆ *m (de ordenador)* terminal *m*. ◆ *f (de tren, autobús)* terminus *m*; *(de aeropuerto)* terminal *m*.
terminar *vt* terminer. ◆ *vi* se terminer; ~ **en** *(objeto)* finir en; ~ **por** finir par.
término *m* terme *m*; *(límite)* limite *f*; *(plazo)* délai *m*; ~ **municipal** ≃ commune *f*. ❑ **términos** *mpl (de contrato etc)* termes *mpl*.
terminología *f* terminologie *f*.
termita *f* termite *m*.
termo *m* Thermos® *f*.
termómetro *m* thermomètre *m*.
termostato *m* thermostat *m*.
ternera *f (carne)* veau *m*; ~ **asada** viande *f* de veau rôtie.
ternero, -ra *m, f* veau *m* (génisse *f*).
terno *m (grupo)* trio *m*; *(Amér)* costume *m* trois pièces.
ternura *f* tendresse *f*.
terraplén *m (pendiente)* terre-plein *m*; *(barranco)* ravin *m*.
terrateniente *mf* propriétaire terrien *m* (propriétaire terrienne *f*).
terraza *f* terrasse *f*; *(balcón)* balcon *m*.
terremoto *m* tremblement *m* de terre.
terreno *m* terrain *m*; *(fig: ámbito)* domaine *m*.
terrestre *adj* terrestre.

terrible *adj* terrible.
territorio *m* territoire *m*.
terrón *m (de tierra)* motte *f*; *(de azúcar)* morceau *m*.
terror *m* terreur *f*.
terrorismo *m* terrorisme *m*.
terrorista *mf* terroriste *mf*.
tertulia *f (personas) réunion informelle au cours de laquelle on débat d'un sujet particulier; (lugar) lieu où se tiennent ces réunions.*
tesis *f inv* thèse *f*.
tesoro *m* trésor *m*; **el Tesoro Público** le Trésor Public.
test *m* test *m*.
testamento *m* testament *m*.
testarudo, **-da** *adj* têtu(-e).
testículo *m* testicule *m*.
testigo *mf* témoin *m*.
testimonio *m* témoignage *m*.
teta *f (fam)* nichon *m*.
tetera *f* théière *f*.
tetra brick *m* Tétrabrick® *m*.
textil *adj* textile.
texto *m* texte *m*.
textura *f* texture *f*.
ti *pron* toi; **pienso en ~** je pense à toi; **me acordaré de ~** je me souviendrai de toi.
tianguis *m (Amér)* marché *m*.
tibia *f* tibia *m*.
tibio, **-bia** *adj* tiède.
tiburón *m* requin *m*.
ticket *m* ticket *m*.
tiempo *m* temps *m*; **a ~** à temps; **al mismo ~ que** en même temps que; **con ~** à l'avance; **del ~** *(fruta)* de saison; *(bebida)* à température ambiante; **en otros ~s** en d'autres temps; **hace ~** il y a longtemps; **tener ~** avoir le temps; **todo el ~** tout le temps; **~ libre** temps libre; **¿cuánto ~ tiene tu hijo?** quel âge a ton fils?
tienda *f (establecimiento)* magasin *m*; *(para acampar)* tente *f*; **~ de campaña** tente *f*; **~ de comestibles** magasin d'alimentation; **~ de confecciones** magasin de prêt-à-porter.
tierno, **-na** *adj* tendre.
tierra *f* terre *f*; *(territorio, patria)* pays *m*; **~ adentro** à l'intérieur des terres. ❑ **Tierra** *f*: **la Tierra** la Terre.
tieso, **-sa** *adj* raide; *(antipático)* guindé(-e).
tiesto *m (maceta)* pot *m* (de fleurs); *(trasto)* vieillerie *f*.
tigre, **-esa** *m, f* tigre *m* (tigresse *f*).
tijeras *fpl* ciseaux *mpl*.
tila *f (infusión)* tilleul *m*.
tilde *f (signo ortográfico)* tilde *m*; *(acento gráfico)* accent *m* écrit.
tiliches *mpl (Amér)* attirail *m*.
timbal *m (instrumento)* timbale *f*.
timbre *m (aparato)* sonnette *f*; *(de voz, sello)* timbre *m*.
tímido, **-da** *adj* timide.
timo *m* escroquerie *f*.
timón *m* gouvernail *m*; **llevar el ~ de** *(negocio, proyecto)* diriger.
tímpano *m* tympan *m*.
tina *f (vasija)* jarre *f*; *(Amér: bañera)* baignoire *f*.

ino *m (acierto)* adresse *f*; *(mode-ción)* modération *f*.
inta *f* encre *f*.
intero *m* encrier *m*.
into *m* rouge *m (vin)*.
intorería *f* teinturerie *f*.
io, -a *m, f (pariente)* oncle *m* ante *f*); *(fam)* mec *m* (nana *f*).
iovivo *m* manège *m*.
ípico, -ca *adj* typique.
ipo, -pa *m, f* type *m* (nana *f*). *m* type *m*; ~ **de cambio** taux *m* change; **tener buen** ~ être bien t(-e).
ipografía *f* typographie *f*.
IR *m (abrev de transport international routier)* TIR *m*.
ira *f (de papel, tela)* bande *f*.
irabuzón *m* anglaise *f (boucle)*.
irada *f* tirage *m*; **hay una** ~ **hasta allí** il y a un bout de chemin ;que là-bas.
iradero *m (Amér)* pagaille *f*.
irador *m* poignée *f*.
iranía *f* tyrannie *f*.
irano, -na *m, f* tyran *m*.
irante *adj* tendu(-e). ❑ **tirantes** *mpl* bretelles *fpl*.
irar *vt* jeter; *(malgastar)* dilapi-r; *(derribar)* abattre; *(volcar, rramar)* renverser; *(disparar)* ti-:. ◆ *vi* tirer; *(atraer)* attirer; *(des-rse)* tourner; *(funcionar)* mar-er; *(fam: durar)* tenir le coup; ~ **algo** tirer sur qqch; **ir tirando** re aller; **'tirar'** *(en puertas)* 'ti-'. ❑ **tirar a** *v + prep (parecerse* ressembler à; **este vestido es al tirando a verde** cette robe est d'un bleu qui tire sur le vert. ❑ **tirarse** *vpr* se jeter; *(tiempo)* passer.
tirita® *f* pansement *m*.
tiritar *vi* grelotter.
tiro *m (disparo)* coup *m* de feu; (DEP: *acción)* tir *m*; *(herida)* balle *f*; *(de chimenea)* tirage *m*; *(de carruaje)* attelage *m*.
tirón *m (robo)* vol *m* à l'arraché; **de un** ~ d'un trait.
tisú *m* brocart *m*.
títere *m* pantin *m*. ❑ **títeres** *mpl* spectacle *m* de marionnettes.
titular *adj* titulaire. ◆ *m (de periódico)* gros titre *m*. ◆ *vt* intituler. ❑ **titularse** *vpr (llamarse)* s'intituler; *(en estudios)* obtenir un diplôme.
título *m* titre *m*; *(diploma)* diplôme *m*.
tiza *f* craie *f*; *(para billar)* bleu *m*.
tlapalería *f (Amér)* quincaillerie *f*.
toalla *f* serviette *f*; ~ **de ducha** serviette de bain; ~ **de manos** essuie-mains *m inv*.
tobillo *m* cheville *f*.
tobogán *m (atracción)* toboggan *m*; *(trineo)* luge *f*.
tocadiscos *m inv* tourne-disque *m*.
tocador *m (mueble)* coiffeuse *f*; *(habitación)* cabinet *m* de toilette.
tocar *vt* toucher; *(instrumento musical)* jouer de; *(timbre, campana)* sonner; *(tratar)* aborder. ◆ *vi* revenir; *(llamar)* sonner; **esta es la parte que te toca** c'est la part qui

te revient; **le ha tocado la lotería** il a gagné à la loterie; ~ **a algo** *(estar próximo)* toucher qqch; **'no ~ el género'** 'ne pas toucher'; **ahora te toca a ti** maintenant, c'est ton tour; **le toca hacerlo** c'est à lui de le faire.

tocino *m* lard *m*; ~ **de cielo** *(dulce) flan riche en jaunes d'œuf.*

todavía *adv (aún)* encore; *(con todo)* en plus; ~ **no lo sabe** il ne le sait pas encore.

todo, **-da** *adj* tout(-e). ◆ *pron (para cosas)* tout(-e); *(para personas)*: **~s/todas** tous/toutes. ◆ *m* tout *m*; **ante ~** avant tout; **sobre ~** surtout; ~ **el día** toute la journée; **~s los días/los lunes** tous les jours/les lundis; **lo he vendido ~** j'ai tout vendu; **han venido ~s** ils sont tous venus.

toga *f* toge *f.*

toldo *m* store *m.*

tolerancia *f* tolérance *f.*

tolerante *adj* tolérant(-e).

tolerar *vt* tolérer.

toma *f* prise *f.*

tomar *vt* prendre; ~ **a alguien por** prendre qqn pour; ~ **(algo) a mal** prendre mal (qqch); ~ **el fresco** prendre le frais; ~ **el sol** prendre un bain de soleil; ~ **parte en** prendre part à; ~ **prestado** emprunter; ~ **cariño a alguien** prendre qqn en affection.

tomate *m* tomate *f.*

tómbola *f* tombola *f.*

tomillo *m* thym *m.*

tomo *m* tome *m.*

tonel *m* tonneau *m.*

tonelada *f* tonne *f.*

tongo *m (Amér) chapeau ro[nd] que portent les Indiens boliviens.*

tónica *f* ≃ Schweppes® *m.*

tónico, **-ca** *adj* & *m* tonique

tono *m* ton *m.*

tontería *f (estupidez)* bêtise *(cosa sin valor)* bricole *f.*

tonto, **-ta** *adj* bête.

tope *m (pieza)* butoir *m*; *(pun[to] máximo)* limite *f.*

tópico, **-ca** *adj (tema, exp[re]sión)* banal(-e); *(medicamento)* usage local. ◆ *m* cliché *m (li[ugar] común).*

topo *m* taupe *f.*

tórax *m* thorax *m.*

torbellino *m* tourbillon *m.*

torcer *vt (doblar)* tordre; *(gir[ar], inclinar)* tourner. ◆ *vi* tourner.

torcerse *vpr (tobillo, brazo)* se to[r]dre; *(negocio)* mal tourner; *(pla[n], proyecto)* tomber à l'eau.

torcido, **-da** *adj (doblado)* to[r]du(-e); *(inclinado)* de travers.

tordo *m* grive *f.*

torear *vt (toro, vaquilla)* co[m]battre; *(fig: evitar)* éviter; *(fig: b[ur]larse)* taquiner. ◆ *vi (suj: torero)* [to]réer.

torera *f (prenda)* boléro *m.*

torero, **-ra** *m, f* torero *m.*

tormenta *f* orage *m.*

tormentoso, **-sa** *adj* o[ra]geux(-euse).

torneo *m* tournoi *m.*

tornillo *m* vis *f.*

orniquete *m* garrot *m*.
oro *m* taureau *m*. ❑ **toros** *mpl* orrida *f*.
orpe *adj (poco ágil)* mala-roit(-e); *(poco inteligente)* peu oué(-e); *(lento)* lent(-e).
orpedo *m* torpille *f*.
orpeza *f (falta de agilidad)* aladresse *f*; *(falta de inteligencia)* ètise *f*; *(lentitud)* lenteur *f*.
orre *f* tour *f*; *(de iglesia)* clocher .
orrente *m* torrent *m*.
orrija *f* pain *m* perdu.
orta *f (de harina)* galette *f*; *m: bofetada)* baffe *f*; **ni ~** *(fam)* ie dalle; **se dio una ~ con el co-e** *(fam)* il s'est planté en voiture.
ortazo *m (fam: bofetada)* baffe **se dio** ○ **se pegó un ~ con el che** *(fam)* il s'est planté en voi-re.
ortilla *f* omelette *f*; *(Amér: de rina)* galette *f (de maïs)*; **~ (a la) ncesa** omelette nature; **~ de ún/de champiñón** omelette au on/aux champignons de Paris; **de gambas/de jamón** omelette x crevettes/au jambon; **~ de tatas** ○ **española** omelette aux mmes de terre.
ortola *f* tourterelle *f*.
ortuga *f* tortue *f*.
orturar *vt* torturer.
s *f* toux *f*.
ser *vi* tousser.
stada *f* toast *m (tranche de in)*.
stador *m* grille-pain *m*.
tostar *vt* faire griller. ❑ **tostarse** *vpr (broncearse)* se faire bronzer.
total *adj* total(-e). ◆ *m* total *m*. ◆ *adv* bref; **~ que me fui** bref, je suis parti.
totalidad *f* totalité *f*; **la ~ de los alumnos** tous les élèves.
totora *f (Amér)* roseau *m*.
tóxico, -ca *adj* toxique.
toxicomanía *f* toxicomanie *f*.
toxicómano, -na *m, f* toxicomane *mf*.
trabajador, -ra *adj* & *m, f* travailleur(-euse).
trabajar *vi* & *vt* travailler; **trabaja de** ○ **como camarero** il est garçon de café.
trabajo *m* travail *m*; *(empleo)* emploi *m*; **~s manuales** travaux manuels; **costar mucho ~** demander beaucoup d'efforts.
trabalenguas *m inv mot ou phrase difficile à prononcer*.
traca *f* chapelet *m* de pétards.
tractor *m* tracteur *m*.
tradición *f* tradition *f*.
tradicional *adj* traditionnel(-elle).
tradicionalmente *adv* traditionnellement.
traducción *f (de escrito, libro)* traduction *f*; *(interpretación)* interprétation *f*.
traducir *vt (escrito, libro)* traduire; *(interpretar)* interpréter.
traductor, -ra *m, f* traducteur *m* (-trice *f*).
traer *vt* -1. *(trasladar)*: **me trajo**

un regalo de Cuba il m'a rapporté un cadeau de Cuba; **¿qué traes ahí?** qu'est-ce que tu as là?; **nos trajo a casa** il nous a ramenés à la maison.
-2. *(provocar, ocasionar)*: **este asunto le trajo graves problemas** cette histoire lui a causé de graves ennuis.
-3. *(contener)*: **el periódico trae una gran noticia** il y a une grande nouvelle dans le journal.
-4. *(llevar puesto)* porter; **hoy trae un abrigo muy bonito** aujourd'hui elle porte un très joli manteau.
❑ **traerse** *vpr*: **traérselas** *(fam)* être coton.

traficante *mf* trafiquant *m* (-e *f*).

traficar *vi*: ~ **(con algo)** faire du trafic (de qqch).

tráfico *m (de vehículos)* circulation *f*; *(de drogas)* trafic *m*.

tragar *vt* avaler; *(fam: devorar)* engloutir; *(soportar)* supporter; *(fam: suj: coche)* pomper. ◆ *vi* avaler; **no ~ a alguien** *(fam)* ne pas pouvoir sentir qqn. ❑ **tragarse** *vpr (ingerir)* avaler; *(creer)* gober; *(disimular)* ravaler.

tragedia *f* tragédie *f*.

trágico, -ca *adj* tragique.

tragicomedia *f* tragi-comédie *f*.

trago *m* gorgée *f*; *(fam: copa)* verre *m*; **pasar un mal ~** *(fam)* passer un mauvais moment.

traición *f* trahison *f*.

traje *m (vestido)* robe *f*; *(de región, época)* costume *m*; ~ **(de chaqueta)** *(de hombre)* costume; *(d[e] mujer)* tailleur *m*; ~ **de baño** mai[llot] *m* de bain; ~ **de luces** habit [m] de lumière *(du torero)*.

trama *f* trame *f*; *(maquinació[n])* machination *f*.

tramar *vt* tramer.

tramitar *vt*: ~ **algo** faire d[es] démarches pour obtenir qqch.

tramo *m (de camino, cal[le])* tronçon *m*; *(de escalera)* volée *f*.

tramontana *f* tramontane *f*.

tramoya *f (en teatro)* machin[e]rie *f*.

tramoyista *mf* machiniste *m*.

trampa *f* piège *m*; *(en jueg[o,] competición)* triche *f*; *(puerta)* tra[p]pe *f*; **hacer ~** tricher.

trampolín *m (en gimnas[io])* trampoline *m*; *(en piscina)* plo[n]geoir *m*; *(en esquí)* tremplin *m*.

trance *m (momento difícil)* ma[u]vais pas *m*; *(estado hipnótico)* tra[n]se *f*.

tranquilidad *f* tranquillité *f*.

tranquilo, -la *adj* tranquil[le]; *(mar, tiempo)* calme; *(libre de p[re]ocupaciones)* insouciant(-e).

transbordador *m* ferry *m*.

transbordar *vt* transborde[r].

transbordo *m* changement *(de train etc)*; **hacer ~** changer.

transcurrir *vi (tiempo)* s'éco[u]ler.

transeúnte *mf* passant *m* (-e *f*).

transferencia *f* virement *m*.

transformación *f* transf[or]mation *f*.

transformador *m* transformateur *m*.

transformar *vt* transformer; **~ algo/a alguien en** transformer qch/qqn en. ❑ **transformarse** *vpr* se transformer; **~se en** se transformer en.

transfusión *f* transfusion *f*.

transición *f* transition *f*.

transigir *vi* transiger; **~ con** transiger sur.

transistor *m* transistor *m*.

tránsito *m* *(de vehículos)* circulation *f*.

translúcido, -da *adj* translucide.

transmitir *vt* transmettre.

transparente *adj* transparent(-e).

transportar *vt* transporter.

transporte *m* transport *m*; **~ privado** moyen *m* de transport privé; **~ público** transports en commun.

transversal *adj* transversal(-e).

tranvía *m* tramway *m*.

trapear *vt* *(Amér: habitación)* passer la serpillière dans.

trapecio *m* trapèze *m*.

trapecista *mf* trapéziste *mf*.

trapo *m* chiffon *m*; **~ de cocina** torchon *m*.

tráquea *f* trachée *f*.

tras *prep* *(después de)* après; *(detrás de)* derrière.

trasero, -ra *adj* arrière. ◆ *m* *(fam)* derrière *m*.

trasladar *vt* *(mudar)* déplacer; *(empleado, trabajador)* muter; *(aplazar)* reporter. ❑ **trasladarse** *vpr* *(desplazarse)* se déplacer; *(mudarse)* déménager.

traslado *m* *(de muebles, libros)* déplacement *m*; *(de puesto, cargo)* mutation *f*.

traspasar *vt* *(atravesar)* transpercer; *(camino, materia)* traverser; *(puerta, límite)* franchir; *(negocio)* céder.

traspié *m* faux pas *m*.

trasplantar *vt* *(planta)* transplanter; *(de órgano)* greffer.

trasplante *m* greffe *f*.

traste *m* *(Amér: trasero)* derrière *m*; **fregar los ~s** *(Amér)* faire la vaisselle.

trasto *m* *(objeto inútil)* vieillerie *f*; *(fig: persona)* bon *m* (bonne *f*) à rien. ❑ **trastos** *mpl* *(equipo)* matériel *m*.

tratado *m* traité *m*.

tratamiento *m* traitement *m*; *(título)* titre *m*.

tratar *vt* traiter; *(conocer)* fréquenter. ❑ **tratar de** *v + prep* *(hablar sobre)* traiter de; *(intentar)* essayer de.

trato *m* traitement *m*; *(relación)* fréquentation *f*; *(acuerdo)* marché *m*.

trauma *m* traumatisme *m*.

través: a través de *prep* à travers.

travesaño *m* *(pieza)* traverse *f*; *(DEP: de portería)* barre *f* transversale.

travesía *f (viaje)* traversée *f*; *(calle)* passage *m*.
travesti *m* travesti *m*.
travieso, -sa *adj (vivo, ingenioso)* espiègle; *(revoltoso)* turbulent(-e).
trayecto *m* trajet *m*.
trayectoria *f* trajectoire *f*.
trazado *m* tracé *m*.
trazar *vt (línea, dibujo)* tracer; *(proyecto, plan)* concevoir.
trazo *m* trait *m*.
trébol *m* trèfle *m*.
trece *núm* treize, → **seis**.
tregua *f* trève *f*.
treinta *núm* trente, → **seis**.
tremendo, -da *adj* terrible.
tren *m* train *m*; ~ **de cercanías** train de banlieue; ~ **de lavado** portique *m* de lavage automatique.
trenza *f* tresse *f*.
trepar *vi* grimper.
tres *núm* trois, → **seis**.
tresillo *m (sofá) salon comportant un canapé et deux fauteuils assortis*; *(juego)* hombre *m*.
trial *m* trial *m*.
triangular *adj* triangulaire.
triángulo *m* triangle *m*.
tribu *f* tribu *f*.
tribuna *f* tribune *f*.
tribunal *m* tribunal *m*; *(en examen, oposición)* jury *m*.
triciclo *m* tricycle *m*.
trigo *m* blé *m*.
trilladora *f* batteuse *f*.
trillar *vt* battre *(blé)*.
trillizos, -zas *m, f pl* triplé(s) *mpl* (-es *fpl*).
trimestral *adj* trimestrie(l) (-elle).
trimestre *m* trimestre *m*.
trinchante *m (cuchillo)* couteau *m* à découper; *(tenedor)* fourchette *f* à découper.
trineo *m (pequeño)* luge *f*; *(grande)* traîneau *m*.
trío *m* trio *m*.
tripa *f (intestino)* tripes *fpl*; *(barriga)* ventre *m*. ❑ **tripas** *fpl (de máquina, objeto)* intérieur *m*.
triple *adj* triple. ◆ *m (en baloncesto) panier valant trois points*; **el ~ de** trois fois plus de.
trípode *m* trépied *m*.
tripulación *f* équipage *m*.
tripulante *mf* membre *m* de l'équipage.
triste *adj* triste; *(salario, recompensa)* maigre.
tristeza *f* tristesse *f*.
triturar *vt (desmenuzar)* broyer; *(mascar)* triturer.
triunfal *adj* triomphal(-e).
triunfar *vi (vencer)* triompher; *(tener éxito)* réussir.
triunfo *m* triomphe *m*.
trivial *adj* banal(-e).
trizas *fpl*: **hacer ~ algo** réduire qqch en miettes.
trocha *f (Amér)* écartement *(des voies de chemin de fer)*.
trofeo *m* trophée *m*.
trombón *m* trombone *m*.
trombosis *f inv* thrombose *f*.

trompa *f* trompe *f*; *(fam: borrachera)* cuite *f*.
trompazo *m* coup *m*.
trompeta *f* trompette *f*.
tronar *v impers* tonner.
tronco *m* tronc *m*.
trono *m* trône *m*.
tropa *f (de soldados)* troupe *f*; *(fam: de personas)* armée *f*. ❑ **tropas** *fpl (ejército)* troupes *fpl*.
tropezar *vi* trébucher; ~ **con** *(obstáculo, estorbo)* buter sur; *(fig: persona)* tomber sur.
tropezón *m* faux pas *m*. ❑ **tropezones** *mpl (de jamón, pan)* *morceaux de viande, jambon, pain, fromage, etc ajoutés à une soupe*.
tropical *adj* tropical(-e).
trópico *m* tropique *m*.
tropiezo *m* faux pas *m*; *(dificultad)* embûche *f*.
trotar *vi (caballo)* trotter; *(fam: persona)* cavaler.
trote *m* trot *m*; **¡ya no estoy para esos ~s!** j'ai passé l'âge!
trozo *m* morceau *m*; **a ~s** en morceaux; **un ~ de** un morceau de.
trucaje *m* trucage *m*.
trucha *f* truite *f*; ~ **a la navarra** *truite farcie d'une tranche de poitrine fumée et servie grillée*.
truco *m (trampa, engaño)* truc *m*; *(en cine)* trucage *m*.
trueno *m* tonnerre *m*; *(estampido)* coup *m* de tonnerre; *(de arma)* détonation *f*.
trufa *f* truffe *f*; **~s heladas** *truffes glacées au chocolat*.
trusa *f (Amér) (traje de baño)* slip *m* de bain; *(calzoncillo)* slip *m*.
tu (*pl* **tus**) *adj* ton (ta); **~s libros** tes livres.
tú *pron (sujeto)* tu; *(predicado)* toi; **hablar** ○ **tratar de ~** tutoyer; **~ te llamas Juan** tu t'appelles Juan; **el culpable eres ~** c'est toi le coupable.
tuberculosis *f* tuberculose *f*.
tubería *f* tuyauterie *f*.
tubo *m (de agua, gas)* tuyau *m*; *(recipiente)* tube *m*; ~ **de escape** pot *m* d'échappement.
tuerca *f* écrou *m*.
tuerto, -ta *adj* borgne.
tul *m* tulle *m*.
tulipán *m* tulipe *f*.
tullido, -da *adj* infirme.
tumba *f* tombe *f*.
tumbar *vt (derribar)* faire tomber; *(fam: suspender)* coller. ❑ **tumbarse** *vpr* s'allonger.
tumbona *f* chaise *f* longue.
tumor *m* tumeur *f*.
tumulto *m (disturbio)* tumulte *m*; *(confusión)* cohue *f*.
tuna *f orchestre d'étudiants qui jouent dans les rues, lors des mariages, etc*.

TUNA

Orchestre d'étudiants vêtus de capes noires ornées de rubans multicolores. Ils parcourent les rues, chantant des chansons et jouant des airs de leur répertoire.

túnel *m* tunnel *m*.
Túnez *s (ciudad)* Tunis; *(país)* Tunisie *f*.
túnica *f* tunique *f*.
tupido, -da *adj (tejido)* serré(-e).
turbina *f* turbine *f*.
turbio, -bia *adj (líquido, agua)* trouble; *(asunto)* louche.
turbulencia *f* turbulence *f*; *(confusión)* tumulte *m*.
turco, -ca *adj* turc (turque). ◆ *m, f* Turc *m* (Turque *f*). ◆ *m (lengua)* turc *m*.
turismo *m* tourisme *m*; *(coche)* voiture *f* de tourisme.
turista *mf* touriste *mf*.
turístico, -ca *adj* touristique.
túrmix® *m* mixer *m*.
turno *m (orden)* roulement *m*; *(momento)* tour *m*; **'espere su ~'** 'attendez votre tour'.
Turquía *s* Turquie *f*.
turrón *m* touron *m (confiserie de Noël semblable au nougat)*.
tute *m jeu semblable au whist*.
tutear *vt* tutoyer. ❑ **tutearse** *vpr* se tutoyer.
tutor, -ra *m, f (de bienes, menor)* tuteur *m* (-trice *f*); *(profesor particular)* précepteur *m* (-trice *f*); *(de curso)* professeur *m* principal.
tuyo, -ya *adj* à toi. ◆ *pron*: **el ~** le tien; **la tuya** la tienne; **lo ~ es el teatro** ton truc c'est le théâtre.
TV *f (abrev de televisión)* TV *f*.

U

UCI *f (abrev de unidad de cuidados intensivos)* unité *f* de soins intensifs.
Ud. *abrev* = **usted.**
Uds. *abrev* = **ustedes.**
úlcera *f* ulcère *m*.
ultimar *vt (terminar)* mettre la dernière main à; *(Amér)* tuer.
último, -ma *adj* dernier(-ère); **en el ~ rincón del desván** dans le coin le plus caché du grenier; **a ~s de** *(mes, año)* à la fin de; **por ~** enfin; **última llamada** *(en aeropuerto)* dernier appel *m*.
ultramarinos *m inv (tienda)* épicerie *f*.
ultravioleta *adj* ultraviolet(-ette).
umbral *m* seuil *m*.
un, una *art* un (une); **~ hombre** un homme; **una mujer** une femme; **~ águila** un aigle. ◆ *adj* = **uno.**
unánime *adj* unanime.
UNED *f (abrev de Universidad Nacional de Educación a distancia) université nationale espagnole d'enseignement à distance*.
únicamente *adv* uniquement.
único, -ca *adj (solo)* seul(-e); *(extraordinario)* unique.
unidad *f* unité *f*.

unido, -da *adj* uni(-e).
unifamiliar *adj (vivienda, casa)* individuel(-elle); *(empresa)* familial(-e).
unificación *f* unification *f*.
uniforme *m* uniforme *m*.
unión *f* union *f*.
unir *vt (juntar)* joindre; *(mezclar)* lier; *(personas)* unir; *(comunicar)* relier. ❑ **unirse** *vpr* s'unir.
unisex *adj inv* unisexe.
universal *adj* universel(-elle).
universidad *f* université *f*.
universitario, -ria *m, f* diplômé *m* (-e *f*) de l'université.
universo *m* univers *m*.
uno, una *adj* -1. *(gen)* un (une); **~ día volveré** je reviendrai un jour; **había ~s coches mal aparcados** il y avait des voitures mal garées; **he conocido a unas chicas muy simpáticas** j'ai fait la connaissance de filles très sympathiques; **tienes treinta y un días para decidirte** tu as trente et un jours pour te décider; **había cincuenta y una mujeres** il y avait cinquante et une femmes.
-2. *(aproximadamente)*: **había unas doce personas** il y avait une douzaine de personnes; **me voy ~s días** je pars dans quelques jours.
◆ *pron* -1. *(indefinido)* un (une); **los bombones están muy buenos, coge ~** les chocolats sont délicieux, prends-en un; **tienes muchas manzanas, dame unas** tu as beaucoup de pommes, donne-m'en quelques-unes; **~/una de** l'un/l'une de; **~... otro** l'un... l'autre; **~ habla, otro calla** l'un parle, l'autre se tait.
-2. *(fam: referido a personas)*: **ayer hablé con ~ que te conoce** hier j'ai parlé à un type qui te connaît.
-3. *(yo)* on; **entonces es cuando se da ~ cuenta de...** c'est alors qu'on se rend compte de...; **una ya está acostumbrada a eso** j'y suis habituée; **de ~ en ~** un par un; **~ a ~** un à un; **~ por ~** un par un; **más de ~** plus d'un.
-4. *(en locuciones)*: **como ~ más** comme tout le monde, → **seis**.
untar *vt (pan, tostada)* tartiner; *(manchar)* tacher; *(cuerpo, cosa)* enduire. ❑ **untarse** *vpr (mancharse)* se tacher; *(con crema, pomada)* s'enduire.
uña *f (de persona)* ongle *m*; *(de animal)* griffe *f*; *(de caballo, vaca)* sabot *m*; **hacerse las ~s** se faire les ongles.
uralita® *f tôle ondulée de Fibrociment*®.
urbanización *f (acción)* urbanisation *f*; *(lugar)* lotissement *m*.
urbano, -na *adj* urbain(-e).
◆ *m, f* agent *m* de police.
urgencia *f* urgence *f*. ❑ **Urgencias** *fpl (de hospital)* urgences *fpl*.
urgente *adj* urgent(-e); **'urgente'** 'urgent'.
urgentemente *adv* d'urgence.
urinario *m* urinoir *m*.
urna *f* urne *f*; *(de exposición)* vitrine *f*.
urraca *f* pie *f*.

urticaria *f* urticaire *f*.
Uruguay *s* Uruguay *m*.
uruguayo, **-ya** *adj* uruguayen(-enne). ◆ *m, f* Uruguayen *m* (-enne *f*).
usado, **-da** *adj (utilizado)* usagé(-e); *(palabra)* usité(-e); *(coche)* d'occasion; *(gastado)* usé(-e).
usar *vt* utiliser; *(llevar)* porter.
uso *m* utilisation *f*; *(empleo)* usage *m*; **~s y costumbres** les us et coutumes.
usted (*pl* **-des**) *pron* vous; **¿~ es español?** vous êtes espagnol?; **me gustaría hablar con ~** j'aimerais vous parler; **tratar de ~ a alguien** vouvoyer qqn **¿cómo están ~es?** comment allez-vous?
usual *adj* habituel(-elle).
usuario, **-ria** *m, f (de transportes)* usager *m*; *(de máquina)* utilisateur *m* (-trice *f*).
utensilio *m* ustensile *m*.
útero *m* utérus *m*.
útil *adj* utile. ◆ *m* outil *m*.
utilidad *f* utilité *f*; *(provecho)* profit *m*.
utilitario *m* petite voiture *f*.
utilizar *vt* utiliser.
uva *f* raisin *m*; **~s de la suerte** *tradition selon laquelle avaler 12 grains de raisin au rythme des 12 coups de minuit le 31 décembre porte chance.*

vaca *f* vache *f*; *(carne)* bœuf *m*.
vacaciones *fpl* vacances *fpl*; **estar/ir de ~** être/partir en vacances.
vacante *f* poste *m* vacant.
vaciar *vt* vider; *(hacer hueco, agujero)* évider.
vacilar *vi (dudar)* hésiter; *(tambalearse)* chanceler.
vacilón *m (Amér)* fête *f*.
vacío, **-a** *adj* vide; *(superficial)* creux(-euse). ◆ *m* vide *m*; **al ~** *(envasado)* sous vide.
vacuna *f* vaccin *m*.
vacunación *f* vaccination *f*.
vacunar *vt* vacciner.
vado *m (en la calle)* bateau *m*; *(de río)* gué *m*; **'~ permanente'** 'sortie de voitures'.
vagabundo, **-da** *m, f* vagabond *m* (-e *f*).
vagamente *adv* vaguement.
vagina *f* vagin *m*.
vago, **-ga** *adj (perezoso)* feignant(-e); *(impreciso)* vague.
vagón *m* wagon *m*.
vagoneta *f* wagonnet *m*.
vaho *m (vapor)* vapeur *f*; *(aliento)* buée *f*. ❑ **vahos** *mpl (de hierbas)* inhalation *f*.

vaina *f (funda)* étui *m*; *(de guisantes, habas)* cosse *f*.
vainilla *f* vanille *f*.
vajilla *f* vaisselle *f*.
vale *m (papel)* bon *m*; *(Amér: fam: amigo)* copain *m*. ◆ *interj* → **valer**.
Valencia *s* Valence.
valenciana *f (Amér)* revers *m (de pantalon)*.
valentía *f (cualidad)* courage *m*.
valer *m* valeur *f*. ◆ *vt* valoir. ◆ *vi (ser eficaz)* valoir; *(servir)* aller; *(ser válido)* être valable; *(estar permitido)* être permis(-e); **¿vale?** d'accord?; **¡vale!** d'accord!; **~ la pena** valoir la peine; **este chico vale** c'est un garçon bien; **estos zapatos ya no me valen** ces chaussures ne me vont plus; **más vale que no le digas nada** il vaut mieux que tu ne lui dises rien. ❑ **valerse de** *v + prep* se servir de.
valeriana *f* valériane *f*.
validez *f* validité *f*.
válido, -da *adj* valable.
valiente *adj* courageux(-euse).
valioso, -sa *adj* précieux (-euse).
valla *f* clôture *f*; *(de publicidad)* panneau *m* publicitaire; *(en deporte)* haie *f*.
valle *m* vallée *f*.
valor *m* valeur *f*; *(valentía)* courage *m*.
valoración *f* évaluation *f*.
valorar *vt* évaluer.
vals *m* valse *f*.
válvula *f (eléctrica)* valve *f*; *(AUTOM)* soupape *f*.
vanguardista *adj* avant-gardiste.
vanidad *f* vanité *f*.
vanidoso, -sa *adj* vaniteux(-euse).
vano, -na *adj* vain(-e); **en ~** en vain.
vapor *m (de líquido, sólido)* vapeur *f*; *(barco)* bateau *m* à vapeur; **al ~** à la vapeur.
vaporizador *m* vaporisateur *m*.
vaquero, -ra *adj (ropa, chaqueta, pantalón)* en jean. ❑ **vaqueros** *mpl* jean *m*.
vara *f* bâton *m*.
variable *adj (opinión, clima)* variable; *(carácter)* changeant(-e).
variado, -da *adj* varié(-e).
variar *vt (cambiar)* changer; *(dar variedad)* varier; **~ de** changer de.
varicela *f* varicelle *f*.
varices *fpl* varices *fpl*.
variedad *f* variété *f*. ❑ **variedades** *fpl (espectáculo)* variétés *fpl*.
varios, -rias *adj pl (algunos)* plusieurs; *(diversos)* divers(-es); **'varios'** 'divers'.
varón *m* homme *m*; *(niño)* garçon *m*.
varonil *adj (de varón)* pour homme; *(valiente, fuerte)* viril(-e).
vasallo, -lla *m, f* vassal *m* (-e *f*).
vasco, -ca *adj* basque. ◆ *m, f* Basque *mf*. ◆ *m (lengua)* basque *m*; **a la vasca** (à la) basquaise.

vasija *f* pot *m*.
vaso *m* verre *m*.
vasto, **-ta** *adj* vaste.
Vaticano *m*: **El ~** le Vatican.
vaya *interj (sorpresa)* ça alors!; *(admiración)* ouah!; **¡~ moto!** quelle moto!
Vda. *(abrev de viuda)* vve.
vecindad *f* voisinage *m*.
vecindario *m* voisins *mpl*; *(de una ciudad)* habitants *mpl*.
vecino, **-na** *adj* voisin(-e). ◆ *m, f (de una casa)* voisin *m* (-e *f*); *(de pueblo, ciudad)* habitant *m* (-e *f*).
vegetación *f* végétation *f*.
vegetal *adj* végétal(-e). ◆ *m* végétal *m*; *(sandwich)* sandwich *m* crudités.
vegetariano, **-na** *m, f* végétarien *m* (-enne *f*).
vehículo *m* véhicule *m*.
veinte *núm* vingt, → **seis**.
vejez *f* vieillesse *f*.
vejiga *f* vessie *f*.
vela *f (cirio)* bougie *f*; *(de barco)* voile *f*; *(vigilia)* veille *f*; **estar en ~** veiller.
velero *m* voilier *m*.
veleta *f* girouette *f*.
vello *m (de persona)* duvet *m*.
velo *m* voile *m*.
velocidad *f* vitesse *f*; **'~ controlada por radar'** 'contrôle radar'.
velódromo *m* vélodrome *m*.
velomotor *m* vélomoteur *m*.
velorio *m* veillée *f* funèbre.
veloz *adj* rapide.
vena *f* veine *f*.
venado *m* gibier *m*.
vencedor, **-ra** *m, f* vainqueur *m*.
vencejo *m* martinet *m (oiseau)*.
vencer *vt* vaincre; *(suj: suceso, cansancio)* abattre. ◆ *vi (ganar)* gagner; *(caducar)* expirer.
vencido, **-da** *adj (derrotado)* vaincu(-e); **darse por ~** s'avouer vaincu.
vencimiento *m (de plazo)* expiration *f*; *(de pago, deuda)* échéance *f*.
venda *f* bande *f (pansement)*.
vendaje *m* bandage *m*.
vendar *vt* bander.
vendaval *m* grand vent *m*.
vendedor, **-ra** *m, f* vendeur *m* (-euse *f*).
vender *vt* vendre.
vendimia *f* vendange *f*.
vendimiador, **-ra** *m, f* vendangeur *m* (-euse *f*).
vendimiar *vt* vendanger.
veneno *m* poison *m*; *(de animales)* venin *m*.
venenoso, **-sa** *adj (seta)* vénéneux(-euse); *(serpiente)* venimeux(-euse).
venezolano, **-na** *adj* vénézuélien(-enne). ◆ *m, f* Vénézuélien *m* (-enne *f*).
Venezuela *s* Venezuela *m*.
venganza *f* vengeance *f*.
vengarse *vpr* se venger.
venida *f* venue *f*.

venir *vi* -1. *(gen)* venir; **vino de visita ayer por la tarde** il est venu nous rendre visite hier après-midi; ~ **de** *(proceder)* venir de.
-2. *(llegar, suceder)* arriver; **ya vienen los turistas** les touristes arrivent; **le vino una desgracia inesperada** il lui est arrivé un malheur inattendu.
-3. *(seguir en el tiempo)*: **el año que viene** l'année prochaine; **ahora viene la escena más divertida** maintenant c'est la scène la plus drôle.
-4. *(hallarse, estar)* être; **su foto viene en la primera página** sa photo est en première page; **el texto viene en inglés** le texte est en anglais.
-5. *(ropa, zapatos)* aller; **el abrigo le viene pequeño** ce manteau est trop petit pour lui; **tus zapatos no me vienen** tes chaussures ne me vont pas.
-6. *(en locuciones)*: **¿a qué viene esto?** pourquoi dis-tu ça?
❑ **venirse** *vpr (llegar)* venir; **~se abajo** *(edificio, persona)* s'effondrer; *(proyecto)* tomber à l'eau.

venta *f* vente *f*; *(hostal)* auberge *f*; **'en ~'** 'à vendre'; **~ al detalle** vente au détail; **~ al por mayor** vente en gros; **'~ de billetes'** 'vente des billets'.

ventaja *f* avantage *m*.

ventana *f* fenêtre *f*.

ventanilla *f (de tren)* fenêtre *f*; *(de coche)* vitre *f*; *(de avión)* hublot *m*; *(de oficina, cine)* guichet *m*.

ventilación *f* ventilation *f*.

ventilador *m* ventilateur *m*.

ventisca *f* tempête *f* de neige.

ventosa *f* ventouse *f*.

ventoso, -sa *adj* venteux (-euse).

ventrílocuo, -cua *m, f* ventriloque *mf*.

ver *vt* -1. *(gen)* voir; **desde casa vemos el mar** de chez nous on voit la mer; **fui a ~ a unos amigos** je suis allé voir des amis; **ya veo que estás de mal humor** je vois bien que tu es de mauvaise humeur; **ya veo lo que quieres decir** je vois ce que tu veux dire; **voy a ~ si han venido ya** je vais voir s'ils sont arrivés; **ayer lo vi en el parque** hier je l'ai vu au parc; **yo no lo veo tan mal** ce n'est pas si mal; **esta es tu manera de ~ las cosas** c'est ta façon de voir les choses.
-2. *(televisión)* regarder.
-3. *(en locuciones)*: **¡hay que ~ lo tonto que es!** qu'est-ce qu'il peut être bête!; **por lo visto** ○ **que se ve** apparemment; **~ mundo** voyager.
◆ *vi* voir; **los ciegos no ven** les aveugles ne voient pas; **~ bien/mal** voir bien/mal; **¿a ~? creo que ese lápiz es mío** fais voir? je crois que ce crayon est à moi; **a ~ qué pasa** voyons ce qui se passe.
❑ **verse** *vpr*: **~se con alguien** *(tratarse)* voir qqn.

veraneante *mf* estivant *m* (-e *f*).

veranear *vi* passer ses vacances d'été.

veraneo *m* vacances *fpl* d'été.

veraniego, -ga *adj* estival(-e).

verano *m* été *m*; **en ~** en été.
veras *fpl*: **de ~** vraiment.
verbena *f (fiesta)* *fête populaire nocturne*; *(planta)* verveine *f*.
verbo *m* verbe *m*; **~ auxiliar** verbe auxiliaire.
verdad *f* vérité *f*; **de ~** *(en serio)* sérieusement; *(realmente)* vraiment; **¿verdad?** n'est-ce pas?
verdadero, -ra *adj (cierto, real)* vrai(-e); *(no falso)* véritable.
verde *adj (color)* vert(-e); *(sin experiencia)* jeune; *(obsceno)* osé(-e). ◆ *m* vert *m*.
verdulería *f*: **ir a la ~** aller chez le marchand de légumes.
verdulero, -ra *m, f* marchand *m* (-e *f*) de légumes.
verdura *f* légume *m*; **~ con patatas** *légumes cuits à l'eau avec des pommes de terre*.
vereda *f (camino)* sentier *m*; *(Amér)* trottoir *m*.
veredicto *m* verdict *m*.
vergonzoso, -sa *adj (deshonroso)* honteux(-euse); *(tímido)* timide.
vergüenza *f* honte *f*; *(dignidad)* amour-propre *m*; *(pudor)* pudeur *f*.
verificar *vt* vérifier.
verja *f* grille *f*.
vermut *m (licor)* vermouth *m*; *(aperitivo)* apéritif *m*.
verosímil *adj* vraisemblable.
verruga *f* verrue *f*.
versión *f* version *f*; **~ original** version originale.
verso *m (unidad)* vers *m*; *(poema)* poème *m*.
vertedero *m (de basuras)* décharge *f*; *(de aguas)* déversoir *m*.
verter *vt* renverser.
vertical *adj* vertical(-e).
vértice *m* sommet *m*.
vertido *m* déchet *m*.
vertiente *f (de montaña)* versant *m*; *(de tejado)* pente *f*.
vértigo *m* vertige *m*.
vestíbulo *m* hall *m*.
vestido *m (prenda de mujer)* robe *f*; *(ropa)* vêtement *m*.
vestimenta *f* vêtements *mpl*.
vestir *vt* habiller; *(llevar puesto)* porter. ◆ *vi* être habillé(-e). ❑ **vestirse** *vpr* s'habiller.
vestuario *m (ropa)* garde-robe *f*; *(de gimnasio)* vestiaire *m*; *(de teatro)* loge *f*.
veterano, -na *m, f* vétéran *m*.
veterinario, -ria *m, f* vétérinaire *mf*.
vez (*pl* **-ces**) *f* fois *f*; *(turno)* tour *m*; **a veces** parfois; **¿has estado en París alguna ~?** tu es déjà allé à Paris?; **de ~ en cuando** de temps en temps; **dos veces** deux fois; **en ~ de** au lieu de; **muchas veces** souvent; **otra ~** encore une fois; **pocas veces** rarement; **tres veces al día** trois fois par jour; **una ~** une fois; **unas veces** parfois; **pedir la ~** demander son tour.
VHF *m (abrev de very high frequency)* VHF *f*.
VHS *m (abrev de video home system)* VHS *m*.

vía *f* voie *f*; **por ~ aérea** par avion.
viaducto *m* viaduc *m*.
viajar *vi* voyager.
viaje *m* voyage *m*; **ir de ~** partir en voyage; **~ de novios** voyage de noces; **¡buen ~!** bon voyage!
viajero, -ra *m, f* voyageur *m* (-euse *f*).
víbora *f* vipère *f*.
vibrar *vi* vibrer.
vicepresidente, -ta *m, f* vice-président *m* (-e *f*).
viciarse *vpr*: **~ (con algo)** *(persona)* devenir dépendant(-e) (de qqch).
vicio *m (mala costumbre)* manie *f*; *(inmoralidad)* vice *m*.
vicioso, -sa *adj* vicieux(-euse).
víctima *f* victime *f*; **ser ~ de** être victime de.
victoria *f* victoire *f*.
vid *f* vigne *f*.
vida *f* vie *f*; *(duración)* durée *f* de vie; **buena ~** belle vie; **de toda la ~** depuis toujours; **amargarle la ~ a alguien** rendre la vie impossible à qqn; **mala ~** mauvaise vie; **~ familiar** vie de famille.
vidente *mf* voyant *m* (-e *f*).
vídeo *m (técnica)* vidéo *f*; *(aparato)* magnétoscope *m*.
videocámara *f* Caméscope® *m*.
videocasete *m* cassette *f* vidéo.
videojuego *m* jeu *m* vidéo.
vidriera *f* vitrail *m*.
vidrio *m (material)* verre *m*.
vieira *f* coquille *f* Saint-Jacques.
viejo, -ja *adj* vieux (vieille). ◆ *m, f (anciano)* vieux *m* (vieille *f*); *(Amér: compañero, amigo)* pote *m*; **un hombre ~** un vieil homme.
viento *m* vent *m*.
vientre *m* ventre *m*.
viernes *m inv* vendredi. ❑ **Viernes Santo** *m* Vendredi *m* saint, → **sábado**.
Vietnam *s* Vietnam *m*.
viga *f* poutre *f*.
vigencia *f* validité *f*.
vigente *adj* en vigueur.
vigilante *mf* surveillant *m* (-e *f*).
vigilar *vt* surveiller.
vigor *m* vigueur *f*; **en ~** en vigueur.
vigoroso, -sa *adj* vigoureux(-euse).
vil *adj (persona)* méprisable; *(acto, conducta)* vil(-e).
villancico *m* chant *m* de Noël.
vinagre *m* vinaigre *m*.
vinagreras *fpl* huilier *m*.
vinagreta *f* vinaigrette *f*; **salsa ~** vinaigrette; **a la ~** à la vinaigrette.
vinculación *f* lien *m*.
vincular *vt* lier.
vino *m* vin *m*; **~ de la casa** vin de la maison; **~ blanco/rosado/tinto** vin blanc/rosé/rouge; **~ corriente** vin ordinaire; **~ de mesa** vin de table.
viña *f (terreno)* vigne *f*.
violación *f (de ley)* violation *f*; *(abuso sexual)* viol *m*.

violador, **-ra** *m, f* violeur *m* (-euse *f*).
violar *vt* violer.
violencia *f* violence *f*; **me causa ~ preguntárselo** ça me gêne de le lui demander.
violento, **-ta** *adj* violent(-e); **estar ~** être gêné; **ser ~** être gênant.
violeta *f* violette *f*.
violín *m* violon *m*.
violinista *mf* violoniste *mf*.
violoncelo *m* violoncelle *m*.
VIP *m (abrev de very important person)* VIP *m*.
virgen *adj* vierge. ❑ **Virgen** *f*: **la Virgen** la Vierge.
Virgo *m* Vierge *f inv*.
virtud *f* vertu *f*; **en ~ de** en vertu de.
viruela *f* variole *f*.
virus *m inv* virus *m*.
viruta *f (de madera)* copeau *m*; **~s de jamón** *petites tranches fines de jambon de pays*.
visa *f (Amér)* visa *m*.
visado *m* visa *m*.
víscera *f* viscère *m*.
viscosa *f* viscose *f*.
visera *f* visière *f*.
visible *adj* visible.
visillos *mpl* voilages *mpl*.
visita *f (acción)* visite *f*; *(persona)* visiteur *m* (-euse *f*); **hacer una ~** rendre une visite.
visitante *mf* visiteur *m* (-euse *f*).
visitar *vt (ir a ver)* rendre visite; *(suj: médico)* examiner; *(ciudad, museo)* visiter.
vislumbrar *vt* entrevoir.
víspera *f (día anterior)* veille *f*.
vista *f* vue *f*; *(ojos)* yeux *mpl*; *(perspicacia, astucia)* flair *m*; *(juicio)* audience *f*; **a primera** o **simple ~** à première vue; **¡hasta la ~!** à la prochaine!
vistazo *m* coup *m* d'œil; **echar un ~** jeter un coup d'œil.
visto, **-ta** *adj*: **está muy ~** *(ropa)* c'est démodé; *(truco, chiste)* c'est du déjà-vu; **estar bien/mal ~** *(hecho, conducta etc)* être bien/mal vu; **por lo ~** apparemment.
vistoso, **-sa** *adj* voyant(-e).
vital *adj* vital(-e); *(con vitalidad)* plein(-e) de vitalité.
vitalidad *f* vitalité *f*.
vitamina *f* vitamine *f*.
vitrina *f* vitrine *f (meuble)*.
viudo, **-da** *m, f* veuf *m* (veuve *f*).
viva *interj* vive!
víveres *mpl* vivres *mpl*.
vivienda *f* logement *m*.
vivir *vi* vivre; *(residir)* habiter. ◆ *vt* vivre; **~ de** vivre de.
vivo, **-va** *adj* vif (vive); *(existente, expresivo)* vivant(-e).
vizcaíno, **-na** *adj*: **a la vizcaína** (à la) basquaise.
vocabulario *m* vocabulaire *m*.
vocación *f* vocation *f*.
vocal *f* voyelle *f*.
vodka ['boθka] *m* vodka *f*.
vol. *(abrev de volumen)* vol.

olador, **-ra** *adj* volant(-e).
olante *adj* volant(-e). ◆ *m* vo- ant *m*.
olar *vi (avión, pájaro)* voler; *ranscurrir rápidamente)* passer ite; *(desaparecer)* s'envoler; *(co- rer)* courir. ◆ *vt (hacer explotar)* aire sauter.
olcán *m* volcan *m*.
olcánico, **-ca** *adj* volcani- ue.
olcar *vt* renverser. ◆ *vi* se ren- erser; *(barco)* se retourner.
oleibol *m* volley-ball *m*.
olquete *m* camion *m* à ben- e.
oltaje *m* voltage *m*.
oltear *vt (Amér)* renverser. ❑ **oltearse** *vpr (Amér)* se retour- er.
oltereta *f* culbute *f*.
olumen *m* volume *m*.
oluntad *f* volonté *f*.
oluntario, **-ria** *adj* & *m, f* olontaire. ◆ *m (soldado)* engagé volontaire.
oluntarioso, **-sa** *adj*: **ser ~** voir de la volonté.
olver *vt* -1. *(cabeza, ojos, vista)* urner; **he vuelto los ojos hacia** nde estabas j'ai tourné les yeux ers toi.
-2. *(variar la posición)* retourner; **uelve la tortilla** retourner l'ome- tte.
-3. *(convertir)* rendre; **la desgracia volvió un delincuente** le mal- eur a fait de lui un délinquant; **s a ~lo loco** tu vas le rendre fou.
◆ *vi* -1. *(regresar)* revenir; **vuelve, no te vayas** reviens, ne t'en va pas; **no volveré esta noche** je ne rentrerai pas cette nuit; **volvamos a nuestro tema** revenons à notre sujet.
-2. *(ir de nuevo)* retourner; **no pienso volver a este hotel** je n'ai pas l'intention de retourner dans cet hôtel.
-3. *(hacer otra vez)*: **~ a hacer/leer** refaire/relire; **vuelve a llover** il recommence à pleuvoir.
❑ **volverse** *vpr* -1. *(darse la vuelta)* se retourner; **~se atrás** *(desdecirse)* faire machine arrière.
-2. *(ir de vuelta)*: **~se a** retourner à.
-3. *(convertirse)* devenir; **se volvió insomne** il est devenu insomniaque.
vomitar *vt* vomir.
vos *pron (Amér)* tu.
VOSE *f (abrev de versión original subtitulada en español)* ≃ VO *f*.
vosotros, **-tras** *pron* vous.
votación *f* vote *m*.
votante *mf* votant *m* (-e *f*).
votar *vt* & *vi* voter.
voto *m (en elecciones)* voix *f*; *(derecho a votar)* droit *m* de vote; *(en religión)* vœu *m*.
voz (*pl* **-ces**) *f* voix *f*; *(grito)* cri *m*; *(rumor)* rumeur *f*; *(palabra)* mot *m*; **en ~ alta/baja** à voix haute/basse; **dar una ~** crier.
vuelo *m* vol *m*; **~ charter/regular** vol charter/régulier; **'~s nacionales'** 'vols nationaux'; **una falda con mucho ~** une jupe très ample.
vuelta *f* tour *m*; *(regreso)* retour

m; *(de monedas)* monnaie *f*; **dar una ~** faire un tour; **dar ~s** tourner; **darse la ~** se retourner *(personne)*; **estar de ~** être de retour; **a la ~** au retour; **a la ~ de la esquina** au coin de la rue; **a ~ de correo** par retour du courrier; **~ al colegio** rentrée *f* des classes.

vuelto *m (Amér)* monnaie *f*.

vuestro, **-tra** *adj* votre. ◆ *pron*: **el ~** le vôtre; **la vuestra** la vôtre; **lo ~ es el deporte** votre truc c'est le sport; **~s libros** vos livres; **un amigo ~** un ami à vous.

vulgar *adj* vulgaire; *(popular)* courant(-e).

walkman® ['walman] *m* Walkman® *m*.

wáter ['bater] *m* W-C *mpl*.

waterpolo [water'polo] *m* water-polo *m*.

WC *(abrev de water closet)* W-C *mpl*.

whisky ['wiski] *m* whisky *m*.

windsurf ['winsurf] *m*: **hacer ~** faire de la planche à voile.

xenofobia *f* xénophobie *f*.

xilófono *m* xylophone *m*.

y *conj* et; *(pero)* et pourtant; **tu y yo** toi et moi; **¿y tu mujer?** et ta femme?; **sabía que no lo conseguiría y seguía intentándolo** il savait qu'il n'y parviendrait pas et pourtant il continuait à essayer.

ya *adv (denota pasado)* déjà; *(inmediatamente)* tout de suite; *(refuerza al verbo)* bien; **~ me lo has dicho** tu me l'as déjà dit; **~ no vive aquí** il n'habite plus ici; **hay que hacerlo ~** il faut le faire tout de suite; **~ te llamaré** je t'appellerai; **~ lo sé, pero...** je sais bien, mais. ◆ *interj (expresa asentimiento)* oui c'est ça!; *(expresa comprensión)* oui, j'ai compris! ◆ *conj*: **~ llegue tarde, ~ llegue temprano...** que j'arrive tôt ou que j'arrive tard.. **~ que** puisque.

yacimiento *m* gisement *m*.

yanqui *mf (despec)* Amerloque *mf*.
yate *m* yacht *m*.
yegua *f* jument *f*.
yema *f (de huevo)* jaune *m*; *(de dedo)* bout *m*; *(de planta)* bourgeon *m*; *(dulce) confiserie à base de jaune d'œuf et de sucre*.
yerbatero *m (Amér)* guérisseur *m*.
yerno *m* gendre *m*.
yeso *m (mineral)* gypse *m*; *(material)* plâtre *m*.
yo *pron (sujeto)* je; *(predicado)* moi; ~ **que tú/él** moi, à ta/sa place; ~ **me llamo Juan** je m'appelle Juan; ~ **animo a todos** j'encourage tout le monde; **el culpable soy** ~ c'est moi le coupable.
yodo *m* iode *m*.
yoga *m* yoga *m*.
yogur *m* yaourt *m*.
Yugoslavia *s* Yougoslavie *f*.
yunque *m* enclume *f*.
yunta *f (Amér)* boutons *mpl* de manchette.

Z

zafacón *m (Amér)* poubelle *f (en métal)*.
zafiro *m* saphir *m*.
zafra *f* bidon *m* d'huile.
zaguán *m* entrée *f*.
zambullida *f* plongeon *m*.
zambullirse *vpr* plonger.
zanahoria *f* carotte *f*.
zancadilla *f*: **poner la ~ a alguien** faire un croche-pied à qqn.
zanco *m* échasse *f*.
zancudo *m (Amér)* moustique *m*.
zanja *f* tranchée *f*.
zapallo *m (Amér)* courgette *f*.
zapateado *m danse espagnole rythmée par des coups de talons*.
zapatería *f (tienda)* magasin *m* de chaussures; *(taller)* cordonnerie *f*.
zapatero, -ra *m, f (vendedor)* chausseur *m*; *(reparador)* cordonnier *m* (-ère *f*). ◆ *m (mueble)* armoire *f* à chaussures.
zapatilla *f (de estar en casa)* chausson *m*; ~ **de deporte** tennis *m*.
zapato *m* chaussure *f*; **~s de caballero/señora** chaussure pour homme/femme.
zapping *m* zapping *m*; **hacer ~** zapper.
zarandear *vt* secouer *(personne)*.
zarpar *vi* appareiller.
zarpazo *m* coup *m* de griffe.
zarza *f* ronce *f*.
zarzamora *f* mûre *f*.
zarzuela *f (obra musical)* zarzuela *f (genre d'opérette typiquement espagnole)*; *(guiso) plat de poisson et de coquillages en sauce*.
zenit *m* zénith *m*; **en el ~ de** *(fig)* au sommet de.

zinc *m* zinc *m*.
zíper *m (Amér)* fermeture *f* Éclair®.
zipizape *m (fam)* grabuge *m*.
zócalo *m (de edificio)* soubassement *m*; *(de muro, pared)* plinthe *f*.
zodíaco *m* zodiaque *m*.
zona *f* zone *f*; ~ **azul** zone bleue; **'~ de estacionamiento limitado y vigilado'** 'zone de stationnement limité'; ~ **verde** espace *m* vert.

 **ZONA AZUL**

Zone de stationnement payant. Dans la plupart des villes, le paiement s'effectue au moyen d'un horodateur. Le ticket délivré par l'appareil doit être placé en évidence derrière le pare-brise. Dans ces zones, le stationnement est gratuit certains jours et à certaines heures indiquées sur l'horodateur.

---

zonzo, -za *adj (Amér)* bête; **hacerse el** ~ faire l'idiot.
zoo *m* zoo *m*.
zoológico, -ca *adj* zoologque. ◆ *m* parc *m* zoologique.
zopenco, -ca *adj* idiot(-e).
zorra *f (vulg: prostituta)* pute → **zorro**.
zorro, -rra *m, f (animal)* rnard *m* (-e *f*). ◆ *m (piel)* renard *r* **un** ~ *(persona astuta)* un vieux renard.
zueco *m (de madera)* sabot *r* *(de piel)* galoche *f*.
zumbar *vi* bourdonner. ◆ *vt*: **a alguien** *(fam)* ficher une raclée qqn.
zumbido *m* bourdonneme *m*.
zumo *m* jus *m*; ~ **de fruta/de nranja** jus de fruits/d'orange.
zurcir *vt* repriser.
zurdo, -da *adj (izquierdo)* gache; *(que usa la mano izquierd* gaucher(-ère).
zurrar *vt (fam)*: ~ **a alguien** cher une raclée à qqn.

GLOSSAIRE
CATALAN - FRANÇAIS

VOCABULAIRE
GASTRONOMIQUE
ET
PRATIQUE

accés [ək'ses] *m* accès *m*; **'~ tancat festius'** *panneau indiquant que l'accès est interdit les jours fériés.*

adrogueria [əðruɣə'riə] *f* droguerie *f*.

ajuntament [əʒuntə'men] *m* mairie *f*.

aliniament [əlineə'men] *m*: **'~ direcció'** *dans un garage, panneau indiquant que l'on peut y faire vérifier la direction de la voiture.*

allioli [aʎi'ɔli] *m* aïoli *m*.

alvocat [alβu'kət] *m* avocat *m*.

amanida [əmə'niðə] *f* salade *f*; **~ verda** salade verte; **~ del temps** salade de saison.

anxova [ən'ʃɔβə] *f* anchois *m*; **anxoves de L'Escala** *préparation d'anchois typique de l'Escala, port de pêche de Catalogne.*

arròs [ə'rɔs] *m* riz *m*; **~ negre** *riz préparé avec de l'encre de seiche.*

assortiment [əsurti'men] *m* assortiment *m*; **~ d'amanides** crudités *fpl*; **~ de formatges** plateau *m* de fromages.

bacallà [bəkə'ʎa] *m* morue *f*; **~ amb samfaina** *morue servie avec une sorte de ratatouille.*

bistec [bis'tɛk] *m* steak *m*.

bitllets [bi'ʎʎɛts] *mpl* billets *mpl*.

botifarra [buti'farə] *f saucisse de porc catalane.*

botiga [bu'tiɣə] *f* boutique *f*.

brasa ['brazə] *f*: **a la ~** au barbecue.

brou [brow] *m* bouillon *m*.

bunyols [bu'ɲɔls] *mpl* ≈ beignets *mpl*; **~ de bacallà** beignets de morue.

bus [bus] *m* bus *m*; **nit ~** bus de nuit.

bústia ['bustiə] *f* boîte *f* aux lettres.

cabrit [kə'βrit] *m* chevreau *m*; **~ al forn** chevreau au four.

caixa ['kaʃə] *f*: **~ d'estalvis i de pensions** caisse *f* d'épargne.

calamars [kələ'mars] *mpl* calmars *mpl*; **~ a la romana** calmars à la romaine.

calçats [kəl'sats] *mpl* chaussures *fpl*.

caliu [kə'liu] *m*: **al ~** *cuit dans les braises.*

canelons [kənə'lons] *mpl* cannellonis *mpl* .

canvi ['kambi] *m* change *m* **'torna ~'** 'cet appareil rend la monnaie'.

cargols [kər'ɣɔls] *mpl* escargots *mpl*.

càrrega ['karəɣə] *f*: **'excepte ~ descàrrega'** 'sauf livraisons'.

cloïsses [klu'isəs] *fpl* clovisses *fpl*.

complements [kumplə'mens] *mpl* accessoires *mpl*.

confeccions [kumfəksi'ons] *fpl* magasin *m* de prêt-à-porter.

conill [ku'niʎ] *m* lapin *m*.

conservar [kunsər'βa] *vt*: **'conserveu el tiquet de caixa'** 'conservez le ticket de caisse'.

copisteria [kupistə'riə] magasin *m* de photocopies.

costella [kus'teʎə] *f* côte *f*; **~ de xai** côte d'agneau ; **~ de porc** côte de porc.

costelletes [kustə'ʎetəs] *fpl* côtelettes *fpl;* ~ **de xai** côtelettes d'agneau.
crema ['kremə] *f:* ~ **catalana** crème *f* renversée.
croquetes [kru'kɛtəs] *fpl* croquettes *fpl;* ~ **de pernil** croquettes de jambon; ~ **de pollastre** croquettes de poulet.
data ['datə] *f* date *f;* ~ **d'acabament** date limite de consommation.
daurada [dəu'raðə] *f* daurade *f;* ~ **al forn** daurade au four.
descompte [dəs'komtə] *m* rabais *m*.
dia ['diə] *m:* **del** ~ du jour.
diaris [di'aris] *mpl* journeaux *mpl.*
dietètica [diə'tɛtikə] *f* diététique *f.*
direcció [dirəksi'o] *f:* **'~-suspensió-frens'** *dans un garage, panneau indiquant que l'on peut y faire vérifier la direction, la suspension et les freins de la voiture.*
embotits [əmbu'tits] *mpl* charcuterie *f.*
empènyer [əm'pɛɲə] *vt:* **empenyeu'** 'poussez'.
emprovadors [əmpruβə'ðos] *mpl* cabines *fpl* d'essayage.
endívies [ən'diβiəs] *fpl* endives *fpl;* ~ **al roquefort** endives au roquefort.
entrada [ən'traðə] *f* entrée *f;* **'~ lliure'** 'entrée libre'.
entrecot [əntrə'kɔt] *m* entrecôte *f;* ~ **de vedella** côte *f* de veau.
entrepans [əntrə'pans] *mpl* sandwich *m.*
escalivada [əskəli'βaðə] *f entrée à base d'aubergines, de poivrons, d'oignons et de tomates grillés.*
escudella [əsku'ðeʎə] *f:* ~ **barrejada** *plat de riz ou de vermicelles cuit dans du bouillon.*
espàrrecs [əs'parəks] *mpl* asperges *fpl.*
espatlla [əs'paʎʎə] *f* épaule *f;* ~ **de cabrit** épaule de chevreau; ~ **de xai** épaule d'agneau.
esqueixada [əskə'ʃaðə] *f:* ~ **de bacallà** *plat à base de morue crue découpée en lamelles et assaisonnée.*
estanc [əs'taŋ] *m* bureau *m* de tabac.
estofat [əstu'fat] *m* ragoût *m;* ~ **de bou** ragoût de bœuf; ~ **de vedella** ragoût de veau.
farcit [fər'sit] *adj* farci.
fet [fet] *adj:* ~ **a mà** fait main.
fira ['firə] *f* foire *f.*
flam [flam] *m* crème *f* caramel; ~ **amb nata** crème caramel avec de la chantilly
fleca ['flɛkə] *f* boulangerie *f.*
formatgeria [furmədʒə'riə] *f* crémerie *f.*
forn [forn] *m:* ~ **de pa** boulangerie *f;* **al** ~ au four.
fregit [frə'ʒit] *adj* frit.
fresc [frɛsk] *adj* frais.
fricandó [frikən'do] *m* fricandeau *m;* ~ **amb moixernons** fricandeau aux champignons.
fruita [fru'itə] *f* fruit *f;* ~ **del temps** fruits de saison.
fumat [fu'mat] *adj* fumé.

funcionar [funsiu'na] *vi*; **'no funciona'** 'hors service'.
fusteria [fustə'riə] *f* menuiserie *f.*
galeria [gələ'riə] *f* galerie *f.*
gambes ['gambəs] *fpl* crevettes *fpl.*
gaspatxo [gəs'patʃu] *m*: **~ (andalús)** gazpacho *m.*
gelat [ʒə'lat] *m* glace *f.*
gelateria [ʒələtə'riə] *f* glacier *m.*
gènere ['ʒɛnərə] *m*: **~ de punt** tricots *mpl.*
gos [gos] *m*: **' ~ sos no'** 'interdit aux chiens'.
graella [grə'eʎə] *f*: **a la ~** grillé.
graellada [grəe'ʎaðə] *f* grillade *f;* **~ de peix** assortiment *m* de poissons grillés.
gual [gwal] *m*: **'~ permanent'** 'sortie de voitures'.
guàrdia ['gwarðiə] *f*: **~ urbana** police *f* municipale
guarnició [gwərnisi'o] *f* garniture *f.*
horari [u'rari] *m* horaire *m.*
institut [insti'tut] *m*: **~ de bellesa** institut *m* de beauté.
jocs [ʒoks] *mpl*: **~ i joguines** jeux et jouets.
joieria [ʒuiə'riə] *f* bijouterie *f.*
laborable [ləβu'rablə] *m*: **'~s i feiners'** 'jours ouvrables et jours fériés'.
llagostins [ʎəɣus'tins] *mpl* grosses crevettes *fpl.*
llante ['ʎantə] *f* jantes *fpl.*
llenguado [ʎəŋ'gwaðu] *m* sole *f.*
llenties [ʎən'tiəs] *fpl* lentilles; **~ estofades** lentilles à l'étuvée.
llibreria [ʎiβrə'riə] *f* librairie *f.*
llom [ʎom] *m* filet de porc *m;* **~ a la planxa** filet de porc grillé.
lluç [ʎus] *m* colin *m;* **~ a la planxa** colin grillé; **~ a la romana** colin à la romaine.
magatzem [məɣə'dzɛm] *m* magasin *m.*
mel [mɛl] *f*: **~ i mató** *caillé servi avec du miel.*
mercat [mər'kat] *m* marché *m.*
minusvàlid [minuz'βalit] *m* handicapé *m.*
musclos ['musklus] *mpl* moules *fpl;* **~ al vapor** moules à la vapeur **~ a la marinera** moules marinière.
navalles [nə'βaʎəs] *fpl* couteaux *mpl (fruits de mer).*
obsequis [up'sɛkis] *mpl* cadeaux *mpl.*
obtenció [uptənsi'o] *f*: **'~ obtenció de tiquet a l'expenedor'** 'tickets au distributeur'.
pas [pas] *m*: **'~ exclusiu veïns'** 'interdit sauf aux riverains'.
passeig [pə'sɛtʃ] *m* promenade *f.* **~ marítim** front *m* de mer.
pastís [pəs'tis] *m* gâteau *m.*
pastisseria [pəstisə'riə] *f* pâtisserie *f.*
patata [pə'tatə] *f* pomme de terre *f;* **patates fregides** (pommes de terre) frites; **patates al caliu** pommes de terre cuites dans les braises.
pebrot [pə'βrɔt] *m* poivron *m;* **~s farcits** poivrons farcis.
peixet [pə'ʃɛt] *m*: **~ de platja** friture *f* (de poissons).